中华国学文库

日知录集释 上

〔清〕顾炎武 撰

〔清〕黄汝成 集释

栾保群 校点

中华书局

图书在版编目(CIP)数据

日知录集释/(清)顾炎武撰,(清)黄汝成集释;栾保群校点.
—北京:中华书局,2020.4(2025.6 重印)
(中华国学文库)
ISBN 978-7-101-14426-0

Ⅰ.日… Ⅱ.①顾…②黄…③栾… Ⅲ.①文史哲-中国-清代②《日知录》-注释 Ⅳ.B249.12

中国版本图书馆 CIP 数据核字(2020)第 032361 号

书　　名 日知录集释(全三册)
撰　　者 〔清〕顾炎武
集 释 者 〔清〕黄汝成
校 点 者 栾保群
丛 书 名 中华国学文库
责任编辑 石　玉
特约编辑 王　璇
责任印制 管　斌
出版发行 中华书局
(北京市丰台区太平桥西里 38 号　100073)
http://www.zhbc.com.cn
E-mail:zhbc@zhbc.com.cn
印　　刷 河北新华第一印刷有限责任公司
版　　次 2020 年 4 月第 1 版
2025 年 6 月第 4 次印刷
规　　格 开本/880×1230 毫米　1/32
印张 59¾　插页 6　字数 1200 千字
印　　数 8501-9500 册
国际书号 ISBN 978-7-101-14426-0
定　　价 238.00 元

中华国学文库出版缘起

《中华国学文库》的出版缘起，要从九十年前说起。

1920 年，中华书局在创办人陆费伯鸿先生的主持下，开始编纂《四部备要》。这套汇集三百三十六种典籍的大型丛书，精选经史子集的“最要之书”，校订成“通行善本”，以精雅的仿宋体铅字排印。一经推出，《四部备要》即以其选目实用、文字准确、品相精美、价格低廉的鲜明特点，最大限度地满足了国人研治学问、阅读典籍的需要，广受欢迎。丛书中的许多品种，至今仍为常用之书。

中华人民共和国成立之后，党和国家倡导系统整理中国传统文献典籍。六十馀年来，在新的学术理念和新的整理方法的指导下，数千种古籍得到了系统整理，并涌现出许多精校精注整理本，已成为超越前代的新善本，为学界所必备。

同时，随着中华民族以前所未有的自信快速发展，全社会对中国固有的学术文化——国学，也表现出前所未有的关注和重视。让中华文化的优秀成果得到继承和创新，并在世界范围内进行传播和弘扬，普惠全人类，已经成为中华民族的历史使命。当此之时，推出符合当代国民阅读需要的权威的国学经典读本，实为当务之急。于是，《中华国学文库》应运而生。

《中华国学文库》是我们追慕前贤、服务当代的产物，因此，它自当具备以下三个基本特点：

一、《文库》所选均为中国学术文化的"最要之书"。举凡哲学、历史、文学、宗教、科学、艺术等各类基本典籍，只要是公认的国学经典，皆在此列。

二、《文库》所选均为代表当代学术水平的"最善之本"，即经过精校精注的整理本。其中既有传统旧注本的点校整理本，如朱熹《四书章句集注》，也有获得学界定评的新校新注本，如余嘉锡《世说新语笺疏》。总之，不以新旧为别，惟以善本是求。

三、《文库》所选均以新式标点、简体横排刊印。中国古籍向以繁体竖排为标准样式。时至当代，繁体竖排的标准古籍整理方式仍通行于学术界，但绝大多数国人早已习惯于现代通行的简体横排的图书样式。《文库》作为服务当代公众的国学读本，标准简体字横排本自当是恰当的选择。

中华书局自1912年成立，至今已近百岁。我们将《中华国学文库》当作向中华书局百年诞辰敬献的一份贺礼，更是向致力于中华民族和平崛起、实现复兴大业的全国人民敬献的一份厚礼。我们自当努力，让《中华国学文库》当得起这份重任，这份荣誉。

中华书局编辑部

2010年12月

校点说明

一

我和吕宗力先生校点的《日知录集释》(全校本)出版十多年以来,鉴于社会上又出现了几种《日知录》的整理本,其中最重要的是由陈智超诸先生整理的陈垣先生遗稿《日知录校注》,还有张京华先生的《日知录校释》,也鉴于“全校本”存在着一些遗漏和错误,所以有必要通过重新整理,向读者提供一套全新的《日知录集释》校点本。

援庵老人的《日知录校注》虽然迟至 2007 年才出版,却完成于上世纪五十年代。此书的特点是从史源学的角度对《日知录》中的引文尽可能地做了出处探原,并用以校勘《日知录》本文。我认为这是符合顾亭林先生意愿的。细读《日知录》原著就会发现,亭林先生在很多篇目中都是详注引文出处的,比如引《左传》而在小注中注明某公某年,引某书而注明某篇,但由于艰苦流离的写作环境,加之此书也没有最后定稿,他未及将此意贯穿全书。此外,亭林先生对一些“暗引”的文句并无意注明出处,是因为当时的读书人对四书五经多能熟诵,而时至今日,就应该考虑补以出处了。仅举一例,《日知录》卷一“艮”条原文为:

“毋意，毋必，毋固，毋我”，“艮其背，不获其身”也。“富贵不能淫，贫贱不能移，威武不能屈”，“行其庭，不见其人”也。

此节用四处引文连缀成章，对于熟知儒家经典的人来说，言简意深，而对于今天的大多数读者就难免有理解的隔膜。《校注》勾出这些引文，标明出处，其实就相当于为《日知录》做了注解，用心的读者循此研读原文，比直接看浅明的注释所获得的无疑要更多些。

不仅如此，援庵老人的《校注》还对《日知录》本文的一些错误做了纠正，如卷四“五伯”条，亭林引《庄子》“李轨注”，《校注》指出，《庄子》注本文仅言“李注”，而注《庄子》者有李轨、李颐二人，不能仅凭“李注”二字即判定为李轨注。对《日知录》的原注，《校注》也颇多用心，如卷三“豳”条原注有“视瞭播鼗，击颂磬、笙磬，凡四器”，援庵即指出“四器”应是“三器”，即播鼗一器，颂磬一器，笙磬一器，这就对向来“视瞭播鼗，击颂磬、笙、磬”的误读做了纠正。卷十八“朱子晚年定论”条，顾氏于“罗文庄”下注为“钦顺”，《校注》则考证出应为罗洪先而非罗钦顺。而且《校注》不仅考订《日知录》本文，对黄汝成的《集释》也多有订误，如卷四“夫人孙于齐”条第二节末，援庵即注云：“黄汝成《集释》云：‘说本胡文定而阐发其义。’胡安国在刘原父之后，何谓‘说本胡文定’乎？盖误以刘敞之说为顾炎武之说也。”对《日知录》如此熟悉的黄汝成尚且会误把刘敞的文字当作顾炎武的评论，可知核出引文首末及勾出出处是多么重要。这些都可以看出援庵老人学养深厚而读书精细的前辈学人风范。值得注意的是,援庵老人把三十二卷本与初刻八卷本比校,列出异同,这对研究顾亭林学术思想的演进很有意义。

张京华先生的《日知录校释》最为晚出,我看到时已经是2012年的5月了。《校释》在对《日知录》版本的使用上至少在目前是占了绝对的优势。京华先生除了以台湾徐文珊先生整理的“原抄本”为底本之外,他还见到了一向不为人知的北京大学图书馆所藏抄本,再综合其他版本,加以缜密地校勘和考据,在还原顾氏原著的本来面目上,成果远胜于上世纪三十年代黄侃据“原抄本”所作的《校记》。不惟如此,《校释》一书在勾勒引文出处上确实做到了后出转精,较之《校注》又有所增添。正因为查核了多种出处,《校释》又解决了一些《日知录》原本有错而其他版本都未能发现的问题。比如卷七“九经”条(《校释》在卷十)原文有“国子司业李元瓘”句,所有版本无异辞,而《校释》则引《唐会要》卷七五、《旧唐书·礼仪志四》、《新唐书·礼乐志五》及《通典》卷五三,以证“李元瓘”应作“李元瓘”。即使没有他书为证,仅凭理校,《校释》也有新的见解,比如卷十三“田宅”条,有“吾见今之大家,以酒色费者居其一”,《校释》则疑“费”字为“废”字笔误,自是不易之论。

除以上二书之外,北京大学张衍田先生审校《儒藏》本《日知录集释》时提出的精辟意见,一些朋友通过文章或书信对"全校本"提出的一些纠谬,都是不容忽视的研读成果。另外,黄汝成《刊误》、《续刊误》中的校勘成果基本没有吸收,也是"全校本"的一大缺憾。

中华书局的张继海先生在 2006 年我们初识之时就关注着《日知录集释》的出版情况,基于前述原因,就委托我(吕宗力先生因远在南天且教务繁忙,不能参加)利用其他版本的优长之处,借鉴新的研究成果,对《日知录集释》重新整理,要求不仅在校勘、标点上做到"后出转精",而且酌加一些注释,着重于事典的提示,以与大量对引文出处的勾勒相配合,做成一个更便于学者研读的新版本。这就是现在这部新版《日知录集释》的缘起。

二

《日知录》的最早版本,自属亭林刻于"上章阉茂之岁"(庚戌,康熙九年,1670 年)的"八卷本",即"符山堂本"。当时全书远未完成,只是因为友人多欲钞写,先刻出部分以应索求。至康熙十二年(1673),先生与颜修来书称"近日又成《日知录》八卷",至康熙十五年重印符山堂本时,先生称"渐次增改,得二十馀卷,欲更刻之,而犹未敢自以为定,故先以旧本质之同志"(《初刻日知录自序》)。但直到康熙二十一年先生去世,终未最后成书付梓,只是此前曾留言弟子潘耒:"《日知录》再待十年,如不及年,则以临终绝笔为定。"(《又与潘次耕书》)

亭林去世之后，潘耒“从其家求得手稿，较勘再三，缮写成帙”，与先生之甥徐乾学兄弟谋刻之而未果。至康熙三十四年，潘耒携稿至闽，在年友汪悔斋及建阳丞葛受箕的大力协助下，方刻成《日知录》三十二卷以行世，是为“遂初堂本”。此时距亭林辞世已经十三年了。遂初堂本与原稿相比对，虽然都是三十二卷，但经过潘耒整理之后，书稿篇目次序并不相同；最重要的是，潘耒不得不对原稿做了大量的删改。潘耒对《日知录》全稿的整理刊行，其功自不可没，由于清政权的文化专制政策极其残酷和血腥，潘耒对《日知录》中的违碍之处加以删改，不仅是为了避祸，更多地是为了让这一巨著能够存世并流布。从这一点上看，潘耒之功可以说是无人能替代的。至乾隆时开《四库》馆，照例要对所采的遂初堂本动手脚，如果没有潘耒的先行“自检”，他们对原书的伤害势必伤筋动骨，远非仅删去“左衽”、“徙戎”等数条而已。但《日知录》既收入《四库全书》，且未大加斧斤，实际上就为遂初堂本《日知录》的流布开了绿灯。据张京华考查，在《四库全书》完成后仅六年，民间就出现了遂初堂本的翻刻本，相当于无视《四库》的删削。此后遂初堂本的翻刻绵延不绝，直到道光间黄汝成《日知录集释》的问世。

就《日知录》的文本来看，《日知录集释》是遂初堂本流布一段时间后的必然结果。自遂初堂本刊出，“贤硕辄加考辩，既正其脱文讹字，或间引伸其言，几无异汉唐时诸经史训解为专门学”（黄汝成《日知录刊误》序），历经乾嘉的学术高潮期,至道光时,黄汝成所见校本已经有十馀家,而其中尤以阎若璩、沈彤、钱大昕、杨宁四家最善。黄汝成把这些校勘成果整合起来,又得到了为诸家所未见的《日知录》"元本"即"原写本",一以校遂初堂本,一以印证诸家手校成果,最终形成一个更为精善的新文本。而康熙以来对《日知录》的考辨引伸,涉及学者数十家,黄汝成择其精要,参以己见,熔入《日知录》内,铸成"集释",可以说是《日知录》专门之学的集大成。道光十四年,《日知录集释》一书初刻于嘉定西溪草庐,次年复得陈吁(宋斋陈氏)、张惟赤(南曲张氏)、蘧园孙氏(名佚)、楷庵杨氏(名佚)四种校本,遂成《刊误》两卷;后又得陆筠(匏尊陆氏)校本,遂于道光十六年刻《续刊误》二卷。及道光十八年重刷时,又对旧版做了一些剜改,因此时黄汝成已经去世,剜改只是体现了《刊误》、《续刊误》的部分成果,还有一些错误未做勘正。因此,严格地说,只有道光十八年剜改版再加上《刊误》、《续刊误》,才是《日知录集释》的最善刻本。需要说明的是,黄汝成虽然"得原写本以校潘刻本",但对潘耒为避祸而删改的违碍字句,除了补回本无大害的"李贽"、"锺惺"两条(而且还做了裁割),可以说碰也没碰。尽管如此,《集释》的版本价值已经远胜过遂初堂本,在此后一百多年,出版界流行的基本上只有不同版本的《集释》本了。

《日知录》版本的一大突破,是1933年张继偶然在北平书肆购得抄本《日知录》。章太炎见后,交给弟子黄侃。

黄侃称抄本避讳至“胤”字而止,疑是雍正间所抄。他以此抄本对校通行之本,写出《校记》,并由中央大学出版。从此读书界才得以一窥顾炎武《日知录》的原本面目。二十多年后,台湾徐宝珊先生以原抄本为底本,参校以《集释》本及相关典籍,再加以标点,题为《原抄本顾亭林日知录》,交明伦出版社铅排出版。此本后来再由别家出版社重印,俱是原铅排本的影印。令人遗憾的是,原抄本至今没有影印出版,我们现在能见到的也只是徐宝珊重加校改的“原本”,以及近年经张京华精校并加简单注释的《日知录校释》,后者可以说是原抄本一系的最好整理本。

原抄本的出现打破了《日知录》由遂初堂本至《集释》本一系独行的局面,但就眼下的情况来看,它尚不足以形成一个影响读书界的版本。我认为,《原抄本顾亭林日知录》的价值,更多地在于使《集释》本得到进一步提升,也就是在《集释》本的框架下,恢复并完善顾亭林的原著风貌。

三

最后介绍一下全书的整理方案。

(一)校勘

这次整理的底本依然采用由上海古籍出版社影印的西溪草庐道光十八年的剜改本,用以参校的本子是陈垣《日知录校注》和张京华《日知录校释》。黄汝成的《刊误》、《续刊误》与西溪草庐刻本本属一体，其中有很多重要的成果为剜改本未及补入，自应酌情采用。

最接近顾炎武《日知录》原貌的自然是抄本，但这并不等于抄本就是最好的版本。除去现在发现的雍正抄本有很多抄书者造成的笔误之外，由黄汝成《日知录刊误》序中可知，他所见到的"原写本"也是有错的。顾炎武原著错误的形成原因是多方面的，也是可以理解的。《日知录》的写作动机虽然可以追溯到很久之前，但真正的写作期则是先生五十岁之后。这期间他颠沛流离于北方数省之间，近半时间都在旅途中，著书条件之恶自不待言。而且由于《日知录》的特殊性，一篇之成，往往是日积月累、多年思索的结果，寻检旧钞，辗转誊录，就很难保证不出失误。还有一个不可忽视的原因，就是顾氏强记，一时无两。王士祯在《古夫于亭杂录》曾记亲历一事，他素闻顾氏强记，一日偶会于邸舍，"予谓之曰：'先生博学强记，请诵古乐府《蛱蝶行》一过，当拜服。'顾即琅琅背诵，不失一字。盖此篇声字相杂，无句读，又无文理可寻，最为难读故也。"《蛱蝶行》即"蛱蝶之遨游东园"一篇，读者可以从《乐府诗集》中检看。以这样超常的记忆力，顾氏仍然未敢自信，"于鞍上默诵诸经注疏，偶有遗忘，则即坊肆中发书而熟覆之"。亭林著书时也一样，遇有不自信之处，随即检书查询。问题出在，如果他对自己的所记没有感到疑惑和不自信呢？所以我认为，《日知录》原稿中的错误，当有不少是出于强记的偶误。

潘氏遂初堂本虽然对原本有所校正，但又增添了一些原本没有的错误。这些错误大部分经过黄汝成《集释》得到纠正，但遗漏的还很有一些，陈垣的《校正》和张京华的《校释》以及上海古籍出版社的“全校本”合计起来找出了不少，但这工作似乎还不能收手。比如卷十九“古文未正之隐”条言：

郑所南《心史》书文丞相事，言：“公自序本末，未有称贼曰‘大国’、曰‘丞相’，又自称‘天祥’，皆非公本语。旧本皆直斥彼虏名。”

其中“未有”二字最为费解，既然“未有”了，如何又“皆非公本语”？经检上海古籍出版社出版的陈福康先生校点本《郑所南集》，则并无“未”字，《日知录》之“未”字显然是涉上“本末”之“末”字而衍，删去“未”字则文义豁然。

所以除了吸收以往诸家的成果之外，重加校勘是很有必要的。而这工作与进一步深化援庵老人的史源学结合来做，也比较奏效。

这次校勘中主要的一项工作，就是恢复为潘氏遂初堂刻本删改的顾氏原文。“全校本”做了这方面的工作，根据的是黄侃的《校记》。但黄侃仅着眼于违碍字句的寻觅，未能全面比勘，即使是违碍字句也未能全部校出，而且《校记》中时有错讹出现。这一缺憾在张京华的《校释》中得到了弥补。我在这方面的工作是先以黄侃《校记》校勘，然后用张京华《校释》再校。这虽然与见到《校释》太晚有关，但也是对黄侃劳作的尊重。至于原抄本中为避明讳而改“校”、“洛”等字为“讳”之类，自然没必要按原抄本恢复了。

所有的校记我都放在页脚。黄侃《校记》简称《校记》，陈垣的《日知录校注》简称“援庵《校注》”，张京华《日知录校释》简称“张京华《校释》”，《刊误》和《续刊误》仍旧名。

(二)引文

陈垣先生提出的史源学，就是对前人著作中引用的史料加以印证和确认，从而落实论说的合理性。赵翼的《陔馀丛考》算是史学名著了，他的很多观点都为前辈名家采用不疑，但如果用史源学来考问，往往就要发现漏洞。史源学具体到本书的应用，就是为引文找出出处，并断其首尾，核其文本。对此有必要说明一下书中的引号问题。顾氏原书大量引用前人著述，并参以己见，一篇之内，相互间杂，如不加上引号，读者就很难分辨是引文还是顾氏自己的论述。模仿《日知录》而写《陔馀丛考》的赵翼，一生浸淫于《日知录》的黄汝成，都难免发生此类误读。另外，顾氏的引文并不全都是原书照抄，很多都是对原著的隐括及节略，再加上顾氏长年旅居的特殊写作条件，让他在很大程度上要凭借记忆写作，字句的出入时或发生。所以凡是确定顾氏引用他书的，不拘是否与原文完全相同，都加以引号。其中偶有较大异同，违失本义的，则通过校记疏解，其馀一概不做改动。

而对于引文出处，顾氏有的全标，有的只标出书名或只标出篇名，此外还有大量不注明是引文的“暗引”。对这些标记不全或未标的书名篇名，本书一律补全。但考虑到如果以注脚的形式见于页末，将占用大量的篇幅，所以我采用夹在文中的做法。举出几种情况，以例示意：

故伊尹之言曰：“惟尹躬暨汤，咸有一德。”见《书·咸有一德》。

《风俗通》《十反》**云**

《册府元龟》卷一五四

读《新台》、见《邶风》。**《桑中》**、见《鄘风》。**《鹑奔》**《鄘风·鹑之奔奔》。**之诗。**

《春秋左氏**传》**闵公元年

《新唐书》**《裴光庭传》**

或有特殊说明，则按以注脚，如：

幽王之诗曰：“鱼在于沼，亦匪克乐。潜虽伏矣，亦孔之昭。忧心惨惨，念国之为虐。”（加注脚：见《小雅·正月》。《序》云：“大夫刺幽王也。”）

暗引的如：

“维天之命，於穆不已”，见《诗·周颂·维天之命》。**继之者善也。“天下雷行，物与无妄”**，见《易·无妄》。**成之者性也。是故“天有四时，春秋冬夏，风雨霜露，无非教也。地载神气，神气风霆，风霆流形，庶物露生，无非教也”。**见《礼记·孔子闲居》。

除了引文的出处和首尾之外，对引文本身的核实自然不可忽略，如卷四“天王”条有：“赵子曰‘称天王，以表无二尊'是也。"经查原书,此句出自《春秋集传纂例》卷一,为啖助之说,非赵匡。这是著者一时笔误,一般很难察觉的。

本书的文中夹注,除了前述引文出处之外,还有一些对人名的提示。如前条"赵子",则在下面补以"匡"字,作"赵子匡"。我认为这是符合顾氏著书原意的。即以卷一八"朱子晚年定论"一条为例,顾氏于"王文成"下小注"守仁","李卓吾"下小注"贽","陶石篑"下小注"望龄","何心隐"下小注"本名梁汝元"等等。本书遵循此例,适当地为人名加些小注,如"杨龟山时"、"赵伯循匡"、"孔氏颖达",应该能让读者感到方便。

(三)注释

《日知录》原书对所用事典也是有所提示的,如卷一二"俸禄"条:

> **禄重则吏多勉而为廉。如陶潜之种秫,**【原注】《晋书》本传。**阮长之之芒种前一日去官,**【原注】《宋书》本传。**皆公田之证也。**

如果说此条的提示是因为史书不为一般儒者熟悉,却也不然。因为即使是出于五经,先生也照样加以提示,如卷一三"重厚"条:

> **及乎板荡之后而念老成,**【原注】《大雅·荡》。**播迁之馀而思耈俊,**【原注】《文侯之命》。**庸有及乎?**

类似的句型在《日知录》中很多,如"桓王不知此也,故一用师而祝聃之矢遂中王肩;唐昭宗不知此也,故一用师而邠岐之兵直犯阙下。"(卷一"自邑告命"条)"在无事之国而迁，晋从韩献子之言而迁于新田是也；在有事之国而迁，楚从子西之言而迁于都是也。”（卷一“利用为依迁国”条）虽然有提示的只是少数，但也可以看出先生著书的本意。所以此本推广此意，应该不是画蛇之举。

陈垣的《校注》和张京华的《校释》都对《日知录》做了注释，即明见顾氏本意。只是学术虽为公器，掠美也应有度，本书的注释未敢借光。选取哪些东西来注，我只能以自己中等水准的阅读能力为尺度。一是经义卷数的题解，二是儒家经典中的“事典”，三是经典之外的故实、历史事件，这些注释都以脚注形式置于页下。

（四）附录

本书附录有两类，一是附于书末的几种：顾炎武的《谲觚十事》，曾在康熙九年先生所刻八卷符山堂本时附于书后；《日知录之馀》，则是乾隆六十年重刻潘耒遂初堂本时的附录。其他则为黄汝成为两种《刊误》所作的序，章炳麟为黄侃《校记》所作的序等等。全祖望的《亭林先生神道表》，是清代前期对顾亭林生平学术评价最中肯的传记，不可不读的。需要指出的是，《日知录之馀》刻本讹误较多，好在全编俱是采自诸书的资料，原出处都能查到。所以整理时径以原书校改，注明出处，就不再出校记了。

第二类附录则附见于正文相关篇节：李遇孙继阎若璩《日知录补正》（收入《潜丘劄记》）之后作《日知录续补正》（略称《续补正》），丁晏又有《日知录校正》（略称《校正》），俞樾有《日知录小笺》（略称《小笺》），俱为黄汝成所不及见，上海古籍出版社曾于1985年附于影印的《日知录集释》之后，今择其精要，采入《日知录》相关各条之下。

（五）版式

本书包含《日知录》顾氏原文、原注，黄汝成《集释》，本书整理者所作校记、注释，以及《日知录续补正》等附录，在排版时各有区分。为方便读者阅读本书，现将各项内容版式情况说明如下：

一，顾氏原文，以宋体加粗小四号字排出。顾氏原注以宋体五号字夹排于其中，标“【原注】”二字。

二，黄汝成集释，底本为双行夹注，现将此部分内容移至篇节之末，排为宋体五号字。

三，整理者所作注释，主要分两类：一类是大量的题解、事典、故实、史事等，都以脚注形式处理；另一类为人名和书名的细化，则夹于正文之中，以宋体小五号字排出。

四，整理者所作校勘记，参考了学界多种成果，凡有征引，均在脚注中说明。另外，还参考了顾氏所引用的典籍，对顾氏原文间有更正，有必须校改处，即以圆括号圈出误字，以方括号圈出正字，根据即是标出的典籍，不再另作说明。

顾亭林原书博大精深，校点者虽然前后阅读近二十遍，但限于水准，仍难避免错谬。还望广大读者多加指正，以便修订。

校点者　2016年7月

日知录集释目录[①]

上　册

① 底本于卷一前置目录，开头有顾炎武一篇题记，云："愚自少读书，有所得辄记之，其有不合，时复改定。或古人先我而有者，则遂削之。积三十馀年，乃成一编，取子夏之言，名曰《日知录》，以正后之君子。东吴顾炎武。"顾氏自刻八卷本目录已有这篇题记。

① 原本题作“星孛”，据《校记》改。

中 册

---

① 《刊误》卷上:"'饮酒',诸本并作'宴饮',今从《录》中标题改。"

---

① 《刊误》卷上："'日月'，诸本并作'月日'，今从《录》中标题改。"

下　册

① 《刊误》卷上:"'乙',诸本并误'子',今改。"

① 《续刊误》卷上:"'介子推',《录》中标题,诸本、原写本同。汝成案:《录》文首云'介子推事见于《左传》',而僖公二十四年传作'介之推'。似目次及《录》中标题'子'字皆当从传文改作'之'。考杜注云'之,语助',则作'子'尤非。然《庄子·盗跖》篇、《吕氏春秋·季冬纪·介立》篇、《史记·晋世家》、《汉书·古今人表》皆作'介子推',《史记·仲尼弟子列传》又作'介山子然',《大戴礼·卫将军》篇作'介山子推',《楚辞·惜往日》、《悲回风》、《淮南子·说山训》又作'介子',《淮南注》又作'介推',而《史记·晋世家》亦曰'以为介推田'。寻绎《史记》及《淮南注》作'介推',则'之'为语助,杜义益明。《庄子》诸书作'介子推'者,重其忠亮,别之曰'子',《楚辞》、《淮南》且徒称曰'介子'也。而文公封绵上之山号曰'介山',故《史记》、《大戴礼》又称曰'介山子然'、'子推'云。若然,子史诸书既多作'子',即《录》文亦仅一云'之推',馀皆同诸书。字非传讹,言皆有本。又《录》文杂引诸书,以辨割股、燔死、禁火、寒食之妄,书'介子推'为标题,非辨'子'、'之'二字误文,则亦无关闳义,不必引《左传》改也,仍之。"

① 《刊误》卷上："'三'，诸本并脱，今从《录》中标题补。"

① 《刊误》卷上："'注疏'，诸本并作'误疏'，今改。"

① 《续刊误》卷上："'罂'，诸本、原写本并误作'罌'，今改。'瓴'，与《录》中标题并脱。汝成案：《史记·淮阴侯列传》注徐广曰：'瓴，一作缶。'服虔曰：'以木押缚罂瓴以渡军。'韦昭曰：'以木为器如罂瓴，以渡军无船，且尚密也。'《正义》曰：'即此从夏阳木押罂瓴渡军。'《汉书》注服、韦二说同，师古曰：'服说是也。'罂瓴谓瓶之大腹小口者也。是'罂瓴'为连文，不应止称'罂'也。今补，《录》中标题同。"

---

① “夷狄”,原本题作“外国风俗”,今依《校记》据钞本改。

② “五胡”,原本作“外国”,今依《校记》据钞本改。

① “胡”，原本作“蕃”，今依《校记》据钞本改。

黄汝成叙

叙曰：自明体达用之学不修，俊生巨材，日事纂述，而鸿通瑰异之资，遂率隳败于词章训诂、襞绩破碎之中。汉时经术修明，贤哲著书，大都采择传记百家，论说时政与己志而已。魏晋以降，著录始广。唐以后，遂歧分为数家。其善者，自典章、经制、文物、度数以及佛老之书，徼裔之迹，莫不明其因革损益、巨细本末，号称繁博。然求其坐而言可起而行，修诸身心，达于政事者，不数觏焉。昆山顾亭林先生，质敏而学勤，谊醇而节峻，出处贞亮，固已合于大贤。虽遭明末丧乱，迁徙流离，而撰述不废，先后成书二百馀卷，闳廓奥赜，咸职体要，而智力尤瘁者，此也。其言经史之微文大义、良法善政，务推礼乐德刑之本，以达质文否泰之迁嬗，错综其理，会通其旨。至于赋税、田亩、职官、选举、钱币、权量、水利、河渠、漕运、盐铁、人材、军旅，凡关家国之制，皆洞悉其所由盛衰利弊，而慨然著其化裁通变之道，词尤切至明白。其馀考辨，亦极赅洽。《易》曰："言天下之至赜而不可恶也，言天下之至动而不可乱也。"又曰：

"《困》者,德之辨也。"《传》曰:"仁人之言,其利溥哉!"岂非善成其鸿通瑰异之资,而毕出于体用焉哉?元明诸儒,其流失喜空言心性,凡讲说经世之事者,则又迂执寡要。先生因时立言,颇综核名实,意虽救偏,而议极峻正,直俟诸百世不惑,而使天下晓然于儒术之果可尊信者也。汝成钻研是书,屡易寒暑,又得潘检讨删饰元本,阎征君、沈鸿博、钱宫詹、杨大令四家校本。先生讨论既夥,不能无少少渗漏。四家引申辩证,亦得失互见,然实为是书羽翼也,用博采诸家疏说传注名物、古制、时务者,条比其下。伏处海滨,见闻孤陋,又耆硕著书富邃而义无可附,则亦阙诸,窃虑舛驳,有逾简略。呜呼,学识远不逮先生毛发,而欲以微埃涓流上益海岱之崇深,抑愚且妄矣!然先生之体用具在,学者循其唐涂,以窥贤圣制作之精,则区区私淑之心,识小之旨,或不重为世所诟病者矣。书凡三十二卷,篇帙次第略不改易。《集释》条目诸贤名氏里爵,具列于后,而辄著其大指于篇。

先生著述闳通,是书理道尤博,学术政治,皆综隆替,视彼窾言,奚啻瓶智。自康熙三十四年,吴江潘检讨刻于闽中,流行既久,刊阙多讹。潜丘诸君,皆有斠正,今兹《集释》,即缘为权舆。复广加钩析,脱字既增,误文亦削。诸君别著,论纂虽殊,指意可并,则亦附诸。至先生所纂《金石文字记》、《山东考古录》、《石经考》、《五经同异》、《音学五书》、《郡国利病书》、《亭林诗文集》、《菰中随笔》等书,凡藉参稽,亟为决择,若异径庭,不引诠训。至汉、唐及明，经史传纪、诸子杂家，皆先生博综穿穴，兹更无事骈枝，凡所称引，率断自先生同时及后贤所述。

先生问学浩博，论说深远，专综大纲，或忘识小。诸家辨驳，其无关闳旨者勿论，间有异同，转滋歧舛，用援郑诂《礼经》、颜注《汉史》之例，拾遗元文，参以私测，更列众言，加之融释。

诸经训纂，众史传志，其文可互通者，悉随先生所录疏明。至义类所触，或摭实略虚，或舍新征旧。又逸书别史，诸子百家，分见少殊，援引斯异，亦随所列之文，所据之本，略事钩甄，以祛舐滞。

先生负经世之志，著资治之书，举措更张，言尤慨切。第世异盛衰，则论贵参伍，求栋买毂，何殊区霿。爰竭颛愚，略疏偏激，不为掉磬，间陈一孔，虽会几深，终惭和缪。又先生留心时务，奏议文书，事关利害，皆入简编。今有发明，广为采厕。著书诚尚雅驯，立说亦争要领。或节录其篇，或咸登其论，理势恐失其真，辞气多仍其笔，亦准全书，惟求实事。至于词原曲喻，隐多未正，既辄舛驰，阙疑云尔。

世嬗岁迁，学者辈出，参考古今，蔚成宏杰。其论治体要道，经术文章，器识虽殊，穿并则一，间著名理，有出先生论述外者，既综疏列；至于考证诸家，意主搜罗，凡所引称，时至缴绕，今入注文，但取证明，奚事炫博，辄加删节，归诸简核。若语有繁略，理无醇疵，既列其凡，不广附丽。

疏说既繁，主名难一，氏族不署，淆舛易滋。然或同籍系，罔辨纂言，既异存亡，须分著录。始辑注文，但称某氏，惟氏同则殊以官，谥同则加以地，其他区异，旨亦准斯。至同时材哲，则概著其名，事取标题，义无轩轾。第上相位崇，守土分别，兼获师承，宜谨书策，少变其文，复同前例。叔重《解字》，引贾逵之说，书官以尊；康成治《诗》，重毛公之贤，称笺自下。爰式先儒，用慎操翰。

潘氏。耒，字次耕，吴江人。康熙间举博学鸿词。官检讨。元删录本、通行刊本。

阎氏。若璩，字百诗，太原人。康熙间举博学鸿词。元校本。

杨氏。名宁，字简在，江阴人。拔贡生。官知县。元校本。

沈氏。彤，字冠云，吴江人。乾隆初举博学鸿词。元校本。

钱氏。大昕，字晓征，嘉定人。官少詹事。元校本。

谈氏。允厚，字厚臣，嘉定人。

胡氏。承诺，字君信，一字石庄，石门人。举人。

王处士。锡阐，字寅旭，吴江人。

张氏。尔岐，字稷若，济阳人。

陆氏。世仪，字道威，太仓人。

唐氏。甄，字铸万，夔州人。举人。官知县。

陆清献。陇其，字稼书，平湖人。进士。官御史。从祀庙庭。

魏鸿博。禧，字冰叔，宁都人。康熙间举博学鸿词。

李文贞。光地，字晋卿，安溪人。官大学士。

徐司寇。乾学,字原一,昆山人。进士。

朱检讨。彝尊,字锡鬯,秀水人。康熙间举博学鸿词。

慕氏。天颜,字鹤鸣,静宁人。进士。官漕运总督。

储大令。方庆,字广期,宜兴人。进士。

严太仆。虞惇,字宝成,常熟人。进士。

姜氏。宸英,字西溟,慈溪人。官编修。

方侍郎。苞,字灵皋,桐城人。进士。

惠侍读。士奇,字天牧,吴县人。进士。

任氏。源祥,字王谷,宜兴人。

王给事。命岳,字伯咨,晋江人。

陈氏。启源,字长发,吴江人。

梅氏。文鼎,字定九,宣城人。

臧氏。琳,字玉林,武进人。

邱氏。嘉穗,字秀瑞,举人,浙江人。

陈庶子。迁鹤,字介石,安溪人。

杨编修。绳武,字文叔,吴县人。

顾司业。栋高,字复初,无锡人。

陈文恭。宏谋,字汝咨,临桂人。官大学士。

陈总兵。伦炯,字资斋,同安人。

曹给事。一士,字谔庭,上海人。进士。

汪氏。师韩,字抒怀,钱塘人。官编修。

柴氏。绍炳,字虎臣,仁和人。

谢中丞。敏,字肃斋,武进人。

陈通政。兆仑,字句山,钱塘人。乾隆初举博学鸿词。

庶吉士。

全氏。祖望,字绍衣,鄞县人。乾隆初举博学鸿词。

陈鸿博。黄中,字和叔,吴县人。乾隆初举。

徐鸿博。文靖,字位山,当涂人。乾隆初举。

乔氏。光烈,字敬亭,上海人。进士。官巡抚。

裘文达。曰修,字叔度,新建人。进士。官尚书。

宫氏。献瑶,字瑜卿,安溪人。官洗马。

王方伯。太岳,字芥子,定兴人。进士。

姚氏。范,字南青,桐城人。官编修。

江氏。永,字慎修,婺源人。

卢氏。文弨,字绍弓,馀姚人。侍讲学士。

陆中丞。耀,字青来,吴江人。举人。

庄侍郎。存与,字方耕,武进人。进士及第。

王氏。鸣盛,字凤喈,嘉定人。光禄寺卿。进士及第。

黄氏。中坚,字震生,吴县人。

戴氏。震,字东原,休宁人。庶吉士。

赵氏。翼,字云崧,阳湖人。贵西兵备道。进士及第。

姚刑部。鼐,字姬传,桐城人。进士。

柴御史。潮生。

胡御史。蛟龄。

杨侍郎。永斌。

王上舍。应奎,字柳南,常熟人。

孙氏。志祖,字颐谷,仁和人。进士。官御史。

惠氏。栋,字定宇,侍读子。

凤氏。韶，字德隆，岁贡生，江阴人。

朱氏。泽沄，字止泉，宝应人。

钱征士。大昭，字晦之，嘉定人。嘉庆初举孝廉方正。

梁氏。玉绳，字曜北，钱塘人。

汪明经。中，字容甫，江都人。

刘学博。台拱，字端临，宝应人。

庄大令。述祖，字葆琛。进士。阳湖人。

庄氏。绶甲，字卿珊，大令子。

钱学博。塘，字岳源，嘉定人。进士。

洪氏。亮吉，字稚存，阳湖人。官编修。

桂氏。馥，字未谷，曲阜人。进士。官知县。

孙兵备。星衍，字渊如，阳湖人。进士及第。

凌氏。廷堪，字次仲，歙人。进士。官教授。

雷氏。学淇，字介庵，直隶通州人。进士。

张大令。云璈，字仲雅，钱塘人。举人。

陈同知。斌，字白云，德清人。进士。

程方伯。含章，字月川，景南人。举人。巡抚，左迁布政使。

刘氏。逢禄，字申受，武进人。进士。官礼部主事。

陆学博。珣，字子劭，嘉定人。

管氏。同，字异之，上元人。举人。

沈明经。宇，字启大，嘉定人。

刘明经。［开］[①]，字孟涂，桐城人。

---

① “开”字应是黄氏误漏，今据《刘孟涂文集》补。

严氏。如熤，字乐园，溆浦人。孝廉方正。官按察使。

沈学博。钦韩，字文起，举人，吴县人。

阮阁部。元，字伯元，仪征人。今官协办大学士、云贵总督。

陶宫保。澍，字云汀，安化人。进士。今官兵部尚书、两江总督。

方东树。字植之，桐城人。

姚大令。莹，字石甫，桐城人。进士。今官江苏知县。

周济。字保绪，荆溪人。进士。今官教授。

魏源。字默深，邵阳人。举人。今官内阁中书。

张生洲。字渊甫，吴江人。举人。今官教谕。

谢占壬。字□□，宁波人。

施彦士。字朴斋，崇明人。举人。今官知县。

徐璈。字六襄，桐城人。进士。今官知县。

左暄。字春谷，泾县人。

道光十四年五月　嘉定后学黄汝成叙录

潘耒原序

有通儒之学，有俗儒之学。学者，将以明体适用也。综贯百家，上下千载，详考其得失之故，而断之于心，笔之于书，朝章国典，民风土俗，元元本本，无不洞悉，其术足以匡时，其言足以救世，是谓通儒之学。若夫雕琢辞章，缀辑故实，或高谈而不根，或剿说而无当，浅深不同，同为俗学而已矣。

自宋迄元，人尚实学。若郑渔仲、王伯厚、魏鹤山、马贵与之流，著述具在，皆博极古今，通达治体，曷尝有空疏无本之学哉？明代人才辈出，而学问远不如古。自其少时鼓箧读书，规模次第已大失古人之意，名成年长，虽欲学而无及。间有豪隽之士，不安于固陋而思崭焉自见者，又或采其华而弃其实，识其小而遗其大。若唐荆川、杨用修、王弇州、郑端简号称博通者，可屈指数，然其去古人有间矣。

昆山顾宁人先生，生长世族，少负绝异之资。潜心古学，九经诸史，略能背诵；尤留心当世之故，实录奏报，手自钞节，经世要务，一一讲求。当明末年，奋欲有所自树，而迄不得试，穷约以老。然忧天闵人之志，未尝少衰。事关民生国命者，必穷源溯本，讨论其所以然。足迹半天下，所至交其贤豪长者，考其山川风俗、疾苦利病，如指诸掌。精力绝人，无他嗜好，自少至老，未尝一日废书。出必载书数簏自随，旅店少休，披寻搜讨，曾无倦色。有一疑义，反覆参考，必归于至当；有一独见，援古证今，必畅其说而后止。当代文人才士甚多，然语学问，必敛衽推顾先生。凡制度典礼有不能明者，必质诸先生；坠文轶事有不知者，必征诸先生。先生手画口诵，探源竟委，人人各得其意去。天下无贤不肖，皆知先生为通儒也。

先生著书不一种，此《日知录》则其稽古有得，随时劄记，久而类次成书者。凡经义、史学、官方、吏治、财赋、典礼、舆地、艺文之属，一一疏通其源流，考正其谬误。至于叹礼教之衰迟，伤风俗之颓败，则古称先，规切时弊，尤为深切著明。学博而识精，理到而辞达。是书也，意惟宋、元名儒能为之，明三百年来殆未有也。

耒少从先生游，尝手授是书。先生没，复从其家求得手稿，较勘再三，缮写成帙，与先生之甥刑部尚书徐公健庵、大学士徐公立斋谋刻之而未果。二公继没，耒念是书不可以无传，携至闽中。年友汪悔斋赠以买山之资，举畀建阳丞葛受箕，鸠工刻之以行世。

呜呼！先生非一世之人，此书非一世之书也。魏司马朗复井田之议，至易代而后行。元虞集京东水利之策，至异世而见用。立言不为一时，《录》中固已言之矣。异日有整顿民物之责者，读是书而憬然觉悟，采用其说，见诸施行，于世道人心实非小补。如第以考据之精详，文辞之博辨，叹服而称述焉，则非先生所以著此书之意也。

康熙乙亥仲秋　门人潘耒拜述

先生初刻《日知录》自序

炎武所著《日知录》，因友人多欲钞写，患不能给，遂于上章阉茂之岁，[①]刻此八卷。历今六七年，老而益进，始悔向日学之不博，见之不卓，其中疏漏，往往而有，而其书已行于世，不可掩。渐次增改，得二十馀卷，欲更刻之，而犹未敢自以为定，故先以旧本质之同志。盖天下之理无穷，而君子之志于道也，不成章不达。故昔日之得，不足以为矜，后日之成，不容以自限。若其所欲明学术，正人心，拨乱世，以兴太平之事，则有不尽于是刻者。须绝笔之后，藏之名山，以待抚世宰物者之求，其无以是刻之陋而弃之，则幸甚。

又与人书十

尝谓今人纂辑之书，正如今人之铸钱。古人采铜于山，今人则买旧钱，名之曰废铜，以充铸而已。所铸之钱既

---

① 援庵《校注》：康熙九年庚戌，时先生五十八岁。

已粗恶，而又将古人传世之宝舂锉碎散，不存于后，岂不两失之乎？承问《日知录》又成几卷，盖期之以废铜。而某自别来一载，早夜诵读，反复寻究，仅得十馀条，然庶几采山之铜也。

又与人书二十五

君子之为学，以明道也，以救世也。徒以诗文而已，所谓雕虫篆刻，亦何益哉！某自五十以后，[①]笃志经史，其于音学，深有所得，今为《五书》，以续三百篇以来久绝之传。而别著《日知录》，上篇经术，中篇治道，下篇博闻，共三十馀卷。有王者起，将以见诸行事，以跻斯世于治古之隆，而未敢为今人道也。向时所传刻本，乃其绪馀耳。

又与潘次耕书

《日知录》再待十年，如不及年，此年字如"不复年"之"年"。则以临终绝笔为定，彼时自有受之者，而非可预期也。

又与杨雪臣书

向者《日知录》之刻，谬承许可。比来学业稍进，亦多

① 援庵《校注》：康熙元年，先生五十。

刊改，意在拨乱涤污，法古用夏，启多闻于来学，待一治于后王。自信其书之必传，而未敢以示人也。

又与友人论门人书

所著《日知录》三十馀卷，平生之志与业，皆在其中，惟多写数本，以贻之同好，庶不为恶其害己者之所去。而有王者起，得以酌取焉，其亦可以毕区区之愿矣。

日知录集释卷一

三易

夫子言"包羲氏始画八卦",① 不言作《易》,而曰:"《易》之兴也,其于中古乎?"又曰:"《易》之兴也,其当殷之末世,周之盛德邪?当文王与纣之事邪?"俱见《易·系辞下》。是文王所作之辞,始名为《易》。而《周官》大卜"掌三易之法,一曰《连山》,二曰《归藏》,三曰《周易》"。见《周礼·春官宗伯》。《连山》、《归藏》非《易》也,而云"三易"者,后人因《易》之名以名之也。〔一〕犹之《墨子》《明鬼下》书言"周之《春秋》","燕之《春秋》","宋之《春秋》","齐之《春秋》",周、燕、齐、宋之史非必皆《春秋》也,而云"春秋"者,因鲁史之名以名之也。〔二〕

① 见《易·系辞下》:"古者包牺氏之王天下也,仰则观象于天,俯则观法于地,观鸟兽之文与地之宜,近取诸身,远取诸物,于是始作八卦,以通神明之德,以类万物之情。"

〔一〕【雷氏曰】伏羲画卦，自两仪生四象，而四时之序已著；自四象生八卦，而万物之理悉函。自八卦重之，相错相荡。阳动而进，左旋而位于西北；阴动而退，右转而位于西南。于是震、兑正于东、西，坎、离正于南、北。而四时首春，"帝出乎震"之象以立。又以"乾元用九"消息之，而十二辟卦①之象以成，六十四卦之象以著，伏羲氏之所以为《易》者也。《连山》者，神农氏之《易》也。神农详于地，辨土性，艺五谷，尝百药，凿井出泉，立市通货，故其《易》用伏羲八卦之动象，以艮为首。艮者，止也，止乃行之首，以时行为义，由体达用之象也。艮本阳卦，其象为山，位在东北，立春斗建之所在也。山托于地而亲上，能出云气，和洽天地，且二山相袭，故曰《连山》。《归藏》，黄帝，杜子春之说不可易。盖黄帝之治详于人，作调历以授时，作杵臼以前用，作舟车以致远，作弧矢以取威，作衣冠宫室以庇身，作礼乐书契以立教，上古朴野之俗至此而变，后世文明之象自此而开。《易·象》曰："后以裁成天地之道，辅相天地之宜，以左右民。"即谓此矣。其后五帝之治皆因于此。故伏羲为天皇，神农为地皇，黄帝为人皇，此即《周官》书之所谓"三皇"矣。黄帝在位百年，功成之后，深求道极，默契本原，于羲、农之《易》皆反而归之，得其初象，知阳气之所以能生，实原于此。于是以坤为首，以阴为主，以静为道，以柔为用，所以明体也。

〔二〕【汝成案】雷氏用杜子春之说，以《归藏》为黄帝《易》，似矣。然《礼运》孔子曰："我欲观殷道，得坤乾焉。"注以为殷时阴阳之书，即《归藏易》。而郑司农《赞易》亦以为《归藏》殷《易》，

① 十二辟卦为《复》、《临》、《泰》、《大壮》、《夬》、《乾》、《姤》、《遯》、《否》、《观》、《剥》、《坤》。

释其义曰:"《归藏》者,万物莫不归藏于中。夏曰《连山》,《连山》者,象山之出云,连山不绝。《周易》者,言易道周普,无所不备。"与杜子春说不同。大抵世代荒远,莫可稽考,后人徒从推测得之,亦各存其说而已。

《左传》僖十五年:"战于韩。卜徒父筮之,[①]**曰吉。其卦遇《蛊》,曰:'千乘三去,三去之馀,获其雄狐。'"成十六年:"战于鄢陵。公筮之,**[②]**史曰吉。其卦遇《复》,曰:'南国蹶,**[③]**射其元王,中厥目。'"此皆不用《周易》,而别有引据之辞,即所谓"三易之法"也,**【原注】卜徒父以卜人而掌此,犹《周官》之大卜。**而《传》不言《易》。**〔一〕

〔一〕【杨氏曰】其用《周易》处,必出《周易》之名于上,如"有以《周易》见陈侯"及"《周易》有之"之类。

重卦[④]不始文王

"大卜掌三易之法。其经卦皆八,其别皆六十有四。"见《周礼·春官宗伯》。**考之《左传》襄公九年:"穆姜迁于东宫,**[⑤]**筮之,遇《艮》之《随》。姜曰:'是于《周易》曰:"《随》,元、亨、利、贞,无咎。"'"独言"是于《周易》",则知**

① 援庵《校注》:秦伐晋。徒父,秦之掌卜者。

② 援庵《校注》:晋伐郑,楚子救郑,战于鄢陵(郑地)。晋厉公筮之。

③ "蹶",即"蹷"字。

④ 孔子以为伏羲画八卦,后重为六十四卦。

⑤ 按襄公九年,穆姜薨于东宫,此是倒叙其始迁东宫时事。

夏、商皆有此卦,[①]而重八卦为六十四者不始于文王矣。[②]〔一〕

〔一〕【梁氏曰】《周本纪》及《世表》皆言文王益卦,其实非。孔氏《易正义》论重卦之说,王弼以为伏羲。以《系辞》考之,弼言为当,十二卦体已具于羲、农、黄帝、尧、舜之世。以《洪范》考之,其七"卜筮",贞悔已见于禹锡九畴之时,则可知为伏羲因重之验。

朱子周易本义

《周易》自伏羲画卦,文王作彖辞,周公作爻辞,谓之"经"。经分上下二篇。孔子作《十翼》,谓之"传"。传分十篇:《彖传》上下二篇,《象传》上下二篇,《系辞传》上下二篇,《文言》、《说卦传》、《序卦传》、《杂卦传》各一篇。【原注】《汉书·艺文志》:"《易经》十二篇。"师古曰:"上下经及《十翼》,故十二篇。"孔氏《正义》曰:"《十翼》者,《上彖》一,《下彖》二,《上象》三,《下象》四,《上系》五,《下系》六,《文言》七,《说卦》八,《序卦》九,《杂卦》十。"○陆德明《释文》曰:"太史公论六家要旨,引'天下同归而殊涂,一致而百虑',谓之《易大传》。班固谓孔子晚而好《易》,读之韦编三绝,而为之传。传即《十翼》也。前汉六经与传皆别行,至后汉,诸儒始合经、传为一。"**自汉以来,为费直、郑玄、王弼所乱,取孔子之言逐条附于卦爻**

① "此卦"指六十四卦中之《随》卦。

② 《史记·周本纪》:西伯囚羑里,益《易》之八卦为六十四卦。

之下。〔一〕程正叔颐《传》[①]因之。及朱元晦熹《本义》[②]始依古文,故于《周易上经》条下云:"中间颇为诸儒所乱,近世晁氏始正其失,而未能尽合古文。吕氏又更定,著为经二卷,传十卷,乃复孔氏之旧云。"洪武初,颁五经天下儒学,而《易》兼用程、朱二氏,亦各自为书。永乐中修《大全》,乃取朱子卷次割裂,附之程《传》之后,【原注】《易经大全·凡例》曰:"程《传》、《本义》既已并行,而诸家定本又各不同,故今定从程《传》元本,而《本义》仍以类从。"而朱子所定之古文仍复殽乱。"'彖'即文王所系之辞,'传'者孔子所以释经之辞也,后凡言'传'放此",此乃《彖上传》[③]条下义,今乃削"彖上传"三字,而附于"大哉乾元"之下。"'象'者,卦之上下两象及两象之六爻,周公所系之辞也",乃《象上传》条下义;今乃削"象上传"三字,而附于"天行健"之下。"此篇申《彖传》、《象传》之意,以尽《乾》、《坤》二卦之蕴,而馀卦之说因可以例推云",乃《文言》条下义;今乃削"文言"二字,而附于"元者善之长也"之下。其"彖曰"、"象曰"、"文言曰"字皆朱子本所无,复依程《传》添入。后来士子厌程《传》之多,弃去不读,专用《本义》。【原注】弘治三年会试,"物不可以苟合而已故受之以贲"题,陈辅文同考官杨守阯批曰:"《序卦》,朱子无一言以释其义,盖以程子于诸卦之首疏析其义已明且尽故也。今治经者专读《本义》,《易》卷逾八百,而知有《传》者不数人。此能知之而又善作,是用录之,以激厉经生之不读

① 程颐字正叔,著《伊川易传》,或称《程氏易传》。本卷略称为"程《传》"。

② 朱熹字元晦,著《周易本义》十二卷。本卷略称为《本义》。

③ 《彖上传》,指朱子《周易本义》之《彖上传》,下文之《象上传》、《文言》等同此。

程《传》者。”**而《大全》之本乃朝廷所颁，不敢辄改，遂即监版《传义》之本，刊去程《传》，而以程之次序为朱之次序，**【原注】虚斋蔡清[1]《易经蒙引》谓之今所窃刊行《易经本义》。○今四书版本每张十八行，每行十七字，而注皆小字。《书》、《诗》、《礼记》并同。惟《易》每张二十二行，每行二十三字，而《本义》皆作大字，与各经不同，明为后来所刻。是依监版《传义》本而刊去程《传》，凡《本义》中言“程传备矣”者，又添一“传曰”而引其文，皆今代人所为也。○坊刻擅改古书，宜有严禁，是学臣之责。朱子《诗集传序》、蔡仲默《书集传序》，今南京刊《大全》本，改曰《诗经大全序》、《书经大全序》，此即乱刻古书之一验。幸监本尚存，其谬亦易见尔。**相传且二百年矣。惜乎朱子定正之书竟不得见于世，岂非此经之不幸也夫！**〔二〕

〔一〕【庄氏曰】朱子发《汉上易传》云：“王弼以《文言》附于《乾》、《坤》二卦。”孔氏《正义》云：“辅嗣之意，以为《象》本释经，宜相附近，其义易了，故分爻之《象辞》，各附其当爻下言之。”按此，则费氏古经自是经、传相别，其谓费氏始乱经者妄也。合《彖》、《象》于经者自康成始，则加“彖曰”、“象曰”之文，犹以传附经后，若今《乾》卦者是，是为郑氏本。至以《象》附爻，而以《彖》、《象》移置爻前，自辅嗣始，则每爻加“象曰”之文，若今《坤》卦以下者是。又以《文言》附《乾》、《坤》二卦，于《坤》亦加“文言曰”之文，是为王氏本。

〔二〕【汝成按】今御纂《周易折中》已复朱子之旧矣。

【续补正】遇孙案：《传》、《义》合刻，实始于宋董氏楷，永乐《周

① 援庵《校注》：蔡清，号虚斋。晋江人。成化十二年进士。见《明史·儒林传》。著《易经蒙引》十二卷。

易大全》袭董氏而仍其体例耳。董楷《周易传义附录·凡例》云："程子《易传》依王弼次序，而朱子则用《古易》次序，今不敢离析，于是用节斋蔡氏例，以《彖传》、大小《象》、《文言》各下经文一字，使不与《正义》紊乱；而程《传》及朱子《本义》又下一字，程、朱附录又下一字，则其序秩然矣。"

又案：去程《传》而存《本义》，始于乡贡进士吴人成矩叔度，署奉化儒学教谕，以习举子业者专主《本义》，渐置程《传》不讲，于是削去程《传》，乃不从《本义》原本更正。其义则朱子之辞，其文则仍依程《传》次序，遂沿至于今不改。

【校正】晏案：朱子《本义》经、传别行，《十翼》各为一篇。其窜乱朱子之本次第改从程《传》，据《经义考》，是奉化教谕成矩所为，当时杨文懿非之而不能夺，遂令三百年来不知《本义》原本，朱子之罪人也。余家藏宋刻淳熙朱子《本义》，一遵《古易》之旧，学者当钦遵《折中》，一仍古本。今坊刻《本义》以伊川《易传序》冠首，尤为谬妄。

又案：《晋书·束皙传》："汲郡人盗发魏襄王墓，得竹书数十车，其《易经》二篇与《周易》上下经同。"杜预《春秋经传集解后序》："晋太康元年，汲郡得古书，皆科斗文字，不可训知。独《周易》最为分了，上下篇与今正同，而无《彖》、《象》、《文言》、《系辞》。预疑于时仲尼造之于鲁，尚未播之远国。"据此，则《十翼》古不附经，可为确证。顾氏止引班《志》而不及此。

朱子《记嵩山晁氏卦爻彖象说》谓"古经始变于费氏，而卒大乱于王弼"。见朱熹《晦庵集》卷六六。① **此据孔氏**颖达

---

① 援庵《校注》：晁氏原说见晁说之《嵩山集》卷十八《题古周易后》。

《正义》，曰："夫子所作《象辞》，元在六爻经辞之后，以自卑退，不敢干乱先圣正经之辞。王辅嗣之意，以为《象》者本释经文，宜相附近，其义易了，故分爻之《象辞》各附其当爻下，如杜元凯注《左传》，分经之年与传相附。"见孔颖达《周易正义》卷一。故谓连合经、传始于辅嗣，不知其实本于康成也。《魏志》："高贵乡公幸太学，问博士淳于俊曰：'孔子作《彖》、《象》，郑玄作注，其释经义一也。今《彖》、《象》不与经文相连，而注连之，何也？'俊对曰：'郑玄合《彖》、《象》于经者，欲使学者寻省易了也。'帝曰：'若合之于学诚便，则孔子曷为不合以了学者乎？'俊对曰：'孔子恐其与文王相乱，是以不合。此圣人以不合为谦。'帝曰：'若圣人以不合为谦，则郑玄何独不谦邪？'俊对曰：'古义弘深，圣问奥远，非臣所能详尽。'"见《三国志·魏书·三少帝纪》。是则康成之书已先合之，不自辅嗣始矣。乃《汉书·儒林传》云："费直治《易》无章句，徒以《彖》、《象》、《系辞》、《文言》解说上下经。"则以传附经又不自康成始。朱子记晁氏说谓"初乱古制时，犹若今之《乾》卦"。见《记嵩山晁氏卦爻彖象说》。盖自《坤》以下皆依此，后人又散之各爻之下，而独存《乾》一卦，以见旧本相传之样式耳。愚尝以其说推之，今《乾》卦"彖曰"为一条，"象曰"为一条，疑此费直所附之元本也。《坤》卦以《小象》散于各爻之下，其为"象曰"者八，馀卦则为"象曰"者七，此郑玄所连，高贵乡公所见之本也。〔一〕

〔一〕【杨氏曰】玩魏主问辞，止是康成注连合一处耳，非并经连之者。古者注亦单行。

【续补正】遇孙案：先生原刻《日知录》此条不载，是以前条云“自汉以来为费直、王弼所乱”，元刻无“郑玄”字，后读《魏志》，补引此条。然《魏志》殊未明。帝问淳于俊“《彖》、《象》不与经文相连而注连之，何也”，俊当对以“郑玄合注于经者，欲使学者寻省易了也”，今令“郑玄合《彖》、《象》于经”云云者，此时方论《彖》、《象》不与经连，何转云合之耶？方疑郑注与经文相连，何忽及《彖》、《象》之合不合耶？此史家承上文有“彖”、“象”二字而误耳，所以帝又云：“圣人以不合为谦，郑玄何独不谦耶？”盖言孔子以不合《彖》、《象》为谦，郑玄何不谦而以注合之也。是则康成合注于经，非合《彖》、《象》于经，展卷了然，先生何不正之而转据之耶？且所云“费直乱《易》”，亦无确据，《儒林传》但言其“无章句，而以《彖》、《象》、《系辞》、《文言》解说上下经”，未尝明言以传附经也。“刘向以中古文《易经》校施、孟、梁丘，或脱去‘无咎’、‘悔亡’，唯费氏与古文同。”夫此经未经秦火，中秘所藏，即孔门授受《易》也。费氏果有变《易》之处，刘向早已言之，何云“同”耶？是知费直之《易》即夫子之《易》，后儒不细意领会而加以乱经之罪，可谓冤矣。

程《传》虽用辅嗣本，亦言其非《古易》。《咸》九三“咸其股，亦不处也”，《传》曰：“云‘亦’者，盖《象辞》本不与《易》相比，自作一处，故诸爻之《象辞》意有相续者。此言‘亦’者，承上爻辞也。”①【原注】《小畜》九二“牵复在中，亦不自失也”，《本义》曰：“亦者，承上爻义。”

① 援庵《校注》：引文见《程氏易传》卷三《周易下经》。

秦以焚书而五经亡,本朝以取士而五经亡。今之为科举之学者,大率皆帖括熟烂之言,不能通知大义者也,而《易》、《春秋》尤为缪戾。以《彖传》合《大象》,以《大象》合爻,以爻合《小象》,二必臣,五必君,阴卦必云小人,阳卦必云君子,于是此一经者为拾沈之书,而《易》亡矣。取《胡氏传》①一句两句为旨,而以经事之相类者合以为题,传为主,经为客,有以彼经证此经之题,有用彼经而隐此经之题,于是此一经者为射覆之书,而《春秋》亡矣。【原注】天顺三年九月甲辰,浙江温州府永嘉县儒学教谕雍懋言:"比者浙江乡试,《春秋》摘一十六段配作一题,头绪太多。及所镂程文,乃太简略而不统贯。且《春秋》为经,属词比事,变例无穷。考官出题,往往弃经任传,甚至参以己意,名虽经题,实则射覆。乞敕禁止。"上从之。见《明英宗实录》卷三〇七。复程、朱之书以存《易》,【原注】当各自为本。备三传、啖、赵诸家之说②以存《春秋》,必有待于后之兴文教者。

卦爻外无别象

圣人设卦观象而系之辞,若文王、周公是已。夫子作传,传中更无别象。其所言卦之本象,若天、地、雷、风、水、火、山、泽之外,惟"颐中有物",见《易·噬嗑·彖传》。本之卦名,"有飞鸟之象",见《易·小过·彖传》。本之卦辞,而夫子未

① 指宋胡安国《胡氏春秋传》。

② 援庵《校注》:啖助、赵匡之说具见于唐陆淳《春秋集传纂例》。

尝增设一象也。荀爽、虞翻之徒，穿凿附会，象外生象，以“同声相应”[①]为《震》、《巽》，“同气相求”为《艮》、《兑》，“水流湿、火就燥”为《坎》、《离》，“云从龙”则曰《乾》为龙，“风从虎”则曰《坤》为虎，《十翼》之中无语不求其象，而《易》之大指荒矣。[②] 岂知圣人立言取譬，固与后之文人同其体例，何尝屑屑于象哉！王弼之注虽涉于玄虚，然已一扫《易》学之榛芜而开之大路矣。【原注】王辅嗣《略例》曰："互体不足，遂及卦变。变又不足，推致五行。一失其原，巧喻弥甚。"不有程子，大义何由而明乎？〔一〕

〔一〕【汝成案】说卦别象，汉时尤多，今约其数，《乾》八十二，《坤》一百十三，《震》五十八，《巽》四十五，《坎》七十五，《离》三十，《艮》五十三，《兑》十八，虽皆穿凿滋生，然《易》理闳深，曲包道艺，观象玩占，义或有取尔。

《易》之互体、卦变，《诗》之叶韵，《春秋》之例月日，经说之缭绕破碎于俗儒者多矣。文中子曰："九师兴而《易》道微，[③]三传作而《春秋》散。"见《中说》卷二《天地》。

卦变

卦变之说，不始于孔子，周公系《损》之六三已言之矣，

① 按《易·文言》："子曰：'同声相应，同气相求。水流湿，火就燥，云从龙，风从虎，圣人作而万物睹。本乎天者亲上，本乎地者亲下，则各从其类也。'"

② 按以上所引荀爽、虞翻之说俱见于李鼎祚《周易集解》卷一。

③ 《中说》阮逸注："淮南王聘九人明《易》者，撰《道训》二十篇，号'九师易'。"

曰“三人行则损一人,一人行则得其友”。是六子之变皆出于《乾》、《坤》,①无所谓自《复》、《姤》、《临》、《遯》而来者,当从程《传》。【原注】苏轼、王炎皆同此说。②〔一〕

〔一〕【江氏曰】《彖传》有言刚柔、往来、上下者,虞翻谓之“卦变”。《本义》谓自某卦而来者,其法以相连之两爻上下相易取之,似未安。今考文王之《易》,以反对为次序,则所谓往来、上下者,即取切近相反之卦,非别取诸他卦也。往来之义莫明于《泰》、《否》二卦彖辞:《否》反为《泰》,三阴往居外,三阳来居内,故曰“小往大来”;《泰》反为《否》,三阳往居外,三阴来居内,故曰“大往小来”。《彖传》所谓“刚来柔来”者本此。

【杨氏曰】王双溪之经说,今皆不可得。

互体

凡卦爻二至四、三至五,两体交互,各成一卦,先儒谓之“互体”。其说已见于《左氏》庄公二十二年,“陈侯筮,遇《观》之《否》,曰‘风为天于土上,山也’”,注“自二至四,有艮象,【原注】四爻变故。艮为山”是也。然夫子未尝及之,后人以“杂物撰德”见《易·系辞下》。之语当之,非也。其所论二与四、三与五“同功而异位”,见《易·系辞下》。特就两爻相较言之,初何尝有互体之说。

① “六子”为雷、风、火、泽、水、艮,即八卦中除去《乾》、《坤》二卦之外的六卦,六子变化而生成万物,虽不言乾、坤,而其变实皆出于乾、坤。

② 按王炎《读易笔记》八卷,见《宋史·艺文志》,今佚。唯序存于《双溪类稿》卷二五。

【校正】寿昌案:“互体《左氏》已言之”,亭林之说未允。但无语不求其象,则诚如顾氏所讥耳。

《晋书》《荀𫖮传》**:“荀𫖮尝难锺会‘《易》无互体’,见称于世。”其文不传。新安王炎晦叔尝问张南轩**栻**曰:“伊川令学者先看王辅嗣、胡翼之、王介甫三家《易》,何也?”南轩曰:“三家不论互体故尔。”**见俞琰《读易举要》卷四。〔一〕

〔一〕【全氏曰】汉、晋诸儒无不言互体者,至王辅嗣、锺士季始力排之,然亦终不能绌也。特是汉儒言互,只就一卦一爻配象,未能探其所以然。至王伯厚作《郑康成易注序》始发之,谓八卦之中,《乾》、《坤》纯乎阴阳,故无互体。若《震》、《巽》、《艮》、《兑》,分主四时,而《坎》、《离》居中以运之。是以下互《震》而上互《艮》者,《坎》也;下互《巽》而上互《兑》者,《离》也;若《震》、《巽》分《乾》、《坤》之下画,则上互有《坎》、《离》;《艮》、《兑》分《乾》、《坤》之上画,则下互有《坎》、《离》;而《震》、《艮》又自相互,《巽》、《兑》又自相互,斯阴阳老少之交相资也。愚再以十辟卦推之,五阳辟以《震》、《兑》与《乾》、《坤》合而成,五阴辟以《巽》、《艮》与《乾》、《坤》合而成。乃《夬》、《姤》近乎纯《乾》,《剥》、《复》近乎纯《坤》,故无互体。而《艮》、《兑》之合《乾》、《坤》也,为《临》为《遯》,则下互有《震》、《巽》;《震》、《巽》之合《乾》、《坤》也,为《大壮》为《观》,则上互有《艮》、《兑》。至《坤》、《乾》合而为《泰》,则下互《兑》而上互《震》;《坤》、《乾》合而为《否》,则下互《艮》而上互《巽》。《坎》、《离》于十辟卦虽不预,而以《既》、《未济》自相互,是阴阳消长之迭为用也。盖伯厚八卦之旨,即中央寄王之义也。愚所推十辟卦之旨,即六律还宫之义也。是以朱子晚年谓从《左氏》悟得互体，而服汉儒之善于说经者，有自来矣。

朱子《本义》不取互体之说，惟《大壮》六五云："卦体似《兑》，有羊象焉。"不言"互"而言"似"。似者，合两爻为一爻则似之也。【原注】又谓《颐》初九灵龟是伏，得《离》卦。**然此又创先儒所未有，不如言互体矣。《大壮》自三至五成《兑》，《兑》为羊，故爻辞并言羊。**

六爻言位

《易传》中言"位"者有二义。[①] **"列贵贱者存乎位"，**见《系辞上》。**五为君位，二、三、四为臣位，故皆曰"同功而异位"。**见《系辞下》。**而初、上为无位之爻，譬之于人，初为未仕之人，上则隐沦之士，皆不为臣也。**【原注】《明夷》上六为失位之君，乃其变例。其但取初终之义者，亦不尽拘。**故《乾》之上曰"贵而无位"，《需》之上曰"不当位"。**【原注】王弼注《需》上六曰："处无位之地，不当位者也。"程子《传》亦云："此爵位之位，非阴阳之位。"〔一〕**若以一卦之体言之，则皆谓之位，故曰"六位时成"，**见《乾·彖传》。**曰"《易》六位而成章"，**见《说卦》。**是则卦爻之位，非取象于人之位矣。此意已见于王弼《略例》，但必强彼合此，而谓初、上无阴阳定位，则不可通矣。《记》曰："夫言岂一端而已，夫各有所当也。"**见《礼记·

① 援庵《校注》：有卦爻之位，有象人之位。

祭义》。

〔一〕【杨氏曰】朱子以为未详,似不取伊川之说。

九二君德①

为人臣者必先具有人君之德,而后可以尧舜其君。故伊尹之言曰:“惟尹躬暨汤,咸有一德。”见《书·咸有一德》。**武王之誓亦曰:“予有乱臣十人,同心同德。”**见《书·泰誓》。

师出以律②

以汤、武之仁义为心,以桓、文之节制为用,斯之谓“律”。律即卦辞之所谓“贞”也。《论语》言“子之所慎者战”。③长勺以诈而败齐,④泓以不禽二毛而败于楚,⑤《春秋》皆不予之。故“先为不可胜,以待敌之可胜”,见《孙子·形》篇。**虽三王之兵,未有易此者也。**〔一〕

〔一〕【杨氏曰】汤、武行军,应亦有法度,非仅以其仁义也。配入桓、文,非能择言者。

---

① 《易·乾·文言》:“九二曰‘见龙在田,利见大人’,何谓也?子曰:‘龙德而正中者也。庸言之信,庸行之谨,闲邪存其诚,善世而不伐,德博而化。《易》曰:“见龙在田,利见大人”,君德也。’”

② 《易·师》:“初六,师出以律,否臧凶。《象》曰:‘师出以律’,失律凶也。”

③ 《论语·述而》:“子之所慎:齐,战,疾。”

④ 事见《左传》庄公十年齐鲁长勺之战。

⑤ 事见《左传》僖公二十二年宋楚泓之战。

既雨既处[①]

阴阳之义莫著于夫妇，故爻辞以此言之。《小畜》之时，求如任、姒之贤，[②]二《南》之化，[③]不可得矣。阴畜阳，妇制夫，其畜而不和，犹可言也，三之“反目”，[④]隋文帝之于独孤后也；[⑤]既和而惟其所为，不可言也，上之“既雨”，(犹)[唐][⑥]高宗之于武后也。〔一〕

〔一〕【杨氏曰】“犹”当作“唐”。

武人为于大君

“武人为于大君”，见《易·履》。非武人为大君也，如《书》《益稷谟》“予欲宣力四方，汝为”之“为”。六三才弱志刚，虽欲有为而不克济，以之履虎，有咥人之凶也。[⑦]惟武人之效力于其君，其济则君之灵也，不济则以死继之，是当勉为之而不可避耳。故有“断脰决腹，一瞑而万世不视，不知所益，以忧社稷者，莫敖大心是也”。【原注】《战国策》《楚

① 《易·小畜》：“上九，既雨既处，尚德载。妇贞厉。月几望，君子征凶。”

② 太任，文王之母。太姒，文王之妃。

③ 二《南》，《诗》之《周南》、《召南》二风，所谓《关雎》后妃之德之类，解《诗》者皆以为俱文王、周公之教化。

④ 《小畜》：“九三，夫妻反目。《象》曰：‘夫妻反目’，不能正室也。”

⑤ 文帝之后独孤氏，每与上言及政事，往往意合，宫中称为二圣。然性嫉妒，讽上黜高颎，废太子，立晋王广，亦皆后之谋。事见《隋书·后妃传》。

⑥ 《刊误》卷上云：“‘犹’，武屏杨氏云当作‘唐’，考原写本正作‘唐’。”今据改。

⑦ 《履》：“六三，眇能视，跛能履，履虎尾，咥人，凶。”

策一》。“过涉之凶”，见《易·大过》。其何咎哉！

自邑告命①

人主所居谓之“邑”。《诗》《商颂·殷武》曰“商邑翼翼，四方之极”，《书》《太甲》曰“惟尹躬先见于西邑夏”，曰“惟臣附于大邑周”②，曰“作新大邑于东国洛”，见《康诰》。曰“肆予敢求尔于天邑商”，见《多士》。【原注】武王之妃谓之邑姜。《白虎通》卷上《京师》曰“夏曰夏邑，商曰商邑，周曰京师”是也。【原注】《周官》始以四井为邑。《泰》之上六，政教陵夷之后，一人仅亦守府，③而号令不出于国门，于是焉而用师，则不可。君子处此，当守正以俟时而已。桓王不知此也，故一用师而祝聃之矢遂中王肩；④唐昭宗不知此也，故一用师而邠岐之兵直犯阙下。⑤ 然则保泰者可不豫为之计哉！

《易》之言“邑”者，皆内治之事。《夬》曰“告自邑”，如康王之命毕公“彰善瘅恶，树之风声”见《书·毕命》。者也。《晋》之上九曰“维用伐邑”，如《王》国之大夫“大车槛槛，

---

① 《易·泰》：“上六，城复于隍，勿用师，自邑告命。贞吝。”

② 此句见《孟子·滕文公下》引《书》曰。《书·武成》作“用附我大邑周”。

③ 《国语·周语中》周襄王谓晋文公曰：“今天降祸灾于周室，余一人仅亦守府。”府，先王之府藏。

④ 事见《左传》桓公五年。

⑤ 事见《资治通鉴》卷二五九：昭宗景福二年，覃王嗣周帅禁军三万送凤翔节度使徐彦若赴镇，军于兴平。李茂贞、王行瑜合兵近六万，军于盩厔以拒之。禁军皆新募市井少年，茂贞、行瑜所将皆边兵百战之馀，壬午，茂贞等进逼兴平，禁军皆望风逃溃，茂贞等乘胜进攻三桥，京城大震，士民奔散。

毳衣如菼”，见《诗·王风·大车》。国人畏之而不敢奔者也。[1]其为自治则同，皆圣人之所取也。【原注】《比》之九五：“邑人不诫。”是亦内治修而远人服之意。

成有渝无咎

“昔穆王欲肆其心，周行天下，将皆必有车辙马迹焉。祭公谋父作《祈招》之诗，以止王心，王是以获殁于祗宫。”见《左传》昭公十二年。《传》宣公二年曰：“人谁无过，过而能改，善莫大焉。”圣人虑人之有过不能改之于初，且将遂其非而不反也，教之以“成有渝无咎”，见《易·豫》。虽其渐染之深，放肆之久，而惕然自省，犹可以不至于败亡。以视夫“迷复之凶”，见《易·复》。不可同年而论矣。故曰：“惟狂克念作圣。”见《书·多方》。〔一〕

〔一〕【汝成案】《讼》三心险，渝即就平；《豫》上心昏，渝即顿清。平则远于岩墙，清则生于忧患。

童观[2]

其在政教，则不能“是训是行，以近天子之光”，见《书·洪范》。而所司者笾豆之事；其在学术，则不能“知类通达”，见《礼记·学记》。以几大学之道，而所习者占毕之文。“乐师

---

① 《诗·王风·大车》：“岂不尔思，畏子不敢。”

② 《易·观》：“初六，童观，小人无咎，君子吝。”

辨乎声诗，故北面而弦。宗祝辨乎宗庙之礼，故后尸。商祝辨乎丧礼，故后主人"，见《礼记·乐记》。小人则无咎也。"有大人之事，有小人之事"，见《孟子·滕文公上》。"虽小道，必有可观者焉，致远恐泥"，见《论语·子张》。故君子为之则吝也。

不远复[①]

《复》之初九，动之初也。自此以前，"喜怒哀乐之未发"也，见《礼记·中庸》。至一阳之生而动矣，故曰"复"，其见天地之心乎？颜子体此，故"有不善未尝不知，知之未尝复行"，[②]此慎独之学也。回之为人也，"择乎中庸"，见《礼记·中庸》。夫亦择之于斯而已，是以"不迁怒，不贰过"。见《论语·雍也》。

其在凡人，则[③]《复》之初九，"日夜之所息，平旦之气，其好恶与人相近也者几希"，见《孟子·告子上》。苟其知之，则扩而充之矣。故曰"《复》小而辨于物"。《易·系辞下》。

不耕获不菑畲[④]

杨氏万里曰：【原注】诚斋《易传》。"初九动之始，六二动

---

① 《易·复》："初九，不远复，无祇悔，元吉。"

② 《易·系辞下》：子曰："颜氏之子，其殆庶几乎？有不善未尝不知，知之未尝复行也。《易》曰：'不远复，无祇悔，元吉。'"

③ "则"字，张京华《校释》在"《复》之初九"后。

④ 《易·无妄》："六二，不耕获，不菑畲，则利用攸往。"

之继。是故初耕之,二获之;初菑之,二畬之。”天下无不耕而获、不菑而畬者。其曰“不耕不菑”,则耕且菑,前人之所已为也。昔者周公“毖殷顽民,迁于洛邑,密迩王室;既历三纪,世变风移”,见《书·毕命》。而康王作《毕命》之书曰“惟周公克慎厥始,惟君陈克和厥中,惟公克成厥终”,是故有周之治,垂拱仰成而无所事矣。“周监于二代,郁郁乎文哉。”见《论语·八佾》。而孔子之圣,但曰“述而不作,信而好古”,见《论语·述而》。又曰“文武之道未坠于地,在人”。见《论语·子张》。是故六经之业,集群圣之大成而无所创矣。虽然,使有始之作之者,而无终之述之者,是耕而弗获、菑而弗畬也,其功为弗竟矣。六二之柔顺中正,是能获能畬者也,故“利有攸往”见《易·恒》。也。“未富”[①]者,因前人之为而不自多也,犹“不富以其邻”见《易·泰》。之意。

天在山中[②]

张湛注《列子》《天瑞》曰:“自地以上皆天也。”故曰“天在山中”。

罔孚裕无咎[③]

“君子信而后谏,未信,则以为谤己也”,见《论语·子张》。

---

① 《易·无妄》:“《象》曰:‘不耕获’,未富也。”

② 《易·大畜》:“《象》曰:天在山中,大畜。君子以多识前言往行,以畜其德。”

③ 《易·晋》:“初六,晋如摧如,贞吉。罔孚,裕无咎。”

而况“初”之居下位，未命于朝者乎？“孔子尝为委吏矣，曰会计当而已矣。尝为乘田矣，曰牛羊茁壮长而已矣”，见《孟子·万章下》。此所谓“裕无咎”也。若受君之命而任其事，“有官守者，不得其职则去；有言责者，不得其言则去”见《孟子·公孙丑下》。矣。〔一〕

〔一〕【汝成案】忧则违之，故《豫》二“不终日，贞吉”；乐则行之，故《晋》初“罔孚，裕无咎”。《豫》“溺晏安”，《晋》“丽乎明”也。

有孚于小人①

君子之于小人也，有“知人则哲”见《书·皋陶谟》。之明，有“去邪勿疑”见《书·大禹谟》。之断，坚如金石，信如四时，使憸壬之类皆知上志之不可移，岂有不革面而从君者乎？所谓“有孚于小人”者如此。

损其疾使遄有喜②

损不善而从善者，莫尚乎刚，莫贵乎速。初九曰“已事遄往”，六四曰“使遄有喜”，四之所以能遄者，赖初之刚也。“周公思兼三王以施四事，其有不合者，仰而思之，夜以继日；幸而得之，坐以待旦”，见《孟子·离娄下》。“子路有闻，未之能行，惟恐有闻”，见《论语·公冶长》。其遄也至矣。

① 《易·解》：“六五，君子维有解，吉，有孚于小人。”
② 《易·损》：“六四，损其疾，使遄有喜，无咎。”

文王之勤日昃,[①]大禹之惜寸阴,[②]皆是道也。君子进德修业,欲及时也。故为政者"玩岁而愒日",[③]则治不成;为学者日迈而月征,[④]则身将老矣。〔一〕

〔一〕【汝成案】盱豫则悔迟有悔,损疾则使遄有喜。《荀子》曰:"其为人多暇日者,其出入不远矣。"《孟子》曰:"知其非义,斯速已矣,何待来年。"

召公之戒成王曰:"宅新邑,肆惟王其疾敬德。"见《书·召诰》。"疾"之为言,"遄"之谓也,故曰"鸡鸣而起,孳孳为善"。见《孟子·尽心上》。

上九弗损益之[⑤]

有天下而欲厚民之生,正民之德,[⑥]岂必自损以益人哉!"不违农时,谷不可胜食也;数罟不入洿池,鱼鳖不可胜食也;斧斤以时入山林,材木不可胜用也",见《孟子·梁惠王上》。所谓"弗损,益之"者也。"皇建其有极,敛时五福,

---

① 《书·无逸》:"文王自朝至于日中昃,不遑暇食。"

② 《淮南子·原道训》:"故圣人不贵尺之璧,而重寸之阴,时难得而易失也。禹之趋时也,履遗而弗取,冠挂而弗顾,非争其先也,而争其得时也。"《绎史》卷一一引《帝王世纪》:"禹不重径尺之璧而爱日之寸阴。"

③ 《左传》昭公元年:"主民,玩岁而愒日,其与几何?"杜注:"玩、愒皆贪也。"

④ 《诗·小雅·小宛》:"我日斯迈,而月斯征。"

⑤ 《易·损》:"上九,弗损,益之,无咎,贞吉,利有攸往,得臣无家。"

⑥ 《书·大禹谟》:"德惟善政,政在养民。水、火、金、木、土、谷,惟修;正德、利用、厚生,惟和。"

用敷锡厥庶民”，见《书·洪范》。《诗》曰“奏格无言，时靡有争”，[①]“是故君子不赏而民劝，不怒而民威于鈇钺”，见《礼记·中庸》。所谓“弗损，益之”者也。“以天下为一家，中国为一人”，见《礼记·礼运》。其道在是矣。〔一〕

〔一〕【钱氏曰】惠而不费，则其惠可久，其惠亦可大，故曰“‘弗损，益之’，大得志也”。

利用为依迁国[②]

在无事之国而迁，晋从韩献子之言而迁于新田是也；[③]在有事之国而迁，楚从子西之言而迁于鄀是也。[④] 皆“中行告公”之“益”也。

姤

“天下之生久矣，一治一乱。”见《孟子·滕文公下》。盛治之极而乱萌焉，此一阴遇五阳之卦也。孔子之门，四科十哲，[⑤]身通六艺者七十有二人。于是删《诗》、《书》，定《礼》、《乐》，赞《周易》，修《春秋》，盛矣；而《老》、《庄》之

① 按《诗·商颂·烈祖》作“鬷假无言，时靡有争”，《中庸》引《诗》曰作“奏格无言，时靡有争”。按“假”与“格”同。

② 《易·益》：“六四，中行告公，从，利用为依迁国。”

③ 事见《左传》成公六年。

④ 事见《左传》定公六年。

⑤ 《论语·先进》：“德行：颜渊，闵子骞，冉伯牛，仲弓。言语：宰我，子贡。政事：冉有，季路。文学：子游，子夏。”

书即出于其时。后汉立辟雍，养三老，临白虎，论五经，太学诸生至三万人，而三君、八俊、八顾、八及、八厨为之称首，马、郑、服、何之注，经术为之大明；而佛、道之教即兴于其世。【原注】胡三省曰："道家虽宗老子，而西汉以前未尝以道士自名，至东汉始有张道陵、于吉等。是道与佛教皆起于东汉之时。"见《资治通鉴》卷一六六。是知邪说之作，与世升降，圣人之所不能除也，故曰"系于金柅，柔道牵也"。① 呜呼，岂独君子小人之辨而已乎！〔一〕

〔一〕【汝成案】姤，遇也。不期而会曰遇。初阳曰"复"，意中之望也。初阴曰"姤"，意外之变也。阳四始曰"大壮"，阴一已曰"女壮"，其词危矣。

包无鱼②

国犹水也，民犹鱼也。幽王之诗曰："鱼在于沼，亦匪克乐。潜虽伏矣，亦孔之昭。忧心惨惨，念国之为虐。"③秦始皇八年，河鱼大上。《汉书》《五行志》以为："鱼，阴类，民之象也。逆流而上，言民不从君，④为逆行也。"自人君有求多于物之心，于是鱼乱于下，鸟乱于上，⑤而人情之所向，必

① 《易·姤》："初六，系于金柅，贞吉。有攸往，见凶，羸豕孚蹢躅。《象》曰：'系于金柅'，柔道牵也。"
② 《易·姤》："九四，包无鱼，起凶。《象》曰：无鱼之凶，远民也。"
③ 见《小雅·正月》。序云："大夫刺幽王也。"
④ 《汉书·五行志》"君"下有"令"字，则"君"下不必断。
⑤ 《庄子·胠箧》："上诚好知而无道，则天下大乱矣。何以知其然邪？夫弓弩毕弋机变之知多，则鸟乱于上矣；钩饵罔罟罾笱之知多，则鱼乱于水矣。"

有起而收之者矣。

以杞包瓜①

刘昭《五行志》〔一〕曰："瓜者外延，离本而实，女子外属之象。"②一阴在下，如瓜之始生，势必延蔓而及于上。五以阳刚居尊，如树杞然，【原注】《诗》《小雅·南山有台》"南山有杞"，陆玑曰："杞，山材也，其树如樗。"《左传》襄公二十四年所谓"杞、梓、皮革"。使之无所缘而上，故曰"以杞包瓜"。孔子曰："惟女子与小人为难养也。"见《论语·阳货》。颦笑有时，恩泽有节，器使有分，而国之大防不可以逾，何有外戚宦官之祸乎？〔二〕

〔一〕【汝成案】"瓜者外延"云云，司马彪《续汉书·五行志》文。今曰"刘昭"，当是"续汉"二字之误。③

〔二〕【姚刑部曰】以人君之道言之，则以道率民，以礼防民，犹之植杞。而事变无穷，不曲而为之备，是为含章。

【又曰】古苞苴用诸鱼肉，程《传》以释"包有鱼"，是也，恐未可以言诸瓜，且杞叶非可为苞者。《诗》曰"无逾我里，无折我树杞"，然则植杞以卫田里，是为包焉耳。

【沈明经曰】惠氏以"包有鱼"为庖，此为匏，陈义虽古，逊是闳深。

---

① 《易·姤》："九五，以杞包瓜，含章，有陨自天。"

② 援庵《校注》云：引文见刘昭《补后汉书五行志》（补并注）卷二"安帝元初三年"条。

③ 此注原在小题下，今移此。

巳日

“革:巳日乃孚。”“六二,巳日乃革之。”朱子发读为“戊己”之“己”。天地之化,过中则变,日中则昃,月盈则食,故《易》之所贵者中。十干则戊己为中,至于己,则过中而将变之时矣,故受之以庚。庚者,更也。天下之事当过中而将变之时,然后革,而人信之矣。古人有以“己”为变改之义者,《仪礼·少牢馈食礼》“日用丁己”注“内事用柔,日必丁己者,取其令名,自丁宁,自变改,皆为谨敬”,而《汉书·律历志》亦谓“理纪于己,敛更于庚”是也。【原注】纳甲之法,《革》下卦《离》,纳己。① 王弼谓“即日不孚,巳日乃孚”,以“巳”为“已事遄往”见《易·损》。之“已”,恐未然。〔一〕

〔一〕【杨氏曰】按《白虎通》云:“已者,起也。”

【汝成案】“巳日革之”,程《传》义极正大。纳甲之说,先生所斥,乃欲以此破旧说,徒好异耳。汉人亦无以此训《革》彖者。革是改命,与干蛊异,非“过中”之谓也。

改命吉②

《革》之九四犹《乾》之九四,诸侯而进乎天子,汤、武

---

① 援庵《校注》云:以八卦配十干,《乾》纳甲壬,《坤》纳乙癸……。见《梦溪笔谈》七《象数》。

② 《易·革》:“九四,悔亡。有孚改命,吉。《象》曰:改命之吉,信志也。”

革命之爻也，故曰“改命吉”。“成汤放桀于南巢，惟有惭德”，见《书·仲虺之诰》。是“有悔”也；天下信之，其“悔亡”矣。“四海之内皆曰：非富天下也，为匹夫匹妇复雠也”，见《孟子·滕文公下》。故曰“信志也”。〔一〕

〔一〕【陆学博曰】革而信之，信不待革也。若既革而信，是未信而动矣。

艮

“毋意，毋必，毋固，毋我”，见《论语·子罕》。“艮其背，不获其身”见《易·艮》。也。“富贵不能淫，贫贱不能移，威武不能屈”，见《孟子·滕文公下》。“行其庭，不见其人”见《易·艮》。也。

艮其限①

学者之患，莫甚乎执一而不化，及其施之于事，有扞格而不通，则忿懥生而五情瞀乱，与众人之“滑性”②而“焚和”③者，相去盖无几也。孔子“恶果敢而窒者”，见《论语·阳货》。非独处事也，为学亦然。告子不动心之学，至于“不得

① 《易·艮》：“九三，艮其限，列其夤，厉，熏心。《象》曰：‘艮其限’，危熏心也。”

② 北齐刘昼《刘子·防欲》：“靡丽之华，不以滑性；哀乐之感，不以乱神。”

③ 《庄子·外物》：“有甚忧两陷而无所逃，螴蜳不得成，心若县于天地之间，慰暋沈屯，利害相摩，生火甚多，众人焚和，月固不胜火，于是乎有僓然而道尽。”

于言，勿求于心”，而孟子以为其弊必将如蹶趋者之反动其心，[①]此“艮其限，列其夤”之说也。君子之学不然，“廓然而大公，物来而顺应”，见程颢《答横渠先生定性书》。故“闻一善言，见一善行，若决江河，沛然莫之能御”，见《孟子·尽心上》。而无“熏心”之厉矣。

慈溪黄氏【原注】震。《日钞》曰：“心者，吾身之主宰，所以治事而非治于事，惟随事谨省，则心自存，不待治之而后齐一也。孔子之教人曰：‘居处恭，执事敬，与人忠。’见《论语·子路》。曾子曰：‘吾日三省吾身，为人谋而不忠乎？与朋友交而不信乎？传不习乎？’见《论语·学而》。不待言心，而自贯通于动静之间者也。孟子不幸当人欲横流之时，始单出而为‘求放心’之说，[②]然其言曰‘君子以仁存心，以礼存心’，见《孟子·离娄下》。则心有所主，非虚空以治之也。〔一〕至于斋心服形之老、庄，一变而为坐脱立忘之禅学，乃始瞑目静坐，日夜仇视其心而禁治之，及治之愈急而心愈乱，则曰‘易伏猛兽，难降寸心’。见唐徐寅《人生几何赋》。呜呼！人之有心，犹家之有主也，反禁切之，使不得有为，其不能无扰者，势也，而患心之难降欤？”【原注】《省斋记》。在《日钞》卷八六。又曰：“夫心之说有二，古人之所谓存心者，存此心于当用之地也；后世之所谓存心者，摄此心于空寂

① 《孟子·公孙丑上》孟子曰：“告子曰：‘不得于言，勿求于心；不得于心，勿求于气。’不得于心，勿求于气，可；不得于言，勿求于心，不可。”又曰：“今夫蹶者趋者，是气也，而反动其心。”

② 《孟子·告子下》：“人有鸡犬放，则知求之；有放心，而不知求。学问之道无他，求其放心而已矣。”

之境也。造化流行，无一息不运，人得之以为心，亦不容一息不运，心岂空寂无用之物哉？世乃有游手浮食之徒，株坐摄念，亦曰存心。而士大夫溺于其言，亦将遗落世事，以独求其所谓心。迨其心迹冰炭，物我参商，所谓老子之弊流为申、韩者，一人之身，已兼备之，而欲尤人之不我应，得乎？”【原注】《山阴县主簿厅记》。在《日钞》卷八七。此皆足以发明“厉，熏心”之义，【原注】详又见第二十三卷“心学”条下。[①]乃周公已先系之于《易》矣。

〔一〕【钱氏曰】孟子言：“学问之道无他，求其放心而已矣。”不求学问而求放心，此释氏之学也。

鸿渐于陆

“上九，鸿渐于陆，其羽可用为仪，吉”，见《易·渐》。安定胡氏瑗改“陆”为“逵”，见宋胡瑗《周易口义》卷一二。【原注】晁氏说之曰：“其说出于毗陵从事范谔昌。”按《宋史·艺文志》，谔昌有《证坠简》一卷。朱子从之，谓合韵。[②]非也。《诗》“仪”字凡十见，【原注】《柏舟》、《相鼠》、《东山》、《湛露》、《菁菁者莪》、《斯干》、《宾之初筵》、《既醉》各一见，《抑》二见。皆音牛何反，不得与“逵”为叶，〔一〕而云路亦非可翔之地，仍当作“陆”为是。渐至于陵而止矣，不可以更进，故反而之陆。古之

---

① 在本书第十八卷。

② 见《周易本义》卷二小注，云：“胡氏、程氏皆云‘陆’当作‘逵’，谓云路也。今以韵读之，良是。仪羽旄旌，纛之饰也。上九至高，出乎人位之外，而其羽毛可用以为仪饰，位虽极高而不为无用之象，故其占为如是则吉也。”

高士，不臣天子，不友诸侯，而未尝不践其土、食其毛也。其行高于人君，而其身则与一国之士偕焉而已，此所以居九五之上，而与九三同为陆象也。朱子发震曰：“上所往，进也，所反，亦进也。《渐》至九五，极矣，是以上反而之三。”见朱震《汉上易丛说》。杨廷秀万里曰：“九三下卦之极，上九上卦之极。”见《诚斋易传》卷一四。下同。故皆曰“陆”。“自木自陵，而复至于陆，以退为进也。”《巽》为“进退”，其说并得之。①〔二〕

〔一〕【江氏曰】以韵读之，“陆”当作“阿”。大陵曰阿。九五为陵，则上九为阿。阿仪相叶，《菁菁者莪》是也。

〔二〕【姚刑部曰】《渐》，以进为德者也。无应与则困，莫能进；居卦之终则穷，蔑可进矣。故九三、上九皆为“鸿渐于陆”，失其所而无所往之象也。然九三凶、上九吉者，三居臣子之位，虽不得于君，而义不可去，叔肸、子臧、子家驹、屈平之伦是也。上之位固处乎事外，则吾进退岂不绰绰然有馀裕哉？虽然，鸿居于水泽，饮食游浮者，吉之常也。若以其羽为仪，于用则尊，而鸿死矣。孔子曰“其羽可用为仪”，天下虽乱，而吾之道不可乱也。赞《易》，述《诗》、《书》、《礼》、《乐》，作《春秋》，以遗后圣，是为吉而已矣。

君子以永终知敝②

读《新台》、见《邶风》。《桑中》、见《鄘风》。《鹑奔》《鄘风·

① 援庵云，朱震与杨万里二说并得之。

② 《易·归妹》：“征凶，无攸利。《象》曰：泽上有雷，归妹。君子以永终知敝。”

鹑之奔奔》。之诗，而知卫有狄灭之祸。[①] 读《宛丘》、见《陈风》。《东门》、见《陈风》，有《东门之池》、《东门之枌》、《东门之杨》。《月出》见《陈风》。之诗，而察陈有征舒之乱。[②] 书“齐侯送姜氏于欢”，见《春秋》桓公三年。而卜桓公之所以薨。[③] 书“夫人姜氏入”，书“大夫宗妇觌，用币”，[④]而兆子般、闵公之所以弑。[⑤] 昏姻之义，男女之节，君子可不虑其所终哉！

鸟焚其巢[⑥]

人主之德，莫大乎下人。楚庄王之围郑也，而曰：“其君能下人，必能信用其民矣。”见《左传》宣公十二年。故以禹之征苗，而伯益赞之，犹以“满招损，谦受益”为戒。见《书·大禹谟》。班师者，谦也，用师者，满也。上九处卦之上，《离》之极，所谓“有鸟高飞，亦傅于天”见《诗·小雅·鱼藻》。者矣。居心以矜，而不闻谏争之论，菑必逮夫身者也。鲁昭公之

① 《左传》闵公二年：“冬十二月，狄人伐卫。卫懿公好鹤，鹤有乘轩者。将战，国人受甲者皆曰：‘使鹤，余焉能战！’卫师败绩，遂灭卫。”

② 《左传》宣公十年：“陈灵公与孔宁、仪行父饮酒于夏氏。公谓行父曰：‘征舒似汝。’对曰：‘亦似君。’征舒病之。公出，自其厩射而杀之。”

③ 《左传》桓公十八年：公与夫人文姜如齐。齐侯与文姜通，公知而谪之，文姜告齐侯。齐侯使公子彭生杀公于车上。

④ 《春秋》庄公二十四年：“夏，公如齐逆女。八月丁丑，夫人姜氏入。戊寅，大夫宗妇觌，用币。”《左传》曰：夫人哀姜至。公使宗妇觌，用币，非礼也。御孙曰：“今男女同贽，是无别也。男女之别，国之大节也。而由夫人乱之，无乃不可乎！”

⑤ 庄公三十二年，公薨于路寝。子般即位，次于党氏。冬十月，共仲(与夫人哀姜私通)使圉人荦贼子般于党氏。闵公立，二年，共仲使卜齮贼公于武闱。

⑥ 《易·旅》：“上九，鸟焚其巢，旅人先笑后号咷。丧牛于易，凶。《象》曰：以旅在上，其义焚也。‘丧牛于易’，终莫之闻也。”

伐季孙意如也，请待于沂上以察罪，弗许；请囚于费，弗许；请以五乘亡，弗许。于是叔孙氏之甲兴，而阳州次、乾侯唁矣。①"鸜鹆鸜鹆，往歌来哭"，见《左传》昭公二十五年童谣。其此爻之占乎？【原注】吴幼清澄曰："此爻变为《小过》，有飞鸟之象。"见吴澄《易纂言》卷二。

巽在床下

上九之"巽在床下"，见《易·巽》。"恭而无礼则劳"见《论语·泰伯》。也。初六之"进退"，见《易·巽》。"慎而无礼则葸"见《论语·泰伯》。也。〔一〕

〔一〕【汝成案】二之所处，"刚巽乎中正而志行"者也。史以通人于神，巫以通神于人，"纷若"即"重巽申命"也。盘庚迁殷，反覆三诰，始惕以天之断命，继以乃祖乃父乃断弃汝，浮言胥动而不怒，傲上从康而不诛，所以"吉，无咎"也，故曰"得中"。上九之"巽在床下"，则失其齐斧矣。

翰音登于天②

羽翰之音虽登于天，而非实际，其如庄周《齐物》之言、驺衍怪迂之辩，其高过于大学而无实者乎？以视车服传于

① 事见《左传》，昭公二十五年，公既为三桓所败，逊于齐，次于阳州。至三十二年，薨于乾侯。

② 《易·中孚》："上九，翰音登于天，贞凶。《象》曰：'翰音登于天'，何可长也？"

弟子，[1]弦歌遍于鲁中，[2]若鹤鸣而子和者，孰诞孰信，夫人而识之矣。永嘉之亡，[3]太清之乱，[4]岂非"谈空空"、"核玄玄"[5]者有以致之哉！"翰音登于天"，《中孚》之反也。〔一〕

〔一〕【汝成案】豚鱼之孚，可以及泽；翰音之登，难达于天。飞鸟遗音，不宜上，宜下也。沟浍皆盈，涸可立待矣。

山上有雷小过[6]

山之高峻，云雨时在其中间，而不能至其巅也，故《诗》曰"殷其雷，在南山之侧"。见《召南·殷其雷》。或高或下，在山之侧，而不必至其巅，所以为"小过"也。然则《大壮》言"雷在天上"，何也？曰："自地以上皆天也。"[7]

妣[8]

《尔雅》《释亲》："父曰考，母曰妣。"[9]愚考古人自祖母

---

① 《史记·孔子世家》：孔子故去，后世藏孔子衣冠琴车书于故所居堂弟子内。

② 《史记·儒林列传》："及高皇帝诛项籍，举兵围鲁，鲁中诸儒尚讲诵习礼乐，弦歌之音不绝，岂非圣人之遗化，好礼乐之国哉？"

③ 晋怀帝永嘉五年，汉刘曜破洛阳，迁怀帝至平阳，刘聪封帝为平阿公。

④ 梁武帝太清二年，降将侯景反，围台城。三年，台城陷，武帝死。

⑤ 孔稚珪《北山移文》："谈空空于释部，核玄玄于道流。"

⑥ 《易·小过》："亨。利贞。可小事，不可大事。飞鸟遗之音，不宜上，宜下，大吉。《象》曰：山上有雷，小过。君子以行过乎恭，丧过乎哀，用过乎俭。"

⑦ 《列子·天瑞》"终日在天中行止"，张湛注："所谓天者，岂但远而无所极邪？自地而上则皆天矣，故俯仰喘息未始离天也。"

⑧ 《易·小过》："六二，过其祖，遇其妣。不及其君，遇其臣。无咎。《象》曰：'不及其君'，臣不可过也。"

⑨ 《尔雅》原文为"父为考，母为妣"。

以上通谓之“妣”，经文多以“妣”对“祖”而并言之，若《诗》之云“似续妣祖”、见《小雅·斯干》。“烝畀祖妣”，见《周颂·丰年》。《易》之云“过其祖，遇其妣”是也。《左传》昭十年“邑姜，晋之妣也”，平公之去邑姜盖二十世矣。【原注】《仪礼·士昏礼》：“勖帅以敬先妣之嗣。”盖继世主祭之通辞。①

“过其祖，遇其妣”，据文义，妣当在祖之上。“不及其君，遇其臣”，臣则在君之下也。昔人未论此义。周人以姜嫄为妣，【原注】《周礼》《春官宗伯》“大司乐”注：“周人以后稷为始祖，而姜嫄无所配，②是以特立庙祭之，谓之閟宫。”《周语》谓之“皇妣太③姜”，是以妣先乎祖。《周礼·大司乐》享先妣在享先祖之前。而《斯干》之诗曰“似续妣祖”，笺曰：“妣，先妣姜嫄也。祖，先祖也。”或乃谓变文以协韵，是不然矣。【原注】朱子《本义》以《晋》六二为享先妣之吉占。或曰《易》爻何得及此？夫“帝乙归妹”，见《泰》六五。“箕子之明夷”，见《明夷》六五。“王用(亨)[享]于岐山”，见《升》六四。爻辞屡言之矣。

《易》本周《易》，故多以周之事言之。《小畜》卦辞“密云不雨，自我西郊”，《本义》：“我者，文王自我也。”

---

① 按此段与下段，《集释》原本合为一条。援庵《校注》指出：初刻及潘刻本下皆另起，是《集释》误合。今从援庵之校改。

② “配”，按《周礼》郑注原文作“妃”。二字通。

③ “太”，《周语下》作“大”，读太。

东邻[①]

驭得其道，则天下皆为之“臣”；驭失其道，则强而擅命者谓之“邻”。“臣哉邻哉！邻哉臣哉！”见《书·益稷》。

《汉书·郊祀志》引此，[②]师古注：“东邻，谓商纣也；西邻，谓周文王也。”〔一〕

〔一〕【雷氏曰】郑康成《坊记》注云：“东邻谓纣国中也，西邻谓文王国中也。”班固《通幽赋》云“东厸虐而歼仁兮”，应劭注云：“东邻谓纣。”颜师古注云：“厸，古邻字。”是东汉时实有此说，今遗佚耳。

游魂为变[③]

“精气为物”，自无而之有也；“游魂为变”，自有而之无也。夫子之答宰我曰：“骨肉毙于下，阴为野土。其气发扬于上，为昭明、焄蒿、凄怆。”见《礼记·祭义》。【原注】朱子曰：“昭明，露光景也。”郑氏曰：“焄，谓香臭也。蒿，气蒸出貌。”许氏曰：“凄怆，使人惨栗感伤之意。”鲁庵徐氏[④]曰：“阳气为魂，附于体貌，而人生焉；骨肉毙于下，其气无所附丽，则发散飞扬于上，或为朗然昭明之气，或为温然焄蒿之气，或为肃然凄怆之气。盖阳气轻

① 《易·既济》：“九五，东邻杀牛，不如西邻之禴祭，实受其福。《象》曰：‘东邻杀牛’，不如西邻之时也。‘实受其福’，吉大来也。”

② 援庵《校注》云：“此”，谓“东邻杀牛，不如西邻之禴祭”。

③ 《易·系辞上》：“精气为物，游魂为变，是故知鬼神之情状。”

④ 援庵《校注》云：徐师曾，字伯鲁。嘉靖三十二年进士。著《礼记集注》三十卷。

清,故升而上浮,以从阳也。”所谓“游魂为变”者,情状具于是矣。延陵季子之葬其子也,曰:“骨肉归复于土,命也。若魂气,则无不之也,无不之也。”见《礼记·檀弓下》。张子载《正蒙》《太和篇》有云:“太虚不能无气,气不能不聚而为万物,万物不能不散而为太虚。循是出入,是皆不得已而然也。然则圣人尽道其间,兼体而不累者,存神其至矣。”其精矣乎!

“鬼者,归也。”[①]张子载曰:“气之为物,散入无形,适得吾体。”见《正蒙·太和篇》。此之谓归。

陈无己【原注】师道。以“游魂为变”为轮回之说,[②]【原注】《理究》。在《后山集》卷二二。〔一〕吕仲木【原注】柟。[③] 辨[④]之曰:“长生而不化,则人多,世何以容?长死而不化,则鬼亦多矣。夫灯熄而然,非前灯也;云霓而雨,非前雨也。死复有生,岂前生邪?”

〔一〕【惠氏曰】京房《乾传》:“精粹气纯,是为游魂。”陆绩注为“阴极剥尽,阳道不可尽灭,故返阳道。道不复本位,为游魂”。先朴庵《易说》曰:“硕果不食,故有游魂。”

邵氏【原注】宝。《简端录》卷三曰:“聚而有体谓之物,散而无形谓之变。唯物也,故散必于其所聚;唯变也,故聚

① 《韩诗外传》:“人死曰鬼,鬼者归也。”《尸子》:“鬼者归也,故古人以死人为归人。”另《尔雅·释训》、《礼记·祭法》、《祭义》注,所说亦相类。

② 陈氏曰:“《易》曰……盖合则为人,散则为鬼,鬼之情状,人之情状也,此轮回之说也。”

③ 援庵《校注》云:吕柟,号泾野。著《泾野子内篇》二十七卷。

④ “辨”,张京华《校释》作“辩”。

不必于其所散。是故聚以气聚，散以气散。(味)[昧]于散者，〔一〕其说也佛；荒于聚者，其说也仙。”

〔一〕【杨氏曰】“味”，疑作“昧”。[1]

盈天地之间者，气也。气之盛者为神。神者，天地之气而人之心也。故曰：“视之而弗见，听之而弗闻，体物而不可遗，使天下之人齐[2]明盛服以承祭祀，洋洋乎如在其上，如在其左右。”见《礼记·中庸》。圣人所以知鬼神之情状者如此。

“维岳降神，生甫及申”，见《诗·大雅·崧高》。非有所托而生也。“文王在上，於昭于天”，见《大雅·文王》。非有所乘而去也。此鬼神之实，而诚之不可揜也。

通乎昼夜之道而知[3]

日往月来，月往日来，一日之昼夜也。寒往暑来，暑往寒来，一岁之昼夜也。小往大来，大往小来，一世之昼夜也。“子在川上曰：‘逝者如斯夫，不舍昼夜。’”见《论语·子罕》。“通乎昼夜之道而知”，则“终日乾乾，与时偕行”，见《易·乾·文言》。而有以尽乎《易》之用矣。〔一〕

〔一〕【杨氏曰】此慎独之义。

---

① 《刊误》卷上云：“原写本正作‘昧’。”今据改。

② “齐”，张京华《校释》作“斋”。齐、斋二字通。

③ 《易·系辞上》：“范围天地之化而不过，曲成万物而不遗，通乎昼夜之道而知，故神无方而《易》无体。”

继之者善也成之者性也[①]

"维天之命,於穆不已",见《诗·周颂·维天之命》。继之者善也。"天下雷行,物与无妄",见《易·无妄》。成之者性也。是故"天有四时,春秋冬夏,风雨霜露,无非教也。地载神气,神气风霆,风霆流形,庶物露生,无非教也"。见《礼记·孔子闲居》。

"天地絪缊,万物化醇。"见《易·系辞下》。善之为言,犹醇也。曰:何以谓之善也?曰:"诚者,天之道也。"见《礼记·中庸》。岂非善乎?

形而下者谓之器

"形而上者谓之道,形而下者谓之器。"见《易·系辞上》。非器则道无所寓,说在乎孔子之学琴于师襄也。[②]"已习其数,然后可以得其志;已习其志,然后可以得其为人。"见《孔子家语》卷八《辨乐》。是虽孔子之天纵,未尝不求之象数也,故其自言曰:"下学而上达。"见《论语·宪问》。

---

① 《易·系辞上》:"一阴一阳之谓道,继之者善也,成之者性也。"

② 《韩诗外传》卷五:孔子学鼓琴于师襄子而不进。师襄子曰:"夫子可以进矣。"孔子曰:"丘已得其曲矣,未得其数也。"有间,曰:"夫子可以进矣。"曰:"丘已得其数矣,未得其意也。"有间,曰:"丘已得其人矣,未得其类也。"有间,曰:"邈然远望,洋洋乎!翼翼乎!必作此乐也。默然异,几然而长。以王天下,以朝诸侯者,其惟文王乎!"师襄子避席再拜曰:"善。师以为《文王之操》也。"按又见《孔子家语》卷八《辨乐》。

垂衣裳而天下治

"垂衣裳而天下治"，见《易·系辞下》。变质而之文也，自黄帝、尧、舜始也，故于此有"通变宜民"之论。[①]

过此以往未之或知也

人之为学，亦有病于"憧憧往来"者，[②]故天下之不助苗长者寡矣。"过此以往，未之或知也。"见《系辞下》。"居之安，则资之深；资之深，则取之左右逢其原。"见《孟子·离娄下》。

困德之辨也

"内文明而外柔顺"，见《易·明夷》。其文王之困而亨者乎？"不怨天，不尤人，下学而上达"，见《论语·宪问》。其孔子之困而亨者乎？故在陈之厄，弦歌之志，颜渊知之，而子路、子贡之徒未足以达此也。[③] 故曰："《困》，德之辨也。"见

① 宋俞琰《周易集说》卷三二："神农氏没，黄帝、尧、舜氏作，通其变，使民不倦，神而化之，使民宜之，《易》穷则变，变则通，通则久。"

② 《易·咸》："九四，贞吉。悔亡。憧憧往来，朋从尔思。《象》曰：'憧憧往来'，未光大也。"

③ 见《史记·孔子世家》：孔子绝粮于陈蔡，从者病，莫能兴。孔子讲诵弦歌不衰。子路愠见，子贡色作。唯颜回云："夫子之道至大，故天下莫能容。虽然，夫子推而行之，不容何病，不容然后见君子！"

《系辞下》。

凡易之情[1]

“爱恶相攻”，“远近相取”，“情伪相感”，人心之至变也。于何知之？以其辞知之。“将叛者其辞惭，中心疑者其辞枝，吉人之辞寡，躁人之辞多，诬善之人其辞游，失其守者其辞屈。”见《系辞下》。“听其言也，观其眸子，人焉廋哉！”见《孟子·离娄上》。是以圣人设卦，以尽情伪。“夫诚于中，必形于外”，见《礼记·大学》。君子之所以知人也。“百物而为之备，使民知神奸”，见《左传》宣公三年。先王之所以铸鼎也。故曰：“作《易》者，其有忧患乎？”见《系辞下》。周身之防，御物之智，其[2]全于是矣。

易逆数也[3]

“数往者顺”，造化人事之迹，有常而可验，顺以考之于前也。“知来者逆”，变化云为之动，日新而无穷，逆以推之于后也。圣人“神以知来，知以藏往”，作为《易》书，“以前民用”。见《系辞上》。所设者未然之占，所期者未至之事，是以谓之“逆数”。虽然，若不本于八卦已成之迹，亦安所观

① 《易·系辞下》：“是故爱恶相攻而吉凶生，远近相取而悔吝生，情伪相感而利害生。凡《易》之情，近而不相得则凶，或害之，悔且吝。”

② “其”，张京华《校释》作“具”，是。

③ 《易·说卦》：“数往者顺，知来者逆，是故《易》逆数也。”

其会通而系之爻象乎？是以"天下之言性也，则故而已矣"。见《孟子·离娄下》。

刘汝佳[①]曰："天地间一理也，圣人因其理而画为卦以象之，因其象而著为变以占之。象者，体也，象其已然者也；占者，用也，占其未然者也。已然者为往，往则有顺之之义焉；未然者为来，来则有逆之之义焉。如象天而画为《乾》，象地而画为《坤》，象雷、风而画为《震》、《巽》，象水、火而画为《坎》、《离》，象山、泽而画为《艮》、《兑》，此皆观变于阴阳而立卦，发挥于刚柔而生爻者也，不谓之'数往者顺'乎？如筮得《乾》而知'乾，元亨利贞'，筮得《坤》而知'坤，元亨，利牝马之贞'，筮得《震》而知'震亨，震来虩虩，笑言哑哑'，筮得《巽》而知'巽，小亨，利有攸往，利见大人'，筮得《坎》而知'习坎有孚，维心亨，行有尚'，筮得《离》而知'离利贞亨，畜牝牛吉'，筮得《艮》而知'艮其背，不获其身，行其庭，不见其人'，筮得《兑》而知'兑亨，利贞'，此皆通神明之德，类万物之情者也，不谓之'知来者逆'乎？夫其顺数已往，正所以逆推将来也。孔子曰，'殷因于夏礼，所损益可知也。周因于殷礼，所损益可知也'，见《论语·为政》。下同。数往者顺也；'其或继周者，虽百世可知也'，知来者逆也。故曰：'《易》，逆数也。'若如邵子之说，则是羲、文之《易》已判而为二，而又以《震》、《离》、《兑》、《乾》为数已生之卦，《巽》、《坎》、《艮》、《坤》为推未生之卦，殆不免强孔子之书以就己之说矣。"〔一〕

① 刘汝佳，安徽无为州人。万历进士，曾官浙江金华知府。

〔一〕【钱氏曰】先生不信康节先天之学，其识高于元、明诸儒远矣。

说卦杂卦互文

“雷以动之，风以散之，雨以润之，日以晅之。艮以止之，兑以说之，乾以君之，坤以藏之。”见《说卦》。上四举象，下四举卦，各以其切于用者言之也。“终万物、始万物者，莫盛乎艮。”见《说卦》。崔憬曰：“艮不言山，独举卦名者，以动挠燥润，功是风雷水火，至于终始万物；于山义则不然。故舍象而言卦，〔一〕各取便而论也。”见唐李鼎祚《周易集解》卷一七引。得之矣。

〔一〕【汝成案】李鼎祚《周易集解》作“故言卦而馀皆称物”。“故言卦”句今云“故舍象而言卦”，义虽无异，文则未赅。

古人之文，①有广譬而求之者，有举隅而反之者。“今夫山，一卷石之多”，“今夫水，一勺之多”，见《礼记·中庸》。“天”、“地”之外复言“山”、“水”者，意有所不尽也。“坤也者，地也”，见《说卦》。下同。不言西南之卦，“兑，正秋也”，不言西方之卦，举六方之卦而见之也，意尽于言矣。虞仲翔翻以为“坤道广布，不主一方”及“兑象不见西”者，俱见《周易集解》卷一七引。妄也。

“《丰》，多故［也］，亲寡，《旅》也。”见《易·杂卦》。先言

① 《刊误》卷上：“‘古人之文’，‘文’，原本误‘爻’，沈校改。蘧园孙氏曰：‘爻，义门本改“文”。’”

“亲寡”后言“旅”，以协韵也。犹《楚辞》之“吉日兮辰良”也。虞仲翔以为别有义，非也。

兑为口舌

“兑为口舌”，其于人也，但可以“为巫”、“为妾”而已。[①] 以言说[②]人，岂非妾妇之道乎？

凡人于交友之间，“口惠而实不至”，见《礼记·坊记》。则其出而事君也，必至于“静言庸违”。见《书·尧典》。故舜之禦[③]臣也，〔一〕“敷奏以言，明试以功”，见《书·舜典》。而孔子之于门人，亦“听其言而观其行”。见《论语·公冶长》。

〔一〕【杨氏曰】“禦”，当作“于”。

《唐书》言：“韦贯之自布衣为相，与人交，终岁无款曲，未尝伪辞以悦人。”见《旧唐书》本传。其贤于今之人远矣。

序卦杂卦

《序卦》、《杂卦》皆旁通之说，先儒疑以为非夫子之言。然《否》之“大往小来”，承《泰》之“小往大来”也；《解》之“利西南”，承《蹇》之“利西南不利东北”也，是文

---

① 《说卦》：“兑为泽，为少女，为巫，为口舌，为毁折，为附决。其于地也，为刚卤，为妾，为羊。”

② “说”，读如“悦”。

③ 《刊误》卷上：“‘禦’，原写本作‘御’。”“禦”、“御”古通。

王已有相受之义也。《益》之六二,即《损》之六五也,其辞皆曰"十朋之龟"。《姤》之九三,即《夬》之九四也,[①]其辞皆曰"臀无肤"。《未济》之九四,即《既济》之九三也,其辞皆曰"伐鬼方"。是周公已有反对之义也。必谓六十四卦皆然,则非《易》书之本意。或者夫子尝言之,而门人广之,如《春秋》哀十四年"西狩获麟"以后续经之作耳。

晋昼也明夷诛也[②]

苏氏轼曰:"'昼日三接',[③]故曰昼。'得其大首',[④]故曰诛。"见《东坡易传》卷九。《晋》当文明之世,群后四朝而车服以庸,揖让之事也。《明夷》逢昏乱之时,取彼凶残而杀伐用张,征诛之事也。一言昼,一言诛,取其音协尔。【原注】昼,古音"注"。《易林》及张衡《西京赋》并同。○虞仲翔曰:"诛,伤也。"《本义》用之与"昼"义相对,不切。

孔子论易

孔子论《易》,见于《论语》者二章而已,曰:"加我数年,五十以学《易》,可以无大过矣。"见《述而》。曰:"南人有

① 《刊误》卷上:"'《姤》之九三,即《夬》之九四也','三'、'四',诸本并误倒,南曲张氏校改。"

② 《易·杂卦》:"《晋》,昼也。《明夷》,诛也。"

③ 《易·晋》:"康侯用锡马蕃庶,昼日三接。"

④ 《易·明夷》:"九三,明夷于南狩,得其大首,不可疾贞。"

言曰：‘人而无恒，不可以作巫医。’善夫！”“‘不恒其德，或承之羞。’子曰：‘不占而已矣。’”见《子路》。是则圣人之所以学《易》者，不过“庸言庸行”[①]之间，而不在乎图书象数也。今之穿凿图象以自[②]为能者，畔也。

记者于夫子学《易》之言而即继之曰：“子所雅言，《诗》、《书》、执礼，皆雅言也。”见《论语·述而》。是知夫子平日不言《易》，而其言《诗》、《书》、执礼者，皆言《易》也。人苟循乎《诗》、《书》、执礼之常而不越焉，则自天祐之，吉无不利矣。故其作《系辞传》，于“悔吝”、“无咎”之旨[③]特谆谆焉。而《大象》所言，凡其体之于身、施之于政者，无非用《易》之事。然辞本乎象，故曰“君子居则观其象而玩其辞”，见《系辞上》。观之者浅，玩之者深矣。其所以与民同患者，必于辞焉著之，故曰“圣人之情见乎辞”。见《系辞下》。若“天一地二”、“易有太极”二章，皆见《系辞上》。皆言数之所起，亦赞《易》之所不可遗，而未尝专以象数教人为学也。是故“出入以度”，“无有师保，如临父母”，皆见《系辞下》。文王、周公、孔子之《易》也。希夷之图，康节之书，[④]道家之《易》也。自二子之学兴，而空疏之人、迂怪之士举窜迹于其中以为《易》，而其《易》为方术之书，于圣人寡过反身之

---

① 《易·乾》：“九二曰‘见龙在田，利见大人’，何谓也？子曰：‘龙德而正中者也。庸言之信，庸行之谨，闲邪存其诚，善世而不伐，德博而化。’”

② 援庵《校注》疑“以自”为“自以”之误。

③ 《系辞上》：“悔吝者，言乎其小疵也。无咎者，善补过者也。”

④ 陈抟，宋朝人，字图南，号希夷先生。《太极图》为其所传。邵雍，宋朝人，字尧夫，谥康节。著《皇极经世书》。

学去之远矣。〔一〕

〔一〕【杨氏曰】此论与朱子异。

“《诗》三百，一言以蔽之，曰‘思无邪’。”见《论语·为政》。**《易》六十四卦，三百八十四爻，一言以蔽之，曰“不恒其德，或承之羞”。**见《易·恒》。**夫子所以思得见夫有恒也，有恒然后可以无大过。**①

七八九六

《易》有七、八、九、六，而爻但系九、六者，举隅之义也。故发其例于《乾》、《坤》二卦，曰“用九”、“用六”，用其变也。亦有用其不变者，《春秋传》穆姜遇《艮》之八，见《左传》襄公九年。**《晋语》董因得《泰》之八是也。**【原注】杜元凯注谓杂用《连山》、《归藏》，二《易》皆以七、八为占，故言“遇《艮》之八”者，非。○《晋语》：公子筮，“得(《屯》贞)［贞《屯》］、②悔《豫》，皆八”。本卦为贞，之卦为悔。沙随程氏迥曰：“初与四、五，凡三爻，变，其不变者二、三、上，在《屯》为八，在《豫》亦八。”**今即以《艮》言之，二爻独变，则名之“六”，馀爻皆变而二爻独不变，则名之“八”，是知《乾》、《坤》亦有用“七”、用“八”时也。《乾》爻皆变而初独不变，曰“初七潜龙勿用”可也。《坤》爻皆变而初独不变，曰“初八履霜坚冰至”可也。占变者，**

① 《易·家人》：“君子以言有物而行有恒。”

② 据《国语·晋语四》改。

其常也；占不变者，其反也，故圣人系之九、六。欧阳永叔修**曰："《易》道占其变，故以其所占者名爻，不谓'六'，爻皆九、六也。"**见《文忠集》卷一八《明用》。**得之矣。**〔一〕

〔一〕【钱氏曰】春秋之世，三《易》尚存。其以《周易》占，一爻变则以变爻辞占，如《观》之《否》、《归妹》之《睽》、《明夷》之《谦》之类是也。数爻变则以彖辞占，如"《艮》之八"、"(《屯》贞)[贞《屯》]、悔《豫》，皆八"是也。六爻皆不变，亦以彖辞占，"《泰》之八"是也。以爻辞占称"九"、"六"，以彖辞占称"八"、"九"。"六"、"八"之名，惟《周易》有之，若杂以它占则否。"千乘三去"，"射其元王"，不云"《蛊》之八"、"《复》之八"者，非《周易》繇词也。

【又曰】惠氏栋尝言之："蓍圆而神，'七'也；卦方以知，'八'也；六爻，《易》以贡'九'、'六'也。七七四十九，蓍之数；八八六十四，卦之数。九六变成三百八十四，爻之数。神以知来，知以藏往。知来为卦之未成者，藏往为卦之已成者，故不曰七而曰八。《春秋》内外传从无筮得某卦之七者，以七者筮之数，未成卦也。"

赵汝楳《易辑闻》曰："揲蓍策数，凡得二十八，虽为《乾》，亦称'七'；凡得三十二，虽为《坤》，亦称'八'。"①

杨彦龄《笔录》曰："杨损之，蜀人，博学善称说。余尝疑《易》用九、六而无七、八，损之云：'卦画七、八，爻称九、六。'"

① 援庵《校注》云：汝楳，善湘子，善湘《宋史》有传。汝楳有《周易辑闻》六卷，另有《易雅》一卷，《筮宗》三篇。此所引见《筮宗》第三篇，非《周易辑闻》也。

“《乾》之策二百一十有六，《坤》之策百四十有四”，见《系辞上》。亦是举九、六以该七、八也。朱子谓七、八之合亦三百有六十也。【原注】《乾》遇七则一百六十八，《坤》遇八则一百九十二。

卜筮

舜曰：“官占，惟先蔽志，昆命于元龟。”见《书·大禹谟》。《诗》《大雅·绵》曰：“爰始爰谋，爰契我龟。”《洪范》曰：“谋及乃心，谋及卿士，谋及庶人，谋及卜筮。”孔子之赞《易》也，亦曰“人谋鬼谋”。见《系辞下》。【原注】祖伊告纣言“格人元龟”，见《书·西伯戡黎》。亦先人后龟。夫庶人，至贱也，而犹在蓍龟之前，故尽人之明而不能决，然后谋之鬼焉。故古人之于人事也信而有功，于鬼也严而不渎。

子之必孝，臣之必忠，此不待卜而可知也；其所当为，虽凶而不可避也。故曰：“欲从灵氛之吉占兮，心犹豫而狐疑。”见《楚辞·离骚》。又曰：“用君之心，行君之意，龟策诚不能知此事。”见《楚辞·卜居》。善哉屈子之言，其圣人之徒欤！

《卜居》，屈原自作，设为问答，以见此心非鬼神吉凶之所得而移耳。王逸《序》乃曰：“心迷意惑，不知所为，往至太卜之家，决之蓍龟，冀闻异策，以定嫌疑。”则与屈子之旨大相背戾矣。洪兴祖《补注》卷六曰：“此篇上句皆原所从，下句皆原所去。时之人去其所当从，从其所当去，其所谓吉，乃原所谓凶也。”可谓得屈子之心者矣。〔一〕

〔一〕【杨氏曰】汉以前注，止据文生义，王叔师序《渔父》，便谓实有其人，此不足怪也。

《礼记·少仪》："问卜筮，曰：'义与？志与？义则可问，志则否。'"子孝臣忠，义也；违害就利，志也。卜筮者，先王所以教人"去利，怀仁义"见《孟子·告子下》。也。

"石骀仲卒，无適子，有庶子六人，卜所以为后者。曰：'沐浴佩玉则兆。'五人者皆沐浴佩玉。石祁子曰：'孰有执亲之丧而沐浴佩玉者乎？'不沐浴佩玉。石祁子兆，卫人以龟为有知也。"见《礼记·檀弓下》。南蒯将叛，"枚筮之，遇《坤》之《比》，曰：'黄裳元吉。'子服惠伯曰：'忠信之事则可，不然必败。外强内温，忠也；和以率贞，信也。故曰黄裳元吉。黄，中之色也；裳，下之饰也；元，善之长也。中不忠，不得其色；下不共，不得其饰；事不善，不得其极。且夫《易》不可以占险，犹有阙也。筮虽吉，未也。'"南蒯果败。见《左传》昭公十二年。是以严君平之卜筮也，"与人子言依于孝，与人弟言依于顺，与人臣言依于忠"。见《汉书·王贡两龚鲍传序》。而高允亦有"筮者当依附爻象，劝以忠孝"见《魏书·高允传》。之论，其知卜筮之旨矣。

《申鉴》卷三《俗嫌》："或问卜筮，曰：'德斯益，否斯损。'曰：'何谓也？''吉而济，凶而救之，谓德；[①]'吉而恃，凶而怠之，谓损。'"

"君子将有为也，将有行也，问焉而以言，其受命也如

---

① "德"，今本《申鉴》作"益"。

向”，见《系辞上》。告其为也，告其行也。“死生有命，富贵在天”，见《论语·颜渊》。若是，则无可为也，无可行也，不当问，问亦不告也。《易》“以前民用”见《系辞上》。也，非以为人前知也；求前知，非圣人之道也。是以《礼记》《少仪》之训曰：“毋测未至。”

郭璞尝过颜含，欲为之筮。含曰：“年在天，位在人。修己而天不与者，命也；守道而人不知者，性也。自有性命，无劳蓍龟。”见《晋书·颜含传》。

《文中子》：“子谓北山黄公善医，先寝食而后针药；汾阴侯生善筮，先人事而后说卦。”见《文中子中说》卷八《魏相》。

《金史·方伎传序》曰：“古之为术，以吉凶导人而为善；后世术者，或以休咎导人而为不善。”

日知录集释卷二

帝王名号

尧、舜、禹，皆名也。古未有号，故帝王皆以名纪，"临文不讳"见《礼记·曲礼》、《玉藻》。**也。**【原注】胡文定安国《修春秋劄子》："臣闻古者不以名为讳。《尧典》称'有鳏在下曰虞舜'，则尧、舜者固二帝之名，而《尧典》乃虞氏史官所作，直载其君之名而不避也。"见《历代名臣奏议》卷二八二。〔一〕**考之《尚书》，帝曰"格，汝舜"**、《舜典》。**"格，汝禹"**，《大禹谟》。**名其臣也。尧崩之后，舜与其臣言，则曰"帝"；**见《舜典》。**禹崩之后，《五子之歌》则曰"皇祖"，《胤征》则曰"先王"，无言尧、舜、禹者，不敢名其君也。自启至发，皆名也。夏后氏之季，而始有以十干为号者。桀之癸，商之报丁、报乙、报丙、主壬、主癸，皆号以代其名。**【原注】《白虎通》卷八《宗族》曰："殷质，以生日名子。"**自天乙至辛，皆号也。**【原注】太甲、沃丁、仲丁、河亶甲、祖乙、盘庚，皆以为《书》篇之名，惟其号也。**商之王，著号不著**

名，而名之见于经者二，天乙之名履，辛之名受是也。【原注】武庚亦是号，禄父乃名也。曰汤，曰纣，则亦号也。【原注】孔氏《西伯戡黎》序传："受，纣也。音相乱。"号则臣子所得而称，故伊尹曰"惟尹躬暨汤"，见《书·咸有一德》。颂曰"武汤"，见《商颂·玄鸟》。曰"成汤"，见《商颂·殷武》。曰"汤孙"见《商颂·那》。也。【原注】《微子之命》言"乃祖成汤"，《多士》言"尔先祖成汤"，皆对其臣子称之。曰"文祖"，见《舜典》。曰"艺祖"，见《舜典》。曰"神宗"，见《大禹谟》。曰"皇祖"，见《五子之歌》。曰"烈祖"，见《伊训》。曰"高祖"，见《盘庚下》。曰"高后"，见《说命上》。曰"中宗"，见《无逸》。曰"高宗"，见《说命上》。而庙号起矣。曰"玄王"，见《诗·商颂·长发》。曰"武王"，见《金縢》。而谥立矣。曰"大舜"，见《孟子·公孙丑上》。曰"神禹"，见《庄子·齐物论》。曰"大禹"，见《大禹谟》。曰"成汤"，曰"宁王"，见《大诰》。而称号繁矣。自夏以前纯乎质，故帝王有名而无号。自商以下浸乎文，故有名有号。而德之盛者，有谥以美之，于是周公因而制谥，自天子达于卿大夫，美恶皆有谥，而十干之号不立。【原注】《史记·齐太公世家》："太公子丁公，丁公子乙公，乙公子癸公。"犹用商人之称。陆淳曰："《史记》、《世本》厉王以前诸侯有谥者少，其后乃皆有谥。"然王季以上不追谥，犹用商人之礼焉，此文质之中而臣子之义也。呜呼，此其所以为圣人也欤！

〔一〕【阎氏曰】按《曲礼》："《诗》、《书》不讳，临文不讳。"卢植注曰："临文，谓礼文也。礼执文行事，故言文也。"郑康成注曰："为其失事正也。"陈澔注曰："不因避讳而改行事之语，盖恐有误于承事也。"从来解"文"字皆如此，而从来引此句多误，顾氏亦未之免，要当用“《诗》、《书》不讳”耳。

【杨氏曰】虞夏时亦未有讳。

【续补正】遇孙案：先生谓尧、舜、禹皆名，独引胡安定①之说，非也。尧、舜、禹、汤皆谥，与文、武同。放勋、重华、文命、履皆名，与昌、发同。《大戴礼·帝系》云：“帝喾产放勋，是谓帝尧。瞽瞍产重华，是谓帝舜。鲧产文命，是谓禹。”又《五帝德》云：“宰我曰：‘请问帝尧？’孔子曰：‘高辛之子也，曰放勋。’‘请问帝舜？’孔子曰：‘蟜牛之孙、瞽瞍之子也，曰重华。’‘请问禹？’孔子曰：‘高阳之孙、鲧之子也，曰文命。’”《书中候》曰：“文命德盛，俊乂在官，而朱草出。”《离骚》：“就重华而陈词。”《九章·涉江》：“吾与重华游兮瑶之圃。”《怀沙》：“重华不可遌兮。”王逸云：“重华，舜名。”以舜为虞氏舜名者，始于孔传，而康成亦同。然郑注《中候》仍以重华为舜名，注《礼记》释舜之言充。是以孔颖达云：“孔、郑之所谓舜名者，以舜为谥号之名也。”案《孟子》“名之曰幽、厉”，赵岐注：“名之，谥之也。”马融、皇甫谧、陆德明皆无异辞，至宋人始翻之。且《尚书》之言“格汝舜”、“格汝禹”、“有鳏在下曰虞舜”者，亦史臣追书而称其谥耳。《士冠礼》、《郊特牲》皆言殷以前生无爵、死无谥，此指大夫、士言，若天子，固应有谥矣。《五帝本纪》云：“帝尧者放勋。”脱去‘名曰’二字。“虞舜者名曰重华。”“夏禹名曰文命。”裴骃注引《谥法》：“翼善传圣曰尧”、“仁圣盛明曰舜”、“受禅成功曰禹”、“除虐去残曰汤”。虽《逸周书·谥法解》无之，而尧、舜为谥见《白虎通·谥篇》。马融注《尧典》以舜为谥，注《汤誓序》以禹、汤亦谥，则骃说非无据也。先生以尧、舜、禹为名，知汤不可为名而归之号，后又以大舜、神禹、成汤、宁王并举而谓称号之繁，鹘突显然，不如从马、

---

① 胡安国，谥文定。“安定”二字必有一误。

郑之说为当也。

【小笺】“商之王著号不著名”云云。〇按:《尚书·立政》篇“其在受德暋”,孔传曰:“受德,纣字,帝乙爱焉,为作善字。”则是纣名而受德字也。《西伯戡黎》篇孔传曰:“受,纣也,音相乱。”则又以为受即是纣矣。同出孔传而前后歧异。《逸周书·克殷》篇亦云“殷末孙受德”,则知纣一人自有三称:纣名也,受德字也,辛者其十干之号也。

九族[①]

宗盟之列,先同姓而后异姓;丧服之纪,重本属而轻外亲。此必有所受之,不自周人始矣。“克明俊德,以亲九族”,孔传以为自高祖至玄孙之亲,盖本之《礼记》**《丧服小记》“以三为五,以五为九”之说,而百世不可易者也。《牧誓》数商之罪,但言“昏弃厥遗王父母弟”,而不及外亲;《吕刑》“申命有邦”,历举伯父、伯兄、仲叔、季弟、幼子、童孙,而不言甥舅,古人所为先后之序,从可知矣。故《尔雅》**《释亲》**谓于内宗曰“族”,于母、妻则曰“党”。**[②] **而**《礼记》**《昏礼》及《仲尼燕居》“三族”之文,康成并释为父、子、孙。**【原注】《仪礼·昏礼》“三族之不虞”注:“三族,谓父昆弟、己昆弟、子昆弟。”《礼记·仲尼燕居》篇“故三族和也”,注:“三族,父、子、

① 见《书·尧典》:“克明俊德,以亲九族。九族既睦,平章百姓。”陆德明《释文》:“九族,上自高祖,下至玄孙,凡九族。”

② 《尔雅》卷四《释亲》第一段“父为考,母为妣”至“昆,兄也”,为“宗族”。第二段“母之考为外王父”至“其女子子为从母姊妹”,为“母党”。第三段“妻之父为外舅”至“娣妇谓长妇为姒妇”为“妻党”。

孙也。”杜元凯乃谓“外祖父、外祖母、从母子及妻父、妻母、姑之子、姊妹之子、女子之子非①己之同族，〔一〕皆外亲有服而异族者”。【原注】《左氏》桓公六年传注。〔二〕然则史官之称帝尧举其疏而遗其亲，②无乃颠倒之甚乎？且九族之为同姓，经传之中有明证矣。《春秋》鲁成公十五年“宋共公卒”，《传》曰：“二华，戴族也。司城，庄族也。六官者，皆桓族也。”共公距戴公九世。【原注】凡十三公，内除同世者四公。〔三〕而《唐六典》卷一六“宗正卿掌皇九族［六亲］之属籍，以别昭穆之序，纪亲疏之别。九庙之子孙，其族五十有九。光皇帝一族，景皇帝之族六，元皇帝之族三，高祖之族二十有一，太宗之族十有三，高宗之族六，中宗之族四，睿宗之族五”，此在玄宗之时已有七族。【原注】中、睿二宗同为一世。〔四〕若其历世滋多，则有不止于九者。而五世亲尽，故经文之言族者自九而止也。【原注】杜氏于襄十二年传注曰：“同族谓高祖以下。”则前说之非，不待辨而明矣。又孔氏颖达《正义》谓高祖、玄孙无相及之理，【原注】桓六年。不知高祖之兄弟与玄孙之兄弟固可以相及，〔五〕如后魏国子博士李琰之所谓“寿有长短，世有延促，不可得而齐同”见《魏书·礼志二》。者，如宋洪迈《容斋随笔》卷三《曾太皇太后》言，“嗣濮王士歆，在隆兴为从叔祖，在绍熙为曾叔祖，在庆元为高叔祖”，其明证矣。【原注】余丁未岁，在大同遇代府中尉俊晰，年近

---

① 按今本杜预《左传注》作“女子之子并己之同族”。

② 《史记·五帝本纪》：四岳曰：“鄙德忝帝位。”尧曰：“悉举贵戚及疏远隐匿者。”众于是举虞舜。

五十。考其世次，于孝宗为昆弟，而上距弘治之元已一百八十年，秦、晋二府见在者多其六七世孙。**亦何必帝尧之世，高祖玄孙之族无一二人同在者乎？疑其不相及而以外戚当之，其亦昧于齐家治国之理矣。**

〔一〕【汝成案】"非"，今本作"并"。

〔二〕【杨氏曰】杜氏之所以异于孔、郑者，以《左传》桓公六年传文云"修其五教，亲其九族"。"五教"注既云"父义、母慈、兄友、弟恭、子孝"矣，则九族更不得就一本言之，所谓言各有当也。

【汝成案】《左传》桓公六年疏："《礼》戴、《尚书》欧阳说：九族乃异姓有属者。父族四：五属之内为一族，父女昆弟适人者与其子为一族，己女昆弟适人者与其子为一族，己之女子子适人者与其子为一族。母族三：母之父姓为一族，母之母姓为一族，母女昆弟适人者与其子为一族。妻族二：妻之父姓为一族，妻之母姓为一族。"此小异者，"以郑驳云'女子不得与父兄为异族'，故简去其母，惟取其子。"夫既以为异姓有属者，而仍数五属之内为一族，则不辞。若无姑或无姊妹、无女子子，则九族不备，皆理之不可通者。

〔三〕【沈氏曰】《左传》所言盖氏族之族也，不谓顾氏乃有此舛谬。

〔四〕【沈氏曰】《六典》所言乃同宗之族也，以此证"九族"，恐未精细。

〔五〕【沈氏曰】高祖之兄弟亦亲尽无服，恐不在九族之列。

《路史》《馀论》卷六《九族》**曰："亲亲，治之始也。《礼·**丧服**小记》曰：'亲亲者，以三为五，以五为九，上杀、下杀、旁杀，而亲毕矣。'是所谓九族者也。夫人生则有父，壮则有子，父、子与己，此《小宗伯》'三族之别'也。**【原注】《周礼·小宗伯》："掌三族之别，以辨其亲疏。其正室皆谓之门子。"父者子之祖，因上推之，以及于己之祖。子者父之孙，因下推之，以及于己之孙，此《礼》传之'以三为五'也。己之祖，自己子视之，则为曾祖王父，自己孙视之，则为高祖王父。己之孙，自己父视之，则为曾孙，自己祖视之，则为玄孙。故又上推以及己之曾、高，下推以及己之曾、玄，是所谓'以五为九'也。"陈氏祥道《礼书》卷六三《宗族》曰："己之所亲，以一为三。祖孙所亲，以五为七。《记》不言者，以父子一体，而高、玄与曾同服，故不辨异之也。服父三年，服祖期，则曾祖宜大功，高祖宜小功，而皆齐衰三月者，不敢以大小功旁亲之服加乎至尊。故重其衰麻，尊尊也，减其日月，恩杀也。此所谓上杀。服適子三年，庶子期，適孙期，庶孙大功，【原注】適孙，传重者也。有適子者无適孙，则长子在，皆为庶孙也。① 则曾孙宜五月，而与玄孙皆缌麻三月者，曾孙服曾祖三月，曾祖报之亦三月。曾祖尊也，故加齐衰，曾孙卑也，故服缌麻。此所谓下杀。服祖期，则世叔〔一〕宜大功，以其与父一体，故加以期；【原注】周道亲亲，至重者莫如兄弟。兄弟之子进而为期，其服同于子。父之兄弟进而为期，其服同于祖父。故曰"死丧之威，兄弟孔怀"。从世叔则疏矣，加所不及，〔二〕故服小功；族世叔又疏矣，故服缌麻。此发父而旁杀者也。祖之兄弟小功，〔三〕曾祖兄弟缌麻，高祖兄弟无服。此发祖而旁杀者也。同父至亲期，同祖为从大功，同曾祖为再从小功，同高祖为三从缌麻：此发兄弟而旁杀者

① 此为《礼书》原注。

也。父为子期，兄弟之子宜九月，不九月而期者，以其犹子而进之也，从兄弟之子小功，再从兄弟之子缌麻。此发子而旁杀者也。祖为孙大功，兄弟之孙小功，从兄弟之孙缌麻。〔四〕此发孙而旁杀者也。〔五〕盖服有加也，有报也，有降也。祖之齐衰，世叔从子之期，皆加也；曾孙之三月与兄弟之孙五月，皆报也；若夫降有四品，则非五服之正也。"观于"九族"之训，"如丧考妣"之文，而知宗族之名、服纪之数，盖前乎二帝而有之矣。〔六〕

〔一〕【杨氏曰】世叔宜云"世父叔父"，下同。

〔二〕【沈氏曰】此下宜增"故服大功，再从世叔又疏矣"二句。

〔三〕【沈氏曰】此下宜增"族祖缌麻"一句。

〔四〕【沈氏曰】此下宜增"兄弟之曾孙缌麻"一句。

〔五〕【沈氏曰】族祖缌麻，发祖而旁杀者也。固宜增入"曾祖兄弟缌麻，发曾祖而旁杀者也。兄弟曾孙缌麻，发曾孙而旁杀者也"，宜自为两段。至"高祖兄弟无服"一句，直宜去之。

〔六〕【汝成案】先生所云从世叔，①即《丧服》"小功章"从祖父母，族世叔即"缌麻章"族父母。沈氏此注既乖服术，又舛出云。

后魏孝文太和中，"诏延四庙之子，下逮玄孙之胄，申宗宴于皇信堂，不以爵秩为列，悉序昭穆为次，用家人之礼"。见《魏书·任城王澄传》。此由古圣人睦族之意而推之者也。

舜典

古时《尧典》、《舜典》本合为一篇，故"月正元日，格于

---

① "从世叔则疏矣"云云非顾氏语，黄氏误认陈氏《礼书》后数句为先生之文。

文祖”见《舜典》。下同。之后，而四岳之咨必称“舜曰”者，以别于上文之“帝”也。至其命禹，始称“帝曰”，问答之辞已明，则无嫌也。

惠迪吉从逆凶[1]

善恶报应之说，圣人尝言之矣。大禹言“惠迪吉，从逆凶，惟景响”，汤言“天道福善祸淫”，见《汤诰》。伊尹言“惟上帝不常，作善降之百祥，作不善降之百殃”，见《伊训》。又言“惟吉凶不僭在人，惟天降灾祥在德”，见《咸有一德》。孔子言“积善之家必有馀庆，积不善之家必有馀殃”。见《易·文言》。岂真有上帝司其祸福，如道家所谓天神察(其)[人][2]善恶，释氏所谓地狱果报者哉！善与不善，一气之相感，如水之流湿，火之就燥，不期然而然，无不感也，无不应也。此《孟子》《公孙丑上》所谓“志壹则动气”，而《诗》《大雅·板》所云“天之牖民，如埙如篪，如璋如圭，如取如携”者也。其有不齐，则如夏之寒，冬之燠，得于一日之偶逢，而非四时之正气也，故曰“诚者天之道”见《礼记·中庸》。也。若曰有鬼神司之，屑屑焉如人间官长之为，则报应之至近者，反推而之远矣。

---

① 《书·大禹谟》：禹曰：“惠迪吉，从逆凶，惟景响。”

② 《续刊误》卷上：“‘其’，原写本作‘人’。”今据改。

懋迁有无化居[①]

“懋迁有无，化居。”化者，货也。【原注】古化、货二字多通用。《史记·仲尼弟子传》“与时转货赀”，《索隐》曰：“《家语》货作化。”**运而不积则谓之化，留而不散则谓之货。唐虞之世，曰化而已。至殷人始以货名，《仲虺》有“不殖货利”之言，“三风”有“殉于货色”之儆，[②]而《盘庚》之诰则曰“不肩好货”。于是移“化”之字为“化生化成”之“化”，而厚敛之君、发财之主多不化之物矣。**

舜作《南风》之歌，[③]所谓劝之以“九歌”者也。【原注】《左传》文（八）［七］年郤缺言：“九功之德，皆可歌也，谓之‘九歌’。”**读之然后知“解吾民之愠”者，必在乎“阜吾民之财”。而自阜其财，乃以来天下之愠。**

三江[④]

“北江”，[⑤]今之扬子江也。“中江”，[⑥]今之吴淞江也。

---

① 《书·益稷》：禹曰：“暨稷播，奏庶艰食鲜食。懋迁有无，化居。烝民乃粒，万邦作乂。”

② 《书·伊训》以“巫风”、“淫风”、“乱风”为“三风”。云：“敢有殉于货色，恒于游畋，时谓淫风。”

③ 见《礼记·乐记》：“昔者舜作五弦之琴以歌《南风》。”《孔子家语》载其歌辞：“南风之薰兮，可以解吾民之愠兮。南风之时兮，可以阜吾民之财兮。”

④ 《书·禹贡》：“三江既入，震泽底定。”孔传：“震泽，吴南大湖名，言三江已入，致定为震泽。”陆德明《音义》：“三江，韦昭云：谓吴松江、钱塘江、浦阳江也。《吴地记》云：松江东北行七十里，得三江口，东北入海为娄江，东南入海为东江，并松江为三江。”

⑤ 《禹贡》：“嶓冢导漾，东流为汉。……东，汇泽为彭蠡，东，为北江，入于海。”

⑥ 《禹贡》：“岷山导江……过九江，至于东陵，东迤北，会于汇；东为中江，入于海。”

【原注】“东迤北会于汇”,盖指固城石臼等湖。**不言南江,而以“三江”见之。南江,今之钱塘江也。**【原注】本郭璞说。〔一〕**《禹贡》该括众流,无独遗浙江之理,而会稽又他日合诸侯计功之地也,特以施功少,故不言于导[①]水尔。“三江既入”,一事也;“震泽底定”,又一事也。后之解《书》者必谓三江之皆由震泽,以二句相蒙为文,而其说始纷纭矣。**【原注】程大昌曰:“‘弱水既西’,‘泾属渭汭’,必谓‘既’之一语为起下文,则弱水未西,其能越秦陇而乱泾、渭乎?”见《雍录》卷六。可谓解颐之论。〔二〕

〔一〕【全氏曰】三江之说,其以中江、北江、南江言之者,汉孔氏传据经文,谓“有中有北,则南可知,是为三江。其道则自彭蠡分为三而入震泽,自震泽复分为三入海”。按江、汉之水会于汉阳,合流数百里至湖口,与豫章江会,数千里而入海,即所谓彭蠡也。然则江至彭蠡并三为一,未尝分一为三。况震泽在今之常、湖、苏三府地,自隋炀帝凿江南河,始与江通,当禹时江、湖何自而会?且大江又合流入海,未闻三分。故前辈谓安国未尝南游,不谙吴楚地理,是《书传》之说非也。班孟坚《地理志》指“松江为南江,永阳江、荆溪诸水为中江,大江为北江”。司马彪《郡国志》因之。此与《书传》所言本自不同,乃孔颖达引以证《传》,而司马贞入之《索隐》,王荆公亦取其说。但其所谓中江,出丹阳芜湖县西南,至会稽阳羡县东入海者。按阳羡与丹阳虽相接,而两境中高,又皆有堆阜间之,其水分东西流。江之在阳羡者固可通海,而芜湖之水皆西北流,合宁国、广德、宣、歙诸水,北向以入大江,安得南流以上阳羡也?

① “导”,张京华《校释》作“道”。二字通。

夫诸水皆支流，不足以当大江。经文明有中江，而乃背之，甚属无谓。乃或言《地理志》之中江，在洪水时原有之，禹塞之以奠震泽；则何不云“三江既塞”？是《地志》之说尤非也。《水经》谓“江至石城分为二”，其一即经文所谓北江者也。南江则自牛渚上桐水，过安吉县为长渎，历湖口东，则松江出焉，江水奇分，谓之三江口，东至会稽馀姚县东入海。其于中江阙焉。不知桐水，今之广德；长渎，今之太湖；其中高，水不相通，亦犹丹阳之与阳羡。而南江既为吴松，安得更从馀姚入海？故胡朏明疑“东则松江出焉”十五字乃注之误混于经者。盖《地志》以松江为南江，《水经》以分江水为南江，道元欲援《水经》以合《地志》，故曲傅之。总之与《禹贡》不合，是《水经》之说又非也。郑康成《书》注：“左合汉为北江，会彭蠡为南江，岷江居其中，则为中江。”康成未尝见《书传》，然其说颇与合，特不言入震泽耳。唐魏王泰《括地志》谓：“三江俱会彭蠡，合为一江入澥。”夫合为一江，则仍不可以言三江，是《书》注之说亦非也。盛宏之《荆州记》：“江出岷山，至楚都，遂广十里，名南江。至寻阳，分九道，东会于彭泽，经芜湖，名中江。东北至南徐州，名北江，入海。”此本《汉志》旧注“岷山为大江，至九江为中江，至徐陵为北江”，一原而三目。今载《初学记》中，而徐氏注《说文》宗之。但此仍一江，非三江也。其与孔、郑别者，不过一以南江为大江之委，一以为原，不甚远也。则《荆州记》之说亦非也。贾公彦《周礼疏》袭孔、郑之说而变之，谓“江至寻阳，南合为一，东至扬，复分三道入海”。但彭蠡在寻阳之南，几见江、汉之分至寻阳始合，而大江之合至彭蠡又分者？则《周礼疏》之说亦非也。《初学记》又引郭景纯《山海经注》：“三江者，大江、中江、北江。汶山郡有岷山，大江所出。崃山，中江所出。崌山，北江所出。”此在《山经》，原未以言《禹贡》之三江。而杨用修因谓：“诸家求三江于下流，曷不向上流寻讨？盖三江发原于蜀而注震泽，《禹贡》纪其原以及其委。”乃不考大江、震泽之本不相通，且亦思三江尽在夔峡以西，安得越梁、荆而纪之扬？况《山海经》安足解《尚书》也？试读《海内东经》又有“大江出汶山”、“北江出曼山”、“中江出高山”之语，是又一“三江”也，是固不足信之尤者也。其以松江、东江、娄江言之者，张守节谓“在苏州东南三十里，名三江口。一江西南上七十里至太湖，名松江，古笠泽江。一江东南上七十里至白蚬湖，名上江，亦曰东江。一江东北下三百馀里，名下江，亦曰娄江”。是本庾仲初《扬都赋》注。而庾又本顾夷《吴地记》，《吴越春秋》所谓“范蠡乘舟出三江之口”，与《水经》所云“奇分”者也。陆德明已引之，守节始主其说，而薛季龙、朱乐圃、蔡九峰皆以为然。但据诸书，皆云三江口，而不以为三江。况东娄仅为吴松支港，故孔仲达已非之，谓不与《职方》同。今考《扬都赋注》，则东江、娄江并入海。据《史记正义》，则仅娄江入海。然则三江仍属一江，而东、娄二江至今无考，则《吴地记》之说亦非也。《虞氏志林》谓“松江至彭蠡分三道”，大抵即指松江、东江、娄江而言，则更纰缪之甚。彭蠡为中江、北江、南江之会，其水既入大江，即从毗陵入海，而松江乃从吴县入海，安得至彭蠡也？则《志林》之说尤非也。黄东发力主庾、张而又疑之，谓：“予尝泛舟至吴松，绝不见所谓东、娄者。考《吴志》有白蚬江、笠泽江，意者即是耶？”不知白蚬即东江，笠泽即松江。东发失记张氏原注而悬揣之，是《日钞》之说亦非也。金仁山曰：“太湖之下三江说有二：一谓吴松江七十里，中为松江，东南娄江，北东江；一谓[太湖之下原有]①三江，吴松乃其一耳。”则亦疑松江、东江、娄江之未足以当三江，而究之别有江者，果何江也？是欲为之辞而不得也。若韦曜谓“吴松江、浙江、浦阳江为三江”，其意以大江之望已举彭蠡，于是南及松江，又南则浙江，又南则浦江。然浦江导源乌伤，东径诸暨、始宁、曹江，然后返永兴之东，与浙江合，则特钱唐之支流耳。或且祖《吴越春秋》以浦江、浙江、剡江为三江，则浦江不过浙之附庸，而剡江并不能与浦并，大江支流数百，使随举而错指之，可乎？惟《水经·沔水中篇》注引郭景纯曰“三江者，岷江、松江、浙江也”，《初学记》误引以为韦曜之言。盖扬州东南扬子江，又东南吴松江，又东南钱唐江，三处入海，而各雄一方，为扬州三大望，南距荆楚，东尽于越，中举勾吴，此外无相与上下者，恰合《职方》“大川”之旨，即《国语》范蠡曰“与我争三江五湖之利者，非吴也耶”，子胥曰“吴之与越，三江环之”。夫环吴、越之境，为二国所必争，非岷江、松江、浙江而何？善乎《蔡传旁通》曰：“三江不必涉中江、北江之文，而止求其利病之在。”扬州水之大者，莫若扬子江、松江、浙江。经文记彭蠡之下，何舍大江而远录湖水之支流？则中江、北江之与三江不合明矣。况岷江入则彭蠡诸水从矣，郑、孔诸家所谓中江、北江、南江者已该之。松江入则具区诸水从矣，庾、张诸家所谓松江、东江、娄江者已该之。浙江入则浦阳诸水从矣，韦、赵诸家所谓浙江、浦江、剡江者已该之。盖举三大望而诸小江尽具焉，是诸说皆可废也。尝考宋淳熙间知昆山县边实作县志言：“大海自西滭分南北，由斜转而西朱陈沙，谓之扬子江口，由徘徊头而北黄鱼垛，谓之吴淞江口，由浮子门而上，谓之钱唐江口。三江既入，禹迹无改。”

① “太湖之下原有”六字据全祖望《经史问答》卷二校补。

是其说最得之。乃有疑大江只一渎耳,不应既以表荆,复以表扬。不知"江汉朝宗"之文,江尚兼汉言之,至扬始有专尊。况自南康至海千五百里,不得专属荆也。试以《禹贡》书法言之:"淮、海惟扬","海、岱惟青","海、岱及淮惟徐",倘谓著之一方,不得公之他所,则是夏史官亦失书法也。又有疑禹合诸侯于会稽,在摄位后,若治水时,浙江未闻疏导,不得预三江之列。不知《禹贡》该括众流,不应独遗浙江,而会稽又扬州山镇所在,必无四载不至之理。其不言于导水者,或以施功之少,故略之耳。若顾宁人疑古所谓中江、北江、南江即景纯所谓三江,则愚又未敢以为然。据先儒,固城等湖是阖庐伐楚开以运粮者,况经文中江明指大江,似无庸附会也。若胡朏明既主康成之说,又以秦汉之际别有三江,以分江水东历乌程至馀姚,合浙江入海者为南江;以芜湖水东至阳羡,由太湖入海者为中江;合岷山为北江。其说虽无关《禹贡》,而亦属不考。分江水发安庆,至贵池,即有山溪间之,何由东行合浙?芜湖之水,其北入江者既不别标一名,其东由太湖入海者安得复言江也?朏明将正《汉志》、《水经》之失,而不知自出其揣度之词矣。景纯说,黄文叔颇不谓然。其后季氏囦始引之东汇泽,陈氏畅之,归熙甫因为定论。愚窃以景纯之说为不易云。

【姚刑部曰】《汉·地理志》曰:"芜湖县中江,出西南,东至阳羡入海;吴县南江,在南,东入海;毗陵北江,在北,东入海。"《禹贡》之三江具是矣。《禹贡》之后,周《职方》以为扬州之川,《国语》以为环吴越之境。下至秦汉,人凡云三江者,皆此三江也。夫江、汉既合,其下流为北江者固非必汉水,为中江者固非必江水也。然而导川之文分纪之,曰导漾东为北江,导江东为中江者,约其地势南北而概分之,以明江、汉之均为渎焉耳。郑康成本《地志》以注《禹贡》，故疏引其说曰“江分于彭蠡，为三孔，东入海”，言江自彭蠡而下始流为三也。又曰“《经》言东迤为南江”，其解尤善。盖《地志》石城县分江水，首受江者，南江之始。而在吴县南东入海者，南江之委也。导川有北江、中江而遗南江，岂其理哉？故言导江至于东陵，其分而东流者迤逦入海，是南江也。其北流者又会于汇，而后为中江也。世皆说会于汇为彭蠡，而实非是。今江合彭蠡，过湖口，乃东北流，是会汇而后北，非北会于汇也。且经文简，“导漾”、“导江”，辞皆互见。导漾已言“东汇泽为彭蠡”矣，导江不必再言也。然则是汇在石城分南江之后，芜湖分中江之先，其巢湖也欤？夫说禹“三江”者，莫详于《汉·地理志》，莫善于康成之注《书》，而惜乎不可尽见。自是之后，江水支分，南派湮失，人疑所不见，而说乃日纷。韦昭以松江、钱塘、浦阳为三江，其言始谬。郭景纯则以今大江易其浦阳。夫浦阳古不与江通，不当名为江，景纯易去之为是。而景纯所数之三江，实即《地志》三江之委，固不若《地志》原委之分明也。若夫庾仲初以娄江、松江、东江为三江，原流猥短，何以名扬州之川？其谬殆不足辨。而徐坚《初学记》不知得谁氏之说，误以为康成，乃以彭蠡为南江，岷江为中江，汉为北江。夫《经》于导川，言其下流乃为此三江耳，而求之上流，上流江所受之大水岂啻六七，而何以谓之三江？且扬州其川三江，而汉水入江之地非扬州也。其论无一可通，与疏所引之郑注绝相背，此岂康成言哉！近世胡朏明著《禹贡锥指》，知诎庾仲初之徒，顾信《初学记》之所谓“郑说”者，猥谓芜湖石城之水凿于阖庐，非禹迹。何其谬耶！《墨子》云：“禹南为江、汉、淮、汝，东流之，注五湖之处，以利楚、荆、越南夷之民。”夫以江汉东流之，注五湖之处，是石城芜湖水真禹所为，非阖庐凿也。《荀子》曰："禹通十二渚，疏三江。"墨子、荀子之去阖庐未远，使石城芜湖水乃阖庐凿耶，其知之必先于胡氏矣。

【钱学博曰】《禹贡》之三江，《职方》之三江也。班孟坚《地理志》谓南江在吴县南入海，北江在毗陵县北入海，中江出芜湖西南，东至阳羡入海，皆扬州川。此释《职方》也，即释《禹贡》矣。自郑康成注《尚书》，始别为之说曰："左合汉为北江，右会彭蠡为南江，岷江居其中为中江。"若然，则自夏口以北者北江也，湖口以南者南江也，夏口以至湖口者中江也。而自湖口以下惟有一江，以《禹贡》导水经文质之：于汉曰"东汇泽为彭蠡，东为北江，入于海"，于(江)[沱]曰"东迤北会于汇，东为中江，入于海"，则自湖口而下分为三江，殆不如康成之说矣。揆孟坚所言，"江过湖口，实分为三"，而以行南道者为南江，行北道者为北江，行中道者为中江，合乎《禹贡》导水之经，诚不易之论也。考之《水经》，"沔水自沙羡县北，南入于江，合流至居巢县南，东至石城县，分为二，其一东北流，过牛渚、毗陵以入海者为北江；自石城东入贵口，至馀姚入海者为南江；自丹阳芜湖县东至会稽阳羡入海者为中江"，皆与孟坚合，惟孟坚谓南江从吴县南入海异耳。然孟坚又谓"石城分江水，首受江，东至馀姚入海"。郦道元引桑钦《地理志》，亦谓"江水自石城东出，径吴国南为南江"。盖馀姚入海之江，即吴县南入海之江也。馀姚、吴县之间为由卷、海盐、乌程、馀杭、钱塘诸县，南江由之入海，固在吴国之南，国后为县，是以孟坚《志》南江入海处既系之馀姚，又系之吴县也。《水经》附记不详中江所由，而今尚有其迹。自杨行密筑五堰，江流始绝。永乐时设三坝，则陆行者十八里矣。然自银林以西，邓步以东,其流固在也。可知二江虽自石城、芜湖分行,而同会具区。故郦道元以南江即合于浙江、浦阳江之谷水,而《咸淳毗陵志》以荆溪为中江,惟北江自从毗陵入海耳。此足以证三江之实有其三,非如康成之合三江而为一矣。

【王氏曰】考周应合《景定建康志》云:"唐景福三年,杨行密将台濛作五堰,拖轻舸馈粮,而中江之流始狭。五堰者,银林堰在溧水县东南一百里,长二十里;少东曰分水堰,长十五里;又东五里曰苦李堰,长八里;又五里曰何家堰,长九里;又五里曰余家堰,长十里,所谓鲁阳五堰也。后易为上下二坝,通名东坝。"据此,似东坝创自台濛。其实《元和志》"当涂县有芜湖水,在县西南八十里,源出县东南之丹阳湖,西北流入大江",则元和以前此地已置堰。故水不东流而西北入江,与《汉志》东至阳羡已不合矣。然《汉志》中江虽至阳羡入震泽,若毗陵之北江,即今通州入海之大江,不入震泽也。吴县之南江即松江,乃震泽下流,非入震泽者也。二孔以此为皆入震泽,殊为妄谬。且此三江虽有南、北、中之名,与导水之中江、北江无涉,即与扬州三江无涉。而二孔牵合为一,独不思大江安流,千古无易,远在震泽东北二百馀里,由扬子入海,此岂入震泽者?而乃云江分为三,共入震泽,岂非误以《汉志》三江当《禹贡》三江,以《汉志》三江之中江入震泽,而遂以三江皆入震泽耶?司马贞《史记索隐》误同。再考江、湖之通,起于周末,并非禹迹。盖《汉志》中江即今芜湖之县河,高淳之胥溪,溧阳之永阳江,宜兴之荆溪,西连固城、石臼、丹阳诸湖,受宣、歙、金陵、姑孰、广德及大江水,东连三塔湖、长荡湖,达荆溪、震泽。此水三代以上本不相通,中三五里辄有高阜,犹是后代开凿所遗。盖春秋时阖庐伐楚,用伍员计开之。《左传》襄公三年“楚子重伐吴,克鸠兹,至于衡山”,哀公十五年“楚子西、子期伐吴,及桐汭”,皆由此道,自是江、湖始通。《河渠书》“东方则通沟江淮之间”,即夫差所开邗沟,“于吴则通渠三江五湖”,即阖庐所开胥溪也,而后世误以为禹迹。知禹时江、湖本不通,则知《汉志》南江、中江与《禹贡》三江无涉。

【又曰】《汉志》南江、中江固与《禹贡》三江无涉矣,而又有分江水、渐江水二条。分江水出丹阳郡石城县,首受江,东至馀姚入海,过郡二,行千二百里。渐江水出丹阳郡(黝)[黟]县南蛮夷中入海。《水经》渐江水出三天子都,北过馀姚,东入于海。郦注云:“《山海经》谓之浙江也。”至钱塘称钱塘江,与浦阳江合,称浦阳江。此水本出山溪,无劳疏凿,且与大江中隔,重峦叠嶂,断无相通之事。《说文》“水”部“渐”字注云:“水出丹阳黟南蛮中,东入海。”又“浙”字注云:“江水东至会稽山阴,为浙江。”渐、浙本一水。“浙”字注之“江水”当作“渐江水”。若因其脱字,疑为大江支流,可合浙江,万无此理。若所云分江水者,班氏虽著其出石城,但汉石城废县今在贵池县西七十里,已无复斯水。信如“首受江”之说,馀姚乃在浙江东岸,又中隔宁国、广德、湖州诸境,皆岩壑蔽亏,此水安得越而东至馀姚以入海?此当阙疑。乃《水经·沔水中篇》云“沔水与江合流,又东过彭蠡泽,又东至石城县,分为二。其一东北流,过毗陵县北,为北江;其一东至会稽馀姚县东入海”。此盖附会《汉志》之分江水,因《汉志》别有南江在吴南,故不目曰南江,而郦注则遂目为南江,并援郭璞岷江、淞江、浙江为三江之说,以此水与松江、浙江强相贯通,欲以附会一江分为三目。其说云:“南江东与贵长池水合,东北为长渎,东注于具区,谓之五湖口。”此下南江又分二派,一派东出为松江,下七十里分为三江口入海。一派又东至会稽馀姚县东入海。以此二派合北江为三江。考石城分江水,今没,不可复见。而所谓贵池水者,《池州府志》言其入江处名贵口,则是还复西注于江,并非合分江水而东者。即有此水,由贵池至安吉而为南江,以入太湖矣。所谓松江者,本承太湖,何以见其上承分江?其别派又何缘更从馀姚入海?乃郦氏解为南江,自五湖口东历今乌程、馀姚,合浙江入海。试思今诸暨南、馀姚西北,浙与浦阳江同入海者,自是渐江一派,乃黟、歙下流,与贵池以下何涉乎?

〔二〕【沈氏曰】便是"既"之一语非起下文,而"底"之一字实缘上文也,必执一而论,则固矣。且"三危既宅,三苗丕叙",岂非相蒙之文乎?

锡土姓[①]

今日之天下,人人无土,人人有姓。盖自锡土之法废,而唐、宋以下,帝王之胤[②]侪于庶人,无世守之固;锡姓之法废,而魏、齐以下,夷狄之种乱于中国,[③]无猾夏之防。[④]【原注】《春秋传》昭公九年言:"允姓之奸,居于瓜州。"盖古者分北三苗之意。[⑤] **后之鄙儒,读《禹贡》而不知其义者良[⑥]多矣。**〔一〕

① 《禹贡》:"锡土、姓。"孔传:"天子建德,因生以锡姓。谓有德之人生此地,以此地名赐之姓以显之。"

② "帝王之胤",原本作"帝王之裔",据《校记》改。

③ 按指北魏、北齐诏改汉姓事。如魏孝文帝改拓拔为元氏之类。

④ "夷狄之种"以下十三字,原本作"朔漠之姓杂于诸夏,失氏族之源",据《校记》改。

⑤ 《书·舜典》:"窜三苗于三危。"

⑥ 张京华《校释》无"良"字。

〔一〕【汝成案】《国语》《周语下》："皇天嘉之，胙以天下，赐姓曰姒，氏曰有夏。胙四岳国，命为侯伯，赐姓曰姜，氏曰有吕。"是此书确诂。因生赐姓，古惟黄帝。黄帝之子二十五人，四母所生，为十二姓。惟古帝神灵，能别知异德，故一母之子可锡数姓。尧、舜时虽有赐姓，不过因前世之姓而命之，有夏、有吕，皆以国氏也。三王知其不能行，故为立宗之法。若后世而欲锡姓，则汉刘、唐李，顾足法乎？至云"朔漠之姓杂于诸夏"，则又似以元魏之改姓为非，两无处矣。先生徒以帝王之后侪于庶人，遂感慨及此，自是偏激词也。

厥弟五人①

夏、商之世，天子之子，其封国而为公侯者不见于经。以太康之"尸位"，而有"厥弟五人"，使其并建茅土，为国屏翰，羿何至篡夏哉！富辰言："周公吊二叔之不咸，故封建亲戚，以蕃屏周。"见《左传》僖公二十四年。【原注】杜氏《解》曰："吊，伤也。咸，同也。周公伤夏、殷之叔世，疏其亲戚，以至灭亡，故广封其兄弟。"**而少康封其庶子于会稽，以奉守禹祀，二十馀世，至于越之句践，卒霸诸侯，②有禹之遗烈，夫亦监于太康孤立之祸而然与？若乃孔子所谓"大道既隐，天下为家，各亲其亲，各子其子"**见《礼记·礼运》。**者，亦从此而可知之矣。**

---

① 《书·五子之歌》："太康尸位，盘游无度，畋于有洛之表，十旬弗反。有穷后羿因民弗忍，距于河。厥弟五人御其母以从，徯于洛之汭。"五人为太康之弟。

② 见《史记·越王句践世家》。

惟彼陶唐有此冀方[①]

尧、舜、禹皆都河北，故曰“冀方”。至太康始失河北，而五子“御其母以从”之，于是侨国河南，再传至相，卒为浞所灭。古之天子失其故都，未有能国者也。周失丰、镐，而平王以东。晋失洛阳，宋失开封，而元帝、高宗迁于江左，遂以不振。惟殷之五迁，圮于河，[②]而非敌人之窥伺，则势不同尔。唐自玄宗以后，天子屡尝出狩，乃未几而复国者，以不弃长安也。故子仪回銮之表，代宗垂泣；[③]宗泽还京之奏，忠义归心。[④] 呜呼！幸而浇之纵欲，不为民心所附，少康乃得以一旅之众而诛之。[⑤] 尔后之人主不幸失其都邑，而为兴复之计者，其念之哉！

夏之都本在安邑，太康畋于洛表，而羿距于河，则冀方之地入于羿矣，惟河之东与南为夏所有。至后相失国，依

① 《书·五子之歌》歌之三曰：“惟彼陶唐，有此冀方。今失厥道，乱其纪纲，乃底灭亡。”

② 成汤灭夏始都于亳。据《史记·殷本纪》，仲丁迁于隞，河亶甲居相，祖乙迁于邢，南庚迁奄，此盘庚以前五迁也。至盘庚复迁于殷，是为六迁。顾氏言迁都之故是都城为河患所毁。

③ 唐代宗立，欲从程元振迁都洛阳，郭子仪上奏请还都长安。“帝得奏，泣谓左右曰：‘子仪固社稷臣也，朕西决矣。’乘舆还。”子仪奏见《新唐书》本传。

④ 宋高宗即位于南京（今商丘）。宗泽遂上疏：“陛下尚留南都，道路籍籍，咸以为陛下舍宗庙朝廷，使社稷无依，生灵失所仰戴。陛下宜亟回汴京，以慰元元之心。”不报，复抗疏。时河北山水寨忠义民兵及陕西、京东西诸路人马，咸愿听泽节制。详见《宋史》本传。

⑤ 事见《左传》襄公四年魏绛谏晋侯，及哀公元年伍子胥谏吴王言。下节“合魏绛、伍员二人之言”，即指此。

于二斟。于是使浇用师杀斟灌，【原注】在今寿光县。以伐斟鄩，【原注】在今潍县。而相遂灭。【原注】《左传》哀元年。乃处浇于过，【原注】今掖县。以制东方；处豷于戈，【原注】杜氏《解》：在宋、郑之间。以控南国。【原注】襄四年。其时靡奔有鬲，【原注】今在德平县。在河之东；少康奔有虞，【原注】今虞城县。在河之南。而自河以内，无不安于乱贼者矣。合魏绛、伍员二人之言，可以观当日之形势。而少康之所以布德兆谋者，亦难乎其为力矣。【原注】《竹书》谓太康元年即居斟鄩，非也。

古之天子常居冀州，后人因之，遂以冀州为中国之号。《楚辞·九歌》："览冀州兮有馀。"〔一〕《淮南子》《览冥训》："女娲氏杀黑龙以济冀州。"《路史》《后纪》卷二云："中国总谓之冀州。"《穀梁传》曰：【原注】桓五年。"郑，同姓之国也，在乎冀州。"【原注】《正义》曰："冀州者，天下之中州，唐、虞、夏、殷皆都焉。以郑近王畿，故举冀州以为说。"

〔一〕【杨氏曰】《楚辞》本意盖谓由南望北，明其高远耳。

胤征①

羲和尸官，慢天也；②葛伯不祀，亡祖也。③ 至于动六师之诛，兴邻国之伐，古之圣人其敬天尊祖也至矣。故《王

① 《书》小序："羲和湎淫，废时乱日，胤往征之，作《胤征》。"

② 《胤征》："羲和尸厥官罔闻知，昏迷于天象。"

③ 《汤征》序："葛伯不祀，汤始征之，作《汤征》。"《汤征》已佚。葛伯不祀事详见《孟子·滕文公下》。

制》：天子巡守，其削绌诸侯，必先于不敬不孝。[①]

惟元祀十有二月[②]

“惟元祀十有二月乙丑”。“元祀”者，太甲之元年。“十有二月”者，建子之月。盖汤之崩必以前年之十二月也。“殷练而祔”，见《礼记·檀弓下》。“伊尹祠于先王，奉嗣王祗见厥祖”，祔汤于庙也。【原注】非朔者，祔庙无定日。先君祔庙，而后嗣子即位，故成之为王，而“伊尹乃明言烈祖之成德，以训于王”也。若自桐归亳，以三祀之十二月者，[③]则适当其时，而非有所取尔。〔一〕

〔一〕【杨氏曰】十二月，商正月也。

即位者，即先君之位也。未祔则事死如生，位犹先君之位也，故祔庙而后，嗣子即位。“殷练而祔”，即位必在期年之后；“周卒哭而祔”，见《礼记·檀弓下》。故逾年斯即位矣。【原注】如鲁成公以八月薨，十二月葬，襄公以明年正月即位。有不待葬而即位，如鲁之文公、成公者，其“礼之末失”见《礼记·檀弓下》。乎？

① 《礼记·王制》：“山川神祇，有不举者，为不敬，不敬者，君削以地；宗庙有不顺者，为不孝，不孝者，君绌以爵。”

② 《书·伊训》：“惟元祀十有二月乙丑，伊尹祠于先王。奉嗣王见厥祖。……伊尹乃明言烈祖之成德，以训于王。”

③ 《书·太甲中》：“惟三祀十有二月朔，伊尹以冕服奉嗣王归于亳。”按《史记·殷本纪》则云：太甲既立三年，暴虐，不遵汤法，乱德，于是伊尹放之于桐宫。太甲居桐宫三年，悔过自责，于是伊尹乃迎太甲归亳而授之政。

三年丧毕，而后践天子位，舜也，禹也。练而祔，祔而即位，殷也。逾年正月即位，周也。世变愈下，而柩前即位为后代之通礼矣。

西伯戡黎[①]

以关中并天下者，必先于得河东。[②] 秦取三晋而后灭燕、齐，苻氏取晋阳而后灭燕，[③]宇文氏取晋阳而后灭齐。[④]故“西伯戡黎”而殷人恐矣。

少师[⑤]

古之官有职异而名同者，太师、少师是也。比干之为少师，《周官》所谓“三孤”也。[⑥]《论语》《微子》之少师阳，则乐官之佐，而《周礼》《春官宗伯》谓之“小师”者也。故《史记》言“纣之将亡，其太师疵、少师强抱其乐器奔周”，而后儒之传误以为微子也。【原注】《周本纪》。○《汉书·古今人表》亦有太师疵、少师强。〔一〕

---

① 《书·西伯戡黎》序：“殷始咎周，周人乘黎。祖伊恐，奔告于受，作《西伯戡黎》。”

② 黎国在河东。

③ 晋太和五年，前秦苻坚使王猛攻壶关，杨安攻晋阳。破壶关、潞川（二地均在今山西）。后大兵至邺，前燕降，遂亡。

④ 北周建德五年，大举攻北齐。武帝宇文邕破平阳（今山西临汾），克晋阳，进军向邺，次年灭北齐。

⑤ 《书·微子》序：“殷既错天命，微子作诰父师、少师。”

⑥ 《书·周官》以太师、太傅、太保为“三公”，少师、少傅、少保为“三孤”。

〔一〕【杨氏曰】《古今人表》以挚、干、缭皆作纣之乐官。董江都说亦如此。若微子不归周,金仁山辨之极正。

【沈氏曰】《宋微子世家》曰:"武王代纣克殷,微子乃持其祭器造于军门。"则后儒亦本于《史记》,而太史公之传闻有异同也。

殷纣之所以亡

自古国家承平日久,法制废弛,而上之令不能行于下,未有不亡者也。纣以不仁而亡,天下人人知之。吾谓不尽然。纣之为君,沈湎于酒,而逞一时之威,至于刳孕斫胫,盖齐文宣之比耳。商之衰也久矣,一变而《盘庚》之书则卿大夫不从君令,再变而《微子》之书则小民不畏国法,至于"攘窃神祇之牺牷牲用,以容将食,无灾",可谓民玩其上,而威刑不立者矣。【原注】《史记》燕王喜《遗乐间书》曰:"纣之时,民志不入,狱囚自出。"见《史记·乐毅列传》。**即以中主守之,犹不能保,而况以纣之狂酗昏虐,又祖伊奔告而不省乎?文宣之恶未必减于纣而齐以强,高纬之恶未必甚于文宣而齐以亡者,文宣承神武之馀,纪纲粗立,而又有杨愔辈为之佐,主昏于上而政清于下也。至高纬,而国法荡然矣,故宇文得而取之。然则论纣之亡,武之兴,而谓"以至仁伐至不仁"**见《孟子·尽心下》。**者,偏辞也,未得为穷源之论也。**〔一〕

〔一〕【汝成案】亭林痛明季之典章废坏,故发愤言之。其实湎酒逞威,国法荡然,皆不仁也。不仁而可与言,则何亡国败家之有?安得谓非穷源之论?

武王伐纣

武王伐商，杀纣而立其子武庚，宗庙不毁，社稷不迁，时殷未尝亡也。所以异乎曩日者，不朝诸侯、不有天下而已。故《书序》言“三监及淮夷叛，周公相成王，将黜殷，作《大诰》”，又言“成王既黜殷命，杀武庚”。见《微子之命》。【原注】《荀子》《儒效》言周公“杀管叔，虚殷国”，注：“虚读为墟，谓杀武庚，迁殷顽民于洛邑，朝歌为墟也。”是则殷之亡其天下也，在纣之自燔；而亡其国也，在武庚之见杀。盖武庚之存殷者犹十有馀年，使武庚不畔，则殷其不黜矣。

武王克商，天下大定，裂土奠国，乃不以其故都封周之臣，而仍以封武庚，降在侯国，而犹得守先人之故土。【原注】《蔡仲之命》曰“乃致辟管叔于商”，武庚未杀，犹谓之“商”。武王无富天下之心，而不以叛逆之事疑其子孙，所以异乎后世之篡弑其君者，于此可见矣。及武庚既畔，乃命微子启代殷。而必于宋焉，谓大火之祀，商人是因，弗迁其地也。是以知古圣王之征诛也，取天下而不取其国，诛其君，吊其民，而存[其]先世之宗祀焉，①斯已矣。【原注】高诱《淮南子注》《本经训》曰：“天子不灭国，诸侯不灭姓，古之政也。”武王岂不知商之臣民其不愿为周者，皆故都之人，公族世家之所萃，流风善政之所存，一有不靖，易为摇动，而必以封其遗胤，盖不以畔逆疑其子孙，而明告万世以取天下者无灭国之义

---

① 《刊误》卷上：“原写本‘存’下有‘其’字。”今据补。

也。故宋公朝周，则曰臣也；周人待之，则曰客也。自天下言之，则侯服于周也；自其国人言之，则以商之臣事商之君，无变于其初也。平王以下，去微子之世远矣，而曰“孝惠娶于商”，【原注】《左氏》哀二十四年传。曰“天之弃商久矣”，【原注】僖二十二年传。曰“利以伐姜，不利子商”，【原注】哀九年传。吾是以知宋之得为商也。【原注】《国语》《吴语》：“吴王夫差阙为深沟(通)于商、鲁之间。”《庄子》《天运》：“商太宰荡问仁于庄子。”《韩非子》《说林上》：“子圉见孔子于商太宰”，《内储说上》“商太宰使少庶子之市”。《逸周书·王会》篇：“堂下之左，商公、夏公立焉。”〇《礼记》《乐记》“商者，五帝之遗声也。商人识之，故谓之商”，郑氏注曰：“商，宋诗也。”〔一〕盖自武庚诛而宋复封，于是商人晓然知武王、周公之心，而君臣上下各止其所，无复有怨怼不平之意。与后世之人主一战取人之国，而毁其宗庙、迁其重器者异矣。【原注】《乐记》曰：“投殷之后于宋。”①此本之《吕氏春秋》，乃战国时人之妄言。② 以武王下车即封微子，③更误。

〔一〕【阎氏曰】按《左传》哀二十四年“孝惠娶于商”，此宗人衅夏对鲁哀公之言。宋，林氏注曰：“称商不称宋者，避定公讳也。”“天之弃商久矣”，不曰弃宋而曰弃商者，即下文“寡人虽亡国之馀”之意，亦一姓不再兴之说也。今取以证宋得为商，窃恐顾氏未识当时立言之意。宋人为鹿上之盟，以求诸侯于楚。公子目夷曰：“小国争盟，祸也，宋其亡乎？”此处断宜称宋，则彼处称商，

① 《乐记》全句为：武王“下车而封夏后氏之后于杞，投殷之后于宋”。

② 援庵《校注》：“战国时人”，应作“汉儒”。

③ 《越绝书·吴人内传》：“武王未下车，封比干之墓，发太仓之粟，以赡天下，封微子于宋。”

正可意会。“利以伐姜，不利子商”，不曰伐齐与宋，而变文言姜言商者，取与上文“阳”、“兵”协韵，固古人文字之常。下文“伐齐则可，敌宋不吉”，不用协韵，便直称齐、宋本号，则可见矣。

或曰：迁殷顽民于洛邑，何与？曰：以顽民为“商俗靡靡”见《书·毕命》。**之民者，先儒解误也。盖古先王之用兵也，不杀而待人也仁。东征之役，其诛者，事主一人武庚而已，谋主一人管叔而已。下此而囚，下此而降，下此而迁。**[①] **而所谓顽民者，皆畔逆之徒也，无连坐并诛之法，而又不可以复置之殷都，是不得不迁。而又原其心，不忍弃之四裔，故于洛邑。又不忍斥言其畔，故止曰“殷**[②]**顽民”。其与乎畔而迁者，大抵皆商之世臣大族，而其不与乎畔而留于殷者，如祝佗所谓“分康叔以殷民七族，陶氏、施氏、繁氏、锜氏、樊氏、饥氏、终葵氏”**见《左传》定公四年。**是也，**〔一〕**非尽一国而迁之也。或曰：何以知其为畔党也？曰：以召公之言“雠民”知之，**见《召诰》。**不畔何以言“雠”？非敌百姓也，古圣王无与一国为雠者也。**

〔一〕【阎氏曰】是以陶氏、施氏、繁氏、锜氏、樊氏、饥氏、终葵氏为殷之庶民矣，则上文分鲁公以殷民六族，“使帅其宗氏，辑其分族，将其(丑类)[类丑]，以法则周公，用即命于周，是使之职事于鲁”，一则曰“宗氏”，再则曰“分族”，尚得谓非商之世臣大族乎？岂同一氏族而分于康叔者独为民乎？此不可解。

---

① 《书·蔡仲之命》：“乃致辟管叔于商；囚蔡叔于郭邻；降霍叔于庶人。”《毕命》：“毖殷顽民，迁于洛邑。”

② 张京华《校释》无“殷”字。

上古以来,无杀君之事。[1] 汤之于桀也,放之而已。使纣不自焚,武王未必不以汤之所以待桀者待纣。纣而自焚也,此武王之不幸也。当时八百诸侯,虽并有除残之志,然一闻其君之见杀,则天下之人亦且惘疑震骇,而不能无归过于武王,此伯夷所以斥言其暴也。[2] 及其反商之政,封殷之后人,而无利于其土地焉,天下于是知武王之兵非得已也,然后乃安于纣之亡,而不以为周师之过。故箕子之歌,怨狡童而已,无馀恨焉。[3] 非伯夷亲而箕子疏,又非武王始暴而终仁也,其时异也。

《多士》之书:"惟三月,周公初于新邑洛,用告商王士",曰"非我小国,敢弋殷命"。亡国之民而号之"商王士",新朝之主而自称"我小国",以天下为公,而不没其旧日之名分,殷人以此"中心悦而诚服"。见《孟子·公孙丑上》。"卜世三十,卜年七百",见《左传》宣公三年。其始基之矣。

泰誓[4]

商之德泽深矣,"尺地莫非其有也,一民莫非其臣也"。见《孟子·公孙丑上》。武王伐纣,乃曰"独夫受,洪惟作威,乃

① 张京华《校释》"事"字后有"也"字。

② 《史记·伯夷列传》:周既灭商,伯夷、叔齐采薇于首阳山,将死,作歌曰:"登彼西山兮,采其薇矣。以暴易暴兮,不知其非矣。"

③ 《史记·宋世家》:箕子朝周,过殷故墟,城坏生黍。箕子伤之,乃作《麦秀》之诗以歌之。其诗曰:"麦秀渐渐兮,禾黍油油兮。彼狡童兮,不我好兮。"所谓"狡童"者,纣也。

④ 《书序》:"惟十有一年,武王伐殷。一月戊午,师渡孟津,作《泰誓》三篇。"

汝世雠"，曰"肆予小子，诞以尔众士，殄歼乃雠"，俱见《泰誓下》。**何至于此！纣之不善，亦止其身，乃至并其先世而雠之，岂非《泰誓》之文出于魏、晋间人之伪撰者邪？**【原注】蔡氏曰："《泰誓》、《武成》，一篇之中似非尽出一人之口。"又引吴氏言，疑其书之晚出，或非尽当时之本文，盖已见及乎此，特以注家之体，未敢直言其伪耳。〔一〕

〔一〕【杨氏曰】"世雠"，言乃祖乃父罹其凶虐，非并其先世而雠之。

【校正】"岂非《泰誓》之文出于魏、晋间人之伪撰者耶"。〇寿昌案：顾氏亦疑《古文尚书》之伪，于此见之。

"朕梦协朕卜，袭于休祥，戎商必克。"见《泰誓中》。**伐君大事，而托之乎梦，其谁信之？殆即《吕氏春秋》**《季冬纪·诚廉》**载夷齐之言，谓武王"扬梦以说众"者也。**【原注】《左传》昭七年，卫史朝之言曰："筮袭于梦，武王所用也。"是当时已有此语。

《孟子》《尽心下》**引《书》："王曰：'无畏，宁尔也，非敌百姓也。若崩厥角，稽首。'"今改之曰："罔或无畏，宁执非敌，百姓懔懔，若崩厥角。"①后儒虽曲为之说，而不可通矣。**

百姓有过在予一人

"百姓有过，在予一人。"见《泰誓中》。**凡百姓之"不有康**

① 此《泰誓中》文。顾氏坚执《泰誓》为后儒伪作，而此节乃据《孟子》而造。

食，不虞天性，不迪率典"，见《西伯戡黎》。**皆我一人之责，今我当顺民心，以诛无道也。蔡氏**沈**谓"民皆有责于我"，**[①]**似为纡曲。**〔一〕

〔一〕【杨氏曰】蔡《传》因下有"今朕必往"为义。

王朝步自周

《武成》："王朝步自周，于征伐商。"《召诰》："王朝步自周，则至于丰。"《毕命》："王朝步自宗周，至于丰。"不敢乘车而步出国门，敬之至也。【原注】马氏曰："丰，文王庙所在。"郑氏以为"出庙入庙皆步行"。今按《书》言"步自周"，则不但于庙也。《雍录》以为步行二十五里，则又太远。**后之人君骄恣惰佚，于是有辇而行国中，坐而见群臣，非先王之制矣。**【原注】皇帝辇出房，见于《汉书·叔孙通传》，乃秦仪也。〔一〕

〔一〕【沈氏曰】西河毛氏《经问》云："字书辇行曰步，谓以人行车，故字以二夫行车为形，而义即因之。"考《杂记》有士丧与天子同者三，一是乘人。又《周礼·巾车》下："王后有五路，一是辇车，以人挽之。"此非古车不用人可知也。

《吕氏春秋》《孟春纪·本生》**："出则以舆，入则以辇，务以自佚，命之曰招蹶之机。"**【原注】枚乘《七发》本此，作"蹶痿之机"。见《文选》卷三四。**宋吕大防言："前代人主，在宫禁之中**

① 宋陈大猷《书集传或问》卷下引蔡沈说："武王言天之视听，皆自乎民。今民皆有责于我，谓我不正商罪，以民心而察天意，则我之伐商，断必往矣。盖百姓畏纣之虐，望周之深，而责武王不即拯己于水火也。"

亦乘舆辇。祖宗皆步自内庭，出御前殿，此勤身之法也。”【原注】周辉《清波杂志》卷一。

《太祖实录》卷二八下**：“吴元年，上以诸子年长，宜习勤劳，使不骄惰，命内侍制麻屦行縢。每出城稍远，则马行其二，步趋其一。”至于先帝，[①]亦尝步祷南郊。呜呼，皇祖之训远矣！**

大王王季[②]

《中庸》言：“武王末受命，周公成文、武之德，追王大王、王季。”〔一〕《大传》言：武王于“牧之野”，“既事而退”，“遂率天下诸侯，执豆笾，骏奔走，追王大王亶父、王季历、文王昌”。见《太平御览》卷五二四引。**二说不同。今按《武成》言“丁未，祀于周庙”，而其告“庶邦冢君”，称“大王”、“王季”，《金縢》之册祝曰“若尔三王”，是武王之时已追王大王、王季，而《中庸》之言未为得也。〔二〕《绵》之诗上称“古公亶父”，下称“文王”，是古公未上尊号之先，文已称王，而《大传》之言未为得也。〔三〕仁山金氏**履祥**曰：“武王举兵之日，已称王矣，故类于上帝，行天子之礼，而称‘有道曾孙周王发’，必非史臣追书之辞。后之儒者，乃嫌圣人之事而**

---

① “至于先帝”，原本作“至崇祯帝”，据《校记》改。

② 《书·武成》：“惟先王建邦启土，公刘克笃前烈，至于大王肇基王迹，王季其勤王家。”

文之,非也。”见宋金履祥《资治通鉴前编》卷六。**然文王之王,与大王、王季之王自不同时,而追王大王、王季,必不在周公践阼之后。**【原注】疑武王未克商,先已追尊文王。《史记·伯夷传》:“西伯卒,武王载木主,号为‘文王’,东伐纣。”

〔一〕【庄侍郎曰】追王大王、王季,不追谥,系王迹所起,实则商之诸侯也。必尊文王为太祖,则不以干商先王之统明矣。

【杨氏曰】据《中庸》本文,亦只是周公所定之礼如此,不必是武王身后也。

〔二〕【沈氏曰】陈谅直云:“武王受命之日,年已垂暮,周公以母弟而为相,一代制作,皆出其手,故以成德归之。”《中庸》之意元不指践阼以后,后人自误会其指耳。

〔三〕【汝成案】《诗疏》云:“后世称前世曰‘古公’,犹云‘先王’、‘先公’也。太王追号为王,不称王而称公者,此本其生时之事,故言生存之称也。”诗人追颂,多侈尊号,然或意别始终,则辞分文质,未可以此疑文之称王在追王前也。又考《诗》、《礼记》疏,多言文王称王在灭崇后,而冲远《书疏》又言“文王断虞、芮讼后改称元年。文王既未称王,而得改元者,诸侯自于其国各称元年”云云。若然,则虞、芮质成,文尚未正王号,《大传》之言不为失也。盖追王之礼断自武王,至“周公追王”云者,此是以天子礼改葬太王、王季,非上尊号也。先生及庄侍郎前说亦未区别。

彝伦[①]

“彝伦”者,天地人之常道,如下所谓五行、五事、八政、

---

① 《书·洪范》:“惟十有三祀,王访于箕子。王乃言曰:‘呜呼!箕子。惟天阴骘下民,相协厥居,我不知其彝伦攸叙。’”于是箕子乃言洪范九畴云云。

五纪、皇极、三德、稽疑、庶征、五福、六极,皆在其中,不止《孟子》《滕文公上》之言"人伦"而已。"能尽其性,以至能尽人之性,尽物之性,则可以赞天地之化育",以上概括《中庸》语。而彝伦叙矣。〔一〕

〔一〕【杨氏曰】极五行、五事、八政之属,该以人伦,略无遗漏,故曰"达道"。

龟从筮逆[①]

古人求神之道,不止一端,故卜、筮并用,而终以龟为主。《周礼·簭[②]人》言:"凡国之大事,先簭而后卜。"注:"当用卜者先簭之,即事有渐也,于簭之凶,则止不卜。"见《春官宗伯》。然而《洪范》有"龟从筮逆"者,则知古人固不拘乎此也。"大卜掌三兆之法","其经兆之体皆百有二十,其颂皆千有二百",见《春官宗伯·大卜》。故《传》曰"筮短龟长"。【原注】《左传》僖公四年:"晋献公将以骊姬为夫人,卜之,不吉,筮之,吉。卜人曰:'筮短龟长,不如从长。'"注:"物生而后有象,象而后有滋,滋而后有数。龟象筮数,故象长数短。"《曲礼正义》曰:"凡物初生则有象,去初既近,且包罗万形,故为长。数是终末,去初既远,推寻事数,始能求象,故以为短也。"自汉以下,文

① 原本小题误做"龟从筮从",据目录及文义改。"龟从筮逆",详见《洪范》之七"稽疑"。按张本本作"龟从筮逆"。

② "簭",同"筮"。

帝代来，犹有“大横”之兆。[①]《艺文志》有《龟书》五十三卷，[②]《夏龟》二十六卷，《南龟书》二十八卷，《巨龟》三十六卷，《杂龟》十六卷，而后则无闻，唐之李华遂有“废龟”之论矣。【原注】《旧唐书》《文苑·李华传》。[③]

周公居东[④]

主少，国疑，周公又出居于外，而上下安宁，无腹心之患者，二公[⑤]之力也。武王之誓众曰“予有乱臣十人，同心同德”，见《泰誓中》。于此见之矣。《荀子》《解蔽》曰：二公“仁智，且不蔽，故能持周公，而名利福禄与周公齐”。〔一〕

〔一〕【徐鸿博曰】《鲁世家》：“人或谮周公，周公奔楚。”据《战国策》惠施曰：“昔王季历葬于楚山之尾，栾水啮其墓。”《季妇鼎铭》曰：“王在成周，王徙于楚麓。”《左传》[成公]十三年“迓晋侯于新楚”，杜注：“新楚，秦地。”《括地志》：“终南山一名楚山，在雍州万年县南五十里。武王墓在万年县西南三十里。”周公奔楚，当是因流言出居，依于王季、武王之墓地，必非远涉东都也。

【庄大令曰】《洛诰》曰：“惟周公诞保文武受命，惟七年。”《尚书大传》曰：“一年救乱，二年克殷，三年践奄，四年建侯卫而

① 见《史记·文帝纪》。

② 援庵《校注》云：《龟书》应为五十二卷。

③ 李华“废龟”之论见于《唐文粹》卷三五《卜论》。

④ 《书·金縢》：“武王既丧，管叔及其群弟乃流言于国，曰：‘公将不利于孺子。’周公乃告二公曰：‘我之弗辟，我无以告我先王。’周公居东二年，则罪人斯得。”

⑤ 二公，召公奭、太公望。

封康叔,五年营成周洛邑,六年制礼作乐,七年致政。"毫无辟居之事。以《诗》考之,盖成王谅暗,周公为冢宰,百官总己以听。除丧后,周公即东征。东征之二年,成王感风雷之变,迎周公于奄。则诞保受命,自东征始。《小毖》虽东征以后之事,亦在七年之中。且《书》所谓七年,盖成王即位之九年,《书》综其年数,故言七年,非谓纪年也。而郑乃谓周公摄政称元年,及致政成王而又改元。此皆尸佼、孙卿之徒创为邪说,以为乱臣贼子所借口。汉儒袭误承讹,遭新莽之篡,缘饰经艺,侮乱天常,犹不能悟,诚可为愤叹者矣!

微子之命[①]

微子之于周,盖受国而不受爵。受国以存先王之祀,不受爵以示不为臣之节,故终身称"微子"也。【原注】孔氏《书传》曰"微,(畿)[圻]内国名;子,爵"也。见《微子》。**微子卒,立其弟衍,是为微仲。衍之继其兄,继宋非继微也,而称微仲者何?犹微子之心也。**〔一〕**至于衍之子稽,则远矣,于是始称宋公。呜呼,吾于《洪范》之书言"十有三祀",《微子之命》以其旧爵名篇,而知武王、周公之仁,不夺人之所守也!后之经生不知此义,而抱器之臣、倒戈之士接迹于天下矣。**〔二〕

〔一〕【沈氏曰】毛西河《经问》云:"微子仍封微,为子,又改封宋,为公,则受爵矣。承殷祀以守三恪,则既为周臣,复为周宾矣。

① 《书序》:"成王既黜殷命,杀武庚,命微子启代殷后,作《微子之命》。"

若终身称微子而不称宋公,此史例有然,犹康叔改封卫侯,亦终身称康叔,不称卫侯也。其弟衍未尝封微,而仍称微仲,亦史例也。周有同封而同称者,虢仲、虢叔是也;微仲不同封也。有先后立国而亦同称者,吴太伯、吴仲雍是也。微仲同宋国,未尝同微国也,然而称微仲者,其称微,则以国君介弟原得称兄之国号以为号,《春秋》书'吴季'是也。其称仲,则以既为国君,仍得称己之字以为字,《诗序》'秦仲'是也。皆史例也。"

〔二〕【汝成案】先生之义甚正大矣,核之命篇之义,似不必然。《康诰》不曰"卫诰",《康王之诰》、《文侯之命》生而称谥,且篇中明言"建尔于上公",周既命之,微子当无不受之理,此亦是史臣原文尔。又前沈氏引毛西河《经问》云:"《春秋》书'吴季'是也。"考《春秋》止书蔡季、纪季,无吴季,毛氏误也。

酒诰[①]

酒为天之"降命",亦为天之"降威"。[②]纣以酗酒而亡,文王以"不腆于酒"见《酒诰》。**而兴。兴亡之几,其原皆在于酒,则所以保天命而畏天威者,后人不可不谨矣。**

召诰[③]

古者吉行日五十里,故召公营洛,乙未自周,戊申朝至

---

① 《书序》:"成王既伐管叔、蔡叔,以殷馀民封康叔,作《康诰》、《酒诰》、《梓材》。"

② 《酒诰》:"祀兹酒。惟天降命,肇我民,惟元祀。天降威,我民用大乱丧德,亦罔非酒惟行。"

③ 《书序》:"成王在丰,欲宅洛邑,使召公先相宅,作《召诰》。"

于洛,凡十有四日。见《召诰》。师行日三十里,故武王伐纣,癸巳自周,戊午师渡孟津,见《泰誓上》序。凡二十有五日。[①]《汉书》《律历志》以为三十一日,误。

元子

《微子之命》以微子为"殷王元子",《召诰》则又以纣为元子,曰"皇天上帝,改厥元子,兹大国殷之命",又曰"有王虽小,元子哉"。人君谓之天子,故仁人之事天如事亲。

其稽我古人之德[②]

傅说之告高宗曰:"学于古训,乃有获。"见《书·说命》。武王之诰康叔,既"祗遹乃文考",而又求之"殷先哲王",又求之"商耇成人",又别求之"古先哲王"。以上见《康诰》。大保之戒成王,先之以"稽我古人之德",而后进之以"稽谋自天"。见《召诰》。及成王之作《周官》,亦曰"学古入官",曰"不学墙面"。见《书·周官》。子曰:"述而不作,信而好古。"又曰:"好古,敏以求之。"俱见《论语·述而》。又曰:

① 《刊误》卷上:"'凡二十有五日','五',诸本同。汝成案:'五'当作'六'。《录》文云:'武王伐纣,癸巳自周,戊午师渡孟津。'癸巳算外,至戊午止得二十五日。第上云'召公营洛,乙未自周,戊申朝至于洛,凡十有四日',正自乙未起算,此亦当合癸巳,则'五'为'六'字之讹矣。"

② 《书·召诰》:"今冲子嗣,则无遗寿耇,曰其稽我古人之德,矧曰其有能稽谋自天?"

"君子以多识前言往行，以畜其德。"见《易·大畜·象传》。先圣后圣，其揆一也。不学古而欲稽天，岂非不耕而求获乎！

节性[①]

"降衷于下民，若有恒性"，见《书·汤诰》。此"性善"之说所自出也。"节性，惟日其迈"，见《书·召诰》。此"性相近"之说所自出也。"岂弟君子，俾尔弥尔性，似先公酋矣。"见《诗·大雅·卷阿》。"命也，有性焉，君子不谓命也。"见《孟子·尽心》。

汝其敬识百辟享[②]

人主坐明堂而临九牧，不但察群心之向背，亦当知四国之忠奸。故嘉禾同颖，美侯服之宣风；[③]底贡厥獒，戒明王之慎德。[④] 所谓"敬识百辟享"也。昔者唐明皇之致理也，受张相千秋之镜，[⑤]听元生《于蒍》之歌，[⑥]亦能以謇谔为珠玑，以仁贤为器币。及乎王心一荡，佞谀日崇，开广运

① 《召诰》："王先服殷御事，比介于我有周御事，节性惟日其迈。王敬作所，不可不敬德。"

② 《书·洛诰》："汝其敬识百辟享，亦识其有不享。"

③ 《书序》："唐叔得禾，异亩同颖，献诸天子。王命唐叔归周公于东，作《归禾》。"

④ 《书·旅獒》："西旅底贡厥獒，太保乃作《旅獒》，用训于王。"

⑤ 《唐书》本传：张九龄于明皇诞降日，上《事鉴》十章，名《千秋金镜录》，以伸讽谕。

⑥ 《于蒍》之歌，见本书卷十九"直言"条。

之潭，致江南之货，[①]广陵铜器，京口绫衫；锦缆牙樯，弥亘数里，靓妆鲜服，和者百人，乃未几而蓟门之乱作矣。然则韦坚、王𫓹之徒，剥民以奉其君者，皆不"役志于享"者也。《易》《大有》曰："公用享于天子，小人弗克。"若明皇者，岂非"享多仪"而民曰"不享"者哉！

惟尔王家我适[②]

朝觐者不之殷而之周，讼狱者不之殷而之周，于是周为天子，而殷为侯服矣。此之谓"惟尔王家我适"。

王来自奄

《多方》之诰曰"惟五月丁亥，王来自奄"，而《多士》王曰"昔朕来自奄"。是《多方》当在《多士》之前，后人倒其篇第耳。【原注】元儒王柏[③]论亦同此，但更置太多，未敢信。〔一〕奄之叛周，是武庚既诛而惧，遂与淮夷、徐戎并兴，而周公东征，乃至于三年之久，《孟子》《滕文公下》曰"伐奄三年，讨其君"是也。【原注】伐奄，成王时事。上言相武王，因诛纣而连言

① 《新唐书·食货志三》：长安令韦坚于长乐坡濒苑墙凿潭于望春楼下，以聚漕舟。使诸舟各揭其郡名，陈其土地所产宝货诸奇物于袱上。命舟人为吴、楚服，大笠、广袖、芒屩以歌《得宝歌》。众艘以次辏楼下，玄宗望见大悦，赐其潭名曰广运潭。

② 《书·多士》："惟我事不贰适，惟尔王家我适。"

③ 援庵《校注》：王柏，字会之，号鲁斋。见《宋元学案》八二《北山四先生学案》。《宋史》有传。

之耳。**既克，而成王践奄，盖行巡狩之事，《书序》"成王既践奄，将迁其君于蒲姑"是也。**【原注】《多方》篇云"周公曰"、"王若曰"，是周公尚未迁殷，而王已践奄矣。**孔传以为奄再叛者，拘于篇之先后而强为之说。**【原注】"至于再，至于三"，当从蔡氏说。

〔一〕【汝成案】王会之先生，宋度宗咸淳十年卒，未尝入元。先生注称为元儒者误。①

【校正】晏案：顾氏谓《多方》在《多士》前，可云卓见。《书正义》曰："郑玄谓伐淮夷与践奄是摄政三年伐管、蔡时事，其编篇于此，即云未闻。"盖亦以奄无再叛之事，而疑《多方》在《多士》前也。考《史记·周本纪》，亦言成王时践奄，未闻有再叛之事。《竹书纪年》："成王三年，王师灭殷，遂伐奄，灭蒲姑。四年，王师伐淮夷，遂入奄。五年春正月，王在奄，迁其君于蒲姑。夏五月，王自至奄。"正周公居摄时事，合之适得三年，即《孟子》所谓"伐奄三年讨其君"，此事属之周公，与上武王不相涉。伏生《书大传》云："管叔、蔡叔流言于国，曰'公将不利于王'，奄君、蒲姑谓禄父曰：'武王既死矣，今王尚幼矣，此百世之时也，请举事。'"又云："周公摄政，三年践奄。"《毛诗·鲁颂》《正义》引郑注："奄国在淮夷之旁，周公居摄之时亦叛，王与周公征之，三年克之。"遍考经传，伐奄系成王时事，而赵注《孟子》属之武王，真复□□人语。〇寿昌案：《书序》郑注已疑编篇之误，非始于王柏也。

① 汝成此案原在小题下，今移此。

建官惟百

成王作《周官》之书,[①]谓“唐、虞稽古,建官惟百”,而“夏、商官倍”者,时代不远,其多寡何若此之悬绝哉?且天下之事,一职之微,至于委吏乘田亦不可阙,而谓二帝之世遂能以百官该内外之务,吾不敢信也。考之传注,亦第以为因时制宜,而莫详其实。吾以为唐、虞之官不止于百,而其咨而命之者二十有二人,其馀九官之佐,殳斨、伯与、朱虎、熊罴之伦,见《舜典》。暨侍御仆从,以至“州十有二师,外薄四海,咸建五长”,见《益稷》。以名达于天子者不过百人而已,其他则穆王之命所谓“慎简乃僚”,见《冏命》。而天子不亲其黜陟者也。故曰:“尧、舜之知而不遍物,急先务也;尧、舜之仁不遍爱人,急亲贤也。”见《孟子·尽心上》。夏、商之世,法日详而人主之职日侵于下,其命于天子者多,故倍也。观于《立政》之书,[②]内至于亚旅,外至于表臣百司,而“夷微、卢烝、三亳、阪尹”之官,又虞、夏之所未有,则可知矣。杜氏佑《通典》卷一四言:“汉初王侯国百官皆如汉朝,惟丞相命于天子,其御史大夫以下皆自置。及景帝惩吴楚之乱,杀其制度,罢御史大夫以下官。至武帝,又诏凡王侯吏职秩二千石者,不得擅补,其州郡佐吏自别驾、长史以下,皆刺史、太守自补。历代因而不革。洎北齐武平中,后

① 《书序》:“成王既黜殷命,灭淮夷,还归在丰,作《周官》。”

② 《书序》:“周公作《立政》。”

主失政，多有佞幸，乃赐其卖官，分占州郡，下及乡官，多降中旨，故有敕用州主簿、郡功曹者。自是之后，州郡辟士之权浸移于朝廷，以故外吏不得精核，由此起也。”故刘炫对牛弘，以为“大小之官悉由吏部，〔一〕此政之所以日繁”。而沈既济之议，欲令“六品以下及僚佐之属许州府辟用”。①【原注】《唐书·百官志》曰：“初，太宗省内外官，定制为七百三十员，曰：‘吾以此待天下贤才，足矣。’”后之人见《周礼》一书设官之多，职事之密，以为周之所以致治者如此，而不知“宅乃事，宅乃牧，宅乃准”见《书·立政》。之外，文王罔敢知也。然则周之制虽详，而意犹不异于唐、虞矣。求治之君，其可以天子而预铨曹之事哉！

〔一〕【赵氏曰】《隋书》刘炫对牛弘谓：“往者州惟置纲纪，郡置守丞，县置令而已，其具僚则长官自辟。今则大小之官悉由吏部。”据此，则天下官员尽归部选之制，实自隋始也。然吏归部选，则朝廷之权不下移。若听长官辟置，无论末流浇漓，夤缘贿赂之风必甚，即其中号为贤智者，亦多以意气微恩致其私感，以致成党援门户，背公向私者比比也。

司空②

“司空”，孔传谓“主国空土以居民”，未必然。颜师古曰：“空，穴也。古人穴居，主穿土为穴以居人也。”【原注】见《汉书·百官公卿表》注。此语必有所本。《易传》云：“上古

① 刘炫、沈既济二事见《通典》卷一四小注。

② 《书·周官》：“司空掌邦土，居四民，时地利。”

穴居而野处。”见《易·系辞下》。《诗》《大雅·绵》云：“古公亶父，陶复陶穴，未有家室。”今河东之人尚多有穴居者。【原注】今人谓[之][1]窑，即古“陶”字。《庄子》《徐无鬼》言“逃虚空”，“虚空”即今人所谓“冷窑”也。洪水之后，莫急于奠民居，故伯禹作司空，为九官之首。见《舜典》。

顾命[2]

读《顾命》之篇，见成王初丧之际，康王与其群臣皆吉服，而无哀痛之辞。以召公、毕公之贤，反不及子产、叔向，[3]诚为可疑。再四读之，知其中有脱简。【原注】不言殡礼，知是阙文。岂有新君已朝诸侯，而成王尚未殡，史官略无一言记及者乎？而“狄设黼扆、缀衣”以下，即当属之《康王之诰》。【原注】伏生本以《顾命》、《康王之诰》合为一篇。自此以上，记成王顾命登遐之事；自此以下，记明年正月上日，康王即位、朝诸侯之事也。古之人君于即位之礼重矣，故即位于庙，受命于先王，祭毕而朝群臣，群臣布币而见，然后成之为君。《春秋》之于鲁公，即位则书，不即位则不书，盖有遭时之变，而不行此礼，如庄、闵、僖三公者矣。康王当太平之时，为继体之主，而史录其仪文训告，以为一代之大法，此《书》之所以传也。《记》曰“未没丧不称君”，见《礼

---

① 《续刊误》卷上：“原写本‘谓’下有‘之’字。”今据补。

② 《书序》：“成王将崩，命召公、毕公率诸侯相康王，作《顾命》。”

③ 子产事见《左传》昭十二年，“子产相郑伯，辞于享，请免丧而后听命”。叔向事见《左传》昭十年“晋平公卒”一节，本条末附《续补正》引汪钝翁答先生书亦及此。

记·坊记》。而今书曰“王麻冕黼裳”，是逾年之君也。又曰“周卒哭而祔”，见《礼记·檀弓下》。而今曰“诸侯出庙门俟”，是已祔之后也。【原注】《记》《檀弓下》曰：“卒哭曰成事。是日也，以吉祭易丧祭。”《左氏传》隐公元年言“天子七月而葬，同轨毕至”，而今太保率西方诸侯，毕公率东方诸侯，是七月之馀也。因其中有脱简，而后之说《书》者并以系之“越七日癸酉”之下，所以生后儒之论，而不思初崩七日之间，诸侯何由而毕至乎？【原注】苏氏轼亦知其不通，而以为问疾之诸侯。或曰：易吉可乎？曰：此周公所制之礼也，以宗庙为重，而不敢凶服以接乎神，释三年之丧，以尽斯须之敬，此义之所在，而天子之守与士庶不同者也。《商书》《伊训》有之矣：“惟元祀十有二月乙丑，伊尹祠于先王，奉嗣王祗见厥祖。”岂以丧服而入庙哉！【原注】《汉书·孝文纪》：“元年冬十月辛亥，皇帝见于高庙。”盖犹循此制。〔一〕

〔一〕【杨氏曰】观孝文十月，则知商十二月矣。

【续补正】遇孙案：汪钝翁答先生书云：“所论《康王之诰》辩冕服为逾年即位之礼，依据最明，援引最悉。愚尝证诸《春秋》，昭十年：七月晋侯彪卒，九月叔(乘)[孙]①如晋，葬平公，诸侯之大夫欲因见新君，叔向辞之曰‘孤斩焉在衰绖之中，其以嘉服见，则丧礼未毕，其以丧服见，是重受吊也’云云，盖故君未逾年则新君不敢即位，故其辞委婉如此也。是时晋伯已衰，三月而葬，既不免失之太渴，而君臣犹能恪守此礼以拒列国诸大夫，不可谓非叔向力也。至若康王盛时，方欲以礼教治天下，岂有居丧之初顾肯躬蹈非礼，如

① 据汪琬《尧峰文钞》卷三三校改。

所服冕服，如所称予一人者乎？则是太保之见反出叔向下也，窃不胜惑之。今读先生此辨，亦可以息后儒之喙矣，惜不能起苏公九泉与相往复耳。叹服，叹服！”先生此论实发前人所未发，观钝翁之言，推许至矣。又钝翁亦有《顾命说》一篇，疑康王元子不得与闻顾命，成王既崩，不入就号哭辟踊之位，必俟干戈虎贲以迎之，哜为小祥之礼，而行于初丧之日，此后人不知礼者所伪为也。夫钝翁之疑诚当，然不得其说而以伪黜之，亦过矣。不若先生深思详考，遂断千古之疑，宜其一见而倾心焉。

传贤之世，天下可以无君，故“尧崩，三年之丧毕，舜避尧之子于南河之南”。见《孟子·万章上》。**传子之世，天下不可无君，故“惟元祀十有二月乙丑，伊尹祠于先王，奉嗣王祗见厥祖”。**见《书·伊训》。〔一〕

〔一〕【杨氏曰】尧老舜摄，义自明。“天下可以无君”之说殆非。

自“狄设黼扆、缀衣”以下，皆陈之朝者也。设四席者，朝群臣，听政事，养国老，燕亲属，皆新天子之所有事，而非事亡之说也。自“王麻冕黼裳”以下，皆庙中之事也。自“王出在应门之内”以下，则康王临朝之事也。

周之末世，固有不待葬而先见庙者矣。《左传》昭二十二年：“夏四月乙丑，王崩于荣锜氏。”“五月庚辰，见王。”“六月丁巳，葬景王。”其曰“见王”者，见王子猛于先王之庙也。不待期而见王猛，不待期而葬景王，则以子朝之争国也。然不言即位，但曰“见王”而已，孰谓成、康无事之时

而行此变礼也？[①]

《书》之脱简多矣。如《武成》之篇，蔡氏沈以为尚有阙文。见蔡沈《书集传》卷四《武成》。《洛诰》"戊辰，王在新邑"，则王之至洛可知。乃二公至洛，并详其月日，而王不书。金氏履祥以为其间必有阙文，盖伏生老而忘之耳。见金履祥《尚书表注》卷下。然则《顾命》之脱简又何疑哉？宾牟贾言："若非有司失其传，则武王之志荒矣。"见《礼记·乐记》。余于《顾命》，敢引之以断千载之疑。〔一〕

〔一〕【凤氏曰】天子诸侯在丧即位，有定所，有定期。《康王之诰》曰："王出在应门之内。"应门内即路门外，治朝之君位。天子诸侯三朝，惟治朝日视为正朝。即位于此，所以示臣民之有君，定众志，杜奸萌也。天子如是，诸侯亦然。特天子在路门外庭直门中，诸侯避天子，在路门外庭之左。故《聘礼》曰"君朝服出门左，南乡"，此即位之所之一定者也。《康王之诰》本与《顾命》为一篇，天子七日而殡，"癸酉，伯相命士须材"，上溯乙丑已九日。大夫以上敛殡诸死事，不数死日，故七日壬申殡，癸酉为殡明日也。而受顾命于是日，即位亦于是日，则嗣王殡明日即位，周公之制也。诸侯亦然。《春秋》定公元年："六月癸亥，公之丧至自乾侯。戊辰，公即位。"丧至于癸亥，则以为薨于壬戌者然，故丁卯殡，而公即位于戊辰，亦殡明日。故杜注曰："诸侯五日而殡，殡则嗣君即位。"夫即位即所云视朝，后世谓之临朝，所谓示臣民之有君者如此；而诸侯亦可推，此即位之期之一定者也。自伪《伊训》暗袭"舜格文祖"之文，又袭"太保、毕公率诸侯入应门"之典，而曰"奉嗣王祗见厥

① "也"，张京华《校释》作"哉"。

祖，侯甸群后咸在”，似即位必先见祖。不知“格文祖”者，舜已终丧，终丧亲政，固宜见祖；在丧无见祖之礼。又伪《伊训》与“见祖”联文，似即位必于庙者。胡文定《春秋传》、蔡九峰《书传》本之。不知即位所以示臣民有君，正当在治朝，经传亦无在庙之文也。《公羊》以《春秋》元年正月书“即位”者七公，遂谓诸侯逾年即位，知天子亦逾年即位。不知《春秋》七书“元年正月公即位”者，皆讥也，始于桓而成于文，后遂习以为常耳。盖桓公因弑生疑，迟回以探众志，至逾年而始敢行即位之礼。经书之，志变古也。文之正月即位者，僖公薨于十二月乙巳，《春秋长历》十二月无乙巳，大抵迫岁暮，故缓至正月耳。且嗣君即位非逾年，《左氏》亦有明文。庄公八月薨，《传》即曰“子般即位”，而十月《传》曰“贼子般”。文七年四月宋成公卒，《传》曰“昭公即位而葬”。有康王、定公可征，则子般、宋昭即位殡明日可推也。隐元年经前《传》曰“隐公立而奉之”，庄三十三年《传》曰“立闵公”，闵公二年《传》曰“立僖公”，庄公亦必即位于桓公十八年四月丧至后六日。故隐、闵、庄、僖元年正月经皆不书“即位”，而《传》又各释其故，曰“摄”，曰“夫人出”，曰“乱”，曰“公出”者，《左氏》似亦据元年正月七书“公即位”者为典，从而为之辞，而不知适与子般、宋昭未逾年明言即位者自相矛盾也。夫天子、诸侯在丧，即位之期之所昧杂如是，惟《顾命》、《康王之诰》可以正之。后人转据《伊训》、《公羊》疑驳《顾命》、《康王之诰》，不几倒置耶？

【胡氏曰】自古嗣君受顾命之礼，仅见于《书》之成、康。苏氏谓冕服非礼，引孔子因丧服以冠之义。夫朝廷典礼，当直举本义。杂取他文，以意通之，非也。以丧服嗣宝位，理所必无。麻冕黼裳，天子祭服，与衮冕不同。麻冕蚁裳，亦非纯用祭服。

故注云"无事于奠祝,故不纯用吉服;有位于班列,不可纯用凶服。酌吉凶之间,示礼之变",此非仓猝所定,或古来相承如此耳。大行初丧,不可一日无君,又不可遽行即位之礼。嗣王定位于初丧,以主丧之位定其为君。天子无答诸侯拜之礼,而主丧之孤有拜稽颡之礼。御王册命则答拜,觐见诸侯,不在丧次而亦答拜,且对其臣称名,皆非常朝比也。至列国大夫,欲以吊丧而因见新君,则去既殡即位已久,故叔向以丧礼未毕距之,与此不同也。

【汝成案】《公羊传》"正棺两楹之间,然后即位",此语必有所本。天子七日而殡,此《书》云"越七日癸酉,伯相命士须材",供攒涂也,所以殡也。自此以下,受册命于大行柩前,即出见诸侯于治朝,然后反而成服,皆癸酉日事,于事于情于礼意无不协者。既殡而后衰麻,殡时尚服玄端,但髽发腰绖耳,无脱衰袭吉之嫌也。

矫虔[①]

《说文》:"矫,从矢,揉箭也。"[②]故有用力之义。《汉书·孝武纪》注引韦昭曰:"称诈为矫,强取为虔。"《周语》下注:"以诈用法曰矫。"

罔中于信以覆诅盟[③]

国乱无政,小民有情而不得申,有冤而不见理,于是不

---

① 《书·吕刑》:"蚩尤惟始作乱,延及于平民,罔不寇贼,鸱义,奸宄,夺攘,矫虔。"

② "揉箭也",按《说文》卷五下原文为"揉箭钳也"。

③ 《书·吕刑》:"民兴胥渐,泯泯棼棼,罔中于信,以覆诅盟。"

得不诉之于神，而“诅盟”之事起矣。苏公遇暴公之谮，则“出此三物，以诅尔斯”；见《诗·小雅·何人斯》。屈原遭子兰之谗，则告五帝以折中，命咎繇而听直。① 至于里巷之人，亦莫不然。而鬼神之往来于人间者，亦或著其灵爽，于是赏罚之柄乃移之冥漠之中，而蚩蚩之氓，其畏王鈇常不如其畏鬼责矣。乃世之君子，犹有所取焉，以辅王政之穷。今日所传地狱之说，感应之书，皆苗民诅盟之馀习也。“明明棐常，鳏寡无盖”，见《书·吕刑》。则王政行于上，而人自不复有求于神。故曰：有道之世，“其鬼不神”。② 所谓“绝地天通”见《吕刑》。者，如此而已矣。〔一〕

〔一〕【胡氏曰】鬼神者，前圣尊而称之，百官以畏，万民以服，皆所以正人心者也。王道大明，作福作灾，于己取之，盖无所事于神矣。道之不明，理不可信，不得不求救于神，以免意外之祸。愚民小夫缘此冀无端之福。武人剧盗顿首像设之前，出庙门而行杀。度九黎乱德之世，大都如此。《书》曰“伯夷降典，折民惟刑”，盖折民邪妄，惟当示以典礼，典礼胜，邪妄息矣。其不度于礼者，刑必施焉。故狄公毁淫祠，折以刑之谓也。

文侯之命③

《竹书纪年》卷下：“幽王三年，嬖褒姒。五年，王世子

① 屈原《九章·惜诵》：“惜诵以致愍兮，发愤以抒情。所非忠而言之兮，指苍天以为正。令五帝以折中兮，戒六神与向服。俾山川以备御兮，命咎繇使听直。”

② 《老子》：“以道莅天下，其鬼不神。”

③ 《书序》：“平王锡晋文侯秬鬯、圭瓒，作《文侯之命》。”

宜臼出奔申。八年，王立褒姒之子伯盘【原注】古“服”字，与“盤”字相似而误。为太子。九年，申侯聘西戎及鄫。十年，王师伐申。十一年，申人、鄫人及犬戎入周，弑王及王子伯盤。申侯、鲁侯、许男、郑子立宜臼于申，虢公翰立王子余臣于携，周二王并立。平王元年，王东徙洛邑。晋侯会卫侯、郑伯、秦伯，以师从王入于成周。二十一年，晋文侯杀王子余臣于携。”【原注】《左传》昭二十六年，王子朝告诸侯之辞曰：“携王奸命，诸侯替之，而建王嗣。”杜氏以携王为伯服，盖失之不考。〔一〕然则《文侯之命》报其立己之功，而望之以杀携王之效也。郑公子兰之从晋文公而东也，请无与围郑，晋人许之。见《左传》僖公三十年。今平王既立于申，【原注】申国在今信阳州。自申迁于洛邑，而复使周人为之戍申，【原注】《竹书纪年》：“平王三十三年，楚人侵申。三十六年，王人戍申。”则申侯之伐，幽王之弑，不可谓非出于平王之志者矣。当日诸侯但知其冢嗣为当立，而不察其与闻乎弑为可诛。虢公之立王子余臣，或有见乎此也。自文侯用师，替携王以除其偪，而平王之位定矣。后之人徒以成败论，而不察其故，遂谓平王能继文、武之绪，而惜其弃岐丰七百里之地，岂为能得当日之情者哉？孔子生于二百年以后，盖有所不忍言，而录《文侯之命》于《书》，录《扬之水》之篇于《诗》，其旨微矣。【原注】《葛藟》，《诗序》谓“平王弃其九族”，似亦未可尽非。○《古今人表》以平王、申侯与幽王、褒姒、虢石父同列“下下”。《传》襄公十年言“平王东迁”，盖周之臣子美其名尔。综其实不然。凡言“迁”者，自彼而之此之辞，“盘庚迁于殷”是

也。幽王之亡,宗庙社稷以及典章文物,荡然皆尽,镐京之地已为戎狄之居[①]**;平王乃自申东保于洛,天子之国与诸侯无异,而又有携王与之颉颃,并为人主者二十年,其得存周之祀幸矣,而望其中兴哉?**【原注】如东晋元帝,不可谓之迁于建康。〔二〕

〔一〕【杨氏曰】观《左传后序》,则成侯已见《竹书》,但不甚信之耳,并非失考。

〔二〕【汝成案】《春秋》起平王末年,而托始于让位之隐,或亦有微意欤?

【校正】"申侯之伐,幽王之弑,不可谓非出于平王之志者矣。"〇晏案:顾氏之论至正,不独《书》、《诗》之旨微,窃谓《春秋》托始平王,即诛乱贼之微意。余别有论发明之。

秦誓[②]

有秦誓故列《秦誓》,有秦诗故录《秦诗》,[③]**"述而不作"**见《论语·述而》。**也。谓夫子逆知天下之将并于秦而存之者,**【原注】邵子雍说。[④] **小之乎知圣人矣。秦穆公之盛,仅霸西戎,未尝为中国盟主,无论齐桓、晋文,即亦不敢望楚之灵王、吴之夫差,合诸侯而制天下之柄。春秋以后,秦盖**

① "戎狄之居",原作"西戎所有",据《校记》改。

② 《书序》:"秦穆公伐郑,晋襄公帅师败诸崤,还归,作《秦誓》。"

③ 《秦诗》,即指《诗·秦风》。

④ 见邵雍《皇极经世书》卷一一:"秦始盛于穆公,中于孝公,终于始皇……所以仲尼序《书》,终于《秦誓》一事,其旨不亦远乎。"

中衰。吴渊颖【原注】莱。曰:“秦之兴,始于孝公之用商鞅,成于惠王之取巴蜀。蚕食六国,并吞二周,战国之秦也,非春秋之秦也。其去夫子之卒也久矣,【原注】自获麟之岁以至始皇灭六国并天下,二百六十年。夫子恶知周之必并于秦哉?”见《渊颖集·秦誓论下》。若所云“后世男子,自称秦始皇,入我房,颠倒我衣裳,至沙丘而亡”见《论衡》卷二六《实知篇》。者,近于图澄、宝志之流,[①]非所以言孔子矣。

《甘誓》,天子之事也;《胤征》,诸侯之事也,并存之,见诸侯之事可以继天子也。《费誓》、《秦誓》之存犹是也。

古文尚书

汉时《尚书》,《今文》与《古文》为二,而《古文》又自有二。《汉书·艺文志》曰“《尚书古文经》四十六卷,为五十七篇”,师古曰:“孔安国《书序》云:‘凡五十九篇,为四十六卷。承诏作传,引序各冠其篇首,定五十八篇。’郑玄《序赞》云‘后又亡其一篇’,故五十七。”《艺文志》又曰“经二十九卷。大、小夏侯二家,欧阳经三十二卷”,【原注】欧阳生字和伯,史失其名。夏侯胜,胜从兄子建,皆传伏生《尚书》。师古曰:“此二十九卷,伏生传授者。”【原注】内《泰誓》非伏生所传,师古并言之,详见下。此《今文》与《古文》为二也。《艺文志》又曰:“《古文尚书》者,出孔子壁中。武帝末,鲁共王坏

① 《晋书·佛图澄传》载其预言事数则,可参看。又《南史》、《隋书》收僧宝志谶诗五则,如天监中谶“太岁龙,将无理。萧经霜,草应死。馀人散,十八子”之类。

孔子宅，欲以广其宫，而得《古文尚书》及《礼记》、《论语》、《孝经》凡数十篇，皆古字也。共王往入其宅，闻鼓琴瑟锺磬之音，于是惧，乃止不坏。孔安国者，孔子后也，悉得其书，以考二十九篇，得多十六篇。【原注】师古曰："见行世二十九篇之外，更得十六篇。"安国献之，遭巫蛊事，未列于学官。刘向以中古文【原注】师古曰："中者，天子之书也。"〔一〕校欧阳、大小夏侯三家经文，《酒诰》脱简一，《召诰》脱简二。率简二十五字者脱亦二十五字，简二十二字者脱亦二十二字。文字异者七百有馀，脱字数十。"【原注】《志》自云此所述者本之刘歆《七略》，不知中古文即安国所献否。及王莽末，遭赤眉之乱，焚烧无馀。《儒林传》曰："孔氏有《古文尚书》，孔安国以今文字读之，因以起其家。《逸书》得十馀篇，盖《尚书》兹多于是矣。【原注】言此为最多者，明张霸加之以百二篇为伪。遭巫蛊，未立于学官。安国为谏大夫，授都尉朝，都尉朝授胶东庸生，庸生授清河胡常少子，又传《左氏》。常授虢徐敖。""又传《毛诗》，授王璜、平陵涂恽子真，子真授河南桑钦君长。王莽时，诸学皆立。【原注】《传》末又言："平帝时，立《左氏春秋》、《毛诗》、《逸礼》、《古文尚书》。"而《后汉书》十四博士无之，盖光武时废。刘歆为国师，璜、恽等皆贵显。"【原注】言刘歆者，哀帝时，歆移书太常博士，欲立此诸家之学故也。《儒林传》又曰："世所传《百两篇》者，出东莱张霸，分析合二十九篇以为数十。【原注】或分析之，或合之。又采《左氏传》、《书序》为作首尾，凡百二篇。篇或数简，文意浅陋。成帝时求其古文者，霸以能为《百两》征。以中书校之，非是。"此又孔氏《古文》与张霸之《书》为二也。《后汉书·儒林传》曰："孔僖，鲁国鲁人也。自安国以下，世传《古文尚书》。"又曰："扶风杜林传《古文尚书》。林同郡贾逵为之作训，【原注】《贾逵传》："肃宗好《古文尚书》，诏逵撰《欧阳大小夏侯尚书古文同异》，为三卷，帝善之。"马融作传，郑玄注解，由是《古文尚书》遂显于世。"又曰："建初中，诏高才生受《古文尚书》、《毛诗》、《穀梁》、《左氏春秋》，虽不立学官，然皆擢高第，为讲郎，给事近署。"然则孔僖所受之安国者，竟无其《传》，而杜林、贾逵、马融、郑玄则不见安国之《传》，而为之作训、作传、作注解，此则孔、郑之学又当为二，而无可考矣。〔二〕《刘陶传》曰："陶明《尚书》、《春秋》，为之训诂，推三家《尚书》及《古文》，是正文字三百馀事，名曰《中文尚书》。"【原注】言参用《今文》、《古文》之中。汉末之乱，无传。若马融注《古文尚书》十卷，郑玄注《古文尚书》九卷，则见于《旧唐书·艺文志》，①【原注】又有王肃、范宁、李颙、姜道成注《古文尚书》。○《新唐书》作"姜道盛"。② 开元之时尚有其书，而未尝亡也。按陆氏《释文》言："马、郑所注二十九篇，则亦不过伏生所传之二十八，【原注】一，《尧典》并《舜典》"慎徽"以下为一篇。二，《皋陶谟》并《益稷》为一篇。三，《禹贡》。四，《甘誓》。五，《汤誓》。六，《盘庚》。七，《高宗肜日》。八，《西伯戡黎》。九，《微子》。十，《牧誓》。十一，《洪范》。十二，《金縢》。十三，《大诰》。十四，《康诰》。十五，《酒诰》。十六，《梓

---

① 应作《旧唐书·经籍志》。

② 援庵《校注》：两《唐书》均作"道盛"。

材》。十七,《召诰》。十八,《洛诰》。十九,《多士》。二十,《无逸》。二十一,《君奭》。二十二,《多方》。二十三,《立政》。二十四,《顾命》并《康王之诰》为一篇。二十五,《吕刑》。二十六,《文侯之命》。二十七,《费誓》。二十八,《秦誓》。**而《泰誓》别得之民间,合之为二十九,**【原注】孔氏《正义》曰:"《史记》及《汉书·儒林传》云'伏生独得二十九篇,以教齐鲁',然《泰誓》非伏生所得。按马融云'《泰誓》后得',郑玄《书论》亦云'民间得《泰誓》',《别录》曰'武帝末,民有得《泰誓》书于壁内者,献之'。则《泰誓》非伏生所传,而言二十九篇者,以司马迁在武帝之世,见《泰誓》出而得行,入于伏生所传内,故为史总之,云伏生所出,不复曲别分析,其实得时不与伏生所传同也。"**且非今之《泰誓》。**【原注】有"白鱼入于王舟"等语,董仲舒对策引之。**其所谓得多十六篇者,不与[1]其间也。"**见陆德明《经典释文》卷一。**《隋书·经籍志》曰:"马融、郑玄所传,惟二十九篇,又杂以《今文》,非孔子旧书,自馀绝无**(所)[**师**]**说。**[2]【原注】《正义》曰:"郑氏书于伏生所传之外增益二十四篇,《舜典》一,《汩作》二,《九(工)[共]》九篇十一,《大禹谟》十二,《益稷》十三,《五子之歌》十四,《胤征》十五,《汤诰》十六,《咸有一德》十七,《典宝》十八,《伊训》十九,《肆命》二十,《原命》二十一,《武成》二十二,《旅獒》二十三,《冏命》二十四,以一篇为一卷,《九共》九篇合为一卷,通十六卷,以合于《汉·艺文志》'得多十六篇'之数。此即张霸之徒所作《伪书》也。"○与《旧唐书》所载卷目不同。〔三〕**晋世秘府所存,有《古文尚书》经文,今无有传者。及永嘉之乱,欧阳、大小夏**

① 张京华《校释》"与"字后多一"于"字,是。

② 援庵《校注》:"所说"原作"师说","所"字大误,但元钞本已如此。

侯《尚书》并亡。至东晋，豫章内史梅赜始得安国之《传》，上之。”【原注】《正义》引《晋书》云：“太保郑冲以古文授扶风苏愉，愉授天水梁柳，柳授城阳臧曹，曹授汝南梅赜，遂上其书。”又云：“其书亡失《舜典》一篇。”○此书东京以下诸儒皆不曾见，郑玄注《礼记》，韦昭注《国语》，杜预注《左氏》，赵岐注《孟子》，凡引此书文，并注云《逸书》。**增多二十五篇，**【原注】《大禹谟》一，《五子之歌》二，《胤征》三，《仲虺之诰》四，《汤诰》五，《伊训》六，《大甲》三篇九，《咸有一德》十，《说命》三篇十三，《泰誓》三篇十六，《武成》十七，《旅獒》十八，《微子之命》十九，《蔡仲之命》二十，《周官》二十一，《君陈》二十二，《毕命》二十三，《君牙》二十四，《冏命》二十五。**以合于伏生之二十八篇，而去其伪《泰誓》，又分《舜典》，《益稷》，《盘庚》中、下，《康王之诰》，各自为篇，则为今之五十八篇矣。其《舜典》亡阙，取王肃本“慎徽”以下之《传》续之。**【原注】陆氏《释文》云：“梅赜上孔氏传《古文尚书》，亡《舜典》一篇，时以王肃注颇类孔氏，故取王注从‘慎徽五典’以下为《舜典》，以续孔传。”**齐明帝建武四年，有姚方兴者，于大航头得本，有“曰若稽古帝舜”以下二十八字，献之朝，议咸以为非。及江陵板荡，其文北入中原，学者异之，刘炫遂以列诸本第。然则今之《尚书》，其《今文》、《古文》皆有之，三十三篇固杂取伏生、安国之文，而二十五篇之出于梅赜，《舜典》二十八字之出于姚方兴，又合而一之。《孟子》**《尽心下》**曰：“尽信书则不如无书。”于今日而益验之矣。**〔四〕

〔一〕【汝成案】原注“师古曰中者”云云，考《志》无此注，当是《儒林传》注“中书,天子所藏之书也”误文。①

〔二〕【钱氏曰】杜林及贾、郑、马诸儒所传《古文》,即安国真《古文》,但非梅赜所献之《古文》尔。

〔三〕【钱氏曰】谓郑氏所传增益二十四篇,为张霸之徒所作者,孔颖达之臆说。

〔四〕【孙兵备曰】《书》有四而伪者二,亡者三。一曰汉文帝使晁错所受伏生《尚书》二十八篇,《泰誓》后得,大、小夏侯为二十九,欧阳三分《盘庚》为三十一,马氏、郑氏三分《泰誓》,又分《顾命》出《康王之诰》为三十四,益以《书序》而为之注,即《隋·经籍志》所称马融注《尚书》十一卷,郑玄注《尚书》九卷也。此二十八篇经文,为伏生壁藏之馀,见《史记》、《汉书·儒林传》及《艺文志》。据王充《论衡》,亦云“伏生抱百篇藏山中,景帝遣晁错往从受《尚书》二十馀篇”。而伪孔安国《序》称“伏生失其本经,口以传授”。朱文公亦承其误,大背汉人之言。盖误会卫宏所云伏生使其女传言教错,以为口授经文。不知宏所谓传言者,传授经义,非本文,亦或即是《大传》也。孔安国亦传《今文》,故《史记》云:“孔氏有《古文尚书》,而安国以今文读之。”当时谓伏生《书》为今文,盖在孔壁科斗书既出之后,称今以别于古。且秦时改篆用隶,诸儒或以写经,以便循诵。刘向既以中古文校三家经文脱简、脱字、文字之异,后汉杜林又得漆书《古文》,贾逵撰《欧阳大小夏侯尚书古文同异》,于是《今文》合于《古文》,《隋·经籍志》称马、郑“所传惟二十九篇,又杂以《今文》”是也。马、郑所注虽止伏生之书,既从张恭祖受《逸》十六篇,分为二十四,又注壁中百篇之序,遂题曰《古文尚书》。而唐人犹谓此为《今文》者,以惑于

① 汝成此案原在小题下,今移此。

《伪古文》也。一曰汉武帝末孔氏壁中所出《古文尚书》,杜林得之西州,郑氏受之张恭祖,皆即其本,较伏生《书》增多十六篇,合于伏生《书》二十九篇,并《序》为四十六篇。古者竹帛异施,篇卷同耳,故《艺文志》云"《古文经》四十六卷"。而班固自注为五十七篇者,内分《盘庚》、《泰誓》各为三,《顾命》为二,《九共》为九,除《序》,数之五十八,《武成》后亡,故云五十七篇也。《古文》增多篇无传注,故《儒林传》称"司马迁从安国问故",而不言安国作《传》,马氏称为《逸》无师说。汉、晋诸儒咸见其全书,或称为《逸书》者,非亡逸之谓,谓逸在伏生二十九篇之外也。唐人疑为不见《古文》,惑矣。孔颖达引束皙称孔子壁中《书》"将始宅殷"。《隋·经籍志》云"晋世秘府所存,有《古文尚书》经文",又载有徐邈撰《古文尚书音》一卷,梁五经博士刘叔嗣注《尚书逸篇》二卷。《唐志》有徐邈注三卷。陆德明称永嘉丧乱,众家之《书》并亡,《古文》盖绝于此时也。一曰汉成帝时,张霸所作《百两篇书》,既以中书校之,非是,乃黜其书。今遗文仅见王充《论衡》,有云"伊尹死,大雾三日"。孔颖达误以《古文》二十四篇为张霸《伪书》,又以郑氏所引《胤征》"厥篚玄黄"为是张霸《书》词,可谓以不狂为狂。霸《书》自魏、晋以来,未见称述,盖亡于汉也。一曰晋元帝时,梅赜所上《尚书孔传》五十八篇,引《书序》以冠各篇之首,妄称郑冲所传《古文》。齐姚方兴又献《舜典》,有"乃命以位"已上二十八字。隋刘炫取而列诸本第,始或格于朝议,或不行于河洛,至孔颖达为《伪传》撰《正义》,而郑注渐微。其时孔壁《古文》久亡,遂无能辨其真伪。故刘知几《史通》称"姚方兴采马、王之义以造孔传《舜典》,举朝集议,咸以为非"。《北史·儒林传》称"南北章句好尚,互有不同。江左,

《尚书》则孔安国;河洛,《尚书》则郑康成”。《隋·经籍志》则称“至隋,孔、郑并行,而郑氏甚微也”。今考梅赜《书》篇数与古不相应。采会《书传》又多舛错,大异史迁所从孔安国问故之文,与显背郑说者难更仆。若《胤征》之以人名为国,《旅獒》之以酋豪为犬,尤可怪也。伏生二十九篇本文存此《书》中,亦或删改。如“二十有八载”下,改“放勋”为“帝”字。《说文》引《周书》遷以记之,今为《虞书》。“帝曰毋若丹朱傲”,“禹曰予娶涂山”云云,皆脱“帝曰”、“禹曰”,赖有《孟子》、董仲舒书、《史记》、《汉书》、《论衡》可证耳。伪孔《古文尚书》,宋吴棫、朱文公尝疑之,当时不能博考以证其讹舛,近世阎若璩、惠栋互加考证,别黑白而箴膏肓,学者始知《伪孔传》之非真《古文》矣。《尚书》一厄于秦火,则百篇为二十九;再厄于建武,而亡《武成》;三厄于永嘉,则众家《书》及《古文》尽亡;四厄于梅赜,则以伪乱真而郑学微;五厄于孔颖达,则以是为非,而马、郑之注亡于宋;六厄于唐开元时,诏卫包改《古文》从《今文》,则并《伪孔传》中所存二十九篇本文失其真;七厄于宋开宝中,李鄂删定《释文》,则并陆德明《音义》俱非其旧矣。

【校正】寿昌案:以《逸》十六篇为张霸《伪书》,顾氏亦沿《正义》之误。非吾乡潜老,孰能明之?后来定宇、西庄并从阎说。

窃疑古时有《尧典》无《舜典》,有《夏书》无《虞书》,而《尧典》亦《夏书》也。〔一〕**孟子引“二十有八载,放勋乃殂落”,而谓之《尧典》,**见《孟子·万章上》。**则《序》之别为《舜典》者非矣。**〔二〕**《左氏传》庄公八年引“皋陶迈种德”,僖公二十四年引“地平天成”,二十七年引“赋纳以言”,文公**

七年引“戒之用休”，襄公五年引“成允成功”，二十一年、二十三年两引“念兹在兹”，二十六年引“与其杀不辜，宁失不经”，哀公六年引“允出兹在兹”，十八年引“官占惟先蔽志”，《国语》《周语上》周内史过引“众非元后何戴，后非众罔与守邦”，而皆谓之《夏书》，则后之目为《虞书》者赘矣。【原注】《正义》言马融、郑玄、王肃、《别录》题皆曰《虞夏书》，以虞、夏同科。何则？记此《书》者必出于夏之史臣，虽传之自唐，而润色成文，不无待于[①]后人者，故篇首言曰“若稽古”，以古为言，明非当日之记也。世更三圣，事同一家。以夏之臣追记二帝之事，不谓之《夏书》而何？夫惟以夏之臣而追记二帝之事，则言尧可以见舜，不若后人之史，每帝立一本纪而后为全书也。〔三〕

〔一〕【孙氏曰】案《左传》文十八年明云“《虞书》数舜之功曰慎徽五典”云云，安得谓之有《夏书》无《虞书》乎？窃意古人盖以二《典》为《虞书》，《大禹谟》以下为《夏书》也。

〔二〕【赵氏曰】案《孟子》“咸邱蒙章”引《尧典》曰：“二十有八载，放勋乃殂落，百姓如丧考妣。三年，四海遏密八音。”孟在未焚书之前，必亲见《尚书》真本，而引之为《尧典》，则此明是《尧典》之文，而晋人分在《舜典》中者，误也。况《史记·尧本纪》直至禅位后二十八年殂落始毕，凡今《舜典》所载察玑衡，定巡狩，封山浚川，制刑法，诛四凶等事，皆在《尧本纪》中。班固称迁作《史记》多从安国问故，安国乃治《古文尚书》者，而迁本之作《尧纪》。如此可知古文《尧典》原不止于“厘降二女”，而必至“遏密八音”方止也。

---

① “于”，张京华《校释》作“乎”。

【姚氏曰】据《史记》以“遏密八音”以上为《尧典》,“月正元日”以下为《舜典》,文气仍是割裂。经文直叙舜事,无容中画也。盖别有《舜典》而今亡之,不必分截以足之。

〔三〕【赵氏曰】《左传》称为《夏书》者,典谟原系夏时史官追记,故春秋时犹仍旧称。孔子删定题为《虞书》者,以其事皆虞廷之事,如《隋书》修于唐而谓之《隋书》,《唐书》修于宋而谓之《唐书》也。

【续补正】遇孙案:文公十八年传引“慎徽五典”,称《虞书》,先生未引,盖纪录虽出于夏,而所叙则尧、舜之事,故虞、夏皆可称。《正义》言马、郑、王、《别录》题皆曰“虞夏书”。又云从《尧典》至《胤征》凡二十篇,总名曰“虞夏书”,则非必谓之《夏书》也。

孙颐谷侍御《读书脞录》亦引此,并云:“窃疑古人盖以二《典》为《虞书》,《大禹谟》以下为《夏书》也,亭林之言为失检。”

“帝曰:来,禹,汝亦昌言”,见《益稷》第五。**承上文皋陶所陈,**见《皋陶谟》第四。**一时之言也。“王出,在应门之内”,**见《康王之诰》第二十五。**承上文“诸侯出庙门俟”,**见《顾命》第二十四。**一时之事也。序分为两篇者,妄也。**

书序

益都孙宝侗仲愚谓:“《书序》为后人伪作,《逸书》之名,亦多不典。至如《左氏传》定四年祝佗告苌弘,其言鲁也,曰‘命以《伯禽》,而封于少皞之虚’;其言卫也,曰‘命以《康诰》,而封于殷虚’;其言晋也,曰‘命以《唐诰》,而封

于夏虚’。是则《伯禽之命》、《康诰》、《唐诰》,《周书》之三篇,而孔子所必录也。今独《康诰》存而二书亡。为《书序》者不知其篇名,而不列于百篇之内,疏漏显然。是则不但《书序》可疑,并百篇之名亦未可信矣。”其解“命以《伯禽》”为《书》名《伯禽之命》,尤为切当,今录其说。〔一〕

〔一〕【钱氏曰】亭林不信《书序》,然《书序》不可废。

《正义》曰:“《尚书》遭秦而亡,汉初不知篇数。武帝时有太常蓼侯孔臧者,安国之从兄也,与安国书云:‘时人惟闻《尚书》二十八篇取象二十八宿,谓为信然,不知其有百篇也。’”见《尚书正义·泰誓上》。今考传记引《书》,并无《序》所亡四十二篇之文,则此篇名亦未可尽信也。

【校正】晏案:《古文尚书》传自梅氏者,伪也,而百篇之序传自两汉大儒,则非伪也。顾氏并疑《书序》,未允。又案:太史公亲从安国问《古文》,而《史记》多载百篇之序,是孔壁之《古文》有序也。马、郑传杜林《古文》而亦注百篇之序,是漆书之《古文》亦有序也。郑众《周礼解诂》、刘歆《三统律》、《汉五行志》俱引《书序》。《艺文志》云:“孔子上断于尧,下讫于秦,凡百篇,而为之序。”《法言·问神》篇:“昔之说《书》者序以百。”《论衡·正说篇》:“《尚书》百篇,孔子以授也,遭秦燔烧五经,济南伏生抱百篇藏于山中。”又云:“张霸案百篇之序造《百两篇》,成帝出秘《百篇》以校之,皆不相应。”《佚文篇》云:“孝武皇帝坏孔子宅,得《逸尚书》百篇。”顾氏斥之为未可信,不已过欤?顾氏又谓传记引《书》并无序所亡四十二篇之文。案《史记·殷本纪》载《汤征》,卓然真《古文》无可疑者。《书大传》引《九共》、《帝告》之文,亭林岂未之考耶?

丰熙伪尚书

五经得于秦火之馀，其中固不能无错误。学者不幸而生乎二千馀载之后，信古而阙疑，乃其分也。近世之说经者，莫病乎好异。以其说之异于人而不足以取信，于是舍本经之训诂，而求之诸子百家之书。犹未足也，则舍近代之文，而求之远古。又不足，则舍中国之文，而求之四海之外。如丰熙之古《书》、《世本》，[①]尤可怪焉。【原注】鄞人言出其子坊伪撰。又有《子贡诗传》，后儒往往惑之。曰"箕子朝鲜本"者，箕子封于朝鲜，传《书》古文，自《帝典》至《微子》止，后附《洪范》一篇。曰"徐市倭国本"者，徐氏为秦博士，因李斯坑杀儒生，托言入海求仙，尽载古书至岛上，立倭国，即今日本是也。二国所译书，其曾大父河南布政使庆录得之，以藏于家。按宋欧阳永叔《日本刀歌》："徐福行时书未焚，逸书百篇今尚存。"盖昔时已有是说，而叶少蕴固已疑之。[②] 夫诗人寄兴之辞，岂必真有其事哉！日本之职贡于唐久矣，自唐及宋，历代求书之诏不能得，而二千载之后庆乃得之，其得之又不以献之朝廷而藏之家，何也？【原注】宋咸平中，日本僧奝然以郑康成注《孝经》来献，不言有《尚书》。至曰"箕子传《书》古文自《帝典》至《微子》"，则不应

---

① 《刊误》卷上："'世'，诸本同，原写本作'正本'。"张京华《校释》：丰熙字原学，明鄞人，其子丰坊，后改名道生，字存礼。所传《古书世学》六卷，题丰稷正音，丰庆续音，丰熙集说，丰道生考补，故名《世学》。

② 详见《文献通考》卷一百七十七《经籍考四》引"石林叶氏"。

别无一篇《逸书》，而一一尽同于伏生、孔安国之所传。其曰“后附《洪范》一篇”者，盖徒见《左氏传》三引《洪范》，皆谓之《商书》，【原注】文公五年引“沈渐刚克，高明柔克”，成公六年引“三人占，从二人”，襄公三年引“无偏无党，王道荡荡”。《正义》曰：“箕子商人，所说故谓之《商书》。”而不知“王者”周人之称，“十有三者”周史之记，不得为商人之《书》也。《禹贡》以“道山道水”移于九州之前，此不知古人先经后纬之义也。【原注】孔安国《传》“道岍及岐”，即云“更理说所治山川首尾所在”。是自汉以来，别无异文。○《史记·夏本纪》亦先九州而后道山道水。《五子之歌》“为人上者，奈何不敬”，以其不叶，而改之曰“可不敬乎”，谓本之鸿都石经。据《正义》言，蔡邕所书石经《尚书》止今文三十四篇，无《五子之歌》，熙又何以不考而妄言之也？【原注】《五子之歌》乃孔氏《古文》，东晋豫章内史梅赜所上，故《左传》成公十六年引“怨岂在明，不见是图”，哀公六年引“惟彼陶唐，有此冀方”，杜预注并以为《逸书》。《国语》周单襄公引“民可近也而不可上也”，单穆公引“关石和钧，王府则有”，韦昭解亦以为《逸书》。夫“天子失官，学在四夷”①，使果有残编断简，可以裨经文而助圣道，固君子之所求之而惟恐不得者也。若乃无益于经，而徒为异以惑人，则其于学也，亦谓之异端而已。愚因叹夫昔之君子，遵守经文，虽章句先后之间犹不敢辄改，故元行冲奉明皇之旨，用魏征所注《类礼》撰为疏义，成书上进，而为张说所驳，谓章句隔绝，有乖旧本，竟不得立于学官。夫《礼记》二

① 语见《左传》昭公十七年。“夷”，原本作“裔”，据《校记》改。

戴所录，非夫子所删，况其篇目之次，元无深义，而魏征所注则又本之孙炎。【原注】字叔然，汉末人。以累代名儒之作，申之以诏旨，而不能夺经生之所守，盖唐人之于经传，其严也如此。故啖助之于《春秋》，卓越三家，多有独得，而史氏犹讥其不本所承，自用名学，谓后生诡辩，为助所阶。乃近代之人，其于读经，卤莽灭裂，不及昔人远甚，又无先儒为之据依，而师心妄作，刊传记未已也，进而议圣经矣；更章句未已也，进而改文字矣。此陆游所致慨于宋人，【原注】陆务观曰："唐及国初，学者不敢议孔安国、郑康成，况圣人乎？自庆历后，诸儒发明经旨，非前人所及。然排《系辞》，毁《周礼》，疑《孟子》，讥《书》之《胤征》、《顾命》，不难于议经，况传注乎？"① ○赵汝谈至谓《洪范》非箕子之作。而今且弥甚。徐防有言："今不依章句，妄生穿凿，以遵师为非义，意说为得理，轻侮道术，浸以成俗。"见《后汉书 · 徐防传》。呜呼，此学者所宜深戒！若丰熙之徒，又不足论也。【原注】近有谓得朝鲜本《尚书》，于《洪范》"八政"之末添多五十二字者。按元王恽《中堂事记》："中统二年，高丽世子禃来朝，宴于中书省。问曰：'传闻汝邦有《古文尚书》及海外异书。'答曰：'与中国书不殊。'"是知此五十二字者，亦伪撰也。汉东莱张霸伪造《尚书百二篇》，以中书校之，非是。霸辞受父，父有弟子尉氏樊并，诏存其书。后樊并谋反，乃黜其书。而伪《逸书 · 嘉禾》篇有"周公奉鬯，立于阼阶，延登赞曰，假王莅政"之语，莽遂依之，以称居摄。见

① 陆游语似转引自王应麟《困学纪闻》卷八。张京华《校释》：皮锡瑞《经学历史》云："排《系辞》谓欧阳修，毁《周礼》谓修与苏轼、苏辙，疑《孟子》谓李觏、司马光，讥《书》谓苏轼，黜《诗序》谓晁说之。"

《汉书·王莽传》。**是知惑世诬民乃犯上作乱之渐，“大学之教，禁于未发”者，[①]其必先之矣。**

【校正】“《左传》三引《洪范》，谓之《商书》。”〇阎云：《左传》屡引《洪范》，目为《商书》，说者谓此夫子未删前之《书》名也。〇寿昌案：亭林力辟丰熙伪《书》并古《书》、《世本》之伪，又《子贡诗传》出其子坊伪撰，实有功正学之言。

① 《礼记·学记》：“大学之法，禁于未发之谓豫。”

日知录集释卷三

诗有入乐不入乐之分

《小雅》《鼓锺》之诗曰："以《雅》以《南》。"子曰："《雅》、《颂》各得其所。"见《论语·子罕》。夫二《南》也，《豳》之《七月》也，《小雅》正十六篇，《大雅》正十八篇，【原注】《诗谱》："《小雅》十六篇，《大雅》十八篇，为正经。"《颂》也，《诗》之入乐者也。《邶》以下十二国之附于二《南》之后，而谓之《风》；《鸱鸮》以下六篇之附于《豳》，而亦谓之《豳》；《六月》以下五十八篇之附于《小雅》，《民劳》以下十三篇之附于《大雅》，而谓之"变雅"，《诗》之不入乐者也。【原注】《释文》曰："从《六月》至《无羊》十四篇，是宣王之变《小雅》。""从《节南山》至《何草不黄》四十四篇，前儒申公、毛公皆以为幽王之变《小雅》。""从《民劳》至《桑柔》五篇，是厉王之变《大雅》。"以上见《释文》卷六《毛诗音义中》。"从《云汉》至《常武》六篇，是宣王之变《大雅》。""《瞻卬》及《召旻》二篇，是幽王之变《大雅》。"以上见《释文》卷七《毛诗音义下》。○《毛诗谱》《正义》曰："变者，虽亦播于乐，或无算之节所用，或随事类而歌，又在制礼之后，乐不常用。”○今按：以变雅而播之于乐，如卫献公使大师歌《巧言》之卒章是也。〔一〕[①]《礼记》**《乐记》子夏对魏文侯曰：“郑音好滥淫志，宋音燕女溺志，卫音趋数烦志，齐音敖辟乔志。此四者，皆淫于色而害于德，是以祭祀弗用也。”朱子曰：“二《南》、正《风》，房中之乐也，乡乐也。二《雅》之正《雅》，朝廷之乐也。商、周之《颂》，宗庙之乐也。至变雅，则衰周卿士之作，以言时政之得失。而《邶》、《鄘》以下，则太师所陈，以观民风者耳，非宗庙燕享之所用也。”**见《晦庵集》卷七〇《读吕氏诗托桑中篇》。**但据程大昌之辩，则二《南》自谓之《南》，而别立“正《风》”之目者非。**见程大昌《考古编》卷一《诗论》。【原注】大昌字泰之，孝宗时人，著《诗论》一十七篇，朱子当日或未见。〔二〕

〔一〕【全氏曰】古未有诗而不入乐者，特宗庙朝廷祭祀燕享不用，而其属于乐府，则奏之以观民风，是亦乐也。是以吴札请观于周乐，而列国之风并奏，不谓之乐而何？古者四夷之乐尚陈于天子之庭，况列国之风乎？亭林于是乎失言。况变风亦概而言之，《卫风》之《淇澳》，《郑风》之《缁衣》，《齐风》之《鸡鸣》，《秦风》之《同袍同泽》，其中未尝无正声，是又不可不知也。

【汝成案】《释文》止云“前儒申毛”，先生误作“申公、毛公”。《十月》章笺云“刺厉王”，正用《鲁诗》说，见《汉书·谷永传》注。则“申毛”云者，当是“伸毛”之义，非“申公、毛公”也。

〔二〕【杨氏曰】泰之《诗论》直云“《诗》无‘国风’之名”，不但立“正

---

① 张京华《校释》此下另起一段。

风"之名之非而已。愚所见十五篇,无十七篇。

【陈氏曰】二《南》、《雅》、《颂》之入乐,载于《仪礼》之《燕礼》、《乡饮礼》及内外传。列国燕享所歌无论已,至鲁人歌周乐,则十三《国》继二《南》之后,《周礼·籥章》:"迎寒暑则吹《豳诗》,祈年则吹《豳雅》,祭蜡则吹《豳颂》。"《大戴·投壶礼》称可歌者八篇,则《魏风》之《伐檀》在焉。汉末杜夔能记雅乐,则《伐檀》之诗与《鹿鸣》、《驺虞》、《文王》并列。十三国变风之入乐又历历可据也。宋程大昌谓"有《南》、《雅》、《颂》而无《国风》,自邶至豳十三国诗皆不入乐",岂非妄说乎?彼特见苏氏释《鼓锺》篇"以《雅》以《南》",误以为"二《雅》二《南》",故生此说耳。苏氏之谬,前辨之已悉矣,见《小雅·鼓锺》篇。程又谓季札观乐,自邶以下,《左传》但纪国而不言风,故知无"国风"之名。不知二《南》之诗不尽得于境内,兼得之于南国,周、召之名不足以尽之,故言"南"。南指其地,非以为诗名也。十三国之诗皆得于境内,自应举国名以概之。言国言南皆据实而言,其为风一而已。且季札闻《邶鄘卫》则云"是其《卫风》",闻《齐》则云"泱泱乎大风",风之名较然著矣。案《吕氏春秋》云:"禹省南土,涂山氏女命妾往候,女作歌曰'候人(猗兮)[兮猗]',实始为南音,周公、召公取风焉。"程以《南》为诗名,或本于此。然《吕览》言"取风",不言无风也,况《吕览》岂传信之书耶?

【又曰】《诗》篇皆乐章也,然诗与乐实分二教。《经解》云:"诗之教温柔敦厚,乐之教广博易良。"是教诗教乐,其旨不同也。《王制》曰:"乐正立四教以造士。春秋教以礼乐,冬夏教以《诗》、《书》。"是教诗教乐,其时不同也。故叙《诗》者止言作诗之意,其用为何乐,则弗及焉。即《鹿鸣》燕群臣,《清庙》

祀文王之类，亦指作诗之意而言，其奏之为乐，偶与作诗之意同耳。叙自言诗，不言乐也。意歌《诗》之法自载于《乐经》，元无烦叙《诗》者之赘，及《乐经》今已不存，则亦无可考矣。《集传》于正雅诸诗皆欲以乐章释之，或以为燕享通用，或以为祭毕而燕，或以为受厘陈戒，俱以诗之相似，亿度而为之说。殊不知古人用诗于乐，不必与作诗之本意相谋，马端临《文献通考》论之甚悉。如射、乡之奏二《南》，两君相见之奏《文王》、《清庙》，何尝以其词哉！况舍《诗》而征乐，亦异乎古人之诗教矣。朱子尝答陈体仁书，言诗之作，本以言意，非为乐而作，斯语甚当。及传《诗》，则傅会乐章以立义，与己说相违，不可解也。

【汝成案】陈氏《雅南说》云："《文王世子》'胥鼓南'，郑氏释为'南夷乐'，《左传》'南籥'，杜氏以为'文王乐'，俱不云二《南》。又《后汉·陈禅传》引《诗》云'以《雅》以《南》，《韎》、《任》、《朱离》'，注引《韩诗》云：'南夷之乐曰《南》，四夷之乐惟《南》可以和于《雅》。'"又言："《毛诗》无《韎》、《任》、《朱离》，盖见齐、鲁《诗》。即注语观之，薛君南义既同，而齐、鲁《诗》复列于四夷乐名。"可见南为南夷，古义皆然，则程氏说益无据。

四诗

《周南》、《召南》，《南》也，非《风》也。《豳》谓之《豳诗》，亦谓之《雅》，亦谓之《颂》，【原注】据《周礼·籥章》。见《春官宗伯》。**而非《风》也。《南》、《豳》、《雅》、《颂》为四诗，而列国之《风》附焉，此《诗》之本序也。**【原注】宋程大昌《诗

论》谓无《国风》之目，然《礼记·王制》言“命大师陈《诗》，以观民风”，即谓自邶至曹十二国为《风》无害。〔一〕

〔一〕【杨氏曰】泰之云诗之有《风》，其原误于《左氏》。荀氏《王制》之云，非所疑也。

孔子删诗

孔子删《诗》，所以存列国之风也，有善有不善，兼而存之。犹古之太师陈诗以观民风，而季札听之以知其国之兴衰，见《左传》襄公二十九年。**正以二者之并陈，故可以观，可以听。世非二帝，**①**时非上古，固不能使四方之风有贞而无淫、有治而无乱也。文王之化，被于南国，而北鄙杀伐之声，**②**文王不能化也。使其诗尚存，而入夫子之删，必将存南音以系文王之风，存北音以系纣之风，而不容于没一也。是以《桑中》之篇，《溱洧》之作，夫子不删，志淫风也。《叔于田》为誉段之辞，**③**《扬之水》、《椒聊》为从沃之语，**④**夫子不删，著乱本也。淫奔之诗，录之不一而止者，所以志其风之甚也。一国皆淫，而中有不变者焉，则亟录之：《将仲**

① 二帝，指尧、舜。

② 《淮南子·泰族训》：“师延为平公鼓朝歌北鄙之音。师旷曰：‘此亡国之乐也’。”《说苑·修文》：子路鼓瑟，有北鄙之声。孔子闻之曰：“南者生育之乡，北者杀伐之域，故君子执中以为本。纣为北鄙之声，其废也忽焉。”

③ 《诗序》：“刺（郑）庄公也。叔处于京，缮甲治兵，以出于田，国人说而归之。”

④ 《诗序》：“《扬之水》，刺晋昭公也。昭公分国以封沃，沃盛强，昭公微弱，国人将叛而归沃焉。”“《椒聊》，刺晋昭公也。君子见沃之盛强，能修其政，知其蕃衍盛大，子孙将有晋国焉。”

子》，畏人言也；[①]《女曰鸡鸣》，相警以勤生也；[②]《出其东门》，不慕乎色也；[③]《衡门》，不愿外也。[④] 选其辞，比其音，去其烦且滥者，此夫子之所谓删也。后之拘儒不达此旨，乃谓淫奔之作不当录于圣人之经，是何异唐太子弘谓商臣弑君，不当载于《春秋》之策乎？【原注】《旧唐书·高宗诸子传》。○《黄氏日钞》卷四《桑中》云："《国风》之用于燕享者惟二《南》，而列国之《风》未尝被之乐也。夫子之所言正者《雅》、《颂》，而未及乎《风》也。《桑中》之诗明言淫奔，东莱吕氏乃为之讳，而指为雅音，失之矣。"真希元德秀《文章正宗》，其所选诗一扫千古之陋，归之正旨，然病其以理为宗，不得诗人之趣。且如《古诗十九首》，虽非一人之作，而汉代之风略具乎此。今以希元之所删者读之，"不如饮美酒，被服纨与素"，何以异乎《唐诗·山有枢》之篇？[⑤] "良人惟古欢，枉驾惠前绥"，盖亦《邶诗》"雄雉于飞"之义。"牵牛织女"，意仿《大东》，[⑥]"兔丝女萝"，情同《车辖》。[⑦]《十九》作中，无甚优劣，必以坊淫正俗之旨严为绳削，虽矫《昭明》之枉，恐失《国风》之义。六代浮华，固当芟落，使徐、庾[⑧]不得为人，陈、隋不得为代，无乃太甚，岂非执理之过乎？〔一〕

---

① 诗中有"父母之言亦可畏也"，"诸兄之言亦可畏也"，"人之多言亦可畏也"句。
② 《毛诗正义》："言古之贤士，不留于色，夫妻同寝，相戒夙兴。"
③ 诗中有"有女如云，匪我思存"，"有女如荼，匪我思且"句。
④ 《诗集传》："此隐居自乐而无求者之辞，言衡门虽浅陋，然亦可以游息，泌水虽不可饱，然亦可以玩乐而忘饥也。"亭林解为女子安于所处、不受外诱之辞，是。
⑤ 《山有枢》："子有酒食，何不日鼓瑟？且以喜乐，且以永日。"
⑥ 《小雅·大东》："跂彼织女，终日七襄"，"睆彼牵牛，不以服箱"。
⑦ 《小雅·车辖》："觏尔新婚，以慰我心。"
⑧ 徐陵、庾信。

〔一〕【钱氏曰】《四朝闻见录》云："考亭先生晚注《毛诗》，尽去《序》文，以'彤管'为淫奔之具，以'城阙'为偷期之所。陈止斋得其说而病之，谓以千七百年女史之彤管与三代之学校为淫奔之具、偷期之所，窃所未安。独藏其说，不与考亭辩。考亭微知其然，移书求其《诗》说。止斋答以'公近与陆子静斗辩无极，又与陈同父争论王霸矣，某未尝注《诗》，所以说《诗》者不过与门人学子讲义，今皆毁之矣。'盖不欲佐陆、陈之辩也。"

何彼秾矣①〔一〕

《山堂考索》《续集》卷七**载林氏②曰："二《南》之诗虽大概美诗，亦有刺诗，不徒西周之诗，而东周亦与焉，据《何彼秾矣》之诗可知矣。其曰'平王之孙，齐侯之子'，考《春秋》庄公元年书'王姬归于齐'，此乃桓王女、平王孙，下嫁于齐襄公，非'平王孙'、'齐侯子'而何？**【原注】洪氏迈《容斋五笔》卷四曰："《春秋》庄公元年当周庄王之四年，齐襄公之五年，书'王姬归于齐'。庄公十一年，当庄王之十四年，齐桓公之三年，又书'王姬归于齐'。庄王为平王之孙，则所嫁王姬当是姊妹，齐侯之子即襄公、桓公，二者必居一于此矣。"**说者必欲以为西周之诗，于时未有平王，乃以平为平正之王，齐为齐一之侯，与《书》**《大诰》**言'宁王'同义，此妄也。**【原注】《毛氏传》：

① 《诗》篇名，见《召南》。《诗序》："美王姬也。虽则王姬亦下嫁于诸侯，车服不系其夫，下王后一等，犹执妇道，以成肃雍之德也。"

② 援庵《校注》：林氏名岊，撰《毛诗讲义》十二卷，见《四库》诗类一。与《山堂考索》作者章如愚同时。

"平,正也。武王女,文王孙,适齐侯之子。"按成王时,齐侯则太公,而以武王之女适其子,是甥舅为婚,周之盛时必无此事。逮成王顾命,丁公①始见于经,而去武王三十馀年,又必无未笄之女矣。**据《诗》,人欲言其人之子孙,则必直言之,如称卫庄姜,则曰'齐侯之子,卫侯之妻,东宫之妹,邢侯之姨'**,见《卫风·硕人》。**美韩侯取妻,则曰'汾王之甥,蹶父之子'**,见《大雅·韩奕》。**又何疑乎?且其诗,刺诗也,以王姬徒有容色之盛,而无肃雍之德,何以使人化之?故曰'何彼秾矣,唐棣之华。曷不肃雍,王姬之车'。诗人若曰'言其容色,固如唐棣矣,然王姬之车胡不肃雍乎',是讥之也。"按此说桓王女、平王孙则是,其曰"刺诗",于义未允。盖《诗》自《邶》、《鄘》以讫于《桧》、《曹》,皆太师之所陈者也。其中有美有刺,若二《南》之诗则用之为燕乐,用之为乡乐,用之为射乐,用之为房中乐,而《鼓锺》之卒章所谓"以《雅》以《南》",《春秋传》**襄公二十九年**所谓"《象箾》、《南籥》"**,《礼记》**《文王世子》所谓"胥鼓《南》"者也,安得有刺?此必东周之后,其诗可以存二《南》之遗音,而圣人附之于篇者也。且自平王之东,周德日以衰矣。麦禾之取,②繻葛之战,③几无以令于兄弟之国。且庄王之世,鲁、卫、晋、郑日以多故,于是王姬下嫁,以树援于强大之齐,寻盟府之坠言,继昏姻之夙好。且其下嫁之时,犹能修周之旧典,而容色之盛、礼节之备有可**

① 丁公,齐太公之子。

② 《左传》隐公三年:"郑祭足帅师取温之麦。秋,又取成周之禾。周、郑交恶。"

③ 桓公五年,周王率蔡、卫、陈人伐郑,战于繻葛,"王卒大败。祝聃射王中肩"。

取焉，圣人安得不录之，以示兴周道于东方之意乎？【原注】《春秋》襄十五年书“刘夏逆王后于齐”，亦此意。盖东周以后之诗得附二《南》者，惟此一篇而已。后之儒者乃疑之，而为是纷纷之说，是乌知圣人之意哉！或曰：“诗之所言，但称其容色，何也？”曰：古者妇有四德，而容其一也；言其容则德可知矣。【原注】《说苑》卷一九《修文》引《书》“五事”：“一曰貌，貌者，男子之所以恭敬，妇人之所以姣好也。”故《硕人》之诗美其君夫人者，至无所不极其形容，而《野麇》之贞亦云“有女如玉”，即唐人为妃主碑文，亦多有誉其姿色者，【原注】洪氏《隶释》卷一二载《郭辅碑》云：“有四男三女，咸高贤姣孋。”汉、魏间人作已如此。岂若宋代以下之人以此为讳而不道乎？夫妇人伦之本，昏姻王道之大，下嫁于齐，甥舅之国，太公之后，先王以周礼治诸侯之本也，诗之得附于《南》者以此。舍是则东周以后事无可称，而民间之谣刺皆属之《王风》矣。况二《南》之与民风，其来自别。宣王之世，未尝无《雅》，则平王以下，岂遂无《南》？或者此诗之旧附于《南》，而夫子不删，要亦不异乎向者之说也。

〔一〕【钱征士曰】《传》：“襛，犹戎戎也。”按《说文》，“襛，衣厚貌。”引此诗。《石经》同《韩诗》作“茙”。按《说文》无“茙”字。

《何彼秾矣》以庄王之事而附于《召南》，其与《文侯之命》以平王之事而附于《书》一也。〔一〕

〔一〕【江氏曰】东迁后之诗，何以不入《王风》而入《召南》，其以此诗为有王者之化，异于《黍离》诸篇，故特附之《召南》欤？

邶鄘卫

邶、鄘、卫，本三监之地，自康叔之封未久而统于卫矣。采诗者犹存其旧名，谓之《邶》、《鄘》、《卫》。【原注】《汉书·地理志》："河内本殷之旧都。周既灭殷，分其畿内为三国。《诗·风》邶、鄘、卫国是也。邶，以封纣子武庚，鄘，管叔尹之，卫，蔡叔尹之，以监殷民，谓之'三监'。故《书序》曰：'武王崩，三监畔。'周公诛之，尽以其地封弟康叔，号曰孟侯，以夹辅周室，迁邶、鄘之民于洛邑。故邶、鄘、卫三国之诗相与同风。"〔一〕**《邶鄘卫》者，总名也。不当分某篇为《邶》，某篇为《鄘》，某篇为《卫》。分而为三者，汉儒之误，以此诗之简独多，故分三名，以各冠之，而非夫子之旧也。**【原注】观《小雅·六笙》诗，毛公颇有升降，《黍离》之篇，毛公以为《王》，《齐诗》以为《卫》，则知今《诗》之次序多出于汉儒也。《新序》卷七《节士》："《黍离》，卫宣公之子寿闵其兄而作。"**考之《左氏传》襄公二十九年，季札观乐于鲁，为之歌《邶》、《鄘》、《卫》，曰："美哉渊乎，忧而不困者也。吾闻卫康叔、武公之德如是，是其《卫风》乎？"而襄公三十一年北宫文子之言，引《卫诗》曰"威仪棣棣，不可选也"，此诗今为《邶》之首篇，乃不曰"邶"而曰"卫"，是知累言之则曰"邶鄘卫"，专言之则曰"卫"，一也。犹之言"殷商"、言"荆楚"云尔。意者西周之时，故有《邶》、《鄘》之诗，及幽王之亡而轶之，而大师之职犹不敢废其名乎？然名虽旧而辞则今矣。**【原注】若据《汉书》言，迁邶、鄘之民于洛邑，则成王之世已无邶、鄘。〔二〕

〔一〕【雷氏曰】《周书·克殷》曰:“立王子武庚,命管叔相。”《作洛》曰:“武王克殷,乃立王子禄父,俾守商祀。建管叔于东,建蔡叔、霍叔于殷,俾监殷民。”孔晁于立禄父注云:“封以郑,祭成汤。”又云:“东谓卫。殷,邶、鄘。霍叔,相禄父也。”《汉书·地理志》曰:“周既灭殷,分其畿内为三国,《诗·风》邶、鄘、卫是也。邶,以封纣子武庚;庸,管叔尹之;卫,蔡叔尹之。”《诗谱》曰:“武王以纣京师封武庚,为殷后。又分其地,置三监,使管叔、蔡叔、霍叔尹之。自纣城而北谓之邶,南谓之鄘,东谓之卫。”服子慎、王子雍、皇甫士安并云鄘在纣都之西;郑夹漈则中卫、南鄘、东邶,伯恭则南邶、东鄘、北卫。《九域志》谓武王立禄父在观扈地,《路史》亦谓武庚封邶,即漕邑,今滑之白马。此宋以前诸说之不同也。案经传凡言武庚之国皆谓之殷,则武庚实封于邺南之殷可知。此时商之宗庙在殷,故《周书》曰“俾守商祀”;庙社在殷,而纣居朝歌,故《牧誓》曰“昏弃厥肆,祀,弗答”,《逸书》曰“侮灭神祇,不祀”。孔注“郑”字乃“鄁”字之讹,即谓殷也。《诗谱》之纣城以朝歌言,“北谓之邶”,“东谓之卫”,自是定解。惟“南谓之鄘”,不如服、王、皇甫之说为确。朝歌之南迫近大河,不容更置一监。惟西地河内亦有殷名,即怀之殷城。《书》曰“建管叔于东,建蔡叔、霍叔于殷”,《汉志》又云“以邶封武庚”,盖一监处东,一监处西,邶近殷都,霍叔处之,实与武庚共地而理。殷都在纣城之北一百五十馀里,故《诗》之变风首列邶。孔注亦云“霍叔,相禄父也”,惟其共地而理,叔受其制,故叛周降辟,霍从末减。《书》云:“管叔相者,乃诸侯之命卿,在下车之始。”注云:“霍叔相者,乃方伯之三监,在既封之后。”据《逸书》、《竹书》,命管叔相,在武王十二年正月朔,命三监,在十二年四月初。

【又曰】三监之中有霍叔，此经之明文，无可疑者。《汉书志》及《书伪传》谓三监有武庚，无霍叔，非是。其分监之地，即邶、鄘、卫是也；其所封之国，则管、蔡、霍是也。邶、鄘、卫皆武庚之封土，其国都则近邶，武王使三叔处此者，王封禄父为上公，上公九命作伯。古制：天子使其大夫为三监，监于方伯之国，国三人。盖待以客礼，使为方伯，遵用商之旧制，使其弟为之监，非曰胜国馀孽，必监之以防其蠢动也。迨成王立，三叔及武庚畔，周公不得已而东征，于是殷之国土命康叔及中旄父尹之，后乃悉封康叔。《诗谱》谓"武庚诛后，更建此三国，以康叔为之长，后世子孙并彼二国"，此不然也。《左传》：季札观乐，为之歌《邶鄘卫》，曰："吾闻卫康叔、武公之德如是，是其《卫风》乎？"以邶、鄘属之康叔，则康叔时已有邶、鄘可知。圣人于变风首列此者，见此三地后虽康叔之国，前实武庚之封，所以著武王、周公之于殷大公至正，无私天下之心。无如武庚、三叔变而不善，沦胥以亡。此所以名寓其义，而即以风示后之不靖者。

【又曰】殷商以前，河内无卫名，卫本殷之封国，姚姓故宇，其地在斟观氏之墟，不在河内，见《续汉书·郡国志》、《水经·河水》注。武王克殷，命百弇以虎贲伐卫，灭之，见《周书·世俘》篇，始邑管叔于此，故《周书》曰"建管叔于东"。盖殷畿千里，凡在东河以外者通谓之东。周公践殷，降辟三叔，始命康叔宇于殷墟，名曰卫，自是河内始有卫名。

〔二〕【魏源曰】《左氏》载季札观乐，为之歌《邶鄘卫》，曰："美哉，吾闻卫康叔、武公之德如是，是其卫风乎？"三名一实，连而不分，视"为之歌《唐》"，"为之歌《魏》"，判然二国者殊例。是

"邶鄘卫"之不可分,犹曰"殷商",曰"荆楚"。故北宫文子引今《邶风·柏舟》"威仪"之语,以为《卫诗》。毛公分一国为三,盖徒因简编过大,而未念其名实之不相符。此异《左传》者一也。刘向《新序》以《黍离》为卫寿闵兄,则知《鲁诗》必列于《卫风》,而不列入《王风》之首矣。郑《箴膏肓》述《何彼秾矣》,不以平王为平正之王,则是东周平王之诗,而不当次诸二《南》之后矣。此异三家者二也。《国风》之例,凡采风观民,各从其所得之地,不从其所咏之人。故《木瓜》,卫人美齐桓,则系诸《卫》;《猗嗟》,齐人刺鲁庄,则系之《齐》。乃《缁衣》为周人美郑武公,为卿士之诗,何以不系之《王》而系之《郑》?考《公羊传》,古者郑国处于留,先郑伯有善于郐公者,以取其国,而迁郑焉而野留。"庄公死,祭仲将往省于留"云云,此即郑桓公寄孥与贿于郐而得其国,旋以留为下邑,而《王风》"丘中有麻,彼留子嗟"之诗所为作也。《丘中》与《缁衣》之诗皆郑桓公为王朝卿士时,小惠要结周民,说而歌之,既皆畿内民风,自当同列《王风》之末。故《鲁诗》以《大车》为哀息君之诗,正以郑、息同为畿内之国,故与其为周人所咏之诗同殿乎《王风》。毛以《丘中》、《缁衣》二诗一系之《王》,一系之《郑》,既乖民风各系本国之例,且因此遂并《大车》、《丘中有麻》之诗,凡为周民咏郑、息者皆不知所指何事,离之两伤,较然明矣。此异于《鲁诗》、《公羊》者三也。

邶、鄘之亡久矣,故大师但有其名。而三国同风,无非卫人之作。桧【原注】《左传》作"郐"。**之亡未久,而诗尚存,故别于郑,而各自为风。**《桧风》**《匪风》之篇,其西周未亡之日乎?**【原注】曰"谁将西归",是镐京尚存,故郑氏《谱》以为当夷王、厉王之时。苏氏辙以《桧诗》皆为郑作,非也。[①]

邶、鄘、卫,三国也,非三监也。殷之时邦畿千里,周则分之为三国,今其相距不过百馀里。如《地理志》所言,于百里之间而立此三监,又并武庚而为一监,皆非也。宋陈傅良【原注】《止斋集》卷三六《答黄文叔书》。**以为"自荆以南,蔡叔监之,管叔河南,霍叔河北。蔡故蔡国,管则管城,霍所谓霍太山也。其绵地广,不得为邶、鄘、卫也。"**〔一〕

〔一〕【汝成案】三诗皆言卫事,故班氏谓之同风,其不当分为三名甚明。马永卿曰:"《邶鄘卫》在《王风·黍离》之前,存前代后也。"与雷氏言正合。若然,则康叔既封,犹标其地,是初为三国,非三监明矣。

【续补正】宋小茗云:案前说固未确。若止斋之说,尤属纰缪。《王制》:"天子使其大夫为三监,监于方伯之国,国三人。"此商制也,周制则先以王朝二伯、九州牧伯为监官之长,然后设连帅、卒正、属长等官,分监诸侯之国而自相统摄。《梓材》"王启监"、《周礼》"立其监",皆以诸侯为之,无大夫为三监之名。《书序》云"三监叛",亦沿《王制》而误,然亦只管叔一人耳,以管叔为三监之职,使之监殷也。《孟子》:"周公使管叔监殷,管叔以殷叛。"言管叔而不及蔡、霍,自是确证。自孔注泥看"三"字为"二三"之"三",遂以管、蔡与商当之,不知商即武庚,岂有武庚监武庚者?《左传》周公痛二叔之不咸,及管、蔡启商,惎间王室,不过流言启衅,故管诛而蔡囚,其罪亦轻于为监者。若霍叔,则并孔注不及,郑氏作《诗谱》,据《蔡仲之命》谓霍亦流言,遂以霍代商,补三监之数,后遂相沿谬

① 苏辙有《诗集传》二十卷。说见卷一。

误。盖邶、鄘、卫本属三国，至武庚时，邶、鄘已亡，并入卫地，犹称邶、鄘者，存旧名也。以其为武庚所封，故亦谓之殷；以其为管叔所监，亦称为三监之地。陈氏必欲以荆南之地实之，误矣。遇孙案：小茗名咸熙，著有《惜阴日记》。

黎许二国

许无风，而《载驰》之诗录于《鄘》。[①] 黎无风，而《式微》、《旄丘》之诗录于《邶》。[②] 圣人"阐幽"之旨、"兴灭"之心也。[③]

诸姑伯姊[④]

《泉水》之诗，其曰"诸姬"，犹《硕人》之"庶姜"。古之来媵而为侄娣者，必皆同姓之国。其年之长幼，序之昭穆，则不可知也，故有"诸姑"、"伯姊"之称，犹《礼》之言"伯父"、"伯兄"也。贵为小君，而能谦以下其众妾，此所谓"其君之袂不如其娣"[⑤]者矣。

---

① 《诗序》："卫懿公为狄人所灭，国人分散，露于漕邑。许穆夫人闵卫之亡，伤许之小力不能救，思归唁其兄，又义不得，故赋是诗也。"

② 《诗序》："《式微》，黎侯寓于卫，其臣劝以归也。""《旄丘》，责卫伯也。狄人迫逐黎侯，黎侯寓于卫，卫不能修方伯连率之职，黎之臣子以责于卫也。"

③ 《易·系辞下》："夫《易》，彰往而察来，而微显阐幽，开而当名，辨物正言断辞，则备矣。"《论语·尧曰》："兴灭国，继绝世，举逸民，天下之民归心焉。"

④ 《邶风·泉水》："女子有行，远父母兄弟，问我诸姑，遂及伯姊。"

⑤ 见《易·归妹》六五，爻辞原文作"帝乙归妹，其君之袂不如其娣之袂良"。

王事

“王事适我，政事一埤益我”。见《邶风·北门》。**凡交于大国，朝聘、会盟、征伐之事，谓之“王事”。**【原注】《左传》襄公二十九年：郑子展曰：“《诗》云：‘王事靡盬，不遑启处。东西南北，谁敢宁处。’坚事晋楚，以蕃王室也。王事无旷，何常之有。”《丧大记》曰：“既葬，与人立君，言王事不言国事。”又曰：“君既葬，王政入于国，既卒哭而服王事。”**其国之事，谓之“政事”。**

朝隮于西

“朝隮于西，崇朝其雨。”见《鄘风·蝃蝀》。〔一〕**朱子引《周礼》**《春官宗伯·视祲》**“十辉”注，以隮为虹，是也；谓“不终朝而雨止”，则未然。**[①] **谚曰“东虹晴，西虹雨”。**【原注】其雨[②]者雨也。**盖虹霓杂乱之交，无论雨晴，而皆非天地之正气。楚襄王登云梦之台，望高唐之观，所谓“朝云”者也。**[③]

〔一〕【钱征士曰】《传》：“隮，升也。”案许叔重不收“隮”字，“隮”当

① 朱子说见《诗集传》卷二：“隮，升也。《周礼》‘十辉，九曰隮’，注以为虹。盖忽然而见，如自下而升也。崇，终也。从旦至食时为终朝。言方雨而虹见，则其雨终朝而止矣。”

② “雨”，疑“西”字之误。

③ 宋玉《高唐赋》：“昔者楚襄王与宋玉游于云梦之台，望高唐之观。其上独有云气，崒兮直上，忽兮改容，须臾之间，变化无穷。王问玉曰：‘此何气也？’玉对曰：‘所谓朝云者也。’”

为“跻”。跻，升，《释诂》文；彼作“升”，俗字也。[①]

王

邶、鄘、卫、王，列国之名，其始于成、康之世乎？惟周王抚万邦，巡侯甸，而大师陈诗以观民风。其采于商之故都者则系之《邶鄘卫》，其采于东都者则系之《王》，【原注】《王》亦周初大师之本名。○马永卿述元城刘先生之言，亦谓邶、鄘、卫本商之畿内，故序《王》之上。**其采于列国者则各系之其国。至骊山之祸，先王之诗率已阙轶，而孔子所录者皆平王以后之诗，此“变风”之所由名也。诗虽变，而大师之本名则不敢变，此十二国之所以犹存其旧也。先儒谓“王”之名不当侪于列国，而为之说曰：“列《黍离》于《国风》，齐王德于邦君。”**【原注】晋范宁《春秋穀梁传序》。**误矣。**〔一〕

〔一〕【李文贞曰】周初之风，是谓二《南》，其诗自畿内达于侯国，以为文、武之世，道一风同，无间中外。其后采诸列国者归其本部，则邶、鄘以下是畿内所得者，附于《雅》，则有《小雅》中谣咏诸诗，故成、康后畿内无《风》。盖俗化既散，不能比于二《南》，又不可别自为部，故归之《雅》。及乎既东，则巡守不行，而列国无诗。平王初年，周太师犹举旧职，欲存《风》、《雅》二体。《节南山》以下，作自卿大夫者曰《雅》，《黍离》以下，畿内民俗曰《风》，其称《风》而与西周别者以此。至其晚岁，则并此亡之。东迁，《风》、《雅》亦仅止于平王，故《孟子》

① 此注原在小题下，今移此。

曰："《诗》亡然后《春秋》作。"先儒惑于《诗》亡之义，乃以《雅》为西，以《风》为东，而有降《黍离》于《国风》之说。夫王号犹在，谁则降之？鲁犹有《颂》，夫子弗更也，肯降《周雅》为《风》乎？

【汝成案】康成云："其诗不能复雅，故贬之，谓之王国之变风。"疏曰："诗者缘政而作，《风》、《雅》系政广狭。"又绎《郑志》言："幽、厉以酷虐之政，被于诸侯，故为《雅》。平、桓则政教不及畿外，故为《风》。"义亦甚正。惟谱次《豳》下，则见转一孔，盖名尊而实淆矣。

自幽王以上，大师所陈之诗亡矣。春秋时，君、卿、大夫之赋诗无及之者，此孔子之所不得见也，是故《诗》无正《风》。

二《南》也，[①]《豳》也，小、大《雅》也，皆西周之诗也，至于幽王而止。【原注】惟《何彼秾矣》为平王以后之诗。**其馀十二国风，则东周之诗也。"王者之迹熄而《诗》亡"，**见《孟子·离娄下》。下同。**西周之诗亡也。诗亡而列国之事迹不可得而见，于是晋之《乘》、楚之《梼杌》、鲁之《春秋》出焉，是之谓"《诗》亡然后《春秋》作"也。《周颂》，西周之诗也。《鲁颂》，东周之诗也。成、康之世，鲁岂无诗，而今亦已亡矣。故曰"《诗》亡"，列国之诗亡也。其作于天子之邦者，以《雅》以《南》，以《豳》以《颂》，则固未尝亡也。**

---

① 张京华《校释》无"也"字。

日之夕矣

“鸡栖于埘，日之夕矣，羊牛下来”，见《王风·君子于役》。君子当归之时也。至是而不归，如之何勿思也。

君子以向晦入宴息，“日之夕矣”而不来，则其妇思之矣；朝出而晚归，则其母望之矣；【原注】《列女传》卷八《王孙氏母》。夜居于外，则其友吊之矣。【原注】《檀弓》。于文“日夕”为“退”。【原注】《说文系传》。是以樽罍无卜夜之宾，[1]衢路有宵行之禁。故曰：“见星而行者，惟罪人与奔父母之丧者乎？”【原注】《礼记》《曾子问》。至于酒德衰而酣身长夜，官邪作而昏夜乞哀，[2]天地之气乖而晦明之节乱矣。

大车[3]

“岂不尔思，畏子不敢”，见《王风·大车》。“民免而无耻”见《论语·为政》。也。“虽速我讼，亦不女从”，见《召南·行露》。“有耻且格”见《论语·为政》。也。

① 《左传》庄公二十二年：敬仲饮齐桓公酒，桓公甚乐，曰：“以火继之？”辞曰：“臣卜其昼，未卜其夜，不敢。”

② 张京华《校释》：《孟子·离娄下》“齐人有一妻一妾”章，赵岐注：“今求富贵者，皆以枉曲之道，昏夜乞哀而求之，以骄人于白日。”

③ 《王风·大车》：“大车槛槛，毳衣如菼。岂不尔思？畏子不敢。”《诗序》以为“刺周大夫也。礼义陵迟，男女淫奔，故陈古以刺今大夫不能听男女之讼焉”。

郑

自《邶》至《曹》,皆周初大师之次序。先《邶鄘卫》,殷之故都也。次之以《王》,周东都也。何以知其为周初之次序?邶、鄘也,晋而谓之唐也,皆西周之旧也。惟郑乃宣王所封,中兴之后始立其名于大师。而列于诸国之先者,郑亦王畿之内也,故次于《王》也。桓公之时,其诗不存,故首《缁衣》也。

楚吴诸国无诗

吴、楚之无诗,以其僭王而夷[①]之与?非也,太师之本无也。楚之先熊绎"辟在荆山,筚路蓝缕,以处草莽","惟是桃弧棘矢,以共御王事",而周无分器。【原注】《左氏》昭公十二年传。岐阳之盟,"楚为荆蛮,置茅蕝,设望表,与鲜牟守燎而不与盟",【原注】《晋语》。是亦无诗之可采矣,况于吴自寿梦以前,未通中国者乎?滕、薛之无诗,微也。若乃虢、郐,皆为郑灭,而虢独无诗;陈、蔡皆列春秋之会盟,而蔡独无诗,有司失其传尔。

① "夷",原本作"删",据《校记》改。

豳

自《周南》至《豳》，统谓之《国风》，此先儒之误，程泰之辨之详矣。[①]《豳》诗不属于《国风》，周世之国无豳，此非太师所采。周公追王业之始，作为《七月》之诗，兼《雅》、《颂》之声，而用之祈报之事。《周礼·籥章》："逆暑迎寒，则吹《豳》诗。祈年于田祖，则吹《豳》雅。祭蜡，则吹《豳》颂。"雪山王氏[②]曰："此一诗而三用也。"【原注】谓《籥章》之《豳诗》，以鼓、锺、琴、瑟四器之声合籥也。笙师吹竽、笙、埙、籥、箫、篪、笛、管、舂牍、应、雅，凡十二器，[③]以雅器之声合籥也。视瞭播鼗，击颂磬、笙磬，凡四器，[④]以颂器之声合籥也。凡为乐器，以十有二律为之数度，以十有二声为之齐量，凡和乐亦如之，此用《七月》一诗，特其以器和声有不同尔。《鸱鸮》以下，或周公之作，或为周公而作，则皆附于《豳》焉。虽不以合乐，然与二《南》同为有周盛时之诗，非东周以后列国之风也，故他无可附。

---

① 详见程大昌《考古编》卷二《诗论十二》。张京华《校释》"辨"字作"辩"。

② 援庵《校注》：王质，绍兴三十年进士，传见《宋史》三九五。有《雪山集》十六卷、《诗总闻》二十卷。

③ 《刊误》卷上："汝成案：《周礼》'笙师'注，郑司农云：'舂牍，以竹，大五六寸，长七尺，短者一二尺，其端有两空，髤画，以两手筑地。应，长六尺五寸，其中有椎。雅，状如漆筩而弇口，大二围，长五尺六寸，以羊韦鞔之，有两纽，疏画。'康成云：'牍、应、雅教其舂者，谓以筑地。笙师教之，则三器在庭可知矣。'贾疏释'三器言舂，舂是向下之称'。合两郑注及疏观之，则舂非乐器明矣。是止有十一器，云'十二'者误也。诸本皆同，因仍之。"

④ 援庵《校注》：应为"三器"。按播鼗一器，颂磬一器，笙磬一器。

言私其豵

“雨我公田，遂及我私”，见《小雅·大田》。先公而后私也。“言私其豵，献豣于公”，见《豳风·七月》。先私而后公也。自天下为家，各亲其亲，各子其子，而人之有私，固情之所不能免矣，故先王弗为之禁。非惟弗禁，且从而恤之。建国亲侯，胙土命氏，画井分田，合天下之私以成天下之公，此所以为王政也。至于当官之训，则曰“以公灭私”，见《书·周官》。然而禄足以代其耕，田足以供其祭，使之无将母之嗟，[1]室人之谪，[2]又所以恤其私也。此义不明久矣，世之君子必曰“有公而无私”，此后代之美言，非先王之至训矣。

承筐是将[3]

君子不亲货贿，“束帛戋戋”，见《易·贲》。实诸筐篚，非惟尽饰之道，亦所以远财而养耻也。万历以后，士大夫交际多用白金，乃犹封诸书册之间，进自阍人之手。今则亲呈坐上，径出怀中，交收不假他人，茶话无非此物，衣冠而

① 《小雅·四牡》：“王事靡盬，不遑将母。”

② 《邶风·北门》：“王事适我，政事一埤益我。我入自外，室人交遍谪我。”

③ 《小雅·鹿鸣》：“吹笙鼓簧，承筐是将。”郑笺：“《鹿鸣》，燕群臣嘉宾也。既饮食之，又实币帛筐篚，以将其厚意，然后忠臣嘉宾得尽其心矣。”

为囊橐之寄，朝列而有市井之容。若乃拾遗金而对管宁，[①]倚被囊而酬温峤，[②]曾无愧色，了不关情，固其宜也。然则先王制为"筐篚"之文者，岂非禁于未然之前，而示人以远财之义者乎？以此坊民，民犹轻礼而重货。

罄无不宜[③]

"罄无不宜"，宜室家，宜兄弟，宜子孙，宜民人也。"吉蠲为饎，是用孝享，禴祠烝尝，于公先王"，见《小雅·天保》。得万国之欢心，以事其先王也。

民之质矣日用饮食[④]

"民之质矣，日用饮食。"夫使机智日生，而奸伪萌起，上下且不相安，神奚自而降福乎？有"起信险肤"之族，则"高后崇降弗祥"；见《书·盘庚》。有"诪张为幻"之民，则嗣王"罔或克寿"。见《书·无逸》。是故有道之世，"人醇，工

① 裴启《语林》：管宁尝与华歆相亲友，共园中锄菜。见地有片金，挥锄如故，与瓦石无异。华提而掷去。以此人知管、华优劣。又见《世说·德行》。

② 《语林》：刘承胤少有淹雅之度，王、庾、温公皆素与周旋，闻其至，共往看之。刘倚被囊，了不与诸公言，神味亦不相酬。俄顷宾退，王、庾甚怪不解。温峤曰："承胤好贿，新来必有珍宝，当有市井事。"令人视之，果见香囊皆珍玩，正与胡贾论价。

③ 《小雅·天保》："天保定尔，俾尔戬谷。罄无不宜，受天百禄。"《诗序》："《天保》，下报上也。君能下下以成其政，臣能归美以报其上焉。"

④ 《小雅·天保》："民之质矣，日用饮食。群黎百姓，遍为尔德。"

庞，商朴，女童"，[①]上下皆有嘉德，而至治馨香感于神明矣。然则祈天永命之实，必在于观民。而斫雕为朴，其道何由？则必以厚生为本。

"群黎"，庶人也；"百姓"，百官也。"民之质矣"，兼百官与庶人而言，犹曰"人之生也直"见《论语·雍也》。也。

小人所腓[②]

"小人所腓"。古制：一车甲士三人，步卒七十二人，炊家子十人，固守衣装五人，厩养五人，樵汲五人，【原注】见《司马法》。随车而动，如足之腓也。【原注】《传》曰："腓，辟也。"笺曰："腓当作芘。"皆未是。步乘相资，短长相卫，行止相扶，此所以为节制之师也。繻葛之战，郑"原繁、高渠弥以中军奉公，为鱼丽之陈，先偏后伍，伍乘弥缝"，见《左传》桓公五年。卒不随车，遇阙即补，斯已异矣。【原注】古时营陈，遇阙处仍以车补。《周礼》《春官宗伯》"车仆，掌阙车之萃"。注："阙车，所用补阙之车也。"《左传》宣公十二年，楚子"使潘党率游阙四十乘"。注："游车，补阙者。"大卤之师，魏舒请"毁车以为行，五乘为三伍"，【原注】注："乘车者车三人，五乘十五人。今改去车，更以五人为伍，分为三伍。""为五陈以相离，两于前，伍于后，专为右角，参为左角，偏为前拒"。见《左传》昭公元年。专

① 见《淮南子·氾论训》。高诱注："醇，厚，不虚华也。工庞，器坚致也。商朴，不为诈也。女童，贞正无邪也。"

② 《小雅·采薇》："君子所依，小人所腓。"

任步卒，以取捷速，然亦必山林险阻之地而后可用也。步不当骑，于是赵武灵王为胡[1]服骑射之令，而后世因之。所以取胜于敌者，益轻益速，而一败涂地，亦无以自保，然后知车战之为谋远矣。

终春秋二百四十二年，车战之时，未有斩首至于累万者。车战废而首功兴矣。先王之用兵，服之而已，不期于多杀也。"杀人之中，又有礼焉"，见《礼记·檀弓》。以此毒天下而民从之，不亦宜乎？

宋沈括对神宗言："车战之利，见于历世。然古人所谓兵车者，轻车也，五御折旋，利于捷速。今之民间辎车重大，日不能三十里，故世谓之太平车，但可施于无事之日尔。"见《宋史·沈括传》。

变雅

《六月》、《采芑》、《车攻》、《吉日》，宣王中兴之作，何以为"变雅"乎？[2]《采芑》《传》曰："言周室之强，车服之美也。言其强美，斯劣矣。"【原注】《正义》曰："名生于不足。"观夫《鹿鸣》以下诸篇，其于君臣、兄弟、朋友之间，无不曲当，而未尝有夸大之辞。《大雅》之称文、武，皆本其敬天勤民之意，至其言伐商之功，盛矣大矣，不过曰"会朝清明"见《大雅·大明》。而止。然则宣王之诗不有侈于前人者乎！

① "胡"，原本作"变"，据《校记》改。

② 《六月》郑笺："从此至《无羊》十四篇，是宣王之变《小雅》。"

【原注】如《韩奕》之篇尤侈。**一传而周遂亡。呜呼！此太子晋所以谓“自我先王厉、宣、幽、平而贪天祸”，**见《国语·周语下》。**固不待《沔水》之忧、**[①]**《祈父》之刺**[②]**而后见之也。**

大原

“薄伐猃狁，至于大原。”见《小雅·六月》。**毛、郑皆不详其地。其以为今太原阳曲县者，始于朱子，**【原注】《吕氏读诗记》卷一九、严氏《诗缉》卷一八并云。**而愚未敢信也。古之言“大原”者多矣，若此诗，则必先求泾阳所在，而后大原可得而明也。《汉书·地理志》：“安定郡有泾阳县，幵头山在西，《禹贡》泾水所出。”《后汉书·灵帝纪》：“段颎破先零羌于泾阳。”注：“泾阳县属安定，在原州。”《郡县志》：“原州平凉县，本汉泾阳县地，今县西四十里泾阳故城是也。”然则大原当即今之平凉，而后魏立为原州，亦是取古大原之名尔。**【原注】《唐书》《地理志一》：“原州平凉郡，治平高。广德元年，没吐蕃。节度使马璘表置行原州于灵台之百里城。贞元十九年，徙治平凉。元和三年，又徙治临泾。大中三年，收复关陇，归治平高。”**计周人之御猃狁，必在泾原之间。若晋阳之太原，在大河之东，距周京千五百里，岂有寇从西来，兵乃东出者乎？故曰“天子命我，城彼朔方”。**见《小雅·出车》。**而《国语》**《周语上》**“宣王料民于大原”，亦以其地近边而为御戎之**

---

① 《小雅·沔水》：“念彼不迹，载起载行。心之忧矣，不可弭忘。”
② 《小雅·祈父》，笺以为“刺宣王不明，使人不称”。

备,必不料之于晋国也。又按《汉书》《贾捐之传》贾捐之言:"秦地南不过闽越,北不过大原,而天下溃畔",亦是平凉而非晋阳也。【原注】汉武帝始开朔方郡,故秦但有陇西、北地、上郡而止。若晋阳之太原,则其外有雁门、云中、九原,不得言"不过"也。若《书·禹贡》"既修大原,至于岳阳",《春秋》"晋荀吴帅师败狄于大原",及子产对叔向"宣汾、洮,障大泽,以处大原",以上《左传》昭公元年。则是今之晋阳。而岂可以晋之大原为周之大原乎?【原注】司马相如《上林赋》:"布濩闳泽,延蔓太原。"阮籍《东平赋》:"长风振厉,萧条太原。"高平曰原,盖古人之通称也。〔一〕

〔一〕【全氏曰】《尚书大传》:"大而高平者谓之太原。"《春秋题辞》:"高平曰太原。"故平凉亦有太原之名。

【校正】晏案:以《小雅》之"大原"非阳曲之大原,顾氏之说极精,足正读《诗记》、《集传》之误。

【小笺】按:《史记·匈奴传》:韩信降匈奴,"因引兵南逾句注,攻太原,至晋阳下"。按所谓太原,即太原郡也。马邑、平城皆属雁门郡,则汉时匈奴固由雁门而至太原矣。文帝幸太原,亦即于此,安在周时猃允不能至晋阳乎?

吾读《竹书纪年》而知周之世有戎祸也,盖始于穆王之征犬戎。六师西指,无不率服,于是迁戎于太原,【原注】十七年。以黩武之兵而为徙戎之事。懿、孝之世,戎车屡征。至夷王七年,虢公帅师伐太原之戎,至于俞泉,获马千匹。则是昔日所内徙者,今为寇而征之也。宣王之世,虽号中兴,三十三年,"王师伐太原之戎,不克";三十八年,"伐条戎、奔戎，王师败逋”；三十九年，“伐羌戎，战于千亩，王师败逋”；四十年，“料民于太原”，此句见于《周语上》，其馀均见于《竹书纪年》。其与后汉西羌之叛大略相似。幽王六年，“命伯士帅师伐六济之戎，王师败逋”。【原注】《后汉书·西羌传》并用此。〇严尤以为周得中策，盖不考之言。于是关中之地，戎得以整居其间，而陕东之申侯，至与之结盟而入寇。【原注】自迁戎至此，一百七十六年。〇《(周)[郑]语》：“申、缯、西戎方强，王室方骚。”盖宣王之世，其患如汉之安帝也；幽王之世，其患如晋之怀帝也。戎之所由来，非一日之故，而三川之震，[①]“檿弧”之谣，[②]皆适会其时者也。然则宣王之功，计亦不过唐之宣宗，而周人之美宣，亦犹鲁人之颂僖也，事劣而文侈矣。“书不尽言”，见《易·系辞上》。“是以论其世也”。见《孟子·万章下》。如毛公者，岂非独见其情于意言之表者哉？【原注】《竹书纪年》自共和以后多可信，盖亦必有所传，其前则好事者为之尔。

莠言自口[③]

莠言，秽言也。若郑享赵孟，而伯有赋“鹑奔”之诗[④]是也。见《左传》襄公二十七年。君子在官言官，在府言府，在库

① 《国语·周语上》：幽王二年，西周三川皆震。伯阳父曰：“是阳失其所而镇阴也。阳失而在阴，川源必塞；源塞，国必亡。”

② 《国语·郑语》：宣王之时有童谣曰：“檿弧箕服，实亡周国。”

③ 《诗·小雅·正月》：“好言自口，莠言自口。忧心愈愈，是以有侮。”

④ 《诗·鄘风》有《鹑之奔奔》。

言库，在朝言朝；狎侮之态不及于小人，谑浪之辞不加于妃妾。自世尚通方，人安媟慢，[①]宋玉登墙之见，[②]淳于灭烛之欢，[③]遂乃告之君王，传之文字，忘其秽论，叙为美谈。以至执女手之言，发自临丧之际；【原注】原壤。[④] 啮妃唇之咏，宣于侍宴之馀。【原注】郭舍人。[⑤] 于是摇头而舞八风，【原注】祝钦明。[⑥] 连臂而歌万岁，【原注】阎知微。[⑦] "去人伦，无君子"，见《孟子·告子下》。而国命随之矣。

臧孙纥见卫侯于郲，退而告其人曰："卫侯其不得入矣，其言粪土也。亡而不变，何以复国？"见《左传》襄公十四年。以粪土喻其言，犹《诗》之莠言也。

皇父[⑧]

王室方骚，人心危惧，皇父以柄国之大臣，而营邑于

① 《刊误》卷上："'安'，诸本同，原写本作'怀'。"

② 宋玉《登徒子好色赋》："此女登墙窥臣三年。"

③ 《史记·滑稽列传》淳于髡对齐威王："臣饮一斗亦醉，一石亦醉。……日暮酒阑，合尊促坐，男女同席，履舄交错，杯盘狼藉，堂上烛灭，主人留髡而送客，罗襦襟解，微闻芗泽，当此之时，髡心最欢，能饮一石。"

④ 见《礼记·檀弓下》："孔子之故人原壤，其母死，夫子助之沐椁，原壤登木曰：'久矣予之不托于音也。'歌曰：'狸首之斑然，执女手之卷然。'夫子为弗闻也者而过之。"

⑤ 汉武帝作柏梁台成，诏群臣二千石有能为七言者乃得上坐。群臣联句，郭舍人曰："啮妃女唇甘如饴。"东方朔曰："迫窘诘屈几穷哉。"见《古文苑》卷八。

⑥ 《新唐书》本传：中宗与群臣宴，钦明自言能《八风舞》，帝许之。钦明体肥丑，据地摇头睆目，左右顾眄，帝大笑。吏部侍郎卢藏用叹曰："是举五经扫地矣！"

⑦ 武则天时，吏部春官阎知微使突厥，为突厥默啜可汗所胁，使其招谕赵州。知微与虏连手蹋《万岁乐》于城下。将军陈令英在城上谓曰："尚书位任非轻，乃为虏蹋歌，独无惭乎？"知微微吟曰："不得已，《万岁乐》。"见《资治通鉴》卷二〇六。

⑧ 《小雅·十月之交》："皇父孔圣，作都于向。择三有事，亶侯多藏。不慭遗一老，俾守我王。择有车马，以居徂向。"

向,【原注】《左传》隐十一年《解》:"轵县西有地名向上。"在今济源县界。〔一〕于是"三有事"之"多藏"者随之而去矣,庶民之"有车马"者随之而去矣,盖亦知西戎之已偪,而王室之将倾也。以郑桓公之贤且寄孥于虢、郐,则其时之国势可知。然不顾君臣之义而先去,以为民望,则皇父实为之首。昔晋之王衍,见中原已乱,乃说东海王越,以弟澄为荆州,族弟敦为青州,谓之曰:"荆州有江汉之固,青州有负海之险,卿二人在外,而吾留此,足以为三窟矣。"见《晋书·王衍传》。鄙夫之心,亦千载而符合者乎?

〔一〕【钱征士曰】作都于向,事在幽王六年,见《竹书纪年》。《九域志》"同州有向城",即此。①

握粟出卜②

古时用钱未广,《诗》、《书》皆无货泉之文,而问卜者亦用粟。汉初犹然。《史记·日者传》:"卜而有不审,不见夺糈。"〔一〕

〔一〕【汝成案】《日者传》云"以义置数十百钱",又云"此之为德,岂直数十百钱哉",是问卜者兼用钱粟矣。此特偏引一语尔。【惠氏曰】古者卜筮,先用精凿之米以享神,谓之糈。《楚辞》《离骚》云"巫咸将夕降兮,怀椒糈而要之",王逸注:"言巫咸将下,愿怀椒糈要之,使筮者占兹吉凶之事也。"《管子》《小匡》云:"守龟不兆,握粟而筮者屡中。"

① 此条原在小题下,今移此。

② 《小雅·小宛》:"握粟出卜,自何能谷?"

【续补正】遇孙案：古者卜筮，先用精凿之米以享神，谓之“糈”，故《诗》有“握粟出卜”之句，《史记》有“不见夺糈”之文，非以货泉未广而代之也。《东山经》曰“糈用稌米”，《淮南·说山》曰“巫用糈藉”，郭璞、高诱皆云“祀神之米”。

私人之子百僚是试①

孔氏颖达**曰：私人，皂隶之属也。②天下有道，小德役大德，小贤役大贤。故贵有常尊，贱有等威，所以辨上下而定民志也。周之衰也，政以贿成，而“官之师旅，不胜其富”。**【原注】《左氏》襄公十年传。**又其甚也，私人之子皆得进而服官，而文、武、周公之法尽矣。候人而赤芾，曹是以亡。③不狩而县貆，魏是以削。④贱妨贵，小加大，古人列之“六逆”，⑤又不但仍叔之子讥其年弱，⑥尹氏之姻刺其材琐⑦而**

① 《小雅·大东》：“东人之子，职劳不来。西人之子，粲粲衣服。舟人之子，熊罴是裘。私人之子，百僚是试。”

② 孔疏原文为：“此云私人，则贱者谓本无官职、卑贱之属，私居家之小人也。”而朱子《集传》方云：“私人，私家皂隶之属也。”

③ 《曹风·候人》：“彼候人兮，何戈与祋。彼其之子，三百赤芾。”又曰：“彼其之子，不称其服。”

④ 《魏风·伐檀》：“不狩不猎，胡瞻尔庭有县貆兮？彼君子兮，不素餐兮！”

⑤ 《左传》隐公三年：“贱妨贵，少陵长，远间亲，新间旧，小加大，淫破义，所谓六逆也。”

⑥ 《春秋》桓公五年：“天王使仍叔之子来聘。”《左传》：“仍叔之子，弱也。”《公羊传》：“仍叔之子者何？天子之大夫也。其称仍叔之子何？讥。何讥尔？讥父老，子代从政也。”

⑦ 《小雅·节南山》：“琐琐姻亚，则无膴仕。”郑笺：“琐琐，小貌。两婿相谓曰亚。膴，厚也。笺云：婿之父曰姻。琐琐昏姻，妻党之小人，无厚任用之。置之大位，重其禄也。”按顾氏之意，尹氏为幽王时太师，威权专制，任用亲戚，即子婿琐琐之才亦置于高位。

已。自古国家吏道杂而多端，未有不趋于危乱者。举贤材，慎名器，岂非人主之所宜兢兢自守者乎？

不醉反耻

"彼醉不臧，不醉反耻"，见《小雅·宾之初筵》。所谓一国皆狂，反以不狂者为狂也。以箕子之忠，而不敢对纣之失日。【原注】《韩非子》《说林上》。况中材以下，有不尤而效之者乎？"卿士师师非度"，见《书·微子》。此商之所以亡。"兰芷变而不芳兮，荃蕙化而为茅"，《离骚》。此楚之所以六千里而为雠人役也。是以圣王重特立之人，而远苟同之士。保邦于未危，必自此始。

上天之载

"上天之载，〔一〕无声无臭。仪刑文王，万邦作孚。"见《大雅·文王》。君子所以事天者如之何？亦曰"仪刑文王"而已。其"仪刑文王"也如之何？"为人君，止于仁；为人臣，止于敬；为人子，止于孝；为人父，止于慈；与国人交，止于信"见《礼记·大学》。而已。

〔一〕【钱征士曰】《礼记·中庸》郑注："读曰栽，谓生物也。"与笺异，盖三家说也。亦作"縡"，见《汉书·扬雄传》。

王欲玉女

《民劳》，本召穆公谏王之辞，[①]乃托为王意，以戒公卿百执事之人，故曰"王欲玉女，是用大谏"。见《大雅·民劳》。犹之"转予于恤"而呼祈父，[②]见《小雅·祈父》。从事不均而怨大夫。所谓"言之者无罪，而闻之者足以戒"见《诗序·大序》。也，岂亦监谤之时，[③]疾威之日，[④]不敢指斥而为是言乎？然而乱君之国，无治臣焉。至于"我即尔谋，听我嚣嚣"，见《大雅·板》。则又不独王之愎谏矣。

夸毗

"天之方懠，无为夸毗。"见《大雅·板》。《尔雅》《释训》曰："夸毗，体柔也。"【原注】《后汉书·崔骃传》注："夸毗，谓佞人足恭，善为进退。"天下惟体柔之人，常足以遗民忧而召天祸。夏侯湛有云："居位者以善身为静，以寡交为慎，以弱断为重，以怯言为信。"【原注】《抵疑》。见《晋书》本传。白居易有云："以拱默保位者为明智，以柔顺安身者为贤能，以直言危行者为狂愚，以中立守道者为凝滞。故朝寡敢言之士，

---

① 《诗序》："《民劳》，召穆公刺厉王也。"

② 《小雅·祈父》，刺宣王也。刺其用祈父不得其人也。而诗借卫士之口云："予王之爪牙。胡转予于恤，靡所止居？"

③ 《国语·周语上》：厉王用卫巫，使监谤者，以告，则杀之。

④ 《诗·小雅·雨无正》："旻天疾威，弗虑弗图。"朱熹《集传》："疾威，犹暴虐也。"

庭鲜执咎之臣。自国及家,浸而成俗。故父训其子曰‘无介直以立仇敌’,兄教其弟曰‘无方正以贾悔尤’。且慎默积于中,则职事废于外。强毅果断之心屈,畏忌因循之性成。反谓率职而居正[①]者不达于时宜,当官而行法者不通于事变。是以殿最之文,虽书而不实;黜陟之典,虽备而不行。”【原注】《长庆集·策》。见卷六三《策林》之三十五。罗点有云:“无所可否,则曰得体;与世浮沈,则曰有量。众皆默,己独言,则曰沽名;众皆浊,己独清,则曰立异。”【原注】《宋史》本传。观三子之言,其于末俗之敝可谓恳切而详尽矣。至于佞谄日炽,刚克消亡,朝多沓沓之流,[②]士保容容之福。[③] 苟由其道,无变其俗,必将使一国之人皆化为巧言令色孔壬而后已。然则丧乱之所从生,岂不阶于夸毗之辈乎?【原注】乐天作《胡旋女》诗曰:“天宝季年时欲变,臣妾人人学圆转。”是以屈原疾楚国之士,谓之“如脂如韦”,见《楚辞·卜居》。而孔子亦云“吾未见刚者”。见《论语·公冶长》。

流言以对[④]

“强御多怼”,即上章所云“强御”之臣也。其心多所

① “居正”,张京华《校释》作“举正”,并以《白氏长庆集》为证。是。

② 《孟子·离娄上》:“《诗》曰:‘天之方蹶,无然泄泄。’泄泄犹沓沓也。事君无义,进退无礼,言则非先王之道者,犹沓沓也。”

③ 《后汉书·左雄传》:“臣见方今公卿以下,类多拱默,以树恩为贤,尽节为愚,至相戒曰:‘白璧不可为,容容多后福。’”

④ 《诗·大雅·荡》:“文王曰咨,咨女殷商。而秉义类,强御多怼。流言以对,寇攘式内。”

怼疾，而独窥人主之情，深居禁中而好闻外事，则假流言以中伤之，若二叔之流言以间周公是也。夫不根之言，何地蔑有？以斛律光之旧将，而有“百升明月”之谣；[①]以裴度之元勋，而有“坦腹小儿”之诵，[②]所谓“流言以对”者也。如此则寇贼生乎内，而怨诅兴乎下矣。郤宛之难，“进胙者莫不谤令尹”，[③]所谓“侯作侯祝”[④]者也。孔氏疏《采苓》曰：“谗言之起，由君数问小事于小人也。”可不慎哉！〔一〕

〔一〕【汝成案】明封疆勋旧多伤于谗，而卒以人之云亡，邦国殄瘁，皆由中朝奸邪之徒“流言以对”也。

申伯[⑤]

申伯，〔一〕宣王之元舅也，立功于周，而吉甫作《崧高》之诵。其孙女为幽王后，无罪见黜，申侯乃与犬戎攻杀幽王。【原注】《竹书纪年》：“宣王四十一年，王师败于申。”则宣王之末，申侯已叛。乃未几而为楚所病，“戍申”之诗作焉。[⑥] 当

---

① 见《北齐书·斛律光传》：周将军韦孝宽忌光英勇，乃作谣言，令间谍漏其文于邺，曰：“百升飞上天，明月照长安。”百升为斛。明月，光字。

② 见《旧唐书·裴度传》：奸党忌度，作谣辞云：“非衣小儿坦其腹，天上有口被驱逐。”“天口”为“吴”，言度尝平吴元济也。

③ 事见《左传》昭公二十七年。

④ 句见《大雅·荡》：“侯作侯祝，靡届靡究。”《毛传》：“作、祝，诅也。届，极。究，穷也。”郑笺：“侯，维也。王与群臣乖争而相疑，日祝诅求其凶咎无极已。”

⑤ 《大雅·崧高》：“亹亹申伯，王缵之事。于邑于谢，南国是式。”

⑥ 《王风·扬之水》：“扬之水，不流束薪。彼其之子，不与我戍申。怀哉怀哉，曷月予还归哉！”《诗序》：“《扬之水》，刺平王也。不抚其民，而远屯戍于母家，周人怨思焉。”母家，即申国也。

宣王之世,周兴而申以强;当平王之世,周衰而申以弱;至庄王之世,而申为楚县矣。【原注】《左传》哀公十七年言"楚文王县申"。二舅之于周,功罪不同,而其所以自取如此。宋左师之告华亥曰:"女丧而宗室,于人何有?人亦于女何有?"见《左传》昭公六年。读二诗者,岂徒论二王之得失哉!

〔一〕【雷氏曰】申为方伯,非伯爵。《崧高》之四章曰"钩膺濯濯"。惟金路有钩膺,上公九命所乘,是受命为方伯明矣。

德輶如毛①

"德輶如毛",【原注】即"輶车鸾镳"之"輶"。言易举也。故曰:"一日克己复礼,天下归仁焉。"见《论语·颜渊》。又曰:"有能一日用其力于仁矣乎?我未见力不足者。"见《论语·里仁》。

韩城②

《水经注》卷一二《圣水》:"圣水径方城县故城北,又东南径韩城东。《诗》:'溥彼韩城,燕师所完。王锡韩侯,其追其貊,奄受北国。'王肃曰:'今涿郡方城县有韩侯城,世谓寒号。'非也。"【原注】《魏书·地形志》:"范阳郡方城县有韩侯

① 《大雅·烝民》:"人亦有言,德輶如毛,民鲜克举之。我仪图之,维仲山甫举之。"
② 《大雅·韩奕》:"溥彼韩城,燕师所完。以先祖受命,因时百蛮。"

城。"〔一〕按《史记·燕世家》"易水东分为梁门",①今顺天府固安县有方城村,即汉之方城县也;《水经注》卷一三《㶟水》亦云"(湿)[㶟]水径良乡县之北界,历梁山南,高梁水出焉",是所谓"奕奕梁山"者矣。旧说以韩国在同州韩城县,曹氏曰:"武王子初封于韩,其时召襄公封于北燕,实为司空,王命以燕众城之。"见宋王应麟《诗地理考》卷四所引《曹氏诗说》。窃疑同州去燕二千馀里,即令召公为司空,掌邦土,量地远近,兴事任力,亦当发民于近甸而已,岂有役二千里外之人而为筑城者哉?召伯营申,亦曰"因是谢人",见《大雅·崧高》。齐桓城邢,不过宋、曹二②国,而《召诰》"庶殷攻位",蔡氏以为此迁洛之民,无役纣都之理。此皆经中明证。【原注】《大全》载朱子之言,③亦以此为不可晓。况"其追其貊"见《大雅·韩奕》。下同。乃东北之夷,而蹶父之"靡国不到",亦似谓韩土在北陲之远也。④ 又考王符《潜夫论》卷九《志氏姓》曰:"昔周宣王时,有韩侯,其国近燕,故《诗》云'普彼韩城,燕师所完'。其后韩西,亦姓韩,为卫满所伐,迁居海中。"汉时去古未远,当有传授,今以《水经注》为定。〔二〕

〔一〕【杨氏曰】据《水经注》,则周有两韩国,不可不辨。

〔二〕【江氏曰】梁山在韩城,而燕地亦自有梁山。《水经注》:"鲍丘

---

① 张京华《校释》:《史记》无此语。据《水经注》卷一一:"易水东分为梁门陂。易水又东,梁门陂水注之。"

② "二",张京华《校释》作"三"。

③ 援庵《校注》:《诗经大全》二十卷,为永乐时官书。所载朱子之言见卷一八。

④ 张京华《校释》此下另起一段。

水过潞县西，高梁水注之，水东径梁山南。”潞县，今之通州，其西有梁山，正当固安县之东北也。禹治冀州水，恒、卫既从，则燕地之梁山固其所奠定者。韩城之梁山，名偶同耳。然则韩始封在韩城，至宣王时徙封于燕之方城欤？

【雷氏曰】《路史》谓韩于幽王之世失国，此用《国语》“应、韩不在”之说，谓失其近燕之国也。盖失于北而迁于西，故王符曰“其后韩西”也。韦昭谓“韩于平王之世失国”，此则指其所迁之国，近于《禹贡》之梁者。韩之二国皆有梁山，故郑氏误以迁国为封国。

按《毛传》，梁山、韩城皆不言其地，郑氏笺乃云：“梁山，今左冯翊夏阳西北。韩，姬姓之国也，后为晋所灭，故大夫韩氏以为邑名焉。”【原注】《左传》僖公二十四年富辰言：“邘、晋、应、韩，武之穆也。”〇《竹书纪年》：“平王十四年，晋人灭韩。”按《左传》僖公十五年，“晋侯及秦伯战于韩”。上言“涉河”，下言“及韩”，又曰“寇深矣”，是韩在河东，亦非今之韩城也。故杜氏《解》但云“韩，晋地”。〇文公十年，晋人伐秦，取少梁，始得今韩城之地。益明“战于韩”非此也。**至“溥彼韩城，燕师所完”，则郑已自知其说之不通，故训“燕”为“安”，而曰“大矣，彼韩国之城，乃古平安时，众民之所筑完”。**见《韩奕》笺。**惟王肃以梁山为涿郡方城县之山，而以燕为燕国。**【原注】孙毓亦云。**今于梁山则用郑说，于燕则用王说，二者不可兼通，而又巧立召公为司空之说，可谓甚难而实非矣。又“其追其貊”，郑“以经传说貊多是东夷，故《职方》‘掌四夷九貉’，**【原注】即“貊”字。**《郑志》答赵商云‘九貉即九夷也’，又**

《秋官》'貉隶'注云'征东北夷所获'。而汉时所谓'秽貊'者,皆在东北。"[①]【原注】《史记·货殖传》:"燕东绾秽貊、朝鲜、真番之利。"○《汉书·武帝纪》注,服虔曰:"秽貊在辰韩之北,高句丽、沃沮之南,东穷于大海。"**因于笺末添二语云:"其后追也貊也,为狁狁所逼,稍稍东迁。"此又可见康成之不自安而迁就其说也。**〔一〕

〔一〕【陈氏曰】"溥彼韩城,燕师所完",郑笺训"燕"为"安",云"古平安时众民所筑完也",则"燕师"二字为不词矣。王肃、孙毓皆以燕为燕国,得之。至《水经注》载肃语,谓今涿郡方城县有韩侯城,王符《潜夫论》亦言宣王时有韩侯国近燕,近儒有据此立说,谓此诗之韩在今顺天府固安县,非西安府之韩城县,殆未必然也。为此说者,因燕远于韩,不得用其师;貊是东夷,与今韩城隔远,不应以貊锡韩耳。然命燕城韩,东莱引《春秋》事例之,洵为允当。且非直此也,周公作洛,四方民大和会,五服咸至,无间远近;山甫城齐,自镐而往,与燕之去韩路亦相等。至以貊为东夷,郑氏注《周礼》据汉世言之耳。《鲁颂》"淮夷蛮貊,莫不率从",本谓淮夷行如蛮貊,非谓蛮貊亦服鲁,《传》义不谬也。《孟子》言"貊五谷不生",此北方气寒之证。《说文》亦以貉为"北方豸种",此诗"其追其貊"又与"奄受北国"连文,其为北垂荒裔无疑矣。貊,俗字也,本作貉。此《诗》"追貊"、《书》"华夏蛮貊",《石经》皆作"貃",注、疏作"貊",诸本因之。

【又曰】吕《记》、朱《传》以燕为燕国,其说当矣。然所谓"燕师"者,直是燕国之民,而召公子孙受封于燕者,率之以城韩。

① 按引文为《毛诗正义》卷一八孔颖达《正义》。"所获"下原文有"是貊"二字。

自朱《传》谓韩初封时，召公为司空，王命以其众为筑此城，此言非也。燕虽召公之国，召公未尝至燕也，召公自食采于畿内。若召公率之，则所用之众乃王师也。王师而谓之燕师，天子而蒙侯国之号，可乎？况召公为司空，不见经典。朱子为此说者，特因《崧高》疏载王肃语，谓召公为司空，主缮治，遂意召氏当世居此职耳。不知宣王时，城谢则使召穆公，城齐则使樊仲山甫。穆公一身尚未必常居司空之职，况其先世乎？又案，召康公历事文、武、成、康四王，封韩大约在成王时也。《周书·顾命》列诸臣位次，召公尝为冢宰，而司空则属毛公。详见孔氏《书传》。《左传》又云"聃季为司空"，见定四年。则成、康之世，为司空者已有两人明著于经传，而召公不与焉，安得谓召氏世居此职耶？又周家六卿并无世职者。成王时苏公为司寇，康叔亦为之。穆王命君牙为司徒，而幽王时番为之，郑桓公亦为之。谓司空独世属召氏，岂其然乎？

【汝成案】陈氏之说辨矣，第既主王肃、孙毓之说，以燕为燕国，复云《诗》之韩城在今西安，又主《鲁颂》传"淮夷蛮貊"，谓淮夷行如蛮貊，以训此"貊"字，义固当矣。然同州去燕二千馀里，独以此赋功属役，诚乖理势。周公作洛，是筑王城，五服咸至，宜矣。而康成犹言"不见要服者，以远于役事而恒阙焉"。岂城此侯邑，而惟勤是远国？至山甫城齐，自镐而往，此是王命往城，稽度教护，非率镐众往也。而云燕之与韩路亦相等，舛凿甚矣。考韩之先祖，是武王之子。《括地志》"同州韩城县南十八里为古韩国"，王肃曰"今涿郡方城县有韩侯城"，是有两韩国也。《史记·燕世家》曰"燕北迫蛮貊"，《山海经》曰"貊国，其地近燕"，则雷氏讥康成误以迁国为封国，信矣。然尚有疑者。《竹书》："成王十二年，王师、燕师城韩。"徐位山因曰:"后盖追述其先祖事,非宣王之时别有燕师城韩。"若然,镐、燕既近涿郡,司空营度土功,是以令役二地。而《括地志》所云古韩国者,似误。

如山之苞如川之流[1]

"如山之苞",营法也;"如川之流",陈法也。古之善用师者,能为营而后能为陈,故曰"师出以律",见《易·师》。**又曰"不愆于四伐五伐六伐七伐,乃止齐焉"。**见《书·牧誓》。**管子霸国之谋,且犹"作内政以寄军令",**见《管子·小匡》。**使之耳目素习,心志素定,如山之不可动摇,然后出而用之,若决水于千仞之溪矣。**

不吊不祥[2]

威仪之不类,贤人之丧亡,妇寺之专横,皆国之不祥。而日月之眚,山川之变,鸟兽草木之妖,其小者也。《左氏**传》**庄公十三年**曰:"人无衅焉,妖不自作。"故孔子对哀公,以"老者不教、幼者不学"为"俗之不祥",**【原注】《家语》卷九《终记解》。**《荀子》**《非相》**曰"人有三不祥。幼而不肯事长,贱而不肯事贵,不肖而不肯事贤,是人之三不祥也"。而武王胜**

---

① 《大雅·常武》:"王旅啴啴,如飞如翰。如江如汉,如山之苞。如川之流,绵绵翼翼。不测不克,濯征徐国。"

② 《大雅·瞻卬》:"不吊不祥,威仪不类。人之云亡,邦国殄瘁。"

殷,得二虏[1]而问焉,曰:"若国有妖乎?"一虏对曰:"吾国有妖,昼见星而天雨血。"一虏对曰:"此则妖也,非其大者也。吾国之妖,子不听父,弟不听兄,君令不行,此妖之大者也。"武王避席再拜之。【原注】《吕氏春秋》《慎大览》。○《书》《微子》载箕子之言亦曰:"乃罔畏畏,咈其耇长旧有位人。"自余所逮见五六十年国俗民情举如此矣。不教不学之徒满于天下,而一二稍有才知者,皆少正卯、邓析之流,是岂待三川竭而悲周,[2]岷山崩而忧汉哉![3]《书》《太甲上》曰"习与性成",《诗》《小雅·小旻》云"如彼泉流,无沦胥以败",识时之士所以引领于明[4]王,系心于耇德也。

驷[5]

鲁僖公"俭以足用,宽以爱民,务农重谷",而有坰牧之盛。见《诗序》。"卫文公大布之衣,大帛之冠,务材训农,通商惠工,敬教劝学,授方任能,"见《左传》闵公二年。而有"騋牝三千"见《鄘风·定之方中》。之多。然则古之马政皆本于田功也,吾未见"厩有肥马、野有饿莩"见《孟子·梁惠王上》。而能国者也。

---

① 此句"虏"字及下文二"虏"字,原本俱作"俘",据《校记》改。
② 见《国语·周语上》"幽王二年"下。
③ 见《汉书·五行志下之上》"成帝河平三年"下。
④ "明",原本作"哲",据《校记》改。
⑤ 《鲁颂·驷》:"驷驷牡马,在坰之野。"

实始翦商①

太王当武丁、祖甲之世，殷道未衰，何从有"翦商"之事？僖公之世，距太王已六百馀年，作诗之人特本其王迹所基而侈言之尔。犹《泰誓》之言"命我文考，肃将天威"也，犹《康诰》之言"天乃大命文王，殪戎殷"也，亦后人追言之也。张子载**曰："一日之间，天命未绝，犹是君臣。"**见《张子全书》卷七《学大原下》。〔一〕

〔一〕【徐璈曰】习凿齿曰："昔周人咏祖宗之德，追述翦商之功。"惠栋曰："《尔雅》：'翦，勤也。'《诗》言太王自邠迁岐，始能光复祖宗，修朝贡之职，勤劳王事也。"璈按：习氏之义，证以《雅》训及惠氏之解，则知文王三分有二，犹合六州之众奉勤于商。当太王之初基，值殷宗之继轨，虽天佑岐周，亦不得遽云翦断矣。

【汝成案】"翦"有数训，《尔雅·释诂》"勤也"；《释言》"齐也"；见《左传》杜注者则"削也"，"尽也"；《毛传》于《甘棠》训"去"，于《閟宫》训"齐"，郑训"断"，惟"勤"义小异，而郭氏无注。本朝邵氏《正义》以为"践"之通，引"践修旧好"、"不足以践礼"为训，亦牵强。其馀诸训虽小有轻重，大意则同。《诗》、《书》追原受命之本，每有溢辞，此亦"靡有孑遗"之类，不必深求也。徒以朱子据以注《论语》，为太王因有翦商之志，未免以词害意。又实之以商道浸衰，周日强大，又似未审时势，遂致诸家纷纭耳。

① 《鲁颂·閟宫》："后稷之孙，实维大王。居岐之阳，实始翦商。"

玄鸟[1]

读经、传之文，终商之世，无言祥瑞者。而大戊之祥桑，[2]高宗之雊雉，[3]惕于天之见妖而修德者有二焉，则知监于夏王之矫诬上天而栗栗危惧，盖汤之家法也。简狄吞卵而生契，[4]不亦矫诬之甚乎？《毛氏传》《玄鸟》曰："玄鸟，鳦鸟[5]也。春分玄鸟降。汤之先祖有娀氏女简狄，配高辛氏帝，帝率与之祈于郊禖而生契，故本其为天所命，以玄鸟至而生焉。"可以破史迁之谬矣。〔一〕

〔一〕【杨氏曰】简狄吞卵，非独子长之说，其来旧矣。要毛公之说不可易。

敷奏其勇

"敷奏其勇，不震不动，不戁不竦。"见《商颂·长发》。苟非大受之人，[6]骤而当天下之重任，鲜不恐惧而失其守者，

① 《商颂·玄鸟》："天命玄鸟，降而生商，宅殷土芒芒。"

② 《书序》："伊陟相大戊，亳有祥，桑谷共生于朝。伊陟赞于巫咸，作《咸乂》四篇。"

③ 《书序》："高宗祭成汤，有飞雉升鼎耳而雊，祖己训诸王，作《高宗肜日》、《高宗之训》。"

④ 《史记·殷本纪》："殷契母曰简狄，有娀氏之女，为帝喾次妃。三人行浴，见玄鸟堕其卵，简狄取吞之，因孕生契。"

⑤ 张京华《校释》无"鸟"字，是。《毛传》原无"鸟"字。

⑥ "大受"，《论语·卫灵公》："子曰：'君子不可小知而可大受也。'"

此公孙丑所以有"动心"之问也。[①] 升陑伐夏,[②]创未有之事而不疑,可谓天锡之勇矣。何以能之?其"上帝临女,无贰尔心"见《大雅·大明》。之谓乎?

"汤、武,身之也",见《孟子·尽心上》。学汤之勇者宜何如?"震惊百里,不丧匕鬯",见《易·震》。近之矣。

鲁颂商颂

《诗》之次序,犹《春秋》之年月,夫子因其旧文,述而不作也。《颂》者,美盛德之形容,以告宗庙。鲁之《颂》,颂其君而已,而列之《周颂》之后者,鲁人谓之《颂》也。【原注】郑氏曰:"襄公时,季孙行父请命于周,而史克作之。"见郑玄《周颂谱》。然春秋列国卿大夫赋诗,无及此四篇者。[③] 世儒谓夫子尊鲁,而进之为《颂》,是不然。鲁人谓之《颂》,夫子安得不谓之《颂》乎?"为下不倍"见《礼记·中庸》。也。《春秋》书"公"、书"郊禘",亦同此义。《孟子》《离娄下》曰:"其文则史。"不独《春秋》也,虽六经皆然。今人以为圣人作书,必有惊世绝俗之见,此是以私心待圣人。世人读书如王介甫,才入贡院,而一院之事皆欲纷更,【原注】《宋史·张方平传》。此最学者之大病也。〔一〕

〔一〕【刘氏曰】《诗》何以《风》先乎《雅》?著《诗》、《春秋》之相终

---

① 《孟子·公孙丑上》:"公孙丑问曰:'夫子加齐之卿相,得行道焉,虽由此霸王,不异矣。如此则动心否乎?'"

② 《书序》:"伊尹相汤伐桀,升自陑,遂与桀战于鸣条之野,作《汤誓》。"

③ 四篇,按《鲁颂》共四篇。

始也。风者,王者之迹所存也。王者之迹熄,而采风之使缺,《诗》于是终,《春秋》于是始。《春秋》宗文王,《诗》之四始莫不本于文王。首基之以二《南》,《春秋》之大一统也;终运之以三《颂》,《春秋》之通三统也。《周南》终《麟趾》,《召南》终《驺虞》,《春秋》之始元终麟也。变风始于《邶鄘卫》,《春秋》之故宋也;《王》次之,《春秋》之新周也。变雅始于宣王之征伐,《春秋》之内诸夏而外吴、楚也。《鲁颂》先乎《商颂》,《春秋》之寓王也。《颂》以商为殿者,谓救周之文敝,宜用殷之质也。托夏于鲁,明继周以夏,继夏以商,三王之道若循环,终则又始,《易》终《未济》之义也。王者损益因革之道,三王五帝不相袭,托王者于斯,一质一文,当殷之尚忠,敬文迭施,当夏之教也,是《春秋》之通义也。孔子序《书》,特韫神旨,纪三代,正稽古,列正变,明得失,等百王,知来者,莫不本于《春秋》,即莫不具于《诗》。故曰《诗》、《书》、《春秋》,其归一也。此皆删述之微言大义也。

列国之风,何以无鲁?大师陈之,固曰鲁诗,不谓之《颂》矣。孔子,鲁人也,从鲁而谓之《颂》,此如鲁史之书“公”也,然而《泮水》之文则固曰“鲁侯”也。[①]

商何以在鲁之后?曰草庐吴氏澄**尝言之矣:“大师所职者,当代之诗也。商则先代之诗,故次之周、鲁之后。”**【原注】《汲冢周书》“伊尹朝,献商书”,附于《王会解》之后,[②]即其例也。

---

① 《鲁颂·泮水》:“思乐泮水,薄采其芹。鲁侯戾止,言观其旂。”

② 见《逸周书》卷七。

诗序

《诗》之世次，必不可信，今《诗》亦未必皆孔子所正。且如“褒姒灭之”，见《小雅·正月》。幽王之诗也，而次于前；“召伯营之”，见《小雅·黍苗》。宣王之诗也，而次于后。序者不得其说，遂并《楚茨》、《信南山》、《甫田》、《大田》、《瞻彼洛矣》、《裳裳者华》、《桑扈》、《鸳鸯》、《鱼藻》、《采菽》十诗，皆为刺幽王之作，恐不然也。又如《硕人》，庄姜初归事也，而次于后；《绿衣》、《日月》、《终风》，庄姜失位而作，《燕燕》，送归妾作，《击鼓》，国人怨州吁而作也，而次于前。【原注】朱子《日月》传曰：“此诗当在《燕燕》之前，下篇放此。”《渭阳》，秦康公为太子时作也，而次于后；《黄鸟》，穆公薨后事也，而次于前。此皆经有明文可据，故郑氏谓“《十月之交》、《雨无正》、《小旻》、《小宛》皆刺厉王之诗，【原注】《十月之交》有“艳妻”之云，自当是幽王。汉兴之初，师移其第耳”。见《毛诗正义》卷九《小大雅谱》。而《左氏传》宣公十二年楚庄王之言曰“武王作《武》，其卒章曰‘耆定尔功’，其三曰‘敷时绎思，我徂维求定’，其六曰‘绥万邦，屡丰年’”，今《诗》但以“耆定尔功”一章为《武》，而其三为《赉》，其六为《桓》，章次复相隔越。《仪礼》歌《召南》三篇，越《草虫》而取《采蘋》，[①]《正义》以为《采蘋》旧在《草虫》之前。知今日之《诗》已失古人之次，非夫子所谓“《雅》、《颂》各

---

① 援庵《校注》：《仪礼》之《乡饮酒礼》、《乡射礼》、《燕礼》皆然。

得其所”见《论语·子罕》。**者矣。**〔一〕

〔一〕【严太仆曰】虞惇按：亭林顾氏之说最为有见，三百篇中前后世次错迕者甚多，如《小雅·常棣》，闵管、蔡，成王时诗也，而在《采薇》、《出车》之前。《灵台》，民始附文王时诗也，而在《文王》、《大明》之后。盖经秦火，简编残脱，汉儒掇拾补缀，厘而存之，未必皆孔氏之旧矣。至于《楚茨》、《信南山》八篇，及《黍苗》一篇，应从《序》陈古刺今之说。《十月之交》四篇，考之经文及史传，皆当作刺幽王，非刺厉王之诗也。

日知录集释卷四

鲁之春秋

《春秋》不始于隐公。晋韩宣子聘鲁，"观书于太史氏，见《易象》与《鲁春秋》，曰'周礼尽在鲁矣，吾乃今知周公之德与周之所以王也'"。【原注】《左传》昭公二年。〔一〕盖必起自伯禽之封，以洎于中世，当周之盛，朝觐、会同、征伐之事皆在焉，故曰"周礼"，而成之者，古之良史也。【原注】《孟子》《离娄下》虽言"《诗》亡然后《春秋》作"，然不应伯禽至孝公二百五十年全无纪载。〔二〕自隐公以下，世道衰微，史失其官，于是孔子惧而修之。自惠公以上之文无所改焉，所谓"述而不作"见《论语·述而》。者也；自隐公以下，则孔子以己意修之，所谓"作《春秋》"见《孟子·滕文公下》。也。然则自惠公以上之《春秋》，固夫子所善而从之者也，惜乎其书之不存也。〔三〕

〔一〕【江氏云】韩子观《鲁春秋》，此未笔削之《春秋》也。《春秋》

当始伯禽，何为始隐？疑当时《鲁春秋》惠公以上，鲁史不存，夫子因其存者修之，未必有所取义也。使伯禽以后之《春秋》皆存，则周初礼乐征伐自天子出，夫子何不存其盛世之事以为法，顾独存其衰世之事以为戒耶？夏、殷之礼，杞、宋不足征，夫子惜之。正考父得《商颂》十二篇于周太师，后又亡其七，夫子因而存之。使《鲁春秋》具存，夫子有所取义而托始于隐，是因笔削《春秋》，反使惠公以前二百馀年之事皆无征，岂圣人之心哉？迹熄《诗》亡，孟子就当时之《春秋》推说耳。

【左暄曰】《春秋》"笔则笔，削则削"，鲁史之旧本无存，故笔削之新义莫考。然亦有可考而知者，如《公羊》庄七年传曰："不修《春秋》曰：'雨星不及地尺而复。'君子修之曰：'星陨如雨。'"此传文之可据者。又有见于他书者。《坊记》载夫子之言曰："故《鲁春秋》犹去夫人之姓曰吴，其死曰孟子卒。"孔颖达《春秋》疏曰："《鲁春秋》'去夫人之姓曰吴'，《春秋》无此文，《坊记》云然者，礼：夫人初至，必书于策，若娶齐女，则云'夫人姜氏至自齐'。此孟子初至之时，亦当书曰'夫人姬氏至自吴'，同姓不得称姬，旧史所书，盖直云夫人至自吴，是去夫人之姓直书曰吴而已。仲尼修《春秋》，以犯礼明著，全去其文，故今经无其事。"此又夫子《春秋》与旧史不同之一证也。

〔二〕【阎氏曰】按杜元凯《春秋经传集解序》，便知《春秋》一书，其发凡以言例，皆周公之垂法。仲尼从而修之，何必言"起自伯禽"与"成之古良史"哉？又《左传》隐七年"谓之礼经"，杜注曰："此言凡例，乃周公所制礼经也。"

〔三〕【庄侍郎曰】《春秋》之义，不可书则辟之，不忍书则隐之，不足书则去之，不胜书则省之。辞有据正则不当书者，皆书其可书，以见其所不可书；辞有诡正而书者，皆隐其所大不忍，辟其所大不可，而后目其所常不忍、常不可也。辞若可去、可省而书者，常人之所轻，圣人之所重。《春秋》非记事之史，不书多于书，以所不书知所书，以所书知所不书。

【又曰】《春秋》治乱必表其微，所谓礼禁未然之前也。凡所书者，有所表也，是故《春秋》无空文。

【又曰】《春秋》之辞，断十二公之策而列之，则十二公之行状莫不著也。辞有屡于一公之策书者，有屡于一年之策书者，有旷而不志者，有旷而一志者，不可不察也。

【刘氏曰】《孟子》言《春秋》继"王者之迹"，行"天子之事"。"知我罪我，其唯《春秋》"。为邦而兼夏、殷、周之制。既以告颜渊"吾其为东周"，又见于不狃之召，夏、殷、周道皆不足观，"吾舍鲁何适"，复见于礼之告子游。故曰"我欲载之空言，不如见诸行事之深切著明也"，又曰"吾因其行事，而加吾王心焉"。忧天悯人，不得已之心，百世如将见之。

【又曰】《传》曰："亲亲之杀，尊贤之等，礼所生也。"《春秋》缘礼义以致太平，用坤乾之义以述殷道，用夏时之等以观夏道。等之不著，义将安放？故分十二世以为三等，有见三世，有闻四世，有传闻五世。若是者有二义焉，于所见世微其辞，于所闻世痛其祸，于所传闻世杀其恩，此一义也。于所传闻世见拨乱始治，于所闻世见治廪廪进升平，于所见世见治太平，此又一义也。由是辨内外之治，明王化之渐，施详略之文。鲁愈微而《春秋》之化益广，世愈乱而《春秋》之文益治。

【又曰】《史记》言："《春秋》上记隐，下至哀，以制义法，为有所刺讥、褒讳、抑损之文辞，不可以书见也，故七十子之徒口受其传指。"《汉书》言："仲尼没而微言绝，七十子丧而大义乖。"

夫使无口受之微言大义，则人人可以属词比事而得之。赵汸、崔子方何必不与游、夏同识，惟其无张三世、通三统之义以贯之，故其例此通而彼碍，左支而右绌。

春秋阙疑之书

孔子曰："吾犹及史之阙文也。"见《论语·卫灵公》。**史之阙文，圣人不敢益也。《春秋》桓公十七年"冬十月朔，日有食之"，《传》曰："不书日，官失之也。"僖公十五年"夏五月，日有食之"，《传》曰："不书朔与日，官失之也。"以圣人之明，千岁之日至可坐而致，岂难考历布算，以补其阙？而夫子不敢也，况于史文之误而无从取正者乎？况于列国之事得之传闻不登于史策者乎？**〔一〕**《左氏》之书，成之者非一人，录之者非一世，可谓富矣，而夫子当时未必见也。史之所不书，则虽圣人有所不知焉者。**〔二〕**且《春秋》，鲁国之史也，即使历聘之馀，必闻其政，遂可以百二十国之宝书增入本国之记注乎？**①【原注】成公十三年"公会诸侯伐秦"下《正义》曰："经文依史官策书，策书所无，故经文遂阙也。传文采于简牍，简牍先有，故传文独存也。"〔三〕**若乃改葬惠公之类不书者，**见《左传》隐公元年。**旧史之所无也。曹大夫、宋大夫、司马、司城之不名者，阙也。**【原注】"齐崔氏出奔卫"，见《春秋》宣公十年。去名而书族；"宋杀其大夫山"，见《春秋》成公十五年。去族而书字，

① 据"百二十国之宝书"以修《春秋》，为《公羊》家说。何休解云："闵因叙云：'昔孔子受端门之命，制《春秋》之义，使子夏等十四人求周史记，得百二十国宝书，九月经立。'"

疑皆前史之阙。**郑伯髡顽、楚子麇、齐侯阳生之实弑而书“卒”者，传闻不胜简书，是以从旧史之文也。**【原注】邵氏曰：“赴以卒则卒，赴以弑则弑。弑而赴以卒，其弑也传闻云尔也。传闻不胜简书，是以书卒以待察也，比之疑狱。”**《左氏》出于获麟之后，网罗浩博，实夫子之所未见。乃后之儒者似谓已有此书，夫子据而笔削之。即《左氏》之解经，于所不合者亦多曲为之说。而经生之论，遂以圣人所不知为讳，是以新说愈多而是非靡定。故今人学《春秋》之言皆郢书燕说，而夫子之不能逆料者也。子不云乎：“多闻阙疑，慎言其馀。”**见《论语·为政》。**岂特告子张乎，修《春秋》之法亦不过此。**

〔一〕【杨氏曰】宋吕大圭《春秋论》，大约言“不以日月为褒贬，不以爵号为予夺。大旨有三，一曰明分义，二曰著名实，三曰正几微而已”。

〔二〕【庄侍郎曰】《春秋》博列国之载，因鲁史以约文。于所不审，则义不可断，皆削之而不书；书则断之者，断则审之者，故曰春秋之信史也。存阙文而不益，实其所不削也。不审其事则去之，不审其文则存之，传之万世而不可乱也。

〔三〕【刘氏曰】《春秋说》曰：“孔子作《春秋》万八千字，九月而书成，以授游、夏之徒，不能改一字。”盖鲁史记之文本录内而略外，圣人取百二十国宝书而损益之，其大致则略同，故曰“述而不作”。述文王也，非述鲁也。鲁史记之例，常事不能不悉书备载，《春秋》尽削之，其存什一于千百，以著微文刺讥，为万世法，故曰非记事之书也。或笔一而削百，或笔十而削一。削者以笔见，笔者以削见，屈伸变化，以著其义，使人深思而自省悟，应问以穷其奥，故曰“知其人不待告，告非其人，虽言而不著”。唯游、夏能知之，知之故不能赞一词也。

《春秋》，因鲁史而修者也，《左氏传》，采列国之史而作者也。故所书晋事，自文公主夏盟，政交于中国，则以列国之史参之，而一从周正，自惠公以前则间用夏正，其不出于一人明矣。其谓赗仲子为"子氏未薨"，见《左传》隐公元年。平王崩为"赴以庚戌"，见隐公三年。【原注】先壬戌十二日。陈侯鲍卒为"再赴"，见桓公五年。似皆揣摩而为之说。

三正

"三正"之名，见于《甘誓》。① 苏氏轼以为"自舜以前必有以建子、建丑为正者，其来尚矣"。见苏轼《书传》卷六。《微子之命》曰"统承先王，修其礼物"，则知杞用夏正，宋用殷正，若朝覲会同，则用周之正朔，其于本国，自用其先王之正朔也。独是晋为姬姓之国而用夏正，则不可解。【原注】三正之所以异者，疑古之分国各有所受。故公刘当夏后之世，而"一之日"、"二之日"见《豳风·七月》。已用建子为纪。晋之用寅，其亦承唐人之旧与？○《舜典》"协时月正日"，即协此不齐之时月。〔一〕杜预《春秋后序》曰："晋太康中，汲县人发其界内旧冢，得古书，皆简编科斗文字。记晋国，起自殇叔，次文侯、昭侯，以至曲沃庄伯。庄伯之十一年十一月，鲁隐公之元年正月也，皆用夏正建寅之月为岁首编年。"今考《春秋》，僖公五年，晋侯杀其世子申生，经书"春"，而《传》在上年之十二月；十年，里克弑其君卓，经书"正月"，而《传》

---

① 《书·甘誓》："有扈氏威侮五行，怠弃三正。"

在上年之十一月；十一年，晋杀其大夫丕郑父，经书“春”，而《传》在上年之冬；十五年，晋侯及秦伯战于韩，获晋侯，经书“十有一月壬戌”，而《传》则为九月壬戌。经传之文或从夏正，或从周正，所以错互如此，【原注】罗泌以为《传》据晋史，经则周历。[①] **与《史记》“汉元年冬十月，五星聚东井”乃“秋七月”之误**〔二〕**正同。僖公五年十二月丙子朔，虢公丑奔京师，而卜偃对献公，以为“九月、十月之交”；**[②]**襄公三十年，绛县老人言“臣生之岁，正月甲子朔”，以《长历》推之，为鲁文公十一年三月甲子朔，此又晋人用夏正之见于《传》者也。**〔三〕

〔一〕【沈氏曰】王守溪《春王正月辨》云：“《汲冢周书》云：‘亦越我周王，致伐于商，改正异械，以垂三统。至于敬授民时，巡狩烝享，犹自夏焉。’且《周礼》有正月，又有正岁，周时二正实兼行之矣。”

〔二〕【沈氏曰】毛云：“秦正建亥，而汉初因之，非误也。”

〔三〕【沈氏曰】毛云：“三正递建，诸事可通，而独此推测占验之事多用夏正，何则？以气候分至有难齐也。卜偃以鹑火、天策推验昏旦，此非用夏正不可。”

【校正】“苏氏以为自舜以前必有以建子、建丑为正者，其来尚矣”。○汪春园云：误解三正，自刘歆始。三正者，天、地、人之道，非子、丑、寅之谓也。○晏案：《史记·夏本纪》《集解》引马融《尚书注》：“三正，天地人之正道。”蔡《传》不从古注，依苏氏说。

---

① 见《路史馀论》五《春秋用周正》。

② 此僖公五年八月间事，为卜偃据童谣所作预测。

僖公二十四年"冬，晋侯夷吾卒"，杜氏注："文公定位而后告。"夫不告文公之入，【原注】《传》曰："秦伯纳之，不书，不告入也。"而告惠公之薨，以上年之事为今年之事。新君入国之日，反为旧君即世之年，非人情也。疑此经乃错简，〔一〕当在二十三年之冬。《传》曰"九月，晋惠公卒"，晋之九月，周之冬也。【原注】盖怀公遣人来告。

〔一〕【沈氏曰】毛云："《春秋》恒例，但得书列国君卒，而不书列国立君，此全经尽然。至于逾年之告，则国乱多故，并从缓赴，非错简也。"

隐公六年"冬，宋人取长葛"，《传》作"秋"。刘原父敞曰："《左氏》日月与经不同者，丘明作书杂取当时诸侯史策之文，其用三正，参差不一，往往而迷。故经所云'冬'，《传》谓之'秋'也。"见刘敞《春秋权衡》卷一。考宋用殷正，则建酉之月，周以为冬，宋以为秋矣。

桓公七年"夏，谷伯绥来朝，邓侯吾离来朝"，《传》作"春"。刘原父曰："《传》所据者，以夏正纪(时)[事]也。"见《春秋权衡》卷二。

文公十(六)[四]年，"齐公子商人弑其君舍"。经在九月，《传》作"七月"。

隐公三年，夏"四月，郑祭足帅师取温之麦。秋，又取成周之禾"，见《左传》。若以为周正，则麦、禾皆未熟。四年秋，"诸侯之师败郑徒兵，取其禾而还"，亦在"九月"之上，是夏正六月，禾亦未熟。注云"取者，盖芟践之"，终是可疑。按《传》中杂取三正，多有错误。《左氏》虽发其例于隐之元年,曰"春王周正月",而间有失于改定者。文多事繁,固著书之君子所不能免也。

闰月

《左氏传》文公元年,"于是闰三月,非礼也";〔一〕襄公二十七年"十一月乙亥朔,日有食之。辰在申,司历过也,再失闰矣";哀公十二年"冬十二月,螽",仲尼曰"今火犹西流,司历过也",并是鲁历。春秋时,各国之历亦自有不同者,经特据鲁历书之耳。【原注】《史记》:"秦宣公享国十二年,初志闰月。"此各国历法不同之一证。成公十八年"春王正月,晋杀其大夫胥童",《传》在上年闰月;【原注】上有十二月。哀公十六年"春王正月己卯,卫世子蒯聩自戚入于卫,卫侯辄来奔",《传》在上年闰月,【原注】上有冬。皆鲁失闰之证。杜以为"从告",非也。〔二〕

〔一〕【梁氏曰】《左传》纪闰者六:僖七年,文元年,成十七年,襄九年,昭二十年、二十二年。独文元年闰三月,昭二十年闰八月,皆违"归馀于终"之例。而《传》独讥闰三月为非礼,不可解。或谓周之三月,夏之正月,不得有闰,故讥之。近历家置闰,惟正月、十二月罕见。以理推之,不应此两月不置闰也。考齐、梁以来,亦多有之。钱詹事云:"古法用恒气,以无中气之月为闰,一岁十二月,皆可置闰。不独宋、元以前,即明亦有闰正月、闰十二月也。西法改用定气,每气长短不齐,冬至前后气最短,故百馀年来从无闰十一月、十二月、正月者。"

〔二〕【钱氏曰】文公元年《传》注,杜预曰:"步历之始以为术之端首,期之日三百六十有六日,日月之行又有迟速,故必分为十二月,举中气以正。月有馀日,则归之于终,积而为闰,故言'归馀于终'。"孔颖达曰:"日月转运于天,犹如人之行步,故推历谓之步历。步历之始以为术之端首,谓历之上元必以日月全数为始,于前更无馀分,以此日为术之端首,故言'履端于始'也。日行迟,月行速,凡二十九日过半,月行及日,谓之一月。过半者,谓一日于历法分为九百四十分,月行及日,必四百九十九分,是过半二十九分。今一岁气周有三百六十五日四分日之一,其十二月一周惟三百五十四日,是少十一日四分日之一,未得气周。细而言之,一岁只少弱十一日。所以然者,一月有馀分二十九,一年十二月有馀分三百四十八。是一岁既得三百五十四日,又得馀分三百四十八。其四分日之一,一日为九百四十分,则四分之为二百三十五分。今于馀分三百四十八内取二百三十五分,当却四分日之一,馀分仍有一百一十三。其整日惟有十一日,又以馀分一百一十三减其一日九百四十分,惟有八百二十七分。是一年有馀十日八百二十七分,少一百一十三分,不成十一日也。分一周之日为十二月,则每月常三十日馀,计月及日为一月,则每月惟二十九日馀。前朔后朔相去二十九日馀,前气后气相去三十日馀。每月参差,气渐不正。但观中气所在,以为此月之正,取中气以正月,故言'举正于中'也。月朔之与月节,每月剩一日有馀,所有馀日归之于终,积成一月,则置之为闰,故言'归馀于终'。"

【又曰】《史记》、《汉书》于秦时及汉未改秦历之前,屡书"后九月"。文颖曰:"时律历废,不知闰,谓之后九月。"师古曰:"文说非也。若以律历废不知闰者,则当径谓之十月,不应有后九月。盖秦之历法,应置闰者总致之于岁末。观其此意,当取《左传》所谓‘归馀于终’耳。”按师古于此篇用杜预说,谓有馀日则归于终,积而成闰,并无置闰在岁终之解。《春秋》经传所载九闰月,除襄九年闰月依杜预当作“门五日”,其馀八闰惟成十七年“闰月乙卯晦”,昭二十二年“闰月,取前城”,《传》文上有“十二月”,知此两闰皆在岁终。文六年“闰月,不告朔”,《传》在冬十一月之后,则未知其闰在十一月与?十二月与?僖七年“闰月,惠王崩”,哀五年“闰月,葬齐景公”,哀十五年“闰月,浑良夫与太子入”,经传上有“冬”字,则未知其闰在十月与?十一月与?十二月与?俱不得而知也。文元年“闰三月,非礼也”,刘歆以为“是岁闰馀十三,闰当在十一月后,而在三月,故《传》曰非礼也”。杜预以为“历法闰当在僖公末年,误于今年置闰,盖时达历者所讥”。按文元年之闰,《汉志》谓失之前,杜氏谓失之后,非以置闰当在岁终而讥之也。昭二十年“闰月,杀宣姜”。《传》文上有八月,下有十月,孔颖达以为闰在八月后也。此两闰不在岁终,《传》有明文。春秋鲁历虽不正,如以应置岁终者移之或春或秋,恐亦无是事也。秦、汉所书“后九月”,自是秦历,盖误以置闰岁末傅会“归馀于终”之文。师古所注甚明。后人乃谓古法闰在岁终,失之甚矣。

《史记》《历书》**“周襄王二十六年闰三月,而《春秋》非之”,则以鲁历为周历非也。平王东迁以后,周朔之不颁久矣,故《汉书·律历志》“六历”有黄帝、颛顼、夏、殷、周及鲁历,其于《左氏》之言失闰,皆谓鲁历,盖本刘歆之说。**【原注】《汉书》《五行志》:“周衰,天子不班朔。鲁历不正,置闰不得其月，月大小不得其度。”

王正月

《广川书跋》卷三载《晋姜鼎铭》曰“惟王十月乙亥”，【原注】《集古录》、《博古图》载此鼎并作“王九月”。而论之曰：“圣人作《春秋》，于岁首则书‘王’，说者谓谨始以正端。今晋人作鼎而曰‘王十月’，是当时诸侯皆以尊王正为法，不独鲁也。”李梦阳言：“今人往往有得秦权者，亦有‘王正月’字。以是观之，《春秋》‘王正月’必鲁史本文也。”见《空同集》卷六六《事势篇》。言“王”者，所以别于夏、殷，并无他义。刘原父以“王”之一字为圣人新意，见《春秋权衡》卷八。非也。子曰“述而不作，信而好古”，见《论语·述而》。亦于此见之。【原注】《博古图》卷三载《周仲偁父鼎铭》曰“维王五月初吉丁亥”，卷二二《齐侯镈锺铭》曰“维王五月辰在戊寅”，卷一六《敔敦铭》曰“维王十月”。

赵伯循匡曰：“天子常以今年冬班明年正朔于诸侯，诸侯受之，每月奉月朔甲子以告于庙，所谓禀正朔也，故曰‘王正月’。”见唐陆淳《春秋集传纂例》卷二引。

《左氏传》隐公元年曰：“元年春，王周正月。”此古人解经之善，后人辨之累数百千言而未明者，《传》以一字尽之矣。

未为天子，则虽建子而不敢谓之“正”，《武成》“惟一月壬辰”是也。【原注】《传》：“一月，周之正月，犹《豳诗》言‘一之日’。”已为天子，则谓之“正”，而复加“王”，以别于夏、殷,《春秋》"王正月"是也。

春秋时月并书

《春秋》时、月并书,于古未之见。考之《尚书》,如《泰誓》"十有三年春,大会于孟津",《金縢》"秋,大熟,未获",言时则不言月;《伊训》"惟元祀十有二月乙丑",《太甲中》"惟三祀十有二月朔",《武成》"惟一月壬辰",《康诰》"惟三月哉生魄",《召诰》"三月惟丙午朏",《多士》"惟三月",《多方》"惟五月丁亥",《顾命》"惟四月哉生魄",《毕命》"惟十有二年六月庚午朏",言月则不言时。【原注】朱文公答林择之,亦有"古史例不书时"之说。见《晦庵集》卷四三。其他锺鼎古文多如此。《春秋》独并举时、月者,以其为编年之史,有时、有月、有日,多是义例所存,不容于阙一也。【原注】或疑夫子特笔,是不然。旧史既以"春秋"为名,自当书时。且如隐公二年,"春,公会戎于潜"。不容二年书"春",元年乃不书"春"。是知谓以时冠月出于夫子者,非也。

建子之月而书"春",此周人谓之春矣。《后汉书·陈宠传》曰:"天正建子,周以为春。"元熊朋来《五经说》卷三曰:"阳生于子即为春,阴生于午即为秋。"此之谓"天统"。①

---

① 张京华《校释》:朱熹《论语集注》:"三统,谓夏正建寅为人统,商正建丑为地统,周正建子为天统。"

谓一为元

杨龟山时**《答胡康侯书》曰："蒙录示《春秋》第一段义，所谓'元者，仁也；仁，人心也。《春秋》深明其用，当自贵者始，故治国先正其心'。**所引见胡安国《春秋传》卷一。**其说似太支离矣，恐改元初无此意。**【原注】此本之《汉书·董仲舒传》："臣谨按，《春秋》谓一元之意，一者，万物之所从始也。元者，辞之所谓大也。谓一为元者，视大始而欲正本也。"〔一〕**三代正朔，如忠、质、文之尚，循环无端，不可增损也。'斗纲之端连贯营室，织女之纪指牵牛之初，以纪日月，故曰星纪。五星起其初，日月起其中。'**见《汉书·律历志》。**其时为冬至，其辰为丑。'三代各据一统，明三统常合而迭为首，周环五行之道也。'**同上。**周据天统，以时言也；商据地统，以辰言也；夏据人统，以人事言也。故三代之时，惟夏为正。谓《春秋》以周正纪事是也。正朔必自天子出，改正朔，恐圣人不为也。若谓以夏时冠月，如定公元年'冬十月，陨霜杀菽'，若以夏时言之，则十月陨霜，乃其时也，不足为异。周十月乃夏之八月，若以夏时冠月，当曰'秋十月'也。"**见《龟山集》卷二〇。【原注】熊朋来亦云："若依夏时周月之说，①则正月、二月须书冬，而三月乃可书春尔。"〔二〕

〔一〕【汝成案】谓一为元，固不自作《春秋》始。然不曰"一月"而曰"正月"，不曰"一年"而曰"元年元日"，义必有取。董氏发明

① 按熊朋来《经说》卷三《春秋时月皆周正》，此句原文作"若拘夏时周正之说"。

"元"义,亦未尝凿入孔子也。

〔二〕【汝成案】《左氏》于隐元年大书"春王周正月",所以明《春秋》所书"春"为时王之春,而"正月"亦时王之正月也。孔子之作《春秋》,使人信,不使人疑。若以夏时冠周月,则谓之何?而桓六年"秋八月,壬午,大阅",实夏之六月,农事方盛,不可以觌武,故以不时书。如谓夏时冠周月者,何不书"夏八月"耶?

《五代史·汉本纪论》曰:"人君即位称元年,常事尔,孔子未修《春秋》其前固已如此。虽暴君昏主、妄庸之史,其记事先后远近,莫不以岁月一二数之,乃理之自然也。【原注】元吴莱本此作《改元论》。**其谓一为元,盖古人之语尔。及后世曲学之士,始谓孔子书元年为《春秋》大法,遂以改元为重事。"徐无党注曰:"古谓岁之一月,亦不云'一',而曰'正月'。《国语》言六吕曰'元间大吕',《周易》列六爻曰'初九',大抵古人言数多不云一,**[①]**不独谓年为元也。"吕伯恭**祖谦**《春秋讲义》曰:"命日以元,《虞典》也。**【原注】《书》"月正元日"。**命祀以元,《商训》也。**【原注】"惟元祀十有二月乙丑"。**年纪日辰之首,其谓之元,盖已久矣,岂孔子作《春秋》而始名之哉!说《春秋》者乃言'《春秋》谓一为元',**[②]**殆欲深求经旨而反浅之也。"**见《东莱集》别集卷一三。

---

① 《刊误》卷上:"'云',原本作'言',沈校改。"

② 此"说《春秋》者"指董仲舒。董言:"臣谨案《春秋》谓一元之意,一者万物之所从始也,元者辞之所谓大也。谓一为元者,视大始而欲正本也。"

改月

三代改月之证，见于《白虎通》卷七《三正》**所引《尚书大传》之言甚明。其言曰："夏以孟春月为正，殷以季冬月为正，周以仲冬月为正。**【原注】正即正月。**夏以十三月为正，色尚黑，以平旦为朔。殷以十二月为正，色尚白，以鸡鸣为朔。周以十一月为正，色尚赤，以夜半为朔。不以二月后为正者，万物不齐，莫适所统，故必以三微之月也。周以十一月为正，即名正月，不名十一月矣。殷以十二月为正，即名正月，不名十二月矣。夏以十三月为正，即名正月，不名十三月矣。"**【原注】洪迈曰："十三月者，承十二月而言，即正月也。"见《容斋续笔》卷一六《三易之名》。〔一〕**胡氏**安国**引《伊训》、《太甲》"十有二月"之文，以为商人不改月之证，与孔传不合，亦未有明据。**见胡安国《春秋传》卷一"春王正月"下。【原注】《伊训》："惟元祀十有二月乙丑，伊尹祠于先王。"《传》曰："汤崩逾月，太甲即位，奠殡而告。"《太甲中》："惟三祀十有二月朔。"《传》曰："汤以元年十一月崩，至此二十六月，三年服阕。"未尝以十二月为岁首。〔二〕

〔一〕【沈氏曰】朱氏《尚书埤传》亦曰："十有二月，孔氏以为商王之建子月是也。《左传》梓慎曰'火出于夏为三月，于商为四月，于周为五月'，其的证也。蔡《传》'正朔改而月朔不改'，其说非是。"

〔二〕【杨氏曰】秦以十月为正，史家皆如此书。

胡氏安国**又引秦人“以亥为正”、不改时月为证，**[①]**则不然。《汉书·高帝纪》“春正月”注，师古曰：“凡此诸月号，皆太初正历之后记事者追改之，非当时本称也。**〔一〕**以十月为岁首，即谓十月为正月。今此真正月，当时谓之四月耳。他皆类此。”《叔孙通传》“诸侯群臣朝十月”，师古曰：“汉时尚以十月为正月，故行朝岁之礼，史家追书十月。”**

【原注】汉元年冬十月，五星聚东井，当是建申之月。刘攽曰：“按历，太白辰星去日率不过一两次，今十月而从岁星于东井，无是理也。然则五星以秦之十月聚东井耳。秦之十月，今七月，日当在鹑尾，故太白辰星得从岁星也。”按此足明记事之文皆是追改，惟此一事失于追改，遂以秦之十月为汉之十月耳。夫以“七月”误为“十月”，正足以为秦人改月之证。胡氏失之。〔二〕

〔一〕【杨氏曰】师古之论亦未见其必然，大抵三代有改月、有不改月，汉儒所谓有质家、文家之别。

〔二〕【沈氏曰】《魏志·明帝纪》：“景初元年春正月壬辰，山茌县言黄龙见于是，有司奏以为魏得地统，当以建丑之月为正。三月，定历改年，为孟夏四月。”此魏人之改月者也，又曰：“改大和历曰景初历，其春夏秋冬、孟仲季月虽与正岁不同，至于郊祀迎气，礿祠蒸尝，巡狩蒐田，分至启闭，班宣时令，中气早晚，敬授民事，皆以正岁斗建为历数之序。”

① 见胡安国《春秋传》卷一“春王正月”下。但顾氏此处似转引自元李廉《春秋会通》卷一。

天王

《尚书》之文但称“王”,《春秋》则曰“天王”,以当时楚、吴、徐、越皆僭称王,〔一〕**故加“天”以别之也。赵子**匡**曰“称天王,以表无二尊”是也。**①〔二〕

〔一〕【杨氏曰】吴、楚之王不通于天下,顾氏之言非是。

〔二〕【杨氏曰】不因诸国之僭,王者自宜法天耳。

邾仪父

邾仪父之称字者,②**附庸之君无爵可称,若直书其名,又非所以待邻国之君也,故字之。**【原注】《诗序》:“《车邻》,美秦仲也。”孔氏曰:“秦仲以字配国者,附庸未得爵命,无谥可称。”**卑于子、男,而进于蛮夷之国,**【原注】郳犂来、介葛卢书名。**与“萧叔朝公”**【原注】杜《解》:“叔,名。”非也。见《春秋》庄公二十三年。**同一例也。《左氏》曰“贵之”,《公羊》曰“褒之”,非矣。**【原注】此亦史家常例,非旧史书“邾克”,而夫子改之为“仪父”也。〔一〕

〔一〕【雷氏曰】《左》及《穀梁》皆以邾为附庸国,未确。《公羊传》谓邾娄颜得罪于天子,天子杀颜而立其弟术。天子崩,术仍致国于颜之子夏父。夏父五分其国,而以滥封术。《世本》谓

---

① 此啖助说,非赵匡,见《春秋集传纂例》卷一。

② 见《春秋》隐公元年:“三月,公及邾仪父盟于蔑。”

"邾颜居邾,肥徙郳",宋衷注云"邾颜别封小子肥于郳,为小邾子",《世族谱》云"夷父颜有功于周,其子友别封为附庸,居郳",据此则邾非附庸可知。《传》言"鲁赋八百乘,邾赋六百乘,二国尝相难",且其地东有翼、偃、离姑,在今之费县;西有訾娄、虫、(类)[虆][1],在今之济宁;北界于鲁,南界楚荆,绝长补短,地方百数十里,有郳、滥以为附庸,此岂不能自达于天子者?

邾仪父称字,附庸之君也。"郳犁来来朝",见《春秋》庄公五年。**称名,下矣。"介葛卢来",**《春秋》僖公二十九年。**不言"朝",又下矣。"白狄来",**见《春秋》襄公十八年。**略其君之名,又下矣。**

仲子

隐公元年:"秋七月,天王使宰咺来归惠公仲子之赗。"曰"惠公仲子"者,惠公之母仲子也。文公九年:"冬,秦人来归僖公成风之禭。"曰"僖公成风"者,僖公之母成风也。【原注】犹晋简文帝母、会稽王太妃郑氏之称简文宣太后。国学明教臧焘所谓"系子为称,兼明贵之所由"者也。见《宋书·臧焘传》。**《穀梁传》曰:"母以子氏,**【原注】注:"妾不得体君,故以子为氏。"按"妾不得体君",《仪礼》《丧服》传文。**仲子者何?惠公之母、孝公之妾也。"此说得之。《左氏》以为桓公之母,桓未**

① 据《春秋左氏传》宣公十年改。

立，而以夫人之礼尊其母，又未薨而赗，皆远于人情，不可信。【原注】《公羊》亦以为桓公之母，惠公之妾。系妾于君，较之系母于子，义则短矣。所以然者，以鲁有两仲子，孝公之妾一仲子，惠公之妾又一仲子，【原注】《左氏》哀公二十四年传："周公及武公娶于薛，孝惠娶于商，自桓以下娶于齐。"而隐之夫人又是子氏。二传所闻不同，故有纷纷之说。

此亦鲁史原文，盖鲁有两仲子，不得不称之曰"惠公仲子"也。"考仲子之宫"见《春秋》隐公四年。不言惠公者，承上文而略其辞也。〔一〕

〔一〕【姚刑部曰】鲁仲子之有二也，前后异焉。《春秋》以为一书归赗于桓母未亡之时，必不疑于桓母矣；一书考其宫于君夫人子氏薨丧终之岁，必不疑于惠母矣，是以不嫌同称也。而犹有如《左氏》见之僻也，圣人所不及料矣。

《释例》曰"妇人无外行，于礼当系夫之谥，以明所属"，见《春秋释例·书谥例第二十七》。如"郑武公娶于申，曰武姜"，见隐公元年。"卫庄公娶于齐东宫得臣之妹，曰庄姜"见隐公三年。是也。妾不得体君，不得已而系之子。仲子系惠公，而不得系于孝公；成风系僖公，而不得系于庄公，抑所谓"名不正则言不顺"见《论语·子路》。者矣。

《春秋》十二公夫人之见于经者，桓夫人文姜、庄夫人哀姜、僖夫人声姜、宣夫人穆姜、成夫人齐姜皆书"薨"书"葬"，【原注】声姜不书"逆"，不书"至"，文公、成公不书"生"。文夫人出姜不书"薨"、"葬"，隐夫人子氏书"薨"不书"葬"，昭夫人孟子变"薨"言"卒"，不书"葬"，不称"夫人”。其妾母之见于经者，僖母成风、宣母敬嬴、襄母定姒、昭母齐归皆书“薨”书“葬”，称“夫人”、“小君”，惟哀母定姒变“薨”言“卒”，不称“夫人”、“小君”。其他若隐母声子、桓母仲子、闵母叔姜，皆不见于经，定母则经、传皆阙。而所谓惠公仲子者，惠公之母也。

隐公二年“十有二月乙卯，夫人子氏薨”。《穀梁传》：“夫人者，隐公之妻也。【原注】《左氏》以为桓母，《公羊》以为隐母，并非。卒而不书葬，夫人之义，从君者也。”《春秋》之例，葬君则书，葬君之母则书，葬妻则不书，所以别礼之轻重也。隐见存而夫人薨，故葬不书。《穀梁传》注谓“隐弑贼不讨，故不书”者，非。

成风敬嬴

成风、见文公五年。敬嬴、见宣公八年。定姒、【原注】襄公四年。齐归见昭公十一年。之书“夫人”，书“小君”，何也？邦人称之，旧史书之，夫子焉得而贬之？在后世则秦芈氏、汉薄氏之称“太后”也，直书而失自见矣。定姒【原注】定公十五年。○鲁有两定姒。书“葬”而不书“夫人”、“小君”，哀未君也。【原注】刘原父曰：“姒氏为哀公之母、定公之妾，哀未成君，故亦未敢谓其母夫人耳。”见《春秋权衡》卷七。孟子则并不书“葬”，不成丧也。

君氏卒

“君氏卒”，见《春秋》隐公三年。**以定公十五年“姒氏卒”例之，从《左氏》为是。**[①] **不言“子氏”者，子氏非一，故系之君以为别，犹仲子之系惠公也。若天子之卿，则当举其名，不但言氏也。**【原注】《公羊》、《穀梁》二传作“尹氏”。〔一〕

〔一〕【杨氏曰】卒亦有不举名者，又何如？或赴不以名，则书，尹氏、崔杼之奔，其例也。

【惠侍读曰】天子之外诸侯，嗣也，故卒称爵；内诸侯，禄也，故卒称氏。其王子弟，则以王子为氏；或称其采，则以采为氏，皆不称爵。《春秋》志外诸侯之卒也详，志内诸侯之卒也略。外诸侯之卒，微而不名者凡五，隐七年“滕侯”，八年“宿男”，庄三十一年“薛伯”，僖二十三年“杞子”，成十六年“滕子”，皆不名。皆小国，微之，故不名。强而不名者惟一，而凡四见焉，成十四年“秦伯”，昭五年“秦伯”，定九年“秦伯”，哀三年“秦伯”，皆不名。秦，强国也，惟罃、稻名，馀皆不名，贬之，故不名。内诸侯之卒者三人，尹氏、王子虎、刘卷。其不名者，尹氏一人而已。或曰“讥世卿”也。为此说者，盖见周尹氏、齐崔氏皆世卿，或弑其君，或乱王室，《春秋》皆称氏而不名，故以为讥。然则外诸侯称爵而不名者又何说？宿男、滕子、薛伯、秦伯、杞子皆不名，其卒也以爵卒。尹氏亦不名，其卒也以氏卒，一也，奚独于尹氏而疑之？诸侯卒名而葬不名，卒告而葬

---

① 《左氏传》以“君氏”为鲁隐公之母声子。而《公》、《穀》二传皆以为是周天子之卿“尹氏”之误。

不告。告者,告于天子。故《春秋》志内外诸侯之卒,皆临之以天下而称名。微国不名者如宿、如杞、如薛、如滕,皆陵夷衰微,不能以名达也。其后晋主夏盟,扶而存之,因得以其名达,故滕、杞、薛皆名。内诸侯之强如尹氏,外诸侯之强如秦伯,皆有跋扈不臣之心,故《春秋》三书"尹氏":"尹氏卒","尹氏立王子朝","尹氏以王子朝奔楚",四书秦伯,始终贬之而不名,则圣人之情见乎辞矣。尹氏,《左传》作"君氏",何也?传写讹也。说者谓"君之母氏,故称君氏而不称姓",其说虽合于《左氏》,然《左氏》庄元年传曰"夫人孙于齐,不称姜氏,绝不为亲",然则不称姓是绝不为亲也,可乎?三传皆可信,择其尤善者从之。尹氏主丧,王子虎主盟,刘卷主会,故"卒"之。

【又曰】王子虎即叔服,文元年来会葬者,《公》、《穀》二传皆云然。《左氏》谓即僖二十九年盟翟泉者,经书"王人",《传》称"王子虎"。《左氏》据国史,二传本师传,其说孰是?《左氏》谓同盟乃吊,吊则书,从之可也。诸侯不奔丧,尹氏焉得主丧?古者束修之问不出境,王室大夫非有玉帛之使不与外诸侯通。春秋主会主盟,不独刘卷、王子虎,而独卒此二人,盖来赴则往吊之,故卒之。来赴者,以其尝有玉帛之使者也。尹氏独无闻,似王室之重臣,故贬而不名。

【庄侍郎曰】"尹氏卒",天子之大夫不书卒,此何以书?公羊子曰:"天王崩,诸侯之主也。"礼相接,斯恩相及矣,则恩录之乎?以公奔丧录之也。《春秋》以诸侯奔天王之丧为常事,而不书,讳他年之不奔丧也。以吾君主尹氏而录其卒,则奔丧见矣。何以氏之而不名?公羊子曰:"讥世卿,世卿非礼也。"其圣人之志乎?

【汝成案】“君氏”，《左传》以为“声子”，先生主是说，近儒皆如是。然不若《公》、《穀》作“尹氏”者当也。若君氏是隐公母，则隐二年“十有二月乙卯，夫人子氏薨”，是鲁何人？若为桓母，桓未为君，则是惠公之妾。即隐以让故从正君之礼，然不应预书于八年前也。《左氏》无传，《穀梁》以为隐之妻。若然，则妻尚书夫人、书姓、书薨，而母则不书，又去其姓，不辞甚矣！定公十五年书“姒氏卒”，《公羊传》曰：“定姒者何？哀公之母也。何以不称夫人？哀未君也。”《穀梁传》曰：“妾辞也。哀公之母也。”即隐以摄故，谦不为君，从妾辞而书，亦不当贬去其姓明矣。然则莫善于《公羊》说也。隐二年“夫人子氏薨”，《公羊》以为隐母，此《春秋》达例也。子氏为隐母，则君氏为尹氏决矣。若以君氏为隐夫人，隐夫人子氏非昭夫人孟子比也，亦何缘绝去其姓？且以夫人之氏而冠以君，则言不顺而名不正也。若毛西河解为郑大夫尹氏，斯更穿凿。外大夫不书卒，即隐与俱归为鲁臣，不为大夫也。曷知之？隐不爵大夫，穀梁氏已著其说矣。

或疑“君氏”之名别无所见。《左传》襄公二十六年：“左师见夫人之步马者，问之，对曰：‘君夫人氏也。’”盖当时有此称。然则去其“夫人”，即为“君氏”矣。【原注】战国齐有君王后。

夫人子氏，隐之妻，嫡也，故书“薨”。君氏，隐之母，惠公之继室，妾也，故书“卒”。

不书“葬”者何？春秋之初，去西周未远，嫡妾之分尚

严，故仲子别宫而献六羽，[①]**所谓“犹秉周礼”**见《左传》闵公元年。**者也。僖公以后，日以僭逾，于经可见矣。**

滕子薛伯杞伯

滕侯之降而子也，薛侯之降而伯也，杞侯之降而伯而子也，贬之乎？【原注】“滕子来朝”，见桓公二年。张无垢、胡康侯谓贬其朝桓。〔一〕**贬之者，“人”之可也，名之可也。至于名，尽之矣；降其爵，非情也。古之天下犹今也。崔呈秀、魏广微，**[②]**天下之人无字之者，言及之则名之，名之者恶之也，恶之则名之焉，尽之矣。若降其少师而为太子少师，降其尚书而为侍郎、郎中、员外，虽童子亦知其不可矣。然则三国之降焉何？沙随程氏以为：“是三国者皆微，困于诸侯之政而自贬焉。”**【原注】孙明复已有此说，伊川《春秋传》略同。○昭公十三年平丘之盟，子产争承，曰：“郑伯，男也，而使从公侯之贡，惧弗给也。”哀公十三年黄池之会，子服景伯曰：“鲁赋于吴八百乘，若为子、男，则将半邾以属于吴，而如邾以事晋。”皆其证也。**春秋之世，卫称公矣，及其末也，贬而侯，贬而君。**【原注】《史记·卫世家》：“昭公时，三晋强，卫如小侯，属之。成侯十六年，卫更贬号曰侯。嗣君五年，更贬号曰君。”○此著于《史记》而后人尚

---

① 事见《左传》隐公五年：“考仲子之宫，将万焉。公问羽数于众仲。对曰：‘天子用八，诸侯用六，大夫四，士二。夫舞所以节八音而行八风，故自八以下。’公从之。于是初献六羽，始用六佾也。”

② 二人在《明史》入《阉党传》。崔呈秀自乞为魏阉养子，为魏党“五虎”之一。魏广微以同乡同姓附魏忠贤，召拜礼部尚书。杨涟等六人之被逮，二人实预其谋。

有不知者。高诱解《吕氏春秋》“卫嗣君”曰:“秦贬其号为君。”**夫滕、薛、杞犹是也,**【原注】襄公二十七年宋之盟,齐人请邾,宋人请滕,皆不与盟。定公元年,城成周,宋仲几曰:“滕、薛、郳,吾役也。”则不惟自贬,且为大国之私属矣。**故鲁史因而书之也。**

〔一〕【杨氏曰】贬其朝桓最迂。

小国贫,则滕、薛、杞降而称伯、称子;大国强,则齐世子光列于莒、邾、滕、薛、杞、小邾之上,【原注】齐世子光八会诸侯,其五会并序诸侯之下。至襄公十年伐郑之会,在滕、薛、杞、小邾上。十一年再会,又进在莒、邾上。**时为之也。《左氏》谓以“先至”而进之,**见《左传》襄公十年。**亦托辞焉尔。**

阙文

桓公四年、七年阙“秋”、“冬”二时,定公十四年阙“冬”一时,【原注】《公羊》成公十年阙“冬十月”。**昭公十年十二月无“冬”,僖公二十八年冬无“月”而有“壬申”、“丁丑”,桓公十四年有“夏五”而无“月”,桓公十七年冬十月有“朔”而无甲子,桓公三年至九年、十一年至十七年无“王”,桓公五年“春正月甲戌,己丑陈侯鲍卒”,“甲戌”有日而无事,皆《春秋》之阙文,后人之脱漏也。**【原注】庄公二十二年夏五月无事,而不书首月,杜氏《释例》以为阙,谬。**《穀梁》有“桓无王”之说,**见桓公元年。**窃以为夫子于继隐之后而书“公即位”,则桓之志见矣,奚待去其“王”以为贬邪?**

“王使荣叔来锡桓公命”,见《春秋》庄公元年。不书“天”,阙文也。【原注】文公五年,“王使荣叔归含且赗”,同。若曰以其锡桓而贬之,则桓之立,《春秋》固已“公”之矣。商臣而书“楚子”,【原注】文公九年。商人而书“齐侯”,【原注】文公十五年。五等之爵,无所可贬,孰有贬及于天王邪?

僖公元年,“夫人氏之丧至自齐”,不言“姜”。宣公元年,“遂以夫人妇姜至自齐”,不言“氏”。此与文公十四年“叔彭生”不言“仲”,定公六年“仲孙忌”不言“何”同,皆阙文也。圣人之经,平易正大。

邵国贤【原注】宝。曰:“‘夏五’,见《春秋》桓公十四年。鲁史之阙文欤?《春秋》之阙文欤?如谓鲁史之阙文者,笔则笔,削则削,何独阙其所不必疑,以示后世乎?阙其所不必疑以示后世,推不诚伯高之心,[①]是不诚于后世也,圣人岂为之哉?不然,则‘甲戌’、‘己丑’、‘叔彭生’、‘仲孙忌’又何为者?是故‘夏五’,《春秋》之阙文也,非鲁史之阙文也。”见《简端录》卷七《春秋》。

范介儒【原注】守已。曰:“‘纪子伯’、见隐公二年。[②]‘郭公’、见庄公二十四年。‘夏五’之类,传经者之脱文耳。谓为夫子之阙疑,吾不信已。”【原注】按“甲戌”、“己丑”似是鲁史之文,故《左传》已有再赴之说。〔一〕

〔一〕【顾司业曰】《春秋》文多阙误,三传类多附会,而《公》、《穀》

---

① 《礼记·檀弓上》:伯高之丧,孔氏之使者未至,冉子摄束帛乘马而将之。孔子曰:“异哉,徒使我不诚于伯高。”

② 《左传》作“纪子帛”,《公羊传》作“纪子伯”。

尤甚。其大者如“纪子伯、莒子盟于密”，本阙文也，而习《公》、《穀》者遂谓纪本子爵，后因天子将娶于纪，进爵为侯，加封百里，以广孝敬。汉世因之，凡立后，先封其父为侯，进大司马、大将军，封爵之滥自此始。盖尝推而论之。日食阙书日朔者凡十，本史失之，而《穀梁》则曰“言日不言朔，食晦日也。言朔不言日，食既朔也”。案自襄十五年以后，无不书日朔者，岂自此至获麟近百年，总无食于前、食于后，而独参差不定于襄以前乎？则《穀梁》之说非也。外诸侯卒，阙书名者凡十，亦史失之。而《左氏》则曰“不书名，未同盟也”。案隐元年“及宋人盟于宿”，而八年宿男卒不名；成十三年“滕会诸侯同伐秦”，而十六年滕子卒不名；杞与鲁结昏，而僖二十三年杞成公卒不名，则《左氏》之说非也。夫人不书姜氏，及去姜存氏、去氏存姜者凡四，而《左传》则曰：“不称姜氏，绝不为亲，礼也。”贾逵又云：“哀姜杀子罪轻，故但贬去姜。”《公》、《穀》又以出姜不宜成礼于齐，穆姜不宜从夫丧娶，故俱贬去氏。夫去姜存氏，去氏存姜，既不成词，况文姜、哀姜之罪岂待去其姓氏而明？至夫甥舅之合，事由父母，而必责其问合礼与否，无乃蹈拊骖移臼之讥乎？亦拘固不通甚矣。王不称“天”者凡六，其三史脱之，其三从省文。而胡氏于“锡桓公命”、“归成风之襚”及“会葬”则云：“圣人去‘天’以示贬。”夫归仲子之赗，王已称“天”矣，岂于前独罪宰咺而于天王无贬，于此数事又独责天王，而于荣、召无讥乎？桓五年“三国从王伐郑”，此自省文尔，与“公朝于王所”同义，而胡氏以为桓王失天讨，岂朝于王所，不责诸侯，而反责王乎？必以桓十四年不书“王”为责桓无王，则宣亦篡弑，何以书“王”？必以桓四年、七年不书“秋”、“冬”为责王失刑，则昭十年不书“冬”，定十四年不书“冬”,又何以说?“秦伐晋”、“郑伐许”、“晋伐鲜虞”,皆是偶阙“人”字,而《公》、《穀》以为“狄之”。夫秦且无论,晋之罪莫大于助乱臣立君。襄十四年,“会孙林父于戚以定卫”,当日不闻狄晋;郑伯“射王中肩”,未尝有微词示贬,而沾沾责其伐许、伐鲜虞,亦可谓舍其大而图其细矣。凡此皆《公》、《穀》倡之,而后来诸儒如孔氏颖达、啖氏助、赵氏匡、陆氏淳、孙氏复、刘氏敞亦既辨之矣,而复大炽于宋之中叶者,盖亦有故焉。自诸儒攻击三传,王介甫遂目《春秋》为“断烂朝报”,不列学宫。文定反之,矫枉过正,遂举圣经之断阙不全者,皆以为精义所存,复理《公》、《穀》之故说。而吕氏东莱、叶氏少蕴、张氏元德诸儒俱从之。由是《春秋》稍明于唐以后者,复晦昧于宋之南渡,岂非势之相激使然哉!愚故浏览诸家之说,于南渡以后兼取黄氏仲炎、吕氏大圭、程氏端学、俞氏皋、齐氏履谦五家,列阙文凡百有馀条,俾学者于此不复强求其可通,则于诸儒支离穿凿之论亦扫除过半矣。

【汝成案】顾氏论辨颇通辟,然不达二家义例,殊失微言。事有窒阂,辄归阙文,则益张南宋来师心武断说矣。

【惠侍读曰】诸侯或日卒,或月卒,或时卒,《公》、《穀》二传皆有说。其以二日卒者,惟桓五年陈侯鲍而已。是时陈乱,故再赴。再赴者,一告乱,一告丧也。《春秋》惟一书“王室乱”。列国来告乱,则直书其事,而不书乱,书乱则嫌与王室同。且书乱则不日,以乱非一朝一夕之事。故惟弑君日,馀不日,两书日则非乱明矣。或曰:两日之间有阙文,吾未之前闻也。《公羊》谓:“以两日卒之,怴也,以甲戌之日亡,己丑之日死而得。”考“死”即“尸”,《汉书》读为尸。谓有狂易之病,蚩亡而死,己丑日乃得其尸也。故《春秋》如其再赴之日书之,盖言君死不得其日，所以罪其臣也。

【汝成案】《穀梁传》云“不知死之日，故举二日以包也”，即此义。

夫人孙于齐

庄公元年，“三月，夫人孙于齐”。不称“姜氏”，绝之也。二年，“十有二月，夫人姜氏会齐侯于禚”。复称“姜氏”，见鲁人复以小君待之，忘父而与雠通也。先“孙”后“会”，其间复归于鲁，而《春秋》不书，为国讳也，此夫子削之矣。

刘原父曰：“《左氏》曰：‘夫人孙于齐。不称姜氏，绝不为亲，礼也。’见庄公元年。**谓鲁人绝文姜不以为亲，乃中礼尔。**【原注】杜氏谓文姜之义宜与齐绝，而复奔齐者，乃是曲说。○《魏书·窦瑗传》引注云：“夫人有与杀桓之罪，绝不为亲，得尊父之义。善庄公思大义，绝有罪，故曰礼也。”盖先儒皆主此说。**然则母可绝乎？宋襄之母获罪于君，归其父母之国。及襄公即位，欲一见而义不可得，作**《卫风》**《河广》之诗以自悲。**①**然宋亦不迎而致也，为尝获罪于先君，不可以私废命也。孔子论其诗而著之，以为宋姬不为不慈，襄公不为不孝。今文姜之罪大，绝不为亲，何伤于义哉！”**见《春秋权衡》卷三。〔一〕

〔一〕【汝成案】说本胡文定而阐发其义。②

---

① 《诗序》：“《河广》，宋襄公母归于卫，思而不止，故作是诗也。”

② 援庵《校注》于此下有注云：“黄汝成《集释》云：‘说本胡文定而阐发其义。’胡安国在刘原父之后，何谓‘说本胡文定’乎？盖误以刘敞之说为顾炎武之说也。”

《诗序》:“《猗嗟》,刺鲁庄公不能防闲其母。”赵氏匡因之,有“哀痛以思父,诚敬以事母,威刑以驭下”见唐陆淳《春秋集传微旨》卷上引赵氏。之说。此皆禁之于末而不原其始者也。夫文姜之反于鲁,必其与公之丧俱。至其“孙于齐”,为国论所不容而去者也,【原注】“内讳奔谓之孙。”见《公羊传》庄公元年。文姜之于齐,父母之国也,何至于书“孙”?此直书而义自见者也。于此而遂绝之,则臣子之义伸,而异日之丑行不登于史策矣。庄公年少,当国之臣不能坚持大义,使之复还于鲁,凭君母之尊,挟齐之强,而恣睢淫佚,遂至于不可制。《易》曰:“君子以作事谋始。”见《易·讼·象传》。《左氏》“绝不为亲”一言,深得圣人之意。而鲁人既不能行,后儒复昧其义,所谓“为人臣子而不通《春秋》之义者,遭变事而不知其权”,见《史记·太史公自序》。岂不信夫!

公及齐人狩于禚

庄公四年,“二月,夫人姜氏享齐侯于祝丘”,“冬,公及齐人狩于禚”。夫人享齐侯,犹可书也。公与齐侯狩,不可书也。故变文而曰“齐人”,“人”之者,雠之也,杜氏以为“微者”,[1]失之矣。

① 《左传》庄四年杜注:“公越竟与齐微者俱狩,失礼可知。”

楚吴书君书大夫

《春秋》之于夷狄[①]，斤斤焉不欲以其名与之也。楚之见于经也，始于庄之十年，曰“荆”而已；二十三年，于其来聘而“人”之；二十八年，复称“荆”而不与其“人”也；僖之元年，始称“楚人”；四年，“盟于召陵”，始有“大夫”；【原注】《公羊传》谓文公九年，使椒来聘，“始有大夫”，疏矣。又谓“夷狄不氏”，非也，屈完固已书氏。二十一年，“会于盂”，始书“楚子”。然使宜申来献捷者，楚子也，【原注】二十一年。而不书“君”。围宋者子玉，【原注】二十七年。救卫者子玉，战城濮者子玉也，【原注】二十八年。而不书“帅”。圣人之意，使之不得遽同于中夏也。吴之见于经也，始于成之七年，曰“吴”而已；襄之五年，“会于戚”，于其来听诸侯之好而“人”之；十年、十四年，复称“吴”，殊会而不与其“人”也；二十五年，“门于巢卒”，始书“吴子”；【原注】吴本伯爵，《春秋》以其僭王，降从四夷[②]之例而书“子”。〔一〕二十九年，使札来聘，始有“大夫”。然灭州来，【原注】昭公十三年。战长岸，【原注】十七年。败鸡父，【原注】二十三年。灭巢，【原注】二十四年。灭徐，【原注】三十年。伐越，【原注】三十二年。入郢，【原注】定公四年。败槜李，【原注】十四年。伐陈，【原注】哀公六年。会柤，【原注】同上。会鄫，【原注】七年。伐我，【原注】八

① “夷狄”，原本作“吴楚”，据《校记》依钞本改。
② “夷”，原本作“裔”，据《校记》改。

年。**伐齐，**【原注】十年，十一年。**救陈，**【原注】十年。**战艾陵，**【原注】十一年。**会橐皋，**【原注】十二年。**并称"吴"而不与其"人"；会黄池，**【原注】十三年。**书"晋侯及吴子"而殊其会；**[①]**终《春秋》之文无书"帅"者，使之终不得同于中夏也。是知书"君"、书"大夫"，《春秋》之不得已也，政交于中国矣。以后世之事言之，如五胡**[②]**十六国之辈，"夷"**[③]**之而已，至魏、齐、周，则不得不成之为国而列之于史，金、元**[④]**亦然。此夫子所以录楚、吴也。然于备书之中而寓抑之之意，圣人之心无时而不在中国也，鸣呼！**[⑤]

〔一〕【杨氏曰】《春秋》降其爵，亦不然。吴既不通中国，则从四夷之例亦宜。

亡国书葬

纪已亡而书"葬纪叔姬"，见《春秋》庄公三十年。**存纪也。陈已亡而书"葬陈哀公"，**见昭公八年。**存陈也。此圣人之情而见诸行事者也。**

---

① 张京华《校释》：殊其会，谓史文有别。《公羊传》成公十五年："冬十有一月，叔孙侨如会晋士燮、齐高无咎、宋华元、卫孙林父、郑公子鰌、邾娄人会吴于锺离。曷为殊会吴？外吴也。曷为外也？《春秋》内其国而外诸夏，内诸夏而外夷狄。王者欲一乎天下，曷为以外内之辞言之？言自近者始也。"

② "五胡"，原本作"刘石"，据《校记》改。

③ "夷"，原本作"略"，据《校记》改。

④ "金元"，原本作"辽金"，据《校记》改。

⑤ "无时而不在"以下十字，原本作"盖可见矣"四字，今据《校记》改。

许男新臣卒

“许男新臣卒”，见《春秋》僖公四年。《左氏传》曰：“许穆公卒于师，葬之以侯，礼也。”而经不言“于师”，此旧史之阙，夫子不敢增也。穀梁子不得其说而以为“内桓师”，刘原父以为“去其师而归，卒于其国”，见《春秋权衡》卷四。凿矣。

禘于太庙用致夫人

“禘于太庙，用致夫人。”见《春秋》僖公八年。夫人者，哀姜也。哀姜之薨七年矣，鲁人有疑焉，故不祔于姑，至是因禘而致之。不称“姜氏”，承元年“夫人姜氏薨于夷”之文也。哀姜与弑二君，而犹以之配庄公，是乱于礼矣。明乎郊社之礼，禘尝之义，治国其如示诸掌乎？“致夫人”也，“跻僖公”见文公二年。也，皆鲁道之衰，而夫子所以伤之者也。胡氏安国以夫人为成风，成风尚存，何以言致？亦言之不顺也。〔一〕

〔一〕【惠侍读曰】吉禘于庄公，不于太庙，何也？禘于太庙而致庄公焉，因庄公而行吉禘，故书曰“吉禘于庄公”。庄公之丧未满二十五月，故书“吉”以讥之。吉禘者，新主入庙，与先君相接，因是而为大祭，故不称宫，明非新宫也，则在太庙何疑。在太庙曷为不书？辟嫌也。何嫌尔？吉禘于太庙致庄公，则嫌庄公不应致，与“禘于太庙用致夫人”同。夫人不应致，故书“致”。庄公不应吉，故书“吉”。用者，谓用禘也，用禘犹用郊也。秋九月不可以用郊，致夫人不可以用禘。大禘则终王，王者丧终乃用之，用禘而致夫人，悖矣。国之大事，惟郊、禘。《春秋》屡书“郊”，不屡书“禘”，惟书此二“禘”，皆讥也。昭公十有五年，禘于武宫，时禘也。不书禘而书“有事”者，国之常事云尔。常事不书，非常然后书。或曰：禘惟一，安得有三？吉禘、时禘，皆春秋坏法乱纪者为之也。《春秋》凡坏法乱纪之事，如吴、楚之君葬，以臣召君，与臣出其君，皆不书于册，曷为而独书此坏法乱纪之祭哉？

【江氏曰】不言风氏，君母不可指斥也。若致哀姜，则哀姜有谥号，何得止言“夫人”？且以主附庙，亦不可谓之“用致”。

【沈学博曰】僖公非哀姜所生，齐桓诛之，僖必不“夫人”之，且必不待八年之久。则夫人者，洵成风也。妾媵无助祭之事，尊成风，为将来祔食之地，乃致成风，为此日入庙之典，故《春秋》以其非常而书之。

以成风称小君，是乱嫡妾之分。虽然，犹愈于哀姜也。说在乎汉光武之黜吕后，而以薄氏配高庙也。[①]

及其大夫荀息[②]

晋献公之立奚齐，[③]**以王法言之，易树子也；以臣子言**

① 《后汉书·光武纪》中元元年：使司空告祠高庙曰：“吕太后贼害三赵，专王吕氏，不宜配食高庙，同祧至尊。薄太后母德慈仁，孝文皇帝贤明临国，子孙赖福，延祚至今。其上薄太后尊号曰高皇后，配食地祇。”

② 《春秋》僖公十年：“晋里克弑其君卓，及其大夫荀息。”《传》言：晋献公卒，死前托奚齐于荀息。诸大夫欲立公子重耳，里克遂杀奚齐。荀息又立公子卓，于是里克“弑其君卓，及其大夫荀息”。

③ 《左传》庄二十八年：晋伐骊戎，得骊姬，生奚齐，其娣生卓。骊姬嬖，欲立其子，遂谮群公子而立奚齐。

之，则君父之命存焉。【原注】古人重父命，伯夷以父命之故，不立而逃叔齐是也。**是故荀息之忠，同于孔父、仇牧。**①〔一〕

〔一〕【杨氏曰】予荀息亦可，此如《五代史》之与王子明。

【庄侍郎曰】《春秋》责贤者备。孔父、仇牧、荀息克以一节应先王之法，《春秋》不责之以备也。《春秋》尚此三人，乱不自斯人出。斯人一心于所事，前定者终不变，孔父、荀息也；猝然不惊，不顾其身者，仇牧也。

邢人狄人伐卫

《春秋》之文有从同者。僖公十八年"邢人、狄人伐卫"，二十年"齐人、狄人盟于邢"，并举二国，而狄亦称"人"，临文之不得不然也。【原注】庄公二十三年，"荆人来聘"。赵氏鹏飞曰："称'人'，非进之也。若但书'荆来聘'，则若举国皆来，于文不顺，故书'人'字以成文耳。不然，二十八年'荆伐郑'，何以不书'人'乎？"见《春秋经筌》卷四。**若惟狄而已，则不称"人"。十八年"狄救齐"，二十一年"狄侵卫"是也。《穀梁传》谓"狄称'人'，进之也"，何以不进之于救齐，而进之于伐卫乎？则又为之说曰："善累而后进之。"**见《穀梁传》僖公十八年。**夫伐卫，何善之有！**

昭公五年，"楚子、蔡侯、陈侯、许男、顿子、沈子、徐人、

① 孔父事见《左传》：隐公三年，"宋穆公疾，召大司马孔父而属殇公焉"；桓公元年，"宋华父督见孔父之妻于路，目逆而送之，曰：'美而艳。'"二年，"宋督攻孔氏，杀孔父而取其妻。公怒，督惧，遂弑殇公"。仇牧事见庄公十二年："宋万弑闵公于蒙泽。遇仇牧于门，批而杀之。"

越人伐吴"。不称"于越"而称"越人",亦同此例。【原注】陆氏《纂例》曰:"凡夷狄与诸侯列序,皆称'人'以便文,但君臣同辞。"见陆淳《春秋集传纂例》卷五《外伐》小注。

王入于王城不书

襄王之复,《左氏》僖公二十五年书"夏四月,丁巳,王入于王城",而经不书。"其文则史"见《孟子·离娄下》。也,史之所无,夫子不得而益也。《路史》卷一三以为襄王未尝复国,而王子虎为之居守。此凿空之论。【原注】其说曰:"《春秋》始书'天王出居',后四年五月,书'公朝于王所',冬,'天王狩于河阳,公朝于王所',文公八年,书'天王崩',未尝书'入'也。王猛居皇,敬王居狄泉,此畿内地,而其入也,犹且书之,天下之主也。郑,他国也,亦既远而戒矣,孰有入不书哉?纳天子,定王室,是乃人臣之极勋,而不书于经,又何以《春秋》为?然则襄王未尝入也。"且惠王尝适郑而处于栎矣,【原注】庄公二十年。其出不书,其入不书,以《路史》之言例之,则是未尝出、未尝入也。庄王、僖王、顷王崩皆不书,以《路史》之言例之,则是未尝崩也而可乎?【原注】赵氏匡曰:"《春秋》王崩三不书,见王室不告,鲁亦不赴也。"见《春秋集传纂例》卷三。愚谓此特因旧史之不书,而二者之义自见。邵氏宝曰:"襄王之出也,尝告难于诸侯,故仲尼据策而书之。其入也,与夫惠王之出入也,皆未尝告于诸侯,策所不载,仲尼虽得之传闻,安得益之?乃若敬王之立,则仲尼所见之世也。子朝奔楚,且有使以告诸侯,况天王乎?策之所具,盖昭如也,故'狄泉'也书,'成周'也书。”见《简端录》卷八。

事莫大于天王之入，而《春秋》不书，故夫子之自言也曰“述而不作”。见《论语·述而》。

有星孛入于北斗①

《春秋》书星孛，有言其所起者，有言其所入者。文公十四年“秋七月，有星孛入于北斗”，不言所起，重在北斗也。昭公十七年“冬，有星孛于大辰”，“西及汉”不言“及汉”，②重不在汉也。

子卒③

叔仲惠伯从君而死，义矣，而国史不书。夫子平日未尝阐幽及之者，盖所谓“匹夫匹妇之谅，自经于沟渎而莫之知”见《论语·宪问》。者也。〔一〕

〔一〕【全氏曰】惠伯其所傅者，应立之世子，既主丧矣，襄仲突出而弑之，是死也，虽与日月争光可也。今求圣人所以不书之故而不得，乃诋之，则非也。荀息在晋，非能导其君以正者，及其老而耄，以身殉乱，圣人书之，以为犹愈于里克、丕郑之徒也，非竟许之也。若惠伯，则真忠也，然则圣人不书，何也？曰其文

① 题原作“星孛”，据《校记》改。《春秋》文公十四年：“秋七月，有星孛入于北斗。”

② “西及汉”，为《左传》昭公十六年文。此言虽西及于汉，而《春秋》不书“及汉”。

③ 《春秋》文公十八年：“冬，十月，子卒。”《左传》：“冬，十月，仲杀恶及视，而立宣公。书曰‘子卒’，讳之也。仲以君命召惠伯。其宰公冉务人止之，曰：‘入必死。’弗听，乃入，杀而埋之马矢之中。”

则史，是固旧所不书也，圣人无从而增之，而况既讳国恶，不书子赤之弑，则惠伯无从而附见也。

【钱氏曰】惠伯之死不见于经，阙文也。不当贬。

纳公孙宁仪行父于陈

孔宁、仪行父，从灵公宣淫于国，杀忠谏之泄冶，君弑不能死，从楚子而入陈，春秋之罪人也，故书曰"纳公孙宁、仪行父于陈"。见《春秋》宣公十一年。**杜预乃谓"二子托楚以报君之雠。灵公成丧，贼讨国复，功足以补过"。**见《左传》宣公十一年杜注。**呜呼！使无申叔时之言，陈为楚县矣，**[①]**二子者楚之臣仆矣，尚何功之有？幸而楚子复封，成公反国，二子无秋毫之力，而杜氏为之曲说，使后世诈谖不忠之臣得援以自解。呜呼！其亦愈于今之**[②]**已为他人郡县而犹言报雠者与？**〔一〕

〔一〕【沈学博曰】陈国小君弱，不有贵戚世臣，无以立国。春秋世臣，与其君相辅而行者也。故臣有罪，绝其身，不绝其世，盖积贵之系人望久矣，楚亦因陈所欲择利而归之耳。后儒责楚者固是，而未悉彼时之情也。

有盗于此，将劫一富室，至中途，而其主为仆所弑，盗

① 楚臣申叔时对楚王曰："夏征舒弑其君，其罪大矣，讨而戮之，君之义也。抑人亦有言曰：'牵牛以蹊人之田，而夺之牛。'牵牛以蹊者，信有罪矣；而夺之牛，罚已重矣。诸侯之从也，曰讨有罪也。今县陈，贪其富也。以讨召诸侯，而以贪归之，无乃不可乎？"

② "今之"二字，原本无，今据《校记》补。

遂入其家，杀其仆，曰："吾报尔雠矣。"遂有其田宅货财，子其子，孙其孙，子孙亦遂奉之为祖父。呜呼，有是理乎？《春秋》之所谓"乱臣贼子"者，非此而谁邪！[①]

与楚子之存陈，不与楚子之纳二臣也。公羊子固已言之，曰："存陈，悕矣。"见《公羊传》昭公九年。

三国来媵[②]

十二公之世，鲁女嫁于诸侯多矣，独宋伯姬书"三国来媵"，盖宣公元妃所生。【原注】宣公元年"夫人至自齐"，即穆姜。〔一〕

〔一〕【杨氏曰】不如录贤之说为允。

庶出之子不书"生"，故"子同生"特书。见《春秋》桓公六年。庶出之女不书"致"，不书"媵"，故"伯姬归于宋"特书。见《春秋》桓公六年。〔一〕

〔一〕【杨氏曰】书"子同生"，明嫌也。

【庄侍郎曰】"子同生"，举之有礼，名之有义，得殊异于適之法焉。终克享其国，传嗣子孙，此不易得之于天者，圣人敬而喜之，故以书于策，不以父母之恶累其子。《书》曰"尔乃迈迹自身"，蔡仲所以为忠臣孝子也。方将观其后，必先正其始，谨

---

① 此节原本无。据《校记》，钞本多此一节七十六字，今补入。

② 按《左传》成公八年"卫人来媵"，九年"晋人来媵"，十年"齐人来媵"。《公羊传》成公十年："齐人来媵。媵不书，此何以书？录伯姬也。三国来媵，非礼也。曷为皆以录伯姬之辞言之？妇人以众多为侈也。"

而志之。

《卫·硕人》之诗曰“东宫之妹”,《正义》曰:“东宫,太子所居也。系太子言之,明与同母,见夫人所生之贵。”是知古人嫡庶之分,不独子也,女亦然矣。〔一〕

〔一〕【汝成案】古者择配,必适所出。故晏平仲致女于晋,曰“先君之適”。是知嫡庶之分必先严自女子始矣,所以端其本也。

杀或不称大夫

凡书“杀其大夫”者,义系于君,而责其专杀也。“盗杀郑公子騑、公子发、公孙辄”,见《春秋》襄公十年。文不可曰“盗杀大夫”,故不言“大夫”。【原注】杜氏曰:“以盗为文,故不得言其大夫。”其义不系于君,犹之盟会之卿,书名而已。胡氏安国以为罪之而削其“大夫”,见胡安国《春秋传》卷二一。非也。

“阍弑吴子馀祭”。见《春秋》襄公二十九年。言“吴子”,则君可知矣,文不可曰“吴阍弑其君”也。【原注】“盗杀蔡侯申”同此。〇《春秋》中凡若此者,皆赵子匡所谓“避不成辞”。见《春秋集传纂例》卷四引。穀梁子曰:“不称其君,阍不得君其君也。”见《穀梁传》襄公二十九年。非也。〔一〕

〔一〕【杨氏曰】阍非名,故不言君。

邾子来会公

定公十四年,“大蒐于比蒲,邾子来会公”。《春秋》未有书“来会公”者,“来会”非朝也,会于大蒐之地也。嘉事不以野成,故明年正月[而]复来朝。[①]

葬用柔日

春秋葬皆用柔日。[②] 宣公八年,“冬十月己丑,葬我小君敬嬴,雨,不克葬。庚寅,日中而克葬。”定公十五年,“九月丁巳,葬我君定公,雨,不克葬。戊午,日下昃乃克葬。”己丑、丁巳,所卜之日也,迟而至于明日者,事之变也,非用刚日也。【原注】经文所书葬列国之君,无非柔日者,惟成公十五年“秋八月庚辰,葬宋共公”是刚日,其亦雨不克葬,迟而至于明日者与？汉人不知此义,而长陵【原注】高帝。以丙寅,茂陵【原注】武帝。以甲申,平陵【原注】昭帝。以壬申,渭陵【原注】元帝。以丙戌,义陵【原注】哀帝。以壬寅,皆用刚日。〔一〕

〔一〕【杨氏曰】不特雨也,日食之类皆是。但庚辰之葬,无日食耳。

【校正】汪云:尚有隐元年秋十月庚申改葬惠公,亦用刚日,岂亦迟而至于明日者欤,抑改葬不在此例欤？

《穆天子传》卷六盛姬之葬以壬戌。疑其书为后人伪作。

---

① 《续刊误》卷上:“原写本‘复’上有‘而’字。”今据补。

② 柔日,《礼记·曲礼上》:“外事用刚日,内事用柔日。”孔颖达疏云:“外事,郊外之事也。刚,奇日也。十日有五奇五偶,甲丙戊庚壬五奇为刚。外事刚义,故用刚日。内事,郊内之事。乙丁己辛癸五偶为柔。”

诸侯在丧称子

凡继立之君，逾年正月乃书"即位"，然后成之为君；未逾年则称"子"，未逾年又未葬则称名。先君初没，人子之心不忍亡其父也，父前子名，故称名，庄公三十二年"子般卒"，襄公三十一年"子野卒"是也。已葬则子道毕，而君道始矣，"子"而不名，文公十八年"子卒"，僖公二十五年"卫子"，【原注】成公。二十八年"陈子"，【原注】共公。定公三年"邾子"【原注】隐公。是也。【原注】《礼记》《杂记》曰："君薨，太子号称'子'，待犹君也。"郑氏注曰："谓未逾年也。"逾年则改元，国不可以旷年无君，【原注】《白虎通》卷一《爵》曰："逾年称'公'者，缘臣民之心，不可一日无君也，缘终始之义，一年不可有二君也。"〔一〕故有不待葬而即位，则已成之为君，文公元年"春王正月公即位"，成公元年"春王正月公即位"，定公元年"夏六月戊辰公即位"，桓公十三年"卫侯"，【原注】惠公。宣公十一年"陈侯"，【原注】成公。成公三年"宋公"、【原注】共公。"卫侯"【原注】定公。是也，所以敬守而重社稷也。【原注】杜氏预《左传注》："卫宣公未葬，惠公称侯以接邻国，非礼也。"盖不达此义。此皆周公之制，鲁史之文，而夫子遵之者也。《公羊传》庄公三十二年曰："君存称世子，【原注】"世子"下仍当系名，若"陈世子款"、"郑世子华"之类。见《左传》僖公七年。君薨称子某，既葬称子，逾年称公。"得之矣。

〔一〕【梁氏曰】案《史记》卫戴公无元年，而称元年者，戴公亦欲逾年改元，而其身已不及待，其臣子悯其经营再造于艰难危苦之会，而不忍使从未成君之例，即以懿公九年为戴公之元年。此朱子《纲目》之例，而不谓古之人已有行之者，政可见人情不甚相远也。

未葬而名，亦有不名者，僖公九年"宋子"、【原注】襄公。**定公四年"陈子"**【原注】怀公。**是也，所以从同也。**【原注】盟会之文，从同而书，不得独异。○昭公二十二年，"刘子、单子以王猛居于皇"，刘蚠亦在丧。**已葬而不名，亦有名之者，昭公二十二年"王子猛"是也，所以示别也。**【原注】嫌于敬王、王子朝。

"郑伯突出奔蔡"见《春秋》桓公十五年。下同。**者，已即位之君也。"郑世子忽复归于郑"者，已葬未逾年之子也。此临文之不得不然，非圣人之抑忽而进突也。**【原注】忽、突皆名，别嫌也。杜氏注"贱之"者，见《左传》桓公十一年。非。

"里克杀其君之子奚齐"见《春秋》僖公九年。**者，未葬居丧之子也。"里克弑其君卓"**见《春秋》僖公十年。**者，逾年已即位之君也。此临文之不得不然。《穀梁传》**僖公九年**曰："其'君之子'云者，国人不子也。"非也。**〔一〕

〔一〕【杨氏曰】凡《穀梁》之说失之巧而纤。

未逾年书爵

即位之礼，必于逾年之正月，即位然后国人称之曰"君"。春秋之时，有先君已葬，不待逾年而先即位者矣。宣公十年"齐侯使国佐来聘"，【原注】顷公。**成公四年"郑**

伯伐许”,【原注】悼公。称爵者,从其国之告,亦以著其无父之罪。

姒氏卒

定公十五年“姒氏卒”。不书“薨”,不称“夫人”,葬不称“小君”。盖《春秋》自成风以下,虽以妾母为夫人,然必公即位而后称之。此姒氏之不称者,本无其事也。【原注】《左氏》谓“不成丧”者,非。后世之君多于柩前即位,于是大行未葬,而尊其母为皇太后。【原注】《续汉·礼仪志》:“三公奏:‘《尚书·顾命》:太子即日即天子位于柩前。请太子即皇帝位,皇后为皇太后。’奏可。群臣皆出吉服,入会如仪。”及乎所生,亦以例加之。妾贰于君,子疑于父,而先王之礼亡矣。

卿不书族

《春秋》之文,不书族者有二义。“无骇卒”,见隐公八年。“挟卒”,见隐公九年。“柔会宋公、陈侯、蔡叔,盟于折”,见桓公十一年。“溺会齐师伐卫”,见庄公三年。未赐氏也。“遂以夫人妇姜至自齐”,见宣公元年。“归父还自晋,至笙,遂奔齐”,见宣公十八年。“侨如以夫人妇姜氏至自齐”,见成公十四年。“豹及诸侯之大夫盟于宋”,见襄公三年。“意如至自晋”,见昭公十四年。“婼至自晋”,见昭公二十四年。一事再见,因上文而略其辞也。【原注】《公羊》宣公元年传:“遂何以不称公子?一事而再见者，卒名也。”注：“卒，竟也。竟但举名者，省文。”如后人作史，一条之中再见者，不复书姓。〇《左氏》不得其解，于“溺会齐师伐卫”则曰“疾之”，于“归父还自晋”则曰“善之”。岂有疾之而去族，善之而又去族者乎？

春秋隐、桓之时，卿大夫赐氏者尚少，故无骇卒，而羽父为之请族，《左传》隐公八年。〔一〕**如挟、如柔、如溺皆未有氏族者也。**【原注】《穀梁传》隐公八年“不爵大夫”之说近之，而未得其实。**庄、闵以下，则不复见于经，其时无不赐氏者矣。**

〔一〕【姚氏曰】诸侯之子称公子，公子之子称公孙，至公孙之子不复得称公曾孙。如无骇之辈直以名行，及其死也，则赐之族，以其王父之字为族也。公子、公孙于身必无赐族之理。经之季友、仲遂、叔肸，皆是以字配名连言之，故杜注并云字也。

刘原父曰：“诸侯大国三卿，皆命于天子；次国三卿，二卿命于天子；小国三卿，一卿命于天子。〔一〕**大国之卿三命，次国之卿再命，小国之卿一命，其于王朝皆士也。**【原注】韩宣子称晋士起。**三命以名氏通，再命名之，一命略称人。周衰礼废，强弱相并，卿大夫之制虽不能尽如古，见于经者亦皆当时之实录也。故隐、桓之间，其去西周未久，制度颇有存者。是以鲁有无骇、柔、挟，郑有宛、詹，秦、楚多称人。至其晚节，无不名氏通矣，而邾、莒、滕、薛之君①日已益削，转从小国之例称‘人’而已。说者不知其故，因谓曹、秦以下悉无大夫，患其时有见者害其臆说，因复构架无**

① “君”，张京华《校释》作“等”。应是。

端，以饰其伪，彼固不知王者诸侯之制度班爵云尔。”见《春秋权衡》卷一五。

〔一〕【杨氏曰】据《王制》，则小国二卿，无命于天子。

或曰：翚不称“公子”，何与？杜氏曰：“公子者，当时之宠号。”【原注】宣元年注。翚之称“公子”也，桓赐之也。其终隐之篇不称“公子”者，未赐也。【原注】刘原父曰：“公子虽亲，然天下无生而贵者，是以命为大夫则名、氏得两通，未命为大夫则得称名，不得称公子。”见《春秋权衡》卷一五。若专命之罪，则直书而自见矣。

“齐公子商人弑其君舍”，见《春秋》文公十四年。已赐氏也。“卫州吁弑其君完”，见《春秋》隐公四年。未赐氏也。胡氏安国以为“以国氏者累及乎上，称公子者诛(及)[止]其身”，见《春秋集义》卷二九引。此求其说而不得，故立此论尔。

大夫称子

周制：公、侯、伯、子、男为五等之爵，而大夫虽贵，不敢称“子”。《春秋》自僖公以前，大夫并以伯、仲、叔、季为称。【原注】《诗》《邶风·旄丘》云“叔兮伯兮”，此大夫之称也。○《春秋》僖公十五年“震夷伯之庙”，杜氏注：“夷，谥；伯，字。大夫既卒，书字。”〔一〕三桓之先曰共仲，曰僖叔，曰成季。[①] 孟孙氏之称子也，自蔑也；【原注】文公十五年。〔二〕叔孙氏之称子

① 事见《左传》庄公三十二年、闵公二年。

也，自豹也；【原注】襄公七年。〔三〕**季孙氏之称子也，自行父也。**【原注】文公十三年。○闵公元年书季子，二年书高子，皆《春秋》之特笔。〔四〕**晋之诸卿在文公以前无称子者，魏氏之称子也，自犨也；**【原注】僖公二十三年。**栾氏之称子也，自枝也；**【原注】僖公二十八年。〔五〕**赵氏之称子也，自衰也；**【原注】文公二年。**中行氏之称子也，自林父也；**【原注】文公十三年。**郤氏之称子也，自缺也；**【原注】文公十三年。**知氏之称子也，自首也；**【原注】宣公十二年。**范氏之称子也，自会也；**【原注】宣公十二年。〔六〕**韩氏之称子也，自厥也。**【原注】宣公十二年。**晋、齐、鲁、卫之执政称子，他国惟郑间一有之，馀则否，不敢与大国并也。鲁之三家称子，他如臧氏、子服氏、仲叔氏皆以伯、叔称焉，不敢与三家并也。**【原注】惟襄公十四年有子叔齐子，《论语》《宪问》有卞庄子。〔七〕**其生也或以伯、仲称之，如赵孟、知伯，死则谥之而后"子"之，**①**犹国君之死而谥称"公"也。于此可以见世之升降焉，读《春秋》者，其可忽诸？**

〔一〕【阎氏曰】案《春秋》自庄十二年卫大夫已称子，石祁子是也。大夫称子莫先于此。

【杨氏曰】伯、叔，大夫、士之通字。

〔二〕【阎氏曰】案《国语》有孟文子，即《左传》文伯也，又先于蔑之称子。

〔三〕【阎氏曰】案《国语》定王八年有叔孙宣子，即《左传》叔孙宣伯

---

① 援庵《校注》：文公六年，赵宣子盾；襄公二十七年，赵文子武；昭公二十九年，赵简子鞅；哀公二十年，赵襄子无恤：皆称赵孟。襄公十年，知武子荀罃；襄公二十九年，知悼子荀盈；昭公三十一年，知文子荀跞：皆称知伯。

也。又先于豹之称子。

〔四〕【阎氏曰】季孙行父之称子，见文六年，不待十三年也。

【杨氏曰】特笔亦未然，据史旧文耳，观《公羊传》自见。

〔五〕【阎氏曰】案《左传》桓三年有栾共叔，然《国语》称为栾共子，又先于栾氏之有贞子。

〔六〕【阎氏曰】案范氏称子亦自渥浊也，并见十二年。

〔七〕【阎氏曰】案子叔氏有齐子，即叔老；有敬子，即叔弓。一见襄十四年，一见昭三年，谁谓不敢与三家并也？

春秋时，大夫虽僭称“子”，而不敢称于其君之前，犹之诸侯僭称“公”，而不敢称于天子之前也。何以知之？以卫孔悝之《鼎铭》知之，曰“献公乃命成叔，纂乃祖服”，曰“乃考文叔，兴旧耆欲”。见《礼记·祭统》。**成叔，孔成子烝鉏也；文叔，孔文子圉也。叔而不子，是君前不敢子也，**【原注】《左传》韩厥言于晋侯，亦云“成季”、“宣孟”。[①]〔一〕**犹有先王之制存焉。**【原注】陆淳曰：“侯、伯、子、男之臣皆得称其君曰公，其子孙亦曰公子，而谥不得云公者，谥是王所赐也。大夫之臣得称其主曰‘子’，而谥不得称‘子’者，谥是君所赐也。”见《春秋集传纂例》卷八《爵谥》。〔二〕**至战国，则“子”又不足言，而封之为“君”矣。**

〔一〕【阎氏曰】君前臣名，礼也。《孟子》称庄暴于齐宣王前曰庄子，诚所未解。

【左暄曰】按杜蒉对晋平曰：“子卯不乐，知悼子在堂，斯其为子卯也大矣。”知悼子，晋大夫知罃也，是君前称子矣。且成

① 《左传》成公八年：韩厥言于晋侯曰：“成季之勋，宣孟之忠，而无后，为善者其惧矣。”成季，赵衰；宣孟，赵盾。

叔、文叔亦是。孔悝《鼎铭》述其君庄公蒯聩之辞,非称之于君前也。

〔二〕【左暄曰】公叔文子卒,其子戍请谥于君。君曰:"谓夫子贞惠文子。"是春秋时大夫称子,实出自君之命矣。

【小笺】按:以《檀弓》所载贞惠文子事观之,则大夫之谥称子,自本其君之命。

《洛诰》:"予旦以多子,越御事。"多子,犹《春秋传》之言"群子"也。【原注】宣公十二年。**唐孔氏**颖达**以为"大夫皆称'子'",**见《尚书·洛诰》《正义》。**非也。**

春秋自僖、文以后,而执政之卿始称"子"。其后则匹夫而为学者所宗,亦得称"子",老子、孔子是也。【原注】孔子弟子惟有子、曾子二人称子,闵子、冉子仅一见。[①] **又其后则门人亦得称之,乐正子、公都子之流是也。**【原注】《孟子》《梁惠王下》"乐正子"注:"子,通称。"**故《论语》之称"子"者,皆弟子之于师。**【原注】如云"非不说子之道"、见《雍也》。"卫君待子而为政"见《子路》。之类。〔一〕**《孟子》之称"子"者,皆师之于弟子,**【原注】如云"子诚齐人也"、见《公孙丑上》。"子亦来见我乎"见《离娄上》。之类。〔二〕**亦世变之所从来矣。**

〔一〕【阎氏曰】案陈子禽谓子贡凡两称"子",见《论语·子张》。犹曰亢,子贡弟子也。[②] 若夫子于季子然一称"子",于季康子四称"子",陈亢于伯鱼亦称"子",桀溺于子路亦称"子",子路于丈

---

① 闵子一见,在《先进》。冉子二见,在《雍也》及《子路》。

② 陈亢,字子禽。

人亦称“子”，岂皆弟子之于师乎？

〔二〕【阎氏曰】《孟子》之于平陆大夫、蚳鼃、沈同、留行之客、毕战，陈相景春、戴不胜、淳于髡、告子、慎子、白圭、宋句践、滕之或人，俱称之为“子”，岂皆弟子乎？至曹交，《集注》明谓不容其受业，亦称之为“子”，其说尤不可通。

《论语》称孔子为“子”，盖“夫子”而省其文，门人之辞也。亦有称“夫子”者，“夫子矢之”，见《雍也》。**“夫子喟然叹曰”，**见《先进》。**“夫子不答”，**见《宪问》。**“夫子莞尔而笑”，**见《阳货》。**“夫子怃然曰”，**见《微子》。**不直曰“子”而加以“夫”，避不成辞也。**【原注】即此可悟《春秋》书法。○凡对君、卿、大夫皆称“孔子”。又《季氏》一篇皆称“孔子”，乃记者之异。

有谥则不称字

《春秋传》，凡大夫之有谥者则不书字。外大夫若宋、若郑、若陈、若蔡、若楚、若秦，无谥也，而后字之。〔一〕**内大夫若羽父、若众仲、若子家，无谥也，**①**而后字之。公子亦然。**【原注】《礼记》《玉藻》：“士于君所言大夫，没矣则称谥若字。”**楚共王之五子，其成君者皆谥，康王、灵王、平王是也，其不成君无谥而后字之，子干、子皙是也。**分见《左传》昭公元年、襄公二十七年。**他国亦然，陈之五父，**见隐公六年。**郑之子亹、子仪是也。**见桓公十八年。**卫州吁，齐无知，贼也，则名之。作**

① 羽父、众仲事见《左传》隐公四年，子家事见宣公十八年。

传者于称名之法可谓严且密矣。

〔一〕【阎氏曰】子产谥成子，见《国语》，是子产有谥矣，何《左传》止称为子产、公孙侨？子产之子参，字子思，谥桓子，是亦有谥矣，何《左传》不称为“国桓子”，而必连其字曰“桓子思”？

人君称大夫字

古者人君，于其国之卿大夫皆曰“伯父”、【原注】郑厉公谓原繁。见《左传》庄公十四年。“叔父”，【原注】鲁隐公谓臧僖伯。见隐公五年。曰“子大夫”，曰“二三子”。见《左传》僖公十五年。不独诸侯然也。《礼记》《曲礼》言：“列国之大夫，入天子之国曰‘某士’，自称曰‘陪臣某’。”然而天子接之，犹称其字。宣公十六年，晋侯使士会平王室，王曰“季氏而弗闻乎”；成公(三)[二]年，晋侯使巩朔献齐捷于周，王曰“巩伯实来”；昭公十五年，晋荀跞如周，葬穆后，籍谈为介，王曰“伯氏，诸侯皆有以镇抚王室”，【原注】伯氏谓荀跞。又曰“叔氏，而忘诸乎”。【原注】注：叔，籍谈字。周德虽衰，辞不失旧，此其称字，必先王之制也。【原注】《春秋》凡命卿书字皆本于此。周公作《立政》之书，若侯国之司徒、司马、司空、亚旅并列于王官之后，盖古之人君恭以接下，而不敢遗小国之臣，故“平平左右，亦是率从”，见《诗·小雅·采菽》。而成上下之交矣。

王贰于虢【原注】已下《左氏传》。①

“名不正则言不顺，言不顺则事不成。”见《论语·子路》。**而《左氏》之记周事曰“王贰于虢”，**见《左传》隐公三年。**“王叛王孙苏”，**见《左传》文公十四年。**以天王之尊而曰“贰”曰“叛”，若敌者之辞，其不知《春秋》之义甚矣。**〔一〕

〔一〕【钱氏曰】此以后世之书法议古人，宋儒多有此病。“贰心”，上下皆可用之。“叛”与“背”声相近，晋之“背先蔑而立灵公”，与此“叛”义同。《楚词》“初既与予成言兮，后悔遁而有他”，亦此意也。

星陨如雨

“星陨如雨”，见《春秋》庄公七年。**言多也。**【原注】啖氏助曰：“奔流者众，如雨之多。”见《春秋集传纂例》卷六《星异》。**《汉书·五行志》：“成帝永始二年，二月癸未，夜过中，星陨如雨，长一二丈，绎绎未至地灭，至鸡鸣止。谷永对言：‘《春秋》记异，星陨最大，自鲁庄以来至今再见。’”此为得之。而后代之史，或曰“小星流百枚以上，四面行”，**见《后汉书·天文志上》。**或曰“星流如织”，**见《纲目续麟汇览》卷下。**或曰“四方流星，大小纵横百馀”，皆其类也。**【原注】《唐书·天文志》：“太和七年六月戊午，日暮及曙，四方流星，大小纵横百馀。”○正统四年八月

① 此注原本缺，据张京华《校释》补。

癸卯，日夜达旦，有流星大小二百六十馀。余于甲申年闰六月丙申望见月食既，星流竟夕，始悟古时有此异。**不言“石陨”，不至地也。《传》**庄公七年**曰：“与雨偕也。”然则无雨而陨，将不为异乎？**〔一〕

〔一〕【汝成案】此下当别立“秋无麦苗”题，诸本皆然，当是传写初误脱。

“秋，无麦苗，不害嘉谷也。”见《左传》庄公七年。**据隐公元年《传》曰：“有蜚，不为灾，不书。”使不害嘉谷，焉用书之于经乎？**〔一〕

〔一〕【杨氏曰】已无麦苗矣，虽不害嘉谷亦书。

筑郿

“筑郿，非都也。凡邑，有宗庙先君之主曰‘都’，无曰‘邑’。邑曰‘筑’，都曰‘城’。”见《左传》庄公二十八年。**《旧唐书·礼仪志》，太常博士顾德章议引此，谓“春秋二百四十二年，鲁凡城二十四邑，惟郿一邑书‘筑’，其二十三邑曰‘城’，岂皆有宗庙先君之主乎”。又定公十五年“城漆”。漆是邾邑，《正义》亦知其不可通，而曲为之说。**〔一〕

〔一〕【汝成案】陆氏新旧义为当。

城小谷

“城小谷，为管仲也”。见《左传》庄公三十二年。**据经文，小**

谷不系于齐，疑《左氏》之误。范宁解《穀梁传》曰："小谷，鲁邑。"《春秋发微》曰："曲阜西北有故小谷城。"①按《史记》《项羽本纪》，"汉高帝以鲁公礼葬项王谷城"，当即此地。杜氏以此小谷"为齐邑。济北谷城县，城中有管仲井"。《左传》庄公三十二年杜注。刘昭《郡国志注》、见《后汉书·郡国志三》。郦道元《水经注》卷八《济水》②皆同。按《春秋》有言"谷"不言"小"者。庄公二十三年"公及齐侯遇于谷"，僖公二十六年"公以楚师伐齐，取谷"，文公十七年"公及齐侯盟于谷"，成公五年"叔孙侨如会晋荀首于谷"。四书"谷"，而一书"小谷"，别于谷也。又昭公十一年传曰"齐桓公城谷，置管仲焉，至于今赖之"，则知《春秋》四书之谷及管仲所封在济北谷城，而此之小谷自为鲁邑尔。况其时齐桓公始霸，管仲之功尚未见于天下，岂遽勤诸侯以城其私邑哉？〔一〕

〔一〕【孙氏曰】案《春秋》之言"谷"者，尚有宣十四年"公孙归父会齐侯于谷"，襄十九年"晋士匄侵齐至谷"，又成十七年传"齐国佐杀庆克，以谷叛"，则齐地之名"谷"而不名"小谷"灼然矣。小谷应属鲁邑，《左氏》不应谬误。后读《公羊疏》云："二传作'小'，与《左氏》异。"始悟《左氏》经本作"城谷"，与昭十一年申无宇言正合，故杜注以为齐邑，今经、传及注乃后人据二传之文而误加之也。

【汝成案】第三十一卷尚有"小谷"一条，似失删并。

① 援庵《校注》：孙复《春秋尊王发微》卷三，原无"故"字。

② "管仲井"，《水经注》作"夷吾井"。

齐人杀哀姜

哀姜通庆父，弑闵公，为国论所不容，而"孙于邾，齐人取而杀之"，见《左传》闵公二年。**义也。而《传》谓之"已甚"，**①**非也。**〔一〕

〔一〕【胡氏曰】齐强鲁弱，齐女有罪，必畏不敢讨。若父母家又党庇之，则人伦绝、天理灭矣。桓公诛之，是也。

【汝成案】桓此举使鲁失臣子之义，齐失父母之恩，谓为"已甚"，义未违也。或如陈执州吁，而请莅杀于卫，当两得之。

微子启

"蔡穆侯将许僖公以见楚子于武城，许男面缚衔璧，大夫衰绖，士舆榇。楚子问诸逢伯，对曰：'昔武王克殷，微子启如是。武王亲释其缚，受其璧而祓之，焚其榇，礼而命之，使复其所。'楚子从之。"见《左传》僖公六年。**何孟春曰："按《书》，殷纣无道，微子去之，在武王克殷之前，何应当日而有是事？已去之后，无复还之理，而牧野之战，亦必不从人而伐其宗国也。意此殆非微子事，而逢伯之言，特托之古人以规楚子乎？"**《馀冬序录》卷三二。〔一〕

〔一〕【杨氏曰】金仁山曰："武王伐纣，非讨微子也。纵微子未遁，面缚衔璧，亦非其事也。"又曰："武王释箕子之囚，封比干之

① 《左传》僖公元年："君子以齐人杀哀姜也为已甚矣，女子，从人者也。"

墓，而未及微子，以其遁野，未之获也。”又曰：“衔璧面缚者，必武庚也。纣已自焚，故武庚请罪焉。”

徐孚远[①]曰：“《史记》言‘微子持祭器造于军门，武王乃释微子，复其位如故’。夫武王既立武庚，而又复微子之位，则是微子与武庚同在故都也。厥后武庚之叛，微子何以初无异同之迹？然则武王克商，微子未尝来归也。”

襄仲如齐纳币

经书僖公之薨以十二月，[②]而“公子遂如齐纳币”则但书“冬”。《春秋》文公二年。即如杜氏之《解》，移公薨于十一月，而犹在二十五月之内，恶得谓之礼乎？[③]

子叔姬卒

据《传》，杞桓公在位七十年。其二十二年，鲁文公之十二年，出一叔姬；其五十年，鲁成公之四年，又出一叔姬。再娶于鲁而再出之，必无此理，殆一事而《左氏》误重书之尔。【原注】成公九年“杞伯来逆叔姬之丧以归”。此其本事。且

---

① 张京华《校释》：徐孚远，字暗公，号复斋，华亭人。崇祯十五年进士。著有《钓璜堂存稿》二十卷。与邑人夏允彝等结几社。明亡，随郑成功至台湾。《明史》附《夏允彝传》。

② 《春秋》僖公三十三年：“传曰：‘礼也。’十有二月，公至自齐。乙巳，公薨于小寝。”

③ 杜预解曰：“僖公丧终此年十一月，则纳币在十二月也。”

文公十二年，经书曰“二月庚子，子叔姬卒”，何以知其为杞妇乎？赵子匡曰：“书‘卒’，义与僖公九年伯姬同。以其为时君之女，故曰‘子’，以别其非先君之女也。”①

齐昭公

文公十四年“齐侯潘卒”，《传》以为“昭公”。按僖公二十七年，经书“齐侯昭卒”，【原注】孝公。今此“昭公”即孝公之弟，不当以先君之名为谥，疑《左氏》之误。【原注】经不书“葬”。然僖公十七年传曰“葛嬴生昭公”，前后文同，【原注】《史记》同。先儒无致疑者。

赵盾弑其君

太史书曰“赵盾弑其君”，见《左传》宣公二年。下同。此董狐之直笔也。“子为正卿，亡不越境，反不讨贼”，此董狐之巽辞也。传者不察其指而妄述孔子之言，以为“越境乃免”，谬矣。穿之弑，盾主之也，讨穿犹不得免也。君臣之义无逃于天地之间，而可逃之境外乎？〔一〕

〔一〕【杨氏曰】司马昭即诛贾充，仍不免弑君之号。

---

① 援庵《校注》：《春秋集传纂例》卷三“内女卒”条。“赵子曰”三字，原书在“时君”句上。

临于周庙

襄公十二年，“吴子寿梦卒。临于周庙”，《左传》文，下同。杜氏以为文王庙也。昭公十八年，“郑子产使祝史徙主祏于周庙”，杜氏以为厉王庙也。《传》文公二年曰“郑祖厉王”，【原注】宣公十二年，郑伯逆楚子之辞曰：“徼福于厉、宣、桓、武。”而哀公二年，蒯聩之祷亦云“敢昭告(于)皇祖文王”。〔一〕夫“诸侯不得祖天子”，①而有庙焉何？曰：此庙也，非祖也。〔二〕始封之君谓之祖。虽然，伯禽为文王之孙，郑桓为厉王之子，其就封而之国也，将何祭哉？天下有无祖考之人乎？而况于有土者乎？意者特立一庙以祀文王、厉王，而谓之周庙欤？汉时有郡国庙，其亦仿古而为之欤？【原注】汉高帝令诸侯王都皆立太上皇庙，盖亦以天下不可有无庙之诸侯王也。薄昭《与淮南厉王书》曰：“臣之所见，高皇帝之神必不庙食于大王之手，明白。”见《汉书·淮南厉王传》。〔三〕

〔一〕【汝成案】哀公二年传文“敢昭告皇祖文王”。此衍“于”字。②

〔二〕【杨氏曰】支子不祭，义又云何？公庙之设于私家，自三桓始也，孰谓祖则不得，庙则得乎？

〔三〕【全氏曰】愚谓周礼散亡，此必有大宗伯之明文，许令诸侯各立所出先王之庙，而特不以之入五庙。盖周礼之别庙，以义考之，自属多有。假如周公之会于东都，则别有祊在郑国。而况

① 《礼记·郊特牲》原作“诸侯不敢祖天子”。

② 此案原在小题下，今移于此。

天子巡狩，属车所过，身后自皆有庙，则各令同姓诸侯司之。不然，反不如周公矣。汉人郡国皆立高皇庙，其遗意也。

【王氏曰】汉人郊祀，渎乱无理。元帝好儒，贡禹、韦玄成、匡衡等相继为公卿。禹建言："汉家宗庙，祭祀多不应古礼。"上是其言。后玄成丞相议罢郡国庙，自太上皇、孝惠帝诸园寝庙皆罢。愚谓韦、匡，庸相也；贡、谷，陋儒也。然郊祀赖其驳正，古制获存，是其所长。

《竹书纪年》卷下：**"成王十三年夏六月，鲁大禘于周公庙。"按二十一年"周文公薨于丰"，**[①]**周公未薨，何以有庙？盖周庙也。**【原注】"公"字衍。**是则始封之君有庙，亦可因此而知禘之说。**

栾怀子

晋人杀栾盈，安得有谥？《传》言"怀子好施，士多归之"，见《左传》襄公二十一年。**岂其家臣为之谥，而遂传于史策邪？**〔一〕

〔一〕【杨氏曰】荀寅、士吉射又云何？寅谥文，吉射谥昭，皆美谥，非怀比也。又崔武子。

【汝成案】郤至谥昭子，见《国语》。

① 亦见《竹书纪年》卷下。周公旦谥"文"。

子大叔之庙

昭公十二年,“郑简公卒,将为葬除。及游氏之庙,将毁焉。子大叔使其除徒执用以立,而无庸毁,曰:‘子产过女,而问何故不毁。乃曰:不忍庙也。诺,将毁矣。’既如是,子产乃使辟之”。十八年,“简兵大蒐,将为蒐除。子太叔之庙在道南,其寝在道北,其庭小。过期三日,使除徒陈于道南庙北,曰:‘子产过女,而命速除,乃毁于而乡。’子产朝,过而怒之。除者南毁。子产及冲,使从者止之,曰:‘毁于北方。’”此亦一事,而记者或以为“葬”,或以为“蒐”,《传》两存之,而失删其一耳。

城成周

昭公三十二年传:“冬十一月,晋魏舒、韩不信如京师,合诸侯之大夫于狄泉,寻盟,且令城成周。魏子南面,卫彪傒曰:‘魏子必有大咎,干位以令大事,非其任也。《诗》《大雅·板》曰“敬天之怒,不敢戏豫。敬天之渝,不敢驰驱”,况敢干位以作大事乎?’”定公元年传:“春王正月辛巳,晋魏舒合诸侯之大夫于狄泉,将以城成周。魏子莅政,卫彪傒曰:‘将建天子,而易位以令,非义也。大事干义,必有大咎,晋不失诸侯,魏子其不免乎?’”此是一事,《左氏》两收，而失删其一。周之正月，晋之十一月也。其下文[①]曰："己丑，士弥牟营成周，计丈数，揣高卑，度厚薄，仞沟洫，物土方，议远迩，量事期，计徒庸，虑财用，书糇粮，以令役于诸侯。"又曰："庚寅，栽，宋仲几不受功。"见定公元年传。庚寅即己丑之明日，而《传》分为两年，岂有迟之两月而始栽，宋仲几乃不受功者乎？且此役不过三旬而毕矣。

五伯

"五伯"之称有二，有三代之"五伯"，有春秋之"五伯"。《左传》成公二年，齐国佐曰"五伯之霸也，勤而抚之，以役王命"，杜元凯云："夏伯昆吾，商伯大彭、豕韦，周伯齐桓、晋文。"【原注】《诗正义》《诗谱序》引服虔云："五伯，谓夏伯昆吾，商伯大彭、豕韦，周伯齐桓、晋文。"与此同。应劭《风俗通》《皇霸》亦主此说。《孟子》《告子下》"五霸者，三王之罪人也"，赵台卿注："齐桓、晋文、秦缪、宋襄、楚庄。"二说不同。【原注】颜师古注《汉书·异姓诸侯王表》，五伯则以为昆吾、大彭、豕韦、齐桓、晋文。《同姓诸侯王表》五伯则以为齐桓、宋襄、晋文、秦穆、吴夫差。○《白虎通》卷上并存二说，其后一说谓齐桓、晋文、秦缪、楚庄、吴阖闾。据国佐对晋人言，其时楚庄之卒甫二年，不当遂列为五，亦不当继此无伯而定于五也，其通指三代无疑。《国语》《郑语》"祝融能昭显天地之光明，其后八姓，昆吾为夏伯，大彭、豕韦为商伯"，《庄子》《大宗师》"彭祖得

---

① 指昭公三十二年传文。

之,上及有虞,下及五伯”,李轨注[①]“彭祖名铿,尧臣,封于彭城,历虞、夏至商,年七百岁”,是所谓“五伯”者,亦商时也。【原注】《淮南子》《俶真训》“至于昆吾、夏后之世”,高诱注:“昆吾,夏之伯,夏后桀世也。”是知国佐以前,其有五伯之名也久矣。【原注】据此,周时但有二伯,《穀梁传》隐公八年“交质子不及二伯”,《左传》昭公四年椒举对楚子言“六王二公”,亦但指齐桓、晋文。若《孟子》所称“五伯”,而以桓公为盛,则止就东周以后言之,如严安所谓“周之衰三百馀岁,而五霸更起”[②]者也。然赵氏以宋襄并列,亦未为允。宋襄求霸不成,伤于泓以卒,[③]未尝霸也。《史记》《越世家》言“越王句践遂报强吴,观兵中国,称号五伯”。[④] 子长在台卿之前,所闻异辞。【原注】《越世家》言“周元王使人赐句践胙,命为伯”,又言“越兵横行于江淮东,诸侯毕贺,号称霸王”。《淮南子》亦言“越王句践胜夫差于五湖,南面而霸天下,泗上十二诸侯皆[率九夷][⑤]朝之”。然则言三代之五伯,当如杜氏之说;言春秋之五伯,当列句践而去宋襄。《荀子》以桓、文及楚庄、阖闾、句践为五伯,【原注】江都易王问越王句践,董仲舒对以五伯,见《汉书·董仲舒传》。是当时以句践为五伯之数。斯得之矣。〔一〕

〔一〕【阎氏云】董仲舒云:“仲尼之门,五尺之童皆羞称五伯。”惟宋襄辈在仲尼之前,故言羞称。不然,句践之伯不出仲尼后哉?

① 援庵《校注》:李注见《逍遥游》第一,然不一定是李轨,或是李颐。

② 《汉书·严安传》原文作:“臣闻周有天下,其治三百馀岁,成康其隆也,刑错四十馀年而不用。及其衰,亦三百馀年,故五伯更起。”

③ 事见《左传》僖公二十二年宋楚泓之战。

④ 《越世家》原文作“号称霸王”,非“五霸”。

⑤ “率九夷”三字据《校记》补。

【汝成案】顾氏谓《孟子》所称五伯始及句践，若孔子以前五伯，盖合夏、商言之，不列句践，亦不必定属宋襄也。

占法之多

以日占事者，《史记·天官书》“甲、乙，四海之外，日月不占；丙、丁，江淮海岱；戊、己，中州河济；庚、辛，华山以西；壬、癸，恒山以北”是也。以时占事者，《越绝书》卷十《外传记吴王占梦》公孙圣“今日壬午，时加南方”，《史记·贾谊传》“庚子日斜，服集予舍”是也。又有以月行所在为占，《史记·龟策传》“今昔壬子，宿在牵牛”，《汉书》《翼奉传》翼奉言白鹤馆以“月宿亢灾”，《后汉书》《苏竟传》苏竟言“白虹见时，月入于毕”是也。《周礼·占梦》：“掌其岁时。观天地之会，辨阴阳之气，以日月星辰占六梦之吉凶。”见《春官宗伯》。则古人之法可知矣。汉以下则其说愈多，其占愈凿，加以日时、风角、云气迟疾变动，不一其物，故有一事而合于此者或迕于彼，岂非所谓大道以多歧亡羊者邪？① 故士文伯对晋侯以“六物不同，民心不壹”，见《左传》昭公七年。而太史公亦谓皋、唐、甘、石书传“凌杂米盐”，见《史记·天官书》。在人自得之于象占之外耳。

干宝解《易》“六爻相杂，唯其时物也”见《易·系辞下》。曰：“一卦六爻，则皆杂有八卦之气，若‘初九’为《震》爻，

---

① 援庵《校注》于此下校云：“‘岂非’以下原作‘夫天亦安知人之占法如此之多，而一一为之合耶’。”按见《日知录》初刻八卷本之卷二。

'九二'为《坎》爻也。或若见辰戌言《艮》,已亥言《兑》也。或[若]以甲壬名《乾》,[以]乙癸名《坤》也。或若以午位名《离》,以子位名《坎》。或若(得)[德]来[为好物,刑来]为恶物,[①]王相为兴,休废为衰。"见《周易集解》卷一六引。解"爻有等,故曰物"见《易·系辞下》。曰:"爻中之义,群物交集,五星四气,六亲九族,福德刑杀,众形万类,皆来发于爻,故总谓之物也。"见《周易集解》卷一六引。说《易》如此,小数详而大道隐矣。以此卜筮,亦必不验,天文亦然。

褚先生补《史记·日者列传》:"孝武帝时,聚会占家,问之:'某日可取妇乎?'五行家曰可,堪舆家曰不可,建除家曰不吉,丛辰家曰大凶,历家曰小凶,天人家曰小吉,太乙家曰大吉。辩讼不决,以状闻。制曰:'避诸死忌,以五行为主。'"

以日同为占

裨灶以逢公卒于戊子日,而谓今"七月戊子,晋君将死"。见《左传》昭公十年。苌弘以昆吾乙卯日亡,而谓毛得杀毛伯而代之是乙卯日,以卜其亡。见《左传》昭公十八年。此以日之同于古人者为占,又是一法。

---

① 《刊误》卷上:"'得来'二字,楷庵杨氏疑之。汝成案:《周易集解》本文云:'或若以甲壬名《乾》,以乙癸名《坤》也;或若以午位名《离》,以子位名《坎》;或若德来为好物,刑来为恶物。'《录》所引'以甲'上脱'若'字,'乙癸'上脱'以'字,'德'误为'得','德来'下脱'为好物刑来'五字。诸本皆同,未补入。"今据《刊误》改正。

天道远

春秋时，郑裨灶、鲁梓慎最明于天文。昭公十八年，"夏五月，宋、卫、陈、郑灾。裨灶曰：'不用吾言，郑又将火。'子产不从，亦不复火"。二十四年，"夏五月乙未朔，日食，梓慎曰：'将水。'叔孙昭子曰：'旱也。'秋八月，大雩"。是虽二子之精，亦有时而失之也。【原注】昭公七年："公将适楚，梦襄公祖。梓慎曰：'君不果行。'子服惠伯曰：'行。'三月，公如楚。"故张衡《思玄赋》曰："慎、灶显以言天兮，占水火而妄讯。"见《文选》卷一五。

一事两占

襄公二十八年，"春，无冰。梓慎曰：'宋、郑其饥乎？岁在星纪，而淫于玄枵，以有时灾，阴不堪阳，蛇乘龙。龙，宋、郑之星也，宋、郑必饥。玄枵，虚中也，枵，耗名也。土虚而民耗，不饥何为？'裨灶曰：'今兹周王及楚子皆将死。岁弃其次，而旅于明年之次，以害鸟帑。周、楚恶之。'十一月癸巳天王崩，十二月楚康王卒，宋、郑皆饥。"一事两占，皆验。

春秋言天之学

天文五行之学，愈疏则多中，愈密则愈多不中。春秋时言天者，不过本之分星，合之五行，验之日食、星孛之类而已。五纬之中但言岁星，而馀四星占不之及，何其简也。【原注】邵子雍曰："五星之说自甘公、石公始。"见《皇极经世书》卷一二《观物外篇下》。而其所详者，往往在于君、卿、大夫言语动作威仪之间，及人事之治乱敬怠，故其说也易知，而其验也不爽。扬子《法言》卷八《五百》曰："史以天占人，圣人以人占天。"

左氏不必尽信

昔人所言兴亡祸福之故，不必尽验，《左氏》但记其信而有征者尔，而亦不尽信也。三良殉死，"君子是以知秦之不复东征"；见《左传》文公六年。至于孝公，而天子致伯，诸侯毕贺，其后始皇遂并天下。季札闻《齐风》，以为"国未可量"，见《左传》襄公二十九年。下同。乃不久而篡于陈氏；闻《郑风》，以为"其先亡乎"，而郑至三家分晋之后始灭于韩。浑罕言"姬在列者，蔡及曹、滕其先亡乎"，见《左传》昭公四年。而滕灭于宋王偃，在诸姬为最后。僖三十一年，"狄围卫，卫迁于帝丘，卜曰三百年"，而卫至秦二世元年始废，历四百二十一年。是《左氏》所记之言亦不尽信也。

列国官名

春秋时列国官名，若晋之中行，宋之门尹，郑之马师，秦之不更、庶长，皆他国所无。而楚尤多，有莫敖、令尹、司马、太宰、少宰、御士、左史、右领、左尹、右尹、连尹、鍼尹、【原注】宣公四年有箴尹克黄，哀公十六年有箴尹固，疑即鍼尹。寝尹、工尹、卜尹、芋尹、【原注】陈有芋尹盖。蓝尹、沈尹、清尹、莠尹、嚣尹、陵尹、郊尹、乐尹、宫厩尹、监马尹、扬豚尹、武城尹，其官名大抵异于他国。【原注】宋有褚师，而郑亦有之。昭公二年，子晳请以印为褚师。〔一〕

〔一〕【杨氏曰】凡此诸尹，有掌其事，有官其地者。

【小笺】按：汉初曹参为执帛，韩信为连敖，皆楚官名。

左传地名①

《左传》成公(元)[二]年“战于鞌”，“入自丘舆”，注云“齐邑”；三年郑师御晋，“败诸丘舆”，注云“郑地”；哀公十四年“坑氏葬诸丘舆”，注云“坑氏，鲁人也，泰山南城县西北有舆城”，又是鲁地，是三丘舆为三国地也。文公七年“穆伯如莒莅盟，及鄢陵”，注云“莒邑”；成公十六年“战于鄢陵”，注云“郑地，今属颍川郡”，是二鄢陵为二国地也。襄公十四年伐秦，“至于棫林”，注云“秦地”；十六年“次于棫林”，注云“许地”，是二棫林为二国地也。襄公十七年“卫孙蒯田于曹隧，饮马于重丘”，注云“曹邑”；二十五年，“同盟于重丘”，注云“齐地”，是二重丘为二国地也。定公

① 小题原作“地名”，据《校记》改。

十二年“费人北，国人追之，败诸姑蔑”，〔一〕无注，当是鲁地；哀公十三年“弥庸见姑蔑之旗”，注云“越地，今东阳大末县”，是二姑蔑为二国地也。

〔一〕【汝成案】“公及邾仪父盟于蔑”注：“蔑，姑蔑，二名。鲁国卞县南有姑蔑城。”即此姑蔑也。

地名盂者有五。僖公二十一年“宋公、楚子、陈侯、蔡侯、郑伯、许男、曹伯会于盂”，宋之盂也；定公八年“单子伐简城，刘子伐盂，以定王室”，周之盂也；十四年“卫太子蒯聩献盂于齐”，卫之盂也。而晋则有二盂：昭公二十八年“盂丙为盂大夫”，①今太原盂县；哀公四年“齐国夏伐晋，取邢、任、栾、鄗、逆畤、阴人、盂、壶口”，此盂当在邢、洺之间。

州国有二。桓公五年“州公如曹”，注：“州国在城阳淳于县。”十一年“郧人将与随、绞、州、蓼伐楚师”，注：“州国在南郡华容县东南。”

昌歜

僖公三十年，“王使周公阅来聘，飨有昌歜、白、黑、形盐”，注曰：“昌歜，昌蒲菹。”而《释文》：“歜，音在感反。”

① 《刊误》卷上：“‘盂丙’之‘盂’，诸本并作‘孟’。汝成案：先生《左传杜解补注》云：‘今本作“孟丙”者非。《汉书·地理志》云：盂，晋大夫盂丙邑。以其为盂大夫而谓之盂丙，犹魏大夫之为魏寿馀，阎大夫之为阎嘉，邯郸大夫之为邯郸午也。’观此，则《录》文作‘盂’明矣。今改。”

《正义》曰："齐有邴歜，鲁有公父歜，【原注】文公十七年，周甘歜败戎于邥垂。其音为触。"《说文》卷八下："歜，盛气怒也。从欠，蜀声。"此"昌歜"之音，相传为在感反，不知与彼为同为异。今考顾氏野王《玉篇》卷九有歜字，"徂敢切，昌蒲俎[1]也"。然则《传》之"昌歜"正合此字，而唐人已误作"歜"。【原注】《广韵》亦误作"歜"。是知南、北之学，陆、孔诸儒犹有不能遍通。哀公二十五年，"若见之君将嗀之"。今本作"嗀"，《广韵》注曰"《说文》从口"。见《说文》卷二上"口"部。盖经典之误文，不自天宝、开成始矣。[2]

襄公二十四年"日有食之"，《正义》曰："此与二十一年频月日食，理必不然。[3] 但其字则变古为篆，改篆为隶，书则缣以代简，纸以代缣，多历世代，转写谬误，失其本真，后儒因循，莫能改易。"此通人之至论。考《魏书》《江式传》江式言："鲁共王坏孔子宅，得《尚书》、[4]《春秋》、《论语》、《孝经》。又北平侯张仓献《春秋左氏传》，书体与孔氏相类，世谓之古文。"自古文以至于今，其传写不知几千百矣，安得无误？后之学者，于其所不能通，必穿凿而曲为之说，其为经典之害也甚矣！

---

① 《玉篇》卷九作"菖蒲葅"。

② 《新唐书·艺文志》：开元十四年，玄宗以《洪范》"无偏无颇"声不协，诏改为"无偏无陂"。天宝三载，又诏集贤学士卫包改《古文尚书》从今文。《旧唐书·文宗纪》：国子祭酒郑覃，依后汉蔡伯喈刊碑列于太学，创立《石壁九经》，诸儒校正讹谬。上又令翰林勒字官唐玄度复校字体，又乖师法，故石经立后数十年，名儒皆不窥之，以为芜累甚矣。

③ 张京华《校释》：襄公二十一年九月、十月日食，二十四年七月、八月日食，孔颖达疑其"于推步之数必无此理，盖古书磨灭，致有错误"，故云。

④ 援庵《校注》：《魏书》"尚书"上有"礼"字。《北史·江式传》无。

古之教人，必先小学。小学之书，声音、文字是也。《颜氏家训》《勉学》曰："夫文字者，坟籍根本。世之学徒多不晓字。读五经者，是徐邈[①]而非许慎；习赋诵者，信褚诠而忽吕忱；[②]明《史记》者，专皮、邹[③]而废篆籀；学《汉书》者，悦应、苏[④]而略《苍》、《雅》，不知书音是其枝叶，小学乃其宗系。"吾有取乎其言。

【校正】寿昌案：我朝小学之盛开于亭林，其功伟矣。

文字不同

五经中文字不同多矣，有一经之中而自不同者。如"桑葚"见于《卫》诗《氓》，而《鲁》《泮水》则为"黮"，"鬯弓"著于《郑风》《大叔于田》，而《秦》《小戎》则为"韔"；《左氏》一书，其录楚也，"薳氏"襄公十五年。或为"蔿氏"，襄公二十一年。"箴尹"定公四年。或为"鍼尹"，哀公十六年。况于锺鼎之文乎？《记》《中庸》曰"书同文"，亦言其大略耳。

① 徐邈，《晋书·儒林传》有传，撰有《五经音训》。

② 褚诠，即褚诠之，或作诸诠之。《汉书·司马相如传》注颜师古曰："近代之读相如赋者多矣，皆改易文字，竞为音说，致失本真，徐广、邹诞生、诸诠之、陈武之属是也。"吕忱，《隋书·经籍志》云为晋人，官弦令，著《字林》七卷。

③ "皮"，据王利器《颜氏家训集解》，应是"徐"字之误。徐野民，为宋中散大夫，撰《史记音义》十二卷。刘盼遂引吴承仕曰："邹谓邹诞生。"邹诞生为南齐轻车录事，撰《史记音义》三卷。

④ 应劭，后汉太山太守，著《汉书集解音义》二十四卷。苏林，魏博士，注《汉书》。

所见异辞【原注】已下《公羊传》。

孔子生于昭、定、哀之世，文、宣、成、襄则所闻也，隐、桓、庄、闵、僖则所传闻也。国史所载策书之文或有不备，孔子得据其所见以补之。至于所闻，则远矣，所传闻，则又远矣。虽得之于闻，必将参互以求其信，信则书之，疑则阙之，此其所以为“异辞”也。公子益师之卒，见《春秋》隐公元年。鲁史不书其日，远而无所考矣。【原注】“无骇卒”，隐公八年。“侠卒”，隐公九年。不书日，同此义。以此释经，岂不甚易而实是乎？何休见桓公二年会稷之《传》，[①]以恩之浅深有“讳”与“目言”之异，而以书日、不书日详略之分为同此例，则甚难而实非矣。窃疑“所见异辞，所闻异辞，所传闻异辞”，初见《公羊传》隐公元年。此三语必有所本，而齐、鲁诸儒述之。然其义有三：阙文一也，讳恶二也，言孙三也。【原注】孔子曰：“邦无道，危行言孙。”见《论语·宪问》。从前之一说，则略于远而详于近，从后之二说，则晦于近而章于远。读《春秋》者可以得之矣。《汉书》《艺文志》言：孔子作《春秋》，“有所褒讳贬损，不可书见，口授弟子。弟子退而异言。及口说流行，故有公羊、穀梁、邹、夹之学。”【原注】邹氏、夹氏无《传》。夫“丧欲速贫，死欲速朽”，曾子且闻而未达，非子游

---

① 《公羊传》：“三月，公会齐侯、陈侯、郑伯于稷，以成宋乱。内大恶讳，此其目言之何？远也。所见异辞，所闻异辞，所传闻异辞。隐亦远矣，曷为为隐讳？隐贤而桓贱也。”

举其事实之，亦乌得而明哉？[①] 故曰："《春秋》之失，乱。"[②]

纪履緰来逆女[③]〔一〕

"何以不称使？昏礼不称主人。宋公使公孙寿来纳币，[④]则其称主人何？辞穷也。辞穷者何？无母也。然则纪有母乎？曰有。有则何以不称母？母不通也。"见《公羊传》隐公二年。富平李因笃[⑤]曰："此言经所以不书纪侯者，以见母虽不通，而纪侯有母，则不得自称主人，以别于宋公之无母也。"

〔一〕【汝成案】履緰，《左传》作"裂繻"。惠侍读曰："裂，古音厉，与'履'音相近。"

母弟称弟

"齐侯使其弟年来聘"，见《春秋》隐公七年。《公羊传》："其称弟何？母弟称弟，母兄称兄。"【原注】《左氏》宣公十七年传亦曰："凡称弟，皆母弟也。"〔一〕何休以为："春秋变周之

---

① 引文及事详见《礼记·檀弓上》。

② 《礼记·经解》："故《诗》之失，愚；《书》之失，诬；《乐》之失，奢；《易》之失，贼；《礼》之失，烦；《春秋》之失，乱。"

③ 《公羊传》隐公二年："九月，纪履緰来逆女。纪履緰者何？纪大夫也。何以不称使？婚礼不称主人。"

④ 事见《公羊传》成公八年。

⑤ 李因笃，字子德，号天生。本籍山西洪洞，迁居富平。明亡，卜居代州，亭林一见称莫逆。

文，从殷之质。质家亲亲，明当亲厚，异于群公子也。”夫一父之子，而以同母不同母为亲疏，此时人至陋之见。春秋以下，骨肉衰薄，祸乱萌生，鲜不由此。诗人美鸤鸠均爱七子，[①]岂有于父母则望之以均平，于兄弟则教之以疏外？以此为质，是所谓“直情而径行，戎狄之道也”。见《礼记·檀弓下》。郭氏曰：“若如《公羊》之说，则异母兄弟不谓之兄弟乎？”程子颐曰：“礼文有立嫡子同母弟之说，其曰同母弟，盖谓嫡耳，非以同母弟为加亲也。若以同母弟为加亲，则知有母不知有父，是禽兽也。”见《程氏经说》卷五。〔二〕

〔一〕【梁氏曰】《史记》《楚元王世家》：“高祖之同母少弟也。”《索隐》曰：“《汉书》作‘同父’，言同父，以明异母也。”赵太常云：“言同母，以别于异母则可，言同父以明异母则不可。”

〔二〕【汝成案】母弟称弟，重适妻而严父统也。此义不明，而以妾为妻，废嫡立庶之祸起矣。母弟加亲，非为母也，乃为父也。

子沈子

隐公十一年《公羊传》“子沈子曰”，注云：“子沈子，后师。明说此意者。[②]沈子称‘子’冠氏上者，著其为师也。不但言‘子曰’者，辟孔子也。其不冠‘子’者，他师也。”按《传》中有“子公羊子曰”，【原注】桓公六年、宣公五年。而又有“子沈子曰”，【原注】隐公十一年、庄公十年、定公元年。“子

① 《诗·曹风·鸤鸠》：“鸤鸠在桑，其子七兮。淑人君子，其仪一兮。”

② 此处引文不全，失其本意。原注文为：“子沈子，后师。明说此意者，明臣子不讨贼当绝，君丧无所系也。”

司马子曰”,【原注】庄公三十年。**“子女子曰”**,【原注】女音汝。闵公元年。**“子北宫子曰”**,【原注】哀公四年。**何后师之多欤?**【原注】又有“鲁子曰”,庄公三年、二十三年、僖公五年、二十年、二十四年、二十八年;有“高子曰”,文公四年。皆不冠“子”。○《穀梁传》有“穀梁子曰”,隐公五年;“尸子曰”,隐公五年、桓公八年;“沈子曰”,定公元年。皆不冠“子”。**然则此传不尽出于公羊子也明矣。**〔一〕

〔一〕【全氏曰】明庄烈帝尝诘以“子程子”为尊称,何以不称“子孔子”、“子孟子”?而毛西河亦以为难。如宋人张横浦自称“子张子”,王厚斋自称“子王子”,则固不尽以为尊称矣。唐人刘梦得亦自称“子刘子”,又先乎此。是即《公羊传》自称“子公羊子”之例也。考之荀卿称宋钘为“子宋子”,王孙骆称范蠡为“子范子”,是皆平辈相推重之词,不以师弟也。顾氏据《公羊》所言,特其一节耳。

【雷氏云】子者,男子之美称。古人多系于氏,孔、颜是也。或系于谥,列国卿大夫之称武子、文子、襄子、桓子是也。然东周以后,始多此称。西周以前谓之“父”,系于名氏之下,如尹吉父、仲山父、虢石父、程伯休父,及阏父、皇父、燮父、禽父皆是。后又于名字下系以“子”,晋悼公周为周子,冉有为有子,战国时有和子、婴子,皆是。

谷伯邓侯书名①

“谷伯绥来朝。邓侯吾离来朝”。见《春秋》桓公七年。

---

① 张京华《校释》题作“谷邓书名”。

《传》曰:"皆何以名?失地之君也。【原注】谷、邓去鲁甚远,不缘失地,不得皆朝于鲁。其称'侯'、'朝'何?贵者无后,待之以初也。"见《公羊传》桓公七年。其义甚明。而何氏休乃有"去二时者,桓公以火攻人君"之说,又有"不月者,失地君朝恶人"之说。胡氏安国因之,遂以朝桓之贬归之于"天道"矣。见《胡氏春秋传》卷五。

郑忽书名

"郑忽出奔卫",见《春秋》桓公十一年。《传》曰:"忽何以名?《春秋》伯、子、男,一也,辞无所贬。"见《公羊传》桓公十一年。传文简而难晓。李因笃曰:"春秋之法,天子三公称公,王者之后称公,其馀大国称侯,小国称伯、子、男。【原注】见"初献六羽"传。见隐公四年。是则公、侯为一等,伯、子、男为一等也。故子产曰'郑伯,男也'。遭丧未逾年之君,公、侯皆称'子',如宋子、卫子、陈子之类是也,以其等本贵于伯、子、男,故降而称'子'。今郑,伯爵也,伯与子、男为一等,下此更无所降,不得不降而书名矣。名非贬忽之辞,故曰'辞无所贬'。"

祭公来遂逆王后于纪

桓公八年,"祭公来,遂逆王后于纪"。九年,"春,纪季姜归于京师"。从逆者而言,谓之"王后",从归者而言,谓之“季姜”，此自然之文也。犹《诗》之言为“韩姞相攸”见《大雅·韩奕》。也，犹《左氏》之言“息妫将归，过蔡”见庄公十年。也，皆未嫁而冠以夫国之号，此临文之不得不然也。而《公羊》以为“王者无外，其辞成矣”，见桓公八年。又以为“父母之于子，虽为天王后，犹曰吾季姜”，见桓公九年。是其说经虽巧，而非圣人之意矣。今将曰“逆季姜于纪”，则初学之士亦知其不通，又将曰“王后归于京师”，则王后者谁之女？辞穷矣。公羊子盖拘于在国称女之例，【原注】隐公二年传：“女在其国称女，在途称妇，入国称夫人。”而不知文固有倒之而顺者也。

传文则有不同者。《左氏》庄公十八年“陈妫归于京师”，实惠后。

争门

《公羊》闵公二年传：“桓公使高子将南阳之甲，立僖公而城鲁。或曰自鹿门至于争门者是也，或曰自争门至于吏门者是也。”注：“鹿门，鲁南城东门也。”据《左传》，“臧纥斩鹿门之关[以]出，奔邾”是也，〔一〕争门、吏门并阙。①按《说文》卷一一上：“净，鲁北城门池也。从水、争声。”士耕切。是争门即以此水名，省文作“争”尔。【原注】《广韵》作“埩”。后人以“瀞”字省作“净”，音才性切，而梵书用之。自《南》、《北史》以下，俱为才性之“净”，而鲁之争门不复

① 援庵《校注》：并阙者，何注不加解释也。

知矣。【原注】《礼记》《经解》“絜静精微”，只作“静”字。〔二〕

〔一〕【汝成案】襄公二十三年传文“臧纥斩鹿门之关以出”。此脱“以”字。①

〔二〕【桂氏曰】案净水发于故鲁城东北之五泉，流经夫子墓前，西南入沂，俗误以为洙水，又呼泥河。此水甚小，自春秋至今不涸，犹洛阳城中之狄泉也。

仲婴齐卒

鲁有二婴齐，皆公孙也。成公十五年，“三月乙巳，仲婴齐卒”，其为仲遂后者也；【原注】杜氏注曰：“襄仲子，公孙归父弟。”成公十七年，“十一月壬申，公孙婴齐卒于貍脤”，则子叔声伯也。季友、仲遂皆生而赐氏，故其子即以父字为氏。【原注】刘炫曰：“仲遂受赐为仲氏，故其子孙称仲氏。”见《左传正义》成公十五年引。孔氏颖达曰：“死后赐族，乃是正法。春秋之世，有非礼生赐族者，华督是也。”见《左传正义》隐公八年疏。季友、仲遂亦同此例。中唐以后，赐功臣之号亦此意也。生而赐氏，非礼也；以父字为氏，亦非礼也。《春秋》从其本称，而不没其变氏，其生也书“公子遂”，其死也书“仲遂卒于垂”。于其子也，其生也书“公孙归父”，其死也书“仲婴齐卒”。【原注】公子季友卒亦同此义，惟季友之子不见于经。

《公羊传》成公十五年：“仲婴齐者何？公孙婴齐也。”此言仲婴齐亦是公孙婴齐，非谓子叔声伯。故注云：“未见于

---

① 此注原在小题下，今移此。

经，为公孙婴齐，今为大夫死，见经，为仲婴齐。”此汉人解经之善。若子叔声伯，则战鞌、【原注】成公二年。如晋、【原注】六年。如莒，【原注】八年。已屡见于经矣。

“为人后者为之子”，见《公羊传》成公十五年。此语必有所受。然婴齐之为后，后仲遂，非后归父也，【原注】犹之叔孙侨如奔而立豹。以为“为兄后”，①则非也。《传》拘于“孙以王父字为氏”见《公羊传》成公十五年。之说，而以婴齐为后归父，则以弟后兄，乱昭穆之伦矣，非也；且三桓亦何爱于归父而为之立后哉！〔一〕

〔一〕【惠侍读曰】战国卫南文子者，子南子，犹仲婴齐、仲遂子，不必至孙始氏王父字。《公羊》创孙祢祖、兄为父说，殊悖。

隐十年无正【原注】已下《穀梁传》。

“隐十年无正”见《穀梁传》隐公十年。者，以无其月之事而不书，非有意削之也。《穀梁》以为“隐不自正”者，凿矣。赵氏匡曰“宣、成以前，人名及甲子多不具，旧史阙也”，见《春秋集传纂例》卷一引。得之矣。〔一〕

〔一〕【庄侍郎曰】“五始”，大教也。隐公，《春秋》之始也，公即位，可阙乎？践其位，行其礼，削不书乎？抑未尝践其位，行其礼，无可书乎？曰：公践其位，行其礼，然后称元年。君之始年，非他人，隐公也。则何以不书？成公之让与继故者同辞，非所以尊先君也。善乎穀梁子之言，隐公“成父之恶”以为让，所由

① 《公羊传》：“公孙婴齐，则曷为谓之仲婴齐？为兄后也。”

与伯夷、叔齐异矣。尝得而推言《春秋》之志，天伦重矣，父命尊矣。让国诚，则循天理，承父命；不诚矣，虽行即位之事，若无事焉，是以不书"即位"也。君位，国之本也，南面者无君国之心，北面者有二君之志，位又焉在矣？十年无正，隐不自正，国以无正也。元年有正，正隐之宜为正而不自为正，不可一日而不之正也。

戎菽

庄公三十一年，"齐侯来献戎捷"，《传》曰："戎菽也。"似据《管子》《戒》桓公"北伐山戎，得冬葱及戎菽，布之天下"而为之说。桓公以戎捷夸示诸侯，岂徒一戎菽哉？且《大雅》《生民》之诗曰"艺之荏菽，荏菽旆旆"，《传》曰"荏菽，戎菽也"，《尔雅》《释草》"戎菽谓之荏菽"，【原注】亦作"茙菽"。《列子》《力命》："北宫子既归，进其茙菽，有稻粱之味。"则自后稷之生而已艺之，不待桓公而始布矣。

陨石于宋五

《公》、《穀》二传，相传受之子夏，其宏纲大指得圣人之深意者凡数十条。然而齐鲁之间，人自为师，穷乡多异，曲学多辩，其穿凿以误后人者亦不少矣。且如"陨石于宋五"，"六鹢【原注】《左氏》、《公羊》作"鶂"。退飞过宋都"，俱见《春秋》僖公十六年。此临文之不得不然，非史云"五石"而夫子改之"石五"，史云"鹢六"而夫子改之"六鹢"也。穀梁子曰："'陨石于宋五'，后数，散辞也；'六鹢退飞过宋都'，先数，聚辞也。"见《穀梁传》僖公十六年。"天下之达道五，所以行之者三"，见《礼记·中庸》。下同。其"散辞"乎？"凡为天下国家有九经"，其"聚辞"乎？"初九潜龙"，见《易·乾》。下同。后九也；"九二见龙"，先九也。世未有为之说者也。

"石无知，故日之"，见《穀梁传》僖公十六年。然则"梁山崩"不日，见《春秋》成公二年。何也？"鹢，微有知之物，故月之"，见《穀梁传》僖公十六年。然则"有鸜鹆来巢"不月，见《春秋》昭公二十五年。何也？夫月日之有无，其文则史也。故刘敞谓："言'是月'者，宋不告日，嫌与陨石同日，书'是月'以别之也。"见《春秋权衡》卷一六。

王子虎卒

文公四年，"夏五月，王子虎卒"。《左氏》以为"王叔文公"者，是也，而《穀梁》以为"叔服"。按此后文公十四年，"有星孛入于北斗。周内史叔服曰：'不出七年，宋、齐、晋之君皆将死，乱。'"成公元年，"刘康公伐戎，叔服曰：'背盟而欺大国，此必败。'"明叔服别是一人，非王子虎。①【原注】胡氏安国仍《穀梁》之误。

① 张京华《校释》"虎"下有"也"字。

穀梁日误作曰

《穀梁传》宣公十五年，“中国谨日，卑国月，夷狄不日。其曰潞子婴儿，贤也。”疏解甚迂。① 按传文“曰”字误，当作“其日潞子婴儿，贤也”。【原注】《书·皋陶谟》“思曰赞赞襄哉”，《吕刑》“今尔罔不由慰曰勤”，《易·大畜》九三“曰闲舆卫”，皆当作“日”。古人“日”、“曰”二字同一书法，唯“曰若”之“曰”，上画不满，与“日”异耳。故陆氏《释文》于九经中遇二字可疑者，即加音切。又有一字而两读者，如《诗》“岂不曰戒”，见《小雅·采薇》。曰“音越，又人栗反”。“曰为改岁”、“曰杀羔羊”见《豳风·七月》。亦然。自古经师所传，或以为“日月”之“日”，或以为“曰若”之“曰”，陆氏两存，而以其音别之。毛晃以为一字两音而驳其失，误矣。○《史记·秦始皇本纪赞》“而以责一日之孤”，《正义》曰：“日音驲。”〔一〕

〔一〕【臧氏曰】《孟子》“放勋日劳之来之，匡之直之，辅之翼之，使自得之，又从而振德之”，孙宣公《音义》引丁音“日音驲，或作曰，误也”。赵氏注亦不以为尧之言，自上文“当尧之时”以下，皆叙事之辞也。邢疏则误读“日”为“曰”矣。

① 疏曰：“中国日者，谓卫灭许之类是也。卑国月者，谓无骇入极，齐侯灭莱之类是也。夷狄不日者，楚灭江、黄，吴灭州来之类是也。此不云夷狄时而云不日者，方释潞子婴儿书日之意，故不云夷狄时也。夷狄不日，宜从下为文势。婴儿为贤，书日复称名者，书日以表其贤，书名以见灭国，所谓善恶两举也。”

日知录集释卷五

阍人寺人

阍人、寺人属于冢宰，[①]则内廷无乱政之人。九嫔、世妇属于冢宰，[②]则后宫无盛色之事。太宰之于王，不惟佐之治国，[③]而亦诲之齐家者也。〔一〕自汉以来，惟诸葛孔明为知此义，故其上表后主，谓"宫中府中，俱为一体。而宫中之事，事无大小，悉以咨攸之、祎、允三人"。诸葛亮《出师表》，见《三国志·蜀书·诸葛亮传》。于是后主欲采择以充后宫，而终执不听。宦人黄皓终允之世，位不过黄门丞，【原注】《蜀志·董允传》。可以为行周礼之效矣。后之人君，以为此吾

① 《周礼·天官冢宰》："阍人掌守王宫之中门之禁。""寺人掌王之内人，及女宫之戒令。"

② 《周礼·天官冢宰》："九嫔、世妇、女御、女祝四人。""内宰以阴礼教六宫，以阴礼教九嫔，以妇职之法教九御。"

③ 《周礼·天官冢宰》："治官之属：大宰，卿一人。""大宰之职，掌建邦之六典，以佐王治邦国。"

家事，而为之大臣者亦以为天子之家事，人臣不敢执而问也。① 其家之不正，而何国之能理乎？魏杨阜为少府，上疏欲省宫人，乃召御府吏，问后宫人数。吏曰："禁密不得宣露。"阜怒，杖吏一百，数之曰："国家不与九卿为密，反与小吏为密乎？"见《三国志·魏书·杨阜传》。然后知阍寺、嫔御之系于天官，周公所以为后世虑至深远也。

〔一〕【钱氏曰】此亦冢宰得其人耳。后世以嬖倖居辅弼之地，欲其为天子齐家，得乎？故曰："为治不在多言。"

汉承秦制，有少府之官，"中书谒者、黄门、钩盾、尚方、御府、永巷、内者、宦者八官令丞、诸仆射、署长、中黄门皆属焉"，见《汉书·百官公卿表》。然则奄寺之官犹隶于外廷也。

正月之吉②

大司徒，"正月之吉，始和，布教③于邦国、都鄙"，见《周礼·地官司徒》。下同。注云："周正月朔日。"【原注】"大宰"注同。"正岁，令于教官"，注云："夏正月朔日。"【原注】"凌人"注同。○州长既以正月之吉读法，又以"正岁读法如初"。④ 注云："因此四时之正重申之。"即此是古人三正并用之验。《逸

① 《旧唐书·褚遂良传》：唐高宗将废皇后王氏，立昭仪武氏为皇后，召太尉长孙无忌、司空李勣、尚书左仆射于志宁及遂良以筹其事。李勣曰："此乃陛下家事，不合问外人。"

② 张京华《校释》题下有小注"大宰"二字。

③ "布教"，今本《周礼》作"布治"。

④ 《地官司徒》原文："州长……岁终，则会其州之政令。正岁，则读教法如初。"

周书·周月解》曰“亦越我周改正，以垂三统，至于敬授民时，巡狩烝享，犹自夏焉”，正谓此也。【原注】如《左氏》桓公五年传云“凡祀，启蛰而郊，龙见而雩，始杀而尝，闭蛰而烝”之类是也。〔一〕**《豳诗·七月》一篇之中，凡言月者皆夏正，凡言日者皆周正。“一之日觱发，二之日栗烈”，“三之日于耜”，《传》曰“一之日，周正月”，“二之日，殷正月”，“三之日，夏正月”。**见《毛诗正义·七月》毛传。

〔一〕【沈氏曰】《周礼·太史》：“正岁年以序事，颁之于官府及都鄙。”王与之《订义》：“郑锷曰：‘周以建子为正，而四时之事，有用夏正建寅者。用建寅谓之岁，用建子谓之年。事有用建寅者，如正岁则读法、三岁大计群吏之治之类。事有用建子者，如司稼以年之上下出敛法，丰年则公旬用三日之类。太史正岁与年，而次序其事，颁于官府都鄙，吏以次举先后，不失其序，如《月令》所建十二月之事，是亦并与岁而皆正也。’与之案：此以周人建子兼用夏正，说极是。《尔雅》云：‘周曰年，夏曰岁。’经所谓‘正月之吉’者，建子之正。年只读法、朝会等事用之，岁则便于事功。然有合用周时之正，亦有合用前王之正，不可不正之以序其事也。《豳风·七月》一诗，称‘一之日’、‘二之日’与‘七月’、‘八月’，即此义。孔子作《春秋》亦两存之，书四时而兼月，用时王之正则建子；书四时而不月，则行夏之时而建寅。如书‘二月无冰’，以夏正论之，二月春暖无冰，亦是时之常，不知此二月乃用周正，夏之十二月。”

【汝成案】如王与之之说，是孔子作《春秋》乃兼用二正也，恐不若是偏反。至时、月、日有书有不书，则《公》、《穀》咸发其凡矣。

【戴氏曰】后儒或谓“正月之吉”亦夏时，其说曰：“‘凌人掌冰政，岁十有二月，令斩冰’，十二月为夏之十二月，则正月亦为夏之正月。”余谓《周礼》重别岁、年，直曰“正月之吉”，则知为周正月也。不直曰“十有二月”而曰“岁十有二月”，加“岁”以明夏以别周，则知为夏时也。如“正月之吉”亦夏时，是无别于正岁。而《大司徒》“正月之吉，始和，布教于邦国都鄙”，又曰“正岁，令于教官”，《乡大夫》“正月之吉，受教法于司徒”，“正岁，令群吏考法于司徒以退”，《州长》“正月之吉，各属其州之民而读法。正岁，则读教法如初”，异正月、正岁之名而事不异，其为二时审矣。

《北史·李业兴传》：天平四年，使梁。梁武帝问："《尚书》《舜典》**'正月上日，受终文祖'，此时何正？"业兴对曰："此夏正月。"梁武帝问："何以得知？"业兴曰："案《尚书中候·运衡》篇云'日月营始'，故知夏正。"又问："尧时以前，何月为正？"业兴对曰："自尧以上，书典不载，实所不知。"梁武又云："'寅宾出日'，即是正月。'日中，星鸟，以殷仲春'，即是二月。此出《尧典》，何得云尧时不知用何正？"业兴对曰："虽三正不同，言时节者皆据夏时正月。《周礼》**《地官司徒·媒氏》**'仲春二月，会男女之无夫家者'，虽自周书，月亦夏时。尧之日月，亦当如此。"**【原注】近有楚人创为尧建子、舜建丑之说者，据此辟之，遂无以难。

木铎[1]

金铎所以令军中，木铎所以令国中，此先王仁义之用也。一器之微而刚柔别焉，其可以识治民之道也欤！

鼓吹，军中之乐也，非统军之官不用。【原注】陈蔡征为吏部尚书，启后主借鼓吹。后主谓所司曰："鼓吹军乐，有功乃授。"见《陈书·蔡征传》。**今则文官用之，**【原注】王世贞《觚不觚录》言："先朝之制，维总兵官列营，始举炮，奏鼓吹。嘉靖后，巡抚乃放而行之。"**士庶人用之，僧道用之，金革之器遍于国中，而兵由此起矣。**【原注】《晋书》《宗室传》："司马恬为御史中丞。值海西废，简文帝登阼，未解严。大司马桓温屯中堂，吹警角。恬奏劾温大不敬，请科罪。"今制，虽授钺遣将，亦不举炮鼓吹，而士庶吉凶之礼及迎神赛会反有用鼓吹者。○景泰六年，华阳王友堚遣千户赍奏赴京，并买喇吧、号笛、铜锣等物。奉敕切责，以为此行师之具，于王何用？见《明英宗实录·景泰附》卷二五二。当时遵守祖训如此。以后法禁日弛，庶民皆得用矣。

后魏孝武永熙中，诸州镇各给鼓吹，寻而高欢举兵，魏分为二。唐自安史之乱，边戍皆得用之，故杜甫《秦州杂诗》**诗云："万方声一概，吾道竟何之。"粗厉之音，形为乱象，先王之制所以"军容不入国"**见《司马法·天子之义》。**也。**

《诗·周颂**有瞽》笺云："箫，编小竹管，如今卖饧**【原注】俗作"糖"。**者所吹也。"**【原注】《周礼·小师》注同。**汉时卖饧**

---

① 《周礼·天官·小宰》："正岁，帅治官之属而观治象之法，徇以木铎，曰：不用法者，国有常刑。"

止是吹竹，今则鸣金。

稽其功绪[①]

已成者谓之“功”，未竟者谓之“绪”。《说文》卷一三上：“绪，丝端也。”《记》《中庸》曰：“武王缵太王、王季、文王之绪。”

六牲[②]

古之为礼以祭祀燕享，故六牲之掌特重。“执豕于牢”，见《诗·大雅·公刘》。称公刘也；“尔牲则具”，见《诗·小雅·无羊》。美宣王也。至于邻国相通，则葛伯不祀，汤使遗之牛羊；[③]而卫戴公之庐于曹，齐桓归之牛羊豕鸡狗皆三百。[④] 其平日，“国君无故不杀牛，大夫无故不杀羊，士无故不杀犬豕”。见《礼记·玉藻》。而用大牲则卜之于神，以求其吉。[⑤] 故《左氏》载齐国之制，公膳止于双鸡；见襄公二十八年。

---

① 《周礼·天官·宫正》：“辨外、内而时禁，稽其功绪，纠其德行。”张京华《校释》题下有小注“宫正”二字。

② 《周礼·天官·膳夫》：“凡王之馈，食用六谷，膳用六牲，饮用六清。”张京华《校释》题下有小注“膳夫”二字。

③ 见本书卷二“胤征”条注。

④ 《左传》闵公二年：狄人灭卫，齐桓公以卫之遗民男女七百三十人，益之以共、滕之民为五千人，立卫戴公以庐于曹。

⑤ 《易·萃》彖辞曰：“亨，利贞，用大牲吉。”

而诗人言宾客之设，不过兔首炰鳖之类。[①] 古人之重六牲也如此。自齐灵公伐莱，莱人使正舆子赂之，索马牛皆百匹，见《左传》襄公二年。而吴人征鲁百牢，见《左传》哀公七年。始于贪求，终于暴殄。于是范蠡用其霸越之馀谋以畜五牸，而泽中千足彘，得比封君，[②]孳畜之权不在国而在民矣。

《易》《既济》曰："东邻杀牛，不如西邻之禴祭。"秦德公用三百牢于鄜畤。见《史记·秦本纪》。而王莽末年，"自天地六宗以下至诸小鬼神，凡千七百所，用三牲鸟兽三千馀种。后不能备，乃以鸡当鹜雁，犬当麋鹿"。见《汉书·郊祀志下》。〔一〕

〔一〕【汝成案】古者六牲之用，尊卑有差。天子社稷皆太牢，诸侯社稷皆少牢。修肥索以事神，辨等威以爱物，礼也。不尔，则晏子豚肩，梁武不杀，虽曰俭慈，何殊淫暴？宴享之度，准于此矣。

邦飨耆老孤子[③]

"春飨孤子"，以象物之方生；"秋飨耆老"，以象物之

---

① 《小雅·瓠叶》："有兔斯首，炮之燔之。君子有酒，酌言献之。"《小雅·六月》："饮御诸友，炰鳖脍鲤。"

② 《史记·货殖列传》：范蠡既雪会稽之耻，乃喟然而叹曰："计然之策七，越用其五而得意。既已施于国，吾欲用之家。"乃变名易姓，适齐为鸱夷子皮，之陶为朱公。治产积居，十年之中，三致千金。又《孔丛子》：猗顿，鲁之穷士。闻陶朱公富，往而问术。朱公告之曰："子欲速富，当畜五牸。"于是乃适西河，大畜牛羊于猗氏之南，十年之间，其息不可计，赀拟王公，驰名天下。"泽中千足彘"，语亦见《货殖列传》。

③ 《周礼·地官司徒》："槁人，掌共外内朝冗食者之食。若飨耆老、孤子、士庶子，共其食。"张京华《校释》题下有小注"外飨"二字。

既成。见《礼记·郊特牲》。然而国中之老者孤者多矣，不可以遍飨也，故国老、庶老则飨之，而其他则养于国、养于乡而已。【原注】《礼记》《王制》。死事之孤则飨之，而其他则养幼少、存诸孤而已。【原注】《礼记》《月令》。一以教孝，一以劝忠，先王一举事而天道人伦备焉，此礼之所以为大也与！

医师

古之时庸医杀人，今之时庸医不杀人，亦不活人，使其人在不死不活之间，其病日深，而卒至于死。夫药有君臣，人有强弱。有君臣则用有多少，有强弱则剂有半倍。多则专，专则[其][1]效速；倍则厚，厚则其力深。今之用药者，大抵杂泛而均停，既见之不明，而又治之不勇，病所以不能愈也。而世但以不杀人为贤，岂知古之上医不能无失。《周礼·医师》："岁终，稽其医事以制其食，十全为上。十失一，次之；十失二，次之；十失三，次之；十失四为下。"是十失三四，古人犹用之。而淳于意之对孝文，尚谓"时时失之，臣意不能全也"。见《史记·仓公列传》。《易》《蛊》六四曰："裕父之蛊，往见吝。"奈何独取夫"裕蛊"者，以为其人虽死而不出于我之为。呜呼，此张禹之所以亡汉，[2]李林甫之

---

① 《续刊误》卷上："原写本'则'下有'其'字，与下'其力深'为对文。"今据补。

② 《汉书·朱云传》：成帝时，丞相故安昌侯张禹以帝师位特进，甚尊重。朱云求见成帝，时公卿在前，云曰："今朝廷大臣上不能匡主，下亡以益民，皆尸位素餐，孔子所谓'鄙夫不可与事君'，'苟患失之，亡所不至'者也。"上问："谁也？"对曰："安昌侯张禹。"

所以亡唐也！[①]【原注】朱文公《与刘子澄书》所论“四君子汤”，其意亦略似此。[②]

《唐书》《方技·许胤宗传》**许胤宗言：“古之上医，惟是别脉，脉既精别，然后识病。夫病之与药，有正相当者，惟须单用一味，直攻彼病，药力既纯，病即立愈。**〔一〕**今人不能别脉，莫识病源。以情臆度，多安药味。譬之于猎，未知兔所，多发人马，空地遮围，冀有一人获之，术亦疏矣。假令一药偶然当病，他味相制，气势不行，所以难差，谅由于此。”**[③]**《后汉书》**《方术·华佗传》**：“华佗精于方药，处齐不过数种。”夫《师》之六五，**[④]**任九二则吉，参以三、四则凶。是故官多则乱，将多则败，天下之事亦犹此矣。**

〔一〕【杨氏曰】许胤宗之言固良医也。然李明之、朱彦修诸公则又不尽然，其用药或至数十种。又医有四术而切居殿，别脉之说果如何？

造言之刑[⑤]

舜之命龙也，曰：“朕堲谗说殄行，震惊朕师。”见《书·舜

---

① 《旧唐书·李林甫传》：林甫久典枢衡，天下威权，并归于己。每有奏请，必先赂遗左右，伺察上旨，以固恩宠。

② 应是《答吕伯恭书》，见《晦庵集》卷三四。原文为：“新参近通问否？大承气证，却下四君子汤，如何得相当？”新参指周益公新参政事。

③ 援庵《校注》：《旧唐书》一九一《方伎传·许胤宗传》载之，《新唐书》二〇四《方伎传》已易其词。《许胤宗传》至此止，《集释》引杨氏将原文截断，不合。

④ 按《师》之六五爻辞为“利执言”。

⑤ 《周礼·地官司徒》：大司徒之职有“以乡八刑纠万民”：“一曰不孝之刑，二曰不睦之刑，三曰不姻之刑，四曰不弟之刑，五曰不任之刑，六曰不恤之刑，七曰造言之刑，八曰乱民之刑。”张京华《校释》题下有小注“大司徒”三字。

典》。故大司徒"以乡八刑纠万民","造言之刑",次于"不孝"、"不弟",[①]而禁暴氏掌诛庶民之"作言语而不信者"。见《周礼·秋官司寇·禁暴氏》。至于"讹言莫惩",[②]而宗周灭矣。〔一〕

〔一〕【汝成案】野旷难稽,而民愚易惑,故造言必始于乡,惟乡刑得而治之。

国子

"世子齿于学",[③]自后夔之"教胄子"而已然矣。[④]师氏"以三德教国子",保氏掌"养国子以道"而"教之六艺"。见《周礼·地官司徒》。而王世子不别置官,是世子之与国子齿也。是故"诸子掌国子之倅,国有大事,则帅国子而致于大子,惟所用之"。见《周礼·夏官司马》。非平日相习之深,乌能得其用乎?后世乃设东宫之官而分其职秩,于是有内外宫朝之隔,而先王之意失矣。

死政之老[⑤]

死国事者之父,如《史记·平原君传》李同战死,封其

① 援庵《校注》:不孝第一,不弟第四,造言第七。

② 《诗·小雅·沔水》:"民之讹言,宁莫之惩!"《诗序》:"《沔水》,规宣王也。"

③ 张京华《校释》:《周礼·地官司徒》郑玄注:"国子,公卿大夫之子弟。师氏教之,而世子亦齿焉。学君臣、父子、长幼之道。"

④ 《书·舜典》:"帝曰:'夔!命汝典乐,教胄子,直而温,宽而栗,刚而无虐,简而无傲。'"

⑤ 《周礼·地官·司门》:"司门掌授管键,以启闭国门。几出入不物者,正其货贿。凡财物犯禁者举之,以其财养死政之老与其孤。"

父为李侯;《后汉书·独行传》小吏所辅扞贼,代县令死,除父奉为郎中;《蜀志·庞统传》统为流矢所中卒,拜其父议郎,迁谏议大夫是也。若父子并为王臣而特加恩遇,如光武之于伏隆,[1](先)[本][2]朝之于张五典,【原注】天启初,张铨以御史死辽[3],加其父五典至兵部尚书。[4] 又不可以常格论矣。

凶礼[5]

大宗伯"以凶礼哀邦国之忧",其别有五,曰死亡、凶札、祸灾、围败、寇乱。是古之所谓"凶礼"者,不但于死亡,而五服之外有非丧之丧者,缘是而起也。《记》《玉藻》曰"年不顺成,天子素服,乘素车,食无乐",又曰"年不顺成,君衣布,搢本",《周书》[6]曰"大荒,王麻衣以朝,朝中无采衣",见《逸周书·大匡解》。此凶札之服也。《周礼·春官宗伯》《司服》"大札、大荒、大灾,素服"注曰"大灾,水火为害。君臣素服缟冠,若晋伯宗哭梁山之崩",[7]《春秋》成公三年"新宫灾,三日哭",此"祸灾"之服也。《记》《檀弓上》曰"国亡大县邑,公卿大夫士厌冠,哭于太庙",又《檀弓下》曰"军有忧,则素

① 事见《后汉书·光武纪》及《伏湛传》。伏隆为伏湛之子,死于王事,光武遂以大司徒司直伏湛为大司徒。按据下句"张五典"文例,"伏隆"似应做"伏湛"。

② 据张京华《校释》改。

③ "辽",张京华《校释》作"边"。京华按《明史·忠义传三》,以为"辽"字不误。

④ 事见《熹宗实录》卷八及《明史·忠义传三》。

⑤ 《周礼·春官宗伯》:大宗伯"以凶礼哀邦国之忧:以丧礼哀死亡,以荒礼哀凶札,以吊礼哀祸灾,以禬礼哀围败,以恤礼哀寇乱"。

⑥ 援庵《校注》:引文见《逸周书》,"逸"字不可省。

⑦ 伯宗哭梁山崩事,见《左传》成公五年。

服哭于库门之外”，《周礼·夏官司马》《大司马》“若师不功，则厌而奉主车”，《春秋左氏传》僖公三十三年秦穆公败于殽，“素服郊次，乡师而哭”，此“围败”之服也。【原注】《吕氏春秋》《审应览》：公孙龙对赵惠王曰：“今蔺、离石入秦，而王缟素(出)[布]总。”是战国时犹行此礼。若夫《曲礼》言“大夫士去国，素衣，素裳，素冠，彻缘，鞮屦，素簚，乘髦马”，《孟子》《滕文公下》言“三月无君则吊”，而季孙之会荀跞，“练冠麻衣”，见《左传》昭公三十一年。此君臣之不幸而哀之者矣。秦穆[①]姬之逆晋侯，“免服衰绖”，见《左传》僖公十五年。卫侯之念子鲜，“税服终身”，见《左传》襄公二十七年。此兄弟之不幸而哀之者矣。楚灭江，而秦伯“降服出次”；见《左传》文公四年。越围吴，而“赵孟降于丧食”，见《左传》哀公二十年。此与国之不幸而哀之者矣。【原注】《汉书·高帝纪》：“秦王子婴素车白马。”应劭曰：“丧人之服。”先王制服之方，固非一端而已。《记》《孔子闲居》有之曰：“无服之丧，以(蓄)[畜]万邦。”【原注】杜氏《通典》卷一三四以赈抚诸州水旱虫灾、劳问诸王疾苦编于凶礼之首。

不入兆域

《周礼·春官宗伯》《冢人》“凡死于兵者，不入兆域”，注：“战败无勇，投诸茔外以罚之。”《左氏》哀公二年赵简子所谓“桐棺三寸，不设属辟，素车朴马，无入于兆”，而《檀弓上》“死而不吊者三”，其一曰“畏”，亦此类也。【原注】《庄子》

① 张京华《校释》无“穆”字。

《德充符》:“战而死者,其人之葬也,不以翣资。”崔本作“翣枚”。“枚音坎,谓先人坟墓也。”见《经典释文》卷二六“翣资”下。**若敝无存死,而齐侯“三襚之,与之犀轩与直盖”,而“亲推之三”。**见《左传》定公九年。**童汪踦死,而仲尼曰“能执干戈以卫社稷,可无殇也”,**见《檀弓下》。**岂得以此一概?隋文帝仁寿元年诏曰:“投**(生)[主]**殉节,自古称难。陨身王事,礼加二等。而世俗之徒,不达大义,致命戎旅,不入兆域,亏孝子之意,伤人臣之心。兴言念此,每深愍叹。且入庙祭祀,并不废阙,何至坟茔独在其外?自今以后,战亡之徒,宜入墓域。”**见《隋书·高祖纪》。**可谓达古人之意。又考晋赵文子与叔誉观乎九原,而有阳处父之葬,**①**则得罪而见杀者,亦未尝不入兆域也。**【原注】《左传》襄公二十九年“齐人葬庄公于北郭”,注引“兵死不入兆域”。〔一〕

〔一〕【杨氏曰】战陈无勇,曾子谓之不孝。《檀弓》曰“畏”,即其义也,与致命遂志者自不同。

乐章②

《诗》三百篇,皆可以被之音而为乐。自汉以下,乃以其所赋五言之属为“徒诗”,而其协于音者则谓之“乐府”。宋以下,则其所谓“乐府”者,亦但拟其辞,而与徒诗无别。

① 晋杀其大夫阳处父事在《左传》文公六年,赵文子与叔誉观乎九原事见《礼记·檀弓下》。

② 《礼记·曲礼下》:“居丧,未葬,读丧礼;既葬,读祭礼;丧复常,读乐章。居丧不言乐,祭事不言凶,公庭不言妇女。”孔疏:“乐章,谓乐书之篇章,谓诗也。”

于是乎诗之与乐判然为二，不特乐亡，而诗亦亡。

古人以乐从诗，今人以诗从乐。古人必先有诗，而后以乐和之。舜命夔“教胄子”，“诗言志，歌永言，声依永，律和声”，见《书·舜典》。是以登歌在上，而堂上堂下之器应之，是之谓“以乐从诗”。【原注】宋国子丞王普言：“古者既作诗，从而歌之，然后以声律协和而成曲。自历代至于本朝，雅乐皆先制乐章，而后成谱。崇宁以后，乃先制谱，后命辞，于是辞律不相谐协，且与俗乐无异。”见《宋史·乐志五》。〇朱子曰：“诗之作，本言志而已。方其诗也，未有歌也；及其歌也，未有乐也。以声依永，以律和声，则乐乃为诗而作，非诗为乐而作也。诗，出乎志者也；乐，出乎诗者也。诗者其本，而乐者其末也。”见《晦庵集》卷三七《答陈体仁》。古之诗大抵出于中原诸国，其人有先王之风，讽诵之教，其心和，其辞不侈，而音节之间往往合于自然之律。《楚辞》以下，即已不必尽谐。【原注】《文心雕龙》《声律》言《楚辞》“讹韵实繁”。降及魏、晋，羌戎杂扰，方音递变，南北各殊，故文人之作多不可以协之音，而名为“乐府”，无以异于徒诗者矣。【原注】元稹言：“乐府等题，除《铙吹》、《横吹》、《郊祀》、《清商》等词在《乐志》者，其馀《木兰》、《仲卿》、《四愁》、《七哀》之类，亦未必尽播于管弦也。”见《元氏长庆集》卷二三《乐府序》。人有不纯，而五音十二律之传于古者至今不变，于是不得不以五音正人声，而谓之“以诗从乐”。以诗从乐，非古也，后世之失，不得已而为之也。

《汉书》《礼乐志》：“武帝举司马相如等数十人，造为诗赋，略论律吕，以合八音之调，作《十九章》之歌。”夫曰“略论律吕，以合八音之调”，是以诗从乐也。后代乐章皆然。

《安世房中歌》十七章,《郊祀歌》十九章,皆郊庙之正乐,如"三百篇"之《颂》。其他诸诗,所谓"赵、代、秦、楚之讴",如列国之《风》。

《十九章》,司马相如等所作,"略论律吕,以合八音"者也。赵、代、秦、楚之讴,则有协有否,以李延年为协律都尉,采其可协者以被之音也。

乐府中如《清商》、《清角》之类,以声名其诗也。如《小垂手》、《大垂手》之类,以舞名其诗也。① 以声名者必合于声,以舞名者必合于舞。至唐而舞亡矣,至宋而声亡矣,于是乎文章之传盛而声音之用微,然后徒诗兴而乐废矣。〔一〕

〔一〕【赵氏曰】《汉书·礼乐志》:"武帝定郊祀之礼,乃立乐府,采诗夜诵,有赵、代、秦、楚之讴,以李延年为协律都尉。多举司马相如等造诗赋,以合八音之调,作《十九章》之歌。"师古曰:"乐府之名,盖起于此。"又《乐志》云:"汉郊庙诗歌,内有掖(廷)[庭]材人,外有上林乐府,皆以郑声施于朝廷,故哀帝罢之。然百姓渐渍日久,湛沔自若。"《文心雕龙》曰:"乐府总赵、代之音,撮齐、楚之气。延年以曼声协律,朱、马以骚体制歌。《桂华》杂曲,丽而不经;《赤雁》群篇,靡而非典。河间献雅而不御,故汲黯致讥于《天马》。"然则乐府本非雅乐也。

歌者为诗,击者、拊者、吹者为器,合而言之谓之"乐"。对诗而言,则所谓"乐"者,八音"兴于诗,立于礼,成于乐"

① 《乐府诗集》有吴均、聂夷中之《大垂手》、《小垂手》。按《大垂手》、《小垂手》本隋、唐时舞名。《乐府解题》曰:《大垂手》、《小垂手》,皆言舞而垂其手也。

见《论语·泰伯》。是也，分诗与乐言之也。专举乐，则诗在其中，“吾自卫反鲁，然后乐正，《雅》、《颂》各得其所”见《论语·子罕》。是也，合诗与乐言之也。

《仪礼》《乡饮酒礼》“工四人，二瑟”，注：“二瑟，二人鼓瑟，则二人歌也。”古人琴瑟之用，皆与歌并奏，故有一人歌一人鼓瑟者，汉文帝“使慎夫人鼓瑟，上自倚瑟而歌”见《史记·张释之传》。是也。【原注】师古曰：“倚瑟，即今之以歌合曲也。”亦有自鼓而自歌，孔子之“取瑟而歌”见《论语·阳货》。是也。若乃卫灵公听新声于濮水之上，而使师延写之，①〔一〕则但有曲而无歌，此后世徒琴之所由兴也。

〔一〕【阎氏曰】师延为纣作靡靡之乐，此以琴写之者师涓。“延”当作“涓”。

言诗者大率以声音为末艺，不知古人入学，自六艺始，孔子以游艺为学之成。② 后人之学好高，以此为瞽师、乐工之事，遂使三代之音不存于两京，两京之音不存于六代，③而声音之学遂为当今之绝艺。

“七月流火”，见《诗·豳风·七月》。天文也。“相其阴

① 按《史记·乐书》：“卫灵公之时，将之晋，至于濮水之上舍。夜半时闻鼓琴声，问左右，皆对曰‘不闻’。乃召师涓曰：‘吾闻鼓琴音，问左右，皆不闻。其状似鬼神，为我听而写之。’师涓曰：‘诺。’因端坐援琴，听而写之。”又：晋平公“令师涓坐师旷旁，援琴鼓之。未终，师旷抚而止之曰：‘此亡国之声也，不可遂。’平公曰：‘何道出？’师旷曰：‘师延所作也。与纣为靡靡之乐，武王伐纣，师延东走，自投濮水之中，故闻此声必于濮水之上，先闻此声者国削。’”是师延为纣时乐官，为卫灵公写曲者为师涓。

② 《论语·述而》：“子曰：志于道，据于德，依于仁，游于艺。”

③ “两京”指东西汉，“六代”即六朝。

阳”，见《大雅·公刘》。地理也。“四矢反兮”，见《齐风·猗嗟》。射也。“两骖如舞”，见《郑风·大叔于田》。御也。“止戈为武”、见《左传》宣公十二年。“皿虫为蛊”，见《左传》昭公元年。书也。“千乘三去”、见《左传》僖公十五年。“亥有二首六身”，见《左传》襄公三十年。数也。古之时人人知之，而今日遂为绝学，且曰“艺而已矣，不知之无害也”，此近代之儒所以自文其空疏也。

斗与辰合

《周礼·春官宗伯大司乐》注：“此据十二辰之斗建，与日辰相配合，皆以阳律为之主，阴吕来合之。是以《大师》云‘掌六律六同，以合阴阳之声’”；“黄锺，子之气也，十一月建焉，而辰在星纪。大吕，丑之气也，十二月建焉，而辰在玄枵”，以上《大司乐》注文。故“奏黄锺，歌大吕，以祀天神”。以上《大司乐》本文。【原注】今五行家言子与丑合。“大蔟，寅之气也，正月建焉，而辰在娵訾。应锺，亥之气也，十月建焉，而辰在析木”，以上《大司乐》注文。故“奏大蔟，歌应锺，以祀地祇”。以上《大司乐》本文。【原注】寅与亥合。○《南齐书·礼志》：太常丞何諲之议《礼》“孟春之月，择元辰，躬耕帝藉”：“郑注云：‘元辰，盖郊后吉亥也。’五行说十二辰为六合，寅与亥合，建寅月东耕，取月建与日辰合也。”“姑洗，辰之气也，三月建焉，而辰在大梁。南吕，酉之气也，八月建焉，而辰在寿星”，以上《大司乐》注文。故“奏姑洗，歌南吕，以祀四望”。以上《大司乐》本文。【原注】辰与酉合。“蕤宾，午之气也，五月建焉，而辰在鹑首。林锺，未之气也，六月建焉，而辰在鹑火”，以上《大司乐》注文。故“奏蕤宾，歌函锺，【原注】林锺也。以祭山川”。以上《大司乐》本文。【原注】午与未合。“仲吕，巳之气也，四月建焉，而辰在实沈。夷则，申之气也，七月建焉，而辰在鹑尾”，以上《大司乐》注文。故“奏夷则，歌小吕，【原注】仲吕也。以享先妣”。以上《大司乐》本文。【原注】巳与申合。“夹锺，卯之气也，二月建焉，而辰在降娄。无射，戌之气也，九月建焉，而辰在大火”，以上《大司乐》注文。故“奏无射，歌夹锺，以享先祖”。以上《大司乐》本文。【原注】卯与戌合。《太玄经》卷七《玄莹》所谓“斗振天而进，日违天而退”，先王作乐，以象天地，其必有以合之矣。

凶声

“凡建国，禁其淫声、过声、凶声、慢声”。《周礼·春官宗伯·大司乐》。凶声，如殷纣好为北鄙之声，①所谓“亢厉而微末，以象杀伐之气”见《孔子家语·辩乐解》。者也。《大司乐》郑玄注谓“亡国之声，若桑间濮上”，此则一“淫声”已该之矣。

① 刘向《说苑》卷一九《修文》：子路鼓瑟，有北鄙之声。孔子闻之曰：“信矣由之不才也！其音湫厉而微末，以象杀伐之气。夫杀者乃乱亡之风，奔北之为也。纣为北鄙之声，其废也忽焉。好慢淫荒，刚厉暴贼，而卒以灭。”

八音[1]

先王之制乐也，具五行之气。夫水火不可得而用也，故寓火于金，寓水于石。“凫氏为锺”，见《周礼·冬官考工记》。**火之至也；“泗滨浮磬”，**见《书·禹贡》。**水之精也。**【原注】石生于土而得夫水火之气。火石多，水石少。泗滨磬石，得水之精者也，故浮。**用天地之情以制器，是以五行备而八音谐矣。**

土鼓，乐之始也。[2] **陶匏，祭之大也。**[3] **二者之音，非以悦耳，存其质也。《国语》**《周语下》**：伶州鸠曰“匏竹利制”，又曰“匏以宣之，瓦以赞之”。今之大乐久无匏、土二音，**【原注】《旧唐书·音乐志》：“笙，女娲氏造，列管于匏上，内簧其中。今之笙竽，并以木代匏而漆之，无匏音矣。”[4]〇宋叶少蕴《避暑录话》卷下：“大乐旧无匏、土二音，笙以木刻其本而不用匏，埙亦木为之。”《元史》《礼乐志二》：匏“以斑竹为之”。**而八音但有其六矣。熊氏**朋来**谓“匏音亡，而清廉忠敬者之不多见”，**见《五经说》卷七《八音缺匏》。**吾有感于其言。**【原注】元熊朋来《五经说》

---

① 《周礼·春官·大司乐》：大司乐“以六律、六同、五声、八音、六舞、大合乐，以致鬼、神、祇，以和邦国，以谐万民，以安宾客，以说远人，以作动物。”八音即金、石、丝、竹、匏、土、革、木。张京华《校释》：题下有小注“大师”二字。

② 《周礼·春官宗伯·籥章》：“籥章掌土鼓豳籥。”杜子春云：“土鼓以瓦为匡，以革为两面，可击也。”王安石云：“王业之起本于豳，而乐之作始于土鼓，本于籥。”

③ 《礼记·郊特牲》言郊祭“扫地而祭，于其质也。器用陶匏，以象天地之性也”。郊祭祭天，故云祭之大者。

④ 按今本《旧唐书·音乐志》文作：“匏，瓠也，女娲氏造。列管于匏上，内簧其中。……今之竽、笙，并以木代匏而漆之，无复音矣。”按：“无复音”，似以“无匏音”为是。

曰："八音之有笙，宜以竹称，而乃以匏称，是所重在匏也。古者造笙，必以曲沃之匏，汶阳之竹。汉太学、槐市，[①]各持方物，列磬悬匏。八音之匏于卦为艮，于风为融，于气为立春。匏音啾以立清，阙之则清廉者鲜矣。匏音正则人思敬，不正则忠敬者鲜矣。为礼乐之官者，尚申请而改正之。"

用火[②]

有明火，[③]**有国火。**[④] **明火以阳燧取之于日，**【原注】《周礼·秋官司寇》《司烜氏》。**近于天也，故卜与祭用之。**【原注】《菙氏》、《大祝》、以上见《春官》。《大司寇》。见《秋官》。**国火取之五行之木，**【原注】《司爟》。**近于人也，故烹饪用之。**

古人用火必取之于木，而复有四时五行之变。《素问》卷二《阴阳应象大论》**黄帝言"壮火散气，少火生气"。"季春出火"，**见《周礼·夏官司马·司爟》。**贵其新者，少火之义也。今人一切取之于石，其性猛烈而不宜人，疾疢之多，年寿之减，有自来矣。**【原注】详见第二十五卷"介子推"条。

邵氏宝**《学史》**卷一**曰："古有火正之官。《语》**《阳货》**曰'钻燧改火'，此政之大者也，所谓'光融天下'者于是乎**

---

① 《文选》卷五六《石阙铭》注引《三辅黄图》曰："元始中，起明堂，列槐树数百行。朔望，诸生持经书及当郡所出物于此卖买，号槐市。"

② 《周礼·冬官考工记·轮人》："凡揉牙，外不廉而内不挫，旁不肿，谓之用火之善。"张京华《校释》：题下有小注"司爟"二字。

③ 《周礼·春官宗伯·菙氏》："凡卜，以明火热燋，遂吹其焌契，以授卜师，遂役之。"

④ 《周礼·夏官司马·司爟》："司爟掌行火之政令。四时变国火，以救时疾。季春出火，民咸从之。季秋内火，民亦如之。时则施火令。"

在。【原注】《史记·楚世家》："重黎为帝喾火正，能光融天下，命曰祝融。"《周礼》司烜氏所掌及《春秋》宋、卫、陈、郑所纪者，政皆在焉。今治水之官犹夫古也，而火独缺焉。饮知择水而亨不择火，以祭以养，谓之备物，可乎？或曰，庭燎则有司矣。虽然，此火之末也。"〔一〕

〔一〕【杨氏曰】晋之东也，携中原之火，讫陈末，阅三百年而色转青，此必有官主之矣。①

【雷氏曰】自水正失官，商多河患。《周礼》亡司空之籍，《小正》亡杼井之文，于是《左氏内外传》每以天象言火，而言水者恒略。周秦以后，不修水政。《吕览》十二纪删《周书》改火之文，故汉儒解《小正》、《左传》之"出火"、"内火"，不复陈述古义。坎、离之未济，此民生之所以多患也。

莅戮于社

《大司寇》"大军旅，莅戮于社"，注："社，谓社主在军者也。"《书·甘誓》"用命赏于祖，不用命戮于社"，孔安国云："天子亲征，必载迁庙之祖主及社主行，有功则赏祖主前，示不专也。不用命奔北者，则戮之于社主前。社主阴，阴主杀。亲祖严社之义也。"《记》《郊特牲》曰："社所以神地之道。"意古人以社为阴主，若其司刑杀之柄者，故祭胜国之社，则士师为之尸。② 而王莽之将亡，赦城中囚徒，授兵杀豨，饮其血，曰："有不为新室者，社鬼记之。"见《汉书·王莽

① 此事详见《路史》卷三二。

② 见《周礼·秋官司寇·士师》。原书"社"为"社稷"。

传》。**宋襄公、季平子皆用人于社，**见《左传》僖公十九年、昭公十年。**而亡曹之梦亦曰“立于社宫”，**见《左传》哀公七年。**宰我“战栗”之对，**[①]**有自来矣。**〔一〕

〔一〕【杨氏曰】社之义博，子我仅得其一端，故夫子责之。

【惠侍读曰】大司徒设社稷之壝，而树之田主，各以其野之所宜木，遂以名其社与其野。案《墨子》云：“圣王建国营都，必择国之正坛，置以为宗庙。必择木之修茂者，立以为菆位。”菆位者，社稷也。《战国策》：“恒思有神丛。”盖木之茂者，神所凭，故古之社稷恒依树木，松、柏、栗各以其野之所宜，宜松者以松名，宜柏者以柏名，宜栗者以栗名。宰我对哀公本此。许叔重云：“《周礼》‘各树其土之所宜木’，古文栗作𥻆。”徐巡说“木至西方战栗”，盖古有是语，宰我所谓“使民战栗”者本此。《今文论语》“哀公问主于宰我”，而《公羊》有“练主用栗”之文，故张禹及包、周等皆以为庙主。何休用以解《公羊》，云“松犹容想其容貌，主人正。柏犹迫，亲而不远，主地正。栗犹战栗，谨敬貌，主天正”。杜预亦以注《左传》，刘炫规其过。《古文论语》及孔、郑皆谓“用其木以为社主”，然则所宜木为两说，如前说植木，如后说主木，两说相兼乃备。又《淮南·齐俗训》云：“有虞氏社用土，夏后氏社用松，殷人社用石，周人社用栗。”似石主始于殷，周改用栗欤？《韩非子》曰：“夫社木而涂之，鼠因自托也，熏之则木焚，灌之则涂阤，故患社鼠。”是古树木为社主，而加涂焉，所谓社用土者以此。《小宗伯》：“大师立军社，肆师、师田祭社宗。”社宗者，社主与迁主皆载于齐车者也。秦、汉以后，载主未闻。《春秋》：“郑

---

① 《论语·八佾》：“哀公问社于宰我。宰我对曰：‘夏后氏以松，殷人以柏，周人以栗。曰使民战栗。’子闻之曰：‘成事不说，遂事不谏，既往不咎。’”

入陈,陈侯拥社。"拥社者,抱主以示服。若后世五尺之石主,埋其半于地,既不便于载,亦不可抱而持。然则社主,春秋以前皆用木,秦、汉以后或用石欤?《祭法》孔疏引许叔重《五经异义》,以为《论语》"夏后氏以松,殷人以柏,周人以栗",谓社主也。田主之木,各以其野之所宜,岂非宜松者为松主,宜柏者为柏主,宜栗者为栗主乎?

【汝成案】绎惠氏所疏,则古社主多用木矣。孔传:"天子亲征,又载社主,不用命奔北者,戮于社主前。"则宰我"战栗"之义,于师行合矣。然则孔子何以责也?《甘誓》是夏伐同姓,夏后氏则以松也,愓以严威,视所奉主不以木也。孔曰:"凡建邦立社,各以其土所宜之木。宰我不本其意而妄为之说,因周用栗,便曰使战栗。"是又一说。故杨氏曰:"宰我但得其一。"

邦朋

士师"掌士之八成","七曰为邦朋"。见《周礼·秋官司寇》。**太公对武王"民有十大",而曰"民有百里之誉,千里之交,六大也",又曰"一家害一里,一里害诸侯,诸侯害天下"。**见《后汉书·百官志》注引《太公阴符》。**嗟乎!此太公之所以诛华士也。**[①] **世衰道微,王纲弛于上,而私党植于下,故箕子之陈《洪范》,必"皇建其有极",而后庶民人无"淫朋"、"比德"。**〔一〕

---

① 《韩非子·外储说右上》:太公望封于齐。齐有居士曰狂矞、华士昆弟二人者,不臣天子,不友诸侯,耕作而食,掘井而饮,无求于人。太公望使执杀之以为首诛。

〔一〕【惠侍读曰】“邦傰”，傰，一作“朋”。注云“故书朋作傰”，郑司农读为“朋友”之“朋”。案《汉书·王尊传》有“南山盗傰宗”，苏林曰“傰音朋”，盖本郑司农之读而失焉者也。晋灼“音倍”，得之。《说文》：“省作倗，读若倍。”晋音本此。颜师古亦以晋音为是。则“傰”非“朋”审矣。古有朋无党，同道为朋，阿党为傰。“八成”者，四方之乱狱，王命讶士成之。立气势，结私交，作威福，君子犯礼，小人犯法，无守职奉上之义，有背公死党之名，故曰邦傰谓之“乱狱”，《管子·幼官》篇所谓“散群傰署”也。强者为圈，弱者为属。圈属群徒，私相署置。故王命讶士以成之者，散之焉。郮，从邑，地名。《汉·功臣表》“郮成侯”，师古曰：“郮音陪，又普背反。从邑为郮，从人为傰。傰，古倍字，皆从人，以朋音得声。”司农破为“朋”，或作“堋”。《说文》引《虞书》曰“堋淫于家”。堋与倗通。《广雅》否、弗、倗、秕，皆非佳语，亦犹奸、宄、窃、盗云尔。

《易·泰》之九二曰“朋亡”。《涣》之六四曰“涣其群，元吉”。《庄子》《田子方》：“文王寓政于臧丈人，而列士坏植散群。”

荀悦论曰：“言论者计薄厚而吐辞，选举者度亲疏而举笔。苞苴盈于门庭，聘问交于道路；书记繁于公文，私务众于官事。”见《汉纪》卷一〇。世之弊也，古今同之，可为太息者此也。

王公六职之一

“坐而论道，谓之王公”，见《周礼·冬官考工记》。王亦为

“六职”同上。**之一也。未有无事而为人君者，故曰“天子一位”。**[①]

奠挚见于君

士冠，士之嫡子继父者也，故得“奠挚见于君”。见《仪礼·士冠礼》。【原注】庶子不得见君，《左传》昭公四年“仲与公御莱书观于公，叔孙怒而逐之”是也。〔一〕

〔一〕【汝成案】《传》云“遂逐之”，注云“牛不食叔孙，叔孙怒”。此误合为一。

主人

“主人爵弁，纁裳，缁袘”，见《仪礼·士昏礼》。下同。**注：“主人，婿也。婿为妇主。”“主人筵于户西”，注：“主人，女父也。”亲迎之礼，自夫家而行，故婿称主人。至于妇家，则女父又当为主人，故不嫌同辞也。女父为主人，则婿当为宾，故曰“宾东面答拜”，注“宾，婿也”，对女父之辞也。至于宾出而妇从，则变其文而直称曰婿。婿者，对妇之辞也。曰“主人”、曰“宾”、曰“婿”，一人而三异其称，可以见“礼时为大”，**[②]**而义之由内矣。**[③]

① 《孟子·万章下》：“天子一位，公一位，侯一位，伯一位，子、男同一位，凡五等也。”
② 《礼记·礼器》：“礼时为大，顺次之，体次之，宜次之，称次之。”
③ 《孟子·告子上》：“何以谓义内也？曰：行吾敬，故谓之内也。”

辞无不腆无辱

“归妹，人之终始也。”见《易·归妹》。先王于此有省文尚质之意焉，故“辞无不腆，无辱”，见《仪礼·士昏礼》。【原注】宾不称币不善，主人不谢来辱。“告之以直信”，见《礼记·郊特牲》。曰“先人之礼”见《仪礼·士昏礼》。而已。所以立生民之本，而为嗣续之基，故以内心为主，而不尚乎文辞也，非徒以教妇德而已。

某子受酬

《仪礼》《乡饮酒礼》“某子受酬”，注：“某者，众宾姓也。”《仪礼》《乡射礼》“某酬某子”，注：“某子者，氏也。”古人男子无称姓者，从《乡射礼》注为得，如《左传》叔孙穆子言叔仲子、子服子之类。见襄公二十八年。【原注】《士昏礼》“皇舅某子”，此或谥、或字之称，与《聘礼》“皇考某子”同。疏以为“若张子、李子”。妇人内夫家，岂有称其舅为“张子”、“李子”者哉！〔一〕

〔一〕【惠氏曰】张稷若《仪礼节解》云：“疏之意或以妇新入门，称姓以告，故亦以姓称其舅。《春秋传》云‘男女辨姓’，其此之谓。”

辩[1]

《乡饮酒礼》、《乡射礼》其于旅、酬皆言"辩",注云"辩众宾之在下者"。此"辩"非"辩察"之"辩"。古字"辩"与"遍"通,经文言"辩"者非一,《仪礼》《燕礼》注"今文辩皆作遍"是也。《礼记》《曲礼上》"主人延客,食胾,然后辩殽",《礼记》《内则》"子师辩告诸妇诸母名,宰辩告诸男名",《礼记》《玉藻》"先饭,辩尝羞,饮而俟",《礼记》《乐记》"其治辩者其礼具",【原注】注:"辩,遍也。"《左传》定公八年"子言辩舍爵于季氏之庙而出",【原注】注:"辩,犹周遍也。"《史记·礼书》"瑞应辩至"。〔一〕

〔一〕【汝成案】《戴记》"士死辩"。郑氏云:"宜读作变。"则"辩"又通于"变"矣。

须臾

"寡君有不腆之酒,请吾子之与寡君须臾焉,使某也以请。"见《仪礼·燕礼》。古者乐不逾辰,燕不移漏,故称"须臾",言不敢久也。《记》《乡饮酒义》曰:"饮酒之节,朝不废朝,莫不废夕。"而《书·酒诰》之篇曰:"在昔殷先哲王,迪畏天,显小民,经德秉哲。越在外服,侯、甸、男、卫、邦伯,越在内服,百僚庶尹惟亚惟服宗工,越百姓里居,罔敢湎于

① "辩",张京华《校释》作"辨"。

酒，不惟不敢，亦不暇。”是岂待初筵之规，[①]三爵之制，[②]而后“不得醉”哉！[③]〔一〕

〔一〕【朱氏曰】古人祭祀、燕宾、养老外，无饮酒者。《论语》记孔子“惟酒无量，不及乱”，即《乡饮酒礼》所谓“无算爵”也。饮无算爵而不及乱，惟圣人为然。《小宛》之次章曰：“彼昏不知，壹醉日富。”此遭乱相戒免祸之诗也，未闻终日酩酊而能脱然于乱世者矣。自旷达之说起，一时轻薄之徒争相趋效，而学士大夫又美之以文章风雅之目，而淑慎尔仪之君子反诋为鄙吝，盖至是而酒之中于人心风俗甚矣，狱讼繁兴，犹其后焉者。先王知斯人饮食之欲不可以尽蠲，而思所以遏其流，于是制为饮酒之礼。一献之礼，宾主百拜，终日饮酒而不得醉焉。

飧不致

《仪礼》《聘礼》：“管人为客，三日具沐，五日具浴。飧不致，宾不拜，沐浴而食之。”即《孟子》《万章下》所谓“廪人继粟，庖人继肉，不以君命将之”，恐劳宾也。

三年之丧

今人三年之丧，有过于古人者三事。《礼记·三年问》

① 参见《诗·小雅·宾之初筵》。

② 《礼记·玉藻》：“君子之饮酒也，受一爵而色洒如也，二爵而言言斯，礼已三爵，而油油以退。”

③ 《礼记·乐记》：“是故先王因为酒礼，一献之礼，宾主百拜，终日饮酒而不得醉焉，此先王所以备酒祸也。”

曰："三年之丧，二十五月而毕。"【原注】《荀子》《礼论》同。《檀弓上》曰"祥而缟，是月禫，徙月乐"，王肃云："是祥之月而禫，禫之明月可以乐矣。"见《尚书正义·太甲上》孔疏引。《檀弓上》又曰："鲁人有朝祥而莫歌者，子路笑之。夫子曰：'由，尔责于人，终无已夫？三年之丧，亦已久矣夫。'子路出，夫子曰：'又多乎哉，逾月则其善也。'"《丧服小记》曰："再期之丧三年也。"《春秋》闵公二年《公羊传》曰："三年之丧，实以二十五月。"【原注】《白虎通》卷一〇《丧服》："三年之丧，再期二十五月。"《后汉书》《陈忠传》陈忠疏言："先圣缘人情而著其节，制服二十五月。"《淮南子》《时则训》"饬丧纪"，高诱注："纪，数也，二十五月之数也。"孔安国《书传·太甲》篇云"汤以元年十一月崩，至此二十六月，三年服阕"，郑玄谓"二十四月再期，其月馀日不数，为二十五月。中月而禫，则空月为二十六月，出月禫祭为二十七月"，[①]与王肃异。【原注】魏明帝以景初三年正月崩，至五年正月积二十五晦为大祥。太常孔美、博士赵怡等以为："禫在二十七月，其年四月祫祭。"散骑常侍王肃、博士乐详等以为："禫在祥月，其年二月祫祭。"晋武帝时，越骑校尉程猗赞成王肃，驳郑禫二十七月之失，为六征三验。博士许猛扶郑义，作《释六征》、《解三验》，以二十七月为得。并见《魏书·礼志》。按《三年问》曰："至亲以期断，是何也？曰：天地则已易矣，四时则已变矣，其在天地之中者莫不更始焉，以是象之也。然则何以三年也？曰：加隆焉尔也，焉使倍之，故再期也。"今从郑氏之说，三年之丧必二十七月，【原注】宋武帝永

① 《尚书正义·太甲中》孔颖达疏仅云："郑玄以中月为间一月，云'祥后复更有一月而禫'，则三年之丧凡二十七月，与孔为异。"

初元年十月辛卯，改晋所用王肃祥禫二十六月仪，依郑玄二十七月而后除。见《宋书·武帝纪》。**其过于古人一也。**〔一〕**《仪礼·丧服》篇曰"疏衰裳齐，牡麻绖，冠布缨，削杖，布带，疏屦。期者，父在为母"，《传》曰："何以期也？屈也。至尊在，不敢伸其私尊也。"《礼记·杂记下》篇曰"期之丧，十一月而练，十三月而祥，十五月而禫"，注云："此谓父在为母也。"**《礼记》**《丧大记》曰："期，终丧，不食肉，不饮酒。父在，为母，为妻。"又曰："期，居庐，终丧不御于内者，父在，为母，为妻。"**《礼记》**《丧服四制》曰："资于事父以事母，而爱同。天无二日，土无二王，国无二君，家无二尊，以一治之也，故父在为母齐衰期者，见无二尊也。"**【原注】《礼记》《服问》曰："三年之丧既练矣，有期之丧既葬矣，则带其故葛带，绖期之绖，服其功衰。"徐师曾《集注》曰："三年之丧，谓父丧也。期之丧，母丧也。贾公彦《丧服疏》所云'父卒三年之内而母卒，仍服期，必父服既除而遭母丧，乃得伸三年'也。"〔二〕**《丧服传》曰："禽兽知母而不知父。野人曰，父母何算焉？都邑之士，则知尊祢矣。"今从武后之制，亦服三年之服，**【原注】自唐以前礼制，父在，为母，一周除灵，三年心丧。高宗上元元年十二月，天后上表，请"父在为母服齐衰三年"，从之。以上见《旧唐书·礼仪志七》。玄宗开元五年，右补阙卢履冰上言："孝莫大于严父，故父在为母服齐衰周，心丧三年，情已申而礼杀也。则天皇后改服齐衰三年。请复其旧。"上下其议。左散骑常侍褚无量以履冰议为是。诸人争论，连年不决。七年八月辛卯，敕"自今五服并依《丧服传》文"，然士大夫议论犹不息，行之各从其意。无量叹曰："圣人岂不知母恩之厚乎？

厌降之礼，所以明尊卑，异戎狄[①]也。俗情肤浅，不知圣人之心。一紊其制，谁能正之？”以上见《资治通鉴》卷二一二。二十年，中书令萧嵩改修《五礼》，复请依上元敕，父在为母齐衰三年。从之。见《通典》卷八九。○按，父在为母齐衰三年，起自《开元礼》，然其时卢怀慎以母忧起复为兵部侍郎，张九龄以母忧起复中书侍郎同平章事，邠王守礼以母忧起复左金吾卫将军，嗣鄂王邕以母忧起复卫尉卿，而得终礼制者惟张说、韩休二人。则明皇固已崇其文而废其实矣。今制，父在为母斩衰三年。按《太祖实录》，洪武七年九月庚寅，贵妃孙氏薨，命吴王橚服慈母服，斩衰三年，以主丧事，敕皇太子诸王皆服期。以上卷九三。乃命翰林学士宋濂等修《孝慈录》，立为定制。子为父母，庶子为其母，皆斩衰三年。嫡子、众子为其庶母，皆齐衰杖期。十一月壬戌朔，书成。以上卷九四。此则当时别有所为，而未可为万世常行之道也。**其过于古人二也。《丧服》篇又曰“不杖麻屦者，妇为舅姑”，传曰：“何以期也？从服也。”《檀弓上》篇曰“南宫绍之妻之姑之丧，夫子诲之髽，曰：‘尔毋从从尔，尔毋扈扈尔。’盖榛以为笄，长尺而总八寸”，《正义》谓“以其为期之丧而杀于斩衰之服”。《丧服小记》曰：“妇人为夫与长子稽颡，其馀则否。”今从后唐之制，妇为舅姑亦服三年，**【原注】《宋史》《礼志二八》：乾德三年，判大理寺尹拙言：“按律及《仪礼·丧服传》、《开元礼》、《五礼精义》、《三礼图》等书所载，妇为舅姑服期。近代时俗多为重服，望加裁定。”右仆射魏仁浦等奏曰：“按《礼·内则》云：‘妇事舅姑，如事父母。’则舅姑与父母一也。而古礼有期年之说，至于后唐，始定三年之丧。窃以三年之内，几筵尚存，岂可夫居苫块之中，妇被绮纨之

---

① “狄”，原本作“翟”，据《校记》改。

饰？夫妇齐体，哀乐不同，求之人情，实伤理本。况妇为夫有三年之服，于舅姑止服期年，是尊夫而卑舅姑也。孝明皇后为昭宪太后服丧三年，足以为万世法。望自今妇为舅姑服并如后唐之制，三年齐斩，一从其夫。"诏从之。○何孟春《馀冬序录》卷三六引唐李涪论曰："《丧服传》妇为舅姑，齐衰五升布。十一月而练，十三月而祥，十五月而禫。禫后门庭尚素，妇服青缣衣，以俟夫之终丧。习俗以妇之服青缣，谓其尚在丧制，故因循亦同夫之丧纪，再周而后吉。贞元十一年，河中府仓曹参军萧据状称：'堂兄至女适李氏婿，见居丧，今时俗妇为舅姑服三年，恐为非礼。请礼院详定。'下详定，判官、前太常博士李岧议曰：'《开元礼》五服制度，妇为舅姑，及女子适人为其父母，皆齐衰，不杖期。盖以为妇之道专一，不得自达，必系于人。故女子适人，服夫以斩而降其父母。《丧服》篇曰："女子子适人者，为其父母。"《传》曰："为父何以期也？妇人不贰斩也。"妇人不贰斩者何也？妇人有三从之义，无专用之道，故未嫁从父，既嫁从夫，夫死从子。故父者子之天也，夫者妻之天也。妇人不贰斩者，犹曰不贰天也。先圣格言，历代不敢易。以此论之，父母之丧尚止周岁，舅姑之服无容三年。今之学者不本其义，轻重紊乱，浸以成俗。《开元礼》玄宗所修，布在有司，颁行天下，伏请正牒，以明典章。'李岧之论可谓正矣。"以上为引李涪《刊误》卷下《舅姑服》文。《宋朝诒谋录》："乾德三年诏，舅姑之丧，妇从其夫，齐斩三年。遂为定制。"宋人盖未讲服青缣之制故也。以上为何孟春按语。〔三〕**其过于古人三也。皆后儒所不敢议，非但因循国制，亦畏宰我短丧之讥；**[①]**若乃日月虽多，而哀戚之情不至焉，则不如**

① 《论语·阳货》：宰我问"三年之丧，期已久矣"云云，子曰："食夫稻，衣夫锦，于汝安乎？"曰："安。""汝安则为之！夫君子之居丧，食旨不甘，闻乐不乐，居处不安，故不为也。今汝安，则为之！"

古人远矣。

〔一〕【阎氏曰】按从郑氏说者，正合于古人，王肃乃故与郑反，朱子所谓“王肃议礼，必反郑玄”是也。王肃且以此获短丧之讥。

〔二〕【汝成案】父卒则为母三年，不待父服终也。贾疏非是。庾蔚之云：“父未殡而祖亡，不为祖持重服。”贾殆由此而误。

〔三〕【汝成案】古人行礼以诚，丧期之内无虚假，丧期之外无曼延。所谓过者俯而就，不肖者企而及。子自有丧，妇自吉服，亦复何嫌？况十五月而禫，则夫已小祥久矣。青缣之说，后世之见也。

古人以祥为丧之终，“中月而禫”，见《仪礼·士虞礼》。则在除服之后。故《礼记》《丧服四制》言“祥之日，鼓素琴，示民有终也”，《檀弓上》言“孔子既祥，五日弹琴而不成声，十日而成笙歌。有子盖既祥而丝屦组缨”，又曰“祥而外无哭者，禫而内无哭者，乐作矣故也”。见《礼记·丧大记》。自鲁人有朝祥而暮歌者，子路笑之，孔子言“逾月则其善[也]”；见《檀弓上》。而孟献子禫，县而不乐，孔子曰“献子加于人一等矣”，同上。于是自禫而后，乃谓之“终丧”。〔一〕

〔一〕【汝成案】三年之丧，二十五月而毕，不必自孔子之言乃禫后为终也。祥之日示有终，非谓已终也。又《檀弓》文“逾月则其善也”，此脱“也”字。

王肃据《三年问》“二十五月而毕”，《檀弓》“祥而缟，是月禫，徙月乐”之文，谓为二十五月。郑玄据《服问》“中月而禫”之文，谓为二十七月。见《尚书正义·太甲中》孔颖达疏。

【原注】注云“中月,间一月也”,《正义》引《丧服小记》云“妾祔于妾祖姑,亡则中一以上而祔”,又《学记》云“中年考校”,皆以“中”为“间”。**二说各有所据。古人祭当卜日,小祥卜于十三月之日,大祥卜于二十五月之日,而禫则或于大祥之月,**【原注】是月。**或于大祥之后间一月,**【原注】中月。**自《礼记》之时而行之已不同矣。**〔一〕

〔一〕【汝成案】祥、禫之数,杜氏《通典》颇为持平,不审先生何以不引。杜氏曰:“遵郑乃过礼而重情,遵王则轻情而反制。今约经传,求其适中,可二十五月终而大祥,受以祥服,素缟麻衣;二十六月而禫,受以禫服;二十七月终而吉,吉而除,徙月乐,无所不佩。夫如此求其情,而合乎礼矣。”

【校正】阎云:案从二十七月郑氏说者,正合于古人。王肃乃故与郑反,朱子所谓“王肃议礼,必反郑玄”是也。王肃且以此获短丧之讥,亭林岂未之闻耶? 〇晏案:《檀弓》孔疏引戴德《丧服变除》云:“礼二十五月大祥,二十七月而禫。”此言礼者,戴德据古礼文也。郑言“二十七月”,远宗西汉大戴之说,非臆造也。班固《白虎通·丧服》篇:“三年之丧,再期二十五月也。二十五月而大祥,二十七月而禫。”班论作于建初时,在郑君之前,亦与郑合,足征郑说确乎可据。王肃伪造《家语》,妄谓祥、禫同月,其不足信亦明矣。《通典》称“江左以来,唯晋朝施用王说,缙绅之士,多遵郑义”。案晋武帝为王肃外孙,故得行其私说,学士仍从郑义是也。

《孝经援神契》曰:“丧不过三年,以期增倍,五五二十五月,义断仁,示民有终。”故汉人丧服之制谓之“五五”,《堂邑令费凤碑》曰“菲五五,縗杖其未除”,见《隶释》卷九。

【原注】洪氏曰:"菲五五"者,居丧菲食二十五月也。○此取《论语》"菲饮食"字。《隋书·姚察传》所谓"蔬菲"。**《巴郡太守樊敏碑》曰"遭离母忧,五五断仁"**见《隶释》卷一一。**是也。**

【续补正】遇孙案:元刻《日知录》"三年之丧"末一条云:"汉时士大夫所行三年之丧并以二十五月,谓之五五。《堂邑令费凤碑》云:'菲五五,缞杖其未除。'洪氏曰:菲五五者,居丧菲食二十五月也。《巴郡太守樊敏碑》云:'遭离母忧,五五断仁'是也。今人以初丧四十九日居于柩侧,谓之七七。唐李翱集中有杨垂撰《丧仪》,其一篇云《七七斋》。七七以日,五五以月,并时俗之言也。"与今刻稍异,七七语今刻削去。

又案:全谢山《经史问答》云:"问:'亭林先生谓:"七七之奠,本于《易》'七日来复',是以丧期五五、斋期七七,皆易数也。"其说近于附会,然否?'答曰:'亭林,儒者,非先王之法言不言,至此条则失之。然此乃其未定之说,在初刻《日知录》八卷。及晚年重定,则芟之矣。盖自知其失也。七七之说见于《北史》,再见于《北齐书·孙灵晖传》。万季野曰:究不知始于何王之世。三见于李文公所作《杨垂去佛斋记》及皇甫持正所作《韩公神道碑铭》,则儒者斥之之言也。亭林何所见,援皋复之礼以后缘起?夫皋复之礼,始死升屋而号,岂有行之四十九日之久者乎?亭林于是乎失言。'"遇孙家藏元刻《日知录》八卷,言七七者止此一条,并无"七日来复"等语,全氏所驳,不知何本。

【校正】晏案:顾氏引汉碑"五五"之说,此言大祥之月,非可据以礼服也。《公羊》(定)闵二年传亦云:"三年之丧,实以二十五月。"何休注引《士虞礼》"中月而禫,是月也,吉祭犹未配"。是月者,二十七月。何劭公《解诂》多识古礼,亦谓二十七月,与郑君同。且《起废》、《箴肓》,颇有不合,而三年丧服义据相符,是二十七月,两汉经师传授之古礼也。

为父斩衰三年，为母齐衰三年，此从子制之也。父在，为母齐衰杖期，此从夫制之也。家无二尊，而子不得自专，所谓“夫为妻纲，父为子纲”。审此可以破学者之疑，而息纷纭之说矣。

“父在为母”，虽降为期，〔一〕**而“心丧”之实，未尝不三年也。**见《檀弓上》。【原注】如后魏彭城王勰毁瘠三年，弗参吉庆，见《魏书》本传。乃谓之心丧。**《**丧服**传》曰：“父必三年然后娶，达子之志也。”**【原注】《正义》曰：“《左氏》昭公十五年传‘王一岁而有三年之丧二焉’。据太子与穆后，天子为后亦期，而言三年丧者，据‘达子之志’而言，故并谓之三年也。”○唐太宗贞观元年诏有云“妻丧达志之后”者，即用此传文。**假令娶于三年之内，将使为之子者何服以见、何情以处乎？理有所不可也。抑其子之服于期，而申其父之不娶于三年，圣人所以损益百世而不可改者，精矣。**

〔一〕【杨氏曰】为母期者，尊厌一也，从父二也。

《檀弓上》篇：“伯鱼之母死，期而犹哭。夫子闻之，曰：‘谁与哭者？’门人曰：‘鲤也。’夫子曰：‘嘻，其甚也！’伯鱼闻之，遂除之。”此自父在为母之制当然，疏以为“出母”者，非。〔一〕

〔一〕【赵氏曰】《礼》：“出妻之子为母期。若为父后者，则于出母无服，是并无期之丧矣。”伯鱼固为父后者也，不服于期之内，而反哭于期之外乎？即此可见孔氏出妻之说之妄也。

《丧服小记》曰："庶子在父之室，则为其母不禫。"山阴陆氏佃曰："在父之室，为未娶者也。"见《礼记集说》卷八三引。并禫祭不举，厌也。

唐时武、韦二后皆以妇乘夫，欲除三纲，变五服，以申尊母之义。故高宗上元元年十二月壬寅，天后上表，请"父在为母服齐衰三年"，见《新唐书·则天武皇后传》。中宗神龙元年五月丙申，皇后表请"天下士庶为出母三年服"，见《旧唐书·中宗纪》。其意一也。彼且欲匹二圣于天皇，陪南郊以亚献，而况区区之服制乎？【原注】卢履冰表言："原夫上元肇年，则天已潜秉政，将图僭篡，预自崇加。请升慈爱之丧，以抗尊严之礼。虽齐斩之仪不改，而几筵之制遂同。数年之间，尚未通用。天皇晏驾，中宗蒙尘。垂拱之末，果行圣母之伪符；载初之元，遂启易代之深衅。孝和虽仍反正，韦氏复效晨鸣。孝和非意暴崩，韦氏旋即称制。《易》曰'臣弑其君，子弑其父，非一朝一夕之故'，其斯之谓矣。臣谨寻礼意，防杜实深。若不早图刊正，何以垂戒于后。"见《旧唐书·礼仪志七》。玄宗开元七年八月癸丑敕："周公制礼，历代不刊；子夏为传，孔门所受。格条之内，有父在为母齐衰三年。【原注】指天后所定。此有为而为，非尊厌之义。与其改作，不如师古。诸服纪宜一依《丧服》旧文。"见《旧唐书·礼仪志七》。可谓简而当矣。奈何信道不笃，朝令夕更，至二十四年，又从韦绍之言，加舅母堂姨舅之服；天宝六载，又令出母终三年之服；俱同上。【原注】详《旧书·礼仪志》。而太和、开成之世，遂使驸马为公主服斩衰三年。【原注】《文宗纪》、《杜悰传》。礼教之沦，有由来矣。〔一〕

〔一〕【杨氏曰】宋制："尚主者，升其等与父行辈同。"可谓无礼之尤矣。

自古以来，奸人欲蔑先王之礼法而自为者，必有其渐。天后“父在为母齐衰三年”之请，其意在乎临朝也。故中宗景龙二年二月庚寅，“大赦天下，内外五品已上，母、妻各加邑号一等，无妻者听授其女”，而安乐公主“求立为皇太女”，遂进鸩于中宗矣。俱见《旧唐书·中宗纪》。

金世宗大定八年二月甲午朔制：“子为改嫁母服丧三年。”见《金史·世宗纪》。

洪武七年，虽定为母斩衰三年之制，而孝慈皇后之丧，次年正旦，皇太子、亲王、驸马俱浅色常服，则尊厌之礼未尝不用也。惟夫二十七月之内，不听乐，不昏嫁，不赴举，不服官，此所谓“心丧”，固百世不可改矣。〔一〕

〔一〕【汝成案】“心丧”之说，本之《檀弓》。六朝议礼，于所不安者辄以此通融之。儒者诚欲悉心复古，不可依违迁就，使后世美名参附其间。盖人心难知，责以礼之所当然则难辞，文以情之所或然则多饰。

《礼记》《丧服小记》曰“祖父卒，而后为祖母后者，三年”，郑氏玄曰：“祖父在，则其服如父在为母也。”此祖母之丧厌于祖父者也。

妇事舅姑，如事父母，而服止于期，不贰斩也，然而心丧则未尝不三年矣，故曰“与更三年丧，不去”。见《大戴礼记·本命》。

吴幼清澄《服制考详序》曰：“凡丧礼，制为斩、齐、功、缌之服者,其文也;不饮酒,不食肉,不处内者,其实也。中有其实而外饰之以文,是为情文之称;徒服其服而无其实,则与不服等尔;虽不服其服而有其实者,谓之心丧。心丧之实有隆而无杀,服制之文有杀而有隆,古之道也。愚尝谓服制当一以周公之礼为正,后世有所增改者,皆溺乎其文,昧乎其实,而不究古人制礼之意者也。为母齐衰三年,而父在为母杖期,岂薄于其母哉?盖以夫为妻之服既除,则子为母之服亦除,家无二尊也。子服虽除,而三者居丧之实如故,则所杀者三年之文而已,实固未尝杀也。女子子在室为父斩,既嫁则为夫斩,而为父母期。盖曰子之所天者父,妻之所天者夫,嫁而移所天于夫,则降其父。妇人不贰斩者,不贰天也。降己之父母而期,为夫之父母亦期,期之后夫未除服,妇已除服,而居丧之实如其夫,是舅姑之服期而实三年也,岂必从夫服斩而后为三年哉?丧服有以恩服者,有以义服者,有以名服者。恩者,子为父母之类是也;义者,妇为舅姑之类是也;名者,为从父从子之妻之类是也。从父之妻名以母之党而服,从子之妻名以妇之党而服,兄弟之妻不可名以妻之党,其无服者,推而远之也。然兄弟有妻之服,己之妻有娣姒妇之服,一家老幼俱有服,己虽无服,必不华靡于其躬,宴乐于其室,如无服之人也。同爨且服缌,【原注】同爨服缌,为从母之夫、舅之妻与己同爨者尔。此所引似泛言之矣。朋友尚加麻,邻丧里殡犹无相杵巷歌之声,奚独于兄嫂弟妇之丧,而恝然待之如行路之人乎?古人制礼之意必有在,而未易以浅识窥也。夫实之无所不隆者，仁之至；文之有所或杀者，义之精。古人制礼之意盖如此。后世父在为母三年，妇为舅姑从夫斩齐并三年，为嫂有服，为弟妇亦有服，意欲加厚于古，而不知古者子之为母，妇之为舅姑，叔之于嫂，未尝薄也。愚故曰：此皆溺乎其文，昧乎其实，而不究古人制礼之意者也。古人所勉者，丧之实也，自尽于己者也；后世所加者，丧之文也，表暴于人者也。诚伪之相去何如哉！”见《吴文正集》卷一六。

继母如母[①]

“继母如母”，以配父也；“慈母如母”，以贵父之命也。然于其党则不同矣。《礼记》《服问》曰“母出，则为继母之党服。母死，则为其母之党服。为其母之党服，则不为继母之党服”，郑氏玄注曰：“虽外亲，亦无二统。”夫礼者，所以别嫌明微，非圣人莫能制之，此类是矣。【原注】《丧服小记》：“为慈母之父母无服。”

为所后者之祖父母妻妻之父母昆弟昆弟之子若子[②]

此因为人后而推言之。所后者有七等之亲，皆当如礼

---

① 《仪礼·丧服》：“疏衰、裳齐、牡麻绖、冠布缨、削杖、布带、疏屦三年者，父卒则为母，继母如母，慈母如母。”

② 《仪礼·丧服传》曰：“为所后者之祖父母、妻、妻之父母、昆弟、昆弟之子，若子。”

而为之服也。“所后之祖”,我之曾祖也;“父母”,我之祖父母也。“妻”,我之母也;“妻之父母”,我之外祖父母也,因妻而及,故连言之,取便文也。“昆弟”,我之世叔父也;“昆弟之子”,我之从父昆弟也;“若”,及也,“若子”,我之从父昆弟之子也,《正义》谓“妻之昆弟,妻之昆弟之子”者,非。见《仪礼·丧服》孔颖达疏。【原注】郑以“若子”为“如亲子”,但篇末又有“兄弟之子若子”之文,当同一解。

女子子在室为父[①]

郑氏玄注言:“在室者,关已许嫁。”“关”,该也。谓许嫁而未行,遭父之丧,亦当为之“布总,箭笄,髽,三年”也。《礼记》《内则》曰“有故二十三年而嫁”,《礼记》《曾子问》“孔子曰‘女在涂,而女之父母死,则女反’”是也。

慈母如母[②]

“慈母”者何也?子幼而母死,养于父妾。父卒,为之三年,所以报其鞠育之恩也。然而必待父命者,此又先王严父而不敢自专其报之义也。“父命妾曰:女以为子”,[③]谓怜其无母,视之如子,长之育之,非立之以为妾后也。

① 《仪礼·丧服》:“女子子在室为父,布总,箭笄,髽,衰,三年。”

② 《仪礼·丧服》:“父卒则为母,继母如母,慈母如母。”

③ 《仪礼·丧服传》:“妾之无子者,妾子之无母者,父命妾曰:‘女以为子。’命子曰:‘女以为母。’若是,则生养之,终其身如母。死则丧之三年如母,贵父之命也。”

《丧服小记》以为“为慈母后”，则未可信也。〔一〕

〔一〕【汝成案】“为慈母后”云者，主其祭而已，非立为后也。慈母既无子，而养育之恩隆，斩然无祀，非礼意矣。

《礼记·曾子问》篇：“子游问曰：‘丧慈母如母，礼与？’孔子曰：‘非礼也。古者男子外有傅，内有慈母。君命所使教子也，【原注】此与《丧服》所言“慈母”不同。〔一〕何服之有？昔者鲁昭公少丧其母，有慈母良。及其死也，公弗忍也，欲丧之。有司以闻，曰：“古之礼，慈母无服。今也君为之服，是逆古之礼而乱国法也。若终行之，则有司将书之以遗后世，无乃不可乎！”公曰：“古者天子练冠以燕居。”(吾)[公]弗忍也，遂练冠以丧慈母。丧慈母，自鲁昭公始也。’”然但练冠以居，则异于如母者矣，而孔子以为“非礼”。

〔一〕【汝成案】妾母，以妾为生母者，慈母，以妾为慈母者，而皆不世祭。有不同于母者安在耶？经文“慈母如母”，谓如妾母耳，非谓如適母也；“继母如母”，则如適母矣。如之云者，视子之素所为母者何如也。

《南史·司马筠传》：梁天监七年，安成国太妃陈氏薨，诏礼官议皇(太)子①慈母之服。筠引郑玄说，服止卿大夫，不宜施之皇子。武帝以为不然，曰：“《礼》言‘慈母’有三

① 《续刊误》卷上：“匏尊陆氏曰：‘太’字衍。按《南史》作‘皇子’。汝成案：原写本亦无‘太’字，此刻误衍。”今据删“太”字。

条。一则妾子无母，使妾之无子者养之，命为(子母)[母子]，服以三年，《丧服》“齐衰章”所言‘慈母如母’是也。二则嫡妻子无母，使妾养之，虽均乎慈爱，但嫡妻之子，妾无为母之义，而恩深事重，故服以小功，《丧服》“小功章”所以不直言慈母，而云‘庶母慈己’者，【原注】文曰“庶母”，则知其为嫡妻之子矣。明异于三年之慈母也。其三则子非无母，择贱者视之，义同师保，而不无慈爱，故亦有‘慈母’之名，师保无服，则此慈母亦无服矣。《内则》云：‘择于诸母与可者，使为子师。其次为慈母，其次为保母。’此其明文。言‘择诸母’，是择人而为此三母，非谓择取兄弟之母也。子游所问，自是师保之慈，非三年小功之慈也。故夫子得有此答，岂非师保之慈母无服之证乎？郑玄不辨三慈，混为训释，引彼无服，以注‘慈己’。后人致谬，实此之由。”于是筠等请依制改定：嫡妻之子，母没为父妾所养，服之五月，贵贱并同，以为永制。

【校正】“《南史·司马筠传》：梁天监七年，安成国太妃陈氏薨，诏礼官议皇太子慈母之服。筠引郑玄说，服止卿大夫，不宜施之皇子。”〇晏案：郑说最合礼。慈母之服，止卿大夫。《仪礼》，士礼也，皇太子尚不宜施，况人君乎？故《曾子问》载鲁昭公丧慈母，孔子以为非礼，具见圣人防微杜渐之意。

《礼记》《丧服小记》曰“为慈母之父母无服”，注曰：“恩所不及故也。”又曰：“慈母与妾母不世祭也。”然则虽云“如母”，有不得尽同于母者矣。

出妻之子为母

“出妻之子为母”，见《仪礼·丧服》。此经文也。“《传》曰：‘出妻之子为母期，则为外祖父母无服。’”此子夏《传》也。“《传》曰：‘绝族无施服，亲者属。’”此《传》中引《传》，援古人之言以证其无服也，当自为一条。“出妻之子为父后者，则为出母无服。”此又经文也。“《传》曰：‘与尊者为一体，不敢服其私亲也。’”此子夏《传》也，当自为一条，今本乃误连之。〔一〕

〔一〕【汝成案】连之不误，经文之例如是也。

父卒继母嫁

“父卒，继母嫁，从。”见《仪礼·丧服》。“从”字句，谓年幼不能自立，从母而嫁也。母之义已绝于父，【原注】下章云“妻不敢与焉”是也。故不得三年；而其恩犹在于子，不可以不为之服也。【原注】继母本非“属毛离里”之亲，①以其配父而服之如母尔。故王肃曰：“从乎继而寄育，则为服，不从则不服。”报者，母报之也，两相为服也。

① “属毛离里”，《诗·小雅·小弁》：“靡瞻匪父，靡依匪母。不属于毛，不离于里。”

有適子者无適孙[1]

家子,[2]身之副也。家无二主,亦无二副,故有適子者无適孙。唐高宗有太子而复立太孙,[3]非矣。

为人后者为其父母[4]

"为人后者,为其父母",此临文之不得不然,《隋书》《诚节·刘子翊传》刘子翊云"'其'者,因彼之辞"是也。后儒谓以所后为父母,而所生为伯叔父母,于经未有所考,亦自"尊无二上"之义而推之也。宋欧阳氏修据此文,以为圣人未尝"没其父母之名",辨之至数千言,[5]然不若赵瞻之言"辞穷直书"为简而当也。【原注】《宋史·赵瞻传》:中书请濮安懿王称亲。瞻争曰:"仁宗既下明诏子陛下,议者顾惑礼律所生所养之名,妄相訾难。彼明知礼无两父贰斩之义,敢裂一字之辞,以乱厥真。且文有去妇、出母者,去已非妇,出不为母,辞穷直书,岂足援以断大义哉!臣请与之廷辨,以定邪正。"〇《石林燕语》卷一:"濮议廷臣既皆欲止称皇伯,欧阳文忠力诋以为不然,因引《仪礼》及《五服敕》云:'为人后者为其父母,则是虽出继,而于本生犹称父母也。'时未有能难之者。司马君实在谏院,独疏言:'为人后

---

① 《仪礼·丧服传》:"有適子者无適孙,孙妇亦如之。"
② 《内则》"冢子则大牢",注云:"冢子犹言长子,通于下也。"
③ 见《旧唐书·高宗纪》永淳二年。
④ 《仪礼·丧服》:"为人后者,为其父母,报。"
⑤ 见欧阳修《濮议·为后或问上》。

而言父母，此因服立文，舍父母则无以为称，非谓其得称父母也。'"〔一〕**按经文言"其父母"、"其昆弟"者，大抵皆私亲之辞。**〔二〕

〔一〕【杨氏曰】欧阳公既据此甚力，故《五代史》晋出帝谓敬儒为皇伯父，而公深辨之。

【庄侍郎曰】生不夺其父母之名也，死则降其父母之服也。生则养之以己之养，死则己不得为丧主焉。

〔二〕【汝成案】曾子固《为人后议》曰："或谓当易其父母之名，从所后者为属，是未知考于礼也。圣人制礼，为其父母期，使足以明所后者重而已，非遂以谓当变其亲也。亲非变，则名固不得而易也。又崔凯《丧服驳》曰：'本亲有自然之恩，降一等则足以明所后者为重，无缘乃绝之矣。'夫未尝以谓可以绝其亲，而辄谓可以绝其名，是亦惑矣。尊尊亲亲，其义一也，未有可以废其一者。故为人后者，为之降其父母之服，礼则有之矣。为之绝其父母之名，则礼未之有也。故《礼·丧服》'齐衰不杖期章'曰'为人后，为其父母报'。此见于经'为人后者于其本亲称父母'之明文也。汉蔡义以谓宣帝亲谥宜曰悼，魏相以谓宜称尊号曰皇考，立庙。后世议者以其称皇、立庙为非，至于称亲、称考，则未尝有以为非者也。其后魏明帝尤恶为人后者厚其本亲，故非汉宣帝加悼考以皇称。又谓后嗣有由诸侯入继正统者，皆不得谓考为皇，称妣为后。盖亦但禁其猥加非正之号，而未尝废其考妣之称。又晋王坦之《丧服议》曰：'罔极之重，非制教之所裁；昔日之名，非一朝之所去。'此出后之身所以有服本亲也。又曰：'情不可夺，名不可废，崇本叙恩，所以为降。'则知为人后者，未有去其所出父母之名。此古今之常理，故坦之引以为制服之证。是则为人后者之亲见于经，见于前世议论，谓之父母，谓之考妣者，其大义如此，明文如此。至见于他书及史官之记，亦谓之父母，谓之考妣，谓之私考妣，谓之本亲，谓之亲者，则不可一二数。而以谓世父、叔父者，则不特礼未之有，载籍以来固未之有也。或谓为人后者，于其本亲称父母，则为两统二父，其可乎？夫两统二父者，谓加考以皇号，立庙奉祀，是不一于正统，怀贰于所后，所以著其非，而非谓不变革其父母之名也。夫考者，父殁之称。然施于礼者，有朝廷典册之文，有宗庙祝祭之辞而已。若不加位号，则无典册之文；不立庙奉祀，则无祝祭之辞。则虽正其名，岂有施于事者？顾言之不可不顺而已。”

【胡氏曰】“濮议”一案，以“子无爵父”一语夺人主天性，罔极之恩，势不免龃龉无当耳。当时中书所据者《仪礼·丧服》之文，不思所云“为其父母”者乃词穷而无可易，故道其实以成文，不当举以为据也。又引宣帝、光武皆称父为皇考，其说近是。然宣帝、光武不及所继之嫌，故得遂其尊称。濮议之时，太后固在也。进濮王为皇考，置太后何地？惜此论未决而罢，使后生不见礼义之准则也。愚谓人情隆于所生，未为大失，然不可谓非私也。为臣子者必欲求其据于典礼，以明其非私，故其说多穿凿附会。避私之名，而有失礼之实，非爱君也。若俟太后崩，然后以所生皇考为定名，明示天下以不容已之情，则于礼无憾也。若明之睿宗，犹唐之让帝、元之裕宗，未尝一日为君，自不能乱正统，礼之秩序固在也。两统之说，毋乃太激。

《黄氏日钞》卷六一《濮议》**曰：“欧公被阴私之谤，皆激于当日主濮议之力。公集《濮议》四卷，又设为或问以发明**

之，滔滔数万言，皆以礼经‘为其父母’一语谓[①]未尝因降服而不称父母耳。然既明言所后者三年，而于所生者降服，则‘尊无二上’明矣。谓‘所生父母’者，盖本其初而名之，非有两父母也。未为人后之时，以生我者为父母；已为人后，则以命我者为父母。立言者于既命之后，而追本生之称，自宜因其旧以父母称，未必其人一时并称两父母也，公亦何苦力辨而至于困辱危身哉？况帝王正统，相传有自，非可常人比邪？"

观本朝有[②]嘉靖之事，至于入庙称宗，[③]而后知圣人制礼，别嫌明微之至也。永叔博闻之儒，而未见及此，学者所以贵乎格物。

"为人后者，为其父母，报"，谓所生之父母，报之亦为之服期也，重其继大宗也，故不以出降。

继父同居者[④]

"夫物之不齐，物之情也。"见《孟子·滕文公上》。虽三王之世，不能使天下无孤寡之人，亦不能使天下无再适人之妇，且有前后家、东西家而为丧主者矣。假令妇年尚少，夫

---

① 以上十一字，《日钞》原文为"皆以《礼记》'为所生父母降服'一语为"。

② "本朝有"，原本作"先朝"，据《校记》改。

③ 此指嘉靖朝"大礼议"事。嘉靖三年，帝追尊本生父兴献王为本生皇考恭穆献皇帝，奉安献皇帝神主于观德殿。至十七年，又定献皇帝庙号睿宗，奉睿宗神主祔太庙，跻武宗上。

④ 《仪礼·丧服》："女子子适人者为其父母、昆弟之为父后者，继父同居者，为夫之君。"

死，而有三五岁之子，则其本宗大功之亲自当为之收恤。又无大功之亲，而不许之从其嫁母，则转于沟壑而已。于是其母所嫁之夫，视之如子而抚之，以至于成人。此子之于若人也名之为何？不得不称为“继父”矣。长而同居，则为之服齐衰期。先同居而后别居，则齐衰三月，以其抚育之恩次于生我也。为此制者，所以寓恤孤之仁，而劝天下之人不独子其子也。若曰“以其货财为之筑宫庙”，见《仪礼·丧服传》。此后儒不得其说而为之辞。

宗子之母在则不为宗子之妻服也①

《正义》谓母年未七十尚与祭，非也。《祭统》曰：“夫祭也者，必夫妇亲之。”是以“舅殁则姑老”，【原注】《内则》。明其不与祭矣。【原注】夫人亚祼，母不可以亚子，故老而传事。虽老，固尝为主祭之人。而礼无二敬，故为宗子之母服，则不为妻服。

杜氏《通典》卷九六有“夫为祖、曾祖、高祖父母持重，妻从服议”一条，云：“孔瑚问虞喜曰：‘假使玄孙为后，玄孙之妇从服期；曾孙之妇尚存，才缌麻。近轻远重，情实有疑。’喜答曰：‘有嫡子者无嫡孙。又，若为宗子母服，则不服宗子妇。以此推之，若玄孙为后，而其母尚存，玄孙之妇犹为庶，不得传重。传重之服，理当在姑矣。’宋庾蔚之【原

① 《仪礼·丧服传》：“何以服齐衰三月也？尊祖也。尊祖故敬宗。敬宗者，尊祖之义也。宗子之母在，则不为宗子之妻服也。”

注】《唐志》:庾蔚之注《丧服要记》五卷。见《新书·艺文志》。谓:'舅殁则姑老,是授祭事于子妇;至于祖服,自以姑为嫡。'"与此条之意互相发明。

君之母妻[①]

与民同者,为其君齐衰三月也。不与民同者,君之母、妻,民不服,而尝仕者独为之服也。古之卿大夫有见小君之礼,【原注】如《左传》成公九年"季文子如宋致女。复命,公享之。穆姜出于房,再拜"是也。而妻之爵服,则又君夫人命之,是以不容无服。

齐衰三月不言曾祖已上

宋沈括《梦溪笔谈》卷三曰:"《丧服》但有曾祖、曾孙,而无高祖、玄孙。或曰'经之所不言,则不服',是不然。曾,重也,自祖而上者皆曾祖也,自孙而下者皆曾孙也,虽百世可也。苟有相逮者,则必为服丧三月。故虽成王之于后稷,亦称'曾孙',而祭礼祝文,无远近皆曰'曾孙'。"

《礼记·祭法》言适子、适孙、适曾孙、适玄孙、适来孙。《左传》王子虎盟诸侯,亦曰"及而玄孙,无有老幼"。【原注】僖公二十八年。玄孙之文见于记传者如此。【原注】《史

① 《仪礼·丧服》:"寄公为所寓,丈夫、妇人为宗子、宗子之母、妻,为旧君、君之母、妻,庶人为国君。"

记·孟尝君传》:“孙之孙为何?曰为玄孙。”然宗庙之中并无此称。《诗·维天之命》“骏惠我文王,曾孙笃之”,郑氏玄笺曰:“曾,犹重也。自孙之子而下,事先祖皆称‘曾孙’。”《礼记·郊特牲》“称曾孙某”,注:“谓诸侯事五庙也,于曾祖已上,称‘曾孙’而已。”【原注】《信南山·正义》:“自曾祖以至无穷,皆得称曾孙。”《左传》哀公二年,卫太子祷文王,称“曾孙蒯聩”。《晋书·锺雅传》,元帝诏曰:“礼:事宗庙,自曾孙已下皆称曾孙,义取于重孙,可历世共其名,无所改也。”

曾祖父母齐衰三月,而不言曾祖父之父母,【原注】后人谓之“高祖”。非经文之脱漏也,盖以是而推之矣。凡人祖孙相见,其得至于五世者鲜矣。寿至八九十而后可以见曾孙之子,百有馀年而曾孙之子之子亦可见矣。人之寿以百年为限,故服至五世而穷。苟六世而相见焉,其服不异于曾祖也。经于曾祖已上不言者,以是而推之也。【原注】晋徐农人问殷仲堪,谓“假如玄孙持高祖重,来孙都无服”,见《通典》卷九六《父为高祖持重子当何服议》。及《晋书》《贺循传》谓“高祖已上五世、六世无服之祖”者,并非。观于祭之称“曾孙”不论世数,而知“曾祖”之名统上世而言之矣。〔一〕

〔一〕【汝成案】诸侯祭四亲,曾、高二代可并称“曾孙”欤?有继高祖之宗,“高祖”之名,非起后代也。《丧服》本士礼,而间及于大夫。大夫祭三世,或就大夫言之欤?

兄弟之妻无服

“谓弟之妻妇者，是嫂亦可谓之母乎？”见《仪礼·丧服传》。【原注】《记·大传》文同。**盖言兄弟之妻不可以母子为比。以名言之，既有所阂而不通；以分言之，又有所嫌而不可以不远。《记》**《檀弓上》**曰：“嫂叔之无服也，盖推而远之也。”夫外亲之同爨犹缌，而独兄弟之妻不为制服者，以其分亲而年相亚，故圣人嫌之。嫌之故远之，而大为之坊，**【原注】《曲礼》：“嫂叔不通问。”**不独以其名也，此又《传》之所未及也。**〔一〕**存其恩于娣姒，而断其义于兄弟，夫圣人之所以处此者精矣。**【原注】《大传》疏曰：“有从有服而无服，嫂叔是也；有从无服而有服，娣姒是也。”

〔一〕【汝成案】《传》曰：“其夫属乎父道者，妻皆母道也。其夫属乎子道者，妻皆妇道也。”言外见昆弟之妻，非母、非妇，其近于妻道矣。名不正则嫌生，举彼见此，从容不迫，此其所以为圣门之文耳，非未及也。

嫂叔虽不制服，然而曰“无服而为位者，惟嫂叔”。【原注】《礼记》《奔丧》。**“子思之哭嫂也，为位”，**【原注】《檀弓》。**何也？曰：是制之所抑，而情之所不可阙也。然而郑氏**玄**曰：“正言嫂叔，尊嫂也。若兄公与弟之妻，则不能也。”**【原注】《正义》曰：“兄公于弟妻不为位者，卑远之；弟妻于兄公不为位者，尊绝之。”**此又足以补《礼记》之不及。**【原注】《檀弓》言“嫂叔之无服”，《杂记》言“嫂不抚叔，叔不抚嫂”，是兼兄公与弟妻。

先君馀尊之所厌[①]

“尊尊”、“亲亲”，周道也。[②] 诸侯有一国之尊，为宗庙社稷之主，既没而馀尊犹在，故公之庶子于所生之母，不得伸其私恩为之大功也。大夫之尊不及诸侯，既没，则无馀尊，故其庶子于父卒，为其私亲，并依本服如邦人也。亲不敌尊，故厌；尊不敌亲，故不厌。此诸侯、大夫之辨也。后魏广陵侯衍为徐州刺史，“所生母雷氏卒，表请解州。诏曰：‘先君馀尊之所厌，《礼》之明文。季末陵迟，斯典或废。侯既亲王之子，宜从馀尊之义，便可大功。’”饶阳男遥，官左卫将军，“遭所生母忧，表请解任。诏以馀尊所厌，不许”。并见《魏书·景穆十二王传》。

晋哀帝欲为皇太妃服三年，仆射江虨启：“于礼应服缌麻。”又欲降服期，虨曰：“厌屈私情，所以上严祖考。”乃服缌麻。见《资治通鉴》卷一〇一“兴宁元年”。【原注】胡三省曰：“以帝入后大宗，则太妃乃琅邪国母，当以服诸侯者服之也。”

贵臣贵妾[③]

此谓大夫之服。“贵臣，室老士也；贵妾，侄娣也”，见

① 《仪礼·丧服传》：“何以大功也？先君馀尊之所厌，不得过大功也。”

② 张京华《校释》：《韩诗外传》卷十：“太公问周公何以治鲁，周公曰：‘尊尊亲亲。’”

③ 《仪礼·丧服》：“《礼·服经》曰：‘贵臣贵妾。’明有卑贱妾也。”

《丧服》郑玄注。皆有"相助之义",故为之服缌。《穀梁传》文公十八年曰:"侄娣者,不孤子之意也。"古者大夫亦有侄娣,《左传》襄公二十三年"臧宣叔娶于铸,生贾及为而死,继室以其侄生纥"是也。备六礼之制,合二姓之好,从其女君而归焉,故谓之"贵妾"。【原注】雷次宗曰:"侄娣贵而大夫尊轻,故服。至于馀妾,出自凡庶,故不服。"见《通典》卷九二。士无侄娣,故《丧服小记》曰:"士妾有子而为之缌。"然则大夫之妾虽有子,犹不得缌也。惟夫"有死于宫中者,则为之三月不举祭",见《仪礼·丧服传》。近之矣。

【续补正】遇孙案:《仪礼·士昏礼》疏云:"古者嫁女,必侄娣从,谓之媵者。"媵有二种。若诸侯有二媵,外别有侄娣,是以庄公十九年经书"秋,公子结媵陈人之妇于鄄",《公羊传》曰:"媵者何?诸侯娶一国则二国往媵之,以侄娣从。侄者何?兄之子也。娣者何?女弟也。"诸侯夫人有侄娣,并二媵各有侄娣,则九女是媵,与侄娣别也。若大夫、士无二媵,即以侄娣为媵。郑云"古者嫁女,必侄娣从,谓之媵",是据大夫、士言也。是则士亦有侄娣,先生云"士无侄娣",非也。

又案:汪钝翁曰:"《开元礼》迄今礼文无贵臣服,盖后世卿大夫无臣故也。"又曰:"案郑氏谓'贵妾,侄娣也'。陈铨曰:'天子贵妾三夫人,诸侯卿大夫贵妾侄娣,士贵妾亦为侄娣。'雷次宗曰:'馀妾出自凡庶,不为服也。'盖古者以侄娣为媵,適妻殁,侄娣得以次摄女君,故殊之于众妾,为制此服。后世既无媵礼,妾皆出于凡庶,无贵贱之殊,宜乎不为之服也。"

唐李晟夫人王氏无子,妾杜氏生子愿,诏以为嫡子。

及杜之卒也，赠郑国夫人，而晟为之服缌。议者以为，准《礼》士妾有子而为之缌，《开元新礼》无是服矣，而晟擅举复之，颇为当时所诮。【原注】《册府元龟》卷九四六。**今之士大夫缘饰礼文而行此服者，比比也。**〔一〕

〔一〕【汝成案】诏为嫡子，则杜氏乃无子之妾矣。李晟之服，朝廷之赠，皆非也。然朝廷既以杜生子而赠之夫人，则李亦宜服。何也？以士，则有子者也；以大夫，则贵妾也。

外亲之服皆缌[①]

"外亲之服皆缌。"外祖父母以尊加，故小功；从母以名加，故小功。【原注】《礼记》《大传》："服术有六。三曰名。"○此谓母之兄弟异德异名，母之姊妹同德同名。○庾蔚之云："男女异长，母之在室，与其姊妹有同居共席之礼，故许其因母名以加服。"**唐玄宗开元二十三年制令礼官议加服制。太常卿韦绍请加外祖父母服至大功九月，舅服至小功五月，堂姨、堂舅、舅母服至袒免。太子宾客崔沔议曰："礼教之设，本于正家，家正而天下定矣。正家之道，不可以贰，总一定义，理归本宗。所以父以尊崇，母以厌降，内有齐斩，外服皆缌，尊名所加，不过一等，此先王不易之道，其来久矣。昔辛有适伊川，见被发而祭于野者，曰：'不及百年，此其戎乎！其礼先亡矣。'贞观修礼，特改旧章，渐广渭阳之恩，不遵洙泗之典。及弘道之后，唐元之间，**【原注】韦氏弑中宗，立温王重

① 《仪礼·丧服传》："何以小功也？以名加也，外亲之服皆缌也。"

茂,改元唐隆。今避玄宗御名上字,故称“唐元”。国命再移于外族矣,礼亡征兆,傥见于斯。开元初,补阙卢履冰尝进状论丧服轻重,敕令佥议。于时群议纷拏,各安积习。太常礼部奏依旧定。陛下运稽古之思,发独断之明,特降别敕,一依古礼。事符典故,人知向方,式固宗盟,社稷之福。更图异议,窃所未详。愿守八年明旨,以为万代成法。”职方郎中韦述议曰:“天生万物,惟人最灵。所以尊尊亲亲,别生分类,存则尽其爱敬,殁则尽其哀戚。缘情而制服,考事而立言,往圣讨论,亦已勤矣。上自高祖,下至玄孙,以及其身,谓之九族。由近而及远,称情而立文,差其轻重,遂为五服。虽则或以义降,或以名加,教有所从,理不逾等。百王不易,三代可知。若以匹敌言之,外祖则祖也,舅则伯叔父之列也。父母之恩不殊,而独杀于外氏者,所以尊祖祢而异于禽兽也。且家无二尊,丧无二斩。持重于大宗者,降其小宗。为人后者,减其父母之服。女子出嫁,杀其本家之丧。盖所存者远,所抑者私也。今若外祖及舅更加服一等,堂舅及姨列于服纪之内,则中外之制相去几何?废礼徇情,所务者末。且五服有上杀之义,必循原本,方及条流。伯叔父母本服大功九月,【原注】今伯叔父母期是加服。〔一〕从父昆弟亦大功九月,并以上出于祖,其服不得过于祖也。从祖祖父母、从祖父母、从祖昆弟皆小功五月,以出于曾祖,服不得过于曾祖也。〔二〕族祖祖父母、族祖父母、族祖昆弟皆缌麻三月,以出于高祖,服不得过于高祖也。堂舅姨既出于外曾祖,若为之制服,则外曾祖父母及外伯叔祖父母，亦宜制服矣。外祖加至大功九月，则外曾祖父母合至小功，外高祖合至缌麻。若举此而舍彼，事则不均；弃亲而录疏，理则不顺。推而广之，则与本族无异矣。且服皆有报，则堂外甥、外曾孙、侄女之子皆须制服矣。圣人岂薄其骨肉，背其恩爱。盖本于公者薄于私，存其大者略其细，义有所断，不得不然。苟可加也，亦可减也，往圣可得而非，则礼经可得而隳矣。先王之制，谓之彝伦，奉以周旋，犹恐失坠，一紊其叙，庸可止乎？"礼部员外郎杨仲昌议曰："按《仪礼》为舅缌，郑文贞公魏征议同从母例，加至小功五月。【原注】详见下条。虽文贞贤也，而周、孔圣也，以贤改圣，后学何从？今之所请，正同征论。如以外祖父母加至大功，岂不加报于外孙乎？外孙为报，服大功，则本宗庶孙又用何等服邪？窃恐内外乖序，亲疏夺伦，情之所沿，何所不至。昔子路有姊之丧而不除，孔子曰：'先王制礼，行道之人皆不忍也。'子路除之。此则圣人援事抑情之明例也。《记》不云乎：'毋轻议礼！'"时玄宗手敕再三，竟加舅服为小功，舅母缌麻，堂姨堂舅袒免。以上见《旧唐书·礼仪志七》。宣宗舅郑光卒，诏罢朝三日。御史大夫李景让上言："人情于外族则深，于宗庙则薄。所以先王制礼，割爱厚亲。士庶犹然，况于万乘。亲王、公主，宗属也；舅氏，外族也。今郑光辍朝日数与亲王公主同，非所以别亲疏，防僭越也。"优诏报之，乃罢两日。见《旧唐书·忠义·李景让传》。夫由韦述、杨仲昌之言，可以探本而尊经；由崔沔、李景让之言，可以察微而防乱。岂非能言之士深识先

王之礼，而亦目见武、韦之祸，思永监于将来者哉！

〔一〕【汝成案】《丧服》篇："世父母、叔父母皆服期。"韦述云"本服大功"已误，先生释云"今服期是加服"，尤失经义。

〔二〕【沈氏曰】曾祖旧服齐衰三月，今言小功五月者，唐太宗所增也。

宗庙之制，始变于汉明帝；[①]**服纪之制，始变于唐太宗，皆率一时之情而更三代之礼。后世不学之主踵而行之。**

唐人增改服制

唐人所议服制，似欲过于圣人。嫂叔无服，太宗令服小功；曾祖父母旧服三月，增为五月；嫡子妇大功，增为期；众子妇小功，增为大功；舅服缌，增为小功。【原注】《新唐书》《礼乐志十》："初，太宗尝以同爨缌而嫂叔乃无服，舅与从母亲等而异服，诏侍中魏征、礼部侍郎令狐德棻等议：'舅为母族，姨乃外戚他姓。舅服一时，姨乃五月，古人未达者也。于是服曾祖父母齐衰三月者，增以齐衰五月。適子妇大功，增以期。众子妇小功，增以大功。嫂叔服以小功五月报。弟妻及夫兄同。舅服缌，增以小功。'然《律疏》舅报甥，服犹缌。显庆中，长孙无忌以为甥为舅服同从母，则舅宜进同从母报。又古庶母缌，今无服，且庶母之子，昆弟也，为之杖齐，是同气而吉凶异，自是亦改服缌。"**父在为母服期，高宗增为三年。妇为夫之姨舅无服，玄宗令从夫服，又增**

---

① 《续汉·祭祀志下》：明帝即位，以光武帝拨乱中兴，更为起庙，尊号曰世祖庙。以元帝于光武为穆，故虽非宗，不毁也。后遂为常。

舅母缌麻，堂姨舅袒免。而弘文馆直学士王元感，遂欲增三年之丧为三十六月。【原注】《旧唐书·张柬之传》。○何休注《公羊传》文公二年言："鲁文公乱圣人制，欲服丧三十六月。"皆务饰其文，欲厚于圣王之制，而人心弥浇，风化弥薄。不探其本而妄为之增益，亦未见其名之有过于三王也。是故知庙有二主之非，则叔孙通之以益广宗庙为大孝者绌矣；[①]知丧不过三年，示民有终之义，则王元感之服三十六月者绌矣；知亲亲之杀，礼所由生，则太宗、魏征所加嫂叔诸亲之服者绌矣。《唐书·礼乐志》言："礼之失也，在于学者好为曲说，而人君一切临时申其私意，以增多为尽礼，而不知烦数之为黩也。"子曰："道之不明也，贤者过之。"见《礼记·中庸》。夫贤者率情之偏，犹为悖礼，而况欲以私意求过乎三王者哉！【原注】《记》《丧服四制》曰："始死，三日不怠，三月不解，期悲哀，三年忧，恩之杀也。圣人因杀以制节，此丧之所以三年。贤者不得过，不肖者不得不及，此丧之中庸也。"

宋熙宁五年，中书门下议不祧僖祖。[②]秘阁校理王介上议曰："夫物有无穷，而礼有有限。以有限制无穷，此礼之所以起，而天子所以七庙也。今夫自考而上何也？必曰祖。自祖而上何也？必曰曾祖。自曾祖而上何也？必曰高祖。自高祖而上又何也？必曰不可及见，则闻而知之者矣。今欲祖其祖而追之不已，祖之上又有祖，则固有无穷

① 《史记·叔孙通传》：孝惠帝作复道，叔孙通曰："陛下何自筑复道高寝，令后世子孙乘宗庙道上行哉？"孝惠帝惧，欲坏复道。叔孙通曰："人主无过举。愿陛下原庙渭北，衣冠月出游之，益广多宗庙，大孝之本也。"上乃诏有司立原庙。

② 宋太祖以其高祖朓为"僖祖"。

之祖矣。圣人制为之限,此天子七庙所以自考庙而上,至显祖之外而必祧也。自显祖之外而祧,亦犹九族至高祖而止也,皆以礼为之界也,五世而斩故也。丧之三年也,报罔极之恩也,以罔极之恩为不足报,则固有无穷之报乎?何以异于是?故丧之罔极而三年也,族之久远而九也,庙之无穷而七也。"见《续资治通鉴长编》卷二三六。皆先王之制,弗敢过焉者也。《记》《檀弓下》曰:"品节斯,斯之谓礼。"《易》于《节》之《象》曰:"君子以制度数,议德行。"唐、宋之君岂非昧于节文之意者哉!〔一〕

〔一〕【杨氏曰】王介甫欲以僖祖为太祖之庙,百世不迁,而朱子亦如其议,此最不可解。

贞观之丧服,开元之庙谥,[①]与始皇之狭小先王之宫廷而作为阿房者,见《史记·秦始皇本纪》。同一意也。

报于所为后之兄弟之子若子[②]〔一〕

"所后者",谓所后之亲。【原注】"上斩章"言"所后者"是也。郑注衍一"为"字。"所为后",谓出而为后之人。

〔一〕【汝成案】"报"字属上读,先生属下句,非是。

为人后者,于兄弟降一等,自期降为大功也。兄弟之

① 见《旧唐书·礼仪志五》"开元四年"条。

② 《仪礼·丧服》:"为人后者,于兄弟降一等,报。于所为后之兄弟之子,若子。"

子,报之亦降一等,亦自期降为大功也。“若子”者,兄弟之孙,报之亦降一等,自小功降而为缌也。〔一〕

〔一〕【汝成案】昆弟,兄弟,经、《记》义别。经所云昆弟,期亲也。《记》所云兄弟,小功下也。是以康成注曰:“族亲于兄弟降一等。”自小功降为缌,非自期降为大功也。“若子”之义与“斩衰章”同。康成前注云“如亲子”是也。先生解“若”作“及”,因于此条遂增出“兄弟之孙”,益乖《记》义矣。

庶子为后者为其外祖父母从母舅无服[①]

与尊者为一体,不敢以外亲之服而废祖考之祭,故绌其服也。言“母党”,[②]则妻之父母可知。

考降[③]

“考”,父也。既言“父”又言“考”者,犹《易》《蛊》初六言“干父之蛊,有子,考无咎”也。“降”者,骨肉归复于土也。《记》《礼运》曰“体魄则降”,人死则魂升于天,魄降于地。《书》《君奭》曰“礼陟配天”,“陟”,言升也;又曰“放勋乃徂落”,[④]“落”,言降也。然而曰“文王陟降”,见《诗·大

① 《仪礼·丧服》:“庶子为后者,为其外祖父母、从母、舅无服。”

② 《丧服》疏:“云‘庶子为后者,为其外祖父母从母舅无服’者,以其与尊者为一体,既不得服所出母,是以母党皆不服之,不言兄弟而显尊亲之名者。”

③ 《仪礼·士丧礼》:“考降,无有近悔?”

④ 《书·舜典》作“帝乃徂落”。《孟子·万章上》方作“放勋乃徂落”。

雅·文王》。何也？神无方也，可以两在而兼言之。

噫歆

《仪礼》《士虞礼》“声三”注：“声者，噫，歆也。将启户，警觉神也。”《礼记》《曾子问》“祝声三”注：“声，噫歆警神也。”盖叹息而言：神其歆我乎？犹《诗》《商颂·那》“顾予烝尝”之意也。丧之“皋某复”，见《仪礼·士丧礼》。祭之“噫歆”，皆古人命鬼之辞。【原注】《正义》曰：“直云祝声，不知作何声。按《论语》《先进》云：颜渊死，子曰：‘噫，天丧予！’《檀弓》云：公肩假曰：‘噫！’是古人发声多云‘噫’，故知此声亦谓‘噫’也。凡祭祀，神之所享谓之‘歆’，今作声欲令神歆享，故云：‘歆，警神也。’”见《礼记·曾子问》孔颖达疏。

《仪礼》《既夕礼》“声三”注：“旧说以为‘噫兴’也。”“噫兴”者，叹息而欲神之兴也。“噫歆”者，叹息而欲神之歆也。

日知录集释卷六

毋不敬[①]

“毋不敬，俨若思，安定辞”，修己以敬也；“安民哉”，修己以安人也。“俨若思，安定辞”，何以安民？子曰：“危以动，则民不与也。惧以语，则民不应也。”见《易·系辞下》。《诗》《小雅·都人士》云：“彼都人士，狐裘黄黄。其容不改，出言有章。行归于周，万民所望。”

女子子[②]

“女子子”，谓已所生之子若兄弟之子；言女子者，别于男子也。【原注】犹《左氏》言“女公子”。古人谓其女亦曰子，

---

① 《礼记·曲礼上》：“毋不敬，俨若思，安定辞，安民哉！”

② 《礼记·曲礼上》：“姑、姊、妹、女子子，已嫁而反，兄弟弗与同席而坐，弗与同器而食。”

《诗》《卫风·硕人》曰“齐侯之子，卫侯之妻”，《论语》《公冶长》曰“以其子妻之”是也。此章言男女之别，故加“女子”于“子”之上以明之。下乃专言兄弟者，兄弟至亲，兄弟之于姊妹犹弗与同席同器，而况于姑乎？况于女子子乎？不言“从子”，不言“父”，据“兄弟”可知也。《丧服小记》言“女子子在室，为父母杖”，[①]然则女子子为己所生之子明矣。【原注】胡氏铨谓重言“子”衍文。黄氏以为“女子之子”，皆非。〔一〕

〔一〕【杨氏曰】对姑而言，不曰从子，当曰侄，《左氏》僖公十五年“侄其从姑”是也。古人不谓兄弟之子曰侄，侄者对姑之辞，男女同。

《内则》曰：“七年男女不同席，不共食。”则不待已嫁而反矣。

取妻不取同姓[②]

姓之为言，生也。【原注】《左传》昭四年：“问其姓，对曰：‘余子长矣。’”《诗》《周颂·麟之趾》曰“振振公姓”。天地之化，专则不生，两则生，故叔詹言“男女同姓，其生不蕃”。见《左传》僖公二十三年。【原注】《晋语》曰：“同姓不昏，惧不殖也。”而子产之告叔向云“内官不及同姓，美先尽矣，则相生疾”，

① 《丧服小记》原文为：“女子子在室，为父母，其主丧者不杖，则子一人杖。”
② 《礼记·曲礼上》：“取妻不取同姓，故买妾不知其姓则卜之。”

见《左传》昭公元年。晋司空季子之告公子曰“异德合姓”，见《国语·晋语四》。郑史伯之对桓公曰“先王聘后于异姓，务和同也。声一无听，物一无文”，见《国语·郑语》。是知礼不娶同姓者，非但防嫌，亦以戒独也。故《曲礼下》“纳女于天子，曰备百姓”，【原注】《吴语》：句践请“一介嫡女执箕帚，以晐姓于王宫”。而《郊特牲》注云“百官，公卿以下也。百姓，王之亲也”。【原注】《书》《吕刑》“官百族姓”传：“族，同族。姓，异姓。”[①]《易》《睽·彖传》曰“男女睽而其志通也”，是以“王御不参一族”，见《国语·周语上》。其所以合阴阳之化，而助嗣续之功者微矣。

古人以“异姓”为昏姻之称。《大戴礼》《卫将军文子》：南宫绍，“夫子信其仁，以为异姓”。谓以兄之子妻之也。《周礼·秋官司寇司仪》“时揖异姓”郑氏注引此。

姓之所从来，本于五帝，五帝之得姓，本于五行，则有相配相生之理。故《传》言“有妫之后，将育于姜”，见《左氏》庄公二十一年。又曰“姬、姞耦，其生必蕃”，[②]而后世五音族姓之说自此始矣。晋嵇康论曰：“五行有相生，故同姓不昏。”见《嵇中散集·答释难宅无吉凶摄生论》。【原注】《旧唐书》《吕才传》吕才序《宅经》，谓：“五姓之说，本无所出。惟《堪舆经》黄帝对于天老，乃有五姓之言。”今考《汉书·王莽传》，卜者王况谓李焉：“君姓李，李者征，征，火也。”《后汉》《苏竟传》苏竟与刘龚书：“五七之家三十五姓，彭、秦、延氏不得与焉。”李云上书：“高祖受命，至今三百

① “百”，《吕刑》本作“伯”。“伯”同“百”。
② 见《左传》宣公三年，原文作“其子孙必蕃”。

六十四岁，君期一周，当有黄精代见，姓陈、项、虞、田、许氏，不可令此人居太尉、太傅典兵之官。”见《李云传》。五姓之说，始见于此，盖与谶记之文同起于哀、平之际。而《京房传》：“房本姓李，推律自定为京氏。”《白虎通》《姓名》曰：“古者圣人吹律定姓，以记其族。”《尔雅翼》卷一○曰：“古者司商协名姓。人始生，吹律合之，定其姓名。”《易是(谋类)[类谋]》曰：“黄帝吹律定姓。”《论衡》《实知篇》言孔子“吹律，自知殷宋大夫子氏之世”。则古人以律推姓，亦必有法。《潜夫论》《卜列》言：“凡姓之有音也，必随其本生祖所出也。太皞木精，承岁星而王，夫其子孙，咸当为角。神农火精，承荧惑而王，夫其子孙，咸当为征。黄帝土精，承填而王，夫其子孙，咸当为宫。少昊金精，承太白而王，夫其子孙，咸当为商。颛顼水精，承辰而王，夫其子孙，咸当为羽。虽号百变，音形不易。”此则五姓所以分属五音之说，与《春秋》裨灶、史赵、史伯诸人之论大抵相同，不可谓其无本。○宋时犹尚五音之说，《云麓漫钞》卷九言：“永安诸陵皆东南地穹，西北地垂，东南有山，西北无山，角音所利如此。”〔一〕

〔一〕【杨氏曰】人必出于五帝，则五帝时其民人都无后乎？五姓之说良不可信。

【汝成案】《易纬》名《是类谋》，注误。

春秋时最重族姓，至七国时则绝无一语及之者。正犹唐人最重谱谍，而五代以后则荡然无存，人亦不复问此。百馀年间，世变风移，可为长叹也已。

父不祭子夫不祭妻①

"父不祭子，夫不祭妻"，不但名分有所不当，而以尊临卑，则死者之神亦必不安，故其当祭，则有代之者矣。此别是一条，说者乃蒙上"馂馀不祭"之文而为之解，②殆似山东人作"不彻姜食，不多食"见《论语·乡党》。**义，即谓"不多食姜"，同一谬也。**【原注】此谓平日四时之祭，若在丧，则祥禫之祭未尝不行。〔一〕

〔一〕【汝成案】特牲少牢之礼，主祭者一人，无代之者。孙祔食于祖，妇祔食于姑，不容别有人执事。似以郑说为安。

檀弓

读《檀弓》二篇及《曾子问》，乃知古人于礼服讲之悉而辨之明如此。《汉书》言夏侯胜善说礼服，见《夏侯胜传》。**萧望之从夏侯胜问《论语》、礼服。**见《萧望之传》。**唐开元四部书目《丧服传》义疏有二十三部。昔之大儒有专以丧服名家者，其去邹鲁之风未远也。故萧望之为太傅，以《论语》、礼服授皇太子。**见《汉书·萧望之传》。**宋元嘉末，征隐士雷次宗诣京邑，筑室于锺山西岩下，为皇太子诸王讲《丧服**

① 语出《礼记·曲礼上》。《正义》本以"馂馀不祭，父不祭子，夫不祭妻"为一条。

② 此句《正义》孔颖达疏曰"'父不祭子，夫不祭妻'者，若父得子馀，夫得妻馀，不须祭者，言其卑故也"云云。

经》。见《宋书·雷次宗传》。齐初，何佟之为国子助教，为诸王讲《丧服》。见《南史·何佟之传》。陈后主在东宫，引王元规为学士，亲授《礼记》、《左传》、《丧服》等义。见《南史·王元规传》。魏孝文帝亲为群臣讲《丧服》于清徽堂。见《北史·魏孝文本纪》。而《梁书》《昭明太子传》言始兴王憺薨，昭明太子命诸臣共议，从明山宾、朱异之言，以"慕悼之(辞)[解]，宜终服月"。【原注】梁、陈、北齐各有皇帝、皇后、太子、王侯已下丧礼之书，谓之《凶仪》。夫以至尊在御，不废讲求丧礼，异于李义府之言"不豫凶事而去《国恤》一篇"者矣。【原注】《旧唐书·李义府传》："初，《五礼仪注》自前代相沿，吉凶毕举。太常博士萧楚材、孔志约，以皇室凶礼为豫备凶事，非臣子所宜言。义府深然之，于是悉删而焚之。"○《裴守真传》："为太常博士。高宗崩，时无大行凶仪，守真与同时博士韦叔夏、辅抱素等讨论旧事，创为之。"○《宋史·章衡传》："熙宁初判太常寺，建言：'自唐开元纂修礼书，以《国恤》一篇为豫凶事，删而去之。故不幸遇事，则捃摭坠残，茫无所据。今宜为《厚陵集礼》，以贻万世。'从之。"①

宋孝宗崩，光宗不能执丧，宁宗嗣服，已服期年丧，欲大祥毕更服两月。监察御史胡纮言："孙为祖服，已过期矣，议者欲更持禫两月，不知用何典礼？若曰嫡孙承重，则太上圣躬亦已康复，于宫中自行二十七月之重服，而陛下又行之，是丧有二孤也。"诏侍从、台谏、给舍集议。见《宋史·礼志·凶礼一》。时朱熹【原注】君前臣名。上议，以纮言为非，而未有以折之。后读《礼记正义·丧服小记》"为祖后

① 又《新唐书·礼仪志》言："《周礼》五礼，二曰凶礼。唐初，徙其次第五，而李义府、许敬宗以为凶事非臣子所宜言，遂去其《国恤》一篇，由是天子凶礼阙焉。"

者"条,因自识于本议之末。其略云:"准《五服年月格》,斩衰三年,嫡孙为祖,【原注】谓承重者。[①] 法意甚明。而礼经无文,《传》云'父殁而为祖后者服斩',然而不见本经,未详何据。但《小记》云'祖父卒,而后为祖母后者三年',可以傍照。至'为祖后者'条下,疏中所引《郑志》,乃有'诸侯父有废疾,不任国政,不任丧事'之问,而郑答以'天子诸侯之服皆斩'之文,【原注】《仪礼·丧服》篇"不杖章""为君之祖父母"下,疏亦引此赵商问答。方见父在而承国于祖之服。向日上此奏时,无文字可检,又无朋友可问,故大约且以礼律言之。亦有疑父在不当承重者,时无明白证验,但以礼律人情大意答之。心常不安,归来稽考,始见此说,方得无疑。乃知学之不讲,其害如此,而礼经之文,诚有阙略,不无待于后人。向使无郑康成,则此事终未有所断决。不可直谓古经定制,一字不可增损也。"见《晦庵集》卷一四《乞讨论丧服劄子·书奏稿后》。【原注】昔人谓"读书未到康成,不敢轻议汉儒",以此。呜呼!若曾子、子游之伦,亲受学于圣人,其于节文之变,辨之如此其详也。[②] 今之学者生于草野之中,当礼坏乐崩之后,于古人之遗文一切不为之讨究,而曰"礼吾知其敬而已,丧吾知其哀而已",以空学而议朝章,以清谈而干王政,是尚不足以窥汉儒之里[③],而何以升孔子之堂哉!

---

① 此是朱子原注。

② 详见《曾子问》、《檀弓》。

③ "里",张京华《校释》作"室"。

【校正】晏案：朱子《答季章》云："汉儒之学，有补于世教者不小。如国君承祖父之重，在经虽无明文，而康成与其门人答问盖已及之，其义甚备，若已预知后世当有此事者。"陆稼书曰："此固言《仪礼》经传而及之。其书末自言明岁已七十，则知朱子于晚岁乃惓惓于汉儒之学如此。姚江之《晚年定论》，岂不诬哉！"又朱子《论孟精义序》云："汉、魏诸儒正音读，通训诂，考制度，辨名物，其功博矣。学者苟不先涉其流，则亦何以用力于此。"又《答张敬夫书》云："汉儒可谓善说经者，不过只说训诂，使人以此训诂玩索经文。"又朱子《答吕伯恭》曰："近看《中庸》古注极好处，如说篇首一句，便以五常五行言之。后来杂佛老而言之者，岂能如是之悫实耶！"案《礼记·中庸》"天命之谓性"，郑注："天命，谓天所命生人者也，是谓性命。木神则仁，金神则义，火神则礼，水神则信，土神则知。"朱子极重汉儒之学，于古注深有取焉，是以《仪礼经传通解》备载注疏之文。近人讲宋学者摈弃郑君之学，并注疏亦不寓目，空疏无实，岂朱子之意哉。

《论语》之言"斯"者七十，而不言"此"。《檀弓》之言"斯"者五十有三，而言"此"者一而已。[①]《大学》成于曾氏之门人，而一卷之中言"此"者十有九。语音轻重之间，而世代之别从可知已。【原注】《尔雅》《释诂》曰："兹、斯，此也。"今考《尚书》多言"兹"，《论语》多言"斯"，《大学》以后之书多言"此"。

① 援庵《校注》：士之有诔，自此始也。

太公五世反葬于周[1]

太公，汲人也。闻文王作，然后归周。史之所言，已就封于齐矣。其复入为太师，薨而葬于周，事未可知；使其有之，亦古人因薨而葬，不择地之常尔。《记》以“首丘”喻之，亦已谬矣，乃云“比及五世，皆反葬于周”！见《礼记·檀弓上》。夫齐之去周二千馀里，而使其已化之骨，跋履山川，触冒寒暑，自东徂西，以葬于封守之外，于死者为不仁。古之葬者“祖于庭，塴于墓”，见《礼记·檀弓上》。反哭于其寝，故曰“葬日虞，弗忍一日离也”。见《檀弓下》。使齐之孤重趼送葬，旷月淹时，不获遵五月之制，速反而虞，于生者为不孝。且也入周之境，而不见天子则不度；离其丧次，而以衰绖见则不祥；若其孤不行，而使卿摄之则不恭；劳民伤财则不惠。此数者无一而可。禹葬会稽，其后王不从，而殽之南陵有夏后皋之墓，岂古人不达礼乐之义哉？体魄则降，知气在上，故古之事其先人于庙而不于墓，圣人所以知幽明之故也。然则太公无五世反葬之事明矣。【原注】《水经注·淄水》下有胡公陵，“青州刺史傅弘仁言得铜棺隶书处”。胡公，太公之玄孙，未尝反葬于周。

---

① 《檀弓上》：“大公封于营丘，比及五世，皆反葬于周。君子曰：‘乐，乐其所自生。礼，不忘其本。古之人有言曰：“狐死正丘首。”仁也。’”

扶君

“扶君，卜人师扶右，【原注】注：“卜当为仆。”射人师扶左，君薨，以是举”，见《檀弓上》。此所谓“男子不死于妇人之手”见《礼记·丧大记》。也。三代之世，侍御仆从罔非正人，缀衣虎贲皆惟吉士，与汉高之独枕一宦者卧异矣。[①]《春秋传》曰：“公薨于小寝，即安也。”见《左传》僖公三十三年。魏中山王衮疾病，令官属以时营东堂，堂成，舆疾往居之。见《三国志·魏书·中山恭王衮传》。其得礼之意者与？

二夫人相为服

“从母之夫，舅之妻，二夫人相为服。”[②]从母之夫与谓吾从母之夫者相为服也，舅之妻与谓吾舅之妻者相为服也。上不言妻之姊妹之子，下不言夫之甥，语繁而冗，不可以成文也。闻一知二，吾于《孟子》《告子上》“以纣为兄之子”言之。

同母异父之昆弟[③]

同母异父之昆弟不当有服。子夏曰“我未之前闻也”，

① 见《史记·樊哙传》。

② 见《礼记·檀弓上》。郑玄注：“‘二夫人’，犹言‘此二人’也。”

③ 《礼记·檀弓上》：“公叔木有同母异父之昆弟死，问于子游。子游曰：‘其大功乎？’”

此是正说;而又曰“鲁人则为之齐衰”,则多此一言矣。狄仪从而行之,后人踵而效之。① 今之齐衰,狄仪之问也,以其为大贤之所许也,然则鲁人之前固未有行之者矣。是以君子无轻议礼。〔一〕

〔一〕【汝成案】子夏谓“未之前闻”,是未闻其服之轻重,非谓竟无服也。为父三年,则为昆弟期;为继父期,则为继父之子大功。似合经例。魏王肃曰:“继父同居服期,则子宜大功也。”晋淳于睿曰:“游、夏文学之俊,曰大功,曰齐衰。二者推之,明非无服与缌可知。继父非亲,立庙祭祀,尚为之期,以比同胞,岂有绝道?”

广安游氏桂曰:“后世所承传之礼,有出(二)[三]代之末,沿礼之失而为之者。不丧出母,古礼之正也。孔氏丧出母,惟孔子行之,而非以为法。今礼家为出母服齐衰、杖、期,此后世之为,非礼之正也。〔一〕同母异父之昆弟,子游曰‘为之大功’,②鲁人为之齐衰,亦非礼之正也。昔圣人制礼,教以人伦,使之父子有亲,男女有别,然后一家之尊,知统乎父,而厌降其母;同姓之亲,厚于异姓;父在则为母服齐衰、期,出母则不为服。后世既为出母制服,则虽异父之子,以母之故,亦为之服矣。此其失在乎不明父母之辨、一统之尊,不别同姓、异姓之亲而致然也。及后世,父在而升其母三年之服,至异姓之服,若堂舅、堂姨之类亦相

① 《礼记·檀弓上》:“狄仪有同母异父之昆弟死,问于子夏,子夏曰:‘我未之前闻也。鲁人则为之齐衰。’狄仪行齐衰。今之齐衰,狄仪之问也。”

② 《礼记·檀弓上》:公叔木有同母异父之昆弟死,问于子游。子游曰:“其大功乎?”

缘而升。夫礼者，以情义言也。情义者有所限止，不可遍给也。母统于父，严于父则不得不厌降于其母，厚于同姓则不得不降杀于异姓。夫是以父尊而母卑，夫尊而妇卑，君尊而臣卑，皆顺是而为之也。今子游欲以意为之大功，此皆承世俗之失。失之之原，其来浸远，后世不考其原，而不能正其失也。"《礼记集说》卷一八引。

〔一〕【汝成案】《丧服经》："出妻之子为母期。"此周公所为，非末失也，游氏殊失考。

子卯不乐

古先王之为后世戒也至矣：欲其出而见之也，故"亡国之社以为庙屏"；【原注】《穀梁传》哀公四年。欲其居而思之也，故"子卯不乐"、【原注】《檀弓下》。[①]"稷食菜羹"，【原注】《玉藻》。而太史奉之以为讳恶。【原注】《王制》。○郑氏注："讳，先王名；恶，子卯日。"[②]此君子安而不忘危，存而不忘亡之义也。汉以下人主莫有行之者。【原注】惟崔琰谏魏世子田猎，曾引此义。见《三国志·魏书·崔琰传》。后周武帝天和元年五月甲午诏曰："道德交丧，礼义嗣兴，褒四始于一言，[③]美

① 郑玄注："纣以甲子死，桀以乙卯亡，王者谓之疾日，不以举乐为吉事，所以自戒惧。"

② 原文为："大史典礼，执简记，奉讳恶。"郑注："简记，策书也。讳，先王名。恶，忌日，若子卯。"《正义》曰："此一经论大史之官典掌礼事，国之得失，是其所掌，执此简记策书，奉其讳恶之事。奉谓进也。讳谓先王之名。恶谓子卯忌日。谓奉进于王以所讳所恶。"

③ 《诗》有"四始"：《风》、《小雅》、《大雅》、《颂》。《论语·为政》：子曰："《诗》三百，一言以蔽之，曰：思无邪。"

三千于为敬。[①] 是以在上不骄，处满不溢，富贵所以长守，邦国于焉乂安。故能承天静地，和民敬鬼，明并日月，道错四时。朕虽庸昧，有志前古。甲子、乙卯，《礼》云'不乐'。苌弘表昆吾之稔，[②]杜蒉有扬觯之文。[③] 自世道丧乱，礼仪紊毁，此典茫然，已坠于地。昔周王受命，请闻颛顼，[④]庙有戒盈之器，[⑤]室为复礼之铭。矧伊末学，而能忘此。宜依是日省事停乐，庶知为君之难，为臣不易。贻之后昆，殷鉴斯在。"见《周书·武帝纪》。【原注】《春秋》庄公二十(一)[二]年："春王正月，肆大眚。"《公羊传》作"大省"。何休注："谓子卯日也。先王常以此日省吉事，不忍举，又大自省敕，得无有此行乎?"

"子"，甲子也；"卯"，乙卯也。古人省文，但言"子卯"。翼奉乃谓子为贪狼，卯为阴贼，"是以王者忌子卯，礼经避之，《春秋》讳焉"。见《汉书·翼奉传》。此术家之说，非经义也。

君有馈焉曰献

"仕而未有禄者，君有馈焉曰献，使焉曰寡君"，见《礼

---

① 《礼记·礼器》："经礼三百，曲礼三千，其致一也。……君子之于礼也，有所竭情尽慎，致其敬而诚若，有美而文而诚若。"

② 《左传》昭公十八年：二月乙卯，周毛得杀毛伯，过而代之。苌弘曰："毛得必亡，是昆吾稔之日也，侈故之以。而毛得以济侈于王都，不亡何待！"

③ 事见《檀弓下》"知悼子卒"一节。

④ 《大戴礼·武王践阼》：武王践阼三日，召师尚父而问曰："昔黄帝、颛顼之道存乎?"

⑤ 《韩诗外传》卷三：孔子观于周庙，有欹器焉，满则覆，虚则欹，中则正。守庙者曰："此为宥座之器。"

记·檀弓下》。示不纯臣之道也。【原注】长乐陈氏祥道曰:“宾之而弗臣,故有馈焉,不曰赐而曰献。其将命之使,不但曰君,而曰寡君,若子思之仕卫、孟子之仕齐是也。注以‘君有馈’为‘馈于君’者,非。”见《礼记集说》卷二二。故哀公执挚以见周丰,[①]而老莱子之于楚王自称曰“仆”,[②]【原注】《荀子》《尧问》:周公自言“所执贽而见者十人”。盖古之人君有所不臣,故九经之序,先尊贤而后敬大臣。尊贤,其所不臣者也。至若武王之访于箕子,变“年”称“祀”,[③]不敢以维新之号临之,恪旧之心,师臣之礼,又不可以寻常论矣。

郳娄考公

“郳娄考公之丧,徐君使容居来吊含”,见《礼记·檀弓下》。注:“考公,隐公益之曾孙。‘考’或为‘定’。”按隐公当鲁哀公之时,传至曾孙考公,其去春秋已远。而鲁昭公三十年,“吴灭徐,徐子章羽奔楚”,以上《春秋》经文。“楚沈尹戌帅师救徐,弗及,遂城夷,使徐子处之”。以上《左传》文。是已失国而为寓公,其尚能行王礼于邻国乎?定公在鲁文、宣之时,作“定”为是。

---

① 事见《檀弓下》。

② 事见《列女传》卷二《楚老莱妻》。

③ 《书·洪范》:“惟十有三祀,王访于箕子。”孔安国注:“商曰祀,箕子称祀,不忘本。”

因国[①]

有“胜国”，有“因国”。《周礼·地官司徒媒氏》“凡男女之阴讼，听之于胜国之社”，《春官宗伯》《丧祝》“掌胜国邑之社稷之祝，号士师；若祭胜国之社稷，则为之尸”，《书序》言“汤既胜夏，欲迁其社”，又言“武王胜殷”，《左传》“凡胜国曰灭之”【原注】文公十五年。是也。【原注】《左传》哀公十三年“今吴王有墨，国胜乎”，注：“国为敌所胜。”《礼记》《王制》“天子诸侯祭因国之在其地而无主后者”，《左传》子产对叔向曰“迁阏伯于商丘，主辰，商人是因。迁实沈于大夏，主参，唐人是因”，【原注】昭公元年。齐晏子对景公曰“昔爽鸠氏始居此地，季萴因之，有逢伯陵因之，蒲姑氏因之，而后太公因之”【原注】昭公二十年。是也。【原注】《周礼·春官宗伯》“都宗人”注：“都或有山川及因国无主九皇六十四民之祀。”

文王世子

“文王之为世子，朝于王季，日三。鸡初鸣而衣服，至于寝门外。”见《礼记·文王世子》。不独文王之孝，亦可以见王季之其勤也。为父者未明而衣，则为子者鸡鸣而起矣。苟宴安自逸，又何怪乎其子之惰四支而不养也？是以《小雅》

---

① 《礼记·王制》：“天子诸侯祭因国之在其地而无主后者。”

《小宛》之诗，必曰“夙兴夜寐”，而管宁三日晏起，自讼其愆。[①] **古人之以身行道者如此。**〔一〕

〔一〕【杨氏曰】礼家都云：“鸡初鸣，咸盥漱。”早起是古人一件事。

武王帅而行之

文王之孝，可谓至矣。“武王帅而行之，不敢有加焉”。见《礼记·文王世子》。**如三朝、食上、色忧、复膳之节，皆不敢有过于文王。此中庸之行，而凡后人之立意欲以过于前人者，皆有所为而为之也。故乐正子春之母死，五日而不食，曰：“吾悔之，自吾母而不得吾情，吾恶乎用吾情。”**见《礼记·檀弓下》。

用日干支

三代以前，择日皆用干，《礼记》**《郊特牲》“郊日用辛，社日用甲”，**【原注】《书·召诰》：“丁巳，用牲于郊。戊午，乃社于新邑。”而《月令》“择元日，命民社”，郑注谓“春分前后戊日”。则郊不必用辛，社不必用甲矣。[②] **《诗》**《小雅·吉日》**“吉日惟戊，既伯既祷”，《穀梁传》**哀公元年**“六月上甲始庀牲，十月上甲始系牲”，**《礼记》**《月令》“仲春，上丁命乐正习舞释菜，仲丁命乐**

---

① 《太平御览》卷三六四引《吴苑》：魏管宁避难辽东，还，泛海遭风，船垂倾没。宁思曰：“吾尝一朝科头，三晨晏起，今天怒猥集，过恐在此。”

② 按《月令》“择元日，命民社”下，郑注谓“祀社日用甲”。“春分前后戊日”乃唐人注《月令》“元日”语，与郑不同。顾氏下条即引郑注“社日用甲”，此处当系笔误。

正入学习乐，季秋，上丁命乐正入学习吹"，《春秋》昭公二十五年"秋七月上辛大雩，季辛又雩"，《易·蛊》卦"先甲三日，后甲三日"，《巽》九五"先庚三日，后庚三日"之类是也。秦汉以下，始多用支，如"午祖"、"戌腊"、[①]"三月上巳祓除"[②]【原注】张衡《南都赋》："于是暮春之禊，元巳之辰。"及"正月刚卯"见《汉书·王莽传中》。之类是也。《月令》"择元辰，躬耕帝藉"，[③]卢植说曰："日，甲至癸也；辰，子至亥也。郊天，阳也，故以日；藉田，阴也，故以辰。"蔡邕《月令章句》云："日，干也。辰，支也。有事于天用日，有事于地用辰。"此汉儒之说。考之经文，无用支之证。【原注】《夏小正》："二月丁亥，万用入学。"二月不必皆有丁亥，盖夏后氏始行此礼之日值丁亥而用之也。犹《郊特牲》言"郊之用辛也，周之始郊日以至"，言周人以日至郊，适值辛日。谓以支取亥者，非。

社日用甲

《月令》"择元日，命民社"，注："祀社日用甲。"据《郊特牲》文"日用甲，用日之始也"，《正义》[④]曰："《召诰》'戊午乃社于新邑'。用戊者，周公告营洛邑位成，非常祭也。"

① 《续汉·礼仪志》注引高堂隆曰："火生于寅，盛于午，终于戌，故火家以午祖，以戌腊。"

② 见《史记集解·外戚世家》，徐广曰："三月上巳，临水祓除谓之禊。"

③ 按《月令》原文为"乃择元辰，天子亲载耒耜，措之于参保介之御间，帅三公、九卿、诸侯、大夫躬耕帝藉"。此处所引及下文"卢植说"云云，实出《南齐书·礼志》永明三年太学博士刘蔓议，而"蔡邕《月令章句》"云云，则出自助教周山文议。

④ 按此下为《礼记正义·月令》之孔颖达疏文，非《郊特牲》疏。

《墨子》《明鬼下》云“吉日丁卯，周代祝社”，疑不可信。【原注】《礼》《表记》“外事用刚日”，“丁卯”非也。汉用午，魏用未，晋用酉，各因其行运。潘尼《皇太子社》诗：“孟月涉初旬，吉日惟上酉。”见《艺文类聚》卷五。则不但用酉，又用孟月。唐武后长寿元年制“更以九月为社”，见《资治通鉴》卷二〇五。玄宗开元十八年诏“移社日就千秋节”，[①]皆失古人用甲之义矣。

不齿之服[②]

“道二，仁与不仁而已矣。”见《孟子·离娄上》孔子曰。出乎吉，则入乎凶。惰游之士，缟冠垂緌；不齿之人，玄冠缟武。以其为自吉而之凶之人，故被之以不纯吉而杂乎凶之服。

为父母妻长子禫[③]

禫者，终丧之祭。父母之丧，中月而禫，固已，妻与长子何居？夫不有祖父母、伯叔父母及昆弟乎？曰：夫为妻，父为长子，丧之主也。服除而禫，非夫非父，其谁主之？若祖父母、伯叔父母及兄弟，则各有主之者矣，故不禫。

父在为母，则从乎父而禫。

---

① 按《通鉴》卷二一三作“移社就千秋节”，《旧唐书·玄宗纪》作礼部奏请“村闾社会并就千秋节先赛白帝，报田祖。”俱无“日”字。

② 《礼记·玉藻》：“垂緌五寸，惰游之士也，玄冠缟武，不齿之服也。”

③ 《礼记·丧服小记》：“为父、母、妻、长子禫。”

为殇后者以其服服之

"为殇后者,以其服服之。"见《礼记·丧服小记》。**殇无为人父之道,而有为殇后者,此礼之变也。谓大宗之子未及成人而殇,取殇者之兄弟若兄之子以为后,则以为人后之服而服之如父,不以其殇而杀,重大宗也。若鲁之闵公,八岁而薨,僖为之后是已。**[①] **夫礼之制殇,所以示长幼之节而杀其恩也。大宗重则长幼之节轻,故殇之服而有时不异乎成人,不以宜杀之恩而亏尊祖之义,此所谓权也。若曰服其本服云尔,《记》何必言之,而亦乌有"为殇后者"哉?**〔一〕

〔一〕【王处士曰】《曾子问》:"宗子为殇而死,庶子弗为后也。"《丧服小记》:"丈夫冠而不为殇,妇人笄而不为殇。为殇后者,以其服服之。"陈氏澔《集说》曰:"男子死在殇年,则无为人父之道,然亦有不俟二十而冠者,冠则成人也。此章举不为殇者言之,则此当立后者,乃是已冠之子也,不可以殇礼处之。其族人为之后者,即为之子也。以其服服之者,子为父之服也。"徐氏师曾《集注》据郑注驳之曰:"后谓丧主,非后嗣也。既冠、既笄,则虽未婚嫁,亦成人矣,故兄弟之为其主后者,以齐衰不杖期之服服之,不复殇服也。若殇本服,则昆弟之长殇、中殇大功,下殇小功。古者小宗不立后,未婚无父道。陈氏之说非也。"愚按《春秋》文公二年"八月丁卯,有事于太庙,跻僖公",《左氏传》曰:"子虽齐圣,不先父食。"盖以僖继闵,则为闵后,为闵后则为闵子也。《公羊氏传》曰:"先祢而后祖也。"盖以

① 按鲁僖公为庄公之子,闵公之兄。

文宜祖闵、祢僖也。文宜祖闵、祢僖,则僖宜祢闵也。《穀梁氏传》曰:"先亲而后祖也。"其义一也。闵公,弟也;僖公,兄也。以兄后弟,尚宜为其子。且闵为无服之殇,而曰父曰祖,不云殇,无为人父之道,所以尊祖重宗,明继统之义也。然则宗子殇而庶子弗为后者,非礼之常也,殆为厌祭言之也。或曰:弗为后者,小宗子也。小宗可绝,故殇而弗为后。为殇后者,大宗子也,大宗不可绝,故虽殇必为之后。陈氏不言大宗、小宗,但云冠则为之后,不重宗而重冠,何居?闵公之死,虑未必冠,鲁人不以僖后闵,何以为《春秋》所讥?不讥不为后,何以讥逆祀?左、公、穀氏亦不得曰父曰祖也。郑氏、徐氏以后为丧主,而非后嗣,礼固有非后嗣而主丧者,然当言主,不当言后也。况冠笄既已不殇,则虽非丧主,咸各以其服服之,何俟主丧而后以其服服之乎?三氏交非,皆非也。质之《春秋》闵、僖之义,则《戴礼》后殇之说可决矣。由是推之,汉之安帝宜为殇后者也,不后殇而后和,汉人之失礼也。然则天子、诸侯兄弟可相为后乎?曰:岂特天子诸侯而已,有家者皆可也。成公十五年三月乙巳,仲婴齐卒。《公羊氏传》曰:"仲婴齐者何?公孙婴齐也。公孙婴齐则曷为谓之仲婴齐?为兄后也。为兄后则曷为谓之仲婴齐?为人后者,为之子也。"此有家者兄弟之相为后,著于《春秋》者也。然则昭穆可紊乎?曰:义重于此也。是以《穀梁氏》"跻僖公"之传曰:"逆祀则是无昭穆也,无昭穆则是无祖也。"闵、僖兄弟而相为后,则亦相为昭穆者,《春秋》之义也。若不重所为后,而重所生,则《春秋》之昭穆舛矣。朱子《太庙图》分太祖、太宗为二世,亦缘《春秋》之义以相为后、为昭穆也。虽然,此皆权于礼之变以为礼也。故虽大宗之殇,必已继统为宗子而后后之。若宗子之子未继统而殇，无昆弟与庶兄之子，则宗子自为立后，而不必为殇子后。是以世子殇而君以族人为之后，古未之闻也。又考汉宣之继昭帝，以族孙后族祖，斯固得其变也。

【汝成案】此处士与先生书也。后先生不继殇而立孙，盖从其议。惟先生与惠侍读皆不主《公羊》"仲婴齐后归父"说，若然，则僖公后闵，其义窒矣。

庶子不以杖即位

古之为杖，但以辅病而已，其后以杖为主丧者之用。丧无二主，则无二杖，故"庶子不以杖即位"。见《礼记·丧服小记》。

夫为妻杖，则其子不杖矣。父为长子杖，则其孙不杖矣。《礼记》**《杂记上》曰："为长子杖，则其子不以杖即位。"**

【原注】其子，长子之子。〔一〕

〔一〕【沈氏曰】《杂记》疏："祖在不厌孙，其孙得杖，但与祖同处，不得以杖即位，辟尊者。"

妇人不为主而杖者①

无杖则不成丧，故女子在室，父母死而无男昆弟，则女子杖。其曰"一人"，明无二杖也。

"姑在为夫杖"，必其无子也。"母为长子削杖"，必其

① 《礼记·丧服小记》："妇人不为主而杖者，姑在为夫杖，母为长子削杖。女子子在室为父母，其主丧者不杖，则子一人杖。"

无父也。此三者皆无主之丧,故妇人杖。

庶姓别于上[①]

"庶姓"者,子姓也。〔一〕《特牲馈食礼》言"子姓兄弟",注曰:"所祭者之子孙言子姓者,子之所生。"《玉藻》、《丧大记》并言"子姓",注曰:"子姓,谓众子孙也。"【原注】《玉藻》"缟冠玄武,子姓之冠也",《正义》曰:"姓,生也。孙是子之所生,故云子姓。"故《诗》言"公姓"以继"公子",[②]而"同父"之变文则云"同姓"。[③] 此所云"庶姓别于上"见《礼记·大传》。者,亦子姓之姓,与《周礼·秋官司寇司仪》之云"土揖庶姓"者,文同而所指异也。【原注】注以始祖为正姓,高祖为庶姓,意亦不殊,然多此两姓之目。〔二〕

〔一〕【沈氏曰】以庶姓为子姓,恐不若注疏之言为的。

〔二〕【全氏曰】《周礼·秋官·司仪》曰:"土揖庶姓,时揖异姓,天揖同姓。"康成曰:"同姓兄弟之国,异姓婚姻甥舅之国,庶姓无亲而勋贤者。"故王昭禹曰:"异姓亲于庶姓,同姓又亲于异姓,而三揖之礼由此等焉。"然考《左传》隐公(二)十一年,[④]"滕、薛来朝,争长。滕曰:'我周之卜正也。薛,庶姓也。'"鲁自周公以至武公皆娶于薛,不可为非婚姻甥舅之国,而滕犹以庶姓目之,盖成周异姓之封,如妫,如姒,如子,则三恪,如姜,

① 见《礼记·大传》。
② 《周南·麟之趾》:"麟之趾,振振公子,于嗟麟兮!麟之定,振振公姓,于嗟麟兮!"
③ 《唐风·杕杜》:"岂无他人?不如我同父。""岂无他人?不如我同姓。"
④ 隐公在位实仅十一年,据《左传》,滕薛朝鲁争长事在十一年。"二"字衍。

则元臣，皆族类之贵者。薛虽太皞之裔，而先代所封，又加以弱小，故降居庶姓之列。然则异姓因有贵姓而始有庶姓，亦不仅以亲疏言也。若同姓，则安得有所谓庶姓？甚矣康成之谬也，何以解《大传》？盖尝考之，古之所谓姓、氏原有别。三桓七穆，是氏也，非姓也。受氏之礼，多以王父字为氏，而亦或有以父字赐氏者，国侨之类是也，或有及身赐氏者，仲遂之类是也，不必高祖始有也，而要之皆不可以言姓。太史公承秦、项丧乱之馀，姓学已紊，故混书曰"姓某氏"，儒者讥之。若如康成所云，则氏固可以言姓，太史公又何讥乎？况姓一定而不易，氏递出而不穷。以三桓言之，仲孙氏之后又分而为南宫氏、子服氏，叔孙氏之后又分而为叔仲氏，季孙氏之后又分而为公钼氏、公甫氏。诸侯不敢祖天子，大夫不敢祖诸侯，则仲庆父、叔牙、季友，实三桓之始祖也。始祖为正姓，将无以三公子所受之氏为正姓耶，则正姓即庶姓矣；倘仍以姬为姓耶，则正姓并不出于始祖也。若敬叔诸家所受之氏，是又庶姓之小支也。姓固如是之不一而足耶，此康成之言之必不可通者也。至于《大传》所云"别姓"，窃疑非即下文系姓之姓。姓者，生也。庶姓即众生，盖谓支属别于上，婚姻穷于下，故疑若可以通嫁娶而无害。至下文系姓弗别，始指所受之姓而言。康成合而一之，遂谓系姓之外，又别有所别之姓，而所系者出始祖，所别者出高祖，舛矣。

【汝成案】康成注："玄孙之子，姓别于高祖，五世而无服，姓世所由生。"又曰："姓，正姓也。始祖为正姓，高祖为庶姓，系之弗别，谓若今宗室属籍也。《周礼》小胥掌定世系，辨昭穆。"又《司仪》注："庶姓，无亲而勋贤者。"其义正指庶姓为子姓，与先生言合。特出高祖者，虽别以氏，仍系以姓，盖以氏异其世，以姓系其本，故曰“系之弗别”，曰“小胥掌定系世”，非云以氏为姓也。以三桓七穆为庶姓者，此孔疏误合姓、氏为一。全氏以此驳康成，过矣。且经文“庶姓别于上”，“系之以姓而弗别”，义甚明白。全氏亦知其说之不可通，欲申其辨，乃云“别姓非即下文系姓之姓，下文所云系姓始指所受之姓而言”，已失经义，转讥康成“合而一之，系姓之外，别出别姓”，不知康成实未尝别出，而己则分别姓、系姓为二也，此尤误之显然者。至庶姓谓无亲而勋贤者，或包异姓说，鲁自周公至武公娶于薛，至隐公则亲疏矣。故杜氏注曰“非周之同姓”，孔疏亦引康成《司仪》注云“无亲”者。全氏始曰“薛因弱小，降为庶姓”，义或当也；复云“姓有贵贱，不以亲疏”，则多窒阂矣。

爱百姓故刑罚中①

人君之于天下，不能以独治也。独治之而刑繁矣，众治之而刑措矣。古之王者不忍以刑穷天下之民也，是故一家之中，父兄治之，一族之间，宗子治之。其有不善之萌，莫不自化于闺门之内；而犹有不帅教者，然后归之士师，然则人君之所治者约矣。然后原父子之亲、立君臣之义以权之，意论轻重之序、慎测浅深之量以别之，悉其聪明、致其忠爱以尽之，夫然刑罚焉得而不中乎？是故宗法立而刑

① 《礼记·大传》：“人道亲亲也。亲亲故尊祖，尊祖故敬宗，敬宗故收族，收族故宗庙严，宗庙严故重社稷，重社稷故爱百姓，爱百姓故刑罚中，刑罚中故庶民安，庶民安故财用足，财用足故百志成，百志成故礼俗刑，礼俗刑然后乐。”

清。天下之宗子各治其族，以辅[1]人君之治，“罔攸兼于庶狱”，[2]而民自不犯于有司。风俗之醇，科条之简，有自来矣。《诗》《大雅·公刘》曰“君之宗之”，吾是以知宗子之次于君道也。

庶民安故财用足[3]

民之所以不安，以其有贫有富。贫者至于不能自存，而富者常恐人之有求，而多为吝啬之计，于是乎有争心矣。夫子有言：“不患贫而患不均。”[4]夫惟“收族”之法行，[5]而岁时有“合食”之恩，[6]吉凶有“通财”之义。[7]“本俗六安万民”，“三曰联兄弟”，[8]而“乡三物”之所兴者，“六行”之条，曰睦曰恤，[9]不待王政之施，而矜寡、孤独、废疾者皆有所养矣。此所谓均无贫者，而财用有不足乎？至于《葛藟》

---

① “辅”，张京华《校释》本作“服”。

② 《书·立政》：“文王罔攸兼于庶言，庶狱庶慎，惟有司之牧夫。”

③ 《礼记·大传》。详见上注。

④ 《论语·季氏》：“不患寡而患不均，不患贫而患不安。”

⑤ 《礼记·大传》：“敬宗故收族，收族故宗庙严。”

⑥ 《礼记·大传》：“君有合族之道，族人不得以其戚戚君，位也。”孔疏：“‘合族’者，言设族食燕饮，有合食族人之道。”

⑦ 《周礼·地官·大司徒》：“颂职事十有二于邦国、都鄙，使以登万民”，其六曰“通财”。

⑧ 《周礼·地官·大司徒》：“以本俗六安万民：一曰媺宫室，二曰族坟墓，三曰联兄弟，四曰联师儒，五曰联朋友，六曰同衣服。”

⑨ 《周礼·地官·大司徒》：“以乡三物教万民而宾兴之：一曰六德，知、仁、圣、义、忠、和；二曰六行，孝、友、睦、姻、任、恤；三曰六艺，礼、乐、射、御、书、数。”

之刺兴,[1]《角弓》之赋作,[2]九族乃离,一方相怨,而瓶罍交耻,[3]泉池并竭,[4]然后知先王宗法之立,其所以养人之欲而给人之求,为周且豫矣。【原注】宋范文正公苏州义田,至今裔孙犹守其法,范氏无穷人。

术有序[5]

《学记》“术有序”注:“术,当为‘遂’,声之误也。《周礼》‘万二千五百家为遂’。”按《水经注》引此作“遂有序”。《周礼》《地官司徒》“遂人”之职,“五家为邻,五邻为里,四里为酂,五酂为鄙,五鄙为县,五县为遂,皆有地域,沟树之,使各掌其政令”。【原注】“遂人:中大夫二人。遂师:下大夫四人,上士八人,中士十有六人,旅下士三十有二人。”“遂大夫:每遂中大夫一人。”又按《月令》“审端径术”注:“术,《周礼》作‘遂’。‘夫间有遂,遂上有径。’径,小沟也。”《春秋》文公十二年“秦伯使术来聘”,《公羊传》、《汉书·五行志》并作“遂”。《管子·度地》篇:“百家为里,里十为术,术十为州。”术音“遂”。此古“术”、“遂”二字通用之证。

① 《王风·葛藟》:“绵绵葛藟,在河之浒。终远兄弟,谓他人父。谓他人父,亦莫我顾!”《诗序》:“《葛藟》,王族刺平王也。周室道衰,弃其九族焉。”

② 《小雅·角弓》:“骍骍角弓,翩其反矣。兄弟昏姻,无胥远矣。”《诗序》:“《角弓》,父兄刺幽王也。不亲九族,而好谗佞,骨肉相怨,故作是诗也。”

③ 《小雅·蓼莪》:“瓶之罄矣,维罍之耻。”《诗序》:“《蓼莪》,刺幽王也。民劳苦,孝子不得终养尔。”

④ 《大雅·召旻》:“池之竭矣,不云自频?泉之竭矣,不云自中?”

⑤ 《礼记·学记》:“古之教者,家有塾,党有庠,术有序,国有学。”

陈可大《集说》改“术”为“州”，非也。①

《周礼·地官司徒州长》：“会民射于州序。”陈氏祥道《礼书》曰：“州曰序。《记》言‘遂有序’，何也？《周礼》遂官各降乡官一等，则遂之学亦降乡一等矣。降乡一等而谓之州长，其爵与遂大夫同，则遂之学，其名与州序同可也。”

师也者所以学为君②

三代之世，凡民之俊秀皆入大学，而教之以治国平天下之事。孔子之于弟子也，四代之礼乐以告颜渊，③“五至三无”以告子夏，④而又曰“雍也可使南面”。见《论语·雍也》。然则内而圣，外而王，无异道矣。其系《易》也，曰：“九二曰‘见龙在田，利见大人’，何谓也？子曰：‘龙德而正中者也。庸言之信，庸行之谨，闲邪存其诚，善世而不伐，德博而化。《易》曰“见龙在田，利见大人”，君德也。’”“君子学以聚之，问以辨之，宽以居之，仁以行之。《易》曰‘见龙在田，利见大人’，君德也。”俱见《乾卦·文言》。故曰“师也者，所以学为君也”。

① 援庵《校注》：元陈澔《礼记集说》。《集说》所集各家之说，非陈澔自改也。

② 《礼记·学记》：“君子知至学之难易，而知其美恶，然后能博喻；能博喻然后能为师；能为师然后能为长；能为长然后能为君。故师也者，所以学为君也……”

③ 《论语·卫灵公》：“颜渊问为邦。子曰：‘行夏之时，乘殷之辂，服周之冕，乐则《韶舞》。’”

④ 《礼记·孔子闲居》：“孔子曰：‘夫民之父母乎，必达于礼乐之原，以致五至而行三无，以横于天下。’”下言何谓“五至”，何谓“三无”。

肃肃敬也

“肃肃，敬也；雍雍，和也”，见《礼记·乐记》。**《诗》本“肃”、“雍”，一字而引之二字者，长言之也。《诗》**《邶风·谷风》**云“有洸有溃”，毛公传之曰：“洸洸，武也；溃溃，怒也。”即其例也。**〔一〕

〔一〕【臧氏曰】《毛诗传》有经本一字而传重文者，如“忧心有忡”，《传》“忧心忡忡然”；“赫兮咺兮”，《传》“赫，有明德赫赫然”；“容兮遂兮，垂带悸兮”，《传》“佩玉遂遂然，垂其绅带悸悸然”；“将其来施”，《传》“施施，难进之貌”；“条其啸矣”，《传》“条条然啸也”；“惴惴其栗”，《传》“栗栗，惧也”。

【汝成案】臧氏又引《颜氏家训·书证》云：“河北《毛诗》皆云‘施施’，江南旧本悉单为‘施’，恐有少误。”然颜尝云，河北本往往为人所改，不得据以为疑。且经传每正文一字，释者重文，所谓长言之也。

以其绥复①

男子以车为居，以弓矢为器。故其生也，“桑弧蓬矢，以射天地四方”；见《礼记·射义》。**其死也，“设决，丽于掔”；**见《仪礼·士丧礼》。**比葬，则“弓矢之新，沽功，有弭饰焉，亦张可也”，**见《仪礼·既夕礼》。**以射者男子之事也。如死于道，**

① 《礼记·杂记上》：“大夫士死于道，则升其乘车之左毂，以其绥复。”

“则升其乘车之左毂，以其绥复”，【原注】注改“绥”为“緌”，谓旌旗之旄也。以旄复死，不切于事。(广)[庐]陵胡氏铨曰：“此复魂既在车，当是‘执绥’之‘绥’。”见《礼记集说》卷一〇一。**以车者男子之居也。**【原注】《晋书·祖逖传论》“灾星告衅，笠毂徒招”，用此。

升车必正立执绥。【原注】徐铉曰：“绥者，所执辔之总。”**“以其绥复”者，象其行也；象其行，所以达其志也。于是有“朝聘而终，以尸将事之礼”矣。**【原注】《左氏》哀公十五年传。〇《聘礼》：“宾死，以棺造朝，介将命。”〇《宋史·章频传》：“为刑部郎中。使契丹，至紫濛馆卒。契丹遣内侍就馆奠祭，命接伴副使吴克荷护其丧，以锦车驾橐驼，载至中京，敛以银饰棺具，鼓吹羽葆，吏士卫送至白沟。”**“邾娄复之以矢”，**见《礼记·檀弓上》。**犹有杀敌之意焉。此亡于礼者之礼也。**

亲丧外除兄弟之丧内除①

“亲丧外除”者，祥为丧之终矣，而其哀未忘，故中月而禫。“兄弟之丧内除”者，如其日月而止。〔一〕

〔一〕【汝成案】“亲丧外除”，所谓君子有终身之忧也，不以禫而止，惟待禫乃外除也。

十五月而禫

“期之丧，十一月而练，十三月而祥，十五月而禫”，见

① 见《礼记·杂记下》。

《礼记·杂记下》。孔氏颖达曰："此言父在为母，亦备二祥节也。"盖以十月当大丧之一周，逾月则可以练矣，故曰"十一月而练"。以十二月当大丧之再周，逾月则可以祥矣，故曰"十三月而祥"。【原注】必言十一月、十三月者，亲丧外除。又加两月焉，则与大丧之中月同，可以禫矣，故曰"十五月而禫"。

父在为母，其禫也，父主之，则夫之为妻亦当十五月而禫矣。晋孙楚《除妇服》诗但以一周而毕，[①]盖不数禫月。

其他期丧祥禫之祭，皆不在己，则亦以十一月而练，十三月而除可知。故郑氏曰："凡齐衰十一月，皆可以出吊。"[②]

妻之党虽亲弗主

"姑姊妹其夫死，而夫党无兄弟，使夫之族人主丧，妻之党，虽亲弗主。夫若无族矣，则前后家、东西家。无有，则里尹主之。"见《礼记·杂记下》。此文以姑姊妹发端，以戒人不可主姑姊妹之夫之丧也。夫宁使疏远之族人与邻家、里尹，而不使妻之党为之主，圣人之意盖已逆知后世必有如王莽假母后之权，行居摄之事，而篡汉家之统，而豫为之坊者矣。别内外，定嫌疑，自天子至于庶人，一也。"或曰：主

① 事见《世说新语·文学》，原诗见注，有云："时迈不停，日月电流。神爽登遐，忽已一周。"

② 见《礼记·杂记下》郑玄注。"吊"，今本作"矣"。

之，而附于夫之党”，见《礼记·杂记下》。是恶知礼意哉！

吉祭而复寝

“禫而从御，吉祭而复寝”，见《礼记·丧大记》。互言之也，郑注已明。而孔氏颖达乃以吉祭为四时之祭，虽禫之后，必待四时之祭讫，然后复寝。非也。禫即吉祭也，岂有未复寝而先御妇人者乎？

如欲色然[①]

“人少则慕父母，知好色则慕少艾。”见《孟子·万章上》。能以慕少艾之心而慕父母，则其诚无以加矣。【原注】《正义》云：“王肃解：‘欲色，为如欲见父母之颜色，郑何得比父母于女色？’马昭申云：‘孔子曰“吾未见好德如好色者”，见《论语·卫灵公》。是亦比色于德。’张融云：‘如好色，取其甚也，于文无妨。’”[②]

先古

《祭义》：“以事天地、山川、社稷、先古。”先古，先祖也。《诗》《周颂·良耜》曰“以似以续，续古之人”，亦谓其先人也。近曰“先”，远曰“古”，故周人谓其先公曰“古公”。

---

① 《礼记·祭义》：“如见亲之所爱，如欲色然，其文王与？”

② 援庵《校注》：马昭、张融皆魏博士。昭见《高贵乡公纪》“甘露元年”条，作“马照”；融见《隋志》“孔子家语”条。

博爱

“先之以博爱，而民莫遗其亲。”见《孝经·三才章》。“左右就养无方”，见《礼记·檀弓上》。谓之“博爱”。

以养父母日严

“故亲生之膝下，以养父母日严。”见《孝经·圣治章》。孩提之童，知爱而已；稍长，然后知敬，知敬然后能“严”。子曰：“今之孝者，是谓能养。至于犬马皆能有养，不敬，何以别乎？”见《论语·为政》。故“鸡初鸣而衣服，至于寝门外”，见《礼记·文王世子》。“问衣燠寒，疾痛苛养而敬抑搔之，出入则或先或后，而敬扶持之”，见《礼记·内则》。敬之始也。“《诗》《小雅·小旻》云‘战战兢兢，如临深渊，如履薄冰’。而今而后，吾知免夫”，见《论语·泰伯》。敬之终也。“日严”者，与日而俱进之谓。

致知[①]

“致知”者，“知止”也。【原注】董文清槐以“知止”二节合

① 《礼记·大学》：“致知在格物。物格而后知至。”

"听讼章"为《格物传》。[①] 知止者何?"为人君,止于仁;为人臣,止于敬;为人子,止于孝;为人父,止于慈;与国人交,止于信",见《礼记·大学》。是之谓"止",知止然后谓之"知"。至君臣、父子、国人之交,以至于"礼仪三百,威仪三千",见《礼记·中庸》。是之谓"物"。

《诗》《大雅·烝民》曰:"天生烝民,有物有则。"《孟子》《离娄下》曰:"舜明于庶物,察于人伦。"昔者武王之访,箕子之陈,[②]曾子、子游之问,孔子之答,[③]皆是物也。故曰"万物皆备于我矣"。见《孟子·尽心上》。

惟君子为能体天下之物,故《易》《家人》曰"君子以言有物而行有恒",《记》《哀公问》曰"仁人不过乎物,孝子不过乎物"。

以格物为"多识于鸟兽草木之名",见《论语·阳货》。则末矣。"知者无不知也,当务之为急。"见《孟子·尽心上》。

"听讼"者,[④]"与国人交"见《礼记·大学》。之一事也。

顾諟天之明命[⑤]

"维天之命,於穆不已。"见《诗·周颂·维天之命》。其在于

---

① 董槐,字庭植,谥文清。《宋史》有传。以"知止"二节合"听讼章"为《格物传》,事见宋黄震《黄氏日钞》卷二十八小注:"辛酉岁,见董丞相槐行实载此章,谓经本无阙文,此特错简之厘正未尽者矣"云云。

② 事见《书·洪范》。

③ 事见《礼记·曾子问》、《檀弓》。

④ 《礼记·大学》:"子曰:'听讼,吾犹人也。必也使无讼乎!'"

⑤ 《礼记·大学》:"《康诰》曰'克明德',《太甲》曰'顾諟天之明命',《帝典》曰'克明峻德',皆自明也。"

人,“日用而不知”,见《易·系辞上》。“莫非命也”。见《孟子·尽心上》。故《诗》、《书》之训有曰“顾諟天之明命”,见《书·太甲》。又曰“永言配命,自求多福”,见《诗·大雅·文王》。又曰“若生子,罔不在厥初生,自贻哲命”,见《书·召诰》。又曰“惟克天德,自作元命,配享在下”。见《书·吕刑》。而刘康公之言曰:“民受天地之中以生,所谓命也。是以有动作礼义威仪之则,以定命也。”见《左传》成公十三年。“彼其之子,邦之司直”,而以为“舍命不渝”;见《诗·郑风·羔裘》。“乃如之人,怀昏姻也”,而以为“不知命”。见《诗·鄘风·蝃蝀》。然则子之孝,臣之忠,夫之贞,妇之信,此天之所命,而人受之为性者也,故曰“天命之谓性”。见《礼记·中庸》。求命于冥冥之表,则离而二之矣。

“予迓续乃命于天”,见《书·盘庚中》。人事也。理之所至,气亦至焉。是以“含章、中正”而“有陨自天”,见《易·姤》。“匪正”之行而“天命不祐”。见《易·无妄》。

桀纣帅天下以暴[1]

《书》《仲虺之诰》篇曰“简贤附势,实繁有徒”,《多方》篇曰“叨懫日钦,劓割夏邑”,此桀民之从暴也。《微子》篇曰“殷罔不小大,好草窃奸宄。卿士师师非度,凡有辜罪,乃罔恒获。小民方兴,相为敌雠”,此纣民之从暴也。故曰“幽、厉兴则民好暴”。见《孟子·告子上》。古之人所以“胥训

① 《礼记·大学》:“尧舜帅天下以仁,而民从之;桀纣帅天下以暴,而民从之。”

告、胥保惠、胥教诲”，见《书·无逸》。而不使民之陷于邪僻者，何哉？“上无礼，下无学，贼民兴，丧无日矣。”见《孟子·离娄上》。《小雅》《天保》之诗皆祝其君以受福之辞，而要其指归，不过曰“民之质矣，日用饮食。群黎百姓，遍为尔德”。然则人君为国之存亡计者，其可不致审于民俗哉！

财者末也[①]

古人以财为末，故舜命九官，[②]未有理财之职。《周官》财赋之事，一皆领之[③]于天官冢宰，[④]而六卿[⑤]无专任焉。汉之九卿，一太常，二光禄勋，三卫尉，四太仆，五廷尉，六鸿胪，七宗正，八大农，【原注】武帝太初元年，更名大司农。九少府。【原注】应劭曰：“少者，小也。”师古曰：“大司农供军国之用，少府以养天子。”大农掌财在后，少府掌天子之私财又最后。见《汉书·百官公卿表》。唐之九卿，一太常，二光禄，三卫尉，四宗正，五太仆，六大理，七鸿胪，八司农，九太府，大略与汉不殊。而户部不过尚书省之属官，故与吏、礼、兵、刑、工并列而为六。至于大司徒教民之职，宰相实总之也。罢宰相，废司徒，以六部尚书为二品，非重教化、后财货之义矣。〔一〕

① 《礼记·大学》：“德者本也，财者末也。”

② 见《书·舜典》。

③ 张京华《校释》无“之”字。

④ 如大府、玉府、内府、外府、司会、司书、职内、职岁、职币等官，均见《天官冢宰》。

⑤ 《周礼·天官冢宰》“设官分职”，郑司农注：“冢宰、司徒、宗伯、司马、司寇、司空，各有所职而百事举。”贾公彦疏：“此谓设天地四时之官，即六卿也。”《汉书·百官公卿表》：“天官冢宰，地官司徒，春官宗伯，夏官司马，秋官司寇，冬官司空，是为六卿。”

〔一〕【钱氏曰】唐末年重财用，而户部、度支二曹至以宰相判之。

未有上好仁而下不好义者也①

治化之隆，则遗秉滞穗之利及于寡妇；②恩情之薄，则耰锄箕帚之色加于父母。③ 故欲使民兴孝兴弟，莫急于生财。以好仁之君，用不畜聚敛之臣，④则财足而化行，“人人亲其亲，长其长，而天下平矣”。见《孟子·离娄上》。

君子而时中⑤

《记》《礼器》曰：“礼时为大，顺次之，体次之，宜次之，称次之。尧授舜，舜授禹，汤放桀，武王伐纣，时也。天地之祭，宗庙之事，父子之道，君臣之义，伦也。社稷山川之事，鬼神之祭，体也。丧祭之用，宾客之交，义也。羔豚而祭，百官皆足，太牢而祭，不必有馀，此之谓称也。”“古之圣人内之为尊，外之为乐，少之为贵，多之为美，是故先王之制礼也，不可多也，不可寡也，惟其称也”。此所谓“君子而时

① 《礼记·大学》：“未有上好仁而下不好义者也，未有好义其事不终者也，未有府库财非其财者也。”

② 《诗·小雅·大田》：“彼有遗秉，此有滞穗，伊寡妇之利。”

③ 《汉书·贾谊传》：《治安疏》：“商君遗礼义，秦俗日败。……借父耰锄，虑有德色；母取箕帚，立而谇语。”

④ 《礼记·大学》：“伐冰之家不畜牛羊，百乘之家不畜聚敛之臣。”

⑤ 《礼记·中庸》：“仲尼曰：‘君子中庸，小人反中庸。君子之中庸也，君子而时中。小人之中庸也，小人而无忌惮也。’”

中"者也。故《易》《损》**曰:"二簋应有时,损刚益柔有时。"**
【原注】舜之"大孝",文王之"无忧",武王、周公之"达孝",见《中庸》。皆所谓"时中"也。

子路问强[①]

《洪范》"六极":"六曰弱。"郑康成注:"愚懦不毅为弱。"故"子路问强"。

素夷狄行乎夷狄[②]

"素夷狄行乎夷狄",然则将居中国而去人伦乎?非也。处夷狄之邦而不失[③]吾中国之道,是之谓"素夷狄行乎夷狄"也。六经所载,帝舜猾夏之咨,[④]殷宗"有截"之颂,[⑤]《礼记》明堂之位,[⑥]《春秋》会[潜][⑦]之书,凡圣人所以为

① 《礼记·中庸》:"子路问强。子曰:'南方之强与?北方之强与?抑而强与?……'"

② 《礼记·中庸》:"君子素其位而行,不愿乎其外。素富贵行乎富贵,素贫贱行乎贫贱,素夷狄行乎夷狄,素患难行乎患难,君子无入而不自得焉。"按《校记》,原本此条有目无文,今依钞本补入全文,凡三百五十七字,小注四十一字。

③ "不失",按钞本作"失不"。张京华《校释》校云:北大钞本有"不失"二字。今据改。

④ 《书·舜典》:"帝曰:'皋陶,蛮夷猾夏,寇贼奸宄。汝作士,五刑有服,五服三就。五流有宅,五宅三居。惟明克允!'"

⑤ 《诗·商颂·长发》:"相土烈烈,海外有截。"

⑥ 《礼记·明堂位》:"九夷之国,东门之外,西面北上;八蛮之国,南门之外,北面东上;六戎之国,西门之外,东面南上;五狄之国,北门之外,南面东上。"

⑦ "会"字不成文,疑"会"字之前或之后缺一字,然黄侃《校记》"会"字前后并无缺空。据张京华《校释》,徐文珊点校本"会"前补一"朝"字,但未言所据,应是徐氏意补。《校释》又言北大钞本作"会潜"。《春秋》隐公二年:"二年春,公会戎于潜。"《穀梁传》:"会者,外为主焉尔。知者虑,义者行,仁者守,有此本者然后可以出会。会戎,危公也。"今权依北大钞本补"潜"字。

内夏外夷之防也如此其严也。文中子王通以《元经》之帝魏，谓“天地有奉，生民有庇，即吾君也”，何其语之偷而悖乎！宋陈同甫亮谓：“黄初以来，陵夷四百馀载，夷狄异类迭起以主中国，而民生常觊一日之安宁于非所当事之人。”见《龙川集·答问》。以王仲淹通之贤而犹为此言，其无以异乎凡民矣。夫[兴][①]亡有迭代之时，而中华不[②]复之日，若之何以万古之心胸而区区于旦暮乎？【原注】杨循吉作《金小史序》曰：“由当时观之，则完颜氏帝也，盟主也，大国也，由后世观之，则夷狄也，盗贼也，禽兽也。”此所谓偷也[③]。汉和帝时，侍御史鲁恭上疏曰：“夫夷狄者，四方之异气，蹲夷踞肆，与鸟兽无别，若杂居中国，则错乱天气，污辱善人。”见《后汉书·鲁恭传》。夫以乱辱天人之世，而论者欲将毁吾道以殉之，此所谓悖也。孔子有言：“居处恭，执事敬，与人忠，虽之夷狄，不可弃也。”见《论语·子路》。夫是之谓“素夷狄行乎夷狄”也。若乃相率而臣事之，奉其令，行其俗，甚者道之以为虐于中国，而借口于“素夷狄”之文，则子思之罪人也已。[④]

鬼神[⑤]

王道之大，始于闺门。妻子合、兄弟和而父母顺，道之

① 原钞本无“兴”字。张京华《校释》：北大钞本有“兴”字。

② “不”字前应脱一“无”字。

③ 此句钞本作“□此所偷也”，“此”字前阙一字。据张京华《校释》，此句本作“此所谓偷也”。今据改。

④ 子思作《中庸》，故云。

⑤ 《礼记·中庸》：“子曰：‘鬼神之为德，其盛矣乎！’”

迩也、卑也。郊焉而天神假，庙焉而人鬼飨，道之远也、高也。“先王事父孝，故事天明；事母孝，故事地察。”见《孝经·感应章》。修之为经，布之为政，本于天，殽于地，列于鬼神，达于丧祭、射御、冠昏、朝聘，而天下国家可得而正也。若舜，若文、武、周公，所谓庸德之行而人伦之至者也。故曰：“君子之道，造端乎夫妇。及其至也，察乎天地。”见《礼记·中庸》。

人之有父母也，鸡鸣问寝，左右就养无方，何其近也？及其既亡，而其容与声不可得而接，于是或求之阴，或求之阳，然后僾然必有见乎其位，然后乃凭工祝之传而致赉于孝孙。生而为父母，殁而为鬼神。子曰“为之宗庙，以鬼享之”，见《孝经·丧亲章》。此之谓也。【原注】《论语》《泰伯》：“菲饮食而致孝乎鬼神。”“洋洋乎如在其上，如在其左右”，见《礼记·中庸》。由顺父母而推之也。

《记》《文王世子》曰：“文王之为世子，朝于王季，日三。鸡初鸣而衣服，至于寝门外，问内竖之御者曰：‘今日安否，何如？’内竖曰：‘安。’文王乃喜。及日中，又至，亦如之。及暮，又至，亦如之。其有不安节，则内竖以告文王。文王色忧，行不能正履。王季复膳，然后亦复初。食上，必在，视寒暖之节。食下，问所膳。命膳宰曰：‘末有原。’应曰：‘诺。’然后退。”又曰：“文王之祭也，事死者如事生，思死者如不欲生。忌日必哀，称讳如见亲，祀之忠也。如见亲之所爱，如欲色然，其文王与？《诗》云‘明发不寐，有怀二人’，见《小雅·小宛》。文王之诗也。”见《礼记·祭义》。夫惟文王生而事亲如此之孝,故殁而祭如此之忠,而如亲之或见也。苟其生无养志之诚,则其殁也自必无感通之理,故曰惟"孝子为能飨亲"。见《礼记·祭义》。而夫子之告子路亦曰:"未能事人,焉能事鬼?"见《论语·先进》。是故庸德之行,莫先于父母之顺,而郊社之礼,禘尝之义,缘之以起。明此而天下国家可得而治矣。

在上位者能顺乎亲,而后可以事天享帝。在下位者能顺乎亲,而后可以获上治民。

程子颐曰:"鬼神,天地之功用",而"造化之迹也"。见《伊川易传》卷一。张子载曰:"鬼神者,二气之良能也。"见《张子正蒙·太和篇》。用以解《易》《说卦》"神也者,妙万物而为言"一章,斯为切当。如二子之说,则"视之而弗见,听之而弗闻"见《礼记·中庸》。者,鬼神也,其可见可闻者,亦鬼神也。今夫子但言"弗见"、"弗闻",知其为祭祀之鬼神也。〔一〕

〔一〕【钱氏曰】鬼神之为德,其盛矣乎!鬼神,谓天神、地示、人鬼也。有神而后有郊社,有鬼而后有宗庙。天统乎地,故言神可以该示。人死为鬼,圣人不忍忘其亲,事死如事生,故有祭祀之礼。经言鬼神,皆主祭祀而言。卜筮所以通神明,故《易传》多言鬼神。"精气为物",生而为人也。"游魂为变",死而为鬼也。圣人知鬼神之情状,而祭祀之礼兴焉。横渠张氏以鬼神为二气之良能,古人无此义。二气者,阴阳也。阴阳自能消长,岂假鬼神司之?如人一呼一吸,人自为之,岂转有鬼神为我呼吸乎?

"质诸鬼神而无疑",见《礼记·中庸》。犹《易·乾·文言》所谓"与鬼神合其吉凶"。【原注】《谦》、《丰》二《象》亦以"鬼神"与天、地、人并言。

期之丧达乎大夫[①]

《丧服》"自期以下,诸侯绝,大夫降"者,说者以为期已下之丧皆其臣属,故不服。然制礼之意,不但为此。古人有丧不祭,诸侯有山川社稷宗庙之事,不可以旷,故惟服三年而不服期。大夫亦与于其君骏奔在庙之事,但人数多,不至于旷,故但降之而已。此古人重祭之义,后人不知,但以为"贵贵"而已。【原注】《正义》曰:"期之丧达乎大夫,谓旁亲所降在大功者得为期丧,还著大功之服。若天子、诸侯旁期之丧,则不服也。"〔一〕

〔一〕【杨氏曰】本是"贵贵"之义,故云"无贵贱,一也"。

【又曰】诸侯绝旁亲,然尊同,则又为之服,可以见之矣。

【沈氏曰】毛西河《经问》详驳之,大略仍从"贵贵"之说,而以有丧不祭为无出,且误解。

【汝成案】"贵贵"则重祭之义已包。

诸侯亦有期服,如"始封之君不臣诸父昆弟,封君之子不臣诸父而臣昆弟"。见《仪礼·丧服传》,下同。且亦有大功服,如"姑姊妹嫁于国君,尊同则不降"。《记》《中庸》特举

① 《礼记·中庸》:"期之丧,达乎大夫。三年之丧,达乎天子。父母之丧,无贵贱,一也。"

其大概言之尔。

三年之丧达乎天子

“父母之丧，无贵贱一也”，见《礼记·中庸》。即解上“三年之丧，达乎天子”一句，此举其重者而言。然三年之丧，不止父母。《左氏》昭公十五年传：“王一岁而有三年之丧二焉。”谓穆后与太子、王后。谓之“三年”者，据“达子之志”而言，其实期也，是天子亦有期丧。

达孝[1]

“达孝”者，达于上下，达于幽明，所谓“孝弟之至，通于神明，光于四海，无所不通”见《孝经·感应章》。者也。【原注】与“达道”、“达德”俱见《中庸》。之“达”同义。

思事亲不可以不知人[2]

“无丰于昵”，祖己之所以戒殷王也；见《书·高宗肜日》。“自八以下”，众仲之所以对鲁隐也；见《左传》隐公五年。以客为臣，子游之所以规文子也。见《礼记·檀弓上》。亲亲之道，

---

① 《礼记·中庸》：“子曰：‘武王、周公，其达孝矣乎！’”

② 《礼记·中庸》：“故君子不可以不修身；思修身，不可以不事亲；思事亲，不可以不知人；思知人，不可以不知天。”

赖贤人而明者多矣。汉哀帝听(冷)[泠]褒、段犹之言而尊定陶共皇,见《汉书·师丹传》。唐高宗听李勣之言而立皇后武氏,见《新唐书·李勣传》。不知人之祸且至,于斁伦乱纪而不顾,可不慎哉!

人伦之大,莫过乎君父,而子夏先之以"贤贤易色",见《论语·学而》。何也?"思事亲,不可以不知人"也。

父子之亲,长幼之序,男女之别,非师不明。教人以礼者,师之功也。故曰:"师无当于五服,五服弗得不亲。"见《礼记·学记》。

诚者天之道也

"诚者,天之道也",见《礼记·中庸》。故"天下雷行,物与无妄",而"先王以茂对时育万物",见《易·无妄·象辞》。"天叙有典,敕我五典五惇哉。天秩有礼,自我五礼有庸哉。天命有德,五服五章哉。天讨有罪,五刑五用哉",见《书·皋陶谟》。莫非诚也。故曰"凡为天下国家有九经,所以行之者一也"。见《礼记·中庸》。

肫肫其仁①

五品之人伦,莫不本于中心之仁爱。故曰"拜稽颡,哀戚之至隐也;稽颡,隐之甚也",见《礼记·檀弓下》。又曰"其送

① 《礼记·中庸》:"夫焉有所倚?肫肫其仁。"

往也，望望然，汲汲然，如有追而弗及也。其反哭也，皇皇然，如有求而弗得也。故其往送也如慕，其反也如疑。求而无所得之也，入门而弗见也，上堂又弗见也，入室又弗见也，亡矣丧矣，不可复见已矣。故哭泣辟踊，尽哀而止矣。心怅焉怆焉，惚焉忾焉，心绝志悲而已矣”，见《礼记·问丧》。此于丧而观其仁也。“丧三日而殡，凡附于身者，必诚必信，勿之有悔焉耳矣。三月而葬，凡附于棺者，必诚必信，勿之有悔焉耳矣”，见《礼记·檀弓上》。又曰：“且比化者，无使土亲肤，于人心独无恔乎”，见《孟子·公孙丑下》。此于葬而观其仁也。“齐之日，思其居处，思其笑语，思其志意，思其所乐，思其所嗜。齐三日，乃见其所为齐者。祭之日，入室，僾然必有见乎其位。周还出户，肃然必有闻乎其容声。出户而听，忾然必有闻乎其叹息之声。是故先王之孝也，色不忘乎目，声不绝乎耳，心志嗜欲不忘乎心”，见《礼记·祭义》。下同。又曰“祭之明日，明发不寐，飨而致之，又从而思之。祭之日，乐与哀半，飨之必乐，已至必哀”，此于祭而观其仁也。自此而推之，“郊社之礼，[①]所以仁鬼神也；射乡之礼，所以仁乡党也；食飨之礼，所以仁宾客也”。见《礼记·仲尼燕居》。“亲亲而仁民，仁民而爱物”，见《孟子·尽心上》。而天下之大经毕举而无遗矣。故曰“孝弟为仁之本”。见《论语·学而》。

① “礼”，《礼记》原文作“义”。

日知录集释卷七

孝弟为仁之本①

“尧、舜之道，孝弟而已矣”，见《孟子·告子下》。**是故“克明俊德，以亲九族；九族既睦，平章百姓；百姓昭明，协和万邦。黎民于变时雍”。**见《书·尧典》。**此之谓“孝弟为仁之本”。**〔一〕

〔一〕【钱氏曰】按《初学记·友悌部》、《太平御览·人事部》引《论语》，俱云“其为人之本与”。有子先言“其为人也孝弟”，后言“其为人之本”，首尾相应，亦当以“为人”长也。

察其所安②

“求仁而得仁”，见《论语·述而》。**安之也。“不怨天，不**

① 《论语·学而》：“孝弟也者，其为仁之本与！”

② 《论语·为政》：“子曰：‘视其所以，观其所由，察其所安，人焉廋哉？人焉廋哉？’”

尤人，下学而上达”，见《论语·宪问》。安之也。使非所安，则“择乎中庸，而不能期月守”矣。见《中庸》。

子张问十世[①]

《记》《大传》曰：“圣人南面而治天下，必自人道始矣。立权度量，考文章，改正朔，易服色，殊徽号，异器械，别衣服，此其所得与民变革者也。其不可得变革者则有矣，亲亲也，尊尊也，长长也，男女有别，此其不可得与民变革者也。”自春秋之并为七国，七国之并为秦，而大变先王之礼。然其所以辨上下，别亲疏，决嫌疑，定是非，[②]则固未尝有异乎三王也，故曰：“其或继周者，虽百世可知也。”见《论语·为政》。

自古帝王相传之统，至秦而大变。然而秦之所以亡，汉之所以兴，则亦不待谶纬而识[③]之矣。“不仁而得天下，未之有也”，见《孟子·尽心下》。此“百世可知”者也。“保民而王，莫之能御也”，见《孟子·梁惠王上》。此“百世可知”者也。

媚奥[④]

奥何神哉？如祀灶，则迎尸而祭于奥，此即灶之神矣。

---

① 《论语·为政》：“子张问：‘十世可知也？’子曰：‘殷因于夏礼，所损益，可知也；周因于殷礼，所损益，可知也。其或继周者，虽百世，可知也。’”

② 《礼记·曲礼》：“夫礼者所以定亲疏，决嫌疑，别同异，明是非也。”

③ “识”，张京华《校释》作“知”。

④ 《论语·八佾》：“王孙贾问曰：‘与其媚于奥，宁媚于灶，何谓也？’子曰：‘不然！获罪于天，无所祷也。’”

【原注】《诗》《召南·采蘋》“于以奠之，宗室牖下”注：“牖下，室西南隅，所谓奥也。”李氏[①]曰：“户东而牖西，户不当中而近东，则西南隅最为深隐，故谓之奥，而祭祀及尊者常处焉。”○《曲礼》：“为人子者，居不主奥。”《仲尼燕居》以奥、阼并言，是奥本人之所处，祭时乃奉神于此。**时人之语谓：“媚其君者，将顺于朝廷之上，不若逢迎于燕退之时也。”注以奥比君，以灶比权臣。[②] 本一神也，析而二之，未合语意。**〔一〕

〔一〕【杨氏曰】奥本非神，此义甚好。

武未尽善[③]

观于季札论文王之乐，以为“美哉，犹有憾”，见《左传》襄公二十九年。**则知夫子谓《武》“未尽善”之旨矣。“犹未洽于天下”，**【原注】《孟子》《公孙丑上》。**此文之“犹有憾”也；“天下未**(安)**［宁］[④]而崩”，**【原注】《史记·封禅书》。**此武之“未尽善”也。《记》**《乐记》**曰：“乐者，象成者也。”又曰：“移风易俗，莫善于乐。”**见《孝经·广要道章》。**武王当日诛纣伐奄，三年讨其君，而宝龟之命曰“有大艰于西土”。**见《书·大诰》。**殷之顽民，迪屡不静，“商俗靡靡，利口惟贤，馀风未殄”，**见《书·毕命》。**视舜之“从欲以治，四方风动”**见《书·大禹谟》。**者**

① “李氏”，张京华《校释》注云：“李充，字弘度，江夏人。仕晋为中书侍郎。著《论语注》十卷。”

② “注”指何晏《集解》，引孔安国曰：“奥，内也，以喻近臣。灶，以喻执政。王孙贾，执政者，欲使孔子求昵之，微以世俗之言感动之也。”

③ 《论语·八佾》：“子谓《韶》：‘尽美矣，又尽善也。’谓《武》：‘尽美矣，未尽善也。’”

④ 据张京华《校释》改。《史记》正作“宁”。

何如哉？故《大武》之乐虽作于周公，而未至于世变风移之日。圣人之时也，非人力之所能为矣。【原注】刘汝佳曰："揖让征诛，自是圣人所遇，使舜当武之时，亦须征伐。孔子曰：'唐、虞禅，夏后、殷、周继，其义一也。'性之、反之，自其从入之异，及其成功，一也。人而天，反而性矣。以是而论乐之优劣，其与以追蠡者何异哉？"①

朝闻道夕死可矣②

"有弗学，学之弗能，弗措也。有弗问，问之弗知，弗措也。有弗思，思之弗得，弗措也。有弗辨，辨之弗明，弗措也。有弗行，行之弗笃，弗措也。"见《礼记·中庸》。"不知年数之不足也，俛焉日有孳孳，毙而后已。"见《礼记·表记》。故曰："朝闻道，夕死可矣。""吾见其进也，未见其止也。"见《论语·子罕》。有一日未死之身，则有一日未闻之道。

忠恕③

《延平先生答问》【原注】门人朱熹元晦编。曰："夫子之道，不离乎日用之间。自其尽己而言则谓之忠，自其及物

① 《孟子·尽心上》："高子曰：'禹之声尚文王之声。'孟子曰：'何以言之？'曰：'以追蠡。'曰：'是奚足哉？城门之轨，两马之力与？'"注："追，锺纽也。《周礼》所谓旋虫是也。蠡者，啮木虫也。言禹时锺在者，锺纽如虫啮而欲绝，盖用之者多，而文王之锺不然，是以知禹之乐过于文王之乐也。"

② 《论语·里仁》："子曰：'朝闻道，夕死可矣。'"

③ 《论语·里仁》："曾子曰：'夫子之道，忠恕而已矣。'"

而言则谓之恕，莫非大道之全体。虽变化万殊，于事为之末，而所以贯之者，未尝不一也。”“曾子答门人之问，正是发其心尔，岂有二邪？若以为夫子‘一以贯之’之旨甚精微，非门人所可告，姑以‘忠恕’答之，恐圣贤之心不若是之支也。如《孟子》《告子下》言‘尧舜之道，孝弟而已矣’，人皆足以知之，但合内外之道，使之体用一原，显微无间，则非圣人不能尔。”朱子又尝作《忠恕说》，见《晦庵集》卷七六。其大指与此略同。按此说甚明，而《集注》《里仁第四》乃谓借学者“尽己推己”之目以著明之，是疑忠恕为下学之事，不足以言圣人之道也，然则是二之，非一之也。

慈溪黄氏震曰：“天下之理，无所不在，而人之未能以贯通者，己私间之也。尽己之谓忠，推己及人之谓恕。忠恕既尽，己私乃克，此理所在，斯能贯通。故忠恕者，所以能‘一以贯之’者也。”见《黄氏日钞》卷八二《抚州辛未冬至讲义》。

元戴侗作《六书故》，其训“忠”曰：“尽己致至之谓忠。《语》曰‘为人谋而不忠乎’，见《学而》。又曰‘言思忠’。见《季氏》。《记》曰‘丧礼，忠之至也’，见《礼器》。又曰‘祀之忠也，如见亲之所爱，如欲色然’，见《祭义》。又曰‘瑕不掩瑜，瑜不掩瑕，忠也’。见《聘义》。《传》曰‘上思利民，忠也’，见桓公六年。又曰‘小大之狱，虽不能察，必以情，忠之属也’。见庄公十年。《孟子》曰‘自反而仁矣，自反而有礼矣，其横逆由是也，君子必自反也，我必不忠’。见《离娄下》。观于此数者，可以知忠之义矣。反身而诚，然后能忠；能忠矣，然后由己推而达之家国天下，其道一也。”

其训"恕"曰:"推己及物之谓恕。己欲立而立人,己欲达而达人,施诸己而不愿,亦勿施于人,恕之道也。充是心以往,达乎四海矣。故曰'夫子之道,忠恕而已矣'。忠也者,天下之大本也。恕也者,天下之达道也。"【原注】本程子。子贡问曰:"有一言而可以终身行之者乎?"子曰:"其恕乎!"见《论语·卫灵公》。【原注】仲弓问仁,夫子告之,亦以"敬、恕"。[①] 夫圣人者,何以异于人哉,知终身可行,则知"一以贯之"之义矣。

《中庸》记夫子言"君子之道四",无非忠恕之事。而《乾》九二之"龙德",亦惟曰"庸言之信,庸行之谨"。然则忠恕,君子之道也。何以言"违道不远"? 见《中庸》。曰:此犹之云"巧言令色鲜矣仁"见《论语·学而》。也,【原注】古人语辞云尔。○违道不远,即道也。违禽兽不远,即禽兽也。孟子已自申之。岂可以此而疑忠恕之有二乎? 或曰:《孟子》言"强恕而行,求仁莫近焉",见《尽心上》。何也? 曰:此为未至乎道者言之也。《孟子》曰:"由仁义行,非行仁义也",见《离娄下》。仁义岂有二乎? 【原注】今人谓"有圣人之忠恕,有学者之忠恕",非也。尽得忠恕,方是圣人,学者所以学为忠恕。

---

① 《论语·颜渊》:"仲弓问仁。子曰:'出门如见大宾,使民如承大祭。己所不欲,勿施于人。在邦无怨,在家无怨。'"朱熹注曰:"敬以持己,恕以及物,则私意无所容而心德全矣。"

夫子之言性与天道[①]

夫子之教人，"文、行、忠、信"，见《论语·述而》。**而"性与天道"在其中矣，故曰"不可得而闻"。**〔一〕

〔一〕【钱氏曰】《后汉书·桓谭传》："天道性命，圣人所难言。自子贡以下，不得而闻。"注引郑康成《论语注》："性谓人受血气以生，有贤愚吉凶。天道，七政变动之占也。"古书言"天道"者，皆主吉凶祸福而言。《古文尚书》"满招损，谦受益，时乃天道"，"天道福善而祸淫"；《易传》"天道亏盈而益谦"；《春秋传》"天道多在西北"，"天道远，人道迩"，"灶焉知天道"，"天道不謟"；《国语》"天道赏善而罚淫"，"我非瞽史，焉知天道"；《老子》"天道无亲，常与善人"，皆论吉凶之数，与天命之性自是两事。《孟子》"圣人之于天道也"，正谓虞舜井廪、文王拘幽、孔子厄困之类，故曰"命也"。

子曰："二三子以我为隐乎？吾无隐乎尔。吾无行而不与二三子者，是丘也。"见《论语·述而》。**谓"夫子之言性与天道，不可得而闻"，是疑其有隐者也。不知"夫子之文章"无非"夫子之言性与天道"，所谓"吾无行而不与二三子者，是丘也"。**

子贡之意，犹以"文章"与"性与天道"为二，故曰："子如不言，则小子何述焉？"子曰："天何言哉？四时行焉，百

---

① 《论语·公冶长》："子贡曰：'夫子之文章，可得而闻也；夫子之言性与天道，不可得而闻也。'"

物生焉。天何言哉?"见《论语·阳货》。是故可仕可止,[①]可久可速,无一而非天也;恂恂便便,侃侃訚訚,[②]无一而非天也。

"动容周旋中礼者,盛德之至也",孟子以为"尧、舜性之"之事。见《孟子·尽心下》。夫子之文章莫大乎《春秋》,《春秋》之义,尊天王,攘夷狄[③],诛乱臣贼子,皆"性"也,皆"天道"也。故胡氏安国以《春秋》为圣人性命之文,见《春秋集义》卷七引。而"子如不言,则小子其何述(乎)[焉]?"见《论语·阳货》。

今人但以《系辞》为夫子言性与天道之书。愚尝三复其文,如"鸣鹤在阴"七爻,"自天祐之"一爻,见《系辞上》。"憧憧往来"十一爻,"《履》德之基也"九卦,见《系辞下》。所以教人学《易》者,无不在于言行之间矣。故曰:"初率其辞而揆其方,既有典常。苟非其人,道不虚行。"见《易·系辞下》。

樊迟问仁,子曰:"居处恭,执事敬,与人忠。"见《论语·子路》。司马牛问仁,子曰:"仁者,其言也讱。"见《论语·颜渊》。下同。由是而充之,"一日克己复礼",有异道乎?今之君子学未及乎樊迟、司马牛,而欲其说之高于颜、曾二子,是以终日言性与天道,而不自知其堕于禅学也。

朱子曰:"圣人教人,不过'孝弟忠信'持守诵习之间。

① 《论语·先进》:"子曰:'所谓大臣者:以道事君,不可则止。'"

② 《论语·乡党》:"孔子于乡党,恂恂如也,似不能言者。其在宗庙朝廷,便便言,唯谨尔。朝,与下大夫言,侃侃如也;与上大夫言,訚訚如也。"

③ "夷狄",原本作"戎翟",今依《校记》据钞本改。

此是下学之本。今之学者以为钝根,不足留意,其平居道说,无非子贡所谓‘不可得而闻’者。”以上隐括《晦庵集》卷五四《答王季和》、卷三八《答林谦之》二书。又曰“近日学者病在好高。《论语》未问‘学而时习’,便说‘一贯’,《孟子》未言‘梁惠王问利’,便说‘尽心’。《易》未看六十四卦,便读《系辞》”,见《朱子语类》卷一九。此皆“躐等之病”。又曰:“圣贤立言,本自平易,今推之使高,凿之使深。”见《晦庵集》卷三五《答刘子澄》。

《黄氏日钞》卷三八《读朱子语类·续集》曰:“夫子述六经,后来者溺于训诂,未害也。濂洛言道学,后来者借以谈禅,则其害深矣。”〔一〕

〔一〕【杨氏曰】东发忧世之言,可谓深切。

孔门弟子不过“四科”,①自宋以下之为学者则有五科,曰“语录科”。

五胡②乱华,本于清谈之流祸,人人知之,孰知今日之清谈,有甚于前代者。昔之清谈谈老庄,今之清谈谈孔孟,未得其精而已遗其粗,未究其本而先辞其末。不习六艺之文,不考百王之典,不综当代之务,举夫子论学论政之大端一切不问,而曰“一贯”,曰“无言”。以“明心见性”之空

① 四科,谓德行、言语、政事、文学。见《论语·先进》。

② “五胡”,原本作“刘石”,据《校记》改。

言,[①]代修己治人之实学。股肱惰而万事荒,爪牙亡而四国乱,神州荡覆,宗社丘墟。昔王衍妙善玄言,自比子贡,及为石勒所杀,将死,顾而言曰:“呜呼,吾曹虽不如古人,向若不祖尚浮虚,戮力以匡天下,犹可不至今日。”见《晋书·王衍传》。今之君子,得不有愧乎其言?〔一〕

〔一〕【杨氏曰】衍之言非其实也,惧后世之责,而姑为是言。

变齐变鲁[②]

变鲁而至于道者,“道之以德,齐之以礼”。见《论语·为政》。下同。变齐而至于鲁者,“道之以政,齐之以刑”。

博学于文

“君子博学于文”,见《论语·雍也》。自身而至于家、国、天下,制之为度数,发之为音容,莫非文也。“品节斯,斯之谓礼。”见《礼记·檀弓下》。孔子曰:“伯母、叔母疏衰,踊不绝地。姑姊妹之大功,踊绝于地。知此者,由文矣哉!由文矣哉!”见《礼记·杂记下》。《记》曰:“三年之丧,人道之至文者也。”见《三年问》又曰:“礼减而进,以进为文。乐盈而反,以反为文。”见《乐记》及《祭义》。传曰:“文明以止,人文也。

① 张京华《校释》注云:“明心见性,佛教语。王阳明《传习录》卷二《答顾东桥书》:‘但恐立说太高,用功太捷,后生师传,影响谬误,未免坠于佛氏明心见性、定慧顿悟之机。’”

② 《论语·雍也》:“齐一变,至于鲁;鲁一变,至于道。”

观乎人文以化成天下。”见《易·贲·彖传》。故曰：“文王既没，文不在兹乎！”见《论语·子罕》。而《谥法》“经纬天地曰文”，与弟子之学《诗》、《书》六艺之文，有深浅之不同矣。

三以天下让[1]

《大雅》《皇矣》之诗曰：“帝作邦作对，自太伯、王季。”则泰伯之时，周日以强大矣，乃托之采药，往而不反。[2] 当其时，以国让也，而自后日言之，则“以天下让”也。【原注】犹南宫适谓“稷躬稼而有天下”。见《论语·宪问》。当其时，让王季也，而自后日言之，则让于文王、武王也。有天下者在三世之后，而让之者在三世之前，宗祧不记其功，彝鼎不铭其迹，此所谓“三以天下让，民无得而称焉”者也。《路史》卷二六《国名纪三》曰：“方太王时，以与王季，而王季以与文王，文王以与武王，皆泰伯启之也，故曰‘三让’。”【原注】郑康成注曰：“泰伯，周太王之长子，次子仲雍，次子季历。太王见季历贤，又生文王，有圣人表，故欲立之，而未有命。太王疾，泰伯因适吴越采药，太王殁而不反，季历为丧主，一让也。季历赴之，不来奔丧，二让也。免丧之后，遂断发文身，三让也。三让之美，皆隐蔽不著，故人无得而称焉。”见《论语·泰伯》注。

泰伯去而王季立，王季立而文、武兴，虽谓之“以天下让”可矣。太史公序《吴世家》云：“太伯避历，江蛮是适。

---

① 《论语·泰伯》：“子曰：‘泰伯，其可谓至德也已矣。三以天下让，民无得而称焉。’”

② 托之采药，用《论衡·谴告》、《吴越春秋·吴太伯传》之说。郑玄注从之。

文、武攸兴，古公王迹。”甚当。

高泰伯之让国者，不妨王季，《诗》《大雅·皇矣》之言“因心则友”是也。述文王之事君者，不害武王，《诗》《大雅·大明》之言“上帝临女”是也。古人之能言如此。今将称泰伯之德，而先以莽、操之志加诸太王，岂夫子立言之意哉？朱子作《论语或问》，不取“翦商”之说，而蔡仲默沈传《书·武成》曰：“太王虽未始有翦商之志，而始得民心，王业之成，实基于此。”见《书经集传》卷四。仲默，朱子之门人，可谓善于匡朱子之失者矣。

《或问》曰：“太王有废长立少之意，非礼也。泰伯又探其邪志而成之，至于父死不赴，伤毁发肤，皆非贤者之事。就使必于让国而为之，则亦过而不合于中庸之德矣，其为至德何邪？曰：太王之欲立贤子圣孙，为其道足以济天下，而非有爱憎之间、利欲之私也。是以泰伯去之而不为狷，王季受之而不为贪，父死不赴、伤毁发肤而不为不孝。盖处君臣父子之变，而不失乎中庸，此所以为至德也。其与鲁隐公、吴季子之事盖不同矣。”见《四书或问》卷一三。【原注】此说本之伊川先生。

有妇人焉①

“予有乱臣十人，同心同德”，见《书·泰誓中》。此陈师誓

---

① 《论语·泰伯》：“舜有臣五人而天下治，武王曰：‘予有乱臣十人。’孔子曰：‘才难，不其然乎？唐虞之际，于斯为盛。有妇人焉，九人而已。’”

众之言，所谓十人，皆身在戎行者。而太姒、邑姜自在宫壸之内，必不从军旅之事，亦必不并数之以足十臣之数也。“古人有言曰：‘牝鸡无晨。牝鸡之晨，惟家之索。’”见《书·牧誓》。方且以用妇人为纣罪矣，乃周之功业必借于妇人乎？此理之不可通，或文字传写之误，【原注】汉博士孔衍言：臣祖安国得壁中《古文论语》，为改今文。① 阙疑可也。【原注】《书·大诰》：“爽邦由哲，亦惟十人，迪知上帝命。”蔡氏沈亦以为“乱臣十人”。

季路问事鬼神②

“未能事人，焉能事鬼？”见《论语·先进》。“左右就养无方”，故其祭也，“洋洋乎如在其上，如在其左右”。见《礼记·檀弓上》。“未知生，焉知死？”见《论语·先进》。“人之生也直”，见《论语·雍也》。故其死也，“无求生以害仁，有杀身以成仁”。见《论语·卫灵公》。

“天地有正气，杂然赋流形。下则为河岳，上则为日星。”【原注】文信公天祥《正气歌》。可以谓之“知生”矣。“孔曰成仁，孟曰取义，而今而后，庶几无愧。”【原注】《衣带赞》。见《宋史·文天祥传》。可以谓之“知死”矣。

① 孔衍上《孔子家语》表。见《文献通考》卷一八四。按孔衍为汉魏间人。

② 《论语·先进》：“季路问事鬼神。子曰：‘未能事人，焉能事鬼？’曰：‘未知生，焉知死？’”

不践迹[1]

"服尧之服，诵尧之言，行尧之行"，见《孟子·告子下》。所谓"践迹"也。先王之教，若《说命》所谓"学于古训"，《康诰》所谓"绍闻衣德言"，以至于《诗》、《书》六艺之文，三百三千之则，有一非"践迹"者乎？"善人"者，忠信而未学礼，笃实而未日新，虽其天资之美亦能暗与道合，而足己不学，无自以入圣人之室矣。治天下者亦然，故曰"周监于二代，郁郁乎文哉"。见《论语·八佾》。不然，则以汉文之"几致刑措"，见《汉书·文帝纪赞》。而不能成三代之治矣。

异乎三子者之撰[2]

夫子"如或知尔"之言，[3]"吾非斯人之徒与而谁与也"。见《论语·微子》。曾点浴沂咏归之言，见《论语·先进》。"素贫贱，行乎贫贱"，"君子无入而不自得也"。见《礼记·中庸》。故曰"异乎三子者之撰"。

① 《论语·先进》："子张问善人之道。子曰：'不践迹，亦不入于室。'"

② 见《论语·先进》"子路、曾皙、冉有、公西华侍坐章"，曾皙语。

③ 《论语·先进》："子路、曾皙、冉有、公西华侍坐。子曰：'以吾一日长乎尔，毋吾以也。居则曰："不吾知也！"如或知尔，则何以哉？'"

去兵去食[①]

“乃积乃仓，乃裹糇粮，于橐于囊”，见《诗·大雅·公刘》。国所以足食，而不待豳土之行也。[②]“备乃弓矢，鍜乃戈矛，砺乃锋刃，无敢不善”，见《书·费誓》。国所以足兵，而不待淮夷之役也。[③]苟其事变之来而有所不及备，则耰锄白梃可以为兵，而不可阙食以修兵矣；糠核草根可以为食，而不可弃信以求食矣。古之人有至于张空弮、罗雀鼠而民无贰志者，非上之信有以结其心乎？此又权于缓急轻重之间，而为不得已之计也。明此义，则国君死社稷，大夫死宗庙，至于舆台牧圉之贱莫不亲其上，死其长，所谓“圣人有金城者，(此)[比]物此志也”。见《汉书·贾谊传》。岂非为政之要道乎？孟子言“制梃以挞秦、楚”，见《孟子·梁惠王上》。亦是可以无待于兵之意。

古之言“兵”，非今日之兵，谓“五兵”也。故曰“天生五材，谁能去兵”，见《左传》襄公二十七年。《世本》“蚩尤以金作兵，一弓，二殳，三矛，四戈，五戟”，《周礼·司右》“五兵”注引《司马法》曰“弓、矢围，殳、矛守，戈、戟助”是也。“诘尔戎兵”，见《书·立政》。诘此兵也；“踊跃用兵”，见《诗·

① 《论语·颜渊》：“子贡问政。子曰：‘足食，足兵，民信之矣。’子贡曰：‘必不得已而去，于斯三者何先？’曰：‘去兵。’其次，曰：‘去食。自古皆有死，民无信不立。’”

② 郑玄笺：“公刘者，后稷之曾孙也。夏之始衰，见迫逐，迁于豳，而有居民之道。”

③ 《书大传》：“鲁侯伯禽宅曲阜，徐夷并兴，东郊不开，作《费誓》。”徐夷，指徐州之戎及淮浦之夷也。

邶风·击鼓》。**用此兵也;“无以铸兵”,**【原注】《左氏》僖公十八年传。**铸此兵也。秦、汉以下,始谓执兵之人为兵。如信陵君“得选兵八万人”,项羽“将诸侯兵三十馀万”,见于太史公之书,**[①]**而五经无此语也。**

【校正】汪云:《左传》中“兵”字有两解。如“谁能去兵”、“无以铸兵”,则不得以为士卒;如“败郑徒兵”及“败其徒兵于洧上”,则不得以为五兵。

【小笺】按:《左传》隐四年“诸侯之师败郑徒兵”,昭十四年“楚子使然丹简上国之兵于宗丘”,则谓执兵者为兵,春秋已然矣,非始秦、汉之后。

以执兵之人为“兵”,犹之以被甲之士为“甲”。《公羊传》:“桓公使高子将南阳之甲,立僖公而城鲁。”【原注】闵公二年。**“晋赵鞅取晋阳之甲,以逐荀寅与士吉射。”**【原注】定公十三年。

奡荡舟[②]

《竹书纪年》:“帝相二十七年,浇伐斟鄩,大战于潍,覆其舟,灭之。”《楚辞·天问》:“覆舟斟鄩,何道取之?”正(此)**谓[此]**[③]**也。汉时《竹书》未出,故孔安国注为“陆地行**

---

① 按前引见《史记·魏公子传》,而后引则仅见于《汉书·项籍传》。

② 《论语·宪问》:“南宫适问于孔子曰:‘羿善射,奡荡舟,俱不得其死然。禹、稷躬稼而有天下。’夫子不答。”

③ “谓此”,原本作“此谓”,据张京华《校释》改。

舟”,而后人因之。【原注】王逸注《天问》谓“灭斟邿氏,奄若覆舟”,亦以不见《竹书》而强为之说。〔一〕

〔一〕【赵氏曰】陆氏《释文》于“丹朱傲”云:“字又作‘奡’。盖古‘傲’、‘奡’通用。”宋吴斗南因悟即此荡舟之奡,与丹朱为两人也。盖禹之规戒若但作“傲慢”之“傲”,则既云“无若丹朱傲”矣,何又曰“傲虐是作”乎?以此知丹朱与奡为两人也。曰“罔水行舟”,正此陆地行舟之明证也。然则南宫适所引,正指丹朱所与朋淫之人,而非寒浞之子,断可识矣。

古人以左右冲杀为“荡陈”,【原注】《宋书·颜师伯传》“单骑出荡”,《孔觊传》“每战,以刀楯直荡”。**其锐卒谓之“跳荡”,①别帅②谓之“荡主”。**【原注】《陈书·高祖纪》“荡主戴晃、徐宣等”,《后周书·侯莫陈崇传》、《王勇传》有“直荡都督”,《杨绍传》有“直荡别将”。**《晋书·载记》陇上健儿歌曰:“丈八蛇矛左右盘,十荡十决无当前。”《唐书·百官志》:“矢石未交,陷坚突众,敌因而败者曰跳荡。”“荡舟”盖兼此义,与蔡姬之乘舟“荡公”者不同。**【原注】《左传》僖公三年。

管仲不死子纠③

君臣之分,所关者在一身;夷夏④之防,所系者在天下。

① “跳荡”多见于新、旧《唐书》,如《玄宗纪》、《李嗣业传》、《鲁炅传》。

② “帅”,张京华《校释》作“师”。

③ 《论语·宪问》:“子贡曰:‘管仲非仁者与?桓公杀公子纠,不能死,又相之。’子曰:‘管仲相桓公,霸诸侯,一匡天下,民到于今受其赐。微管仲,吾其被发左衽矣。岂若匹夫匹妇之为谅也,自经于沟渎而莫之知也。’”

④ “夷夏”原本作“华裔”,据《校记》改。下同。

故夫子之于管仲，略其不死子纠之罪，而取其"一匡九合"之功，盖权衡于大小之间，而以天下为心也。夫以君臣之分犹不敌夷夏之防，而《春秋》之志可知矣。〔一〕

〔一〕【杨氏曰】夫子于管仲之罪，只存而不论，并不曾说仲之无罪。

有谓管仲之于子纠未成为君臣者，子纠于齐未成君，于仲与忽则成为君臣矣。[①] 狐突之子毛及偃从文公在秦，而曰"今臣之子名在重耳，有年数矣"。见《左传》僖公二十三年。【原注】汉、晋以下，太子诸王与其臣皆定君臣之分，盖自古相传如此。若毛偃为重耳之臣，而仲与忽不得为纠之臣，是以成败定君臣也，可乎？又谓桓兄纠弟，此亦强为之说。〔一〕夫子之意，以被发左衽之祸尤重于忘君事仇也。[②]

〔一〕【杨氏曰】此程子之言，实不然。

论至于尊周室、攘夷狄[③]之大功，则公子与其臣区区一身之名分小矣。虽然，其君臣之分故在也，遂谓之无罪，非也。

予一以贯之[④]

"好古敏求"，"多见而识"，[⑤]夫子之所自道也。然有

① 《左传》庄公八年，齐乱作，管夷吾、召忽奉公子纠来奔。及齐桓公杀子纠，召忽死之而管仲请囚。

② "夫子之意"以下十九字，原本无，据《校记》补

③ "攘夷狄"，原本作"存华夏"，据《校记》改。

④ 《论语·卫灵公》："子曰：'赐也，汝以予为多学而识之者与？'对曰：'然，非与？'曰：'非也，予一以贯之。'"

⑤ 《论语·述而》："子曰：'我非生而知之者，好古，敏以求之者也。'又曰：'多见而识之，知之次也。'"

进乎是者：六爻之义，至赜也，而曰“知者观其彖辞，则思过半矣”；见《易·系辞下》。三百之《诗》，至泛也，而曰“一言以蔽之，曰思无邪”；见《论语·为政》。三千三百之仪，至多也，而曰“礼，与其奢也，宁俭”；见《论语·八佾》。十世之事，至远也，而曰“殷因于夏礼，周因于殷礼，虽百世可知”；见《论语·为政》。百王之治，至殊也，而曰“道二，仁与不仁而已矣”，见《孟子·离娄上》。此所谓“予一以贯之”者也。其教门人也，必先“叩其两端”，[①]而使之“以三隅反”。[②] 故颜子则闻一以知十，见《论语·公冶长》。而子贡切磋之言，[③]子夏礼后之问，[④]则皆善其可与言《诗》，岂非天下之理殊途而同归，大人之学举本以该末乎？彼章句之士既不足以观其会通，而高明之君子又或语德性而遗问学，均失圣人之指矣。

君子疾没世而名不称焉[⑤]

疾名之不称，则必求其实矣，君子岂有务名之心哉？是以《乾》初九之传曰：“不易乎世，不成乎名。”

古人求没世之名，今人求当世之名。吾自幼及老，见

① 《论语·子罕》：“子曰：‘吾有知乎哉？无知也。有鄙夫问于我，空空如也。我叩其两端而竭焉。’”

② 《论语·述而》：“子曰：‘不愤不启，不悱不发，举一隅不以三隅反，则不复也。’”

③ 《论语·学而》：“子贡曰：‘《诗》云：如切如磋，如琢如磨，其斯之谓与？’子曰：‘赐也，始可与言《诗》已矣。告诸往而知来者。’”

④ 《论语·八佾》：“子夏问曰：‘巧笑倩兮，美目盼兮，素以为绚兮，何谓也？’子曰：‘绘事后素。’曰：‘礼后乎？’子曰：‘起予者商也，始可与言《诗》已矣。’”

⑤ 见《论语·卫灵公》。

人所以求当世之名者，无非为利也。名之所在，则利归之，故求之惟恐不及也。苟不求利，亦何慕名？

性相近也①

"性"之一字，始见于《商书》《汤诰》，曰"惟皇上帝，降衷于下民，若有恒性"。"恒"即"相近"之义。"相近"，近于善也；"相远"，远于善也。故夫子曰："人之生也直，罔之生也幸而免。"见《论语·雍也》。【原注】"人之生也直"，即孟子所谓"性善"。

【校正】"性"之一字，始见于《商书》。〇寿昌案：《书》伪古文不足信，言"性"始于孔子《系传》、《论语》。

人亦有生而不善者，如楚子良生子越椒，子文知其必灭若敖氏是也。见《左传》宣公四年。然此千万中之一耳，故公都子所述之三说，②孟子不斥其非，而但曰："乃若其情，则可以为善矣，乃所谓善也。"见《孟子·告子上》。盖凡人之所大同，而不论其变也。若纣为炮烙之刑，盗跖日杀不辜，肝人之肉，此则生而性与人殊，亦如五官百骸人之所同，然亦有生而不具者，岂可以一而概万乎？故终谓之"性善"也。

孟子论性，专以其发见乎情者言之。且如见孺子入井

① 《论语·阳货》："子曰：'性相近也，习相远也。'"

② 见《孟子·告子上》，公都子所陈三说即"性无善无不善"、"性可以为善，可以为不善"、"有性善，有性不善"。

亦有不怜者，呼蹴之食有笑而受之者，[①]此人情之变也。若反从而喜之，吾知其无是人也。

曲沃卫(嵩)[蒿][②]曰："孔子所谓相近，即以性善而言。若性有善有不善，其可谓之相近乎？如尧、舜，性者也；汤、武，反之也。若汤、武之性不善，安能反之以至于尧、舜邪？汤、武可以反之，即性善之说。汤、武之不即为尧、舜，而必待于反之，即性相近之说也。孔、孟之言一也。"

虞仲[③]

《史记》《吴世家》："太伯之奔荆蛮，自号句吴。荆蛮义之，从而归之千馀家，立为吴太伯。太伯卒，无子，弟仲雍立，是为吴仲雍。仲雍卒，子季简立。季简卒，子叔达立。叔达卒，子周章立。是时，周武王克殷，求太伯、仲雍之后，得周章。周章已君吴，因而封之，乃封周章弟虞仲于周之北故夏墟，是为虞仲，列为诸侯。"按此则仲雍为吴仲雍，而虞仲者，仲雍之曾孙也。殷时诸侯有虞国，《诗》《大雅·绵》所云"虞、芮质厥成"者。武王时国灭，而封周章之弟于其故墟，乃有"虞仲"之名耳。《论语》"逸民：虞仲、夷逸"，

① 宋吕大临《礼记解》："见孺子将入井，人皆有怵惕恻隐之心；呼蹴而与之，行道之人皆所不屑。"

② 援庵《校注》：卫嵩应作"蒿"，黄刻《日知录集释》皆误作"嵩"，并见本卷"梁惠王"条、十五卷"墓祭"条、十八卷"心学"条。今全据改。又第十八卷"心学"，《日知录》诸本皆作"卫蒿"，黄汝成改为"卫嵩"。

③ 见《论语·微子》："逸民：伯夷、叔齐、虞仲、夷逸、朱张、柳下惠、少连。"又言孔子谓"虞仲、夷逸，隐居放言，身中清，废中权。我则异于是，无可无不可"。

《左传》僖公五年“太伯、虞仲，太王之昭也”，即谓仲雍为“虞仲”，是祖孙同号。且仲雍君吴，不当言“虞”。古“吴”、“虞”二字多通用。【原注】《史记·赵世家》“吴广内其女孟姚”，《索隐》曰：“古‘虞’、‘吴’音相近，故舜后亦姓吴。”《诗》《周颂·丝衣》“不吴不敖”，《汉书·武帝纪》引作“不虞不骜”。《卫尉衡方碑》辞引“不吴不扬”作“不虞不扬”。《释名》：“吴，虞也。”《公羊传》定公四年，“晋士鞅、卫孔圄帅师伐鲜虞”。“虞”本或作“吴”。《石鼓文》有“吴人”，注曰“虞人也”。《水经注》卷一七《渭水》“吴山在汧县西，古之汧山也，《国语》所谓虞矣。”杨用修曰：“吴，古‘虞’字省文。如‘虖’之省为‘乎’，‘樝’之省为‘柤’也。”今昆山有浦名大虞、小虞，俗谓之大吴、小吴。窃疑二书所称“虞仲”，并是“吴仲”之误[①]。又考《吴越春秋》《吴太伯传》“太伯曰，其当有封者，吴仲也”，则仲雍之称“吴仲”，固有征矣。

《汉书·地理志》：“河东郡大阳，吴山在西，上有吴城，【原注】《史记·秦本纪》：“昭襄王五十三年，伐魏取吴城。”周武王封太伯后于此，【原注】吴祖太伯，故曰太伯后。是为虞公。”《续汉·郡国志》：“太阳有吴山，上有虞城。”【原注】《水经注》卷四《河水》亦作“虞城”。“虞城”之书为“吴城”，犹“吴仲”之书为“虞仲”也。杜元凯《左氏注》亦曰“仲雍支子，别封西吴”。在僖公五年。

听其言也厉[②]

君子之言，非有意于厉也，是曰是，非曰非。孔颖达

---

① “误”字前，张京华《校释》有“音”字。

② 《论语·子张》：“子夏曰：‘君子有三变：望之俨然，即之也温，听其言也厉。’”

《洪范正义》曰:"言之决断,若金之斩割。"

居官则告谕可以当鞭朴,行师则誓戒可以当甲兵,此之谓"听其言也厉"。

有始有卒者其惟圣人乎[①]

圣人之道,未有不始于洒扫应对进退者也。故曰"约之以礼",见《论语·雍也》。又曰"知崇礼卑"。见《易·系辞上》。

梁惠王

《史记·魏世家》:"惠王三十六年,卒,子襄王立。襄王元年,与诸侯会徐州,相王也,追尊父惠王为王。"而《孟子》书其对惠王无不称之为"王"者,则非追尊之辞明矣。司马子长亦知其不通,而改之曰"君"。【原注】《通鉴》卷二改《孟子》作"君何必曰利",亦以此。然《孟子》之书出于当时,不容误也。杜预《左传集解后序》言:"哀王于《史记》,襄王之子,惠王之孙也。惠王三十六年卒,而襄王立。立十六年卒,而哀王立。《古书纪年篇》:惠王三十六年改元。从一年始至十六年,而称惠成王卒,即惠王也。疑《史记》误分惠成之世以为后王年也。哀王二十三年乃卒,故特不称谥,谓之'今王'。"【原注】作书时未卒,故谓之"今王"。今按惠

① 见《论语·子张》。

王即位三十六年称王,改元,又十六年卒,而子襄王立,即《纪年》所谓"今王",无哀王也。襄、哀字相近,《史记》分为二人,误耳。〔一〕

〔一〕【梁氏云】观《孟子》本书,当是晚始游魏,故惠王尊之为叟,必在惠王改元之十五、六年间。以魏襄为哀,犹《十二侯表》以秦哀公、陈哀公为襄公也。

【小笺】按:《史记》注引荀勖之说已及之,而《索隐》则云"孔衍叙《魏语》亦有哀王"。盖《纪年》之作失哀王之代,故分襄王之年为惠王后元,即以襄王之年包哀王之代。

《秦本纪》:"秦惠文王十四年,更为元年。"此称王改元之证,又与魏惠王同时。

《魏世家》:"襄王五年,予秦河西之地。七年,魏尽入上郡于秦。"今按《孟子》书,惠王自言"西丧地于秦七百里",乃悟《史记》所书襄王之年,即惠王之"后五年"、"后七年"也,以《孟子》证之而自明者也。

【小笺】按:非特此也。据《史记》惠王三十六年无被楚兵之事,至襄王六年"楚败我襄陵",此即惠王所谓"南辱于楚"者。《史记》误以惠王之后六年为襄王六年也。

据《纪年》,周慎靓王之二年,而魏惠王卒。其明年,为魏襄王之元年。又二年,燕王哙让国于其相子之。又二年,为赧王之元年,齐人伐燕,取之。又二年,燕人畔。与《孟子》之书先梁后齐,其事皆合。然孟子在二国皆不久,书中齐事特多，又尝为卿于齐，当有四五年。若适梁，乃惠王之末，而襄王立，即行，故梁事不多。谓孟子以惠王之三十五年至梁者，误以惠王之后元年为襄王之元年故也。【原注】《史记》《孟子荀卿列传》及《孟子序说》谓梁惠王之三十五年，孟子至梁，其后二十三年，齐人伐燕，而孟子在齐者，非。〇卫(嵩)[蒿]曰："孟子游历先后虽不可考，以本书证之，当是自宋归邹，由邹之任、之薛、之滕，而后之梁、之齐。"

孟子为卿于齐，其于梁则客也。故见齐王称臣，见梁王不称臣。

未有义而后其君者也[1]

不"遗亲"，不"后君"，仁之效也。其言义何？义者，礼之所从生也。昔者齐景公有感于晏子之言，而惧其国之为陈氏也，曰："是可若何？"对曰："惟礼可以已之。在礼，家施不及国，民不迁，农不移，工、贾不变，士不滥，官不滔，大夫不收公利。"又曰："君令臣共，父慈子孝，兄爱弟敬，夫和妻柔，姑慈妇听，礼也。君令而不违，臣共而不贰；父慈而教，子孝而箴；兄爱而友，弟敬而顺；夫和而义，妻柔而正；姑慈而从，妇听而婉：礼之善物也。"以上皆见《左传》昭公二十六年。晋侯谓女叔齐曰："鲁侯不亦善于礼乎？"对曰："礼所以守其国，行其政令，无失其民者也。今政令在家，不能取也；有子家羁，弗能用也。公室四分，民食于他，思莫在

① 《孟子·梁惠王上》："未有仁而遗其亲者也，未有义而后其君者也。"

公，不图其终。为国君难将及身，不恤其所。礼之本末，将于此乎在，而屑屑焉习仪以亟，言善于礼，不亦远乎！”见《左传》昭公五年。子曰：“君子之道，辟则坊与？坊民之所不足者也。大为之坊，民犹逾之。故君子礼以坊德，刑以坊淫，命以坊欲。”见《礼记·坊记》。古之明王所以禁邪于未形，使民日迁善远罪而不自知者，是必有其道矣。

不动心

凡人之动心与否，固在其“加卿相”、“行道”之时也。①枉道事人，曲学阿世，皆从此而始矣。“我四十不动心”者，不动其“行一不义、杀一不辜而得天下，有不为也”见《公孙丑上》。之心。〔一〕

〔一〕【钱氏曰】王安石主持新法，至于“天变不足畏，人言不足信”，可谓加卿相而不动心者矣。较之告子，其祸人家国尤烈，故曰“是不难”。

市朝②

“若挞之于市朝”，〔一〕即《书》《说命下》所言“若挞于市”。古者朝无挞人之事，市则有之。《周礼·地官司徒司

---

① 《孟子·公孙丑上》：“公孙丑问曰：‘夫子加齐之卿相，得行道焉，虽由此霸王不异矣，如此则动心否乎？’”

② 《孟子·公孙丑上》：“北宫黝之养勇也，不肤挠，不目逃，思以一毫挫于人，若挞之于市朝。”

市》“市刑、小刑宪罚,中刑狥罚,大刑扑罚”,又曰“胥执鞭度而巡其前,掌其坐,作出入之禁令。凡有罪者,挞戮而罚之”是也。《礼记·檀弓》“遇诸市朝,不反兵而斗”,兵器非可入朝之物。《奔丧》“哭辟市朝”,奔丧亦但过市,无过朝之事也。其谓之“市朝”者,《史记·孟尝君传》“日莫之后,过市朝者掉臂不顾”,《索隐》曰“言市之行列有如朝位,故曰市朝”。古人能以众整如此,【原注】《司市》“以次叙分地而经市”注:“叙,肆行列也。”后代则朝列之参差,有反不如市肆者矣。

〔一〕【阎氏云】或曰“市朝”乃连类而及之文,若“躬稼”本稷,而亦称禹。古文体则有然者。

必有事焉而勿正心①

倪文节【原注】思。谓:“当作‘必有事焉而勿忘,勿忘,勿助长也’。传写之误,以‘忘’字作‘正心’二字。言养浩然之气,必当有事而勿忘,既已勿忘,又当勿助长也。叠二‘勿忘’,作文法也。”见《经钼堂杂志》卷二。按《书·无逸》篇曰:“自时厥后立王,生则逸,生则逸,不知稼穑之艰难。”亦是叠一句,而文愈有致。今人发言亦多有重说一句者。《礼记·祭义》“见间以侠甒”,郑氏曰:“‘见间’,当为‘覸’。”《史记·蔡泽传》“吾持(梁)[粱]刺齿肥”,《索隐》曰:“‘刺齿肥’,当为‘啮肥’。”《论语》《述而》“五十以学

① 《孟子·公孙丑上》:“必有事焉而勿正,心勿忘,勿助长也。”

《易》”,朱子以为“五十”当作“卒”。此皆古书一字误为二字之证。

文王以百里[①]

“汤以七十里,文王以百里”,孟子为此言以证王之“不待大”尔。其实文王之国不止百里,周自王季伐诸戎,疆土日大。文王自岐迁丰,其国已跨三四百里之地;伐崇伐密,自河以西,举属之周。【原注】未克商以前,无灭国者,但臣属而已。至于武王,而西及梁、益,【原注】庸、蜀、羌、髳、微、卢、彭、濮。[②] 东临上党,【原注】戡黎。[③] 无非周地。纣之所有,不过河内殷墟,其从之者,亦但东方诸国而已。一举而克商,宜其如振槁也。《书》《武成》之言文王曰“大邦畏其力”,文王何尝不借力哉?

廛无夫里之布[④]

有“夫布”,有“里布”。《周礼·地官》“载师”职曰:“凡宅不毛者,有里布。凡田不耕者,出屋粟。凡民无职事者,出夫家之征。”“闾师”职曰:“凡无职者,出夫布。”“郑

① 《孟子·公孙丑上》:“以德行仁者王,王不待大。汤以七十里,文王以百里。”

② 见《书·牧誓》,注谓此八国皆蛮夷戎狄属文王者国名。羌在西蜀,髳、微在巴蜀,卢、彭在西北,庸、濮在江汉之南。

③ 见《书·西伯戡黎》,黎国在今山西长治,即古之上党也。

④ 《孟子·公孙丑上》:“廛,无夫里之布,则天下之民皆悦,而愿为之氓矣。”

司农众**云：里布者，布参印书，广二寸，长二尺，以为币，贸易物。《诗》**《卫风·氓》**云‘抱布贸丝’，抱此布也。或曰：‘布，泉也。’《春秋传》曰‘买之百两一布’，**【原注】昭公二十六年。**又‘廛人’职‘掌敛市之絘布、总布、质布、罚布、廛布’。”**郑**玄谓“宅不毛者，罚以一里二十五家之泉。”**①**《集注》未引《闾师》文，今人遂以布专属于里。**〔二〕

〔一〕【沈氏曰】稼堂云：“元本中此条前人已有删之，今仍存。”

〔二〕【江氏曰】“廛无夫里之布”，《集注》用旧说，皆未安。凡民居区域、关市、邸舍，通谓之廛，上文“廛而不征”、“法而不廛”之廛是市宅，此廛谓民居，即《周礼》“上地夫一廛”、许行“愿受一廛”之廛，非市宅也。布者，泉也，亦即钱也，非布帛之布。夫布，见《地官·闾师》“凡无职者出夫布”，谓闲民为民佣力者，不能赴公旬三日之役，使之出一夫力役之泉，犹后世之雇役钱也。里谓里居，即《孟子》“收其田里”之里，非二十五家也。里布，见《地官·载师》“凡宅不毛者有里布”，谓有宅不种桑麻，或荒其地，或作为台榭游观，则使之出里布，犹后世凡地皆有地税也。此皆民之常赋，战国时一切取之，非佣力之闲民，已有力役之征，而仍使之别出夫布；宅已种桑麻，有嫔妇布

① 按自“郑司农云”至此，为顾氏割裂《周礼》“凡无职者，出夫布”郑玄注而成，郑注原文为：“郑司农云：‘宅不毛者，谓不树桑麻也。里布者，布参印书，广二寸，长二尺。以为币，贸易物。《诗》云“抱布贸丝”，抱此布也。或曰：布，泉也。《春秋传》曰：“买之百两一布。”又《廛人职》：“掌敛市之次布、儳布、质布、罚布、廛布。”《孟子》曰：“廛无夫里之布，则天下之民皆说而愿为其民矣。”故曰宅不毛者有里布，民无职事出夫家之征。欲令宅树桑麻，民就四业，则无税赋以劝之也。故《孟子》曰：“五亩之宅，树之以桑，则五十者可以衣帛。”不知言布参印书者何？见旧时说也。’玄谓宅不毛者，罚以一里二十五家之泉，空田者罚以三家之税粟，以共吉凶二服及丧器也。民虽有闲无职事者，犹出夫税、家税也。夫税者，百亩之税。家税者，出士从车辇，给繇役。”中间删去一大段，此处只得做两段文字处理。

缕之征，而仍使之别出里布。是额外之征，借夫布、里布之名而横取者。今皆除之，则居廛者皆受惠也。《集注》以廛为市宅，以里为二十五家，又舍《闾师》而引《载师》"凡无职者出夫家之征"，以"夫家"为一夫百亩之税，一家力役之征。当时虽横取民，当不至此。

孟子自齐葬于鲁①

"孟子自齐葬于鲁"，言"葬"而不言"丧"，此改葬也。《礼》《丧服》"改葬，缌"，事毕而除，故"反于齐，止于嬴"，而充虞乃得承间而问。若曰奔丧而还，营葬方毕，即出赴齐卿之位，而门人未得发言，可谓"三月无君则皇皇如也"；见《孟子·滕文公下》。而身且不行三年之丧，何以教滕世子哉？〔一〕

〔一〕【阎氏曰】刘向《列女传》"孟子处齐，有忧色，拥楹而叹，孟母见之"云云，则知母盖同在齐，自齐葬于鲁，则知母即殁于齐也，终三年丧，复至齐而为卿耳。

其实皆什一也②

古来田赋之制，实始于禹，水土既平，"咸则三壤"，③

① 《孟子·公孙丑下》："孟子自齐葬于鲁，反于齐，止于嬴。充虞请曰……"

② 《孟子·滕文公上》："夏后氏五十而贡，殷人七十而助，周人百亩而彻，其实皆什一也。"

③ 《书·禹贡》："咸则三壤，成赋中邦。"注：皆法壤田上、中、下大较三品，成九州之赋。

后之王者不过因其成迹而已。故《诗》《小雅·信南山》曰:“信彼南山,维禹甸之。畇畇原隰,曾孙田之。我疆我理,南东其亩。”然则周之疆理犹禹之遗法也。【原注】《周礼·小司徒》注:“昔夏少康在虞思,有田一成,有众一旅。一旅之众而田一成,则井牧之法,先古然矣。”孔氏《信南山》《正义》引此,则曰“丘甸之法,禹之所为”。《孟子》乃曰:“夏后氏五十而贡,殷人七十而助,周人百亩而彻。”夫井田之制,一井之地,画为九区,故苏洵谓“万夫之地,盖三十二里有半,而其间为川为路者一,为浍为道者九,为洫为涂者百,为沟为畛者千,为遂为径者万”。见《嘉祐集》卷五《田制》。使夏必五十,殷必七十,周必百,则是一王之兴,必将改畛涂、变沟洫、移道路以就之,为此烦扰而无益于民之事也,岂其然乎?【原注】《周官·遂人》:“凡治野,夫间有遂,遂上有径。十夫有沟,沟上有畛。百夫有洫,洫上有涂。千夫有浍,浍上有道。万夫有川,川上有路,以达于畿。”见《地官司徒》。夫子言禹“尽力乎沟洫”,见《论语·泰伯》。而禹之自言亦曰“浚畎浍距川”,见《书·益稷》。知其制不始于周矣。盖三代取民之异,在乎贡、助、彻,而不在乎五十、七十、百亩。其五十、七十、百亩,特丈尺之不同,〔一〕而田未尝易也,故曰“其实皆什一也”。古之王者必改正朔,易服色,异度数。故《史记·秦始皇本纪》于“改年十月朔,上黑”之下即曰:“数以六为纪,符、法冠皆六寸,而舆六尺,六尺为步,乘六马。”三代之王,其更制改物亦大抵如此。故《礼记》《王制》曰:“古者以周尺八尺为步,今以周尺六尺四寸为步。”而当日因时制宜之法,亦有可言。夏时土旷人稀,故其亩特大。殷、周土易人多,故其亩渐小。以夏之一

亩为二亩,其名殊而实一矣。国佐之对晋人曰:"先王疆理天下物土之宜,而布其利。"见《左传》成公二年。**岂有三代之王而为是纷纷无益于民之事哉?**〔二〕

〔一〕【沈氏曰】《通鉴外纪》云:"夏十寸为尺,商十二寸为尺,周八寸为尺。"

〔二〕【钱氏曰】郑康成注《周礼》,尝引《孟子》"野九夫而税一,国中什一"之文。孔颖达《诗正义》申其旨云:"周制有贡有助。助者,九夫而税一夫之田。贡者,什一而贡一夫之谷。通之二十夫而税二夫,是为什中税一也。九一而助,为九中一,知什一自赋,非什中一者。以言九一,即云而助,明九中一助也。国中言什一,乃云使自赋,是什一之中使自赋之,明非什中一为赋也。"《孟子》又云:"方里而井,井九百亩,其中为公田,八家皆私百亩,同养公田,公事毕,然后敢治私事,所以别野人也。"言"别野人"者,别野人之法,使与国中不同也。《尔雅》云"郊外曰野",则野人为郊外也。野人为郊外,则国中为郊内也。郊内谓之"国中"者,以近国,故系国言之,亦可地在郊内、居在国中故也。按郊外、国中,人各受田百亩,或九而取一,或什一而取一,通外内之率,则为什而取一,故曰彻。彻之为言通也。康成之义得孔氏而益明。若分公田为庐舍,八家各二亩半,其说始于班固,而何休注《公羊》,赵岐注《孟子》,范宁解《穀梁》,宋均注《乐纬》皆因之,非郑义也。

庄岳

"引而置之庄、岳之间"见《孟子·滕文公下》。**注:"庄、岳,齐街里名也。"庄是街名,岳是里名。《左传》襄二十八年**

“得庆氏之木百车于庄”，注云：“六轨之道。”【原注】昭十年“又败诸庄”，哀六年“战于庄，败”，注并同。**“反陈于岳”，注云：“岳，里名。”**

古者不为臣不见[①]

观夫孔子之见阳货，而后知逾垣、闭门为贤者之过，未合于中道也。然后世之人必有如胡广被中庸之名，[②]冯道托仲尼之迹者矣。[③] 其始也屈己以见诸侯，一见诸侯而怀其禄利，于是望尘而拜贵人，希旨以投时好，此其所必至者。曾子、子路之言所以为末流戒也。故曰“君子上交不谄”，见《易·系辞下》。**又曰“上弗援，下弗推”。**见《礼记·儒行》。**后世之于士人，许之以自媒，劝之以干禄，而责其有耻，难矣。**

① 《孟子·滕文公下》：“公孙丑问曰：‘不见诸侯，何义？’孟子曰：‘古者不为臣不见。段干木逾垣而辟之，泄柳闭门而不纳，是皆已甚。迫，斯可以见矣。阳货欲见孔子而恶无礼，瞰孔子之亡也，而馈孔子蒸豚。孔子亦瞰其亡也，而往拜之。是时，阳货先，岂得不见？曾子曰：“胁肩谄笑，病于夏畦。”子路曰：“未同而言，观其色赧赧然，非由之所知也。”’”

② 《后汉书·胡广传》：“胡广字伯始。……虽无謇直之风，屡有补阙之益。故京师谚曰：‘万事不理问伯始，天下中庸有胡公。’及共李固定策，大议不全，又与中常侍丁肃婚姻，以此讥毁于时。”

③ 《新五代史·冯道传》：道少能矫行以取称于世，及为大臣，事四姓十君，以旧德自处。自号“长乐老”，陈己更事四姓及契丹所得阶勋官爵以为荣。然当世之士无贤愚皆仰道为元老，而喜为之称誉。卒年七十三，时人皆共称叹，以谓与孔子同寿，其喜为之称誉盖如此。

公行子有子之丧[①]

《礼》《丧服》**："父为长子，斩衰三年。"故公行子有子之丧，而孟子与右师及齐之诸臣皆往吊。**〔一〕

〔一〕【钱氏曰】公行子当是为父后者，其子盖长子也。大夫之適长，在国谓之"国子"，入学与世子齿焉者也。在家谓之"门子"，《春秋传》"大夫门子皆从郑伯"是也。故其丧也，父为之服斩衰三年，君使人吊，卿、大夫咸往会焉。《周礼》卿、大夫、士之丧，职丧以国之丧礼莅其禁令。《孟子》所称"不历位，不逾阶"之礼，即职丧之禁令也。

【汝成案】《荀子·大略》篇云："公行子之之燕。"杨倞注引此文，以子之为公行子之先，或疑即燕子之，恐皆非是。

为不顺于父母[②]

《虞书》《尧典》**所载，帝曰："予闻，如何？"岳曰："瞽子，父顽，母嚚，象傲。克谐，以孝烝烝，乂不格奸。"是则帝之举舜，在"瞽瞍厎豫"[③]之后。今《孟子》乃谓"九男二女，百官牛羊，仓廪备，以事舜于畎亩之中。犹不顺于父母，而如穷人无所归"。此非事实，但其推见圣人之心若此，使天下**

① 见《孟子·离娄下》。

② 《孟子·万章上》："帝使其子九男二女，百官牛羊仓廪备，以事舜于畎亩之中。天下之士多就之者，帝将胥天下而迁之焉。为不顺于父母，如穷人无所归。"

③ 《孟子·离娄上》："舜尽事亲之道而瞽瞍厎豫，瞽瞍厎豫而天下化。"注："厎，致也；豫，乐也。"

之为人子者处心积虑必出乎此，而后为大孝耳。【原注】与答桃应之问同。[1] 后儒以为实，然则“二嫂使治朕栖”之说[2]亦可信矣。

象封有庳[3]

舜都蒲阪，而封象于道州鼻亭，【原注】《水经注》《湘水》：“王隐曰：应阳县本泉陵之北部，东五里有鼻墟，象所封也。山下有象庙。”《后汉书·东平王苍传》注：“有鼻，国名，在今永州营道县北。”《袁谭传》注：“今犹谓之鼻亭。”在三苗以南，荒服之地，诚为可疑。如《孟子》《万章上》所论“亲之欲其贵，爱之欲其富”，又且欲其“源源而来”，何以不在中原近畿之处，而置之三千馀里之外邪？〔一〕盖上古诸侯之封万国，其时中原之地必无闲土可以封故也。又考太公之于周，其功亦大矣，而仅封营丘。营丘在今昌乐、潍二县界，《史》言其“地泻卤，人民寡”，见《史记·货殖列传》。而《孟子》《告子下》言其“俭于百里”，又莱夷偪处而与之争国。夫尊为尚父，亲为后父，功为元臣，而封止于此，岂非中原之地无闲土，故至薄姑氏之灭，而后乃封太公邪？【原注】周时灭一国乃封一国，

① 事见《孟子·尽心上》：“桃应问曰：‘舜为天子，皋陶为士，瞽瞍杀人，则如之何？’孟子曰：‘执之而已矣。’‘然则舜不禁与？’曰：‘夫舜恶得而禁之？夫有所受之也。’‘然则舜如之何？’曰：‘舜视弃天下犹弃敝蹝也。窃负而逃，遵海滨而处，终身䜣然，乐而忘天下。’”

② 见《孟子·万章上》。注：“二嫂，尧二女也。栖，床也，象欲使为己妻也。”

③ 《孟子·万章上》：万章问：“象至不仁，封之有庳。有庳之人奚罪焉？仁人固如是乎？”

《左传》昭公元年“成王灭唐，而封大叔焉”是也。○《竹书纪年》：“武王十六年秋，王师灭蒲姑。”**或曰：禹封在阳翟，稷封在武功，何与？二臣者，有安天下之大功，舜固不得以介弟而先之也。故象之封于远，圣人之不得已也。**【原注】汉高祖封刘仲为代王，乃是弃其兄于边陲近寇之地，与舜之封象异矣。

〔一〕【阎氏曰】《孟子》“欲常常而见之，故源源而来”。兄居蒲坂，弟居零陵，陆阻太行，水绝洞庭，往返万里，亲爱弟者固如是乎？有庳之封，必近在帝都，而今不可考尔。零陵之传有是名者，《括地志》云：“鼻亭神，在营道县北六十里。故老传言，舜葬九疑，象来至此，后人立祠，名为鼻亭神。”此为得之。

周室班爵禄①

为民而立之君，故“班爵”之意，天子与公、侯、伯、子、男一也，而非绝世之贵。代耕而赋之禄，故“班禄”之意，君、卿、大夫、士与庶人在官一也，而非无事之食。以上俱参见《万章下》。【原注】《黄氏日钞》卷一六《读王制》曰：“必本于上农夫者，示禄出于农，等而上之，皆以代耕者也。”**是故知“天子一位”之义，则不敢肆于民上以自尊；知“禄以代耕”之义，则不敢厚取于民以自奉。不明乎此，而“侮夺人之君”**见《孟子·离娄上》。**常多于三代之下矣。**〔一〕

〔一〕【雷氏曰】周之班爵禄，有本制，有加礼。《孟子》于侯国举本制而不言加礼，所以抑七国也；于天子之臣举加礼而不言本

① 《孟子·万章下》：“北宫锜问曰：‘周室班爵禄也，如之何？’”

制，所以申王朝也。

费惠公

《孟子》《万章下》“费惠公”注：“惠公，费邑之君。”按春秋时有两费，其一见《左传》成公十三年，晋侯使吕相绝秦曰“殄灭我费滑”，注：“滑国都于费，今河南缑氏县。”【原注】庄公十六年“滑伯”注同。○昭公二十六年“王次于滑”注：“滑，周地，本郑邑。”襄公十八年“楚芳子冯、公子格率锐师侵费滑”，盖本一地，秦灭之而后属晋耳。【原注】女叔侯对平公曰：“虞、虢、焦、滑、霍、杨、韩、魏，皆姬姓也，晋是以大。”见襄公二十九年。其一僖公元年“公赐季友汶阳之田及费”。《齐乘》卷四：“费城，在费县西北二十里，鲁季氏邑。”【原注】《汉梁相费泛碑》云：“其先季友为鲁大夫，有功，封费，因以为姓。”见《隶释》卷一一。按隐公元年已有费伯，即费庈父。在子思时，滑国之费，其亡久矣，疑即季氏之后而僭称公者。《鲁连子》称：陆子谓齐湣王曰“鲁、费之众臣甲舍于襄贲”，见《水经注》卷二五引。而楚人对顷襄王有“邹、费、郯、邳”，见《史记·楚世家》。殆所谓泗上十二诸侯者邪？

【小笺】按：《史记·六国年表》鲁悼公元年，“三(家)[桓]胜，鲁如小侯”。此季氏得称费君之证。

又按《年表》，齐宣公四十八年，“取鲁郕”。郕即成也，在春秋为叔孙氏邑，是叔孙之地亡属齐矣。

仁山金氏履祥曰：“费本鲁季氏之私邑，而《孟子》称小国之君,《曾子》书亦有'费君'、'费子'之称。盖季氏专鲁,而自春秋以后,计必自据其邑如附庸之国矣。大夫之为诸侯,不待三晋而始然,其来亦渐矣。"见《孟子集注考证》卷五。

季氏之于鲁,但出君而不敢立君,但分国而不敢篡位,愈于晋、卫多矣。故曰鲁"犹秉周礼"。见《左传》闵公元年。

行吾敬故谓之内也[①]

先王治天下之具,五典、五礼、五服、五刑,[②]其出乎身、加乎民者,莫不本之于心,以为之裁制。亲亲之杀,尊贤之等,礼所生也。故孟子答公都子言"义",而举"酌乡人"、"敬尸"二事,皆礼之用也,而莫非义之所宜。自此道不明,而二氏空虚之教,至于搥提仁义,绝灭礼乐,从此起矣。自宋以下,一二贤智之徒,病汉人训诂之学得其粗迹,务矫之以归于内,而"达道"、"达德"、"九经"、"三重"之事[③]置之不论。此真所谓"告子未尝知义"见《孟子·公孙丑上》。者也,其不流于异端而害吾道者几希。

董子仲舒曰:"宜在我者而后可以称义。故言'义'者,

① 《孟子·告子上》:"孟季子问公都子曰:'何以谓义内也?'曰:'行吾敬,故谓之内也。'"

② 五典,见《书·舜典》"慎徽五典,五典克从",注:五典,五常之教,父义、母慈、兄友、弟恭、子孝。五礼,《周礼·大宗伯》掌五礼:吉、凶、宾、军、嘉。五服,见《礼记·学记》:"师无当于五服,五服弗得不亲。"孔疏:"五服,斩衰也,齐衰也,大功也,小功也,缌麻也。"五刑,《舜典》:"五刑有服。"孔传:"墨、劓、剕、宫、大辟。"

③ 俱见《中庸》。

合‘我’与‘宜’以为一言。以此操之,‘义’之言‘我’也。”见《春秋繁露·仁义法》。【原注】“义”字从“我”,兼声与意。此与《孟子》之言相发。

以纣为兄之子[①]

“以纣为弟,且以为君,而有微子启。”“以纣为兄之子,且以为君,而有王子比干。”并言之,则于文有所不便,故举此以该彼,此古人文章之善。且如“郊社之礼,所以事上帝也”,见《中庸》。不言后土;“地道无成而代有终也”,见《易·坤·文言》。不言臣妻;“先王居梼杌于四裔”,见《左传》昭公九年。不言浑敦、穷奇、饕餮。后之读书者不待子贡之明,亦当闻一以知二矣。[②]

才[③]

人固有为不善之才,而非其性也。性者天命之,才者亦天降之。【原注】下章言“天之降才”。[④] 是以禽兽之人,谓之“未尝有才”。见《告子上》。

① 《孟子·告子上》:“以纣为兄之子且以为君,而有微子启、王子比干。”

② 《论语·公冶长》:“子贡曰:‘赐也何敢望回?回也闻一以知十,赐也闻一以知二。’”

③ 《孟子·告子上》:“若夫为不善,非才之罪也。”

④ 孟子曰:“富岁,子弟多赖;凶岁,子弟多暴。非天之降才尔殊也,其所以陷溺其心者然也。”

《中庸》言“能尽其性”，《孟子》《告子上》言“不能尽其才”。能尽其才则能尽其性矣，在乎扩而充之。

求其放心

“学问之道无他，求其放心而已矣。”见《孟子·告子上》。然则但“求放心”，可不必于学问乎？与孔子之言“吾尝终日不食，终夜不寝，以思，无益，不如学也”见《论语·卫灵公》。者，何其不同邪？他日又曰“君子以仁存心，以礼存心”，见《孟子·离娄下》。是所存者非空虚之心也。夫仁与礼，未有不学问而能明者也。孟子之意盖曰：能求放心，然后可以学问。“使弈秋诲二人弈，其一人专心致志，惟弈秋之为听。一人虽听之，一心以为有鸿鹄将至，思援弓缴而射之。虽与之俱学，弗若之矣。”见《孟子·告子上》。此放心而不知求者也。然但知求放心而未尝穷“中罫”之方，悉“雁行”之势，【原注】马融《围棋赋》。[1] 亦必不能从事于弈。

所去三[2]

“免死而已矣”，见《孟子·告子下》。则亦不久而去矣，故曰“所去三”。

① 见《古文苑》卷五。赋中有句云“穷其中罫兮如鼠入囊”，注：“罫音卦，网罟也。”又云“离离马目兮连连雁行”，注：“布子欲疏，势贵相属。”

② 《孟子·告子下》：陈子曰：“古之君子何如则仕？”孟子曰“所就三，所去三”云云。

自视欿然[1]

人之为学，不可自小，又不可自大。“得百里之地而君之，皆足以朝诸侯，有天下”，见《孟子·公孙丑上》。不敢自小也。“附之以韩、魏之家，如其自视欿然，则过人远矣”，不敢自大也。“予将以斯道觉斯民也，思天下之民，匹夫匹妇有不被尧、舜之泽者，若己推而内之沟中”，见《孟子·万章上》。则可谓不自小矣。“自耕稼陶渔以至为帝，无非取于人者”，见《孟子·公孙丑上》。则可谓不自大矣。故自小，小也；自大，亦小也。今之学者非自小则自大，吾见其同为小人之归而已。

士何事[2]

士、农、工、商，谓之“四民”，其说始于《管子》《小匡》。【原注】《穀梁》成公元年传亦云。三代之时，民之秀者乃收之乡序，升之司徒，而谓之士，[3]固千百之中不得一焉。大宰“以九职任万民”，“五曰百工，饬化八材”，见《周礼·天官·大宰》。计亦无多人尔。武王作《酒诰》之书曰“妹土，嗣尔股肱，纯其艺黍稷，奔走事厥考厥长”，此谓农也；“肇牵车牛，

---

① 《孟子·尽心上》：孟子曰：“附之以韩、魏之家，如其自视欿然，则过人远矣。”

② 《孟子·尽心上》：“王子垫问曰：‘士何事？’孟子曰：‘尚志。’曰：‘何谓尚志？’曰：‘仁义而已矣。’”

③ 见《礼记·王制》“命乡，论秀士”一条。

远服贾，用孝养厥父母”，此谓商也；又曰“庶士有正越庶伯君子，其尔典听朕教”，则谓之士者；大抵皆有职之人矣，恶有所谓“群萃而州处”，四民各自为乡之法哉？见《管子·小匡》。春秋以后，游士日多。《齐语》言桓公“为游士八十人，奉以车马衣裘，多其资币，使周游四方，以号召天下之贤士”，而战国之君遂以士为轻重，文者为儒，武者为侠。呜呼！游士兴而先王之法坏矣！彭更之言，见《滕文公下》。王子垫之问，见《尽心下》。其犹近古之意与？〔一〕

〔一〕【陈庶子曰】性命与经济之学，合之则一贯，分之若两途。有平居高言性命，临事茫无措手者，彼徒求空虚之理，于当世之事未尝亲历而明试之。

【又曰】苏子瞻曰："士不以天下之重自任久矣。"历山川，但抒吟咏而不考其形势；阅井疆，但观市肆而不察其风俗；揽人才，但肆清谈、侈浮华而不揣其德之所宜，才之所堪。若而人者，掩抑弗彰，无失为善士，倘或司民之牧，秉国之钧，俾之因革，委以调剂，兴创不知孰利，改革不知谁害，荐举不识其贤，废黜不知其不肖；徇陋踵弊，贻毒已滋，忽然倡建，自申论议，非触戾人情，犯时之好，即胶固成迹，滞古之法，为患岂可胜道哉！夫士欲知用舍，必自勤访问始；勤访问，必自无事之日始。

饭糗茹草[①]

享天下之大福者，必先天下之大劳；宅天下之至贵者，

---

① 《孟子·尽心下》："孟子曰：'舜之饭糗茹草也，若将终身焉。及其为天子也，被袗衣，鼓琴，二女果，若固有之。'"

必执天下之至贱。是以殷王小乙使其子武丁"旧劳于外"，"知小人之依"，见《尚书·无逸》。而周之后妃亦"必服浣濯之衣，修烦缛之事。及周公遭变，陈后稷先公王业之所由者，则皆农夫女工衣食之务也"。【原注】干宝《晋纪论》。见《文选》卷四九。古先王之教，能事人而后能使人，其心不敢失于一物之细，而后可以胜天下之大。舜之圣也而"饭糗茹草"，禹之圣也而"手足胼胝，面目黧黑"，见《史记·李斯传》。此其所以道济天下而为万世帝王之祖也；况乎其不如舜、禹者乎！【原注】《朱子语类》卷一三言："舜之耕稼陶渔，夫子之钓弋，子路之负米，子贡之埋马，皆贱者之事，而古人不辟也。有若三踊于鲁大夫之庭，冉有用矛以入齐军，而樊须虽少，能用命，此执干戈以卫社稷，而古人所不辞也。后世骄侈日甚，反以臣子之职为耻。"①

孟子外篇②

《史记》伍被对淮南王安引《孟子》曰："纣贵为天子，死曾不若匹夫。"扬子《法言·修身》篇引《孟子》曰："夫有意而不至者有矣，未有无意而至者也。"桓宽《盐铁论》卷九《执务》引《孟子》曰："吾于《河广》，知德之至也。"又引《孟子》曰："尧、舜之道非远人也，人不思之尔。"《周礼·秋官司

① 张京华《校释》：夫子钓弋见《论语·述而》，子路负米见《孔子家语》及《说苑》，子贡埋马见《檀弓下》，有若三踊见《左传》哀八年，冉有用矛、樊须用命见《左传》哀十一年。

② 赵岐《孟子题辞》："又有外书四篇，《性善》、《辩文》、《说孝经》、《为政》。"

徒大行人》注引《孟子》曰:“诸侯有王。”宋鲍照《河清颂》引《孟子》曰:“千载一圣,犹旦暮也。”颂见《宋书·鲍照传》。《颜氏家训》《书证》引《孟子》曰:“图影失形。”《梁书·处士传序》引《孟子》曰:“今人之于爵禄,得之若其生,失之若其死。”《广韵》“圭”字下注曰:“《孟子》:六十四黍为一圭,十圭为一合。”以及《集注》中程子所引《荀子》:“孟子三见齐王而不言事,门人疑之,孟子曰:‘我先攻其邪心。’”今《孟子》书皆无其文,岂所谓“外篇”者邪?【原注】《史记索隐》《六国表序》引皇甫谧曰:“《孟子》称‘禹生石纽,西夷人也’。”恐是“舜生诸冯”之误。○《汉书·艺文志》:“《孟子》十一篇。”《风俗通》卷七《穷通》曰:“孟子作书,中外十一篇。”《诗·周颂维天之命》传引《孟仲子》曰:“大哉,天命之无极,而美周之礼也。”《鲁颂》《閟宫》传引《孟仲子》曰:“是禖宫也。”《维天之命》《正义》引赵岐云:“孟仲子,孟子从昆弟,学于孟子者也。”《谱》云:“孟仲子者,子思弟子。”此《诗谱》文亦见《维天之命》《正义》。盖与孟轲共事子思,后学于孟轲,著书论诗,毛氏取以为说,则又有《孟仲子》之书矣。【原注】陆玑《诗草木疏》卷下《毛诗》云:“子夏传鲁人申公,申公传魏人李克,李克传鲁人孟仲子,孟仲子传赵人孙卿,孙卿传鲁人大毛公,大毛公传小毛公。”〔一〕

〔一〕【孙氏曰】近刻《孟子外书》四篇,曰《性善辨》,曰《文说》,曰《孝经》,曰《为正》。掇拾子书中所引《孟子》逸篇以成文,词旨浅陋,即其篇题之谬,可直断为伪也。王充《论衡》云:“孟作《性善》之篇,以为人性皆善。”是篇名“性善”,非“性善辨”也。且孟子道性善,性恶当辨,性善又何辨乎?《孝经》一书,孔子以授曾子，岂有孟子著书亦以“孝经”名篇之理？盖《孟子外书》，赵邠卿已讥其“不能闳深，似后人所依托”，今因其伪而伪之，则益浅陋矣。

【校正】阎云：王厚斋《孟子考异》、焦弱侯《笔乘》所引《孟子外篇》甚众，何仅寥寥引此？近尤详《绎史》。

孟子引论语

《孟子》书引孔子之言凡二十有九，其载于《论语》者八，【原注】“学不厌而教不倦。”《公孙丑上》引《述而》。○“里仁为美。”《公孙丑上》引《里仁》。○“君薨听于冢宰。”《滕文公上》引《宪问》。○“大哉尧之为君。”《滕文公上》引《泰伯》。○“小子鸣鼓而攻之。”《离娄上》引《先进》。○“吾党之士狂简。”《公孙丑上》引《公冶长》。○“乡原德之贼。”《尽心下》引《阳货》。○“恶似而非者。”《尽心下》引《阳货》。[①] **又多大同而小异。然则夫子之言其不传于后者多矣，故曰“仲尼没而微言绝”。**见《汉书·艺文志》。

孟子字样

九经、《论语》皆以汉石经为据，故字体未变，《孟子》字多近今，【原注】如“知”多作“智”，“说”多作“悦”，“女”多作“汝”，“辟”多作“避”，“弟”多作“悌”，“彊”多作“强”之类，与《论

① 《孟子·尽心下》：“孔子曰：‘恶似而非者。’”《论语·阳货》：“子曰：‘恶紫之夺朱也。’”意相似而文字不同。

语》异。盖久变于魏、晋以下之传录也。然则石经之功亦不细矣。

《唐书》言:“邠州故作‘豳’,开元十三年以字类‘幽’,(故)[改][1]为‘邠’。”今惟《孟子》书用“邠”字。

【小笺】按:《说文》:“邠,周太王国,从邑分声。”则“邠”自是古字。

《容斋四笔》卷七《由与犹同》言《孟子》“是由恶醉而强酒”,“见且由不得亟”,并作“由”,今本作“犹”。是知今之《孟子》又与宋本小异。

孟子弟子

赵岐注《孟子》,以季孙、子叔二人为孟子弟子:“季孙知孟子意不欲,而心欲使孟子就之,故曰:‘异哉,弟子之所闻也。’子叔心疑惑之,亦以为可就之矣。”[2]“使己为政”以下,则孟子之言也。又曰:“告子名不害,兼治儒墨之道者。尝学于孟子,而不能纯彻性命之理。”见《告子上》题下注。又曰:“高子,齐人也。学于孟子,乡道而未明,去而学他术。”《尽心下》注。又曰:“盆成括尝欲学于孟子,问道,未达而去。”见《尽心下》注。宋徽宗政和五年,封告子不害东阿伯,高

① 据张京华《校释》改。《唐书·地理志》正作“改”。

② 以上为注《孟子·公孙丑下》“季孙曰‘异哉子叔疑,使己为政,不用,则亦已矣,又使子弟为卿’”一段。赵岐以“异哉子叔疑”为季孙之语,断,并于其下注季孙、子叔“二子为孟子弟子”云云,而以“使己为政”以下为孟子语。

子泗水伯，盆成括莱阳伯，季孙丰城伯，子叔乘阳伯，皆以孟子弟子故也。见《宋史·礼志八》。**《史记索隐》**《孟子列传》**曰：“《孟子》有万章、公明高等，并轲之门人。”《广韵》**卷一“离”下**又云：“离娄，孟子门人。”不知其何所本。**【原注】《淮南子》《人间训》：“黄帝亡其玄珠，使离朱、捷剟索之。”注：“二人皆黄帝臣。”《抱朴子》《内篇·极言》有彭祖之弟子离娄公。**元吴莱著《孟子弟子列传》二卷，今不传。**〔一〕

〔一〕【朱检讨曰】政和五年，从太常议，赠季孙丰城伯，子叔乘阳伯。自朱子《集注》出，乃始非之，世莫有从赵氏之说者矣。吴立夫氏撰《孟子弟子列传》，书虽不传，序称一十九人，则未尝依朱子去季孙、子叔二人，益以滕更，适合十九人之数。考《尽心》篇“公都子曰，滕更之在门也”赵岐注：“滕更，滕君之弟，来学于孟子也。”其为弟子甚明，不知宋太常之议何独赠爵不及，有不可解者。至于《史记索隐》以公明高为孟子弟子，而《广韵》注谓离娄为孟子门人，无稽之言，君子不信。又《广韵》注诠“丘”字，引《孟子》“齐有曼丘不择”，今七篇无其文，弟子与？其不谓之弟子与？吾不得而知之矣。

【又曰】案班氏《古今人表》，孟子居第二等，公孙丑居第三等，万章、乐正子、告子、高子居第四等，徐子居第五等，馀不与焉。

【全氏曰】乐正子、万章、公孙丑、孟仲子、陈臻、充虞、徐辟、陈代、彭更、公都子、咸丘蒙、屋庐子、桃应，赵注、孙疏、朱注所同也。季孙子、叔高子，赵注、孙疏所同，而朱注不以为然。浩生不害、盆成括，本不见于赵注，但见于孙疏，而朱注亦不以为然。朱注之去取是也。季孙、子叔本非是时人，以为季孙闻孟子之辞万锺而异之，子叔亦从而疑之，赵注之谬，未有甚于此者也。故相传明世中曾经罢祀，而今孟庙仍列之，殆诏而未正与？以高子为弟子，盖以“山径茅塞”之语，似乎师戒其弟，故以为学他术而不终。然《小弁》之言，孟子称之为叟，则非弟子矣。《经典序录》有高行子，乃子夏之弟子，厚斋王氏谓即高子，则亦恐非弟子矣。告子名不害，赵注以为尝学于孟子者。若浩生不害，则赵注本曰齐人，未尝以为告子。孙疏疑以为告子，而浩生其字，不害其名。夫浩生不害固非告子，即告子亦恐非孟子弟子，孙疏特漫言之，不知祀典何以竟合为一，是则谬之尤者。至盆成括，则在孙疏亦但言其欲学于孟子，非质言其为及门也。元吴莱作《孟氏弟子列传》一十九人，则似仍政和祀典之目，而增之以滕更。其增之可也，仍列此五人者，则泥古之过也。今孟庙且以子叔为子叔疑，则是据朱注而增赵注，又谬中之谬也。

【又曰】告子名不害，亦见《国策注》，而《文选》引《墨子》，则又曰告子胜。或有二名，否则其一为字也。

【续补正】遇孙案，《孟子外书》：“子叔问曰：文王囚于羑里，孔子厄于陈蔡，何以系《易》也？”注：“子叔，孟子门人。”又“孟母之丧，门弟子各治其事，陈臻治货，季孙郊治车”云云，则子叔、季孙为孟子弟子，非于注疏之外又得一证乎？曼丘不择，亦见《外书》注：“曼丘，姓；不择，名；齐人。”则《广韵》本《外书》，而非弟子也。公明高，《外书》注亦云是孟子门人。《外书》虽云伪作，然相传已久，必有所本，非凿空所能造也。

《晏子》卷七《外篇上》**书称“西郭徒居布衣之士盆成适，尝为孔子门人”。尤误。**

【续补正】竹垞云：《晏子春秋》：“景公宿于路寝之宫，夜分，闻西方有男子哭者,公悲之。明日朝问于晏子,晏子对曰:'西郭徒居布衣之士盆城括也。父之孝子,兄之顺弟也。又尝为孔子门人,今其母不幸而死,祔柩未葬,家贫,身老,子孺,恐力不能合祔,是以悲也。'公曰:'子为寡人吊之。'婴往吊,咎公不辱临。公使男子袒免,女子发笄,开凶门而迎括。"则括乃与景公同时,不当与孟子弟子之列。宋配祀孟子,追赠莱阳伯。孙宣公言"括尝欲学于孟子",亦疑辞也。遇孙案:古今同姓名者甚多,恐孔、孟时有两盆城括。顾氏以孔子门人为非,朱氏又以孟子弟子为非,皆一偏之见也。又,括尝欲学于孟子,是赵岐注,非宣公言也,并正。

荼

"荼"字自中唐始变作"茶",其说已详之《唐韵正》。见卷四"荼"字下。**按《困学纪闻》**卷三:**"荼有三:'谁谓荼苦',**见《邶风·谷风》。**苦菜也;'有女如荼',**见《郑风·出其东门》。**茅秀也;'以薅荼蓼',**见《周颂·良耜》。**陆草也。"**〔一〕**今按《尔雅》,"荼"、"𣘻"字凡五见,而各不同。《释草》曰"荼,苦菜",注引《诗》"谁谓荼苦,其甘如荠",**《尔雅》**疏云"此味苦可食之菜,《本草》一名选,一名游冬。《易纬·通卦验玄图》云'苦菜,生于寒秋,经冬历春乃成',《月令·孟夏》'苦菜秀'是也。叶似苦苣而细,断之有白汁,花黄似菊,堪食,但苦耳"。**《释草》**又曰"蘱,荂,荼",注云"即芀",疏云"按[郑注]①《周礼》'掌荼'及《诗》'有女如荼'皆云'荼,**

① "郑注"二字据《尔雅疏》补,省此二字则文义不明。

茅秀也'。蕫也、荂也其别名"。此二字皆从"草"从"余"。《释草》又曰"蒤,虎杖",注云"似红草而粗大,有细刺,可以染赤",疏云"蒤,一名虎杖。陶注《本草》云'田野甚多,(壮)[状]如大马蓼,茎斑而叶圆是也'"。《释草》又曰"蒤,委叶",注引《诗》"以茠蒤蓼",[1]疏云"蒤,一名委叶。王肃说《诗》云'蒤,陆秽草'。然则蒤者,原田芜秽之草,非苦菜也。今《诗》本'茠'作'薅'"。此二字皆从"草"从"涂"。《释木》曰"槚,苦荼",注云"树小如栀子,冬生,叶可煮作羹饮。今呼早采者为荼,晚取者为茗。一名荈,蜀人名之苦荼"。此一字亦从"草"从"余"。今以《诗》考之,《邶·谷风》之"荼苦",《七月》之"采荼",《绵》之"堇荼",皆"苦菜之荼"也,【原注】《诗》《唐风·采苓》"采苦采苦"传:"苦,苦菜。"《正义》曰:"此荼也。陆玑云:'苦菜生山田及泽中,得霜,恬肥而美。所谓"堇荼如饴",《内则》云"濡豚包苦",用苦菜是也。'"又借而为"荼毒之荼"。《桑柔》、《汤诰》皆"苦菜之荼"也。[2]《夏小正》"取荼莠",《周礼·地官》"掌荼",《仪礼·既夕礼》"茵著用荼,实绥泽焉",《诗·鸱鸮》"捋荼"传曰"荼,萑苕也",《正义》曰"谓乱之秀穗。茅乱之秀,其物相类,故皆名荼也","茅秀之荼"也,以其白也而象之。《出其东门》"有女如荼",《国语》"吴王夫差万人为方陈,白常白旗素甲白羽之矰,望之如荼",《考工记》"望而视之,欲其荼白",亦"茅秀之荼"也。《良耜》之"荼蓼","委

① 即《周颂·良耜》之"以薅荼蓼"。

② 《大雅·桑柔》:"民之贪乱,宁为荼毒。"《书·汤诰》:"罹其凶害,弗忍荼毒。"

叶之荼"也。唯虎杖之"荼"与槚之"苦荼"不见于《诗》、《礼》。而王褒《僮约》云"武都买荼"，[①]见《古文苑》卷一七。**张载《登成都白菟楼》诗云"芳荼冠六清"，孙楚诗云"姜桂荼荈出巴蜀"，**《本草衍义》卷一四**"晋温峤上表，贡荼千斤，茗三百斤"，是知自秦人取蜀而后始有茗饮之事。**

〔一〕【陆清献曰】王肃云："荼，陆秽。蓼，水草。田有原有隰，故并举水陆秽草。"依此，则荼与蓼是二物。朱子《诗传》谓一物，而有水陆之异。前后儒者所见似不同。愚谓草木之类，有种一而臭味别者，故荼与蓼一物而有水陆之异。《邶风》之荼与《周颂》之荼一物，而有苦菜、秽草之异。《正义》以其分者言之，朱子以其合者言之，非抵牾也。

【陈氏曰】《尔雅》："荼者，荼，委叶也。蓼者，蔷，虞蓼也。"王肃皆以为秽草，分水陆，当矣，但未详荼之性状。《尔雅》"蒤，委叶"，郭注引《诗》而外，亦不著其形。案《古今注》云："荼，蓼也。紫色者荼也，青色者蓼也。其味辛且苦，食之明目。或谓紫叶者为香荼，青色者为青荼，亦谓紫者为紫蓼，青者为青蓼，其长大不苦者为高蓼。"此与王氏水陆二秽意同。朱子所谓辣蓼，或即斯草，但不当以苦菜当之耳。

【校正】"荼字自中唐始变作茶。"〇汪云：《晋书·桓温传》："温性俭，每宴，惟下七奠柈茶果而已。"《陆纳传》："茶果待谢安。"又《潜丘劄记》载《三国·常曜传》："曜素饮酒不过二升，初见礼异时，常为裁减，或密赐茶荈以当酒。"荼易为茶，不待中唐始变也。

① 《刊误》卷上："'武都'，诸本误'阳武'，原写本误'武阳'。汝成案：《初学记》、《古文苑》皆作'武阳'。考《太平御览》五百九十八载此文作'武都买荼'，注云：'武都，县名，出荼。'则作'武阳'者亦非矣。今改。第二条'武都买荼'误同，今改。"

王褒《僮约》，前云“炰鳖烹茶”，后云“武都买茶”，注以前为“苦菜”，后为“茗”。见《古文苑》卷一七章樵注。

《唐书·陆羽传》：“羽嗜茶，【原注】自此后，“荼”字减一画为“茶”。著经三篇，言茶之原、之法、之具尤备，天下益知饮茶矣。有常伯熊者，因羽论复广著茶之功，其后尚茶成风。时回纥入朝，始驱马市茶。”至本朝[1]，设茶马御史。而《大唐新语》卷一一言右补阙綦毋煚性不饮茶，著《茶饮》，序曰：“释滞消壅，一日之利暂佳；瘠气侵精，终身之害斯大。获益则功归茶力，贻患则不谓茶灾。岂非福近易知，害远难见？”宋黄庭坚《茶赋》亦曰：“寒中瘠气，莫甚于茶。或济之盐，勾贼破家。”见《山谷集》卷一题《煎茶赋》。今南人往往有茶癖而不知其害，此亦摄生者之所宜戒也。

駉

《尔雅》《释鸟》：“舒雁，鹅。”注：“今江东呼鴚。‘鴚’即‘駕’字。”【原注】古“加”字读如“哥”，《诗·君子偕老》之“珈”，《东山》之“嘉”，并与“何”为韵。《左传》定公元年“鲁大夫荣駕鹅”，《方言》八“雁自关而东谓之駉鹅”，《太玄经·装·次二》“駕鹅惨于冰”，一作“鴚鹅”，司马相如《子虚赋》“弋白鹄，连駕鹅，双鸧下，玄鹤加”，《上林赋》“鸿鹔鹄鸨，駕鹅属玉”，扬雄《反离骚》“凤皇翔于蓬陼兮，岂駕鹅之能捷”，张衡《西京赋》“駕鹅鸿鶤”，《南都赋》“鸿鸨駕鹅”，

---

① “本朝”，原本作“明代”，据《校记》改。

杜甫《七歌》"前飞駕鹅后鹙鸧",《辽史·穆宗纪》"获駕鹅,祭天地",《元史·武宗纪》"禁江西、湖广、汴梁私捕駕鹅"。《山海经》《中山经》"青要之山,是多駕鸟",郭璞云"未详,或云当作'駕'",其从"馬"者,传写之误尔。【原注】《汉书·古今人表》"荣駕鹅",师古曰:"駕音加。"今本亦误作"駕"。○今《左传》本亦多作"駕",犹《诗》"乘乘鴇之"误作"鴇"也。

九经

唐、宋取士,皆用九经。今制定为五经,而《周礼》、《仪礼》、《公羊》、《穀梁》二传并不列于学官。杜氏《通典》卷五三:东晋元帝时,太常贺循上言:"尚书被符,经置博士一人。【原注】《晋书·荀崧传》:"时简省博士,其《仪礼》、《公羊》、《穀梁》及郑《易》皆省不置。"又多故历纪,儒道荒废,学者能兼明经义者少。且《春秋》三传俱出圣人,而义归不同,自前代通儒未有能通得失、兼而学之者也。今宜《周礼》、《仪礼》二经置博士二人,《春秋》三传置博士三人,其馀【原注】《易》、《诗》、《书》。则经置一人,合八人。"太常荀崧上疏言:"博士旧员十有九人,今五经合九人。准古计今,犹未中半。《周易》有郑氏注,其书根源,诚可深惜。《仪礼》一经,所谓《曲礼》,郑玄于礼特明,皆有证据。昔周之衰,孔子作《春秋》,左丘明、子夏造膝亲受。孔子殁,丘明撰其所闻为之传,微辞妙旨,无不精究。公羊高亲受子夏,立于汉朝,多可采用。穀梁赤师徒相传,诸所发明,或是

《左氏》、《公羊》不载，亦足有所订正。臣以为三传虽同曰《春秋》，而发端异趣，宜各置一人以传其学。”遇王敦难，不行。【原注】按《元帝纪》云：“太兴四年三月，置《周易》、《仪礼》、《公羊》博士。明年正月，王敦反。”是虽置而旋不行也。唐贞观九年五月敕：“自今以后，明经兼习《周礼》若《仪礼》者，于本色内量减一选。”见《册府元龟》卷六三九。开元八年七月，国子司业李元(璀)[瓘][1]上言：“三礼、三传及《毛诗》、《尚书》、《周易》等，并圣贤微旨，生人教业。今明经所习，务在出身，咸以《礼记》文少，人皆竞读。《周礼》经邦之轨则，《仪礼》庄敬之楷模，《公羊》、《穀梁》历代宗习。今两监及州县以独学无友，四经殆绝。事资训诱，不可因循。其学生请停各量配作业，并贡人预试之，日习《周礼》、《仪礼》、《公羊》、《穀梁》，并请帖十通五，许其入第。以此开劝，即望四海均习，九经该备。”从之。见《册府元龟》卷六〇四。《唐书》《杨玚传》：开元十六年十二月，杨玚为国子祭酒，奏言：“今之明经，习《左氏》者十无二三。又《周礼》、《仪礼》及《公羊》、《穀梁》殆将废绝，请量加优奖。”于是下制：“明经习《左氏》及通《周礼》等四经者，出身免任散官。”遂著于式。古人抱遗经、扶微学之心如此其急，而今乃一切废之，盖必当时之士子苦四经之难习，而主议之臣徇其私意，遂举历代相传之经典弃之而不学也。自汉以来，岂不知经之为五，而义有并存，不容执一，故三家之学并列《春秋》，

① “瓘”，原本作“璀”，张京华《校释》校云：《唐会要》卷七五、《旧唐书·礼仪志四》、《新唐书·礼乐志五》及《通典》卷五三并作“瓘”。今据改。

至于三礼,各自为书。今乃去经习传,尤为乖理。苟便己私,用之干禄,率天下而欺君负国,莫甚于此。经学日衰,人材日下,非职此之由乎?

《宋史》《选举志一》:神宗用王安石之言,“士各占治《易》、《书》、《诗》、《周礼》、《礼记》一经,兼《论语》、《孟子》。”【原注】是时《仪礼》、《春秋》皆不列学官。元祐初,始复《春秋左传》。朱文公《乞修三礼劄子》:“遭秦灭学,礼乐先坏,其颇存者,三礼而已。《周官》一书固为礼之纲领,至于仪法度数,则《仪礼》乃其本经,而《礼记·郊特牲》、《冠义》等篇,乃其义说耳。【原注】朱子言《仪礼》是经,《礼记》是解《仪礼》。且如《仪礼》有《冠礼》,《礼记》便有《冠义》;《仪礼》有《昏礼》,《礼记》便有《昏义》。以至《燕射》之类,莫不皆然。前此犹有‘三礼’、‘通礼’、‘学究’诸科,礼虽不行,士犹得以诵习而知其说。熙宁以来,王安石变乱旧制,废罢《仪礼》,而独存《礼记》之科。弃经任传,遗本宗末,其失已甚。”见《晦庵集》卷一四。是则《仪礼》之废,乃自安石始之,【原注】《语类》卷八四言:“《仪礼》旧与五经并行,王介甫始罢去。”“祖宗朝有开宝通礼科,礼官用此等人为之,介甫一切罢去。”至于今朝①,此学遂绝。〔一〕

〔一〕【沈氏曰】康熙九年二月,顺天学政蒋超题请课士之法,增定《周礼》、《仪礼》与《礼记》并立,又请《春秋传》题及脱母等题,全悖经旨,不能将传合尽去,亦当除去脱母等题。礼部议:“《周礼》、《仪礼》增入《礼记》之处无容议。《春秋》脱母等

① “今朝”,原本作“明代”,据《校记》改。

题，原系扭合，与士子学业无益，相应删去。以后考试，止将单题，合题酌出。”旨依。

朱子又作《谢监岳文集序》，曰：“谢绰中，建之政和人。先君子尉政和，行田间，闻读书声，入而视之，《仪礼》也。以时方专治王氏学而独能尔，异之，即与俱归，勉其所未至，遂中绍兴三年进士第。”①在宋已为空谷之足音，今时则绝响矣。

先生《仪礼郑注句读序》曰：三代之礼，其存于后世而无疵者，独有《仪礼》一经。汉郑康成为之注，魏、晋以下，至唐、宋，通经之士，无不讲求于此。自熙宁中王安石变乱旧制，始罢《仪礼》，不立学官，而此经遂废。此新法之为经害者一也。南渡以后，二陆起于金溪，其说以德性为宗，学者便其简易，群然趋之，而于制度文为一切鄙为末事。赖有朱子正言力辨，欲修《三礼》之书，而卒不能胜夫空虚妙悟之学。此新说之为经害者二也。沿至于今，有坐皋比，称讲师，门徒数百，自拟濂洛，而终身未读此经一遍者。若天下之书皆出于国子监所颁，以为定本，而此经误文最多，或至脱一简一句，非唐石本之尚存于关中，则后儒无由以得之矣。济阳张尔岐稷若，笃志好学，不应科名，录《仪礼》郑氏注，而采贾氏、陈氏、吴

① 朱熹文见《晦庵集》卷七六“绍兴三年”，《集》作“二年”。又《黄氏日钞》卷三五亦摘引《谢监岳文集序》，文字与亭林所引相同。

氏之说，略以己意断之，名曰《仪礼郑注句读》。又参定监本脱误凡二百馀字，并考石经之误五十馀字，作《正误》二篇，附于其后，藏诸家塾。时方多故，无能板行之者。后之君子因句读以辨其文，因文以识其义，因义以通制作之原，则夫子所谓“以承天之道而治人之情”者，可以追三代之英，而辛有之叹不发于伊川矣。如稷若者，其不为后世太平之先倡乎？若乃据石经刊监本，复立之学官，以习士子，而姑劝之以禄利，使毋失其传，此又治经术者之责也。

考次经文

后魏崔浩为司徒时，著作令史关湛为浩信任，见浩所注《诗》、《论》、《书》、《易》，遂上疏言马、郑、王、贾虽(著作)[注述]六经，并(名)[多]疏谬，不如浩之精微，乞收境内诸书藏之秘府，班浩所注，命天下习业，并求敕浩注《礼传》，令后生得观(王)[正]义。浩亦表荐湛有著述之才。①

《礼记·乐记》“宽而静”至“肆直而慈”一节，当在“爱者宜歌商”之上，文义甚明。然郑康成因其旧文，不敢辄更，但注曰：“此文换简，失其次。‘宽而静’宜在上，‘爱者宜歌商’宜承此。”

《书·武成》定是错简，有日月可考。蔡氏沈亦因其旧而别序一篇，为《今考定武成》，见《书经集传》卷四。最为得体。

---

① 以上一节九十二字原本无，据《校记》补入。又三处字误，均据《魏书·高允传》改正。

其他考定经文,如程子颐改《易·系辞》"天一地二"一节于"天数五"之上,①《论语》《乡党》"必有寝衣"一节于"齐必有明衣布"之下。〔一〕苏子瞻改《书·洪范》"曰王省惟岁"一节于"五曰历数"之下,见苏轼《书传》卷一〇。改《康诰》"惟三月哉生魄"一节于《洛诰》"周公拜手稽首"之上。见《书传》卷一三。朱子改《大学》"康诰曰"至"止于信"于"未之有也"之下,改"诗云瞻彼淇澳"二节于"止于信"之下,见《大学章句》。《论语》《颜渊》"诚不以富"二句于"齐景公有马千驷"一节之下,见《论语集注》卷六下。《诗·小雅》以《南陔》足《鹿鸣之什》,而下改为《白华之什》,见《诗集传》卷四。皆至当,无复可议。后人效之,妄生穿凿,《周礼》五官,互相更调。而王文宪【原注】名柏。② 作《二南相配图》、《洪范经传图》、《重定中庸章句图》,改《甘棠》、《野有死麇》、《何彼秾矣》三篇于《王风》。仁山金氏履祥本此,改"敛时五福"一节于"五曰考终命"之下,改"惟辟作福"一节于"六曰弱"之下,使邹鲁之书传于今者,几无完篇,殆非所谓"畏圣人之言"③者矣。

〔一〕【钱氏曰】《说文》:"被,寝衣也。长一身有半。"寝衣之非斋服明矣,不宜移易。

董文清【原注】槐。改《大学》"知止而后有定"二节于

① 见《程氏经说》卷一。原文为"自天一至地十,合在天数五、地数五上,简编失其次也"。顾述稍误。

② 张京华《校释》:王柏,字会之,号鲁斋,明金华人。

③ 《论语·季氏》:"孔子曰:'君子有三畏:畏天命,畏大人,畏圣人之言。'"

"子曰听讼吾犹人也"之上，以为传之四章，释格物致知，而传止于九章，则《大学》之文元无所阙。其说可从。[①]

凤翔袁楷谓："《文言》有错入《系辞》者，'鸣鹤在阴'已下七节，'自天祐之'一节，'憧憧往来'已下十一节，此十九节皆《文言》也，即'亢龙有悔'一节之重见，可以明之矣。"遂取此十八节属于"天玄而地黄"之后，【原注】依卦为序。于义亦通。〔一〕然古人之文，变化不拘，况六经出自圣人，传之先古，非后人所敢擅议也。

〔一〕【钱氏曰】此等谬说，徒启学者师心蔑古之咎。

【校正】寿昌案，顾氏举康成以示不敢辄更，可为师法。并推及宋、明人之改经，亦多可议矣。明人经学，承宋、元之后，师心自用，家法荡然。自亭林出，而知求之注疏，证之史传，可谓卓识。但蹊径初开，说犹未畅。此后儒者知尚实学，不为空言，我朝经学直接汉、唐，先生创始之功不可没也。

① 按此节采自《黄氏日钞》卷二十八小注："辛酉岁，见董丞相槐行实载此章，谓经本无阙文，此特错简之厘正未尽者矣"云云。另可参看清胡渭《大学翼真》卷三"董氏改本"一条。

日知录集释卷八

州县赋税

王士性《广志绎》卷一《方舆崖略》曰："天下赋税，有土地肥瘠不甚相远，而征科乃至悬绝者，当是国初草草，未定画一之制，而其后相沿，不敢议耳。如真定之辖五州二十七县，苏州之辖一州七县，无论所辖，即其广轮之数，真定已当苏之五，而苏州粮二百三万八千石，真定止一十万六千石。然犹南北异也。若同一北方也，河间之繁富，二州十六县，登州之贫寡，一州七县，相去殆若莛楹，而河间粮止六万一千，登州乃二十三万六千。然犹直隶、山东异也。若在同省，汉中二州十四县之殷庶，视临洮二州三县之冲疲，易知也，而汉中粮止三万，临洮乃四万四千。[①] 然犹各道异也。若在同道，顺庆不大于保宁，其辖二州八县，均

① "临洮乃四万四千"，中华书局据《台州丛书》校点本《广志绎》，作"临洮至四十八万"。

也,而顺庆粮七万五千,[①]保宁止二万。然犹两郡异也。若在一邑,则同一西南充[②]也,而负郭十里,田以步计,赋以田起;二十里外,则田以絚量,不步矣;五十里外,田以约计,不絚矣。官赋无定数,私价亦无定估,何其悬绝也。惟是太平日久,累世相传,民皆安之,以为固然,不自觉耳。"夫王者制邑居民,则壤成赋,岂有大小轻重不同若此之甚哉?且以所辖州县言之,真定三十二,西安三十六,开封、平阳各三十四,济南三十,成都三十一,而松江、镇江、太平止三县,汉阳、兴化止二县。其直隶之州,则如徐州、泽州之四县,郴州之五县,嘉定之六县,潼川之七县,俨然一府也;而其小者或至于无县可辖。且国初[③]之制,多因元旧。平阳一路共领九州,殆据山西之半。至洪武二年,始以泽、潞、辽、沁四州直隶山西行省,而今尚有五州。若蒲州,自古别为一郡,屡次建言,皆为户部所格。归德一州,向属开封,至嘉靖二十四年始分为府。天下初定,日不暇给,沿元之非,遂至二三百年。【原注】崔铣[④]言:"今之郡大者千里,属邑数十。为长者名数且不能悉,奚望其理也?宜令大郡不过(四)[五]百里,邑百里。"见《士翼》卷一。然则后之王者,审形势以制统辖,度辐员以界郡县,则土田以起征科,乃平天下之先务,不可以虑始之艰而废万年之利者矣。〔一〕

〔一〕【阎氏曰】宋绍兴十一年,知临江军王伯淮奏曰:"清江县有税

① "七万五千",中华书局本作"七万二千"。

② "西南充",中华书局本作"南充"。

③ "国初",原本作"明初",据《校记》改。

④ 崔铣,《明史》入《儒林传》。著有《士翼》四卷。

钱四十馀贯，苗米四百馀石，人烟田产并在高安。经界既定，两县随产认税。于是清江有税无田，高安有田无税。清江不免以无田之税增均于原额之田，高安即以无税之田减均于原额之税。是高安得偏轻之利，而清江得偏重之害矣。”

【又曰】怀庆府知府纪诫疏曰：“如《西华县志》：洪武二十四年，在册地止一千九百九十四顷有奇；嘉靖十一年，新丈地一万九千七百七十顷有奇。永城县原地一千五百三十顷有奇，嘉靖十一年，新丈出二万六千六百一十九顷有奇。二县如此，他县可知。是土地实增倍于其旧，则粮宜增而不增，而顾以其粮分洒之，此轻者益见其轻也。至河内县原编户一百二十馀里，今并为八十三里；修武县原编户六十里，今并为二十九里。他县亦皆类是。人逃而地渐荒，则土地已非其旧，夫粮宜减而不减，而复以其粮包赔之，此重者益重。无怪乎怀庆之民日困征输，而卒无以自安也。”

【汝成案】先生此条说详十卷“地亩大小”、“州县界域”。阎氏注附下尤合。

《太祖实录》卷九八：**“洪武八年三月，平阳府言：‘所属蒲、解二州，距府阔远，乞以直隶山西行省为便。’未许。”至天启四年，巡按山西李日宣，请以二州十县分立河中府，治运城，以运使兼知府事，运同兼清军，运副兼管粮，运判兼理刑。事下户部，户部下山西，山西下河东，河东下平阳府议之，竟寝不行。**[①] 【原注】按汉河东郡二十四县，后汉二十城。

① 援庵《校注》：《郡国利病书》四八作天启四年四月事，“山西”下有“御史”二字，“二州”上有“解蒲”。

魏正始八年,分河东之汾北十县为平阳郡。此所谓"欲制千金之裘而与狐谋其皮"也。且商、洛之于关内,陈、许之于大梁,德、棣之于济南,颍、亳之于凤阳,自古不相统属。去府既远,更添司道,于是有一府之地而四五其司道者,官愈多而民愈扰,职此之由矣。昔仲长统《昌言》谓:"诸夏有十亩共桑之迫,远州有旷野不发之田。"见《通典》卷一引。范晔《后汉书》《酷吏传序》亦言:"汉制宰守旷远,户口殷大。"而《后汉·马援传》"既平交阯,奏言:'西于县户有三万二千,远界去庭千馀里,【原注】庭,县庭也。请分为封溪、望海二县。'许之",《华阳国志》卷一"巴郡太守但望【原注】字伯门,太山人。见《风俗通》卷五《十反》。上疏言:'郡境南北四千,东西五千,属县十四,土界遐远,令、尉不能穷诘奸凶。时有贼发,督邮追案,十日乃到,贼已远逃,踪迹绝灭。其有犯罪逮捕,证验文书诘讯,从春至冬,不能究讫,绳宪未加,或遇德令。是以贼盗公行,奸宄不绝。太守行农桑不到四县,刺史行部不到十县。'欲请分为二郡,其后遂为三巴",《水经注》卷四〇《渐江水》"山阴县,汉会稽郡治也。永建中,阳羡周嘉上书,以县远,赴会稽至难,求得分置。遂以浙江西为吴,以东为会稽",此皆远县之害已见于前事者也。《北齐书》《赫连子悦传》:"赫连子悦除林虑守,世宗[①]往晋阳,路由是郡,因问所不便。子悦答言:'临水、武安二县,去郡遥远,山岭重叠,车步艰难。若东属魏郡,则地平路近。'世宗笑曰:'卿徒知便民,不觉损干。'〔一〕子悦答以'所言因民

① 即北齐文襄帝高澄。

疾苦，不敢以私润负心'。"嗟乎！今之牧守，其能不徇于私而计民之便者，吾未见其人矣。

〔一〕【杨氏曰】干，郡守所食于郡者。

属县

自古郡县之制，惟唐为得其中。今考《新唐书》《地理志》属县之数，京兆、河南二府各二十，河中、太原二府各十三，魏州十四，广州十三，镇州、桂州各十一，其他虽大，无过十县者。此其大小相维，多寡相等①，均安之效不可见于前事乎？后代之王犹可取而镜也。但其中一二县之郡亦有可并。宪宗元和元年，割属东川六州，②制曰："分疆设都，盖资共理。形束③壤制，亦在稍均。将惩难以销萌，在立防而不紊。故贾生之议，以楚益梁；④宋氏之规，割荆为郢。⑤ 酌于前事，宜有变通。"见《册府元龟》卷六四。此虽一时之言，亦经邦制郡之长策也。

① "等"，张京华《校释》作"埒"。

② 割西川资、简、陵、荣、昌、泸等六州属东川。

③ "束"，张京华《校释》作"属"。

④ 贾谊《新书》卷一《益壤》："臣之愚计，愿陛下举淮南之地以益淮阳，割淮阳北边二三列城与东郡以益梁。梁足以捍齐、赵，淮阳足以禁吴、楚。"

⑤ 《宋书·州郡志》：宋武帝孝建元年，分荆州五县及湘州、江州、豫州各一县，南郡二县立郢州。

州县品秩

汉时县制,“万户已上为令,秩千石至六百石;减万户为长,秩五百石至三百石”。见《汉书·百官公卿表》。唐则州有上、中、下三等,县有京、畿、上、中、中下、下六等,品各有差。〔一〕《太祖实录》:“吴元年,定县有上、中、下三等,税粮十万石已下为上县,知县从六品,县丞从七品,主簿从八品。六万石已下为中县,知县正七品,县丞正八品,主簿从八品。三万石已下为下县,知县从七品,丞簿如中县之秩。”以上见卷二八下。“洪武六年八月壬辰,分天下府为三等,粮二十万石已上者为上府,秩从三品。二十万石已下者为中府,秩正四品。十万石已下者为下府,秩从四品。”以上见卷八四。【原注】不知何年始改此制。洪武十四年十月,定考劾法,“府以田粮十五万石已上,州以七万石已上,县以三万石以上,亲临王府上司,军马守御,路当驿道,边方冲要者为繁;不及此者为简。”见《太祖实录》卷一三九。后乃一齐其品,而但立繁简之目,才优者调繁,不及者调简,古时列爵惟五之意遂尽亡之矣。

〔一〕【汝成案】唐制:自羁縻州外,有雄、望、赤、紧、辅、上、中、下八等,见新、旧《唐书·地理志》。实则以户口多寡,分为上、中、下,而刺史之秩视之。《唐六典》所云“上州刺史一人,从三品;中州刺史一人,正四品上;下州刺史一人,正四品下”是也。《唐会要》:开元十八年三月十七日敕:“太平时久,户口日殷,宜以四万户口已上为上州,二万五千户为中州,不满二万户为下州。其六雄、十望州、三辅等及别敕同上州,都督及畿内州并同上州。缘边州三万户已上为上州，二万户已上为中州。其亲王任中州、下州刺史者，亦为上州，王去任后仍旧。”是以刺史之尊暂升其州，非通制也。第《六典》成于是时，则云中州三万户以上，下州户不满三万者，何以歧舛若是？至县，则《新志》有赤、畿、紧、望、次赤、次畿、上、中、中下、下十等，无云京者。考《六典》云：“万年、长安、河南、洛阳、奉先、太原、晋阳，令一人，正五品上。京兆、河南、太原诸县，令各一人，正六品上。诸州上县，令一人，从六品上。诸州中县，令一人，正七品上。诸州中下县，令一人，从七品上。诸州下县，令一人，从七品下。”是唐时县之等有十，而秩则六也。又“万年长安”条下注云：“开元十一年置北都，以晋阳、太原为京县。十七年巡陵，又以奉先同京县。”又“丞二人从七品上”条下注云：“皇朝置京县丞(三)[二][①]员。”“主簿二人从七品上”条下注云：“皇朝京县置二人。”则唐时有京县明矣。先生所云县有京、畿、上、中、中下、下六等，盖本诸此。不知《新志》何以遗去京县，故著其说云。

府

汉曰郡，唐曰州，州即郡也，惟建都之地乃曰府。唐初止京兆、河南二府。武后以并州为太原府。玄宗以蒲州为河中府，益州为成都府。肃宗以岐州为凤翔府，荆州为江陵府。德宗以梁州为兴元府。惟兴元以德宗行幸于此，其馀皆建都之地也。【原注】《旧唐书·田悦传》：“朱滔自称冀王，

---

① 据陈仲夫点校《唐六典》(中华书局，1992)卷三〇改。

悦称魏王，王武俊称赵王，又请李纳称齐王。以幽州为范阳府，魏州为大名府，恒州为真定府，郓州为东平府。”《李希烈传》：“僭号以汴州为大梁府。”是则以州称府者，僭也。**后梁以汴州为开封府，后唐以魏州为兴唐府，镇州为真定府。**【原注】《册府元龟》卷一四载：长兴三年，中书省奏：“本朝都长安，以京兆府为上。今都洛阳，请以河南府为上。其五府，旧以凤翔府为首，河中、成都、江陵、兴元为次。中兴初，升魏博为兴唐府，镇州为真定府。皆是创业兴王之地，宜升在五府之上，合为七府。”**至宋，而大郡多升为府。**王明清《挥麈录》《前录》卷一曰：“太祖皇帝以归德军节度使创业，升宋州为归德府，后为应天府。〔一〕太宗以晋王即位，升并州为太原府。〔二〕真宗以寿王建储，升寿州为寿春府。〔三〕仁宗以升王建储，升建业为江宁府。英宗以齐州防御使入继，以齐州为兴德军。神宗自颍王升储，升汝阴〔四〕为顺昌府。〔五〕哲宗自延安郡王升储，升延州为延安府。〔六〕徽宗以端王即位，升端州为肇庆府。〔七〕钦宗自定王建储，前已升定州为中山府。〔八〕太上①以康王中兴，升康州为德庆府。〔九〕今上②以建王建储，升建安为建宁府。〔一〇〕宣和元年六月，邢州民董世多进状，以英宗尝为钜鹿郡公，又知岳州孙勰进言，英宗尝为岳州防御使，诏加讨论。时邢州已升安国军，遂以邢州为信德府，岳州为岳阳军。是岁十月，又诏以列圣潜邸所领地，再加讨论。以真宗尝为襄王，升襄州为襄阳府；仁宗尝为庆国公，升庆

① 太上，指宋高宗。

② 今上，指宋孝宗。

州为庆阳府；英宗尝为宜州刺史，以宜州为庆远军；神宗尝为安州观察使，以安州为德安府，又尝为光国公，以光州为光山军；哲宗尝为东平军节度使，以郓州为东平府，尝为均国公，以均州为武当军；徽宗尝为宁国公，以宁州为兴宁军，又尝为平江、镇江军节度使，并升为府；又以太宗尝为睦州防御使，升睦州为遂昌军。今上即位之初，升隆兴、宁国、常德诸府。皆以潜藩拥麾之地也。"【原注】隋炀帝大业九年诏曰："博陵昔为定州，地居冲要。先皇历试所基，王化斯远，故以道冠豳风，义高姚邑。朕巡抚氓庶，爰届兹邦，瞻望郊廛，怀德思止。可改博陵为高阳郡，赦境内死罪已下，给复一年。"于是召高祖时故吏，皆量才授职。见《隋书·炀帝纪下》。此前代升郡故事。然以先皇莅任之邦，追思旧德，有此特诏。至宋则但列空衔，便加恩数矣。《玉照新志》卷一曰："徽宗尝封遂宁郡王，升遂州为遂宁府；尝封蜀国公，升蜀州为崇庆府。"沿至于今，无郡不府。而狭小之处，如滁、和、泽、沁、郴、靖、邛、眉之类，犹以州名。又有隶府之州，特异其名，而亲理民事与县尹无别。【原注】凡唐、宋旧设之州，并有附郭县，而州不亲民事。元初省冗官，令州官兼领。洪武初，并附郭县入州。○浦士衡[①]曰："国朝建立府州，多踵胜国。其最异者，则以州统县，而省县入州，刺史而下行县令之事。所谓名存实异，与宋以前不同者也。"〔一一〕县之隶于州者，则既带府名，又带州名，而其实未尝管摄于州，【原注】惟到任缴凭必由州转府，尚有饩羊之意。体统乖而名实淆矣。窃以为宜仍唐制，凡郡之连城数十者，析而二之三之，

① 张京华《校释》：浦士衡，万历十四年为裕州刺史，修《裕州志》。

而以州统县，惟京都乃称府焉，岂不画一而易遵乎？〔一二〕

〔一〕【钱氏曰】景德三年。

〔二〕【钱氏曰】大观元年。

〔三〕【钱氏曰】政和六年。

〔四〕【钱氏曰】颍州。

〔五〕【钱氏曰】政和六年。

〔六〕【钱氏曰】元祐四年。

〔七〕【钱氏曰】重和元年。

〔八〕【钱氏曰】政和三年。

〔九〕【钱氏曰】绍兴元年。

〔一〇〕【钱氏曰】绍兴卅二年。

〔一一〕【钱氏曰】考宋时州升府名，济南，本齐州，政和六年。袭庆，本兖州，政和八年。兴仁，本曹州，崇宁三年。颍昌，本许州，元丰三年。淮宁，本陈州，宣和元年。开德，本澶州，崇宁五年。河间，本瀛州，大观二年，纪在元年。庆源，本赵州，宣和元年。隆德，本潞州，崇宁三年。平阳，本晋州，政和六年。京兆，本永兴军，宣和二年。临安，本杭州，建炎三年。绍兴，本越州，绍兴元年。平江，本苏州，政和三年。镇江，本润州，政和五年。庆元，本明州，绍熙五年。瑞安，本温州，咸淳元年。建德，本严州，咸淳元年。嘉兴，本秀州，庆元元年。安庆，本舒州，庆元元年。江宁，本升州，建炎三年改建康府。宁国，本宣州，乾道二年。隆兴，本洪州，隆兴元年。江陵，建炎四年置荆南府，淳熙元年复。常德，本鼎州，乾道元年。宝庆，本邵州，宝庆元年。建宁，本建州，绍兴三十二年。崇庆，本蜀州，淳熙四年。嘉定，本嘉州，庆元元年。潼川，本梓州，重和元年。遂宁，本遂州，政和五年。

顺庆，本果州，宝庆三年。隆庆，本剑州，绍熙元年。同庆，本成州，宝庆元年。绍庆，本黔州，绍定元年。咸淳，本忠州，咸淳元年。重庆，本恭州，淳熙十六年。英德，本英州，庆元元年，《志》失年。德庆，本康州，绍兴元年。静江，本桂州，绍兴三年。庆远，本宜州，咸淳元年。燕山，本幽州，宣和四年改。云中，本云州，宣和三年。成都，本益州，嘉祐四年复。太原，降并州，嘉祐五年复。

【杨氏曰】后尚有真定、凤翔二府。

【汝成案】《宋史·地理志》："真定府，次府，常山郡，唐成德军节度。本镇州，庆历八年初置真定府路安抚使，统真定府。"考唐元和十五年，始改曰镇州，汉仍之，寻复为府。周又改为镇州。今云庆历八年初置真定府路，统真定府，虽不纪何年始复，度已在宋初矣。凤翔府则唐至德初升，宋仍之，非由州而升，故顾氏、钱氏皆不数。杨氏云后尚有此二府者，误也。《志》云："江宁府，开宝八年平江南，复为升州节度。天禧元年，升为建康军节度。"钱氏《考异》云："按南唐建都金陵，以升州为江宁府。宋平江南，复为升州，置江宁节度。天禧元年，升江宁府，改江宁军额曰建康。此《志》殊未分晓。"是江宁升府在天禧元年。今云建炎三年改建康府，盖数宋高宗时也。又《志》云："太原府，河东节度。太平兴国四年，平刘继元，降为紧州军事。"《考异》云："当云降为并州。嘉祐五年，复为太原府。"与此所疏合。第嘉祐五年上距太宗元年且八十五年，则与王明清所云"太宗以晋王即位，升并州为太原府"者异矣。钱氏此条下注云"大观元年"，既与后所疏异，考《志》云元丰为次府，大观元年升大都督府，亦非由州而升，则注所云益误矣。

〔一二〕【杨氏曰】此即唐制也。

乡亭之职

《汉书·百官表》："县令、长，皆秦官，掌治其县。万户以上为令，秩千石至六百石。减万户为长，秩五百石至三百石。皆有丞、尉，秩四百石至二百石。【原注】《宋书·百官志》："汉制：丞一人。尉，大县二人，小县一人。"**是为长吏。百石以下，有斗食、佐史之秩，是为少吏。**【原注】《武帝纪》元光六年诏曰："少吏犯禁。"○《宁成传》："为少吏，必陵其长吏。"**大率十里一亭，亭有长。**【原注】《宋书》《百官志下》："五家为伍，伍长主之。二伍为什，什长主之。十什为里，里魁主之。十里为亭，亭长主之。"○《史记·建元以来侯者年表》："张章，父为长安亭长，失官。"是亭长亦称官也。**十亭一乡，乡有三老，有秩、**【原注】《张敞传》注，师古曰："乡有秩者，啬夫之类也。"**啬夫、游徼。**【原注】《宋书》《百官志下》又有"乡佐"。**三老掌教化，啬夫职听讼、收赋税，游徼徼循禁贼盗。**【原注】《宋书》："乡佐、有秩主赋税，三老主教化，啬夫主争讼，游徼主奸非。"**县大率方百里，其民稠则减，稀则旷，乡亭亦如之。皆秦制也。"《高帝纪》："二年二月，令举民年五十以上，有修行能帅众为善，置以为三老，乡一人。择乡三老一人为县三老，与县令、丞、尉以事相教，复，勿繇戍。"**【原注】三老为乡官，故壶关三老茂得上书言太子。[①] ○《黄霸传》："使邮亭乡官皆畜鸡豚。"**此其**

① 事见《汉书·武五子·戾太子传》。

制不始于秦、汉也，自诸侯兼并之始，而管仲、苈敖、子产之伦所以治其国者，莫不皆然。【原注】《管子》《小匡》书曰："择其贤民，使为里君。"而《周礼·地官》自州长以下有党正、族师、闾胥、比长，自县正以下有鄙师、酇长、里宰、邻长，则三代明王之治亦不越乎此也。夫惟于一乡之中，官之备而法之详，然后天下之治若网之在纲，有条而不紊。至于今日，一切荡然，无有存者。且守令之不足任也，而多设之监司；监司之又不足任也，而重立之牧伯。积尊累重以居乎其上，而下无与分其职者，虽得公廉勤干之吏，犹不能以为治，而况托之非人者乎！后魏太和中，给事中李冲上言："宜准古五家立一邻长，五邻立一里长，五里立一党长，长取乡人强谨者。邻长复一夫，里长二，党长三，所复复征戍，馀若民。三载无愆则陟用，陟之一等。"孝文从之，诏曰："邻里乡党之制，所由来久。欲使风教易周，家至日见，以大督小，从近及远，如身之使手，干之总条，然后口算平均，义兴讼息。"史言立法之初，多称不便，及事既施行，计省昔十有馀倍，于是海内安之。见《魏书·食货志六》。后周苏绰作六条，诏书曰："非直州郡之官，皆须善人，爰至党族闾里正长之职，皆当审择，各得一乡之选，以相监统。"见《周书·苏绰传》。隋文帝师心变古，开皇十五年，始尽罢州郡乡官。而唐柳宗元之言曰："有里胥而后有县大夫，有县大夫而后有诸侯，有诸侯而后有方伯、连帅，有方伯、连帅而后有天子。"见《封建论》。由此论之，则天下之治，始于里胥，终于天子，其灼然者矣。故自古及今，小官多者其世盛，大官

多者其世衰，【原注】《文献通考》卷六二言“唐之初止有上、中、下都督府，其后则有节度、观察、团练诸使。宋之初止有转运使，其后则有安抚、提刑等官。”○《唐书·代宗纪》：“大历八年九月癸未，晋州男子郇模以麻辫发，持竹筐苇席，哭于东市，请献三十字，一字为一事。其言‘练’者，请罢诸州团练使也。其言‘监’者，请罢诸道监军使也。”〔一〕**兴亡之涂，罔不由此。**〔二〕

〔一〕【沈氏曰】《通志》卷四○载《唐六典·开元十道图》曰：“百户为里，五里为乡，两京及州县之郭内分为坊，郊外为村里及村坊，皆有正，以司督察。四家为邻，五邻为保，有长以相禁约。”注曰：“里正兼课植农桑，催调赋役。”

〔二〕【杨氏曰】此论为得，但恐不得其人耳。

汉时啬夫之卑，犹得以自举其职。故爰延为外黄乡啬夫，仁化大行，民但闻啬夫，不知郡县。【原注】《后汉书》本传。**而朱邑自舒桐乡啬夫**【原注】舒县之乡。**官至大司农，病且死，属其子曰：“我故为桐乡吏，其民爱我，必葬我桐乡，后世子孙奉尝我不如桐乡民。”**【原注】师古曰：“尝谓烝尝之祭。”**及死，其子葬之桐乡西郭外，民共为起冢立祠，岁时祠祭，至今不绝。**【原注】《汉书·循吏传》。**二君者，皆其县人也。必易地而官，易民而治，岂其然哉？**〔一〕

〔一〕【钱氏曰】汉之三老、啬夫，治行尤著者，可累擢至大官，故贤才恒出其中。郡县掾吏亦然。今虽欲重其选，而若辈本无出身之路，地方官又数凌辱之，其愿充者不过奸猾无耻之徒而已，安能佐县令之治哉。

今代县门之前多有榜曰："诬告加三等，越诉笞五十。"此先朝之旧制，亦古者"悬法象魏"之遗意也。今人谓不经县官而上诉司府，谓之"越诉"。是不然。《太祖实录》卷二三二："洪武二十七年四月壬午，命有司择民间高年老人公正可任事者，理其乡之词讼。若户婚、田宅、斗殴者，则会里胥决之。事涉重者，始白于官。"若不由里老处分而径诉县官，此之谓"越诉"也。【原注】宣德七年正月乙酉，陕西按察佥事林时言："洪武中，天下邑里皆置申明、旌善二亭，民有善恶则书之，以示劝惩。凡户婚、田土、斗殴常事，里老于此剖决。今亭宇多废，善恶不书。小事不由里老，辄赴上司，狱讼之繁，皆由于此。"见《宣宗实录》卷八六。○景泰四年，诏书犹曰："民有怠惰不务生理者，许里老依教民榜例惩治。"见《英宗实录》卷二三四附景泰帝。○天顺八年三月诏："军民之家，有为盗贼，曾经问断不改者，有司即大书'盗贼之家'四字于其门。能改过者，许里老、亲邻人相保管，方与除之。"此亦古者画衣冠、异章服之遗意。① 惟其大小之相维，详要之各执，然后上不烦而下不扰。唐至大历以后，干戈兴，赋税烦矣，而刘长卿之《题霅溪李明府》曰："落日无王事，青山在县门。"盖县令之职犹不下侵，而小民得以安其业，是以能延国命百有馀年，迄于僖、昭而后大坏。然则鸣琴戴星，②有天下者宜有以处之矣。

洪熙元年七月丙申，"巡按四川监察御史何文渊言：'太祖高皇帝令天下州县设立"老人"，必选年高有德、众

---

① 《史记·孝文本纪》：文帝诏："盖闻有虞氏之时，画衣冠、异章服以为戮，而民弗犯。"

② 《韩诗外传》卷二：宓子贱治单父，弹鸣琴，身不下堂，而单父治。巫马期以星出，以星入，日夜不处，以身亲之，而单父亦治。

所信服者，使劝民为善，乡闾争讼，亦使理断。下有益于民事，上有助于官司。比年所用，多非其人。或出自隶仆，规避差科。县官不究年德如何，辄令充应，使得凭借官府，妄张威福，肆虐闾阎；或遇上司官按临，巧进谗言，变乱黑白，挟制官吏。比有犯者，谨已按问如律。窃虑天下州县类有此等，请加禁约。'上命申明洪武旧制，有滥用匪人者，并州县官皆置诸法。"见《宣宗实录》卷四。然自是里老之选轻而权亦替矣。【原注】《英宗实录》卷九九言："松江知府赵豫和易近民，凡有词讼，属老人之公正者剖断，有忿争不已者则己为之和解，故民以老人目之。当时称为良吏。"〇正统以后，里老往往保留令丞，朝廷因而许之，尤为弊政。见于景泰三年十月庚戌太仆寺少卿黄仕扬所奏。

汉世之于三老，命之以秩，颁之以禄。而文帝之诏，俾之"各率其意以道民"。见《汉书·文帝纪》。当日为三老者，多忠信老成之士也，上之人所以礼之者甚优，是以人知自好，而贤才亦往往出于其间。新城三老董公，遮说汉王为义帝发丧，而遂以收天下。见《汉书·高帝纪》。壶关三老茂，上书明戾太子之冤，见《汉书·武五子传》。史册炳然，为万世所称道。本朝[1]之"老人"，则听役于官而靡事不为，故稍知廉耻之人不肯为此，而愿为之者大抵皆奸猾之徒，欲倚势以陵百姓者也。其与太祖设立老人之初意悖矣。

国初[2]以大户为粮长，掌其乡之赋税，多或至十馀万

① "本朝"，原本作"近世"，据《校记》改。

② "国初"，原本作"明初"，据《校记》改。

石。运粮至京,得朝见天子。洪武中,或以人材授官。至宣德五年闰十二月,南京监察御史李安及江西庐陵、吉水二县耆民,六年四月监察御史张政,各言粮长之害,谓其倍收粮石,准折子女,包揽词讼,把持官府。以上见《宣宗实录》卷七四、七八。累经禁饬,而其患少息,然未尝以是而罢粮长也,惟老人则名存而实亡矣。【原注】今州县或谓之"耆民",或谓之"公正",或谓之"约长",与庶人在官者无异。

巡检,即古之游徼也。【原注】《元史》《成宗纪》:"成宗大德十年正月,升巡检为九品。"洪武中尤重之,而特赐之敕,【原注】洪武十三年二月丁卯。见《御制文集》第七卷。见《太祖实录》卷一三〇。又定为考课之法。【原注】二十五年闰十二月辛卯。见《太祖实录》卷二二三。及江夏侯周德兴巡视福建,增置巡检司四十有五。【原注】二十年四月。见《太祖实录》卷一八一。自弘治以来,多行裁革,所存不及曩时之半。巡检裁则总督添矣。【原注】崇祯年至蓟州、保定各设总督。唐自乾元以后,节度、观察、防御使之设,正与明代累添总督、巡抚、兵备相类。何者?巡检遏之于未萌,总督治之于已乱。〔一〕

〔一〕【杨氏曰】"巡检裁而总督添",此一大升降也。

里甲

常熟陈梅①曰:"《周礼》:'五家为比,比有长。五比为闾,闾有胥。四闾为族,族有师。五族为党,党有正。五党

① 援庵《校注》:陈梅,字鼎和。《亭林馀集》有《常熟陈君墓志》。张京华《校释》:通经史、医药,曾与顾炎武为邻。

为州，州有长。五州为乡，乡有大夫。'其间大小相维，轻重相制，纲举目张，周详细密，无以加矣。而要之，自上而下，所治皆不过五人，盖于详密之中而得易简之意，此周家一代良法美意也。后世人才远不如古，乃欲以县令一人之身，坐理数万户口，赋税色目繁猥又倍于昔时，虽欲不丛脞，其可得乎？愚故为之说曰：以县治乡，以乡治保，【原注】或谓之都。**以保治甲，视所谓不过五人者而加倍焉，亦自详密，亦自易简，此斟酌古今之一端也。"又曰："一乡几保，不妨多少。何也？因民居也，法用圆。十甲千户，不得增损。何也？稽成数也，法用方。"**〔一〕

〔一〕【沈氏曰】保甲之设，所以使天下之州县复分其治也。州县之地广，广则吏之耳目有不及；其民众，众则行之善恶有未详。保长、甲长之所统近而人寡，其耳目无不照，善恶无所匿。从而闻于州县，平其是非，则里党得其治，而州县亦无不得其治。今之州县官奉大吏之令，举行保甲，而卒无其效，非保甲之法之不善，为保长、甲长之人之未善也。故举行保甲，必先择其长保甲之人而后可。保长长十甲，甲长长百户，分百户而十人长之，谓之牌头。牌头则庶民之朴直者为之，保长、甲长则必择士之贤者能者为之。使虑士之贤能者为今之保长、甲长而有所不屑，则惟为州县者重其事，慎其人，求之以诚，聘之以礼币，告之以欲分治之义，而使之整其所属，纠其邪僻凶恶，达之州县，亦得展其心思才力，自无不屑之患。统乎保者为乡，乡则就搢绅聘焉。其遇之隆，任之专，较之保长、甲长而更倍焉。及功过已著，则权其大小轻重而赏罚进退，以为劝惩，必且感德畏威而职无不尽已。虽然，欲如是，非州县之所得擅为也，责在大吏。而大吏亦不得自专，必也奏其事于朝廷，得额定其员，次第其禄位，立考绩黜陟之法而后可行也。夫《周官》乡遂之制，自两汉、后魏以迄唐之盛、明之初，略仿而行之，皆得以善治而宜民。而大儒若朱子，名臣若苏绰，近世名儒若魏子才、顾宁人，又莫不称为治教之基，则非迂远而阔于事情可知。在更化之初，必共议其不便者，行之久而利，则相与安之矣。

【姚大令曰】漳、泉素称多盗，频年诛捕，不为少矣，而攘劫之风不息，则捕之可胜捕哉！今功令以保甲为弭盗首务，此在西北行之，或有效者。然行之不善，民间已多病之。东南非阻江湖则滨大海，闽、广之间，山深林密，往往兵役所不能至，惟群凶亡命者匿焉。驱之急，则奔聚日众，其为隐忧甚大，又不仅攘劫之患而已。漳、泉、惠、潮各郡人民，聚族而居，强悍素著，藏匿凶慝，常临以兵役数千，不能得一罪人。今欲比次其户，著籍察之，又日更月易，使注其出入、生死、迁徙，具报于官，恐愚顽之民未能若是纷纷不惮烦也。莹常以为，保甲之法宜审时度地，变通而行之，但师其意可矣。

掾属

《古文苑》卷一八注王延寿《桐柏庙碑》人名，谓“掾属皆郡人，可考汉世用人之法”。今考之汉碑皆然，不独此庙。盖其时惟守相命于朝廷，而自曹掾以下，无非本郡之人，故能知一方之人情，而为之兴利除害。其辟用之者即出于守相，而不似后代之官，一命以上皆由于吏部。故广汉太守陈宠入为大司农，和帝问在郡何以为理，宠顿首谢曰：“臣任功曹王涣以简贤选能，主簿镡显拾遗补阙。臣奉宣诏书

而已。”帝乃大悦。见《后汉书·王涣传》。至于“汝南太守宗资任功曹范滂，南阳太守成瑨委功曹岑晊”，并谣达京师，名标史传。[①] 而鲍宣为豫州牧，郭钦奏其“举错烦苛，代二千石署吏”。见《汉书·鲍宣传》。是知署吏乃二千石之职，州牧代之，尚为烦苛，今以天子而代之，宜乎事烦而日不给。【原注】隋文帝开皇二年，罢辟署，令吏部除授品官为州郡佐官。其时刘炫对牛弘，以为“往者州惟置纲纪，郡置守、丞，县置令而已，其馀具僚则长官自辟”。[②] 是知自辟掾属，即齐、魏之世犹然。○《宋史·选举志》：“宋初，内外小职任，长吏得自奏辟。熙宁间，悉罢归选部。然要处职任，如沿边兵官、防河捕盗、重课额务场之类，寻又立专法听举，于是辟置不能全废也。”又其变也，铨注之法改为掣签，而吏治因之大坏矣。

《京房传》：“房为魏郡太守，自请得除用他郡人。”见《汉书·儒林传》。因此知汉时掾属无不用本郡人者，房之此请乃是破格。杜氏《通典》卷三三言：“汉县有丞、尉及诸曹掾，多以本郡人为之，三辅县则兼用他郡。【原注】《汉书》《黄霸传》“补左冯翊二百石卒史”，如淳曰：“三辅郡得任用他郡人，而卒史独二百石，所谓尤异者也。”及隋氏革选，尽用他郡人。”〔一〕

〔一〕【沈氏曰】陈谅直云：“隋氏罢乡官，革自辟，调选人，改荐举，纷纷更易，尽以私弊防天下之人。三代之法未尽泯于秦者，至

① 见《后汉书·党锢列传》，下云“二郡又为谣曰：‘汝南太守范孟博，南阳宗资主画诺。南阳太守岑公孝，弘农成瑨但坐啸。’因此流言转入太学”云云。此言党人之起，与亭林意似不同。

② 见《北史·刘炫传》。《资治通鉴》编刘炫对牛弘事于开皇三年。

此而无馀，卒等于秦之速亡。信乎治天下者在彼不在此也！”

唐高宗时，魏玄同为吏部侍郎，上疏言：“臣闻傅说曰：‘明王奉若天道，建邦设都，树后王君公，承以大夫师长，不惟逸豫，惟以理人。’昔之邦国，今之州县，土有常君，人有定主，自求臣佐，各选英贤，其大臣乃命于王朝耳。秦并天下，罢侯置守。汉氏因之，有沿有革，诸侯得自置吏四百石已下，其傅相大官则汉为置之。州郡掾史、督邮、从事，悉任之于牧守。爰自魏、晋，始归吏部，递相祖袭，以迄于今。用刀笔以量才，按簿书而察行，法令之弊，其来已久。盖君子重因循而惮改作，有不得已者，亦当运独见之明，定卓然之议。如今选司所行者，非上皇之令典，乃近代之权道，所宜迁革，实为至要。何以言之？夫丈尺之量，所及者盖短；锺庾之器，所积者宁多？况天下之大，士人之众，而可委之数人之手乎？假使平如权衡，明如水镜，力有所极，照有所穷，铨综既多，紊失斯广。又以比居此任，时有非人，岂直愧彼清通，亦将竭其庸妄。情故既行，何所不至？赇私一启，以及万端。至乃为人择官，为身择利，顾亲疏而举笔，看势要而措情。加以厚貌深衷，险如溪壑，择言观行，犹惧不周。今使百行九能析之于一面，具僚庶品专断于一司，其亦难矣。天祚大圣，比屋可封，咸以为有道耻贱，得时无怠。诸色入流，岁以千计，群司列位，无复增多。官有常员，人无定限。选集之始，雾积云屯，擢叙于终，十不收一。淄渑杂混，玉石难分，用舍去留，得失相半。抚即事之为

弊,知及后之滋失。夏、殷以前,制度多阙。周监二代,焕乎可观。诸侯之臣,不皆命于天子;王朝庶官,亦不专于一职。故穆王以伯冏为太仆正,命之曰'慎简乃僚,无以巧言令色,便辟侧媚,其惟吉士'。见《书·冏命》。此则令其自择下吏之文也。太仆正,中大夫耳,尚以僚属委之,则三公九卿亦必然矣。《周礼》太宰、内史并掌爵禄废置,司徒、司马别掌兴贤诏事,当是分任于群司,而统之以数职,各自求其小者,而王命其大者焉。夫委任责成,君之体也。所委者当,则所用者精。裴子野有言曰:'官人之难,先王言之尚矣。居家视其孝友,乡党服其诚信;出入观其志义,忧欢取其智谋。烦之以事,以观其能;临之以利,以察其廉。《周礼》始于学校,论之州里,告诸六事,而后贡之王庭。其在汉家,尚犹然矣。州郡积其功能,然后为五府所辟,五府举其掾属而升于朝,三公参得除署,尚书奏之天子。一人之身,所关者众,一士之进,其谋也详,故官得其人,鲜有败事。魏、晋反是,所失弘多。'子野所论,盖区区之宋朝耳,[①]犹谓不胜其弊,而况于当今乎?臣窃见制书,每令三品、五品荐士,下至九品,亦令举人,此圣朝侧席旁求之意也。而褒贬未明,莫慎所举。且惟贤知贤,圣人笃论。身且滥进,鉴岂知人?今欲务得实才,兼宜择其举主,流清以源洁,影端由表正。不详举主之行能,而责举人之庸滥,不可得已。《汉书》云:'张耳、陈馀之宾客厮役,皆天下俊杰。'彼之蕞尔,犹能若斯,况以神皇之圣明,国家之德业,而不建久长

① 《梁书》有《裴子野传》,著《宋略》二十卷。引文见《资治通鉴》卷一二八《宋纪》。

之策，为无穷之基，尽得贤取士之术，而但顾望魏、晋之遗风，留意周、隋之敝事，臣窃惑之。伏愿稍回圣虑，特采刍言，略依周、汉之规，以分吏部之选。即望所用精详，鲜于差失。"疏奏不纳。见《旧唐书·魏玄同传》。

玄宗时，张九龄为左拾遗，上言："夫吏部尚书、侍郎，以贤而授者也。虽知人之难，岂不能拔十得五？今胶以格条，据资配职，无得贤之实。若刺史、县令，必得其人于管内。岁当选者，使考才行，可入流品，然后送台，又加择焉。以所用多寡为州县殿最，则州县慎所举，可官之才多，吏部因其成，无今日之繁矣。"见《新唐书·张九龄传》。【原注】《唐书》《柳浑传》："德宗尝亲择吏宰畿邑，有效。召宰相语，皆贺帝得人。浑独不贺，曰：'此特京兆尹职耳。陛下当择臣辈以辅圣德，臣当选京兆尹承大化，尹当求令长听细事。代尹择令，非陛下所宜。'帝然之。"

都令史

《通典》卷二二："晋有尚书都令史八人，秩二百石，与左右丞总知都台事。宋、齐八人，梁五人，谓之五都令史。旧用人常轻，【原注】《续汉·百官志》："尚书令史十八人，二百石。"然《梁冀传》曰："学生桂阳刘常，当世名儒，冀召补令史以辱之。"则知此职非士流之所为也。武帝诏曰：'尚书五都，职参政要，非但总理众局，亦乃方轨二丞。顷虽求才，未臻妙简。可革用士流，以尽时彦。'乃以都令史视奉朝请。"其重之如此。彼其所谓"都令史"者，犹为二百石之秩，而间用士流为之。然南齐陆慧晓为吏部郎,吏部都令史历政以来,咨执选事,慧晓任己独行,未尝与语。帝遣人语慧晓曰:"都令史谙悉旧贯,可共参怀。"慧晓曰:"六十之年,不复能咨都令史为吏部郎也。"见《南史·陆慧晓传》。故当日之为吏部者,多克举用人之职。自隋以来,令史之任,文案烦屑,渐为卑冗,不参官品。【原注】《金史》《选举志二》:皇统八年,用进士为尚书省令史。正隆(二)[元]年罢。《世宗纪》:大定二年二月甲寅,复用进士为尚书省令史。二十三年闰月戊午,上谓宰臣曰:"女直进士,可依汉儿进士,补省令史。夫儒者操行清洁,非礼不行。以吏出身者自幼为吏,习其贪墨,至于为官,性不能改。政道兴废,实由于此。"《章宗纪》:明昌二年五月戊辰,"诏御史台令史并以终场举人充"。《李完传》言:"尚书省令史,正隆间用杂流。大定初,以太师张浩奏请,始统取进士,天下以为当。今乞以三品官子孙及终场举人委台官辟用。"上纳其言。《选举志》言:"终金之代,科目得人为盛。诸宫护卫及省台部译史、令史、通事,仕进皆列于正班。"斯则唐、宋以来之所无者,岂非因时制宜,而以汉法为依据者乎?○以令史官至宰执者,移剌道、魏子平、孟浩、梁肃、张万公、粘割斡特(勒)[剌]、董师中、王蔚、马惠迪、马(谋)[琪]、杨伯通、贾铉、孙铎、孙即康、贾益谦,皆有传。[1] 至于今世,则品弥卑,权弥重,八柄诏王,[2]乃不在官而在吏矣。

《旧唐书》《许叔牙附子儒传》:"许子儒居选部,不以藻鉴

---

① 按《金史》有二移剌道,此指卷八八本名赵三之移剌道。又粘割斡特剌、马琪,据援庵《校注》改。

② 《周礼·天官冢宰》:大宰之职:"以八柄诏王驭群臣:一曰爵,以驭其贵。二曰禄,以驭其富。三曰予,以驭其幸。四曰置,以驭其行。五曰生,以驭其福。六曰夺,以驭其贫。七曰废,以驭其罪。八曰诛,以驭其过。"

为意。有令史缑直，【原注】《新》、《旧书》并作“句直”。“句”音勾，是宋人减笔字，今据《册府元龟》正之。是其腹心。每注官，多委令下笔，子儒但高枕而卧，语缑直云‘平配’。[①]由是补授失序，传为口实。”嗟乎，未若今日之以缑直为当官，以平配为著令也。

胥史之权所以日重而不可拔者，任法之弊使之然也。开诚布公以任大臣，疏节阔目以理庶事，则文法省而径窦清，人材庸而狐鼠退矣。

吏胥

天子之所恃以平治天下者，百官也。故曰“臣作朕股肱耳目”，见《书·益稷》。又曰“天工人其代之”。见《书·皋陶谟》。今夺百官之权而一切归之吏胥，是所谓百官者虚名，而柄国者吏胥而已。郭隗之告燕昭王曰：“亡国与役处。”[②]吁，其可惧乎！秦以任刀笔之吏而亡天下，此固已事之明验也。

唐郑馀庆为相，有主书滑涣，久司中书簿籍，与内官典枢密刘光琦相倚为奸，每宰相议事，与光琦异同者，令涣往请，必得。四方书币赀货充集其门，弟泳官至刺史。及馀庆再入中书，与同僚集议，涣指陈是非，馀庆怒叱之，未几，

---

① “语缑直云平配”，此用《册府元龟》卷六三八文，而《旧唐书》作“时云‘句直平配’”。

② 《战国策·燕策》：燕昭王收破燕后即位，卑身厚币以招贤者，欲将以报仇。往见郭隗，问以国报仇者奈何？郭隗对曰：“帝者与师处，王者与友处，霸者与臣处，亡国与役处。”

罢为太子宾客。其年八月,涣赃污发,赐死。宪宗闻馀庆叱涣事,甚重之。久之,复拜尚书左仆射。【原注】《唐书》本传。韦处厚为相,有汤铢者为中书小胥,其所掌谓之孔目房。宰相遇休假,有内状出,即召铢至延英门付之,送知印宰相。由是稍以机权自张,广纳财贿。处厚恶之,谓曰:"此是半装滑涣矣。"乃以事逐之。【原注】《册府元龟》卷三一七。夫身为大臣,而有"甘临"之忧,[①]"系遯"之疾,[②]则今之君子有愧于唐贤多矣。

谢肇淛曰:"从来仕宦法罔之密,无如本朝[③]者。上自宰辅,下至驿递仓巡,莫不以虚文相酬应。而京官犹可,外吏则愈甚矣。大抵官不留意政事,一切付之胥曹,而胥曹之所奉行者,不过已往之旧牍,历年之成规,不敢分毫逾越。而上之人既以是责下,则下之人亦不得不以故事虚文应之;一有不应,则上之胥曹又乘隙而绳以法矣。故郡县之吏宵旦竭蹶,惟日不足,而吏治卒以不振者,职此之由也。"见《五杂俎》卷一四《事部二》。

又曰:"国朝立法太严,如户部官不许苏、松、浙江人为之,以其地多赋税,恐飞诡为奸也。然弊孔蠹窦,皆由吏胥,堂司官迁转不常,何知之有?今户部十三司胥算皆绍

---

① 《易·临》:"六三,甘临,无攸利;既忧之,无咎。"孔疏:"'甘临'者,谓甘美谄佞也。履非其位,居刚长之世,而以邪说临物,故'无攸利'也。'既忧之无咎'者,既,尽也。若能尽忧其危,则刚不害正,故'无咎'也。"

② 《易·遯》:"九三,系遯,有疾厉,畜臣妾吉。"孔疏:"'畜臣妾吉'者,亲于所近,系在于下,施之于人,畜养臣妾则可矣,大事则凶,故曰'畜臣妾吉'。"

③ "本朝",原本作"今日",据《校记》改。

兴人，可谓‘目察秋毫而不见其睫’者矣。”见《五杂俎》卷一五《事部三》。

先生《郡县论八》曰：善乎叶正则适之言曰：“今天下官无封建，而吏有封建。”见《水心集》卷三《吏胥》。州县之敝，吏胥窟穴其中，父以是传子，兄以是传弟。而其尤桀黠者，则进而为院司之书吏，以掣州县之权。上之人明知其为天下之大害，而不能去也。使官皆千里以内之人，习其民事，而又终其身任之，则上下辨而民志定矣，文法除而吏事简矣。官之力足以御吏而有馀，吏无所以把持其官而自循其法。昔人所谓养百万虎狼于民间者，将一旦而尽去，治天下之愉快，孰过于此？

又《随笔》[①]曰：一邑之中，食利于官者亡虑数千人。恃讼烦刑苛，则得以吓射人钱。故一役而恒六七人共之，若不生事端，何以自活？宜每役止留一正副供使，馀并罢遣，令自便营业。而大要又在省事，省事则无所售其吓射，即勒之应役，将有不愿而逃去者。尤安民之急务也。

法制

法制禁令，王者之所不废，而非所以为治也，其本在正人心、厚风俗而已。故曰：“居敬而行简，以临其民。”见《论

① 《随笔》指顾亭林《菰中随笔》。

语·雍也》。周公作《立政》之书曰："文王罔攸兼于庶言，庶狱庶慎。"又曰："庶狱庶慎，文王罔敢知于兹。"其丁宁后人之意可谓至矣。秦始皇之治，"天下之事无大小皆决于上，上至于衡石量书，日夜有呈，不中呈不得休息"，见《史记·秦始皇本纪》。下同。而秦遂以亡。太史公曰："昔天下之网尝密矣，然奸伪萌起，其极也，上下相遁，至于不振。"然则法禁之多，乃所以为趣亡之具，而愚暗之君犹以为未至也。杜子美《述古》诗曰："舜举十六相，身尊道何高。秦时任商鞅，法令如牛毛。"又《写怀》曰："君看灯烛张，转使飞蛾密。"其切中近朝之事乎？

汉文帝"诏置三老、孝弟、力田常员，令各率其意，以道民焉"。见《汉书·文帝纪》。夫三老之卑而使之得"率其意"，此文景之治所以"至于移风易俗，黎民醇厚"，见《汉书·景帝纪赞》。而上拟于成康之盛也。〔一〕

〔一〕【杨氏曰】与任吏胥同病别发，归于不振而已。

诸葛孔明开诚心，布公道，而上下之交，人无间言，以蕞尔之蜀，犹得小康。魏操、吴权任法术以御其臣，而篡逆相仍，略无宁岁。天下之事，固非法之所能防也。

叔向与子产书曰："国将亡，必多制。"见《左传》昭公六年。夫法制繁，则巧猾之徒皆得以法为市，而虽有贤者，不能自用，此国事之所以日非也。善乎杜元凯之解《左氏》也，曰："法行则人从法，法败则法从人。"【原注】宣公十二年传《解》。

前人立法之初，不能详究事势，豫为变通之地。后人承其已弊，拘于旧章，不能更革，而复立一法以救之。于是法愈繁而弊愈多，天下之事日至于丛脞，其究也"眊而不行"，【原注】语出《汉书·董仲舒传》。○师古曰："眊，不明也。"上下相蒙，以为无失祖制而已。此莫甚于有明之世，如勾军、行钞二事，[①]立法以救法，而终不善者也。

宋叶适言："国家因唐、五代之极弊，收敛藩镇之权，尽归于上，一兵之籍，一财之源，一地之守，皆人主自为之也。欲专大利而无受其大害，遂废人而用法，废官而用吏，禁防纤悉，特与古异，而威柄最为不分。虽然，岂有是哉！故人才衰乏，外削中弱，以天下之大而畏人，是一代之法度又有以使之矣。"见《水心集》卷四《实谋》。下同。又曰："今内外上下，一事之小，一罪之微，皆先有法以待之。极一世之人志虑之所周浃，忽得一智，自以为甚奇，而法固已备之矣，是法之密也。然而人之才不获尽，人之志不获伸，昏然俯首，一听于法度，而事功日堕，风俗日坏，贫民愈无告，奸人愈得志，此上下之所同患，而臣不敢诬也。"又曰："万里之远，嚬呻动息，上皆知之。虽然，无所寄任，天下泛泛焉而已。百年之忧，一朝之患，皆上所独当，而群臣不与也。夫万里之远，皆上所制命，则上诚利矣。百年之忧，一朝之患，皆上所独当，而其害如之何？此夷狄[②]所以凭陵而莫御，雠耻所以最甚而莫报也。"

陈亮上孝宗书曰："五代之际，兵财之柄倒持于下，艺

① 勾军之弊，参见《明史·兵志四》。行钞法之弊，见本书卷十一"钞"条。
② "夷狄"，原本作"外寇"，据《校记》改。

祖皇帝束之于上，以定祸乱。后世不原其意，束之不已，故郡县空虚，而本末俱弱。”见《龙川集》卷一《上孝宗皇帝第三书》。

洪武六年九月丁未，命有司庶务更月报为季报，以季报之数类为岁报。凡府、州、县轻重狱囚即依律断决，不须转发。果有违枉，从御史按察司纠劾。令出，天下便之。见《明太祖实录》卷八五。〔一〕

〔一〕【管氏曰】明之时大臣专权，今则阁部、督抚率不过奉宣职业。明之时言官争竞，今则给事、御史皆不得大有论列。明之时士多讲学，今则聚徒结社者渺焉无闻。明之时士持清议，今则一使事科举，而场屋策士之文及时政者皆不录。明俗弊矣，其初意则主于养士气，蓄人材；力举而尽变之，则于理不得其平，而更起他弊。何者？患常出于所防，而敝每生于所矫。

省官

光武中兴，海内人民可得而数，裁十二三。鄣塞破坏，亭燧绝灭，或空置太守、令长，招还流民。帝笑曰：“今边无人，而设长吏治之，如春秋素王矣。”以故省并郡国及官僚，屡见于史，而总之曰：“兵革既息，天下少事，文书调役，务从简寡，至乃十存一焉。”见《后汉书·光武帝纪》。以此知省官之故，缘于少事。今也文书日以繁，狱讼日以多，而为之上者主于裁省，则天下之事必将丛脞而不胜；不胜之极，必复增官，而事不可为矣。〔一〕

〔一〕【沈氏曰】嘉靖元年十二月甲午，诏革冗官。各司府州县添设添注署职之员，除钱粮重繁者照旧存留外，其馀参政、参议、同知、通判、县丞不系额设者，悉令回籍待缺取补。

【汝成案】宋太祖诏曰："吏员猥杂，难以求治。俸禄鲜薄，难以责廉。与其冗员而重费，不若省官而益俸。"此言真达治体。

晋荀勖之论，以为"省官不如省事，省事不如清心。昔萧、曹相汉，载其清静，民以宁一，所谓清心也。抑浮说，简文案，略细苛，宥小失，有好变常以徼利者，必行其诛，所谓省事也。"见《资治通鉴》卷八〇。**此探本之言，为治者识此，可无纷纷于职官多寡之间矣。**

【校正】寿昌案：今海内之官可省者多，多一官则多一蠹。荀勖奸人之论，不足据也。

选补

汉宣帝时，盗贼并起，征张敞，拜胶东相。请吏追捕有功效者，得壹切比三辅尤异，【原注】如淳曰："壹切，权时也。"赵广汉奏请令长安游徼、狱吏秩百石，又《循吏传》左冯翊有二百石卒史，此之谓尤异也。**天子许之。上名尚书，调补县令者数十人。**见《汉书·张敞传》。**是汉时县令多取郡吏之尤异者，是以习其事而无不胜之患。今则一以畀之初释褐之书生，其通晓吏事者十不一二，而耎弱无能者且居其八九矣。又不择其人之材，而以探筹投钩为选用之法，**①**是以百里之命付**

① 探筹、投钩，即指掣签法，见本篇及卷十七"进士得人"条。

之阘茸不材之人，既以害民，而卒至于自害。于是烦剧之区遂为官人之陷阱，而年年更代，其弊益深而不可振矣。然汉时之吏多通经术，故张敞得而举之，宣帝得而用之。今天下儒非儒，吏非吏，则吾又不识用之何从也。

于慎行《笔麈》卷五言："太宰富平孙公丕扬，患中人请托，难于从违，大选外官，立为掣签之法，一时宫中相传，以为至公，下逮闾巷，翕然称诵，而不知其非体也。〔一〕古人见除吏条格，却而不视，以为一吏足矣。奈何衡鉴之地，自处于一吏之职，而无所秉成，亦已陋矣。至于人才长短，各有所宜；资格高下，各有所便；地方繁简，各有所合；道里远近，各有所准。乃一付之于签，是掩镜可以索照，而折衡可以坐揣也。从古以来，不闻此法。"〔二〕

〔一〕【杨氏曰】富平之为此，一时之权宜也。如崔亮之停年，或且以为圣人矣。非深识之士，乌知其极哉。

〔二〕【汝成案】陈鼎《东林列传·孙丕扬传》："先是，大选外官，竞为请托。丕扬创为掣签法，分签为四隅，东北则北京、山东为主，而以河南之汝、彰、归，南京之庐、凤、淮、扬附之。东南则南京、浙江、福建、江西、广东为主，而以广西之梧州、平乐、桂林附之。西北则陕西、山西为主，而以河南之怀庆、开封、河南、南阳，湖广之郧阳附之。西南则以湖广、四川、云南、贵州为主，而广西之柳州、南宁、庆远、浔州、太平附之。至于起复调简，地僻缺孤，或人浮于缺，又借附近之地，以通签法之穷。吏部之有掣签，自丕扬始也。"考《明史·选举志》，"其初用拈阄法。至万历间，文选员外郎倪斯蕙条上铨政十八事，其一曰议掣签。尚书李戴拟行报可，孙丕扬踵而行之。"然则掣签不始于富平也，特分地至富平始详云。

南人选南，北人选北，此昔年旧例。宋政和六年，诏"知县注选，虽甚远无过三十驿"。见《文献通考》卷三八。三十驿者，九百里也。今之选人，动涉数千里，风土不谙，语音不晓，而赴任宁家之费复不可量，是率天下而路也。欲除铨政之弊，岂必如此而后为至公邪？夫人主苟能开诚布公，则自大臣以下至于京朝官，无不可信之人，而铨选之处，有不必在京师者。唐贞观元年，京师谷贵，始分人于洛州置选。见《通典》卷一五。至开耀元年，以关外道里迢递，河洛之邑，天下之中，始诏东西二曹两都分简。留放既毕，同赴京师，谓之东选。见《册府元龟》卷六二九。是东都一掌选也。黔中、岭南、闽中官不由吏部，委都督选择土人补授。见《资治通鉴》卷二〇一。上元【原注】高宗。三年八月壬寅，敕自今每［四］年遣五品已上强明清正官充南选使，仍令御史同往注拟。见《资治通鉴》卷二〇二。【原注】杜子美有《送魏司直充岭南掌选崔郎中判官》诗，曰："选曹分五岭，使者历三湘。"《儒学传》："仲子陵，蜀人，典黔中选补。乘传过家，西人以为荣。"大历十四年十二月己亥，诏专委南选使，停遣御史。是黔中、岭南、闽下各一掌选也。【原注】《新书》《张九龄传》："张九龄为桂州都督兼岭南按察选补使。"而九龄又即岭南之人。《李岘传》曰："代宗即位，征岘为荆南节度、江陵尹，知江淮选补使。"又曰："罢相为吏部尚书，知江淮选举，置铨于洪州。"《刘滋传》曰："兴元元年，改吏部侍郎，往洪州知选事。时京师寇盗之后，天下旱蝗，谷价翔贵，选人不能赴调，乃命滋江南典选，以便江、岭之人。”是江南又一掌选也。宋神宗诏：“川(陕)［峡］、①福建、广南八路之官罢任，迎送劳苦，令转运司立格就注，免其赴选。”见《宋史·选举志·铨法》。是亦参用唐人之法。【原注】建炎南渡，始诏福建、二广阙并归吏部，唯四川仍旧。今之议者必曰：如此，多请托之门，而启受赇之径。岂唐人尽清廉，而今人皆贪浊邪？夫子之告仲弓曰：“举尔所知。”见《论语·子路》。今之取士，礼部以糊名取之，是举其所不知也；吏部以掣签注之，是用其所不知也。是使其臣拙于知人而巧于避事，及乎赴任之后，人与地不相宜则吏治堕，吏治堕则百姓畔，百姓畔则干戈兴。于是乎军前除吏，而并其所为尺寸之法亦不能守。岂若廓然大公，使人得举其所知而明试以功，责其成效于服官之日乎？唐太宗谓侍臣曰：“刺史，朕当自选。县令，宜诏五品已上各举一人。”见《资治通鉴》卷一九五。【原注】玄宗开元九年敕：“京官五品已上，外官刺史、四府上佐各举县令一人，视其政善恶，为举者赏罚。”见《资治通鉴》卷二一二。〔一〕(有明)［本朝］②正统元年十一月乙卯，敕：“在京三品以上官，各举廉洁公正、明达事体堪任御史者一人，在京四品官及国子监、翰林院堂上官、各部郎中员外郎、六科掌科给事中、各道掌道御史，各举廉慎明敏、宽厚爱民堪任知县者一人，吏部更加详察而擢用之。”见《明英宗实录》卷二四。夫欲救今时之敝，必如此而后贤才可得，政

① 援庵《校注》：“川陕”为“川峡”之误。按《宋史·选举志》正作“川峡”。

② 据张京华《校释》改。

理可兴也。

〔一〕【沈氏曰】开元十三年,上自选诸司长官有声望者十一人为刺史,命宰相诸王及诸司长官、台郎、御史饯于洛滨,供张甚盛,赐以御膳,太常具乐,内坊歌妓,上自书十韵诗赐之。

自南北互选之后,赴任之人动数千里,必须举债方得到官。而土风不谙,语言难晓,政权所寄,多在猾胥。〔一〕**昔唐之季世,尝暂一行之于岭南矣。文宗开成五年十一月,岭南节度使卢钧奏:"伏以海峤择吏,与江淮不同。若非谙熟土风,即难搜求人瘼。且岭中往日之弊是南选,今时之弊是北资。臣当管二十二州,惟韶、广二州官僚,每年吏部选授,若非下司贫弱令史,即是远处无能之流,比及到官,皆有积债,十中无一肯识廉耻。臣到任四年,备知情状。其潮州官吏伏望特循往例,不令吏部注拟,且委本道求才。若摄官廉慎有闻,依前许观察使奏正。事堪经久,法可施行。"敕旨依奏。**【原注】《册府元龟》卷六三一。○《唐书》:"韩佽,元和中为桂管观察使,部二十馀州。自参军至县令,无虑三百员,吏部所补才十一,馀皆观察使商才补职。"○"欧阳詹,泉州晋江人,其先皆为本州州佐县令。闽越地肥衍,有山泉禽鱼。虽能通文书吏事,不肯北宦。"以上两条俱见本传。**此固昔人以为敝法而改弦者矣。处台衡者,其可不用读书人哉?**〔二〕

〔一〕【汝成案】曾子固曰:"均之为吏,或中州之人用于荒边侧境、山区海聚之间,蛮夷异域之处,或燕荆越蜀、海外万里之人用于中州,以至四遐之乡,相易而往。其山行水涉,沙莽之驰,往往则风霜冰雪瘴雾之毒之所侵,加蛟龙鼍蜴虎豹之群之所抵触，冲波急洑，隤崖落石之所覆压，其进也莫不篚粮举药，选舟易马，力兵曹伍而后动，戒朝奔夜，变更寒暑而后至。至则宫庐器械、被服饮食之具，土风气候之宜，与夫人民谣俗语言习尚之务，其变难遵，而其情难得也，则多愁居惕处，叹息而思归。及其久也，所习已安，所蔽已解，则岁月有期，可引而去矣。故不得专一精思，修治具以宣布天子及下之仁，而为后世可守之法也。或九州之人各用于其土，不在西封，在东境，士不必勤，舟车舆马不必力，而已传其邑都，坐其堂奥。道途所次，升降之倦，凌冒之虞，无有接于其形，动于其虑。至则耳目口鼻百体之所养，如不出乎其家，父兄六亲故旧之人朝夕相见，如不出乎其里。山川之形，土田市井风谣习俗辞说之变，利害得失善恶之条贯，非其童子之所闻，则其少长之所游览，非其自得，则其乡之先生老者之所告也。所居已安，所有事之宜，皆已习熟，如此故能专虑致勤职事，以宣上恩，而修百姓之急。其施为先后不待旁谘久察，而与夺损益之几已断于胸中矣，岂累夫孤客远寓之忧，而以苟且决事哉。”曾氏所云，盖在政和未定制以前，与先生论明代互选之得失正合。后人论议，大率祖此。其他弊端，亦可类推。第淳朴既漓，嫌怨易积。易除近郡，则骫法重轻，害亦匪细。今定令教授等官不选本郡，典史以上不选同省，任满定以六年，亲老可乞近地。铨政既详，私恩亦遂。邻省则风土人情不甚殊异，固易设施。远省则岁月既遥，揣量委曲，兴利除害，奚虑艰巨。廉明惠爱者尽心民事，遐迩何殊？若昏庸贪黩者，即除本郡，亦何益之有哉！

〔二〕【杨氏曰】今所以无言及者，避嫌之法胜也。

掣签之法未行，选司犹得意为注阙，虽多有为人择地，

亦尚能为地择人。自新法既行，并以听之不可知之数，而繁剧之区有累任不得贤令，相继褫斥者。夫君子之道，在乎至公，存一避嫌之心，遂至以人牧为尝试。昔唐皎为吏部侍郎，当引入铨，"或云其家在蜀，乃注与吴；复有言亲老先任江南，即唱之陇右"。见《册府元龟》卷六三八。史书以为讥笑。以此用人，岂能致太平之理哉？《实录》言："洪武四年正月壬辰，河南府知府徐麟以母老，居蕲之广济，请终养。诏改麟为蕲州府知府，俾就养其母。"见《太祖实录》卷六〇。圣主之兴，坦怀待物，其所以劝群臣者至矣。〔一〕

〔一〕【钱氏曰】今州县既分选调为二等，而督抚又请拣发人员到省试用，于是部选之缺扣留者十之八九，铨选之权尽移于督抚，而墨吏日甚一日，此不信铨部而信督抚之弊也。督抚之权愈重，而州县之包苴愈不可禁。每一缺出，钻营得之者辄不惜盈千累万之贿，安望其中有良吏哉？顾氏但知掣签之不得人，而不知外有鬻缺之病国殃民，其弊更深且毒也。然则孙丕扬签掣之法未可厚非，督抚既有举劾之权，不宜更假以铨选之法，内轻而外重，恐非杜渐防微之计也。

万历末，常熟顾大韶作《竹签传》，其文仿《毛颖传》为之。谓签对主上言："上而庶吉士、科道之选，下而乡、会试取士，壹皆用臣，臣乃得展其材。"此愤世滑稽之言，然以之晓人，可谓罕譬而喻矣。夫楚王之厌纽，①盆子之探符，②古之人用以立帝立王，而今日廑廑施之选人乎？

---

① 事见《左传》昭公十三年。

② 事见《后汉书·刘盆子传》。

唐时所谓铨者，有留有放。【原注】《唐书·选举志》："凡取人之法有四，一曰身，体貌丰伟；二曰言，言辞辨正；三曰书，楷法遒美；四曰判，文理优长。四事皆可取，则先德行，德均以才，才均以劳。得者为留，不得者为放。"**总章二年，司列少常伯裴行俭始设"长名榜"。**《新唐书·选举志上》。**宋白曰："长名榜定留放，留者入选，放者不得入选。"**见《资治通鉴》卷二〇九胡注。【原注】《长安志》曰："尚书省之南别有吏部选院，谓之吏部南院，选人引集之所，其榜列于院外。"《杨国忠传》"故事，岁揭版南院为选式"是也。**已定注，则过门下、侍中、给事中按阅，有不可，黜之，故放者多而留者少。景云中，以宋璟为吏部尚书，李乂、卢从愿为侍郎，皆不畏强御，请谒路绝，集者万馀人，留者三铨不过二千，人服其公。**见《资治通鉴》卷二一〇。**宋时此法犹存，孝宗乾道元年五月乙亥，诏"未铨试人毋得堂除"。**见《宋史·孝宗纪》。**未有若**(近)**[今]**[①]**代之一登科而受禄如持券者也。**

停年格

今之言"停年格"者，皆言起于后魏崔亮。今读《魏书》**亮本传，而知其亦有不得已也。传曰："迁吏部尚书。时羽林新害张彝之后，灵太后令武官得依资入选。官员既少，应选者多，前尚书李韶循常擢人，众情嗟怨。亮乃奏为格制，不问贤愚，专以停解日月为断。虽复官须此人，停日后**

① 据张京华《校释》改。

者终于不得。庸才下品，年月久者则先擢用。沈滞者皆称其能。亮外甥司空谘议刘景安以书规亮曰：'殷、周以乡塾贡士，两汉由州郡荐才，魏、晋因循，又置中正。谛观在昔，莫不审举，虽未尽美，足应十收六七。而朝廷贡秀才，止求其文，不取其理；察孝廉，惟论章句，不及治道；立中正，惟辨氏族，不考人才。至于取士之途不博，沙汰之理未精，而舅属当铨衡，宜改张易调，如之何反为停年格以限之？天下之士谁复修厉名行哉！'亮答书曰：'汝所言乃有深致，吾乘时徼幸，得为吏部尚书，常思同升举直，以报明主之恩，乃其本愿。昨为此格，有由而然。今已为汝所怪，千载之后，谁知我哉？古今不同，时宜须异。何者？昔有中正，品其才第，上之尚书，尚书据状，量人授职。此乃与天下群贤共爵人也。吾谓当尔之时，无遗才，无滥举矣，而汝犹云十收六七。况今日之选专归尚书，以一人之鉴照察天下，刘毅所云："一吏部，两郎中，而欲究竟人物，何异以管窥天而求其博哉？"今勋人甚多，又羽林入选，武夫崛起，不解书计，惟可彍弩前驱，指踪捕噬而已。忽令垂组乘轩，责以治效，是所谓未曾操刀而使专割。又武人至多，官员至少，设令(千)[十]人共一官，犹无官可授，况一人望一官，何由不怨哉？吾近面执，不宜使武人入选，请赐其爵，厚其禄。既不见从，是以权立此格，限以停年耳。昔子产铸刑书以救敝，叔向讥之以正法，何异汝以古礼难权宜哉。仲尼有言："知我者《春秋》，罪我者亦《春秋》。"吾之此指，其犹是也，但令将来君子知吾意焉。'后甄琛、元修义、城阳王徽相继为吏部尚书，利其便己，踵而行之。自是贤愚同贯，泾渭无别，魏之失才，自亮始也。”【原注】(辛)[薛]琡为吏部(尚书)[郎中][1]，上言：“黎元之命，系于长吏，若使惟取年劳，不简贤否，义均行雁，次若贯鱼，执簿呼名，一吏足矣。数人而用，何谓铨衡？”书奏，不报。然观其答书之指，考其时事，由羽林之变既姑息于前，武人之除复滥开于后，不得已而为此例。今也上无陵压之勋人，下无噪呼之叛党，何疑何惮，而不复前王之制，乃以停年为断乎？

《魏书·辛雄传》：上疏言：“自神龟末来，专以停年为选。士无善恶，岁久先叙；职无剧易，名到授官。执案之吏，以差次日月为功能；铨衡之人，以简用老旧为平直。且庸劣之人莫不贪鄙，委斗筲以共治之重，托硕鼠以百里之命，皆货贿是求，肆心纵意，禁制虽烦，不胜其欲。致令徭役不均，发调违谬，箕敛盈门，囚执满道。二圣明诏，寝而不遵；画一之法，悬而不用。自此夷夏[2]之民相将为乱，盖由官授不得其人，百姓不堪其命故也。”呜呼！此魏之所以未久而亡也欤？

《北齐书·文襄帝纪》：“摄吏部尚书。魏自崔亮以后，选人常以年劳为制，文襄乃厘改前式，铨擢惟在得人。又沙汰尚书郎，妙选人地以充之。至于才名之士，咸被荐擢。”

《通典》卷一五：“唐自高宗麟德以后，承平既久，人康俗

---

① 《北齐书》、《北史》有《薛琡传》，据改。“辛”字或沿下条“辛雄”字误。

② “夷夏”，原本作“中外”，据《校记》改。

卑,求进者众,选人渐多。总章二年,裴行俭为司列少常伯,始设长名姓历榜,引铨注之法,又定州县官资高下升降,以为故事,其后莫能革焉。至玄宗开元十八年,行俭子光庭为侍中兼吏部尚书。先是,选司注官惟视其人之能否,或不次超迁,或老于下位,有出身二十馀年不得禄者。又州县亦无等级,或自大入小,或初近后远,皆无定制。光庭始奏用循资格,【原注】《新唐书》本传:"初,吏部求人,不以资考为限,所奖拔惟其才,往往得俊乂任之,士亦自奋。其后士人猥众,专务趋竞,铨品枉挠。光庭惩之,因行俭长名榜,乃为循资格。"凡官罢满,以若干选而集,各有差等,官高者选少,卑者选多,无问能否,选满则注。限年蹑级,不得逾越,非负谴者皆有升无降,庸愚沈滞者皆喜,谓之圣书。虽小有常规,而抡才之方失矣。其有异才高行,听擢不次,然有其制而无其事,有司但守文奉式,循资例而已。"自宋以下,年资之制大抵皆本于光庭也。

宋孙洙《资格论》曰:"三代以下,选举之法,其始终一切皆失者,其国家资格之制乎!今贤材之伏于下者,资格阂之也。职业之废于官者,资格牵之也。士之寡廉鲜耻者,争于资格也。民之困于虐政暴吏,资格之人众也。万事之所以抏弊,百吏之所以废弛,法制之所以颓烂决溃而不之救者,皆资格之失也。惟天之生大贤大德也,非以私厚其人,将使之辅生民之治者也。惟人之有大材大智者,非以独乐其身,将以振生民之穷者也。今小人累日而取贵仕,君子侧身而困卑位,贤者戴不肖于上,而愚者役智者于下，爵不考德，禄不授能。故曰：贤材之伏于下者，资格阂之也。才足以堪其任，小拘岁月而防之矣。力不足以称其位，增累考级而得之矣。所得非所求也，所求非所任也。位不度才，功不索实。故曰：职业之废于官者，资格牵之也。今夫计岁阀而争年劳者，日夜相斗也。有司躐一名，差一级，则摄衣而群争诉矣。其甚者或怀黄敕而置于丞相之前也，其行义去市贾者亡几耳。故曰：士之寡廉鲜耻者，争于资格也。来而暴一邑，既岁满矣，又去而虐一州也，非以赃败，至死不黜。虎吏劘牙而食于民，贤者郁死于岩穴，而赤子不得爱其父母也。故曰：民之困于虐政暴吏者，资格之人众也。夫资格之法起于后魏崔亮，而复行之于唐之裴光庭，是二子者，其当世固已罪之，不待后人之讥矣。然而行之前世，不过数十年者也，后得称职者矫而更之，故其患不大。今资格之弊，流漫根结，踵为常法，方且世世而遵行之矣。往昔不知非，来者不知矫。故曰：万事抚弊，百吏废弛，法制颓烂决溃而不之救也。虽然，不无小利也，小便也，利之者蠢愚而废滞者也，便之者耋老而庸昏者也。而于天下国家焉则大失也，大害也。然而提选部者亦以是法为简而易守也，百品千群，不复铨叙人物而综核功实，一吏在前勘簿呼名而授之矣。坐庙堂者亦以是法为要而易行也，大官大职，列籍按氏，差第日月，遝然而登之矣。上下相冒，而贤材去愈远，可为太息也。为今之急，诚宜大黜弊法，简拔异能，爵以功为先后，用以才为序次，无以积勤累劳者为高叙，无以深资久考者为优选。智愚以别，善否陈前，而万事不治、庶功不熙者，臣愚未尝闻也。”见《宋文鉴》卷一〇三《资格》。

金章宗谓宰臣曰：“今之用人，太拘资历。循资之法，起于唐代，如此何以得人？”平章政事张汝霖对曰：“不拘资格，所以待非常之材。”上曰：“崔祐甫为相，未逾年荐八百人，岂皆非常之材与？”见《金史·章宗纪》。

铨选之害

宋叶适论铨选之害曰：“夫甄别有序，黜陟不失者，朝廷之要务也。故自一命以上，皆欲用天下之所［谓］[1]贤者，而不以便其不肖者之人。窃怪人主之立法，常为不肖者之地，而消靡其贤才，以俱入于不肖而已。而其官最要、其害最甚者，铨选也。吏部者，朝廷喉舌之处也；尚书、侍郎者，天子贵近之臣也。处之以其地，任之以其官，与之以甄别黜陟天下士大夫之柄，而乃立法以付之，曰：‘吾一毫不信汝也，汝一毫不自信也。’其人之贤否，其事之罪功，其地之远近，其资之先后，其禄之厚薄，其阙之多少，则曰：‘是一切有法矣。’天下法度之至详，曲折诘难之至多，士大夫不能一举措手足者，顾无甚于铨选之法也。呜呼！与人以官，赋人以禄，生民之命，致治之本，由此而出矣，奈何举天下之大柄，而自束缚蔽蒙之，乃为天下大弊之源乎？虽然，是几百年于是矣，其相承者非一人之故。学士大夫勤

① 据张京华《校释》，“所”字下有“谓”字，《水心集》亦有“谓”字。

身苦力，诵说孔孟，传道先王，未尝不知所谓治道者非若今日之法度也。及其一旦之为是官，噤舌拱手，四顾吏胥，以问其所当知之法令，吏胥上下其手以视之，其人亦抗然自辨曰：'吾有司也，固当守此法而已。'嗟夫，岂其人之本若是陋哉！陛下有是名器，为鼓舞群动之具，与夺进退，以叙天下，何忍袭数百年之弊端，汩没于区区坏烂之法，以消靡天下之人才，而甘心以便其不肖？如此则治道安从出，而治功安从见哉！况自唐中世以前，吏部用人之意犹有可考，今之所循者，乃其衰乱之馀弊耳。百王之常道，不容于陛下而不复也。"见《水心集》卷三《铨选》。

杨万里作《选法论》，其上篇曰："臣闻选法之弊，在于信吏而不信官。信吏而不信官，故吏部之权不在官而在吏，三尺之法，适足以为吏取富之源，而不足以为朝廷为官择人之具。所谓尚书、侍郎二官者，据案执笔，闭目以书纸尾而已。且夫吏之犯法者必治，而受赇者必不赦，朝廷之意岂真信吏而不信官者邪？非朝廷之意也，法也。意则信官也，法则未尝信官也，朝廷亦不自信也。天子不自信，则法之可否孰决之？决之吏而已矣。夫朝廷之立法，本以防吏之为奸，而其用法也，则取于吏而为决，则是吏之言胜于法，而朝廷之权轻于吏也。其言至于胜法，而其权至重于朝廷，则吏部长贰安得而不吏之奉哉！长贰非曰奉吏也，曰吾奉法也。然而法不决之于官而决于吏，非奉吏而何？夫是之谓信吏而不信官。今有一事于此，法曰如是可，如是而不可。士大夫之有求于吏部，有持牒而请曰，我应夫法之所可行。而吏部之长贰亦曰可,宜其为可无疑也。退而吏出寸纸以告之曰不可,既曰不可矣,宜其为不可无改也,未几而又出寸纸以告之曰可。且夫可不可者,有一定之法,而用可不可之法者,无一定之论。何为其然也?吏也。士大夫之始至也,恃法之所可,亦恃吏部长贰之贤,而不谒之吏,故与长贰面可之。退而问之吏,吏曰,法不可也。长贰无以诘,则亦曰然。士大夫于是不决之法,不请之长贰,而以市于吏。吏曰可也,而勿亟也。伺长贰之遗忘而画取其诺,昨夺而今与,朝然而夕不然,长贰不知也,朝廷不诃也,吏部之权不归之吏而谁归?夫其所以至此,其始也有端,其积也有渐,而其成也植根甚固而不可动摇矣。然则曷为端?其病在于忽大体、谨小法而已矣。吏者从其所谨者而中之,并与其所忽者而窃之,此其为不可破也。且朝廷何不思之曰:吾之铨选,果止于谨小法而已,则一吏执笔而有馀也,又焉用择天下之贤者以为尚书、侍郎也哉?则吾之所以任尚书、侍郎者,殆不止于谨小法而已。是故莫若略小法而责大体,使知小法之有所可否,初无系于大体之利害,则吏部长贰得以出意而自决之,要以不失夫铨选之大体,而不害夫立法之大意而已。责大体而略小法,则不决于吏,而吏之权渐轻,吏权渐轻,然后长贰之贤者得以有为,而选法可以渐革也。”其下篇曰:“臣闻吏部之权不异于宰相,亦不异于一吏。夫宰相之与一吏,不待智者而知其悬绝也,既曰吏部之权不异于宰相,又曰亦不异于一吏者,何也?今夫进退朝廷之百官,贤者得以用,而不肖者得以黜，此宰相之权也。注拟州县之百官，下至于簿尉，而上至于守贰，此吏部之权也。朝廷之百官自大科异等，与夫进士甲科之首者，未有不由于吏部也，未有不由于吏部而官者。今日之簿尉未必非他日之宰相，而况今日宰相之所进退者，台阁之所布列者，皆前日之升阶揖侍郎者也。故曰吏部之权不异于宰相。虽然，吏部之所谓注拟何也？始入官者则得簿尉，自簿尉来者则得令丞。推而上之，至于幕职，由是法也。又上之至于守贰，由是法也。其宜得者则曰应格，其不宜得者则曰不应格。曰应格矣，虽贪者、疲懦者、老耋者、乳臭者、愚无知者、庸无能者皆得之；得者不之愧，与者不之难也。曰不应格矣，虽真贤实能、廉洁守志之士，皆不得也；不得者莫之怨，不与者莫之恤也。吏部者曰：彼不愧不怨，吾事毕矣。如募[役]焉，书其(役)[产]之高下而甲乙之，按其役之远近而劳逸之，呼一吏而阅之簿，尽矣，此县令之以止小民之争也。吏部注拟百官，而寄之以天下之民命，乃亦止于止争而已矣，故曰亦不异于一吏。今吏部亦有所谓铨量者矣，揖之使书，以观其能书乎否也；召医而视之，以探其有疾与否也；赞之使拜，以试其视听之明暗、筋力之老壮也。曰铨量者，如是而已矣，而贤不肖愚智何别焉？昔晋用山涛为吏部尚书，而中外品员多所启拔。宋以蔡廓为吏部尚书，廓先使人告宰相徐羡之曰：'若得行吏部之职则拜，不然则否。'羡之答云：'黄、散以下皆委。'廓犹以为失职，遂不拜。盖古之吏部，虽黄门、散骑皆由吏部之较选，是当时之为吏部者，岂亦止取若今所谓应格者而为黄、散哉，抑将止取今所谓铨量者而为黄、散邪？【原注】《宋史·苏绅传》：上言："古者自黄、散而下，及隋之六品，唐之五品，皆吏部得专去留。今审官院、流内铨，则古之吏部；三班院，古之兵部。不问官职之闲剧，才能之长短，惟以资历深浅为先后，有司但主簿籍而已，欲贤不肖有别，不可得也。"臣愿朝廷稍增重尚书之权，使之得以察百官之能否而与夺之。如丞簿以下，官小而任轻者，固未能人人而察之也；至于县宰之寄以百里之民者，守贰之寄以一郡之民者，岂不重哉！且天下几州，一州几县，一岁之中居者待者之外，到部而注拟县宰者几人，守贰又几人，则亦不过三数百而已。以一岁三数百之守贰、县宰，而散之于三百六旬之日月，则一日之注拟者，绝多补寡，亦无几尔。一岁之间，而不能察三数百人之能否，则其为尚书者亦偶人而已矣。月计之而不粗，岁计之而不精，则其州县之得人岂不十而五六哉。虽不五六，岂不十而三四哉。以此较彼，不犹愈乎？或曰：尚书之权重，则将得以行其私，奈何？是不然，昔陆贽请令台省长官各举其属，而德宗疑诸司所举皆有情故，或受赂者。贽谏之曰：'陛下择相亦不出台省长官之中，岂有为长官则不能举一二属吏，居宰相则可择千百具僚？'①其要在于精择长吏，贽之说尽矣。今朝廷百官，孰非宰相进拟者而不疑也，至于吏部长贰之注拟，而独疑其私乎？精择尚书，而假之以与夺之权，使得精择守贰县宰，而无专拘之以文法，庶乎天下不才之吏可以汰，而天下之

---

① 陆贽事详见《资治通鉴》卷二三四。

治犹可以复起也与！”俱见《诚斋集》卷九〇《千虑策》。〔一〕

〔一〕【陆清献曰】人才不患其壅滞也。天下之才无穷，而朝廷之官有限，以有限之官给无穷之才，前后相守，历岁月而不能即登庸者，势也。是惟上之人有以鼓舞之，鼓舞之道得则壅滞之端泯。善用才者患无以鼓舞之，不患无以疏通之也。自古人才之多者莫如三代，建官之少者又莫如三代。然三代之时，不闻有壅滞之患，无他，鼓舞之道得焉耳。鼓舞之道，莫若于循格之中行破格之典，使中才不得越次而进，以守选法之常，而英流间得超擢以登，以通选法之变。凡今在籍候选者，宜令所在督抚每岁各以其职业考之，举其最者一人，上送吏部，得越次而选。而郡县有司亦令督抚岁举其最者一人，使得越次而升。越次而选者，一省不过岁一人，无碍于选法之常。而英流之士得以及锋而用，中才者亦将勉自涤励，而不至于委靡自弃。选授之期虽遥，而皆有旦夕可选之望，则不见其遥；升转之途虽难，而皆有旦夕可升之望，则不见其难。如此，尚何壅滞之虑？此所谓以鼓舞为疏通也。今仕途之所以壅者，以流品之太杂也。自科目而外，有任子，又有例监，有投诚，有府史杂流，此朝廷所以广用人之途，虽不可偏废，然其中岂无冒滥当核者？宜严其例，使一才一艺皆得踊跃于功名，而不至开侥倖之门。有贪污者，不时纠参，而考课之时尤宜严核也。汉法，长官得自辟曹掾，一时文学才俊之士皆出其中。宜仿其制，令天下长官得辟有出身士人为掾吏，既可息奸猾之风，而士之未就职者亦得少展其才，皆今日疏通选政之道也。

【姚大令曰】后世取士之途广矣，科第取之，鸿博取之，馆职吏员取之，乃至入赀者取之。登进甚多，而常有无人之叹，岂执事者之咎？吾谓不然。登进之法，宜有常格，以绝奔竞之门；

甄拔之途，必有殊科，以收非常之用。向之数端者，可以得寻常之士矣。若夫奇才智勇、抱非常之略者，岂屑屑从事于此哉？就使数者之中有其人矣，责之以科条，核之以名实，尺寸之法足以短人，彼其所挟持者大，区区不足以自见，有逃而去耳。况其穷愁失职，放浪于风尘湖海之中，郁郁无所遇，又安知其几辈耶？夫有雄材绝智、抱济时之具者，此其人类不能斤斤于言行称誉之间矣，有不为乃可以有为，释其小乃可以见其大。举世不觉而独言之者，必有观时之识；举世共趋而独不顾者，必有经远之谋。接其人，察其议论，毋以资格相拘，毋以毁誉惑听，是在执事者之鉴择矣。

绍兴三十二年，吏部侍郎凌景夏言："国家设铨选，以听群吏之治。其掌于七司，著在令甲，所守者法也。今升降于胥吏之手，有所谓例焉。长贰有迁改，郎曹有替移，来者不可复知，去者不能尽告。索例而不获，虽有强明健敏之才，不复致议；引例而不当，虽有至公尽理之事，不复可伸。货赂公行，奸弊滋甚。尝观汉之公府有《辞讼比》，尚书有《决事比》。比之为言，犹今之例。今吏部七司宜置例册，凡经申请，或堂白，或取旨者，每一事已，命郎官以次拟定，而长贰书之于册，永以为例。每半岁上于尚书省，仍关御史台。如此则巧吏无所施，而铨叙平允矣。"淳熙元年，参知政事龚茂良言："法者，公天下而为之者也。例者，因人而立以坏天下之公者也。昔之患在于用例破法，今之患在于因例立法，自例行而法废矣。故谚称吏部为'例部'。"以上俱见《宋史·选举志·铨法》。**是则铨政之害，在宋时即**

已患之，而今日尤甚。所以然者，法可知，而例不可知，吏胥得操其两可之权以市于下，世世相传，而虽以朝廷之力不能拔而去之。甚哉，例之为害也，又岂独吏部然哉！【原注】古无“例”字，只作“列”。《礼记·服问》：“罪多而刑五，丧多而服五，上附下附列也。”注：“列，等比也。”《释文》卷四“礼记服问”条：“徐邈音例。即后人‘例’字。”至《汉书·何武传》曰：“欲除吏，先为科例，以防请托。”《杜钦传》曰：“不为陛下广持平例。”《王莽传》曰：“太傅平晏从吏过例。”始加“人”作“例”。

寇莱公为相，章圣尝语两府，欲择一人为马步军指挥使。公方议其事，吏有以文籍进者。公问何书，对曰：“例簿也。”公曰：“朝廷欲用一衙官，尚须检例邪？安用我辈！坏国政者正由此尔！”见《宋史·寇准传》。司马温公与吕惠卿论新法于上前，温公曰：“三司使掌天下财，不才而黜之可也，不可使两府侵其事，今为制置三司条例司何也？宰相以道佐人主，安用例！苟用例，则胥吏足矣，今为看详中书条例司何也？”惠卿不能对。见《宋史·司马光传》。

员缺

“员缺”之名，自晋时已有之。《晋书·王蕴传》：“迁尚书吏部郎。每一官缺，求者十辈。”【原注】《世说》《赏誉》注引《山涛启事》曰：“吏部郎史曜出缺处当选。”〔一〕《魏书·元修义传》：“迁吏部尚书。时上党郡缺，中散大夫高居求之。”至唐赵憬《审官六议》，遂有“人少阙【原注】“缺”字同。多”、“人多阙少”之语。见《旧唐书·赵憬传》。而崔湜以中书侍郎知吏部选事，至“逆用三年员阙”。见《旧唐书·良吏·李尚隐传》。令狐(喧)[峘]在吏部，杨炎为侍郎，“至分阙，以恶阙与炎”。见《旧唐书·令狐峘传》。其名相传，至今不改矣。

〔一〕【沈氏曰】《史记·儒林传》：“能通一艺以上，补文学掌故缺。”是汉时已有“缺”名。

【钱氏曰】《韩安国传》：“梁内史缺。”《汉书》：杜业言：“方进翟方进[1]为京兆尹时，陈咸为少府，在九卿高第，陛下所自知也。方进素与司直师丹相善，临御史大夫缺，使丹奏，咸为奸利，请案验。卒不能有所得，而方进果自得御史大夫。”《循吏传》：“公卿缺则选诸所表，以次用之。”《酷吏传》：“后左冯翊缺。”《佞幸传》：“其后御史大夫缺。”《薛宣传》：“御史大夫任重职大，非庸材所能堪，今当选于群卿，以充其缺。”又云：“会司隶缺，况恐咸为之。”则西汉已有“缺”称，不始于晋也。

【小笺】按：《史记·孟荀列传》：“齐尚修列大夫之缺，而荀卿三为祭酒焉。”是战国时已有“缺”之名。《汉书·韩安国传》“梁内史缺”，《贾捐之传》“京兆尹缺”，《薛宣传》“司隶缺”，《朱博传》“九卿缺”，《翟方进传》“丞相官缺”，《严延年传》“左冯翊缺”，《王莽传》“县宰缺者数年”，“缺”之名见于《史》、《汉》者不可枚举，顾氏此条未深考也。

又按《史记·平原君传》，毛遂曰：“愿君即以遂备员而行矣。”“员”之名亦起于战国。

《旧唐书·德宗纪》：御史大夫崔从奏：“兵戎未息，仕进颇多。比来每至选集，不免据阙留人。尝叹遗才，仍招

---

[1] “翟方进”为钱氏原注。

怨望。"此亦似今之"截留候选"也。

《大唐新语》卷一一:"刘思立为考功员外,子宪为河南尉。思立今日亡,明日选人有索宪阙者。[吏部侍郎马]载[1]深咨嗟,以为名教所不容,乃书其无行,注名籍。其人比出选门,为众目所视,众口所訾,亦趑趄而失步矣。朝廷咸谓载能振理风俗。"自今言之,不过索一丁忧之阙,亦何至见摈于清议邪?不知由是心推之,则有其亲未死而设为机阱以谋夺其处,亦人情之所必至者矣。《孟子》《尽心下》曰:"人能充无欲害人之心,而仁不可胜用也。人能充无穿窬之心,而义不可胜用也。"苟反是而充之,其亦何所不至邪?愿后之持铨衡者常以正风俗为心,则国家必有得人之庆矣。

① 据《大唐新语》,"载"字上原有"吏部侍郎马"五字,不当删,今据补。

日知录集释卷九

人材

宋叶适言："法令日繁，治具日密，禁防束缚至不可动，而人之智虑自不能出于绳约之内，故人材亦以不振。"见《水心集》卷五《纪纲二》。今与人稍谈及度外之事，辄摇手而不敢为。夫以汉之能尽人材，陈汤犹扼腕于文墨吏，[①]而况于今日乎？宜乎豪杰之士无以自奋而同归于庸懦也。

使枚乘、相如而习今日之经义，则必不能发其文章；使管仲、孙武而读今日之科条，则必不能运其权略。故法令者，败坏人材之具，以防奸宄而得之者什三，以沮豪杰而失之者常什七矣。

自万历以上，法令繁而辅之以教化，故其治犹为小康。万历以后，法令存而教化亡，于是机变日增而材能日减。其君子工于绝缨而不能获敌之首，其小人善于盗马而不肯

① 事见《汉书·陈汤传》。

救君之患。[①] 诚有如《墨子》《尚贤中》所云“使治官府则盗窃，守城则倍畔，使断狱则不中，分财则不均”，《吕氏春秋》《有始览·务本》所云“处官则荒乱，临财则贪得，列近则持谏，[②]将众则罢怯”，又如刘蕡所云“谋不足以翦除奸凶，而诈足以抑扬威福。勇不足以镇卫社稷，而暴足以侵害闾里”见《新唐书·刘蕡传》。者。呜呼，吾有以见“徒法”[③]之无用矣！

《实录》言：“宣德五年八月丙戌，上罢朝，御文华殿，学士杨溥等侍。上问：‘庶官之选，何术而可以尽得其人？’溥对曰：‘严荐举，精考课，何患不得？’上曰：‘近代有罪举主之法，夫以一言之荐而欲保其终身，不亦难乎？朕以为教养有道，人材自出。汉董仲舒言：“素不养士而欲求贤，犹不琢玉而求文采。”见《汉书·董仲舒传》。此知本之论也。’”见《明宣宗实录》卷六九。徒循三载考绩之文，而不行“三物教民”之典，[④]虽尧、舜亦不能以成允厘之治[⑤]矣。

① 《资治通鉴》卷一九五，魏征谏太宗，有“昔秦穆饮盗马之士，楚庄赦绝缨之罪”之句。此反用之。绝缨事见《韩诗外传》卷七：楚庄王赐其群臣酒，酒酣，左右皆醉，殿上烛灭，有牵王后衣者。后抆其冠缨而绝之，言于王。王曰：“与寡人饮不绝缨者，不为乐也。”于是冠缨无完者，不知王后所绝冠缨者谁。后吴兴师攻楚，有人常为应行合战者，五陷阵却敌。盗马事见《吕氏春秋》：秦穆公亡马岐下，野人得而共食之者三百人。公曰：“吾闻食马肉不饮酒者伤人。”乃饮之酒。其后穆公伐晋，三百人者闻穆公为晋所围，椎锋争死，以报食马之德，于是穆公获晋侯以归。

② 张京华《校释》：“持谏”，陈昌齐《吕氏春秋正误》谓或当为“持谀”之讹。

③ 张京华《校释》：《孟子·离娄上》：“徒法不能以自行。”

④ 《周礼·地官司徒》大司徒之职“以乡三物教万民”：一曰六德，二曰六行，三曰六艺。

⑤ 《书·尧典》：“允厘百工，庶绩咸熙。”

保举

《宋史》《选举志六》：元祐初，司马光为相，奏曰："为政得人则治，然人之才或长于此而短于彼，虽皋、夔、稷、契，各守一官，中人安可求备？故孔门以四科取士，汉室以数路得人。若指瑕掩善，则朝无可用之人；苟随器授任，则世无可弃之士。臣备位宰相，职当选官，而识短见狭，士有恬退滞淹，或孤寒遗逸，岂能周知？若专引知识，则嫌于私；若止循资序，未必皆才。莫若使有位达官各举所知，然后克叶至公，野无遗贤矣。欲乞朝廷设十科举士。一曰行义纯固、可为师表科，【原注】有官无官人皆可举。二曰节操方正、可备献纳科，【原注】举有官人。三曰智勇过人、可备将帅科，【原注】举文武有官人。四曰公正聪明、可备监司科，【原注】举知州以上资序。五曰经术精通、可备讲读科，【原注】有官无官人皆可举。六曰学问该博、可备顾问科，【原注】同上。七曰文章典丽、可备著述科，【原注】同上。八曰善听狱讼、尽公得实科，【原注】举有官人。九曰善治财赋、公私俱便科，【原注】同上。十曰练习法令、能断请谳科。【原注】同上。应职事官自尚书至给、舍、谏议，寄禄官自开府仪同三司至大中大夫，职自观文殿学士至待制，每岁须于十科内举三人，仍具状保任，中书置籍记之。异时有事须材，即执政案籍，视其所尝被举科格，随事试之，有劳，又著之籍。内外官阙，取尝试有效者随科授职。所赐诰命，仍备所举官姓名，其人任官无状，坐以谬举之罪。所贵人人重慎，所举得才。”光又言：“朝廷执政惟八九人，若非交旧，无以知其行能，不惟涉循私之嫌，兼所取至狭，岂足以尽天下之贤才？若采访毁誉，则情伪万端。与其听游谈之言，曷若使之结罪保举？故臣奏设十科以举士，其‘公正聪明可备监司’，诚知请属挟私所不能无，但有不如所举，谴责无所宽宥，则不敢妄举矣。”〔一〕

〔一〕【沈氏曰】前明万历二十七年十月癸未，南京国子监祭酒郭正域条议申饬监规，内一条云：“时文不足以尽才，科目不足以得士。请下礼官，访求州县九流异学之士，稍如宋司马光十科例，或善推步，或谙锺律，或通陈法，或工六书，各为一科。府州县贡入，礼部校考，分别等第，选入两京国子监，得照选贡事例，次者与之全廪，一体拨选。如异日太常诸属之选，则取诸乐律科；钦天诸属之选，则取之历象科；殿阁中书之选，则取之六书科；幕府参赞之选，则取之兵法科。则平日养之有素，而一旦求之如探囊取物矣。”

明主劳于求贤，而逸于任人。《韩非子》《外储说左上》云：“王登为中牟令，【原注】《吕氏春秋》《审分览》作“任登”。言中牟士中章胥已。襄主曰：‘子见之，我将以为中大夫。’其相室曰：‘中大夫，晋重列也。今无功而受，君其耳而未之目邪？’襄主曰：‘我取登既耳而目之矣，登之所取，又耳而目之，是耳目人终无已也。’”此执要之论也。善乎子夏之告樊迟也，曰：“舜有天下，选于众，举皋陶，不仁者远矣。汤有天下，选于众，举伊尹，不仁者远矣。”见《论语·颜渊》。

《唐书》《崔祐甫传》：崔祐甫为相，荐举惟其人，不自疑畏，推至公以行，日除十数人。未逾年，除吏几八百员，多称允当。帝尝谓曰："人言卿拟官多亲旧，何邪？"对曰："陛下令臣进拟庶官，夫进拟者必悉其才行，若素不知闻，何由得其实？"帝以为然。① 以德宗之猜忌而犹能听之，愈乎近代之人主也。【原注】《李绛传》：德宗问："多公亲旧，何邪？"祐甫对曰："所问当与不当耳，非臣亲旧，孰知其才？其不知者，安敢与官？"时以为名言。

正统三年十一月乙未，行在通政司左通政陈恭言："古者择任庶官，悉由选部，是以职任专而事体一。顷者令朝臣各荐所知，恐开私谒之门，而长奔竞之风，乞令杜绝，一归铨部。"事下，行在吏部尚书郭琎等覆奏曰："往时朝廷虑典铨者未尽知人，故敕廷臣各举所知，其法良矣。脱有徇私，邦宪昭然，谁肯同蹈？今恭听流言而尼良法，未见其当也。"乞令仍旧，从之。见《明英宗实录》卷四八。

先生《郡县论九》曰：取士之制，其荐之也，略用古人乡举里选之意；其试之也，略用唐人身言书判之法。县举贤能之士，间岁一人，试于部。上者为郎，无定员。郎之高第得出而补令；次者为丞，于其近郡用之；又次者归其本县，署为簿、尉之属。而学校之设，听令与其邑之士自聘之，谓之师，不谓之官，不隶名于吏部。而在京，则公卿以上，仿汉人三府辟召之法，参而用之。夫天下之

① 按以上参用新、旧《唐书》之文。

士,有道德而不愿仕者则为人师,有学术才能而思自见于世者,其县令得而举之,三府得而辟之,其亦可以无失士矣。或曰:间岁一人,功名之路无乃狭乎?化天下之士,使之不竞于功名,王治之大者也。且颜渊不仕,闵子辞官,漆雕未能,曾晳异撰,亦何必于功名哉!〔一〕

〔一〕【姜氏曰】后世师儒之教不明,虽行闻族党,不学面墙者往往而是。以如是之人,一旦举以临民,授之以政,即欲不以文墨试之,得乎?盖自选举与学校不复相为首尾,而一切关防刻薄之事起。虽明知法益繁,弊益生,士风亦日益坏,然其势顾有不得不极于此者。魏黄初中,三辅议举孝廉,不复限以试经,司徒华歆忧其学业从此而废。至唐贞观时,汴、鄜诸州所举孝廉,问以皇王政术、曾参《孝经》,并不能答。宋太祖开宝九年,濮州荐孝悌者二百七十人,召问于讲武殿,率不如诏。犹称素能习武,试以骑射,则颠仆失次。太祖欲使隶兵籍,皆号告求免。不试而举,弊遂至此!故后世无论贤良、文学、孝弟、力田诸科,一概试之以文墨之事,亦其势然也。及其甚也,则巍科厚秩皆取决于方寸之纸,而竟不复问其立身之本末矣。是其末流之弊,愈趋而愈远,以至于无可如何者也。

关防

《隋书·酷吏传》:"厍狄士文为贝州刺史,凡有出入,皆封署其门,僮仆无敢出外。"此今日居官通例,而史以为异事,岂非当日法制虽严,而关防未若今之密乎?末世人

习浇讹，防闲日甚，少不禁饬，则奸宄之徒投间抵隙，无所不至。长吏到官，以关防[①]为第一义。然愚以为，但无至公之心以御之尔。《世说》："晋文王亲爱阮嗣宗。阮从容言：'尝游东平，乐其土风，愿得为东平太守。'文王从其意。阮骑驴径到郡，至则坏府舍诸壁障，使内外相望，然后教令，一郡清肃。十馀日，复骑驴去。"[②]唐姚合为武功尉，其《县居》诗曰："朝朝门不闭，长似在山时。"在旷达之士犹且为之，而况于大贤也？

《大唐新语》卷一〇："姜晦为吏部侍郎，性聪悟，识理体。旧制，吏曹舍宇悉布棘，以防令史与选人交通。及晦领选事，尽除之，大开铨门，示无所禁。有私引置者，晦辄知之，召问，莫不首伏。初，朝廷以晦改革前规，咸以为不可。竟铨综得所，贿赂不行，举朝叹服。"

《太祖实录》卷一八四：洪武二十年八月壬申，上谓刑部尚书唐铎、工部侍郎秦逵、都察院左都御史詹徽等曰："朕初于文籍设关防印记者，本以绝欺蔽，防奸伪，特一时权宜尔。果正人君子，焉用是为？自今六科有关防印记俱销之，仍移文诸司，使知朕意。"

封驳

人主之所患，莫大乎"唯言而莫予违"。见《论语·子路》。

---

① "关防"，张京华《校释》作"防闲"。

② 见《世说新语·任诞》注引《文士传》。非《世说》本文。

齐景公燕赏于国内,万锺者三,千锺者五。令三出,而职计莫之从。公怒,令免职计。令三出,而士师莫之从。【原注】《晏子春秋》卷一《谏上》。此"畜君"之诗所为作也。[①] 汉哀帝封董贤,而丞相王嘉封还诏书。事见《汉书·王嘉传》,此引《资治通鉴》卷三五。【原注】胡三省曰:"后世给舍封驳本此。"后汉锺离意为尚书仆射,数封还诏书。事见《后汉书·锺离意传》,此引《资治通鉴》卷四四。自是封驳之事多见于史,而未以为专职也。唐制:凡诏敕皆经门下省,事有不便,得以封还。而给事中有驳正违失之掌,著于《六典》卷八。【原注】《唐书》《百官志二》:给事中在汉为加官,至唐属之门下省,使之驳正奏抄,涂窜诏敕之不便。如袁高、崔植、韦弘景、狄兼謩、郑肃、韩佽、韦温、郑公舆之辈,并以封还敕书,垂名史传。[②] 亦有召对慰谕如德宗之于许孟容,中使嘉劳如宪宗之于薛存诚者。俱见《新书》本传。而元和中,给事中李藩在门下,制敕有不可者,即于黄纸后批之。吏请别连白纸,藩曰:"别以白纸,是文状也,何名批敕?"见《旧唐书·李藩传》。宣宗"以右金吾大将军李燧为岭南节度使,已命中使赐之节,给事中萧倣封还制书。上方奏乐,不暇别召中使,使优人追之,节及燧门而返"。见《资治通鉴》卷二四九。人臣执法之正,人主听言之明,可以并见。【原注】德宗时,卢杞量移饶州刺史。制出,给事

① 《孟子·梁惠王下》言齐景公从晏子之谏,召大师作君臣相说之乐。"盖《徵招》、《角招》是也。其《诗》曰:'畜君何尤?'畜君者,好君也。"

② 袁高事见《旧书·卢杞传》。崔植事见《新书·皇甫镈传》。韦弘景事见《旧书》本传。狄兼謩事见《新书》本传。郑肃事见《新书》本传。韩佽事见《旧书·李德裕传》。韦温事见《旧书》本传。郑公舆事见《新书·郑畋绰传》。

中袁高执之不下。○擢浙东观察判官齐总为(衡)[衢]州刺史,给事中许孟容封还诏书。○宪宗末,皇甫镈奏减内外官俸以助国用,给事中崔植封还敕书。○穆宗时,授李训四门助教,给事中郑肃、韩佽封还制书。[①] ○刘士泾擢太仆卿,给事中韦弘景封还诏书。○文宗时,赦官典犯赃者,给事中狄兼謩封还敕书。○宣宗时,赦康季荣擅用官钱,给事中封还敕书。[②] ○懿宗时,贬右补阙王谱,给事中郑公舆封还敕书。**五代废弛。宋太宗淳化四年六月戊寅,始复给事中封驳。而司马池犹谓"门下虽有封驳之名,而诏书一切自中书以下,非所以防过举也"。**见《宋史·司马池传》。[一]**本朝[③]虽罢门下省长官,而独存六科给事中,以掌封驳之任。旨必下科,其有不便,给事中驳正到部,谓之"科参"。**【原注】若曰"抄出驳之"、"抄出寝之"是也。**六部之官无敢抗科参而自行者,故给事中之品卑而权特重。万历之时,九重渊默,泰昌以后,国论纷纭,而维持禁止,往往赖抄参之力,**【原注】天启六年,大理寺正许志吉以请旌母节事,为礼科右给事中张惟一抄参。具疏申辩。奉旨:"参驳系科臣执掌,许志吉险辞饰辩,著罚俸三个月。"**今人所不知矣。**

〔一〕【胡氏曰】考唐之政事堂,宰执议事之所,旧在门下省,后移入中书省。盖门下省,给事中所居也。中书省,阁臣所居也。唐之给事有封还诏书之例,其于宰相建白,例得驳正。不于门下议事,而于中书议事。乃阁臣志在自专,不使门下与闻,因而无从驳正。待取中旨,然后封还,则其势已难,甘塞默者多矣。

---

① 援庵《校注》:李训事在唐文宗太和八年。"穆宗"字应作"文宗"。

② 事见《通鉴》卷二四九。

③ "本朝",原本作"明代",据《校记》改。

此宰执巧于持权之法，必宗楚客、李林甫辈所为。

《元城语录》曰："王安石荐李定，时陈襄弹之，未行。已擢监察御史里行，宋次道封还词头，辞职，【原注】《清波杂志》卷九："唐制，唯给事得封还诏书。富郑公知制诰日，封刘从愿妻遂国夫人，公乃缴还词头。后人遂踵而行之。中书舍人缴还词头自此始。"罢之。次直吕大临，再封还之。最后付苏子容，又封还之。更奏，复下，至于七八。子容与大临俱落职奉朝请，名誉赫然。此乃祖宗德泽，百馀年养成风俗，与齐太史见杀三人而执笔如初[1]者何异？"见《黄氏日钞》卷四四引《元城谭录》。

部刺史

"汉武帝遣刺史周行郡国，省察治状，黜陟能否，断治冤狱，以六条问事。一条，强宗豪右田宅逾制，以强陵弱，以众暴寡。二条，二千石不奉诏书，倍公向私，旁诏牟利，侵渔百姓，聚敛为奸。三条，二千石不恤疑狱，风厉杀人，怒则任刑，喜则任赏，烦扰刻暴，剥削黎元，为百姓所疾，山崩石裂，妖祥讹言。四条，二千石选署不平，苟阿所爱，蔽贤宠顽。五条，二千石子弟怙倚荣势，请托所监。六条，二千石违公下比，阿附豪强，通行货赂，割损政令。"见《汉书·百官公卿表》注引《汉官典职仪》。又令岁终得乘传奏事。夫秩卑

---

① 事见《左传》襄公二十五年。

而命之尊，官小而权之重，此小大相制，内外相维之意也。【原注】《元城语录》："汉元封五年，初置刺史，部十三州，秋分行郡国。秩六百石，而得按二千石不法，其权最重。秩卑则其人激昂，权重则能行志。"出《元城语录》卷下，此自《黄氏日钞》卷四四转引。〔一〕本自秦时遣御史出监诸郡，《史记》《秦始皇本纪》言"秦始皇分天下以为三十六郡，郡置守、尉、监"，盖罢侯置守之初，而已设此制矣。【原注】《汉书·百官表》："监御史，秦官，掌监郡。汉省，丞相遣史分刺州，不常置。武帝元封五年，初置部刺史，掌奉诏条察州。秩六百石，员十三人。"成帝末，翟方进、何武乃言："《春秋》之义，用贵治贱，不以卑临尊。刺史位下大夫，而临二千石，轻重不相准。请罢刺史，更置州牧，秩二千石。"而朱博以汉家故事，置部刺史，"秩卑而赏厚，咸劝功乐进。州牧秩真二千石，位次九卿。九卿缺以高第补，其中材则苟自守而已，恐功效陵夷，奸轨不胜"，于是罢州牧，复置刺史。以上见《汉书·朱博传》。【原注】《后汉书·刘焉传》："灵帝政化衰缺，四方兵寇。焉以刺史威轻，建议改为牧伯，请选重臣以居其任。从之。"州任之重，自此而始。刘昭之论，以为"刺史监纠非法，不过六条，传车周流，匪有定镇，秩裁六百，未生陵犯之衅。成帝改牧，其萌始大。"见《续汉·百官志·州郡》小注。【原注】唐戴叔伦《抚州刺史厅壁记》云："汉置十三部刺史，以察举天下非法，通籍殿中，乘传奏事，居靡定处，权不牧人。"见《云麓漫钞》卷八引。合二者之言观之，则州牧之设，中材仅循资自全，强者至专权裂土。【原注】《新唐书》《李景伯传》："李景伯为太子右庶子，与太子舍人卢俌议：'今天下诸州分隶都督，专生杀刑赏，使授非其人，则权重衅生，非强干弱枝之谊。愿罢都督，留御史，以时按察，秩卑任重，以制奸宄便。’由是停都督。”然后知刺史六条为百代不易之良法，而今之监察御史巡按地方，为得古人之意矣。【原注】《唐书》《百官志三》：“监察御史掌分察百寮，巡按州县。”又其善者，在于一年一代。夫守令之官不可以不久也，监临之任不可以久也，久则情亲而弊生，望轻而法玩，故一年一代之制，又汉法之所不如，而察吏安民之效已见于二三百年者也。【原注】唐李峤请“十州置御史一人，以周年为限，使其亲至属县，或入闾里，督察奸讹，观采风俗”。见《旧唐书·李峤传》。此法正本朝[①]所行。若夫倚势作威，受赇不法，此特其人之不称职耳，不以守令之贪残而废郡县，岂以巡方之浊乱而停御史乎？至于秩止七品，与汉六百石制同。《王制》：“天子使其大夫为三监，监于方伯之国，国三人。”金华应氏镛曰：“方伯者，天子所任以总乎外者也，又有监以临之。盖方伯权重则易专，大夫位卑则不敢肆。此大小相维、内外相统之微意也。”见《礼记集说》卷二七引。何病其轻重不相准乎？夫不达前人立法之意，而轻议变更，未有不召乱而生事者。吾于成、哀之际见汉治之无具矣。[②]

〔一〕【王氏曰】刺史权重而内隶于御史中丞。陈咸为御史中丞，总领州郡奏事，课第诸刺史。薛宣为御史中丞，执法殿中，外总部刺史。宣数言政事便宜，举奏部刺史、郡国二千石，所贬退称进，白黑分明是也。

① “本朝”，原本作“明代”，据《校记》改。

② 即本条所言翟方进、何武欲罢刺史之议。

唐自太宗贞观二十年，遣大理卿孙伏伽、黄门侍郎褚遂良等二十二人，以六条巡察四方，黜陟官吏。帝亲自临决，牧守已下以贤能进擢者二十人，以罪死者七人，其流罪已下及免黜者数百人。见《资治通鉴》卷一九八。已后频遣使者，或名按察，或名巡抚。至玄宗天宝五载正月，命礼部尚书席豫等，“分道巡按天下风俗及黜陟官吏”，见《册府元龟》卷一六二。此则“巡按”之名所由始也。

玄宗开元二十二年二月辛亥，①置十道采访处置使。诏曰：“言念苍生，心必遍于天下；自古良牧，福犹润于京师。所以历选列城，聿求连率，岂徒刺察，将委辑宁。朝散大夫、检校御史中丞、关内宣谕赈给使、上柱国卢绚等，任寄已深，声实兼茂。咸贯通于理道，益纯固于公心。或华发不衰，或白圭无玷，可以轨仪郡国，康济黎元。间岁已来，数州失稔，颇致流冗，能勿轸怀？而吏或不畏不仁，不安不便。诚须矫过，必在任贤，庶蠲疾苦之源，以协大中之义。若令行一道，利乃万人。朕所设官，以俟能者。”见《册府元龟》卷一六二。【原注】唐开元中，或请选择守令，停采访使。姚崇奏：“十道采访犹未尽得人，天下三百馀州县，多数倍，安得守令皆称其职？”②

于文定慎行《笔麈》卷九《官制》曰：“元时风宪之制，在内

---

① 《刊误》卷上：“‘二年’之‘二’，诸本并误‘三’。汝成案：《旧唐书·纪》书此事在二十二年，今改。”按此下诏文顾氏本引自《册府元龟》，《元龟》即系于玄宗二十三年二月辛亥。而《旧唐书》及《唐大诏令集》卷一一五《遣卢绚等诸道宣慰赈给诏》，则系于二十二年。

② 援庵《校注》云：此注本《通鉴》卷二一一开元三年十二月条，作“停按察使”，非“采访使”。停采访使在《通鉴》卷二二〇肃宗乾元元年五月条下。

诸司有不法者,监察御史劾之,在外诸司有不法者,行台御史劾之,即今在内道长、在外按台之法也。惟所谓行台御史者,竟属行台,岁以八月出巡,四月还治,乃长官差遣,非由朝命,其体轻矣。本朝御史总属内台,奉命出按,一岁而更,与汉遣刺史法同,唐、宋以来皆不及也。"【原注】唐中宗神龙二年,遣十道巡察使,诏二周年一替。○韦(忠)[思]谦言:"御史一出,当动摇山岳,震慑州县。"见《旧唐书》本传。本朝多有其人。

《金史·宗雄传》:"自熙宗时,遣使廉问吏治得失。世宗即位,凡数岁辄一遣黜陟之。故大定之间,郡县吏皆奉法,百姓滋殖,号为小康。章宗即位,置九路提刑使。"【原注】此即今按察使。

六条之外不察

汉时,部刺史之职不过以六条察郡国而已,不当与守令事。【原注】《三国志》《魏书·夏侯玄传》:司马宣王报夏侯太初书曰:"秦时无刺史,但有郡守长吏。汉家虽有刺史,奉六条而已。故刺史称传车,其吏言从事,居无常治,吏不成臣,其后转更为官司耳。"故朱博为冀州刺史,敕告吏民:"欲言县丞、尉者,刺史不察黄绶,各自诣郡。"见《汉书·朱博传》。鲍宣为豫州牧,以"听讼,所察过诏条"被劾。见《汉书·鲍宣传》。而薛宣上疏言:"吏多苛政,政教烦碎,大率咎在部刺史。或不循守条职,举错各以其意,多与郡县事。"见《汉书·薛宣传》。《翟方进传》言:"迁朔方刺史,居官不烦苛,所察应条辄举。"自刺史之职下侵,而守令始不可为,天下之事犹治丝而棼之矣。

《太祖实录》卷一九〇：洪武二十一年四月，谕按治江西监察御史花纶等："自今惟官吏贪墨黷法及事重者如律逮问，其细事毋得苛求。"

隋以后刺史

秦置御史以监诸郡。汉省，丞相遣史分刺州，不常置。武帝元封五年，初置十三州，刺史各一人。[①] 魏、晋以下，为刺史持节都督。【原注】《魏志》言："自汉季以来，刺史总统诸郡，赋政于外，非若曩时司察之(任)而已。"见《三国志·魏书》卷一五末。〇汉时止十三州。至梁时，南方一偏之地遂置一百七州。隋文帝开皇三年，罢郡，以州统县，【原注】杜氏《通典》卷一七一曰："以州治民，职同郡守，无复刺举之任。"自是刺史之名存而职废。后虽有刺史，皆太守之互名，【原注】有时改郡为州，则谓之刺史；有时改州为郡，则谓之太守，一也。非旧刺史之职，理一郡而已。由此言之，汉之刺史犹今之巡按御史，魏、晋以下之刺史犹今之总督，隋以后之刺史犹今之知府及直隶知州也。【原注】《新唐书·地理志》曰："唐兴，高祖改郡为州，太守为刺史。"

宋真宗咸平四年，左司谏、知制诰杨亿疏言："昔自秦开郡置守，汉以天下为十三部，命刺史以领之。自后因郡为州，以太守为刺史。降及唐氏，亦尝变更，曾未数年，又

---

① 《汉书·武帝纪》：元封五年，"初置刺史部十三州"。《百官公卿表上》："武帝元封五年初置部刺史，掌奉诏条察州，秩六百石，员十三人。"

仍旧贯。今多命省署之职出为知州,又设通判之官以为副贰,此权宜之制耳,岂可为经久之训哉?臣欲乞诸州并置刺史,以户口多少置其俸禄,分下、中、上、紧、望、雄之等级,品秩之制率如旧章,与常参官比视阶资,出入更践,省去通判之目,但置从事之员,建廉察之府以统临,按舆地之图而区处。昔太平兴国初,诏废支郡,出于一时。十国为连,周法斯在;一道置使,唐制可寻。至若号令之行,风教之出,先及于府,府以及州,州以及县,县及乡里,自上而下,由近及远,譬如身之使臂,臂之使指,提纲而众目张,振领而群毛理。由是言之,支郡之不可废也明矣。臣欲乞复置支郡,隶于大府,量地里而分割,如漕运之统临,名分有伦,官业自举。又睹唐制,内外官奉钱之外有禄米、职田,又给防阁、庶仆、亲事、帐内、执衣、白直、门夫,各以官品差定其数,岁收其课以资于家。本司又有公廨田、食本钱,以给公用。自唐末离乱,国用不充,百官奉钱并减其半,自馀别给一切权停。今郡官于半奉之中已是除陌,又于半奉三分之内,其二以他物给之,鬻于市廛,十裁得其一二,曾糊口之不及,岂代耕之足云?昔汉宣帝下诏云:'吏能勤事而奉禄薄,欲其无侵渔百姓,难矣。'见《汉书·宣帝纪》。遂加吏奉,著于策书。窃见今之结发登朝,陈力就列,其奉也不能致九人之饱,不及周之上农;其禄也未尝有百石之入,不及汉之小吏。若乃左右仆射,百僚之师长,位莫崇焉,月奉所入,不及军中千夫之帅,岂稽古之意哉!欲乞今后百官奉禄杂给,并循旧制,既丰其稍入,可责以廉隅。官且限以常

员，理当减于旧费。”见《宋史·职官志八》。观此，则今代所循，大抵皆宋之馀弊矣。〔一〕

〔一〕【杨氏曰】俸之薄，自宋已然，天下所以少循吏也。

知县

知县者，非县令而使之知县中之事，【原注】知，犹管也。杜氏《通典》卷一九所谓“检校、试摄、判知之官”是也。唐姚合为武功尉，作诗曰：“今朝知县印，梦里百忧生。”唐人亦谓之“知印”，其名始于贞元已后。其初尚带一“权”字，《白居易集》有《裴克谅权知华阴县令制》，曰：“华阴令卒，非选补时。【原注】唐制：凡选始于孟冬，终于季春。〇《唐皎传》：“贞观中，官吏部侍郎。先是，选集四时补拟，不为限。皎请以冬初集，尽季春止。后遂为法。”调租勉农，政不可缺。前镇国军判官、试大理评事裴克谅，久佐本府，颇有勤绩，属邑利病，尔必周知。宜假铜墨，试其才理，待有所立，方议正名。”见《白氏长庆集》卷五四。是“权知”者，不正之名也。至于普设知县，则起自宋初。《本朝事实》①卷九云：“五代任官，凡曹掾簿尉之龌龊无能，以至昏老不任驱策者，始注县令。故天下之邑，率皆不治。诛求刻剥，猥迹万状。至优诨之言，多以令长为笑。”【原注】魏泰《东轩笔录》卷三同。

建隆三年，始以朝官为知县。其间复参用京官或幕职

---

① 应作《宋朝事实》，虽在宋时此书有《本朝事实》之名，但后即改称《宋朝事实》，此处应系抄刻之误。

为之。《宋史》《选举志四》言："宋初，内外所授官多非本职，惟以差遣为资历。建隆四年，诏选朝士分治剧邑，大理正奚屿知馆陶，监察御史王祐知魏，杨应梦知永济，屯田员外郎于继徽知临清。常参官宰县自此始。"又曰："初，州郡多阙官，县令选尤猥下，多为清流所鄙薄，每不得调。乃诏吏部选幕职官为知县。"自此以后，遂罢令而设知县，沿其名至今。

《云麓漫钞》卷一〇曰："唐制，县令阙，佐官摄令，曰'知县事'。李翱任工部，志文云'摄富平尉知县事'是也。今差京官曰'知县'，差选人曰'令'，与唐异矣。"

宋时结衔，曰"以某官知某府事"，"以某官知某州事"，"以某官知某县事"。以其本非此府、此州、此县之正官而任其事，故云然。【原注】《山堂考索》《后集》卷一四："艺祖开基，召诸镇会于京师，赐第以留之。分命朝臣，出守列郡，号'权知军州事'。军谓兵，州谓民也。"〇于慎行《笔麈》卷九曰："宋时，大县四千户以上选朝官知，小县三千户以下选京官知，故知县与县令不同，以京、朝官之衔知某县事，非外吏也。"〇如建隆三年，冤句令侯陟以清干闻，擢左拾遗知县事是也。见《宋史·侯陟传》。今则直云"某府知府"、"某州知州"、"某县知县"，文复而义舛矣。

北齐宰县，多用厮滥。至于士流，耻居百里。【原注】《北史·元文遥传》。五代选令，必皆[①]鄙猥之人。自古以来，以社稷民人寄之庸琐者，有此二败。以今准古，得无同之。〔一〕

---

① "皆"，张京华《校释》作"有"。

〔一〕【汝成案】五代任官，凡龌龊无能者始注为县令，其为庸琐宜矣。宋则掌总治民政，劝课农桑，有戍兵则兼兵马都监或监押，始以朝臣为知县，其间复参用京官或幕职为之。天圣间，天下多缺官，而令选尤猥下，贪庸耄懦，久不得调，乃为县令。人数言其病民，乃诏为举法，以重令选。然自政和以后，士大夫皆轻县令之选，吏部两选不注者甚多，则欲其得人，难也。章俊卿云："弄权于雁鹜之行，倚法为鹰虎之暴，溪壑其诛求，星火以督促。衔带劝农而实不副，职寄营田而事不讲。科罚之赋，私入以为己物；沾籍之法，轻用以为己威。"又曰："一握州麾，便肆贪欲。讼牒则不问其曲直，狱市则不究其是非。穷昼彻夜，惟财是求。县道既极煎熬，民间又难催索。于是行一切之政，据不根之词，开告讦之门以网无罪，设罗织之狱以阱富民。"守令之失，略见此矣。厥后金、元，亦踵其弊。然自宋至元，其间非无廉威慈爱，局干可称，特皆重内轻外，遂至贤者鄙夷，职多昏黩。前明尤重进士，乡举以下，不得嘉除，而天下吏治视出身为重轻，败坏尤甚。先生《郡县论》因多愤激之谈，盖发于是矣。

知州

宋叶适言："五代之患，专在[于]藩镇。艺祖思靖天下，以为不削节度则其祸不息，于是始置通判，以监统刺史而分其柄；命文臣权知州事，使名若不正、任若不久者，以轻其权。【原注】宋敏求曰："凡节度州为三品，刺史州为五品。国初，曹翰以观察使判颍州，是以四品临五品州也。同品为知，隔品为判。自后唯辅臣、宣徽使、太子太保、仆射为判，馀并为知州。"见

《春明退朝录》卷中。监当知榷税，都监总兵戎，而太守者【原注】即刺史。块然徒管空城、受词诉而已。诸镇皆束手请命，归老宿卫，昔日节度之害尽去。而四方万里之远，奉尊京城，文符朝下，期会夕报，伸缩缓急，皆在朝廷矣。”见《水心集》卷五《纪纲二》。是宋初本有刺史，而别设知州以代其权。后则罢刺史而专用知州，以权设之名为经常之任矣。

《新唐书》《李吉甫传》："元和初，李吉甫为相。病方镇强恣，为帝从容言：'使属郡刺史得自为政，则风化可成。'帝然之，出郎吏十馀人为刺史。"宋祖之以京官临制州县，盖赵公[①]开其端矣。

知府

唐制，京郡乃称府。至宋，则潜藩之地皆升为府。宋初太宗、真宗皆尝为开封府尹，后无继者，乃设权知府一人，以待制以上充。【原注】《皇朝政略》："凡命知府，必带'权'字，以翰林为之。翰林学士及杂学士若待制，则权发遣而已。"[②]○陆游《渭南集》卷二二《记太子亲王尹京故事》："权知府自李符始。"崇宁三年，蔡京"乞罢权知府，置牧、尹各一员。牧以皇子领，尹以文臣充。"见《宋史·职官志六》。是权知府者，所以避京尹之名也。今则直命之为知府，非也。〔一〕

〔一〕【杨氏曰】朝廷之制，代不相袭，即谓之知府何害。

---

① 李吉甫以功先封赞皇县侯，后徙赵国公。

② 《群书考索》后集卷一三引此作《圣朝职略》。

守令

所谓天子者,执天下之大权者也。其执大权奈何?以天下之权寄之天下之人,而权乃归之天子。自公卿大夫至于百里之宰,一命之官,莫不分天子之权以各治其事,而天子之权乃益尊。后世有不善治者出焉,尽天下一切之权而收之在上,而万几之广,固非一人之所能操也,【原注】沈约《宋书》《恩倖传》论曰:"孝建泰始,主威独运,空置百司,权不外假,而刑政纠杂,理难遍通。"而权乃移于法。于是多为之法以禁防之,虽大奸[①]有所不能逾,而贤智之臣亦无能效尺寸于法之外,相与兢兢奉法,以求无过而已。于是天子之权不寄之人臣,而寄之吏胥。是故天下之尤急者,守令亲民之官,而今日之尤无权者,莫过于守令。守令无权,而民之疾苦不闻于上,安望其致太平而延国命乎!《书》《益稷》曰:"元首丛脞哉,股肱惰哉,万事堕哉。"盖至于守令日轻而胥史日重,则天子之权已夺,而国非其国矣,尚何政令之可言耶!削考功之繁科,循久任之成效,必得其人而与之以权,庶乎守令贤而民事理,此今日之急务也。〔一〕

〔一〕【汝成案】法令不修,德教奚附?自古循良,莫盛两汉,宣仁布化,除害兴利,摧击豪强,追捕盗贼,惠威胥达,边徼皆安。此诚法简权专,得自措施效也。然其间贪黩残酷,忮险卑污,依倚中涓,结纳外戚,隐恃重援,恣行不法,宾客子弟,广纳贿赂,

---

① "大奸",张京华《校释》作"有奸宄"。

黜陟死生，任己恩怨，前史所传，几半良吏，抑何尝不由权势重乎？特汉时骑士隶于太守，得自征发，不失机宜，奸宄殄除，郡国绥谧，此为高出唐、宋耳。考前明初无考察，弘治后始定条目：曰贪曰酷，为民；曰不谨曰罢软，冠带闲住；曰老曰疾，致仕；曰才力不及曰浮躁浅露，降调外任。其初非不综核以兴治理，厥后法存弊出，亦其势然也。至于吏胥执苛细之条，为出入之资，伺吏短长，何代蔑有？此在仁明，因事决舍，必尽削考功繁科，转恐行法未通，法外或畸意轻重也。

元吴渊颖《欧阳氏急就章解后序》曰："今之世，每以三岁为守令满秩，曾未足以一新郡县之耳目而已去。又况用人不得专辟，临事不得专议，钱粮悉拘于官而不得专用，军卒弗出于民而不得与闻。盖古之治郡者自辟令丞，唐世之大藩亦多自辟幕府僚属。是故守主一郡之事，或司金谷，或按刑狱，各有分职，守不烦而政自治。虽令之主一邑，丞则赞治而掌农田水利，主簿掌簿书，尉督盗贼，令亦不劳，独议其政之当否而已。今自一命而上，皆出于吏部。遇一事，公堂完署，甲是乙否。吏或因以为奸，勾稽文墨，补苴罅漏，涂擦岁月，填塞辞款，而益不能以尽民之情状。〔一〕至于唐世之赋，上供、送使、留州，自有定额。兵则郡有都试，而惟守之所调遣。宋之盛时，岁有常贡，官府所在，用度赢馀，过客往来，廪赐丰厚，故士皆乐于其职而疾于赴功。兵虽不及于唐，义勇民丁，团结什伍，衣装弓弩，坐作击刺，各保乡里，敌至即发，而郡县固自兼领者也。今则官以钱粮为重，不留赢馀，常俸至不能自给，故多赃吏。

兵则自近戍远，既为客军，尺籍伍符，各有统帅，但知坐食郡县之租税，然已不复系守令事矣。夫辟官、莅政、理财、治军，郡县之四权也，而今皆不得以专之，是故上下之体统虽若相维而令不一，法令虽若可守而议不一。为守令者既不得其职，将欲议其法外之意，必且玩常习故，辟嫌碍例，而皆不足以有为。又况三时耕稼，一时讲武，不复古法之便易，而兵农益分。遇岁一俭，郡县之租税悉不及额，军无见食，东那西挟，仓廥空虚，而郡县无复赢蓄以待用。或者水旱洊至，闾里萧然，农民菜色，而郡县且不能以振救而坐至流亡。是以言莅事而事权不在于郡县，言兴利而利权不在于郡县，言治兵而兵权不在于郡县，尚何以复论其富国裕民之道哉？必也复四者之权一归于郡县，则守令必称其职，国可富，民可裕，而兵农各得其业矣。”见《渊颖集》卷一二。

〔一〕【汝成案】守令胥吏与六部长官之胥吏相缘为奸，而治以大坏。犹之交易之家不自理，而托其事于奴隶之手，有权之家不自绾，而任其职于左右之人。

宋理宗淳祐八年，监察御史兼崇政殿说书陈求鲁奏："今日救弊之策，大端有四：宜采夏侯太初并省州郡之议，俾县令得以直达于朝廷；①用宋元嘉'六年为断'之法，俾县令得以究心于抚字；②法艺祖出朝绅为令之典，以重其

① 夏侯玄与司马懿时事议，见《三国志·魏书》本传。
② "六年为断"，见《宋书·良吏传序》，原文作"守宰之职，以六期为断，虽没世不徙"。

权；[①]遵光武擢卓茂为三公之意，以激其气。[②] 然后为之正其经界，明其版籍，约其妄费，裁其横敛。”见《宋史·食货志上二》。此数言者，在今日亦可采而行之。

《旧唐书·乌重胤传》：“元和十三年，为横海节度使。上言曰：‘臣以河朔能拒朝命者，其大略可见。盖刺史失其职，反使镇将领兵事。若刺史各得职分，又有镇兵，则节将虽有禄山、思明之奸，岂能据一州为畔哉？所以河朔六十年能拒朝命者，只以夺刺史、县令之职，自作威福故也。臣所管德、棣、景三州，已举公牒，各还刺史职事讫，应在州兵，并令刺史收管。’从之。由是法制修立，各归名分。”是后虽幽、镇、魏三州以河北旧风自相更袭，在沧州一道，独禀命受代，自重胤制置使然也。

祖宗朝，凡大府知府之任，多有“赐敕”，然无常例。成化四年七月，廉州府知府邢正将之任，以廉州密迩珠池，喉襟交阯，近为广西流贼攻陷城邑，生民凋弊，特请赐敕。从之。〔一〕吉安府知府许聪将之任，以吉安多强宗豪右，词讼繁兴，亦请赐敕，俾得权宜处置。从之。俱见《明宪宗实录》卷五六。

〔一〕【沈氏曰】况锺知苏州府，亦赐敕。

① 见本卷“知县”第四条。

② 事见《后汉书·光武纪》，建武元年“以前密令卓茂为太傅”，时刘秀虽称帝而仅据河北一隅。

刺史守相得召见

两汉之隆，尤重太守。史言孝宣"拜刺史、守相，辄亲见问，观其所由，退而考察所行，以质其言。有名实不相应，必知其所以然。常称曰：'庶民所以安其田里，而亡叹息愁恨之心者，政平讼理也。与我共此者，其惟良二千石乎！'"见《汉书·循吏传序》。当日太守常得召见，或赐玺书，堂陛之间，不甚阔绝。文帝谓季布曰："河东，吾股肱郡，故特召君耳。"见《史记·季布传》。武帝赐严助书："久不闻问，具以《春秋》对，毋以苏秦纵横。"见《汉书·严助传》。赐吾丘寿王书："子在朕前之时，知略辐凑。及至连十馀城之守，任四千石之重，【原注】师古曰："太守、都尉皆二千石。今寿王为都尉，不置太守，故云四千石也。"职事并废，盗贼纵横，甚不称在前时，何也？"见《汉书·吾丘寿王传》。光武劳郭伋曰："贤能太守，去帝城不远，【原注】伋为颍川太守。河润九里，冀京师并蒙福也。"见《后汉书·郭伋传》。天下之大，不过数十郡国，而二千石之行能皆获简于帝心，是以吏职修而民情达。以视后世之寄耳目于监司、饰功状于文簿者，有亲疏繁简之不同矣。其在唐时，犹存此意。玄宗开元十三年，上自选诸司长官有声望者十一人为刺史，命宰相诸王饯于洛滨，御书十韵诗赐之。见《资治通鉴》卷二一二。宣宗时，李行言自泾阳县令除海州刺史，李君奭自醴泉令除怀州刺史，皆采之民言，擢以御笔。入谢之日，处分州事，万里之远，如在阶前。皆见《资治通鉴》卷二四九。夫人主而欲亲民，必自其亲大吏始也。

《册府元龟》卷三三七："宪宗元和三年二月敕：'许新除官及刺史等，假日于宣政门外谢，便进状辞。其授官于朝堂礼谢，并不须候假。'开国朝旧制，凡命都督、刺史，皆临轩册拜，特示恩礼。近岁虽不册拜，而牧守受命之后，皆便殿口对赐衣，盖以亲人【原注】唐讳"民"字，改曰"人"。之官，恩礼不可废也。时宰相李吉甫之舅裴复新除河南少尹，求速之任，适遇寒食假，吉甫特奏请，遂兼刺史，同有是命，非旧典也。"今日则名为陛辞，而不得一见天颜。堂廉内外之分，益为邈绝。

汉令长

汉时令长，于太守虽称属吏，然往往能自行其意，不为上官所夺。如萧育为茂陵令，会课，育第六，而漆令郭舜殿见责问。育为之请，扶风怒曰："君课第六，裁自脱，何暇欲为左右言！"及罢出，传召茂陵令诣后曹，当以职事对。育径出曹，书佐随牵育，育案佩刀曰："萧育杜陵男子，何诣曹也！"遂趋出，欲去官。明旦诏召入，拜为司隶校尉。育过扶风府，门官属掾吏数百人拜谒车下。见《汉书·萧育传》。陶谦为舒令，太守张磐同郡先辈，与谦父友，意殊亲之，而谦耻为之屈。尝舞属谦，谦不为起。固强之，乃舞，舞又不转。磐曰："不当转邪？"谦曰："不可转，转则胜人。"见《后汉书·陶谦传》。如此事在今日，即同列所难堪，而昔人以行之上官。汉时长吏之能自树立，可见于此矣。

《宋史·司马池传》："授永宁主簿。与令相恶。池以公事谒令，令南向倨坐不起。池挽令西向偶坐论事，不为少屈。"

京官必用守令

《通典》卷三三言："晋制，不经宰县，不得入为台郎。"魏肃宗时，吏部郎中辛雄上疏，以为"郡县选举，由来共轻。宜改其弊，分郡县为三等，三载黜陟，有称职者方补京官。如不历守令，不得为内职，则人思自勉"。见《资治通鉴》卷一五一。唐张九龄言于玄宗曰："古者刺史〔一〕入为三公，郎官出宰百里。致理之本，莫若重守令。凡不历都督、刺史，虽有高第，不得任侍郎、列卿；不历县令，虽有善政，不得任台郎、给、舍；都督、守、令虽远者，使无十年任外。"从之。见《新唐书·张九龄传》。诏："三省侍郎缺，择尝任刺史者；郎官缺，择尝任县令者。"见《新唐书·循吏传序》。宣宗大中改元，制曰："古者郎官出宰，郡守入相，所以重亲人之官，急为政之本。自浇风久扇，此道浸消，颉颃清涂，便臻显贵。治人之术未尝经心，欲使究百姓艰危，通天下利病，不可得也。轩墀近臣，盖备顾问，如不知人疾苦，何以膺朕眷求？今后谏议大夫、给事中、中书舍人，未曾任刺史、县令者，宰臣不得拟议。"见《册府元龟》卷六九。宋孝宗时，臣僚言："吏事必历而后知，人才必试而后见。为县令者必为丞簿，为郡守者必为通判，为监司者必为郡守，皆有差等。未历亲民，不宜骤擢。”见《宋史·孝宗纪》。因定知县以三年为任，非经两任，不除监察御史。此开元、乾道之吏治所以独高于近代也。本朝①纶扉之地，必取词林，名在丙科，始分铜墨。于是字人之职轻，而簿书钱谷之司一归之俗吏矣。汉谚②有云："取官漫漫，怨死者半。"【原注】《风俗通》。见马总《意林》卷四引。而宋神宗尝谓宰臣曰："朕思祖宗以百战得天下，今以州郡付之庸人，常切痛心。"见《宋史·选举志四》。后之人君，其以斯言书之坐右乎？

〔一〕【杨氏曰】"刺史"当云"太守"。

贞观初，马周上言："古者郡守、县令，皆妙选贤德，欲有所用，必先试以临人，或由二千石高第入为宰相。今独重内官，县令、刺史颇轻其选。又刺史多武夫勋臣，或京官不称职始出补外。折冲果毅身力强者入为中郎将，其次乃补边州。而以德行才术擢者，十不能一。所以百姓未安，殆由于此。"见《新唐书·马周传》。夫以太宗之政，而马周犹有此言，则知重内轻外，自古之所同患。人主苟欲亲民，必先亲牧民之官，而后太平之功可冀矣。

① "本朝"，原作"明代"，据张京华《校释》改。
② "汉谚"，张京华《校释》作"汉语"。按《意林》卷四引《风俗通》，作"里语"。

宗室

汉、唐之制，皆以宗亲与庶姓参用，入为宰辅、出居牧伯者无代不有。〔一〕汉孝昭始元二年，“以宗室无在位者，举茂才刘辟强、刘长乐，皆为光禄大夫，辟强守长乐卫尉”。见《汉书·昭帝纪》。孝平元始元年，诏宗室“为吏，举廉佐史，补四百石”。见《汉书·平帝纪》。【原注】师古曰：“言宗室为吏者，皆令举廉，各从本秩。而依廉吏迁之为佐史者，例补四百石。”唐玄宗开元二十五年五月辛丑，命有司选宗子有才者。宗正荐四从叔前奉天令知正、四从叔前祁县令志远、五从弟洛阳尉遇、六从弟酸枣丞良、五从弟武进尉胐、五从侄郑县尉瞻、五从侄前宋州参军承嗣，皆授台省官及法官、京县官。诏曰：“至公之用，本无偏党。惟善所在，岂隔亲疏。四从叔知正等，咸有才名，见推公族，秉惟清之操，兼致远之资。朕每虑同盟，不勤于德，常县右职，以劝其从。先委宗卿，精为内举，量能考行，历在逾时。名数则多，升闻(益)[盖]寡，光膺是选，谅在得人。固可擢以清要，迁于台阁，将观志于七子，①冀藉名于八人。②《书》《尧典》不云乎：‘九族既睦，平章百姓。’凡今懿戚，可不慎与！违道漫常，义无私于王法；修身效节，恩岂薄于他人。期于帅先，励我风俗。深

① 《左传》襄公二十七年：郑伯享晋赵孟(武)于垂陇，子展、伯有、子西、子产、子大叔、二子石从。赵孟曰：“七子从君，以宠武也。请皆赋以卒君贶，武亦以观七子之志。”

② 八人，疑指“周之八士”，兄弟八人为四乳孪生，在周初同为虞官，又称“八虞”。其名见于《论语·微子》：“周有八士：伯达、伯适、仲突、仲忽、叔夜、叔夏、季随、季騧。”

宜自勉，以副明言。”天宝三年正月，诏皇五等以下亲及九庙子孙，有材学政理，委宗正寺拣择闻荐。以上皆见《册府元龟》卷三九。【原注】宪宗元和二年诏略同。德宗贞元二年八月，以睦王府长史嗣虢王则之为左金吾大将军，谓宰臣曰：“朕不欲独用外戚，故选宗室子有才行者奖拔之。”见《册府元龟》卷二六九。昭宗乾宁二年六月丁亥朔，以京兆尹嗣薛王知柔，兼户部尚书判度支，兼诸道盐铁转运等使。制曰：“支度牢笼之务，弛张经制之宜，当择通才，俾继成绩。佥曰叔父，膺予简求，匪私吾宗，示张王室。”见《册府元龟》卷四八三。故终唐之世，有宰相十一人，【原注】郇王房有林甫、回，郑王房有程、石、福，小郑王房有勉、夷简、宗闵，恒山王房有适之，吴王房有岘，惠宣太子房有知柔。见《新唐书·宗室世系表下》小注。而《旧史》《李勉李皋传》赞之曰：“我宗之英，曰皋【原注】嗣曹王。与勉。”宋子京以为“周、唐任人不疑，得亲亲用贤之道”。见《新唐书·宗室宰相传赞》。惟本朝不立此格，于是为宗属者大抵皆溺于富贵，妄自骄矜，不知礼义。至其贫者，则游手逐食，靡事不为，名曰天枝，实为弃物。【原注】宋时凡宗室之不肖者，俗呼为“泼撒太尉”。曹冏所谓“今之州牧、郡守，古之方伯、诸侯，或比国数人，或兄弟并据，而宗室子弟，曾无一人间厕其间”，【原注】《六代论》。见《资治通鉴》卷七四。正本朝今日[①]之事也。崇祯时始行换授之法，而教之无素[②]，举之无术，未见有卓然树一官之绩者。三百年来，当国大臣皆

---

① “本朝今日”，原本作“有明当日”，据张京华《校释》改。

② “素”，张京华《校释》作“数”。

畏避而不敢言，至先帝[1]独断行之，而已晚矣。然则亲贤并用，古人之所以有国长世者，后王其可不鉴乎？【原注】正统十四年，也先犯京师，诏诸王率兵勤王。已而虏[2]退，诏止之。大理寺丞薛瑄奏："宜择诸王最贤者二三人，召来参预大议，匡辅圣明。"帝曰："不必召。"

〔一〕【杨氏曰】汉宗室为宰相者，西京只屈氂而已，东都亦不数数见也。

光武中兴，实赖诸刘之力。乃即位已后，但有续封之典，而无举贤之诏。明、章已下，恩泽教训，徒先于[3]四姓小侯，【原注】《明帝纪》："永平九年，为四姓小侯开立学校，置五经师。"注："四姓，樊氏、郭氏、阴氏、马氏。其子弟号曰小侯。"而不闻加意于宗属者。然而亲疏并用，犹法西京，故灵、献之世，荆表、益焉各专方镇，而昭烈乘之，以称帝于蜀，"若颠木之有由蘖"。见《书·盘庚上》。其与宋之二王航海奔亡，一败而不振者，不可同年而语矣。

唐末屯田郎中李衢作《皇室维城录》，其有感于宗枝之不振乎？【原注】史言自玄宗以后，诸王不出阁，不分房。见《新唐书·宗室世系表下》。盖自永王璘举兵，而人主疏忌其兄弟矣。使得自树功名，如曹王皋者三五人，参错天下为牧帅，亦何至大盗覆都，强臣问鼎，而十六宅诸王并歼于逆竖之手也？[4]

---

① "先帝"，原本作"天子"，据《校记》改。

② "虏"，原本作"寇"，据《校记》改。

③ 张京华《校释》无"于"字。

④ 事见《资治通鉴》卷二六一，昭宗乾宁四年。

宗室[①]自天启二年开科，得进士一人朱慎鍌，列名奄案，为宗人羞。此不教不学之所致也。崇祯中得进士十二人，惟朱统鈽起家庶吉士，官至南京国子监祭酒。而其始馆选时，尚有以宗生为疑。吏部尚书王永光曰："既可以中翰，即可以庶常。"遂取之。其他换授甚多，然当板荡之际，才略无闻。

张邦基《墨庄漫录》卷一言："国朝宗室，例除环卫。裕陵[②]始以非祖免补外官，继有登科者，【原注】《五杂俎》卷一五《事部三》："宋时宗室散处各郡县，入籍应试。在京师者，别为玉牒所籍。至绍兴十一年，从程克俊言，以所考合格宗室，附正奏名殿试。其后杂进诸科，与寒素等，而宦绩相业亦相望不绝书。"〔一〕然未有为侍从。宣和五年，始除子崧徽猷阁待制，继而子湜亦除。八年，又除子栎。"乃靖康之变，已不旋踵。本朝[③]之事，与宋一辙。

〔一〕【杨氏曰】相止有汝愚一人。

昔后魏元志为洛阳令，不避强御。孝文帝谓邢峦曰："此儿竟可。所谓王孙公子，不镂自雕。"峦曰："露竹霜条，故多劲节。非鸾则凤，其在本枝也。"见《魏书·元志传》。人主之宗属，岂必无才能优于庶姓者哉？〔一〕

〔一〕【杨氏曰】能用宗室者，莫如元魏。仪、虔、澄、勰，自是至亲，其匡顺、罗(乂)[叉]，皆有权力闻望。屈指其馀，不可尽也。

① 原本"宗室"前有"明"字，据《校记》删。

② 裕陵，宋神宗。

③ "本朝"，原本作"有明"，据《校记》改。

闵管、蔡之失道，而作《常棣》之诗，以亲其兄弟，此周之所以兴。惩吴、楚七国之变，而抑损诸侯[①]，至于中外殚微，本末俱弱，此西汉之所以亡也。【原注】宋沈怀文谏孝武曰："陛下既明管、蔡之诛，愿崇唐、卫之寄。"见《宋书·沈怀文传》。深得富辰谏王之指。[②] 夫惟圣人以至公之心，处亲疏之际，故有国长久，而天下蒙其福矣。

《金史》《世宗诸子传》："密国公璹，世宗子越王永功之子也。天兴初，国事危急，曹王出质，璹已卧疾，求入见哀宗于隆德殿。上问：'叔父欲何言？'璹奏曰：'闻讹可【原注】曹王名。欲出议和。讹可年幼，恐不能办大事，臣请副之，或代其行。'上慰之曰：'南渡后，【原注】宣宗迁汴。国家比承平时有何奉养，然叔父亦未尝沾溉。无事则置之冷地，无所顾藉，有急则投之不测，叔父尽忠固可，天下其谓朕何？叔父休矣。'于是君臣相顾泣下。"金虽夷狄之邦[③]，而其言有足悲者。章宗防制刻削兄弟，而其祸卒至于此，岂非后王之永鉴哉！

自古帝王为治之道，莫先于亲亲。而本朝[④]之待亲王及其宗属也，则位重而愈疏，禄多而愈贫，诚有如汉哀帝时杜业上言"宗室诸侯微弱，与系囚无异"见《汉书·杜业传》。者。《英宗实录》卷二一八载："景泰三年七月甲辰，陕西布政司言：'秦愍王子故庶人尚炌，男女十人，皆未有室家，请

① "诸侯"，张京华《校释》作"诸王"。

② 富辰事见《左传》僖公二十二年。而《国语·周语中》较详。

③ "金虽夷狄之邦"，原本作"哀宗虽亡国之君"，据《校记》改。

④ "本朝"，原本作"有明"，据《校记》改。

如诏于军民之家自择昏配。'从之。时其长女年四十，长子年三十六矣。"此去开国八九十年，太祖之曾孙，而怨旷之感不得上闻已如此，又况数传而下者乎？于其请名请昏，无不有费，而不副其意，即部中为之沈阁。

《宋史·赵希(跃)[錧]传》："宗姓多贫，而始生有训名，为人后有过礼，吏受赇无艺，莫敢自陈。"《云麓漫钞》卷一〇言："宗籍凡袒免亲以上，皆赐名。乃有寓不典之言及取怪僻字(样)，[但]以为戏笑。"本朝之病[1]同此。

宗室之子固鲜修饬，而朝臣视之若非其同类者。《唐书》《德宗纪》言德宗初政，"诸王有官者皆令出阁就班；岳阳等一十县主，[皆]在诸王院久而未适人者，悉命以礼出降"。二百年来，无有以建中故事为朝廷告者。崇祯中，唐王【原注】后为隆武皇帝。[2] 作书，述阁老于文定慎行之言曰："唐玄宗十王宅、百孙院，皆在京师。凡有所请，皆赂韩、虢而后得。宪宗时，诸王久不出阁，亦必厚赂宦官，始得所请。彼以宗室近属，且聚居都邑，犹不免于夤缘，况以千里外之藩封，二百年之支属，有不结纳左右以为倚托哉？"见《谷山笔麈》卷六。呜呼！文定之言"结纳左右而得请"，犹未亵也。今之恳乞下僚，卑哀吏胥，不如是则终不得请，不愈甚乎！又曰："汉臣之言曰'有白头老人教臣言'。[3] 呜呼！余继之矣。"夫一夫吁嗟，王道为亏。今且穷阎[4]蔀屋，犹得

---

① "本朝之病"，原本作"明代之弊"，据《校记》改。

② 此注原本无，据《校记》补。

③ 事见《汉书·车千秋传》。

④ "穷阎"，张京华《校释》作"闾阎"。

被云雨之施，而耳目之所不及，恩泽之所不周，未有甚于皇族者。《杕杜》作而晋微，[①]《角弓》刺而周替，[②]可以为后王之殷鉴矣。〔一〕

〔一〕【汝成案】王司农《明史稿》云："日剥月削，虽支子代有封立，而恩泽递降，规制无加。其旧封远者，宗派蕃昌，禄秩难给，末胄疏庸，不免饥寒。即号称雄藩，而牵于文法，长吏得以束缚之，所谓维城之寄，无有也。"又曰："明太祖建藩，东宫、亲王各锡嘉名，以示传世久远。当万历中叶，仅及祖训之半，而不亿之丽，宗禄亏乏，议者遂有减岁禄，限宫媵，且限支子之请。由是支属承祧者，亲王无旁推之恩；群从继世者，郡封绝再袭之例。以及名婚不时有厉禁，本折互支无常期。启、祯时，军饷告绌，大农蒿目，日忧难支，安能顾瞻藩维？亲王或可自存，郡王以至中尉仰给不赒。一旦盗起，无力御侮，徒手就戮，宗社为墟。惜哉！"其言前明藩封穷蹙之状，正与先生所述唐王之言无殊。然明之诸王，在位勤恪，行谊孝友，才艺通美者，固不乏人。其他觊觎非分，自取诛戮者无论，而淫昏残酷，渎乱纵恣尤众，岂皆恩泽之不逮欤？则封禄之厚，适为骄横之资，此困辱之所由及，而法网之所由密矣。

藩镇

国朝[③]之患，大略与宋同。岳飞说张所曰："国家都汴，

---

① 《唐风·杕杜》："独行踽踽。岂无他人？不如我同父。嗟行之人，胡不比焉？人无兄弟，胡不佽焉？"

② 《小雅·角弓》序："父兄刺幽王也。不亲九族，而好谗佞，骨肉相怨，故作是诗也。"

③ "国朝"，原本作"明代"，据《校记》改。

恃河北以为固。苟冯据要冲，峙列重镇，一城受围，则诸城或挠或救，金人不敢窥河南，而京师根本之地固矣。”见《宋史·岳飞传》。文天祥言：“本朝惩五季之乱，削除藩镇，一时虽足以矫尾大之弊，然国以浸弱，故敌至一州则一州破，至一县则一县残。今宜分境内为四镇，使其地大力众，足以抗敌，约日齐奋，有进无退。彼备多力分，疲于奔命，而吾民之豪杰者又伺间出于其中，则敌不难却也。”见《宋史·文天祥传》。呜呼，世言唐亡于藩镇，而中叶以降，其不遂并于吐蕃、回纥，灭于黄巢者，未必非藩镇之力。宋至靖康而始立四道，①金至兴(元)[定]而始建九公，②不已晚乎！〔一〕

〔一〕【杨氏曰】九公唯武仙庶几，馀都无足言。

尹源《唐说》曰：“世言唐所以亡，由诸侯之强，此未极于理。夫弱唐者，诸侯也。唐既弱矣，而久不亡者，诸侯维之也。燕、赵、魏首乱唐制，专地而治，若古之建国，此诸侯之雄者，然皆恃唐为轻重。何则？假王命以相制，则易而顺，唐虽病之，亦不得而外焉。故河北顺而听命，则天下为乱者不能遂其乱；河北不顺而变，则奸雄或附而起。德宗世，朱泚、李希烈始遂其僭，而终败亡，田悦叛于前，武俊顺于后也。宪宗讨蜀平夏，诛蔡夷郓，兵连四方而乱不生，卒成中兴之功者，田氏禀命，王承宗归国也。武宗将讨刘稹

① 《宋史·钦宗纪》靖康元年九月，以三京及邓州建东、西、南、北四道总管府。时金兵已陷太原。

② 按金无“兴元”年号，此系“兴定”笔误。金宣宗南迁后，于兴定四年在河北建“九公”，《金史》卷一一八有苗道润、王福、移剌众家奴、武仙、张甫、靖安民等九公传。

之叛，先正三镇，绝其连衡之计，而王诛以成。如是二百年，奸臣逆子专国命者有之，夷将相者有之，而不敢窥神器，非力不足，畏诸侯之势也。及广明之后，关东无复唐有，方镇相侵伐者犹以王室为名。及梁祖举河南，刘仁恭轻战而败，罗氏内附，王镕请盟，于是河北之事去矣。梁人一举而代唐有国，诸侯莫能与之争，其势然也。向使以僖、昭之弱，乘巢、蔡之乱，而田承嗣守魏，王武俊、朱滔据赵、燕，强相均，地相属，其势宜莫敢先动，况非义举乎？如此，虽梁祖之暴，不过取霸于一方尔，安能强禅天下？故唐之弱者，以河北之强也；唐之亡者，以河北之弱也。或曰：诸侯强则分天子之势，子何议之过乎？曰：秦、隋之势无分于诸侯，而亡速于唐，何如哉？”文见《宋史·文苑·尹源传》。

不独此也，契丹入大梁而不能有者，亦以藩镇之势重也。王应麟曰：“郡县削弱，则夷狄[1]之祸烈矣。”见《困学纪闻》卷七。[2]

《宋史》《刘平传》：“刘平为鄜延路副总管。上言：‘五代之末，中国多事，惟制西戎为得之。中国未尝遣一骑一卒远屯塞上，但任土豪为众所服者，封以州邑，征赋所入，足以赡兵养士，由是无边鄙之虞。太祖定天下，惩唐末藩镇之盛，削其兵柄，收其赋入，自节度以下，第坐给俸禄。或方面有警，则总师出讨，事已，则兵归宿卫，将还本镇。彼边方世袭，宜异于此，而误以朔方李彝兴、灵武冯继业一切

① “夷狄”，原本作“戎翟”，据《校记》改。

② 按张京华《校释》，此段接前段，不另分段。是。

亦徙内地。自此灵、夏仰中国戍守，千里馈粮，兵民并困矣。’”宋初之事，折氏袭而府州存，[①]继捧朝而夏州失。[②]一得一失，足以为后人之鉴也。

贾昌朝为御史中丞，请“陕西缘边诸路守臣皆带‘安抚蕃部’之名，择其族大有劳者为首帅，如河东折氏之比，庶可以为藩篱之固。”见《宋史·贾昌朝传》。

《路史·封建后论》在卷三一。曰：“天下之枉，未足以害理，而矫枉之枉常深；天下之弊，未足以害事，而救弊之弊常大。方至和之二年，范蜀公为谏院，建言：‘恩州自皇祐五年秋至去年冬，知州者凡七换，河北诸州大率如是。欲望兵马练习，安可得也！伏见雄州马怀德、恩州刘涣、冀州王德恭，皆材勇智虑，可责办治，乞令久任。’然事势非昔，今不从其大而徒举三二州为之，以一篑障江河，犹无益也。请以昔者河东之折、灵武之李，与夫冯晖、杨重勋之事言之。冯晖节度灵武，而重勋世有新秦，藩屏西北。他日晖卒，太祖乃徙其子冯翊，而以近镇付重勋。于是二方始费朝廷经略。折、李二姓，自五代来世有其地，二虏[③]畏之。太祖于是俾其世袭，每谓虏[④]寇内入，非世袭不克守。世袭，则其子孙久远，家物势必爱吝，分外为防。设或叛涣，

① 事见《宋史·折德扆传》，德扆仕北周至静难军节度使，镇府州。入宋，世袭防御北边。府州，州名，在今山西府谷。

② 事见《宋史·外国·夏国传》，太宗时李继捧入朝，请留京师，其弟继迁奔回，从此屡为边患。

③ “虏”，原本作“寇”，据《校记》改。

④ “虏”，原本作“边”，据《校记》改。

自可理讨，纵其反噬，原、陕一帅御之足矣。况复朝廷恩信不爽，奚自而他？斯则圣人之深谋，有国之极算，固非流俗浅近者之所知也。厥后议臣遽以世袭不便，折氏则以河东之功，姑令仍世，而李氏遂移陕西，因兹遂失灵、夏。国之与郡，其事固相悬矣。议者以太祖之惩五季，而解诸将兵权，为封建之不可复。愚窃以为不然。夫太祖之不[①]封建，特不隆封建之名，而封建之实固已默图而阴用之矣。李汉超齐州防御监关南兵马，凡十七年，胡[②]人不敢窥边。郭进以洺州防御守西山巡检，累二十年。贺惟忠守易，李谦溥刺隰，姚内斌知庆，皆十馀载。韩令坤镇常山，马仁瑀守瀛，王彦昇居原，赵赞处延，董遵诲屯环，武守琪戍晋，何继筠牧棣，若张美之守沧、景，[③]咸累其任。管榷之利，贾易之权，悉以畀之。又使得自诱募骁勇，以为爪牙，军中之政，俱以便宜从事，是以二十年间，无西北之虞。深机密策，盖使人由之而不知尔。胡为议者不原其故，遂以兵为天子之兵，郡不得而有之？故自宝元、康定，以中国势力而不能亢一偏方之元昊，靖康丑虏[④]长驱百舍，直捣梁师，荡然无有藩篱之限，卒之横溃，莫或支持。由今日言之，奚啻冬水之冰齿！呜呼！欲治之君不世出，而大臣者每病本务之不

① 张京华《校释》“不”下有“隆”字。

② “胡”，原本作“敌”，据《校记》改。

③ 《刊误》卷上：“汝成案：宋无景州，若唐之景州，则宋为永静军，而宣和四年收复之景州，则契丹置，宋初无此州名与州也。考《张美传》，亦但知沧州，‘景’字似衍。盖宋制诸府州皆有郡名，以为封爵之号。沧州为景城郡，罗氏误合为一，诸本遂皆承其失矣。原写本亦未删去，今仍之。”

④ “丑虏”，原本作“寇难”，据《校记》改。

知，此予所以每咎征、普，[①]以为唐室、我朝之不封建，皆郑公、韩王之不知以帝王之道责难其主，而为是寻常苟且之治也。”

《黄氏日钞》卷四六曰：“太祖时，不过用李汉超辈，使自为之守，而边烽之警不接于庙堂。三代以来，待夷狄[②]之得未有如我太祖者也。不使守封疆者久任世袭，而欲身制万里，如在目睫，天下无是理也。”

藩镇既罢，而州县之任处之又不得其方。真宗咸平三年，濮州盗夜入城，略知州王守信、监军王昭度。于是知黄州王禹偁上言：“《易》曰‘王公设险，以守其国’。自五季乱离，各据城垒，豆分瓜剖七十馀年。太祖、太宗削平僭伪，天下一家。当时议者乃令江淮诸郡，毁城隍，收兵甲，撤武备。书生领州，大郡给二十人，小郡十五人，以充常从。号曰长吏，实同旅人；名为郡城，荡若平地。虽则尊京师而抑郡县，为强干弱枝之计[③]，亦匪得其中道也。〔一〕盖太祖削诸侯跋扈之势，太宗杜僭伪觊望之心，不得不尔。其如设法救世，久则弊生，救弊之道，在乎从宜，疾若转规，不可胶柱。今江淮诸州大患有三：城池堕圮，一也；兵仗不完，二也；军不服习，三也。望陛下特纡宸断，许江淮诸郡酌民户众寡、城池大小，并置守捉军士，多不过五百人，阅习弓剑，然后渐葺城壁，缮完甲胄，则郡国有御侮之备，长

① 唐魏征，宋赵普。征封郑国公，普封韩王。

② “夷狄”，原本作“戎翟”，据《校记》改。

③ “计”，张京华《校释》作“说”。

吏免剽掠之虞矣。"见《宋史·王禹偁传》。**呜呼!人徒见艺祖罢节度为宋百年之利,而不知夺州县之兵与财,其害至于数百年而未已也。陆士衡所谓"一夫从横,而城池自夷",**见《晋书·陆机传》。**岂非崇祯末年之事乎!**

〔一〕【杨氏曰】天下本无百年不敝之法,而贵有扶危救敝之人,方正学《深虑论》略尽之矣。

辅郡

崇祯二年三月,兵部侍郎申用懋上疏,请以昌平、通、易、霸四州为四辅,宿重兵以卫京师。奉旨嘉纳。下部议覆,事不果行。《魏书》《任城王澄传》**言:"灵太后时,四中郎将兵寡弱,任城王澄奏:'宜以东中带荥阳郡,南中带鲁阳郡,西中带恒农郡,北中带河内郡,选二品三品亲贤居之,配以强兵,则深根固本之计也。'灵太后将从之,以议者不同而止。"及尔朱荣至河阴,遂无一兵拒敌,亦已事之明验矣。**

金都大梁,贞祐四年,元兵取潼关,次嵩、汝间。御史台言:"兵逾峭渑,深入重地,近抵西郊。彼知京师屯宿重兵,不复叩城索战,但以游骑遮绝道路,而分兵攻击州县,是亦围京师之渐也。若专以城守为事,中都之危又将见于今日,【原注】《元史》《太祖纪》:"太祖八年,分兵三道伐金,河北郡县尽拔,唯中都、通、顺、真定、清、沃、大名、东平、德、邳、海州十一城不下。"**此臣等所为寒心也。不攻京师,而纵其别攻州县,**

是犹火在腹心，拨置于手足之上，均一身也，愿陛下察之。”见《金史·术虎高琪传》。契丹【原注】后改为辽。太祖将攻幽州，其后述律氏指帐前树曰：“此树无皮，可以生乎？”曰：“不可。”后曰：“幽州之有土有民，亦犹是尔。吾以三千骑掠其四野，不过数年，困而归我矣。”见《资治通鉴》卷二六九。【原注】赫连勃勃称帝，诸将劝先取关中。勃勃曰：“吾大业草创，士众未多，姚兴亦一时之雄，诸将用命关中，未可图也。我今专固一城，彼必并力于我，众非其敌，亡可立待。不如以骁骑风驰，出其不意，救前则击后，救后则击前，使彼疲于奔命，我则游食自若。不及十年，岭北、河东尽为我有。待兴既死，嗣子暗弱，徐取长安，在吾计中矣。”见《资治通鉴》卷一一四。古人用兵之智，多有出此。夫逾山绝河，深入二三千里，至于淮、岱之间，此不啻幽州之四野、大梁之西郊也。而谋国之臣竟无一策以御其来而击其去，此则郡县之守不足恃，而调援之兵不足用也明矣。《诗》曰：“无俾城坏，无独斯畏。”见《诗·大雅·板》。后之为国者盍鉴于斯！

边县

宋元祐八年，知定州苏轼言：“汉晁错与文帝画备边策，不过二事，其一曰徙远方以实广虚，其二曰制边县以备敌国。今河朔西路被边州军，自澶渊讲和以来，百姓自相团结为弓箭社，不论家业高下，户出一人，又自相推择家资武艺众所服者为社头、社副、录事，谓之头目。带弓而锄，佩剑而樵，出入山坂，饮食长技，与北虏[①]同。私立赏罚，严于官府。分番巡逻，铺屋相望。若透漏北贼及本土强盗不获，其当番人皆有重罚。遇有警急，击鼓集众，顷刻可致千人。器甲鞍马，常若寇至。盖亲戚坟墓所在，人自为战，虏[②]甚畏之。先朝名臣帅定州者，如韩琦、庞籍，皆加意拊循其人，以为爪牙耳目之用，而籍又增损其约束赏罚。今虽名目具存，责其实用，不逮往日。欲乞朝廷立法，少赐优异，明设赏罚，以示惩劝。"奏凡两上，皆不报。见《宋史·兵志四》。此宋时弓箭社之法，虽承平废弛，而靖康之变，河北忠义多出于此。有国家者，能于闲暇之时而为此寓兵于农之计，可不至如先帝[③]之末课责有司以修练储备之纷纷矣。〔一〕

〔一〕【杨氏曰】昌黎客兵、土兵之策，可于此得之。

【陈鸿博曰】今塞外大宁、开平、兴和、东胜旧地，皆吾牧厂之区，与诸部多犬牙相错。热河、八沟营、郑家庄，虽分列副都统、总管驻防，而由河屯营以西开平旧卫，其街陌遗迹尚存。兴和见有屯田客户，独石口外则有红城、归化城为东胜旧地。彼处率土泉深厚，水草丰美，宜于屯牧。使于开平故地设屯牧使一人，总领其事，复分设口外四路满汉同知隶之，画疆分驻，联为应援。见今内务府上三旂及会稽司诸衙门闲散之丁，约数万有馀。汉军披甲外，闲散者亦有二万馀人。此等与其使聚食京师，贫窘无聊，不若徙之塞下，使各食其力。每岁拨发

① "虏"，原本作"敌"，据《校记》改。
② "虏"，原本作"敌"，据《校记》改。
③ "先帝"，原本作"崇祯"，据《校记》改。

三万人,复募边民愿往者,各给以种粮牲畜,令其分地屯牧。择其中之骁捷者教练为兵,耕牧之馀,复习骑射击刺之法,名为屯军,使世守其业。五年以后,始差收耕牧之税,即以供给屯军飨劳之需。复以其馀力,缮完墙堡,修整戎器。第使人自为守,经费所出,取之屯牧有馀。

宦官

汉和熹邓后,诏中官近臣于东观受读经传,以教授宫人。见《后汉书·皇后纪·和熹邓皇后》。**秦苻坚选奄人及女隶有聪识者,置博士授经。**见《晋书·苻坚载记》。**若夫巷伯能诗,列于《小雅》;**[①]**史游《急就》,著在《艺文》。**[②] **古固有之,而不限其人也。我太祖深惩前代宦寺之弊,命内官不许识字。永乐以后,此令不行。宣德中乃有内书堂之设。**【原注】《实录》:"宣德元年七月,以刘翀为行在翰林院修撰,专授小内使书。四年十月,命行在礼部尚书兼谨身殿大学士陈山,专授小内使书。"见《宣宗实录》卷一九。○《实录》言"山为人寡学,急利而昧大体,上薄之。其致仕归,恩礼一无所及"。见《宣宗实录》卷一一四。则其授小内使书亦贱者之事也。**昔隋蔡允恭为起居舍人,帝遣教宫人,允恭耻之,数称疾。**见《新唐书·文艺·薛允恭传》。**宋贾昌朝为侍讲,以编修资善堂书籍为名,而实教授内侍,谏官吴育奏罢之。**见《宋史·贾昌朝传》。**以宣庙之纳谏求言,而廷臣未有论及此者,驯致秉笔之奄,其尊侔于内阁,而大权**

---

① 见《小雅·巷伯》。序云:"刺幽王也。寺人伤于谗,故作是诗也。"以巷伯为宦官。

② 《汉书·艺文志》"《急就》一篇"注:"元帝时黄门令史游作。"

旁落，不可复收，得非内书堂阶之厉乎？【原注】英庙升遐，典玺局局丞王纶以老事东宫，希图柄用。而翰林侍读学士钱溥以尝奉命教内书馆，纶受学焉，遂内外交错，以谋入阁。已而败露，得罪。○纶造溥家，执弟子礼，坐溥上坐，饮至晡而去。**《周礼》**《天官冢宰》：**"寺人，王之正内五人。内竖，倍寺人之数。"当时暬御之臣皆是士人，而妇寺之权衰矣。唐"太宗诏内侍省不立三品官，以内侍为之长，阶第四，不任以事，惟门阁守御、廷内扫除、廪食而已。武后时稍增其人。至中宗，黄衣乃二千员。玄宗时，宫嫔大率至四万，宦官黄衣以上三千员"，**见《新唐书·宦者传序》。【原注】玄宗始置内侍省监二员，秩三品，以高力士、袁思艺为之。**是知宦官之盛，由于宫嫔之多。而人主欲不近刑人，则当以远色为本。**〔一〕

〔一〕【唐氏曰】凡阉人导君以酒色；导君以荒游；导君以侈御；导君以恶见正人；权臣因之，上隐无不闻，下巧无不达，国之大柄下移矣；明示以便进之门，邪曲进，贤正沮矣；金入则死罪生，求拂则有功死，刑不中，罚不中矣。此七患者，其患小，然刚明之君或中其一二，法制无可加，诫训无所益，虽神圣盖亦莫之如何也已矣。儿蓄公卿，天子孤矣；逐屠忠良，朝廷空矣；挟制天子，干戈起矣。是三患者，其患大，必灭宗社而后已。然绝之甚易也，请著为典，曰：凡阉人不授官，不任事，不衣命服。后世人臣有言立阉人之职司及使视戎事者，杀无赦。凡阉人传命于朝，见宰相跪而致言，跪而受言，不得立焉；传命于堂，见九卿立而致言，立而受言，不得坐焉；遇百官于道，见而下马，过而上马，不得乘焉。抗公卿者斩，抗百官者流。大臣不言者死，小臣不言者黜。

王元美世贞《笔记》曰："高帝时，中人不得预外事，见公侯大臣叩首惟谨。【原注】宋濂《大明日历序》言："后妃居中，不预一发之政。外戚亦循理畏法，无敢恃宠以病民。寺人之徒，惟给事扫除之役。其家法之严，五也。"至永乐初，狗儿诸奄稍稍见马上之绩，后以倦勤朝事，渐寄笔札，久乃称肺腑矣。太监郑和等以奉命率舟师下海中诸夷，而中人有出使者矣。西北大将多洪武旧人，意不能无疑，思以腹心参之，而中人有镇守者矣。王振时，上春秋少，不日接大臣，而中人有票旨径行者矣。"见《凤洲笔记》卷二四。

国史所载，永乐五年六月，内使李进往山西采天花，诈传诏旨，擅役军民，见《太宗实录》卷六八。此即弄权之渐。仁宗即位，凡差出内臣，限十日内尽撤回京。其见于诏书者，有采宝石，采金珠香货，采铁黎木，而《太宗实录》多讳之不书。【原注】《实录》有十九年十一月辛酉遣内官杨(宝)[实]、二十年十月癸巳遣内官韦乔同御史察勘两京及天下库藏出纳二事。见卷二四三、二五二。至洪熙元年六月，宣宗即位，而巡按浙江监察御史尹崇高奏："朝廷近差内官内使，市买诸物，每物置局，有拘集之扰，有供应之烦。朝廷所需甚微，民间所费甚大。宜皆取回，惟令有司买纳。"诏从之。见《宣宗实录》卷二。乃犹有如宣德六年十二月乙未所书，管事袁琦假公务为名，擅差内官内使，陵虐官吏军民，逼取金银等物，以至磔死，而其党十馀人皆斩者。见《宣宗实录》卷八四、八五。呜呼！"作法于凉，其敝犹贪"。见《左传》昭公四年。至于万历中年，矿税之使旁午四出，而藉口于祖宗之成例，则外廷之臣交

章争之而无可如何矣。是以“武王不泄迩”。《孟子·离娄下》。〔一〕

〔一〕【杨氏曰】有明一代，如王、汪、刘、魏，①其害固不容言矣。其馀诸帝，自太宗、仁宗而外，未有不任奄人者。端皇②亲见逆珰之祸，而卒以奄人监军，可叹哉！

中官典兵，亦始于永乐。《仁宗实录》卷一三言：“甘肃总兵官都督费瓛，不能专断军政，悉听中官指使。敕责其低眉俯首，受制于人。”《宣宗实录》言：“交阯左参政冯贵善用人。尝得土军五百人，劲勇善战。贵抚育甚厚，每率之讨贼，所向成功。后为中官马骐夺去，贵与贼战不利，遂死之。”见卷七。“宣德元年三月己亥，敕责中官山寿曰：‘叛贼黎利，本一穷蹙小寇，若早用心禽捕，如探雀雏。尔乃妄执己见，再三陈奏，惟事招抚，以致养祸遗患。及方政等进讨，尔拥官军一千馀人，坐守乂安，不往来策应，视其败衄。’”见卷一五。是则交阯之失，实本于中官，而仁、宣二宗亦但加之谯责而已。王振之专，土木之难，此非其渐乎？

交阯一事，③中官之恶，《实录》不尽书。景泰四年，吏科给事中卢祥言：“臣思永乐年间，克平交阯，设置郡县，夷人服从。后因镇守内臣贪虐，致失人心，竟亡其地，天下至今非议不已。”见《英宗实录》卷二三三附景泰。即此数言，可以想见。《师》之上六曰：“小人勿用，必乱邦也。”岂不信夫！

---

① 指王振、汪直、刘瑾、魏忠贤。

② 明崇祯帝。顺治初，更谥帝曰“钦天守道敏毅敦俭弘文襄武体仁致孝端皇帝”。

③ 交阯事可参见本书第三十一卷“交阯”条。

成祖天威远加，无思不服。遏密未几，遂弃交阯。齐桓首霸，而“寺人貂始漏师于多鱼”，《左传》僖公二年。《春秋》已志之矣。故《姤》之初六，一阴始生，而周公戒之。

正统九年正月辛未，命成国公朱勇，兴安伯徐亨，都督马亮、陈怀等统兵出境，剿兀良哈三卫。勇同太监僧保出喜峰口，亨同太监曹吉祥出界岭口，亮同太监刘永诚出刘家口，怀同太监但信出古北口。见《英宗实录》卷一一二。是时王振擅权，乃有此遣，而后遂以为例。至十四年阳和口之战，太监郭敬监军，诸将悉为所制，师无纪律，而宋谦、朱冕全军覆没矣。

景泰元年闰正月乙卯，工部办事吏徐镇言：“刑馀之人，不侍君侧。太祖高皇帝惩汉、唐之弊，不令预政，不令典兵，但使之守门传命而已。迩者奸监王振乘机专政，依势作威，王爵天宪，悉出其口，生杀予夺，任己爱憎。又多引同类如郭敬等以为心腹，出监边事。皇上临御之初，乞监前失，宦官有参预朝政及监军镇守者，悉令还内，各守本职。如此则宦官无召衅之端，国祚有过历之兆矣。”事寝不行。见《明英宗实录》卷一八八。

六月乙酉，陕西兰县举人段坚，论宦寺监军之失。见《明英宗实录》卷一九三。

庚子，肃府仪卫司馀丁聊让，请禁抑宦寺。见《明英宗实录》卷一九三。

三年九月辛卯，南京锦衣卫镇抚司军匠馀丁(萧)[华]敏，陈内官苦害军民十事。见《明英宗实录》卷二二〇。

天顺八年十一月丙寅，两京六科给事中王徽等言：“正统末年，王振专权，使先帝远播，宗社几危。天顺年间，曹吉祥专权，举兵焚阙，欲危宗社。今日牛玉专权，谋黜皇后，欺侮陛下。是皆贻笑四夷[①]、取议万世者也。臣请自今以后，一不许内官与国政，二不许外官与内官私相交结，三不许内官弟侄在外管事并置立产业。自古内官贤良者万无一人，无事之时似为谨慎，一闻国政，便作奸欺。如闻陛下将用某人也，必先卖之以为己功；闻陛下将行某事也，必先泄之以张己势。人望日归，威权日重，而内官之祸起矣。此臣等所以劝陛下不许内臣与闻国政者此也。内官侍奉陛下，朝夕在侧。文武大臣不知廉耻者，多与之交结，有馈以金宝珠玉，加之婢膝奴颜者，内官便以为贤，朝夕在陛下前称美之。有正大不阿、不行私谒者，内官便以为不贤，朝夕在陛下前非毁之。陛下天纵圣明，固不为惑，日加浸润，未免致疑。称美者骤逾显位，非毁者久屈下僚，怨归朝廷，恩结宦寺，而内官之祸起矣。臣等所以劝陛下不许外官与内官交结者此也。内官弟侄人等，授职任事，倚势为非，聚奸养恶，家人百数，赀货万馀，田连千顷，马系千匹。内官因有此家产，所以贪婪无厌，奸弊多端。身虽在内，心实在外，内外相通，而祸乱所由起矣。此臣等所以劝陛下不许内官弟侄在外管事并置立家产者此也。陛下果能鉴彼三人于既往，行此三事于方今，则祸乱自然不作，灾害自然不生。倘或不然，则祸起萧墙，变生肘腋，异日之患有不可言

① “四夷”，原本作“于四方”三字，据《校记》改。

者矣。然臣等今日之所言,乃举朝(廷)之所讳。[①] 臣等虽愚,亦知避祸。但受恩朝廷,无以为报,官居言路,不可苟容。若陛下能行而不疑,即臣等虽死而无悔矣。”上责徽等妄言要誉,命吏部俱调州判官。见《明宪宗实录》卷一一。【原注】疏草李钧笔也。

中都之变,宦官偾事之前车也。[②] 不一年,而监守之遣四出,以外廷无人甚也。平阴之役,夙沙卫殿,殖绰曰:“子殿国师,齐之辱也。”见《左传》襄公十八年。先帝[③]以此耻天下之士大夫,而士大夫不以为耻,且群然攻之。廷论虽哗,上心弗信。及暂撤之,而士大夫又果不足用也,于是乎再任宦者,而国事已不可为。昔者唐德宗即位,疏斥宦官,亲任朝士,而张涉以儒学入侍,薛邕以文雅登朝,继以赃败。故宦官、武将得以藉口,曰:“南牙文臣赃动至巨万,而谓我曹浊乱天下,岂非欺罔邪?”于是上心始疑,不知所倚仗矣。见《资治通鉴》卷二二六。呜呼!吾不知今日之攻宦官者果愈于宦官乎?内廷既不可用,外廷亦遂无人,而国事又将谁属乎?至于昭王叹息,思良将之已亡;武帝咨嗟,虑名臣之欲尽。而燎原靡扑,过涉终亡,[④]可为痛哭者矣。是以人材非一世之所能成,古先王于多难之时而得贤臣之助者,以其

① 《续刊误》卷上:“原写本无‘廷’字。”按《实录》原文,“举朝”二字为“众人”。

② 明太祖以凤阳为中都。崇祯间,守陵太监杨泽贪虐,凤阳军民愤甚,引高迎祥、张献忠等农民军来攻。八年正月,陷凤阳,焚皇陵。

③ “先帝”,原本作“天子”,据《校记》改。

④ 《易・大过》:“上六,过涉灭顶,凶。”疏曰:“涉难灭顶,至于凶亡,本欲济时拯难,意善功恶,无可咎责。此犹龙逄、比干,忧时危乱,不惧诛杀,直言深谏,以忤无道之主,遂至灭亡。其意则善,而功不成。”

养之豫而储之广也。《传》曰："诒厥孙谋，以燕翼子，子桑有焉。"见《左传》文公三年。夫有天下而为子孙之虑者，则必在于人才矣。

《金史·完颜讹可传》："刘祁曰：'金人南渡之后，近侍之权尤重。盖宣宗喜用其人以为耳目，伺察百官，故奉御辈采访民间，号行路御史。或得一二事，即入奏之。上因责台官漏泄，皆抵罪。又方面之柄虽委将帅，又差一奉御在军中，号曰监战。每临机应变，多为所牵制，遇敌辄先奔，故师多丧败。哀宗因之不改，终至亡国。'论曰：夫以暬御治军，既掣之肘，又信其谗以杀人，失政刑矣。唐之亡，坐以近侍监军。金蹈其辙，哀哉！"【原注】金时近侍非宦竖也，以世胄或吏员为之，见《斜卯爱实传》。

崇祯十四年十二月戊午，上谕礼部并在内各监局等衙门："官常典制，内外攸分，本职之外，岂宜侵越？我太祖高皇帝酌古式今，独严近习之防，敕内官毋预外事。一时朝政清明，法纪整肃，拔本澄源，意甚深远。朕鉴后追前，凛持祖训。自今神宫等监及各司局库等衙门，或典礼缮戎，或鸠工管籥，或司膳服，或办文书，都著勤慎小心，料理本等职业，不许违越祖制，干预在外政事，违者即以乱政参拿处斩。仍详察旧典，开列职掌具奏。"礼部右侍郎蒋德璟疏言："《周官》内职不满百人，纠禁王宫，掌于小宰。古圣垂法，下戒将来，盖其慎也。【原注】天启元年四月，御史张捷疏言："请令中官受考察于礼部，定为五年一举，如京察例。"太祖高皇帝实详监于往代而取衷焉。其设内官也，监司局库各有定员，秩不过四品，俸不过一石。而且纠劾有令，交通有戒，豫政典兵有禁，谨内外之防，杜假窃之渐。至尚论汉、唐已事，而三致意焉。渊哉天训，亘古不易矣！虽二十五年曾遣太监聂庆童往谕陕西河州等卫所番族，令其输马，以茶给之。然往谕属番，于军民无与，且不假事柄，亦暂往即还。终洪武之世，无他特遣。此所以致清明整肃之治，而开万世太平之基也。乃若列圣缵承，宫府之大防无改，而时事偶异，中外之任使间闻。永乐中始有遣使外夷[①]及遣往甘肃巡视者。洪熙中始有守备南京者。正统中始有率兵讨贼征虏[②]及各省镇守者。景泰初始有分坐十营，或称监枪者，然仍听尚书于谦等节制。至正德中，边关始置内监，且令提督禁兵内操，分坐勇士四卫军营，益非祖宗之旧矣。他如监工监器，会同审录，苏杭织造、榷税开矿之遣，皆利少害多，亦旋设旋止。操纵在握，一时暂托权宜，而事任递迁，易世每多厘正。惟世宗肃皇帝毅然裁革，独断于先，我皇上翦除逆珰，媲美于后。总之禀成于高皇帝训谕'内臣毋豫政事，外臣毋行交结'二语，足括千古治乱之源矣。臣等伏读宝训，深溯诒谋：不使有功，自无窃柄之患；尝令畏法，实杜乱政之阶。故委腹心则威福移，寄耳目则罗织启。遵典章则职守自恪，严内外则侵越不生。此实鉴古酌今，可以无敝，而神孙圣祖于焉一揆者也。谨遵圣谕，备察旧章，将各监局职掌著为令甲可考见者，胪列上

① "夷"，原本作"国"，据《校记》改。

② "征虏"，原本作"防边"，据《校记》改。

呈,恭候圣明裁夺。”得旨申饬。

奄人之有祠堂,自英宗之赐王振始也。至魏忠贤则生而赐祠,且遍于天下矣。故圣人戒乎作俑。

禁自宫

《实录》:“成化元年七月丁巳,直隶魏县民李堂等十一名,自宫以求进。命执送锦衣卫狱罪之,发南海子种菜。祖宗以来,凡阉割火者,[①]必俘虏[②]之奴,或罪极当死者,出其死而生之,盖重绝人之世,不忍以无罪之民受古肉刑也。景泰以来,乃有自宫以求进者,朝廷虽暂罪之,而终收以为用。故近畿之民,畏避徭役、希觊富贵者,仿效成风,往往自戕其身及其子孙,日赴礼部投进。自是以后,日积月累,千百成群,其为国之蠹害甚矣。”见《明宪宗实录》卷一九。【原注】史臣刘吉等之辞。〔一〕

〔一〕【唐氏曰】不重奄人,则无自宫以幸进者,此除恶务本之道也。至奄人祸烈而后禁之,则无及矣。

《馀冬序录》卷一〇曰:“永乐二十二年,令凡自宫者以不孝论,军犯罪及本管头目总小旗,民犯罪及有司里老。【原注】《实录》:“永乐十九年七月丁卯,严自宫之禁,犯者皆发充军。”成化九年,令私自净身者,本身处死,家发边远充军。

① 火者,指被阉之宦者或豪家之仆役。

② “虏”,原本作“获”,据《校记》改。

正统十二年、天顺二年、成化九年,节经申明。弘治五年,自净身者本身并下手人俱处死,全家充军,两邻及歇家不举、有司里老容隐者,一体治罪。其禁止乎未残者,法甚严也。永乐二十三年,【原注】仁宗即位。兴州左屯卫军徐翼,有子自宫,入为内竖。翼奏乞除军籍,上曰:'为父当教子,为子当养亲。尔有子不能教,自残其体,背亲恩,绝人道,败坏风化,皆原于尔,尚敢希除军籍邪?'出其子使代军役。宣德二年,令自净身人军民,各还元伍籍,不许投入王府及官势家藏隐,躲避差役。若犯,本身及匿藏家处死,该管总小旗、里老邻佑一体治罪。正统元年闰六月,时军民多自宫希进,间有以赦而获免罪者。刑部请依旧制,不论赦前赦后,俱论以不孝重罪,从之。成化十一年二月,顺天府永清县民徐义自宫其幼子以求进,诏发充广西南丹卫军,妻及幼子皆随往。十五年,净身人,令巡城御史、锦衣卫督逐回籍。弘治元年,令锦衣卫拘送顺天府,递发元管官司点闸知在,不许容纵。十三年,令先年净身人曾经发遣,不候收取,私自来京,图谋进用者,问发边远充军。其戒约于已残者,法亦非不至也。而貂珰满朝,金玉塞涂,至今日而益盛,然则法果行乎?"

宋仁宗未有继嗣,太常博士吴及上言:"古之明王,重绝人之世。今宦官之家,竞求他子,剿绝人理,以希爵命。童幼何罪,陷于刀锯,有因而夭死者。夫有疾而夭,治世所矜,况无疾乎?有罪而宫,前王不忍,况无罪乎?臣闻汉永平之际,中常侍四员,小黄门十人尔。唐太宗定制无得逾百员。今以祖宗时较之，当日宦官几何人？今几何人？臣愚以为胎卵刳伤，凤凰不至，继嗣未育，殆由于此。伏愿浚发德音，详为条禁，权罢宦官进献；有擅宫童幼，置以重法。若然，则天心必应，继嗣必广。召福祥、安宗庙之策，无先此者。"帝异其言，权罢内臣进养子。见《宋史·吴及传》。

日知录集释卷十

治地

古先王之治地也,无弃地,而亦不尽地。田间之“涂九轨”,[1]有馀道矣。“遗山泽之分”,“秋水多,得有所休息”,见《汉书·沟洫志》。有馀水矣。是以功易立而难坏,年计不足而世计有馀。后之人一以急迫之心为之,商鞅决裂阡陌,而中原之疆理荡然。宋政和以后,围湖占江,而东南之水利亦塞。【原注】《宋史·刘韐传》:“鉴湖为民侵耕,官(田)[因]收其租,岁二万斛。政和间涸以为田,衍至六倍。”○《文献通考》卷六:“圩田、湖田多起于政和以来。其在浙间者,隶应奉局。其在江东者,蔡京、秦桧相继得之。大概今之田,昔之湖。徒知湖中之水可涸以垦田,而不知湖外之田将胥而为水也。”于是十年之中,荒恒六七,而较其所得,反不及于前人。子曰:“无欲速,无见小利。”见《论语·子路》。夫欲行井地之法,则必自此二言始矣。

---

① 按《周礼·考工记》“国中九经九纬,经涂九轨”,是言都中大道。

斗斛丈尺

古帝王之于权量，其于天下，则五岁巡狩而一正之，《虞书》《舜典》“同律、度、量、衡”是也。其于国中，则每岁而再正之，《礼记·月令》“日夜分，则同度量，钧衡石，角斗甬，正权概”是也。【原注】洪武初，命三日一次较勘斛、斗、称、尺。见《太祖实录》卷三七。故“关石和钧”，见《书·五子之歌》。大禹以之兴夏；“谨权量，审法度”，见《论语·尧曰》。而武王以之造周。今北方之量，乡异而邑不同，至有以五斗为一斗者，一哄之市，两斗并行。至其土地，有以二百四十步为亩者，有以三百六十步为亩者，有以七百二十步为亩者。【原注】《大名府志》有以一千二百步为一亩者。其步弓有以五尺为步，有以六尺、七尺、八尺为步。此之谓“工不信度”见《孟子·离娄上》。者也。〔一〕夫法不一则民巧生，有王者起，同权量而正经界，其先务矣。《后汉书》《光武纪下》：“建武十五年，诏下州郡，(简)[检]核垦田顷亩及户口年纪。河南尹张伋及诸郡守十馀人，坐度田不实，下狱死。”而《隋书》《赵煚传》：“赵煚为冀州刺史，为铜斗铁尺，置之于肆，百姓便之。上闻，令颁之天下，以为常法。”傥亦可行于今日者乎？

〔一〕【赵氏曰】《晋书》《挚虞传》：“挚虞论乐，谓今尺长于古尺几及半寸，乐府用之，故律吕不合。将作大匠陈勰掘得古尺，尚书奏，今尺长于古尺，宜以古为正。”是晋时尺度已长于古，亦尚不至三寸。程大昌《演繁露》谓唐尺一尺比六朝一尺二寸。沈存中《笔谈》谓古尺二寸五分，当今一寸八分。周祈《名义考》谓周尺才得今六寸六分。《稗史》谓宋司马侑刻布尺，比周尺一尺三寸五分。丘琼山谓周尺比今钞尺六寸四分。王棠谓明钞尺与今裁尺相近。

地亩大小

以近郭为上地，远之为中地、下地。盖自金、元之末，城邑丘墟，人民稀少。先耕者近郭；近郭，洪武之册田也。后垦者远郊；远郊，继代之新科也。故重轻殊也。

《广平府志》曰："地有大小之分者，以二百四十步为亩，自古以来未之有改也。由国初有奉旨开垦、永不起科者，有因洿下硷薄而无粮者，今一概量出作数，是以元额地少，而丈出之地反多。有司恐亩数增多，取骇于上而贻害于民，乃以大亩该小亩，取合元额之数。自是上行造报，则用大地以投黄册；下行征派，则用小亩以取均平。是以各县大地，有以小地一亩八分折一亩，递增之至八亩以上折一亩。既因其地之高下而为之差等，又皆合一县之丈地，投一县之元额，以敷一县之粮科，而赋役由之以出。"此后人一时之权宜尔。考之他郡，如河南八府，而怀庆地独小，粮独重；开封三十四州县，而杞地独小，粮独重，盖由元末未甚残破，故独重于他郡邑。天下初定，日不暇给，度田之令、均丈之法有所不及详，【原注】解缙《大庖西封事》言："土田之高下不均，而起科之轻重无别。或膏腴而税反轻，瘠卤而税反重。"[①]是则洪武之时即已如此。**而中原之地，弥望荆榛，亦无从按亩而图之也。唐时陆贽有言："创制之始，不务齐平。供应有烦简之殊，牧守有能否之异。所在徭赋，轻重相悬。所遣使臣，意见各异，计奏一定，有加无除。"**见《资治通鉴》卷二三四。**此则致敝之端，古今一辙，而井地不均，赋税不平，固三百年于此矣。故《东昌府志》言："三州十五县，步尺参差，大小亩规画不一，人得以意长短广狭其间。"而《大名府志》谓："田赋必均而后可久，除沙茅之地别籍外，请檄诸州县长吏，画一而度之，以钞准尺，以尺准步，以步准亩，以亩准赋，仿江南鱼鳞册式而编次之。旧所籍不齐之额悉罢去，而括其见存者，均摊于诸州县之间，一切粮税、马草、[②]驿传、均徭、里甲之类，率例视之以差。数百里之间，风土人烟同条共贯矣。"则知均丈之议，前人已尝著之，而今可通于天下者也。**〔一〕

〔一〕【阎氏曰】江都之田一万七千馀顷，额征银五万馀两。高邮田二万五千馀顷，额征银四万一千馀两。泰州田九千馀顷，额征银四万四千馀两。非泰州之田仅高邮三分之一，赋重于高邮三倍也，盖泰州大地，而高邮小地也。又如兴化田二万四千馀顷，额征银二万八千馀两。宝应田二千馀顷，额征银二万馀两。非宝应仅兴化十分之一，赋重十倍也，盖宝应大地而兴化小地也。小地则一亩为一亩，而赋轻；大地则数亩折一亩，而赋重。《赋役全书》内皆未经注明也。钱粮款项不可不简，而田亩大小尤不可不明。

① 援庵《校注》：解缙文见《明文衡》六《奏议》。

② "粮税、马草"，张京华《校释》作"粮草、马税"。

《宋史》《食货志上二》言:“宋时田制不立,圳亩转易,丁口隐漏,兼并冒伪,未尝考按。”【原注】《王洙传》:“洙言天下田税不均,请用郭谘、孙琳千步开方法颁州县,以均其税。”〔一〕又言:“宣和中,李彦置局汝州。凡民间美田,使他人投牒告陈,指为天荒。鲁山阖县尽括为公田,焚民故券,使田主输租,诉者辄加威刑。公田既无二税,转运使亦不为奏除,悉均诸他州。”【原注】《宦者传》。是则经界之不正,赋税之不均,有自宋已然者,又不独金、元之季矣。

〔一〕【沈氏曰】宋《食货志》:“重修定方田法,以东西南北各千步,当四十一顷六十六亩一百六十步为一方。”

州县界域

自古以来,画疆分邑,必相比附,天下皆然。乃今则州县所属乡村,有去治三四百里者,有城门之外即为邻属者,则幅员不可不更也。下邽在渭北而并于渭南,美原在北山而并于富平,若此之类,俱宜复设。而大名县距府七里,可以省入元城,则大小不可不均也。管辖之地多有隔越,如南宫、【原注】属真定。威县【原注】属广平。之间有新河县【原注】属真定。地,清河、【原注】属广平。威县之间有冠县【原注】属东昌。地,郓城、【原注】属兖州。范县【原注】属东昌。之间有邹县【原注】属兖州。地,青州之益都等县俱有高苑地,淮安之宿迁县有开封之祥符县地,大同之灵丘、广昌二县中间有顺天之宛平县地。或距县一二百里,或隔三四州县，薮奸诲逋，恒必由之。而甚则有如沈丘【原注】属开封。之县署，地粮乃隶于汝阳【原注】属汝宁。者，则错互不可不正也。卫所之屯，有在三四百里之外，与民地相错，浸久而迷其版籍，则军民不可不清也。水滨之地，消长不常，如蒲州之西门外三里，即以补朝邑之坍，使陕西之人越河而佃，至于争斗杀伤，则事变不可不通也。《周礼》《夏官司马》："形方氏掌制邦国之地域，而正其封疆，无有华离之地。"有王者作，谓宜遣使分按郡邑，图写地形，奠以山川，正以经界，地邑民居必参相得，庶乎狱讼衰而风俗淳矣。【原注】洪武十七年八月丙戌，以州之民户不及三千者，皆改为县，改者凡三十七州。见《太祖实录》卷一六四。

后魏田制

后魏虽起朔漠，据有中原，然其垦田、均田之制有足为后世法者。景穆太子监国，令曰："《周书》①言：'任农以耕事，贡九谷。任圃以树事，贡草木。任工以馀材，贡器物。任商以市事，贡货贿。任牧以畜事，贡鸟兽。任嫔以女事，贡布帛。任衡以山事，贡其材。〔一〕任虞以泽事，贡其物。'乃令有司课畿内之民，使无牛者借人牛以耕种，而为之芸田以偿之。凡耕种二十二亩而芸七亩，大略以是为率。使民各标姓名于田首，以知其勤惰。禁饮酒游戏者。"于是垦

① 《刊误》卷上："《周书》所言云云，皆是《周礼》文，'书'字疑'礼'误。"按，《周书》云云，实见于《周礼·地官司徒·闾师》，然《魏书》原文即作"周书"，不改。

田大增。见《魏书·景穆帝纪》。高祖太和九年十月丁未诏曰："朕承乾在位，十有五年，每览先王之典，经纶百氏，储蓄既积，黎元永安。爰暨季叶，斯道陵替。富强者并兼山泽，贫弱者望绝一廛。致令地有遗利，民无馀财。或争亩畔以亡躯，或因饥馑以弃业。而欲天下太平，百姓丰足，安可得哉？今遣使者循行州郡，与牧守均给天下之田，劝课农桑，兴富民之本。"见《魏书·孝文帝纪》。其制："男夫十五以上，受露田四十亩，妇人二十亩。民年及课则受田，老免，及身没则还田。诸桑田不在还受之限。男夫人给田二十亩，课莳馀，种桑五十树，枣五株，榆三根。非桑之土，夫给一亩。依法课莳榆枣，限三年种毕，不毕，夺其不毕之地。"见《魏书·食货志》。于是有口分、世业之制，唐时犹沿之。嗟乎！人君欲留心民事，而创百世之规，其亦运之掌上也已。宋林勋作《本政》之书，而陈同父以为"必有英雄特起之君，用于一变之后"，见《龙川集》卷一六《书林勋本政后》。岂非知言之士哉！

〔一〕【汝成案】《周礼·闾师》"任工以饬材事"，今作"馀材"。考《魏书》同，恐误脱。又"贡其材"，《周礼》作"贡其物"①。

【校正】寿昌案：均田徒为美名，若行之于今，徒然滋扰，无裨于国计民生。此制不足法也。

---

① 此注原在小题下，今移此。

开垦荒地

国[①]初，承元末大乱之后，山东、河南多是无人之地。洪武中，诏有能开垦者，即为己业，永不起科。【原注】是时方孝(儒)[孺]有因其旷土复古井田之议。至正统中，流民聚居，诏令占籍。景泰六年六月丙申，户部尚书张凤等奏："山东、河南、北直隶并顺天府无额田地，甲方开荒耕种，乙即告其不纳税粮。若不起科，争竞之涂终难杜塞。今后但告争者，宜依本部所奏减轻起科则例，每亩科米三升三合，每粮一石科草二束，不惟永绝争竞之端，抑且少助仓廪之积。"从之。户科都给事中成章等劾凤等不守祖制，不恤民怨，帝不听。见《明英宗实录》卷二五四。然自古无永不起科之地，国初但以招徕垦民，立法之过，反以启后日之争端，而彼此告讦，投献王府勋戚及西天佛子，【原注】见《实录》成化四年三月。[②] 无怪乎经界之不正，赋税之不均也。〔一〕

〔一〕【杨侍郎曰】劝民开垦，务使野无旷土。第或山深箐密，或系砂卤，开辟既艰，旱涝赋缺，故民鲜尽力。窃思若令各州县，除原报可垦地亩外，凡有硗瘠难垦之地，俱准照"斥卤轻则"起科，则民必鼓舞，地利可以广收。民人承垦，即给执照为业，照例十年起科。如其地本系沃土，则不在此例。

【胡御史曰】陕省督臣，每年酌动官银，借民开垦，令于秋收照

① "国"，原本作"明"，据《校记》改。

② 见《明宪宗实录》卷五二户科左给事中丘弘等言，又见《明史·丘弘传》。

时价还粮。先后动项发借银六万馀两,共收过粮约十馀万石。此已试之成效,以为此法。凡西北近边之地,如直隶之永平、宣化,山西之大同、朔平、宁武,甘肃之宁夏、西宁等府,隙地旷土,所在多有。而盛京之奉天、锦州二府,壤地沃衍,水泉丰溢,一经开垦,即为膏腴。若令概照陕省之法,领银交粮,春借秋还,边民之力能耕种者,必无不愿。惟领银交粮之时,不得勒掯需索,则民情踊跃矣。

【曹给事曰】开垦原以利民,然所在奉行不善,流弊有二。一曰以熟作荒。州县承望上司意旨,并未勘夺,预报亩数,以邀急公之名。逮知不足,即责之见在熟田,以符所报之数。一曰以荒作熟。河堧坍涨不常,山麓难资灌溉,州县不复履勘,悉入报垦之数。赤贫乏食之民,止贪目下官给牛种,官与草舍,以糊旦夕,而不顾其地之不可得而垦也。十年之后,民不得不报熟,官不得不升科。幸而薄收,完官不足;稍遇歉岁,卒岁无资,而逃亡失业矣。故凡经报过开垦地亩,无论已未升科,俱令州县官按册踏勘。内有向系还粮熟田混报开垦者,即行举首除额,免其处分。至新垦田,应行升科之日,亦必亲勘。果系田禾成熟、可以持久者,始与升科。如其硗确瘠薄,不能成熟者,即与开除免赋。

苏松二府田赋之重

丘濬《大学衍义补》卷二四**曰:"韩愈谓'赋出天下,而江南居十九'。**见《送陆歙州诗序》。**以今观之,浙东西又居江南十九,而苏、松、常、嘉、湖五府又居两浙十九也。考洪武**

中，【原注】据《诸司职掌》。[①] **天下夏税秋粮以石计者总二千九百四十三万馀，而浙江布政司二百七十五万二千馀，苏州府二百八十万九千馀，松江府一百二十万九千馀，常州府五十五万二千馀。是此一藩三府之地，其田租比天下为重，其粮额比天下为多。今国家都燕，岁漕江南米四百馀万石以实京师。而此五府者，几居江西、湖广、南直隶之半。臣窃以苏州一府计之，以准其馀。苏州一府七县，**【原注】时未立太仓州。**其垦田九万六千五百六[②]顷，居天下八百四十九万六千馀顷田数之中，而出二百八十万九千石税粮于天下二千九百四十馀万石岁额之内。其科征之重，民力之竭，可知也已。"**〔一〕

〔一〕【沈氏曰】苏州之田约居天下八十八分之一弱，而赋约居天下十分之一弱也。○十分之一弱即八十八分之八强。

杜宗桓上巡抚侍郎周忱书曰："五季钱氏税两浙之田，每亩三斗。宋时均两浙田，每亩一斗。【原注】宋淳祐元年，鲍廉作《琴川志》曰："国初，尽削钱氏白配之目。遣右补阙王永、高象先各乘递马，均定税数，只作中、下二等。中田一亩，夏税钱四文四分，秋米八升；下田一亩，钱三文三分，米七升四合。取于民者不过如此。自熙、丰更法，崇、观多事，靖、炎军兴，随时增益。"然则宋初之额尚未至一斗也。**元入中国，定[③]天下田税，上田每亩税**

① 张京华《校释》：《诸司职掌》十卷，洪武中翟善等编。仿《唐六典》，自五府、六部、都察院以下诸司设官分职，编集为书。

② "六"，张京华《校释》作"馀"，应是。

③ 张京华《校释》"定"字前有"初"字。

三升，中田二升半，下田二升，水田五升。【原注】《元史·耶律楚材传》。至于我太祖高皇帝受命之初，天下田税亦不过三升五升，而其最下有三合五合者。于是天下之民咸得其所，独苏、松二府之民，则因赋重而流移失所者多矣。今之粮重去处，每里有逃去一半上下者。请言其故：国初籍没土豪田租，有因为张氏义兵而籍没者，有因虐民得罪而籍没者。有司不体圣心，将没入田地一依租额起粮，每亩四五斗、七八斗，至一石以上，民病自此而生。【原注】《宋史》《食货志上一》言："建炎元年，籍没蔡京、王黼等庄以为官田，减租三分。"洪武初未有以此故事上言者。何也？田未没入之时，小民于土豪处还租，朝往暮回而已。后变私租为官粮，乃于各仓送纳，运涉江湖，动经岁月，有二三石纳一石者，有四五石纳一石者，有遇风波盗贼者，以致累年拖欠不足。【原注】王叔英疏亦言："输之官仓，道路既遥，劳费不少。收纳之际，其弊更多，有甚于输富民之租者。"自洪武时已然矣。愚按宋华亭一县，即今松江一府，当绍熙时，秋苗止十一万二千三百馀石，景定中贾似道买民田以为公田，益粮一十五万八千二百馀石。宋末，官民田地税粮共四十二万二千八百馀石，量加圆斛。元初田税，比宋尤轻，然至大德间，没入朱清、张瑄田后，至元间又没入朱国珍、管明等田，一府税粮至有八十万石。迨至季年，张士诚又并诸拨属财赋府，与夫营围、沙职、僧道、站役等田。至洪武以来，一府税粮共一百二十馀万石，租既太重，民不能堪。于是皇上怜民重困，屡降德音，将天下系官田地粮额递减三分、二分外，【原注】即宣德五年二月癸巳诏书。松江一府税粮尚不下一百二万九千馀石。愚历观往古，自有田税以来，未有若是之重者也。以农夫蚕妇冻而织，馁而耕，供税不足，则卖儿鬻女，又不足，然后不得已而逃，以至田地荒芜，钱粮年年拖欠。向蒙恩赦，自永乐十三年至十九年，七年之间所免税粮不下数百万石。永乐二十年至宣德三年又复七年，拖欠折收轻赍亦不下数百万石。折收之后，两奉诏书敕谕，自宣德七年以前，拖欠粮草、盐粮、屯种、子粒、税丝、门摊、课钞，悉皆停征。前后一十八年间，蠲免、折收、停征至不可算。由此观之，徒有重税之名，殊无征税之实。愿阁下转达皇上，稽古税法，斟酌取舍，以宜于今者而税之，轻其重额，使民如期输纳。此则国家有轻税之名，又有征税之实矣。”

今按《宣庙实录》：洪熙元年闰七月，广西右布政使周幹自苏、常、嘉、湖等府巡视还，言：“苏州等处人民多有逃亡者，询之耆老，皆云由官府弊政困民所致。如吴江、昆山民田亩旧税五升，小民佃种富室田，亩出私租一石。后因没入官，依私租减二斗，是十分而取八也。拨赐公侯、驸马等项田，每亩旧输租一石，后因事故还官，又如私租例尽取之。且十分而取其八，民犹不堪，况尽取之乎？尽取则无以给私家，而必至冻馁，欲不逃亡，不可得矣。乞命所司，将没官之田及公侯还官田租，俱照彼处官田起科，亩税六斗，则田地无抛荒之患，而小民得以安生。”下部议。以上卷五。宣德五年二月癸巳诏：“各处旧额官田起科不一，租粮既重，农民弗胜。自今年为始，每田一亩，旧额纳粮自一斗至四斗者，各减十分之二；自四斗一升至一石以上者，各减十分之三，永为定例。”以上卷六三。六年三月，巡抚侍郎周忱言：“松江府华亭、上海二县，旧有官田，税粮二万七千九百馀石，俱是古额，科粮太重。乞依民田起科，庶征收易完。”上命行在户部会官议，劾忱变乱成法，沽名要誉，请罪之。上不许。以上卷七七。七年三月庚申朔诏：“但系官田塘地，税粮不分古额近额，悉依五年二月癸巳诏书减免，不许故违。”辛酉，上退朝，御左顺门，谓尚书胡濙曰：“朕昨以官田赋重，百姓苦之，诏减什之三，以苏民力。尝闻外间有言，朝廷每下诏蠲除租赋，而户部皆不准，甚者文移戒约有司，有‘勿以诏书为辞’之语。若然，则是废格诏令，壅遏恩泽，不使下流，其咎若何！今减租之令，务在必行。《书》曰：‘民惟邦本，本固邦宁。’有子曰：‘百姓不足，君孰与足？’卿等皆士人，岂不知此？朕昨有诗述此意，今以示卿，其念之毋忘。”濙等皆顿首谢。其诗曰：“官租颇繁重，在昔盖有因。而此服田者，本皆贫下民。耕作既劳勚，输纳亦苦辛。遂令衣食微，曷以赡其身。殷念恻予怀，故迹安得循。下诏减什三，行之四方均。先王视万姓，有若父子亲。兹惟重邦本，岂曰矜吾仁。”以上卷八八。《英庙实录》卷一九：正统元年闰六月丁卯，行在户部奏：“浙江、直隶、苏、松等处减除税粮，请命各处巡抚、侍郎并同府县官，用心核实。其官田每亩秋粮四斗一升至二石以上者，减作二斗七升。二斗一升以上至四斗者，减作二斗。一斗一升至二斗者，减作一斗。明白具数，送部磨勘。”从之。【原注】按嘉靖十七年

册，长洲县田犹有七斗以上者，今与民田通均，而犹三斗七升。是此旨当日未尽奉行也。〔一〕

〔一〕【王上舍曰】粮曷以“浮”名也？苏州府见额二百五十万石，松江府见额一百二十万石。然在宋时，苏州不过三十馀万也，松江不过二十馀万也。即有元增赋，苏州亦八十馀万而止，松江亦七十馀万而止。是今之赋额较宋浮至七倍，比元亦浮至三倍。不特此也，即如湖广省额征二百三万，而苏州一府之数浮之。福建省额征一百万有奇，而松江一府之数浮之。岂天下田皆生粟，而二郡独雨金欤？建文诏免，而复于永乐。文襄请减，而增于万历。近世抚臣之请减浮粮者相继，而事寝不行。大抵以苏、松财赋重地，为国家之根本，难议蠲恤耳。于是有为变通之说者，或曰：明时虽曰重额，而漕运赠米即在正米之中。且平米一石，派本色五斗外，止征折色银二钱五分。周文襄巡抚江南，重粮田纳银一两，准米四石，输布一匹，准米一石。正额如此，加耗可知。今则每米一石，除去本色、折色，至五钱有奇，而加耗犹在外。既有五米、十银，复有浮数不赀，或致一亩之租不能办一亩之税，此加耗之害非浅也。浮粮难豁，耗赠不可减乎？或曰：故明折色，于次年二月分十限开征，今则于本年正、二月间通行截票。其时宿土未翻，青苗未插，水旱未卜，丰歉未定，遂以监司督之有司，有司督之里役，里役督之编户，苟非操券于债家，入衣于质库，其将何以应之！此早征之患至深也。浮粮难豁，催科不可缓乎？或又曰：征输减一分，则小民受一分之惠。试以苏、松田计，如极重科则，每亩三斗以至四斗外者，每平米一石，请减一斗。科则二斗以外者，每平米一石，请减七升。科则二斗以内者，每一石请减五升。其一斗五升以下地荡山涂等，则不在议减之列。如是则于国计无亏，而三百年之痼疾有起色矣。全豁难议，递减独不可行乎？夫是三说者，皆变通之得其道者也。但减耗缓征，可救一时，非所以垂万世。科则递减，可苏民困，非所以裕天储。为今计，莫若以苏、松浮粮摊之天下轻额田。每亩以一合为率，而二郡所浮便可减其大半。是天下无加征之苦，而二郡有减赋之实；国用无毫厘之亏，而民生有再苏之乐也。

【沈氏曰】雍正三年四月初九日，奉旨蠲免苏州府额征地丁银三十万两，松江府十五万两，从管理户部事务怡亲王等奏请也。时苏州府条折兵饷徭里、人丁匠班、随漕经费等项，岁征银一百六十二万六千九百两零，松江府八十三万三千五百三十两零；苏州府正耗漕白等项岁征米九十七万五千二百三十石零，松江府四十五万八千五百八十石零；其地丁银，苏州府一百二十九万五千馀两，松江府六十七万四千馀两。苏州府地丁银项，每至次年奏销之期，民欠必至三十馀万，松江府必至十五六万。〇计苏州田地、山荡、滩涨等，共九万九千九百馀顷，松江共四万零八百馀顷。〇是月，户部议覆光禄寺卿杭奕禄奏，请敕下江南督抚：于苏、松二府州县，“凡有田之人，于恩免额征钱粮数内，十分中减免佃户三分。查二府恩免额征系条折银两，租田之人交纳皆系米石，所减三分应以米算。照条折米一斗折银一钱之例，如有田之人恩免额征银一钱，则于此一钱银之内纳租人名下减免米三升，以此为准。圣恩蠲免二府额征四十五万两，业户得沾三十一万五千两之恩，佃户亦分沾十三万五千石之恩矣”云云。奉旨依议速行。

官田自汉以来有之。《宋史》：“建炎元年，籍蔡京、王黼等庄以为官田。开禧三年，诛韩侂胄，明年，置安边所，

凡侘胄与其他权倖没入之田及围田、湖田之在官者皆隶焉，输米七十二万(一)[二]千七百斛有奇，钱一百三十一万五千缗有奇而已。景定四年，殿中侍御史陈尧道，右正言曹孝庆，监察御史虞虑、张晞颜等言：'乞依祖宗限田议，自两浙、江东西官民户逾限之田，抽三分之一买充公田，得一千万亩之田，则岁有六七百万斛之入。'丞相贾似道主其议，行之。始于浙西六郡，凡田亩起租满石者，予二百贯，以次递减。"见《食货志上一》。"有司以买田多为功，皆谬以七八斗为石。其后田少与硗瘠、亏租，与佃人负租而逃者，率取偿田主，六郡之民多破家矣。"见《贾似道传》。【原注】《理宗纪》言："平江、江阴、安吉、嘉兴、常州、镇江六郡，已买公田三百五十馀万亩。"而平江之田独多。【原注】《似道传》："包恢知平江，督买田，至以肉刑从事。"元之有天下也，此田皆别领于官。《松江府志》言："元时苗税，公田外复有江淮财赋都总管府领故宋后妃田，以供太后；江浙财赋府领籍没朱、【原注】清。张【原注】瑄。田，以供中宫；【原注】《元史》《文宗纪》："天历二年十月，立平江等处田赋提举司。"稻田提领所领籍没朱、【原注】国珍。管【原注】明。田，以赐丞相脱脱；拨赐庄【原注】在上海十九保。○《元史》《顺宗纪》："至正四年六月己巳，赐脱脱松江田，为立松江等处稻田提领所。"〔一〕领宋亲王及新籍明庆、妙行二寺等田，【原注】又有汪关关、满经历田。以赐影堂寺院、诸王近臣。又有括入白云宗僧田，【原注】《元史·成宗纪》："大德七年七月，罢江南白云宗总摄所，其田令依例输租。"《仁宗纪》："至大四年二月，御史台言：'白云宗总摄所统江南为僧之有发者，不养父母，避役损民，乞追收所受玺书银印，勒还民籍。'从之。"皆不系州县元额。"而《元史》所记赐田，大臣如拜住、燕帖木儿等，诸王如鲁王雕阿不剌、郯王彻彻秃等，公主如鲁国大长公主，寺院如集庆、万寿二寺，无不以平江田。而平江之官田又多，至张士诚据吴之日，其所署平章、太尉等官皆出于负贩小人，无不志在良田美宅，一时买献之产遍于平江。而一入版图，亦按其租簿没入之。已而富民沈万三等又多以事被籍，是故改平江曰苏州，而苏州之官田多而益多。故宣德七年六月戊子，知府况锺所奏之数，长洲等七县秋粮二百七十七万九千馀石，其中民粮止一十五万三千一百七十馀石，官粮二百六十二万五千九百三十馀石。是一府之地土无虑皆官田，而民田不过十五分之一也。且夫民田仅以五升起科，而官田之一石者，奉诏减其什之三，而犹为七斗，是则民间之田一入于官，而一亩之粮化而为十四亩矣。【原注】《实录》："宣德七年七月己未，行在户部奏：'直隶、松江府没官田，宜准民田例起科。'上从之。命各处没官田粮俱准此例。"见《宣宗实录》卷九三。此固其(极)[积][1]重难返之势，始于景定，讫于洪武，而征科之额十倍于绍熙以前者也。于是巡抚周忱有均耗之法，有改派金花官布之法，以宽官田[2]，而租额之重则一定而不可改。若夫官田之农具、车牛，其始皆给于官，而岁输其税，浸久不可问，而其税复派之于田。然而官田，官之田也，国家之所有，而耕者，犹人家之佃户也。民田，民自有之田也。各为一册而征

① 据张京华《校释》改。

② "田"，张京华《校释》作"佃"。

之，犹夫《宋史》《食货志上二》所谓一曰“官田之赋”，①二曰“民田之赋”，《金史》《食货志一》所谓“官田曰租，私田曰税”者，而未尝并也。相沿日久，版籍讹脱，疆界莫寻，村鄙之氓未尝见册，买卖过割之际，往往以官作民。而里胥之飞洒移换者，又百出而不可究。所谓官田者，非昔之官田矣，乃至讼端无穷而赋不理。于是景泰二年，从浙江布政司右布政使杨瓒之言，将湖州府官田，重租分派民田轻租之家承纳及归并则例。见《英宗实录》卷二一〇。四年，诏巡抚直隶侍郎李敏，均定应天等府州县官民田。见《英宗实录》卷二二九。【原注】先是，正统中，户部会官议，令江南小户官田改为民田起科，而量改大户民田为官田，以备其数。既又因御史徐郁奏，令所司均配扣算，务使民田量带官田办粮，以苏贫困。俱行巡抚侍郎周忱清理。然民田多系官豪占据，莫能究竟，其弊仍旧。至是郁复以为言，户部请从其议，命敏均定搭派，敢有恃强阻滞者，执治其罪。从之。见《英宗实录》卷二二九。嘉靖二十六年，嘉兴知府赵瀛创议，田不分官民，税不分等则，一切以三斗起征。苏、松、常三府从而效之，自官田之七斗、六斗，下至民田之五升，通为一则。而州县之额，各视其所有官田之多少轻重为准，多者长洲至亩科三斗七升，少者太仓亩科二斗九升矣。国家失累代之公田，而小民乃代官佃纳无涯之租赋，事之不平，莫甚于此。然而为此说者，亦穷于势之无可奈何，而当日之士大夫亦皆帖然而无异论，亦以治如乱丝，不得守二三百年纸上之虚科，而使斯人之害如水益深而不可救也。

① “官田”，按《宋史》本作“公田”。

【原注】惟唐太常鹤征作《武进志》，极为惋叹。**抑尝论之，自三代以下，田得买卖，而所谓业主者即连陌跨阡，不过本其锱铢之直，而直之高下则又以时为之。地力之盈虚，人事之赢绌，率数十**[①]**年而一变，奈之何一入于官，而遂如山河界域之不可动也？且景定之君臣，其买此田者，不过予以告牒、会子虚名不售之物，逼而夺之，以至彗出民愁，而自亡其国。**【原注】《宋史》《食货志上一》："买公田五千亩以上，以银半分，官告五分，度牒二分，会子二分半。五千亩以下，以银半分，官告三分，度牒三分，会子三分半。千亩以下，度牒、会子各半。五百亩至三百亩，全以会子。及田事成，每石官给止四十贯，而半是告牒。民持之而不得售，六郡骚然。"**四百馀年之后，推本重赋之由，则犹其遗祸也。**【原注】《宋史》《食货志上一》谓"其弊极多，其租尤重。及宋亡，遗患犹不息"。亮哉斯言。**而况于没入之田本无其直者乎！至于今日，佃非昔日之佃，而主亦非昔日之主。则夫官田者，亦将与册籍而俱销，共车牛而皆尽矣。犹执官租之说以求之，固已不可行，**【原注】《隋书·李德林传》："高祖以高阿那肱卫国县市店八十区赐德林。车驾幸晋阳，店人上表，称地是民物，高氏强夺，于内造舍。上命有司料还价直。"则是以当代之君而还前代所夺之地价，古人已有之矣。〇又考《后汉书》《独行·谯玄传》："谯玄子瑛，奉家钱千万于公孙述，以赎父死。及玄卒，天下平定。玄弟庆以状诣阙自陈，光武敕所在还玄家钱。"则知人主以天下为心，固当如此。**而欲一切改从民田，以复五升之额，即又骇于众而损于国。有王者作，咸则三壤，谓宜**

---

① "十"，张京华《校释》作"百"。

遣使案行吴中,逐县清丈,定其肥瘠高下为三等,上田科二斗,中田一斗五升,下田一斗,山塘涂荡以升以合计者,附于册后,而概谓之曰民田,惟学田、屯田乃谓之官田,则民乐业而赋易完,视之绍熙以前,犹五六倍也。岂非去累代之横征,而立万年之永利者乎?〔二〕昔者唐末,中原宿兵所在,皆置营田,以耕旷土。其后又募高赀户,使输课佃之。户部别置官司总领,不隶州县。梁太祖击淮南,掠得牛以千万计,给东南诸州农民,使岁输租。自是历数十年,牛死而租不除,民甚苦之。周太祖素知其弊,用张凝、李谷之言,悉罢户部营田,务以其民隶州县,其田庐牛农器并赐见佃者为永业,悉除租牛课。是岁,户部增三万馀户。或言营田有肥饶者,不若鬻之,可得钱数十万缗以资国。帝曰:"利在于民,犹在国也。朕用此钱何为?"以上见《资治通鉴》卷二九一。呜呼,以五代之君犹知此义,而况他日大有为之主,必有朝闻而夕行之者矣。【原注】宋绍兴二十三年,知池州黄子游言:"青阳县苗七八倍于诸县,因南唐尝以县为宋齐丘食邑,(故)[亩]输三斗,后遂为额。"诏减苗税二分有半,科米二分。见《宋史·食货志上二》。

〔一〕【钱氏曰】拨赐庄似非赐脱脱者。

〔二〕【汝成案】阎氏《潜丘劄记》引作"捐不可得之虚计,而非损上;立百世之永利,而非变古也。使唐、宋两太宗当此,朝闻而夕行之矣"。若璩谓:"何必两太宗,明宣宗盖尝有意于此矣。《实录》载其五年诏减官田旧额粮,七年又申命减免,不许有司故违。但上压于祖制之不违,下复有行在户部之戛戛焉,不克充其仁心,成其仁政,迄今诵其诗,百世而下犹令人感激涕零也。”阎氏所引，当是亭林初刻之本，《宣宗实录》及诗今已引见前条。

今存者，惟卫所屯田、学田、勋戚钦赐庄田三者犹是官田，南京各衙门所管草场田地，佃户亦转相典卖，不异民田。

苏州一府，惟吴县山不曾均为一则，至今有官山、私山之名。官山每亩科五升，私山亩科一升五勺。

今高淳县之西有永丰乡者，宋时之湖田，所谓永丰圩者也。《文献通考》卷六：“永丰圩，自政和五年围湖成田。初令百姓请佃，后以赐蔡京，又以赐韩世忠，又以赐秦桧，继拨隶行宫，今隶总所。”【原注】《宋史》《食货志上一》：“建康府永丰圩租米，岁以三万石为额。”王弼【原注】成化十一年进士，溧水知县。《永丰谣》曰：“永丰圩接永宁乡，一亩官田八斗粮。人家种田无厚薄，了得官租身即乐。前年大水平斗门，圩底禾苗没半分。里胥告灾县官怒，至今追租如追魂。有田追租未足怪，尽将官田作民卖。富家得田贫纳租，年年旧租结新债。旧租了，新租促，更向城中卖黄犊。一犊千文任时估，债家算息不算母。呜呼！有犊可卖君莫悲，东邻卖犊兼卖儿。但愿有儿在我边，明年还得种官田。”见明曹学佺编《石仓历代诗选》。读此诗，知当日官佃之苦即已如此。【原注】《元史·阎复传》言：“江南公田租重宜减，以贷贫民。”而以官作民，亦不始于近日矣。

《元微之集》奏状：“右臣当州百姓田地，每亩只税粟九升五合,草四分,地头榷酒钱共出二十一文。已下其诸色职田,每亩约税粟三斗,草三束,脚钱一百二十文。若是京官上司职田,又须百姓变米雇车般送,比量正税,近于四倍。其公廨田、官田、驿田等所税轻重,约与职田相似。”见《元氏长庆集》卷三八《同州奏均田状》。是则官田之苦,自唐已然,不始于宋、元也。故本[1]朝洪熙、宣德中,屡下诏书,令民间有抛荒官田,召人开耕,依民田例起科。又不独苏、松、常三府为然。

吴中之民,有田者什一,为人佃作者十九。其亩甚窄,而凡沟渠道路皆并其税于田之中,岁仅秋禾一熟,一亩之收不能至三石,【原注】凡言石者,皆以官斛。少者不过一石有馀。而私租之重者至一石二三斗,少亦八九斗。佃人竭一岁之力,粪壅工作,一亩之费可一缗,而收成之日,所得不过数斗,至有今日完租而明日乞贷者。故既减粮额,即当禁限私租,上田不得过八斗,如此则贫者渐富,而富者亦不至于贫。《元史·成宗纪》:至元三十一年十月辛巳,【原注】时成宗即位。江浙行省臣言:“陛下即位之初,诏蠲今岁田租十分之三。然江南与江北异,贫者佃富人之田,岁输其租。今所蠲特及田主,其佃民输租如故,则是恩及富室,而不被及于贫民也。宜令佃民当输田主者,亦如所蠲之数。”从之。【原注】本[2]朝宣德十年五月乙未,刑科给事中年富亦有此请。大德八年正月己未诏:“江南佃户,私租太重,以十

---

① “本”,原本作“先”,据《校记》改。

② “本”,原本作“明”,据《校记》改。

分为率，普减二分，永为定例。”前一事为特恩之蠲，后一事为永额之减，而皆所以宽其佃户也。是则厚下之政，前代已有行之者。

汉武帝时董仲舒言：“或耕豪民之田，见税什五。”见《汉书·食货志上》。唐德宗时陆贽言：“今京畿之内，每田一亩，官税五升，而私家收租有亩至一石者，是二十倍于官税也。降及中等，租犹半之。夫土地，王者之所有，耕稼，农夫之所为，而兼并之徒，居然受利。望令凡所占田，约为条限，裁减租价，务利贫人。”见《资治通鉴》卷二三四。仲舒所言则今之分租，贽所言则今之包租也，然犹谓之“豪民”，谓之“兼并之徒”，【原注】《食货志》：“豪民侵陵，分田劫假。”师古曰：“分田，谓贫者无田而取富人田耕种，共分其所收也。假，亦谓贫人赁富人之田也。劫者，富人劫夺其税，侵欺之也。”宋已下则公然号为“田主”矣。

豫借

唐玄宗天宝三载制曰：“每载庸调，八月征收，农功未毕，恐难济办。自今已后，延至九月二十日为限。”见《册府元龟》卷四八七。至代宗广德二年七月庚子，“税天下地亩青苗钱，以给百官俸”。见《册府元龟》卷五〇六。【原注】田一亩，税钱十五。所谓青苗钱者，以国用急，不及待秋，方苗青而征之，故号青苗钱，主其任者为青苗使，【原注】此与宋王安石所行青苗钱之法不同。彼则当青黄未接之时，贷钱于贫民而取其息。本谓之"常平钱",民间名为"青苗钱"耳。遂为后代豫借之始。〔一〕陆宣公贽言:"蚕事方兴,已输缣税。农功未艾,遽敛谷租。上司之绳责既严,下吏之威暴愈促。有者急卖而耗其半直,无者求假而费其倍酬。"见《资治通鉴》卷二三四。宪宗元和六年二月制:"以新陈未接,营办尤艰。凡有给用,委观察使以供军钱,方员借(便)[使],不得量抽百姓。"见《册府元龟》卷四八八。故韩文公有《游城南》诗云:"白布长衫紫领巾,差科未动是闲(身)[人]。麦苗含穟桑生葚,共向田头乐社神。"是三四月之间尚未动差科也。至后唐庄宗同光四年三月戊辰,以军食不足,敕河南尹豫借夏秋税。其时外内离叛,未及一月,国亡主灭。明宗即位,颇知爱民,见于《文献通考》卷三所载:"长兴[①]四年,起征条流,其节候早者五月十五日起征,八月一日纳足。递而下之,其尤晚者六月(二)十日起征,九月纳足。"周世宗显德三年十月丙子,"上谓侍臣曰:'近朝征敛谷帛,多不俟收获纺绩之毕。'乃诏三司,自今夏税以六月,秋税以十月起征"。见《资治通鉴》卷二三四。是庄宗虽有三月豫借之令,而实未尝行也。乃后代国势阽危,未若同光之甚[②],而春初即出榜开征,其愚又甚于庄宗之君臣矣[③]。〔二〕

〔一〕【张大令曰】按此,则青苗之制,唐、宋本不同,何以《宋史》赵瞻对神宗言"青苗法,唐行之于季世",范镇亦言"唐季之制不足法",似谓安石祖唐弊政。考唐时长安、万年二县,有官置

① 援庵《校注》云:"长兴"应作"天成",见《五代会要》二五《租税门》。
② "未若同光之甚",原本作"非若同光",据《校记》改。
③ "其愚又甚于庄宗之君臣矣",原本作"其病民又甚矣",据《校记》改。

本钱,配纳各户,收其息以供杂费。宋之常平钱正与此同,故赵瞻等举唐为言。其亦曰青苗者,依当时为称也。

〔二〕【沈氏曰】卢熊《苏州府志》云:"赵顺孙,字和仲。处州缙云人。咸淳四年,以显文阁待制知平江兼发运使。先是,郡庾赤立,率以夏初征民租。顺孙谓:'古者十月纳禾稼,今先期半载,民何以堪?'佥曰:'此例行之三十年,不然将有乏兴之忧。'首以俸入及例卷所供助籴本,而抑浮费以继之,籴几二十万斛,迄免预征。"

《诗》《魏风·硕鼠》**云:"硕鼠硕鼠,无食我苗。"谢君直**枋得**曰:"苗未秀而食之,贪之甚也。"**[①]**今之为豫借者,食苗之政也。有不驱民而适乐郊者乎?**

虞谦,洪武末为杭州府知府,尝建议:"僧、道,民之蠹。今江南寺院田多或数百顷,而徭役未尝及之。贫民无田,往往为徭役所困。请为定制,僧、道每人田无过十亩,馀田以均平民。"初是之,已而谓非旧制,遂废。见《明宣宗实录》卷二六,述建文初时事。〔一〕

〔一〕【杨氏曰】此仁政也。当事举而行之,岂不官民两便乎?

【汝成案】虞谦之议是矣。而当时以为非旧制遂废不行者,误也。元时崇奉二氏,朝廷、宫闱、公主、卿相,凡赐田产,动数百顷,又不输赋税,用日饶富。白云宗总摄复广侵占,遂至连阡累陌,跨越州郡。后虽屡敕令视民户出租,寻废不行。明初犹

① 援庵《校注》:谢枋得,字君直,号叠山。谢撰《诗传注疏》,今佚,惟元刘瑾《诗传通释》采其说颇多,明胡广等《诗集传大全》又多本刘氏,故疑《日知录》采用《大全》也。按《校注》说甚是,《诗传大全》卷五载叠山谢氏曰:"食黍不足而食麦,食麦不足而食苗。苗者,禾方树而未秀也,食至于此,以比其贪之甚也。"

存其风，故虞氏有是言。至明中叶以后，已日衰耗，即有寺田，亦准科则，非复曩之豪富矣。

纺织之利

今边郡之民，既不知耕，又不知织，虽有材力而安于游惰。华阴王弘撰[①]著议，以为"延安一府布帛之价贵于西安数倍，既不获纺织之利，而又岁有买布之费，生计日蹙，国税日逋。〔一〕非尽其民之惰，以无教之者耳。今当每州县发纺织之具一副，令有司依式造成，散给里下，募外郡能织者为师。即以民之勤惰工拙，为有司之殿最。一二年间，民享其利，将自为之，而不烦程督矣。"[②]计延安一府四万五千馀户，户不下三女子，固已十三万馀人，其为利益岂不甚多？按《盐铁论》卷四《轻重》曰："边民无桑麻之利，仰中国丝絮而后衣之。夏不释复，冬不离窟，父子夫妇，内藏于专室土圜之中。"崔寔《政论》曰："仆前为五原太守，土俗不知缉绩，冬积草，伏卧其中。若见吏，以草缠身，令人酸鼻。【原注】今大同人多是如此，妇人出草则穿纸裤，真所谓倮虫者也。吾乃卖储峙，得二十馀万，诣雁门、广武迎织师，使巧手作机，乃纺以教民织。"【原注】《后汉书》采入本传。是则古人有行之者矣。《汉志》《食货志》有云："冬，民既入，妇人同巷，相从夜绩，女工一月得四十五日。""八月载绩，为公子

① 张京华《校释》：王弘撰，字无异，号山史，华阴人。顾炎武游四方，至华阴，欲定居，弘撰为营斋舍居之。炎武尝曰："好学不倦，笃于朋友，吾不如王山史。"

② 援庵疑所引王弘撰之文至此而止。今从之。

裳"，见《诗·豳风·七月》。**豳之旧俗也。率而行之，富强之效，惇庞之化，岂难致哉？**〔二〕

〔一〕【陈文恭曰】陕西为自古蚕桑之地，今日久废弛，绸帛资于江、浙，花布来自楚、豫。小民食本不足，而更卖粮食以制衣，宜其家鲜盖藏也。

〔二〕【唐氏曰】吴丝衣天下，聚于双林。吴越、闽番至于海岛，皆来市焉。五月载银而至，委积如瓦砾。吴南诸乡，岁有百十万之益。是以虽赋重困穷，民未至于空虚，室庐舟楫之繁庶胜于他所，此蚕之厚利也。四月务蚕，无男女老幼，萃力靡他。无税无荒，以三旬之劳，无农四时之久而半其利，此蚕之可贵也。夫蚕桑之地，北不逾淞，南不逾浙，西不逾湖，东不至海，不过方千里，外此则所居为邻，相隔一畔而无桑矣。其无桑之方，人以为不宜桑也。今楚、蜀、河东及所不知之方亦多有之，何万里同之而一畔异？宜乎桑如五谷，无土不宜。一畔之间，目睹其利而弗效焉，甚矣民之惰也。吾欲使桑遍海内，有禾之土必有桑焉。其在于今，当责之守令，于务蚕之乡择人为师，教民饲缫之法而厚其廪给。其移桑有远莫能致者，则待数年之后，渐近而分之。而守令则省骑时行，履其地，察其桑之盛衰，入其室，视其蚕之美恶，而终较其丝之多寡。多者奖之，寡者戒之，废者惩之，不出十年，海内皆桑矣。昔吾行于长子，略著于篇，可以取法焉。

吴华核上书，欲禁绫绮锦绣，以"一生民之原，丰谷帛之业"，谓："今吏士之家，少无子女，多者三四，少者一二。通令户有一女，十万家则十万人。人人织绩，一岁一束，则十万束矣。使四疆之内，同心戮力，数年之间，布帛必积。

恣民五色，惟所服用，但禁绮绣无益之饰。且美貌者不待华采以崇好，艳姿者不待文绮以致爱，有之无益，废之无损，何爱而不暂禁，以充府藏之急乎？此救乏之上务，富国之本业，使管、晏复生，无以易此。”见《三国志·吴书·华核传》。方今纂组日新，侈薄弥甚，斫雕为朴，意亦可行之会乎？〔一〕

〔一〕【杨氏曰】空言禁敕无用也，必实有清心寡欲之学者，乃能收还淳返朴之效。

马政

析、因、夷、隩，①先王之所以处人民也。“日中而出，日中而入”，【原注】《左氏》庄公二十九年传。先王之所以处厩马也。

汉晁错言：“令民有车骑马一匹者，复卒三人。”【原注】师古曰：“当为卒者免其三人，不为卒者复其钱。”○本传。文帝从之。故文、景之富，“众庶街巷有马，仟伯【原注】“阡陌”字同。之间成群。乘牸牝者，摈而不得会聚”。【原注】《汉书·食货志》。若乃塞之斥也，桥桃致马千匹；【原注】《货殖传》。班壹避墬，【原注】古“地”字。于楼烦致马牛羊数千群，【原注】《叙传》。则民间之马，其盛可知。武帝轮台之悔，乃修马复令。【原注】复卒三人之令。○《西域传》。唐玄宗开元

① 《书·尧典》：“厥民析”，“厥民因”，“厥民夷”，“厥民隩”。析、因、夷、隩，分指东、南、西、北四方。

九年诏："天下之有马者，州县皆先以邮递、军旅之役，定户复缘以升之。百姓畏苦，乃多不畜马，故骑射之士减曩时。自今诸州民，勿限有无荫，能家畜十马以下，免帖驿邮递征行，定户无以马为赀。"【原注】《唐书·兵志》。古之人君，其欲民之有马如此。惟夷狄之君忌汉人之强而不欲其有马，故[①]魏世宗正始四年十一月丁未，禁河南畜牝马；【原注】《魏书·本纪》。○延昌元年六月戊寅，通河南牝马之禁。元世祖至元二十三年六月戊申，"括诸路马，凡色目人有马者三取其二，〔一〕汉民悉入官。敢匿与互市者罪之"。【原注】《元史·本纪》。《实录》言：永乐元年七月丙戌，上谕兵部臣曰："比闻民间马价腾贵，盖禁民不得私畜故也。汉文景时，闾里有马成群，民有即国家之有。其榜谕天下，听军民畜马勿禁。"又曰："三五年后，庶几马渐蕃息。"以上俱见《太宗实录》卷二一。此承元人禁马之后，故有此谕。而洪熙元年正月辛巳，上申谕兵部，令"民间畜官马者，二岁纳驹一匹，俾得以馀力养私马"。见《仁宗实录》卷一○。至宣德六年，有陕西安定卫土民王从义，畜马蕃息，数以来献。见《宣宗实录》卷七八。此则小为之而小效者也，然未及修汉、唐复马之令也。

〔一〕【杨氏曰】色目人谓女直、畏吾、钦察、契丹等。

驿传

《续汉·舆服志》曰"驿马三十里一置"，《史记》《田横

① 以上"夷狄之君忌汉人之强而不欲其有马故"十六字原本无，据《校记》补。

传》“田横乘传诣洛阳，未至三十里，至尸乡厩置”是也。唐制亦然，【原注】《唐书·百官志》：“凡三十里有驿。”白居易《从陕至东京》诗“从陕至东京，【原注】今陕州至河南府。山低路渐平。风光四百里，【原注】在今代为三百里。车马十三程”是也。【原注】桑维翰对晋高祖言：“大梁距魏不过十驿。”见《资治通鉴》卷二八一。其行或一日而驰十驿，岑参《初过陇山途中呈宇文判官》诗“一驿过一驿，驿骑如星流。平明发咸阳，暮及陇山头”，韩愈《镇州路上谨酬裴司空》诗“衔命山东抚乱师，日驰三百自嫌迟”是也。【原注】天宝六载敕：“自今左降官，日驰十驿以上。”见《资治通鉴》卷二一五。又如天宝十四载十一月丙寅，安禄山反于范阳，壬申闻于行在所，时上在华清宫，【原注】在今临潼县。六日而达。至德二载九月癸卯，广平王收西京，甲辰捷书至行在，时上在凤翔府，一日而达。而唐制，赦书日行五百里，则又不止于十驿也。古人以置驿之多，故行速而马不弊。后人以节费之说，历次裁并，至有七八十里而一驿者。马倒官逃，职此之故，盍一考之前史乎？【原注】且如通州潞河驿，四十里至夏店驿，五十里至公乐驿，五十里至蓟州渔阳驿。今以夏店、公乐二驿并于三河，则一驿七十里矣，岂不劳乎？又如定州永定驿，五十里至西乐驿，四十五里至伏城驿，四十里至真定府恒山驿，犹仍旧贯。使并为三驿，亦必不堪其敝矣。

古人以三十里为一舍。《左传》宣公十二年“楚子入郑，退三十里而许之平”，注以为“退一舍”。而《诗》《小雅·六月》言“我服既成，于三十里”，《周礼·地官司徒遗人》“三十里有宿，宿有路室”。然则汉人之驿马三十里一置，有自来矣。【原注】《史记·晋世家》注引贾逵曰:"《司马法》从遁不过三舍。三舍九十里也。"

【小笺】按:《诗·六月》篇《毛传》:"师行三十里。"是三十里以师行言,若吉行则五十里,《荀子·大略》篇"吉行五十"是也。《管子·揆度》篇:"万乘之国中而立市,东西南北度五百里。"其下云"十日出境",此日行五十里之一证也。其上文"百乘之国东西南北度五十里",当作"度百五十里",故云"三日出境"。"千乘之国东西南北度百五十里"当作"度二百五十里",故云"五日出境",皆是日行五十里。辨见《诸子平议》。

又按,《周官》"遗人"职:"凡国野之道,十里有庐,庐有饮食。三十里有宿,宿有路室,路室有委。五十里有市,市有候馆,候馆有积。"亦可证日行五十里。顾氏止举"三十里有宿"一句为证,非也。

国初,凡驿皆有仓。洪熙元年六月丙辰,河南新安知县陶镕奏:"县在山谷,土瘠民贫,遇岁不登,公私无措。惟南关驿有储粮,臣不及待报,借给贫民一千七百二十八石。"上嘉其称职。见《明宣宗实录》卷二。**即此一事,而当时储蓄[①]之裕,法令之宽,贤尹益下之权,明主居高之听,皆非后世之所能及矣。然则驿之有仓,不但以供宾客使臣,而亦所以待凶荒艰厄,实《周礼》遗人之掌也。帖括后生,何足以知先王之政哉!**

今时十里一铺,【原注】俗作"舖"。**设卒以递公文。**【原注】《金史》《章宗纪》:"泰和六年,初置急递铺,腰铃传递,日行三百

① "蓄",原作"畜",据张京华《校释》改。

里。”○《大名府志》:“唐有银牌,宋熙宁有金字牌、急脚递。岳飞奉诏班师,一日中十二金字牌是也。”《孟子》《公孙丑上》所云“置邮而传命”,盖古已有之。《史记》《白起传》:“白起既行,出咸阳西门十里,至杜邮。”《汉书·黄霸传》注,师古曰:“邮亭书舍,谓传送文书所止处。”

漕程

《山堂考索》《后集》卷五五载:“唐漕制,凡陆行之程,马日七十里,步及驴五十里,车三十里。水行之程,舟之重者,溯河日三十里,江四十里,馀水四十五里;空舟溯河四十里,江五十里,馀水六十里。沿流之舟则轻重同制,河日一百五十里,江一百里,馀水七十里。”转运、征敛、送纳,皆准程节其迟速,其三峡、砥柱之类,不拘此限。此法可以不尽人马之力,而亦无逗留之患。今之过淮、过洪及回空之限,犹有此意。而其用车驴,则必穷日之力而后止,以至于人畜两弊,岂非后人之急迫日甚于前人也与?然其效可睹矣。〔一〕

〔一〕【汝成案】漕运始于秦、汉,而转输之法则始于魏、隋,而盛于唐、宋,然率有利病。今观俊卿所述,在当时弊已如此,则云转般可济直达,恐不然矣。①

① 按黄汝成以“转运、征敛”以下文字误为《山堂考索》原文,不知实为顾炎武语,故有此说。《考索》作者章如愚,字俊卿。

行盐

松江李雯论："盐之产于场，犹五谷之生于地。宜就场定额，一税之后，不问其所之，则国与民两利。"又曰："天下皆私盐，则天下皆官盐也。"①此论凿凿可行。丘仲深《大学衍义补》卷八五言复海运，而引杜子美《后出塞》诗"云帆转辽海，粳【原注】俗作"粳"。稻来东吴"为证。余于盐法亦引子美《夔州歌》诗云"蜀麻吴盐自古通"，又曰"风烟渺吴蜀，舟楫通盐麻"，见《柴门》。又曰"蜀麻久不来，吴盐拥荆门"。见《客居》。若如今日之法，各有行盐地界，吴盐安得至蜀哉？人人诵杜诗而不知此故事，所云"诵《诗》三百，授之以政，不达"见《论语·子路》。者也。

洪武三年六月辛巳，山西行省言："大同粮储自陵县、长芦运至太和岭，路远费重。若令商人于大同仓入米一石，太原仓入米一石三斗者，俱准盐一引，引二百斤。商人鬻毕，即以原给引自赴所在官司缴之。如此，则转输之费省而军储充矣。"从之。见《明太祖实录》卷五三。此中盐之法②所自始。〔一〕

〔一〕【沈氏曰】《明史·食货志》："明之盐法莫善于开中。开中者，召商输粮于边而与之盐也。"后其法亦行于内地。

---

① 援庵《校注》：引文见李雯《类征·郎署》一。

② "中盐之法"即"开中"。《明史·食货志四》："有明盐法，莫善于开中。"召商输粮而与之盐，谓之开中。

唐刘晏为转运使，“专用榷盐法充军国之用。时自许、汝、郑、邓之西，皆食河东池盐，度支主之。汴、滑、唐、蔡之东，皆食海盐，晏主之。晏以为‘盐吏多则州县扰’，故但于出盐之乡置盐官，收盐户所煮之盐转鬻于商人，任其所之，自馀州县不复置官。其江岭间去盐乡远者，转官盐于彼贮之，或商绝盐贵，则减价鬻之，谓之常平盐，官获其利而民不乏盐。[其][①]始江淮盐利不过四十万缗，季年乃六百万缗，由是国用充足，而民不困弊。”见《资治通鉴》卷二二六。今日盐利之不可兴，正以盐吏之不可罢，读史者可以慨然有省矣。

行盐地分有远近之不同，远于官而近于私，则民不得不买私盐。既买私盐，则兴贩之徒必兴，于是乎盗贼多而刑狱滋矣。《宋史》《食货志下四》言：“江西之虔州，地连广南，而福建之汀州亦与虔接，虔盐弗善，汀故不产盐，二州民多盗贩广南盐以射利。【原注】又言：“虔州官盐自淮南运致，卤湿杂恶，轻不及斤，而价至四十七钱。岭南盐贩入虔，以斤半当一斤，纯白不杂，卖钱二十，以故虔人尽食岭南盐。”虔州即今赣州府。宋时屡议不定，今卒食广东盐。每岁秋冬，田事才毕，恒数十百为群，持甲兵旗鼓，往来虔、汀、漳、潮、循、梅、惠、广八州之地，所至劫人谷帛，掠人妇女，与巡捕吏卒斗格，或至杀伤，则起为盗，依阻险要，捕不能得，或赦其罪招之。”元末之张士诚，以盐徒而盗据吴会。其小小兴贩，虽太平之世，未尝绝也。余少居昆山、常熟之间，为两浙行盐地，

---

① “其”字据张京华《校释》补，《通鉴》本文即有“其”字。

而民间多贩淮盐，自通州渡江，其色青黑，视官盐为善。及游大同，所食皆蕃盐，坚致精好。此地利之便，非国法之所能禁也。明知其不能禁，而设为巡捕之格，课以私盐之获，每季若干，为一定之额，此掩耳盗锺之政也。

宋嘉祐中，著作佐郎何鬲、三班奉职王嘉麟上书："请罢给茶本钱，纵园户贸易，而官收租钱与所在征算，归榷货务以偿边籴之费，可以疏利源而宽民力。"仁宗从之。其诏书曰："历世之敝，一旦以除，著为经常，弗复更制。"见《宋史·食货志下六》。以是虽当王安石之时，而于茶法未有所变，其说可通之于盐课者也。

中华国学文库

日知录集释 中

〔清〕顾炎武 撰

〔清〕黄汝成 集释

栾保群 校点

中华书局

目　录

中　册

日知录集释卷十一

权量

三代以来，权量之制，自隋文帝一变。杜氏《通典》卷五《赋税中》言："六朝量三升当今一升，称三两当今一两，尺一尺二寸当今一尺。"【原注】今谓即时。〔一〕《左传》定公八年《正义》曰："魏、齐斗称，于古二而为一；周、隋斗称，于古三而为一。"《隋书·律历志》言："梁、陈依古斗。齐以古升五升为一斗。周以玉升一升当官斗一升三合四勺。开皇以古斗三升为一升，大业初依复古斗。梁、陈依古称。齐以古称一斤八两为一斤。〔二〕周玉称四两当古称四两半。开皇以古称三斤为一斤，大业初依复古称。"今考之传记，如《孟子》《告子下》以"举百钧"为"有力人"，三十斤为钧，百钧则三千斤；《晋书·成帝纪》"令诸郡举力人能举千五百斤以上者"；《史记·秦始皇纪》"金人十二，重各千石，置宫廷中"，百二十斤为石，千石则十二万斤；《汉旧仪》“祭天，养牛五岁，至二[①]千斤”；见《续汉·祭祀志上》注引。《晋书·南阳王保传》“自称重八百斤”，不应若此之重。《考工记》曰：“爵一升，觚三升。【原注】《仪礼·特牲馈食礼》注：“觚二升。”献以爵而酬以觚，一献而三酬，则一豆矣。”见《周礼·冬官考工记·梓人》。《礼记》《礼器》“宗庙之祭，贵者献以爵，贱者献以散，尊者举觯，卑者举角。五献之尊，门外缶，门内壶，君尊瓦甒”，注“凡觞一升曰爵，二升曰觚，三升曰觯，四升曰角，壶大一石，瓦甒五斗”。《诗》曰“我姑酌彼金罍”，见《周南·卷耳》。毛说“人君以黄金饰尊，大一硕”；“每食四簋”，见《秦风·权舆》。《正义》“簋，瓦器，容斗二升”，不应若此之巨。《周礼》《地官司徒》舍人“丧纪，共饭米”注：“饭，所以实口。君用粱，大夫用稷，士用稻，皆四升”；《管子》《地数》“凡食盐之数，一月丈夫五升少半，妇人三升少半，婴儿二升少半”；《史记·廉颇传》“一饭斗米”；《汉书·食货志》“食人月一石半”；〔三〕《赵充国传》“以一马自佗负三十日食，为米二斛四斗，麦八斛”；《匈奴传》“计一人三百日食，用糒十八斛”：不应若此之多。《史记·河渠书》“可令亩十石”；嵇康《养生论》“夫田种者，一亩十斛，谓之良田”；见《文选》卷五三。《晋书·傅玄传》“白田收至十馀斛，水田至数十斛”：今之收获最多亦不及此数。《灵枢经》卷六人食“一日中五升”；《礼记》《既夕礼》“朝一溢米，莫一溢米”注：“二十两曰溢，为米一升二十四分升之一”；《晋书·宣帝纪》“问‘诸葛公食可几何？’对曰‘三四

① “二”，按今本《后汉书》作“三”。

升’”；《会稽王道子传》“国用虚竭，自司徒以下，日廪七升”：本皆言少而反得多。是知古之权量比之于今，大抵皆三而当一也。《史记·孔子世家》“孔子居鲁，奉粟六万”，《索隐》曰“当是六万斗”，《正义》曰“六万小斗，当今二千石也”，此唐人所言三而当一之验。盖自三代以后，取民无制，权量之属，每代递增。至魏孝文太和十九年，诏改长尺大斗，依周礼制度，班之天下。【原注】《魏书·张普惠传》：神龟中，上疏言：“高祖废大斗，去长尺，改重称，所以爱万姓，从薄赋，故海内之人歌舞以供其赋，奔走以役其勤。天子信于上，亿兆乐于下。自兹以降，渐渐长阔，百姓嗟怨，闻于朝野。”**隋炀帝大业三年四月壬辰，“改度、量、权、衡，并依古式”。**见《隋书·炀帝纪》。**虽有此制，竟不能复古，至唐时，犹有大斗小斗、大两小两之名，而后代则不复言矣。**〔四〕

〔一〕【钱氏曰】《六典》所谓大斗、大两、大尺也。

〔二〕【沈氏曰】案《通典》：“梁武帝五铢钱，实重四铢三参二黍，其百文则重一斤二两。齐文襄五铢钱，实重五铢，计一百文重一斤四两二十铢。较其多寡重轻，两相符合，则齐与梁并依古称也。而或以为于古二而为一，或以为以古称一斤八两为一斤，岂称他物之称多异于钱称耶？”

〔三〕【杨氏曰】《十六国春秋·前秦纪》有三人食一石谷者。明江国公后吴铁舍，食面六十斤。

〔四〕【沈氏曰】《齐民要术》注云：“其言一石，当今二斗七升。”《本草》注：“李杲曰：‘古云三两，即今之一两，云二两，即今之六钱半也。’时珍曰：‘古一升，即今之二合半也。’”

《山堂考索》《后集》卷二一：“斛之为制，方尺而深尺。班《志》乃云其中容十斗，[①]盖古用之斗小。”

欧阳公《集古录》卷一：有谷口铜甬，“始元四年左冯翊造。其铭曰：‘谷口铜甬，容十斗，重四十斤。’以今权量校之，容三斗，重十五斤”[②]。斗则三而有馀，斤则三而不足。吕氏大临《考古图》卷九：汉好畤官厨鼎，“刻曰‘重九斤一两’。今重三斤六两，今六两当汉之一斤”。又曰：“轵家釜，三斗弱，轵家甑，三斗一升，当汉之一石。”大抵是三而当一也。

古以二十四铢为两。五铢钱十枚，计重二两二铢；今称得十枚，当今之一两弱。〔一〕又《汉书·王莽传》[③]言：天凤元年，“改作货布，长二寸五分，广一寸，首长八分有奇，广八分，其圜好径二分半，足枝长八分，间广二分，其文右曰‘货’，左曰‘布’，重二十五铢”。顷富平民掊地，得货布一罂。所谓长二寸五分者，今钞尺之一寸六分有奇；广一寸者，今之六分有半；八分者，今之五分。而二十五铢者，今称得百分两之四十二。【原注】俗云四钱二分。〔二〕是则今代之大于古者，量为最，权次之，度又次之矣。

〔一〕【沈氏曰】依后“五铢钱”一条，此“一两弱”当作“七钱弱”，传

① 《汉书·律历志》：“十斗为斛。”

② 此段引号内文字为顾氏隐括欧公《集古录》之文，字句颇有删略颠倒。欧公原书《前汉谷口铜甬铭》条如下：“右汉谷口铜甬，原父在长安时得之。其前铭云‘谷口铜甬容十’，其下灭两字，‘始元四年左冯翊造’；其后铭云‘谷口铜甬，容十斗，重四十斤。甘露元年十月计掾章平左冯翊府’，下灭一字。原父以今权量校之，容三斗，重十五斤。”

③ 按下引文实出《汉书·食货志》。《王莽传》虽言货布，无此之详。

写误也。

〔二〕【沈氏曰】货布亦有重至四钱八分者，用行等称。行等即米平，比布政司等每两轻二分三厘。

【又曰】《唐会要》云："开元通宝钱，径八分。"杜氏《通典》云："开通元宝钱，每十钱重一两。"

《晋书·挚虞传》："将作大匠陈勰，掘地得古尺。尚书奏：'今尺长于古尺，宜以古为正。'潘岳以为习用已久，不宜复改。虞驳曰：'昔圣人有以见天下之赜而拟其形容，象物制器，以存时用。故参天两地，以正算数之纪；依律计分，以定长短之度。其作之也有则，故用之也有征。考步两仪，则天地无所隐其情；准正三辰，则悬象无所容其谬。施之金石，则音韵和谐；措之规矩，则器用合宜。一本不差而万物皆正，及其差也，事皆反是。今尺长于古尺几于半寸，乐府用之，律吕不合；史官用之，历象失占；医署用之，孔穴乖错。此三者，度量之所由生，得失之所取征，皆絓阂而不得通，故宜改今而从古也。唐虞之制，同律、度、量、衡；仲尼之训，谨权审度。今两尺并用，不可谓之同；知失而行，不可谓之谨。不同不谨，是谓谬法，非所以轨物垂则，示人之极。凡物有多而易改，亦有少而难变；有改而致烦，亦有变而之简。度量是人所常用，而长短非人所恋惜，是多而易改者也；正失于得，反邪于正，一时之变，永世无二，是变而之简者也。宪章成式，不失(其)①旧物。季末苟

① "其"字，据张京华《校释》删。《晋书》本文即无"其"字。

合之制，异端杂乱之用，宜以时厘改，贞夫一者也。臣以为宜如所奏。'"〔一〕

〔一〕【沈氏曰】《宋史·律历志》云："周显德中，王朴始依周法，以秬黍校正尺度，长九寸，虚径三分，为黄锺之管，作律准，以宣其声。宋乾德中，太祖以雅乐声高，诏有司重加考正。时判太常寺和岘言：'西京铜望臬尺寸可校古法，即今司天台影表铜臬下石尺是也。及以朴所定尺比校，短于石尺四分，则声乐之高，盖由于此。况影表测于天地，则管律可以准绳。'乃令依古法以造新尺并黄锺九寸之管，命工人校其声，果下于朴所定管一律。又内出上党羊头山秬黍，累尺校律，亦相符合。遂下尚书省集官详定，众议佥同。由是重造十二律管，自此雅音和畅。"又云："宋既平定四方，凡新邦悉颁度量于其境，其伪俗尺度逾于法制者去之。乾德中，又禁民间造者，由是尺度之制尽复古焉。"又云："太祖受禅，诏有司精考古式，作为嘉量，以颁天下。其后定西蜀，平岭南，复江表，泉、浙纳土，并、汾归命。凡四方斗斛不中式者皆去之，嘉量之器悉复升平之制焉。"

大斗大两

《汉书·货殖传》"黍千大斗"，师古曰："大斗者，异于量米粟之斗也。"是汉时已有大斗，但用之量粗货耳。

《唐六典》卷三："凡度，以北方秬黍中者一黍之广为分，十分为寸，十寸为尺，一尺二寸为大尺，十尺为丈。凡量，以秬黍中者容一千二百黍为龠，二龠为合，十合为升，十升为斗，三斗为大斗，〔一〕十斗为斛。凡权衡，以秬黍中者百黍之重为铢，【原注】应劭曰：“十黍为絫，十絫为铢。”见《汉书·律历志》注。二十四铢为两，三两为大两，十六两为斤。凡积秬黍为度、量、权衡者，调锺律、测晷景、合汤药及冠冕之制则用之，内外官司悉用大者。”按唐时权量，是古今小大并行，太史、太常、太医用古，【原注】杜氏《通典》卷一四四云：“贞观中，张文收铸铜斛、称、尺，以今常用度量校之，尺当六之五，衡量皆三之一。”○《旧唐书·代宗纪》：“大历十年(八)[四]月，太常寺奏：‘诸州府所用斗称，当寺给铜斗称，州府依样制造而行。’从之。”○《通典》卷六载诸郡土贡：“上党郡贡人参三百小两，高平郡贡白石英五十小两，济阳郡贡阿胶二百小斤，鹿角胶三十小斤，临封郡贡石斛十小斤，南陵郡贡石斛十小斤，同陵郡贡石斛二十小斤。”此则贡物中亦有用小斤小两者，然皆汤药之用。他有司皆用今，久则其今者通行而古者废矣。

〔一〕【钱氏曰】据《隋书·律历志》：“开皇以古斗三升为一升，古称三斤为一斤。”则大斗、大两始于隋开皇间，唐初沿而不改耳。

宋沈括《笔谈》卷三曰：“予受诏考锺律及铸浑仪，求秦、汉以来度量，计六斗当今之一斗七升九合，称三斤当今十三两。”是宋时权量又大于唐也。〔一〕

〔一〕【沈氏曰】阎百诗云：“古量甚小，其数可考者，大约汉二斗七升当今五升四合。”然则古之五才当今之一也。

【又曰】汉权有重四斤者，实当今十三两弱。彤以司等亲较之。

【赵氏曰】《笔谈》又云：“汉之一斛当今二斗七升，百二十斤为石，当今三十二斤。”可见汉时斗称之制已大于古。

《元史》言“至元二十年，颁行宋文思院小口斛”，见《世祖纪九》。又言“世祖取江南，命输米者止用宋斗斛，以宋一石当今七斗故也”，见《食货志一》。是则元之斗斛又大于宋也。

汉禄言石

古时制禄之数，皆用斗斛。《左传》昭公三年言“豆、区、釜、锺，各自其四，以登于釜”，《论语》《雍也》“与之釜，与之庾”，《孟子》《公孙丑下》“养弟子以万锺”，皆量也。汉承秦制，始以石为名。【原注】《韩非子》《外储说右下》：“王因收吏玺，自三百石已上皆效之子之。”是时即以石制禄。《史记·燕世家》同。〔一〕故有中二千石、二千石、比二千石，千石、比千石，六百石、比六百石，四百石、比四百石，三百石、比三百石，二百石、比二百石，百石，而三公号万石。百二十斤为石，是以权代量。然考《续汉·百官志》所载，“月奉之数，则大将军、三公奉月三百五十斛，以至斗食奉月十一斛”，又未尝不用斛。所谓二千石以至百石者，但以为品级之差而已。【原注】《汲黯传》注：如淳曰：“真二千石，月得百五十斛，岁凡得千八百石耳。二千石，月得百二十斛，岁凡得一千四百四十石耳。”今人以十斗为石，本于此。不知秦时所谓“金人十二，重各千石”，见《史记·秦始皇本纪》。“撞万石之锺”，见《汉书·东方朔传》。**"县石铸锺虡"**，见《汉书·贾山传》。**"衡石程书"**[①]**之类，皆权也，非量也。惟**《史记》**《白圭传》"谷长石斗"，《淳于髡传》"一斗亦醉，一石亦醉"，对斗言之，是移权之名于量尔。**

〔一〕【赵氏曰】石本权衡之数也。《汉·律历志》："二十四铢为两，十六两为斤，三十斤为钧，四钧为石。"是石乃权之极数。至"十龠为合，十合为升，十升为斗，十斗为斛"，则斛乃量之极数。乃俗以五斗为斛，两斛为石，是以权之极数为量之极数，殊歧误。然汉时米谷之量已以石计，如二千石、六百石之类是也。又《管子·禁藏》篇"民率三十亩，亩取一石，则人有三十石"，《国策》"燕哙让国子之，自吏三百石以上，悉予之"，又《汉书·食货志》"李悝之论曰：'一夫田百亩，每亩岁收一石半'"云云，则斗斛之以石计，自春秋、战国时已然。又案古时一石重一百二十斤，与一斛之数不甚相远。古时十斗为斛，一斛即是一石。后世五斗为斛，两斛为一石，宋时已然。

叶梦得《岩下放言》卷上：**"名生于实，凡物皆然。以斛为石，不知起何时，自汉以来始见之。石本五权之名，汉制重百二十斤为石，非量名也，**〔一〕**以之取民赋禄，如二千石之类。以谷百二十斤为斛，犹之可也。若酒言石，酒之多少本不系谷数，从其取之醇醨。以今准之，酒之醇者，斛**[②]**止取七斗或六斗，而醨者多至于十五六斗。若以谷百二十**

① "衡石程书"，张京华《校释》：见《史记·秦始皇本纪》。今本《史记》作"衡石量书，日夜有呈"。呈，有本作程，谓程期。

② "斛"，张京华《校释》作"或"。

斤为斛，〔二〕酒从其权名，则当为酒十五六斗，从其量名，则斛当谷百八九十斤，进退两无所合。是汉酒言石者，未尝有定数也。【原注】谢肇淛谓："古者爵容一升，十爵为斗，百爵为石。"见《五杂俎》卷一一《物部三》。以《考工记》"一献三酬"之说准之，良然。昔人未详此义。至于面言斛石，面亦未必正为麦百二十斤，而麦之实又有大小虚实，然沿袭至今，莫知为非。及弓弩较力，言斗言石，此乃古法；打硾以斤为别，而世反疑之，乃知名实何常之有。"

〔一〕【杨氏曰】《说苑》："十六黍为豆，六豆为铢，二十四铢为两，十六两为斤，三十斤为钧，四钧为石。千二百黍为龠，十龠为合，十合为升，十升为斗，十斗为石。"

〔二〕【沈氏曰】《左传》襄十七年疏："古者一斛百二十斤，一斗十二斤，一升十九两二分。"

《史记·货殖传》："狐貂裘千皮，羔羊裘千石。"变"皮"言"石"，亦互文也。凡细而轻者则以皮计，粗而重者则以石计。

以钱代铢

古算法，二十四铢为两。《汉轵家釜铭》"重十斤九铢"，《轵家甑铭》"重四斤廿铢"①是也。近代算家不便，乃

① 按二器铭文均见《历代锺鼎彝器款识》卷二十。但《轵家釜铭》为"重十斤一两九铢"。

十分其两，而有“钱”之名。此字本是借用钱币之钱，非数家之正名，〔一〕簿领用之可耳，今人以入文字，可笑。《唐书》《食货志四》：“武德四年，铸开通元宝，径八分，重二铢四絫。【原注】“絫”或作“参”。沈存中曰：“今蜀(部)[郡][①]亦以十参为一铢。‘参’乃古之‘絫’字。”积十钱重一两，得轻重大小之中。”所谓二铢四絫者，今一钱之重也。后人以其繁而难晓，故代以“钱”字。〔二〕

〔一〕【沈氏曰】犹今北方买米者，不言升，但言碗也。

【又曰】《通典·选举三》注云：“弓用一石力，箭重六钱。”

〔二〕【沈氏曰】今一钱之重，当古七铢二絫。

度、量皆以十起数，惟权则“以一龠容千二百黍，重十二铢，两之为两，十六两为斤，三十斤为钧，四钧为石”。见《汉书·律历志上》。今人改铢为钱，而自两以上则絫百絫千以至于万，而权之数亦以十起矣。汉制，钱言铢，金言斤，见《汉书·食货志下》。其名近古。〔一〕

〔一〕【汝成案】度量起算皆以秬黍，由寸递揣，丈尺可知，自龠至斛，亦可等加。权始于龠，则变多寡为重轻，其数难齐，是以百黍为铢，二十四铢为两。赵宋改铢为钱，十钱为两，而斤与钧石如初，则起算虽殊，积两何异？亦犹日法万分，象限九十，通其强弱，盈虚自合云尔。

《宋史·律历志》：“太宗淳化三年三月诏曰：‘《书》

① 据《梦溪笔谈》卷四改正。

《舜典》云“协时月，正日，同律、度、量、衡”，所以建国经而立民极也。国家万邦咸乂，九赋是均。顾出纳于有司，系权衡之定式。如闻秬黍之制，或差毫厘，锤钩为奸，害及黎庶。宜令详定称法，著为通规。’事下有司。监内藏库崇仪使刘蒙、刘承珪言：‘太府寺旧铜式，自一钱至十斤，凡五十一，轻重无准。外府藏受黄金，必自毫厘计之。式自钱始，则伤于重。’遂寻本末，别制法物。至景德中，承珪重加参定，而权、衡之制益为精备。其法盖取《汉志》‘子谷秬黍’为则，广十黍以为寸，从其大乐之尺，【原注】秬黍，黑黍也。乐尺，自黄锺之管而生也。谓以秬黍中者为分寸轻重之制。[①] 就成二术。【原注】二术，谓以尺、黍而求氂、絫。因度尺而求氂，【原注】度者，丈尺之总名。谓因乐尺之原起于黍，而成于寸。析寸为分，析分为氂，析氂为毫，析毫为丝，析丝为忽。则十忽为一丝，十丝为一毫，十毫为一氂，十氂为一分。自积黍而取絫，【原注】从积黍而取絫，则十黍为絫，十絫为铢，二十四铢为两。絫铢皆以铜为之。以氂、絫造一钱半及一两等二称，各悬三毫，以星准之。等一钱半者，以取一称之法。其衡合乐尺一尺二寸，重一钱，锤重六分，盘重五分。初毫星准半钱，至梢总一钱半，析成十五分，分列十氂。【原注】第一毫下等半钱当十五氂，若十五斤称等五斤也。〔一〕中毫至梢一钱，析成十分，分列十氂。末毫至梢半钱，析成五分，分列十氂。等一两者，亦为一称之则。其衡合乐尺一尺四寸，重一钱半，锤重六钱，盘重四钱。初毫至梢布二十四铢，下别出一星，星等五

① 此段引文中的小注，均为《宋史·律历志》原注。

絫。【原注】每铢之下复出一星，等五絫。则四十八星等二百四十絫，计二千四百絫为一两。〔二〕**中毫至梢五钱，布十二铢，铢列五星，星等二絫。**【原注】布十二铢为五钱之数，则一铢等十絫，都等一百二十絫为半两。**末毫至梢六铢，铢列十星，星等一絫。**【原注】每星等一絫，都等六十絫为二钱半。**以御书真、草、行三体淳化钱，较定实重二铢四絫为一钱者，以二千四百得十有五斤为一称之则。其法，初以积黍为准，然后以分而推忽，为定数之端。故自忽、丝、毫、氂、黍、絫、铢各定一钱之则。**【原注】谓皆定一钱之则，然后制取等称也。**忽万为分，**【原注】以一万忽为一分之则，以十万忽定为一钱之则。忽者，吐丝为忽。分者，始微而著，言可分别也。**丝则千，**【原注】一千丝为一分，以一万丝定为一钱之则。**毫则百，**【原注】一百毫为一分，以一千毫定为一钱之则。毫者，氂毛也。自忽、丝、毫三者，皆断骥尾为之。**氂则十，**【原注】一十氂为一分，以一百氂定为一钱之则。氂者，牦牛尾毛也。曳赤金成丝以为之也。**转以十倍倍之，则为一钱。**【原注】"转以十倍倍之"，谓自一万忽至十万忽之类，定为之则也。**黍以二千四百枚为一两，**【原注】一龠容千二百黍，为十二铢，则以二千四百黍定为一两之则。两者以二龠为两。**絫以二百四十，**【原注】谓以二百四十絫定为一两之则。**铢以二十四，**【原注】转相因成，十絫为铢，则以二百四十絫定成二十四铢，为一两之则。铢者，言殊异也。**遂成其称。称合黍数，则一钱半者，计三百六十黍之重。列为五分，**〔三〕**则每分计二十四黍。又每分析为一十氂，则每氂计二黍十分黍之四，**【原注】以一氂分二十四黍，则每氂先得二黍，都分成四十分，则一氂又得四分,是每氂得二黍十分黍之四。**每四毫一丝六忽有差为一黍,则氂、絫之数极矣。**〔四〕**一两者,合二十四铢,为二千四百黍之重。每百黍为铢,二百四十黍为二铢四絫,二铢四絫为钱,二絫四黍为分。一絫二黍重五氂,六黍重二氂五毫,三黍重一氂二毫五丝,则黍、絫之数成矣。先是,守藏吏受天下岁输金币①,而太府权衡旧式失准,得因之为奸,故诸道主者坐逋负而破产者甚众。又守藏更代,校计争讼,动必数载。至是,新制既定,奸弊无所措,中外以为便。"**【原注】度、量、权、衡,皆太府掌造,以给内外官司及民间之用。凡遇改元,即令更造,各以年号印而识之。其印有方印、长印、八角印、笏头印之别,所以明制度而防伪滥也。**是则今日以十分为钱,十钱为两,皆始于宋初所谓新制者也。**

〔一〕【沈氏曰】"十五氂"当作"百五十氂"。

〔二〕【沈氏曰】四百絫之"絫"当作"黍"。

〔三〕【沈氏曰】"五分"上当有"十"字。

〔四〕【沈氏曰】"氂絫"之"氂"当作"黍"。

十分为钱

古时"分"乃度之名,非权之名。《说文》卷三下"寸"部**"寸,十分也",《隋书·律历志》引《易纬通卦验》"十马尾为一分",《说苑》**《辨物》**"度、量、权、衡,以粟生,十粟为一**

① "币",今本《宋史》作"帛"。

分，[①]十分为一寸"，【原注】《淮南子》《主术训》注同。《孙子算术》卷上"蚕所吐丝为忽，十忽为秒，十秒为毫，十毫为氂，十氂为分，十分为寸"，《汉书·律历志》"本起黄锺之长。以子谷秬黍中者，一黍之广，度之九十(黍)[分]，为黄锺之长。一黍为一分，十分为一寸"，此皆度之名。《淮南子》《天文训》"十二蔈而当一粟，【原注】《宋书·律志》作"標"。十二粟而当一分，十二分而当一铢，十二铢而当半两，二十四铢为一两，十六两为一斤，三十斤为一钧，四钧为石"，此则权之名。【原注】《史记·大宛传》："善市贾，争分铢。"然以十二分为一铢，二十四铢为一两，则小于今之为分者多矣。〔一〕

〔一〕【赵氏曰】分、氂、毫、丝，忽，本亦度之名，《孙子算经》所云是也。宋太宗诏更定权衡之式，崇仪使刘蒙、刘承珪等乃取乐尺积黍之法移于权衡，于是权衡中有忽、丝、毫、氂、分、钱之数，此近代两、钱、分、厘、毫、忽、丝之所由起也。今俗权货物者曰"称"，权金银者曰"等"，宋初皆谓之"称"，刘承珪所定"铢二十四，遂成其称"是也。元丰后乃有"等子"之名。

陶隐居弘景《名医别录》曰"古称惟有铢两，而无分名。今则以十黍为一铢，六铢为一分，四分为一两，十六两为一斤"，李杲曰："六铢为一分，即今之二钱半也。"[②]此又以二钱半为分，则随人所命而无定名也。

① "以粟生十粟为一分"，按《说苑》原文为"以粟生之，为一分"。

② 李杲，字明之，金元时名医。此处所引是李杲为《名医别录》所加注中语。为李时珍收入《本草纲目》卷一上。

黄金

汉时黄金上下通行。故文帝赐周勃至五千斤，见《史记·文帝纪》。**宣帝赐霍光至七千斤，**见《汉书·霍光传》。**而武帝以公主妻栾大，至赍金万斤。**见《史记·今上本纪》。【原注】《汉书》作"十万斤"。**卫青击胡①，斩捕首虏之士，受赐黄金二十馀万斤。**见《汉书·食货志》。【原注】古来赏赐之数莫侈于元。成宗即位，赐驸马蛮子带银七万六千五百两，阔里吉思一万五千四百五十两，高丽王王昛三万两。其定诸王朝会赐与，有至金千两、银七万五千两者。俱见《元史·成宗纪》。**梁孝王薨，藏府馀黄金四十馀万斤。**见《汉书·文三王传》。**馆陶公主近幸董偃，令中府曰："董君所发，一日金满百斤，钱满百万，帛满千匹，乃白之。"**见《汉书·东方朔传》。**王莽禁列侯以下不得挟黄金，输御府受直。至其将败，"省中黄金万斤者为一匮，尚有六十匮，黄门、钩盾、藏府、中尚方处处各有数匮"。**见《汉书·王莽传》。**而《后汉·光武纪》言"王莽末，天下旱蝗，黄金一斤，易粟一斛"，是民间亦未尝无黄金也。董卓死，坞中有金二三万斤，银八九万斤。**见《后汉书·董卓传》。**昭烈得益州，赐诸葛亮、法正、关羽、张飞金各五百斤，银千斤。**见《三国志·蜀志·张飞传》。**《南齐书·萧颖胄传》："长沙寺僧业富沃，铸黄金为龙数千两，埋土中，历相传付，称为'下方黄铁'，莫有见者。颖胄起兵，乃取此龙以充军实。"《梁书·武陵王**

---

① "击胡"，原本作"出塞"，据《校记》改。

纪传》:“黄金一斤为饼,百饼为簉,至有百簉。银五倍之。”[①]自此以后,则罕见于史。《尚书》《舜典》疏:“汉、[后]魏赎罪,皆用黄金。后魏以金难得,令金一两收绢十匹。”今律乃赎铜。

宋太宗问学士杜镐曰:“(两)[西]汉赐予多用黄金,而后代遂为难得之货,何也?”对曰:“当时佛事未兴,故金价甚贱。”见《宋史·杜镐传》。今以目所睹记及《会典》所载国初金价推之,亦大略可考。《会典·钞法》卷内云“洪武八年,造大明宝钞,每钞一贯,折银一两。每钞四贯,易赤金一两”,见《明会典》卷三四。是金一两当银四两也。《征收》卷内云“洪武十八年,令凡折收税粮,金每两准米十石,银每两准米二石”,是金一两当银五两也。“三十年,上曰:‘折收逋赋,欲以苏民困也。今如此其重,将愈困民。’更令金每两准米二十石,银每两准米四石”,然亦是金一两当银五两也。“永乐十一年,令金每两准米三十石”,则当银七两五钱矣。又“令交阯召商中盐,金一两给盐三十引”,以上均见《明会典》卷三七。则当银十两矣。〔一〕岂非承平以后,日事侈靡,上自宫掖,下逮勋贵,用过乎物之故与?【原注】辽张孝杰为北府宰相,贪货无厌,尝曰:“无百万两黄金,不足为宰相家。”见《辽史·张孝杰传》。幼时见万历中赤金止七八换,崇祯中十换,【原注】天启中,权奄用事,百官献媚者皆进金卮,金价渐

① 以上引文不见于《梁书》,见于《南史·梁武帝诸子·圆正传》。

贵。**南渡[①]至十三换**〔二〕**矣。投珠抵璧之风,[②]将何时而见与?**

〔一〕【沈氏曰】周安期《杂稿》云:"《金陀续编》中有绍兴四年朝省行下事件省劄内一项,于行在榷货务,支银一十万两,每两二贯五百文,金五千两,每两三十贯,二项计准钱四十万贯。可见当时每钱一贯,止值银四钱,每金一两,却值银十二两。"

〔二〕【汝成案】元本"十三换"下有"以后贱至六换,而今又十三换"十二字。

《汉书·食货志》"黄金重一斤,直钱万。朱提银重八两为一流,直一千五百八十。他银一流直千",是金价亦四五倍于银也。【原注】方勺《泊宅编》卷中云:"当时黄金一两才直钱六百,朱提银一两才直钱二百。"

《元史》《食货志》**"至大银钞一两,准至元钞五贯,白银一两,赤金一钱",是金价十倍于银也。**

《史记·平准书》"一黄金一斤",[③]【原注】《汉书·食货志》"黄金方寸而重一斤",《庄子》《内篇·逍遥游》"百金"注,李曰"金方寸重一斤。百金,百斤也",《汉书·韦贤传》"赐黄金百斤","玄成诗曰:'厥赐祁祁,百金洎馆'"是也。**臣瓒曰:"秦以一镒为一金,**【原注】孟康曰:"二十(四)两曰镒。"[④]**汉以一斤为一**

① "南渡",原本作"江左",据《校记》改。按此"南渡"指南明弘光政权。

② 尧、舜抵璧于山,投珠于谷。见陆贾《新语·术事》:"圣人不用珠玉而宝其身,故舜弃黄金于崭岩之山,捐珠玉于五湖之渊,将以杜淫邪之欲,绝琦玮之情。"

③ 《索隐》按:"如淳云'时以钱为货,黄金一斤直万钱',非也。又臣瓒下注云'秦以一溢为一金,汉以一斤为一金',是其义也。"

④ 援庵《校注》:孟康注见《史记·平准书》、《汉书·食货志下》,均作"二十两曰镒"。

金。”是汉之金已减于秦矣。《汉书·食货志》：“黄金重一斤，直钱万。”《惠帝纪》注，师古曰：“诸赐金不言黄者，一斤与万钱。”【原注】《王莽传》：“故事，聘皇后黄金二万斤，为钱二万万。”〇《公羊》隐公五年传“百金之鱼”注：“百金犹百万也。古以金重一斤，若今万钱。”

古来用金之费，如《吴志·刘繇传》：“笮融大起浮图祠，以铜为人，黄金涂身，衣以锦采，垂铜盘九重。”《何姬传》注引《江表传》：“孙皓使尚方以金作华燧、步摇、假髻以千数，令宫人著以相扑，朝成夕败，辄出更作。”《魏书·释老志》：“兴光元年，敕有司，于五(缎)[级]大寺内为太祖已下五帝铸释迦立像五，各长一丈六尺，都用赤金二万五千斤。”“天安中，于天宫寺造释迦立像，高四十三尺，用赤金十万斤，黄金六百斤。”《齐书·东昏侯本纪》：“后宫服御，极选珍奇，府库旧物，不复周用，贵市民间金银宝物，价皆数倍。京邑酒租皆折使输金，以为金涂，犹不能足。”《唐书·敬宗纪》：“诏度支进铜三千斤，金薄【原注】即“箔”字。十万，翻修清思院新殿及升阳殿图障。”《五代史·闽世家》：“王昶起三清台三层，以黄金数千斤铸宝皇及元始天尊、太上老君像。”宋真宗作玉清昭应宫，甍栱栾楹，全以金饰，所费巨亿万，虽用金之数亦不能全计。见宋田况《儒林公议》。《金史·海陵本纪》：“宫殿之饰，遍傅黄金，而后间以五采。金屑飞空如落雪。”《元史·世祖本纪》：“建大圣寿万安寺，佛像及窗壁皆金饰之，凡费金五百四十两有奇，水银二百四十斤。”又言：“缮写金字藏经，凡糜金三千二百四十四两。"【原注】《吴澄传》言:"粉黄金为泥,写浮屠藏经。"〇《泰定帝纪》:"泰定二年七月庚午,以国用不足,罢书金字藏经。"〇时于云南立造卖金箔规措所。见《世祖纪》。此皆耗金之由也。杜镐之言,颇为不妄。《草木子》卷四云:"金一为箔,无复再还元矣。"故《南齐书·(武)[高]帝纪》"禁不得以金银为箔"。【原注】《宋史·真宗纪》:"大中祥符元年二月丙午,申明不许以金银为箔之制。"《仁宗纪》:"康定元年八月戊戌,禁以金箔饰佛像。"《哲宗纪》:"元祐二年九月丁卯,禁私造金箔。"《刘庠传》:"仁宗外家李珣犯销金法。庠奏言,法行当自贵近始。从之。"〇《金史·世宗纪》:"大定七年七月戊申,禁服用金线,其织卖者皆抵罪。"〇《元史·仁宗纪》:"至大四年三月辛卯,禁民间制金箔、销金、织金。"而《太祖实录》卷四八言:"上出黄金一锭,示近臣曰:'此表笺袱盘龙金也,令宫人洗涤销镕得之。'"呜呼,俭德之风远矣!

银

唐、宋以前,上下通行之货,一皆以钱而已,未尝用银。《汉书·食货志》言:"秦并天下,币为二等。而珠玉、龟贝、银锡之属为器饰宝臧,不为币。"孝武始造白金三品,寻废不行。见《汉书·食货志》。【原注】谢肇淛《五杂俎》卷一二《物部四》曰:"汉银八两,直钱一千。当时银贱而钱贵,今银一两即直千钱矣。"〔一〕《旧唐书》《食货志》:宪宗元和三年六月诏曰:"天下有银之山,必有铜矿。铜者可资于鼓铸,银者无益于生人。其天下自五岭以北,见采银坑,并宜禁断。"【原注】李德裕为浙西观察使，奏云："去[年]二月中，奉宣令进盝子，计用银九千四百馀两。其时贮备都无二三百两。"见《旧唐书·李德裕传》。**然考之《通典》**卷九，**谓"梁初唯京师及三吴、荆、郢、江、湘、梁、益用钱，其馀州郡则杂以谷帛交易，交、广之域则全以金银为货"；而唐韩愈奏状亦言"五岭买卖一以银"**；见《昌黎集》卷三七《钱重物轻状》。**元稹奏状言"自岭已南，以金银为货币。自巴已外，以盐帛为交易。黔、巫溪峡用水银、朱砂、缯彩、巾帽以相市"。**见《元氏长庆集》卷三四《钱货议状》。【原注】杜氏《通典》卷六载"唐度支岁计之数，粟则二千五百馀万石，布、绢、绵则二千七百馀万端、屯、匹，钱则二百馀万贯"，未尝有银。其土贡则贵州贡银百两，鄂、新、党三州各贡银五十两，贺州贡银三十两，邵、端、昭、潘、辨、高、龚、浔、严、封、春、罗、牢、窦、横、象、泷、藤、平琴、廉、义、柳、勤、康、恩、崖、万安二十七州，各贡银二十两。是唐人以银为贡，而不以为赋也。张籍《送南迁客》诗："海国战骑象，蛮州市用银。"**《宋史·仁宗纪》"景祐二年，诏诸路岁输缗钱。福建、二广易以银，江东以帛"，于是有以银当缗钱者矣。《金史·食货志》："旧例银每铤五十两，其直百贯。**【原注】《旧唐书·哀帝纪》："内库出方圆银二千一百七十二两，充见任文武常参官救接。"是知前代银皆是铸成。**民间或有截凿之者，其价亦随低昂。遂改铸银名承安宝货，一两至十两分五等，每两折钱二贯，公私同见钱用。"又云："更造兴定宝泉，每贯当通宝五十。又以绫印制元光珍货，同银钞及馀钞行之。行之未久，银价日贵，宝泉日贱，民但以银论价。至元光二年，宝泉几于不用。哀宗正大间，民间但以银市易。"此今日上下用银之始。**〔二〕

〔一〕【阎氏曰】按孝武始造白金三品,乃杂铸银锡为之,此即《汉书》安息国以银为钱之制。竟认作银,非。其文有龙、有马、有龟,所直各不同。王莽即真,始直用银,朱提银重八两为一流,直一千五百八十,它银一流直千,是为银货二品。

〔二〕【阎氏曰】按绍兴岁币银二十万两,绢二十万匹,又縻费银一千三百馀两,非上下用银之事乎?何必金。大抵北宋所著书,上下用银已不计其数矣。

【赵氏曰】秦并天下,币为二等,黄金为上币,馀皆用钱。其珠玉、龟贝、银锡只为器饰,不用为币。汉初因之。然晁错言"珠玉、金银饥不可食,寒不可衣,而在于把握,可以周四海而无饥寒之患"。则是时虽不用银,而银与金、珠同贵可知。汉武元狩四年,造白金为币。白金乃银锡所造,有三品,其一曰白撰,重八两,其文龙,直三千;次曰以重,其文马,直五百;次曰复小,其文龟,直三百。吏民盗铸者不可胜数,则已有用之者,然岁馀终废不行。王莽又制为银货,与钱货并行,而民间仍以五铢钱交易。魏文帝时,并罢钱,令民以谷帛相易。六朝则钱、帛兼用,而帛之用较多。此历代未用银之证也。《文献通考》:"萧梁时,交广之域全以金银交易。后周时,西河诸郡或用西域金银之钱。"此盖用银之始,然但行于边,而中土尚未行,唐则并禁用银矣。《五代史》:后唐庄宗将败,谕军士曰:"适报魏王平蜀,得金银五十万,当悉给尔等。"又李继韬既反复降,其母杨氏善蓄财,乃赍银数十万两至京师,厚赂庄宗之宦官、伶人,并赂刘皇后,继韬由是得释。慕容彦超至作伪银以射利。则其时民间皆已用银可知。

今民间输官之物皆用银,而犹谓之"钱粮"。盖承宋代

之名，当时上下皆用钱也。

国初所收天下田赋，未尝用银，惟坑冶之课有银。《实录》于每年之终记所入之数，而洪武二十四年但有银二万四千七百四十两，见《太祖实录》卷二一四。**至宣德五年则三十二万二百九十七两，岁办视此为率。**见《宣宗实录》卷七四。【原注】按宋苏辙《元祐会计录》，岁入银止五万七千两。《元史·成宗纪》右丞相完泽言，岁入银止六万两。而宣德五年，奏温、处二府，平阳、丽水等五县，[课]银额至八万七千八百两，[①]盖所开坑冶渐多。**当日国家固不恃银以为用也。**〔一〕**至正统三年，"以采办扰民，始罢银课，封闭坑穴"，**见《英宗实录》卷四九。**而岁入之数不过五千有馀。九年闰七月戊寅朔，复开福建、浙江银场，**见《英宗实录》卷一一九。【原注】是年采纳已六万七千一百八十两。**乃仓粮折输变卖，无不以银。后遂以为常货，盖市舶之来多矣。**

〔一〕【慕氏曰】自庸调废而两税法兴，民力之输纳无复本色之供，国用之征求惟以金钱为急，上下相寻，惟乏金是患。然银两之所由生，一则矿砾之银，一则番舶之银。本朝顺治六七年间，海禁未设，见市井贸易多以外国银钱，各省流行，所在多有。自一禁海之后，绝迹不见，是塞财源之明验也。

【程方伯曰】天下大利在洋，而大害亦在洋。诸番所产之货，皆非中国所必需，每岁约值千万金。若以货易货，不必以实银交易，于中国尚无所妨。惟鸦片一物，伤吾民命，耗吾财源，每岁不下数百万金，皆潜以银交易，有去无来。中国土地所产，岁有几何，不数十年，中国之白金竭矣。

---

① 《刊误》卷上："'课'，诸本并脱。今从原写本补。"而刻本实未补，今从《刊误》补。

【汝成案】近来民间盛行洋钱，几代制钱、白金之半。将见数十年之后，白金尽为外洋所换，而海内之财源竭矣。流弊之极，不可不为之禁也。故吴兰修曰："凡夷船出口，止准带光面洋银，其内地戳印银，照纹银例一体严禁。"夫法制峻立，烦扰空滋，矧兹辽阔，岂易津逻？窃意因势惠威，随俗闭纵，柔远不伤，阑出自绝。必有采此说而善为高下者矣。

《太祖实录》：洪武八年三月辛酉朔，"禁民间不得以金银(为)**[物]货交易，违者治其罪。有告发者，就以其物给之"，**见卷九八。**其立法若是之严也。九年四月己丑，"许民以银钞钱绢代输今年租税"。**见卷一〇五。**十九年三月己巳诏："岁解税课钱钞，有道里险远难致者，许易金银以进。"**见卷一七七。**五月己未，诏户部："以今年秋粮及在仓所储，通会其数，除存留外，悉折收金银布绢钞①**(定)**[锭]输京师。"**见卷一七八。**此其折变之法，虽暂行，而交易之禁亦少弛矣。**

正统元年八月庚辰，命江南租税折收金帛。【原注】《会典》言浙江、江西、湖广三布政司，直隶苏、松等府。**先是，都察院右副都御史周铨奏："行在各卫官员俸粮，在南京者，差官支给，本为便利。**【原注】是时京官俸粮并于南京支给。**但差来者，将各官俸米贸易物货，贵买贱酬，十不及一，朝廷虚费廪禄，各官不得实惠。请令该部会议岁禄之数，于浙江、江**

① 《刊误》卷上："'钞'，诸本同，原写本作'纱'。案上有'许民以银钞钱绢代输今年租税'，'诏岁解今年税课钱钞'云云，此当作'钞'字。原写本误。"

西、湖广、南直隶不通舟楫之处，各随土产折收布绢、白金，赴京充俸。”巡抚江西、侍郎赵新亦言：“江西属县有僻居深山、不通舟楫者，岁赍金帛于通津之处易米，上纳南京。设遇米贵，其费不赀。今行在官员俸禄于南京支给，往返劳费，不得实用。请令江西属县量收布绢或白金，类销成锭，运赴京师，以准官员俸禄。”少保兼户部尚书黄福亦有是请。至是行在户部复申前议。上曰：“祖宗尝行之否？”尚书胡濙等对曰：“太祖皇帝尝行于陕西，每钞二贯五百文折米一石，黄金一两折二十石，白金一两折四石，绢一匹折一石二斗，布一匹折一石，各随所产，民以为便。后又行于浙江，民亦便之。”上遂从所请，【原注】每米麦一石折银二钱五分。远近称便。然自是仓廪之积少矣。【原注】已上《实录》全文。见《英宗实录》卷二一。

二年二月甲戌，命两广、福建当输南京税粮，悉纳白金，有愿纳布绢者，听。于是巡抚南直隶、行在工部侍郎周忱奏“官仓储积有馀”。见《英宗实录》卷二七。其年十月壬午，遣行在通政司右通政李畛，往苏、松、常三府，将存留仓粮七十二万九千三百石有奇，卖银准折官军俸粮。见《英宗实录》卷三五。三年四月甲寅，命粜广西、云南、四川、浙江陈积仓粮。见《英宗实录》卷四一。遂令军民无挽运之劳，而囷庾免陈红之患，诚一时之便计也。

自折银之后，不二三年，频有水旱之灾，而设法劝借至千石以上以赈凶荒者，谓之“义民”，诏复其家。至景泰间，纳粟之例纷纷四出。相传至今，而国家所收之银不复知其为米矣。

《唐书》《杨国忠传》言:“天宝中,海内丰炽,州县粟帛举巨万。杨国忠判度支,因言:‘古者二十七年耕,馀九年食。今天下太平,请在所出滞积,变轻赍,内富京师。又悉天下义仓及丁租、地课易布帛,以充天子禁藏。’”当日诸臣之议,[①]有类于此,踵事而行,不免太过,相沿日久,内实外虚。至崇祯十三年,郡国大祲,仓无见粟,民思从乱,遂以亡国。

宣德中,以边储不给,而定为纳米赎罪之令,其例不一。正统三年八月,“从陕西按察使陈正伦之请,改于本处纳银,解边易米。杂犯死罪者,纳银三十六两;三流二十四两;徒五等视流递减三两;杖五等一百者六两,九十以下及笞五等俱递减五钱”。见《英宗实录》卷四五。此今日赎锾之例所由始也。

正统十一年九月壬午,巡抚直隶、工部左侍郎周忱言:“各处被灾,恐预备仓储赈济不敷,请以折银粮税悉征本色,于各仓收贮,俟青黄不接之际出粜于民,以所得银上纳京库,则官既不损,民亦得济。”从之。见《英宗实录》卷一四五。此文襄权宜变通之法,所以为一代能臣也。

以钱为赋

《周官》《天官冢宰》太宰“以九赋敛财贿”,注:“财,泉、【原注】古“钱”字。谷也。”又曰:“赋,口率出泉也。”【原注】

① 当日,指明代中叶。

方回《古今考》不然此说。见《续古今考》卷一八附论。《荀子》《富国》言:“厚刀布之敛以夺之财。”而汉律有口算。【原注】《孝惠纪》注:“汉律,人出一算,算百二十钱。”此则以钱为赋,自古有之,而不出于田亩也。唐初,“租出谷,庸出绢,调出缯布”,见《新唐书·食货志》。未尝用钱。自两税法行,遂以钱为“惟正之供”见《尚书·无逸》。矣。〔一〕

〔一〕【任氏曰】行钱之法,惟曰钱粮纳钱。自明季以来,尽数纳银,钱于是铸而不行。顺治中,有钱粮纳钱之议,又有银七钱三之令。而钱准存留,不准起运,则终不纳钱也。是故钱之行必自钱粮始,钱粮必自起运始。除金花外,可尽数纳钱,即或银三钱七,或中半银钱,皆以起运为率,则有司不得不纳钱。有司纳钱,则民自乐输钱。小民输钱,则民间钱价自平。

《孟子》有言:“圣人治天下,使有菽粟如水火。菽粟如水火,而民焉有不仁者乎?”见《尽心上》。“由今之道,无变今之俗”,见《告子下》。虽使馀粮栖亩,斗米三钱,而输将不办,妇子不宁,民财终不可得而阜,民德终不可得而正。何者?国家之赋不用粟而用银,舍所有而责所无故也。夫田野之氓,不为商贾,不为官,不为盗贼,银奚自而来哉?此唐、宋诸臣每致叹于钱荒之害,而今又甚焉。非任土以成赋,重穑以帅民,而欲望教化之行、风俗之美,无是理矣。

《白氏长庆集》策曰:“夫赋敛之本者,量桑地以出租,计夫家以出庸。租、庸者,谷、帛而已。今则谷、帛之外,又责之以钱。钱者,桑地不生铜,私家不敢铸,业于农者何从得之?至乃吏胥追征,官限迫蹙,则易其所有以赴公程。

当丰岁，则贱粜半价，不足以充缗钱；遇凶年，则息利倍称，不足以偿逋债。丰凶既若此，为农者何所望焉？是以商贾大族乘时射利者日以富豪，田垄罢人望岁勤力者日以贫困。劳逸既悬，利病相诱，则农夫之心尽思释耒而倚市，织妇之手皆欲投杼而刺文。至使田卒污莱，室如悬罄，人力罕施而地利多郁，天时虚运而岁功不成。臣尝反覆思之，实由谷帛轻而钱刀重也。夫籴甚贵、钱甚轻则伤人，籴甚贱、钱甚重则伤农。农伤则生业不专，人伤则财用不足。故王者平均其贵贱，调节其重轻，使百货通流，四人[①]交利，然后上无乏用而下亦阜安。方今天下之钱，日以减耗，或积于国府，或滞于私家。若复日月征(取)[求]，岁时输纳，臣恐谷帛之价转贱，农桑之业转伤，十年以后，其弊必更甚于今日矣。今若量夫家之桑地，计谷帛为租庸，以石斗登降为差，以匹丈多少为等，但书估价，并免税钱，则任土之利载兴，易货之弊自革。弊革则务本者致力，利兴则趋末者回心。游手于道涂市肆者，可易业于西成；托迹于军籍释流者，可返躬于东作。所谓下令如流水之原，系人于(包)[苞][②]桑之本者矣。”见卷六三《息游怠策》。

《赠友》诗曰：“私家无钱垆，平地无铜山。胡为秋夏税，岁岁输铜钱。钱力日已重，农力日已殚。贱粜粟与麦，贱贸丝与绵。岁暮衣食尽，焉得无饥寒。吾闻国之初，有制垂不刊。庸必算丁口，租必计桑田。不求土所无，不强

① “四人”即“四民”，唐避讳改“民”为“人”。

② 据张京华《校释》改，《白氏长庆集》正作“苞”。

人所难。量入以为出，上足下亦安。兵兴一变法，兵息遂不还。使我农桑人，憔悴畎亩间。谁能革此弊，待君秉利权。复彼租庸法，令如贞观年。”见《白氏长庆集》卷二《赠友诗》五首之三。

《李翱集》有《疏改税法》一篇，言：“钱者，官司所铸；粟帛者，农之所出。今乃使农人贱卖粟帛，易钱入官，是岂非颠倒而取其无者邪？由是豪家大商皆多积钱以逐轻重，故农人日困，末业日增。请一切不督见钱，皆纳布帛。”见《李文公集》卷九。

宋时岁赋亦止是谷帛，其入有常物，而一时所需则变而取之，使其直轻重相当，谓之“折变”。【原注】景祐初，诏户在第九等免折变。见《宋史·食货志上二》。熙宁中，张方平上疏言：“比年公私上下，并苦乏钱。又缘青苗、助役之法，农民皆变转谷帛，输纳见钱。钱既难得，谷帛益贱，人情窘迫，谓之‘钱荒’。”见《宋史·食货志下二》。【原注】司马光亦言：“江淮之南，民间乏钱，谓之‘钱荒’。”见《宋史·食货志上三》。〇苏轼亦言：“免役之害，聚敛民财于上，而下有钱荒之患。”见《宋史·苏轼传》。绍熙元年，臣僚言：“古者赋出于民之所有，不强其所无。今之为绢者，一倍折而为钱，再倍折而为银。银愈贵，钱愈难得，谷愈不可售。使民贱粜而贵折，则大熟之岁反为民害。愿诏州郡，凡多取而多折者，重置于罚。民有粜不售者，令常平就籴，异时岁歉，平价以粜。庶于民无伤，于国有补。”从之。见《宋史·食货志上二》。而真宗时，知袁州何蒙请以金折本州二税。上曰：“若是，将尽废耕农矣。”不许。同上。是宋时之弊亦与唐同。而折银之见于史者，自南渡后始也。

解缙《太平十策》言："及今丰岁，宜于天下要害之处，每岁积粮若干。民乐近输，而国受长久之利，计之善者也。"见《文毅集》卷一。〔一〕愚以为天下税粮，当一切尽征本色。除漕运京仓之外，其馀则储之于通都大邑。而使司计之臣略仿刘晏之遗意，量其岁之丰凶，稽其价之高下，粜银解京，以资国用。一年计之不足，十年计之有馀。小民免称贷之苦，官府省敲扑之烦，郡国有凶荒之备，一举而三善随之矣。

〔一〕【杨氏曰】凡积谷者皆富人，有谷而贱粜者皆贫人也。贱粜者必贵籴，富益富而贫益贫，由此矣。顾氏之说，上操其柄，而出入之际，又不至低昂之悬绝，其法之良乎！

【又曰】如此只须停一年解京之银，便得无穷之利。

先生《钱粮论》略曰：古天下之所为富者，菽粟而已。为其交易也，不得已而以钱权之。然自三代以至于唐，所取于民者，粟帛而已。自杨炎两税之法行，始改而征钱，而未有银也。《汉志》言秦币二等，而银锡之属施于器饰，不为币。自梁时始有交、广以金银为货之说。宋仁宗景祐二年，始诏诸路岁收缗钱，福建、二广易以银，江东以帛。所以取之福建、二广者，以坑冶多而海舶利也。至金章宗始铸银，名之曰"承安宝货"，公私同见钱用。哀宗正大间，民但以银市易，而不用铸。至于今日，上下通行，而忘其所自。然而考之《元史》，岁课之数，为银至少。然则国赋之用银，盖不过二三百年间耳。今之言赋，必曰钱粮。夫钱，钱也；粮，粮也。亦乌有所谓银哉！且天地间银不益增，而赋则加倍，此必不供之数也。昔者唐穆宗时，物轻钱重，用户部尚书杨於陵之议，令两税等钱皆易以布帛丝纩，而民便之。【原注】《旧唐书·穆宗纪》："元和十五年八月辛未，兵部尚书杨於陵，总百寮钱货轻重之议，取天下两税、榷酒、盐利等，悉以布帛，任土所产物充税，并不征见钱。则物渐重，钱渐轻，农人见免贱卖匹段。请中书门下、御史台诸司官长重议施行。从之。"吴徐知诰从宋齐邱言，以为钱非耕桑所得，使民输钱，是教之弃本逐末也，于是诸税悉收谷帛、细绢。是则昔人之论取民者，且以钱为难得也，以民之求钱为不务本也，而况于银乎？［先王之制赋，必取其地之所有。今若于通都大邑行商麇集之地，虽尽征之以银而民不告病；至于遐陬僻壤、舟车不至之处，即以十之三征之而犹不可得。以此必不可得者病民，而卒至于病国，则曷］①若度土地之宜，权岁入之数，酌转般之法，而通融乎其间？凡州县之不通商者，令尽纳本色，不得已以其什之三征钱。钱自下而上，则滥恶无所容而钱价贵，是一举而两利焉：无蠲赋之亏，而有活民之实；无督责之难，而有完逋之渐。今日之计莫便乎此。夫树谷而征银，是畜羊而求马也；倚银而富国，是倚酒而充饥也。以此自愚，而其敝至于国与民交尽，是其计出唐、宋之季诸臣之下也。

又曰：自古以来，有国者之取于民为已悉矣，然不闻

① 据中华书局《顾亭林诗文集》补入此节，文气方接。

有火耗之说。火耗之所由名,其起于征银之代乎？原夫耗之所生,以一州县之赋繁矣,户户而收之,铢铢而纳之,不可以琐细而上诸司府,是不得不资于火。有火则必有耗,所谓耗者,特百之一二而已。有贱丈夫焉,以为额外之征,不免干于吏议,择人而食,未足厌其贪惏,于是藉火耗之名,为巧取之术。〔一〕盖不知起于何年,而此法相传,代增一代,官重一官,以至于今。于是官取其赢十二三,而民以十三输国之十。里胥又取其赢十一二,而民以十五输国之十。其取则薄于两而厚于铢,其征收之数,两者,必其地多而豪有力,可以持吾之短长者也;铢者,必其穷下户也,虽多取之,不敢言也。于是两之加焉十二三,而铢之加焉十五六矣。薄于正赋而厚于杂赋,正赋耳目之所先也,杂赋其所后也。于是正赋之加焉十二三,而杂赋之加焉十七八矣。解之藩司,谓之"羡馀";贡诸节使,谓之"常例"。责之以不得不为,护之以不可破,而生民之困未有甚于此时者矣。愚尝久于山东,山东之民无不疾首蹙頞而诉火耗之为虐者。独德州则不然,问其故,则曰:"州之赋二万九千,二为银,八为钱也。"钱则无火耗之加,故民力纾于他邑也。非德州之官皆贤,里胥皆善人也,势使之然也。又闻长者言:"近代之贪吏倍甚于唐、宋之时,所以然者,钱重而难运,银轻而易赍,难运则少取之而以为多,易赍则多取之而犹以为少。"非唐、宋之吏多廉而今之吏贪也,势使之然也。然则银之通,钱之滞,吏之宝,民之贼也。在有明之初,尝禁民不得行使金银,犯者准奸恶论。夫用金银,何奸之有?而重为之禁者,盖逆知其弊之必至此也。当时市肆所用皆唐、宋钱,而制钱则偶一铸造,以助其不足耳。今也泉货弱而害金兴,市道穷而伪物作,国币夺于上,民力殚于下,使陆贽、白居易、李翱之流而生今日,其咨嗟太息必有甚于唐之中叶者矣。【原注】陆贽上《均节财赋六事》,其二言:"凡国之赋税,必量人之力,任土之宜,故所入者惟布麻缯纩与百谷而已。先王惧物之贵贱失平,而人之交易难准,又定泉布之法,以节轻重之宜。敛散弛张,必由于是。盖御财之大柄,为国之利权,守之在官,不以任下。然则谷帛者,人之所为也;钱货者,官之所为也。是以国朝著令,租出谷,庸出绢,调出缯纩布,曷尝有以钱为赋者哉!今之两税独异旧章,但估资产为差,使以钱谷定税,唯计求得之利宜,靡论供办之难易。所征非所业,所业非所征,遂成增价以买其所无,减价以卖其所有。一增一减,耗损已多。"〔二〕曰:子以火耗为病于民也,使改而征粟米,其无淋尖踢斛、巧取于民之术乎?曰:吾未见罢任之仓官,宁家之斗级,负米而行者也,必鬻银而后去。有两车行于道,前为钱,后为银,则大盗之所睨常在其后车焉。然则岂独今之贪吏倍甚于唐、宋之时,河朔之间所名为响马者,亦当倍甚于唐、宋之时矣。〔三〕

〔一〕【汝成案】贵州提督杨天纵疏:"正杂钱粮,每两明加火耗二钱,实有加至四五钱不等。且布政司衙门,每兑收银百两,加轻平银五两。若收钱则无羡馀,是以不行收纳。"

〔二〕【汝成案】先生自注尚有李氏翱《疏改税法》、白氏居易《赠友》诗二条,已见前,故未录。又前注引《旧唐书·穆宗纪》云云,考新、旧《唐书·杨於陵传》，穆宗即位，迁户部尚书。《旧纪》作“兵部”者误也。先生论中作“户部”，注承未改云。

〔三〕【汝成案】先生之时，每银一两值钱一千，今则每银一两值钱一千三百。先生《与蓟门当事书》云：“凤翔之民，举债于权要，每银一两偿米四石。”今则岁偶不登，每米一石值银四两；漕米折收，每本米一石，纳钱五千数百文。以银核之，则每石得银四两以外也。昔时银贵而谷贱，则农民困，而资用幸饶。今且银谷俱贵，则贫民无以为生，而资用亦绌矣。附识之，以权赢缩。

五铢钱

今世所传五铢钱，皆云汉物，非也。南北朝皆铸五铢钱。【原注】《陈书·世祖纪》：“天嘉三年闰二月甲子，改铸五铢钱。”〔一〕**《魏书》**《食货志》**言：“武定之初，私铸滥恶，齐文襄王以钱文五铢，名须称实，宜称钱一文重五铢者听入市用，计百钱重一斤四两二十铢，**【原注】《通典》卷九注：“按此则一千钱重十一斤以上，而隋代五铢钱一千重四斤二两，当时大小称之差耳。”〔二〕**自馀皆准此为数。其京邑二市、天下州镇郡县之市各置二称，悬于市门，民间所用之称，皆准市称，以定轻重。若重不五铢，或虽重五铢而多杂铅鑞，并不听用。”然竟未施行。**〔三〕**《隋书》**《食货志》**：“高祖既受周禅，以天下钱货轻重不等，乃更铸新钱，背面肉好皆有周郭，文曰五铢，而重如其文，每钱一千重四斤二**〔四〕**两，悉禁古钱及私钱。置样于关，不如样者没官销毁之。自是钱币始壹，百姓便之。”**

是则改币之议，始于齐文襄，至隋文帝乃行之，而今之五铢亦大抵皆隋物也。按四斤二[五]两是六十六两，[六]每一枚当重六分六厘，[七]今五铢钱正符此数，不知汉制如何。[八]

〔一〕【沈氏曰】汉与南北朝及隋五铢钱，皆相去不远。

〔二〕【沈氏曰】注中"十一"当作"十三"，"二两"当作"五两以上"，此盖依时称也。

〔三〕【沈氏曰】《通鉴》："陈宣帝太建十一年秋七月辛卯，初用大货六铢钱。"胡三省注云："《五代志》：梁武帝铸钱，肉好周郭，文曰五铢。而又别铸，除其肉郭，谓之女钱。二品并行。百姓或私以古钱交易，有直百五铢、五铢、女钱、太平百钱、定平一百、五铢雉钱、五铢对文等号，轻重不一。天子频下诏书，非新铸二种之钱，并不许用，而私用益甚。至普通中，乃议尽罢铜钱，更铸铁钱。人以铁钱易得，并皆私铸，大同以后，所在铁钱如丘山。钱陌所在不等。至于末年，陌益少，以三十五为陌。陈初，承丧乱之后，铁钱不行。始，梁末有两柱钱及鹅眼钱。两柱重而鹅眼轻，杂而用之，其价同。私家多镕钱，又间以锡铁，兼以粟帛为货。至文帝天嘉五年，改铸五铢，初出，当鹅眼之十。至是，又铸大货六铢，以一当五铢十，后还当一，人皆不以为便。未几，帝崩，遂废六铢而行五铢。"

〔四〕【沈氏曰】当作"五"。

〔五〕【沈氏曰】当作"五"。

〔六〕【沈氏曰】当作"九两以上"。

〔七〕【沈氏曰】"六氂"当作"九氂以上"。其中有重至八分馀者，亦有重至九分者，钱有轻重，等有大小耳。

〔八〕【沈氏曰】汉五铢与隋五铢同。

古钱惟五铢及开元通宝最多。五铢，隋开皇元年铸。开元，唐武德四年铸。〔一〕

〔一〕【沈氏曰】铢之轻重，隋尚如古，至唐则并改之矣。《六典》仍用古法。

开元钱

自宋以后，皆先有年号而后有钱文。〔一〕唐之"开元"，则先有钱文而后有年号。《旧唐书·食货志》曰："武德四年，铸开元通宝钱，径八分，重二铢四絫，〔二〕积十钱重一两。"【原注】《通典》卷九云："计一千重六斤四两。① 每两二十四铢，则一钱重二铢半以下。古称比今称三之一也，则今钱为古称之七铢以上，比古五铢则加重二铢以上。"〔三〕又曰："开元钱之文，给事中欧阳询制词及书，时称其工。其字含八分及隶体，其词先上后下、次左后右读之。自上及左，回环读之，其义亦通。流俗谓之'开通元宝钱'。"〔四〕马永卿曰："开元通宝，盖唐二百八十九年独铸此钱，洛、并、幽、桂等处皆置监，故开元钱如此之多，而明皇纪号偶相合耳。"见宋姚宽《西溪丛语》卷下。

〔一〕【杨氏曰】今有乾符钱，则唐之僖宗时有年号而后有钱文，不必自宋以后。

〔二〕【沈氏曰】此一铢当古三铢，一絫当古三絫。

〔三〕【沈氏曰】开元钱完好者，每一枚或重至一钱一分，或一钱一

① 此句为《通典》正文，以下则为小注。

分有奇,或八九分不等,总十枚重一两零三分。或云却当今布政司等一两。

〔四〕【杨氏曰】《唐圣运图》云:"初进蜡样,文德后掐一甲,故钱上有甲痕。"《唐录改要》云窦皇后。温公曰:"是时窦后已崩,文德未立,皆讹也。"

《旧唐书》《高宗纪下》:**"高宗乾封元年**(四)[五]**月庚寅,改铸乾封泉宝钱。二年正月,罢乾封钱,复行开元通宝钱。"**

钱法之变

《太祖实录》卷九:**"岁辛丑二月,置宝源局于应天府,铸大中通宝钱,与历代之钱相兼行使。"**【原注】成化元年七月(丙辰)[丁巳],诏:"通钱法:商税课程,钱钞中半兼收,每钞一贯折钱四文,无拘新旧、年代远近,悉验收,以便民用。"见《宪宗实录》卷一九。〇《世宗实录》卷一九一:嘉靖十五年九月甲子,巡视五城御史阎邻等言:"国朝所用钱币有二:曰制钱,祖宗列圣及皇上所铸,如洪武、永乐、嘉靖等通宝是也;曰旧钱,历代所铸,如开元、太平、淳化、祥符等钱是也。百六十年来,二钱并用,民咸利之。"〔一〕**至嘉靖,所铸之钱最为精工。隆庆、万历加重半铢,而前代之钱通行不废。**〔二〕**予幼时见市钱多南宋年号,后至北方,见多汴宋年号,真、行、草字体皆备,间有一二唐钱。自天启、崇祯广置钱局,括古钱以充废铜,于是市人皆摈古钱不用。**【原注】崇祯元年六月丙辰,上御平台召对。给事中黄承昊疏中有

"销古钱不用"语。阁臣刘鸿训奏:"今湖南、山东、山西、陕西皆用古钱,若骤废之,于民不便。此乃书生见。"上曰:"卿言是。"**而新铸之钱弥多弥恶,旋铸旋销,宝源、宝泉二局只为奸蠹之窟。故尝论古来之钱凡两大变,隋时尽销古钱一大变,天启以来一大变也。昔时钱法之弊,至于鹅眼、綖环之类,**[①]**无代不有。然历代之钱尚存,旬日之间便可澄汰。今则旧钱已尽,即使良工更铸,而海内之广,一时难遍,欲一市价而裕民财,其必用开皇之法乎?**

〔一〕【沈氏曰】《明史·食货志》云:"太祖初置宝源局于应天,铸大中通宝钱,与历代钱兼行。以四百文为一贯,四十文为一两,四文为一钱。及平陈友谅,命江西行省置货泉局,颁大中通宝钱大小五等钱式。即位,颁洪武通宝钱,其制凡五等,曰当十,当五,当三,当二,当一。当十钱重一两,馀递降,至重一钱止。各行省皆设宝泉局,与宝源局并铸。"

〔二〕【顾司业曰】乾隆四年,于鄱阳湖得宋时所覆运钱舟,钱皆宋物,杂出唐开通钱一二文。余取其轻重较之,唐开通元宝重一钱。又有唐国通宝重一钱一分,盖南唐李氏所铸。宋太宗太平通宝,其轻重一准唐开通,重一钱或钱二分不等。仁宗庆历重至一钱八分,神宗元丰至二钱,哲宗绍圣至二钱一分。徽宗大观、崇宁至三钱、三钱二分,所见钱文之重,无逾于此。馀与开通钱略同也。凡有道之世,钱俱不甚相远,至浊乱奸佞之朝,则重逾常格。庆历之钱特重者,以是时方事元昊而乏军需,用张奎、范雍言,铸大钱,与小钱兼行。寻盗铸数起,为公

① 《宋书·颜竣传》:景和元年,沈庆之启通私铸,由是钱货乱败,一千钱长不盈三寸,大小称此,谓之鹅眼钱。劣于此者,谓之綖环钱。入水不沉,随手破碎,市井不复料数,十万钱不盈一掬,斗米一万,商货不行。

私患。其馀熙宁之钱重由于安石，绍圣之钱重由于惇、卞，崇政、大观、政和之钱重由于蔡京。元祐司马一出当国，而钱复其旧。统前后观之，其故了然矣。

自汉五铢以来，为历代通行之货，【原注】《金志》谓之"自古流行之宝"。见《金史·食货志三》**未有废古而专用今者，唯王莽一行之耳。考之于史，魏熙平初，尚书令任城王澄上言："请下诸州方镇，其太和及新铸五铢并古钱内外全好者，不限大小，悉听行之。"**见《魏书·食货志》。**梁敬帝太平元年，诏"杂用古今钱"。**见《梁书·敬帝纪》。**《宋史》**《食货志下二》**言："自五代以来，相承用唐旧钱。"至如宋明帝泰始二年，则"断新钱，专用古钱"矣。**见《宋书·明帝纪》。**金世宗大定十九年，则"以宋大观钱一当五用"矣。**见《金史·食货志三》。**昔之贵古钱如此。近年听炉头之说，官吏、工徒无一不衣食其中，而古钱销尽，新钱愈杂。地既爱宝，火常克金，遂有乏铜之患。自非如隋文别铸五铢，尽变天下之钱，古制不可得而复矣。**〔一〕

〔一〕【陆氏曰】古有三币，今亦有三币。古之三币，珠玉、黄金、刀布。今之三币，白金、钱、钞。古之为市，以其所有易其所无，皆粟与械器耳。粟与械器，持移量算，有所不便，于是乎代之以金。金者，所以通粟与械器之穷也，所谓大不如小也。物有至微，厘毫市易，则金又有所不便，于是乎又代之以钱。钱者，所以通金之穷也，所谓顿不如零也。千里赍持，盗贼险阻，则金与钱俱有所不便，于是乎又代之以楮。楮者，如唐之飞钱，今之会票，又所以通金与钱之穷也，所谓重不如轻也。识三币之情,则知所以用三币之法矣。钱之重轻,自当以一钱为率;钱之价值,断当以每一文准银一厘为率。若钱太轻,则铜不敌银,铜不敌银则多费;钱太重,则银不敌铜,银不敌铜则难用。今之薄小低钱,固非法矣,至京师黄钱,每六文准银一分,亦未为得也。今朝廷用钱,每便于发,不便于收,每便于下,不便于上。此由纯用小钱,无子母相权之法故也。明天启时,尝铸当十钱,每大钱一当小钱十,其重以一两为率。愚谓今后凡遇官民交易,势当用钱者,小钱难于个数,竟用当十大钱,出入了然,无耗损兑折之弊,亦一法也。自古三币,皆用金若铜,未有用楮者。唐宪宗时,令商贾至京师,委钱诸路进奏院及诸军诸使,富家以轻装趋四方,合券乃取之,号曰"飞钱",此楮法所由起也。然此特以楮券钱,而非即以楮为钱。宋张咏镇蜀,患蜀铁钱重,不便贸易,设质剂之法,谓之曰"交子"。高宗时又有"会子",始以楮为钱,然犹用官钱为本。至金、元之钞,则直取料于民,不复用官钱为本。所费之值不过三五钱,而售人千钱之物,民虽愚,岂为所欺哉!且钞易昏烂,不久仍废,则楮币之无用可知矣。必欲行楮币之法,须如唐飞钱之制然后可。今人多有移重资至京师者,以道路不便,委钱富商之家,取票至京师取值,谓之"会票",此即飞钱遗意。宜于各处布政司或大府去处设立银券司,朝廷发官本,造号券,令客商往来者纳银取券,合券取银,出入之间,量取路费微息,则客商无道路之虞,朝廷有岁收之息,似亦甚便。

【邱氏曰】窃谓钞法之废也久矣。苟欲其神明变通而为可久之计,固不必袭楮币之名,亦不当用虚薄易烂之纸,莫若取白铜之精好者销铸为钞,如今之钱式而稍加重大,镂以文字,面曰"康熙宝钞",背曰"准五"、"准十"之类,以至"准百"而止。

而其中孔则别之以圆，取其内外圆通、流行钱法之义。要使内局自铸，定为一式，轻重纤毫不容增减，以杜伪造。

【汝成案】以铜为钱，尚多盗铸，易钱为钞，则诈伪愈增，既壅不行，必生苛法，先生论之详矣。陆氏议易会票，会票原于飞钱，飞钱即钞法权舆，名异实同，岂云善政？官司出入，百弊繁兴，即防制严明，亦与平准、均输何异？邱氏所议，工损利益，盗作尤夥，其害更倍。通变莫善二家，既附其言，并疏得失。

钱者，历代通行之货，虽易姓改命而不得变古。后之人主不知此义，而以年号铸之钱文，于是易代之君遂以为胜国之物而销毁之，自钱文之有年号始也。尝考之于史，年号之兴，皆自季世。宋孝武帝孝建初铸四铢，文曰“孝建”，〔一〕**一边为“四铢”。其后稍去“四铢”，专为“孝建”。废帝景和二年铸二铢钱，文曰“景和”。**见《通典》卷九。**魏孝文帝太和十九年更铸钱，文曰“太和五铢”。孝庄帝永安二年更铸“永安五铢”。**见《魏书·食货志》。**此非永世流通之术，而高道穆乃以为“论今据古，宜载年号”，**见《魏书·高道穆传》。**何其愚也！**

〔一〕【沈氏曰】钱载年号始于此。

近日河南、陕西各自行钱，不相流通，既非与民同利之术，而市肆之猾乘此以欺愚人，窘行旅。《盐铁论》《错币》**言：“币数变而民滋伪。”亮哉斯言矣！**〔一〕

〔一〕【乔氏曰】当今定制，每钱一文重一钱四分、一钱二分不等。康熙二十三年，管理钱法侍郎佛伦等奏改铸重一钱。至四十一年，复改重一钱四分。今见行如重一钱四分者，百中仅见一二，重一钱者常居十之三四。考古征今，唯钱质止重一钱者可以行之久远而无弊耳。今应仿康熙二十三年之例，每文重一钱，千文共重七斤四两，较见行制钱每千重七斤八两，计减用铜铅四两。务使轮郭周正，字迹显朗。而盗销者照见行制钱价每银一两二钱五分易钱一千文，止得黄铜六斤四两，即改造器皿，所得价值不过在一两以内，奸徒无利可图，销毁之弊可不禁自除矣。

先生《钱法论》略曰：莫善于明之钱法，莫不善于明之行钱。考之史，景王铸大钱，周盖一变。汉承秦半两，已为荚钱，为四铢，为三铢，为五铢，为赤仄，为三官，为四出，为小钱，凡九变。唐铸开通，已更铸大钱，则有乾封、乾元、重棱，凡四变。宋仿开通旧式，西事起，铸大钱，崇宁当十，嘉定当五，又杂用铁钱、交子、会子，而法弥弊。明自洪武至正德十帝，仅四铸，以后帝一铸，至万历而制益精。钱式每百重十有三两，轮郭周正，字文明洁，又三百年来无改变之令，民称便焉。此钱法之善也。然其后物日重，钱日轻，盗铸云起，而上所操以衡万物之权至于不得用，何哉？盖古之行钱，不特布之于下，而亦收之于上。汉律"人出算百二十钱"，见《汉书·惠帝纪》应劭注。是口赋入以钱。《管子·盐策》"万乘之国为钱三千万"，是盐铁入以钱。商贾缗钱四千而一算，三老、北边骑士轺车一算，商贾轺车二算，船五丈以上一算，是关市入以钱。令民占卖酒，租升四钱，是榷酤入以钱。隆虑公主以钱千万为子赎死，是罚锾入以钱。晋南渡，凡田宅、奴婢、马牛之券，每直万税四百，是契税入以钱。张方平言“屋庐正税、茶盐酒醋之课，率钱”，见《文献通考》卷九。募役、青苗入息，以敛天下之钱而上之，赉予禄给，虑无不用钱。自上下，自下上，流而不穷者，钱之道也。明之钱下而不上，伪钱之所以日售，而制钱所以日壅。请仿前代之制，凡州县之存留支放，皆以钱代，则钱重，钱重则上之权亦重。

铜

乏铜之患，前代已言之。江淹谓古剑多用铜，如昆吾、欧冶之类皆铜也。[①] 楚子赐郑伯金，盟曰“无以铸兵”，故以铸三锺。见《左传》僖公十八年。【原注】杜氏注：“古者以铜为兵。”○《汉书·食货志》：贾谊言：“收铜勿令布以作兵器。”《韩延寿传》：“为东郡太守，取官铜物，候月蚀，铸作刀剑钩镡，放效尚方事。”古“金三品”，见《书·禹贡》。黑金是铁，赤金是铜，黄金是金。夏后之时，九牧贡金，乃铸鼎于荆山之下。见《左传》宣公三年。董安于之治晋阳，公宫令舍之堂皆以炼铜为柱质。见《韩非子·十过》。荆轲之击秦王，中铜柱。[②] 而始皇收天下之兵，铸金人十二，即铜人也。见《史记·秦始皇本纪》。

---

① 江淹《铜剑赞》序云：“《越绝书》曰：‘赤堇之山破而出锡，若邪之溪涸而出铜，欧冶铸以为纯钩之剑。’又汲冢中得一铜剑，长三尺五。及今所记干将者，亦皆非铁，明古者以铜锡为兵器也。”是欧冶为人名，而干将在此为剑名。

② 《史记·荆轲传》言是“桐柱”。误在江淹《铜剑赞》序，而先生未审。

【原注】《三辅旧事》曰："聚天下兵器，铸铜人十二，各重二十四万斤。汉世在长乐宫门。"见《史记·秦始皇本纪》注引。○《魏志》《董卓传》云："董卓坏以铸小钱。"**吴(门)[王]**〔一〕**阖闾冢铜椁三重，秦始皇冢亦以铜为椁。战国至秦，攻争纷乱，铜不充用，故以铁足之。铸铜既难，求铁甚易，是故铜兵转少，铁兵转多。年甚一年，岁甚一岁，渐染流迁，遂成风俗，所以铁工比肩，而铜工稍绝。二汉之世，愈见其微。建安二十四年，魏太子铸三宝刀、二匕首，天下百炼之精利，而悉是铸铁，不能复铸铜矣。**①**考之于史，自汉以后，铜器绝少，惟魏明帝铸铜人二，号曰翁仲；又铸黄龙、凤凰各一。**见《三国志·魏志·明帝纪》注引《魏略》。**而武后铸铜为九州鼎，用铜五十六万七百一十二斤。**见《旧唐书·礼仪志二》。【原注】唐韩滉为镇海军节度，"以佛寺铜锺铸弩牙兵器"。见《旧唐书》本传。**自此之外，寂尔无闻，止有铜马、铜驼、铜匜之属。昭烈入蜀，仅铸铁钱。**②**而见存于今者，如真定之佛，蒲州之牛，沧州之狮，无非黑金者矣。**③〔二〕

〔一〕【杨氏曰】"门"当为"王"之误。④

〔二〕【杨氏曰】《元史》《英宗纪》："英宗至治元年三月，造寿安山寺，冶铜五十万斤作佛像。"

【又曰】宋徽宗铸九鼎，不言铜铁，大约是铜也。见《宋史·徽宗纪》。

---

① 自"江淹谓"以下至此，皆隐括江淹《铜剑赞》序中文字。

② 王莽时公孙述入蜀，铸铁钱。见《通鉴》卷四二。非蜀汉。

③ 蒲州风陵渡浮桥为铁牛，沧州为铁狮，而真定隆兴寺之大佛为铜铸。

④ 江淹《铜剑赞》序本作"王"字。《刊误》卷上："原写本正作'王'。"今据改。

唐开元中，刘秩上议曰："夫铸钱用不赡者，在乎铜贵，铜贵则采用者众。夫铜以为兵，则不如铁，以为器，则不如漆，禁之无害，陛下何不禁于人？禁于人则铜无所用，铜益贱，则钱之用给矣。"【原注】《旧唐书·食货志》。文宗御紫宸殿，谓宰臣曰："物轻钱重，如何？"杨嗣复对以"当禁铜器"。【原注】《文宗纪》。考禁铜之令，古人有行之者。宋孝武帝孝建三年四月甲子，"禁人车及酒肆器用铜"。【原注】《南史》《宋本纪》。唐玄宗开元十七年八月辛巳，"禁私卖铜、铅、锡及以铜为器"。见《通鉴》卷二一三。代宗大历七年十二月壬子，"禁铸铜器"。见《旧唐书·代宗纪》。德宗贞元九年正月甲辰，"禁卖剑铜器。天下有铜山，任人采取，其铜官买。除铸镜外，不得造铸"。见《旧唐书·德宗纪》。宪宗元和元年二月甲辰，"禁用铜器"。【原注】各《本纪》。晋高祖天福三年三月丁丑，"禁民作铜器"。【原注】《通鉴》卷二八一。宋高宗绍兴二十八年七月己卯，"命取公私铜器悉付铸钱司，民间不输者罪之"。【原注】《宋史·本纪》。然今日行之，不免更为罔民之事，惟有销钱、铸钱，上下相蒙，而此日之钱固无长存之术矣。〔一〕

〔一〕【王氏曰】民间禁用铜器，以铅、锡、铁代之，凡铜器皆献之官，偿其价，而以铸钱，此法正贾谊所陈。行之则官铜日裕，而私铸、私销之弊亦绝，乃法之最善者。

【汝成案】雍正间，李侍郎绂疏言："钱文入炉，即化为铜，不可得而捕。惟禁断打造铜器之铺，则销毁亦无所用，而销毁之弊不禁自除。"乾隆间，尚书海望力陈其不便，又疏言"铜器散布已久，交纳不尽，吏胥刁民需索讹诈。又当交纳，或有侵蚀扣克，仅得半价，或有除去使费，空手而归。名为收铜，实为勒取"云云。若然，则王氏所述似未尽裒益之宜矣。

《南齐书·刘悛传》："永明八年，悛启世祖曰：'南广郡界蒙山下有城，名蒙城，可二顷地，有烧炉四所。从蒙城渡水南百许步，平地掘土，深二尺，得铜，有古掘铜坑并居宅处犹存。邓通，南安人，汉文帝赐通严道县铜山铸钱。今蒙山在青衣水南，故秦之严道地。蒙山去南安二百里，此必是通所铸，甚可经略。'并献蒙山铜一片，又铜石一片，平州铸铁刀一口。上从之，遣使入蜀铸钱。"《魏书·食货志》："熙平二年，尚书崔亮奏：'恒农郡铜青谷有铜矿，计一斗得铜五两四铢；苇池谷矿，计一斗得铜五两；鸾帐山矿，计一斗得铜四两；河(南)[内]郡王屋山矿，计一斗得铜八两。南青州苑烛山、齐州商山，并是往(者)[昔]铜官旧迹，既有冶利，所宜开铸。'从之。"《旧唐书·韩洄传》："为户部侍郎判度支，上言：'商州有红崖冶出铜，又有洛源监久废不理，请凿山取铜，置十炉铸钱，而罢江淮七监。'从之。"《册府元龟》卷五〇一："元和初，盐铁使李巽上言：'郴州平阳、高亭两县界有平阳冶，及马迹、曲木等古铜坑约二百八十馀井，请于郴州旧桂阳监置炉两所，采铜铸钱。'"《宋史·食货志》："旧饶州永平监岁铸钱六万贯，平江南，增为七万贯，而铜、铅、锡常不给。转运使张齐贤访求得南唐承旨丁钊，能知饶、信等州山谷产铜、铅、锡，乃便宜调民采取；且询旧铸法，惟永平用唐开元钱料最善。即诣阙面

陈，诏增市铅、锡、炭价，于是得铜八十一万斤，铅二十六万斤，锡十六万斤，岁铸钱三十万贯。"此皆前代开采之迹。

【原注】《实录》：洪武二十年正月丙子，府军前卫老校丁成言："河南陕州地[①]有上绞、下绞、上黄塘、下黄塘者，旧产银矿，前代皆尝采取，岁收其课。今锢闭已久，采之可资国用。"上谓侍臣曰："凡言利之人，皆戕民之贼也。朕闻元时，江西丰城民告官采金，其初岁额犹足取办，经久民力消耗，一州之人卒受其害。盖物产有时而穷，岁额则终不可减。有司贪为己功而不以言，朝廷纵有恤民之心而不能知此。可以为戒，岂宜效之！"〔一〕

〔一〕【王方伯曰】云南之铜政，有已见成效于昔，而可试用于今日者，曰多筹息钱以益铜价也，通计有无以限买铜也，稍宽考成以舒厂困也，实给工本以广开采也，预借雇值以集牛马也。云南之铜供户、工二部，供浙、闽诸路，供本路州郡饩饷，其为用也大矣。故铜政之要，必宽给价，给价足而后厂众集，厂众集而后开采广。广采则铜多，铜多则用裕。前巡抚爱必达疏云："汤丹、大水等厂，开采之初，办铜无多，迨后岁办六七百万，及八九百万。今几三十年，课耗馀息不下数百万金。近年矿砂渐薄，窝路日远，近厂柴薪伐尽，炭价倍增，聚集人多，油米益贵。每年京外鼓铸需铜一千万馀斤，炉民工本不敷，岁出之铜势必日减。洋铜既难采办，滇铜倘复缺少，京外鼓铸，何所取资？"前巡抚刘藻以汤丹、大碌不敷工本，两经奏允加价，厂民感奋。本年办铜各厂共一千二百馀万，历岁办铜之多无逾于此。今之去昔，近者十年，远者二十馀年。所云礌硐日远、

---

① 《刊误》卷上："'州'，诸本同，原写本作县，或云'陕'宜是'郏'。汝成案：河南有陕州、郏县而无陕县，故或云'陕'宜是'郏'。考陈建《从信录》亦载此事，正作'陕州'。原写本及或云并误。"按此文载《明太祖实录》卷一八〇，文作"狭州"。

改采日难者，又益甚矣。而顾云发棠之请不可数尝者，何也？有铜本斯有铜息，有铸钱斯有铸息。故曰，有益下而不损上者，不可不讲也。按乾隆十八年，东川增设新局五十座，加铸钱二十二万馀千，备给铜、铅工本之外，岁赢息银四万三千馀两，九年之间，遂积息四十馀万。自后云南始有公贮钱，而铜本不足，亦稍有取给矣。二十二年，东川加半卯之铸，岁收息银三万七千馀两，以补汤丹、大水四厂工本之不足。二十五年，以东川铸息不敷加价，又请于会城、临安二局各加铸半卯。二十八年，再请加给铜价，则又于东川新旧局冬季三月旬加半卯。三十年，又以铜厂采获加多，东川铸息尚少，请每月每旬各加铸半卯，并以加汤丹诸厂之铜价，而大理亦开钱局，岁获息八千馀两，以资大兴、大铜、义都三厂之戽水采铜。先后十二年间，加铸增局至五六而未已。滇之钱法与铜政相为表里久矣，以厂民之铜铸钱，即以铸钱之息与厂，费不他筹，泽不泛及，而此数十厂百千万众皆有以苏困穷而谋饱暖，积其欢呼翔踊之气，铜即不增，亦断无减，于以维持铜政，绵衍泉流。所谓"多筹息钱，以益铜本"者，此也。取给之数诚不可以议减矣，诸路之所自有与其缓急之实，不可不察也。往者江南、江西、浙江、福建、陕西、湖北、广东、广西、贵州九路之铜，皆买诸滇，是以日不暇给。窃见去年陕西奏开宁羌矿硐，越两月馀，已获见铜二千四百斤，仍有生砂又可炼铜五六千斤。由此追凿深入，真脉显露，久大可期。又湖北奏开咸丰、宣恩二县矿厂炼铜，已得一万五千馀斤，将来获利必倍。盖见之邮报者如此。今秦、楚开采皆年馀矣，其获铜少亦当有数万，而采买滇铜如故。必核其自有之数，则此二省固可减买也。贵州本设二十炉，继而减铸二十三卯，采买滇铜亦减十万，顷岁又减五炉，议以铜四十四万七千斤，岁为常率，而滇铜仍实买三十九万六百六十斤，至于黔铜则减七万。以易且安者自予，而劳且费者予滇，非平情之论也，是故黔之采买亦可减也。又今年陕西奏言，局铜现有二十五万一千四百馀斤，加以商运洋铜五万，当有三十馀万矣。委官领买之滇铜六十二万馀斤，且当继至。是陕西已有铜九十馀万，而又有新开矿厂产铜方未可量，此一路之采买非惟可减，抑亦可停矣。又闽、浙、湖北及江南、江西，旧买洋铜每百斤价皆十七两五钱，而滇铜价止十一两，其改买宜矣。然此诸路者，其运费杂支每铜百斤例销之银亦且五六两，合之买价常有十六七两，加以各路运官贴费，自一二千至五六千，则已与洋铜等价矣。以此相权，滇铜实不如洋铜之便，则此数路者并可停买也。诚使核其实用，则岁可减拨百数十万，而滇铜必日裕矣。所谓"通计有无，以限买铜"者，此也。厂欠之实，见杨文定公始筹厂务之年，后乃日加无已，逮积欠已多，始以例请放免。其放免者，又特逃亡物故之民，而受见价采见铜、纳不及数者不与焉，是故放免尝少，逋欠尝多。乾隆十六年，议以官发铜本，依经征盐课例以完欠分数，考课厂官。堕征之罚，止于夺俸。厂官尚得借其实欠之数，以要一岁之收，于采固无害也。其后以厂欠积至十三万，而监司以下并皆逮治追偿。寻以铜少，不能给诸路之采买，遂以借拨运京之额铜二百六十几万者，计其虚值，而议以实罚，于诸厂之官罚金至十有四万，严责限数办铜。其限多而获少者，既予削夺；或乃惧罹纠劾，多报铜斤，则又以虚出通关，罪至于死。斯诚铜厂之厄会矣。夫诸厂炉户、砂丁之属，众至千万，所恃以调其甘苦、时其缓急者，惟厂官耳。顾且使之进退狼狈至于如此，铜政尚可望乎！由今计之，将欲慎核名实，规图久远，非宽厂官之考成不可。何也？近法以岁终取其所欠结状，而所辖上司又复月计而季汇之，厂官不敢复多发价，必按其纳铜多寡一如预给之数，而后给价继采，是诚可杜厂欠矣。然而采铜之费，每百斤实少一两八九钱者，顾安出乎？给之不足，则民力不支，将散而罢采；欲足给之，而欠仍无已，不见许于上官，是又一厄也。然则今之岁有铜千百万者，何恃乎？预借之底本与所谓接济之油米，固所赖以赡厂民之匮乏，而通厂政之穷者也。谨按乾隆二十三年，预借汤丹厂工本银五万两，以五年限完。又借大水、碌碌厂工本银七万五千两，以十年限完。皆于季发铜本之外，特又加借，使厂民气力宽舒，从容攻采，故能多得铜以偿宿逋也。三十六年，又请借发，特奉谕旨，以从前借多扣少，厂民宽裕，今借数既少，扣数转多，且分限三年，较前加迫，恐承领之户畏难观望，日后借口迁延，更所不免。仰见圣明如神，坐照万里。而当时又以日久逋逃、新旧更易为虑，不敢宽期多发，仅借两月底本银七万数千两，四年限完。厂民本价之外，得此补助，虽其宽裕之气不及前借，而犹赖以支延且三四载，此预借底本之效也。又自三十四年、三十七年，先后陈请备贮油米、炭薪以资厂民，乃能尽以月受铜价，雇募砂丁，而以官贷油米资其日用，故无惰采，斯又接济之效也。今月扣之借本销除且尽，独油米之贷当以铜价计偿，而迟久未能者，犹且仍岁加积，继此不已，万一上官责其逋慢，坐以亏那，厂官何所逃罪？是又今日之隐忧也。前岁云南新开七厂，条具四事，户部议曰："炉户、砂丁贫民不能自措工本，赖有预领官银，资其攻采。硐矿盈绌不齐，不能绝无逃欠。若概令经放之员依数完偿，恐预留馀地，惮于给发，转妨铜政。"信哉斯言！可谓通达大计者矣。今诚宽厂官之考成，俾得以时贷借油米而无亏缺之诛，又仿二十三年预借之法，多其数而宽以岁时，则厂官无迫狭畏阻之心，厂民有日月舒长之适，上下相乐，以毕力于矿厂，而铜政不振起者，未之有也。所谓“宽考成以舒厂困”者，此也。小厂之开，涣散莫纪矣。求所以统一之、整齐之者，不可不亟也。窃见乾隆二十五年，前巡抚刘藻奏言：“中外鼓铸，取给汤丹、大碌者十八九。至馀诸小厂，奇零凑集，不过十之一二。然土中求矿，衰盛靡常，自须开采新礌，预为之计。今各小厂旁近之地，非无引苗，惟以开挖大矿，类须经年累月。厂民十百为群，通力合作，借垫之费极为繁巨，幸而获矿，炼铜输官，乃给价甚微，不惟无利，且至耗本，断难竭蹶从事。”又奏云：“青龙等厂，乾隆二十四年，连闰十有三月，获铜四十八万。自二十五年二月，奉旨加价，至二十六年三月，亦阅十有三月，获铜一百馀万。所获馀息，加给铜价之外，存银二万九千数百两，较二十四年多息银一万有奇，而各厂民亦多得价银一万二千馀两。感戴圣恩，洵为惠而不费。”又三十三年，前巡抚明德奏明，言：“云南山高脉厚，到处出产矿砂，但能经理得宜，非惟裨益铜务，而千万谋食穷民亦得借以资生。”由此观之，小厂非无利也。诚使加以人力，穿峡成堂，则初辟之矿入不必深，而工不必费，又其地僻人少，林木蔚萃，采伐既便，炭亦易得，较大厂当有事半而功倍者，不可不亟图也。今厂民皆徒手掠取，一出于侥倖尝试之为，而厂官徒坐守抽分之课，外此已无多求。是故小厂非无矿也，货弃于地，莫之惜也。又况盗卖盗铸，其为漏卮又不知几何哉。小厂之铜，岁不及大厂之十一者，实由于此。诚招徕土著之民，联以什伍之籍，又择其愿朴持重者为之长。于是假以底本，益以油米薪炭，则涣散之众皆有系属，久且倚为恒业，虽驱之不去也。

然后示以约束，董以课程，作其方振之气，厚其已集之力，使皆穿石破峡，以求进山之矿，而无半途之废，虽有不成者寡矣。若更开曲靖、广西之铸局，而以息钱加铜价，则宣威、沾益诸山之铜不复走黔，路南、建水、蒙自诸山之铜无复走粤，安见小厂不可转为大也？所谓“实给工本以广开采”者，此也。滇之牛马少矣，滇之储备又虚矣，而部局以待铸为言，移牒趣运，急于星火，殆未权于缓急之实者也。铜运之在滇境者，后先踵接，依次抵泸。既以乙岁之铜补甲岁之运，又将以乙岁之运待丙岁之铜，而泸州之旋收旋兑，略不停息，则又终无储备之日矣。夫惟宽以半岁之期会，然后泸州有三四百万之储，则兑者方去，而运者既来，是常有馀贮也。而凡运官之至者，皆可以时兑发，次第起行，既无坐守之劳，又有催督之令，运何为而迟哉！若夫筹运之法，尝取往籍考之。始云南之铸钱运京也，由广西府陆运以达广南之板蜂，舟行以达粤西之百色，而后迤逦入汉。而广西、广南之间，经由十九厅州县，各以地之远近大小雇牛递运，少者数十头，多者三五百至一千二百，并先期给价雇募。每至夏秋，触冒瘴雾，人牛皆病，故常畏阻不前。既又官买马牛，制车设传，以马五百八十八匹，分设七驿，又以牛三百七十八头，车三百七十八辆，分设九驿，递供转运。会部议改运滇铜，乃停广西之铸，而以江、安、浙、闽及湖北、湖南、广东之额铜并停买，归滇运京，于是滇之正耗四百四十馀万，悉由东川经运永宁。其后以寻甸、威宁亦可达永宁也，乃分二百二十万，由寻甸转运，而东川之由昭通、镇雄以达永宁者，尚二百二十万。后又以广西停铸，合其正耗馀铜一百八十九万一千馀斤，并依数解京，是为加运，亦由东川、寻甸分运。至乾隆七年，昭通之盐井渡始通，则东川之运铜半由水运抵泸州，半由陆运抵永宁。十年，威宁之罗星渡又通，则寻甸陆运之铜既过威宁，又可舟行抵泸矣。十四年，金沙江告讫工，而永善、黄草坪以下之水亦通，于是东川达于昭通之铜皆分出盐井、黄草坪之二水，与寻甸之运铜并径抵泸州矣。然东川、昭通之马牛非尽出所治，黔、蜀之马与旁郡县之牛常居其大半。雇募之法，先由官验马牛，烙以火印，借以买价。每以马一匹，借银七两；牛一头，车一辆，借银六两。比其载运，则半给官价，而扣存其半，以销前借。扣销既尽，则又借之。故其受雇皆有熟户，领运皆有恒期，互保皆有常侣，经纪皆有定规。日月既久，官民相习，虽有空乏，而无逋逃。亦雇运之一策也。今宣威既踵行之矣，使寻甸及在威宁之司运者皆行此法，滇产虽乏，庶有济乎？然犹有难焉者，诸路之采买、雇运常迟也。顷岁定议，滇铜以冬夏之杪计数分拨，大小之厂各以地之远近、铜之多寡而拨之。采买委官远至，东驰西逐，废旷时月。是以今年始议得胜、日见、白羊诸远厂，皆运至下关，由大理府转发，黔、粤之买铜者鲜远涉矣。而义都、青龙诸近厂，与云南府以下之厂，犹须诸路委官就往买铜，自雇自运，咸会百色，然后登舟。主客之势，呼应既难，又以农事，牛马无暇，夏秋瘴盛，更多间阻，是故部牒数下，而云南之报出境者常虑迟也。往时临安、路南之铜皆运弥勒县之竹园村，以待委官之买运。其后以委官守候历时，爰有赴厂领运之议。然其时实以缺铜，不能以时给买，而非运贮竹园村之失也。诚使减诸路之采买，而尽运迤西诸厂之铜，贮之云南府，以知府综其发运；又运临安、路南之铜，尽贮之竹园村，以收发责之巡检，如是则委官至辄买运去耳，岂复有奔走旷废之时哉？若更依运钱之制，以诸路陆运之价分发缘路郡县，各募运户，借以官本，多买马牛，按站接运，比于置邮，夏秋尽撤，归农停运，则人马无瘴疠之忧，委官有安闲之乐。于其暇时，又分运寻甸铜之半，由广西、广南达百色，并如运钱之旧，即运京之铜亦加速。一举而三善备矣。

《通鉴》卷二九二：**“周世宗显德**(元)[二]**年九月丙寅朔，敕立监采铜铸钱，自非县官法物、军器及寺观钟磬、钹铎之类听留外，其馀民间铜器佛像，五十日内悉令输官，给其直。过期隐匿不输，五斤以上其罪死，不及者论刑有差。**【原注】洪武二十年四月，工部右侍郎秦逵言：“宝源局铸钱乏铜，请令郡县收民间废铜以资鼓铸。”上曰：“铸钱本以便民，今欲取民废铜以铸钱，朕恐天下废铜有限，斯令一出，有司急于奉承，小民迫于诛责，必至毁器物以输官，其为民害甚矣。姑停之。”见《太祖实录》卷一八一。**上谓侍臣曰：‘卿辈勿以毁佛为疑。夫佛以善道化人，苟志于善，斯奉佛矣。彼铜像岂所谓佛邪？且吾闻佛在利人，虽头目犹舍以布施。若朕身可以济民，亦非所惜也。’”**〔一〕

〔一〕【杨氏曰】唐武、宋徽皆祖道而攻释，与元魏太武同。其持平而两废者，唯周武帝耳。惜其降年不永，盛绩不究，则天道之难忱耳。

《五代史》《四夷附录》：**“高丽地产铜、银。周世宗时，遣尚书水部员外郎韩彦卿以帛数千匹市铜于高丽，以铸钱。”“显德六年，高丽王昭遣使者贡黄铜五万斤。”**

钱面

自古铸钱，若汉五铢、唐开元、宋以后各年号钱，皆一面有字，一面无字。储泳曰：“自昔以钱之有字处为阴，无字处为阳。古者铸金为货，其阴则纪国号，如镜阴之有款识也。”见宋储泳《祛疑说·易占说》。凡器物之识，必书于其底，与此同义。沿袭既久，遂以漫处为背。【原注】“漫”亦谓之“幕”，见《汉书·西域传》。○《旧唐书·柳仲郢传》作“模”。近年乃有别铸字于漫处者。天启大钱始铸“一两”字，崇祯钱有“户”、“工”等字，钱品益杂，而天下亦乱。按唐会昌中，淮南节度使李绅请天下以州名铸钱，京师为京钱。见《通考》卷八。未几，武宗崩，宣宗立，遂废之。

无字谓之阳，有字谓之阴。《仪礼》《士冠礼》疏：“筮法，古用木画地，今则用钱：以三少为重钱，【原注】凡言“多”、“少”者，皆归馀之数。重钱则九也；三多为交钱，交钱则六也；两多一少为单钱，单钱则七也；两少一多为拆钱，拆钱则八也。”今人以钱筮者犹如此。【原注】今人用钱以筮，以三漫为重爻，为阳；三字为交爻，为阴；二字一漫，以一漫为主，故为单爻；二漫一字，以一字为主，故为拆爻。犹《易传》所云“阳卦多阴，阴卦多阳”之意。钱以有字处为阴，是知字乃钱之背也，碑之背亦名为阴。

短陌

《隋书·食货志》曰："梁大同后，自破岭以东，①〔一〕**钱以八十为百，名曰东钱。江郢以上，七十为百，名曰西钱。京师以九十为百，名曰长钱。中大同元年，乃诏通用足陌。**【原注】《梁书·武帝纪》：中大同元年七月丙寅诏曰："朝四暮三，众狙皆喜，名实未亏，而喜怒为用。顷闻外间多用九陌钱。陌减则物贵，陌足则物贱。至于远方，日更滋甚。岂直国有异政，乃至家有殊俗，徒乱王制，无益民财。自今可通用足陌钱。令书行后，百日为期，若犹有犯，男子谪运，女子质作，并三年。"〇沈存中曰："百钱谓之陌者，借陌字用之，其实只是百字，如什与伍耳。"见《梦溪笔谈》卷四。仟伯字皆从"人"，今俗书作"阡陌"，而皆从"阜"，非也。指田之阡陌，当从"阜"，《汉志》或从"人"，盖古字通用。**诏下而人不从，钱陌益少，至于末年，遂以三十五为百。"唐宪宗元和中，"京师用钱，每贯头除二十文"。**见《旧唐书·食货志上》。下同。**穆宗长庆元年，"以所在用钱垫陌不一，敕内外公私给用钱，宜每贯一例除垫八十，以九百二十文成贯"。至"昭宗末，京师以八百五十为贯，每陌才八十五。河南府以八十为陌"。**见《新唐书·食货志》。【原注】《旧唐书·哀帝纪》："天祐二年四月丙辰，敕河南府，自今市肆交易，并以八十五文为陌，不得更有改移。"**汉隐帝时，"王章为三司使，聚敛刻急。旧制，钱出入皆以八十为陌，章始令入者八十，出者七十**

---

① 援庵《校注》：观下文"江郢"、"京师"二句，则"自"字无着，"自破"二字应属上为句。王鸣盛说是也。见《十七史商榷》九六。

七,谓之省陌”。见《文献通考》卷四。〔二〕《宋史》《食货志下二》言:“宋初,凡输官者,亦用八十或八十五为百。诸州私用,则各随其俗,至有以四十八为百者。太平兴国中,诏所在以七十七为百。”《金史》《食货志三》言:“大定中,民间以八十为陌,谓之短钱。官用足陌,谓之长钱。大名男子斡鲁补者上言,谓官司所用钱皆当以八十为陌,遂为定制。”衰季之朝,“与乱同事”,见《尚书·太甲》。大抵如此。而《抱朴子》《内篇·微旨》云:“取人长钱,还人短陌。”则是晋时已有之,不始于梁也。今京师钱以三十为陌,视梁之季年又少之矣①。〔三〕

〔一〕【汝成案】《隋书》原文云:“交易者,以车载钱,不复计数,而惟论贯。商旅奸诈,因之求利,自破岭以东,八十为百。”《容斋三笔》稍更其文曰“梁武帝时,以铁钱之故,商贾浸以奸诈自破,岭以东”云云。王氏云:“容斋以‘自破’为句,宁人乃读作‘自破岭以东’,岂传写偶误耶?”愚核两书文义,“自破”二字无属上为句之理,王氏所言非也。而破岭无此地名,“破”或“庾”字之讹。

〔二〕【王氏云】薛史《食货志》:“唐同光二年,度支请榜示府州县镇军民商旅,凡有买卖,并须使八十陌钱。”《日知录》考短陌事甚详,独无后唐庄宗事,宁人未见薛史也。

〔三〕【赵氏云】高江邨《天禄(议)[识]馀》谓:“京师以三十三文为一百,近又减至三十文。”按京师习俗以官板钱一当两,凡贸易议钱一百,实则用五十。《续通考》记嘉靖三年诏,“每银一钱直好钱七十文,低钱一百四十文”。是前明已有两当一之

① “视梁之季年又少之矣”九字,原本作“亦宜禁止”,据《校记》改。

令矣。三十五文已是七十文，于古七十为百之数，不甚悬绝也。

钞

钞法之兴，因于前代未以银为币，而患钱之重，乃立此法。唐宪宗之"飞钱"，见《新唐书·食货志四》。**即如今之"会票"也。宋张咏镇蜀，以铁钱重，不便贸易，于是设质剂之法，一交一缗，以三年为一界而换之。天圣间，遂置交子务。**见《宋史·食货志下三》。【原注】《元史》《刘宣传》：刘宣言："原交钞所起，汉、唐以来，皆未尝有。宋绍兴初，军饷不继，造此以诱商旅，为沿边籴买之计。比铜钱易于赍擎，民甚便之。稍有滞碍，即用见钱，尚存古人子母相权之意。日增月益，其法浸弊。"赵孟頫亦言："古者以米、绢民生所须，谓之二实。银、钱与二物相权，谓之二虚。钞乃宋时所创，施于边郡，金人袭而用之，皆出于不得已。"见《元史·赵孟頫传》。**然宋人已尝论之，谓无钱为本，亦不能以空文行。**[①] **今日上下皆银，轻装易致，而楮币自无所用。**【原注】周必大《二老堂杂志》卷四《辨楮币二字》："近岁用会子，乃四川交子法，特官券耳。不知何人目为'楮币'，遂入殿试御题。若正言之，犹'纸钱'也，乃以为文，何邪？"**故洪武初欲行钞法，至禁民间行使金银以奸恶论，而卒不能行。及乎后代，银日盛而钞日微，势不两行，灼然易见。乃崇祯之末，倪公元璐掌户部，必欲行之，**【原注】行钞之议始于天启初礼科惠世扬。及崇

① 皮公弼言见《续资治通鉴长编》卷二五九。

祯末，有蒋臣者复申其说，擢为户部司务。终不可行而止。**其亦未察乎古今之变矣。**

议者但言洪武间钞法通行，〔一〕**考之《实录》，二十七年八月丙戌，禁用铜钱矣。**见《太祖实录》卷二三四。【原注】其时即有以钱百六十折钞一贯者，故诏禁之。○《大明会典》卷三四："洪武二十七年，令军民商贾所有铜钱，有司收归官，依数换钞，不许行使。"○"正统十三年五月庚寅，禁使铜钱。时钞既(不)[通]行，[①]而市廛亦仍以铜钱交易，每钞一贯折铜钱二文。监察御史蔡愈济以为言：'请出榜禁约，令锦衣卫、五城兵马司巡视，有以铜钱交易者，掠治其罪，十倍罚之。'上从其请。"见《英宗实录》卷一六六。**三十年三月甲子，禁用金银矣。**见《太祖实录》卷二五一。**三十五年十二月甲寅，命俸米折支钞者，每石增五贯为十贯。**见《太宗实录》卷一五。[②] **是国初造钞之后，不过数年，而其法已渐坏不行。于是有奸恶之条，充赏之格，而卒亦不能行也。**【原注】永乐元年四月丙寅，以钞法不通，下令禁金银交易，犯者准奸恶论。有能首捕者，以所交易金银充赏。其两相交易，而一人自首者，免坐，赏与首捕同。见《太宗实录》卷一八。○二年正月戊午，诏自今有犯交易银两之禁者，免死，徙家兴州屯戍。见《太宗实录》卷二六。**盖昏烂、倒换、出入之弊，必至于此。乃以钞之不利而并钱禁之，废坚刚可久之货，而行软熟易败之物，宜其弗顺于人情，而卒至于滞阁。**【原注】正统十年，山西布政司奏"库贮钞贯朽烂不堪用者五十九万三千锭有奇"，敕令焚毁。见《英宗实录》卷一二五。**后世兴利之臣，慎无言此可矣。**

---

① 《刊误》："'不'，诸本并误'通'，楷庵杨氏校改。"按《实录》本文正作"通"，今改回。

② 按所谓"洪武三十五年"，实即建文四年，明成祖"革除"建文年号，归于洪武。

〔一〕【沈氏曰】案《明史·食货志》："洪武八年，造大明宝钞，命民间通行。以桑穰为料，其制方，高一尺，广六寸，质青色，外为横文花阑，横题其额曰'大明通行宝钞'，中图钱贯，十串为一贯云云。若五百文则画钱文为五串，馀如其制而递减之。其等凡六，曰一贯，曰五百文，四百文，三百文，二百文，一百文。每钞一贯准钱千文，银一两。四贯准黄金一两。"

自钞法行而狱讼滋多，于是有江夏县民，父死以银营葬具，而坐以徙边者矣；有给事中丁(环)[**琰**]**，奉使至四川，遣亲吏以银诱民交易而执之者矣。**俱见《太宗实录》卷二九。【原注】并永乐二年三月。**舍烹鲜之理，**[1]**就扬沸之威；**[2]**去冬日之温，用秋荼之密。**[3] **天子亦知其拂于人情而为之戒饬，然其不达于天听、不登于史书者又不知凡几也。《孟子》**《梁惠王上》**曰："焉有仁人在位，罔民而可为也？"若钞法者，其不为罔民之一事乎？**

《元史》《世祖纪八》**："世祖至元十七年，中书省议流通钞法，凡赏赐宜多给币帛，课程宜多收钞。"于是陈瑛祖之，请通计户口、食盐纳钞，**见《太宗实录》卷三三。**又诏令课程、赃罚等物悉输钞，**见《太宗实录》卷四八。【原注】永乐五年三月甲申。**又诏令笞杖定等，输钞赎罪，**见《仁宗实录》卷三。【原注】二十二年十月癸卯。**又令权增市肆门摊，课程收钞，**见《仁宗实录》卷

---

① 《老子》："治大国若烹小鲜。"

② 《史记·酷吏传》序云："当是之时，吏治若救火扬沸。"扬沸止汤，喻治标而不治本之法。

③ 桓宽《盐铁论·刑德》："秦法繁于秋荼，而网密于凝脂。"

六。【原注】洪熙元年正月庚寅。又令倒死亏欠马驼等畜并输钞，又令各欠羊皮、鱼鳔、翎毛等物并输钞，见《宣宗实录》卷二二。【原注】并宣德元年十月乙亥。又令塌坊、果园、舟车、装载并纳钞。见《宣宗实录》卷五五。【原注】四年六月壬寅。○今之钞关始此。欲以重钞而钞不行，于是制为阻滞钞法之罪，有不用钞一贯者，罚纳千贯；亲邻、里老、旗甲知情不首，依犯者一贯罚百贯；其关闭铺店、潜自贸易及抬高物价之人，罚钞万贯，知情不首罚千贯；见《宣宗实录》卷四四。【原注】三年六月癸卯。有阻滞钞法者，令有司于所犯人每贯追一万贯入官，全家发戍边远，见《英宗实录》卷一六六。【原注】正统十三年五月辛丑。而愈不可行矣。

宣德三年六月己酉，诏："停造新钞，已造完者悉收库，不许放支。其在库旧钞，委官选拣，堪用者备赏赉，不堪者烧毁。"见《宣宗实录》卷四四。天子不能与万物争权，信夫！【原注】正统元年，黄福疏言："洪武间，银一两当钞三五贯。今银一两当钞一千馀贯。"见《英宗实录》卷一五。

《大明会典》卷三二："国初止有商税，未尝有船钞。至宣德间始设钞关。"夫钞关之设，本借以收钞而通钞法也，钞既停，则关宜罢矣，【原注】如果园、菜园之征，未久而罢。乃犹以为利国之一孔而因仍不革，岂非戴盈之所谓"以待来年"见《孟子·滕文公下》。者乎？

宣德中，浙江按察使林硕、江西副使石璞累奏："洪武初，钞重物轻，所以当时定律，官吏受赃枉法八十贯律绞。方今物重钞轻，苟非更革，刑必失重，乞以银米为准。"未行。至正统五年十一月,行在刑部、都察院、大理寺议:“今后文职官吏人等,受枉法赃比律该绞者,有禄人估钞八百贯之上,无禄人估钞一千二百贯之上,俱发北方边卫充军。”见《英宗实录》卷七三。亦可以见钞直[①]之低昂矣。

伪银

今日上下皆用银,而民间巧诈滋甚,非直给市人,且或用以欺官长。济南人家专造此种伪物,至累十累百用之,殆所谓“为盗不操矛弧”见《史记·日者列传》。者也。律:“凡伪造金银者,杖一百,徒三年;为从及知情买使者,各减一等。”见《大明会典》卷一三○。其法既轻,而又不必行,故民易犯。夫刑罚,世轻世重,视其敝何如尔。汉时用黄金,孝景中六年十二月,“定铸钱、伪黄金弃市律”,造伪黄金与私铸钱者同弃市。见《汉书·景帝纪》。【原注】刘更生以典尚方,作黄金不成,劾以铸伪黄金,系当死。见《汉书·刘向传》。武帝元鼎五年,“饮酎少府省金,而列侯坐酎金失侯者百馀人”,如淳曰:“《汉仪注》:金少不如斤两及色恶,王削县,侯免国。”见《史记·平准书》。宋太祖开宝四年十月己巳,诏“伪作黄金者弃市”。见《宋史·太祖纪》。而唐文宗太和三年六月,依中书门下奏,“以铅锡钱交易者,过十贯以上,所在集众决杀”。见《旧唐书·文宗纪》。今伪银之罪不下于伪黄金,而重于以铅锡钱交易,宜比前代之法,置之重辟,【原注】《实录》:“正统十

① “见钞直”,张京华《校释》作“知钞道”。

一年三月癸未，从顺天府大兴县知县马聪言，造伪银者，发边卫充军。”见《英宗实录》卷一三九。而景泰元年十一月，赏虏酋①有假金三两，致也先遣使来言。见《英宗实录》卷一九八《景泰附录》。是则法之不行，遂有以此欺朝廷者矣。**庶可以革奸而反朴也。**〔一〕

〔一〕【杨氏曰】《五代史·慕容彦超传》有铁胎银。

【赵氏曰】慕容彦超好聚敛，为伪银，以铁为质，而银包之，人谓之铁胎银。想其时民间已皆用银，故彦超至作伪以射利。若不能市易，何必为此哉？

汉既以钱为货，而铜之为品不齐，故水衡都尉其属有辨铜令丞，见《汉书·百官公卿表》。**此亦《周官》“职金”**见《周礼·大司寇》。**之遗意。**

① “虏酋”，原本作“北蕃”，据《校记》改。

日知录集释卷十二

财用

古人制币，以权百货之轻重。钱者，币之一也，将以导利而布之上下，非以为人主之私藏也。《汉书》《食货志》言："民有馀则轻之，故人君敛之以轻；民不足则重之，故人君散之以重。凡轻重敛散之以时，则准平。使万室之邑必有万锺之臧，臧繦千万；千室之邑必有千锺之臧，臧繦百万。"【原注】孟康曰："繦，钱贯也。"齐武帝永明五年九月丙午诏："以粟帛轻贱，工商失业，良由圜法久废，上币稍寡。可令京师及四方出钱亿万，粂米谷丝绵之属，其和价以优黔首。"见《南齐书·武帝纪》。【原注】南齐豫章王嶷镇荆州，"以谷过贱，听民以米当口钱，优评斛一百"。见《南齐书·豫章文献王传》。优评者，增价而取之。唐宪宗时，白居易策言："今天下之钱日以减耗，或积于内府，或滞于私家。若复日月征收，岁时输纳，臣恐谷帛之价转贱，农桑之业益伤，十年以后，其弊必更甚于今日。”见《白氏长庆集》卷六三《策林·息游惰》。而元和“八年四月敕以钱重货轻,出内库钱五十万贯,令两市收买布帛,每端匹视旧估加十之一”。十二年正月,又敕“出内库钱[①]五十万贯,令京兆府拣择要便处开场,依市价交易”。俱见《旧唐书·食货志上》。今日之银,犹夫前代之钱也。乃岁岁征数百万贮之京库,而不知所以流通之术,于是银之在下者至于竭涸,而无以继上之求,然后民穷而盗起矣。单穆公有言:“绝民用以实王府,犹塞川原而为潢污也。”见《国语·周语下》。自古以来,有民穷财尽而人主独拥多藏于上者乎?此无他,不知钱币之本为上下通共之财,而以为一家之物也。《诗》《小雅·节南山》曰:“不吊昊天,不宜空我师。”有子曰:“百姓不足,君孰与足?”见《论语·颜渊》。古人其知之矣。〔一〕

〔一〕【胡氏曰】周之泉府,汉之平准,宋之均输市易,截然三法也,计臣附会而一之,遂为天下害。泉府者,物之不售,以官敛之,然后民无滞货,非以贱故买之也;物不时得,有以资之,然后民无乏用,非以贵故卖之也。敛之使无滞,资之使无匮,皆非牟利也,皆以为民也。平准者,以京师官分主郡国物,郡国亦各有官输其物京师。郡国之官伺其贱,京师之官伺其贵,使富商大贾无所牟大利,而物贾不至腾踊。虽与商贾争利,是其隐衷,而禁物腾踊,尚美其名。均输者,上供物也;市易者,民间用物也。皆以内府钱货笼于诸路,笼于京师,使民间一丝一粒一瓦一椽非官莫售,非官莫粥。又以抵当法贷之而责以息。

① “内库钱”,《旧唐书·食货志上》作“现钱”。

民所不堪，督以重法，不避朘下之名，不厌争利之壑矣。此三法同异之辨，不可不知也。

【姚刑部曰】世言司马子长因已被罪于汉，不能自赎，发愤而传货殖。余谓不然。盖子长见其时天子不能以宁静淡薄先海内，无校于物之盈绌，而以制度防礼俗之末流，乃令其民仿效淫侈，去廉耻而逐利资，贤士困于穷约，素封僭于君长；又念里巷之徒逐取什一，行至猥贱，而盐铁、酒酤、均输，以帝王之富亲细民之役为足羞也。故其言曰："善者因之，其次利道之，又次教诲之，整齐之。"夫以无欲为心，以礼教为术，人胡弗安？国奚不富？若乃怀贪欲以竞黔首，悁悁焉思所胜之，用刻剥聚敛，无益习俗之靡，使人徒自患其财，怀促促不终日之虑，户亡积贮，物力凋敝，大乱之故由此始也。故讥其贱以绳其贵，察其俗以见其政，观其靡以知其敝，此盖子长之志也。且夫人主之求利者固曷极哉？方秦始皇统一区夏，鞭棰夷蛮，雄略震乎当世，及其伺睨牧长、寡妇之资，奉匹夫匹妇而如恐失其意。促訾啜汁之行，士且羞之，矧天子之贵乎？呜呼，蔽于物者必逆于行，其可慨矣夫！

财聚于上，是谓国之不祥。不幸而有此，与其聚于人主，无宁聚于大臣。昔殷之中年，"有乱政同位，具乃贝玉"，见《书·盘庚中》。**"总于货宝"**，见《书·盘庚下》。**贪浊之风，亦已甚矣；有一盘庚出焉，遂变而成中兴之治。及纣之身，"用乂雠敛"**，见《书·微子》。**鹿台之钱、钜桥之粟聚于人主，**【原注】《史记·殷本纪》："厚赋税以实鹿台之钱。"**而前徒倒**

戈，自燔之祸至矣。故尧之禅舜，犹曰："四海困穷，天禄永终。"[①]**而周公之系《易》**《涣》**曰："涣。王居无咎。"《管子》**《版法解》**曰："与天下同利者，天下持之。擅天下之利者，天下谋之。"呜呼！崇祯末年之事可为永鉴也已！后之有天下者，其念之哉！**〔一〕

〔一〕【杨氏曰】崇祯之末，有云见银尚有数十库者，有云其说不者。

【柴御史曰】理财者，使所入足供所出而已。承平日久，供亿浩繁，损上益下之念无日不廑于宸衷，而量入为出之规尚似未筹乎至计。《礼》曰："财用足，故百志成。"若少有窘乏，则蠲征平赋、恤灾厚下之大政俱不得施，迟之又久，则一切苟且之法随之以起，此非天下之小故也。《大学》之言理财，曰生，曰食，曰为，曰用。夫生与为，事属乎下者也，今天下之人皆知致力，上不过董其纲纪而已。食与用，权操乎上者也，非通各直省为计，合三十年之通，俾宽然有馀不可。顷见台臣请定会计疏，内称每年所入三千六百万，出亦三千六百万，食不可谓寡矣。又直隶修水利，部臣至请捐道府大员，用不可谓舒矣。臣观往古承平之馀，每以乏财为患，其时之议不过曰汰冗兵，省冗员，行节俭。今行伍无虚籍，廪给无枝官，宫府无妄费，是节之无不至也，过此则刻核吝啬矣。唐、宋之税粮有上供，有送使，有留州，催科有破分。即明万历以前，征追亦止以八九分为准，至张居正当国，乃以十分考成。今直省钱粮俸饷之外，存留至少。而且地丁有耗羡，关税有盈馀，盐课有溢额，是取之亦无不至也，过此则为横征暴敛矣。然就今日计之，则所入仅供所出，就异日计之，则所入殆不足供所出。以皇上之仁

① 见《书·大禹谟》。是舜禅禹语。

明，国家之休暇，而不筹一开源节流之法，为万世无弊之方，是为失时。以臣等身荷厚恩，备官台省，而不能少竭涓埃，协赞远谟，是为负国。虽其事至重，断非弇昧之见所能周悉，然事无有要于此者，固不能默而息也。以臣之计，一曰开边外之屯田，以养闲散；一曰给数年之俸饷，散遣汉军；一曰改捐监之款项，以充公费。三者行而后良法美意可得而举也。何也？臣闻宋太祖之有天下也，举中国之兵只十六万。至英宗治平年间，至百二十万，国力为之耗竭。神宗思革其弊，于是王安石行保马之法以汰兵，行市易、免役之法以生财，而国事已去。明之宗枝不仕不农，仰给宗禄，至中叶以后，乃共篷而居，分饼而食，男四十不得娶，女三十不得嫁，何也？力不足以给之也。今满洲、蒙古、汉军各有八旗，其丁口之蕃昌，视顺治之时盖一衍为十；而生计之艰难，视康熙之时已十不及五。而且仰给于官而不已，局于五百里之内而不使出，则将来上之弊必如北宋之养兵，下之弊亦必如有明之宗室，此不可不筹通变者也。臣窃以满洲闲散及汉军八旗，皆宜设法安顿。查沿边一带至奉天等处，多水泉肥美之地，近日廷臣如顾琮等俱曾请开垦。请遣有干略之大臣前往分道经理，果有可屯之处，特发帑金，为之建堡墩，起屋庐，置耕牛农具，令各旗满洲除正身披甲在京当差外，其家之次丁、馀丁力能耕种者，令前往居住。其所耕之田即付为永业，分年扣完工本，此外更不升科。惟令其农隙操演，则数年之后，皆成劲卒，复可资满洲之生计。其逐年发往军台之人，养赡蒙古，徒资靡费，莫若令其分地捐资效力；此后有愿往者，令其陆续前往。此安顿满洲闲散之法也。至汉军八旗，已奉有听其出旗之旨，以定例太拘，有力愿出者，为例所格，例许出者，多无力之人，恐出旗后无以为生，以故散遣寥窶。今请不论其家之出仕与否，概许出旗。其家见任居官者，各给以三年之俸银，其无居官者，统给以六年之饷银；其家产许之随带，任其自便。盖彼在旗百年，势难徒手而去，若许带家产，又有并给三年、六年之俸饷，将此一项经营，亦可敌每年所给之饷，则贫富各不失所，而五年以后，国帑之节省无穷。即一时不能尽给，分作数年，以次散遣，帑藏亦不至大绌。其都统以下、章京以上等官，各按品级，陆续改补绿旗提镇将弁，此安顿汉军之法也。臣又按，耗羡归公者，天下之大利，其在今日，亦天下之大弊也。往者康熙年间，法制宽略，州县于地丁之外，私征火耗，其陋规匿税亦未尽剔厘，上司于此分肥，京官于此勒索，游客于此染指。分肥则与为蒙蔽，勒索则与为游扬，染指则与交通关说，致贪风未泯，帑庾多亏。自耗羡归公之后，一切弊窦悉涤而清之，是为大利。然向者本出私征，非同经费，其端介有司不肯妄取，上司亦不敢强。其贤且能者，则能以地方之财办地方之事。故康熙年间之循吏多实绩可纪，而财用亦得流通。自归公之后，民间之输纳比于正供，而丝毫之出纳悉操内部。地丁之公费，除官吏养廉之外，既无馀剩；官吏之养廉，除分给幕客家丁之脩脯工资，事上接下之应酬，舆马蔬薪之繁费，此外无馀剩。每地方有应行之事，应兴之役，捐己资既苦贫窭，请公帑实非容易。于是督抚止题调属员，便为整顿地方矣，不问其兴利除弊也；州县止料理案牍，便为才具兼优矣，不问农桑教养也。臣不敢泛引，请以近事之确凿有据者言之。足民莫大于垦荒，而广东一省，荒田至二万顷，无有过而问也。足民莫大于水利，而西北各省水道从无疏浚，陕西郑、白二渠，昔人云溉田六万顷，今湮塞不及溉百馀顷；湖广出米，接济东南，而湖岸之堤工派官派民，究无长策也。足民莫大于平粜，而贵粜则时价不得平，贱粜则采买无所出，纷纭议论，究无定局也。而他可知矣。此皆由于一丝一忽悉取公帑，有司每办一事，上畏户、工二部之驳诘，下畏身家之赔累，但取其事之美观而无实济者，日奔走之以为勤。故曰此天下之大弊也。夫生民之利有穷，故圣人之法必改。今耗羡归公之法势无可改，惟有为地方别立一公项，俾任事者无财用窘乏之患，而后可课以治效之成。臣请将常平仓储仍照旧例办理，其捐监一项留充各省之公用，除官俸、兵饷之类照常动用正项，其馀若灾伤之有拯恤，孤贫之当养赡，河渠水利之当兴修，贫民开垦之当借给工本，坛庙、祠宇、桥梁、公廨之当修治，采买仓谷之价值不敷，皆于此项动给，以本地之财供本地之用。如有大役大费，则督抚合全省之项而通融之；又有不足，则移邻省之项而协济之。其稽察之权属之司道，其核减之权操之督抚，内部不必重加切核，则经费充裕，节目疏阔，而地方之实政皆可举行。或疑复采买则谷贵，不知常平之行二千年矣，最为良法。前者采买与收捐并行，又值各省俱有荒歉，赈贷告籴，杂然并举，故谷贵，非一常平之买补可致谷贵也。且捐监一项，或银粟兼收，或丰收本色，歉收折色，皆可以调剂常平之不逮也。或疑此项不归正供，有司必多侵蚀浮冒。不知巧黠之夫，虽正供亦能耗蠹；廉谨之士，虽暗昧不敢自欺。设官分职，付以人民，只可立法以惩贪，不可因噎而废食。唐人减刘晏之船料，而漕运不继；明人以周忱之耗米归为正项，致逋负百出，路多饿殍。大国不可以小道治，善理财者固不如此也。此捐监之宜充公费也。三法既行，则度支有定。他如关税盐课之溢额，皆可量加裁减，以裕民力。经费有资，则如好善乐施之类，皆可永行停止，以清仕路。民力裕则教化行，仕路清则风俗正。教化行而风俗正，皇上以敬勤之身，总其纲纪，巩固灵长之业，犹泰山而四维之也。臣日夜思维，以为当今之要务无急于此者。

唐自行两税法以后，天下百姓输赋于州府，一曰上供，二曰送使，三曰留州。【原注】《旧唐书·裴垍传》。○《新唐书·食货志》同。○元稹状言："臣伏准前后制敕及每岁旨条，两税留州、留使钱外，加率一钱一物，州府长吏并同枉法计赃，仍令出使御史访察闻奏。"见《元氏长庆集》卷三七《弹奏山南西道两税外草状》。**及宋太祖乾德三年，诏诸州支度经费外，凡金帛悉送阙下，无得占留。**【原注】《宋史·食货志》。**自此一钱以上皆归之朝廷，而簿领纤悉特甚于唐时矣。然宋之所以愈弱而不可振者，实在此。**【原注】《宋史》《食货志下》言："宋聚兵京师，外州无留财，天下支用悉出三司，故其费浸多。"**昔人谓古者藏富于民，**[①]**自汉以后，财已不在民矣，而犹在郡国，不至尽辇京师，是亦汉人之良法也。后之人君知此意者鲜矣。**

自唐开成初，归融为户部侍郎兼御史中丞，奏言："天下一家，何非君土？中外之财，皆陛下府库。"见《旧唐书·归融传》。**而宋元祐中，苏辙为户部侍郎，则言："善为国者，藏之于民，其次藏之州郡。州郡有馀，则转运司常足。**【原注】犹今之布政司。**转运司既足，则户部不困。自熙宁以来，言利之臣不知本末[之术]，欲求富国，而先困转运司。转**

① 张京华《校释》：《管子·山至数》："民富君无与贫，民贫君无与富。故赋无钱布，府无藏财，赀藏于民。"

运司既困,则上供不继;上供不继,而户部亦惫矣。两司既困,〔一〕虽内帑别藏积如丘山,而委为朽壤,无益于算也。”见《宋史·苏辙传》。是以仁宗时富弼知青州,朝廷欲辇青州之财入京师,弼上疏谏。金世宗欲运郡县之钱入京师,徒单克宁以为如此则民间之钱益少,亦谏而止之。见《金史·徒单克宁传》。以余所见,本朝[①]之事,尽外库之银以解户部,盖起于近日[②],而非祖宗之制也。王士性《广志绎》卷一言:“天下府库莫盛于川中。余以戊子典试于川,询之藩司,库储八百万。【原注】银两之数。即成都、重庆等府俱不下二十万,顺庆亦十万。盖川中无起运之粮,而专备西南用兵故也。两浙赋甲天下。余丁亥北上,滕师少松为余言:‘癸酉督学浙中,藩司储八十万,后为方伯,止四十万,今为中丞,藩司言不及二十万矣。’十年之间,积贮一空如此!及余己丑参政广西,顾臬使问自浙粮储来,询之,则云浙藩今已不及十万也。广西老库储银十五万不启,每岁以入为出耳。余甲午参政山东,藩司亦不及二十万之储。庚辰入滇,滇藩亦不满十万,与浙同,每岁取矿课五六万用之。今太仓所蓄亦止老库四百馀万,有事则取诸太仆寺。余乙未贰卿太仆时,亦止老库四百万,每岁马价不足用,则取之草料。盖十年间东倭西哱,所用于二帑者逾二百万故也。”其所记万历时事如此。至天启中,用操江范济世之奏,一切外储尽令解京,而搜括之令自此始矣。今录上谕全文于此,俾

① “本朝”,原本作“有明”,据《校记》改。
② “近日”,原本作“末造”,据《校记》改。

后之考世变者得以览焉。天启六年四月七日,上谕工部、都察院:“朕思殿工肇兴,所费宏巨,今虽不日告成,但所欠各项价银已几至二十万。况辽东未复,兵饷浩繁,若不尽力钩稽,多方清察,则大工必至乏误,而边疆何日敉宁?殊非朕仰补三朝阙典之怀,亦非臣下子来奉上之谊也。朕览南京操江宪臣范济世两疏,所陈凿凿可据。其所管应天、扬州府等处库贮银两,前已有旨尽行起解,到京之日,照数察收。似此急公徇上之诚,足为大小臣工模范。使天下有司皆同此心,朕何忧乎鼎建之殷繁,军饷之难措哉!范济世所奏,奉旨已久,其银两何尚未解到?尔工部、都察院即行文速催,以济急用。且天之生财,止有此数,既上不在官,又下不在民,岂可目击时艰,忍置之无用之地?朕闻得盐运司每年募兵银六千两,实收在库约有二十馀万两。又盐院康丕扬在任,一文未取,每年加派银一万,约有二十馀万两。又故监鲁保遗下每年馀银四万两,约有四十馀万两。连前院除支销费过馀银,约有八十馀万两,刷卷察盘可据。又南太仆寺解过马价馀银二十六万两,见寄在应天等府贮库。又户科贮库馀银约有七万两,寄收应天府。又操江寄十四府馀银约有十万两。又操江寄贮扬州、镇江、安庆三府备倭馀银约有三十馀万两。北道刷卷御史可据。已上七宗,俱当遵照范济世所奏事例,彻底清察,就著南京守备内臣刘敬、杨国瑞亟委廉干官胡良辅、刘文耀,会同该部、院、抚、按官,著落经管衙门察核的确,速行起解。有敢推避嫌怨、隐匿稽迟、怀私抗阻者,必罪有所归。如起解不完，则抚、按等官都不许考满迁转。刘敬等亦不许扶同蒙蔽，骫法徇私，必须殚力急公，尽心搜括，庶大工、边务均有攸赖，国家有用之物不至为贪吏侵渔，昭朕裕国恤民德意。”见《明熹宗实录》卷六五。又闻南京内库，祖宗时所藏金银珍宝皆为魏忠贤矫旨取进。先帝谕中所云“将我祖宗库贮传国奇珍异宝，盗窃几至一空”者，不知其归之何所。自此搜括不已，至于加派；加派不已，至于捐助，以讫于亡。由此言之，则搜括之令开于范济世，成于魏忠贤，而外库之虚、民力之匮所由来矣。【原注】崇祯元年六月奉旨：“范济世阿逢逆珰，妄报操银，贻害地方，著冠带闲住。”以英明之主继之，而犹不免乎“与乱同事”，见《尚书·太甲》。然则知上下之为一身，中外之为一体者，非圣王莫之能也。《传》曰：“长国家而务财用者，必自小人矣。”见《礼记·大学》。岂不信夫！〔二〕

〔一〕【杨氏曰】两司者，转运、户部。

〔二〕【胡氏曰】唐以诸州之赋折而三之，其一上供，其一送使，其一留州。送使、留州皆给有司之费，天子不问者也。汉制，山川园池、市肆租税之入，自天子至封君汤沐邑，皆各有私奉养，不领于天子之经费，即其法也。唐之山川诸赋颇入天子矣，故以免庸之钱当古者汤沐之费，以畀有司，不如此不足窒贪墨而养其廉。亡何，德宗之时，李泌请留州之外，悉输京师，元友直勾检诸道税外物悉入户部，其后裴洎又以送使之财悉为上供。上供颇益而不加赋，当时以为善政。其实彼此易名，皆使上供益丰，州支益微，徒知财利之权宜管于上，不复分别佣力之钱义当于下也。且又有不加赋而民已病者。有司百务萧索，不得不抑配民间。细而斗斛折变，微利亦归于官；大而飞苞驿篚，囊金椟帛，以输权门、行暮夜者尽取诸民。展转相须，不为限制，则展转相蒙，不复检察。一纸之令，使天下之官皆丧其节，天下之民日倾其赀。政之不善，孰过于此？此熙宁以后之覆辙也。立国之道所以贵重货财者，谓其好用之，则庭实、旅百取足其中；以武用之，则坚甲利民足以备不虞，金汤非粟不守也。人君躬自贬损，与天下共守节制而不敢渝焉，所以使经费有馀，民间不困征敛也。敛之既尽，有司所负必多，谴责不已，罢斥亦多。奸胥知守长数易，而侵盗亦多；有司倦于检察，抑配平民益多；奸民恐抑配见及，故迟留正赋以伺苟免者亦又多矣。未知何术以处此也，必也上供之外，仍以庸钱与州，然后杜监司胁取之间，塞长吏抑配之窦，俾贤者足以养廉，贪者必于得罪，而后王道可行也。

开科取士，则天下之人日愚一日；立限征粮，则天下之财日窘一日。吾未见无人与财而能国者也。然则如之何？必有作人之法而后科目可得而设也，必有生财之方而后赋税可得而收也。

先生《读隋书篇》曰：古今称国计之富者，莫如隋。然考之史传，则未见其有以为富国之术也。当周之时，酒有榷，盐池盐井有禁，入市有税。至开皇三年而并罢之。夫酒榷、盐铁、市征，乃后人以为关于邦财之大者，而隋一无所取，则所仰赋税而已。然开皇三年，调绢一匹者减为二丈，役丁十二番者减为三十日，则行苏威之言也。继而开皇九年，以江表初平，给复十日，自馀诸州并免当年租税。十年,以宇内无事,益宽徭赋,百姓年五十者输庸停放。十二年,诏河北、河东今年田租三分减一,兵减半,功调全免。则其于赋税复阔略如此。然文帝受禅之初,即营新都徙居之,继而平陈,又继而讨江南、岭表之反侧者,则此十馀年之间,营缮征伐未尝废也。史称帝于赏赐有功,并无所爱。平陈凯旋,因行庆赏,自门外夹道,列布帛之积达于南郭,以次颁给,所费三百馀万段,则又未尝啬于用财也。夫既非苛赋敛以取财,且时有征役以縻财,而赏赐复不吝财,则宜用度之空匮也,而何以殷富如此？考之于史,则言帝躬履俭约,六宫服浣濯之衣,乘舆供御有故敝者随令补用,非燕享不过一肉。有司尝以布袋贮干姜,以毡袋进香,皆以为费用,大加谴责。呜呼,夫然后知《大易》《节·彖传》所谓"节以制度,不伤财,不害民",《孟子》《滕文公上》所谓"贤君必恭俭礼下,取于民有制",信利国之良规,而非迂阔之谈也。汉、隋二文帝皆以躬履朴俭富其国,汉文师黄老,隋文任法律,而所行暗合圣贤如此。后之谈孔、孟而行管、商者乃曰:"苟善理财,虽以天下自奉可也。"而其党遂倡为"丰亨豫大"、"惟王不会"之说,见《宋史·食货志下一》。饰六艺,文奸言,以误人国家,至其富国强兵之效,不逮隋远甚,岂不缪哉！〔一〕

〔一〕【钱氏曰】本马贵与之说,载在《文献通考》。宁人手钞之,意欲采入《日知录》。潘次耕误仞为顾作,乃以《读隋书》为题收入集中。

言利之臣

《孟子》《尽心下》曰："无政事，则财用不足。"古之人君未尝讳言财也，所恶于兴利者，为其必至于害民也。昔我[①]太祖尝黜言利之御史，而谓侍臣曰："君子得位，欲行其道。小人得位，欲济其私。欲行道者心存于天下国家，欲济私者心存于伤人害物。"【原注】洪武十三年五月。御史周姓，《实录》卷一三一不载其名。此则唐太宗责权万纪之遗意也。[②] 又广平府吏王允道言："磁州临水镇产铁，请置炉冶。"上曰："朕闻治世天下无遗贤，不闻天下无遗利。且利不在官则在民，民得其利则财源通，而有益于官；官专其利则利源塞，而必损于民。今各冶数多，军需不乏，而民生业已定，若复设此，必重扰之矣。"杖之流海外。见《明太祖实录》卷一四五。【原注】十五年五月。圣祖"不肩好货"见《书·盘庚》。之意，可谓至深切矣。自万历中矿税以来，求利之方纷纷且数十年，而民生愈贫，国计亦愈窘。然则治乱盈虚之数从可知矣。为人上者，可徒求利而不以斯民为意与？

《新唐书·宇文韦杨王列传赞》曰："开元中，宇文融

① "我"，原本作"明"，据《校记》改。

② 《资治通鉴》卷一九四："治书侍御史权万纪上言：'宣、饶二州银大发采之，岁可得数百万缗。'上曰：'朕贵为天子，所乏者非财也，但恨无嘉言可以利民耳。与其多得数百万缗，何如得一贤才？卿未尝进一贤，退一不肖，而专言税银之利。昔尧、舜抵璧于山，投珠于谷，汉之桓、灵乃聚钱为私藏，卿欲以桓、灵俟我邪！'是日黜万纪，使还家。"

始以言利得幸。于时天子见海内完治，偃然有攘却四夷[①]之心。融度帝方调兵食，故议取隐户剩田以中主欲。利说一开，天子恨得之晚，不十年而取宰相。虽后得罪，而追恨融才(犹)[有]所未尽也。天宝以来，外奉军兴，内蛊艳妃，所费愈不赀计。于是韦坚、杨慎矜、王鉷、杨国忠各以裒刻进，剥下益上，岁进羡缗百亿万为天子私藏，以济横赐，而天下经费自如。帝以为能，故重官累使，尊显烜赫。然天下流亡日多于前，有司备员不复事。而坚等所欲既充，还用权娼，以相屠灭，四族皆覆，为天下笑。《孟子》《梁惠王上》所谓'上下交征利而国危'者，可不信哉！"[②]呜呼，芮良夫之刺厉王也，曰"所怒甚多，而不备大难"，见《国语·周语上》。三季之君[③]莫不皆然。前车覆而后不知诫，人臣以丧其躯，人主以亡其国，悲夫！

读孔、孟之书，而进管、商之术，此四十年前士大夫所不肯为，而今则滔滔皆是也。有一人焉，可以言而不言，则群推之以为有耻之士矣。上行之则下效之，于是钱谷之任，榷课之司，昔人所避而不居，今且攘臂而争之。礼义沦亡，盗窃竞作，苟为后义而先利，不夺不餍。后之兴王所宜重为惩创，以变天下之贪邪者，莫先乎此。

先生《读宋史陈遘篇》曰：吾读《宋史·忠义传》至

① "夷"，原本作"裔"，据《校记》改。

② 援庵《校注》："孟子"以下至"信哉"，原在"尽也"下"天宝"上，亭林移至此。

③ 《国语·晋语一》："虽当三季之王，不亦可乎？"韦昭注："季，末也。三季王，桀、纣、幽王也。"

于陈遘，史臣以其婴城死节，而经制钱一事为之减损其辞，但云"天下至今有经、总制钱名"，而不言其害民之罪，又分其咎于翁彦国。愚以为不然。《鹤林玉露》乙编卷一曰："宣和中，大盗方腊扰浙东，王师讨之。命陈亨伯【原注】宋人讳高宗嫌名，称其字曰亨伯。以发运使经制东南七路财赋。因建议如卖酒、鬻糟、商税、牙税与头子钱、楼店钱皆少增其数，别历收系，谓之'经制钱'。其后卢宗原颇附益之。至翁彦国为总制使，仿其法，又收赢焉，谓之'总制钱'。靖康初诏罢之。军兴，议者请再施行，色目浸广，视宣和有加焉，以迄于今，为州县大患。初，亨伯之作俑也，其兄闻之，哭于家庙，谓剥民敛怨，祸必及子孙。其后叶正则作《外稿》，谓必尽去经、总钱，而天下乃可为，治平乃可望也。"然则宋之所以亡，自经、总制钱，而此钱之兴，始于亨伯。虽其固守中山，一家十七人为叛将所害，而不足以盖其剥民之罪也。其初特一时权宜，而遗祸及于无穷，是上得罪于艺祖、太宗，下得罪于生民。而断脰决腹，一瞑于中山，不过匹夫匹妇之为谅而已，焉得齿于忠义哉！

俸禄

今日贪取之风，所以胶固于人心而不可去者，以俸给之薄而无以赡其家也。昔者武王克殷，"庶士倍禄"。见《礼记·乐记》。《礼记》《王制》："诸侯之下士视上农夫，中士倍下士，上士倍中士，下大夫倍上士。"汉宣帝神爵三年诏曰："吏不廉平则治道衰。今小吏皆勤事而俸禄薄，欲其毋侵渔百姓，难矣。其益吏百石已下俸十五。"见《汉书·宣帝纪》。【原注】如淳曰："律，百石俸月六百。"[①]韦昭曰："若食一斛则益五斗。"光武建武二十六年，"诏有司增百官俸，其千石已上，减于西京旧制，六百石已下，增于旧秩"。见《后汉书·光武帝纪》。晋武帝泰始三年诏曰："古者以德诏爵，以庸制禄，虽下士犹食上农，外足以奉公忘私，内足以养亲施惠。【原注】谓分禄以赡宗族、昏姻、故人。今在位者，禄不代耕，非所以崇化本也。其议增吏俸。"见《晋书·武帝纪》。唐时俸钱：上州刺史八万，中、下州七万；赤县令四万五千，畿县、上县令四万；赤县丞三万五千，上县丞三万；赤县簿、尉三万，畿县、上县[②]簿、尉二万。见《新唐书·食货志五》。玄宗天宝十四载制曰："衣食既足，廉耻乃知。至如资用靡充，或贪求不已，败名冒法，实此之由。辇毂之下，尤难取给。其在西京文武九品已上正员官，【原注】唐时官多，有员外置者，故分别言之。今后每月给俸食、杂用、防阁、庶仆等宜十分率加二分；其同正员官加一分。仍为常式。"见《册府元龟》卷五〇六。而白居易为盩厔尉，《观刈麦》诗云："吏禄三百石，岁晏有馀粮。"其《江州司马厅记》曰："唐(兴)［典］，上州司马秩五

① 《刊误》卷上："'六百'，诸本同。'六百'之'百'，楷庵杨氏改'石'。汝成案：《汉书》注正作'百'，第考《汲黯传》注如淳曰：'二千石月得百二十斛，岁凡得一千四百四十石耳。'是千石月得六十石，则百石当月得六石也。疑《汉书》注'六百'字误。"

② 《刊误》卷上："'上县'上，楷庵杨氏增'畿县'二字。汝成案：以上下文义准之，当是误脱。考原写本同，未补。"

品，岁廪数百石，月俸六七万，官足以庇身，食足以给家。”今之制禄不过唐人之什二三，彼无以自赡，焉得而不取诸民乎？昔杨绾为相，承元载汰侈之后，欲变之以节俭，而先益百官之俸；见《册府元龟》卷五〇六。皇甫镈以宰相判度支，请减内外官俸禄，给事中崔植封还诏书，见《册府元龟》卷四六九。可谓达化理之原者矣。

《汉书》《王莽传中》言：“王莽时，天下吏以不得俸禄，各因官职为奸，受取赇赂，以自共给。”《五代史》[①]言：北汉国小民贫，“宰相月俸止百缗，节度使止三十缗，自馀薄有资给而已，故其国中少廉吏”。穆王之书曰：“爵重禄轻，群臣比而戾民，毕程氏以亡。”见《逸周书·史记解》。此之谓矣。

前代官吏皆有职田，【原注】《晋》、《魏》、《隋》、《唐书》皆有官品第一至第九职田多少之数。见各史《食货志》。故其禄重，禄重则吏多勉而为廉。如陶潜之种秫，【原注】《晋书》本传。阮长之之芒种前一日去官，【原注】《宋书》本传。皆公田之证也。《元史》《世祖纪》：“世祖至元元年，八月乙巳，诏定官吏员数，分品、从官职，【原注】品如正一品、正二品；从如从一品、从二品。给俸禄，颁公田。”《太祖实录》卷一一五：“洪武十年十月辛酉制：赐百官公田，以其租入充俸禄之数。”是国初此制未废。不知何年收职田以归之上，而但折俸钞，【原注】《实录》、《会典》皆不载。其数复视前代为轻，始无以责吏之廉矣。〔一〕

〔一〕【潘氏曰】先师有言：“忠信重禄，所以劝士。”无养廉之具而责

① 下引文见于《资治通鉴》卷二九〇，不见于《五代史》。

人之廉，万万不能。汉制，官最卑者食禄百石，名为百石而月俸十六石，实岁百八十馀石也。唐、宋自俸田外，又有职田、春冬衣仗、身人役等，以优其力，而县令圭租有至九百斛者。夫既厚禄之，而犹贪污不法，置之重典，夫复何辞！当今制禄，视前代已薄，兵兴以来，又加裁省。官于京师者，舆从衣裘常苦不给。顷奉朝廷特恩，四品以下官，秋冬二季准给全俸，仰见体群臣之厚意。更愿沛发德音，斟酌古今，增其禄饩。臣下见优恤如此其厚，无不人人感奋，岂非兴廉教忠之一道哉？

【汝成案】国朝常俸外，倍给养廉银。顾名思义，臣下宜何如感奋。

《宣宗实录》卷一〇〇：**“宣德八年三月庚辰，兼掌行在户部事礼部尚书胡濙，奏请：‘文武官七年分俸钞，每石减旧数折钞一十五贯。以十分为率，七分折与官绢，每匹准钞四百贯；三分折与官绵布，每匹准钞二百贯。’从之。濙初建议，与少师蹇义等谋，义等力言不可，曰：‘仁宗皇帝在春宫久，深知官员折俸之薄，故即位特增数倍，此仁政也，岂可违之？’**【原注】永乐二十二年十月庚申，月增给在京文武官及锦衣卫将军、总小旗米各五斗，杂职及吏并各卫总小旗、军力士、校尉人等有家属者米各四斗，无家属者各斗五升，并准俸粮之支钞者。以上见《仁宗实录》卷三。**濙初欲每石减作十贯，闻义等言，乃作十五贯。**【原注】按洪熙元年闰七月，尹松言：“官员俸禄以钞折米，四方米价贵贱不同，每石四五十贯者有之，六七十贯者有之。”见《宣宗实录》卷六。则是时折钞犹准米价。**白而行之，而小官不足者多矣。”**【原注】已上《实录》文。

《大明会典》“官员俸给”条云：“每俸一石该钞二十贯，每钞二百贯折布一匹。后又定布一匹折银三钱。”是十石之米折银仅三钱也。【原注】正统六年十一月丙辰，增给在外文武官吏军士俸粮，原定粮一石给钞十五贯，今增十贯，为二十五贯。十二年四月丙辰，仍减为十五贯。见《英宗实录》卷八五、一五二。○景泰七年二月甲辰，令折俸钞每七百贯与白金一两。《英宗实录》卷八五《景泰附录》。○天顺元年正月壬辰，诏京官景泰七年折俸钞俱准给银，从户部奏请，以官库钞少故也。见《英宗实录》卷二七四。○成化二年三月辛亥，减在京文武官员折俸钞。先是，米一石折钞二十五贯，后因户部裁省，定为十五贯。至是尚书马昂又奏每石再省五贯，从之。时钞法久不行，新钞一贯，时估不过十钱，旧钞仅一二钱，甚至积之市肆，过者不顾。以十贯钞折俸一石，则是斗米一钱也。小吏俸薄，无以养廉，莫甚于此。见《宪宗实录》卷二七。○成化七年十月丁丑，户部请以布一匹，准折文武官员俸粮二十石。旧例，两京文武官折色俸粮，上半年给钞，下半年给苏木、胡椒。至是户部尚书杨鼎奏：“京库椒、木不足，甲字库多积绵布。以时估计之，阔白布一匹可准钞二百贯，请以布折米，仍视折钞例，每十贯一石。”先是，折俸钞米一石钞二十五贯，渐减至十贯。是时钞法不行，钞一贯直二三钱，是米一石仅直钱二三十文。至是又折以布，布一匹时估不过二三百钱，而折米二十石，则是米一石仅直十四五钱也。自古百官俸禄之薄，未有如此者。后遂为常例。见《宪宗实录》卷九七。

盖国初民间所纳官粮皆米麦也，或折以钞、布。百官所受俸亦米也，或折以钞。其后钞不行，而代以银。于是粮之重者愈重，【原注】崇祯中粮一石至折银二两。**而俸之轻者愈轻，其弊在于以钞折米，以布折钞，以银折布，而世莫**

究其源流也。

正统六年二月戊辰，巡按山东[1]监察御史曹泰奏："臣闻之，《书》《洪范》曰：'凡厥正人，既富方谷。'今在外诸司文臣，去家远任[2]，妻子随行。禄厚者月给米不过三石，薄者一石、二石，又多折钞。九载之间，仰事俯育之资，道路往来之费，亲故问遗之需，满罢闲居之用，其禄不赡，则不免失其所守，而陷于罪者多矣。乞敕廷臣会议，量为增益，俾足养廉。如是而仍有贪污，惩之无赦。"事下行在户部，格以定制，不行。见《明英宗实录》卷七六。

《北梦琐言》卷四："唐毕相諴，家本寒微。其舅为太湖县伍伯，【原注】伍伯，即今号杂职行杖者。相国耻之，俾罢此役，为除一官。累遣致意，竟不承命。特除选人杨载宰此邑，参辞日，于私第延坐，与语期为落籍，津送入京。杨令到任，具达台旨。伍伯曰：'某下贱，岂有外甥为宰相邪？'杨令坚勉之，乃曰：'某每岁公税享六十缗事例钱，【原注】盖如今之工食。苟无败阙，终身优渥，不审相公欲为致何官职？'杨令具以闻，相国叹赏，亦然其说，竟不夺其志也。"夫以伍伯之役而岁六十缗，宜乎台皂之微皆知自重。乃信《汉书》《赵广汉传》言，"赵广汉奏请令长安游徼、狱吏秩百石，其后百石吏皆差自重，不敢枉法妄系留人"，诚清吏之本务。谓贪浇之积习不可反而廉静者，真不知治体之言矣。

① 援庵《校注》："山东"，梁本《明实录》作"山西"。

② "任"，张京华《校释》作"仕"。

助饷

人主之道，在乎不利群臣百姓之有。夫能不利群臣百姓之有，然后群臣百姓亦不利君之有，而府库之财可长保矣。《旧唐书·柳浑传》："浑为宰相，奏：'故尚书左丞田季羔，公忠正直，先朝名臣，其祖父皆以孝行旌表门闾，京城隋朝旧第，季羔一家而已。今被堂侄伯强进状，请货宅，召市人马，以讨吐蕃。一开此门，恐滋不逞。讨贼自有国计，岂资侥倖之徒；且毁弃义门，亏损风教。望少责罚，亦可惩劝。'上可其奏。"夫以德宗好货之主，而犹能听宰相之言，不受伯强之献，后之人君可以思矣。王明清记高宗建炎二年，有湖州民王永从献钱五十万缗，上以国用稍集，却之，仍诏今后富民不许陈献。见王明清《挥麈录·馀话》卷一。嗟夫，此宋之所以复存于南渡也与？

汉武尊卜式以风天下，犹是劝之以爵。[①] 今乃怵之以威，戚畹之家常惴惴不自保，而署其门曰"此房实卖"，都城之中十室而五，其不祥孰甚焉。《南唐书》言后主之世，以铁钱六权铜钱四，而行至其末年，铜钱一直铁钱十。比国亡，诸郡所积铜钱六十七万缗。见陆游《南唐书》卷三。呜呼！此所谓"府库财非其财者"见《礼记·大学》。矣。

贼犯京师，史公可法为南京兵部尚书，军饷告绌，乃传

① 见《汉书·食货志》："是时，豪富皆争匿财，唯卜式数求入财以助县官。武帝乃超拜式为中郎，赐爵左庶长，田十顷，布告天下，以风百姓。"

檄募富人出财助国。其略曰："亲郊乃雍容之事，唐宗尚有崇韬；[①]出塞本徼幸之图，汉武尚逢卜式。"桐城诸生姚士晋之辞也。然百姓终莫肯输财佐县官。而神京沦丧，殆于《孟子》《公孙丑下》所谓"委而去之"者，虽多财奚益哉！

洪武十五年七月，堂邑民有掘得黄金者，有司以进于朝。上曰："民得金而朕有之，甚无谓也。"命归之民。【原注】《实录》卷一四六。天启初，辽事告急，有议及捐助者，朝论以为"教猱升木"。而六年十二月，兵部主事詹以晋疏请灵鹫废寺所存田亩变价助工。奉旨："詹以晋垂涎贱价，规夺寺业，可削籍为民，仍令自行修理寺宇。田有变佃为民业者，责令赎还本寺，以为言利锱铢之戒。"以上见《明熹宗实录》卷七四。以权奄之世而下有此论，上有此旨，亦三代直道之犹存矣。

行劫不得而有诓骗，加派不得而有劝输。[②]

馆舍

读孙樵《书褒城驿壁》，乃知其有沼、有鱼、有舟。见《孙可之集》卷三。读杜子美《秦州杂诗》，又知其驿之有池、有林、有竹。今之驿舍殆于隶人之垣矣。予见天下州之为唐

---

① 《新五代史·唐臣·郭崇韬传》："崇韬素廉，自从入洛，始受四方赂遗，故人子弟或以为言，崇韬曰：'吾位兼将相，禄赐巨万，岂少此邪？今藩镇诸侯，多梁旧将，皆主上斩祛射钩之人也。今一切拒之，岂无反侧？且藏于私家，何异公帑？'明年，天子有事南郊，乃悉献其所藏，以佐赏给。"

② 此一小节十六字，原本无，据《校记》补。

旧治者,其城郭必皆宽广,街道必皆正直;廨舍之为唐旧创者,其基址必皆弘敞。宋以下所置,时弥近者制弥陋。此又樵《记》中所谓“州县皆驿”,而人情之苟且,十百于前代矣。

今日所以百事皆废者,正缘国家取州县之财,纤毫尽归之于上,而吏与民交困,遂无以为修举之资。延陵季子游于晋,曰:“吾入其都,新室恶而故室美,新墙卑而故墙高,吾是以知其民力之屈也。”【原注】《说苑》《政理》。又不独人情之苟且也。

汉制:“官寺乡亭漏败,墙垣阤坏不治者,不胜任,先自劾。”见《续汉·百官志一》注引《汉旧仪》。古人所以百废具举者以此。

街道

古之王者,于国中之道路,则有条狼氏涤除道上之狼扈而使之洁清。见《周礼·秋官·司寇》郑注。于郊外之道路,则有野庐氏达之四畿,见《周礼·秋官·野庐氏》。合方氏达之天下,见《周礼·夏官·合方氏》。使之津梁相凑,不得陷绝。而又有遂师以“巡其道修”,见《周礼·地官·遂师》。候人以“掌其方之道治”。见《周礼·夏官·候人》。至于司险“掌九州之图,以周知其山林川泽之阻,而达其道路”,见《周礼·夏官·司险》。则舟车所至,人力所通,无不荡荡平平者矣。晋文之霸也,亦曰:“司空以时平易道路。”见《左传》襄公三十一年。而道路若塞，川无舟梁，单子以卜陈灵之亡。见《国语·周语中》。自天街不正，王路倾危，涂潦遍于郊关，污秽锺于辇毂。《诗》《小雅·大东》曰："周道如砥，其直如矢。君子所履，小人所视。眷言顾之，潸焉出涕。"其今日[①]之谓与？

《说苑》《辨物》："楚庄王伐陈，舍于有萧氏，谓路室之人曰：'巷其不善乎，何沟之不浚也？'"以庄王之霸而留意于一巷之沟，此以知其勤民也。

后唐明宗长兴元年正月，宗正少卿李延祚奏请"止绝车牛，不许于天津桥来往"。见《册府元龟》卷一四。本朝[②]两京有街道官，车牛不许入城。

官树

《周礼》《秋官司寇》：野庐氏"比国郊及野之道路、宿息、井、树。"《国语》《周语中》："单襄公述周制以告王曰：'列树以表道，立鄙食以守路。'"《释名》卷一《释道》曰："古者列树以表道，道有夹沟，以通水潦。"古人于官道之旁必皆种树，以记里至，以荫行旅。是以南土之棠，召伯所茇，[③]道周之杜，君子来游，[④]固已宣美风谣，流恩后嗣。子路治蒲，树木

① "今日"，原本作"斯"，据《校记》改。

② "本朝"，原本作"明制"，据《校记》改。

③ 《诗·召南·甘棠》："蔽芾甘棠，勿翦勿伐，召伯所茇。"

④ 《诗·唐风·有杕之杜》："有杕之杜，生于道周。彼君子兮，噬肯来游。"

甚茂。[1] 子产相郑，桃李垂街。[2] 下至隋、唐之代，而官槐官柳亦多见之诗篇，犹是人存政举之效。近代政废法弛，任人斫伐，周道如砥，若彼濯濯，[3]而官无勿翦之思，民鲜侯旬之芘矣。[4]《续汉·百官志》："将作大匠，掌修作宗庙、路寝、宫室、陵园土木之功，并树桐梓之类，列于道侧。"是昔人固有专职。【原注】《三辅黄图》："长安御沟谓之杨沟，谓植高杨于其上也。"《后周书·韦孝宽传》："为雍州刺史。先是，路侧一里置一土堠，经雨颓毁，每须修之。自孝宽临州，乃勒部内当堠处植槐树代之，既免修复，行旅又得芘荫。周文帝后问知之，曰：'岂得一州独尔，当令天下同之。'于是令诸州夹道一里种一树，十里种三树，百里种五树焉。"【原注】唐王维《送李睢阳》诗云："槐阴阴，到潼关。"《册府元龟》卷一四："唐玄宗开元二十八年正月，于两京路及城中苑内种果树。【原注】郑审有《奉使巡简两京路种果树事毕入奏》诗。代宗永泰二年正月，种城内六街树。"【原注】《中朝故事》曰："天街两畔槐木，俗号为槐衙，曲江池畔多柳，亦号为柳衙，以其成行排立也。"韦应物《拟古》诗云："垂杨十二衢，隐映金张室。"《旧唐书·吴凑传》："官街树缺，所司植榆以补之。凑曰：'榆非九衢

① 《韩诗外传》卷六：子路治蒲三年，孔子过之。入境而善之，云："入其境，田畴草莱甚辟，此恭敬以信，故民尽力。入其邑，墉屋甚尊，树木甚茂，此忠信以宽，其民不偷。……"

② 《吕氏春秋·慎大览·下贤》：子产相郑十八年，刑三人，杀二人。桃李之垂于行者，莫之援也；锥刀之遗于道者，莫之举也。

③ 《孟子·告子上》："牛山之木尝美矣，斧斤伐之，牛羊又从而牧之，是以若彼濯濯也。"

④ 《诗·大雅·桑柔》："菀彼桑柔，其下侯旬。"侯旬，言人庇于桑下，其荫甚均。

之玩。'命易之以槐。及槐阴成而凑卒,人指树而怀之。"《周礼·朝士》注曰:"槐之言怀也,怀来人于此。"【原注】《淮南子》注同。① 然则今日之官,其无可怀之政也久矣。

桥梁

《唐六典》卷七:"凡天下造舟之梁四,【原注】河则蒲津、太阳、河阳,洛则孝义。石柱之梁四,【原注】洛则天津、永济、中桥,灞则灞桥。木柱之梁三。【原注】皆渭水,便桥、中渭桥、东渭桥。② 巨梁十有一,皆国工修之,【原注】此举京都之冲要。其馀皆所管州县随时营葺。其大津无梁,皆给船人,量其大小难易以定其差等。"今畿甸荒芜,桥梁废坏,雄、莫之间,秋水时至,年年陷绝,曳轮招舟,无赖之徒借以为利。潞河渡子勒索客钱,至烦章劾。司空不修,长吏不问,亦已久矣。【原注】成化八年九月丙申,顺天府府尹李裕言:"本府津渡之处,每岁水涨,及天气寒冱,官司修造渡船,以便往来。近为无赖之徒,冒贵戚名色,私造渡船,勒取往来人财物,深为民害,乞敕巡按御史严为禁止。"从之。见《明宪宗实录》卷一〇八。况于边陲之远,能望如赵充国"治湟陿以西道桥七十所,令可至鲜水,从枕席上过师"见《汉书·赵充国传》。哉!《五代史》《王周传》:"王周为义武节度使,定州桥坏,覆民租车。周曰:'桥梁不修,刺史过也。'乃偿民粟,为治其桥。"此又当今有司之所愧也。

---

① 《淮南子·时则训》"九月官候,其树槐"注:"槐,怀也,可以怀来远人也。"

② 以上三注皆《唐六典》原注。

【小笺】按:《前汉·薛宣传》:"宣子惠为彭城令,宣从临淮迁至陈留,过其县,桥梁邮亭不修。宣心知惠不能。"盖古人入境而知吏治之善否,必于此乎在矣。

人聚

太史公言:"汉文帝时,人民乐业。因其欲然,能不扰乱,故百姓遂安。自六七十翁亦未尝至市井。"【原注】《史记·律书》。**刘宠为会稽太守,"狗不夜吠,民不见吏","(庞)[龙]眉皓发"之老"未尝识郡朝"。**【原注】《后汉书·循吏传》。**史之所称,其遗风犹可想见。唐自开元全盛之日,姚、宋作相,海内升平。元稹**《曲江老人百韵》**诗云:"戍烟生不见,村竖老犹纯。"此唐之所以盛也。至大历以后,四方多事,赋役繁兴,而小民奔走官府,日不暇给。元结作《时化》之篇,谓"人民为征赋所伤,州里化为祸邸",此唐之所以衰也。**【原注】宋熙宁中,行新法,苏轼在杭州作《山村》诗曰:"赢得儿童语音好,一年强半在城中。"衰敝之政,自古一辙。**予少时见山野之氓,有白首不见官长,安于畎亩,不至城中者。洎于末造,役繁讼多,终岁之功,半在官府,而小民有"家有二顷田,头枕衙门眠"之谚。**【原注】见《曹县志》。**已而山有负嵎,林多伏莽,**[1]**遂舍其田园,徙于城郭。又一变而求名之士,诉枉之人,悉至京师,辇毂之间易于郊坰之路**

① 负嵎,《孟子·尽心下》:"有众逐虎。虎负嵎,莫之敢撄。"此指凭险顽抗的盗匪。伏莽,《易·同人》:"伏戎于莽。"此指潜藏山林的寇盗。

矣，锥刀之末，将尽争之。五十年来，风俗遂至于此！今将静百姓之心而改其行，必在“制民之产”，见《孟子·梁惠王上》。使之“甘其食，美其服”，见《老子》。而后教化可行、风俗可善乎？

人聚于乡而治，聚于城而乱。聚于乡则土地辟，田野治，欲民之“无恒心”，见《孟子·梁惠王上》。下同。不可得也。聚于城则徭役繁，狱讼多，欲民之“有恒心”，不可得也。

昔在神宗之世，一人无为，四海少事。郡县之人，其至京师者，大抵通籍之官，其仆从亦不过三四，下此即一二举贡与白粮解户而已，盖几于古之所谓“道路罕行，市朝生草”。【原注】《盐铁论》《力耕》。彼其时岂无山人游客干请公卿，而各挟一艺，未至多人，衣食所须，其求易给。自东事[1]既兴，广行召募，杂流之士，哆口谈兵，九门之中，填馗溢巷。至于封章自荐，投匦告密，甚者内结貂珰，上窥嚬笑，而人主之威福且有不行者矣。《诗》《王风·兔爰》曰：“我生之初，尚无为。我生之后，逢此百罹。”兴言及此，每辄为之流涕。

欲清辇毂之道，在使民各聚于其乡始。

访恶

“尹翁归为右扶风。县县收取黠吏豪民，案致其罪，高至于死。收取人必于秋冬课吏大会中，及出行县，不以无

① 东事，指用兵满洲之事。

事时。其有所取也,以一警百,吏民皆服,恐惧,改行自新。”见《汉书·尹翁归传》。① 所谓“收取人”,即今巡按御史之访察恶人也。武断之豪,舞文之吏,主讼之师,皆得而访察之。及乎浊乱之时,遂借此为罔民之事。矫其敝者乃并访察而停之,无异因噎而废食矣。

《传》曰:“子产问政于然明。对曰:‘视民如子,见不仁者诛之,如鹰鹯之逐鸟雀也。’”见《左传》襄公二十五年。是故诛不仁所以子其民也。

《说苑》《政理》:“董安于治晋阳,问政于蹇老。蹇老曰:‘曰忠,曰信,曰敢。’董安于曰:‘安忠乎?’曰:‘忠于主。’曰:‘安信乎?’曰:‘信于令。’曰:‘安敢乎?’曰:‘敢于不善人。’董安于曰:‘此三者足矣。’”

《盐铁论》《轻重》曰:“水有猵(狙)[獭]池鱼劳,国有强御齐民消。”

盗贼课

《史记·酷吏传》:“武帝作沈命法,曰:‘群盗起不发觉,发觉而捕弗满品者,二千石以下至小吏,主者皆死。’其小吏畏诛,虽有盗不敢发,恐不能得,坐课累府,府亦使其不言,故盗贼浸多,上下相为匿,以文辞避法焉。”此汉世所名为“盗贼课”,而为法之敝已尽此数言中矣。《汉书》《张敞传》言:“张敞为山阳太守,勃海、胶东盗贼并起,上书自请

① 按以上所引尹翁归事,俱为尹守右扶风之前任东海太守时事。

治之。言山阳郡户九万三千，口五十万以上，讫计盗贼未得者七十七人，【原注】《汉纪》卷一九作“十七人”。他课诸事亦略如此。久处闲郡，愿徙治剧。”夫未得之盗犹有七十七人，而以为郡内清治。【原注】《纪》卷一九云：“敞为太守，郡内清治。”岂非宣帝之用法宽于武帝时乎？然武帝之末至大盗群起，遣绣衣之使持斧断斩于郡国，乃能胜之。而宣帝之世，带牛佩犊之徒，皆驱之归于南亩，卒之吏称其职，民安其业。是则治天下之道，有不恃法而行者，未可与刀笔筐箧之士议也。

《后汉书·光武纪》：“建武十六年，郡国群盗处处并起，攻劫在所，害杀长吏。郡县追讨，到则解散，去复屯结。青、徐、幽、冀四州尤甚。上乃遣使者下郡国，听群盗自相纠擿，五人共斩一人者，除其罪。吏虽逗留、回避、故纵者，皆勿问，听以禽讨为效。其牧守、令长坐界内盗贼而不收捕者，及以畏懦捐城委守者，皆不以为负，但取获贼多为殿最，【原注】注：“殿，后也，谓课居后也。最，凡要之首也，谓课居先也。”唯蔽匿者乃罪之。于是更相追捕，贼并解散。徙其魁帅于他郡，赋田受禀，使安生业。自是牛马放牧，邑门不闭。”光武精于吏事，故其治盗之方如此。天下之事，得之于疏而失之于密，大抵皆然，又岂独盗贼课哉！

禁兵器

王莽始建国二年，“禁民不得挟弩铠，徙西海”，见《汉书·王莽传中》。隋炀帝大业五年，“制民间铁叉、搭钩、穳刃之类皆禁绝之”，见《隋书·炀帝纪》。寻而海内兵兴，陨身失国。元世祖至元二十三年二月己亥，“敕中外，凡汉民持铁尺、手檛及杖之(有)[藏]刃者，悉输于官”，六月戊申，“括诸路马，凡色目人有马者三取其二，汉民悉入官”，二十六年十二月辛巳，“括天下马，一品、二品官许乘五匹，三品三匹，四品、五品二匹，六品以下皆一匹”。以上皆见《元史·世祖纪》。【原注】《陈天祥传》："兴国军以籍兵器致乱，行省命天祥权知本军事。天祥命以十家为甲，十甲为长，弛兵器，以从民便，境内遂平。其后代者务更旧政，治隐匿兵者甚急，天祥去未久而兴国复变，邻郡及大江南北诸城邑，多乘势杀其守将以应之。"顺帝至元三年四月癸酉，“禁汉人、南人、高丽人不得执持军器，凡有马者拘入官”，已而群盗充斥，攻陷城邑。至正十七年正月辛卯，“命山东分省团结义兵，每州添设判官一员，每县添设主簿一员，专率义兵以事守御”。以上皆见《元史·顺帝纪》。故刘文成基有诗曰：“他时重禁藏矛戟，今日呼令习鼓鼙。”①呜呼！“予视天下愚夫愚妇，一能胜予”，见《书·五子之歌》。古之圣王则既已言之矣。

汉武帝时，公孙弘奏言："禁民毋得挟弓弩。"吾丘寿王难之，以为“圣王务教化而省禁防。今陛下昭明德，建太平，宇内日化，方外乡风。然而盗贼犹有者，郡国二千石之罪，非挟弓弩之过也。"见《汉书·吾丘寿王传》。诚能明教化之

① 刘基《诚意伯文集》卷五《可叹诗》，四库本作“当时重禁藏矛戟，今日呼令学鼓鼙”。

原，而帅之以为善保家之道，则“家有鹤膝，户有犀渠”[①]，【原注】《旧唐书·郑惟忠传》引《吴都赋》。适足以夸国俗之强，而不至导民以“不祥之器”[②]矣。

水利

欧阳永叔作《唐书·地理志》，凡一渠之开，一堰之立，无不记之其县之下，实兼《河渠》一志，亦可谓详而有体矣。盖唐时为令者犹得以用一方之财，兴期月之役，而志之所书，大抵在天宝以前者居什之七。岂非太平之世，吏治修而民隐达，故常以百里之官而创千年之利；至于河朔用兵之后，则以催科为急，而农功水道有不暇讲求者欤？然自大历以至咸通，犹皆书之不绝于册。而今之为吏，则数十年无闻也已。水日干而土日积，山泽之气不通，又焉得而无水旱乎？崇祯时，有辅臣徐光启作书，特详于水利之学。而给事中魏呈润亦言：“《传》曰：‘雨者，水气所化。’水利修亦致雨之术也。”夫子之称禹也曰“尽力乎沟洫”，见《论语·泰伯》。而禹自言亦曰“濬畎浍，距川”。见《书·益稷》。古圣人有天下之大事，而不遗乎其小如此。自干时著于齐

① 《文选》李善注：“鹤膝，矛也。矛骹如鹤胫，上大下小，谓之鹤膝。犀渠，楯也，犀皮为之。”

② 《老子》：“夫佳兵者，不祥之器。”

人，[①]枯济征于王莽，[②]古之通津巨渎，今日多为细流，而中原之田夏旱秋潦，年年告病矣。〔一〕

〔一〕【陈同知曰】三代沟洫之利，其小者民自为也，其大者官所为也。沟洫所起之土即以为道路，所通之水即以备旱潦，故沟洫者，万世之利也。后世虑其弃地之多，而实无多也。一井之步约百有八十丈，其为沟畛者八尺而已；一成之步约万有八千丈，其为洫与涂者九积十有四丈四尺而已。通计所弃之地，二百分之一而弱也。今更新为之，必有虑其事之难成者，则更非甚难之事也。斌观圳田之法，一尺之圳，二尺之遂，即耕而即成者也。今苏、湖之田，九月种麦，必为田轮，两轮中间，深广二尺。其平阔之乡，万轮鳞接，整齐均一，弥月悉成。古之遂径，岂有异乎？设计其五年而为沟浍，则合八家之力而先治一横沟，田首之步之为百八十丈者，家出三人，就地筑土，二日而毕矣。明年以八十家之力治洫，广深三沟，其长十之，料工计日，三日而半，七日而毕矣。又明年以八百家之力为浍，广深三洫，其长百沟，料工计日，一旬而半，三旬而毕矣。即以三旬之功分责三岁，其就必矣。及功之俱成，民圳田以为利。一岁之中，家修其遂，众治其沟洫，官督民而浚其浍，有小水旱可以无饥，十分之饥可救其五，故曰万世之利也。百姓一夫失业则饥，十日失谷则殍。此宜其家自为生，人自为力矣。乃终岁垦田，而仍饥以殍者，一则以岁之不时，一则以沟洫之不治也。岁之不时，人所莫能为也。沟洫之不治，农民莫能为，官可齐其力而为之也。其不为者，盖时无大水旱，则坐视为不必为，

---

① 《续汉·郡国志》临济“时水”注：《左传》庄九年“及齐师战于干时。杜预曰：时水在县界，岐流，旱则竭涸，故曰干时。”

② 《水经注·济水》：“济水当王莽之世，川渎枯竭。”

及水旱至,而拯恤不遑,又万万无可为者。加以民食之盈绌必数年而后见,国家之利病必数年而后见,事无近功,官无严课,故吾民之死生饥饱,一听命于不可知之岁,而曾无十一之防、百一之救也。斌谓救荒无善策,为沟洫于未荒之时,此豫救之策也。即为沟洫于救荒之时,使饥民即功而就食,此一救而两救之策也。然而土异形,人异习,按方尺之图,动十万之众。如汉武帝之轻用方士,坐广厦之内,度溪谷之外,如王安石之欲田梁山泊者,则固不可为也。即春议经界,秋议遣使,如宋天禧之提点刑狱并领劝农之职,而仍无纤毫之益于民者,亦名美而不足恃也。故为沟洫,必访求于乡耆里长,而总其事于郡守,责其成于县令,分其任于县丞、主簿,则亲而不扰,久而必成。今集四境之耆长,体访以人情地势,有灼见其可兴沟洫者,准里计日,具图以作其功。有废地可以沟通者,则募其旁近失田之夫为之,官助其不足,田成而授其人,五年而起科,亩十而当一。有沟洫其业田为永利者,则以任本业之人民实其田。官均其力,春夏作五日,秋作十日,冬作二旬,丞、簿亲董之,令一作一视,先成者籍而存于官,其未成者簿志之,至来岁续而毕焉。民田一顷,听沟地半亩,令不当沟涂之道者转偿其邻田。田不及顷,则任力而不听。田二十亩以下者,贳其力。蓄泄之利,两邑共之,则郡守责其两令。令或代去,则交其簿于受代之人。凡县令置农田课,郡守察之,其阻成功及借名生扰者黜。苏、湖之民,善为水田,春收豆麦,秋收禾稻,中年之入,概得三石。而北方之种地者不能半之,则以无为水田者也。凡谷之种,禾稻倍入;种稻之田,水田又倍。西北土性高燥,宜麦宜粱。所在低平之田即为下产,以其非粱麦之性,而雨泽一过,水无所注故也。诚能勤行相度,分年规地,仿沟洫之意，备蓄泄以为水田，种禾稻以佐晚熟，则高地之水四注而为害者，必转以为利矣。且为沟洫，非古之凿空求利者比也。以民田兴民利，不遣使，不起徒，不招流户，视其大小功力，随作随成，有小水旱，此丰而彼歉，则邻近必有请其法而自为之者，勿忧其事之难于虑始也。

【宫氏曰】南北异方，高下异势，燥湿异性，故旱田之不可为水，犹水田之不可为旱也。今必欲以荆、扬之物产遍植之雍、冀，是第知言水利，而不知因地之利以为利也。且果行遂人沟洫之法，则西北旱田亦利，其何减于东南！何则？西北诸州，其地之广轮既数倍于东南，且谷之种类繁多，有宜五种者，有宜四种者，有宜三种者。周原膴膴，土脉厚而水源深，其肥沃比东南之涂泥又奚翅倍焉，所患者惟水与旱耳。沟洫修而水旱有备，则西北诸州岁之所入，非徒不减于东南，且什伯而无算矣。或疑井田既废，欲复遂人之法，势有所不行。是又不然。夫善复古者亦师其意而已矣。观《周礼·遂人》之法，原与稻人之法不同。稻田不可一日无水，故以潴畜之，以防止之，以遂均之矣，必以列舍之而后以浍写之焉。旱田则潦之为患者十之六七，旱之为患者十之二三，故遂人五沟之大小不同，其实皆沟也。揆先王为沟洫之本意，第欲使水多之年，水行沟中而不泛，水少之年，又可畜沟中之水以滋田耳。今但相其地之下者以为行水之区，又相其地之最下者以为畜水之所，疏其节，阔其目，不用尽复古沟洫之制，而已获沟洫之利矣。

【小笺】按：《史记·白起传》"取韩安邑以东，到干河"，注引郭璞曰："今河东闻喜县东北有干河口，因名干河里，但有故沟处，无复水也。"此亦干时之比。

龙门县，今之河津也。"北三十里有瓜谷山堰，贞观十年筑。东南二十三里有十石垆渠，二十三年县令长孙恕凿，溉田良沃，亩收十石。西二十一里有马鞍坞渠，亦恕所凿。有龙门仓，开元二年置"，见《新唐书·地理志三》。所以贮渠田之入，转般至京，以省关东之漕者也。此即汉时河东太守番系之策，《史记·河渠书》所谓"河移徙，渠不利，田者不能偿种"，而唐人行之，竟以获利。是以知天下无难举之功，存乎其人而已。谓后人之事必不能过前人者，不亦诬乎？

唐姜师度为同州刺史。开元八年十月诏曰："昔史起溉漳之策，[1]郑、白凿泾之利，[2]自兹厥后，声尘缺然。同州刺史姜师度识洞于微，智形未兆，匪躬之节，所怀必罄，奉公之道，知无不为。顷职大农，首开沟洫，岁功犹昧，物议纷如。缘其忠款可嘉，委任仍旧。暂停九列之重，假以六条之察。白藏过半，绩用斯多。食乃人天，农为政本。朕故兹巡省，不惮祁寒，将申劝恤之怀，特冒风霜之弊。今原田弥望，畎浍连属，由来榛棘之所，遍为粳稻之川，仓庾有京坻之饶，关辅致亩金之润。本营此地，欲利平人，缘百姓未开，恐三农虚弃，所以官为开发，冀令递相教诱。功既成矣，思与共之。其屯田内先有百姓注籍之地，比来召人作主，亦量准顷亩割还。其官屯熟田，如同州有贫下欠地之

---

① 《汉书·沟洫志》：魏襄王时，史起为邺令，遂引漳水溉邺，以富魏之河内。详见下文。

② 战国时，韩人郑国为秦凿渠，引泾水东注洛，三百馀里，曰郑国渠。汉太始间，赵中大夫白公复穿渠，引泾水注渭中，溉田四千五百馀顷，因名曰白渠。

户，自办功力能营种者，准数给付，馀地且依前官取。师度以功加金紫光禄大夫，赐帛三百匹。”【原注】《册府元龟》卷四九七。○《旧唐书》本传：“师度既好沟洫，所在必发众穿凿，虽时有不利，而成功亦多。”读此诏书，然后知“无欲速，无见小利”见《论语·子路》。二言为建功立事之本。[1]

“孙叔敖决期思之水而灌雩娄之野，庄[王]知其可以为令尹也。”【原注】《淮南子》《人间训》。魏襄王与群臣饮酒，王为群臣祝曰：“令吾臣皆如西门豹之为人臣也。”【原注】文侯时，西门豹为邺令。史起进曰：“魏氏之行田也以百亩，邺独二百亩，是田恶也。漳水在其旁，西门豹不知用，是不智也。知而不兴，是不仁也。仁智豹未之尽，何足法也？”于是以史起为邺令，引漳水溉邺，以富魏之河内。【原注】《史记》。[2] ○按《后汉书·安帝纪》：“元初二年正月，修理西门豹所分漳水为支渠，以溉民田。”则指此为西门豹所开。为人君者，有率作兴事之勤，有授方任能之略，不患无叔敖、史起之臣矣。

《汉书》《循吏·召信臣传》：“召信臣为南阳太守，为民作[均]水约束，刻石立于田畔，以防纷争。”【原注】《晋书》本传：“杜预都督荆州诸军事，修召信臣遗迹，分疆刻石，使有定分，公私同利。”此今日分水之制所自始也。

洪武末，遣国子生人才分诣天下郡县，集吏民，乘农隙修治水利。二十八年，奏开天下郡县塘堰凡四万九百八十

---

① 按《集释》于此下“孙叔”二字压为一格，而特空一格，应是另起一段之意。而据文义，两段亦不相关联。

② 上引为《汉书·沟洫志》文，误注《史记》。

七处，河四千一百六十二处，陂渠堤岸五千四十八处。见《明太祖实录》卷二四三。此圣祖勤民之效。

雨泽

洪武中，令天下州县长吏月奏雨泽。盖古者"龙见而雩"，①《春秋》三书"不雨"②之意也。承平日久，率视为不急之务。永乐二十二年十月，【原注】仁宗即位。通政司请以四方雨泽奏章类送给事中收贮，上曰："祖宗所以令天下奏雨泽者，欲前知水旱，以施恤民之政，此良法美意。今州县雨泽章奏乃积于通政司，上之人何由知？又欲送给事中收贮，是欲上之人终不知也。如此徒劳州县何为？自今四方所奏雨泽，至即封进，朕亲阅焉。"见《明仁宗实录》卷三上。【原注】今《大明会典》具载雨泽奏本式。呜呼！太祖起自侧微，升为天子，其视四海之广犹吾庄田，兆民之众犹吾佃客也，故其留心民事如此。当时长吏得以言民疾苦，而里老亦得诣阙自陈。后世雨泽之奏，遂以寖废，天灾格而不闻，民隐壅而莫达，然后知圣主之意有不但于祈年望岁者。民亲而国治，有以也夫。

① 《左传》桓公五年："凡祀，启蛰而郊，龙见而雩，始杀而尝，闭蛰而烝。"杜预注"龙见而雩"："龙见，建巳之月。苍龙，宿之体，昏见东方。万物始盛，待雨而大，故祭天，远为百谷祈膏雨。"

② 三书"不雨"，在桓公五年、昭公十九年、二十九年。

河渠

黄河载之《禹贡》，“东过洛汭，至于大伾；北过洚水，至于大陆；又北，播为九河，同为逆河，入于海”者，其故道也。汉元光中，河决瓠子，东南注钜野，通于淮泗。武帝自临，发卒数万人塞之，筑宫其上，名曰宣防。“导河北行，复禹旧迹，而梁、楚之地复宁，无水灾。”见《史记·河渠书》，参见《汉书·沟洫志》。自汉至唐，河不为害几及千年。〔一〕《五代史》《晋本纪》：“晋开运元年（五）［六］月丙辰，滑州河决，（浸汴）［漂注］曹、濮、单、郓（五）［诸］州之境，环梁山，合于汶水，与南旺蜀山湖连，弥漫数百里，河乃自北而东。”《宋史》《河渠志》：“熙宁（八）［十］年七月乙丑，河大决于澶州曹村，北流断绝，河道南徙，东汇于梁山张泽泺。分为二派，一合南清河入于淮，一合北清河入于海。河又自东而南矣，元丰以后，又决而北。议者欲复禹迹，而大臣力主回东之议。”【原注】《宋史·河渠志序》曰：“自滑台、大伾尝两经泛溢，复禹迹矣。一时奸臣建议，必欲回之，俾复故流，竭天下之力以塞之，屡塞屡决，至南渡而后，贻其祸于金源氏。”降及金、元，其势日趋于南而不可挽。故今之河非古之河矣。自中牟以下夺汴，徐州以下夺泗，清口以下夺淮，凡三夺而后注于海。今岁久，河身日高，淮、泗又不能容矣。庙堂之议既视其夺者以为常，司水之臣又乘其决者以为利，不独以害民生，妨国计，而于天地之气运未必不有所关也。自宋之亡，以至于今，首顾居下，足反居上。呜呼，虽人事使然，岂得不由于地脉哉！①

〔一〕【阎氏曰】按，此说大非。"复禹旧迹"，"无水灾"，此《史记·河渠书》之文。若《沟洫志》则续之曰："自塞宣房后，河复北决于馆陶，分为屯氏河。"《地理志》"魏郡馆陶"下注云"河水别出为屯氏河，东北至章武入海"是也。虽不知的在何年，要武帝元封二年壬申后，宣帝地节元年壬子以前事。余尝谓禹之时，河自碣石入海，至周定王五年，河徙从鄚县东北入海，此一变也。汉武元封后，宣帝地节前，河又从勃海郡章武县入海，此又一变也。古今大事，而亭林亦未考及耶？

【钱氏曰】田蚡言："江河之决皆天事，未易以人力强塞，强塞之未必应天。"此老成谋国之言。当时恶蚡者谓蚡奉邑在河北，故沮塞河之役，其实非公论也。

丘仲深濬《大学衍义补》卷一七《除民之害》言："《礼》曰：'四渎视诸侯。'谓之渎者，独也，以其独入于海，故江、河、淮、济谓之四渎。今以一淮而受黄河之全，盖合二渎而为一也。自宋以前，河自入海，尚能为并河州郡之害，况今河、淮合一，而清口又合汴、【原注】元本作"沁"，误。泗、沂三水以同归于淮也哉！【原注】《实录》载天顺七年金景辉言："黄河不循故道，并流入淮，是为妄行。"见《英宗实录》卷三四九。曩时河水犹有所潴，如钜野、梁山等处；犹有所分，如屯氏、赤河之类；虽以元人排河入淮，而东北之道犹微有存焉者。今则

① "自宋"以下三十一字，原本无，据《校记》补。

以一淮而受众水之归，而无涓滴之渗漏矣。”邵国贤作《治河论》，以为：“禹之治水至于地平天成，六府三事，允治其功，可谓盛矣。以今观之，其所空之地甚广，所处之势甚易，所求之效甚小。今之治水者其去禹也远矣，而所空之地乃狭于禹，所处之势乃难于禹，所求之功乃大于禹。禹之导河，自大伾以下；分播合同，随其所之而疏之，不与争利，故水得其性，而无冲决之患。今夫一杯之水举而注之地，必得方尺乃能容之，其势然也。河自大伾以上，水之在杯者也；大伾以下，水之在地者也。以在地之水而欲拘束周旋如在杯之时，大禹不能，而况他人乎？今河南、山东郡县棋布星列，官亭民舍相比而居，凡禹之所空以与水者，今皆为吾有。盖吾无容水之地，而非水据吾之地也，固宜其有冲决之患也。故曰所空之地狭于禹。禹之治水，随地施功，无所拘碍。今北有临清，中有济宁，南有徐州，皆转漕要路。而大梁在西南，又宗藩所在，左顾右盼，动则掣肘。使水有知，尚不能使之必随吾意，况水无情物也，其能委蛇曲折以济吾之事哉？故曰所处之势难于禹。况禹之治水，去其垫溺之害而已，此外无求焉，今则赖之以漕。不及汴矣，又恐坏临清也；不及临清矣，又恐坏济宁也；不及济宁矣，又恐坏徐州也；使皆无坏也，又恐漕渠不足于运也。了是数者，而后谓之治。故曰所求之功大于禹。”见邵宝《容春堂集》前集卷九。〔一〕由二文庄①之言观之，则河水南趋之势已极，而一代之臣不过补苴罅漏，以塞目前之责而已，安望其

① 二文庄，丘濬、邵宝皆谥文庄。

为斯民计百世之长利哉！至于今日，而决溢之菑，无岁不告。呜呼！其信非人力之所能治矣。〔二〕

〔一〕【沈氏曰】《方舆纪要》一段云："若谓何不使黄、淮分背，而乃使淮助河势、河扼淮势也？则合流之后，海口即大辟。盖河不旁决，正流自深，得淮羽翼而愈深，是用淮于河矣。"与邱、邵诸公之论绝异。

〔二〕【汝成案】二文庄之言，自是前明治河得失。

《禹贡》之言治水也，曰播，曰潴。水之性，合则冲，骤则溢。故别而疏之，所以杀其冲也，"又北播为九河"是也；旁而蓄之，所以节其溢也，"大野既潴"是也。必使之有所容而不为暴，然后锺美可以丰物，流恶可以阜民，而百姓之利由是而兴矣。〔一〕**今也不然，堤之、障之、偪之、束之，使之无以容其流，而不得不发其怒，则其不由地中而横出于原隰之间，固无怪其然也。丘仲深谓"以一淮受黄河之全"，然考之先朝，徐有贞治河，犹疏分水之渠于濮、汜之间，不使之并趋一道。自弘治六年筑黄陵冈以绝其北来之道，而河流总于曹、单之间，乃犹于兰阳、仪封各开一口而泄之于南，今复塞之，故河之在今日欲北不得，欲南不得，唯以一道入淮。淮狭而不能容，又高而不利下，则频岁决于邳、宿以下，以病民而妨运。而邳、宿以下，左右皆有湖陂，河必从而入之。吾见刘贡父所云"别穿一梁山泺"者，**①**将在**

① 《涑水记闻》卷十五：刘贡父好滑稽，尝造王安石，值一客在座，献策曰："梁山泊决而涸之，可得良田万馀顷，但未择得便利之地贮其水耳。"介甫倾首沈思。贡父抗声曰："此甚不难，别穿一梁山泊，则足以贮此水矣。"介甫大笑，遂止。

今淮、泗之间，而生民鱼鳖之忧殆未已也。

〔一〕【钱氏曰】禹之治水也，使由地中行，无所谓防也。言防而劳费无已，遂为国家之大患矣。河为北条之川，由泽水、大陆，播九河，同为逆河以入海者，禹之故迹，今运道临清至天津者是也。东汉以后，河由千乘入海，即今之大清河也。自唐至宋、金，皆由此道。金、元之间，河渐南决，始合汴、泗、淮以入于海，与禹河入海之口相去几二千里。而北条之水既为南条矣，其两岸之堤岁增月益，高于民田庐舍，且与城平矣。水之性就下，不使由地中行，而使出地上，欲其无决溢之害，不亦难乎！今之言河防者，以潘季驯为师。季驯治河之法，不过曰"清水可蓄不可泄，黄河宜合不宜分"而已。夫清水之当蓄，固不待言，黄河之宜合，则季驯一人之言，非古有是言也。禹之治河，釃为二渠，疏为九道，顺其性而导之注海，何尝不可分乎？塞其支流，束之使归于一，欲借河水之力以刷海口之沙，其计固已左矣。古人云："川壅而溃，伤人必多。"谓河不宜分，而增堤以御之，一朝溃溢，堤不能御，又糜国帑以塞之，侥倖成功，而官吏转受重赏，此国之巨蠹也。季驯之法，守之百五十年，而其效如此，谓之习知河务，吾不信也。

【周济曰】禹"断二渠，以引其河，北载之高地，播为九河，同为逆河入于海"。水性就下而"载之高地"，何也？曰：水性者，所以为治也，善以其性为治者，当谨节而慎用之。若高而骤下，后将无可复下，骤下为妄用其力于无用之地，无可复下，势必浸淫涣散，归墟不畅，下壅上溃矣。河至大邳，南岸山势尽，地平衍，土疏易流，所以数败也。断渠"载之高地"，西迫大山，山根土坚实无败。而其要尤在节就下之性，不使径尽，蓄全力以归墟。"疏为九河"，所以澄之也，"同为逆河"，所以激之也，此禹功之所以永久也。近世言治河者，皆主以水攻沙，是但知逆河之说者也。夫水之性固必就下，而下有辨。载水者，地也，而行地者，水也。是故非徒辨地与地之高下也，又必辨水与水之高下。海之处地下于河，不问可知也，而海之水则往往与河之水相平。海水清而渟，河水浊而驶。清则轻而扬，浊则重而坠。河入海辄伏行，伏行则四面皆为海水所距，迅下之力什不存三，是以入海数十里后，无不中起尖淤、两旁分泄者，其势固然也。若能使河水常高于海水，则铺行海面，而其去势当益远矣。即不能，当使其渐下而不骤。即不能，当使其落前势长，落后路短。势长则水力全，路短则人力省。此"载之高地，同为逆河"之指也。近海地既平，河不窄，则入海无力，所以必为逆河。而逆河之上，与其益深，毋宁益广。度全河之水，计其所容，广必浅，狭必深。深则损地之高以就海，而海之处下分数益减；浅则其高全入海，犹建瓴也。狭则深，深则怒，怒则挟沙多，是驱中国之土入海为尖淤也。广则浅，浅则澄，澄则挟沙少，是留入海之尖淤以培中国之下地也。此"疏为九河"之指也。善乎，贾让通其词曰"毋与水争地"。又恐人不明于水容之说，而引齐、魏各去河二十五里之堤以证之。夫去河二十五里之堤，视今日所谓遥堤相去远矣。然则金堤尽而九河接，其游波宽衍，固可知矣。大陆以上，河水不能不浊，与使入海，孰若留培兖州？于是因势疏之，其数适九。占地既广，淤益澄，流益清。历年益久，下地益高，逆河入海将益畅。九河堙为平陆，后人叹禹迹不可复睹，而不知此固禹所祷祀而求、计日而待者也。

河政之坏也，起于并水之民贪水退之利，而占佃河旁污泽之地，不才之吏因而籍之于官，然后水无所容而横决为害。贾让言："古者立国居民，疆理土地，必遗川泽之分，度水势所不及。大川无防，小水得入，陂障卑下，以为污泽，使秋水多，得有所休息，左右游波，宽缓而不迫。故曰：'善为川者，决之使道。'"又曰："内黄界中有泽，方数十里，环之有堤。往十馀岁，太守以赋民，民今起庐舍其中，此臣亲见者也。"以上俱见《汉书·沟洫志》。《元史·河渠志》谓："黄河退涸之时，旧水泊污池多为势家所据。忽遇泛溢，水无所归，遂致为害。"由此观之，非河犯人，人自犯之。予行山东钜野、寿张诸邑，古时潴水之地，无尺寸不耕，而忘其昔日之为川浸矣。近有一寿张令修志，乃云："梁山泺仅可十里，其虚言八百里，乃小说之惑人耳。"此并《五代》、《宋》、《金史》而未之见也，【原注】《五代史》《晋本纪》："晋开运元年六[1]月丙辰，滑州河决，(浸汴)[漂注]曹、濮、单、郓(五)[诸]州之境，环梁山，合于汶水，与南旺蜀山湖连，弥漫数百里。"[2]○《宋史·宦者传》："梁山泺，古钜野泽，绵亘数百里，济、郓数州赖其蒲鱼之利。"○《金史·食货志》："黄河已移故道，梁山泺水退，地甚广，遣使安置屯田。"○沙湾未筑以前，徐有贞疏亦言"外有八百里梁山泺可以为泄"。书生之论，岂不可笑也哉！

陆文裕深《续停骖录》曰："河患有二，曰决，曰溢。决

① "六"，原本作"五"，据《续刊误》改。

② 援庵《校注》：所引《五代史》，大部已见本条首段，此重出。

之害间见，而溢之害频岁有之。使贾鲁之三法[①]遂而有成，亦小补耳。且当岁岁为之，其劳其费可胜言哉。今欲治之，非大弃数百里之地不可。先作湖陂，以潴漫波。其次则滨河之处，仿江南圩田之法，多为沟渠，足以容水。然后浚其淤沙，由之地中，而润下之性、必东之势得矣。”见陆深《俨山外集》卷一七。

按文裕之意，即贾让之上、中二策，而不敢明言。贾让言：“今行上策，徙冀州之民当水冲者，决黎阳遮害亭，放河使北入海。河西薄大山，东薄金堤，势不能远泛滥，期月自定。难者将曰：‘若如此，败坏城郭、田庐、冢墓以万数，百姓怨恨。’今濒河十郡，治堤岁费且万万，及其大决，所残无数。如出数年治河之费，以业所徙之民，遵古圣之法，定山川之位，且大汉方制万里，岂其与水争咫尺之地哉？此功一立，河定民安，千载无患，故谓之上策。若乃多穿漕渠于冀州地，使民得以溉田，分杀水怒，虽非圣人法，然亦救败术也。”见《汉书·沟洫志》。嗟夫，非有武帝之雄才大略，其孰能排众多之口，而创非常之原者哉！

平当使领河堤，奏：“按经义治水，有决河深川，而无堤防壅塞之文。”见《汉书·沟洫志》。宋开宝之诏亦曰：“朕每阅前书，详究经渎。至若夏后所载，但言导河至海，随山浚川，未闻力制湍流，广营高岸。”见《宋史·河渠志一》。今之言

① 按《元史·河渠志》三《黄河》，贾鲁治河仅言二策，一议修筑北堤以制横溃，其用功省。一议疏塞并举，挽河使东行，以复故道，其功费甚大。元顺帝时河决，用其第二议，塞北河，疏南河，挽河东行，由淮入海。

治水者，计无出于堤、塞二事。箕子答武王之访，首言"鲧堙洪水，汩陈其五行，帝乃震怒"。见《书·洪范》。今日[①]治河之臣皆鲧也，非其人之愿为鲧，乃国家教之使为鲧也，是以水不治而"彝伦斁"[②]也。【原注】崔瑗《河堤谒者箴》："导非其导，堙非其堙，八野填淤，水高民居。"见《东汉文纪》卷一四。

因河以为漕者，禹也。壅河以为漕者，本朝[③]也。故古曰河渠，今曰河防。

闻之先达言：天启以前，无人不利于河决者。侵克金钱，则自总河以至于闸官，无所不利。支领工食，则自执事以至于游闲无食之人，无所不利。其不利者，独业主耳。而今年决口，明年退滩，填淤之中，常得倍蓰，而溺死者特百之一二而已。于是频年修治，频年冲决，以驯致今日之害，非一朝一夕之故矣。国家之法使然，彼斗筲之人，焉足责哉！

不独此也。彼都人士，为人说一事，置一物，未有不索其酬者。百官有司受朝廷一职事，一差遣，未有不计其获者。自府史胥徒上而至于公卿大夫，真可谓之同心同德者矣。苟非返普天率土之人心，使之先义而后利，终不可以致太平。故愚以为今日之务，正人心急于抑洪水也。〔一〕

〔一〕【陈鸿博曰】元、明二代，河势益趋于南，遂会淮于安东入海。淮为黄所夺，流不能驶，因潴于洪泽湖，为害益甚。明潘季驯

---

① "今日"，原本作"后世"，据张京华《校释》改。

② 《书·洪范》："我闻在昔，鲧堙洪水，汩陈其五行。帝乃震怒，不畀洪范九畴，彝伦攸斁。鲧则殛死。"

③ "本朝"，原本作"明人"，据《校记》改。

始用束淮刷沙法，导洪泽所注淮水，引七分入清口刷黄，分三分由运河以达之江。外修筑高家堰，使束淮有力，内设船疏浚运河深通。自是数十年无水患，亦所谓因势利导，故奏功独多。盖自宋以来治河之善无有过之者。自国初防海寇轶入云梯关，因于关口分列梅花桩，而海口渐淤；自设苇荡营于淤地，而海口日塞；自引洪泽湖水入高宝湖，而淮弱黄缓，清口亦日壅。迄今又数十年，下流之塞者益多，则上流之决者日甚，势有必然，无足怪者。迩年河水涨溢，即直注洪泽，于是以一湖而全注黄、淮二渎之水，湖身既不能容，又黄水挟沙淤垫，洪泽益加浅狭，非东溢高宝，即西注微山，淮、扬、徐、海郡县岁被其害。

【又曰】禹之治河也，播九河，酾二渠，以河流湍悍，故分河以杀其势，导河北行，其所入之水犹少。自是以后，汉有屯氏及东郡渠。唐元和中，开古黄河于黎阳，以决旧河水势，而滑州遂无水患。由宋及明中叶，河水东南行，而宋分二派，元有三汊。明于濮、汜之间，兰阳、仪封之境，尚各有支渠，不使并行一道。今河流既归于一，又自中牟以下合汴，徐州以下合泗，清口以下合淮口诸大水，以助其势，奔腾迅激，自数倍于禹时。乃专恃一海口以为尾闾之泄，而海口又仅存昔日之二三，如是而欲河不为患，是必今之治水者愈于禹而后可也。故欲除河患，必先探其原，悉其委。其发也有自来，则上流当多开引河以杀其湍，其归也有所潴，则下流当广辟海口以畅其流。夫河自大伾东走平地二千馀里，始达于海。合则势强而冲突，分则力弱而安流，其势然也。为今之计，当先于河南、山东二省河水经行之地，相度形势，因其高下，分导其流。引湍悍者陂为支河，捐卑下者潴为大泽，疏其淤而泄其涨，则上流有所分，而冲决之患自减。至安东海口，虽多淤塞，然今漕标六营，如东海之莺游门，佃湖之灌湖口，庙湾之窈港，小关之野潮洋，盐城之新洋、斗牛二港，凡诸海口并去河不远，引而分注，为力甚易。又苇荡营及黑风口及射阳湖滨，皆昔时河流入海之地，今已淤塞数十里，开之难以施功，听之贻害无已，当尽举此数十里之地委而捐之，撤屯聚之兵民，任河流之泛滥，则海口既复，而下流壅塞之患亦除。然此犹其小者。夫河性无常，南流已六百馀年，今南河日淤，高于北岸矣。水性就下，当顺其势而利导之。河南封丘北岸与直隶、山东犬牙相错，当先以水平测量，定其高下。其封丘险口，金龙为最，昔时北流旧迹尚有存者。若决金龙口，由大名引而注之漳河，合滹沱诸水，借以刷沙，达之天津，以复北流故道，南北分流，河患自减矣。

【裘文达曰】河非可治也，亦顺其自然，导之而已。今之河更无事治也，亦导之使由其应归之道而已。何者？河合淮，非其所欲也，纵下流多开支河以杀其势，而不使别于淮，终为淮之害，而亦非河之利也。故今日之河欲其不害淮而永无患，惟在顺其自然以导之。而顺其自然，惟在使之别淮，寻其应归之道以东之。其策惟何？亦曰“改其流，广其身，深其臀，不与水争地”而已。所谓“改其流”者，非别开河也。盖宿迁西境九龙庙东现有小河，分黄水入中河济运，北直骆马湖，支流为十字河。自九龙庙至中河之刘老涧，固黄河别淮，由石濩湖东归之正道也。今将宿迁县治南河身堵筑数丈，建石闸以为运河，使入九龙庙之河，以达中河，则运道之由黄河者不多于清口。河之身则自九龙庙至中河刘老涧，辟之使与大河等，以达骆马湖、茆家河，下流之六塘河。又将六塘河下流旧石濩湖分为南股、北股二河者开挑为一，以还湖之旧。其南股河口直五丈河,北股河口近义支河与六里河。即于五丈、义支、六里三河间开数支河以达海。其最北者经芦伊山北,由黄家嘴归海。最南者即归头图口,改挑直下入海,毋使复入湖河。如此则河永别于淮矣。或曰:"自刘家涧、茆家河至桃源之史家集,又经河头集、大口门至沭阳低村,是为历年议走之港河。又由低村经唐沟、马厂、汤家涧、穆家桥以达大涟河归海,计二百六十馀里,不较近于石濩湖乎?"然港河久堙,仅有故迹,而唐沟以下地形高于石濩湖,又河身不宽,辟之则两旁居民应迁者无数,路虽近而费过之,固不如石濩湖之为胜也。至所谓"广其身,深其臀"者,则无论河流改与未改,均不容已也。广其身,当视南方大江而稍差之。大江身面窄者或七八里,宽者或三四十里。今河身自清河以西,宽不及十里,窄或仅一二里,如徐州城北且不及一里,固宜其水之泛溢不可制也。今欲辟两涯而侈之,即应始于河委之石濩湖。夫石濩湖三万四千五百馀顷,固甚广也。自为南、北股二河,其中因有民田,又两畔间有民舍。夫禹导河必弃地,奈何于湖底为田与舍也。今应将田仍复为湖,而西自沭阳张将军庙,东至海州北魏庄等地民舍,并北股河北之龙沟庙,俱应迁之。北股河北、北皂沟之北随加挑浚。近北股者输其土于北皂沟北,以为北堤。近南股者输其土于南股河南之高家沟、沈家集等处,以为南堤。如是而湖身广即河身广矣。其下流五丈、义支、六里三河间所开数支河,即《禹贡》之九河逆河也,合计之,应共得五六十里,以达海口,庶河之委受全河,而无迫隘之患。其自石濩湖以西,由宿迁、邳州、铜山至河南巩县等处,凡河身窄者皆辟之,俾如十里、八九里之数,如是而河身不大远于江,三汛不至横溢。所谓"广其身凡以游之"云尔。深之法本于大禹浚川之遗制。

禹之法不可复知矣，今但用搜沙及土方挑土之法，而已可奏功。近日有为百龙搜沙之论者，法用龙舟百艘，各于舵后置五尺之版一，竟版以铁为逆鳞，版面四隅置镮，以系铁索，舵尾二人守之，令高下提放，以搜积沙。其舟近前两旁安水轮各一，令二人以足转之。舟行不论上下，帆风推轮，使逆鳞触沙，随流入海，又于海口搜之，使无阻滞。此其法甚良矣，今更因而润泽之。其法每艘用狎水兵丁八人，百艘八百人，五艘则一武弁督之。今请于春、夏、秋三时，督令为雁行者十，每日行舟搜沙。于秋末、三冬及春初水未发之时，即督令照土方法挑淤，又沿河每家岁派三工协挑，悉以其土加厚旧堤。如是岁行之以为常，水行地中，不复增堤，河身可无浅淤之患，此又"深其臂以容之"之策也。三策相济为用，实万世无疆之休也。难者或曰："弃南、北股二河之田，如亏国课何？"不知以湖为田，虽无异涨，亦遭淹没，安从得国课也？且黄、淮有故则灾及千馀里，议蠲议赈不下数百万，今永除此有名无实之额，以一年赈费给所徙之民有馀。而河患既息，将千馀里禾稼无伤，增谷粟数百万斛，即可省数百万之蠲赈，是乃大益国课也。难者又曰："辟河夫役及百龙搜沙之人与舟，费帑得毋太甚？"夫每年治河夫役，其数繁矣。今但将一二年合用之役，于水涸时并力兴工，其役宜敷于用，且既辟之后，不必复辟，所谓一劳永逸者也。至搜沙兵丁工食，不宜从轻，然计每艘给银三百二十两，百艘不过三万二千，并造舟、修舟及河员俸食银两，不及十万。行之既效，则每年抢修诸费可省，而沿河冗员可裁。今查江南河库供抢修名曰部拨、协济者，约银四十七万六千馀两，供俸薪兵饷名曰外解河银柴价者，约银二十二万六千六百馀两，二共七十万二千六百馀两，皆江南每年常额，河东河库及兴举大工之费俱在外。今搜沙之费不及十万，其省帑又何如也？自海口至巩县界，河道辽远，若百舟不足，即倍其数，亦不及二十万，每年计省常额七八十万，功费之相悬如此。为国计民生虑者，其以刍荛之言为可采乎？

【又曰】“河由六塘河趋南、北二股河以归海，信得其道矣。而六塘河受骆马湖下流，沂水发时，沭阳、安东、海州常被其害。今复合大河，恐为害弥甚，奈何？”曰：如南、北二股河还石濩湖之旧，又兼辟河之身而深浚之，则虽沂、沭共归大河，亦无患矣。必欲与大河别，则由茆家河经河头集北引入港河，稍迁河旁居民，加挑宽深，一劳永逸，万世之利也。曰：“此皆主大河由南归海而言也，必不得已而北，古河故道必择其一，将从何道可以畅流，并无碍于运乎？”曰：必不得已而思北归次策，要不可引归天津，以漳、卫、汶三水合，不容复益以河也。由张秋而东阿、禹城以至滨州、阳信、蒲台、利津、海口，此古大清河，即汉千乘故道也。明帝永平年间，德、棣之间河播为八，王景因之以成功。历汉、唐至后周八百馀年无河患。今寻其故道而疏之，河流通畅，可庆安澜矣。但八河多堙，重加疏浚，厥功匪易。较之由六塘河归海，费帑为多耳。至欲无碍于运，此尤未易言。运河由南而北，河从西南过张秋而东北，张秋南北建石闸，南旺湖、汶水不能如济水之穿河而北也。然则自张秋至临清二百馀里，皆当引黄水济运，每年不无疏浚浅淤之工。临清南建石闸，不可更令黄水入北，以淤北河。如此庶可无碍于运。而南旺迤南多分汶水济运，亦可永无浅涸之虞。盖南旺至张秋仅百三十馀里，不必汶水之六故也。此策欲其有利无害，尤须河委多分支河，不然张秋南北举受大河之害，运道多梗矣。故曰此次策也。曰：“河身辟至十里，东西千馀里，费帑不赀，虽捐项恐不足以济，奈何？”曰：辟河身非必通身皆辟也。于南北二岸所开挑之处，各输其土于四五里外以为厚堤，即以两堤内为河身，堤内平地较见今河底为低，可以为河，则无俟皆辟，而河身已十里、八九里不等矣。嗣后每于水落时，近河家赋三工，同水丁八百人，协力开挑，输其土于堤外，遍植官柳杂木，数年堤高厚如山阜，草木杂根纵横蟠结，虽有异涨，不能为患矣。夫战国时，齐与赵、魏作堤，皆去河二十五里，两堤内计五十里。今仅十里，何可复狭？此法无论南归北归，皆为至要。不与水争地，变巩县迤东之河为底柱迤西、龙门迤北之河，策莫良于此。难者曰：“两堤内河身十里，近河田园庐舍将若之何？”曰：欲成大功，虽圣人不能姑息以悦人干誉也，法在处之得其宜耳。且近河必非良田，河身既广，近堤水亦不深，遍植芦苇，亦不至弃民利也。又富民必无近河居者，贫民所居寻丈之地，原非己有，令其徙于堤外，不为过也。曰：“堤工稳固，虽不广河身，亦岂有溃决之患？”曰：虽有坚厚石堤能保河之不决，不能保河之不溢也，故徒堤不足恃也。曰：“近河居民岁赋三工开挑，得毋怨役之偏重乎？”曰：河涨，近河先受其害。果能永无河害，何爱三工也？至沿河沿堤有居民，亦计地以役之。盖其地属官，不令出租，虽役之不怨也。

【又曰】江北之水为患者，河为大，淮次之。故既治河，即不可不治淮。虽然，河不治则淮无由治矣，河既治则淮无事治矣。是故治河即宜治淮，而治淮仍不外于治河。何以言之？治淮之要，亦曰“无使河合淮”而已矣。盖河合淮，不特沿河之地被其害，即沿淮之民亦无不被合之之害。别淮，不特沿河之地享其利，即沿淮之民亦无不享别之之利。窃尝论黄、淮合清口筑大墩，其害不可胜言也，而其大者有五焉。自清口至云梯关,淮身为河踞者十去其七,洪泽之南筑高堰以防淮之决,其东筑大墩直抵中流,以激淮之怒,遏河之南而使之东。夫黄、淮水势无常也,三汛涨溢叵测也,设两水并强,高堰不守,天长、六合等县居民将化为鱼鳖。其害一。凤阳虽土瘠,前古未闻屡灾。自清口为黄流所阻,西起颍、寿,东至泗州、盱眙,田园庐舍频遭水淹,蠲赈无虚岁,流亡转徙不可数计。其害二。大墩之筑,借清刷黄,河涨则疏之归海,淮涨则不肯令之竟去,故虽遇寻常之涨,沿淮禾稼亦多损伤。其害三。阳城之颍,天、息之汝,浚仪之睢,扶沟之涡,皆以淮为尾闾。淮流既壅,则众水不行,归德、汝宁、陈、许诸郡邑常为泽国。前年常开挑大洪等河矣,然下无所泄,虽加浚治,未如之何。水失其常,祸及邻省。其害四。泗州东逼洪泽,每春月后,城陷水中,官署寄治盱眙。秋冬水落,州民输纳莫肯至,州守于荒城中设柜督催且数十年。其害五。总此五害,迁延岁月,费帑病民,无有底止,得不思变计以为之所哉?且夫淮水本非有害也,而害且五,则大墩之故也。淮非有需于大墩也,而卒使大墩为害,则河合淮之故也。河合淮,因束淮敌河,斯大墩不得不筑,高堰不得不高,而五害遂不可去。故欲去五害,莫如使淮畅流。欲使淮畅流,莫如使河流从宿迁北而别于淮。故曰治河即宜治淮,治淮仍不外于治河也。夫治病必先于受病之源,御寇必于所经之地。今清口,河、淮所经,固病源也。河、淮不分,吾不知五害之何由去也。

【汝成案】陈氏以潘季驯束淮刷沙法为善,钱氏痛诋之,以为不习河务。然揆厥理势,似无以易季驯之策,则文达所说为曲中机宜矣。至百龙搜沙之法创于江阴祝氏锦中,亦疏达海口之一说也。

日知录集释卷十三

周末风俗

《春秋》终于敬王三十九年庚申之岁“西狩获麟”。见哀公十四年。又十四年，为贞定王元年癸酉之岁，鲁哀公出奔，二年，卒于有山氏，《左传》以是终焉。[1] 又六十五年，威烈王二十三年戊寅之岁，“初命晋大夫魏斯、赵籍、韩虔为诸侯”；[2]又一十七年，安王十六年乙未之岁，“初命齐大夫田和为诸侯”；见《资治通鉴》卷一。又五十二年，显王三十五年丁亥之岁，六国以次称王，苏秦为从长，自此之后，事乃可得而纪。自《左传》之终以至此，凡一百三十三年，史文阙轶，考古者为之茫昧。如春秋时犹尊礼重信，而七国则绝不言礼与信矣。春秋时犹宗周王，而七国则绝不言王

① 按《左传》哀公二十七年，“公欲以越伐鲁，而去三桓。秋八月甲戌，公如公孙有陉氏，因孙于邾，乃遂如越。国人施公孙有山氏”。是年《左传》终。而《史记·鲁世家》亦言哀公二十七年“国人迎哀公复归，卒于有山氏”。

② 见《资治通鉴》卷一，《通鉴》即始于此年。

矣。【原注】《史记·秦本纪》:“孝公使公子少官率师会诸侯于逢泽以朝王。”[①]盖显王时。**春秋时犹严祭祀,重聘享,而七国则无其事矣。春秋时犹论宗姓氏族,而七国则无一言及之矣。春秋时犹宴会赋诗,而七国则不闻矣。春秋时犹有赴告策书,而七国则无有矣。邦无定交,士无定主,此皆变于一百三十三年之间。史之阙文,而后人可以意推者也。不待始皇之并天下,而文、武之道尽矣。**【原注】李康《运命论》云:“文薄之弊,渐于灵、景。辨诈之伪,成于七国。”见《文选》卷五三。**驯至西汉,此风未改,故刘向谓其“承千岁之衰周,继暴秦之馀弊”,“贪饕险诐,不闲义理”。**见《汉书·礼乐志》。**观夫史之所录,无非功名势利之人,笔札喉舌之辈,而如董生之言“正谊明道”者,[②]不一二见也。盖自春秋之后,至东京而其风俗稍复乎古,吾是以知光武、明、章果有“变齐至鲁”之功,[③]而惜其未纯乎道也。自斯以降,则宋庆历、元祐之间为优矣。嗟乎,论世而不考其风俗,无以明人主之功。余之所以斥周末而进东京,亦《春秋》之意也。**

【小笺】按:此百三十馀年,其略见于太史公《六国年表》。观韩昭侯六年伐东周取陵观、廪丘,而知诸侯之无天子也。观赵襄子元年封伯鲁子固为代成君,而知诸侯之得专封也。观秦简公七年初租禾,孝公十四年初为赋,而什一之法变矣。观秦厉公十四年晋人、楚人来赂,而聘问之礼坏矣。观秦简公元年初令吏带剑,而揖

① 按此用《资治通鉴》卷二文。《秦本纪》文与此稍异。

② 《汉书·董仲舒传》:仲舒对策有言:“夫仁人者,正其谊不谋其利,明其道不计其功。”另参见《朱子语类》卷一三七论董仲舒。

③ 《论语·雍也》:“子曰:齐一变,至于鲁;鲁一变,至于道。”

让之容废矣。观秦孝公八年与魏战，斩首七千，而首功多矣。观秦灵公八年以君主妻河，而礼俗变矣。此春秋所以为战国也。

秦纪会稽山刻石

秦始皇刻石凡六，皆铺张其灭六王、并天下之事。其言黔首风俗，在泰山则云“男女礼顺，慎遵职事。昭隔内外，靡不清净”，见《史记·秦始皇本纪》。下同。在碣石门则云“男乐其畴，女修其业”，如此而已。惟会稽一刻，其辞曰“饰省宣义，有子而嫁，倍死不贞。防隔内外，禁止淫泆，男女絜诚。夫为寄豭，【原注】《正义》曰：“豭，牡猪也。”《左氏》定公十四年传：“既定尔娄猪，盍归我艾豭？”寄豭者，谓淫于他室。杀之无罪，男秉义程。妻为逃嫁，子不得母，【原注】邵氏曰：“母云者，母之也。”咸化廉清”，何其繁而不杀也？考之《国语》《越语上》，自越王句践栖于会稽之后，惟恐国人之不蕃，故“令壮者无取老妇，老者无取壮妻。女子十七不嫁，其父母有罪。丈夫二十不取，其父母有罪。生丈夫，二壶酒一犬。生女子，二壶酒一豚。生三人，公与之母。生二人，公与之饩。”内传子胥之言亦曰“越十年生聚”，[①]《吴越春秋》至谓句践“以寡妇淫泆过犯，皆输山上。士有忧思者，令游山上，以喜其意”。[②] 当其时，盖欲民之多，而不复禁其淫泆。传至六国之末，而其风犹在，故始皇为之厉禁，而特著

---

① 见《左传》哀公元年。汉人以《左传》为《春秋》之“内传”，以《国语》为“外传”。此处前引《国语》，后即相对而称《左传》为“内传”。

② 《吴越春秋》佚文，见《御览》四七引“独女山”条。

于刻石之文。以此与灭六王、并天下之事并提而论，且不著之于燕、齐，而独著之于越，然则秦之任刑虽过，而其坊民正俗之意固未始异于三王也。汉兴以来，承用秦法以至今日者多矣，世之儒者言及于秦，即以为亡国之法，亦未之深考乎？〔一〕

〔一〕【汝成案】先生颇取秦法，其言政事急于综核名实，稍杂申、韩之学。

两汉风俗

汉自孝武表章六经之后，师儒虽盛，而大义未明，故新莽居摄，颂德献符者遍于天下。见《汉书·王莽传》。〔一〕光武有鉴于此，故尊崇节义，敦厉名实，所举用者，莫非经明行修之人，而风俗为之一变。至其末造，朝政昏浊，国事日非，而党锢之流，独行之辈，①依仁蹈义，舍命不渝，"风雨如晦，鸡鸣不已"，见《诗·郑风·风雨》。三代以下风俗之美，无尚于东京者。故范晔之论，以为"桓、灵之间，君道秕僻，朝纲日陵，国隙屡启，自中智以下，靡不审其崩离。而权强之臣息其窥盗之谋，豪俊之夫屈于鄙生之议"，【原注】《儒林传论》。"所以倾而未颓，决而未溃，皆仁人君子心力之为"，【原注】《左雄传论》。可谓知言者矣。使后代之主循而弗革，即流风至今，亦何不可！而孟德既有冀州，崇奖跅弛之士，观其下令再三，至于求"负污辱之名、见笑之行，不仁不孝

① 《后汉书》有《党锢》、《独行》二传。

而有治国用兵之术者”，见《三国志·魏书·武帝纪》注引《魏书》。【原注】建安二十二年八月令。十五年春令、十九年十二月令意皆同。**于是权诈迭进，奸逆萌生。故董昭太和之疏，已谓“当今年少，不复以学问为本，专更以交游为业；国士不以孝悌清修为首，乃以趋势求利为先”。**见《三国志·魏书·董昭传》。**至正始之际，而一二浮诞之徒，骋其智识，蔑周、孔之书，习老、庄之教，风俗又为之一变。夫以经术之治，节义之防，光武、明、章数世为之而未足；毁方败常之俗，孟德一人变之而有馀。后之人君将树之风声，纳之轨物，以善俗而作人，不可不察乎此矣。**〔二〕

〔一〕【杨氏曰】时有翟义诸人，则岁寒之松柏也。

〔二〕【阎氏曰】按，晋世祖泰始元年乙酉，以傅玄为谏官。上疏曰："近者魏武好法术，而天下贵刑名；魏文慕通达，而天下贱守节。其后纲维不摄，放诞盈朝，遂使天下无复清议。"是致毁方败常之俗，魏文，非魏武也。清谈之风一盛于王、何，再盛于嵇、阮，三盛于王、乐，而晋亡矣。然其端则自文帝始，此亦论世者之不可不考也。

光武躬行俭①约，以化臣下，讲论经义，常至夜分。一时功臣如邓禹，“有子十三人，各使守一艺，闺门修整，可为世法”；见《后汉书·邓禹传》。**贵戚如樊重，“三世共财，子孙朝夕礼敬，常若公家”。**见《后汉书·樊宏传》。**以故东汉之世，虽人才之倜傥不及西京，而士风家法似有过于前代。**

---

① “俭”，张京华《校释》作“勤”。

东京之末，节义衰而文章盛，自蔡邕始。其仕董卓，无守；卓死惊叹，无识。① 观其集中滥作碑颂，则平日之为人可知矣。【原注】宋袁淑《吊古文》："伯喈炫文而求入。"以其文采富而交游多，故后人为立佳传。嗟乎！士君子处衰季之朝，常以负一世之名而转移天下之风气者，视伯喈之为人，其戒之哉！

正始

魏明帝殂，少帝【原注】史称齐王。即位，改元正始，凡九年。其十年，则太傅司马懿杀大将军曹爽，而魏之大权移矣。三国鼎立，至此垂三十年，一时名士风流，盛于洛下。乃其弃经典而尚老、庄，蔑礼法而崇放达，视其主之颠危若路人然，即此诸贤为之倡也。自此以后，竞相祖述。如《晋书》言王敦见卫玠，谓长史谢鲲曰："不意永嘉之末，复闻正始之音。"见《卫玠传》。沙门支遁以清谈著名于时，莫不崇敬，以为"造微之功，足参诸正始"。见《郗超传》。《宋书》言羊玄保二子，太祖赐名曰咸、曰粲，谓玄保曰："欲令卿二子有林下正始馀风。"见《羊玄保传》。王微《与何偃书》曰："卿少陶玄风，淹雅修畅，自是正始中人。"见《王微传》。《南齐书》《张绪传》言袁粲言于帝曰："臣观张绪有正始遗风。"《南史》《何尚之传》言何尚之谓王球"正始之风尚在"。其为后人企慕如此。然而《晋书·儒林传序》云："摈阙里之典经，

① 事见《后汉书·蔡邕传》。

习正始之馀论，指礼法为流俗，目纵诞以清高。”此则虚名虽被于时流，笃论未忘乎学者。是以讲明六艺，郑、【原注】玄。王【原注】肃。为集汉之终；演说老、庄，王、【原注】弼。何【原注】晏。为开晋之始。【原注】干宝《晋纪总论》曰：“风俗淫僻，耻尚失所。学者以庄、老为宗而黜六经，谈者以虚薄为辨而贱名检，行身者以放浊为通而狭节信，进仕者以苟得为贵而鄙居正，当官者以望空为高而笑勤恪。”见《文选》卷四九。以至国亡于上，教沦于下，胡[①]戎互僭，君臣屡易，非林下诸贤之咎而谁咎哉！

有亡国，有亡天下。亡国与亡天下奚辨？曰：易姓改号，谓之亡国；仁义充塞，而至于率兽食人，人将相食，谓之亡天下。魏、晋人之清谈，何以亡天下？是孟子所谓杨、墨之言，至于使天下无父无君而入于禽兽者也。见《孟子·滕文公下》。〔一〕昔者嵇绍之父康被杀于晋文王，[②]至武帝革命之时，而山涛荐之入仕。绍时屏居私门，欲辞不就。涛谓之曰：“为君思之久矣，天地四时，犹有消息，而况于人乎？”见《世说新语·政事》。一时传诵，以为名言，而不知其败义伤教，至于率天下而无父者也。夫绍之于晋，非其君也，忘其父而事其非君，当其未死三十馀年之间，为无父之人亦已久矣，而荡阴之死，[③]何足以赎其罪乎？且其入仕之初，岂知必有乘舆败绩之事而可树其忠名以盖于晚也？自正始以

---

① “胡”，原本作“羌”，据《校记》改。

② 晋文王即司马昭。

③ 事见《晋书·忠义·嵇绍传》，言晋帝讨成都王颖，败绩于荡阴，百官及侍卫莫不散溃，唯绍俨然端冕，以身捍卫，兵交御辇，飞箭雨集，绍遂被害于帝侧。

来，而大义之不明，遍于天下，如山涛者既为邪说之魁，遂使嵇绍之贤，且犯天下之不韪而不顾。夫邪正之说，不容两立，使谓绍为忠，则必谓王裒为不忠而后可也。①**何怪其相率臣于刘聪、石勒，观其故主青衣行酒而不以动其心者乎？**②**是故知保天下然后知保其国。保国者，其君其臣"肉食者谋之"；**见《左传》庄公十年。**保天下者，匹夫之贱与有责焉耳矣。**〔二〕

〔一〕【钱氏曰】王安石之新经义亦清谈也，神州陆沈，其祸与晋等。

〔二〕【杨编修曰】六朝风气，论者以为浮薄。败名检，伤风化，固亦有之。然予核其实，复有不可及者数事，曰：尊严家讳也，矜尚门地也，慎重婚姻也，区别流品也，主持清议也。盖当时士大夫虽祖尚玄虚，师心放达，而以名节相高、风义自矢者，咸得径行其志。至于冗末之品，凡琐之材，虽有陶、猗之赀，不敢妄参乎时彦；虽有董、邓之宠，不敢肆志于清流。而朝议之所不及，乡评巷议犹足倚以为轻重。故虽居偏安之区，当陆沈之后，而人心国势犹有与立，未必非此数者补救之功、维持之效也。自此意浸失，而纲目愈密，名义之防愈疏；礼法日峻，廉耻之途日绌。祖讳不复严，而后生轻薄，蔑视前人，于是鬻贩宗曾，冒乱族姓。对子骂父，无元方之责言；数典忘祖，多籍谈之流失。为可叹也。门地不复尚，而名德后人，降为皂隶。菜佣市侩之子，一朝得志，可以陵轹士流；而清门旧族，式微不振，至不获庇及嗣息。良可痛也。婚姻不复慎，而伉俪失伦，泾渭莫辨。较量赀财之重轻，则谭、邢之族或不如抱布贸丝之氓；趋附一

---

① 王裒事见《晋书·孝友》本传，其父仪为司马昭所杀，裒痛父非命，未尝西向而坐，示不臣朝廷。

② 事见《晋书·怀帝纪》。

时之炎势，则子南之左右超乘，必不如子皙之出入布币。尤可耻也。流品不复辨，而士气不伸，直节多迕，遂有寡廉鲜耻之辈，望尘下拜于阉竖之门，屈节奔走于权倖之室，干儿义孙，觍颜不顾，气节之丧，自此始矣。清议不复重，而小人无忌惮，君子无所执持。乡里之所不齿，而忝司民社；名教之所不容，而出入化权。背父母桑梓之义，而以为砥节奉公；甘嘻笑怒骂之来，而惟知固宠干进。心术之坏，于斯极矣！使六朝诸贤遗风未泯，犹足以振末流之委靡，回狂澜于既倒，亦人心风俗之一救也。世有化民成俗之贤，移风易俗之志者，其亦稍留意于此矣。

宋世风俗

《宋史》《忠义传序》**言："士大夫忠义之气，至于五季，变化殆尽。宋之初兴，范质、王溥犹有馀憾。艺祖首褒韩通，次表卫融，以示意向。真、仁之世，田锡、王禹偁、范仲淹、欧阳修、唐介诸贤，以直言谠论倡于朝。于是中外荐绅知以名节为高，廉耻相尚，尽去五季之陋。故靖康之变，志士投袂，起而勤王，临难不屈，所在有之。及宋之亡，忠节相望。"〔一〕呜呼！观哀、平之可以变而为东京，①五代之可以变而为宋，则知天下无不可变之风俗也。《剥》上九之言"硕果"也，阳穷于上，则《复》生于下矣。②**

① 哀、平，西汉哀帝、平帝。东京，指东汉。

② 张京华《校释》：《易·剥》上九"硕果不食"。程氏《易传》："以气消息言，则阳剥为《坤》，阳来为《复》，阳未尝尽也。《剥》尽于上，则《复》生于下矣。"

〔一〕【杨氏曰】金人云:"宋之亡唯李侍郎一人。"盖据二帝蒙尘之初而言。

人君御物之方,莫大乎抑浮止竞。宋自仁宗在位四十馀年,虽所用或非其人,而风俗醇厚,好尚端方,论世之士谓之"君子道长"。及神宗朝,荆公秉政,骤奖趋媚之徒,深锄异己之辈。邓绾、李定、舒亶、蹇序辰、王子韶诸奸一时擢用,而士大夫有"十钻"之目。[①] 【原注】钻者,取必入之义。班固《答宾戏》:"商鞅挟三术以钻孝公。"○《邓绾传》:以颂王安石得官,谓其乡人曰:"笑骂从汝,好官须我为之。"**干进之流,乘机抵隙。驯至绍圣、崇宁,而党祸大起,国事日非,膏肓之疾遂不可治。后之人但言其农田、水利、青苗、保甲诸法为百姓害,而不知其移人心、变士习为朝廷之害。其害于百姓者可以一旦而更,而其害于朝廷者历数十百年,滔滔之势一往而不可反矣。李**(应)**[愿]中**[②]**谓:"自王安石用事,陷溺人心,至今不自知觉。人趋利而不知义,则主势日孤。"** 见《宋史·李侗传》。**此可谓知言者也。《诗》**《小雅·角弓》**曰:"毋教猱升木,如涂涂附。"夫使庆历之士风一变而为崇宁者,岂非荆公教猱之效哉!**

《苏轼传》:熙宁初,安石创行新法。轼上书言:"国家之所以存亡者,在道德之浅深,不在乎强与弱;历数之所以长短者,在风俗之厚薄,不在乎富与贫。臣愿陛下务崇道

① 邓、李诸人之传俱在《宋史》卷三二九。《王子韶传》:熙宁初,士大夫有"十钻"之目,子韶为"衙内钻",指其交结要人子弟,如刀钻之利。

② 李侗字愿中,见《宋史·道学传》。

德而厚风俗，不愿陛下急于有功而贪富强。仁祖持法至宽，用人有序，专务掩覆过失，未尝轻改旧章。考其成功，则曰未至。以言乎用兵，则十出而九败；以言乎府库，则仅足而无馀。徒以德泽在人，风俗知义，故升遐之日，天下归仁。议者见其末年吏多因循，事不振举，乃欲矫之以苛察，齐之以智能，招徕新进勇锐之人，以图一切速成之效。未享其利，浇风已成。多开骤进之门，使有意外之得，公卿侍从，跬步可图，俾常调之人举生非望，欲望风俗之厚，岂可得哉！近岁朴拙之人愈少，巧进之士益多，惟陛下哀之救之。"当时论新法者多矣，未有若此之深切者。根本之言，人主所宜独观而三复也。

《东轩笔录》卷五："王荆公秉政，更新天下之务，而宿望旧人议论不协，荆公遂选用新进，待以不次，故一时政事不日皆举，而两禁台阁、内外要权莫非新进之士也。【原注】《石林燕语》卷七："故事，在京职事官绝少用选人者。熙宁初，稍欲革去资格之弊，始诏选举到可试用人，并令崇文院校书，以备询访差使，候二年取旨，或除馆职，或升资任，或只与合入差遣。时邢尚书恕以河南府永安县主簿首为崇文院校书，胡右丞愈知谏院，犹以为太遽，因请虽选人而未历外官，与虽历任而不满者，皆不得选举。乃特诏邢恕与堂除近地试衔知县。近岁不复用此例，自始登第直为禁从矣。"及出知江宁府，吕惠卿骤得政柄，有射羿之意。而一时之士见其得君，谓可以倾夺荆公，遂更朋附之以兴大狱。寻荆公再召，邓绾反攻惠卿，惠卿自知不安，乃条列荆公兄弟之失数事面奏。上封惠卿所言以示荆公。故荆公表有云：'忠不足以取信，故事事欲其自明；义不足以胜奸，故人人与之立敌。'盖谓是也。既而惠卿出亳州，荆公复相，承党人之后，平日肘腋尽去，而在者已不可信，可信者又才不足以任事；当日唯与其子雱机谋，而雱又死，知道之难行也，于是慨然复求罢去，遂以使相再镇金陵，未期纳节。久之，得会灵观[①]使。"其发明荆公情事，至为切当。子曰："君子易事而难说也。"见《论语·子路》。而《大戴礼》《文王观仁》言："有人焉，容色辞气，其入人甚愉；进退周旋，其与人甚巧；其就人甚速，其叛人甚易。"迹荆公昔日之所信用者，不惟变士习，蠹民生，而己亦不飨其利。【原注】苏辙疏吕惠卿，比之吕布、刘牢之。《书》《太甲上》曰："其后嗣王罔克有终，相亦罔终。"为大臣者，可不以人心风俗为重哉？

《东轩笔录》卷六又曰："王荆公在中书，作新经义以授学者，故太学诸生几及三千人。又令判监、直讲程第诸生之业，处以上、中、下三舍。而人间传以为试中、上舍者，朝廷将以不次升擢。于是轻薄书生，矫饰言行，坐作虚誉，奔走公卿之门者若市矣。"

苏子瞻《易传·兑卦解》曰："六三、上六，皆《兑》之小人，以说为事者均也。六三，履非其位，而处于二阳之间，以求说为兑者，故曰'来兑'，言初与二不招而自来也。其心易知，其为害浅，故二阳皆吉，而六三凶。上六超然于外，不累于物，此小人之托于无求以为兑者也，故曰'引兑'，言九五引之而后至也，其心难知，其为害深。故九五'孚于剥'，虽然，其心盖不知而贤之，非说其小人之实也，

① 《刊误》卷上："'会灵观'，《王安石传》作'集禧观'，《东轩笔录》似误。"

使知其实则去之矣,故有厉而不凶。然则上六之所以不光,何也?曰:难进者,君子之事也。使上六引而不兑,则其道光矣。”此论盖为神宗用王安石而发。《孟子》《尽心下》曰:“好名之人,能让千乘之国。苟非其人,箪食豆羹见于色。”荆公当日处卑官,力辞其所不必辞;既显,宜辞而不复辞。矫情干誉之私,固有识之者矣。夫子之论观人也,曰“察其所安”,见《论语·为政》。又曰“色取仁而行违,居之不疑。在邦必闻,在家必闻”,见《论语·颜渊》。是则欺世盗名之徒,古今一也,人君可不察哉!

陆游《岁暮感怀》诗:“在昔祖宗时,风俗极粹美。人材兼南北,议论忘彼此。谁令各植党,更仆而迭起。中更夷狄①祸,此风犹未已。倘筑太平基,请自厚俗始。”〔一〕

〔一〕【柴氏曰】奢俭之弊,自古叹之,至近今为尤甚。习俗移人,唯在上者力挽之。吾尝览《北齐书》有“禁浮华”一诏,曰:“顷者风俗流荡,浮竞日滋,家有吉凶,务求胜异。婚姻丧葬之费,车服之华,动竭岁资,以营日富。又奴仆带金玉,姬妾衣罗绮,始以创出为奇,复以过前为丽,上下贵贱,无复等差。今运属维新,思蠲往弊,反朴还醇,纳民轨物,可量事立条式,使俭而获中。”此诏倘施之于今,殊觉曲尽晓切,若读书有用为救时之贤,当期中流一柱。

【陆清献曰】风俗承明季之衰,其浇侈之习,已非一日。愚以为欲反今日之俗而登之隆古,无他,亦惟以三代所以导民者导之而已。非敢谓三代之法可一一施之今也,然其大体固有不

① “夷狄”,原本作“金源”,据《校记》改。

可得而易者。其一则经制宜定也。民之所以不敢厌纵其耳目者,有上之法制为之防耳。苟法制所不及,则何惮而不为?今民间冠昏丧祭之礼,宫室衣服饮食之节,初未尝有定制也,惟其力之能为,则无所不可。富者炫耀,贫者效尤,物力既绌,则继之以贪诈,故靡丽日益,廉耻日消。诚宜画为定制,使尊卑上下,各有差等,不得逾越,庶几俭朴可兴,贪诈可弭。其一则学校宜广也。民之所以不入于淫荡、安其朴素者,以其知礼义之可重耳。苟礼义不足动其心,则朴素必不如奢靡之可乐,忠厚必不如淫荡之可慕。学校者,所以教民礼义也。今惟州县有学,又止及于生徒。而董其任者亦止掌其册籍,核其进退,未尝有所谓礼义之教。人不知以行谊自重,则惟以服美为荣,何怪风俗之日浇日侈乎!宜选方正有道之士为州县之师长,重其禄秩。而又仿古里塾党庠之制,以农隙教导其民,使知礼义之可重,而无慕乎浇侈。其一则赏罚宜审也。民之所以从上令者,以其赏罚行焉耳。赏罚不行而欲其从令,不可得也。今朝廷之赏罚亦綦严矣,而独于奢俭淳浇之际未有赏罚行焉。胥吏被文绣,富贾为雕墙,而有司不问。子弟凌父兄,悍仆侵家长,而有司不问。而其忠厚朴素不随时好者,则徒为笑于乡里,不闻有所奖励。如此安望其不为浇侈乎!宜敕有司,以时访于境内,举其尤者赏罚之,而即以风俗之淳疵为考成之殿最,庶有司不敢忽,良民知劝而莠民知惩。凡此者皆所以导民之具,而风俗之本原也。诚一一举行之,而皇上以恭俭之德,端化原于上,公卿大臣树惇守素,宣德意于下,寰海内外,有不去奢从俭,返朴还淳,共登三代之盛者,未之前闻。倘曰"簿书、期会、钱谷、兵师,今日之急务,何暇为此迂阔",愚恐风俗日浇日侈,所谓今日之急务者,亦将理之不胜理也。

清议

古之哲王所以正百辟者，既已制官刑儆于有位矣，[1]而又为之立闾师，[2]设乡校，存清议于州里，以佐刑罚之穷。“移之郊、遂”，载在礼经；[3]“殊厥井疆”，称于《毕命》。两汉以来，犹循此制，乡举里选，必先考其生平，一玷清议，终身不齿。君子有怀刑之惧，小人存耻格之风。教成于下而上不严，论定于乡而民不犯。降及魏、晋，而九品中正之设虽多失实，遗意未亡。凡被纠弹付清议者，即废弃终身，同之禁锢。【原注】《晋书·卞壶传》。至宋武帝篡位，乃诏：“有犯乡论清议，赃污淫盗，一皆荡涤洗除，与之更始。”自后凡遇非常之恩，赦文并有此语。见《宋书·武帝纪下》。【原注】齐、梁、陈诏并云“洗除先注”，当日乡论清议必有记注之目。《小雅》废而中国微，风俗衰而叛乱作矣。然乡论之污，至烦诏书为之洗刷，岂非三代之直道尚在于斯民，而畏人之多言犹见于变风之日乎？“予闻在下”，有鳏所以登庸；见《书·尧典》。“以比三凶”，不才所以投畀。见《左传》文公十八年。虽二帝[4]之举错，亦未尝不询于刍荛，然则崇月旦以佐秋官，进乡评以扶国是，傥亦四聪之所先，而王治之不可阙也。

---

① 百辟，即百官。《周礼·天官·冢宰》“以八法治官府”，其七曰官刑。

② 见《周礼·地官·司徒》：“闾师掌国中及四郊之人民、六畜之数，以任其力，以待其政令，以时征其赋。”

③ 《礼记·王制》：“移之郊”，“移之遂”。

④ 二帝，尧、舜。

陈寿“居父丧，有疾，使婢丸药，客往见之，乡党以为贬议，坐是沈滞者累年”。见《晋书·陈寿传》。阮简“父丧，行遇大雪，寒冻，遂诣浚仪令，令为他宾设黍臛，简食之，以致清议，废顿几三十年”。见《太平御览》卷八五〇引《竹林七贤论》。温峤“为刘司空使劝进，母崔氏固留之，峤绝裾而去，迄于崇贵，乡品犹不过也，每爵皆发诏”。见《世说新语·尤悔》。谢惠连“先爱会稽郡吏杜德灵，及居父忧，赠以五言诗十馀首，文行于时，坐废，不豫荣伍”。[①] 见《宋书·谢惠连传》。张率“以父忧去职，其父侍伎数十人，善讴者有色貌，邑子仪曹郎顾玩之求聘焉，讴者不愿，遂出家为尼。尝因斋会率宅，玩之为飞书，言与率奸。南司以事奏闻，高祖惜其才，寝其奏，然犹致世论，服阕后久之不仕”。见《梁书·张率传》。官职之升沈本于乡评之与夺，其犹近古之风乎？

天下风俗最坏之地，清议尚存，犹足以维持一二。至于清议亡而干戈至矣。

洪武十五年八月乙酉，礼部议：“凡十恶、奸盗诈伪、干名犯义、有伤风俗及犯赃至徒者，书其名于申明亭，以示惩戒。有私毁亭舍、涂抹姓名者，监察御史、按察司官以时按视，罪如律。”制可。十八年四月辛丑，命刑部录内外诸司官之犯法罪状明著者，书之申明亭。以上见《明太祖实录》卷一四七、一七二。此前代乡议之遗意也。后之人视为文具，风纪之官但以刑名为事，而于弼教新民之意若不相关，无惑乎江河之日下已。

---

① “荣伍”，《南史·谢惠连传》作“荣位”。

名教

司马迁作《史记·货殖传》，谓“自廊庙朝廷岩穴之士，无不归于富厚”，等而下之，至于“吏士舞文弄法，刻章伪书，不避刀锯之诛者，没于赂遗”。而仲长敖《核性赋》谓：“倮虫三百，人最为劣。爪牙皮毛，不足自卫，唯赖诈伪，迭相嚼啮。等而下之，至于台隶僮竖，唯盗唯窃。”见《艺文类聚》卷二一。乃以今观之，则无官不赂遗，而人人皆吏士之为矣；无守不盗窃，而人人皆僮竖之为矣。自其束发读书之时，所以劝之者，不过所谓“千锺粟”、“黄金屋”，而一旦服官，即求其所大欲。君臣上下怀利以相接，遂成风流，不可复制。后之为治者宜何术之操？曰：唯名可以胜之。名之所在，上之所庸，而忠信廉洁者显荣于世；名之所去，上之所摈，而怙侈贪得者废锢于家。即不无一二矫伪之徒，犹愈于肆然而为利者。《南史》《孝义传论》有云：“汉世士务修身，故忠孝成俗，至于乘轩服冕，非此莫由。晋、宋以来，风衰义缺。”故昔人之言，曰名教，曰名节，曰功名，不能使天下之人以义为利，而犹使之以名为利，虽非纯王之风，亦可以救积洿之俗矣。〔一〕

〔一〕【杨氏曰】“三代以下，唯恐其不好名”，为此也。

《旧唐书》《薛登传》①：薛谦光为左补阙，上疏言：“臣窃

① 薛登本名谦光，避皇太子讳改名登。

窥古之取士，实异于今。先观名行之源，考其乡邑之誉，崇礼让以厉己，显节义以标信，以敦朴为先最，以雕虫为后科。故人崇劝让之风，士去轻浮之行。希仕者必修贞确不拔之操，行难进易退之规。众议已定其高下，郡将难诬(其)[于]曲直。故计贡之贤愚，即州将之荣辱；(假有)秽行之彰露，亦乡人之厚颜。是以李陵降而陇西惭，干木隐而西河美。[①] 故名胜于利，则小人之道消；利胜于名，则贪暴之风扇。自七国之季，虽杂纵横，而汉代求才，犹征百行。是以礼节之士敏德自修，闾里推高，然后为府寺所辟。今之举人，有乖事实，乡议决小人之笔，行修无长者之论，策第喧竞于州府，祈恩不胜于拜伏。或明制【原注】避武后嫌名，诏改为制。才出，试遣搜扬，驱驰府寺之门，出入王公之第。上启陈诗，唯希咳唾之泽；摩顶至足，冀荷提携之恩。故俗号举人，皆称'觅举'。觅者，自求之称也。夫徇己之心切，则至公之理乖；贪仕之性彰，则廉洁之风薄。是知府命虽高，异叔度勤勤之让；[②]黄门已贵，无秦嘉耿耿之辞。[③] 纵不能挹己推贤，亦不肯待于三命。故选司补置，喧然于礼闱；州贡宾王，争讼于阶闼。谤议纷合，渐以成风。夫竞荣者必有争利之心，谦逊者亦无贪贿之累。自非上智，焉能不

① 段干木事见《史记·魏世家》。《淮南子·修务训》所记较详。

② 黄宪字叔度，汝南人。《后汉书》本传言"太守王龚在郡，礼进贤达，多所降致，卒不能屈宪"，又言"宪初举孝廉，又辟公府，友人劝其仕，宪亦不拒之，暂到京师而还，竟无所就。年四十八终，天下号曰征君"。

③ 后汉黄门郎秦嘉，妻徐氏名淑。《艺文类聚》卷三二有秦嘉与妻书曰："不能养志，当给郡使，随俗顺时，僶俛当去。知所苦故尔，未有瘳损，想念悒悒，劳心无已。当涉远路，趋走风尘，非志所慕，惨惨少乐。"云云。又有徐淑答书，秦嘉重报妻书。

移？在于中人，理由习俗。若重谨厚之士，则怀禄者必崇德以修名；若开趋竞之门，则儌倖者皆戚施而附会。附会则百姓罹其弊，修名则兆庶蒙其福。风化之渐，靡不由兹。"嗟乎，此言可谓切中今时之弊矣！

汉人以名为治，故人材盛。今人以法为治，故人材衰。〔一〕

〔一〕【程编修曰】三代以降，士气之盛，无过于东京。论者谓明、章尚道崇儒所积而致，愚则谓儒林一派开自西京，其所由来者渐矣。盖自武帝立五经学，登用儒士，由秦以来，风气为之一变，特不能择取真儒，舍仲舒之醇雅，用平津之矫伪耳。光武、明、章，远承末绪，又从而重之，所谓设诚而致行之者，儒术盛而士气奋矣。由武帝以迄桓、灵，三百馀年，积之如此其厚。而上无精明濬哲之君，柄臣椓人，迤逦用事，清议在下，党祸遂兴，举端人正士一举而空之，良可惜也。夫国家须才至急，方其求之之始，下之应也且或真少而伪多，苟无术以择之，必且舍麦菽而取糠稗。及其积之既久，真行著而风俗成，虽复抑之屈之，务使革而从我而有所不得，贤者果无益于人国也哉？余论古，每以东京士习之醇，为西汉之所酿而成；明士气之盛，为两宋程、朱之学所蕴而发。

宋范文正《上晏元献书》曰："夫名教不崇，则为人君者谓尧、舜不足法，桀、纣不足畏；为人臣者谓八元不足尚，四凶不足耻。天下岂复有善人乎？人不爱名，则圣人之权去矣。"见《范文正集》卷八《上资政晏侍郎书》。

今日所以变化人心、荡涤污俗者，莫急于劝学、奖廉二事。天下之士，有能笃信好学，至老不倦，卓然可当方正有道之举者，官之以翰林、国子之秩，而听其出处，则人皆知向学，而不竞于科目矣。庶司之官，有能洁己爱民，以礼告老，而家无儋石之储者，赐之以五顷十顷之地，以为子孙世业，而除其租赋，复其丁徭，则人皆知自守而不贪于货赂矣。岂待菑川再遣，方收牧豕之儒；【原注】公孙弘。[①] 优孟陈言，始录负薪之胤？【原注】(公)孙[叔]敖。[②] 而扶风之子，特赐黄金；【原注】尹翁归。[③] 涿郡之贤，常颁羊酒。【原注】韩福。[④] 遂使名高处士，德表具僚，当时怀稽古之荣，没世仰遗清之泽，不愈于科名爵禄劝人，使之干进而饕利者哉？以名为治，必自此涂始矣。〔一〕

〔一〕【杨氏曰】亦不得已而塞其流也。

汉平帝元始中，诏曰："汉兴以来，股肱在位，身行俭约，轻财重义，未有若公孙弘者也。位在宰相封侯，而为布被脱粟之饭，奉禄以给故人宾客，无有所馀，可谓减于制度

① 事见《史记·平津侯列传》：丞相公孙弘者，齐菑川国薛县人。少时为薛狱吏，有罪，免。家贫，牧豕海上。年四十馀，乃学《春秋》杂说。武帝初即位，招贤良文学之士。是时弘年六十，征以贤良，为博士。使匈奴，还报，不合上意，弘乃病免归。元光五年，有诏征文学，菑川国复推上公孙弘。策奏，天子擢弘对为第一。

② 事见《史记·滑稽列传》：孙叔敖，楚之贤相。死后其子穷困负薪。优孟见楚王，云："廉吏安可为！楚相孙叔敖持廉至死，方今妻子穷困负薪而食，不足为也！"于是庄王谢优孟，乃召孙叔敖子。

③ 事见《汉书·尹翁归传》：尹翁归，河东平阳人。官右扶风，大治。清洁自守，语不及私。卒，家无馀财。天子贤之，赐翁归子黄金百斤，以奉其祭祠。

④ 事见《汉书·两龚传》：昭帝时，涿郡韩福以德行征至京师，赐策书束帛遣归。诏常以岁八月赐羊一头，酒二斛。

【原注】应劭曰："礼贵有常尊，衣服有品。"而率下笃俗者也，与内富厚而外为诡服以钓虚誉者殊科。其赐弘后子孙之次见为適者爵关内侯，食邑三百户。"①

《魏志》："嘉平六年，朝廷追思清节之士，诏赐故司空徐邈、征东将军胡质、卫尉田豫家谷二千斛，帛三十束，布告天下。"见《三国志·魏书·徐邈传》。②后魏宣武帝延昌四年诏曰："故处士李谧，屡辞征辟，志守冲素，儒隐之操，深可嘉美，可远傍惠、康，近准玄晏。③谥曰贞静处士，并表其门闾，以旌高节。"见《魏书·逸士·李谧传》。《唐六典》卷一四："若蕴德丘园，声实明著，虽无官爵，亦赐谥曰先生。"④【原注】存者赐之以先生之号，殁者则加之以谥。如杨播隐居不仕，至德中赐号玄靖先生是也。见《新唐书·杨炎传》。○《宋史》同。以余所见，崇祯中尝用巡按御史祁彪佳言，赠举人归子慕、朱陛宣为翰林院待诏。

《唐书》《牛僧孺传》："牛僧孺，隋仆射奇章公弘之裔。幼孤，下杜樊乡有赐田数顷，依以为生。"则知隋之赐田，至唐二百年，而犹其子孙守之，若金帛之颁，廪禄之惠，则早已化为尘土矣。国朝正统中，以武进田赐礼部尚书胡濙，其子孙亦至今守之。故窃以为奖廉之典莫善于此。

---

① 见《汉书·公孙弘传》。按，下此诏时王莽以大司马、安汉公执政。

② 《徐邈传》原文作"其赐邈等家谷二千斛，钱三十万，布告天下"。

③ 惠，柳下惠，康，韩康，见《后汉书·逸民传》。皇甫谧，自号玄晏先生，见《晋书》本传。

④ 按此条文字与《唐六典》有异，实出自《唐会要》卷七九《谥法上》条。

廉耻

《五代史·冯道传论》曰："'礼义廉耻，国之四维。四维不张，国乃灭亡。'见《管子·牧民》。善乎，管生之能言也！礼义，治人之大法；廉耻，立人之大节。盖不廉则无所不取，不耻则无所不为。人而如此，则祸败乱亡亦无所不至。况为大臣而无所不取，无所不为，则天下其有不乱、国家其有不亡者乎！"然而四者之中，耻尤为要。故夫子之论士，曰："行己有耻。"见《论语·子路》。孟子曰："人不可以无耻，无耻之耻，无耻矣。"见《孟子·尽心下》。下同。又曰："耻之于人大矣。为机变之巧者，无所用耻焉。"所以然者，人之不廉而至于悖礼犯义，其原皆生于无耻也。故士大夫之无耻，是谓"国耻"。〔一〕吾观三代以下，世衰道微，弃礼义，捐廉耻，非一朝一夕之故。然而松柏后凋于岁寒，鸡鸣不已于风雨，彼昏之日，固未尝无独醒之人也。顷读《颜氏家训》《教子》有云："齐朝一士夫尝谓吾曰：'我有一儿，年已十七，颇晓书疏。教其鲜卑语及弹琵琶，稍欲通解。以此伏事公卿，无不宠爱。'吾时俯而不答。异哉，此人之教子也！若由此业自致卿相，亦不愿汝曹为之。"嗟乎，之推不得已而仕于乱世，犹为此言，尚有《小宛》诗人之意，①彼阉然媚于世者，能无愧哉！

① 《诗·小雅·小宛》《正义》曰："毛以作《小宛》诗者，大夫刺幽王也。政教为小，故曰'小宛'。"

〔一〕【阎氏曰】今人动称廉耻，其实廉易而耻难。如公孙弘布被脱粟，不可谓不廉，而曲学阿世，何无耻也！冯道刻苦俭约，不可谓不廉，而更事四姓十君，何无耻之甚也！盖廉乃立身之一节，而耻乃根心之大德，故廉尚可矫，而耻不容伪。

罗仲素[①]曰："教化者，朝廷之先务；廉耻者，士人之美节；风俗者，天下之大事。朝廷有教化，则士人有廉耻；士人有廉耻，则天下有风俗。"见《豫章文集》卷一一《议论要语》。

古人治军之道，未有不本于廉耻者。《吴子》《图国》曰："凡制国治军，必教之以礼，励之以义，使有耻也。夫人有耻，在大足以战，在小足以守矣。"《尉缭子》卷一言："国必有慈孝廉耻之俗，则可以死易生。"而太公对武王："将有三胜"，一曰"礼将"，二曰"力将"，三曰"止欲将"。见《太公六韬》卷三《厉军》。故礼者所以班朝治军，而《兔罝》之武夫皆本于文王后妃之化，[②]岂有淫刍荛，窃牛马，而为暴于百姓者哉？《后汉书》《张奂传》："张奂为安定属国都尉，羌豪帅感奂恩德，上马二十匹，先零酋长又遗金鐻八枚。奂并受之，而召主簿于诸羌前，以酒酹地曰：'使马如羊，不以入厩。使金如粟，不以入怀。'悉以金马还之。羌性贪而贵吏清，前有八都尉，率好财货，为所患苦，及奂正身洁己，威化大行。"呜呼，自古以来，边事之败，有不始于贪求者哉？吾于辽东之事有感。

① 罗从彦，字仲素，号豫章先生。北宋末人，著有《中庸说》、《豫章文集》。
② 《诗·周南·兔罝》《正义》曰："言后妃之化也。"中有"赳赳武夫，公侯干城"句。

杜子美《遣兴》诗："安得廉颇将，三军同晏眠。"一本作"廉耻将"，诗人之意未必及此。然吾观《唐书》言："王佖为(武)灵[武]节度使。先是，吐蕃欲成乌兰桥，每于河堧先贮材木，皆为节帅遣人潜载之，委于河流，终莫能成。蕃人知佖贪而无谋，先厚遗之，然后并役成桥，仍筑月城守之。自是朔方御寇不暇，至今为患。"此见《旧唐书·李晟附王佖传》。由佖之黩货也。故贪夫为帅，而边城晚开。得此意者，郢书燕说，或可以治国乎？【原注】见《韩非子》《外储说左上》。

流品

晋、宋以来，尤重流品，故虽蕞尔一方，而犹能立国。《宋书·蔡兴宗传》："兴宗为征西将军、开府仪同三司、荆州刺史，常侍如故。被征还都时，右军将军王道隆任参(国)[内]政，权重一时，蹑履到兴宗前，不敢就席，良久方去，竟不呼坐。元嘉初，中书舍人(狄)[秋]当诣太子詹事王昙首，不敢坐。其后中书舍人王弘为太祖所爱遇，上谓曰：'卿欲作士人，得就王球坐，乃当判耳。殷、刘【原注】殷景仁、刘湛。并杂，无所(益)[知]也。若往诣球，可称旨就席。'及至，球举扇曰：'若不得尔。'弘还，依事启闻。帝曰：'我便无如此何。'五十年中，有此三事。"《张敷传》："迁江夏王义恭抚军记室参军。时义恭就文帝求一学义沙门，会敷赴假还江陵，入辞，文帝令以后(艑)[车]载沙门。敷不奉诏，曰：'臣性不耐杂。'迁正员郎。中书舍人(狄)

[秋]当、周赳并管要务,以敷同省名家,欲诣之。赳曰:'彼若不相容,便不如不往。'当曰:'吾等并已员外郎矣,何忧不得共坐?'敷先设二床,去壁三四尺。二客就席,酬接甚欢。既而呼左右曰:'移吾床远客!'赳等失色而去。"《世说》[①]:"纪僧真得幸于齐世祖,尝请曰:'臣出自本县武吏,遭逢圣时,阶荣至此,无所须,惟就陛下乞作士大夫。'上曰:'此由江敩、谢瀹,我不得措意,可自诣之。'僧真承旨诣敩,登榻坐定。敩顾命左右曰:'移吾床远客!'僧真丧气而退,以告世祖曰:'士大夫故非天子所命。'"《梁书·羊侃传》:"有宦者张僧胤候侃,侃竟不前之,曰:'我床非阉人所坐。'"自万历季年,搢绅之士不知以礼饬躬,而声气及于宵人,【原注】如汪文言一人,为东林诸公大玷。[②] 诗字颁于舆皂,至于公卿上寿,宰执称儿。而神州陆沈,中原左衽[③],夫有以致之矣。

重厚

世道下衰,人材不振。王伾之吴语,[④]郑綮之歇后,[⑤]薛

① 下引文见《南史·江敩传》及《通鉴》卷一三六,此作《世说》误。又引文中"世祖"二字《南史》作"武帝",引文"世祖"二字重,亦误。

② 汪文言与东林诸公事,可见《明史纪事本末·东林党议》及《魏忠贤乱政》二章。亭林此处以汪文言为"宵人"。

③ "左衽",原本作"涂炭",据《校记》改。

④ 见《唐书·王伾传》,伾本杭州人。《旧书》言其"貌寝陋,吴语",而《新书》作"楚语"。

⑤ 见《新唐书·郑綮传》。綮本善诗,其语多俳谐,故使落调,世共号"郑五歇后体"。

昭纬之《浣溪沙》,[①]李邦彦之俚语辞曲,[②]莫不登诸岩廊,用为辅弼。至使在下之人慕其风流,以为通脱,而栋折榱崩,天下将无所芘矣。及乎板荡之后而念老成,【原注】《大雅·荡》。[③] 播迁之馀而思耆俊,【原注】《文侯之命》。[④] 庸有及乎?有国者登崇重厚之臣,抑退轻浮之士,此移风易俗之大要也。

侯景数梁武帝十失,谓:"皇太子吐言止于轻薄,赋咏不出《桑中》。"见《资治通鉴》卷一六二。张说论阎朝隐之文:"如丽服靓妆,燕歌赵舞,观者忘疲,若类之《风》、《雅》,则罪人矣。"见《旧唐书·文苑·杨炯传》。今之词人,率同此病,淫辞艳曲,传布国门,有如北齐阳俊之"所作六言歌辞,名为'阳五伴侣',写而卖之,在市不绝"见《北史·阳俊之传》。者,诱惑后生,伤败风化,宜与非圣之书同类而焚,庶可以正人心术。〔一〕

〔一〕【沈氏曰】唐御史大夫杜淹曰:"齐之将亡,作《伴侣曲》。陈之将亡,作《玉树后庭花》。其声哀思,行路闻之,皆悲泣。"

【钱氏曰】古有儒、释、道三教,自明以来,又多一教,曰小说。小说,演义之书,士大夫、农工、商贾无不习闻之,以至儿童妇

① 孙光宪《北梦琐言》卷四:薛昭纬恃才傲物,每入朝省,弄笏而行,又好唱《浣溪纱》词。有门生规之曰:"侍郎重德,尔后请不弄笏与唱《浣溪纱》。"

② 见《宋史》本传:"邦彦俊爽,美风姿,为文敏而工。然生长闾阎,习猥鄙事,应对便捷,善讴谑,能蹴鞠。每缀街市俚语为辞曲,人争传之。自号'李浪子'。"

③ 《诗》郑笺:"《荡》,召穆公伤周室大坏也。厉王无道,天下荡荡,无纲纪文章,故作是诗也。"

④ 《书》孔传:"平王锡晋文侯秬鬯圭瓒,作《文侯之命》。"孔颖达疏:"幽王为犬戎所杀,平王立而东迁洛邑,晋文侯迎送安定之,故锡命焉。"

女不识字者,亦皆闻而如见之,是其教较之儒、释、道而更广也。释、道犹劝人以善,小说专导人以恶。奸邪淫盗之事,儒、释、道书所不忍斥言者,彼必尽相穷形,津津乐道。以杀人为好汉,以渔色为风流,丧心病狂,无所忌惮。子弟之逸居无教者多矣,又有此等书以诱之,曷怪其近于禽兽乎!

何晏之"粉白不去手,行步顾影",见《三国志·魏书·何晏传》注引《魏略》。**邓飏之"行步舒纵,坐立倾倚",**见《宋书·五行志上》。**谢灵运之"每出入,自扶接者常数人",**见《宋书·五行志一》。**后皆诛死。而魏文帝"体貌不重,风尚通脱,是以享国不永,后祚短促"。**见《宋书·五行志一》。**史皆附之《五行志》,以为"貌之不恭"。**见《汉书·五行志中之上》、《宋书·五行志》等。**昔子贡于礼容俯仰之间,而知两君之疾与乱,夫有所受之矣。**[①] **子曰:"君子不重则不威,学则不固。"**见《论语·学而》。**扬子《法言》**卷二**曰:"言轻则招忧,行轻则招辜,貌轻则招辱,好轻则招淫。"**

四明薛冈[②]**谓:"士大夫子弟不宜使读《世说》,未得其隽永,先习其简傲。"**见《天爵堂笔馀》。**推是言之,可谓善教矣。防其"乃逸乃谚"**见《书·无逸》。**之萌,而引之"有物"、**[③]**"有恒"**[④]**之域,此以正养蒙之道也。**[⑤] **南齐陈显达语其诸**

---

① 事见《左传》定公十五年。"两君"指邾隐公、鲁定公。

② 张京华《校释》:薛冈,字千仞,明鄞县人。著《天爵堂文集》十九卷,《笔馀》三卷。

③ 《礼记·缁衣》:"子曰:'言有物而行有格也,是以生则不可夺志,死则不可夺名。'"

④ 《论语·述而》:"子曰:'善人吾不得而见之矣;得见有恒者,斯可矣。'"

⑤ 《易·序卦》:"物生必蒙,故受之以《蒙》。蒙者,蒙也,物之稚也。物稚不可不养也,故受之以《需》。"

子曰："麈尾蝇拂，是王、谢家物，汝不须捉此。"即取于前烧除之。见《南史·陈显达传》。〔一〕

〔一〕【杨氏曰】显达之烧麈尾别是一意，非教子弟厚重也，不当引入。

耿介

读屈子《离骚》之篇，乃知尧、舜所以行出乎人者，以其耿介。① 同乎流俗，合乎污世，则不可与入尧、舜之道矣。

"非礼勿视，非礼勿听，非礼勿言，非礼勿动"，见《论语·颜渊》。是则谓之"耿介"，反是谓之"昌披"。② 夫道若大路，然尧、桀之分，必在乎此。

乡原

老氏之学所以异乎孔子者，"和其光，同其尘"，见《老子》。此所谓"似是而非"也。《卜居》、《渔父》二篇尽之矣，非不知其言之可从也，而义有所不当为也。子云而知此义也，《反离骚》③其可不作矣。寻其大指，生斯世也，为斯世也，善斯可矣。此其所以为莽大夫与？〔一〕

〔一〕【梁氏曰】扬雄作《太玄》准《易》，作《法言》准《论语》，未免妄矣。依仿体例，摹合词意，与王莽之学《大诰》、《金縢》何异？

① 《离骚》："彼尧、舜之耿介兮，既遵道而得路。何桀、纣之猖披兮，夫唯捷径以窘步。"

② 昌披，见《离骚》。或作"猖披"。

③ 扬雄《反离骚》收入《楚辞后语》卷三。

东坡讥其"以艰深文浅陋",亦不喜之。然有不可解者,蜀秦宓与王商书,谓子云"行参圣师",比之孔子。吴陆绩《释玄》谓"《玄经》与圣人同趣,虽周公、孔子不能过"。《抱朴子》以雄方仲尼。司马温公以为大儒,"孟、荀殆不足拟"。曾子固以雄"合箕子之《明夷》"。其馀誉之者甚众,而且力为湔洗。或谓《法言》安汉公之言,乃怨家所益;或谓《太玄》疾莽而作;或辨其无美新之事,冯元成以《美新》为刘棻作,汪琬跋《雄传》引杨庄简公《子云祠堂记》言雄不仕莽;而王介甫诸人说上符命、投阁皆谷子云事,不知何以得此于后人。宋绍兴中,陈公辅疏论王安石曰:"王莽之篡,扬雄不能死,又仕之,更为《剧秦美新》之文。安石乃云'雄之仕合于孔子无可无不可之义'。"言出王安石,无足论已。孝廉翁承高尝云:"汉分十三州刺史,莽并朔方入凉州,为十二。雄作《州箴》十二,独缺朔方,亦可证其为莽大夫也。"

《卜居》、《渔父》,"法语之言"[①]也。《离骚》、《九歌》,"放言"[②]也。

俭约

"国奢示之以俭",见《礼记·檀弓》。**君子之行宰相之事也。汉汝南许劭为郡功曹。同郡袁绍,公族豪侠,去濮阳令归,车徒甚盛,入郡界,乃谢曰:"吾舆服岂可使许子将见**

① 见《论语·子罕》。朱注"法语"为"正言之也"。

② 见《论语·微子》。朱注:"隐居独善,合乎道之清。放言自废,合乎道之权。"

之!”遂以单车归家。见《后汉书·许劭传》。晋蔡充好学，有雅尚，体貌尊严，为人所惮。高平刘整，车服奢丽，尝语人曰：“纱縠，吾服其常耳，遇蔡子尼在坐而经日不自安。”见《世说新语·轻诋》注引《蔡充别传》。北齐李德林父亡，时正严冬，单衰徒跣，自驾灵舆，反葬博陵。崔谌休假还乡，将赴吊，从者数十骑，稍稍减留，比至德林门，才馀五骑，云：“不得令李生怪人熏灼。”见《隋书·李德林传》。李僧伽修整笃业，不应辟命。尚书袁叔德来候僧伽，先减仆从，然后入门。曰：“见此贤，令吾羞对轩冕。”见《北史·李僧伽传》。夫惟君子之能以身率物者如此，是以居官而化一邦，在朝廷而化天下。魏武帝时，毛玠为东曹掾，典选举，以俭率人，“天下之士莫不以廉节自励，虽贵宠之臣，舆服不敢过度”。见《三国志·魏书·毛玠传》。唐大历末，元载伏诛，拜杨绾为相。绾“质性贞廉，车服俭朴，居庙堂未数(日)[月]，人心自化。御史中丞崔宽，剑南西川节度使宁之弟，家富于财，有别墅在皇城之南，池馆台榭，当时第一，宽即日潜遣毁撤。中书令郭子仪，在邠州行营，闻绾拜相，坐中音乐减散五分之四。京兆尹黎幹，每出入，驺从百馀，亦即日减损，惟留十骑而已”。见《旧唐书·杨绾传》。“李师古跋扈，惮杜黄裳为相，命一干吏寄钱数千缗，毡车子一乘。使者到门，未敢送。伺候累日，有绿舆自宅出，从婢二人，青衣褴缕，言是相公夫人。使者遽归，告师古。师古折其谋，终身不敢改节。”见《幽闲鼓吹》。此则禁郑人之泰侈，奚必于三年；①变洛邑之矜夸，无烦乎

① 郑子产事见《左传》襄公三十年。

三纪。[①] 修之身,行之家,示之乡党而已,道岂远乎哉?

大臣

《记》曰:"大臣法,小臣廉,官职相序,君臣相正,国之肥也。"见《礼记·礼运》。故欲正君而序百官,必自大臣始。然而王阳黄金之论,时人既怪其奢;[②]公孙布被之名,直士复讥其诈。[③] 则所以考其生平而定其实行者,惟观之于终,斯得之矣。〔一〕"季文子卒,大夫入敛,公在位。宰庀家器为葬备,无衣帛之妾,无食粟之马,无藏金玉,无重器备。君子是以知季文子之忠于公室也。相三君矣,而无私积,可不谓忠乎?"见《左传》襄公五年。诸葛亮自表后主曰:"成都有桑八百株,薄田十五顷,子孙衣食,悉仰于家,自有馀饶。至于臣在外任,无别调度,随身衣食,悉仰于官,不别治生,以长尺寸。若臣死之日,不使内有馀帛,外有赢财,以负陛下。"及卒,如其所言。见《三国志·蜀书·诸葛亮传》。夫廉不过人臣之一节,而《左氏》称之为忠,孔明以为无负者,诚以人臣之欺君误国,必自其贪于货赂也。夫居尊席腆,润屋华身,亦人之常分尔,岂知高后降之弗祥,[④]民人生其怨诅,其究也,乃与国而同败邪!诚知夫大臣家事之丰约,关于政

---

① 周公事见《书·毕命》:"惟周公左右先王,绥定厥家,毖殷顽民,迁于洛邑,密迩王室,式化厥训。既历三纪,世变风移。"

② 《汉书·王吉传》:"天下服其廉而怪其奢,故俗传王阳能作黄金。"

③ 《史记·平津侯传》:"汲黯曰:'弘位在三公,奉禄甚多,然为布被,此诈也。'"

④ 《书·盘庚中》:"迪高后丕乃崇降弗祥。"

化之隆污,则可以审择相之方,而亦得富民之道矣。〔二〕

〔一〕【杨氏曰】说在陆放翁之《温公布被铭》。

〔二〕【阎氏曰】史称吕正献平生以人物为己任,凡当世名贤,无不汲引。余所尤异者,濂、洛、关、陕诸贤皆为所荐。《周茂叔传》:"熙宁初,知郴州。用赵抃及吕公著荐,为广东转运判官。"《程伯淳传》:"用吕公著荐,为太子中允、监察御史里行。"程正叔之荐,则与司马光共疏其行义,诏为西京国子监教授,寻擢崇政殿说书郎。《张子厚传》:"言其有古学,神宗召见,授崇文院校书。"子厚弟戬亦荐焉。邵尧夫虽未被荐,公著居洛中,雅敬尧夫,恒相从游,为市园宅。夫道学诸公之在当世,贵近大臣能不出力排击诋侮者已难,又从而荐诸朝廷,使皆获其用。呜呼,若正献者,不独得大臣以人事君之义,其增光吾道何如哉!

【又曰】徐文贞当国,毕公在言路,举朝严毕公甚于文贞,议且出毕公于外。文贞曰:"诸公畏之耶?"皆踧踖曰:"岂谓畏之,黄门切直,虑其府祸耳。"文贞曰:"不然,吾亦畏之。顾念人孰无私,私必害公。有若人在,不敢自纵,可寡过。"闻者叹服。

【又曰】韩魏公判大名,上疏极论青苗法。已而文潞公亦以为言,帝曰:"吾遣二中使亲问民间,皆云便甚。"潞公曰:"韩琦,三朝宰相,不信,而信二宦者乎?"至哉斯言,真可以为人主之龟鉴矣!余因思当仁宗之时,文潞公则能斩史志聪,当英宗之时,韩魏公则能窜任守忠,而天子不以为专,宰相亦不以为嫌。何一再传之后,二公之人犹故也,宰相之权犹故也,而其言则不能与宦者争胜负?此无他,人主之敬大臣与不敬大臣而已矣。敬大臣则诚,诚则明,明则左右不得关其说;不敬大臣则疑,疑则暗,暗则左右得以窃其柄。

杜黄裳,元和之名相,而以富厚蒙讥。[①] **卢怀慎,开元之庸臣,而以清贫见奖。**[②] **是故"贫则观其所不取",**见《淮南子·氾论训》。**此卜相之要言。**

除贪

汉时赃罪被劾,或死狱中,或道自杀。唐时赃吏多于朝堂决杀,其特宥者乃长流岭南。睿宗太极元年四月制:"官典:主司枉法,赃一匹已上,并先决一百。"见《旧唐书·睿宗纪》。**而改元及南郊赦文每曰"大辟罪已下,已发觉未发觉,已结正未结正,系囚见徒,罪无轻重,咸赦除之。官典犯赃,不在此限",**见《唐大诏令集》卷三。**然犹有左降遐方、谪官蛮徼者。而卢怀慎重以为言,谓"屈法惠奸",非正本塞源之术。**见《旧唐书·卢怀慎传》。**是知乱政同位,商后"作其丕刑";**见《书·盘庚中》。**贪以败官,《夏书》训之必杀。**[③] **三代之王,罔不由此道者矣。**

宋初,郡县吏承五季之习,黩货厉民,故尤严贪墨之罪。开宝(三)**[四]年,**(董)**[王]元吉守英州,受赃七十馀**

① 《新唐书》本传言黄裳"通馈谢,无洁白名。卒后数年,御史劾奏黄裳纳邠宁节度使高崇文钱四万五千缗"。《旧唐书》言其"检身律物,寡廉洁之誉"。

② 《旧唐书》本传:"怀慎清俭,不营产业,器用服饰,无金玉绮文之丽。所得禄俸,皆随时分散,而家无馀蓄,妻子匮乏。"

③ 《左传》昭公十四年:"己恶而掠美为昏,贪以败官为墨,杀人不忌为贼。《夏书》曰:'昏、墨、贼,杀。'皋陶之刑也。"杜注以此《夏书》为《逸书》。

万,“帝以岭表初平,欲惩掊克之吏,特诏弃市”。见《宋史·刑法志二》。① 而“南郊大赦,十恶、故劫杀及官吏受赃者不原”。见《宋史·太祖本纪》。史言宋法有可以得循吏者三,而不赦犯赃其一也。天圣以后,士大夫皆知饰簠簋而厉廉隅,盖上有以劝之矣。【原注】《石林燕语》卷六:“熙宁中,苏子容判审刑院,知金州张仲宣坐枉法赃,论当死。故事:命官以赃论死,皆贷命,杖脊黥配海岛。子容言:‘古者刑不上大夫,可杀则杀。仲宣五品官,今杖而黥之,得无辱多士乎?’乃诏免黥杖,止流岭外。自是遂为例。”然惩贪之法亦渐以宽矣。于文定【原注】慎行。谓:“本朝姑息之政甚于宋世,败军之将,可以不死,赃吏巨万,仅得罢官,而小小刑名反有凝脂之密,是轻重胥失之矣。”见《谷山笔麈》卷三。盖自永乐时,赃吏谪令戍边,宣德中改为运砖纳米赎罪,浸至于宽,而不复究前朝之法也。【原注】宣德中,都御史刘观坐受赃数千金,论斩。上曰:“刑不上大夫,观虽不善,朕终不忍加刑。”命遣戍辽东。正统初,遂多特旨曲宥。呜呼,法不立,诛不必,而欲为吏者之毋贪,不可得也。人主既委其太阿之柄,而其所谓大臣者皆刀笔筐箧之徒,毛举细故以当天下之务,吏治何由而善哉?

《北梦琐言》:“后唐明宗尤恶墨吏。邓州留后陶玘,为内乡令成归仁所论税外科配,贬岚州司马。掌书记王惟吉,夺历任告敕,长流绥州。亳州刺史李邺,以赃秽赐自尽。汴州仓吏犯赃,内有史彦珣旧将之子,又是驸马石敬

① “开宝四年”、“王元吉”皆据中华书局标点本《宋史》改。另《宋史·太祖纪》亦作“开宝四年”、“王元吉”。

瑭亲戚。王建立奏之，希免死。上曰：'王法无私，岂可徇亲！'"见卷一八。"供奉官丁延徽，巧事权贵，监仓犯赃，侍卫使张从宾方便救之。上曰：'食我厚禄，盗我仓储，苏秦复生，说我不得！'并戮之。"见卷一九。以是在五代中号为小康之世。

《册府元龟》卷一五四载：天成四年十二月，蔡州西平县令李商，为百姓告陈不公，大理寺断止赎铜。敕旨："李商招愆，俱在案款；大理定罪，备引格条。然亦事有所未图，理有所未尽。古之立法，意在惜人。况自列圣相承，溥天无事，人皆知禁，刑遂从轻。丧乱以来，廉耻者少。朕一临寰海，四换星灰，常宣无外之风，每革从前之弊，惟期不滥，皆守无私。李商不务养民，专谋润己。初闻告不公之事件，决彼状头；又为夺有主之庄田，挞其本户。国家给州县篆印，只为行遣公文，而乃将印历下乡，从人户取物。据兹行事，何以当官？宜夺历任官，杖杀。"读此敕文，明宗可谓得轻重之权者矣。

《金史》《刑法志》：大定十二年，咸平尹石抹阿没剌以赃死于狱，上谓："其不尸诸市，已为厚幸。贫穷而为盗贼，盖不得已。三品职官以赃至死，愚亦甚矣。其诸子皆可除名。"夫以赃吏而锢及其子，似非"恶恶止其身"见《公羊传》昭公二十年。之义。然贪人败类，其子必无廉清，则世宗之诏亦未为过。《汉书》言李固、杜乔朋心合力，致主文、宣，而孝桓即位之诏有曰"赃吏子孙，不得(详)[察][1]举"，见《后汉

① 张京华《校释》作"察"，《后汉书·桓帝纪》正作"察"，据改。

书·桓帝纪》。〔一〕岂非汉人已行之事乎？

〔一〕【阎氏曰】按桓即位于闰六月庚寅，先三日丁亥，李固策免。杜乔为大尉在次年之六月。诏乃即位后四十四日丙戌下，于李、杜皆不相涉。

《元史》《世祖纪》：至元十九年九月壬戌敕："中外官吏，赃罪轻者(决)杖[决]，[1]重者处死。"

有庸吏之贪，有才吏之贪。《唐书·牛僧孺传》："穆宗初，为御史中丞。宿州刺史李直臣坐赃当死，中贵人为之申理。帝曰：'直臣有才，朕欲贷而用之。'僧孺曰：'彼不才者，持禄取容耳。天子制法，所以束缚有才者。安禄山、朱泚以才过人，故乱天下。'帝是其言，乃止。"今之贪纵者，大抵皆才吏也，苟使之惕于法，而以正用其才，未必非治世之能臣也。

《后汉书》《袁安传》称袁安"为河南尹，政号严明，然未尝以赃罪鞫人"。此近日为宽厚之论者所持以为口实。乃余所见，数十年来姑息之政，至于纲解纽弛，皆此言贻之敝矣。嗟乎，范文正有言："一家哭何如一路哭邪？"[2]

朱子谓："近世流俗，惑于阴德之论，多以纵舍有罪为仁。"见《晦庵集》卷四五《答廖子晦》。此犹人主之以行赦为仁也。

---

① 张京华《校释》作"杖决"，《元史·世祖纪》正作"杖决"，据改。

② 《宋史纪事本末》卷五：范仲淹选监司，取班簿视，不才者一笔勾之。富弼曰："一笔勾之甚易，焉知一家哭矣。"仲淹曰："一家哭何如一路哭耶？"遂悉罢之。

孙叔敖断两头蛇而位至楚相，亦岂非阴德之报邪？[1]

唐柳氏家法："居官不奏祥瑞，不度僧道，不贷赃吏法。"见柳玭《序训》。此今日士大夫居官者之法也。宋包拯戒子孙："有犯赃者，不得归本家，死不得葬大茔。"见《宋史·包拯传》。此今日士大夫教子孙者之法也。

贵廉

汉元帝时，贡禹上言："孝文皇帝时，贵廉洁，贱贪污，贾人、赘婿及吏坐赃者皆禁锢不得为吏，赏善罚恶，不阿亲戚。罪白者伏其诛，疑者以与民，【原注】师古曰："罪疑惟轻也。"亡赎罪之法。【原注】亡、无同。故令行禁止，海内大化，天下断狱四百，与刑错亡异。武帝始临天下，尊贤用士，辟地广境数千里，自见功大威行，遂从耆欲。用度不足，乃行一切之变，使犯法者赎罪，入谷者补吏，是以天下奢侈，官乱民贫，盗贼并起，亡命者众。郡国恐伏其诛，则择便巧史书习于计簿、能欺上府者，以为右职。【原注】师古曰："上府谓所属之府。右职，高职也。"奸轨不胜，则取勇猛能操切百姓者，以苛暴威服下者，使居大位。故亡义而有财者显于世，欺谩而善书者尊于朝，悖逆而勇猛者贵于官。故俗皆曰：'何以孝弟为，财多而光荣。何以礼义为，史书而仕宦。何

① 贾谊《新书》卷六《春秋》："孙叔敖之为婴儿也，出游而还，忧而不食，其母问其故，泣而对曰：'今日吾见两头蛇，恐去死无日矣。'其母曰：'今蛇安在？'曰：'吾闻见两头蛇者死，吾恐他人又见，吾已埋之也。'其母曰：'无忧，汝不死。吾闻之，有阴德者天报以福。'"

以谨慎为,勇猛而临官。'故黥劓而髡钳者犹复攘臂为政于世,行虽犬彘,家富势足,目指气使,是为贤耳。【原注】师古曰:"动目以指物,出气以使人。"故谓居官而置富者为雄杰,处奸而得利者为壮士。兄劝其弟,父勉其子,俗之败坏,乃至于是!察其所以然者,皆以犯法得赎罪,求士不得真贤,相守崇财利,【原注】师古曰:"相,诸侯相也。守,郡守也。"诛不行之所致也。今欲兴至治,致太平,宜除赎罪之法。相守选举不以实及有赃者,辄行其诛,亡但免官。则争尽力为善,贵孝弟,贱贾人,进真贤,举实廉,而天下治矣。"见《汉书·贡禹传》。呜呼,今日之变有甚于此!自神宗以来,黩货之风,日甚一日,国维不张而人心大坏,数十年于此矣。《书》《盘庚下》曰:"不肩好货,敢恭生生。鞠人谋人之保居,叙钦。"必如是,而后可以立太平之本。

禹又欲令"近臣自诸曹、侍中以上,家亡得私贩卖,与民争利,犯者辄免官削爵,不得仕宦"。见《汉书·贡禹传》。此议今亦可行。自万历以后,天下水利、碾硙、场渡、市集无不属之豪绅,相沿以为常事矣。

禁锢奸臣子孙

唐太宗诏禁锢宇文化及、司马德戡、裴虔通等子孙,不令齿叙。【原注】贞观七年正月戊子诏,文见《旧唐书》《太宗纪下》。武后令杨素子孙不得任京官及侍卫。【原注】《新唐书》《杨元禧传》。至德中,两京平,大赦,惟禄山支党及李林甫、杨国忠、王铁子孙不原。【原注】《新唐书》《奸臣·李林甫传》。宋高宗即位,诏蔡京、童贯、王黼、朱勔、李彦、梁师成、谭稹皆误国害民之人,子孙更不收叙,【原注】《清波杂志》卷二。而章惇子孙亦不得仕于朝。【原注】《宋史·章惇传》。我[①]太祖有天下,诏宋末蒲寿庚、黄万石子孙不得仕宦。饕餮之象周鼎,[②]梼杌之名楚书,古人盖有之矣。窃谓宜令按察司各择其地之奸臣一二人,王法之所未加,或加而未尽者,刻其名于狱门之石,以为世戒,而禁其后人之入仕。"《九刑》不忘",[③]百世难改,亦先王"树之风声"见《书·毕命》。之意乎?

《旧唐书·太宗纪》:贞观二年六月辛卯诏曰:"天地定位,君臣之义以彰;卑高既陈,人伦之道斯著。是用笃厚风俗,化成天下。虽复时经治乱,主或昏明,疾风劲草,芬芳无绝,剖心焚体,赴蹈如归。夫岂不爱七尺之躯,重百年之命?谅由君臣义重,名教所先,故能明大节于当时,立清风于身后。至如赵高之殒二世,董卓之鸩弘农,人神所疾,异代同愤。况凡庸小竖,有怀凶悖,遐观典策,罔不诛夷。辰州刺史长蛇县男裴虔通,昔在隋代,委质晋藩,炀帝以旧邸之情,特相爱幸。遂乃忘蔑君亲,潜图弑逆,密伺间隙,招结群丑,长戟流矢,一朝窃发。天下之恶,孰云可忍!宜

① "我",原本作"明",据《校记》改。

② 《左传》宣三年,周定王使王孙满劳楚子,楚子问鼎之大小轻重。王孙满为说九鼎:"昔夏之方有德也,远方图物,贡金九牧,铸鼎象物,百物而为之备,使民知神奸。"又言夏亡鼎迁于商,商亡鼎方迁于周。

③ 《左传》文公十八年:"主藏之名,赖奸之用,为大凶德,有常无赦,在《九刑》不忘。"

其夷宗焚首,以彰大戮。但年代异时,累逢赦令,可特免极刑,投之四裔,除名削爵,迁配驩州。"【原注】虔通归国,授滁州总管。每自言:"身除隋室,以启大唐。"有觖望之色。及得罪,怨愤岁馀而死。○《唐书·太宗纪》:"贞观二年七月戊申,莱州刺史牛方裕、绛州刺史薛世良、广州长史唐奉义、虎牙郎将高元礼,以宇文化及之党,皆除名,徙于边。"

《册府元龟》卷五二○:"权万纪为治书侍御史。贞观四年正月,奏:'宇文智及受隋厚恩,而蔑弃君亲,首为弑逆,人臣之所同疾,万代之所不原。今其子乃任千牛,侍卫左右,请从屏黜,以为惩戒。'制可。"【原注】《大唐新语》卷一一:"杨昉为左丞时,宇文化及子孙理资荫,朝廷以事隔两朝,且其家亲族亦众,下所司理之。昉判曰:'父弑隋主,子诉隋资,生者犹配远方,死者无宜更叙。'时人深赏之。"

《杨元禧传》载武后制曰:"隋尚书令杨素,昔在本朝,早荷殊遇。禀凶邪之德,怀谄佞之才,惑乱君上,离间骨肉。摇动冢嫡,宁惟掘蛊之祸;[1]诱扇后主,卒成请蹯之衅。[2] 生为不忠之人,死为不义之鬼。身虽幸免,子竟族诛。斯则奸逆之谋,是其庭训;险薄之行,遂成门风。刑戮虽加,枝胤仍在,岂可复肩随近侍,齿迹朝行!朕接统百王,恭临四海,上嘉贤佐,下恶贼臣,常欲从容于万机之馀,褒贬于千载之外,况年代未远,耳目所存者乎?其杨素及

① 汉武帝时江充事,见《汉书·江充传》、《武五子传》。武帝末,卫后宠衰,江充用事,充与太子及卫氏有隙,恐上晏驾后为太子所诛,会巫蛊事起,充因此为奸,遂至太子宫掘蛊,得桐木人。

② 楚太子商臣之师潘崇事,见《左传》文公元年。

兄弟子孙，并不得令任京官及侍卫。”以上《旧书》。【原注】史言“元禧忤张易之，密奏左贬”。见《新书·杨元禧传》。然此制自是当时公论。

宋末蒲寿庚叛逆之事，皆出于其兄寿宬之画。是时寿宬佯著黄冠野服，归隐山中，自称处士，以示不臣二姓，而密为寿庚作降表，令人自水门潜出，送款于唆都。其后寿庚以功授平章，富贵冠一时，而寿宬亦居甲第。有投诗者云：“剑戟纷纭扶主日，山林寂寞闭门时。水声禽语皆时事，莫道山翁总不知。”【原注】《泉州府志》。呜呼，今之身为戎首而外托高名者，亦未尝无其人也。或欲盖而弥章，则无逃于“三叛”之笔矣。①

家事

孔子曰：“居家理，故治可移于官。”见《孝经·广扬名章》。子木问范武子之德于赵孟，对曰：“夫子之家事治，言于晋国，无隐情。其祝史陈信于鬼神，无愧辞。”子木归以语王，王曰：“宜其光辅五君，以为盟主也。”见《左传》襄公二十七年。夫以一人家事之理，而致晋国之霸，士大夫之居家岂细行乎？

《史记》《货殖列传》之载宣曲任氏曰：“富人争奢侈而任氏折节为俭，力田畜。田畜人争取贱贾，任氏独取贵善。

① 春秋时叛者多，而《春秋》独书邾庶其等三人名，“所以惩肆而去贪也”。详见《左传》襄公三十一年。

富者数世。然任公家约：非田畜所出弗衣食，公事不毕则身不得饮酒食肉。以此为闾里率，故富而主上重之。”《汉书》《张安世传》载张安世曰：“安世尊为公侯，食邑万户，然身衣弋绨，夫人自纺绩。家童七百人，皆有手技作事。内治产业，累积纤微，是以能殖其货，富于大将军光。”《后汉书》《樊宏传》载樊宏父重曰：“世善农稼，好货殖，性温厚，有法度。三世共财，子孙朝夕礼敬，常若公家。其营理产业，物无所弃，课役童隶，各得其宜，故能上下戮力，财利岁倍。”今之士大夫知此者鲜，故富贵不三四传而衰替也。〔一〕

〔一〕【李文贞曰】夫世无百年全盛之家，人无数十年平夷之运，兴衰激极，存乎其人。吾所阅乡邦旧家、朝著显籍多矣，荣华枯陨，曾不须臾。天幸其可徼乎？祖泽其可恃乎？譬之花木，不冲寒犯之则根可护；譬之炉炎，不当风扬之则火可宿。收敛约素，和顺谦卑，所以护其根而宿其焰也。

“两家奴争道，霍氏奴入御史府，欲蹋大夫门”，见《汉书·霍光传》。此霍氏之所以亡也。“奴从宾客浆酒藿肉”，见《汉书·鲍宣传》。此董贤之所以败也。然则今日之官评，其先考之《僮约》①乎？〔一〕

〔一〕【柴氏曰】觇有家者之兴废，当论其德，如醇谨勤俭者必兴，浇薄荒淫者必废。故高车驷马，列鼎鸣锺，良田美宅，歌儿舞女，非兴也，兴而恒与废相倚。短布单衣，筚门蓬户，糟糠不厌，形

① 汉王褒《僮约》，见《初学记》卷一九、《古文苑》卷一七。

容枯槁，非废也，废而恒与兴相伏。但居室有轨范，教子能成立，不必炎炎之势，将来堂构，定自可期。

【又曰】闲家之道，必以正身为先，身正而家化之。每见士大夫势处可为，不自检括，惟日事声色货利，以鸣得志。于是门客借筹，舍人登垄，渔利及于市廛，舞文行乎乡曲，珍玩充盈，倡乐呼拥，夜饮朝眠，纵恣万方。致使风节无馀，子孙不肖，故家乔木，一旦扫地，可不哀哉！乃知清白吏所遗，正自无涯。而萧相国曰："令后世贤，师吾俭。"甚有味乎言之耳。

以"正色立朝"之孔父，而艳妻行路，祸及其君。[①] 以小心谨慎之霍光，而阴妻邪谋，至于灭族。[②] 夫纲之能立者鲜矣。

戎王听女乐而牛马半死。[③] 楚铁剑利而倡优拙，秦王畏之。[④] 成帝宠黄门名倡丙强、景武之属，而汉业以衰。[⑤] 玄宗造《霓裳羽衣》之曲，而唐室遂乱。[⑥] 今日士大夫才任一官，即以教戏唱曲为事，官方民隐，置之不讲，国安得不亡？身安得无败？〔一〕

---

① 事见《左传》桓公二年、三年。《公羊传》桓公二年："孔父正色而立于朝，则人莫敢过而致难于其君者，孔父可谓义形于色矣。"

② 见《汉书·霍光传》。

③ 见《史记·秦本纪》穆公三十四年。秦内史廖曰："戎王处辟匿，未闻中国之声。君试遗其女乐，以夺其志。戎王好乐，必怠于政。"缪公曰："善。"

④ 见《史记·范雎列传》。秦昭王曰："吾闻楚之铁剑利而倡优拙。夫铁剑利则士勇，倡优拙则思虑远。夫以远思虑而御勇士，吾恐楚之图秦也。"

⑤ 见《汉书·礼乐志》。成帝时郑声尤甚。黄门名倡丙强、景武之属富显于世，贵戚五侯定陵、富平外戚之家淫侈过度，至与人主争女乐。

⑥ 《新唐书·礼乐志》："河西节度使杨敬忠献《霓裳羽衣曲》十二遍，凡曲终必遽，唯《霓裳羽衣曲》将毕，引声益缓。"

〔一〕【章典籍曰】夫教坊曲里,非先王法制,乃前代相沿,往往士大夫闲情有寄,著于简编,禁纲所弛,不以为罪。我朝礼教精严,嫌疑慎别,三代以还,未有如是之肃者也。自宫禁革除女乐,官司不设教坊,则天下男女之际无有可以假借者矣。其有流娼邨妓,渔色售奸,并于三尺严条决杖,不能援赎。虽吞舟有漏,未必尽罣爰书;而君子怀刑,岂可自拘司败。

奴仆

《颜氏家训》《治家》:**"邺下有一领军,贪积已甚,家僮八百,誓满一千。"唐李义府多取人奴婢,及败,各散归其家。时人为露布云:"混奴婢而乱放,各识家而竞入。"**见《旧唐书·李义府传》。【原注】潘岳《西征赋》曰:"混鸡犬而乱放,各识家而竞入。"**太祖数凉国公蓝玉之罪,亦曰"家奴至于数百"。**见《明太祖实录》卷二四三。**今日江南士大夫多有此风,一登仕籍,此辈竞来门下,谓之"投靠",多者亦至千人。而其用事之人,则主人之起居食息,以至于出处语默,无一不受其节制,有甘于毁名丧节而不顾者。奴者主之,主者奴之。嗟乎,此"六逆"①之所由来矣。**

《汉书·霍光传》:任宣言大将军时,"百官已下,但事冯子都、王子方等。"【原注】皆(老)[光]奴。② **又曰:"初,光爱幸监奴冯子都,常与计事。**【原注】师古曰:"监奴,奴之监知

---

① 《左传》隐公三年:"且夫贱妨贵,少陵长,远间亲,新间旧,小加大,淫破义,所谓六逆也。"

② 据张京华《校释》改。按"皆光奴"三字为《汉书》服虔注文。

家务者也。"**及显**【原注】光妻。**寡居，与子都乱。"夫以出入殿门，进止不失尺寸之人，而溺情女子、小人，遂至于此。今时士大夫之仆，多有以色而升，以妻而宠。夫上有渔色之主，则下必有烝弑之臣。清斯濯缨，浊斯濯足，自取之也。是以欲清闺门，必自简童仆始。**〔一〕

〔一〕【杨氏曰】显，故婢也。光夫人东闾氏殁，立为妻。

【小笺】按：史称张安世身衣弋绨，夫人自纺绩，而犹有家童七百人。至其玄孙放，奴从者支属并乘权势为暴虐，至求吏妻不得杀其夫，或恚一人妄杀其亲属。本传所载，有奴康大、奴骏等。计当时之横恣亦不下霍氏矣。

严分宜之仆永年，号曰鹤坡。张江陵之仆游守礼，号曰楚滨。【原注】古诗："昔有霍家奴，姓冯名子都。"而晋灼引《汉语》以为冯殷，①则子都亦字也。**不但招权纳贿，而朝中多赠之诗文，俨然与搢绅为宾主。名号之轻，文章之辱，至斯而甚！异日媚阉建祠，非此为之嚆矢乎？**

人奴之多，吴中为甚。【原注】史言吕不韦家僮万人，嫪毐家僮数千人。今吴中仕宦之家，有至一二千人者。**其专恣暴横，亦惟吴中为甚。有王者起，当悉免为良而徙之，以实远方空虚之地。士大夫之家所用仆役，并令出赀雇募，如江北之例。**【原注】郑司农《周礼·秋官司寇司厉》注曰："今之奴婢，古之罪人也。"《风俗通》言："古制本无奴婢，奴婢皆是犯事者。"②今

① 《汉书·霍光传》注：晋灼曰："《汉语》东闾氏亡，显以婢代立，素与冯殷奸也。"
② 《风俗通义》佚文，见《意林》卷四。

吴中亦讳其名,谓之“家人”。**则豪横一清,而四乡之民得以安枕,其为士大夫者亦不受制于人,可以勉而为善。讼简风淳,其必自此始矣。**〔一〕

〔一〕【方侍郎曰】古无奴婢。事父兄者,子弟也;事舅姑者,子妇也;事长官者,属吏也。惟盗贼之子女,乃为罪隶而役于官。“九职”:“臣妾聚敛疏财”,质人,掌民人之质剂。盖士大夫之家始有之,如后世官赐奴婢,亦以罪役耳。战国、秦、汉以后,平民始得相买为奴。然寒素儒生,必父母笃老,子妇多事,然后佣仆赁妪,以助奉养。金陵之俗,中家以上,妇不主中馈、事舅姑,而饮食必凿,燕游惟便,缝纴补缀,皆取办于工,仍坐役仆妇及婢女数人,少者亦一二人。妇安焉,子顺焉,盖以母之道奉其妻而有过矣。余每见农家妇耕耘樵苏,佐男子力作,时雨降,脱履就功,形骸若鸟兽。然遭乱离焚剽,则常泰然无虞,盖其色不足贪也,家无积货可羡也。虽盗贼奸凶,不能不留农夫野妇耕织以供战士。而劫辱系虏、斩刈无遗者,则皆通都大邑搢绅家室之子女也。人事之感召,天道之乘除,盖有确然而不可易者矣。

【汝成案】今日此风,不特金陵为然,盖力作之教微,惰游之风炽,其积习相沿,已几于不可改也。

阍人

《颜氏家训》《风操》:**“昔者周公一沐三握发,一饭三吐哺,以接白屋之士,一日所见七十馀人。门不停宾,古所贵也。失教之家,阍寺无礼,或以主君寝食嗔怒,拒客未通,江南深以为耻。黄门侍郎裴之礼,号善待士,有如此辈,对**

宾杖之。其门生僮仆接于他人，折旋俯仰，辞色应对，莫不肃敬，与主无别也。”《史记》《郑当时传》：“郑当时诫门下，客至，无贵贱，无留门者。”《后汉书》《皇甫嵩传》：“皇甫嵩折节下士，门无留客。”而《大戴礼》：武王之《门铭》曰：“敬遇宾客，贵贱无二。”[①]则古已言之矣。观夫后汉赵壹之于皇甫规，高彪之于马融，一谒不面，终身不见。[②] 为士大夫者可不戒哉！

《后汉书·梁冀传》：“冀、寿共乘辇车，游观第内，鸣锺吹管，或连继日夜。客到门，不得通，皆请谢门者，门者累千金。”今日所谓“门包”，殆昉于此。

田宅

《旧唐书》《张嘉贞传》：“张嘉贞在定州，所亲有劝立田业者，嘉贞曰：‘吾忝历官荣，曾任国相，未死之际，岂忧饥馁。若负谴责，虽富田庄何用？比见朝士广占良田，及身殁后，皆为无赖子弟作酒色之资，甚无谓也。’闻者叹服。”此可谓得二疏之遗意者。[③] 若夫世变日新，人情弥险，有以富厚之名而反使其后人无立锥之地者，亦不可不虑也。《书》《马燧

① 按《大戴记·武王践阼》载武王十七铭，无此门铭。《困学纪闻》卷五《大戴礼记》之部所引有此铭，言出自《太公阴谋》。亭林遂误记以为出于《大戴礼记》。

② 二事皆见《后汉书·文苑》本传。

③ 二疏，疏广、疏受。《汉书·儒林·疏广传》：广曰：“顾自有旧田庐，令子孙勤力其中，足以共衣食，与凡人齐。今复增益之以为赢馀，但教子孙怠惰耳。贤而多财，则损其志；愚而多财，则益其过。”

传》又言："马燧赀货甲天下。既卒，子畅承旧业，屡为豪幸邀取。贞元末，中尉曹志廉讽畅，令献田园第宅，顺宗复赐畅。中贵人逼取，仍指使施于佛寺，畅不敢吝。晚年财产并尽，身殁之后，诸子无室可居，以至冻馁。今奉诚园亭馆，即畅旧第也。"【原注】白乐天《伤宅》诗："不见马家宅，今作奉诚园。"元微之《奉诚园》诗："萧相深诚奉至尊，旧居求作奉诚园。秋来古巷无人扫，树满空墙闭戟门。"〇《通鉴》作"奉成园"，又以为马璘之第，并误。按《马璘传》："天宝中，贵戚勋家已务奢靡，而垣屋犹存制度，然卫公李靖家庙已为嬖臣杨氏马厩矣。及安史之乱，法度堕弛，内臣戎帅，竞务奢豪，亭馆第舍，力穷乃止。璘之第经始中堂，费钱二十万贯。德宗践阼，条举格令，第舍不得逾制，仍诏毁璘中堂及内官刘忠翼之第。璘之家园，进属宫司。自后公卿赐宴，多于璘之山池。子弟无行，家财寻尽。"《册府元龟》卷一一〇："贞元十八年二月朔，赐群臣会宴于延康里故马璘池亭，自后每逢令节皆然。"则二马身后事略同。然谓之"故马璘池亭"，而不曰奉诚园也。《雍录》："奉诚园在安邑坊，本马燧宅，燧子畅献之。"王锷家财富于公藏，及薨，有二奴告其子稷改父遗表，匿所献家财。宪宗欲遣中使诣东都简括，以裴度谏而止。见《资治通鉴》卷二三九。稷后为德州刺史，广赍金宝仆妾以行。节度使李全略利其货而图之，教本州军作乱，杀稷，纳其室女，以妓[1]媵处之。见《旧唐书·王锷传》。吾见今之大家，以酒色费[2]者居其一，以争阋破者居其一，意外之侮夺又居其一，而"三桓之子孙微矣"。《论语·季氏》。

① "妓"，原本作"伎"，据张京华《校释》改。《旧唐书》同。

② "费"，张京华疑是"废"字之误。甚是。

三反

今日人情有三反，[①]曰弥谦弥伪，弥亲弥泛，弥奢弥吝。

召杀

巧召杀，忮召杀，吝召杀。

南北风化之失

江南之士，轻薄奢淫，梁、陈诸帝之遗风也。河北之人，斗很劫杀，安、史诸凶之馀化也。

南北学者之病

"饱食终日，无所用心，难矣哉。"见《论语·阳货》。今日北方之学者是也。"群居终日，言不及义，好行小慧，难矣哉。"见《论语·卫灵公》。今日南方之学者是也。〔一〕

〔一〕【汝成案】疆域既殊，材质斯异，自非魁瑰，多囿土俗。秦、晋傀鲁，吴、越剽诡，凡有撰述，视彼情性，南北异学，自古然矣。然止偷惰机警，见黜上圣，尚属齐民，其于学殖，不为增损。自

① 张京华《校释》：三反，谓表里相反。《世说新语·品藻》："郗公体中有三反：方于事上，好下佞己，一反；治身清贞，大修计校，二反；自好读书，憎人学问，三反。"

义理明而训诂废，考证精而气节衰，染翰操觚，词皆掊击，汗牛充栋，书或破碎，虽云浩博，奚补用舍？至于智慧自矜，刚愎是用，许、郑、程、朱，不足当其一吷；渊、云、甫、白，奚能敌彼微言？说既佹僪，义复抓摫，或以土羹木胾托为淳古，或以楮叶棘猴目为精确。欲合汉、宋，先失师承；欲正《风》、《雅》，已蹈伪体。即援引奥赜，佐其雄辨，穿穴渊微，伸其新意，亦何益哉！文章经术，日益舛驰，放效夸诩，且先有识。遂乃掎摭利病，诋娸才硕，虚憍之气，中于心术，莫斯甚矣。

范文正公

史言范文正公"先天下之忧而忧，后天下之乐而乐"，见范仲淹《岳阳楼记》。**而文正自作《鄠郊友人王君墓表》云："今兹方面，宾客满坐，锺鼓在庭，白发忧边，对酒鲜乐。岂如圭峰月下，倚高松，听长笛，欣然忘天下之际乎？"马文渊少有大志，及至晚年，犹思建功边陲，而浪泊西里，见飞鸢跕跕堕水中，终思少游之言。**[①] **古今同此一辙，**【原注】王荆公《次韵酬朱昌叔》诗："岂爱京师传谷口，但知乡里胜壶头。"**阮嗣宗《咏怀》诗所云"宁与燕雀翔，不随黄鹄飞。黄鹄游四海，中路将安归"者也。若夫知几之神，处亢之正，圣人当之，**

① 事见《后汉书·马援传》。马援字文渊，少游即其从弟。传云：援从容谓官属曰："吾从弟少游常哀吾慷慨多大志，曰：'士生一世，但取衣食裁足，乘下泽车，御款段马，为郡掾史，守坟墓，乡里称善人，斯可矣。致求盈馀，但自苦耳。'当吾在浪泊、西里间，虏未灭之时，下潦上雾，毒气重蒸，仰视飞鸢跕跕堕水中，卧念少游平生时语，何可得也！"

亦必有道矣。①

辛幼安

辛幼安《瑞鹧鸪·京口病中起登连沧观偶成》词："小草旧曾呼远志，故人今有寄当归。"此非用姜伯约事也。②《吴志》："太史慈，东莱黄人也。后立功于孙策。曹公闻其名，遗慈书，以箧封之。发省，无所道，但贮当归。"见《三国志·吴书·太史慈传》。幼安久宦南朝，未得大用，晚年多有沦落之感，亦廉颇思用赵人之意尔。③ 观其与陈同甫酒后之言，不可知其心事哉？④

士大夫晚年之学

南方士大夫，晚年多好学佛；北方士大夫，晚年多好学仙。夫一生仕宦，投老得闲，正宜进德修业，以补从前之阙，而知不能及，流于异端，其与求田问舍之辈行事虽殊，

---

① 《易·乾·文言》："'亢'之为言也，知进而不知退，知存而不知亡，知得而不知丧。其唯圣人乎！知进退存亡而不失其正者，其唯圣人乎！"

② 《三国志·蜀书·姜维传》注引孙盛《杂记》曰："初，姜维诣亮，与母相失，复得母书，令求当归。维曰：'良田百顷，不在一亩，但有远志，不在当归也。'"

③ 《史记·廉颇列传》：廉颇既不为赵用，为楚将，无功，曰："我思用赵人。"

④ 宋赵溍《养疴漫笔》：稼轩帅淮时，同甫访于治所，相与谈天下事。酒酣，稼轩言南北之利害，南之可并北者如此，北之可并南者如此，且言钱唐非帝王居，断牛头之山，天下无援兵，决西湖之水，满城皆鱼鳖。饮罢，宿同甫于斋。同甫夜思稼轩沉重寡言，醒必思其误，将杀我以灭口，遂盗其骏马而逃。

而孳孳为利之心则一而已矣。《宋史·吕大临传》："富弼致政于家，为佛氏之学。【原注】《蒙斋笔谈》："富郑公少好道，自言吐纳长生之术，信之甚笃，亦时为烧炼丹灶事。守亳时，迎颍州僧正颙，馆于书室，亲接弟子礼。"[①]大临与之书曰：'古者三公无职事，惟有德者居之，内则论道于朝，外则主教于乡。古之大人当是任者，必将以斯道觉斯民，成己以成物，岂以位之进退、年之盛衰而为之变哉。今大道未明，人趋异学，不入于庄，则入于释，疑圣人为未尽善，轻礼义为不足学。人伦不明，万物憔悴，此老成大人恻隐存心之时，以道自任，振起坏俗。若夫移精变气，务求长年，此山谷避世之士独善其身者之所好，岂世之所以望于公者？'弼谢之。"以达尊大老而受后生之箴规，良不易得也。

唐玄宗开元六年，河南参军郑铣、虢州朱阳县丞郭仙舟投匦献诗。敕曰："观其文理，是崇道法。至于时用，不切事情。可各从所好。"并罢官，度为道士。见《资治通鉴》卷二一二。

士大夫家容僧尼

《册府元龟》卷一五九："唐玄宗开元二年七月戊申制曰：'如闻百官家多以僧尼、道士为门徒，往还妻子无所避忌。【原注】今江南尚有门徒之称。或诡托禅观，妄陈祸福，争涉左道，深致大猷。自今已后，百官不得辄容僧尼道士等

① 《说郛》卷二九引郑景璧《蒙斋笔谈》较详。

至家。缘吉凶要须设斋，皆于州县陈牒寺观，然后依数听去。'仍令御史、金吾明加捉搦。"

唐制：百官斋日虽在寺中，不得过僧。张籍《寺宿斋》诗云："晚到金光门外寺，寺中新竹隔帘多。斋宫禁与僧相见，院院开门不得过。"

《金史·海陵纪》："贞元三年，以(右)[左]丞相张浩、平章政事张晖，每见僧法宝，必坐其下，失大臣体，各杖二十。僧法宝妄自尊大，杖二百。"

贫者事人

贫者不以货事人，然未尝无以自致也。江上之贫女，常先至而扫室布席。[①] 陈平侍里中丧，以先往后罢为助。[②] 古人之风，吾党所宜勉矣。

分居

宋孝建中，中军府录事参军周(殷)[朗]启曰："今士大夫父母在而兄弟异居，计十家而七。[③] 庶人父子殊产，八家

① 《战国策·秦策二》：甘茂谓苏秦："夫江上之处女，有家贫而无烛者，处女相与语，欲去之。家贫无烛者将去矣，谓处女曰：'妾以无烛故，常先至，扫室布席。何爱馀明之照四壁者？'"

② 事见《史记·陈丞相世家》。

③ 《宋书·周朗传》原文为"今士大夫以下，父母在而兄弟异计，十家而七矣"。是"居"字为亭林所加。

而五。其甚者乃危亡不相知，饥寒不相恤，忌疾谗害，其间不可称数。宜明其禁，以易其风。"见《宋书·周朗传》。当日江左之风便已如此。《魏书·裴植传》云："植虽自州送禄奉母及赡诸弟，而各别资财，同居异爨，一门数灶。"盖亦染江南之俗也。隋卢思道聘陈，嘲南人诗曰："共甑分炊饭，同铛各煮鱼。"见《太平广记》卷二四七引《谈薮》。而《地理志》言："蜀人敏慧轻急，尤足意钱[①]之戏，小人薄于情礼，父子率多异居。"见《隋书·地理志》。《册府元龟》卷五九：唐肃宗乾元元年四月诏："百姓中有事亲不孝，别籍异财，玷污风俗，亏败名教，先决六十，配隶碛西。有官品者，禁身闻奏。"《宋史》："太祖开宝元年六月癸亥，诏荆蜀民，祖父母、父母在者，子孙不得别财异居。二年八月丁亥，诏川峡诸州，察民有父母在而别籍异财者，论死。"以上《太祖纪》。"太宗淳化元年九月辛巳，禁川峡民父母在出为赘婿。"以上《太宗纪》。"真宗大中祥符二年正月戊辰，诏诱人子弟析家产者，令所在擒捕流配。"以上《真宗纪》。其于教民厚俗之意，可谓深且笃矣。【原注】《辽史》《圣宗纪》：圣宗统和元年十一月诏："民有父母在，别籍异居者，坐罪。"若刘安世劾章惇"父在，别籍异财，绝灭义礼"，见《宋史·刘安世传》。则史传书之，以为正论。马亮为御史中丞，上言"父祖未葬，不得别财异居"。【原注】李元纲《厚德录》卷三。乃今之江南犹多此俗，人家儿子娶妇，辄求分异。而老成之士有谓二女同居，易生嫌竞，式好之道，莫如分爨者，岂君子之言与？〔一〕《史记》《商君列传》言"商君

① 意钱，即赌钱。

治秦，令民有二男以上不分异者，倍其赋"，又言"秦人家富子壮则出分，家贫子壮则出赘"，[①]**以为国俗之敝。而陆贾家于好畤，有五男。出所使越得橐中装，卖千金，分其子，子二百金，令其生产。陆生常安车驷马，从歌舞琴瑟侍者十人，宝剑直百金，谓其子曰："与汝约：过汝，汝给吾人马酒食，极欲十日而更。所死家得宝剑、车骑、侍从者。"**以上《史记·陆贾传》。**后人或谓之为达。至唐姚崇遗令，以"达官身后子孙失荫，多至贫寒，斗尺之间，参商是竞，欲仿陆生之意，预为分定，将以绝其后争"。**见《旧唐书·姚崇传》。**呜呼，此衰世之意也！**

〔一〕【柴氏曰】累世同居，自古为美谈。如杨椿、张公艺、江州陈氏、浦江郑氏之属，并见旌异。而袁君载独云："每见义居之家，交争相疾，甚于路人，则甚美反成不美。故兄弟当分，宜早有所定，倘能相爱，虽异居异财，亦不害为孝义也。"余谓一家内外大小，果能同心协力，自当以共居为善，倘其间未免参差，恐难强合而不相得，不如析箸为愈耳。至于父子别籍，如蔡京、蔡攸之各立门户，挟诈相倾，则恶之大者。

【小笺】按：古者命士以上父子皆异宫。父子且然，则兄弟异居可知。《诗》云："岂伊异人，兄弟具来。"《礼》云："若非所献，则不敢以入宗子之门。"以此见古人未尝不分居。盖分居者，义之主于有别也；分居而仍有无相通者，仁之主于有恩也。顾氏此论，意在敦俗，而转非中庸之道。

---

① "又言"以下引文实出于《汉书·贾谊传》中所上《治安疏》。

汉桓帝之世，更相滥举，时人为之语曰："举秀才，不知书。察孝廉，父别居。"【原注】见《抱朴子》外篇卷二《审举》。当世之俗，犹以分居为耻。若吴之陈表，世为将督，兄修亡后，表母不肯事修母。表谓其母曰："兄不幸早世，表统家事，当奉嫡母。母若能为表屈情承顺嫡母者，是至愿也。母若不能，直当出别居耳。"由是二母感寤雍穆。见《三国志·吴书·陈表传》。可以见东汉之流风矣。

陈氏祥道《礼书》卷六二言："周之盛时，宗族之法行，故得以此系民而民不散。及秦用商君之法，富民有子则分居，贫民有子则出赘，由是其流及上，虽王公大人亦莫知有敬宗之道。浸淫后世，习以为俗。而时君所以统驭之者，特服纪之律而已。间有纠合宗族，一再传而不散者，则人异之，以为义门，岂非'名生于不足'①欤？"

应劭《风俗通》《过誉》曰："凡兄弟同居，上也。通有无，次也。让，其下耳。"岂非中庸之行，而今人以为难能者哉？

《五杂俎》卷一四《事部二》言："张公艺九世同居，高宗问之，书'忍'字百馀以进。其意美矣，而未尽善也。居家御众，当令纪纲法度截然有章，乃可行之永久。若使姑妇勃溪，奴仆放纵，而为家长者仅含默隐忍而已，此不可一朝居，而况九世乎？善乎浦江郑氏对太祖之言曰：'臣同居无他，惟不听妇人言耳。'此格论也，虽百世可也。"〔一〕

〔一〕【汝成案】《颜氏家训》："兄弟之际，异于他人，望深则易怨，地

---

① 张京华《校释》：王安石《老子》注："道隐于无形，名生于不足。"邵雍《渔樵问对》："名生于不足，得丧于有馀。"

亲则易弭。譬犹居室，一穴则塞之，一隙则涂之，则无颓毁之虑。如雀鼠之不恤，风雨之不防，壁陷楹沦，无可救矣。仆妾之为雀鼠，妻子之为风雨，甚哉！”又曰：“娣姒者，多争之地，使骨肉居之，亦不若各归四海，感霜露而相思，伫日月之相望也。况以行路之人，处多争之地，能无间者鲜矣。所以然者，以其当公务而执私情，处重责而怀薄义也。”又曰：“妇主中馈，惟事酒食衣服之礼尔。国不可使预政，家不可使干蛊。如有聪明才智，识达古今，正当辅佐君子，助其不足，必无牝鸡晨鸣，以致祸也。”此即郑氏“不听妇言”意也。然阴忮性成，侜张百出，《女诫》虽陈，淄蠹逾甚，即妇言不听，何益哉！昔姚刑部以为“出妻之事，后重于古，私暱之情益多，治家之严正益衰，女德有所怙而益放”，是论亦齐家道也。惟俗狃脱辐，事托蒸梨，或虐威姑，或移宠惑，贫富生嫌，赘馀益憾，不特出无所归为可矜耳，再适为难，曲容是尚。善乎王伯厚言曰：“言行可以欺于人，而不可以欺于家。”故《家人》之象曰：“君子以言有物而行有恒。”性质中人，变化斯易。嘻嘻嗃嗃，贤者当反身矣。

唐玄宗天宝元年正月敕：“如闻百姓有户高丁多，苟为规避，父母见在，乃别籍异居，宜令州县勘会。其一家之中有十丁已上者，放两丁征行赋役，五丁已上放一丁。即令同籍共居，以敦风教。其赋丁孝假，与免差科。”见《旧唐书·食货志上》。【原注】谓应赋之丁，遇父母亡，则免差科，谓之“孝假”。按此后周太祖所制，若罹凶礼，则不征其赋者也。**可谓得化民之术者矣。**

父子异部

《三国志》《魏书·武帝纪》言："冀州俗，父子异部，更相毁誉。"今之江、浙之间，多有此风，一入门户，父子兄弟各树党援，两不相下。万历以后，三数见之。此其无行谊之尤，所谓"惟吊兹，不于我政人得罪，天惟与我民彝大泯乱"见《书·康诰》。者矣。

生日

生日之礼，古人所无。【原注】余昔年流寓蓟门，生日有致馈者。答书云："《小弁》之逐子，始说'我辰'；《哀郢》之放臣，乃言'初度'。"《颜氏家训》《风操》曰："江南风俗，儿生一期，为制新衣，盥浴装饰。男则用弓矢纸笔，女则刀尺针缕，并加饮食之物及珍宝服玩，置之儿前，观其发意所取，以验贪廉智愚，名之为'试儿'。亲表聚集，因成宴会。自兹以后，二亲若在，每至此日，常有饮食之事。无教之徒，虽已孤露，【原注】魏、晋间，人以父亡为"孤露"。嵇康《与山巨源绝交书》："少加孤露。"赵彦深见母，自陈"幼小孤露"。见《北齐书》本传。亦谓之"偏露"，唐孟浩然《送莫氏甥》诗："平生早偏露。"其日皆为供顿，酣畅声乐，不知有所感伤。梁孝元年少之时，每八月六日载诞之辰，(尝)［常］设斋讲；自阮修容【原注】元帝所生母。薨后，此事亦绝。"是此礼起于齐、梁之间。逮唐、宋以后，自天子至于庶人，无不崇饰。此日开筵召客，赋诗称寿，而

于昔人反本乐生之意去之远矣。〔一〕

〔一〕【杨氏曰】以生日宴百官，始于唐明皇帝之开元十七年。

【钱氏曰】古有上寿之礼，无庆生日之礼。《汉书》："卢绾与高帝同日生，里中以羊酒贺两家。"是贺生子，非贺生日也。唐中宗景龙三年十一月十五日，帝诞辰，内殿宴群臣，联句。《册府元龟》载："唐开元十七年八月癸亥，以降诞之日，大置酒张乐，宴百寮于花萼楼下。终宴，尚书左丞相源乾曜、右丞相张说，率文武百官上表，请以八月五日为千秋节，著之甲令，布于天下，咸令宴乐，休假三日。群臣以是日献甘露醇酎，上万岁寿酒。"此帝王生日上寿之始。《宋史·礼志》："大中祥符五年十一月，以宰相王旦生日，诏赐羊三十口，酒五十壶，米面各二十斛，令诸司供帐，京府具衙前乐，许宴其亲友，且遂会近列及丞郎、给谏、修史属官。俄又赐枢密使、副参知政事羊三十口，酒三十壶，米面各二十斛。其后以废务非便，奏罢会，而赐如故。"此大臣生日宴会之始。考《容斋三笔》载："冯道在晋天福中为上相，诏赐生辰器币。道以幼属流离，早丧父母，不记生日，恳辞不受。"则宰相生日有赐，不始于宋矣。王明清《挥麈录》："赐生辰器币起于唐，以宠藩镇。五代至遣使命。周世宗眷遇魏宣懿，始以赐之，自是执政为例。"《礼志》载绍兴十三年十二月二十三日《赐宰臣秦桧辞免生日赐宴诏》，是南渡复有生日赐宴之例也。东坡《内制集》具载《赐生日诏》，自宰相、执政而外，又有《赐皇叔祖安康郡王宗隐生日礼物口宣》、《赐皇叔祖华原郡王宗愈生日礼物口宣》、《赐皇叔祖汉东郡王宗瑗生日礼物口宣》、《赐皇伯祖高密郡王宗晟生日礼物口宣》、《赐皇叔扬王颢生日礼物口宣》、《赐皇弟大宁郡王佖生日礼物口宣》、《赐皇弟祚国公偲生日礼物口宣》、

《赐皇弟咸宁郡王俣生日礼物口宣》、《赐建安郡王宗绰生日礼物口宣》、《赐皇叔荆王颙生日礼物口宣》、《赐嗣濮王宗晖生日礼物口宣》、《赐皇弟遂宁郡王佶生日礼物口宣》、《赐皇弟普宁郡王似生日礼物口宣》、《赐济阳郡王曹佾生日礼物口宣》。是宋时亲王等生日均有赐礼物之例，不特宰相也。

陈思王植

陈思王植，初封临菑侯，闻魏氏代汉，发服悲哭，文帝恨之。【原注】《魏志·苏则传》。**司马顺，**【原注】字子忠。**宣王第五弟通之子，初封习阳亭侯。**【原注】《魏志·杜恕传》注引《晋书》作"龙阳"。**及武帝受禅，叹曰："事乖唐、虞，而假为禅名。"遂悲泣。由是废黜，徙武威姑臧县。虽受罪流放，守意不移而卒。**见《晋书·司马顺传》。**滕王瓒，隋高祖母弟。周宣帝崩，高祖入禁中，将总朝政。瓒闻召，不从，曰："作随国公，恐不能保，何乃更为族灭事邪？"**见《隋书·滕穆王杨瓒传》。**广王全昱，全忠之兄。全忠称帝，与宗戚饮博于宫中。酒酣，全昱忽以投琼击盆中，迸散，睨帝曰："朱三，汝本砀山一民，从黄巢为盗。天子用汝为四镇节度使，富贵极矣，奈何一旦灭唐三百年社稷，自称帝王？行当族灭，奚以博为！"帝不怿而罢。**见《资治通鉴》卷二六六。**夫天人革命，而中心弗愿者乃在于兴代之懿亲，其贤于裸将之士、**[①]**劝进**

---

① 张京华《校释》：裸将之士，谓降臣。《孟子·离娄上》引《诗·大雅·文王》云："殷士肤敏，裸将于京。"朱熹《集注》："裸，宗庙之祭。……凡此商之子孙，皆臣服于周矣。……商士之肤大而敏达者，皆执裸献之礼，助王祭事于周之京师也。"

之臣远矣。

降臣

《记》言："孔子射于矍相之圃，贲军之将、亡国之大夫不入。"见《礼记·射义》。《说苑》《立节》言："楚伐陈，陈西门燔，使其降民修之。孔子过之，不轼。"《战国策》《魏策四》：安陵君言："先君手受太府之宪，宪之上篇曰：'国虽大赦，降城亡子不得与焉。'"【原注】注："以城降人及亡人之子。"下及汉、魏，而马日磾、于禁之流，至于呕血而终，不敢觍于人世，[①]时之风尚从可知矣。后世不知此义，而文章之士，多护李陵；[②]智计之家，或称谯叟。[③] 此说一行，则国无守臣，人无植节，反颜事雠、行若狗彘而不之愧也。何怪乎五代之长乐老，序平生以为荣，灭廉耻而不顾者乎！[④]《春秋》(僖)[庄]十七年"齐人歼于遂"，《穀梁传》曰："无遂则何以言遂？其犹存遂也。"故王蠋死而田单复齐，[⑤]弘演亡而

---

① 马日磾事见《后汉书·孔融传》。日磾为太傅，使于袁术，为所辱，自病失节，呕血而死。于禁事见《三国志·魏书》本传。禁为左将军，败于关羽，降吴，后为吴人送还，愧恚发病死。

② 司马迁为李陵辩解而下蚕室，见《汉书·司马迁传》。

③ 陆游《剑南诗稿·筹笔驿》："一等人间管城子，不堪谯叟作降笺。"谯叟指为蜀汉作降表之谯周。

④ 欧阳修《新五代史·杂传序》："予读冯道《长乐老叙》，见其自述以为荣，其可谓无廉耻者矣，则天下国家可从而知也。"《冯道传》即在《杂传》中。

⑤ 见《史记·田单列传》。燕人入齐，闻画邑人王蠋贤，谓蠋曰："吾以子为将，封子万家。"蠋固谢。燕人曰："子不听，吾引三军而屠画邑。"王蠋曰："忠臣不事二君，贞女不更二夫。"遂经其颈于树枝，自奋绝脰而死。齐亡大夫闻之，曰："王蠋，布衣也，义不北面于燕，况在位食禄者乎？"乃相聚如莒，求诸子，立为襄王。

桓公救卫,[1]此足以树人臣之鹄,而降城亡子不齿于人类者矣。【原注】今浙江绍兴府有一种人,谓之惰民,世为贱业,不敢与齐民齿。志云:其先是宋将焦光瓒部曲,以叛宋降金被斥。

楚、汉之际,有郑君,【原注】见《史记·郑当时传》,失其名。尝事项籍,籍死属汉。高祖悉令诸籍臣名"籍",【原注】谓不称项王而斥其名。郑君独不奉诏。于是尽拜名籍者为大夫,而逐郑君。金哀宗之亡,参政张天纲见执于宋,有司令供状书金主为"虏主"。天纲曰:"杀即杀,焉用状为!"有司不能屈,听其所供。天纲但书"故主"而已。见《金史·张天纲传》。呜呼,岂不贤于少事伪朝者乎?

唐肃宗至德三年正月大赦,诏:"自开元已来,宰辅之家不为逆贼所污者,与子孙一人官。"见《册府元龟》卷八七。

本朝

古人谓所事之国为"本朝"。魏文钦降吴,表言:"世受魏恩,不能扶翼本朝,抱愧俛仰,靡所自厝。"见《三国志·魏书·毌丘俭传》。又如吴亡之后,而蔡洪《与刺史周浚书》言"(吴)[本][2]朝举贤良"是也。见《西晋文纪》卷一七。《颜氏家训》《终制》:"先君、先夫人皆未还建业旧山,旅葬江陵东郭。

① 刘向《新序·义勇》曰:齐桓公求婚于卫,卫不与。卫为狄所伐,桓公不救,至于国灭君死。懿公尸为狄人所食,惟有肝在。懿公有臣曰弘演,致命于肝曰:"君为其内,臣为其外。"乃刳腹内肝而死。齐桓公曰:"卫有臣若此而尚灭,寡人无有,亡无日矣!"乃救卫,定其君。

② 据张京华《校释》改。

【原注】之推父协，梁湘东王府记室参军。承圣末，启求扬都，欲营迁厝。蒙诏赐银百两，已于扬州小郊卜地烧砖。值本朝沦没，流离至此。”之推仕历齐、周及隋，而犹称梁为“本朝”，盖臣子之辞无可移易，而当时上下亦不以为嫌者矣。〔一〕

〔一〕【杨氏曰】汉时掾史亦谓郡治为本朝。

《旧唐书》，刘昫撰。昫为石晋宰相，而其《职官志》称唐曰“皇朝”，曰“皇家”，曰“国家”，《经籍志》称唐曰“我朝”。〔一〕

〔一〕【杨氏曰】昫于废帝时“监修国史”，所谓国史者，《唐书》也。

宋胡三省注《资治通鉴》，书成于元至元时，注中凡称宋，皆曰“本朝”，[①]曰“我宋”，其释地理皆用宋州县名。惟一百九十七卷“盖牟城”下注曰“大元辽阳府路”，“辽东城”下注曰“今大元辽阳府”，二百六十八卷“顺州”下曰“大元顺州领怀柔、密云二县”，二百八十六卷“锦州”下曰“陈元靓曰：大元于锦州置临海节度，领永乐、安昌、兴城、神水四县，属大定府路”，二百八十八卷“建州”下曰“陈元靓曰：大元建州，领建平、永霸二县，属大定府路”，以宋无此地，不得已而书之也。

① 援庵《校注》：胡注全部称“本朝”者只二次，在卷一九一、二〇一。

书前代官

陶渊明以宋元嘉四年卒，而颜延之身为宋臣，乃其作诔，直云“有晋征士”。颜延之《陶征士诔》，在《文选》卷五七。真定府《龙藏寺碑》，隋开皇六年立，其末云“齐开府长兼行参军九门张公礼撰”。见《集古录》卷五。齐亡入周，周亡入隋，而犹书齐官。韩偓自书《裴郡君祭文》，书“甲戌岁”，书“前翰林学士承旨银青光禄大夫行尚书户部侍郎知制诰昌黎县开国男食邑三百户韩偓”。是岁朱氏篡唐已八年，犹书唐官，而不用梁年号。①

【续补正】遇孙案：王伯厚云：“韩偓自书《裴郡君祭文》，首书‘甲戌岁’，衔书‘户部侍郎知制诰昌黎县开国男食邑三百户韩某’。是岁朱氏篡唐已八年，为乾化四年，犹书唐故官而不用梁年号。”先子读《困学纪闻》，驳之曰：“此不足论。朱温草窃，天下伪之，非刘裕比也。岂可以渊明例致光，抑浅之乎测致光矣。且是时吴、晋、岐犹称天祐，致光远客闽中，反书朱温伪号，有是理乎？”先生所说与王氏同。

《宋史·刘豫传》：“豫改元阜昌，朝奉郎赵俊书甲子，不书僭年，豫亦无如之何。”

① 自“韩偓自书”以下，见王应麟《困学纪闻》卷一四。

日知录集释卷十四

兄弟不相为后

商之世，兄终弟及，故十六世而有二十八王，如仲丁、外壬、河亶甲，兄弟三王；阳甲、盘庚、小辛、小乙，兄弟四王，未知其庙制何如。《商书》《咸有一德》**言"七世之庙"，贺循谓："殷世有二祖三宗，若拘七室，则当祭祢而已。"**①【原注】徐邈亦云："若兄弟昭穆者，设兄弟六人为君，至其后世，当祀不及祖祢。"刘敞《公是集》卷四一《为兄后议》文引。〔一〕**《唐书·礼乐志》："自宪宗、穆宗、敬宗、文宗四世祔庙，睿、玄、肃、代以次迁。至武宗崩，德宗以次当迁，而于世次为高祖，礼官始**

① 按引文见《晋书·礼志上》，为太常华恒议中语，与贺循正相反对。原文为："太常恒议：'前太常贺循、博士傅纯，并以为惠、怀及愍，宜别立庙。然臣愚谓庙室当以容主为限，无拘常数。殷世有二祖三宗，若拘七室，则当祭祢而已。'"援庵《校注》云：华恒以为兄弟可以相继，藏主于室，不必别立庙，见《通典》四八。贺循以为兄弟不合继位昭穆，应别立庙，见《通典》五一。《晋书》十九《礼志》用《宋书》十六《礼志》文。此为华恒之言，非贺循之言也。全文见《通典》四八《礼八》，并《全晋文》六六。然《新唐书·礼志》已误为贺循，见下文。

觉其非，以谓兄弟不相为后，不得为昭穆，乃议复祔代宗。而议者言：'已祧之主，不得复入太庙。'礼官【原注】旧史①亦但言礼仪使，不载其名。**曰：'昔晋元、明之世，已迁豫章、颍川，**【原注】豫章府君，宣帝之曾祖。颍川府君，宣帝之祖。惠帝崩，迁豫章。元帝即位江左，升怀帝，又迁颍川。位虽七室，其实五世，盖从刁协"以兄弟为世数"故也。见《晋书·礼志》。**后皆复祔。**【原注】元帝时已迁豫章、颍川，寻从温峤议，复故。明帝崩又迁颍川，简文帝立，复故。**此故事也。'议者又言：'庙室有定数，而无后之主当置别庙。'**【原注】开元初，奉中宗别庙，升睿宗为第七室。见《新唐书·礼乐志》。**礼官曰：'晋武帝时，景、文同庙，庙虽六代，其实七主，至元帝、明帝，庙皆十室。故贺循曰："庙以容主为限，而无常数也。"'**〔二〕**于是复祔代宗，而以敬宗、文宗、武宗同为一代。"**

〔一〕【庄侍郎曰】亲亲尊尊，教之大者，罔非天嗣，典祀丰于祢，知自仁率亲，而不知自义率祖，以亲亲害尊尊也。王为下土之式，先害尊尊之义，则民将安仿哉？礼俗不刑，义德遂替，此不可不正之事也。以此知古，以此察今，明世宗实陨厥元命矣。【孙兵备曰】《高宗肜日》："罔非天胤，典祀无丰于昵。"昵谓祢庙也，天胤犹言天之子。言阳甲已来，先王有不永年者，既嗣天位，即为天胤。殷自祖丁之后，阳甲至小乙皆兄弟相及。盘庚既不为阳甲立庙，小辛继世又值殷衰，未能修复庙祀。高宗继父小乙，居丧尽礼，其于父庙，祀亦必丰，而世父之庙不序，犹承盘庚之失。故于祭成汤之明日，有雊雉之祥，既感祖己之言，乃修建寝庙。《丧服四制》云："礼废而复起。"《尚书大传》

① 旧史，指《旧唐书·礼仪志》。

云:“武丁思先王之政,继绝世。”是殷时至高宗始有兴废之事,如《殷武》诗所言“寝成孔安”也。

〔二〕【沈氏曰】“庙以容主为限”,“庙”下当有“室”字。[①]

【校正】“《商书》言七世之庙,贺循谓殷世有二祖三宗,若拘七室,则当祭祢而已。”〇晏案:《吕览》引《书》“五世之庙”。《伪古文》改“七世”。此王肃辈傅会七庙之说,以意妄增也。

何休解《公羊传》文公二年“跻僖公”谓:“惠公与庄公当同南面西上,隐、桓与闵、僖当同北面西上。”据大祫[②]如此,则庙中昭穆之序亦从之而不易矣。〔一〕

〔一〕【杨氏曰】以《左氏》“跻僖公”传考之,则兄弟相为后。

鄞万斯大本之立说,谓:“庙制当一准《王制》之言,太祖而下,其为父死子继之常也,则一庙一主,三昭三穆而不得少。其为兄弟相继之变也,则同庙异室,亦三昭三穆而不得多。观《考工记·匠人营国》所载,世室明堂皆五室,则知同庙异室,古人或已有通其变者,正不可指为后人之臆见也。”见万斯大《学礼质疑》卷二《兄弟同昭穆》篇。**《记》曰“协诸义而协”,**见《礼记·礼运》。**则礼虽先王未之有,可以义起也。然则贺循之论,[③]可为后王之式矣。**

① 《唐书·礼乐志》原文引《晋书》时即已漏“室当”二字,并误以华恒语为贺循语。

② 《公羊传》文公二年云:“大祫者何?合祭也。”即合先君之主于大庙。

③ 此延前误,应作“华恒之论”。

立叔父

《左传》昭十九年："郑驷偃卒。生丝，弱。其父兄立子瑕。"①【原注】子游叔父驷乞。子产对晋人，谓"私族于谋而立长亲"，是叔父继其兄子。唐宣宗之为皇太叔，②盖昉于此矣。〔一〕

〔一〕【杨氏曰】宣宗之立，宦官为之耳，彼小人何所考于故事哉。

继兄子为君

晋元帝大兴三年正月乙卯诏曰："吾虽上继世祖，然于怀、愍皇帝皆北面称臣。今祠太庙，不亲执觞酌，而令有司行事，于情理不安。"乃行亲献。见《晋书·礼志上》。可谓得《春秋》之意者矣。

太上皇

《秦始皇本纪》："追尊庄襄王为太上皇。"是死而追尊之号，犹周曰"太王"也。汉则以为生号，③而后代并因

---

① 传文于此下又云："子产憎其为人也，（憎子瑕。——校点者注）且以为不顺，（"舍子立叔，不顺礼也。"——校点者注）弗许，亦弗止。"

② 《新唐书·武宗纪》：会昌六年三月壬戌，帝大渐。宦官左神策军护军中尉马元贽立光王怡为皇太叔。甲子，皇帝崩，皇太叔即位，即宣宗。似"皇太叔"之称起于宦官。

③ 《史记·高祖本纪》：汉六年，高祖乃尊其父太公为太上皇。

之矣。

《曲礼》:“已孤暴贵,不为父作谥。”或举武王为难,郑康成答赵商曰:“周道之基,隆于二王,功德由之,王迹兴焉,不可以一概论也。若夏禹、殷汤,则不然矣。”见《郑志》卷中及《礼记·曲礼》疏。据此,则汉高帝于太上皇尊而不谥,乃为得礼。其追尊先媪为昭灵夫人,见《汉书·高帝纪》。当亦号而非谥也。

皇伯考

魏孝庄帝追尊其父彭城武宣王为文穆皇帝,庙号肃祖,母李妃为文穆皇后。将迁神主于太庙,以高祖[①]为“伯考”。临淮王彧表谏曰:“汉祖创业,香街有太上之庙;[②]光武中兴,南顿立舂陵之寝。[③] 元帝之于光武,疏为绝服,犹身奉子道,入继大宗。高祖之于圣躬,亲实犹子,陛下既纂洪绪,岂宜加伯考之名?且汉宣之继孝昭,斯乃上后叔祖,岂忘宗承考妣,盖以大义所夺。及金德将兴,宣王受寄,自兹而降,世秉(盛)[威]权,景、文二王,[④]实倾曹氏,故晋武继文祖宣,于景王有伯考之称。以今类古,恐或非俦。又臣子一例,义彰旧典,祫禘失序,致讥前经。高祖德溢寰中,道超无外,肃祖虽勋格宇宙,犹曾奉贽称臣。穆皇后禀

---

① 此高祖为魏孝文帝元宏庙号。孝庄帝为彭城王勰之子,彭城王勰为高祖之弟。

② 香街在汉长安故城内左冯翊府东北。

③ 光武祀皇考南顿君于南阳舂陵。

④ 景王司马师,文王司马昭。

德坤元，复将配享乾位，此乃君臣并筵，嫂叔同室，历观坟籍，未有其事。”又表言：“爰自上古，迄于下叶，崇尚君亲，褒明功懿，乃有皇号，终无帝名。若去帝称皇，求之古义，少有依准。”不纳。见《魏书·元彧传》。先朝嘉靖中，追崇之典与此正同。[①] 袭典午之称名，用孝庄之故事，[②]盖并非张、桂诸臣[③]之初意矣。〔一〕

〔一〕【沈氏曰】《通鉴》：“晋元帝太兴二年诏：‘琅邪恭王宜称皇考。’贺循曰：‘《礼》：子不敢以已爵加于父。’乃止。”○此前汉师丹引《礼》以为言，而哀帝不听者。

除去祖宗庙谥

汉惠帝从叔孙通之言，郡国多置原庙。[④] 见《汉书·叔孙通传》。元帝时，贡禹以为不应古礼。永光四年，下丞相韦玄成等议，以“《春秋》之义，父不祭于支庶之宅，君不祭于臣仆之家，王不祭于下土诸侯，请勿复修”。奏可，因罢昭灵后、武哀王、昭哀后、卫思后、戾太子、戾后园，皆不奉祠。见《汉书·韦玄成传》。后魏明元贵嫔杜氏，魏郡邺人，生世祖。及即位，追尊为穆皇后，配享太庙，又立后庙于邺。高宗时，相州刺史高闾表修后庙。诏曰：“妇人外成，理无独祀，

① 此指嘉靖帝追改孝宗为“皇伯考”事。详见《明史纪事本末》卷五〇《大礼议》。

② 典午，司马氏。孝庄，魏孝庄帝。

③ 张、桂，张璁、桂萼等议礼诸臣。

④ 师古注：“原，重也。先以有庙，今更立之，故云重也。”

阴必配阳，以成天地，未闻有莘之国，立太姒之飨。[①] 此乃先皇所立，一时之至感，非经世之远制，便可罢祀。”见《魏书·明元皇后杜氏传》。是古人罢祖宗之庙而不以为嫌也。王莽尊元帝庙号高宗，成帝号统宗，平帝号元宗。中兴，皆去之。后汉和帝号穆宗，安帝号恭宗，顺帝号敬宗，桓帝号威宗。桓帝尊母梁贵人曰恭怀皇后，安帝尊祖母宋贵人曰敬隐皇后，顺帝尊母李氏曰恭愍皇后。献帝初平元年，左中郎将蔡邕议：“孝和以下，政事多衅，权移臣下，嗣帝殷勤，各欲褒崇至亲而已。臣下懦弱，莫能执正。据《礼》，和、安、顺、桓四帝不宜称宗，又恭怀、敬隐、恭愍三皇后并非正嫡，不合称后，皆请除尊号。”制曰“可”。见《后汉书·祭祀志》注引《袁山松书》。唐高宗太子弘，追谥孝敬皇帝，庙号义宗。开元六年，将作大匠韦凑上言：“准《礼》，不合称宗。”于是停义宗之号。见《旧唐书·礼仪志五》。是古人除祖宗之号而不以为忌也。后世浮文日盛，有增无损。德宗初立，礼仪使、吏部尚书颜真卿上言：“上元中，[②]政在宫壶，始增祖宗之谥。玄宗末，奸臣窃命，列圣之谥有加至十一字者。按周之文、武，言文不称武，言武不称文，岂盛德所不优乎，盖称其至者故也。故谥多不为褒，少不为贬。今列圣谥号太广，有逾古制，请自中宗以上，皆从初谥，睿宗曰圣真皇帝，玄宗曰孝明皇帝，肃宗曰孝宣皇帝，以省文尚质，正名敦

① 太姒，文王之妃，武王之母。姒姓，为夏禹之后。有莘氏，殷商时国，亦姒姓，纣王宠妃妲己即有莘氏之女。

② 上元，唐高宗年号。

本。"上命百官集议，儒学之士皆从真卿议。〔一〕**独兵部侍郎袁傪，官以兵进，奏言陵庙玉册木主皆已刊勒，不可轻改，事遂寝，不知陵中玉册所刻乃初谥也。**见《资治通鉴》卷二二五。**自此宗庙之广，谥号之繁，沿至本朝，遂成故典，而人臣不敢议矣。**

〔一〕【杨氏曰】其本文曰"宜上高祖为武皇帝，太宗为文皇帝，高宗为天皇大帝，中宗为孝和皇帝，睿宗为圣真皇帝。其二圣谥名字数太广，臣愚谨择其美称而正之"云云。言二圣者，谓玄、肃也。

称宗之滥，始于王莽之三宗；[①]**称祖之滥，始于曹魏之三祖。**[②] **唐王彦威所谓"叔世乱象，不可以训"**见《新唐书·王彦威传》。[③]**者也。**

汉人追尊之礼

太上皇，高帝父也，"皇"而不"帝"。【原注】师古曰："皇，君也。天子之父，故号曰皇。不预治国，故不言帝也。"又引蔡邕曰："不言帝，非天子也。"**戾太子、悼皇考，孝宣之祖若父也，**

① 即本条上节所云"王莽尊元帝庙号高宗，成帝号统宗，平帝号元宗"。事见《汉书·元后传》及《王莽传》。

② 魏明帝时，有司奏以武皇帝（曹操）为魏太祖，文皇帝（曹丕）为魏高祖，帝（曹叡）为魏烈祖。"三祖之庙，万世不毁。其馀四庙，亲尽迭毁。"

③ 彦威主一祖一宗，其言为："古者始封为太祖，由太祖而降，则又祖有功，宗有德。故夏人祖颛顼而宗禹，商人祖契而宗汤，周人祖文王而宗武王。魏、晋而下，务欲推美，自始祖外并建列祖之议，叔世乱象，不可以为训。"

“太子”、“皇考”而不“帝”。春陵节侯、郁林太守、钜鹿都尉、南顿令,光武之高、曾若祖、父也,“侯”而不“帝”,“太守”、“都尉”而不“帝”,“君”而不“帝”,此皆汉人近古。而作俑者,定陶共皇一议也。[①]

谥法

孝宣即位,思戾、悼之名,不为隐讳,亦无一人更言泉鸠里事,[②]此见汉人醇厚。后代因之,而恩怨相寻,反复之报中于国家者多矣。〔一〕

〔一〕【杨氏曰】戾园之事,去孝宣即位已十七八年,又其一时大臣皆已坐死,反复之报将于何施?此非知情势之言。

季孙问于荣駕鹅曰:“吾欲为君谥,使子孙知之。”对曰:“生弗能事,死又恶之,以自信也,将焉用之?”乃止。见《左传》定公元年。然谥之曰“昭”,亦但取其习于威仪尔。《谥法》:“容仪恭美曰昭。”按周之昭王,南征不复。晋昭侯、郑昭公、宋昭公、蔡昭侯,皆见弑于其臣,是“昭”非飨国克终之谥也。此外齐、晋、曹、许皆有昭公,亦无可称。而周

① 汉成帝死,无后,立元帝庶孙、定陶恭王之子刘欣为嗣帝位,即汉哀帝。其祖母傅太后随之来朝,操纵国政,强尊定陶恭王为恭皇(恭、共字通)。以王莽为主的大臣认为哀帝为成帝之嗣子,本生父定陶共王不可追尊为皇帝。此次大争议,导致王氏外戚集团被逐。宋之濮议,明之大礼议,都与共皇之议相类,故此称“作俑”。参见《汉书·王莽传上》。

② 戾太子兵败,亡命于湖县泉鸠里,为吏围捕,自杀。参见《汉书·武五子·戾太子传》。

之甘昭公以罪见杀。①至楚昭王、燕昭王、秦昭襄王、汉孝昭帝,始以为美谥。而唐之昭宗亦见弑。〔一〕

〔一〕【雷氏曰】《谥法》本《周书》篇名,自周公制谥,作此一篇,垂宪于后。汉、魏以来,悉损益而遵用之。两晋以前,言谥法者十一家,《世本》、《竹书》、《大戴礼》、《今文尚书》、《白虎通》、《广谥》、《独断》、刘熙、《乘舆》、《春秋》、《帝王世纪》是也,实皆本于《周书》。沈约《谥例序》谓:"《大戴礼》及《世本》谥法,约时已亡其篇,唯取《周书》及刘熙《谥法》、《广谥》旧文,以《乘舆》、《世纪》之异者为书。"是隐侯所采者止及五家。《通考》谓"贺琛《谥法》四卷,取周公旧谥及沈约所广,曰新谥者,琛所增也",则贺氏又止取二家。苏氏承诏编定《谥法》,于晋以前取周公、《春秋》、《广谥》三家,益以沈约、贺琛、扈蒙,为《六家谥法》,于古法盖多所损益矣。今案《周公谥法》虽见《周书》,以为后人所乱,故《困学纪闻》所载与今本之文迥殊。苏氏亦谓周公之书反取贺琛新法而载之。《戴记》、《春秋》此篇虽佚,《白虎通》引《礼记·谥法》六条,《通鉴·唐纪》注引《礼记·谥法》一条,有尧、舜二谥,马融书注亦称之。马注又云:"俗儒以汤为谥,以禹为名,然皆不在《谥法》。"盖汉时《戴记》列于学官,故经传可取以为训。汤与桀、纣三谥乃《广谥》所增,不见于《戴记》,故斥曰俗儒也。后《独断》取桀、纣,《释例》取汤,故《路史》云:"杜预取《周书·谥法》,纳之《释例》,增之以汤,世谓之《春秋谥法》。"即今《史记正义》所载者是已。《史记集解》引禹为谥,其《乘舆》、《世纪》之说欤?

① 甘昭公,即王子带,召戎欲因以篡位。

追尊子弟

古人主但有追尊其父兄，无尊其子弟者，唯秦文公太子卒，赐谥为“竫公”，[①]唐代宗追谥其弟故齐王倓为“承天皇帝”。[②]

【小笺】按：此条未免挂漏。秦太子谥为公者不独竫公，又有哀公之太子夷公，特未知其父哀公所赐谥欤，抑或其子惠公所追尊也。至唐代则尤多。高宗谥其太子弘为孝敬皇帝，妃谥哀皇后；玄宗谥其兄宪为让皇帝，妃谥恭皇后；德宗谥其兄琮为奉天皇帝，妃谥恭应皇后。《诸王传》中以“皇帝”称者并倓而四。

内禅

《左传》成公十年：“晋景公有疾。立太子州蒲为君，会诸侯伐郑。”《史记》《赵世家》：“赵武灵王传国于子惠文王，自称主父。”此内禅之始。

《竹书纪年》卷上：“夏帝不降五十九年，逊位于弟扃。帝扃十年，帝不降陟。”然不可考矣。

御容

唐玄宗于别殿安置太宗、高宗、睿宗御容，每日侵早，

① 见《史记·秦本纪》。

② 见《旧唐书·代宗纪》。

具服朝谒。【原注】见《册府元龟》卷三七城门郎独孤晏奏。[①] 此今日奉先殿之所自立也。宗庙之礼，人臣不敢轻议。然窃以为两庙二主，非严敬之义，盖《唐书》所谓“王玙缘生事亡”，【原注】《韦彤传》。而未察乎神人之道者乎？

封国

唐、宋以下，封国但取空名，而不有其地。本朝[②]亦然。然名不可不慎。赵府有江宁王，代府有溧阳王，辽府有句容王，韩府有高淳王；而杨洪封昌平伯，石亨、李伟封武清伯，张锐封文安伯，曹义封丰润伯，施聚封怀柔伯，金顺、罗秉忠封顺义伯，谷大亮封永清伯，蒋轮封玉田伯，此皆赤畿县名，而以为诸王、臣下之封，何也？《南齐书》《巴陵王昭秀传》：“文惠太子子昭秀封临海郡王，通直常侍庾昙隆启曰：‘周定洛邑，天子置畿内之民；汉都咸阳，三辅为社稷之卫。中晋南迁，事移威弛，近郡名邦，多有国食。宋武创业，依拟古典，神州部内，不复别封。而孝武末年，分树宠子，苟申私爱，有乖训准。隆昌之元，特开母弟之贵，窃谓非古。圣明御寓，礼旧为先，畿内限断，宜遵昔制，赐茅授土，一出外州。’遂改封昭秀为巴陵王。”当时临海郡属扬州，王畿故也。岂有以神皋赤县之名而加之支庶者乎？

宋时封国大小之名，皆有准式。而陆务观谓：“曾子开

---

① 《册府元龟》卷三七载此奏，云是“圣容”。

② “本朝”，原本作“明代”，据《校记》改。

封曲阜县子，谢任伯封阳夏县伯。曲阜，今仙源县；阳夏，今城父县。方疏封时，已无此二县，以为司封之失职。”见《老学庵笔记》卷四。本朝[①]则草略殊甚，即郡王封号，而或以府，或以州，或以县，或以古县，或但取美名，初无一定之例。名之不正，莫甚于今代[②]。

乳母

《旧唐书》《哀帝纪》：“哀帝天祐二年九月，内出宣旨：‘奶婆杨氏，可赐号昭仪；奶婆王氏，可封郡夫人。第二奶婆王氏，先帝已封郡夫人，今准杨氏例改封。’中书门下奏曰：‘臣闻周制宫职，夫人只列三人。汉氏后宫之号，十有四位。元帝特置昭仪，位视丞相，爵比诸侯王。至于列妾，纵称夫人，亦无裂土割郡之号。以胡组、郭征卿保养宣帝之功，子孙但受厚赏，而无封爵。后汉顺帝封阿母宋氏为山阳君，则致汉阳地震。安帝封乳母王圣为野王君，亦致地震京师。晋室中兴，乳母阿苏有保元帝之功，赐号保圣君，初非爵邑，但择美名。至高齐陆令萱，以乾阿奶授封郡君，寻乱制度。中宗神龙元年封乳母于氏为平恩郡夫人，景龙四年封尚食高氏为蓨国夫人。封爵之失，始自于此。后睿宗下诏，封玄宗乳母蒋氏为吴国夫人，莫氏为燕国夫人。历载以来，浸为讹弊。伏以陛下重兴宝运，再阐丕图，

① “本朝”，原本作“有明”，据《校记》改。

② “今代”，原本作“此”，据《校记》改。

奉高祖、太宗旧章，行往代贤君故事。今则宜授乳母为郡夫人，窃意四海九州之内有功劳、安社稷者，得不对室家而惭于所命之爵乎？臣等参详奶婆杨氏、王氏，虽居湿推燥，并彰保养之勤，而胙土分茅，且异疏封之例。况昭仪内侍燕寝，位列宫嫔，夫人则亚列妃嫱，供奉左右，岂可以嫔御之号增荣于阿保？揆之典礼，良有乖违。其杨氏望赐号安圣君，王氏望赐号福圣君，第二王氏望赐号康圣君。'从之。"【原注】参用《册府元龟》卷三八。当国命赘旒、权臣问鼎之日，而执议若此！本朝[①]自永乐中封乳母冯氏为保圣贤顺夫人，【原注】《实录》卷六二："永乐七年三月戊辰，遣官祭乳母保圣贤顺夫人冯氏。"列宗因之，遂为成例。而奉圣夫人客氏，遂与魏忠贤表里擅权，甚于汉之王圣矣。

圣节

《旧唐书》："太宗贞观二十年十二月癸未，上谓司徒长孙无忌等曰：'今日是朕生日，世俗皆为欢乐，在朕翻成伤感。今君临天下，富有四海，而承欢膝下，永不可得，此子路所以有负米之恨也。[②]《诗》《小雅·蓼莪》云："哀哀父母，生我劬劳。"奈何以劬劳之日，更为宴乐乎？'因泣数行下，左右皆悲。"[③]其时无所谓圣节也。"玄宗开元十七年

---

① "本朝"，原本作"有明"，据《校记》改。

② 刘向《说苑》卷三：子路曰："昔者由事二亲，常食藜藿之实，而为亲负米百里之外。亲没之后，南游于楚，积粟万锺，列鼎而食，愿食藜藿为亲负米之时，不可复得也。"

③ 引文见《资治通鉴》卷一九八，新旧《唐书》均无。

八月癸亥，上以降诞日，宴百寮于花萼楼下。百寮表请'以每年八月五日为千秋节，王公以下献镜及承露囊，天下诸州咸令宴乐，休假三日，仍编为令'。从之。"见《旧唐书·玄宗纪》。下同。"十八年闰六月辛卯，礼部奏请千秋节休假三日，及村闾社会，并就千秋节先赛白帝，报田祖，然后坐饮散之。八月丁亥，上御花萼楼。以千秋节百官献贺，赐四品已上金镜、珠囊、缣彩，五品已下束帛有差。上赋八韵诗，又制《秋景》诗。"此节名、酺宴之所起也。【原注】杜甫诗《千秋节有感二首》"自罢千秋节，频伤八月来"，谓此。○《新唐书·礼乐志》："千秋节者，玄宗以八月五日生，因以其日名节，而君臣共为荒乐。当时流俗多传其事以为盛。其后巨盗起，陷两京，自此天下用兵不息，而离宫苑囿遂以荒堙，独其馀声遗曲传人间，闻者为之悲凉感动。盖其事适足为戒，而不足考法，故不复著其详。"肃宗上元二年九月甲申，天成地平节，【原注】史不书置节年月。[1]上于三殿置道场，以宫人为佛、菩萨，力士为金刚、神王，召大臣膜拜围绕。见《资治通鉴》卷二二二。自后相沿，以为故事，命沙门、道士讲论于麟德殿。德宗贞元十二年，复命以儒士参之。[2] 此斋醮之所起也。【原注】《册府元龟》卷三七："开元二十三年八月癸巳千秋节，命诸学士及僧、道讲论三教同异。"则玄宗时先行之。代宗永泰二年十月，上降诞日，诸道节度使献金帛、器用、珍玩、名马，计二十馀万。自是岁以为常，后增至百馀万。见《册府元龟》卷二。此进献之所起也。穆宗元

① 此为《册府元龟》原注。

② 《资治通鉴》卷二三五：德宗贞元十二年四月，"庚辰，上生日。故事，命沙门道士讲论于麟德殿，至是始命以儒士参之"。

和十五年七月乙巳敕:“以今月六日是朕载诞之辰,奉迎皇太后于宫中上寿,其日百寮命妇宜于光顺门进名参贺。”宰臣以古无降诞受贺之礼,奏罢之。见《旧唐书·穆宗纪》。【原注】《韦绶传》:“绶以七月六日是穆宗载诞节,请以是日百官诣光顺门贺太后,然后上皇帝寿。从之。宰臣奏古无生日称贺之仪,其事遂寝。”〇元稹《长庆集》有《贺降诞日德音状》。考《册府元龟》卷二,次年长庆元年七月庚子,仍行此礼,而史遗之也。又云:“敬宗宝历元年六月,敕停此礼。”文宗太和七年十月壬辰,上降诞日,僧徒、道士讲论于麟德殿。翼日,御延英,上谓宰臣曰:“降诞日设斋,相承已久,未可便革。朕虽置斋会,惟对王源中等暂入殿。【原注】源中为翰林学士。至僧道讲论,都不临听。”宰臣路随等奏:“诞日斋会,本非中国教法。臣伏见开元十七年张说、源乾曜请以诞日为千秋节,内外宴乐,以庆昌期,颇为得礼。”上深然之。宰臣因请以十月十日为庆成节。从之。见《旧唐书·文宗纪》。开成二年九月甲申诏曰:“庆成节,朕之生辰,天下锡宴,庶同欢泰,不欲屠宰,用表好生。自今会宴蔬食,任陈脯醢,永为常例。”又敕:“庆成节,宜令京兆尹准上巳、重阳例,于曲江会文武百寮,其延英奉觞权停。”见《旧唐书·文宗纪》。【原注】太和九年,浚曲江,作紫云楼,仍许公卿士大夫之家于江头立亭馆。自是武宗为庆阳节,宣宗为寿昌节,懿宗为延庆节,僖宗为应天节,昭宗为嘉会节,哀帝为乾和节。【原注】并《册府元龟》。然则此礼创于玄、文二宗,成于张说、源乾曜、路随三人之奏,而后遂编于令甲,传之百代矣。〔一〕

〔一〕【杨氏曰】宋、辽、金无帝不节。

《册府元龟》卷二载：开元十七年，尚书左丞相源乾曜、右丞相张说率文武百官等上表曰："臣闻圣人出则日月记其初，王泽深则风俗传其后。故少昊著流虹之感，商汤本玄鸟之命；孟夏有佛生之供，仲春修道祖之箓。追始乐原，其义一也。伏惟开元神武皇帝陛下，二气合神，九龙浴圣，清明总于玉露，爽朗冠于金天。月惟仲秋，日在端午，常星不见之夜，祥光照室之期。群臣相贺曰：'诞圣之辰也，焉可不以为嘉节乎？'比夫曲水禊亭，重阳射圃，五日彩线，七夕粉筵，岂同年而语也。臣等不胜大愿，请以八月五日为千秋节，著之令甲，布于天下，咸令宴乐，休假三日。群臣以是日献甘露醇酎，上万岁寿酒，王公戚里进金镜绶带，士庶以丝结承露囊，更相遗问，村社作寿酒宴乐，名为赛白帝，报田神。上明玄天光启大圣，下彰皇化垂裕无穷。异域占风，同见美俗。"帝手诏报曰："凡是节日，或以天气推移，或因人事表记。八月五日，当朕生辰，感先圣之庆灵，荷皇天之眷命。卿等请为令节，上献嘉名。胜地良游，清秋高兴，百谷方熟，万宝以成。自我作古，举无越礼；朝野同欢，是为美事。依卿来请，宜付所司。"【原注】路随奏不录。

《太祖实录》：洪武五年八月庚辰，罢天下进贺圣节、冬至表笺。上曰："正旦为岁之首，天运维新，人君法天出治，臣下进表称贺，礼亦宜之。生辰、冬至，于文繁矣。昔唐太宗谓生辰是父母劬劳之日，况朕皇考、皇妣早逝，每于是日，不胜悲悼，忍受天下贺乎？宜皆罢之。"见卷七五。自是每圣节之日，斋居素食，不受朝贺。十三年七月，韩国公李善长等累表上请，然后许之。见卷一三二。其年九月乙巳，上御奉先殿受朝贺，宴群臣于谨身殿，岁以为常。见卷一三三。然而不受献，不赋诗，不赐酺，不斋醮，则圣谕所云“勉从中制”者也。

君丧

世谓汉文帝之丧，以日易月。考之于史，但行于吏民，而未尝概之臣子也。诏曰：“令到，吏民三日释服。”见《汉书·文帝纪》。下同。天子之丧当齐衰三月，而今以三日，故谓之“以日易月”也。又曰：“殿中当临者，旦夕各十五举音。已下，服大红十五日，小红十四日，纤七日，释服。”“已下”者，下棺，谓已葬也。自始崩至于葬，皆衰。及葬已，而大功，而小功，而纤，以示变除之渐。自始崩至于葬，既无定日，【原注】刘攽曰：“文帝制此丧服，断自已葬之后，其未葬之前，则服斩衰。汉诸帝自崩至葬，有百馀日者，未葬则服不除矣。后世遂以日易月，又不通计葬之日，皆大谬也。”见《文献通考》卷一二一。而已葬之后，变为轻服，则又三十六日。总而计之，则亦百馀日矣。此所以制其臣子者，未尝以日易月也。至于臣庶之丧，不为制礼，而听其自行，或厚或薄。【原注】《史记》《魏其武安传》言“欲以礼为服制，以兴太平”，是知汉初未立服制。然三年之丧，其能行者鲜矣。【原注】《孟子·滕文公》：“定为三年之丧。父兄百官皆不欲，曰：‘吾宗国鲁先君莫之行，吾先君亦莫之行也。’”是丧纪之废已久。**史书所记公孙弘后母卒,服丧三年。**【原注】《史记》本传。**哀帝时,河间王良丧太后三年,为宗室仪表,益封万户。**【原注】《汉书·本纪》。**原涉父死,行丧冢庐三年,由是显名京师。**【原注】《游侠传》。**铫期父卒,服丧三年。韦彪父母卒,哀毁三年,不出庐寝,服竟,羸瘠骨立。**【原注】并《后汉书》本传。**鲍昂处丧,毁瘠三年,服阕,遂潜于墓次。**【原注】《鲍永传》。**薛包为父及后母行六年服,丧过乎哀。**【原注】《刘赵淳于传》。**此从其厚者矣。翟方进后母终,既葬三十六日,除服,起视事,以为身备汉相,不敢逾国家之制。**【原注】《汉书》本传。**此从其薄者矣。东海王臻及弟蒸乡侯俭,母卒,皆吐血毁眦,至服练红,追念初丧父,幼小,哀礼有阙,因复重行丧制。**【原注】《后汉书》本传。**袁绍生而父死,弱冠,除濮阳长,遭母丧,服竟,又追行父服,凡在冢庐六年。**【原注】《三国志》《魏书·袁绍传》注引《英雄记》。○《后汉书》同。**此失之前而追行于后者矣。薛宣为丞相,弟修为临菑令,后母病死,修去官持服,宣谓修"三年服,少能行之者"。兄弟相驳,不可,修遂竟服。此一门之内,而厚薄各从其意者矣。**【原注】《汉书》本传。**然而哀帝绥和二年,诏博士弟子父母死,予宁三年。**【原注】师古曰:"宁,谓处家持丧服。"○《汉书·本纪》。**而应劭言:"汉律,不为亲行三年服,不得选举。"**【原注】《扬雄传》注。**是其所以训之臣庶者,未尝不以三年为制也。若夫君丧之礼,自战国以来,固已久废。文帝乃特著之为令,以干百姓之誉,而反以蒙后代无穷之讥。**【原注】平帝时,王莽令吏六百石以上皆服丧三年。**至唐玄宗、肃宗之丧，遂改为初崩之后二十七日。**【原注】《唐书·崔祐甫传》载常衮之议云："礼为君斩衰三年，汉文帝权制三十六日。我太宗文皇帝崩，遗诏亦三十六日。群臣不忍既葬而除，略尽四月。高宗崩，如汉故事。武太后崩，亦然。及玄宗、肃宗崩，始变天子丧为二十七日。"**盖变而逾短，而亦不无追咎夫汉文之作俑矣。**

《晋书·羊祜传》："文帝崩，祜谓傅玄曰：'三年之丧，虽贵遂服，自天子达。汉文除之。今主上天纵至孝，虽夺服，实行丧礼。若因此革汉、魏之薄，而兴先王之法，不亦善乎？'玄曰：'汉文以末世浅薄，不能行国君之丧，故因而除之。除之数百年，一旦复古，难行也。'祜曰：'不能使天下如礼，且使人主遂服，不犹善乎？'玄曰：'此为有父子而无君臣，三纲之道亏矣。'祜乃止。"傅玄之言，所谓"御人以口给"见《论语·公冶长》。**者也，不能缘人主之孝思，善推其所为，以立一王之制，而徒以徇流俗之失。未几而贾后杀姑，五胡**①**更帝，岂非诒谋之不裕哉？**

后秦姚兴母虵氏卒，兴哀毁过礼，不亲庶政。群臣请依汉、魏故事，既葬即吉。尚书郎李嵩上疏言："既葬之后，应素服临朝，率先天下仁孝之举也。"兴从之。见《晋书·姚兴载记》。**若傅玄、羊祜〔一〕之见，其不及姚兴之臣远矣。**

〔一〕【沈氏曰】元本作"杜预"。

宋神宗崩，范祖禹上疏论丧服之制，曰："先王制礼，君

---

① "五胡"，原本作"刘石"，据《校记》改。

服同于父，斩衰三年，盖恐为人臣者不以父事其君。自汉以来，不惟人臣无服，人君遂不为三年之丧。国朝自祖宗以来，外廷虽用易月之制，宫中实行三年服。君服如古典，而臣下犹依汉制，故十二日而小祥，期而又小祥，二十四日而大祥，再期而又大祥。【原注】按此唐制，非汉制，范误。既以日为之，又以月为之，此礼之无据者也。古者再期而大祥，中月而禫。禫，祭之名，非服之色，今乃为之惨服三日然后禫，此礼之不经者也。服既除，至葬又服之，祔庙后即吉，才八月而遽纯吉，无所不佩，此又礼之无渐者也。朔望，群臣朝服以造殡宫，是以吉服临丧；人主衰服在上，是以先帝之服为人主之私丧。此二者皆礼之所不安也。”见《宋史·礼志二十五》。宁宗小祥，诏群臣服纯吉，真德秀争之曰：“自汉文帝率情变古，惟我孝宗衰服三年，朝衣朝冠皆以大布，惜当时不并定臣下执丧之礼，此千载无穷之憾。孝宗崩，从臣罗点等议，令群臣易月之后，未释衰服，惟朝会治事权用黑带公服，时序仍临慰，至大祥始除，侂胄枋政，始以小祥从吉。且带不以金，鞓不以红，佩不以鱼，鞍轿不以文绣，此于群臣何损？朝仪何伤？”议遂止。见《宋史·真德秀传》。然迄未有能酌三代圣王之遗意，而立为中制者。

杨用修曰：“《舜典》：‘二十有八载，帝乃殂落，百姓如丧考妣。’‘三年’，百姓有爵命者也，为君斩衰三年，礼也；‘四海遏密八音’，礼不下庶人，且有农亩、服贾、力役之事，岂能皆服斩衰，但遏密八音而已。此当时君丧礼制。”见《升庵集》卷四二《百姓》。

朱子作《君臣服议》，曰："古之所谓'方丧三年'者，盖曰比方于父母之丧云尔。盖事亲者，亲死而致丧三年，情之至、义之尽也。事师者，师死而心丧三年，谓其哀如父母而无服，情之至，而义有所不得尽者也。事君者，君死而方丧三年，谓其服如父母，而分有亲疏，此义之至而情或有不至于其尽者也。当参度人情，斟酌古今之宜，分别贵贱亲疏之等，以为降杀之节。且以嫁娶一事言之，则宜自一月之外许军民，三月之外许士吏，复土之后许选人，祔庙之后许承议郎以下，小祥之后许朝请大夫以下，大祥之后许中大夫以下，各借吉三日。其大中大夫以上，则并须禫祭然后行吉礼焉。官卑而差遣职事，高者从高，迁官者从新，贬官者从旧。如此则亦不悖于古，无害于今，庶乎其可行矣。"见《晦庵集》卷六九。

太仓陆道威【原注】世仪。尝创为《君丧五服之图》，其略谓："嗣君及勋戚大臣斩衰三年，文武臣一品以下斩衰期年，四品以下斩衰九月，七品以下斩衰五月，士庶人斩衰三月，庶君臣之情不至邈焉相绝，而服有降杀，亦不至扞格难行。"见《思辨录辑要》卷二一。盖本朱子之意，而实出于魏孝文所云"群臣各以亲疏、贵贱、远近为除服之差，庶几稍近于古，易行于今"见《资治通鉴》卷一三七。之说。然三代之制，亦未尝不然。所谓为君斩衰三年者，诸侯为天子，卿大夫为其国君，家臣为其主。若庶人之为其国君，但齐衰三月。【原注】《白虎通》《丧服》曰："王者崩，京师之民丧三月何？民贱，故三月而已。”又曰：“王者崩，臣下服之有先后何？恩有深浅远近，故制有日月。”《服问》曰：“君为天子三年，夫人如外宗之为君也，世子不为天子服。”注曰：“不服，与畿外之民同。”〔一〕**而诸侯之大夫以时接见乎天子，则穗衰裳，牡麻绖，既葬除之。**《礼记》**《杂记》曰“大夫次于公馆以终丧，士练而归。大夫居庐，士居垩室”，**【原注】此言国君之丧。**《正义》以为“位尊恩重”、“位卑恩轻”之等。《檀弓》曰“公之丧，诸达官之长杖”，是其所以别亲疏，明贵贱者，则固有不同矣。今自天子之外，别无所谓国君，而等威之辨则未尝有异于古。苟称情而制服，使三代之礼复见于今日，而人知尊君亲上之义，亦厚俗之一端也。**【原注】朱子曰：“‘百(官)[姓]如丧考妣’，此其本分。‘四海遏密八音’，以礼论之，则为过也。为天子服三年之丧，则是畿内，诸侯之国则不然。《礼》：‘为君为父但服斩衰。’君谓天子、诸侯及大夫之有地者。大夫之邑以大夫为君，大夫以诸侯为君，诸侯以天子为君，各为其君服斩衰。诸侯之大夫却为天子服齐衰三月，礼无二斩故也。民则畿内者为天子齐衰三月，畿外无服。”○“‘公之丧，诸达官之长杖。’达官谓通于君得奏事者，各以其长。其长杖，其下者不杖可知。”○问：“后世不封建诸侯，天下一统，百姓当为天子何服？”曰：“三月，天下服。地虽有远近，闻丧有先后，然亦不过三月。”见《朱子语类》卷七八。

〔一〕【杨氏曰】此亦如九族服制，诸侯为天子之子，则大夫乃其孙也，馀以此推之。

丧礼主人不得升堂

济阳张尔岐[①]言:"今人受吊之位,主人伏哭于柩东,宾入门,北面而吊。拜毕,主人下堂,北面拜宾。相习以为定位,鲜有知其非者。不知方伏哭柩东时,妇女当在何所乎?女宾至,主人避之否乎?主人避而宾又至,又将何所伏而待乎?既失男女内外之位,又妨主宾拜谢之节。考之《士丧礼》,主人入坐于床东,众主人在其后,西面。妇人侠床,东面。此未敛以前,主人室中之哭位也。其拜宾则升降自西阶,即位于西阶东,南面拜之,固已不待宾于堂上矣。及其既敛而殡也,居门外,倚庐,唯朝夕哭,乃入门而奠。其入门也,主人堂下直东序,西面,北上。外兄弟在其南,南上。宾继之,北上。门东,北面西上。门西,北面东上。西方,东面,北上,主人固不复在堂上矣。所以然者,其时即位于堂,南上者唯妇人,故主人不得升堂也。今主人柩东拜伏之位,正古人主妇之位也。若依周公、孔子之故,未敛以前,则以床东为位,既敛而殡,则堂下直东序西面是其位也。主人正位于此,则内外之辨,宾主之仪,无适而不当矣。"见《蒿庵集》卷一。

《南史》《王秀之传》:(孔)[王]秀之遗令曰:"世俗以仆妾直灵助哭,当由丧主不能淳至,欲以多声相乱。魂而有灵,

---

① 张京华《校释》:张尔岐,字稷若,济阳人。著《仪礼郑注句读》十七卷、《蒿庵闲话》二卷、《蒿庵集》三卷。顾炎武《广师篇》云:"独精三礼,卓然经师,吾不如张稷若。"

吾当笑之。”〔一〕

〔一〕【张氏曰】闻京师之俗,有丧者用仆隶代哭,济南城中人间有用之者,名曰“号丧”。盖误读《文公家礼》“代哭”之文而致此谬也。《家礼》本用《仪礼·士丧礼》云“乃代哭,不以官”。郑注云:“代,更也。孝子始有亲丧,悲哀憔悴,防其以死伤生,使之更哭不绝声而已。人君以官尊卑,士贱以亲疏为之。三日之后,哭无时。《周礼·挈壶氏》:‘凡丧,县壶以代哭。’”

【小笺】按:汉文帝遗诏:“毋发人男女哭临宫殿。”是汉时已有此风。

居丧不吊人

《礼》:“父母之丧不吊人。”见《礼记·杂记》。**情有所专,而不及乎他也。孔子曰:“三年之丧,练,不群立,不旅行。君子礼以饰情,三年之丧而吊哭,不亦虚乎?”**见《礼记·曾子问》。**穀梁子曰:“周人有丧,鲁人有丧,周人吊,鲁人不吊。”**见《穀梁传》定公元年。**天子之丧犹可以不吊,而况朋友故人之丧乎?**【原注】孔氏颖达曰:“若有服者则往哭。”见《礼记·杂记》疏。**或疑末世政重事繁,有丧之人不能不出,独废此礼,有所难行,是亦必待既葬卒哭之后,或庶乎其可耳。**

像设

古之于丧也有重，[①]于祔也有主，以依神；于祭也有尸，以象神，而无所谓像也。《左传》襄公二十八年言"尝于太公之庙，麻婴为尸"，《孟子》《告子上》亦曰"弟为尸"，而春秋以后，不闻有尸之事，宋玉《招魂》始有"像设君室"之文。尸礼废而像事兴，盖在战国之时矣。【原注】汉文翁成都石室设孔子坐像，其坐敛跖向后，屈膝当前，七十二弟子侍于两旁。见元司居敬《尼山圣像记》。

【小笺】按：《招魂》云："像设君室，静闲安些。"王逸注曰："像，法也。言乃为君造设第室，法像旧庐，所在之处，清静宽闲而安乐也。"然则"像设君室"是言像其旧庐而为室，似不得为画像之证。《太平御览》七十九引《抱朴子》曰："黄帝既仙去，其臣有左彻者，削木为黄帝之像，帅诸侯朝奉之。"此设象之始。

朱子白鹿洞书院只作礼殿，依《开元礼》，临祭设席，不立像。见《晦庵集》卷四六《答曾致虚》。

正统三年，巡按湖广监察御史陈祚奏："南岳衡山神庙，岁久颓坏，塑像剥落，请重修立。依祭祀山川制度，内筑坛壝，外立厨库，缭以周垣，附以斋室，而去其庙宇塑像，则礼制合经，神祇不渎。"事下礼部，尚书胡濙以为："国初

---

① 《礼记·檀弓》："重，主道也。"郑注："始死未作主，以重主其神也。重既虞而埋之，乃后作主。"重亦木制。《仪礼·士丧礼》"重木，刊凿之"注："木也，县物焉曰重。刊，斫治，凿之为县簪孔也。"

更定神号，不除像设，必有明见，难以准行。”见《明英宗实录》卷四五。**今按《凤阳县志》言：洪武三年，诏天下城隍止立神主，称某府、某州、某县城隍之神，前时爵号一皆革去。未几，又令：城隍神有泥塑像在正中者，以水浸之，泥在正中壁上，却画云山图；像在两廊者，泥在两廊壁上。千载之陋习，为之一变。后人多未之知。嘉靖九年，诏革先师孔子封爵、塑像，有司依违，多于殿内添砌一墙，置像于中，以塞明诏。甚矣，愚俗之难晓也！**

宋文恪【原注】讷。**《国子监碑》言：“夫子而下，像不土绘，祀以神主，数百年夷[①]习乃革。”是则圣[②]祖已先定此制，独未通行天下尔。**〔一〕

〔一〕【汪氏曰】今曲阜孔林犹有大塑像。又孔氏有画本，传是子贡所画，晋顾(凯)[恺]之重摹，其信然耶？若唐吴道子画先圣立像、行像及七十二弟子像，杭州府学有石刻，南宋太学之遗也。

【梁氏曰】一庙之中，或像或主，则歧矣。尝读元姚牧庵《汴梁学记》云：“泥像非祀圣人法，后世莫觉其非而为之。郡异县殊，不一其状，短长丰瘠，老少善恶，惟其工之巧拙是随。就使尽善，亦岂其生时盛德之容？甚非神而明之、无声无臭之道也。曩长安新庙成，绘六十一人与二十四儒于庑，画工病其为面之同，纵人观之，而择贵臣图其上。盖肖今人之貌，而冠以先贤之名。使过而识者抵掌语曰：‘是某也，是某也。’未见其起敬于他日，顾先来不恭于一时。是邦如是，安必他邦之不为

① “夷”，原本作“陋”，据《校记》改。

② “圣”，原本作“太”，据《校记》改。

是？一岁再祀，第借位于先贤，以俎豆夫今之人也，其可哉？”【左暄曰】后稷庙所铸金人，明堂四门墉所画尧、舜、桀、纣，周公抱成王以朝诸侯之图，见于《家语》。越王命工以良金写范蠡之状而朝礼之，见于《国语》。土偶人与桃梗相语之说，见于《国策》。是画像、塑像、金像、木像，汉以前皆有之。若孔圣之有画像，其来已久。汉孝景时，太守文翁作石室，刻石像。韩敕《修孔庙后碑》立于桓帝永寿三年，而碑中有“改画圣像”语。《后汉书·蔡邕传》：“灵帝光和元年，置鸿都门学，画孔子及七十二弟子像。”此见于史书及金石之文可考者。至塑像则不知其所始，或疑肇自魏兖州刺史李仲璇。然兴和三年仲璇《修孔子庙碑》，第云“修建容像”，则固不自仲璇始矣。明张璁令天下学宫尽撤塑像，论者韪之。而国朝邵长蘅又有《复孔子像议》，恐非。

从祀①

周、程、张、朱五子之从祀，定于理宗淳祐元年。见《宋史·理宗纪二》。**颜、曾、思、孟四子之配享，定于度宗咸淳三年。**见《宋史·度宗纪》。**自此之后，国无异论，士无异习。历胡元至于我朝，中国之统亡，②而先王之道存，理宗之功大矣。**【原注】《宋史·理宗纪赞》言：“身当季运，弗获大效。后世有以理学复古帝王之治者，考论匡直辅翼之功，实自帝始。”

---

① 《续刊误》卷上：“《从祀》标题，诸本同，原写本作‘配享’。汝成案：此当是潘氏所易。然《录》文先曰‘从祀’，后曰‘配享’，潘改是，仍之。”

② 以上二句十二字，原本作“历元至明，先王之统亡”九字，据《校记》改。

十哲

《孟子》《滕文公上》言："他日，子夏、子张、子游以有若似圣人，欲以所事孔子事之。强曾子，曾子曰：'不可，江汉以濯之，秋阳以暴之，皓皓乎不可尚已。'"慈溪黄氏【原注】震。曰："门人以有若言行气象类孔子，而欲以事孔子之礼事之。有若之所学何如也？曾子以孔子自生民以来未之有，非有若之所可继而止之，而非贬有若也。有若虽不足以比孔子，而孔门之所推尚，一时无及有若可知。咸淳三年，升从祀，以补十哲，众议必有若也。祭酒为书，力诋有若不当升，而升子张。【原注】《宋史·礼志》："度宗咸淳三年正月戊申，封颛孙师陈国公，升十哲位。"〔一〕不知《论语》一书，孔子未尝深许子张；【原注】按理宗作《颛孙子赞》，其末语云："色取行违，作戒后人。"似亦不足之辞。据《孟子》此章，则子张正欲事有若者也。陆象山天资高明，指心顿悟，不欲人从事学问，故尝斥有子孝弟之说为支离。奈何习其说者不察，而创攻之于千载之下邪？"见《黄氏日钞》卷三。当时之论如此。愚按《论语》首篇即录有子之言者三，而与曾子并称曰"子"，门人实欲以二子接孔子之传者。《传》、《记》言"孔子之卒，哀公诔之"，①"有若之丧，悼公吊焉"，见《礼记·檀弓下》。其为鲁人所重又可知矣。十哲之祀，允宜厘正。【原注】孟子不曰"有若似孔子"，而曰"有若似圣人"，《史记》《仲尼弟子

---

① 《左传》哀公十六年："夏四月己丑，孔丘卒。公诔之曰"云云。

列传》乃云“有若状似孔子”，谬甚。〔二〕

〔一〕【汝成案】度宗咸淳三年，官祭酒是陈宜中。黄氏所云祭酒，当指宜中。第考《宜中传》不纪此事。[①]

〔二〕【沈氏曰】张能鳞玉甲视学江南，请总督、巡抚具题崇祀先贤先儒详文，谓“先贤如有子子有、宓子子贱、南宫子子容、原子子思，或以孝弟著论，或以君子成德，或以君子尚德，或怀独行君子之德，皆孔门高弟，不让于宰我、冉有，当跻之十哲之列”。盖十哲之名，第因从游陈、蔡而追思之，不必限定十人之数也。若孟夫子高弟如乐正子、公都子、屋庐子、陈子，七篇内书法悉以子称，亦如孔门之有颜、曾、闵子诸人也。至万子、公孙子，议论问答独详，亦有功于后学，皆当补祀诸两庑者也。宋范文正公手授《中庸》于张横渠，开关闽风气之先，举胡安定为教授，教化大行，当与欧阳子并祀两庑。若谓无传注之功，可援江都、昌黎之例也。《香祖笔记》载郑端简之言曰：“有若之言四见于《论语》，大类圣人。公西赤志于礼乐，有为邦之才，不远优于宰我、冉求乎？求、我言行不必远征诸史传，《论语》中多有之矣，其视二子优劣何如？宜进祀二子于殿上，改求、我于庑中。”此论亦公平也。

嘉靖更定从祀

古人每事必祭其始之人，耕之祭先农也，桑之祭先蚕也，学之祭先师也，一也。《旧唐书》《太宗纪下》**：“太宗贞观二十一年二月壬申诏：以左丘明、卜子夏、公羊高、穀梁赤、**

① 汝成此案原在小题下，今移此。

伏胜、高堂生、戴圣、毛苌、孔安国、刘向、郑众、杜子春、马融、卢植、郑玄、服虔、贾逵、何休、王肃、王弼、杜预、范宁等二十二人，【原注】《太宗纪》无贾逵，止二十一人，今依《礼仪志》增。又按：《唐六典·祠部》名有贾逵。然贞观时未祀七十二弟子，则为二十二人。开元八年敕，七十二子并许从祀，则卜子夏已在其中，而先儒止二十一人。《六典》"国子祭酒司业"条云"七十二弟子及先儒二十二贤"，则亦误也。代用其书，垂于国胄。自今有事于太学，并令配享宣尼庙堂。"盖所以报其传注之功。迄乎宋之仁、英，未有改易，可谓得古人敬学尊师之意者矣。神宗元丰七年，始进荀况、扬雄、韩愈三人。此三人之书虽有合于圣人，而无传注之功，不当祀也。祀之者，为王安石配享、王雱从祀地也。【原注】《宋史·礼志》："神宗熙宁七年，从晋州州学教授陆长愈言，以孟子同颜子配享殿上，封荀况兰陵伯，扬雄成都伯，韩愈昌黎伯，并从祀于左丘明等二十(二)[一]贤之间。徽宗政和三年，封王安石舒王，同颜子、孟子配享殿上。安石子雱临(州)[川]伯，从祀诸贤之末。"○此封三人，为增入从祀之始，而不及董仲舒。至元文宗至顺元年，方进仲舒从祀。〔一〕理宗宝庆三年，进朱熹。〔二〕淳祐元年，进周颐、【原注】避光庙讳，去"惇"字。张载、程颢、程颐。景定二年，进张栻、吕祖谦。度宗咸淳三年，进邵雍、司马光。以今论之，唯程子之《易传》，朱子之《四书章句集注》、《易本义》、《诗传》及蔡氏沈之《尚书集传》，胡氏安国之《春秋传》，陈氏澔之《礼记集说》，是所谓"代用其书，垂于国胄"者尔。【原注】成化三年(五)[六]月乙卯，太常寺少卿兼翰林院侍读学士刘定之，请以元儒陈澔以胡安国、蔡沈例从祀。敕下江西，考其行事以闻。见《明宪宗实录》卷四三。**南轩**张栻**之《论语解》、东莱**吕祖谦**之《读诗记》抑又次之。而《太极图》、《通书》、《西铭》、《正蒙》，亦羽翼六经之作也。**〔三〕**至有明嘉靖九年，欲以制礼之功盖其丰昵之失，**[①]**而逞私妄议，辄为出入，殊乖古人之旨。**【原注】去戴圣、刘向、马融、贾逵、何休、王肃、王弼、杜预，又改郑众、卢植、郑玄、服虔、范宁祀于其乡，二十二人之中惟存九人。○成化初，刘定之议，以为“左丘明以下经师二十二人，虽其中不无可议，然当世衰道微，火于秦，黄老于汉，佛于魏、晋之时，而此二十二人者守其遗经，转相付授，讲说注释，各竭其才，以待后之学者，则其为功，殆亦犹文、武、成、康之子孙，虽衰替微弱，无所振作，尚能保守姬姓之宗祀谱牒，以阅历春秋、战国，不亡而幸存者也。虽有大过，亦当宥之，况小失乎”。又曰：“愚窃以为仲尼，素王也。七十子，助其创业者也。二十二经师，助其垂统者也。”见《续文献通考》卷四八刘定之《驳刘因从祀议》。〔四〕**夫以一事之瑕，而废传经之祀，则宰我之短丧，冉有之聚敛，亦不当列于十哲乎？弃汉儒保残守缺之功，而奖末流论性谈天之学，于是语录之书日增月益，而五经之义委之榛芜，自明人之议从祀始也。有王者作，其必遵贞观之制乎？**〔五〕

〔一〕【沈氏曰】明太祖洪武二十九年，上纳行人司副杨砥言，黜扬雄，进董仲舒。据杨疏，谓“仲舒先时未与祀典，不知何故”。

〔二〕【沈氏曰】国朝康熙五十二年，特进朱子于十哲之列，配享先圣。

〔三〕【沈氏曰】《元史·祭祀志》：“至正十九年，胡瑜牒请宋杨时、

① 《书·高宗肜日》：“罔非天胤，典祀无丰于昵。”此指明神宗追尊其生父兴献王为兴献帝事。

李侗、胡安国、蔡沈、真德秀五先生名爵从祀。二十二年,俱追赠太师,封国公。”未之从祀也。

〔四〕【杨氏曰】戴圣治九江,多不法,子及宾客为群盗。马融为梁冀草奏,害李固。王肃三反。王弼为清言之俑。杜预赂权要。如何可因其传注之功,遂列圣人之左右乎?

〔五〕【沈氏曰】万历四十六年八月丁卯,山西提学副使吕纯如,请以宋资政殿大学士范仲淹、我朝霍州学正曹端从祀,其言云云。○请曹端从祀,万历四十二年正月已有御史董定策一疏矣。

【又曰】国朝康熙五十四年,江南学院余正健,题奏先儒范仲淹从祀孔庙,亦举“延胡瑗入太学”、“勉张载读《中庸》”二件,且谓“会变通于《大易》,著褒贬于《春秋》”。又请于朝,“俾所在州县立学校,以祀先圣、先师等事,皆大有功于圣道者也。当援横渠、明复、涑水诸贤之例,以补数百年祀典之阙”。从之。

【胡氏曰】从祀之贤,七十子无得而议焉,其馀则历代所损益也。是以进而俎豆,退而黜夺,莫不经众贤所论,以求众心所同,而后跻于先圣先师之侧。进仲舒,尊王道也。进后苍,传《礼》也。进王通、胡瑗,师法后人也。进杨时,辟新经,为卫道也。进胡安国、蔡沈,注《书》、《春秋》也。进真德秀,《大学衍义》一书可佐人主治天下也。夫尊王道,传经义,师法后人,为书佐人主,黜邪说以卫道,皆有益于天下后世者也,天下后世所欲得而师之也。进而祀之,非有私于其人,盖其道无日不在人心也。黜荀卿,言性恶也。黜扬雄,仕王莽也。黜王弼,崇老庄也。黜杜预,为短丧也。黜马融,附势家也。黜刘向,进方士书于人主也。黜吴澄,以其事元为失节也。夫言性恶,崇异端,短通丧,附权奸以杀忠直,进方士书于人主而失名节,皆有害于天下后世者也。天下后世所大戒,虽其人或以他端著称,而此事不可训也,是以黜之,非有憾于其人,以其事不当在师法之地也。其中刘向犹有可原,《鸿宝》之书,少时所为,他日直谏之节足以为法矣,举而弃之,是不许改过也。若欧阳修之从祀,相传以濮议得之,人臣逢迎主欢,而傅以古义,其心不可问也。如修者,师其直言于朝,不当后邹浩、刘安世而先及;师其教化于乡,未闻有蓝田吕氏之懿范也。彼不祀而此祀焉,尤非所安也。莫如黜修而进杨万里。万里之学,本于诚意,既纯正可法,且正气直词,见诸论说者,皆足扶纲常,淑人心,有功于后世,进而祀之,不为过也。

【张氏曰】嘉靖九年,罢公伯寮等十三人。夫寮之当黜,不待言矣。秦冉、颜何二人,则以疑《史记》误书而罢。愚谓过而废之,不如过而存之,是当仍议复也。扬雄之事莽,戴圣之赃吏,马融之附势,王肃之画篡逆策,吴澄之忘宋仕元,俱无容平反。他如荀况、刘向、贾逵、何休、王弼、杜预,并以学术有疵罢,非如雄等之大伤名教,即不得复列两庑,亦当祀于乡,如林放例可也。

【方东树曰】孔庭从祀,自唐以来,代有更正。明徐溥有言:"诸儒从祀,非有功斯道不可。"善矣。然在宋以前,义理未著,人未知训诂之非学、经与人分之不可。况秦火以后,汉儒实有保残守缺之功,魏、晋诸儒实有训诂名物之益,纵有遗行,当从宽假。唐贞观之祀,以代用其书,垂于国胄,祀之所以报其功,宜也。在宋以后之儒,经程、朱讲辨,义理昭著,则必经行合茂而后可,否则宁取其行,不得以著述偏重。杨廷和等无识,执著述有无以泥胡安定、薛文清之从祀,非也。顾氏目击明儒心学纵恣之失，及语录空疏之病，创为救敝之论，专重著述，以为当从贞观之制，谓荀况、扬雄、韩愈三人之书虽有合于圣人，而无传注之功，不当从祀，则不知颜、闵诸贤曾著何书，而世竞以虚车剿说为有功圣道矣。从来汉学诸人祖此偏宕之论，遂乃蔽罪程、朱，痛斥义理，专重著述，奉康成、叔重为极至，与议从祀之旨又一局矣。使亭林在今日见之，必悔其言之失也。

【汝成案】欧阳文忠以议濮园为世訾毁，然实非傅会经义，迎合人主。胡氏讥之，欲黜其从祀，过也。刘子政虽进方术，而忠诚端亮，言合儒先，胡氏以为其失可原，直谏可法，不宜黜退，信矣。戴圣骫法，虽传礼经，奚逭其过？第其赃罪，恽子居曾博考辨之。林放、秦冉、颜何三贤，我朝久为升复。嘉靖所黜，亦间有复者。从祀名儒，先止有陆清献一人，近复进孙夏峰、汤文正，唐陆宣公，明黄忠端、刘忠介、吕省吾。尊儒奖义，既异徒语性天，亦非专矜训诂，如先生及方氏讥云。

嘉靖之从祀进欧阳修者，为大礼也，出于在上之私意也。[①] **进陆九渊者，为王守仁也，出于在下之私意也。与宋人之进荀、扬、韩三子，而安石封舒王配享，同一道也。**

成化四年，彭时奏谓："汉、晋之时，道统无传，所幸有专门之师，讲诵圣经，以诏学者，斯文赖以不坠。此马融、范宁诸人虽学行未纯，亦不得而废。"见《明宪宗实录》卷五四。

① 大礼，即"大礼议"，明神宗追尊生父为帝事。欧阳修在濮议中支持宋英宗。

祭礼

陆道威著《思辨录》，欲于祭礼之中而寓立宗之意，谓："古人最重宗子，然宗子欲统一族众，无如祭法。《文公家礼》所载祭礼虽详整有法，顾惟宗子而有官爵及富厚者方得行之，不能通诸贫士。又一岁四合族众，繁重难举，无差等隆杀之别。愚意欲仿古族食世降一等之意，定为宗祭法。岁始则祭始祖，凡五服之外皆与，大宗主之。仲春则祭四代，以高祖为主，曾祖以下分昭穆，居左右，合同高祖之众，继高之宗主之。仲夏则祭三代，以曾祖为主，祖考则分昭穆居左右，合同曾祖之众，继曾之宗主之。仲秋则祭二代，以祖为主，考妣居左昭位，合同祖之众，继祖之宗主之。仲冬则祭一代，以考为主，合同父昆弟，继祢之宗主之。皆宗子主祭，而其馀子则献物以助祭。不惟爱敬各尽，而祖、考、高、曾，隆杀有等，一从再从，远近有别，似于古礼初无所倍。〔一〕或曰：高、曾、祖、考，祭则俱祭，古人具有成法，不当随时加损。答之曰：凡礼皆以义起耳，《礼》有云'上杀'、'旁杀'、'下杀'，见《礼记·丧服小记》。《中庸》言'亲亲之杀'，是古人于礼，凡事皆有等杀，况丧礼服制，父母皆服三年，而高祖则齐衰三月，【原注】此今律文。是丧礼已有等杀，何独于祭礼不可行乎？此虽创举，恐不无补于风教也。"见陆世仪《思辨录辑要》卷一〇。〔二〕

〔一〕【陆中丞曰】庙制复，宗法行，而后可举始祖之祭。虽祭始祖，士庶人必无祧主合食之礼。惟使人得各祭其高、曾、祖、考,乃为便于民而宜于俗。是何也?始祖者,支子不祭,祭必告于宗子。庙制既失,宗法不行,族众离析,谱牒散亡,不知何人当为大宗。因而妄尸宗子之任,人自为礼,家自为尊,必至于人人尽祭其始祖,本以复古,而适以乱俗。朱子所以谓不尽当祭,而《家礼》一书特去冬至祭始祖、立春祭先祖,意深远矣。我故曰庙制复,宗法行,然后可举始祖之祭。然始祖虽不尽当祭,而固有祭其始迁之祖与始为大夫者。报本追远,诚亦不禁,其主宜百世不改。自此以下,则皆在迁毁之列。古者始死立重,三虞卒哭,彻重埋之。重亦主也。埋瘗之制,自古然矣,不得归咎魏、晋也。琼山邱氏谓:"始祖亲尽。藏其主于墓所,大宗岁率宗人一祭之。"此则藏主于墓,而不在祠堂。又曰:"其第一世以下祖亲尽,及小宗之家高祖亲尽,则迁其主而埋之,岁率子孙一祭之。"此则埋主而不藏祧室。况乎祫祭,礼之至大者。天子犆礿,祫禘,祫尝,祫烝。诸侯(礿犆)[犆礿]禘,一犆一祫,尝祫,烝祫,而又礿则不禘,禘则不尝,尝则不烝,烝则不礿。凡四时之祫,止享群庙之主于太庙,而不及祧。惟大祫乃合群庙、毁庙而并祭于太庙。然其制则或以三年,或以五年。《公羊》谓之"大事",《礼器》谓之"大飨王事",其礼之重如此。今士庶乃每年一祫,而冬至祭之,不已汰乎!《中庸》"上祀"之礼,朱子谓推太王、王季之意以及无穷,而于"达乎诸侯大夫及士庶人"句,不言推士庶人祖考之意以及无穷,在朱子盖几斟酌而出之,而不图今日之又有别解也。我故曰:虽祭始祖,士庶人必无祧主合食之礼。若族兄弟同堂共居,止设高祖一主,而嫡长子孙尸其祭祀,亦犹宗法之意。使其分异之后,为支子者越在百里数十里之外,甚而播迁转徙，远至隔府隔省，其始止奉祢主以行，其既将终不祭其高、曾、祖乎？若设虚位以祭，而不为立主，则人之得为四亲主者少矣，又何有高、曾以上所祧之主？其得奉始祖、祧祖及四亲之主者，必大宗之子孙可也。支子奉祢以行，尚不得为高、曾、祖立主。宗子既奉四亲，又得上与始祖群祧奉祀。然而所谓宗子者，不知其果为大宗与否。阅一再传，又迷其统，如是则又必人以伊川自任，曰不得当吾世而以非大宗为诿。仁孝之念，人人有之，仍归于家有始祖之祀，而不尽当祭之说不行。夫不问宗之大小，而皆祭始祖，何如不问宗之大小，而皆祭四亲，使人得各尽其诚，于有服之尊而不至于越礼犯分乎？我故又推《家礼》之所未详，而曰人各祭其高、曾、祖、考，为便于民而宜于俗也。

〔二〕【凤氏曰】程子谓自天子至于庶人，高祖皆有服，有服则皆有祭。大夫三庙，太祖庙祭太祖，昭穆二庙具四主。士一庙，亦祭四主。其言原本礼制，确不可易。《仪礼·丧服》经传、《大传》、《小记》并言大小宗之法，此大夫、士之法也。大宗姑弗论，继祢者为小宗，宗其继高祖者，五世则迁。继之为言，主祭也。继祢者，庶子之適子主祭庶子，而同庶子出之兄弟宗之，是为继祢之小宗。推之继祖之小宗，继曾祖之小宗，继高祖之小宗，皆以主祭。此庶子而从兄弟、再从兄弟、三从兄弟宗之也，故曰宗以其所祭者。庶子又五世，则庶子亲尽不祭，四从兄弟不复宗之，故曰小宗。小宗尚祭高祖，则大宗可知。而大夫、士祭及高祖，经非无据矣。古者祭必有尸有主，士丧礼一庙者也。其文曰"设盥于祖庙门外"，又曰"迁于祖庙"。注曰"士祖祢共庙"。此一庙二主之见经者也。以例大夫昭穆二庙，则四主可知。愚谓士祭四亲，士丧礼祖庙乃该三祖，而一庙具四主者也。天子庙制,同堂异室,始于汉明帝。其实周家大夫、士庙制已具之,何云先王未有而待义起耶?

【陆中丞曰】世俗于通衢隙地建立祠庙,以示贵异,不知其悖礼违制,不足学也。古者庙寝相连,神人互依,必在中门之外,正寝之东。一世自为一庙,各有门,有堂,有寝。后始变为同堂异室之制,而其世数必视官爵之卑高为准。仕宦虽至宰相,于古仅为大夫,得立三庙而已。缘其制度繁重,难以遵行,经程、朱大儒准情酌理,创为祠堂,得祀高、曾、祖、考四代,而其地必仍在正寝之东。正寝者,今之厅堂也,或一间,或三间,中为四龛,龛中置椟,椟中藏主,龛外垂帘,以一长桌盛之,其位以西为上,如是而已。此吾先世所未尝行,亦不能行。因思嘉兴住宅,适于厅堂之东复有正屋,今宜于第三层向南屋内立为祠堂,一如《家礼》之制。自吾高祖以至吾父共为四代。古人或以始封之君为始祖,或以始迁之祖为始祖。论始封,则吾祖实受大夫之命,子孙可世祀不废。但既遵《家礼》,则可不奉始祖之祀,此俟后世酌行,不必预定。至于以西为上,说者谓鬼神尚右也。但今俗生人以东为上,死则又以西为上,于人情有所未安。明初用行唐令胡秉中言,许庶人祭三代,以曾祖居中,祖左祢右。邱琼山谓,士大夫家祭四代者,亦当如之。徐健庵《读礼通考》载此图式,中之左为高祖考妣,中之右为曾祖考妣,高之左为祖考妣,曾之右为考妣,四龛相隔,俱系南向。时制既协,人情亦安。若今世俗祠堂,既不依人,而又祀至数十世之远,其旁亲不问愚智,一皆奉主入祠,其子孙不分贵贱,居然执鬯主祭,徒广其宫室,不以僭逾为耻,何足效乎?

【柴氏曰】近世士大夫家立庙者少,间有一二世族,惟建为祠堂,其制与古礼、《会典》俱不合。余谓贤而知礼且有力者,自当依礼、《典》立家庙，惟奉高、曾、祖、考。若从众建为祠堂，亦宜衡量古今，不失礼意。其祠宇宜作两层，外为庙，内为祧室。庙则始祖居中，而高、曾、祖、考依昭穆为次。亲尽者当奉主于祧室，岁一合祭焉。间有贵而特起及贤而有学行为世所共推者，仿古有称宗在昭穆之外之意，公举入庙，以班附食，庶几变而未失其正耶？

【汝成案】《会典》品官家祭之礼，居室之东立家庙，一品至三品，庙五间，中三间为堂，左右各一间，隔一墙，北为夹室，南为房；堂南檐三门，房南檐各一门，阶五级。庭东西庑各三间，东藏遗衣物，西藏祭器庭缭；以垣南为中门，又南为外门，左右各设侧门。四品至七品，庙三间，中为堂，左右为夹室，为房，阶三级，东西庑各一间，馀如三品以上。八九品，庙三间，中广，左右狭，阶一级，堂及垣皆一门，庭无庑，以箧分藏遗物祭器，陈于东西序，馀如七品以上。皆设四室，奉高、曾、祖、祢四世，昭左穆右，妣以適配，南向。高祖以上，亲尽则祧，藏主夹室。东序西序为祔位，伯叔祖父、兄弟、子姓之成人无后者，及伯叔父之长殇，兄弟之长殇、中殇，子姓之长殇、中殇、下殇，及妻先殁者，皆以版按辈行墨书，男东女西，东西向。岁以四时仲月择吉致祭。各室设案各一，祔位东西案各一，堂南设香案一，炉檠具，祝案设香案西，尊爵案设东序，盥盘设东阶上。视割牲，一品至三品，羊一、豕一；四品至七品，特、豕；八品以下，豚肩，不特。杀视涤祭器，三品以上，每案俎二、铏二、敦二、笾六、豆六；七品以上，笾四、豆四；八品以下，笾二、豆二。皆俎一，铏、敦数同。行三献礼，行礼皆一跪三叩，日中乃馂。三品以上，时祭遍举；七品以上，春秋二举；八品以下，春一举。世爵公、侯、伯、子视一品，男以下按品为差等。在籍进士、举人视七品，恩、拔、岁、副贡生视九品。凡恭遇恩赠，制书至，行焚黄告祭礼，牲馔视所赠之爵，馔案视追赠世数。主人以下跪，听宣制毕，奉主行三跪九叩礼。改题神主讫，读祝献酒，如时祭仪。贡、监生员有顶戴者，其家祭于寝之北为龛，以版别四室，奉高、曾、祖、祢，皆以妣配。服亲男女成人无后者，按辈行书纸位祔食，已事焚之。岁以四时节日出主，而荐粢盛二盘，肉食蔬果之属四器，羹二，饭二，荐毕，馂如八品礼。朔望上香献茶行礼，因事致告，如朔望仪。庶民以正寝北为龛，奉高、曾、祖、祢，岁时荐果蔬新物，每案不过四器羹饭。其朔望及告事，如贡、监生员仪。

女巫

《周礼》女巫舞雩，但用之旱暵之时。见《春官·女巫》。**使女巫舞旱祭者，崇阴也。《礼记·檀弓》："岁旱，穆公召县子而问曰：'吾欲暴巫而奚若？'曰：'天则不雨，而望之愚妇人，无乃已疏乎？'"此用女巫之证也。汉因秦灭学，祠祀用女巫。后魏郊天之礼，女巫升坛摇鼓，帝拜，后肃拜。**见《魏书·礼志一》。**杜岐公曰："道武帝南平姑臧，东下山东，足为雄武之主。其时用事大臣崔浩、李顺、李孝伯等，多是谋猷之士，少有通儒硕学，所以郊祀上帝，六宫及女巫预焉。"**见《通典》卷四二。

《魏书·高祖纪》：延兴二年二月乙巳诏曰："尼父禀达圣之姿，体生知之量，穷理尽性，道光四海。顷者淮徐未宾，庙隔非所，致令祀典寝顿，礼章殄灭，遂使女巫妖觋，淫

进非礼,杀牲歌舞,倡优媟狎,岂所以尊明神、敬圣道者也?自今以后,有祭孔子庙,制用酒脯而已,不听妇女合杂,以祈非望之福。犯者以违制论。"《大金国志》卷一八:世宗大定二十六年二月诏曰:"曩者边埸多事,南方未宾,致令孔庙颓落,礼典陵迟,女巫杂觋,淫祀违礼。自今有祭孔庙,制用酒脯而已,犯者以违制论。"

《唐书·黎幹传》:"代宗时为京兆尹。时大旱,幹造土龙,自与巫觋对舞。弥月不应。又祷孔子庙。帝笑曰:'丘之祷久矣。'使毁土龙。"

日知录集释卷十五

陵

古王者之葬，称“墓”而已。《左传》僖公三十二年曰“殽有二陵，其南陵，夏后皋之墓也”，《书传》亦言“桐宫，汤墓”，[①]《周官·春官宗伯冢人》“掌公墓之地”，并言墓不言陵。及春秋以降，乃有称“丘”者，楚昭王墓谓之昭丘，赵武灵王墓谓之灵丘，而吴王阖闾之墓亦名虎丘，盖必其因山而高大者故。二三君之外无闻焉。《史记·赵世家》“肃侯十五年，起寿陵”，《秦本纪》[②]“惠文王葬公陵，悼武王葬永陵，孝文王葬寿陵”，始有称陵者。【原注】《后汉书·东平宪王苍传》言：“园邑之兴，始自强秦。”〇《通典》卷一七九：“襄陵，有晋襄公之陵。”至汉，则无帝不称陵矣。宋施宿《会稽志》卷

---

① 《书·太甲上》“伊尹放诸桐”孔传云：“汤葬地也。”未言墓。然“营于桐宫”孔传则言“经营桐墓立宫，令太甲居之”。

② 按以下引文见于《史记·秦始皇本纪》。

六《大禹陵》曰:“自先秦古书,帝王墓皆不称陵,而陵之名实自汉始。”非也。

【小笺】按:《汉书·地理志》“河东郡襄陵”,师古曰:“晋襄公之陵,因以名县。”又“陈留郡襄邑”,师古曰:“圈称云:本承匡襄陵乡也。宋襄公所葬,故曰襄陵。秦始皇以承匡卑湿故,徙县于襄陵,名曰襄邑。”然则春秋之世已有陵名。

墓祭

《太甲》之书曰:“王徂桐宫,居忧。”此古人庐墓之始。〔一〕“曾子问:‘宗子去在他国,庶子无爵而居者,可以祭乎?’孔子曰:‘祭哉。’‘请问其祭如之何?’孔子曰:‘(向)[望]墓而为坛,以时祭。若宗子死,告于墓而后祭于家。’”见《礼记·曾子问》。此古人祭墓之始。【原注】《史记·周本纪》“武王上祭于毕”,马融曰:“毕,文王墓地名也。”此纬书之言,不可信。《记》言“古不墓祭”,①“宗子去在他国”,事之变也;“将②祭而为坛”,礼之权也。秦兴西戎,宗庙之礼无闻,而特起寝殿于墓侧。【原注】见《汉官仪》。③○《宋书·礼志》:“汉氏诸陵皆有园寝者,承秦所为也。说者以为古前庙后寝,以象人君前有朝后有寝也。庙以藏主,四时祭祀,寝有衣冠象生之具以荐新。”〔二〕汉之西京已崇此礼,《叔孙通传》言“为原庙

---

① “古不墓祭”明文初见于《后汉书·明帝纪》注引《汉官仪》及《续汉·祭祀志》中。
② “将”字,据前引《曾子问》之文,应是“望”字之误。
③ 《后汉书·明帝纪》注引《汉官仪》曰:“古不墓祭。秦始皇起寝于墓侧,汉因而不改。”

渭北，衣冠月出游之”，【原注】师古曰：“从高帝陵寝出衣冠，游于高庙，每月一为之。”**《韦玄成传》言“园中各有寝、便殿，日祭于寝，月祭于庙，时祭于便殿。寝，日四上食；庙，岁二十五祠；便殿，岁四祠”。**【原注】此皆承秦之制，故黩于祭祀如此。**后汉明帝“永平元年春正月，帝率公卿已下朝于原陵，如元会仪”，**见《后汉书·明帝纪》。**而上陵之礼始兴。**【原注】蔡邕《记》曰：“昔京师在长安时，其礼不可尽得闻也。光武即世，始葬于此。明帝嗣位，逾年，群臣朝正，感先帝不复闻见此礼，乃帅公卿百寮就园陵而创焉。”[①]**“每正月上丁，祀郊庙毕，以次上陵，百官、四姓亲家妇女、公主、诸王、大夫、外国朝者侍子、郡国计吏会陵。八月饮酎礼亦如之。”**见《续汉·礼仪志》。**“洛阳诸陵皆以晦朔、二十四气、伏腊及四时祠。庙日上饭，太官送用物，园令、食监典省，其亲陵所宫人随鼓漏理被枕，具盥水，陈妆具。”**见《续汉·祭祀志》。【原注】贡禹奏言：“武帝取好女数千人填后宫。及弃天下，昭帝幼弱，霍光专事，不知礼正，皆以后宫女置于园陵，今杜陵有宫人数百。”见《汉书·贡禹传》。《外戚传》：许后上疏，有杜陵梁美人。又云：“成帝崩，班倢伃充奉园陵，薨，因葬园中。”而张敞书言：“昌邑哀王歌舞者张修等十人无子，又非姬，但良人无官名，王薨，当罢归。太傅豹等擅留，以为哀王园中人，不当，罢。”见《汉书·武五子·昌邑王传》。翼奉亦言：“诸侯王园宜出其过制者。”见《汉书·翼奉传》。是诸侯王园亦有之矣。是以安帝尊母孝德皇元妃耿氏为甘陵大贵人，桓帝尊母匽氏为博园贵人，灵帝尊母董氏为慎园贵人，皆以陵园为名。〇程氏《演繁露》曰：“魏武置

① 蔡邕《上原陵记》，见《续汉·礼仪志》引谢承《后汉书》。

宫人铜雀台,令月朝十五辄向帐作伎。陆机为文讥之,不知其来有自矣。"[①]而"十七年正月,明帝当谒原陵,夜梦先帝、太后,如平生欢。既寤,悲不能寐。即案历,明旦日吉,遂率百官及故客上陵。其日甘露降于陵树,帝令百官采取以荐。会毕,帝从席前伏御床,视太后镜奁中物,感动悲涕,令易脂泽妆具。左右皆泣,莫能仰视焉"。见《后汉书·阴皇后纪》。此特士庶人之孝,而史传之以为盛节。故陵之崇,庙之杀也;礼之渎,敬之衰也。【原注】明帝"遗诏无起寝庙,藏主于光烈皇后更衣别室",而七庙之制遂废。蔡邕以为"天子事亡如存之意,礼有烦而不可省者",见蔡邕《上原陵记》。殆曲为之说也。"魏武帝葬高陵,有司依汉立陵上祭殿。至文帝黄初三年,乃诏曰:'先帝躬履节俭,遗诏省约。子以述父为孝,臣以继事为忠。古不墓祭,皆设于庙。高陵上殿,屋皆毁坏,车马还厩,衣服藏府,以从先帝俭德之志。'及文帝自作终制,又曰:'寿陵无立寝殿,造园邑。'晋宣王遗令子弟群官,并不得谒陵。"见《晋书·礼志中》。犹为近古。【原注】《宋书·礼志》:"晋宣帝遗诏:'子弟群官皆不得谒陵。'于是景、文遵旨。至武帝犹再谒崇阳陵,一谒峻平陵,然遂不敢谒高原陵。至惠帝复止也。逮江左初,元帝崩后,诸公始有谒陵、辞陵之事,盖由眷同友执,率情而举,非洛京之旧也。成帝时,中宫亦年年拜陵。议者以为非礼,于是遂止,以为永制。"○《晋书·王导传》:"自汉魏已来,群臣不拜山陵。导以元帝眷同布衣,匪惟君臣而已,每一崇进,皆

① 此段见于《演繁露》卷四《寝庙游衣冠》条,但文中只言"月朝十五日望陵上食"。向帐作伎事见于陆机《吊魏武帝文》。

就拜，不胜哀戚。由是诏百官拜陵，自导始也。"〔三〕**梁武帝、后周明帝始皆谒陵。唐太宗、玄宗亦并行之。**【原注】《唐书·彭景直传》："景龙末，为太常博士。时献、昭、乾三陵皆日祭，景直请罢，不从。"**开元二十年，敕寒食上墓宜编入五礼，永为恒式。**【原注】胡三省曰："唐开元敕：'寒食上墓，礼经无文，近代相传，浸以成俗。宜许上墓，同拜扫礼。'盖但许士庶之家行之，而人君无此礼也。"见《资治通鉴》卷二八七。《五代会要》言："后唐庄宗每年寒食出祭，谓之破散。其后袭而行之。"欧阳公《五代史》《周本纪》所谓"寒食野祭而焚纸钱"，即谓此也。**而陵寝亦有衣冠嫔御之制。**【原注】杜子美《桥陵》诗："宫女晚知曙，祠官朝见星。"**韩退之《丰陵行》曰："臣闻神道尚清静，三代旧制存诸书。墓藏庙祭不可乱，欲言非职知何如。"盖深非之也。若明代之制，无车马，无宫人，不起居，不进奉，亦庶几得礼之中者与？**

〔一〕【雷氏曰】桐与汤墓无涉。桐，亳东之邑，即《续汉·郡国志》所云桐亭。《左传》凡宋城诸门，皆以所向之邑名之。北曰桐门，即因虞城南五里有桐邑也。《韩诗外传》曰："汤葬于征。"今扶风征陌是也。

〔二〕【沈氏曰】《宋书·礼志》一节，已见《续汉书·祭祀志》。

〔三〕【杨氏曰】王导始谒元帝陵，所谓"眷同友执"者，谓茂弘也。

古人于墓之礼，但有奔丧、去国二事。《记》《奔丧》**曰："奔丧者不及殡，先之墓，北面坐哭尽哀。主人之待之也，即位于墓左，妇人墓右，成踊，尽哀。"又曰："若除丧而后归，则之墓，哭，成踊，**(束)**［东］括发袒，绖，拜宾，成踊，送宾，反位，又哭尽哀，遂除，于家不哭。"又曰："奔兄弟之丧，**

先之墓而后之家，为位而哭。所知之丧，则哭于宫而后之墓。”见《丧服小记》。又曰：“去国，则哭于墓而后行，反其国，不哭，展墓而入。”见《檀弓下》。鲁昭公之孙于齐也，“与臧孙如墓谋，遂行”。见《左传》昭公二十五年。吴延州来季子[①]之于王僚也，复命哭墓。见《史记·吴太伯世家》。是则古人之至于墓，皆有哭泣哀伤之事。而祭者，吉礼也，无舍庙而之墓者也。

【小笺】按：《成阳灵台碑》：“庆都仙没，盖葬于兹，名曰灵台，上立黄屋，尧所奉祠。”似乎古有祭墓之礼。然此由后人附会，未必可据。

《孟子》《滕文公上》言：“孔子没，子贡筑室于场，独居三年，然后归。”曲沃卫（嵩）［蒿］曰：“古人为庙以依神，无庐墓之事。门人既不得奉其庙祀，而但庐于冢上，以尽其情，此亡于礼者之礼也。汉以来，乃有父母终而庐墓者，不知其置神主何地，其奉之墓次欤？是野祭之也；其空置之祠堂欤？是视其体魄反过其神也。而悫者以此悖先王之礼，伪者以此博孝子之名，至于今而此风犹未已也。且孝如曾子，未尝庐墓。孔子封防既反，而弟子后至。古人岂有庐墓之事哉！”

《史记·孔子世家》：“鲁世世相传，以岁时奉祀孔子冢。【原注】史言上冢者，自《孔子》、《留侯》二世家始。而诸儒

① 援庵《校注》：延州来季子即季札，食采于延陵、州来二邑。

亦讲礼、乡饮、大射于孔子冢。孔子冢大一顷，故所居堂弟子内，后世因庙藏孔子衣冠、琴、车、书。”夫礼教出于圣人之门，岂有就冢而祭？至乡饮、大射，尤不可于冢上行之。盖孔子教于洙泗之间，所葬之冢在讲堂之后，孔子既殁，弟子即讲堂而祀之，且行饮射之礼。太史公不达，以为祭于冢也。〔一〕

〔一〕【杨氏曰】《史记》此处疑有阙文误字。

汉人以宗庙之礼移于陵墓，有人臣而告事于陵者，苏武自匈奴还，“诏奉一太牢谒武帝园庙”见《汉书·苏武传》。是也。有上冢而会宗族故人及郡邑之官者，楼护为谏大夫使郡国，“过齐，上书求上先人冢，因会宗族故人”，见《汉书·楼护传》。“班伯上书，愿过故郡上父祖冢，有诏，太守、都尉以下会”见《汉书·叙传》。是也。有上冢而太官为之供具者，董贤为侍中、驸马都尉，“上冢有会，辄太官为供”见《汉书·鲍宣传》。是也。有赠谥而赐之于墓者，阴兴夫人卒，“肃宗使五官中郎将持节即墓赐策，追谥兴曰翼侯”《后汉书·阴兴传》。是也。有人主而临人臣之墓者，“光武至湖阳，幸樊重墓”，见《后汉书·樊宏传》。“霍峻葬成都，先主率群寮临会吊祭，因留宿墓上”见《三国志·蜀书·霍峻传》。是也。有庶民而祭古贤人之墓者，曹昭《东征赋》“蘧氏在城之东南兮，民亦飨其丘坟”【原注】《文选》作“尚”，《水经注》引此作“飨”。是也。人情所趋，遂成习俗。其流之弊，有如杨伦“行丧于恭陵”者矣，见《后汉书·杨伦传》。有如“赵宣葬亲而不闭埏隧，因居其中,行服二十馀年者矣”。【原注】《陈蕃传》。至乃“市贾小民相聚为宣陵[①]孝子者数十人,皆除太子舍人”,见《后汉书·灵帝纪》。而礼教于斯大坏矣。

【小笺】按:《张安世传》:“兄贺为掖庭令,而宣帝以皇曾孙收养掖庭。及宣帝即位,贺已死,上追思贺恩,欲封其冢为恩德侯。”是并以茅土之典施之于冢矣。

招魂之葬,于古未闻。《三辅黄图》卷六言“汉太上皇陵在栎阳北原,在东者太上皇,在西者昭灵后”,【原注】高帝母起兵时死于小黄。则疑其始于此矣。晋东海王越柩为石勒所焚,妃裴氏渡江,欲招魂葬越。元帝诏有司详议,博士傅纯曰:“圣人制礼,以事缘情。设冢椁以藏形,而事之以凶;立庙祧以安神,而奉之以吉。送形而往,迎精而还。此墓庙之大分,形神之异制也。至于(宗)[室]庙、寝庙、祊祭非一处,所以广求神之道而独不祭于墓,明非神之所处也。今乱形神之别,错庙墓之宜,违礼失义,莫大于此。”于是下诏不许。见《晋书·袁瓌传》。〔一〕

〔一〕【杨氏曰】招魂而葬,是谓埋神。

【小笺】按:招魂而葬,固非古礼,然谓墓非神之所处,亦恐不然。孔子之论鬼神也,曰“骨肉毙于下,阴为野土,其气发扬于上,为昭明焄蒿凄怆”,是明言墓有鬼神。此墓祭之礼所以不能废欤?

① 宣陵,桓帝陵。

唐高宗显庆三年十一月，伊丽道行军副总管萧嗣业，擒阿史那贺鲁，至京师。甲午，献于昭陵。总章元年十月，司空李勣破高丽，虏[①]高藏、男建、男产等至京师，献于昭陵。许敬宗言："古者军凯旋则饮至于庙，未闻献馘于陵者。然陛下奉园寝与宗庙等，可行不疑。"俱见《新唐书·突厥传下》。此亦所谓自我作古者矣。

唐时陵寝尝有鹰犬之奉。玄宗开元二年四月辛未诏曰："园陵之地，衣冠所游，凡厥有司，罔不祇事。顷者别致鹰狗，供奉山陵，至于料度，极多费损。昔戒禽荒，既非寻常所用；远惟龙驭，每以仁爱为心。彼耕象与耘鸟，且增哀慕；岂飞苍而走黄，更备畋猎？有乖仪式，无益崇严。诸陵所有供奉鹰狗等，并宜即停。"见《册府元龟》卷三十。

天宝二年八月制曰："禋祀者，所以展诚敬之心。荐新者，所以申霜露之思。自流火届期，商风改律，载深追远，感物增怀。且《诗》著授衣，令存休浣。在于臣子，犹及恩私。恭事园陵，未标典式。自今以后，每至九月一日，荐衣于陵寝，贻范千载，庶展孝思。且仲夏端午，事无典实，传之浅俗，遂乃移风。况乎以孝道人，因亲设教，感游衣于汉纪，成献报于礼文。宣示庶寮，令知朕意。"见《册府元龟》卷三十。今关中之俗，有所谓送寒衣者，其遗教也。【原注】今俗乃用十月一日。〔一〕

〔一〕【徐司寇曰】武王将东观兵，上祭于毕。则墓祭，周有行之者。今必废千馀年通行之事，以求合古经，岂仁人孝子不忍死其亲

① "虏"，原本作"俘"，据《校记》改。

之心？所可异者，末俗流失，或假上墓之便，召客宴会，歌舞欢畅，非墟墓生哀之情耳。

厚葬

《晋书·索綝传》："建兴中，盗发汉霸、杜二陵，【原注】文帝霸陵，宣帝杜陵。多获珍宝。帝问綝曰：'汉陵中物何乃多邪？'綝对曰：'汉天子即位一年而为陵，天下贡赋三分之，一供宗庙，一供宾客，一充山陵。武帝享年久长，比崩，而茂陵不复容物，其树皆已可拱。赤眉取陵中物，不能减半，于今犹有朽帛委积，珠玉未尽。此二陵【原注】谓霸、杜。是俭者耳，亦百世之诫。'"【原注】《汉书·王莽传》："赤眉发掘园陵，惟霸陵、杜陵完。"按《史记·孝文纪》言："治霸陵皆以瓦器，不得以金银铜锡为饰。"而刘向《谏昌陵疏》，亦以孝文薄葬，足为后王之则。见《汉书·刘向传》。然考之《张汤传》，则武帝之世已有盗发孝文园瘗钱者矣。〔一〕盖自春秋、列国以来，厚葬之俗，虽以孝文之明达俭约，且犹不能尽除，而史策所书，未必皆为实录也。〔二〕

〔一〕【梁氏曰】霸陵凡三被发，《张汤传》一也；《风俗通》所云"霸陵薄葬，亦被发掘"，二也；《晋书》所云，三也。盖金玉珍宝，必景帝为之，不依遗诏瓦器之制，事秘莫知，史不得录耳。

〔二〕【杨氏曰】非孝文之不能尽除，或景帝之陷亲于不义耳。

《左传》成公二年："八月，宋文公卒，始厚葬，用蜃炭，益车马，始用殉。重器备，椁有四阿，棺有翰桧。君子谓：

'华元、乐举,于是乎不臣。臣,治烦去惑者也,是以伏死而争。今二子者,君生则纵其惑,死又益其侈,是弃君于恶也,何臣之为?'"

《吕氏春秋·节丧》篇曰:"审知生,圣人之要也;审知死,圣人之极也。知生也者,不以害生,养生之谓也;知死也者,不以害死,安死之谓也。此二者,圣人之所独决也。凡生于天地之间,其必有死,所不免也。孝子之重其亲也,慈亲之爱其子也,痛于肌骨,性也。所重所爱,死而弃之沟壑,人之情不忍为也,故有葬死之义。葬也者,藏也,慈亲孝子之所慎也。慎之者,以生人之心虑。以生人之心为死者虑也,莫如无动,莫如无发。无发无动,莫如无有可利,则此之谓重闭。古之人有藏于广野深山而安者矣,非珠玉国宝之谓也。葬不可不藏也,葬浅则狐狸抇之,【原注】抇,读曰"掘"。深则及于水泉,故凡葬必于高陵之上,以避狐狸之患,水泉之湿。此则善矣,而忘奸邪盗贼寇乱之难,岂不惑哉?譬之若瞽师之避柱也,避柱而疾触杙也。狐狸、水泉、奸邪、盗贼、寇乱之患,此杙之大者也,慈亲孝子避之者,得葬之情矣。善棺椁,所以避蝼蚁蛇虫也。今世俗大乱,之主愈侈其葬,则心非为乎死者虑也,生者以相矜尚也,侈靡者以为荣,俭节者以为陋。不以便死为故,而徒以生者之诽誉为务,此非慈亲孝子之心也。民之于利也,犯流矢,蹈白刃,涉血盩肝以求之。【原注】盩,古"抽"字。野人之无闻者,忍亲戚、兄弟、知交以求利。今无此之危,无此之丑,其为利甚厚,乘车食肉,泽及子孙,虽圣人犹不能禁,而况于[乱]？国弥大，家弥富，葬弥厚，含珠鳞施，【原注】含珠，口实也。鳞施，施玉于死者之体若鱼鳞也。玩好货宝、锺鼎壶滥、【原注】以冰置水浆于其中为滥，取其冷也。舆马衣被戈剑不可胜数，诸养生之具无不从者。题凑之室，【原注】室，椁也。题凑，复累。[①] 棺椁数袭，积石积炭，以环其外。奸人闻之，传以相告。上虽以严威重罪禁之，犹不可止。且死者弥久，生者弥疏；生者弥疏，则守者弥怠；守者弥怠，而葬器如故，其势固不安矣。"《安死》篇曰："世之为丘垄也，其高大若山，其树之若林，其设阙庭、为宫室、造宾阼也若都邑。以此观世示富则可矣，以此为死则不可也。夫死，其视万岁犹一瞚也。【原注】瞚，古"瞬"字。人之寿，久之不过百，中寿不过六十，以百与六十为无穷者之虑，其情必不相当矣，以无穷为死者之虑则得之矣。今有人于此，为石铭置之垄上，曰：'此其中之物，具珠玉玩好、财物宝器甚多，不可不扣，扣之必大富，世世乘车食肉。'人必相与笑之，以为大惑。世之厚葬也，有似于此。自古及今，未有不亡之国也；无不亡之国，是无不扣之墓也。以耳目所闻见，齐、荆、燕尝亡矣，【原注】齐湣王、楚平王、燕王哙。宋、中山已亡矣，赵、魏、韩皆亡矣，【原注】作书之时，秦初并三晋。其皆故国矣。自此以上者，亡国不可胜数，【原注】上犹前也。[②] 是故大墓无不扣也。而世皆争为之，岂不悲哉！君之不令民，父之不孝子，兄之不悌弟，皆乡里之所釜鬲者而逐之。

---

① 以上五注皆高诱原注。

② 此注为高诱原注。

【原注】甂、鬲同。《史记·蔡泽传》:"入韩魏,遇夺釜鬲于涂。"[①]**惮耕稼采薪之劳,不肯官人事,而祈美衣侈食之乐,智巧穷屈,无以为之,于是乎聚群多之徒,以深山广泽林薮,扑击遏夺,又视名丘大墓葬之厚者,求舍便居,以微扣之,日夜不休,必得所利,相与分之。夫有所爱所重,而令奸邪、盗贼、寇乱之人卒必辱之,此孝子、忠臣、亲父、交友之大事。尧葬于谷林,通树之;舜葬于纪市,不变其肆;禹葬于会稽,不变人徒。**【原注】变,动也,言无所兴造不扰民也。**是故先王以俭节葬死也,非爱其费也,非恶其劳也,以为死者虑也。先王之所恶,惟死者之辱也。发则必辱,俭则不发,故先王之葬必俭,必合,必同。何谓合?何谓同?葬于山林则合乎山林,葬于陵隰则同乎陵隰,此之谓爱人。夫爱人者众,知爱人者寡,故宋未亡而东冢扣,**【原注】东冢,文公冢也。文公厚葬,故冢被发也。冢在城东,因谓之东冢。**齐未亡而庄公冢扣。**【原注】庄公名购,僖公之父。[②] 在位六十四年。[③] **国安宁而犹若此,又况百世之后而国已亡乎?故孝子、忠臣、亲父、交友不可不察于此也。夫爱之而反危之,其此之谓乎?鲁季孙有丧,孔子往吊之,入门而左,从客也。主人以璠玙收,**【原注】此季平子意如之丧也。主人,桓子斯也。收,敛也。[④] **孔子径庭而趋,历级而上,曰:'以宝玉收,譬之犹暴骸中原也。'**【原注】言必发扣。**径庭历级,非礼也;虽然,以救过也。"**

① 此注为顾炎武注。

② 以上皆高诱注。

③ 此句为顾炎武注。

④ 此为高诱注。

前代陵墓

汉高帝十二年十二月诏曰："秦皇帝、楚隐王、【原注】师古曰："陈胜也。"魏安釐王、齐愍王、赵悼襄王，皆绝亡后，其与秦皇帝守冢二十家，楚、魏、齐各十家，赵及魏公子无忌【原注】师古曰："即信陵君也。"各五家，令视其冢，复，亡(以)与他事。"见《汉书·高帝纪》。魏明帝景初二年五月戊子诏曰："昔汉高创业，光武中兴，谋除残暴，功昭四海。而坟陵崩颓，童儿牧竖践蹋其上，非大魏尊崇所承代之意也。其表高祖、光武陵四面各百步，不得使民耕牧樵采。"见《三国志·魏书·明帝纪》注引《魏书》。宋武帝永初元年闰月壬午朔诏曰："晋世帝后及藩王诸陵守卫，宜便置格。其名贤先哲见优前代，或立德著节，或宁乱庇民，坟墓未远，并宜洒扫。主者具条以闻。"见《宋书·武帝纪》。南齐明帝建武二年十二月丁酉诏曰："旧国都邑，望之怅然，况乃身经南面，负扆宸居，或功济当时，德(章)[覃]一世，而茔垄攒秽，封树不修，岂直嗟深牧竖、悲甚信陵[1]而已哉。昔中京沦覆，鼎玉东迁，晋元缔构之始，简文遗咏在民，而松门夷替，埏路榛芜，虽年代殊往，抚事兴怀。晋帝诸陵，悉加修理，并增守卫。"见《南齐书·明帝纪》。梁武帝(天监)[大同]六年诏曰："命世兴王，嗣贤传业，声称不朽，人代徂迁。二宾以位，三恪义在，

① 《史记·魏公子列传》：高祖微时即闻公子贤。及即天子位，每过大梁，常祠公子。为公子置守冢五家，世世岁以四时奉祠公子。

时事浸远，宿草榛芜，望古兴怀，言念怆然。晋、宋、齐三代诸陵，有司勤加守护，勿令细民侵毁。作兵有少，补使充足。前无守视，并可量给。”见《梁书·武帝纪》。【原注】《文选》载任昉《为卞彬谢修卞忠贞墓启》。魏高祖太和二十年五月丙戌诏：“汉、魏、晋诸帝陵，各禁方百步，不得樵苏践藉。”见《魏书·孝文帝纪》。孝明熙平元年(七)[八]月诏曰：“先贤列圣，道冠生民，仁风盛德，焕乎图史。暨历数永终，迹随物变，陵隧杳霭，鞠为茂草，古帝诸陵，多见践藉。可明敕所在，诸有帝王坟陵，四面各五十步，勿听樵牧。”见《魏书·肃宗纪》。隋炀帝大业二年十二月庚寅诏曰：“前代帝王，因时创业，君民建国，礼尊南面。而历运推移，年世永久，丘垄残毁，樵牧相趋，茔兆堙芜，封树莫辨。兴言沦灭，有怆于怀。自古以来帝王陵墓，可给随近十户，蠲其杂役，以供守视。”见《隋书·炀帝纪》。【原注】唐太宗诏见下。唐玄宗天宝三载十二月诏：“自古圣帝明王，陵墓有颓毁者，宜令管内量事修葺，仍明立标记，禁其樵采。”见《册府元龟》卷八六。古人于异代山陵，必为之修护若此。【原注】《陈书·淳于量传》：“坐就江阴王萧季卿买梁陵中树，季卿坐免，量免侍中。”

宋熙宁中，“兴利之臣建议，前代帝王陵寝，许民请射耕垦。而唐之诸陵，悉见芟削，昭陵乔木，翦伐无遗。”【原注】《宋史·邓润甫传》。小民何识，自上导之，靡存爱树之思，①但逐樵苏之利。吁，非一朝之故矣！〔一〕

① 《诗·甘棠》《正义》云：国人见召伯止舍棠下，决男女之讼，今虽身去，尚敬其树，勿得翦去，勿得伐击，由此树召伯所尝舍于其下故也。

〔一〕【杨氏曰】宋太祖亦有修祭前代陵墓之诏。

【又曰】宋人言利之害，至于卖祠庙，则耕陵寝其轻事也。

金太宗天会二年二月诏："有盗发辽诸陵者罪死。"七年二月甲戌诏："禁医巫闾山辽代山陵樵采。"俱见《金史·太宗纪》。【原注】《金史·斡鲁古孛堇传》："乾州后为闾阳县，辽诸陵多在此，禁无所犯。"独元之世祖纵杨琏真伽发宋会稽攒宫不问，此自古所无之大变也。【原注】《元史》《释老志》："杨琏真伽为江南释教总统，发掘故宋赵氏诸陵之在钱塘、绍兴者，及其大臣冢墓，凡一百一所。"

本朝①洪武九年八月己酉，遣国子生周渭等三十一人，分视历代帝王陵寝，命"百步内禁人樵牧，设陵户二人守之。有经兵燹而崩摧者，有司督近陵之民以时封培。每三年一遣使致祭"。见《明太祖实录》卷一〇八。其后每登极诏书并有此文，而有司之能留意者鲜矣。

魏高祖太和十九年九月丁亥诏曰："诸有旧墓铭记见存，昭然为时人所知者，三公及位从公者，去墓三十步；尚书令、仆、九列十五步；黄门、五校十步，各不听垦殖。"见《魏书·孝文帝纪》。陈文帝天嘉六年八月丁丑诏曰："梁室多故，祸乱相寻，兵甲纷纭，十年不解。不逞之徒，虐流生气；无赖之属，暴及徂魂。江左肇基，王者攸宅。金行水位之主，木运火德之君。时更四代，岁逾二百。若其经纶王业，搢绅民望，忠臣孝子，何世无之？而零落山丘，变移陵谷，咸

① "本朝"，原本作"实录"，据《校记》改。

皆翦伐，莫不侵残。玉杯得于民间，漆简传于世载。无复五株之树，罕见千年之表。自天祚光启，恭惟揖让，爰暨朕躬，聿修祖武。虽复旂旗服色，犹行杞、宋之(封)[邦]；每车驾巡游，眇瞻河洛之路。故桥山之祀，苹藻弗亏，骊山之坟，松柏恒守。惟戚藩旧垄，士子故茔，掩殣未周，樵牧犹众。或亲属流隶，负土无期，子孙冥灭，手植何寄。汉高留连于无忌，宋祖惆怅于子房，丘墓生哀，性灵共恻者也。朕所以兴言永日，思慰幽泉。(惟)[维]前代侯王，自古忠烈，坟冢被发，绝无后者，可简行修治，墓中树木，勿得樵采。庶幽显(式)[咸]畅，称朕意焉。”见《陈书·世祖文帝纪》。

唐太宗贞观四年九月壬午诏曰：“钦若稽古，缅想往册，英声茂实，志深褒尚。始兹巡省，眺瞩中涂，汉氏诸陵，北阜斯托，寂寥千载，邈而无祀。历选列辟，遗迹可观，良宰名卿，清徽不灭。宜令所司，普加研访。爰自上古，洎于隋室，诸有明王圣帝，盛德宠功，定乱弭灾，安民济物，及贤臣烈士，立言显行，纬武经文，致君利俗，丘垄可识，茔兆见在者，各随所在，条录申奏。每加巡简，禁绝刍牧，春秋二时，为之致祭。若有毁坏，即宜修补。务令周尽，以称朕意。”见《册府元龟》卷一七四。是则不独前代山陵，即士大夫之丘墓并为封禁，亦兴王之一事，可为后法者矣。

停丧

停丧之事，自古所无。自建安离析，永嘉播窜，于是有不得已而停者。常炜言:“魏、晋之制,祖父未葬者,不听服官。”【原注】《晋书·慕容俊载记》。[①] 而御史中丞刘隗奏:“诸军败亡,失父母,未知吉凶者,不得仕进宴乐,皆使心丧。有犯,君子废,小人戮。”【原注】《通典》卷九八。生者犹然,况于既殁?是以“兖州刺史滕恬为丁零、翟[②]所(杀)[没],尸丧不反,恬子羡仕宦不废,论者嫌之”。【原注】《南史·郑鲜之传》。○鲜之议引“杨臻七年不除丧,三十馀年不关人事”。齐高帝时,“乌程令顾昌玄坐父法秀宋泰始中北征尸骸不反,而昌玄宴乐嬉游,与常人无异,有司请加以清议”。【原注】《南齐书·本纪》。[③] 振武将军丘冠先为休留茂所杀,丧尸绝域,不可复寻。世祖特敕,其子雄方敢入仕。【原注】《南齐书》《河南氏羌传》。当江左偏安之日,而犹申此禁,岂有死非战场,棺非异域,而停久不葬,自同平人,如今人之所为者哉?《晋书·贺循传》:“为武康令,俗多厚葬,及有拘忌回避岁月、停丧不葬者,循皆禁焉。”〔一〕《旧唐书·颜真卿传》:“时有郑延祚者,【原注】《新书》:朔方令。母卒二十九年,殡僧舍垣地。真卿劾奏之。兄弟终身不齿,天下耸动。”《册府元龟》卷一六○:后周太祖广顺二年十一月丙午敕曰:“古者立封树之制,定丧葬之期,著在经典,是为名教。洎乎世俗衰薄,风化陵迟,亲殁而多阙送终,身后而便为无主。或羁束于仕宦,或拘忌于阴阳,旅榇不归,遗骸何

① 按《载记》原文为:“廷尉监常炜上言:‘大燕虽革命创制,至于朝廷铨谟,亦多因循魏晋,唯祖父不殓葬者,独不听官身清朝,斯诚王教之首,不刊之式。’”

② “丁零、翟”,《宋书·郑鲜之传》作“丁零、翟辽”。

③ 文见《南史·齐高帝纪》,不在《南齐书》。

托？但以先王垂训，孝子因心，非以厚葬为贤，只以称家为礼。扫地而祭，尚可以告虔；负土成坟，所贵乎尽力。宜颁条令，用警因循，庶使九原绝抱恨之魂，千古无不归之骨。搢绅人士，当体兹怀。应内外文武臣僚、幕职、州县官、选人等，今后有父母、祖父母亡殁，未经迁葬者，其主家之长不得辄求仕进，所由司亦不得申举解送。”而《宋史》王子韶以不葬父母贬官，刘昺兄弟以不葬父母夺职。【原注】并本传。后之王者，以礼治人，则周祖之诏，鲁公之劾，不可不著之甲令。但使未葬其亲之子若孙，搢绅不许入官，士人不许赴举，则天下无不葬之丧矣。

〔一〕【汝成案】今世吴俗停丧不葬，回避拘忌，至于数十年，虽世家富族，往往如此，安得贺循申严明禁哉。

张稷若尔岐，采皇甫谧之名，作《笃终论》。① 其下篇曰："葬之习于侈也，于是有久而不克葬者，是徒知备物丰仪之为厚其亲，而不知久而不葬之大悖于礼也。先王之制丧礼，始死而袭，袭而敛，三日而殡，殡而治葬具。其葬也，贵贱有时，天子七月，诸侯五月，大夫三月，士逾月。先时而葬者，谓之'(得)[渴]葬'。〔一〕后时而葬者，谓之'怠丧'。其自袭而敛，自敛而殡，自殡而葬，中间皆不治他事，各视其力，日夕拮据，至葬而已。以为所以计安亲体者，必至乎葬而始毕也。袭也，敛也，殡也，皆以期成乎葬者也。殡则不可不葬，犹之袭则不可不敛，敛则不可不殡，相待而

① 皇甫谧有《笃终》，见《晋书》本传。

为始终者也，故不可以他事间也。今有人亲死逾日而不袭，逾旬而不敛，逾月而不殡，苟非狂易丧心之人，必有痛乎其中者矣。至于累年而不葬，则相与安之，何也？殡者必于客位，所以宾之也。父母而宾之，人子之所不忍也。而为之者，以将葬，故宾之也，所以渐即乎远也。殡而不葬，是使其亲退而不得反于寝，进而不得即于墓，不犹之客而未得归，归而未得至者与？非人事之至难安，而人子之大不忍者与？【原注】《晏子春秋》《内篇谏下》："生者不得安，命之曰蓄忧。死者不得葬，命之曰蓄哀。"《丧服小记》曰：'久而不葬者，惟主丧者不除，其馀以麻终月数者，除丧则已。'孔氏颖达曰：'"久而不葬"，谓有事碍，不得依月葬者，则三年冠服，身皆不得祥除。主丧者，谓子为父，妻为夫，臣为君，孙为祖，【原注】父殁持重。皆为丧主，不得除也。"其馀"，谓期以下至缌也。'【原注】刘世明曰："众子虽非丧主，亦不得除。"○张凭谓"已嫁之女犹不得除。天性难可尽夺，疑则从重"。《孔丛子》卷上《抗志》：司徒文子问于子思曰：'丧服既除，然后乃葬，则其服何服？'子思曰：'三年之丧未葬，服不变，除何有焉？'【原注】司马温公《葬论》亦云。乃知古之人有不幸有故不得葬其亲者，虽逾三年，不除服。其心所痛，在于未葬，以为与未及三月者同实也。与未及三月者同实，斯不得计时而即吉矣。何也？丧之即吉，始于虞而成于禫。虞之为礼，起于既葬，送形而往，迎精而反，故为虞以安之。未葬则无所为而虞，不虞则卒哭而祔，皆无所为而举。卒哭与祔不得举，又何为而可以练？何为而可以祥且禫？故虽逾三年，与未及三月者同实也。未及三月而欲举祥、禫之礼，行道之人弗忍矣。【原注】《丧服小记》："三年而后葬者，必再祭。"注云："谓练祥也。葬月虞，明月练，又明月祥。"刘世明曰："礼：虞而柱楣翦屏，练而毁庐居垩室，祥而席，禫而床。今此虞及练、祥虽为局促，犹追偿其事。若在异月，以其本异岁也，练、祥之服变除之宜，宜如其节也。"见《通典》卷一〇三《久丧不葬服议》。斯其所以可以除而弗除与？斯其所以宁敛形还葬，县棺而封，而必不敢为溢望奢求，以至于久而不葬也与？"由是言之，则人子之未葬其亲者，未可以虞，未可以卒哭也。未可以虞，未可以卒哭，而可以服官乎？反末代之浇风，举百王之坠制，必有圣人起而行之者。

〔一〕【杨氏曰】据《公羊传》当是"渴葬"。① "得"，字之讹也。②

陈可大澔曰："以麻终月数者，期以下至缌之亲，以主人未葬，不得变葛，故服麻，以至月数足而除，不待主人丧后之除也。然其服犹必收藏，以俟送葬也。"见《云庄礼记集说》卷六。夫未葬之丧，期已下至缌之亲且不得变葛，而为之子者乃循葬毕之制，而练而祥而禫，是则今之人其无父母也久矣。

魏刘仲武娶(母)[毌]丘氏，生子正舒、正则。及(母)[毌]丘俭败，仲武出其妻，【原注】司马师夷俭三族，故仲武出妻。更娶王氏，生陶。仲武为(母)[毌]丘氏立别舍，而不告

① 在隐公二年。

② 《刊误》卷上："原写本正作'渴'。"今据改。

绝。及(母)[毌]丘氏卒,正舒求祔葬,陶不许。正舒“不释服,讼于上下,泣血露骨,衰裳缀络,数十年弗得,以至死亡”。见《晋书·礼志中》。宋海虞令何子平母丧去官,哀毁逾礼。属大明【原注】孝武帝年号。末,东土饥荒,继以师旅,八年不得营葬,昼夜号哭,常如袒括之日,冬不衣絮,夏不就清凉,一日以米数合为粥,不进盐菜。所居屋败,不蔽风日,兄子伯兴欲为葺理,子平不肯,曰:“我情事未申,天地一罪人耳,屋何宜覆?”蔡兴宗为会稽太守,甚加矜重,为营冢圹。见《南史·孝义·何子平传》。【原注】朱子采入《小学·善行篇》。梁殷不佞为武康令,会江陵陷而母卒,“道路隔绝,不得奔赴,四载之中,昼夜号泣。及陈高祖受禅,起为戎昭将军,除娄令。至是,四兄不齐始迎丧柩归葬。不佞居处礼节,如始闻丧,若此者又三年”。见《陈书·孝行·殷不佞传》。唐欧阳通为中书舍人,“丁母忧,以岁凶未葬,四年居庐,不释服。冬月,家人密以毡絮置所眠席下,通觉,大怒,遽令撤之”。见《旧唐书·儒学·欧阳通传》。元孙瑾父丧,“停柩四载,衣不解带”。见《元史·孝友·孙瑾传》。此数事可为不得已而停丧者之法。

近年亦有一二知礼之士,未克葬而不变服者。而或且讥之曰:“夫饮酒、食肉、处内,与夫人间之交际往来,一一如平人,而独不变衣冠,则文存而实亡也。文存而实亡,近于为名。”然则必并其文而去之,而后为不近名邪?子贡欲去告朔之饩羊,子曰:“赐也,尔爱其羊,我爱其礼。”见《论语·八佾》。呜呼,夫习之难移久矣!自非大贤,中人之情鲜不动于外者。圣人为之弁冕衣裳,佩玉以教恭,衰麻以教孝,介胄以教武,故君子耻服其服而无其容。使其未葬而不释衰麻,则其悲哀之心、痛疾之意,必有触于目而常存者。此子游所谓"以故兴物",见《礼记·檀弓下》。而为孝子仁人之一助也,奚为其必去之也?【原注】今吴人丧,除服,则取冠衰履杖焚之。服终而未葬,则藏之柩旁,待葬而服。既葬,服以谢吊客,而后除且焚。此亦饩羊之犹存者矣。《诗》《桧风·素冠》曰:"庶见素韠兮,我心蕴结兮,聊与子如一兮。"哀公问曰:"绅委章甫,有益于仁乎?"孔子作色而对曰:"君胡然焉!衰麻苴杖者,志不存乎乐。非耳弗闻,服使然也。"【原注】《家语》卷二《好生》。后之议礼者,必有能择于斯者矣。

又考本朝[1]《实录》:永乐七年"七月甲戌,仁孝皇后丧,再期。皇太子以母丧未葬,禫后仍素服视事。至几筵,仍衰服"。见《太宗实录》卷六五。八年七月乙巳,仁孝皇后忌日,以未葬,礼同大祥。见《太宗实录》卷一〇六。【原注】十一年二月葬长陵。夫天子之子尚且行之,而谓不可通于士庶人乎?

侈于殡埋之饰,而民遂至于不葬其亲;丰于资送之仪,而民遂至于不举其女。于是有反本尚质之思[2];而老氏之书,谓礼为"忠信之薄而乱之首",见《老子》。则亦过矣。岂知《召南》之女,"迨其谓之",[3]【原注】《周礼·媒氏》:"凡嫁子娶妻,入币纯帛无过五两。"而夫子之告子路曰:"敛(首)[手]

① "本朝"二字,原本无,据《校记》补。

② "思",张京华《校释》作"书"。

③ 《诗·召南·摽有梅》:"求我庶士,迨其谓之。"

足形，还葬而无椁，称其财，斯之谓礼。”见《礼记·檀弓下》。**何至如《盐铁论》**《国病》**之云“送死殚家，遣女满车”，齐武帝诏书之云“斑白不婚，露棺累叶”**见《南齐书·武帝纪》。**者乎？马融有言：“嫁娶之礼俭，则婚者以时矣；丧祭之礼约，则终者掩藏矣。”**见《资治通鉴》卷五一。**林放问礼之本，孔子曰：“礼，与其奢也，宁俭。”**见《论语·八佾》。**其正俗之先务乎？**【原注】《宋史·孙觉传》：“知福州，闽俗厚于昏丧，其费无艺。觉裁为中法，使资装无得过百千。令下，嫁娶以百数，葬埋之费亦率减什五。”《元史·干文传传》：“为婺源知州。婺源之俗，男女昏聘后，富则渝其约，有育其女至老死不嫁者。亲丧，贫则不举，有停其柩累数世不葬者。文传下车，即召其耆老，使以礼训告之，阅三月，而婚丧俱毕。”

假葬

晋武帝太康中，前太子洗马郄诜寄止卫国文学讲堂十馀年。母亡，不致丧归，便于堂北壁外下棺，谓之“假葬”。【原注】《魏志·曹休传》：“年十馀岁，丧父。时天下乱，宗族各散去乡里，独与一客担丧假葬，携将老母渡江。”“假葬”字始见于此。**三年即吉，诏用为征东参军。论者以为不合礼。**见《通典》卷一〇三《假葬墙壁间三年除服议》。**《郑志》**卷下**曰：赵商问：“主丧者不除。今人违离邦族，假葬异国，礼不大备，要亦有反土之意。三年阕矣，可得除否？”答曰：“葬者，送亲之终。假葬法后代巧伪，反可以难礼乎？”**

改殡

古人改殡之礼，必反于宫寝，不拘"即远"之制。① **齐庄公以襄公二十五年为崔杼所弑，葬诸士孙之里。二十八年，崔、庆既死，"十二月乙亥朔，齐人迁庄公殡于大寝，以其棺尸崔杼于市"。二十九年，"二月癸卯，齐人葬庄公于北郭"。**俱见《左传》。**夫自郭外之葬，历三年之久，出而迁之路寝，为之改殡，不以宫廷为忌，不以兵死为嫌，古人送往慎终之礼如此。**【原注】景公，庄公之弟。〔一〕**汉和帝以梁贵人酷殁，敛葬礼阙，乃改殡于承光宫，追服丧制。**见《后汉书·皇后纪》。**盖附身、附棺之物，人子所宜自尽。若宋之高宗，于梓宫入境即承之以椁，**②**上以欺其先人，下以欺其百官兆姓，诚千古之罪人矣。**〔二〕

〔一〕【张生洲曰】世有违其乡死，柩归不入门。夫丧事"有进无退"，示民"即远"，今行者岂即远之谓乎？《杂记》："诸侯行而死于道，丧车至于庙门，不毁墙，入，适所殡。大夫、士死于道，载以輲车，入自门，举自阼阶，升适所殡。"此礼经之明文也。《左》文十五年："齐人归公孙敖之丧，惠叔毁以为请，立于朝以待命，许之，取而殡之。"注："殡于孟氏之寝。"哀二十六年："宋景公游于空泽，卒于连中。大尹奉丧殡于大宫。"

---

① 见《礼记·檀弓上》：子游曰："饭于牖下，小敛于户内，大敛于阼，殡于客位，祖于庭，葬于墓，所以即远也。故丧事有进而无退。"

② 《宋史·礼志·凶礼一》：绍兴五年，徽宗崩于五国城。十二年金人以梓宫来还。礼官请用安陵故事，梓宫入境，即承之以椁，有司预备衮冕翚衣以往，至则纳之椁中，不复改敛。

《公羊》定元年："公之丧至自乾侯，正棺于两楹之间，然后即位。"此二传之明文也。且又不止此。《左》襄二十八年："齐庆氏亡，齐人迁庄公殡于大寝。"是又改葬而反殡者也。《丧服记》"改葬缌"注："其奠如大敛，从庙之庙，从墓之墓，礼宜同。"则改葬亦"从墓之墓"耳。而庄公以弑报葬，特为反殡，以尽其礼，此亦情之所至，而礼可义起者与？夫改葬且可反殡，而今俗乃如此，亦可见礼之不讲已久。而人之拘于避忌，大惑不解，虽有孝子慈孙，亦多囿于俗而不得自致者，为可哀矣。或曰：然则《曾子问》谓"柩不可反"，何也？曰：此有进无退也。谓出不可反，非归不可入也。然则又谓"入自阙"，何也？曰：阙者，两观也。而郑氏则以为"毁宗而入，异于生"。洵如其说，则尸未大敛，载尸入门，如下所云者，何独不异于生邪？且即异于生，固入于家矣，曷尝有避凶之说邪？今人不避载尸入门，而独忌于柩，抑何愚邪！古者大夫出聘而死，既敛于柩，造于朝，介将命。夫柩可入邻国之朝，而不可入己之寝，抑何谬之甚邪！至于禁止入城之令，则虽欲归殡于家而不得，其伤孝子之心抑又甚矣。禁令限之，既无如之何。其无所限者，顾又自从而禁之，以为避凶，则古人所无，以为即远，则非此之谓。蒙故曰：事有义托于古，而实大悖乎古也。虽然，古人死而殡于庙于寝，今则尸骨未寒，置之荒烟蔓草间者多矣，又何怪乎柩归不入门哉。

〔二〕【杨氏曰】高宗此事情有可矜，不得拘泥以为欺诳。

《册府元龟》卷三一**载：后唐庄宗同光二年八月，遣宗正少卿李琼往曹州，简行哀帝陵寝。三年正月丙申敕曰："朕顾惟寡德，获嗣丕图，奉先之道常勤，送往之诚靡怠。爰自**

重兴庙社，载展郊禋，旋荡涤于瑕疵，复涵濡于庆泽。盖忧劳静国，旷坠承祧，御朽若惊，涉川为惧。由是推移岁月，郁滞情怀。恭念昭宗晏驾之辰，少帝登遐之日，咸罹虺毒，遽殒龙髯，委冠剑于仇雠，托山陵于枭獍。静惟规制，岂叶度程。存怆结以弥深，固寝兴而增惕。虔思改卜，式慰允怀。宜令所司，别选园陵，备礼迁葬，贵雪幽明之恨，以申追慕之心。凡百臣寮，体朕哀感。”虽有是命，以年饥财不足而止。

火葬

火葬之俗，盛行于江南，自宋时已有之。《宋史》《礼志二十八》：绍兴二十七年，监登闻鼓院范同言："今民俗有所谓火化者，生则奉养之具惟恐不至，死则燔爇而捐弃之。国朝著令：贫无葬地者，许以官地安葬。河东地狭人众，虽至亲之丧悉皆焚弃。韩琦镇并州，以官钱市田数顷，给民安葬，至今为美谈。然则承流宣化，使民不畔于礼法，正守臣之职也。事关风化，理宜禁止，仍饬守臣措置荒闲之地，使贫民得以收葬。"从之。景定二年，黄震为吴县尉，《乞免再起化人亭状》曰："照对本司久例，有行香寺曰通济，在城外西南一里。本寺久为焚人空亭约十间以罔利，合城愚民悉为所诱，亲死即举而付之烈焰，馀骸不化，则又举而投之深渊。哀哉，斯人何辜，而遭此身后之大戮邪！震久切痛心，以人微位下，欲言未发。乃五月六日夜，风雷骤至，独尽撤其所谓焚人之亭而去之。意者秽气彰闻，冤魂共诉，皇天震怒，为绝此根。越明日，据寺僧发觉陈状，为之备申使府，盖亦幸此亭之坏耳。案吏何人，敢受寺僧之嘱，行下本司，勒令监造？震窃谓此亭为焚人之亲设也，人之焚其亲，不孝之大者也，此亭其可再也哉！谨案，古者小敛、大敛以至殡葬，皆擗踊，为迁其亲之尸而动之也，况可得而火之邪？举其尸而畀之火，惨虐之极，无复人道，虽蚩尤作五虐之法，[①]商纣为炮烙之刑，[②]皆施之于生前，未至戮之于死后也。展禽谓夏父弗忌必有殃，既葬，焚，烟彻于上，或者天实灾之，然谓之殃，则凶可知也。[③] 楚子期欲焚麇之师，子西戒不可，虽敌人之尸犹有所不忍也。见《左传》定公五年。卫侯'掘褚师定子之墓，焚之于平庄之上'，殆自古以来所无之事。田单守即墨之孤邑，积五年，思出万死一生之计以激其民，故袭用其毒，误燕人掘齐墓，烧死人，齐人望之涕泣，怒十倍，而齐破燕矣。见《史记·田单列传》。然则焚其先人之尸，为子孙者所痛愤而不自爱其身，故田单思之五年，出此诡计以误敌也。尉佗在粤，闻汉掘烧其先人冢，陆贾明其不然，与之要约，亦曰'反则掘烧王先人冢耳'，见《史记·陆贾列传》。举至不可闻之事以相恐，非忍为之也。尹齐为淮扬都尉，所诛甚多，及死，仇家欲烧其尸，尸亡去归葬，

---

① 《书·吕刑》："蚩尤惟始作乱，延及于平民，罔不寇贼……惟作五虐之刑曰法。"

② 《韩诗外传》卷四："纣作炮烙之刑，王子比干谏，三日不去朝，纣囚杀之。"

③ 事见《国语·鲁语》。鲁夏父弗忌为宗伯，献逆祀之议，展禽曰："夏父必有殃。若血气强固，将寿宠得没，虽寿而没，不为无殃。"既其葬也，焚，烟彻于上云云。洪迈《容斋续笔》卷一三，谓"已葬而火，焚其棺椁也"。

说者谓其尸飞去。见《史记·酷吏列传》。夫欲烧其尸，仇之深也；欲烧之而尸亡，是死而有灵，犹知烧之可畏也。汉广川王去，淫虐无道，其姬昭信共杀幸姬王昭平、王地馀及从婢三人，后昭信病，梦昭平等，乃掘其尸，皆烧为灰，去与昭信旋亦诛死。见《汉书·景十三王传》。王莽作焚如之刑，烧陈良等，亦遂诛灭。见《汉书·王莽传》。【原注】魏文帝《终制》略曰："丧乱已来，汉氏诸陵，无不发掘，至乃烧取玉柙金镂，骸骨并尽。是焚如之刑也，岂不重痛哉！"见《后汉书·礼仪志下》引。东海王越乱晋，石勒剖其棺，焚其尸，曰：'乱天下者，此人也，吾为天下报之！'见《晋书·东海王越传》。夫越之恶固宜至此，亦石勒之酷而忍为此也。王敦叛逆，有司出其尸于瘗，焚其衣冠斩之，所焚犹衣冠耳。见《晋书·王敦传》。惟苏峻以反诛，焚其骨。见《晋书·苏峻传》。杨玄感反，隋亦掘其父素冢，焚其骸骨。见《隋书·卫玄传》。惨虐之门既开，因以施之极恶之人，【原注】《周礼·秋官·掌戮》："凡杀其亲者焚之。"然非治世法也。隋为仁寿宫，役夫死道上，杨素焚之，上闻之，不悦。① 夫淫刑如隋文且不忍焚人，则痛莫甚于焚人者矣。蒋玄晖渎乱宫闱，朱全忠杀而焚之，一死不足以尽其罪也。见《五代史·梁本纪一》。〔一〕然杀之者常刑，焚之者非法，非法之虐且不可施之诛死之罪人，况可施之父母骨肉乎！世之施此于父母骨肉者，又往往拾其遗烬而弃之水，则宋诛太子

---

① 黄氏所述稍有误。按《隋书·食货志》：开皇十三年，帝命杨素于岐州北造仁寿宫。素役使严急，丁夫多死，疲敝颠仆者，推填坑坎，覆以土石，因而筑为平地。死者以万数。宫成，帝行幸焉。时方暑月，而死人相次于道，素乃一切焚除之。帝颇知其事，甚不悦。

劭逆党王鹦鹉、严道育,既焚而扬灰于河之故智也,惨益甚矣!见《宋书·元凶劭传》。而或者乃以焚人为佛法,然闻佛之说,戒火自焚也。今之焚者戒火邪?人火邪?自焚邪?其子孙邪?佛者夷狄[①]之法,今吾所处中国邪?夷狄邪?有识者为之痛惋久矣。今通济寺僧焚人之亲以罔利,伤风败俗,莫此为甚。天幸废之,何可兴之?欲望台慈矜生民之无知,念死者之何罪,备榜通济寺风雷已坏之焚人亭,不许再行起置。其于哀死慎终,实非小补。"见《黄氏日钞》卷七〇。然自宋以来,此风日盛,国家虽有漏泽园之设,见《宋史·徽宗纪》。而地窄人多,不能遍葬,相率焚烧,名曰火葬,习以成俗。谓宜每里给空地若干为义冢,以待贫民之葬,除其租税;而更为之严禁,焚其亲者,以不孝罪之,庶乎礼教可兴,民俗可厚也。呜呼!古人于服器之微犹不敢投之于火,故于重也埋之,于杖也断而弃之,况敢焚及于尸柩乎?荼毗[②]之教,始于沙门,被发之风,终于戎翟[③],辛有之适伊川,其亦预见之矣。[④] 为国以礼,后王其念之哉!【原注】《列子》《汤问》言:"秦之西有义渠之国者,其亲戚死,聚柴积而焚之,熏则烟上,谓之登遐,然后成为孝子。"《荀子》《大略》言:"氐羌之民,其虏也,不忧其系累,而忧其死不焚也。"盖西羌之俗有之。〔二〕

---

① "夷狄",原本作"外国",据《校记》改。下"夷狄"字同此。

② "荼毗",佛教称火化尸体为荼毗,又作荼毗。

③ "被发之风,终于戎翟",原本作"塞外之风,被于华夏",据《校记》改。

④ 《左传》僖公二十二年:"初,平王之东迁也,辛有适伊川,见被发而祭于野者,曰:'不及百年,此其戎乎!其礼先亡矣。'"

〔一〕【杨氏曰】玄晖之事非实也,乃全忠诬何太后耳。

〔二〕【汝成案】火葬之事,杭城至今犹沿其俗,至为惨伤。而长官不为禁止,士大夫不知动色诫谕,习为故常。而今杭城火灾日月相告,往往一家火发,连及数家或数十家,甚至有通巷被焚者。当火起时,官民奔救,莫之能止,安知非此火化之魂积怨而致此厉也。

【又案】近世江西广信一路,又有所谓洗骨葬者。既葬二三年后,辄启棺,洗骨使净,别贮瓦瓶内埋之。是以争吉壤者往往多盗骨之弊,发而成讼,辄贮官库。夫古人亲死,三寸之棺,五寸之椁,附身附棺之具,必诚必信,勿之有悔,而窀穸之事,尤为严重,盖以葬埋为兢兢。乃今至于火葬、洗骨葬,火葬则焚弃其亲,洗骨葬则与受伤身死当官检验者何异?安有仁人孝子乃恬不知怪,相率而为之,不知禁绝哉?

宋以礼教立国,而不能革火葬之俗,于其亡也,乃有杨琏真伽之事。①

漏泽园之设,起于蔡京,②不可以其人而废其法。〔一〕

〔一〕【赵氏曰】按《月令》已有"掩骼埋胔"。《后汉·桓帝纪》:"京师死者相枕,若无亲属者,可于官壖地葬之,表识姓名,为设祠祭。"则后汉已有此制。而宋初又已著令:"贫无葬地者,许以官地安葬。"见于范同奏疏。天禧中,于京城外四禅院买地瘗

① 《元史·世祖纪》:杨琏真伽擅发宋诸陵,取其宝玉,凡发冢一百有一所,戕人命四,攘盗诈掠诸赃为钞十一万六千二百锭,田二万三千亩,金银、珠玉、宝器称是。

② 《宋史·食货志上六》:"崇宁初,蔡京当国,置居养院、安济坊。……三年,又置漏泽园。初,神宗诏:'开封府界僧寺旅寄棺柩,贫不能葬,令畿县各度官不毛地三五顷,听人安厝,命僧主之。……'至是,蔡京推广为园。"援庵《校注》:徐度《却埽编》下,漏泽园之设始于元丰间陈向。

无主骸骨,每具官给六百文,幼者半之。见韩魏公《君臣相遇传》。又仁宗嘉祐七年,诏开封府市地于四郊,给钱瘗贫民之不能葬者,神宗亦诏给地葬畿内寄菆之丧。是漏泽之设,不自蔡京始也,特其名或起于京耳。

【小笺】按:《后汉书·桓帝纪》诏:"京师死者相枕,若无亲属,可于官堧地葬之,表识姓名,为设祠祭。"然则掩骼埋胔,古人有行之者矣。

又按:《清波杂志》:"蔡京死于潭州,以青布裹尸,藁葬漏泽园。"权奸有一事之善而即以身获其报,视为法自毙者何如也?

期功丧去官

古人于期功之丧,皆弃官持服。《通典》卷八〇:**"安帝初,长吏多避事弃官。乃令:自非父母服,不得去职。"考之于书,如韦义以兄顺丧去官,**见《后汉书·韦义传》。**杨仁以兄丧去官,**见《后汉书·儒林·杨仁传》。**谯玄以弟服去官,**见《后汉书·独行·谯玄传》。**戴封以伯父丧去官,**见《后汉书·独行·戴封传》。**马融遭兄子丧自劾归,**见《后汉书·马融传》。**陈寔以期丧去官,**见《后汉书·陈寔传》。**贾逵以祖父丧去官。**见《三国志·魏书·贾逵传》。**又《风俗通》**《十反》**云"范滂父字叔矩,博士征,以兄忧不行",《刘衡碑》云"为勃海王郎中令,以兄琅邪相**(忧)[亡],[①]**即日轻举"**,见《金石录》卷一八。**《圉令赵君碑》云**

① 《刊误》卷上:"潜丘阎氏曰:案碑云'以兄琅琊相亡',非'忧'字也,从《金石录》。汝成案:赵明诚《金石录》作'忧'字,顾氏盖承其讹云。"

“司徒杨公辟，以兄忧，不至”，见《隶释》卷二六。则兄丧亦谓之忧也。《曹全碑》云“迁右扶风槐里令，遭同产弟忧，弃官”，见《东汉文纪》卷三〇。则弟丧亦谓之忧也。《度尚碑》云“除上虞长，以从父忧，去官”，见《金薤琳琅》卷五。《杨著碑》云“迁高阳令，[①]遭从兄沛相忧，笃义忘宠，飘然轻举”，见《隶释》卷一一。则从父、从兄丧亦谓之忧也。《陈重传》云“举尤异，当迁为会稽太守，遭姊忧去官”，见《后汉书·陈重传》。则姊丧亦谓之忧也。【原注】古人凡丧皆谓之忧，其父母丧则谓之“丁大忧”，见《北史·李彪传》。《王纯碑》云“拜郎，失妹宁归，遂释印绂”，见《隶释》卷七。晋陶渊明作《归去来辞》，自序曰“寻程氏妹丧于武林，情在骏奔，自免去职”，则已嫁之妹，犹去官以奔其丧也。《晋·嵇绍传》“拜徐州刺史，以长子丧去职”，则子之丧亦可以去官也。后汉末时，人多不行妻服，荀爽“引据大义，正之经典，虽不悉变，亦颇有改者”。见《后汉书·荀爽传》。晋泰始中，杨旌有伯母服未除而应孝廉举，博士韩光议以宜贬，又言：“天水太守王孔硕举杨少仲为孝廉，有期[②]之丧而行，甚致清议”。见《通典》卷一〇一《周丧察举议》。而潘岳《悼亡诗》曰“亹亹期月周，戚戚弥相愍”，又曰“投心遵朝命，挥涕强就车”，是则期丧既周，然后就官之证。今代之人躁于得官，轻于持服，令晋人见之，犹当耻与为伍，况三代圣贤之列乎！

① 《刊误》卷上：“‘迁高阳令’，阎氏曰：碑作‘拜思善侯相’。此误。”按：此碑全文见于《隶释》卷一一及《东汉文纪》卷三二，碑先言“迁高阳令”，后言“拜思善侯相”，顾氏不误，特节略失当耳。

② “期”，《通典》原文作“周”。

《晋书·傅咸传》:“惠帝时,司隶荀恺从兄丧,自表赴哀。诏听之而未下,恺乃造太傅杨骏。咸奏曰:‘死丧之威,兄弟孔怀,同堂亡陨,方在信宿。圣恩矜悯,听使临丧,诏旨未下,辄行造谒。急谄媚之敬,无友于之情,宜加显贬,以隆风教。’”《张辅传》:“梁州刺史杨欣有姊丧,未经旬,车骑长史韩预强聘其女为妻。辅为中正,贬预,以清风俗。”《刘隗传》:“世子文学王籍之居叔母丧而婚,东(阁)[阁]祭酒颜含在叔父丧嫁女,隗并奏之。庐江太守梁龛明日当除妇服,今日请客奏伎,丞相长史周颛等三十馀人同会。隗奏曰:‘夫嫡妻长子,皆杖居庐,故周景王有三年之丧,既除而宴,《春秋》犹讥。况龛匹夫,暮宴朝祥,慢服之愆,宜肃丧纪之礼,请免龛官,削侯爵。颛等知龛有丧,吉会非礼,宜各夺俸一月。’从之。”《谢安传》:“期丧不废乐,王坦之以书喻之,不从。衣冠效之,遂以成俗,世颇以此讥焉。”当日期功之丧,朝廷犹以为重,是以上挂弹文,下干乡议。【原注】《史记·魏其武安传》:丞相语灌夫曰:“吾欲与仲孺过魏其侯,会仲孺有服。”《索隐》曰:“服谓期功之服。”是则汉时有服不预宴会之证。《旧唐书·王方庆传》:奏言:“令:‘杖期、大功丧未葬[①],不预朝贺;未终丧,不预宴会。’比来朝官不遵礼法,身有哀容,陪预朝会,手舞足蹈,公违宪章,名教既亏,实玷皇化。伏望申明令式禁断。”唐时格令,未坠前经。今则有说齐衰而入大夫之门,停殡宫而召亲朋之会者,至

① “杖期、大功丧未葬”,《旧唐书》原文作“期丧、大功未葬”。

乃髽踊方闻,衿鞶已饰,[①]败礼伤教,日异岁深,宜乎板荡之哀甚于永嘉之世。[②] 呜呼!有人心者则宜于此焉变矣。〔一〕

〔一〕【杨氏曰】世代之降,大抵礼日益替,法日益弛,所以持世者,俗说异端而已。

裴庭裕〔一〕《东观奏记》卷上:"大中朝,有前乡贡进士杨仁赡,女弟出嫁前进士于瓌。纳函之日,有期丧,仁赡不易其日。宪司纠论,贬康州参军,驰驿发遣。"《册府元龟》卷一五四:"后唐明宗天成(二)[三]年九月,敕原州司马聂屿,擢从班列,委佐亲贤,不守条章,强买店宅。细询行止,颇骇听闻。丧妻未及于半年,别成姻媾;弃母动逾于千里,不奉晨昏。令本处赐死。"唐季、五代之时,其法犹重。

〔一〕【杨氏曰】"庭裕"或作"延裕",见《通鉴考异》。

《册府元龟》卷八五二:"唐薛膺为左补阙,弟齐,临陈为飞矢所中,卒。膺闻难,不及请告,驰马以赴,与弟褒、庠处丧如礼。膺去左补阙,庠去河南县尉、直弘文馆,与褒皆屏居外野,布巾终丧。蹈名教者推之。"

《宋史》:"王岩叟为泾州推官,闻弟丧,弃官归养。"见《王岩叟传》。"吕祖俭监明州仓,将上,会兄祖谦卒。部法:半年不上者为违年。祖俭必欲终期丧,朝廷从之,诏违年

① 髽,古丧礼,女子以麻束发踊鞶。踊,丧礼顿足而哭。鞶,囊也,以盛帨巾之属。
② 永嘉,西晋怀帝年号。时继八王之乱,胡人刘渊、刘聪、石勒等起兵灭晋。

者以一年为限，自祖俭始。”见《吕祖俭传》。然史之所书，亦寥寥矣。

汉人有以师丧去官者，如延笃、孔昱、【原注】《后汉书》本传。刘焉，【原注】《三国志》《蜀志》本传。并见于史。而荀淑之卒，李膺时为尚书，自表师丧，见《后汉书·荀淑传》。则朝廷固已许之矣。其亦子贡“筑室于场”、见《孟子·滕文公上》。二三子“群居则绖”见《礼记·檀弓上》。之遗意也与？

缌丧不得赴举

宋天禧三年正月乙亥，“诸路贡举人郭稹等四千三百人，见于崇政殿。时稹冒缌丧赴举，为同辈所讼。上命典谒诘之，引服。付御史台劾问，殿三举，同保人并赎金，殿一举”。见《续资治通鉴长编》卷九三。今制：非三年之丧皆得赴举，故士弥躁进，而风俗之厚不如昔人远矣。

丧娶

《春秋》文公二年“冬，公子遂如齐纳币”，《公羊传》：“纳币不书，此何以书？讥。何讥尔？［讥］[①]丧娶也。娶在三年之外，则何讥乎丧娶？三年之内不图婚。”何休注曰：“僖公以十二月薨，至此未满二十五月。又礼先纳采、问名、纳吉，乃纳币，此四者皆在三年之内，故云尔。”然则

① “讥”字据张京华《校释》补，《公羊传》原有“讥”字。

纳币犹讥，而况于昏嫁乎？唐高宗永徽中，衡山公主将出降长孙氏，议者以时既公除，合行吉礼。于志宁上疏言："《礼记》曰：'女子十五而笄，二十而嫁。有故，二十三而嫁。'郑玄云：'有故，谓遭丧也。'《春秋》书鲁庄公'如齐纳币'，杜预云：'母丧未再期而图婚，二传不讥，失礼明故也。'此则史策具载，是非历然，断在圣情，不待问于臣下。其有议者云：'准制，公除之后，须并从吉。'【原注】汉文帝诏曰："天下吏民毋禁取妇、嫁女、祠祀、饮酒、食肉。"①此汉文创制其仪，为天下百姓。至于公主，服是斩衰，纵使服随例除，无宜情随例改。心丧之内，方复成婚，非惟违于礼经，亦是人情不可。伏惟陛下嗣膺宝位，临统万方，理宜继美羲、轩，齐芳汤、禹。弘奖仁孝之日，敦崇名教之秋，伏愿遵高宗之令轨，略孝文之权制，国家于法无亏，公主情礼得毕。"于是诏公主待三年服阕，然后成礼。见《旧唐书·于志宁传》。岂非有国之典，本于天经地义，故守礼之臣，犹得引经而争者哉？

《晋书·载记》言："石勒下书，禁国人不听在丧嫁娶。"【原注】时勒号所部为"国人"。《金史·章宗纪》："承安五年三月戊辰，定妻亡服内昏娶听离法。七月癸亥，定居祖父母丧昏娶听离法。"夷狄之代②犹然，今之华人③反不讲此。〔一〕

---

① 见《史记·文帝纪》，此文帝遗诏，而引文过简，原文作"其令天下吏民，令到出临三日，皆释服。毋禁取妇、嫁女、祠祀、饮酒、食肉者"。

② "夷狄之代"，原本作"僭国闰朝"，据《校记》改。

③ "今之华人"，原本作"今人"，据《校记》改。

〔一〕【杨氏曰】今人有乘新丧而娶者，谓之“拔亲”，或云“白亲”。世俗浇漓，丧婚败礼，莫斯极矣。

《实录》：正统十三年四月，楚王季埱奏：“弟大冶王季堧，择武昌护卫指挥同知翟政妹为妃。昏期在迩，不意叔崇阳王孟炜薨逝，季堧应持服，未敢成昏。”上命礼部议，言：“王于崇阳王当服期年。缘崇阳王未薨之先，君命已下，节册到日，合令妃翟氏拜受，候服满成昏。”从之。见《英宗实录》卷一六五。【原注】正月乙未，遣永康侯徐安等持节册封王妃。

天顺三年十月庚戌，沈王佶焞奏：“父康王存日，择潞州民李刚女为弟永年王妃，李磐为妹长平郡主仪宾，已受封册，未及成昏而父王薨。今父丧已越大祥，《阴阳书》谓明年为弟妹婚不利，乞允于今年择日嫁娶。”礼部侍郎邹干言：“三年之丧，礼之大者。服内成亲，律有明禁。今沈王与郡王、郡主俱父丧未终，乃惑于阴阳之说，而欲废此丧制。乞行长史司启王，俾待服阕成礼。”上曰：“是长史不能辅导之罪也，其命巡按御史执问如律。”见《英宗实录》卷三〇八。

十月癸丑，广灵王逊烑薨。癸酉，敕灵丘王逊烇曰：“所奏第四子、第五子俱镇国将军，并女临城县主，俱已奏报，欲于本年九月后成婚。且尔兄初丧，正哀戚不暇之时，乃欲为男女成婚，以废大礼，是岂所忍为哉！”不允所奏。见《英宗实录》卷三〇八。

宪庙大婚在天顺八年之七月，虽托之遗诏，而士大夫多以为非。故南京礼部右侍郎章纶有“请待来春”之奏。见《宪宗实录》卷七。

衫帽入见

《唐书·李训传》：“文宗召见，训以(衰)[缞]粗难入禁中，令戎服，号王山人。”此引《旧唐书》。《宋史·蔡挺传》：“仁宗欲知契丹事，召对便殿。挺时有父丧，听以衫帽入。”则唐、宋有丧者，不敢假公服也。今人干谒官长，辄易青黑，与常人无异，是又李训之不如乎？

奔丧守制

《记》曰：“奔丧者，自齐衰以下。”见《礼记·奔丧》。是古人于期功之丧无有不奔者。《太祖实录》卷二〇一：“洪武二十三年闰四月甲戌，除期年奔丧之制。先是，百官闻祖父母、伯叔父母、兄弟丧，俱得奔赴。至是吏部言：‘祖父母、伯叔父母、兄弟皆期年服，若俱令奔丧守制，或一人连遭数丧，或道路数千里，则居官日少，更易繁数，旷官废事。〔一〕今后除父母及祖父母承重者丁忧外，其馀期服不许奔丧。’诏从之。”此出于一时权宜之政，沿习以来，至三百年，遂以不奔丧守制为礼法之当然，而倍死忘哀多见于搢绅之士矣。〔二〕

〔一〕【汝成案】以尊降之礼例之，妻、適子丧宜去官，伯叔父、兄弟可不去官。

〔二〕【杨氏曰】其敝总由于远官,若近在三五百里,即少旷废之患矣。

《实录》又言:"二十七年四月,署北平按察司事、监察御史陈德文奏言:'嫁母刘氏卒,乞奔丧。'许之。德文四岁丧父,家贫,随母嫁陈氏,后年长归宗。至是其母卒,时已除奔丧之制,德文恳请甚至,上特怜而许之。"见《太祖实录》卷二三三。**是圣祖虽依吏部之奏,而仍通于人子之情,固未尝执一也。**

三代圣王教化之事,其仅存于今日者,惟服制而已。丧乱以来,浸已废坠。窃谓父母之丧,自非金革,不得起复,著之国典,〔一〕**人人所知。其祖父母、伯叔父母、兄弟之丧,并依洪武初年之制,许令解官奔赴,**【原注】姊妹、妻、子虽期丧,不必解官。**服满补职。其他虽持重服而不去官者,**【原注】唐制:为嫡子斩衰三年而不去官。见《旧唐书·礼仪志》。**及大功以下丧者,京官许以素服朝参,不预庆贺。**【原注】《唐书·王方庆传》,见上。① ○玄宗开元二十五年十一月丁亥,御史大夫李适之奏:"每当正旦及缘大礼,应朝官并六品清官并衣朱衣,六品以下并许通著裤褶。朔望日,文武朝集,使并服裤褶。如有惨故,准式不合著朱衣裤褶者,其日听不入朝。"○《畅当传》:"入公门变服,今期丧已下惨制是也。"**在外诸司素服治事,**【原注】公服之内,仍用麻葛。**祭祀宴会,俾佐贰摄之。未任之官,无得谒**

① 见上,即见前"期功丧去官"条。

选。生员但岁考，不赴科举。庶人之家，不许嫁娶。十五月禫后，复故。其有期功丧，宴会作乐者，官员罢职，士子黜退。仍书之申明亭，以示清议，庶几民德归厚。若夤缘干请之风，亦不待禁而衰止矣。

〔一〕【沈氏曰】沈世泊云："案起复者，丧制未终，勉其任用，所谓夺情起复者也。如欧阳公《晏殊神道碑》：'明年迁著作佐郎，丁父忧去官。已而真宗思之，即其家起复为淮南发运使'，及史嵩之丧父，'经营起复'是也。今人不考，例以服阕为起复，误矣。宋制，衔上亦带书，如'起复左仆射中书门下平章事臣赵普'是也。"

洪武十一年［十］二月，[①]广西布政使臧哲以母丧去官。上思之，特遣人赐米六十石，钞二十五锭。自后，凡官以父母丧去职而家居者，皆有赐焉。见《太祖实录》卷一二一。十七年正月，命吏部："凡官员丁忧，已在职五年，廉勤无赃私过犯者，照名秩给半禄终制。在职三年者，给三月全禄。"见《太祖实录》卷一五九。

丁忧交代

昔时见有司[②]丁父母忧，闻讣奔丧，不出半月。近议必令交代，方许离任，至有欠库未补，服阕犹不得归者。是则

① 《刊误》卷上："原写本作'十二月'"。《实录》正在十二月。

② 按张京华《校释》，"有司"下有"官"字。

钱粮为重，伦纪为轻，既乖宰物之方，复失使臣之礼。其弊之由，始于刻削太过。盖昔者钱粮掌于县丞，案牍掌于主簿，税课掌于大使，【原注】余家有嘉靖年买地文契，皆用税课司印，万历后用县印。为令者稽其要而无所与焉；又皆俸足以赡其用，而不取之库藏，故闻讣遄行，无所留滞，而亦不见有那移侵欠之事。今则州县之中，锥刀之末，上尽取之，而大吏之诛求尤苦不给，库藏罄乏，报以虚文，至于近年，天下无完库矣。即勒令交代，亦不过应之以虚文，徒滋不孝之官，而无益于国计盈虚之数也。呜呼！君人者亦知养廉为致孝之源乎？

陶侃谓王贡曰："杜弢为益州刺史，盗用库钱，父死不奔丧。卿本佳人，何为随之也？天下安有白头贼乎？"贡遂来降，而弢败走。见《晋书·陶侃传》。今日居官之辈大半皆如杜弢，然如此之人，作贼亦不能成也。

史言：梁高祖丁文皇帝【原注】高祖父丹阳尹顺之。忧时，为齐随王镇西谘议参军，"在荆镇，髣髴奉(问)［闻］，便投(剑)［劾］星驰，不复寝食，倍道前行，愤风惊浪，不暂停止。及居帝位，立七庙，月中再过。每至展拜，常涕泗滂沱，哀动左右"。见《梁书·武帝纪》。然则明王孝治天下，而不遗小国之臣，必有使之各尽其情者矣。

洪武八年八月戊辰，诏："百官闻父母丧者，不待报，许即去官。"时北平按察司佥事吕本言："近制，士大夫出仕在外，闻父母之丧，必待移文原籍审核，俟其还报，然后奔丧。臣窃以为中外官吏去乡，或一二千里，或且万里。及其文移往复,近者弥月,远者半年。使为人子者衔哀待报,比还家,则殡葬已毕,岂惟莫睹父母容体,虽棺柩亦有不及见者。揆之子情,深可怜悯。臣请自今官吏,若遇亲丧,许令其家属陈于官,移文任所,令其奔赴,然后核实。庶人子得尽送终之礼,而朝廷孝理之道彰矣。”上然之,故有是命。见《明太祖实录》卷一〇〇。

武官丁忧

《晋书》《姚兴载记》言:“姚兴下书:将帅遭大丧,非在疆埸险要之所,皆听奔赴。及期,乃从王役。”宋岳飞乞终母丧,以张宪摄军事,步归庐山。《元史》《成宗纪》言:“成宗诏军官,除边远出征,其馀遇祖父母、父母丧,依民官例,立限奔赴。”然则今制武官不丁忧,非一道同伦之义也。国史言:“洪武二十(八)[九]年,兰州卫指挥佥事徐遵等,以父及祖母病卒,奏乞扶柩归葬乡里。廷议勿许,上特可之。”见《明太祖实录》卷二四六。岂非“求忠臣必于孝子之门”见《后汉书·韦彪传》。者邪!

居丧饮酒

唐宪宗元和九年四月癸未,京兆府奏:“故法曹陆赓男慎馀,与兄博文居丧,衣华服过坊市,饮酒食肉。”诏各决四十,慎馀流循州,博文递归本贯。【原注】《册府元龟》卷一五三。

十二年四月辛丑，“驸马都尉于季友，坐居嫡母丧，与进士刘师服宴饮。季友削官爵，笞四十，忠州安置；师服笞四十，配流连州。于頔以不能训子，削阶”。【原注】《旧唐书·本纪》。以礼坊民，而法行于贵戚，此唐室之所以复振也。

姚兴时，有给事黄门侍郎古成诜，每以天下是非为己任。京兆韦高慕阮籍之为人，居母丧，弹琴饮酒。诜闻而泣曰：“吾当私刃斩之，以崇风教。”遂持剑求高，高惧而逃匿，终身不敢见。见《晋书·姚兴载记》。氐羌之朝，[①]犹有此人！

匿丧

后唐明宗天成三年闰八月，滑州掌书记孟升匿母忧，大理寺断流。奉敕：“朕以允从人望，嗣守帝图，政必究于化源，道每先于德本，贵持国法，以正人伦。孟升身被儒冠，职居宾幕，比资筹画，以赞盘维。而乃都昧操修，但贪荣禄，匿母丧而不举，为人子以何堪！渎污时风，败伤名教。五刑是重，十恶难宽。将(复)[遣]投荒，[②]无如去世。可赐自尽。”其观察使、判官、录事参军失于纠察，各有殿罚。见《册府元龟》卷一五四。

① “氐羌之朝”，原本作“僭乱之国”，据《校记》改。

② 《刊误》卷上：“‘复’，诸本同，原写本作‘遣’。”按《册府元龟》正作“遣”，据改。

国恤宴饮

《春秋左氏传》襄公二十九年言:"吴公子札自卫如晋,将宿于戚。【原注】卫大夫孙文子邑。闻锺声焉,曰:'异哉,夫子获罪于君以在此。【原注】文子以戚叛。惧犹不足,而又何乐?夫子之在此,犹燕之巢于幕上,君又在殡,【原注】献公卒未葬。而可以乐乎?'遂去之。文子闻之,终身不听琴瑟。"汉、魏以下有山陵未成而宴饮者,《汉书·元后传》"司隶校尉解光奏:'曲阳侯王根,骨肉至亲,社稷大臣。先帝山陵未成,公聘取故掖庭女乐五官殷严、王飞君等,置酒歌舞,无人臣礼,大不敬不道。'以根尝建社稷之策,遣就国。其兄子成都侯况免为庶人,归故郡",《魏书·甄楷传》"除秘书郎。世宗崩,未葬,楷与河南尹丞张普惠等饮戏,免官"是也。有国丧未期而宴饮者,《晋书·锺雅传》"拜尚书左丞,奏言:肃祖明皇帝弃背万国,尚未期月,圣主缟素,百寮惨怆。尚书梅陶无大臣忠慕之节,家庭侈靡,声伎纷葩,丝竹之音,流闻衢路,宜加放黜,以整王宪"是也。【原注】时穆后临朝,特原不问,然百僚惮之。有国忌而宴饮者,《旧唐书·德宗纪》"贞元十二年五月丁巳,驸马都尉郭暧、王士平及暧弟煦、暄坐代宗忌日宴饮,贬官归第"是也。此皆故事之宜举行者。礼者,君之大柄,可听其颓弛而不问乎?

宋朝家法

宋世典常不立，政事丛脞，一代之制，殊不足言。然其过于前人者数事，如人君宫中自行三年之丧，一也；外言不入于梱，[①]二也；未及末命即立族子为皇嗣，三也；不杀大臣及言事官，四也。此皆汉、唐之所不及，故得继世享国至三百馀年。若其职官、军旅、食货之制，冗杂无纪，后之为国者并当取以为戒。〔一〕

〔一〕【杨氏曰】不杀大臣是美事，然如蔡京、秦桧、丁大全诸人则失刑也。

① 《礼记·曲礼上》："外言不入于梱，内言不出于梱。"梱，通阃。

日知录集释卷十六

明经

今人但以贡生为明经，非也。唐制有六科，一曰秀才，二曰明经，三曰进士，四曰明法，五曰书，六曰算。见《唐六典》卷二。【原注】《大唐新语》卷一〇："隋炀帝置明经、进士二科。国家因隋制，增置秀才、明法、明字、明算，并前为六科。"**当时以诗赋取者谓之进士，**【原注】《金史·移剌履传》："进士之科，隋大业中始试以策，唐初因之，高宗时杂以箴、铭、赋、诗，至文宗始专用赋。"**以经义取者谓之明经。**【原注】叶石林《避暑录话》卷上："唐制取士，用进士、明经二科。本朝初，唯用进士，其罢明经不知自何时。仁宗患进士诗赋浮浅，不本经术，嘉祐三年，始复明经科。"**今罢诗赋而用经义，则今之进士乃唐之明经也。**〔一〕

〔一〕【阎氏曰】金有经义进士、词赋进士，进士中亦分二目。

【续补正】叶方宣云："《日知录》曰：'唐以诗赋取者为进士，以经义取者为明经。'此说未核。《封氏闻见记》谓：'进士试时务策五道。开曜元年，员外郎刘思立请加赋、杂文两道，并帖小经。其后改帖六经，进士以帖经为大。'《唐摭言》谓：'则天神龙元年，始行三场试，故常列诗赋题于榜中。'知进士不颛以诗赋也。明经亦有试诗，王贞白有《帖经日试宫池产瑞莲》诗。"遇孙案，方宣，名抱崧，号丽农，江苏南汇人，著有《说叩》若干卷。

【校正】阎云：愚尝见茅鹿门评韩文《赠张童子序》曰"张本与昌黎同举进士"，不觉失笑。童子自是明经，昌黎方是进士，两人出身各不同。今昌黎榜进士凡三十馀人，姓名具在，无所为童子也。鹿门其亦未识古今贡举之制乎？今见亭林此论，实获我心。又案：金有经义进士、词赋进士，进士中兼二种，亦不可不知。

唐时入仕之数，明经最多。考试之法，令其全写注疏，谓之帖括。议者病其不能通经。权文公德舆**谓："注疏犹可以质验，不者，傥有司率情，上下其手，既失其末，又不得其本，则荡然矣。"**见《文苑英华》卷六八九权德舆《答柳福州书》。**今之学者并注疏而不观，殆于本末俱丧，然则今之进士又不如唐之明经也乎？**

秀才

《旧唐书·杜正伦传》："正伦，隋仁寿中与兄正玄、正藏俱以秀才擢第。(唐)**[隋]代举秀才止十馀人，正伦一家有三秀才，甚为当时称美。"《唐登科记》：武德至永徽，每年进士或至二十馀人，而秀才止一人二人。**见《文献通考》卷二九《唐登科记总目》。【原注】《旧唐书·职官志一》则云："秀才，有唐已来无其人。”①〔一〕**杜氏《通典》**卷一五《选举三》**云：“初，秀才科第最高，试方略策五条，有上上、上中、上下、中上，凡四等。贞观中，有举而不第者，坐其州长，由是废绝。**【原注】《新唐书》《选举志上》：“高宗永徽二年始停秀才科。”**士人所趋向，惟明经、进士二科而已。”显庆初，黄门侍郎刘祥道奏言：“国家富有四海，于今已四十年，百姓官寮未有秀才之举。未必②今人之不如昔，将荐贤之道未至，岂使③方称多士，遂缺斯人？请六品以下，爰及山谷，特降纶言，更审搜访。”**见《旧唐书·刘祥道传》。**唐人之于秀才，其重如此。**【原注】“秀才”字出《史记·贾生传》：“年十八，以能诵诗属书，闻于郡中。吴廷尉为河南守，闻其秀才。”而《儒林传》公孙弘等之议则曰“有秀才异等，辄以名闻”。此“秀才”之名所起。**玄宗御撰《六典》**卷三〇，**言“凡贡举人有博识高才、强学待问、无失俊选者，为秀才。通二经已上者，为明经。明闲时务、精熟一经者，为进士”，《张昌龄传》“本州欲以秀才举之，昌龄以时废此科已久，固辞，乃充进士贡举及第”，是则秀才之名乃举进士者之所不敢当也。**【原注】《册府元龟》④：“开元二十四年已后，复有秀才举。其时以进士渐难，而秀才本科无贴经及杂文之限，反易于进士。主司以其科废久，不欲收奖。应者多落之，三十年来无登第者。至天宝初，礼部侍郎韦陟始奏请，有堪此举者，乃令长官特考。其常年举送者，并停。”《册府元龟》卷四六五《台省部》又言：“代宗朝，杨绾

---

① 按：此指无以秀才“出身入仕”者。

② “未必”，今本《旧唐书》作“岂”。

③ “岂使”，今本《旧唐书》作“宁可”。

④ 按下引文见于《文献通考》卷二九《选举考二》，《元龟》无此文。

为礼部侍郎，请制五经秀才科，事寝不行。”而《旧唐书·儒学传》：“冯伉，大历初登五经秀才科。”则是尝行之而旋废耳。**又《文苑英华·判目》有云“乡举进士，至省求试秀才，考功不听，求诉不已。赵岊判曰：‘文艺小善，进士之能。访对不休，秀才之目’”，**【原注】《文选》卷三八任昉《为萧扬州作荐士表》：“访对不休，质疑斯在。”**是又进士求试秀才而不可得也。今以生员而冒呼此名，何也？**【原注】《容斋三笔》卷二《秀才之名》谓：“秀才之名，自宋、魏以后，实为贡举科目之最，而今世俗以为相轻之称。”

〔一〕【王氏曰】唐时秀才则为尤异之科，不常举。大约终唐之世，为常选之最盛者不过明经、进士两科而已。

国[①]初尝举秀才，【原注】洪武十五年，征至秀才数千人。**如《太祖实录》洪武四年四月辛丑“以秀才丁士梅为苏州府知府，童权为扬州府知府，俱赐冠带”，**见卷六四。**十年二月丙辰“以秀才徐尊生为翰林应奉”，**见卷一一一。**十五年八月丁酉“以秀才曾泰为户部尚书”**见卷一四七。**是也。亦尝举孝廉，**【原注】洪武十八年十二月丙午。见卷一七六。**“洪武二十年二月己丑，以孝廉李德为应天府尹”**见卷一八〇。**是也。此辟举之名，非所施于科目之士。今俗谓生员为秀才，举人为孝廉，非也。**

① “国”，原本作“明”，据《校记》改。

举人

举人者，举到之人，《北齐书·鲜于世荣传》“以本官判尚书省右仆射事，与吏部尚书袁聿修在尚书省，简试举人”，《旧唐书·高宗纪》“显庆四年二月乙亥，上亲策试举人凡九百人”，“调露元年十二月甲寅，临轩试应岳牧举人”是也。登科则除官，不复谓之举人，而不第则须再举，【原注】《太祖实录》卷八：“许瑗，饶之乐平人。至正中，两以《易经》举于乡，皆第一，会试不第。”〇《赣州府志》曰：“乡举在宋为漕试，谓之发解，第阶之解送南宫会试耳。试不第者，须再试，未阶以入仕也。及累举不第，然后有推恩焉，谓之‘特奏名’，不复系诸乡举矣。元时亦然。至国朝始定为入仕之途，则一代之新制也。”〇按宋时亦有不须再试而送南宫者，谓之“免解进士”。《渑水燕谈》卷一：“仁宗籍田时，许开封国学举人陪位，因得免解。”**不若今人以举人为一定之名也。进士乃诸科目中之一科，而传中有言“举进士”者，有言“举进士不第”者。**【原注】孟浩然应进士不第，杜甫天宝初应进士不第，唐衢应进士久而不第，温庭筠大中初应进士累年不第，吴筠举进士不第，皇甫镇举进士二十三上不中第。〇《五代史》亦然：敬翔乾符中举进士不中，郑遨唐昭宗时举进士不中，李振常举进士咸通、乾符中连不中，郑珏举进士数不中，司空颋唐僖宗时举进士不中，冯玉少举进士不中，李鏻少举进士累不中，贾纬少举进士不中。**但云“举进士”，则第不第未可知之辞，不若今人已登科而后谓之进士也。**【原注】宋徽宗宣和六年，礼部试进士至万五千人，是年赐第八百五人。见《偃山外集》卷一三《玉堂漫笔》。**自本人言之，谓之“举进士”，自朝廷言之，谓之“举人”，**【原注】唐文宗开成三年五月丁巳朔敕礼部贡院：“进士举人，岁限放三十人及第。”见《旧唐书·文宗纪》。进士举人者，谓举进士之人也。**进士即是举人，不若今人以乡试榜谓之举人，会试榜谓之进士也。**〔一〕

〔一〕【赵氏曰】今会试中式者，礼部放榜，但云“会试中式举人”，必俟殿试后赐进士及第、出身、同出身，始谓之进士。或有事故不及赴殿试者，尚是中式举人，不得称进士。盖犹沿唐、宋遗制。

永乐六年六月，翰林院庶吉士沈升上言：“近年各布政司、按察司不体朝廷求贤之盛心，苟图虚誉，有稍能行文、大义未通者，皆领乡荐，冒名贡士。及至会试下第，其中文字稍优者，得除教官，其下者亦得升之国[学]监。以致天下士子竞怀侥倖，不务实学。”见《明太宗实录》卷八〇。**洪熙元年十一月，四川双流县知县孔友谅上言：“乞将前此下第举人通计其数，设法清理。”**见《明宣宗实录》卷一一。**是国[①]初才开举人之涂，而其弊即已如此。至于倚势病民，则又不肖者之为，而不待论矣。[②] 然下第举人犹令入监读书三年，许以省亲，未有使之游荡于人间者。正统十四年，存省京储始放回原籍，“其放肆无耻者游说干谒，靡所不为”，已见于成化十四年礼部之奏。**见《明宪宗实录》卷一七七。**至于末年，则**

① “国”，原本作“明”，据《校记》改。

② “至于”以下十八字，原本无，据《校记》补。

挟制官府,武断乡曲。于是崇祯中命巡按御史考察所属举人,间有黜革,而风俗之坏已不可复返矣。〔一〕

〔一〕【沈氏曰】《田间文集》:崇祯间,《拟上兴学取士书》有云:"国初特重国子监,设为六堂积分之法,诏勋戚公卿大臣子弟读书其中,举人下第者入监,郡邑生员每岁选其俊彦者贡入国子监,充太学生。"则是岁贡者每岁一贡,盖选士也。故国初由监生起家者,多致大官,盖举人与岁贡皆称监生也。自朝廷不重太学,积分法废,举人、贡生罕入其中,而所为岁贡,又皆郡邑诸生之久于学宫,需次待年而贡者,非俊秀之选也。于是岁贡资格益下,又皆暮齿颓龄,其足为国家用者少矣。

进士

进士即举人中之一科,其试于礼部者,人人皆可谓之进士。【原注】唐人未第称"进士",已及第则称"前进士"。《雍录》卷一〇引唐人诗云:"曾题名处添'前'字。"〇《通鉴》卷二五〇:"建州进士叶京,尝预宣武军宴,识监军之面。既而及第,在长安与同年出游,遇之于涂,马上相揖,因之谤议喧然,遂沈废终身。"是未及第而称进士也。**试毕放榜,其合格者曰"赐进士及第",后又广之曰"赐进士出身"、"赐同进士出身",然后谓之"登科"。所以异于同试之人者,在乎赐及第、赐出身,而不在乎进士也。宋政和三年五月乙酉,臣僚言:"陛下罢进士,立三舍之法,今赐承议郎徐禋进士出身,于名实未正,乞改赐同上舍出身。"从之。**见《山堂考索·后集》卷二七《士门》。

科目

唐制：取士之科有秀才，有明经，有进士，有俊士，有明法，有明字，有明算，有一史，有三史，有开元礼，有道举，有童子。而明经之别有五，经有三经，有二经，有学究，一经有“三礼”，有“三传”，有史科。此岁举之常选也。其天子自诏曰“制举”。【原注】《唐书·选举志》。**如姚崇“下笔成章”，**见《新唐书·姚崇传》。**张九龄“道侔伊吕”**见《新唐书·张九龄传》。**之类，见于史者凡五十馀科，**【原注】《困学纪闻》卷一四："唐制举之名，多(有)[至]八十有六。"**故谓之“科目”。**【原注】宋王安石始罢诸科。**今代止进士一科，则有科而无目矣，犹沿其名谓之“科目”，非也。**〔一〕

〔一〕【黄氏曰】今特设一科以待士，是有科而无目。愚谓宜仿其意而行之，略取今之试士者稍变其法，而分为数科。其一曰精通经术科，法在取十三经之义疏，比附其异同，而质以所疑，如古条议之法。其二曰博综典故科，法在取史书所载，或专举一事，或兼数事，使之论列其得失，是即古者史学之科也。其三曰洞达时务科，此即今对策之法，必使之昌言无讳，直陈所见，庶有以见其抱负。其四曰富有才华科，试以诗赋，而兼之以表可也。其五曰明习法律科，法在取古人已事与部案之疑难者，设为甲乙之语，使之剖决，毋拘声律对偶。若是各条为五事，而试以一场，务精其选，而不必广其额。其所取之士，量才授职，而勿使遽列于清要。若国家必欲求特达之彦，则宜设拔萃一科，随时定制，使凡中已上诸条，无问于已仕未仕者，皆得就试焉。取之以至严，而待之以不次，则尤足以鼓舞其才矣。至于童子之试，则不妨仍以八股从事。盖初学之士，惟以明理为急也。

王维桢[①]欲于科举之外仿汉、唐旧制，更设数科，以收天下之奇士。不知进士偏重之弊积二三百年，非大破成格，虽有他材，亦无由进用矣。〔一〕

〔一〕【赵氏曰】有明一代，最重进士。凡京朝官清要之职，举人皆不得与。即同一外选也，繁要之缺必待甲科，而乙科仅得遥远简小之缺。其升调之法亦各不同，甲科为县令者，抚按之卓荐，部院之行取，必首及焉，不数年即得御史、部曹等职。而乙科沈沦外僚，但就常调而已。积习相沿，牢不可破。嘉靖中，给事陆粲虽疏请变通，隆庆中，阁臣高拱亦请科贡与进士并重，然终莫能挽。甚至万历三年，特诏抚按官有司贤否一体荐劾，不得偏重甲科，而积重难返如故也。《明史》邱橓疏云："今荐则先进士，而举、监非有凭借者不与焉。劾则先举、监，而进士纵有訾议者罕及焉。于是同一官也，不敢接席而坐，比肩而立。"贾三近疏言："抚按诸臣，遇州县长吏，率重甲科而轻乡举。同一宽也，在进士则为抚字，在举人则为姑息。同一严也，在进士则为精明，在举人则为苛戾。是以为举人者，非头童齿豁不就选。"此可以见当时风尚矣。

制科

唐制：天子自诏曰制举，所以待非常之才。《唐志》曰：

---

① 王维桢，字允宁，号槐野，有《槐野先生存笥稿》。

“所谓制举者，其来远矣。自汉以来，天子常称制诏，道其所欲问而亲策之。唐兴，世崇儒学。虽其时君贤愚好恶不同，而乐善求贤之意未始少怠。故自京师外至州县有司，常选之士，以时而举。而天子又自诏四方德行、才能、文学之士，或高蹈幽隐与其不能自达者，下至军谋将略，翘关拔山，绝艺奇伎，莫不兼取。其为名目，随其人主临时所欲。而列为定科者，如‘贤良方正，直言极谏’、‘博通坟典，达于教化’、‘军谋宏远，堪任将率’、‘详明政术，可以理人’之类，其名最著。〔一〕**而天子巡狩行幸，封禅太山、梁父，往往会见行在，其所以待之之礼甚优。而宏材伟论非常之人亦时出于其间，不为无得也。”**见《新唐书·选举志》。〔二〕

〔一〕【杨氏曰】又有“临难不顾，徇节宁邦”科，薛少保稷所应也；“长才广度，沈迷下僚”科，张倚所应也；“文词雅丽”科，彭殷贤所应也；“道侔伊吕”科，张曲江所应也；“词标文苑”科，张道济所应也；“洞晓玄经”科，独孤常州所应也；“哲人奇士，隐沦屠钓”科，李元成所应也。

〔二〕【王氏曰】唐有得进士第后又中制科者，如刘蕡擢进士第，又举贤良方正能直言极谏科；马怀素擢进士第，又中文学优赡科；阎朝隐连中进士、孝悌廉让科；贺知章擢进士、超群拔类科。有得明经第后又中制科者，如归崇敬擢明经，举博通坟典科。有得官后又中制科者，如张鹭登进士第，授岐王府参军，以制举皆甲科，再调长安尉；殷践猷为杭州参军，举文儒异等科之类是也。

宋初，承周显德之制，设三科，[①]不限前资、见任职官、黄衣草泽，并许应诏。景德增为六科。熙宁以后，屡罢屡复。见《宋史·选举志二》。宋人谓之大科。【原注】《叶祖洽传》："太宗岁设大科。"《邵氏闻见录》卷九："富郑公初游场屋，穆伯长谓之曰：'进士不足以尽子之才，当以大科名世。'"今以殿试进士亦谬谓之制科。

宋徐度《却埽编》卷下曰："国朝制科，初因唐制，有贤良方正、能直言极谏，经学优深、可为师法，详明吏理、达于教化，凡三科。应内外职官、前资见任、黄衣草泽人，并许诸州及本司解送，上吏部，对御试策一道，限三千字以上。咸平中，又诏文臣于内外幕职、州县官及草泽中，举贤良方正各一人。景德中，又诏置'贤良方正，能直言极谏'、'博通坟典，达于教化'、'才识兼茂，明于体用'、'武足安边，洞明韬略，运筹决胜'、'军谋宏远，材任边寄'、'详明吏理，达于从政'等六科。〔一〕天圣七年复诏，应内外京朝官，不带台省馆阁职事，不曾犯赃罪及私罪情理轻者，并许少卿、监以上奏举，或自进状乞应前六科。仍先进所业策论十卷，卷五道。候到下两省看详。如词理优长，堪应制科，具名闻奏。差官考试论六首，合格即御试策一道。又置'高蹈丘园'、'沈沦草泽'、'茂才异等'三科。应草泽及贡举人非工商杂类者，并许本处转运司逐州长吏奏举，或于本贯投状乞应。州县体量有行止别无玷犯者，即纳所业策

① 据《旧五代史·周世宗纪》，三科为贤良方正能直言极谏科、经学优深可为师法科、详闲吏理达于教化科。

论十卷,卷五道,看详词理稍优,即上转运司,审察乡里名誉,于部内选有文学官再看详实。有文行可称者,即以文卷送礼部,委主判官看详,选词理优长者具名闻奏。馀如贤良方正等六科,熙宁中悉罢之。而令进士廷试,罢三题而试策一道。建炎间,诏复贤良方正一科,然未有应诏者。"

〔一〕【杨氏曰】"武足安边"四字羡。

"高宗立博学宏辞科,凡十二题,制、诰、诏、表、露布、檄、箴、铭、记、赞、颂、序,内杂出六题,分为三场,每场体制一古一今。南渡以后,得人为盛,多至卿相翰苑者。"见《宋史·选举志二》。今之第二场诏、诰、表三题,内科一道,亦是略仿此意。而苟简滥劣,至于全无典故、不知平仄者亦皆中式,上无能文之主故也。①〔一〕

〔一〕【孙氏曰】沈作喆《寓简》卷八云:"予中进士科后,从石林于卞山。予时欲求试博学宏词,石林曰:'宏词不足为也,宜留心制科工夫。'"据此,则宋世所谓博学宏词,非制科也。近人称博学宏词为制科者,盖制举无常科,以待天下之才杰,以天子亲策之,故谓之制科。宋高宗创举此名,三岁一试,与制举无常科者异。然亦必召试定等,而后授官,则亦可谓之制科也。

甲科

杜氏《通典》卷一五《选举三》:"按令文,科第秀才与明经

① "上无能文之主故也",原本作"则专重初场之过也",据《校记》改。

同为四等，进士与明法同为二等。然秀才之科久废，而明经虽有甲乙丙丁四科，进士有甲乙二科，〔一〕自武德以来，明经惟有丙丁第，进士惟乙科而已。”《旧唐书·玄宗纪》：“开元九年四月甲戌，上亲策试应制举人于含元殿，敕曰：‘近无甲科，朕将存其上第。’”《杨绾传》：“天宝十三载，玄宗御勤政楼，试举人登甲科者三人，绾为之首，超授右拾遗。”“其登乙科者三十馀人。”【原注】《册府元龟》卷六四三。杜甫《哀苏源明》诗曰：“制可题未干，乙科已大阐。”然则今之进士而概称“甲科”，非也。〔二〕

〔一〕【阎氏曰】按《唐书》，诸进士试时务策五条，帖所读一大经，经、策全得为甲第，策得四、帖过四以上为乙第。

〔二〕【赵氏曰】今世谓进士为甲榜，以其曾经殿试，列名于一二三甲也。举人谓之一榜，后以进士有甲榜之称，遂以一为“乙”，而以举人为“乙榜”，非也。

【又曰】宋时进士三甲之外，又有四甲、五甲。朱子乃绍兴十八年王佐榜下五甲九十名。

【汪氏曰】朱子有《同年录》，在杭州孤山朱子祠内。《录》云：“字元晦，小名沈郎，小字季延。年十九岁。外祝氏，偏侍下。第五一，兄弟无一举。娶刘氏。曾祖絢。祖森，承事郎。父松，承议郎。本贯建州建阳县群玉乡三桂里。父为户。”

《隋书·李德林传》：“杨遵彦铨衡深慎，选举秀才，擢第罕有甲科。德林射策五条，考皆为上。”是则北齐之世，即已多无甲科者矣。

甲、乙、丙科始见《汉书·儒林传》“平帝时，岁课博士弟子甲科四十人,为郎中。乙科二十人,为太子舍人。丙科四十人,补文学掌故",《萧望之传》"以射策甲科为郎",《匡衡传》"数射策不中,至九,乃中丙科"。【原注】褚先生《补史记》。①

【校正】阎云:《儒林传》:"房凤以射策乙科为太史掌故太常。"

十八房

今制:会试用考试官二员总裁,同考试官十八员分阅五经,谓之"十八房"。【原注】《宋史》《选举志二》:"各房分经始于理宗绍定二年。"嘉靖末年,《诗》五房,《易》、《书》各四房,《春秋》、《礼记》各二房,止十七房。万历庚辰、癸未二科,以《易》卷多,添一房,减《书》一房,仍止十七房。至丙戌,《书》、《易》卷并多,仍复《书》为四房,始为十八房。至丙辰,又添《易》、《诗》各一房,为二十房。〔一〕天启乙丑,《易》、《诗》仍各五房,《书》三房,《春秋》、《礼记》各一房,为十五房。崇祯戊辰,复为二十房。辛未《易》、《诗》仍各五房,为十八房。癸未,复为二十房。今人概称为"十八房"云。

〔一〕【沈氏曰】《神宗实录》卷五四一:"万历四十四年会试,同考凡二十员,词臣十二人,科部各四人。视癸未以前十七房时各衙门俱增一人云。"

① 此"《匡衡传》"文实见《史记·张丞相列传》之后褚少孙所补匡衡一节,不见于《汉书·匡衡传》。

《戒庵漫笔》卷八《时艺坊刻》曰:【原注】江阴李诩著。“余少时学举子业,并无刻本窗稿。有书贾在利考朋友家往来,抄得灯窗下课数十篇,每篇誊写二三十纸。到余家塾,拣其几篇,每篇酬钱或二文,或三文。忆荆川【原注】唐顺之。中会元,其稿亦是无锡门人蔡瀛与一姻家同刻。方山【原注】薛应旂。中会魁,其三试卷,余为从臾其常熟门人钱梦玉,以东湖书院活板印行,未闻有坊间板。今满目皆坊刻矣,亦世风华实之一验也。”【原注】愚按:弘治六年会试同考官靳文僖批,已有“自板刻时文行,学者往往记诵,鲜以讲究为事”之语,则彼时已有刻文,但不多耳。杨子常【原注】彝。① 曰:“十八房之刻,自万历壬辰《钩玄录》始。旁有批点,自王房仲【原注】士骕。选程墨始。至乙卯以后,而坊刻有四种:曰程墨,则三场主司及士子之文;曰房稿,则十八房进士之作;曰行卷,则举人之作;曰社稿,则诸生会课之作。至一科房稿之刻有数百部,皆出于苏、杭,而中原北方之贾人市买以去。天下之人惟知此物可以取科名,享富贵,此之谓学问,此之谓士人,而他书一切不观。昔丘文庄当天顺、成化之盛,去宋、元未远,已谓士子有登名前列,不知史册名目、朝代先后、字书偏旁者。举天下而惟十八房之读,读之三年五年,而一幸登第,则无知之童子俨然与公卿相揖让,而文武之道弃如弁髦。”【原注】《宋史》《选举志二》:“理宗朝,奸弊愈滋。有司命题苟简,或执偏见臆说,或发策用事讹舛,所取之士既不精,数年之后,复俾之主文,是非颠倒逾甚。时谓之谬种流传。”

① 杨彝,字子常,号谷园,常熟人。为顾亭林之友。

嗟乎！八股盛而六经微，十八房兴而廿一史废。〔一〕昔闵子马以原伯鲁之不说学，而卜周之衰。① 余少时见有一二好学者，欲通旁经而涉古书，则父师交相谯呵，以为必不得颛业于帖括，而将为坎轲不利之人，岂非所谓"大人患失而惑"见《左传》昭公十八年。者与？【原注】陆氏曰："大人惧违众而失位，心志惑乱，故徇流俗之说，而亦曰可以无学。"见顾炎武《左传杜解补正》卷下引。若乃国之盛衰，时之治乱，则亦可知也已。

〔一〕【阎氏曰】按归太仆《送童子鸣序》："尝见元人题其所刻之书，云自科举废而古书稍出，余盖深叹其言。夫今世进士之业滋盛，士不复知有书矣。以不读书而为学，此子路之佞，而孔子之所恶。"其议论与顾氏正同。

经义论策

今之经义、论、策，其名虽正，而最便于空疏不学之人。唐、宋用诗、赋，虽曰雕虫小技，而非通知古今之人不能作。今之经义始于宋熙宁中王安石所立之法，命吕惠卿、王雱等为之。【原注】《宋史》《选举志一》："神宗熙宁四年二月丁巳朔，罢诗、赋及明经诸科，以经义、论、策试进士。""命中书撰大义式颁行。"

元祐八年三月庚子，中书省言："进士御试答策，多系在外准备之文，工拙不甚相远，难于考较。祖宗旧制：御试

① 原伯鲁，周大夫。《左传》昭公十八年："往者见周原伯鲁，与之语，不说学。归以语闵子马。闵子马曰：'周其乱乎！……又曰："可以无学，无学不害。"不害而不学，则苟而可。于是乎下陵上替，能无乱乎？'"

进士赋、诗、论三题，施行已远，前后得人不少。况今朝廷见行文字，多系声律对偶，非学问该洽，不能成章。请行祖宗三题旧法，诏来年御试，将诗赋举人复试三题，经义举人且令试策，此后全试三题。”见《山堂考索·后集》卷二八。是当时即以经义为在外准备之文矣。【原注】《宋史·徐禧传》：神宗见其所上策，曰："禧言朝廷用经术变士，十已八九，然窃袭人之语、不求心通者相半。此言是也。"陈后山师道《谈丛》卷一言："荆公经义行，举子专诵王氏章句而不解义。荆公悔之，曰：'本欲变学究为秀才，不谓变秀才为学究也。'"岂知数百年之后，并学究而非其本质乎？此法不变，则人才日至于消耗，中国日至于衰弱，①而五帝三王以来之天下，将不知其所终矣。〔一〕

〔一〕【魏鸿博曰】四书、五经，命题以正其本，变八股，制论、策，使人得尽其材，适于实用，以救其败。请言其法，凡童子试小学，论一道，科经书白文三：四书一，《易》、《书》、《诗》、《礼》所占经一，《春秋传》一。令自某处起，默书至某处止，兼唐人考字、宋人帖括之意。弟子员试四书一道，所占经一道，策一道。乡试策一道，《春秋》一道，判一道，四书一道，所占经一道。会试策二道，判六道。凡小学，四书、经为论，无定体，无短长格及称引秦汉以下得失、当代时务诸禁。凡命题，毋割裂章句以巧文，毋亵而不经。凡判，必依律，去对偶，如谳狱之语，或设事造题，使议其罪。凡试策，试州县者策以其州县之利害，乡试策以其乡，会试策以天下之利害。会试之策，概论国势治道，或古人当国事业者一，分吏、户、礼、兵、刑、工六职命题者

① "中国日至于衰弱"，原本作"学术日至于荒陋"，据《校记》改。

一。自为弟子员,各使占其所能,专才者对一科,通才者对数问。中进士廷试,则使杂陈其所见而考难之,以定其官。

【校正】"当时即以经义为在外准备之文矣。"○阎云:前云"进士御试答策,多系在外准备之文",此自指策而言,与经义无干。

赵鼎言"安石设虚无之学,败坏人才",见《宋史·赵鼎传》。**陈公辅亦谓"安石使学者不治《春秋》,不读《史》、《汉》"**,见《宋史·陈公辅传》。**而习其所为《三经新义》,皆穿凿破碎无用之空言也。若今之所谓时文,既非经传,复非子史,展转相承,皆杜撰无根之语。**【原注】前辈时文无字不有出处。今但令士子作文,自注出处,无根之语不得入文,自当攞指而退矣。《金史》《选举志一》:"明昌元年,令举人程文,所用故事可自注出处。"**以是科名所得,十人之中,其八九皆为白徒。而一举于乡,即以营求关说为治生之计。于是在州里则无人非势豪,适四方则无地非游客,而欲求天下之安宁,斯民之淳厚,岂非却行而求及前人者哉?**

《太祖实录》卷五五:**"洪武三年八月,京师及各行省开乡试。初场四书疑问、本经义及四书义各一道,**【原注】元制有四书疑、本经疑。○洪武三年开科,以《大学》"古之欲明明德于天下者"二节,《孟子》"道在迩而求诸远"一节合为一题,问二书所言平天下大指同异,此即宋时之法。**第二场论一道,第三场策一道。中式者,后十日,复以五事试之,曰骑、射、书、算、律。骑观其驰驱便捷,射观其中之多寡,书通于六义,算通于九法,律观其决断。诏文有曰:'朕特设科举,以起怀才**

抱德之士，务在经明行修，博通古今，文质得中，名实相称。其中选者，朕将亲策于廷，观其学识，第其高下，而任之以官。'"伏读此制，真所谓求实用之士者矣。至十七年，"命礼部颁行科举成式，第一场四书义三道，经义四道，未能者许各减一道。第二场论一道，诏、诰、表内科一道，判语五条。第三场经、史策五道"。见《太祖实录》卷一六〇。〔一〕**文辞增而实事废，盖与初诏求贤之法稍有不同。而行之二百馀年，非所以善述祖宗之意也。**【原注】二十五年二月甲子，儒学生员兼习射与书、算，俟其科贡兼考之，后废不行。见《太祖实录》卷二一六。〇宣德四年九月乙卯，北京国子监助教王仙言："近年生员止记诵文字，以备科贡，其于字学、算法略不晓习。改入国监，历事诸司，字画粗拙，算数不通，何以居官莅政？乞令天下儒学生员兼习书、算。"上从之。见《宣宗实录》卷五六。〔二〕

〔一〕【沈氏曰】四书义限二百字以上，经义、论、策俱三百字以上，亦见《太祖实录》。

〔二〕【沈氏曰】《元史·选举志·科目》篇："仁宗皇庆二年，定科场事宜，蒙古、色目人第一场经问五条，《大学》、《论语》、《孟子》、《中庸》内设问，用朱氏《章句集注》，其义理精明、文辞典雅者为中选。第二场策一道，以时务出题，限五百字以上。汉人、南人第一场明经、经疑二问，《大学》、《论语》、《孟子》、《中庸》内出题，并用朱氏《章句集注》，复以己意结之，限三百字以上；经义一道，各治一经，《诗》以朱氏为主，《尚书》以蔡氏为主，《周易》以程氏、朱氏为主，已上三经兼用古注疏，《春秋》许用三传及胡氏传，《礼记》用古注疏，限五百字以上，不拘格律。第二场古赋、诏诰、章表内科一道，古赋、诏诰用古体，章表四六，参用古体。第三场策一道，经、史、时务内出题，不矜浮藻，惟务直述，限一千字以上成。乡、会试同例。”〇“乡试用八月二十日、二十三日、二十六日，会试用次年二月初一日、初三日、初五日。每三岁一次开试，不用子、午、卯、酉年。御试三月初七日。汉人、南人试策一道，限一千字以上成。蒙古、色目人时务策一道，限五百字以上成。”〇“元统中，复稍变程式，减蒙古、色目人明经二条，增本经义。易汉人、南人第一场四书疑一道为本经疑，增第二场古赋外诏诰、章表一道。”

【赵氏曰】宋时秋试在八月，春试在二月，元、明因之。万历戊戌，御史乔璧星以举子重裘而进，便于怀挟，请改期于三月，用单夹衣，则弊可清。李九我驳之。张幼于亦有《会试移期议》一篇。然终明之世，未尝改也。本朝始改三月，远方士子既免匆遽，而天暖无呵冻之苦，衣单无怀挟之弊，最为善政。至殿试之期，元时在三月初七日，明初在三月一日，谢恩在初六日。成化八年，改在十五日，后遂为例。然二月会试，而三月朔即殿试，则礼闱中阅文为日无几，岂不太促？本朝殿试在四月二十五日，传胪在五月朔。乾隆二十六年辛巳科，改四月二十一日殿试，二十五日传胪。

“四书疑”，犹唐人之判语，设为疑事问之，以观其学识也。“四书义”，犹今人之判语，不过得之记诵而已。苟学识之可取，则刘蕡之对，止于一篇已足。[1] 盖一代之人才，徒以记诵之多、书写之速而取其长，则七篇不足为难，而有

① 事见《新唐书》刘蕡本传。

并作"五经"二十三篇,如崇祯七年之颜茂猷者,【原注】奉旨特赐中式及殿试第二甲第二名,赐进士出身。亦何裨于经术,何施于国用哉?

《实录》言:"洪武十四年六月丙辰,诏于国子诸生中,选才学优等聪明俊伟之士,得三十七人。命之博极群书,讲明道德经济之学,以期大用,称之曰老秀才。累赐罗绮、袭衣、巾靴,礼遇甚厚。"见《太祖实录》卷一三七。【原注】后来庶吉士之制,实本于此。是则圣祖所望于诸生者,固不仅以帖括之文。而惜乎大臣无通经之士,使一代吁俊之典但止于斯,可叹也!

永乐二十二年十月丁卯,仁庙谕大学士杨士奇等曰:"朝廷所重安百姓,而百姓不得蒙福者,由牧守匪人;牧守匪人,由学校失教。故岁贡中愚不肖十率七八。古事不通,道理不明,此岂可任安民之寄?"见《明仁宗实录》卷三。当日贡举之行不过四十年,而其弊已如此,乃护局①之臣犹托之祖制而相持不变乎?〔一〕

〔一〕【沈氏曰】万历二十二年七月己卯,礼部覆御史薛继茂《敷陈科场事宜八条》,而以正文体为第一义,谓"纯正典雅之词不出倾邪侧媚之口,怪诞险诐之说必非坦夷平易之衷。近日士习敝坏,皆由主司不务崇雅斥浮,而奇诡获售,宜其从风而靡也。今后会试主考,宜申饬分房,务取纯雅合式,不得杂收奇僻,为海内标。其两京各有试录朱墨卷,解到礼部,逐一看详。如仍踵弊风者,士子除名,试官有参处"。上是其议。○四十

---

① "护局",张京华《校释》作"局护"。

三年十二月戊辰，礼部题申饬会场事宜，其申文禁云："文必尔雅纯粹，平正通达，一一合先民典型者，收。如否，则虽才情奇艳者不录，怪僻者贴出示戒，甚则仍议罚科。其限字以五百为率。揭晓后，本部会同礼科细阅。"

三场

国[①]初三场之制，虽有先后而无重轻。乃士子之精力多专于一经，略于考古，主司阅卷，复护初场所中之卷，而不深求其二三场。夫昔之所谓三场，非下帷十年，读书千卷，不能有此三场也。今则务于捷得，不过于四书一经之中拟题一二百道，窃取他人之文记之，入场之日，抄誊一过，便可侥倖中式，而本经之全文有不读者矣。率天下而为欲速成之童子，学问由此而衰，心术由此而坏。宋嘉祐中，知谏院欧阳修上言："今之举人以二千人为率，请宽其日限，而先试以策而考之。择其文辞鄙恶者，文意颠倒重杂者，不识题者，不知故实、略而不对所问者，误引事迹者，虽能成文而理识乖诞者，杂犯旧格不考式者，凡此七等之人先去之，计二千人可去五六百。以其留者次试以论，又如前法而考之，又可去其二三百。其留而试诗赋者，不过千人矣；于千人而选五百，少而易考，不至劳昏。考而精当，则尽善矣；纵使考之不精，亦当不至大滥，盖其节抄剽盗之人皆以先策论去之矣。比及诗赋，皆是已经策论，粗

① "国"，原本作"明"，据《校记》改。

有学问理识,不至乖诞之人,纵使诗赋不工,亦可以中选矣。〔一〕如此可使童年新学全不晓事之人无由而进。"见《文忠集》卷一〇四《论更改贡举事件劄子》。今之有天下者,不能复两汉举士之法,不得已而以言取人,则文忠之论亦似可取。盖救今日之弊,莫急乎去节抄剽盗之人,而七等在所先去,则暗劣之徒无所侥倖,而至者渐少,科场亦自此而清也。

〔一〕【钱氏曰】乡、会试虽分三场,实止一场。士子所诵习,主司所鉴别,不过四书文而已。四书文行之四百馀年,场屋可出之题,士子早已预拟。每一榜出,钞录旧作,幸而得隽者,盖不少矣。今欲革其弊,易以诗赋、论策,则议者必哗然阻之,以为圣贤之言不可不尊,士子所习难以骤改,其说必不行,其弊终难革也。窃谓宜以五经文为第一场,四书文为第二场。五经卷帙既富,题目难以预拟,均为八股之文,不得诿为未习,如此则研经者渐多,而剿袭雷同之弊庶几稍息乎?

拟题

今日科场之病,莫甚乎拟题。且以经文言之,初场试所习本经义四道,而本经之中,场屋可出之题不过数十。富家巨族延请名士,馆于家塾,将此数十题各撰一篇,计篇酬价,令其子弟及僮奴之俊慧者记诵熟习。入场命题,十符八九,即以所记之文抄誊上卷,较之风檐结构,难易迥殊。四书亦然。发榜之后,此曹便为贵人,年少貌美者多得馆选。天下之士,靡然从风,而本经亦可以不读矣。予闻昔年五经之中，惟《春秋》止记题目，然亦须兼读四传。[①]又闻嘉靖以前，学臣命《礼记》题，有出《丧服》以试士子之能记否者。百年以来，《丧服》等篇皆删去不读，今则并《檀弓》不读矣。《书》则删去《五子之歌》、《汤誓》、《盘庚》、《西伯戡黎》、《微子》、《金縢》、《顾命》、《康王之诰》、《文侯之命》等篇不读，《诗》则删去淫风变雅不读，《易》则删去《讼》、《否》、《剥》、《遯》、《明夷》、《睽》、《蹇》、《困》、《旅》等卦不读，止记其可以出题之篇及此数十题之文而已。"读《论》惟取一篇，披《庄》不过盈尺"。【原注】《隋书·崔赜传》。"因陋就寡，赴速邀时"。【原注】《旧唐书·薛谦光传》。昔人所须十年而成者，以一年毕之；昔人所待一年而习者，以一月毕之。成于剿袭，得于假倩，卒而问其所未读之经，有茫然不知为何书者。故愚以为八股之害，等于焚书，而败坏人材，有甚于咸阳之郊所坑者但四百六十馀人也。请更其法：凡四书、五经之文，皆问疑义，使之以一经而通之于五经。又一经之中亦各有疑义，如《易》之郑、王，《诗》之毛、郑，《春秋》之三传，以及唐、宋诸儒不同之说。四书、五经皆依此发问，【原注】汉人所谓"发策决科"者，正是如此。其对者必如朱子所云"通贯经文，条举众说，而断以己意"。朱熹《私议》，见《宋史·选举志二》。【原注】《宋史·刘恕传》："举进士，诏能讲经义者别奏名，应召者才数十人。恕以《春秋》、《礼记》对，先列注疏，方引先儒异说，末乃断以己意。凡二十问，所对皆然。"其所出之题不限盛衰治乱，【原注】《宋文鉴》

① 四传指《左氏》、《公羊》、《穀梁》及胡安国《传》。

载张庭坚《自靖人自献于先王》经义一篇。使人不得意拟，而其文必出于场中之所作，则士之通经与否可得而知，其能文与否亦可得而验矣。又不然，则姑用唐、宋赋韵之法，犹可以杜节抄剽盗之弊。盖题可拟而韵不可必，文之工拙，犹其所自作，必不至以他人之文抄誊一过而中式者矣。其表题专出唐、宋策题，兼问古今，【原注】如《王梅溪集》中所载。人自不得不读《通鉴》矣。夫举业之文，昔人所鄙斥，而以为无益于经学者也。今犹不出于本人之手焉，何其愈下也哉！

读书不通五经者，必不能通一经，不当分经试士。且如唐、宋之世，尚有以《老》、《庄》诸书命题，如《卮言日出赋》，至相率扣殿槛乞示者。见《容斋随笔》卷三《进士试题》。今不过五经，益以三礼、三传，亦不过九经而已。此而不习，何名为士？《宋史》《冯元传》：冯元，授江阴尉。时诏流内铨(以)[取]①明经者补学官，元自荐通五经。谢泌笑曰："古人治一经而至皓首，子尚少，能尽通邪？"对曰："达者一以贯之。"更问疑义，辨析无滞。〔一〕

〔一〕【朱检讨曰】试士之法，宜仿洪武四年会试之例，发题先五经而后四书，学使府、州、县、卫宜经、书并试，亦先经后书。盖书所同而经所独，专精其所独，而同焉者不肯后于人，则经义、书义庶几并治矣。

《石林燕语》卷八："熙宁以前，以诗赋取士，学者无不

① 据张京华《校释》改。《宋史》原文即作"取"。

先遍读五经。余见前辈虽无科名人,亦多能杂举五经,盖自幼学时习之,故终老不忘。自改经术,人之教子者往往便以一经授之,他经纵读,亦不能精,其教之者亦未必皆通五经,故虽经书正文亦多遗误。"若今人问答之间,称其人所习为"贵经",自称为"敝经",尤可笑也。

科场之法,欲其难不欲其易。使更其法而予之以难,则觊倖之人少;少一觊倖之人则少一营求患得之人,而士类可渐以清。抑士子之知其难也,而攻苦之日多;多一攻苦之人则少一群居终日、言不及义之人,而士习可渐以正矣。

《墨子》《尚贤下》言:"今若有一诸侯于此,为政其国家也,曰:'凡我国能射御之士,我将赏贵之。不能射御之士,我将罪贱之。'问于若国之士,孰喜孰惧?我以为必能射御之士喜,不能射御之士惧。曰:'凡我国之忠信之士,我将赏贵之;不忠信之士,我将罪贱之。'问于若国之士,孰喜孰惧?我以为必忠信之士喜,不忠信之士惧。"今若责士子以兼通九经,记《通鉴》、历代之史,而曰:"若此者中,不若此者黜。"我以为必好学能文之士喜,而不学无文之士惧也。然则为不可之说以挠吾法者,皆不学无文之人也,人主可以无听也。

今日欲革科举之弊,必先示以读书学问之法,暂停考试数年而后行之,然后可以得人。晋元帝从孔坦之议,听孝廉申至七年乃试,见《资治通鉴》卷九〇。【原注】胡三省注:"缓为之期曰申。"见《通鉴》卷一二七胡注。古之人有行之者。〔一〕

〔一〕【汝成案】科举得人，视所尊尚。进士、明经，充选则一。昔人论停年、长名，尚壅铨政，岂有科目可使沈滞？此非揣本言也。

题切时事

考试题目多有规切时事，亦虞帝“予违汝弼”见《书·益稷》。之遗意也。《宋史·张洞传》：“试开封进士，赋题曰‘孝慈则忠’。时方议濮安懿王称‘皇’事，英宗曰：‘张洞意讽朕。’宰相韩琦进曰：‘言之者无罪，闻之者足以戒。’上意解。”古之人君，近则尽官师之规，远则通乡校之论，此义立而争谏之涂广矣。

天启四年，应天乡试题“今夫弈之为数”一节，见《孟子·告子上》。以魏忠贤始用事也。浙江乡试题“君之视臣如手足则臣视君如腹心”，见《孟子·离娄下》。以杖杀工部郎万爆也。七年，江西乡试题“皜皜乎不可尚已”，见《孟子·滕文公上》。其年监生陆万龄请以忠贤建祠国学也。【原注】万龄疏以忠贤芟除奸党为诛少正卯，定《三朝要典》为作《春秋》，请上特制碑文，并祠其父于后室，以比于启圣。崇祯三年，应天乡试题“举直错诸枉能使枉者直”，见《论语·颜渊》。以媚奄诸臣初定逆案也。此皆可以开帝聪而持国是者。时当季叶，而《沔水》、《鹤鸣》之义①犹存于士大夫，可以想见先朝之遗化。若崇祯九年应天乡试《春秋》题“宋公入曹，以曹伯阳归”，见《春秋》哀公八年。以公孙强比陈启新，是以曹伯阳比皇

① 《诗·小雅·沔水》三章，序以为“规宣王”也。《鹤鸣》二章，“诲宣王”也。

上，非所宜言，大不敬。天启七年，顺天乡试《书》经题“我二人共贞”，见《洛诰》。以周公比魏忠贤，则又“无将”之渐，[①]亦见之弹文者也。〔一〕

〔一〕【沈氏曰】赵维寰《雪庐焚馀稿》云：“甲子科各乡试录，语多触忌，魏珰一切绳之，如陈子壮、方逢年、顾锡畴、章允儒辈几二十人，前后俱削夺。自是丁卯诸典试者，其出题属辞皆极意献媚，其不为触忌亦不为献媚者，独江西、福建二三录耳。”

景泰初，虏[②]奉上皇至边，边臣不纳，虽有“社稷为重”之说，然当时朝论即有以奉迎之缓为讥者。顺天乡试题“所谓平天下在治其国者”一节，见《礼记·大学》。盖有讽意。

试文格式

经义之文，流俗谓之“八股”，盖始于成化以后。“股”者，对偶之名也。天顺以前，经义之文不过敷演传注，或对或散，初无定式，其单句题亦甚少。成化二十三年，会试“乐天者保天下”文，起讲先提三句，即讲“乐天”，四股；中间过接四句，复讲“保天下”，四股；复收四句，再作大结。弘治九年，会试“责难于君谓之恭”文，起讲先提三句，即讲“责难于君”，四股；中间过接二句，复讲“谓之恭”，四股；复收二句，再作大结。每四股之中，一反一正，一虚一实，

① 《诗·小雅·无将大车》《正义》：“谓时大夫将进小人，使有职位，不堪其任，愆负及己，故悔之也。”

② “虏”，原本作“也先”，据《校记》改。

一浅一深。【原注】亦有联属二句、四句为对，排比十数对成篇，而不止于八股者。其两扇立格，【原注】谓题本两对，文亦两大对。则每扇之中各有四股，其次第之法亦复如之。故今人相传，谓之"八股"。若长题则不拘此。嘉靖以后，文体日变，而问之儒生，皆不知八股之何谓矣。《孟子》《告子上》曰："大匠诲人，必以规矩。"今之为时文者，岂必裂规偭矩矣乎？

发端二句，或三四句，谓之"破题"。大抵对句为多，此宋人相传之格。【原注】本之唐人赋格。〔一〕下申其意，作四五句，谓之"承题"。然后提出夫子【原注】曾子、子思、孟子皆然。为何而发此言，谓之"原起"。至万历中，破止二句，承止三句，不用原起。篇末敷演圣人言毕，自摅所见，或数十字，或百馀字，谓之"大结"。国①初之制，可及本朝时事。以后功令益密，恐有借以自炫者，但许言前代，不及本朝。至万历中，大结止三四句。于是国家之事罔始罔终，在位之臣畏首畏尾，其象已见于应举之文矣。

〔一〕【钱氏曰】宋季有魏天应《论学绳尺》一书，皆当时应举文字，有破题、接题、小讲、大讲、入题、原题诸式，是论亦有破题。

试录文字之体，首行曰"第一场"，顶格写；次行曰"四书"，下一格；次行题目，又下一格。五经及二三场皆然。至试文则不能再下，仍提起顶格。此题目所以下二格也。若岁考之卷，则首行曰"四书"，顶格写；次行题目，止下一

① "国"，原本作"明"，据《校记》改。

格。经论亦然。【原注】须知自古以来，书籍文字首行无不顶格写者。后来学政苟且成风，士子试卷省却四书、各经字，竟从题目写起，依大场之式概下二格。圣经反下，自作反高，于理为不通。然日用而不知，亦已久矣。又其异者，沿此之例，不论古今，诗文概以下二格为题。万历以后，坊刻盛行，每题之文必注其人之名于下，而刻古书者亦化而同之。如题曰"周郑交质"，下二格，其行末书"左丘明"；题曰"伯夷列传"，下二格，其行末书"司马迁"。变历代相传之古书，以肖时文之面貌，使古人见之，当为绝倒。

程文

自宋以来，以取中士子所作之文，谓之"程文"。《金史》《选举志一》："承安五年，诏考试词赋官各作程文一道，示为举人之式，试后赴省藏之。"至本朝，先亦用士子程文刻录。后多主司所作，遂又分士子所作之文别谓之"墨卷"。〔一〕

〔一〕【沈氏曰】《神宗实录》卷一七〇："万历十四年正月，礼部议：'试录程文宜照乡试例删[润]原卷，不宜尽掩初意。'从之。"〇"十五年八月，命礼部会同翰林院，取定开国至嘉靖初年中式文字一百十馀篇，刊布学宫，以为准则。"见卷一八九。时礼部尚书为沈鲤，兼官翰林学士。

文章无定格，立一格而后为文，其文不足言矣。唐之取士以赋，而赋之末流最为冗滥；宋之取士以论策，而论策之弊亦复如之；本朝[①]之取士以经义，而经义之不成文又有甚于前代者：皆以程文格式为之，故日趋而下。晁、董、公孙之对[②]所以独出千古者，以其无程文格式也。欲振今日之文，在毋拘之以格式，而俊异之才出矣。

判

举子第二场作判五条，犹用唐时铨试之遗意。至于近年，士不读律，止钞录旧本。入场时每人止记一律，或吏或户，记得五条，场中即可互换。中式之卷大半雷同，最为可笑。《通典》卷一七“选人条例”：“其倩人暗判，人间谓之‘判罗’，此最无耻，请榜示以惩之。”后唐明宗天成三年，中书奏：“吏部南曹关今年及第进士内《三礼》刘莹等五人，所试判语皆同。勘状称，晚逼试期，偶拾得判草写净，实不知判语不合一般者。”敕：“贡院擢科，考详所业，南曹试判，激劝为官。刘莹等既不攻文，只合直书其事，岂得相传稿草，侮渎公场。宜令所司落下放罪。”见《文献通考》卷三八。【原注】《宋史·太祖纪》：“开宝六年八月丁酉，泗州推官侯济坐试判假手，杖，除名。”夫以五代偏安丧乱之馀，尚令科罪，今以堂堂一统作人之盛，而士子公然互换，至一二百年，目为通弊，不行觉察，传之后代，其不为笑谈乎！

试判起于唐高宗时。“初吏部选才，将亲其人，覆其吏

① “本朝”，原本作“明”，据《校记》改。

② 晁错、董仲舒、公孙弘，对策皆见《汉书》本传。

事，始取州县案牍疑议，试其断割，而观其能否。后日月浸久，选人猥多，案牍浅近，不足为难。乃采经籍古义，假设甲乙，令其判断。既而来者益众，而通经正籍又不足以为问，乃征僻书曲学隐伏之义问之，〔一〕惟惧人之能知也。佳者登于科第，谓之'入等'，其甚拙者谓之'蓝缕'，各有升降。选人有格限未至而能试文三篇，谓之'宏词'。试判三条，谓之'拔萃'，亦曰'超绝'。词美者得不拘限而授职。"见《通志》卷五八。今国朝之制，以吏部选人之法而施之贡举，欲使一经之士皆通吏事，其意甚美；又不用假设甲乙，止据律文，尤为正大得体。但以五尺之童能强记者，旬日之力便可尽答而无难，亦何以定人才之高下哉？盖此法止可施于选人引试俄顷之间，而不可行之通场广众、竟日之久。宜乎各记一曹，互相倒换。朝廷之制有名行而实废者，此类是矣。必不得已而用此制，其如《通典》卷一七所云，"问以时事、疑狱，令约律文断决，不乖经义"者乎？

〔一〕【杨氏曰】如《文苑英华》所载《黄闰判》之类。

经文字体

生员冒滥之弊，至今日而极。求其省记四书、本经全文，百中无一。更求通晓六书、字合正体者，千中无一也。简汰之法，是亦非难，但分为二场，第一场令暗写四书一千字，经一千字，脱误本文及字不遵式者贴出除名；第二场乃考其文义，则矍相之射，仅有存者矣。① 或曰：此末节也，岂足为才士累？夫《周官》教国子以六艺，射、御之后，继以六书。见《地官司徒·保氏》。而汉世试书九千字以上，乃得为史。见《汉书·艺文志》。以《周官》童子之课而责之成人，汉世掾史之长而求之秀士，犹且不能，则退之陇亩，其何辞之有！北齐策孝、秀于朝堂，"对字有脱误者，呼起立席后；书迹滥劣者，饮墨水一升；文理孟浪者，夺席脱容刀"。②僭霸之君尚立此制，以全盛之朝，求才之主，而不思除弊之方，课实之效，与天下因循于溷浊之中，以是为顺人情而已。权文公德舆有言："常情为习所胜，避患安时，俾躬处休，以至老死，自为得计。岂复有揣摩古今风俗，整齐教化根本，原始要终，长䇲远驭者邪？"见《文苑英华》卷六八九权德舆《答柳福州书》。古今一揆，可胜慨息！

史学

唐穆宗长庆三年二月，谏议大夫殷侑言："司马迁、班固、范晔三史为书，劝善惩恶，亚于六经。比来史学废绝，至有身处班列而朝廷旧章莫能知者。"于是立"三史"科及

---

① 《礼记·射义》：孔子射于矍相之圃，观者如堵。先曰："贲军之将，亡国之大夫，与为人后者不入。"去者半，入者半。又曰："幼壮孝弟，耆耋好礼，不从流俗，修身以俟死者，不，在此位也。"又去者半，处者半。又扬觯而语曰："好学不倦，好礼不变，旄期称道不乱者，不，在此位也。"盖仅有存者。

② 此用《通典》卷一四《选举二》之文，《隋书·礼仪志四》则作"字有脱误者，呼起席后立。书迹滥劣者，饮墨水一升。文理孟浪无可取者，夺容刀及席。"

"三传"科。见《新唐书·选举志上》。《通典》卷一七"举人条例":"其史书,《史记》为一史,《汉书》为一史,《后汉书》并刘昭所注《志》为一史,《三国志》为一史,《晋书》为一史,李延寿《南史》为一史,《北史》为一史。习《南史》者兼通《宋》、《齐志》,习《北史》者通《后魏》、《隋书·志》。自宋以后,史书烦碎冗长,请但问政理成败所因,及其人物损益关于当代者,其余一切不问。国朝自高祖以下及睿宗《实录》并《贞观政要》共为一史。"【原注】朱子亦尝议分年试士,以《左传》、《国语》、《史记》、两《汉》为一科,《三国》、《晋书》、《南》、《北史》为一科,《新》、《旧唐书》、《五代史》为一科,时务、律历、地理为一科。① 今史学废绝,又甚唐时,若能依此法举之,十年之间,可得通达政体之士,未必无益于国家也。

宋孝宗淳熙十一年十月,太常博士倪思言:"举人轻视史学。今之论史者独取汉、唐混一之事,三国、六朝、五代以为非盛世而耻谈之。然其进取之得失,守御之当否,筹策之疏密,区处兵民之方,形势成败之迹,俾加讨究,有补国家。请谕春宫,凡课试命题,杂出诸史,无所拘忌。考核之际,稍以论策为重,毋止以初场定去留。"从之。见《宋史·选举志二》。

史言"薛昂为大司成,寡学术,士子有用《史记》、《西汉》②语,辄黜之。在哲宗时,尝请罢史学,哲宗斥为俗佞"。见《宋史·薛昂传》。吁,何近世俗佞之多乎!〔一〕

① 见《晦庵集》卷六九《学校贡举私议》。

② 《西汉》,指《汉书》。

〔一〕【汝成案】昂，元丰进士。始主王氏学，后又依附蔡京，至举家为京讳。昂尝误及，即自批其颊。谄鄙至是，奚止俗佞！其请罢史学宜矣。

日知录集释卷十七

生员额数

生员犹曰官员，有定额谓之“员”。《唐书·儒学传》：“国学始置生七十二员，取三品以上子弟若孙为之。太学百四十员，取五品以上。四门学百三十员，取七品以上。郡县三等，上郡学置生六十员，中、下以十为差。上县学置生四十员，中、下亦以十为差。”此“生员”之名所始，而本朝[①]制亦略仿之。

国[②]初，诸生无不廪食于学。《大明会典》卷七六言：“洪武初，令在京府学六十人，在外府学四十人，州学三十人，县学二十人，日给廪膳，听于民间选补，仍免其差徭二丁。”【原注】正统六年闰十一月乙未，以直隶保安州临边民少，减儒学训导一员，生员并为两斋，岁贡依县学例。见《英宗实录》卷八六。其后

① “本朝”，原本作“明”，据《校记》改。

② “国”，原本作“明”，据《校记》改。

以多才之地，许令增广，亦不过三人五人而已。踵而渐多，于是宣德元年定为之额，如廪生之数。其后又有军民子弟俊秀“待补增广”之名。【原注】《大明会典》卷七六：“正统十二年，奏准常额之外，军民子弟愿入学者，提调教官考选俊秀，待补增广员缺，一体考送应试。”○按《实录》，此从凤阳府知府杨瓒之言。先是，廪增额外之生止谓之入学寄名，此则准其待缺补充增广生矣。见《明英宗实录》卷一五一。久之，乃号曰“附学”，无常额，而学校自此滥矣。异时每学生员不过数十人，故考试易精，程课易密。〔一〕而洪武二十四年七月庚子诏：“岁贡生员不中，其廪食五年者罚为吏，不及五年者遣还读书。次年复不中者，虽未及五年，亦罚为吏。”见《明太祖实录》卷二一〇。二十七年十月庚辰诏：“生员食廪十年，学无成效者，罚为吏。”见《明太祖实录》卷二三五。成化初，礼部奏准，革去附学生员，见《明宪宗实录》卷五四。【原注】四年五月庚申旨下。已而不果行，【原注】成化元年，“大藤峡用兵，始令两广考试不中生员廪膳纳米五十石，增广纳米三十石，免其充吏，放回宁家”。见《明宪宗实录》卷一三。其年，保定等府水灾，复依此例，廪膳纳米六十石，增广四十石。见《明宪宗实录》卷九六。以后饷军赈饥，率依此例。至五年二月，“提调直隶学校监察御史陈炜奏请免其充吏，竟发为民。奉旨准行，仍追其所食廪米”。见《明宪宗实录》卷五四。而教官、提调官亦各有罚。取之如彼其少，课之如此其严，岂有如后日之滥且惰者乎？今人于取进士用三场，动言遵祖制，而于此独不肯申明祖制，举一世而为姑息之政、徼倖之人，是可叹也。

〔一〕【沈氏曰】《元史·选举志·学校》篇：仁宗延祐二年，集贤学士赵孟頫、礼部尚书元明善等议国子学贡试之法，有私试规矩一条：“汉人孟月试经疑一道，仲月试经义一道，季月试策问、表章、诏诰科一道。蒙古、色目人孟、仲月各试明经一道，季月试策问一道。辞理俱优者为上等，理优辞平者为中等。每岁终通计，其多积者升充高等生员，以四十人为额。”是时盖增置生员百人，陪堂生二十人也。

宣德三年三月戊戌，行在礼部尚书胡濙奉旨：“令各处巡按御史同布政司、按察司并提调官、教官，将生员公同考试。食廪膳七年以上、学无成效者，发充吏；六年以下，追还所给廪米，黜为民。”见《明宣宗实录》卷四〇。【原注】至宣德七年，奏天下生员三万有奇。见《明宣宗实录》卷九六。**其时即已病生员之滥，而尚未有提学官之设，是以烦特旨而会多官也。**

正统元年五月壬辰，始设提调学校官，每处添按察司官一员，南北御史各一员，见《明英宗实录》卷一七。【原注】十年四月，广东左参议杨信民奏：“自设提调学校官以来，监临上司，嫌于侵职，巡历所至，置之不问。如广东诸处，阻江隔海，提学官不过岁一至而已，虽曰职掌，徒为文具，乞罢之便。”事下礼部，尚书胡濙言：“布、按二司所至处，自应提督考较。府、州县提调正官，每月朔望，宜照例诣学，考其勤惰。今因设提学官，乃彼此推诿，是非设官之过，乃旷职之咎也。”得旨申饬，仍令巡按御史纠举提学官之不职者。见《明英宗实录》卷一二八。〇十三年七月丙戌，山西绛县儒学署训导事举人张幹，请罢提督学校御史、佥事等官。部议从之，上不允。见《明英宗实录》卷一六八。〇景泰元年四月壬午，翰林院编修周洪谟请裁革各处提学官。见《明英宗实录》卷一九一《景泰附录》。〇天顺五年十一月庚申，复设提督学校官。见《明英宗实录》卷三三四。**其**

条例曰："生员食廪六年以上不谙文理者，悉发充吏。增广生入学六年以上不谙文理者，罢黜为民当差。"见《明英宗实录》卷一七。又曰："生员有阙，即于本处官员军民之家，选考端重俊秀子弟补充。"见《明英宗实录》卷三三六。【原注】当时生员有阙方补。今充吏之法不行，而新进附生乃有六年未满免黜之例，盖由此而推之也。

李吉甫在中唐之世，疾吏员太广，谓："由汉至隋，未有多于今者。天下常以劳苦之人三，奉坐待衣食之人七。"见《新唐书·李吉甫传》。而今则遐陬下邑亦有生员百人，即未至扰官害民，而已为游手之徒，足称"五蠹"之一矣。有国者苟知俊士之效赊而游手之患切，其有不亟为之所乎！〔一〕

〔一〕【杨氏曰】入仕之途易，则侥倖之人多，而读书又美名，此天下所以多生员也。

其中之劣恶者，一为诸生，即思把持上官，侵噬百姓，聚党成群，投牒呼噪。【原注】正统十四年六月丙辰，诏生员事犯黜退者，轻罪充吏，免追廪米。若犯受赃、奸盗、冒籍科举、挟妓饮酒、居丧娶妻妾等罪者，南、北直隶发充两京国子监膳夫，各布政司发充邻近儒学斋夫、膳夫。满日，原籍为民示警，廪膳仍追廪米。见《明英宗实录》卷一七九。至崇祯之末，开门迎贼者生员，缚官投伪者生员，几于魏博之牙军、①成都之突将②矣。故十六年殿试策问，有曰"秀、孝间污潢池"。【原注】时举人亦有从

① 《新唐书·藩镇魏博传》：魏牙军，募军中子弟为之，父子世袭，姻党盘互，悍骄不顾法令，姑息不能制。时语曰："长安天子，魏府牙军。"谓其势强也。

② 见《新唐书·叛臣·高骈传》。

贼者，故云。**鸣呼，养士而不精，其效乃至于此！**

景泰四年四月己酉，右少监武艮、礼部右侍郎兼左春坊左庶子邹幹等奏："临清县学生员伍铭等，愿纳米八百石，乞入监读书。今山东等处正缺粮储，宜允其请。"从之，并诏："各布政司及直隶府、州、县学，生员能出米八百石于临清、东昌、徐州三处赈济，愿入监读书者，听。"见《明英宗实录》卷二二八《景泰附录》。**此一时之秕政，遂循之二百年。**〔一〕

〔一〕【赵氏曰】《涌幢小品》云："近日民生纳粟一途，人颇轻之。然罗圭峰以七试不录，入赀北雍，中解元、会元。"盖既有此途可以就试，则人才亦即出其中，固未可一概论也。

【续补正】遇孙案：《明史稿·选举志》："景泰元年，以边事孔棘，令天下纳粟纳马者入监读书，限千人止。行四年而罢。"是例监不始四年也。

五月庚申，令生员纳米入监者，比前例减三百石。见《明英宗实录》卷二二九《景泰附录》。

河南开封府儒学教授黄銮奏："纳粟拜官，皆衰世之政乃有之，未闻以纳粟为贡士者。臣恐书之史册，将取后世作俑之讥。"部议："仓廪稍实，即为停罢。"见《明英宗实录》卷二三一《景泰附录》。

八月癸巳，礼部奏："迩因济宁、徐州饥，权宜拯济，令生员输米五百石，入监读书。虽云权宜，实坏士习，请弛其令，庶生徒以学行相励。"从之。见《明英宗实录》卷二三二《景泰附录》。

正统以后，京官多为其子陈情乞恩送监读书者，此太

学之始坏。

天顺五年十月，令生员纳马(廿)[七][①]匹，补监生。

《唐书》载尚书左丞贾至议曰："夫先王之道消，则小人之道长；小人之道长，则乱臣贼子生焉。臣弑其君，子弑其父，非一朝一夕之故，其所由来者渐矣。渐者何谓？忠信之陵颓，耻尚之失所，末学之驰骋，儒道之不举，四者皆取士之失也。近代趋仕，靡然向风，致使禄山一呼而四海震荡，思明再乱而十年不复。向使礼让之教弘，仁义之道著，则忠臣孝子比屋可封，逆节不得而萌，人心不得而摇矣。观三代之选士任贤，皆考实行，故能风化淳一，运祚长远。秦坑儒士，二代而亡。汉兴，杂三代之政，弘四科之举，西京始振经术之学，东都终持名节之行。至有近戚窃位，强臣擅权，弱主外立，母后专政，而社稷不陨，终彼四百，岂非兴学行道、扇化于乡里哉？厥后文章道弊，尚于浮侈，取士异术，苟济一时。自魏至隋，四百馀载，三光分景，九州阻域，窃号僭位，德义不修，是以子孙速颠，享国咸促。国家革魏、晋、梁、隋之弊，承夏、殷、周、汉之业，四隩既宅，九州攸同，覆焘亭育，合德天地，安有舍皇王举士之道，纵乱代取人之术？此公卿大夫之辱也。"见《旧唐书·杨绾传》。是则科举之弊，必至于躁竞；而躁竞之归，驯至于乱贼。自唐迄今，同斯一辙。有天下者，诚思风俗为人才之本，而以教化为先，庶乎德行修而贤才出矣。

① 据《明英宗实录》卷三三三校改。

国[①]初，有以儒士而入科场者，谓之儒士科举。景泰间，陈循奏："臣原籍吉安府，自生员之外，儒士报科举者往往一县至有二三百人。"见《明英宗实录》卷二六八。

先生《生员论》略曰：国家之所以设生员者何哉？盖以收天下之才俊子弟，养之于庠序之中，使之成德达材，明先王之道，通当世之务，出为公卿大夫，与天子分猷共治者也。必选夫五经兼通者而后充之，又课之以二十一史与当世之务而后升之。仍分为秀才、明经二科。而养之于学者，不得过二十人之数，无则阙之。为之师者，州、县以礼聘焉，勿令部选。如此而国有实用之人，邑有通经之士，其人材必盛于今日也。

又曰：国家之所以取生员而考之以经义、论策、表判者，欲其明六经之旨，通当世之务也。今以书坊所刻之义谓之时文，舍圣人之经典、先儒之注疏与前代之史不读，而读其所谓时文。时文之出，每科一变，五尺童子能诵数十篇，而小变其文，即可以取功名，而钝者至白首而不得遇。老成之士既以有用之岁月销磨于场屋之中，而少年捷得之者又易视天下国家之事，以为人生之所以为功名者惟此而已。故败坏天下之人才，而至于士不成士，官不成官，兵不成兵，将不成将，夫然后寇贼奸宄得而乘之，敌国外侮得而胜之。苟以时文之功，用之于经

① "国"，原本作"明"，据《校记》改。

史及当世之务，则必有聪明俊杰、通达治体之士起于其间矣。故曰：废天下之生员，而用世之材出也。问曰：废天下之生员则何以取士？曰：吾所谓废生员者，非废生员也，废今日之生员也。请用辟举之法，而并存生员之制。天下之人，无问其生员与否，皆得举而荐之于朝廷，则我之所收者既已博矣。而其廪之学者，为之限额，略仿唐人郡县之等，小郡十人，等而上之，大郡四十人而止；小县三人，等而上之，大县二十人而止。约其户口之多寡、人材之高下而差次之，有阙则补，而罢岁贡、举人之二法。其为诸生者，选其通隽，皆得就试于礼部。而成进士者，不过授以簿、尉亲民之职，而无使之骤进，以平其贪躁之情。其设之教官，必聘其乡之贤者以为师，而无隶于仕籍。罢提学之官，而领其事于郡守。此诸生中，有荐举而入仕者，有考试而成进士者，亦或有不率而至于斥退者，有不幸而死，及衰病不能肄业，愿给衣巾以老者，阙至二三人，然后合其属之童生，取其通经能文者以补之。然则天下之生员少矣。少则人重之，而其人亦知自重。为之师者，不烦于教，而向所谓聚徒合党以横行于国中者，将不禁而自止。若夫温故知新，中年考校，以蕲至于成材，则当参酌乎古今之法，而兹不具论也。或曰：天下之才日生而无穷也，使之皆壅于童生，则奈何？吾固曰：天下之人，无问其生员与否，皆得举而荐之于朝廷，则取士之方不特诸生一途而已。夫取士以佐人主理国家，而仅出于一涂，未有不弊者也。

中式额数

今人论科举，多以广额为盛，不知前代乃以减数为美谈，著之于史。《旧唐书·王丘传》：“开元初，迁考功员外郎。【原注】贡举，旧以考功员外郎主之。开元二十四年，始改用礼部侍郎。见《新唐书·选举志》。○杜甫《北游》诗：“忤下考功第。”〔一〕先是，考功举人请托大行，取士颇滥，每年至数百人。【原注】此通计诸科之数。丘一切核其实材，登科者仅满百人。议者以为自则天已后，凡数十年，无如丘者。”《严挺之传》：“开元中，为考功员外郎，典举二年，人称平允。登科者顿减二分之一。”《陆贽传》：“知贡举，一岁选士才十四五。【原注】此进士登第之数。数年之内，居台省清近者十馀人。”此皆因减而精，昔人之所称善。今人为此，不但获刻薄之名，而又坐失门生百数十人，虽至愚者不为矣。

〔一〕【赵氏曰】开元间，移贡举于礼部，以侍郎主之，后世礼部知贡举自此始。然其时知贡举者即主司，后世则知贡举者但理场务，而主试则别命大臣。按唐制，知贡举亦有不专用礼部侍郎，而别命他官者。德宗时，萧昕以礼部尚书知贡举，则不必侍郎也。又以国子祭酒包佶知贡举。宪宗时，以中书舍人李逢吉知贡举。穆宗时，以中书舍人李宗闵知贡举。武宗时，以太常卿王起知贡举。宣宗时，以中书舍人杜审权知贡举。五代时，亦或以他部尚书、侍郎为之，此又近代别命大臣主试之始也。又唐时知贡举大臣有不必进士出身者。《旧唐书·李麟传》：麟以荫入仕，不由科第出身。后为兵部侍郎，知礼部贡举。又李德裕与宗闵有隙，杜悰欲为释憾，曰："德裕有文才，而不由科第，若使之知贡举，必喜矣。"是唐制非科第出身者亦得主试也。

《高锴传》："为礼部侍郎，凡掌贡部三年，每岁登第者四十人。开成三年敕曰：'进士每岁四十人，其数过多则乖精选。官途填委，要窒其源，宜改每岁限放三十人，如不登其数，亦听。'"文宗之识岂不优于宋太宗乎？【原注】《贾餗传》："太和中，三典礼闱，所选士共止七十五人。"

齐王融为武帝作《策秀才文》曰："今农战不修，文儒是竞。"见《文选》卷三六。宋自太宗太平兴国二年赐进士诸科五百人，遽令释褐。而(二)[八]①年进士至万二百六十人，淳化二年至万七千三百人。【原注】见《曾巩文集》。见《元丰类稿》卷四九《贡举》。于是一代风流，无不趋于科第。叶适作《制科论》，谓"士人猥多，无甚于今世"。见《水心集》卷三。此虽足以弘文教之盛，而士习之偷亦自此始矣。【原注】《吕氏家塾记》言："今士人所聚多处，风俗便不好。"鲁哀公用庄子之言，号于国中曰："无其道而为其服者，其罪死。"五日而鲁国无敢儒服者，独有一丈夫儒服而立乎公门。公召而问以国事，千转万变而不穷。庄子曰："以鲁国而儒者一人耳，可谓多乎？"见《庄子·外篇·田子方》。《记》《玉藻》曰："垂緌五寸，惰游之士也。"今将求儒者之人，而适得惰游之士，此其

① 据《元丰类稿》卷四九《贡举》校改。

说在乎楚叶公之好画龙而不好真龙也。[①]

永乐十年二月，会试天下举人。上谕考官杨士奇、金幼孜曰："数科取士颇多，不免玉石杂进，今取毋过百人。"见《明太宗实录》卷一二五。

正统五年十二月，始增会试中式额为百五十人，应天府乡试百人，他处皆量增之。见《明英宗实录》卷七四。

天顺七年，有监察御史朱贤上言，欲多收进士，以备任使。上恶其干誉，下锦衣卫狱，降四川忠州花林水驿驿丞。见《明英宗实录》卷三五八。

通场下第

《册府元龟》卷六四三：唐天宝十载九月辛卯，上御勤政楼，试怀才抱器举人。丙申敕曰："朕祗膺宝历，殷鉴远图。虑草泽之遗贤，降弓旌于屡辟。是以三纪于兹，群材辐凑。或一言可纪，必适轮辕；一善可经，每加奖进。庶六合之内，靡然同风；四科之门，咸能一贯。何兹意之缅邈，而增修之寂寥。今者举人，深乖宿望。朕之所问，必正经史；卿等所答，咸皆少通。朕以独鉴未周，必资佥议，爰命朝贤三事，精加详择。咸以为阙于聚学，莫可登科。其怀材抱器举人，并放更习学。其有不对策罗嘉茂，既是白丁，宜于剑南效力。全不答所问崔慎感、刘湾等，勒为本郡充学生之数，勿许东西。其所举官，各量贬殿，以示惩诫。"是通场皆

① 事见刘向《新序·杂事》。

下第也。〔一〕然玄宗不因是而废此科,且黜落之举人犹称为“卿等”,既无峻切之文,亦不为姑息之政,斯得之矣。

〔一〕【钱氏曰】其时李林甫当国,非善政也。

【校正】汪云:《通鉴》:天宝六载,令通一艺以上皆诣京师。李林甫恐斥己恶,悉下尚书覆试以诗赋论,无一人及第者。然则通场下第乃林甫所为。顾氏谓“不为姑息之政”,失之。惟十年试怀才抱器,出自朝廷。此顾氏所以引《元龟》而不引《通鉴》之意欤?○晏案:《新唐书·奸臣·李林甫传》:帝诏天下士有一艺者得诣阙就选。林甫恐士对诏或斥己,即建言:“士皆草茅,未知禁忌,徒以狂言乱圣听。请悉委尚书省长官试问。”使御史中丞监总,无一中程者。林甫因贺上,以为野无遗才。《宰相表》:林甫天宝十一载死。传称居相位十九年,蔽欺天子耳目。六载、十载皆其为相之时,谓出自朝廷之意,恐未然也。顾氏称此事为“得之”,其论偏矣。

御试黜落

《宋史·仁宗纪》:“嘉祐二年三月,赐礼部奏名进士诸科及第出身八百七十七人。亲试举人免黜落始此。”【原注】此仁宗末年姑息之政。《燕翼诒谋录》卷五曰:“旧制,殿试皆有黜落,临时取旨,或三人取一,或二人取一,或三人取二,故有累经省试取中而摈弃于殿试者。自张元以积忿降元昊,为中国患,朝廷始囚其家属,未几复纵之。[①] 于是群臣建议,归咎于殿试[黜落]。嘉祐二年,诏进士与殿试者

① 张元投西夏事,详见《容斋三笔》卷一一。朝廷囚其家属及未久复释事,见《宋史·陈希亮传》。

皆不黜落。是一畔逆之(士)[贼]子,为天下后世士子无穷之利也。"阮汉闻①言:"以张元而罢殿试之黜落,则惩黄巢之乱,将天下士子无一不登第而后可。"

【校正】汪云:《续通鉴长编》引李复圭《纪闻》云:"是春,以群辱欧阳修之故,殿试并赐及第,不落一人。"果尔,则非以张元之故矣。王阮亭《居易录》云:"宋初,进士过省殿试,尚有被黜者,远方寒士或至投河而死。仁宗闻之恻然,虽杂犯亦收之末名。"果尔,又非以欧阳之故矣。然《宋史》嘉祐虽有此诏,《程朱阙里志》载伊川先生嘉祐四年举进士,廷试报罢,自此不复应试。自二年诏后,尚有不尽遵耳。汪又云:新、旧《唐书》并云黄巢以鬻盐为事,惟《通鉴》言巢粗涉书传,举进士不第,遂为盗。又宋张端义《贵耳录》:"侬智高发三解不得志,遂起兵两广。"是张元、黄巢之外尚有一侬智高。

殿举

宋初,约周显德之制,定贡举条法及殿罚之式:"进士'文理纰缪',殿五举。【原注】今谓之罚科。**诸科初场十否,**【原注】不通者谓之"否"。**殿五举。第二、第三场十否,殿三举。第一场至第三场九否,并殿一举。殿举之数,朱书于试卷,送中书门下。"**见《宋史·选举志一》。**今之科场有去取而无劝惩,故不才之人得以旅进,而言此者世必以为刻薄矣。**

① 阮汉闻,字太冲,浙江人。家京师,后居尉氏。崇祯末人。读书好古,喜论兵。著有《阮汉闻遗草》等。

《英宗实录》卷九:“宣德十年九月,令天下岁贡生员从行在翰林院考试。中式者送南北国子监读书。[初]不中者,发原籍住廪肄业,以待复试;再不中者,发充吏。提调、教官如例责状。”今岁贡、廷试亦无黜落,设科取士大抵为恩泽之涂矣。

进士得人

《唐书·选举志》:“众科之目,进士尤为贵,其得人亦最为盛焉。”“文宗好学嗜古,郑覃以经术位宰相,深嫉进士浮薄,屡请罢之。”【原注】《公主传》:“德宗女魏国公主下嫁王士平。得罪,贬贺州司户参军。门下客蔡南史、独孤申叔为主作《团雪散雪辞》,帝闻,怒,捕南史等逐之,几废进士科。”○《唐语林》卷四:“进士、举人各树名甲。开成、会昌中语曰:‘郑、杨、段、薛,炙手可热。’”“武宗即位,宰相李德裕尤恶进士,谓:‘朝廷选官,须公卿子弟为之。何者?少习其业,自熟朝廷事,台阁之仪,不教而自成。寒士纵有出人之才,固不能闲习也。’德裕之论偏异盖如此。然进士科当唐之晚节,尤为浮薄,世所共患也。”

《金史》《选举志一》言:“取士之法,其来不一。至于唐、宋,进士盛焉,当时士君子之进不由是涂,则自以为慊。【原注】苦簟反。此由时君之好尚,故人心之趋向然也。”

宋马永卿言:“本朝取士之路多矣,得人之盛无如进士,至有一榜得宰相数人者,其间名臣,不可胜数,此进士得人之明效也。或曰不然，以本朝崇尚进士，故天下英才皆入此科，若云非此科不得人，则失之矣。唐开元以前，未尝尚进士科，故天下名士杂出他涂。开元以后，始尊崇之，故当时名士中此科者十常七八。以此卜之，可以见矣。”见《嬾真子》卷三。

馀姚黄宗羲作《明夷待访录》，其《取士篇》下篇曰：“古之取士也宽，其用士也严。今之取士也严，其用士也宽。古者乡举里选，士之有贤能者不患于不知。降而唐、宋，其科目不一，士不得与于此，尚可转而从事于彼，是其取之之宽也。《王制》：‘命乡，论秀士，升之司徒，曰选士。司徒论选士之秀者，升之学，曰俊士。’‘大乐正论造士之秀者升之司马，曰进士。司马论进士之贤者，以告于王，而定其论，论定然后官之，任官然后爵之，位定然后禄之。’唐之士及第者未便解褐入仕，吏部又复试之。【原注】详下条。宋虽登第入仕，然亦止簿、尉、令、录，榜首才得丞、判，是其用之之严也。宽于取则无遗才，严于用则无倖进。今也不然，其取士止有科举一涂，虽使豪杰之士若屈原、董仲舒、司马相如、扬雄之徒，舍是亦无由而进，取之不谓严乎哉？一日苟得，上之列于侍从，下亦置之郡县，即其黜落而为乡贡者，终身不复取解，授之以官，用之又何其宽也。严于取，则豪杰之老死丘壑者多矣；宽于用，此在位者多不得其人也。流俗之人徒见二百年以来之功名气节一二出于其中，遂以为科法已善，不必他求；不知科第之内既聚此(十)

百[千]万人,[①]不应功名气节之士独不得入,则是功名气节之士之得科第,非科第之能得功名气节之士也。假使探筹较其长短而取之,行之数百年,则功名气节之士亦自有出于探筹之中者,宁可谓探筹为取士之善法邪?究竟功名气节人物不及汉、唐远甚,徒使庸妄之辈充塞天下,岂天之不生才哉?则取之之法非也。我故宽取士之涂,有科举,有荐举,有太学,有任子,有郡县佐,【原注】其法以诸生掌六曹。有辟召,有绝学,有上书,而用之之严附见焉。"

国[②]初荐辟之法既废,而科举之中尤重进士。神宗以来,遂有定例。州、县印官,以上、中为进士缺,中、下为举人缺,最下乃为贡生缺。举、贡历官虽至方面,非广西、云、贵不以处之。以此为铨曹一定之格。间有一二举、贡受知于上,拔为卿贰大僚,则必尽力攻之,使至于得罪谴逐且杀之而后已。于是不由进士出身之人,遂不得不投门户[③]以自庇。资格与朋党,二者牢不可破,而国事大坏矣。至于翰林之官,又以清华自处而鄙夷外曹。崇祯中,先帝[④]忽用推、知考授编、检,而众口交哗,有"适从何来,遽集于此"之诮。见《烈皇小识》卷五。【原注】唐武儒衡语。[⑤] 呜呼,科第不与资格期,而资格之局成;资格不与朋党期,而朋党之形立。

---

① 据《黄宗羲全集》第一册《明夷待访录·取士下》改。

② "国",原本作"明",据《校记》改。

③ "门户",张京华《校释》作"门路"。

④ "先帝",原本作"天子",据《校记》改。

⑤ 《资治通鉴》卷二四一:元稹以散郎知制诰,朝论鄙之。会同僚食瓜,有青蝇集其上,中书舍人武儒衡以扇挥之曰:"适从何来,遽集于此。"

防微虑始，有国者其为变通之计乎！〔一〕

〔一〕【汝成案】科第莫重于明，党伐亦莫过于明。永乐初年，内阁七人，非翰林者居其半，翰林、纂修亦诸色参用。自天顺二年，李贤奏定修纂专选进士，由是非进士不入翰林，非翰林不入内阁，南北礼部尚书、侍郎及吏部右侍郎非翰林不任，而庶吉士始进之时，已群目为"储相"。然吾邑徐尚书学谟却以外曹累迁，似不尽由翰林。第畸重日久，怀宗虽欲更变，难矣。

大臣子弟

人主设取士之科，以待寒畯，诚不宜使大臣子弟得与其间，以示宠遇之私，而大臣亦不当使其弟子与寒士竞进。魏孝文时，于烈为光禄勋卿，其子登引例求进，烈上表请黜落，孝文以为"有识之言"。见《魏书·于烈传》。虽武夫犹知此义也。唐之中叶，朝政渐非，然一有此事，尚招物议。长庆元年，礼部侍郎钱徽知贡举，中书舍人李宗闵子婿苏巢、右补阙杨汝士弟殷士皆及第，为段文昌所奏，指擿榜内郑朗等十四人，谓之子弟。穆宗乃内出题目重试，落朗等十人，贬徽江州刺史，宗闵剑州刺史，汝士开江令。【原注】《旧唐书》《钱徽传》。会昌四年，权知贡举左仆射王起奏："所放进士有江陵节度使崔元式甥郑朴、东都留守牛僧孺女婿源重、故相窦易直子缄、监察御史杨收弟严，试文合格，物议以子弟非之。"敕遣户部侍郎翰林学士白敏中覆试，落下三人，唯放杨严一人。【原注】《册府元龟》卷六四四。○《唐书·杨严传》又有杨知至，共五人。大中元年，礼部侍郎魏扶奏："臣今年所放进士三十三人，其封彦卿、崔琢、郑延休等三人实有词艺，为时所称，皆以父兄见居重任，不敢选取。”诏令翰林学士承旨、户部侍郎韦琮考覆，敕放及第。【原注】《旧唐书》《宣宗纪》。大中末，令狐绹罢相，其子滈应进士举在父未罢相前，拔文解及第，谏议大夫崔瑄论滈干挠主司，侮弄文法，请下御史台推勘。疏留中不出。见《北梦琐言》卷一。【原注】《旧唐书·令狐绹子滈传》："大中十三年，绹罢相，为河中节度使。为其子滈乞应进士举，许之。登第三十人，有郑羲者，故户部尚书浣之孙；裴弘馀，故相休之子；魏筜，故相扶之子；及滈，皆大臣子弟。谏议大夫崔瑄论滈'权在一门，势倾天下。及绹罢相作镇之日，便令滈纳卷贡闱，岂可以父在枢衡，独挠文柄，请下御史台按问'。奏疏不下。"○《册府元龟》卷五四七。载起居郎张云疏，言："绹方出镇，滈便策名，放榜宣麻，相去二十三日。"后梁开平三年五月敕："礼部所放进士薛钧，是左司侍郎薛廷珪男。方持省辖，固合避嫌，宜令所司落下。"见《册府元龟》卷六五一。宋开宝元年，权知贡举王祐擢进士合格者十人，陶谷子邴名在第六。翼日，谷入谢。上谓侍臣曰："闻谷不能训子，邴安得登第？"乃命中书覆试，邴复登第。因下诏："自今举人，凡关食禄之家，礼部具闻覆试。"【原注】《山堂考索》《后集》卷三六。至太宗以后，科额日广，登用亦骤，而上下斤斤犹守此格，有人主示公而不取者，"雍熙二年，宰相李昉之子宗谔，参政吕蒙正之弟蒙亨，盐铁使王明之子扶，度支使许仲宣之子待问，举进士，试皆入等。上曰：'此并世家，与孤寒竞进，纵以艺升，人亦谓朕有私。'遂罢之"是也。【原注】《山堂考索》《后集》卷三六。有人臣守法而自罢者，"唐义问用举者召试秘阁，父介引嫌罢之”是也。【原注】《宋史》《唐义问传》。有子弟恬退而不就者，“韩维尝以进士荐礼部，父亿任执政，不就廷试”，[①]“仁宗患搢绅奔竞，谕近臣曰：‘恬静守道者旌擢，则躁求者自当知愧。’于是宰相文彦博等言：‘维好古嗜学，安于静退，乞加甄录。’召试学士院，辞不赴，除国子监主簿”是也。【原注】《山堂考索》《后集》卷三六。〇《旧唐书》《王播传》言王荛苦学，善属文，以季父铎作相，避嫌不就科试。而赵屼为御史，上疏言：“治平以前，大臣不敢援置亲党于要涂，子弟多处筦库，甚者不使应科举。自安石柄国，持‘内举不避亲’之说，始以子雱列侍从，由是循习为常。今宜杜绝其源。”【原注】《宋史》《赵屼传》。以此为防，犹有若秦桧子熺、孙埙试进士皆为第一者。[②]【原注】《清波杂志》卷四：“绍圣丁丑，章持魁南省，时有诗云：‘何处难忘酒，南宫放榜时。有才如杜牧，无势似章持。不取通经士，先收执政儿。此时无一盏，何以展愁眉？’”至于国朝[③]，此法不讲。又入仕之涂虽不限出身，然非进士一科不能跻于贵显，于是宦游子弟攘臂而就功名。三百年来，惟闻一山阴王文端【原注】名家屏，万历中辅臣。子[湛初]中解元，[④]不令赴会试者。唐宋之风，荡然无存。然则宽入仕之涂，而厉科名之禁，不可不加之意也。

---

① 按《山堂肆考》卷五六作“以兄绛执政，不就廷试”。

② 《宋史·选举志一》：“秦桧专国，其子熺廷试第一，桧阳引降第二名。是岁，桧孙埙举进士，省试、廷对皆首选，姻党曹冠等皆居高甲，后降埙第三。”

③ “国朝”，原本作“有明”，据《校记》改。

④ 《刊误》卷下：“诸本同。原写本‘子’下有‘湛初’二字。”

【校正】吴山夫先生云：王山阴子中解元，是神宗山西乙酉乡试，元已定阎国宠，晚始得王晋锡卷，欲冠多士。阎房师，教官也，掷纱帽于地求出。考官委曲调停，阎居第六。榜出哗然，达于都下。山阴令其子不会试，非得已也。此说似为文端后人所诬，不足据。○汪云：明臣实有大臣子不会试者。《明史》：王锡爵子衡，有文名，为举首，因被论不复会试。至锡爵罢相已久，始举会试，殿试第二，授编修。

天宝二年，是时海内晏平，选人万计，命吏部侍郎宋遥、苗晋卿考之。遥与晋卿苟媚朝廷，又无廉洁之操，取舍偷滥，甚为当时所丑。有张奭者，御史中丞倚之子，不辨菽麦，假手为判，特升甲科。会下第者尝为蓟令，以其事白于范阳节度使安禄山。禄山恩宠崇盛，谒请无时，因具奏之。帝乃大集登科人，御花萼楼，亲试升第者，十无一二焉。奭手持试纸，竟日不下一字，时谓之“曳白”。帝大怒，遂贬遥为武当太守，晋卿为安康太守，复贬倚为淮阳太守。诏曰：“庭闱之间，不能训子；选调之际，乃以托人。”士子皆以为戏笑，或托于诗赋讽刺。考判官礼部郎中裴朏、起居舍人张烜、监察御史宋昱、左拾遗孟朝，皆贬官岭外。见《册府元龟》卷六三八。

《石林燕语》卷五**曰：“国初，贡举法未备，公卿子弟多艰于进取，盖恐其请托也。范杲，鲁公[①]之兄子，见知陶谷、窦仪，皆待以甲科，会有言世禄之家不当与寒畯争科名者，**

---

① 范质封鲁公。

遂不敢就试。李内翰宗谔已过省,以文正为相,[①]因唱名辞疾不敢入,亦被黜。文正罢相,方再登科。天禧后立法,有官人试不中者皆科私罪,仍限以两举。庆历以来,条令日备。有官人仍别立额,于是进取者始自如矣。”

谢在杭《五杂俎》卷一四《事部二》曰:“宋初进士科,法制稍密,执政子弟多以嫌不令举进士,有过省而不敢就殿试者。庆历中,王伯庸为编排官,其内弟刘原父廷试第一,以嫌自列,降为第二。今制:惟知贡举典试者宗族不得入,其它诸亲不禁也。执政子弟擢上第者相望不绝,顾其公私何如耳。[②] 杨用修作状头,天下不以为私,与江陵诸子异矣。万历癸未,苏工部濬入闱,取李相公廷机为首卷,二公少同笔砚,至相善也,然苏取之不以为嫌,李魁天下而人无间言,公也。庚戌之役,汤庶子宾尹素知韩太史敬,拔之高等,而其后议论蜂起,座主门生皆坐褫职。夫韩之才诚高,而汤之取未为失人,但心迹难明,卒至两败,亦可惜也。然科场之法,自是日益多端矣。”【原注】景泰七年,大学士王文、陈循以其子乡试不中,至具奏讼冤,为皆准令会试。见《明英宗实录》卷二七〇《景泰附录》。

【校正】吴云:汤、韩之滋物议也毋论,先通关节,汤将韩首墨自行改窜,远胜原文,发出重誊,遂以抡元。后礼部磨勘,朱墨卷不同,哗然。此事百诗先生闻之王于一云。

---

① 李宗谔父李昉,谥文贞,避讳改文正。

② 此下张京华《校释》有如下文字:“景泰七年,大学士王文、陈循以其子乡试不中,至具奏讼冤,为皆准令会试。”张京华并按云:此事不见《五杂俎》,略见《明史·选举志二》,疑为顾氏注文。按:此段文字现在篇末,为顾氏之注。

北卷

今制，科场分南卷、北卷、中卷，【原注】《实录》："洪熙元年八月乙卯，行在礼部奏定科举取士之额，南士取十之六，北士取十之四。"见《宣宗实录》卷九。○后又令南北各退五卷，为中卷。○景泰二年会试，礼部奏准取士不分南北。户科给事中李侃等谓："北人拙于文辞，向日定为南北之分，不可改。"礼部言："乡举里选之法不可行矣，取士若不以文，考官将何所据？且北方中土，人才所生，以古言之，大圣如周公、孔子，大贤如颜、曾、思、孟，皆非南人。以今言之，如靖远伯王骥、左都御史王翱、王文，皆永乐间不分南北所取进士，今岂可预谓北无其人？侃等所言不允。"见《英宗实录》卷二〇一《景泰附录》。○四年会试，命仍分南、北、中卷。〔一〕**此调停之术，而非造就之方。夫北人，自宋时即云"京东、西、河北、河东、陕西五路举人，拙于文辞声律"，**见宋陈次升《谠论集》卷一《上哲宗论五路举人省试》。【原注】王氏《挥麈录》《前录》卷三曰："国初，每岁放榜，取士极少。安德裕作魁日，九人而已，盖天下未混一也。至太宗朝浸多，所得率江南之秀。其后又别立分数，考较五路举人，以北人拙于辞令，故优取。熙宁二年，廷试罢三题，专以策取士，非杂犯不复黜。然五路举人尤为疏略。黄道夫榜传胪至第四甲党镈卷子，神宗大笑曰：'此人何由过省？'知举舒信道对以'五路人用分数取末名过省'，上命降作第五甲末。"**况又更金、元之乱，文学一事不及南人久矣。**〔二〕**今南人教小学，先令属对，犹是唐、宋以来相传旧法，北人全不为此，故求其习比偶、调平仄者，千室之邑几无一二人，而八股之外一无所**

通者比比也。愚幼时四书、本经俱读全注,后见庸师窳生欲速其成,多为删抹,而北方则有全不读者。【原注】王槐野《与郑少潭提学书》言:“关中士不读朱注,不看《大全》、《性理》、《通鉴》诸书。”当嘉靖之时已如此。欲令如前代之人,参伍诸家之注疏而通其得失,固数百年不得一人,且不知十三经注疏为何物也。间有一二五经刻本,亦多脱文误字,而人亦不能辨,此古书善本绝不至于北方,而蔡虚斋、林次崖①诸经学训诂之儒皆出于南方也。故今日北方有二患,一曰地荒,二曰人荒。非大有为之君作而新之,不免于“无田甫田,维莠骄骄”见《诗·齐风·甫田》。之叹也。

〔一〕【汪氏曰】宣德、正统间,会试分南、北、中卷,南则应天及苏、松诸府,浙江、江西、福建、湖广、广东,北则顺天、山东、山西、河南、陕西,中则四川、广西、云南、贵州及凤阳、庐州二府,滁、徐、和三州,是即一南直隶而有南与中之异。至武闱,亦仿文闱南北卷例,分边方、腹里,边六腹四,此俱行之于会试耳。今会试已分省,而南、北、中卷乃行之顺天乡试,南与中皆指外省言,北则直隶之贡监合北五省,皆增其额于顺天本省正额之外者也。

【又曰】向时文武有互考之例,亦多有中试者。盖在唐时,文吏或求武选,武夫或求文选,惟选官有互用耳。宋则武举人多求试换文资,而太学诸生久不第者多去从武举,是互考宋已开其端矣。

〔二〕【杨氏曰】金以儒亡,其文学最盛,不得云“金之乱,文学不及南人”。

① 蔡清,字介夫,号虚斋,福建泉州晋江人。林希元字茂贞,号次崖,福建同安人。

汉成帝元延元年七月诏:“内郡国举方正能直言极谏者各一人,北边二十二郡举勇猛知兵法者各一人。”见《汉书·成帝纪》。此古人因地取才,而不限以一科之法也。宋敏求尝建言:“河北、陕西、河东士子,性朴茂而辞藻不工,故登第者少,请令转运使择荐有行艺材武者特官之,使人材参用,而士有可进之路。”见《宋史·宋敏求传》。其亦汉人之意也与?

糊名

国家设科之意,本以求才,今之立法则专以防奸为主,如弥封、誊录一切之制是也。考之唐初,吏部试选人,皆糊名,令学士考判。武后以为非委任之方,罢之。见《新唐书·选举志下》。【原注】此则糊名已用之选人,而未尝用之贡举。贞元中,陆贽知贡举,访士之有才行者于翰林学士梁肃。肃曰:“崔群虽少年,他日必至公辅。”果如其言。【原注】《册府元龟》卷八四三。〇《唐书》本传:“贽知贡举,时崔元翰、梁肃文艺冠时。贽输心于肃,肃与元翰推荐艺实之士,一岁选士才十四五,数年之内,居台省清近者十馀人。”太和初,礼部侍郎崔郾试进士东都,吴武陵出杜牧所赋《阿房宫辞》,请以第一人处之。【原注】《武陵传》。此知其贤而进之也。张昌龄举进士,与王公治齐名,皆为考功员外郎王师旦所绌。太宗问其故,对曰:“昌龄等华而少实,其文浮靡,非令器也。取之则后生劝慕,乱陛下风雅。”帝然之。见《新唐书·文艺·张昌龄传》。

温庭筠苦心砚席，尤长于诗赋。初举进士，至京师，人士翕然推重。然士行尘杂，不修边幅，能逐弦吹之音，为侧艳之词，公卿家无赖子弟裴诚、令狐滈之徒相与蒱饮，酣醉终日，由是累年不第。【原注】本传。罗隐有诗名，尤长于咏史，然多讥讽，以故不中第。【原注】《册府元龟》卷八四一。此知其不可而退之也。《宋史·陈彭年传》言："景德中，彭年与晁迥同知贡举，请令有司详定考试条式。真宗命彭年与戚纶参定，多革旧制，专务防闲。其所取者不复选择文行，止较一日之艺，虽杜绝请托，然置甲等者或非人望。"【原注】《文献通考》卷三〇略同。《宋白传》言："初，陈彭年举进士，轻俊，喜谤主司。白知贡举，恶其为人，黜落之，彭年憾焉。后居近侍，为贡举条制，多所关防，盖为白设也。"【原注】《山堂考索》同。盖昔之取士，虽程其一日之文，亦参之以平生之行，而乡评士论一皆达于朝廷。【原注】《李谘传》："举进士，真宗闻其至孝，擢第三人。"当时尚未糊名。〇陆游《老学庵笔记》卷五："本朝进士，初亦如唐制，兼采时望。真庙时，周安惠公起建糊名法，一切以程文为去留。"故《王旦传》言："翰林学士陈彭年呈政府科场条目，旦投之地，曰：'内翰得官几日，乃欲隔截天下进士！'彭年皇恐而退。"【原注】《画墁录》卷一言："彭年子彦博守汀州，以赃败，杖脊流海岛。其孙逵兄弟发彭年冢，取金带分货，抵罪。"而范仲淹、苏颂之议，并欲罢弥封、誊录之法，使有司先考其素行，以渐复两汉选举之旧。【原注】本传。夫以彭年一人之私，而遵之为数百年之成法，无怪乎繁文日密而人材日衰。后之人主，非有重门

洞开之心胸，不能起而更张之矣。〔一〕

〔一〕【汪氏曰】唐惟诏举糊名。《宋·选举志》云："淳化三年，苏易简知贡举，受诏即赴贡院，仍糊名考校，遂为例。""景德四年，定《亲试进士条(例)[制]》：试卷付编排官，去其卷首乡贯状，别以字号第之，付封弥官誊写校勘，用御书印，付考官定(第)[等]毕，复封弥送覆考官再定等。编排官阅其同异，未同者再考之。""八年，始置誊录院，官封试卷付之，集书吏录本。"宋之誊写即封弥官，其后置院，乃分二事。封弥凡再者，因送覆考，而封其考官所定之第也。《志》又言："举人之弊凡五，曰传义，曰换卷，曰易号，曰卷子出外，曰誊录灭裂。宝庆二年，左谏议大夫朱端常奏防戢之策。端平元年，侍御史李鸣复等请严怀挟之禁，恳悬赏募人告捉，皆允行。"《元·选举志》："举人各自备三场文卷，并草卷各一十二幅，于卷首书三代、籍贯、年甲。前期半月，于印卷所投纳，用印钤缝，各还举人。"又云："举人就试，无故不冠及擅移坐次者，有偶与亲姻邻坐而不自陈者，怀挟代笔传义者，并扶出。"又云："日未出入场，黄昏纳卷。受卷，送弥封所用印讫，写三不成字为号，每名累场同用一号。送誊录所，并用朱书誊录。送对读所，以元卷与朱卷对读无差，呈解贡院考校。用墨笔批点毕，取元卷对号开拆，分为二榜，揭于省门之左右。进士二榜用敕黄纸书，揭于内前红门之左右。"凡此制度，盖自宋、元已详，并非始自前明。惟"弥封"旧称"封弥"，元之"朱卷"明改"硃卷"，或因避国姓故耳。若所云"草卷"，与今殿试同。所云"二榜"，亦称左右榜，一是蒙古及色目人，一是汉人与南人。《明·选举志》："乡试、会试，供给、收掌试卷、弥封、誊录、对读、受卷及巡绰、监门、搜检怀挟，俱有定员，各执其事。"又云："试日入场,讲问、代冒者有禁。晚未纳卷,给烛二枝。弥封编号,作三合字。考试者用墨,谓之墨卷。录用朱,谓之朱卷。在外提调、监试等谓之外帘官,在内主考、同考谓之内帘官。”帘内、帘外亦自元有此名,而明谓之外帘、内帘耳。其贿买钻营,怀挟倩代,割卷传递,顶名冒籍,弊端百出,而关节为甚。至于科场之例,有不合式而贴出者。考金完颜匡,章宗时试诗赋,漏写诗题下注字,不取。《元·选举志》:“犯御名、庙讳及文理纰缪,涂注乙五十字以上者,不考。”

【校正】“唐初,吏部试选,人皆糊名,令学士考判。武后以为非委任之方,罢之。”〇汪云:刘悚《隋唐嘉话》:“武后以吏部选人多不实,乃令试日自糊其名,以定等第判之。”糊名自此始,与亭林所引正相反。〇晏案:《新唐书·张说传》:“永昌中,武后策贤良方正,诏吏部尚书李景谌糊名较覆,说所对第一,后置乙等。”糊名实自武后始。

《册府元龟》卷六四〇:“唐宪宗元和二年十二月,敕自今以后,州府所送进士,如迹涉疏狂,兼亏礼教,或曾为官司科罚,或曾任州府小吏,一事不合入清流者,虽薄有词艺,并不得申送。如举送以后事发,长吏停见任及已停替者殿二年,本试官及司功官并贬降。”是进一不肖之人,考试之官皆有责焉。今则借口于糊名,而曰“吾衡其文,无由知其人也”,是教之崇败行之人而代为之逭其罪也。

《容斋四笔》卷五《韩文公荐士》曰:“唐世科举之柄,颛付之主司,仍不糊名。又有交朋之厚者为之荐达,谓之‘通榜’。故其取人也,畏于讥议,多公而审。亦或胁于权势,或挠于亲故，或累于子弟，皆常情所不能免者。若贤者临之则不然。未引试之前，其去取高下固已定于胸中矣。韩文公《与祠部陆员外傪书》曰：'执事之与司贡士者相知诚深矣，彼之所望于执事、执事之所以待乎彼者，可谓至而无间矣。彼之职在乎得人，执事之志在乎进贤。如得其人而授之，所谓两得。愈之知者有侯喜、侯云长、刘述古、韦群玉，【原注】《摭言》作"纾"。[①] 此四子皆可以当首荐而极论者，期于有成而后止可也。沈杞、张苰【原注】《登科记》作"弘"。尉迟汾、李绅、张后馀、李翊，皆出群之才，与之足以收人望而得才实。主司广求焉，则以告之可也。往者陆相公司贡士，愈时幸在得中，【原注】贞元八年，陆贽知举，贾棱等二十(二)[三]人登第，公与焉。[②] 所与及第者皆赫然有声。原其所以，亦由梁补阙肃、王郎中础佐之。梁举八人，无有失者，其馀则王皆与谋焉。陆相待王与梁如此不疑也，至今以为美谈。'此书在集中不注岁月。按《摭言》卷八云：'贞元十八年，权德舆主文，陆傪员外通榜。韩文公荐十人于傪。权公凡三榜，共放六人，馀不出五年内皆捷。'以《登科记》考之，贞元十八年，德舆以中书舍人知举，放进士二十三人，尉迟汾、侯云长、韦纾、沈杞、李翊登第。十九年，以礼部侍郎放二十人，侯喜登第。永贞元年，放二十九人，刘述古登第。通三榜，共七十二人，而韩所荐者预其七。元和元年，崔邠下放李绅。三年，又放张后馀、张弘。皆与

---

① 见《唐摭言》卷八。此注及下注均为《容斋四笔》原注。

② 援庵《校注》：此注乃《昌黎集》孙氏注原文。"二十二"应作"二十三"。

《摭言》合。”

搜索

《旧唐书·李揆传》：“乾元初，兼礼部侍郎。言：‘主司取士，多不考实，徒峻其堤防，索其书策。殊不知艺不至者，居文史之囿，亦不能摛辞。深昧求贤之意也。’及试进士，请于庭中设五经、诸史及《切韵》本于床。引贡生谓之曰：‘大国选士，但务得才，经籍在此，请恣寻检。’”

《舒元舆传》：“举进士，见有司钩校苛切，因上书言：‘自古贡士，未有轻于此者。且宰相公卿由此出，而有司以隶人待之，罗棘遮截，疑其为奸，非所以求忠直也。’”【原注】《新唐书》《李戡传》：“年(二)[三]十，明六经。就礼部试，吏唱名乃入。戡耻之，明日径返江东，隐阳羡里。”(又言)[①]国朝校试，穷微探隐，无所不至，士至露顶跣足以赴科场，此先辈所以有投業而出者。然狡伪之风，所在而有，试者愈严，而犯者愈众，桁杨[②]之辱不足以尽辜。如主司真具别鉴，虽怀藏满箧，亦复何益？故搜索之法，只足以济主司之所短，不足以显才士之所长也。

今日考试之弊，在乎求才之道不足，而防奸之法有馀。【原注】洪武五年正月癸丑，上谕礼部臣曰：“近代以来，举人不中程式为有司所黜者，多不省己自修，以图再进，往往摭拾主司细故谤

---

① 下文已非《元舆传》引文，“又言”二字衍。

② 桁杨，枷颈及足之械也。

毁,以逞私忿,礼让廉耻之风不立。今后有此者罪之。”见《太祖实录》卷七一。○万历末,谢肇淛言:“上之防士如防夷虏[1],而旁观之伺主司如伺寇盗。”见《五杂俎》卷一四《事部二》。宋元祐初,御史中丞刘挚上言:“治天下者遇人以君子长者之道,则下必有君子长者之行应于上。若以小人遇之,彼将以小人自为矣。况以此行于学校之间乎?”见《宋史·刘挚传》。诚能反今日之弊,而以教化为先,贤才得而治具张,不难致也。

《金史》《选举志一》:泰和元年,省臣奏:“搜简之法虽严,至于解发袒衣,索及耳鼻,殊失待士之礼。【原注】《移剌履传》:“初举进士,恶搜简烦琐,去之。”盖世宗初年。故大定二十九年已尝依前故事,使就沐浴,官置衣为之更之,既可防滥,且不亏礼。”从之。

朱子论学校科举之弊,谓:“上以盗贼待士,士亦以盗贼自处。鼓噪迫胁,非盗贼而何?”见《朱子语类》卷一〇九。嗟夫!三代之制不可见矣,汉、唐之事岂难仿而行之者乎?

座主门生

贡举之士,以有司为座主,而自称门生。自中唐以后,遂有朋党之祸。【原注】“座主”字见《令狐峘传》。○张籍《寄苏州白使君》诗:“登第早年同座主。”○《杨嗣复传》:“领贡举,时父於陵自洛入朝,乃率门生出迎,置酒第中。於陵坐堂上,嗣复与诸生坐两序。始於陵在考功,擢浙东观察使李师稷及第,时亦在焉,

① “夷虏”,原本作“奸偷”,据《校记》改。

人谓杨氏上下门生。"**会昌三年十二月二十二日，中书覆奏："奉宣旨，不欲令及第进士呼有司为座主，兼题名局席等条疏进来者。伏以国家设文学之科，求真正之士，所宜行崇风俗，义本君亲，然后升于朝廷，必为国器。岂可怀赏拔之私惠，忘教化之根源，自谓门生，遂为朋比？**[①] **所以时风浸坏，臣节何施？树党背公，靡不由此。**【原注】按韩文公《送牛堪序》："吾未尝闻有登第于有司，而进谢其门者。"则元和、长庆之间，士风犹不至此。**臣等议：今日以后进士及第，任一度参见有司，向后不得聚集参谒，于有司宅置宴。其曲江大会朝官及题名局席，并望勒停。"**【原注】《新唐书》《选举志上》："初，举人既及第，缀行通名，诣主司第谢。其制：序立西阶下，北上，东向。主人席东阶下，西向。诸生拜，主司答拜，乃叙齿谢恩。遂升阶，与公卿观者皆坐。酒数行，乃赴期集。又有曲江会、题名席。"○李肇《国史补》卷下："既捷，列名于慈恩寺塔，谓之题名。大燕于曲江亭子，谓之曲江会。"**奉敕："宜依。"**见《唐摭言》卷三《慈恩寺题名游赏赋咏杂纪》。[②] **后唐长兴元年六月，中书门下奏："时论以贡举官为恩门，及以登第为门生。门生者，门弟子也。颜、闵、游、夏等并受仲尼之训，即是师门。大朝所命春官，不曾教诲举子，[举子]是国家贡士，非宗伯门徒。今后及第人不得呼春官为恩门、师门，及自称门生。"**见《册府元龟》卷六四二。**宋太祖建隆三年九月丙辰诏："及第举人不得拜知举官子弟及目为恩门、师门，并自称门生。"**见《山堂考索·后

① "遂为朋比"，张京华《校释》作"遂成朋比"，《唐摭言》原文则为"遂成胶固"。

② 援庵《校注》云：以下之文据元本应另起一段，《集释》误合也。

集》卷三六。〔一〕**刘克庄《跋陆放翁帖》云:“余大父著作为京教,考浙漕试。明年考省试。吕成公卷子皆出本房,家藏大父与成公往还真迹,大父则云‘上覆伯恭兄’,成公则云‘拜覆著作丈’,时犹未呼座主作‘先生’也。”**见《后村集》卷三二。**寻其言,盖宋末已有“先生”之称。而至于有明,则遂公然谓之座师,谓之门生,乃其朋党之祸亦不减于唐时矣。**

【原注】王元美《觚不觚录》谓:“嘉靖以前,门生称座主,不过曰[老]先生而已。至分宜当国,始称老翁,其厚者称夫子,此后门生俱曰老师。”○《五杂俎》卷一四《事部二》言:国朝惟霍文敏韬不拜主司,亦不受人作门生。〔二〕

〔一〕【赵氏曰】《唐书》:“权德舆门生七十人,推沈传师为颜子。”又《权璩传》云:“宰相李宗闵,乃父门生也。”《萧遘传》:“遘为王铎所取士,及与铎同为相,常奏帝曰:‘臣乃铎门生。’”此座主、门生之见于史册者也。门生谒座师、房师,将出,师送至二门外,不出大门。及门生为主考、同考官,例亲率所取士谒己座师、房师,亦有故事。《五代史》:“裴皞以文学在朝久,宰相马嗣孙、桑维翰皆皞礼部所放进士。后马知贡举,引新进士谒皞。皞喜作诗,曰‘门生门下见门生’,世传以为荣。维翰为相,尝过皞,不迎不送。或问之,皞曰:‘我见桑公于中书,庶僚也。公见我于私第,门生,何迎送之有?’”此门生见座主故事。○本朝①初年,因御史杨雍建言,故令中式士见主司,但用姓名书帖,不称门生。此近时科场故事也。

〔二〕【汝成案】《明史》:“霍韬举进士,出毛澄门下,素执弟子礼。及议大礼不合,遂不以澄为座主。及韬总裁己丑会试,亦不以

① 此为赵翼语,本朝指清朝。

唐顺之等为门生。”此盖由私激而然，非以崇厉风俗。

【校正】汪云：《新唐书·令狐峘传》：“刺史田惇，峘门生也。”有“门生”字无“座主”字。《旧唐书》无传。[①] ○晏案：李肇《国史补》：“进士为时所尚。俱捷谓之同年，有司谓之座主。”《南部新书》：杜审权知举，放卢处权。有戏之曰：“座主审权，门生处权。”崔沆知举，放崔瀣，谈者称“座主门生，沆瀣一家”。李翰诗：“座主登庸归凤阁，门生批诏点鳌头。”是此名实始于唐。

“《五杂组》言：霍文敏韬不拜主司，亦不受人作门生。”○寿昌案：霍韬以议大礼骤得进用，非正人也。

唐时风俗之敝，杨复恭至谓昭宗为“门生天子”。见《资治通鉴》卷二五九。

唐崔祐甫议，以为：“自汉徐孺子于故举主之丧，徒步千里而行一祭，厚则厚矣，其于传继非可也。历代莫之非也，【原注】《后汉书·樊儵传》言：“郡国举孝廉，率取年少能报恩者。”当时即有此说。**近日张荆州九龄又刻石而美之。于是后来之受举为参佐者，报恩之分，往往过当，或挠我王宪，舍其亲戚之罪负，举其不令子孙以窃名位，背公死党，兹或近之。时论从而与之，通人又不救，遂往而不返。”**见《文苑英华》卷七六七崔祐甫《广丧朋友议》。【原注】宋陈莹中言：“使王氏之门有负恩之士，则汉之宗社不至于亡。”其言可感。见《黄氏日钞》卷四○所引吕东莱《孟子说》。**夫参佐之于举主，犹蒙顾盼之恩，被话言之奖，陶镕成就，或资其力，昔人且有党比之讥。若科场**

① 按令狐峘《旧唐书》有传，在卷一四九。中有云：峘贬衢州别驾，衢州刺史田敦闻峘来，喜曰：“始见座主。”迎谒之礼甚厚。汪说非是，顾氏不误。

取士，只凭所试之文，未识其名，何有师生之分？至于市权挠法，取贿酬恩，枝蔓纠连，根柢磐互，官方为之浊[①]乱，士习为之颓靡，其与汉人笃交念故之谊抑何远哉！〔一〕

〔一〕【阎氏曰】明之士夫积习，师弟重于父子，得罪于父母者有之，得罪于座主者未之有也。门户重于师弟，以师之门户为门户者固多，不以师之门户为门户者亦不少也。富贵又重于门户，有始附正人，既而与之为敌者；有始主邪说，既窥其党将败，遂反攻之者，皆惑于富贵也。

《风俗通》《愆礼》记弘农太守吴匡为司空黄琼所举，"班诏劝耕，道于渑池，闻琼薨，即发丧制服，上病，载辇车还府"，论之曰："剖符守境，劝民耕桑，肆省冤疑，和解仇怨，国之大事，所当勤恤。而猥顾私恩，傲狠自遂。若宫车晏驾，何以过兹？论者不察，而归之厚。司空袁周阳举荀慈明有道，太尉邓伯条举訾孟直方正。二公薨，皆制齐衰。【原注】《[后]汉书·荀爽传》："司空袁逢举有道，不应。及逢卒，爽制服三年，当世往往化以为俗。"邵宝议之曰："师丧以心，而举主服三年，可乎？"若此类者非一。然荀、訾通儒，于义足责。【原注】魏景元元年，傅玄举将仆射陈公薨，以谘时贤。光禄郑小同云："宜准礼，而以情义断之，服吊服加麻可也，三月除之。"宋庾蔚之以此论为允。见《通典》卷九九。或举者名位斥落，子孙无继，多不亲至。"然则隆情由乎显阀，薄报在乎衰[②]门。此又私恩之一变，古今同慨者矣。

---

① "浊"字，张京华《校释》作"杂"。

② "衰"，张京华《校释》作"私"。

《后汉书》《周荣传》:“周景为河内太守,好贤爱士。每至岁时,延请举吏入(止)[上]后堂,与共宴会。如此数四,乃遣之。赠送什物,无不克备。既而选其父兄子弟,事相优异。【原注】《三国志》《魏志·卫臻传》:“夏侯惇为陈留太守,举臻计吏,命妇出宴。臻以为末世之俗,非礼之正。”先是,司徒韩演在河南,志在无私,举吏当行,一辞而已,恩亦不及其家。曰:‘我举若可矣,岂可令偏积一门?’”是二公者,在人情虽有厚薄之殊,而意趣则有公私之别矣。

《记》《檀弓下》言:“赵文子所举于晋国管库之士七十有馀家,生不交利,死不属其子焉。”呜呼!吾见今之举士者,交利而已,属子而已。

举主制服

《杂记》曰:“孔子曰:‘管仲遇盗,取二人焉,上以为公臣,曰:“其所与游,辟也,可人也。”管仲死,桓公使为之服。宦于大夫者之为之服也,自管仲始也,有君命焉尔也。’”见《礼记·杂记下》。此虽前仕管氏,亦以举主而服之。然孔子以为“有君命则可”,盖亦有所不尽然之辞。

【校正】吴云:《连丛子》:鲁人有同岁上计而死者,欲为之服,问于孔季彦。曰:“有恩好,其缌乎?”

同年

今人以同举为同年。唐宪宗问李绛曰："人于同年固有情乎？"对曰："同年乃九州四海之人，偶同科第，或登科，然后相识，情于何有？"见《资治通鉴》卷二三八。然穆宗欲诛皇甫镈，而宰相令狐楚、萧俛以同年进士保护之矣。见《资治通鉴》卷二四一。按，汉人已有之。《后汉书·李固传》云"有同岁生得罪于冀"①，《风俗通》卷四《过誉》云"南阳五世公为广汉太守，与司徒长史段辽叔同岁"，又云"与东莱太守蔡伯起同岁"，又卷七《穷通》云"萧令吴斌，与司徒韩演同岁"，《三国志·魏武帝纪》云"公与韩遂父同岁孝廉"，【原注】《魏武故事》载公令曰："顾视同岁中，年有五十，未名为老。"《汉敦煌长史武班碑》云"金乡长河间高阳史恢等，追惟昔日同岁郎署"，见《隶释》卷六。《孝廉柳敏碑》云"县长同岁犍为属国赵台公"，见《隶释》卷八。《晋书·陶侃传》"侃与陈敏同郡，又同岁举吏"，其云"同岁"，盖即今之同年也。【原注】惟《吴志·周瑜传》言"坚子策与瑜同年"，《步骘传》言"与广陵卫旌同年"，此当是"年齿"之"年"。私恩结而公义衰，非一世之故矣。〔一〕

〔一〕【赵氏曰】近世又有序先后同年者。《文昌杂录》："太子太师张升，大中祥符八年乙卯登科，至熙宁九年丙辰薨，先一年为乙卯，及见登科新进士。"此先后同年之所由昉也。

① 按《李固传》，此人为郧令甄邵之同岁生而后为甄邵所陷者。

先辈

“先辈”乃同试而先得第者之称。程氏《演繁露》卷一《先辈前进士》曰：“《通典》卷五三：‘魏文帝黄初五年，立太学于洛阳。时慕学者始诣太学，为门人。满（一）［二］岁，试通一经者称弟子。不通一经罢遣。弟子满二岁，试通二经者补文学掌故。不通者听随后辈试，试通二经亦得补掌故。［掌故］满（三）［二］岁，试通三经者擢高第，为太子舍人。不第者随后辈复试，试通亦为太子舍人。舍人满二岁，试通四经者擢高第，为郎中。不通者随后辈复试，试通亦为郎中。郎中满二岁，能通五经者擢高第，随才叙用。不通者随后辈复试，试通亦叙用。’故唐世举人呼已第者为先辈，由此也。”【原注】《韦庄集》有题云“癸丑年下第献新先辈”。〇《北梦琐言》卷三：“王凝知贡举，谓人曰：‘某叨忝文柄，今年榜帖全为司空先辈一人而已。’”今考《吴志·阚泽传》言“州里先辈丹阳唐固，修身积学”，《薛综传》言“零陵赖恭，先辈仁谨，不晓时事”，《晋书·罗宪传》言：“侍宴华林园，诏问蜀大臣子弟，复问先辈宜时叙用者，宪荐蜀人常忌、杜轸等”，是先辈之称，果起于三国之时。而唐李肇《国史补》卷下谓“互相推敬谓之先辈”，此又后人之滥矣。【原注】《演繁露》卷一《先辈前进士》又谓：“唐人已第者，其自目曰前进士，亦仿此也，犹曰早第进士，而其辈行在先也。”〇《渑水燕谈录》卷七《贡举》：“苏德祥，汉相禹珪之子。建隆四年进士第一人登第。初还乡里，太守置宴作乐，伶人致语曰：‘昔年随侍，尝为宰相郎君。今日登科，又是状元先辈。’”

郑氏玄**《诗·采薇》笺曰："今薇生矣，先辈可以行也。"是亦汉末人语。**

出身授官

史言："开元以后，四海晏清，士无贤不肖，耻不以文章达。其应诏而举者多则二千人，少犹不减千人，所收百才有一。"见《通典》卷一五。**《文献通考》**卷三一**："唐时所放进士，每岁不过二三十人。"**【原注】《册府元龟》卷六四○：贞元十八年五月敕："自今已后，每年考试所收人，明经不得过一百人，进士不得过二十人。如无其人，不必要满此数。"○太和元年、二年、三年，每年恩赐及第四十人。○二年(正)[五]月，礼部奏请每年进士以三十人为限，从之。见《册府元龟》卷六四一。**士之及第者，未便解褐入仕，尚有试吏部一关。韩文公三试于吏部无成，则十年犹布衣，且有出身二十年不获禄者。**【原注】东莱吕氏曰："唐时进士登第者尚未释褐，或是为人所论荐，或再应皆中，或藩方辟举，然后始得释褐。"见《文献通考》卷三二。○《册府元龟》卷四六："唐文宗语宰臣曰：'凡进士及第，有方镇奏请判官者，第一任未经作州县官，莫依，但第一任曾作州县官，即第二任，依奏。'"**自宋太宗太平兴国二年，上初即位，思振淹滞，赐进士诸科出身者五百馀人。**【原注】《石林燕语》卷五："是年进士特取一百九人，自是连放五榜，通取八百一人。"**皆先赐绿袍靴笏，赐宴开宝寺。第一第二等进士及九经授将作监丞、大理评事、通判诸州，其馀皆优等注拟。宠章殊异，历代未有也。薛居正**

等言取人太多，用人太骤，不听。见《文献通考》卷三〇。【原注】陆游《南唐书》卷一一言："冯延鲁子僎，韩熙载知贡举，放及第，覆试被黜。后与其弟侃、仪、价、伉入宋，继取名第。"盖南唐及第止于三人五人，而宋及第至百馀人也。此太宗初一天下，欲以得士之盛跨越前代，荣观史册，【原注】《宋史》《王禹偁传》：王禹偁上疏言："太祖之世，每岁进士不过三十人，经学五十人，重以诸侯不得奏辟，士大夫罕有资荫，故有终身不获一第，没齿不获一官。太宗毓德王藩，睹其如此，临御之后，不求备于取人，舍短用长，拔十得五。在位将逾二纪，登第殆近万人，虽有俊杰之才，亦多容易而得。"而不知侥倖之心，欲速之习，中于士人者且数百年而不可返矣。又考《通典》卷一七"举人条例"："四经出身，授紧县尉；判入第三等，授望县尉。五经出身，授望县尉；判入第三等，授畿县尉。进士与四经同资。"是唐时明经、进士，初除不过县尉。【原注】《宋史》《职官志九》："进士、明经入望州判、司，次畿簿、尉。"〇《文献通考》卷三〇："开宝八年，王嗣宗为状元，止授秦州司理参军。太平兴国以后，始授将作监丞、大理评事、通判诸州，当时以为异数。"至今代则一入词林，更不外补，【原注】谢肇淛曰："国朝进士，一入史馆，即与六卿抗礼。二十年间，便可跻卿相。清华之选，百职莫敢望焉。唐、宋之代，出为郡守，入为两制，未尝有此格也。"见《五杂俎》卷一五《事部三》。二甲之除，犹为部属。崇浮长惰，职此之由。所以一第之后，尽弃其学，而以营升纳贿为事者，以其得之浅而贵之骤也。其于唐人举士之初制，失之远矣。

《儒林公议》卷上言："太宗临轩放榜，三五名以前皆出贰郡符，迁擢荣速。陈尧叟、王曾初中第，即登朝领太史之

职，赐以朱黻。尔后状元登第者，不十馀年皆望柄用，人亦以是为当得之也。每殿廷胪传第一，则公卿以下无不耸观，虽至尊亦注视焉。自崇政殿出东华门，传呼甚宠，观者拥塞通衢。"今代状元及第之荣，一甲翰林之授，权舆于是矣。【原注】又言①："洛阳人尹洙，豪士也，尝曰：'状元及第，虽使将兵数十万，恢复幽蓟，逐出强胡②，凯歌劳还，献捷太庙，其荣无以加焉。'"宋之务虚文而忘实事，即太宗有以开之矣。

宋初用人之弊有二：进士释褐，不试吏部，一也；献文得旨，召试除官，二也。今炫文之涂已革，而入官之选尚轻，二者之弊，其一尚存，似宜仍用唐制。

用八股之人才，而使之理烦治众，此夫子所谓"贼夫人之子"见《论语·先进》。**也。**〔一〕

〔一〕【杨氏曰】八股之才，无一可用，只儒学一选，是其本色，然而溺职者比比也。师生不相识而征索贽礼，比于田粮，吾不知何取于此。

恩科

宋时有所谓"特奏名"者。开宝三年三月庚戌，"诏礼部阅进士及十五举尝终场者，得司马浦等一百六人，赐本科出身，特奏名恩例自此始"，谓之"恩科"。咸平三年，遂至九百馀人。士人恃此，因循不学。故天圣之诏曰："狃于

① 此指《儒林公议》又言也。

② "胡"，原本作"寇"，据《校记》改。

宽恩，遂隳素业，苟简成风，甚可耻也。”以上俱见《宋史·选举志一》。而元祐初，知贡举苏轼、孔文仲言：“今特奏者已及四百五十人，又许例外递减，一举则当复增数百人。此曹垂老，别无所望，布在州县，惟务黩货以为归计。前后恩科，命官几千人矣，何有一人能自奋厉有闻于时？而残民败官者不可胜数，以此知其无益有损。议者不过谓宜广恩泽，不知吏部以有限之官待无穷之吏，户部以有限之财禄无用之人，而所至州县举罹其害。乃即位之初，有此过举，谓之恩泽，非臣所识也。”见《宋史·选举志一》。当日之论如此。【原注】《金史》《选举志二》：“章宗大定二十九年，敕今后凡五次御帘进士，可一试而不黜落，止以文之高下定其次，谓之恩榜。”〔一〕《语》《季氏》不云乎：“及其老也，戒之在得。”故有杖乡之制，①以尊高年致仕之节，以养廉耻。若以宾王谒帝之荣，为闵老酬劳之具，恐所益于儒林者小，而所伤于风俗者多。养陋识于泥涂，快膻情于升斗。岂有赵孟之礼绛人，②穆公之思黄发，③足以裨君德而持国是者乎？况“五十不从力政，六十不与服戎”，见《礼记·王制》。岂可使断断于阙里之旁，④攘

---

① 《礼记·王制》言尊老：“五十杖于家，六十杖于乡，七十杖于国，八十杖于朝。”

② 赵孟，晋卿赵武。《左传》襄公三十年：晋悼夫人食舆人之城杞者，有绛县老人往与于食。赵孟问知其年已七十三，召之而谢过焉，曰：“武不才，任君之大事，以晋国之多虞，不能由吾子，使吾子辱在泥涂久矣，武之罪也。敢谢不才。”遂仕之，使助为政。辞以老。与之田，使为君复陶，以为绛县师，而废其舆尉。

③ 秦师既败于崤，穆公悔而言：“尚猷询兹黄发，则罔所愆。”见《书·秦誓》。注云：“今我庶几以道谋此黄发贤老，则行事无所过矣。”

④ 《史记·鲁世家》：“太史公曰：余闻孔子称曰：‘甚矣鲁道之衰也！洙泗之间断断如也。’”《集解》徐广曰：“鲁滨洙泗之间，其民涉渡，幼者扶老而代其任。俗既薄，长者不自安，与幼者相让，故曰断断如也。”阙里、洙、泗均在曲阜。

攘于桥门之下?[①] **宜著为令:凡中式举人,年至六十者赐第罢归,居家授徒;不中式者,不许再上。不但减百千黩货之人,亦可以劝二三有耻之士。**【原注】孝宗淳熙七年五月庚辰诏:"特奏名年六十人毋注县尉。"见《宋史·孝宗纪》。《元史》《顺帝纪》:"至正三年三月,监察御史成遵等请用终场下第举人充学正、山长。"〔二〕

〔一〕【杨氏曰】大定是世宗,章宗以是年即位。

〔二〕【赵氏曰】宋时特奏名例,年老者或得赐同进士出身,其后有不必年老而亦赐者,《神宗纪》"赐布衣陈知彦进士出身"是也。又有他途出身已为达官而特赐进士出身者,《神宗纪》"赐知县王辅同进士出身",《理宗纪》"以史宅之为太府少监,史宇之为将作少监,并赐同进士出身","赵葵同知枢密院事,赐同进士出身","李曾伯为四川宣抚使兼京湖制置大使,赐同进士出身","德祐中,谢堂知枢密院事,赐同进士出身"是也。金制:已为显官特赐进士者,又必定为某科进士。如移剌履,明昌初礼部尚书兼翰林直学士,特赐大定三年孟宗献榜下进士及第;韩锡,天德中为尚书工部员外郎,特赐胡砺榜下进士及第;胥持国,拜参知政事,特赐孙用康榜下进士及第是也。又有武职赐文进士者。《宋史·曹勋传》:"勋以恩补承信郎,特命赴进士廷试,赐甲科,为武吏如故。"此尤累朝所无也。

汉献帝初平四年,诏曰:"今耆儒年逾六十,去离本土,

---

① 《后汉书·儒林列传》:建武五年,修太学,祖割辟雍之上,尊养三老五更。飨射礼毕,帝正坐自讲,诸儒执经问难于前,冠带缙绅之人,圜桥门而观听者盖亿万计。注:桥门,辟雍门外有桥。观者立水外,故云圜桥门。

营求粮资，不得专业。结童入学，〔一〕皓首空归，长委农野，永绝荣望，朕甚愍焉。其依科罢者，听为太子舍人。”见《后汉书·献帝纪》。“唐昭宗天复元年赦文，令中书门下选择新及第进士中，有久在名场，才沾科级，年齿已高者，不拘常例，各授一官。于是礼部侍郎杜德祥奏，拣到新及第进士陈光问年六十九，曹松年五十四，王希羽年七十三，刘象年七十，柯崇年六十四，郑希颜年五十九。诏光问、松、希羽可秘书省正字，象、崇、希颜可太子较书。”见《文献通考》卷二九。此皆前代季朝之政，当丧乱之后，以此慰寒畯而收物情，非平世之典也。

〔一〕【杨氏曰】“结”同“髻”。

《实录》：宣德二年六月己卯，行在礼部尚书胡濙奏：“北京国子监生及见拨各衙门历事者，请令六部尚书、都察院都御史、通政使司、大理寺、翰林院各堂上官、六科给事中，公同监官拣选，凡年五十五以上及残疾貌陋不堪者，皆罢为民。”上从之。凡斥去一千九十五人。其南京国子监生亦准此例。见《宣宗实录》卷二八、二九。【原注】次年即奉旨澄汰天下生员。○别见后“广额”条下。① 三年四月丙辰，行在吏部尚书蹇义奏：“拣择吏员年五十以上，及人物鄙猥不谙文移者，皆罢为民。”同上卷四一。四年九月甲寅，放南北两京国子监生年五十五以上及残疾者二百五十三人还乡为民。同上

① 援庵《校注》云，“广额”条即本卷第一篇“生员额数”，故此注应作“见前‘生员额数’条”方妥。

卷五八。九年九月戊寅，行在礼部奏："取天下生员年四十五以上者考试，其中者入国子监读书，不中者罢归为民。"同上卷一一二。宣庙精勤吏治，一时澄清之效如此。后人不知，即知之亦不肯言矣。

年齿

《记》《曲礼上》曰："四十曰强，而仕；七十曰老，而传。"是人生服官之日不过三十年。汉顺帝阳嘉元年，用左雄之言，令"孝廉年不满四十不得察举，皆先诣公府，诸生试家法，【原注】儒有一家之学，故称家法。文吏课笺奏"。见《后汉书·左雄传》。宋文帝元嘉中，限年三十而仕。梁武帝天监四年，"(令)[今]九流常选，年未三十，不通一经，不得解褐"。见《梁书·武帝纪》。① 今则突而弁兮，已厕银黄之列；死期将至，尚留金紫之班。② 何补官常，徒隳士习。宜定为中制，二十方许应试，三十方许服官。年至六十，见任官听其自请致仕，【原注】《实录》："洪武十三年二月戊辰，命文武官年六十以上者，皆听致仕，给以诰敕。"见《太祖实录》卷一三〇。无官之人一切勒停。是虽蚤于古《记》之十年，要亦不过三十年而已。三十年之中，复有三年大忧及期丧不得选补之日，则其人在仕路之日少，而居林下之日多，可以消名利之心，而息营竞之俗。〔一〕

① 按，梁武帝此诏意在"勿限年次"，与顾氏之意正相反，盖在于"今"字误为"令"也。

② "突而弁兮"，出《诗·齐风·甫田》。"死期将至"，为《易·系辞》中语。

〔一〕【刘明经曰】终身出处之事而旦夕图之，贤者不能宽以岁月，以深其稽古之功；愚者无所劳其心思，而皆有骤获之意。

【又曰】古之人以其身为仁义道德之身，年弥高则识弥进，而令闻日隆，故天下皆以齿为贵。后之人以其身为声色货利之身，年愈衰则力愈耗，而不能有为，故天下遂以齿为贱。

洪熙元年四月庚戌，郑府审理正俞廷辅言："近年宾兴之士，率记诵虚文，求其实才，十无二三。或有年才二十者，未尝学问，一旦挂名科目，而使之临政治民，职事废隳，民受其弊。自今各处乡试，宜令有司先行审访，务得博古通今，行止端重，年过二十五者，许令入试。"上虽嘉纳而未果行。见《明仁宗实录》卷一四。**今则积习相沿二三百载，青云之路，跬步可阶，五尺之童，便思奔竞。欲以成人材而厚风俗，难矣。**【原注】宋李伯玉请罢童子科，意亦同此。〔一〕

〔一〕【汪氏曰】后汉之法，年幼才俊者拜童子郎。若黄琬、臧洪、司马朗皆拜为郎，而任延、张堪俱号"圣童"，杜安号"奇童"，黄香号"黄童"，其尤异也。唐设童子科，刘晏最著。张童子自九年升于礼部，又二年拜卫兵曹，十一岁耳。宋亦设童子科，杨亿、晏殊、姜盖、蔡伯俙，俱尝以神童召试。神宗元丰四年，置在京小学，有就傅、初筮两斋。政和之制，限年自八岁至十二岁，惟曹芬以文优赐同上舍出身。高宗一朝，童子求试者三十六人。孝宗一朝，童子求试者七十四人。其最奇者，孝宗淳熙元年，女童林幼玉求试中书，后省挑试所诵经书四十三件并通，诏特封孺人。至度宗时，李伯玉谓非所以成人材、厚风俗，奏罢。

【又曰】金大定二十九年，章宗即位，初设经童科。经童之制，凡士庶子年十三以下，所贵在幼而诵多者，若年同则以诵大经多者为最。《文艺传》："麻九畴，七岁能草书，作大字数尺者，章宗召见。明昌以来，称神童者五人，后皆无称，独九畴能自树立，赐进士第，迁应奉翰林文字。"又《佞倖传》："胥持国，经童出身，官尚书右丞，四方有'经童入相'之语。"其人可知矣。元自成宗大德三年至文宗至顺二年，所举凡十五人，惟张秦山尤精篆籀，陈元麟能通性理耳。《明·选举志》："士子未入学者，通谓之童生。当大比之年，间收一二异敏，三场并通者，俾与诸生一体入场，谓之充场儒士。中式即为举人，不中式，仍候提学官岁试，合格乃准入学。"此例后亦不行。

教官

汉成帝阳朔二年诏曰："古之立太学，将以传先王之业，流化于天下也。儒林之官，四海渊源，宜皆明于古今，温古知新，通达国体，故谓之博士。否则学者无述焉，为下所轻，非所以尊道德也。丞相、御史其与中二千石、二千石，杂举可充博士位者，使卓然可观。"见《汉书·成帝纪》。

元仁宗时，方以科举取士。虞集上议曰："师道立则善人多。【原注】周子《通书》。今天下学官，猥以资格授，强加之诸生之上，而名之曰师，有司弗信也，生徒弗信也。如此而望师道之立，能乎？今莫若使守令求经明行修为成德之君子者，身师尊之，以教于其郡邑；其次则求夫操履近正而不为诡异骇俗者，确守先儒经义师说而不敢妄为奇论者，众所敬服而非乡愿之徒者；其次则取乡贡至京师罢归者。"

见《元史·虞集传》。当今之世，欲求成德之人如上一言者，或不可遽得，若其次之三言，则十室之邑，必有忠信，亦未至乏才也。而徒用其又次之一言，则亦不过以资格授之，而耄鄙之夫遂以学官为糊口之地，教训之员名存而实废矣。

国[①]初教职多由儒士荐举。景泰二年，始准会试不中式举人考授。见《英宗实录》卷二〇二。

天顺三年十二月庚申，建安县老人贺炀言："朝廷建学立师，将以陶镕士类。奈何郡邑学校师儒之官，真材实学者百无二三，虚糜廪禄，猥琐贪饕，需求百计，而受业解惑莫措一辞。师范如此，虽有英才美质，何由而成？至于生徒之中，亦往往玩愒岁年，佻达城阙，[②]待次循资，滥升监学，侵寻老耋，授以一官。但知为身家之谋，岂复有功名之念？是则朝廷始也聚群鸮而饮啖，终也纵群狼以牧人。苟不严行考选，则人材日陋，士习日下矣。"上是其言，命巡按御史同布、按二司分巡官，照提调学校例考之。见《明英宗实录》卷三一〇。

太仓陆世仪言："今世天子以师傅之官为虚衔，而不知执经问道；郡县以簿书期会为能事，而不知尊贤敬老。学校之师以庸鄙充数，而不知教养之法；党塾之师以时文章句为教，而不知圣贤之道。儇捷者谓之才能，方正者谓之迂朴。盖师道至于今而贱极矣。即欲束修自厉，人谁与之？如此而欲望人才之多，天下之治，不可得矣。"又言：

① "国"，原本作"明"，据《校记》改。

② 《诗·郑风·子衿》："挑兮达兮，在城阙兮。"

“凡官皆当有品级，惟教官不当有品级，亦不得谓之官。盖教官者，师也。师在天下则尊于天下，在一国则尊于一国，在一乡则尊于一乡；无常职，亦无定品，惟德是视。若使之有品级，则仆仆亟拜，非尊师之礼矣。至其冠服，亦不可同于职官，当别制为古冠服，如深衣幅巾及忠靖巾之类，仍以乡、国、天下为等。庶师道日尊，儒风日振，而圣人之徒出矣。”见《思辨录辑要》卷二〇。按《宋史》《黄祖舜传》黄祖舜言：“抱道怀德之士，多不应科目，老于韦布。乞访其学行修明、孝友纯笃者，县荐之州，州延之庠序，以表率多士。其卓行尤异者，州以名闻，是亦乡举里选之意。”【原注】《松江府志》言：“洪武初，杨孟载为松江府学教授，与丘克庄、全希贤同官。当时分教有司，得自延聘，皆极州里之选，后并至大官。”而朱子亦云：“须是罢堂除及注授，教官请本州乡先生为之。年未四十，不得任教官。”见《朱子语类》卷一〇九。昔人之论即已及此。

《盂县志》曰：【原注】县人张淑誉撰。“高皇帝定天下，诏府、卫、州、县各立学，置师一人或二人，必择经明行修者署之。有能举其职而最书于朝者，或擢为国子祭酒及翰林侍从之职。英宗以后，始著为令，府五人，州四人，县三人，例录天下岁贡之士为之，间有由举人、进士除授者。而其至也，州县长官及监司之临者，率以簿书升斗之吏视之，而不复崇以体貌，是以其望易狎而其气易衰。即有一二能诵法孔子，以师道闻而得荐擢者，亦不过授以州县之吏而止。其取之也太滥，其待之也太卑，而其禄之也太轻，无怪乎教

术之不兴，而人才之难就矣。”〔一〕

〔一〕【汪氏曰】史称晏殊知应天府，延范仲淹以教生徒。自五代以来，天下学校废，兴学自殊始。

士风之薄，始于纳卷就试；师道之亡，始于赴部候选。梁武帝所谓“驱迫廉撝，奖成浇竞”见《梁书·武帝纪》。者也。有天下者，能反此二事，斯可以养士而兴贤矣。〔一〕

〔一〕【王给事曰】欲端士习，当严教官之考核。考核严，则教官之督率必勤，而士风自正。

武学

《山堂考索》《后集》卷二九言：“武学置于庆历三年，阮逸为武学谕。未几省去。熙宁复置，选知兵书者判武学，置直讲如国子监。”靖康之变，不闻武学有御侮者。〔一〕国朝①正统六年五月，从成国公朱勇等奏，以两京多勋卫子弟，乃立武学，设教授、训导，如京府儒学之制。【原注】景泰五年正月丙寅，南京守备宁远侯任礼，请革武学，不允。○景泰间，废武学。天顺八年十一月丙辰，复设京卫武学。已而武生渐多，常至欺公挠法。正德中，钱宁已嗾武学生朱大周上疏劾杨一清矣。崇祯四年，南京武学生吴国麟等殴御史郭维，经掌都察院张延登奏黜。是则不惟不收其用，而反贻之害矣。

〔一〕【汪氏曰】《宋史·忠义传》：“有武学生华岳，字子西。尝上书

① “国朝”，原本作“实录”，据《校记》改。

劾韩侂胄，下大理，配建宁。侂胄诛，放还，入学登第，为殿前司官属。又谋去史弥远，事觉，下临安狱，杖死东市。”武学有人，亦何忝于陈东也哉！

《太祖实录》卷一八三：“洪武二十年七月，礼部请如前代故事，立武学，用武举，仍祀太公，建昭烈武成王庙。上曰：‘太公，周之臣，若以王祀之，则与周天子并矣，加之非号，必不享也。至于建武学，用武举，是分文、武为二涂，轻天下无全才矣。古之学者文武兼备，故措之于用，无所不宜，岂谓文武异科，各求专习者乎？太公但从祀帝王庙，去武成王号，罢其旧庙。’于是勋戚子孙袭爵者，习礼肄业于国子监；被选尚主者，用仪制主事一人教习。”【原注】《实录》卷二五六：洪武三十一年二月庚辰，“命吏部设学于虎踞关，选儒士十人，教故武臣子弟之养于锦衣卫者。”○成化中，太监汪直遂“请武举设科，乡试、会试、殿试悉如进士恩例”。不果行。见《宪宗实录》卷一七八。文事武备统归于一，呜呼纯矣！

宋刘敞《与吴九书》曰：“昔三代之王，建辟雍、成均以敦教化者，危冠缝掖之人居则有序，其术诗书礼乐，其志文行忠信，是以无鄙倍之色、斗争之声。犹惧其未也，故贱诈谋，爵人以德，褒人以义，轨度其信，壹以待人，故曰‘勇则害上，不登于明堂’。见《左传》文公二年引《周志》。民知所底而无贰心，是以其教不肃而成，其政不严而治，未闻夫武学之科也。夫缦胡之缨，短后之衣，瞋目而语难，按剑而疾视者，此所谓勇力之人也。将教之以术而动之以利，其可得不为其容乎？为其容可得无变其俗乎？而况建博士之职，广弟子之员，吾恐虽有智者未能善其后矣。夫战国之时，天下竞于驰骛，于是乎有纵横之师、技击之学以相残也。虽私议巷说，有司不及，然风俗犹以是薄，祸乱犹以是长，学者之所甚疾，仁人之所忧而辩也，若之何其效之？且足下预其议而不能救与？吾所甚惑也。”见《公是集》卷四三。〔一〕

〔一〕【杨氏曰】今之州县最患苦者，莫如武生。物穷则变，当思所以善其后矣。

因勋卫子弟不得已而立武学，仍宜以孔子为先师。如前代国学祀周公，唐开元改为孔子。周公尚不祀于学，而况太公乎？成化五年，掌武学国子监监丞阎禹锡言：“古者庙必有学，受成献馘于中，欲其先礼义而后勇力也。今本学见有空堂数楹，乞敕所司，改为文庙。”见《明宪宗实录》卷六四。可谓得礼之意。

杂流

唐时凡九流百家之士，并附诸国学而授之以经。《唐六典》卷二一：“国子祭酒、司业之职，掌邦国儒学训导之政令。有六学焉，一曰国子，二曰太学，三曰四门，四曰律学，五曰书学，六曰算学。”【原注】天宝九载置广文馆，凡七学。欧阳詹贞元十四年《记》曰：“我国家春享先师，后更(日)[月]命太学博士清河张公讲《礼记》。束修既行，筵肆乃设，公就几，北坐南面。直讲抗牍，南坐北面。大司成端委居于东,小司成率属列于西。国子师长序公侯子孙自其馆,太学长序卿大夫子孙自其馆,四门师长序八方俊造自其馆,广文师长序天下秀彦自其馆,其馀法家、墨家、书家、算家,术业以明,亦自其馆。没阶云来,即席鳞差,攒弁如星,连襟成帷。”见《文苑英华》卷八一六《太学张博士讲礼记记》。观此可见当日养士之制宽,而教士之权一,是以人才盛而艺术修,经学广而师儒重。今则一切摈诸桥门之外,而其人亦自弃,不复名其业。于是道器两亡而行能兼废,世教之日衰,有由然也。

通经为吏

汉武帝从公孙弘之议,下至郡太守卒史,皆用通一艺以上者。见《汉书·儒林传》。唐高宗总章初,诏诸司令史考满者,限试一经。见《通典》卷二二《职官四》。昔王粲作《儒吏论》,以为“先王博陈其教,辅和民性,使刀笔之吏皆服雅训,竹帛之儒亦通文法”。[①] 故汉文翁为蜀郡守,“选郡县小吏开敏有材者张叔等十馀人,亲自饬厉,遣诣京师,受业博士”。见《汉书·文翁传》。后汉栾巴为桂阳太守,“虽干吏卑末,皆课令习读,程试殿最,随能升授”。见《后汉书·栾巴传》。吴顾邵为豫章太守,“小吏资质佳者,辄令就学,择其先进,擢置右职”。见《三国志·吴书·顾邵传》。而梁任昉有《厉吏人讲学》诗。然则昔之为吏者,皆曾执经问业之徒,心术正而名节

① 以上隐括《儒吏论》文。原文见《艺文类聚》卷五二。

修，其舞文以害政者寡矣。【原注】宋文恪讷言："天下未有舍儒而可以为吏者。"

东京之盛，"自期门羽林之士，悉令通《孝经章句》"。见《汉书·儒林传序》。贞观之时，"自屯营飞骑，亦给博士，使授以经。有能通经者，听得贡举"。见《旧唐书·儒林传序》。"小人学道则易使也"，见《论语·阳货》。岂不然乎？

《周官·太宰》："乃施典于邦国，而陈其殷，置其辅。"后郑氏玄曰："殷，众也，谓众士也。辅，府史，庶人在官者。"夫庶人在官而名之曰"辅"，先王不敢以厮役遇其人也。重其人，则人知自重矣。

欧阳公《集古录》卷四《晋南乡太守碑阴》："官属何其多邪，盖通从史而尽列之。当时犹于其间取士人，故吏亦清修，其势然尔。"

《元史·顺帝纪》："至正六年四月，命左右二司、六部吏属，于午后讲习经史。"其时朝纲已弛，人心将变，虽有此令，而实无其益。是以《太祖实录》卷六七言："科举初设，上重其事，凡民间俊秀子弟，皆得预选。惟吏胥心术已坏，不许应试。"【原注】洪武四年七月丁卯。又诏："凡选举，毋录吏卒之徒。"见《太祖实录》卷二〇三。【原注】二十三年八月壬申。〇《唐书·选举志》言："尝为州县小吏，虽艺文可采，勿举。"〇《刘晏传》："尝言士有爵禄，则名重于利。吏无荣进，则利重于名。"〇《英宗实录》卷二六九："大理寺少卿张固尝建论：'吏员鲜有不急于利者，不宜用为郡守。'朝廷是其言，著为令。"然而尝与群臣言："元初有宪官，疾，吏往候之。宪官起，扶杖而行，因以杖授吏，吏拱手却立不受。宪官悟其意，他日见吏谢之。

吏曰：'某为属吏，非公家僮，不敢避劳，虑伤(理)**[礼]体。'"**见《太祖实录》卷七二。【原注】五年二月壬午。**是则此辈中未尝无正直之人，顾上所以陶镕成就之者何如尔。**〔一〕

〔一〕【钱氏云】元时由吏出身者，可致宰执、台谏，故士人皆乐为吏，而吏亦知自重。自明中叶以后，士大夫之于胥吏，以奴隶使之，盗贼待之，吏员遂无可用者矣。

陆子静尝言："古者无流品之分，而贤不肖之辨严。后世有流品之分，而贤不肖之辨略。"见《困学纪闻》卷二〇引。**能于分别之中而寓作成之意，庶乎其得之矣。**〔一〕

〔一〕【储大令曰】用人之途，莫有如吏胥与科目。吏胥明习吏事，科目学于圣贤。故汉收用吏之效，而自唐以来，一出于科目。今纵不专任科目，但当参之以吏胥。

《大明会典》卷二**："洪武二十六年，定凡举人出身，第一甲第一名从六品，第二名、第三名正七品，赐进士及第。第二甲从七品，赐进士出身。第三甲正八品，赐同进士出身。"而一品衙门提控，正七品出身；二品衙门都吏，从七品出身；一品、二品衙门掾史、典吏，二品衙门令史，正八品出身，其与进士不甚相远也。后乃立格以限其所至，而吏员之与科第高下天渊矣。故国初之制，谓之三涂并用：荐举，一涂也；**【原注】天顺二年十二月庚辰，诏罢举保经明行修及贤良方正，以言者谓其奔竞冗滥、无裨实用也。见《英宗实录》卷二九八。**进士、监生，一涂也；吏员，一涂也。或以科与贡为二涂，非也。**【原注】从考试而得者，总谓之一涂。

【校正】吴云：可笑归熙甫，以进士为一涂，科贡为一涂，吏员为一涂。

永乐七年，车驾在北京，命兵部尚书署吏部事方宾，简南京御史之才者召来，宾奏御史张循理等二十八人可用。上问其出身，宾言循理等二十四人由进士、监生，洪秉等四人由吏。上曰："用人虽不专一涂，然御史，国之司直，必有学识，达治体，廉正不阿，乃可任之。若刀笔吏，知利不知义，知刻薄不知大体，用之任风纪，使人轻视朝廷。"遂黜秉等为序班，谕自今御史勿复用吏。见《明太宗实录》卷六四。**流品自此分矣。**

宣德三年三月丙戌，敕谕吏部："往时选用严慎，吏员授官者少。比年吏典考满，岁以千计，不分贤否，一概录用。廉能几何，贪鄙塞路，其可不精择乎？"见《明宣宗实录》卷三九。

苏州况锺、松江黄子威二郡守，并有贤名。而徐晞、万祺皆累官至尚书。〔一〕

〔一〕【杨氏曰】江阴又有刘本道，以吏员至侍郎。

【汝成案】明初，冯坚由典史擢佥都御史，诸葛伯衡由肇州吏目擢陕西参议，皆吏员也。

日知录集释卷十八

秘书国史

汉时天子所藏之书，皆令人臣得观之。故刘歆谓“外则有太常、太史、博士之藏，内则有延阁、广内、秘室之府”。见《汉书·艺文志》如淳注引刘歆《七略》。而司马迁为太史令，“细石室金匮之书”。见《史记·太史公自序》。刘向、扬雄校书天禄阁。[①]【原注】扬雄《答刘歆书》，自言“为郎之岁，诏赐笔墨钱六万，得观书于石渠”。见《古文苑》卷一〇。班斿进读群书，上器其能，赐以秘书之副。见《汉书·序传》。东京则班固、傅毅为兰台令史，并典校书。见《后汉书·文苑·傅毅传》。曹褒于东观撰次礼事。见《后汉书·曹褒传》。而安帝永初中，诏谒者刘珍及博士、议郎、四府掾史五十馀人，诣东观校定五经、诸子、传记。见《后汉书·安帝纪》。窦章之被荐，黄香之受诏，亦得至焉。【原注】《窦章传》：“是时学者称东观为老氏藏室、道家蓬莱

① 刘向校书天禄阁事见《三辅黄图》卷六，扬雄则见《汉书》本传赞。

山,太仆邓康遂荐章入东观,为校书郎。”〇《黄香传》:“初除郎中,肃宗诏香诣东观,读所未尝见书。”**晋、宋以下,此典不废,左思、王俭、张缵之流咸读秘书,载之史传,**【原注】晋左思为《三都赋》,“自以所见不博,求为秘书郎中”。见《晋书·文苑传》。〇南齐王俭“迁秘书丞,依《七略》撰《七志》四十卷”。永明三年,“于俭宅开学士馆,悉以四部书充俭家”。见《南齐书》本传。〇梁张缵为秘书郎。“秘书郎有四员,宋、齐以来为甲族起家之选,待次入补。其居职,例数十百日便迁。缵固求不徙,欲遍观阁内图籍”。见《梁书》本传。**而柳世隆至借给二千卷。**【原注】南齐柳世隆,性爱涉猎,启太祖借秘阁书,上给二千卷。见《南齐书》本传。**唐则魏征、虞世南、岑文本、褚遂良、颜师古皆为秘书监,选五品以上子孙工书者,手书缮写,藏于内库。**见《新唐书·艺文志》。**而玄宗命弘文馆学士元行冲,通撰古今书目,名为《群书四录》。**见《旧唐书》本传。**以阳城之好学,至求为集贤院吏,乃得读之。**【原注】阳城好学,贫不能得书,求为吏,隶集贤院,窃院中书读之。六年,无所不通。见《新唐书·卓行传》。〇窦威为秘书郎,秩满当迁,固守不调。十馀岁,其学业益广。见《旧唐书》本传。〇段成式为秘书省校书郎,秘阁书籍披阅皆遍。见《旧唐书·段文昌传》附。**宋有史馆、昭文馆、集贤院,谓之三馆。太宗别建崇文院,中为秘阁,藏三馆真本书籍万馀卷,置直阁校理。**见《宋史·职官志二》。**仁宗复命缮写校勘,以参知政事一人领之,书成,藏于太清楼,**[①]**而范仲淹等尝为提举。且求书之诏,无代不下,故民间之书得上之天子,而天子之书亦往往传之**

① 事见《宋史·艺文志一》,为真宗时事。

士大夫。自洪武平元,所收多南宋以来旧本,藏之秘府,垂三百年,无人得见。而昔时取士,一史、三史之科又皆停废,天下之士于是乎不知古。司马迁之《史记》,班固之《汉书》,干宝之《晋书》,柳芳之《唐历》,吴竞之《唐春秋》,李焘之《宋长编》,并以当时流布。至于《会要》、《日历》之类,南渡以来,士大夫家亦多有之,未尝禁止。今则《实录》之进,焚草于太液池,藏真于皇史宬,在朝之臣,非预纂修,皆不得见,而野史、家传遂得以孤行于世,天下之士于是乎不知今。〔一〕是虽以夫子之圣起于今世,学夏、殷礼而无从,学周礼而又无从也,①况其下焉者乎？岂非密于禁史而疏于作人,工于藏书而拙于敷教者邪？遂使帷囊同毁,空闻《七略》之名;②冢壁皆残,不睹六经之字。③ 呜呼悕矣!

〔一〕【沈氏曰】《神宗实录》载:"礼部尚书掌詹事府事陈于陛,请敕纂辑本朝正史。"疏在万历二十一年九月。"二十二年三月,敕谕大学士王锡爵等纂修正史,后即报罢。"

【校正】"汉时天子所藏之书,皆令人臣得观之。"〇吴云:毕竟是有职事之人,若苏昌为太常,以书借霍山,坐泄秘书免矣。汉禁

---

① 《论语·为政》:"子曰:'殷因于夏礼,所损益,可知也;周因于殷礼,所损益,可知也。其或继周者,虽百世可知也。'"

② 《隋书·经籍志》:西汉末,刘歆遂总括群篇,撮其指要,著为《七略》。至东汉,石室兰台,弥以充积,又于东观及仁寿阁集新书,班固、傅毅等典掌焉,并依《七略》而为书部,固又编之以为《汉书·艺文志》。董卓之乱,献帝西迁,图书缣帛,军人皆取为帷囊。所收而西,犹七十馀载,两京大乱,扫地皆尽。

③ 冢壁,指孔子墓壁。《隋书·许善心传》:"冢壁皆残,不准无所盗;帷囊同毁,陈农何以求?"

亦严。○晏案：《后汉·苏竟传》："与国师公校定秘书。"《马融传》："诣东观典校秘书。"《晋书·华峤传》："峤为台郎，典官制事，由是得遍观秘籍。"山夫先生谓有职事之人方得观秘书，谅哉！

又："今则《实录》之进，焚草于太液池，藏真于皇史宬，在朝之臣，非预纂修，皆不得见。"○吴云：神宗十一年癸未，申时行当国，校《实录》，始于馆中，携归私第，转相抄录。顾氏似未详考。○汪云：《日下旧闻》引《王直纪略》云："六月七日，陪少师、少保、诸学士焚三朝《实录》草本于太液池。"顾氏本此。

十三经注疏

自汉以来，儒者相传，但言"五经"。而唐时立之学官则云"九经"者，三礼、三传分而习之，故为九也。其刻石国子学，则云"九经并《孝经》、《论语》、《尔雅》"。见《唐会要》卷六六。**宋时程、朱诸大儒出，始取《礼记》中之《大学》、《中庸》，及进《孟子》以配《论语》，谓之"四书"。本朝因之，而"十三经"之名始立。其先儒释经之书，或曰"传"，或曰"笺"，或曰"解"，或曰"学"，今通谓之"注"。《书》则孔安国传，《诗》则毛苌传、郑玄笺，《周礼》、《仪礼》、《礼记》则郑玄注，《公羊》则何休学，《孟子》则赵岐注，皆汉人。《易》则王弼注，魏人。《系辞》韩康伯注，晋人。《论语》则何晏集解，魏人。《左氏》则杜预注，《尔雅》则郭璞注，《穀梁》则范宁集解，皆晋人。《孝经》则唐明皇御注。其后儒辨释之书名曰"正义"，今通谓之"疏"。**

【续补正】盛柚堂云：亭林谓"十三经"之名至明始立，殊未然。

盖唐所谓“九经”者,《礼记》、《左氏传》为大经,文多故也。《诗》、《周礼》、《仪礼》为中经,《易》、《书》、《公》、《穀》为小经,《选举志》。《论语》、《尔雅》、《孝经》附于中经,《百官志》。名为“九经”,实十二经也。太和石刻九经亦然,故晁氏《石经考异叙》即云“十二经”。及蜀相毌音贯。昭裔取唐九经本刻于成都,未究而国灭,但有《易》、《诗》、《书》、《左氏传》、《周礼》、《仪礼》、《礼记》、《孝经》、《论语》、《尔雅》十经。遇孙案:赵清献《成都记》“毌昭裔刻《孝经》、《论语》、《尔雅》、《周易》、《尚书》、《周礼》、《毛诗》、《仪礼》、《礼记》、《左传》”,盖因竣工之次第而叙,故列《孝经》、《论语》、《尔雅》于先。晁公武《石经考异序》可证。当依本文为叙次,不当从今所定也。宋皇祐中,田况元均补刻《公》、《穀》二传。宣和中,席益叔献又刻《孟子》参焉。《孟子》于汉文时已立博士,唐皮日休有《请孟子为学科书》,至宋时又为之疏,遂升九经之列。王伯厚《玉海》云:“国朝以《三传》合为一,去《仪礼》而以《易》、《诗》、《书》、《周礼》、《礼记》、《春秋》为六经,又以《孟子》升经,并《论语》、《孝经》为三小经,今所谓九经也。”故晁氏《读书志》直云“石室十三经”,则其名固立于宋时也。唯以三传合为一,分《大学》、《中庸》并列为十三经者,自明代始有此说。遇孙案:宋思陵御书石经,曾宏父《石刻补叙》云:“《易》、《诗》、《书》、《春秋》、《礼记》、《论语》、《孟子》凡七经。”而《元史·申屠致远传》言:“高宗所书九经石刻,是已分《学》、《庸》为二经,故曰九经。”《学》、《庸》并列为经不自明始也。柚堂先生名百二,著有《柚堂笔谈》。

《旧唐书·儒学传》:“太宗以经籍去圣久远,文字多讹谬,诏前中书侍郎颜师古考定五经,颁于天下。又以儒学多门,章句繁杂,诏国子祭酒孔颖达与诸儒撰定五经义疏,凡一百七十卷,名曰《五经正义》,令天下传习。”《高宗纪》:“永徽四年三月壬子朔,颁孔颖达《五经正义》于天下。每年明经令依此考试。”时但有《易》、《书》、《诗》、《礼记》、《左氏春秋》五经。永徽中,贾公彦始撰《周礼仪

礼义疏》。《宋史·李至传》："判国子监，上言：'五经书(既)**[疏]已板行，惟二《传》、二《礼》、《孝经》、《论语》、《尔雅》七经疏未修，望令直讲崔颐正、孙奭、崔偓佺等重加雠校，以备刊刻。'从之。"**【原注】今所行者，《穀梁》，唐杨士勋疏；《孝经》、《论语》、《尔雅》，宋邢昺疏；《孟子》，孙奭疏。惟《公羊疏》不著人名，或云唐徐彦撰。〔一〕**今人但知《五经正义》为孔颖达作，不知非一人之书也。《新唐书》颖达本传云："初，颖达与颜师古、司马才章、王恭、王琰受诏撰《五经义训》百馀篇，其中不能无谬冗，博士马嘉运驳正其失，诏更令裁定，未就。永徽二年，诏中书门下与国子三馆博士、弘文馆学士考正之，于是尚书左仆射于志宁、右仆射张行成、侍中高季辅就加增损，书始布下。"**〔二〕

〔一〕【沈氏曰】《广川藏书志》云："徐彦不知何代，意在贞元、长庆后。"

〔二〕【钱氏曰】唐人撰九经疏，本与注别行，故其分卷亦不与经注同。自宋以后，刊本合注、疏为一，而疏之卷第遂不可考。予尝见宋本《仪礼疏》，每叶卅行，每行廿七字，凡五十卷，惟卷卅二至卅七阙，末卷有大宋景德元年校对、同校、都校诸臣姓名及宰相、参政衔名。又见北宋刻《尔雅疏》，亦不载注文。盖邢叔明奉诏撰疏，犹遵旧式。谅《论语》、《孝经》疏亦当如此，惜未见也。日本人山井鼎云："足利学所藏宋板《礼记注疏》，有三山黄唐跋云：本司旧刊《易》、《书》、《周礼》，正经、注、疏，萃见一书，便于披绎，它经独阙。绍兴辛亥，遂取《毛诗》、《礼记》疏义如前三经编汇，精加雠正。乃若《春秋》一经，顾力未暇，姑以贻同志。"可证北宋时《正义》未尝合于经、注,即南渡初尚有单行本矣。

【校正】汪云:《通考》载《甘棠正义》三十卷,梁任正一撰,孔氏沿其名耳。初称"义赞",后改"正义"之名。

监本二十一史

宋时止有"十七史",今则并《宋》、《辽》、《金》、《元》四史为"二十一史",但《辽》、《金》二史向无刻本,《南》、《北齐》、《梁》、《陈》、《周书》人间传者亦罕,故前人引书多用《南》、《北史》及《通鉴》,而不及诸书,亦不复采《辽》、《金》者,以行世之本少也。嘉靖初,南京国子监祭酒张邦奇等请校刻史书,欲差官购索民间古本。部议恐滋烦扰。上命将监中"十七史"旧板考对修补,仍取广东《宋史》板付监,《辽》、《金》二史无板者,购求善本翻刻。十一年七月成,〔一〕祭酒林文俊等表进。至万历中,北监又刻十三经、二十一史,其板视南稍工,而士大夫遂家有其书,历代之事迹粲然于人间矣。然校勘不精,讹舛弥甚,且有不知而妄改者。偶举一二。如《魏书·崔孝芬传》:"李彪谓崔挺曰:'比见贤子谒帝,旨谕殊优,今当为群拜纪。'"此《三国志·陈群传》中事,【原注】陈群,字长文,纪之子。时鲁国孔融,高才倨傲,年在纪、群之间。先与纪友,后与群交,更为纪拜。○古人用此事者非一,《北史·陆印传》:"邢邵向与印父子彰交,及见印机悟博学,乃谓子彰曰:'以卿老蚌,遂出明珠。'意欲为群拜纪。"非为隐僻。今所刻《北史》改云:"今当为绝群耳。”不知纪、群之为名，而改“纪”为“绝”，又倒其文，此已可笑。【原注】南、北板同。又如《晋书·华谭传》末云：“始淮南袁甫字公胄，亦好学，与谭齐名。”①今本误于“始”字绝句，左方跳行，添列一“袁甫”名题，而再以“淮”字起行。【原注】南、北板同。《齐王冏传》末云：“郑方者，字子回。”此姓郑名方，即上文所云“南阳处士郑方，露版极谏”，而别叙其人与书及冏答书于后耳，今乃跳行添列一“郑方者”三字名题。【原注】北板无“者”。《唐书·李敬玄传》末附敬玄弟元素，今以敬玄属上文，而弟元素跳行。此不适足以彰太学之无人，而贻后来之姗笑乎？【原注】惟冯梦祯为南祭酒，手较《三国志》，犹不免误，终胜他本。十三经中《仪礼》脱误尤多，《士昏礼》脱“婿授绥姆辞曰未教不足与为礼也”一节十四字，【原注】赖有《长安石经》据以补此一节，而其注疏遂亡。《乡射礼》脱“士鹿中翿旌以获”七字，《士虞礼》脱“哭止告事毕宾出”七字，《特牲馈食礼》脱“举觯者祭卒觯拜长者答拜”十一字，《少牢馈食礼》脱“以授尸坐取箪兴”七字，此则秦火之所未亡而亡于监刻矣。至于历官任满，必刻一书，以充馈遗，此亦甚雅，而卤莽就工，殊不堪读。陆文裕【原注】深。《金台纪闻》曰：“元时州县皆有学田，所入谓之学租，以供师生廪饩，馀则刻书。工大者合数处为之，故雠校刻画颇有精者。洪武初，悉收上国学，今南监十七史诸书，地里、岁月、勘校、工役并存可识也。今学既无田，不复刻书，而有司间或刻之，然只以供馈赆之用，其不工反出坊

① 按今本《晋书》无“始”字。

本下，工者不数见也。”【原注】昔时入觐之官，其馈遗一书一帕而已，谓之“书帕”。自万历以后，改用白金。**闻之宋、元刻书皆在书院，山长主之，通儒订之，**【原注】主书院者谓之山长。《宋史·理宗纪》：“何基，婺州教授，兼丽泽书院山长。徐玑，建宁府教授，兼建安书院山长。”**学者则互相易而传布之。故书院之刻有三善焉：山长无事而勤于校雠，一也；不惜费而工精，二也；板不贮官而易印行，三也。有右文之主出焉，其复此非难也。而书之已为劣生刊改者，不可得而正矣。是故信而好古，则旧本不可无存；多闻阙疑，则群书亦当并订。此非后之君子之责而谁任哉？**

〔一〕【钱氏曰】《南雍志》：“嘉靖七年，锦衣卫间住千户沈麟奏准校勘史书，礼部议以祭酒张邦奇、司业江汝璧博学有文，才猷亦裕，行文使逐一校对修补，以备传布。”

【又曰】北监板十三经注疏创始于万历十四年，至廿一年毕工。二十一史开雕于万历二十四年，至三十四年竣事。板式与十三经同。

【校正】“《北史·陆印传》”〇汪云：《北齐书》有《陆印传》，《北史》无之。①

“《仪礼》脱误尤多。”〇汪云：毛板脱误，亦如监刻，惟通志堂刊杨复《仪礼图》一无脱误，可称善本。潜丘谓其“哭止告事毕宾出”七字作“哭者止宾”亦误者，是误记前文为后文矣。前文云“尸出门哭者止宾出”，非杨氏之误也。元敖氏《集说》本亦无脱误，不独唐石经可据也。

① 陆印附于《北史·陆俟传》中。

又“闻之宋、元刻书皆在书院，山长主之，通儒订之。”〇汪云：宋朱彧《萍洲可谈》云：“姚启，元符初为杭州教授，堂试诸生，出《易》题‘乾为金坤亦为金’，盖福建刊板舛错，‘坤为釜’脱二点，故姚误读作‘金’。”又《易·井》卦无象，考官亦以试士。宋刻未必皆精当。如叶少蕴言，以京师及杭州印者为上耳。

《旧唐书》病其事之遗阙，《新唐书》病其文之晦涩，当兼二书刻之，为“二十二史”，如宋、魏诸国既各有《书》，而复有《南史》、《北史》，是其例也。

张参五经文字

唐人以《说文》、《字林》试士。其时去古未远，开元以前未改经文之日，【原注】《唐书·经籍志》[①]：“天宝三载，诏集贤学士卫包改《古文尚书》从《今文》。”篆籀之学，童而习之。今西安府所存唐睿宗书景龙观锺，犹带篆分[②]遗法。至于宋人，其去古益远，而为说日以凿矣。大历中，张参作《五经文字》，据《说文》、《字林》刊正谬失，甚有功于学者。开成中，唐玄度增补，复作《九经字样》，石刻在关中。【原注】今西安府学。向无板本，间有残缺，无别本可证。近代有好事者刻《九经补字》，并属诸生补此书之阙，以意为之。乃不知此书特五经之文，非经所有者不载，而妄添经外之字，并

① 《经籍志》应作《艺文志》。

② “分”字，张京华《校释》作“文”。

及字书中泛博之训。予至关中,洗刷元石,其有一二可识者,显与所补不同,乃知近日学者之不肯阙疑而妄作如此。

别字

《后汉书·儒林尹敏传》:“谶书非圣人所作,其中多近鄙别字。”“近鄙”者,犹今俗用之字。“别字”者,本当为此字而误为彼字也,今人谓之“白字”,乃“别”音之转。〔一〕

〔一〕【沈氏曰】崇祯十一年,用阁臣言,以“查”字系古“楂”字,悉改为“察”。而今人乃复用“查”。“查”字本无“察”义,而误为“察”义,盖亦“近鄙别字”之类也。

山东人刻《金石录》,于李易安《后序》“绍兴二年玄黓岁壮月朔”,不知“壮月”之出于《尔雅》《释天》【原注】“八月为壮。”而改为“牡丹”。凡万历以来所刻之书,多“牡丹”之类也。〔一〕

〔一〕【汝成案】此条诸本并误隶《张参五经文字》后,今从原写本。

三朝要典

《宋史·蹇序辰传》:“绍圣中,为起居郎、中书舍人,同修国史。疏言:‘朝廷前日正司马光等奸恶,明其罪罚,以告中外。惟变乱典刑,改废法度,讪讟宗庙,睥睨两宫,观事考言,实状彰著。然踪迹深秘,包藏祸心,相去八年之间,盖已不可究质。其章疏案牍,散在有司,若不汇辑而存之，岁久必致沦失。愿悉讨奸臣所言所行，选官编类，人为一帙，置之二府，以示天下后世大戒。'遂命序辰及徐铎编类，由是搢绅之祸无一得免者。"天启中纂辑《三朝要典》，正用序辰之法。

门户之人，其立言之指各有所借，章奏之文互有是非，作史者两收而并存之，则后之君子如执镜以照物，无所逃其形矣。褊心之辈，谬加笔削，于此之党，则存其是者去其非者，于彼之党，则存其非者去其是者，于是言者之情隐，而单辞得以胜之。且如《要典》一书，其言未必尽非，而其意别有所为，继此之为书者犹是也。此国论之所以未平，而百世之下难乎其信史也。先①帝批讲官李明睿之疏曰："纂修《实录》之法，惟在据事直书，则是非互见。"大哉王言，其万世作史之准绳乎？〔一〕

〔一〕【杨氏曰】《要典》者，一论梃击，万历四十三年五月事也；一为红丸，泰昌元年，即四十八年九月朔事；一为移宫，是年是月初五事。

【沈氏曰】亭林尝书小纸粘《史阙文》简端云："章奏大半皆门户之言，而辛酉初当贞胜之会，言人人殊，又有不明白言之而含糊枝叶其词者，今并存之。异日芟削，存其本意而刊其借词可也。"《史阙文》即割补《两朝从信录》也。

密疏

唐武宗会昌元年十二月，中书门下奏："宰臣及公卿论

① "先"，原本作"崇祯"，据《校记》改。

事,行与不行须有明据。或奏请允惬,必见褒称;或所论乖僻,因有惩责。在藩镇上表,必有批答;居要官启事[者],自有记注。[①] 并须昭然在人耳目,或取舍存于堂案,或与夺形于诏敕。前代史书所载奏议,罔不由此。近见《实录》多载密疏,言不彰于朝听,事不显于当时,得自其家,未足为信。今后《实录》所载章奏,并须朝廷共知者方得纪述,密疏并请不载。如此则理必可法,人皆向公,爱憎之志不行,褒贬之言必信。"从之。见《旧唐书·武宗纪》。此虽出于李德裕之私心,然其言不为无理。自万历末年,章疏一切留中,抄传但凭阁揭。天启以来,谗慝弘多,啧言弥甚。予尝亲见大臣之子追改其父之疏草而刻之以欺其人者,欲使盖棺之后重为奋笔之文,逭遗议[②]于后人,侈先见于前事,其为诬罔,甚于唐时。故志之于书,俾作史之君子详察而严斥之也。

贴黄

章奏之冗滥,至万历、天启之间而极,至一疏而荐数十人,累二三千言不止,皆枝蔓之辞。先[③]帝英年御宇,厉精图治,省览之勤,批答之速,近朝未有。乃数月之后,颇亦

① 《刊误》卷下:"'记注',诸本同,《旧唐书》作'著明'。"
② "议",张京华《校释》作"讥"。
③ "先",原本作"崇祯",据《校记》改。

厌之,命内阁为贴黄之式。【原注】崇祯元年三月。① **即令本官自撮疏中大要,不过百字,黏附牍尾,以便省览。此贴黄之所由起也。**〔一〕

〔一〕【沈氏曰】《熹宗实录》:"天启元年三月癸亥,礼科给事中王志道言:'今日时事多故,中外实封,日不下数万言。尝考宋时封事,有贴黄之例,敷陈不妨广肆,而约略止有数言,省览甚易,纳约殊便,皇上宜责成政府举而行之。至于臣等所以爱陛下之精神,作陛下之耳目,更愿与同官诸臣约,一疏单题一事,一事直陈本末,艰深要渺之句,隐语猜谜之习,悉行禁绝。先臣韩文之论曰:"谏草毋太文,文,上弗省也;毋太多,多,上弗竟也。"可为立言之法矣。'报闻。"

【赵氏曰】今刑部本及督抚题刑名本,例有贴黄,以篇幅繁多,节其略别为一幅,贴于本后,所以便观览也。王敬哉《冬夜笺记》谓:"明崇祯中,辅臣李国槽奏仿古人撮黄之法,以定此式,遂沿至今。"按唐本有贴黄之制,乃诏敕所用。宋奏劄意有未尽,别以黄纸贴于后,亦谓之贴黄。是宋之贴黄已与唐异。然宋制贴黄乃奏劄所不能尽者,别开条件,书以黄纸,附于正文之后,如司马温公、苏东坡诸集皆有之,或一疏后至十数条。今贴黄则但摘取奏中紧要语贴于后。是宋贴黄主于详,今贴黄主于简,今之贴黄又与宋异。且今奏疏用白纸,贴黄亦用白纸。按江邻几《杂志》云:"审刑奏案,贴黄上更加撮白。"王阮亭谓不知"撮白"为何语,抑知今之贴黄,正宋之撮白耳。

---

① 援庵《校注》云"应为元年二月",不知何据。按《崇祯长编》李国槽奏用贴黄事在三月。

宋叶梦得《石林燕语》卷三曰："唐制，降敕有所更改，以纸贴之，谓之'贴黄'。盖敕书用黄纸，则贴者亦黄纸也。今奏状劄子皆白纸，有意所未尽，揭其要处，以黄纸别书于后，乃谓之'贴黄'，盖失之矣。其表章略举事目与日月道里见于前及封皮者，又谓之'引黄'。"

记注

古之人君，左史记事，右史记言，①所以防过失而示后王。记注之职，其来尚矣。唐太宗通晓古典，尤重其事。苏冕言："贞观中，每日朝退后，太宗与宰臣参议政事，即令起居郎一人执简记录。由是贞观注记政事，称为毕备。及高宗朝会，端拱无言，有司惟奏辞见二事。其后许敬宗、李义(甫)[府]用权，多妄论奏，恐史官直书其短，遂奏令随仗便出，不得备闻机务，因为故事。"见《册府元龟》卷五六〇小注。〔一〕

〔一〕【沈氏曰】《神宗实录》："万历三年二月丙申，大学士张居正《申明史职议》云：'国初设起居注官，日侍左右，纪录言动，实古者左史记事、右史记言之制。迨后定官制，乃设翰林院修撰、编修、检讨等官，盖以记载事重，故设官加详，原非有所罢废。但自职名更定之后，遂失朝夕记注之规，以致累朝以来，史文阙略。即如迩者纂修世宗及皇考《实录》，臣等只事总裁，凡所编辑，不过总集诸司章奏，稍加删润，檃括成编。至于

① 《礼记·玉藻》："动则左史书之，言则右史书之。"

仗前柱下之语，章疏所不及者，即有见闻，无凭增入。与夫稗官野史之书，海内所流传者，欲事采录，又恐失真。是以两朝之大经大法虽罔敢或遗，而二圣之嘉谟嘉猷实多所未备。凡皆由史臣之职废而不讲之所致也'云云。"一分管责成，一史臣侍直，一记注言动，一纂辑章奏，一纪录体例，一开设馆局，一收藏处所，一誊录掌管，一补修记注，凡九条。

《旧唐书·姚璹传》："长寿二年，迁文昌左丞同凤阁鸾台平章事。自永徽以后，左右史惟得对仗承旨，仗下后，谋议皆不预闻。璹以为：帝王谟训，不可遂无纪述，若不宣自宰相，史官无从得书。乃表请仗下所言军国政要，宰相一人专知撰录，号为《时政记》，每月封送史馆。宰相之撰《时政记》，自璹始也。"〔一〕

〔一〕【沈氏曰】王梅溪论左右史四事，一曰进史不当，二曰立非其地，三曰前殿不立，四曰奏不直前，皆当时史职废坏之尤甚者。进《起居注》自梁周翰、李宗谔始。

【杨氏曰】《时政记》之法亦未为善，宰相可以容私，史官近于失职。惟太宗之法，其古者柱下史之意乎？

【沈氏又曰】万历二十六年八月丙辰，大学士赵志皋等恭进累朝《宝训》及《实录》，《太祖高皇帝宝训》十五卷，《实录》二百五十七卷；《成祖文皇帝宝训》十五卷，《实录》百三十卷；《仁宗昭皇帝宝训》六卷，《实录》十卷；《宣宗章皇帝宝训》十二卷，《实录》百二十一卷；《英宗睿皇帝宝训》十二卷，《实录》三百六十一卷；《宪宗纯皇帝宝训》十卷，《实录》二百九十三卷；《孝宗敬皇帝宝训》十卷，《实录》二百二十四卷；《武宗毅皇帝宝训》十卷，《实录》百九十七卷；《世宗肃皇帝宝训》二十四卷,《实录》五百六十六卷;《穆宗庄皇帝宝训》八卷,《实录》七十卷。通共二千二百四十五卷,装为百套。上嘉悦,命奉安御前,恭备详览。○《神宗显皇帝实录》五百九十六卷;《光宗贞皇帝宝训》四卷,《实录》八卷;《熹宗悊皇帝实录》八十七卷。

四书五经大全

自朱子作《大学中庸章句》、《或问》,《论语孟子集注》之后,黄氏【原注】榦,字直卿,号勉斋先生。**有《论语通释》。而采《语录》附于朱子《章句》之下则始自真氏,**【原注】德秀,字希元,号西山先生。**名曰《集义》,止《大学》一书。祝氏**【原注】洙,字宗道。**乃仿而足之,为《四书附录》。后有蔡氏**【原注】模,字仲觉,号觉轩先生。**《四书集疏》,赵氏**【原注】顺孙,号格庵先生。**《四书纂疏》,吴氏**【原注】真子,号克斋先生。**《四书集成》。昔之论者病其泛滥,于是陈氏**【原注】栎,字寿翁,号定宇先生。**作《四书发明》,胡氏**【原注】炳文,字仲虎,号云峰先生。**作《四书通》。而定宇之门人倪氏**【原注】士毅,字仲弘,号道川先生。**合二书为一,颇有删正,名曰《四书辑释》。**【原注】有汪克宽序,至正丙戌。**自永乐中命儒臣纂修《四书大全》颁之学官,而诸书皆废。**

倪氏《辑释》今见于刘用章【原注】剡。**所刻《四书通义》中。永乐中所纂《四书大全》特小有增删,其详其简,或多不如倪氏。《大学中庸或问》则全不异,而间有舛误。**【原注】《大学·格致章或问》:"是亦不待七十子丧,而大义已乖矣。"《辑释》引《汉书》刘歆《移太常书》,有曰"及夫子没而微言绝,七十子终而大义乖”,又《孔子家语·后序》中亦有此二句。《大全》则去其所引刘歆书,但云出《家语后序》,则失其本矣。《中庸·九经章或问》引贾捐之对元帝语,《辑释》引《汉书》本传文曰“夫后宫盛色则贤者隐微,佞臣用事则诤臣杜口,而文帝不行”。此捐之之言,谓文帝不听后宫幸臣之请尔。《大全》则改云“元帝不行”,既不知古书,又不辨语气。**至《春秋大全》则全袭元人汪克宽《胡传纂疏》,**【原注】字德辅,隐居不仕,以十年之功为此书。**但改其中“愚按”二字为“汪氏曰”,及添庐陵李氏等一二条而已。《诗经大全》则全袭元人刘瑾《诗传通释》,**【原注】此书与《胡传纂疏》予今并有之。**而改其中“愚按”二字为“安成刘氏曰”。其三经后人皆不见旧书,亦未必不因前人也。当日儒臣奉旨修《四书五经大全》,颁餐钱,给笔札,书成之日,赐金迁秩,所费于国家者不知凡几。将谓此书既成,可以章一代教学之功,启百世儒林之绪,而仅取已成之书抄誊一过,上欺朝廷,下诳士子,唐、宋之时有是事乎?岂非骨鲠之臣已空于建文之代,而制义初行,一时人士尽弃宋、元以来所传之实学,上下相蒙,以饕禄利,而莫之问也?呜呼!经学之废,实自此始。后之君子欲扫而更之,亦难乎其为力矣。**

【续补正】遇孙案:《周易大全》取之天台董氏楷《周易传义附录》、鄱阳董氏真卿《周易会通》及胡一桂《周易附录纂疏》、胡炳文《周易本义通释》。《书传大全》取之元人陈栎《尚书集传纂疏》、陈师凯《书蔡传旁通》。《礼记大全》就陈氏澔《集说》外增益吴氏澂《礼记纂言》。

书传会选

洪武二十七年四月丙戌，诏征儒臣定正宋儒蔡氏《书传》。上以蔡氏《书传》日月五星运行与朱子《诗传》不同，及其他注说与番阳邹季友所论间亦有未安者，遂诏征天下儒臣定正之，命翰林院学士刘三吾等总其事，凡蔡氏《传》得者存之，失者正之，又采诸家之说足其未备。九月癸丑，书成，赐名《书传会选》，命礼部颁行天下。见《明太祖实录》卷二三四。今按此书若《尧典》谓"天左旋，日月五星违天而右转"，【原注】陈氏祥道。《高宗肜日》谓"祖庚绎于高宗之庙"，【原注】金氏履祥。《西伯戡黎》谓是武王，【原注】金氏。《洛诰》"惟周公诞保文武受命惟七年"，谓周公辅成王之七年，【原注】张氏。○陈氏栎。皆不易之论。【原注】又如《禹贡》"厥赋贞"，主苏氏轼谓赋与田正相当；"泾属渭汭"，主孔传"水北曰汭"。《太甲》"自周有终"，主金氏谓"周"当作"君"。《多方》"不克开于民之丽"，主叶氏；○陈氏栎谓"古者治狱，以附罪为丽"。皆可从。然所采既博，亦或失当，如《金縢》"周公居东"谓孔氏以为东征非是，至《洛诰》又取东征之说，自相抵牾。每传之下系以经文及传、音释，于字音、字体、字义辩之甚详。其传中用古人姓字、古书名目，必具出处，兼亦考证典故。〔一〕盖宋、元以来诸儒之规模犹在，而其为此书者皆自幼为务本之学，非由八股发身之人，故所著之书虽不及先儒，而尚有功于后学。至永乐中修《尚书大全》，不惟删去异说，并音释亦不存矣。愚尝谓自宋之末造以至有明之初年，经术人材于斯为盛。自八股行而古学弃,《大全》出而经说亡,十族诛而臣节变,洪武、永乐之间,亦世道升降之一会矣。

〔一〕【沈氏曰】此等乃全袭取邹季友《音释》,非三吾辈所为,盖已为永乐中《大全》作俑矣。亭林乃亦为所欺乎?

内典

古之圣人所以教人之说,其行在孝、弟、忠、信,其职在洒扫、应对、进退,其文在《诗》、《书》、《礼》、《易》、《春秋》,其用之身在出处、去就、交际,其施之天下在政令、教化、刑罚。虽其"和顺积中而英华发外",【原注】《乐记》。亦有体用之分,然并无"用心于内"之说。自老、庄之学行于战国之时,而外义者,《告子》也,外天下、外物、外生者,《庄子》也。于是高明之士厌薄《诗》、《书》,以为此先王所以治天下之糟粕,而佛氏晚入中国,其所言清净慈悲之说,适有以动乎世人之慕向者。六朝诸君子从而衍之,由清净自在之说而极之,以至于不生不死,入于涅槃,则杨氏之"为我"也;由慈悲利物之说而极之,以至于普度众生,超拔苦海,则墨氏之"兼爱"也。天下之言,不归杨则归墨,而佛氏乃兼之矣。〔一〕其传浸盛,①后之学者遂谓其书为"内典"。【原注】"内典"字见《册府元龟》卷五二引《唐会要》:"开成二年二月,王彦②进准宣索《内典目录》十二卷。"推其立言之旨,不

① "其传浸盛",《校记》:"钞本无此四字,四字潘本所改。"

② 据援庵《校注》,"王彦"应作"王彦威"。

将内释而外吾儒乎？夫内释而外吾儒，此左道惑众之徒，先王之所必诛而不以听者矣。①〔二〕

〔一〕【汝成案】自“由清净”起至此，从沈氏校本增。

〔二〕【钱氏曰】《晋书·何充传》：“性好释典，崇修佛寺，供给沙门以百数，糜费巨亿而不吝也。亲友至于贫乏，无所施遗，以此获讥于世。于时郗愔及弟昙奉天师道，而充与弟准崇奉释氏，谢万讥之云：‘二郗谄于道，二何佞于佛。’”王坦之与沙门竺法师甚厚，每共论幽明报应，便要先死者当报其事。后经年，师忽来云：“贫道已死，罪福皆不虚，惟当勤修道德，以升济神明耳。”言讫不见。坦之寻亦卒。殷仲堪少奉天师道，又精心事神，不吝财贿，而怠行仁义，啬于周急。及桓玄来攻，犹勤请祷。王氏世事张氏五斗米道，凝之弥笃。孙恩之攻会稽，寮佐请为之备，不从。方入靖室请祷，出语诸将曰：“吾已请大道鬼兵相助，贼自破矣。”既不设备，遂为孙恩所害。郗愔事天师道，子超奉佛。杜子恭世传五斗米道。当时士大夫好尚怪迂如此，此晋之所以日衰也。王导江左夷吾，而《世说》载其拜扬州刺史，过胡人前，弹指云：“兰阇兰阇。”导之孙珣、珉，以法护、僧弥为小字，珣又舍宅为寺，则王氏亦好佛矣。

《黄氏日钞》卷二**云：“《论语》‘曾子三省章’，《集注》载尹氏**②**曰：‘曾子守约，故动必求诸身。’语意已足矣，又载谢氏**③**曰：‘诸子之学皆出于圣人，其后愈远而愈失其真，独曾子之学专用心于内，故传之无弊。’夫心，所以具众理**

① “此左道”等十九字，原本作“此自缁流之语，岂得士人亦云尔乎”，据《校记》改。

② 尹氏，名焞，字彦明，号和靖处士。河内人。程颐弟子。

③ 谢氏，名显道，上蔡人。程颢弟子。

而应万事,正其心者,正欲施之治国平天下。孔门未有专用心于内之说也,用心于内,近世禅学之说耳。象山陆氏因谓'曾子之学是里面出来,其学不传。诸子是外面入去。今传于世者,皆外入之学,非孔子之真',遂于《论语》之外,自谓得不传之学。凡皆源于谢氏之说也。"后有朱子,当于《集注》中去此一条。

褚少孙补《滑稽传》,以传记、杂说为"外家",[①]是以六经为内也。东汉儒者则以七纬为内学,六经为外学。【原注】《后汉书·方术传》:"自是习为内学。"注:"内学谓图谶之书也。其事秘密,故称内。"○《逸民传》:"博通内外图典。"○《三国志》《魏志·管宁传》:"张臶学兼内外。"举图谶之文,一归之"性与天道不可得闻"。【原注】《后汉书·桓谭传》:"天道性命,圣人所难言也。自子贡以下,不可得闻。"指谓谶记。而今百世之下,晓然皆悟其非。今之所谓内学,则又不在图谶之书,而移之释氏矣。

心学

《黄氏日钞》卷五解《尚书》《大禹谟》"人心惟危,道心惟微,惟精惟一,允执厥中"一章曰:"此章本尧命舜之辞,舜申之以命禹,而加详焉耳。尧之命舜曰'允执厥中'。今舜加'危、微、精、一'之语于'允执厥中'之上,所以使之审择而能执中者也。此训之之辞也,皆主于尧之'执中'一语而

① 褚先生曰:"臣幸得以经术为郎,而好读外家传语。"

发也。尧之命舜曰:‘四海困穷,天禄永终。’今舜加‘无稽之言勿听’以至‘敬修其可愿’于‘天禄永终’之上,又所以警切之,使勿至于困穷而永终者也。此戒之之辞也,皆主于尧之‘永终’二语而发也。‘执中’之训,正说也;‘永终’之戒,反说也。盖舜以昔所得于尧之训戒,并其平日所尝用力而自得之者,尽以命禹,使知所以‘执中’而不至于‘永终’耳,岂为言心设哉！近世喜言心学,舍全章本旨而独论人心、道心,甚者单摭‘道心’二字,而直谓‘即心是道’,盖陷于禅学而不自知,其去尧、舜、禹授受天下之本旨远矣。蔡九峰之作《书传》,述朱子之言曰:‘古之圣人将以天下与人,未尝不以治之之法而并传之。’可谓深得此章之本旨。九峰虽亦以是明帝王之心,而心者治国平天下之本,其说固理之正也。其后进此《书传》于朝者,乃因以‘三圣传心’为说。世之学者遂指此书十六字为传心之要,而禅学者借以为据依矣。〔一〕愚按,心不待传也,流行天地间,贯彻古今而无不同者,理也。理具于吾心而验于事物。心者,所以统宗此理而别白其是非,人之贤否,事之得失,天下之治乱,皆于此乎判。此圣人所以致察于‘危微精一’之间,而相传以执中之道,使无一事之不合于理,而无有过不及之偏者也。禅学原于《庄》、《列》滑稽戏剧、肆无忌惮之语,惧理之形彼丑谬,而凡圣贤经传之言理者皆害己之具也。① 禅学以理为障,而独指其心曰‘不立文字,单传心

① “禅学原于庄列”以下三十八字,原本无,据《校记》补。

印’，此盖不欲言理，为此遁辞，付之不可究诘云尔。[①] 圣贤之学，自一心而达之天下国家之用，无非至理之流行，明白洞达，人人所同，历千载而无间者，何传之云？俗说浸淫，虽贤者或不能不袭用其语，故僭书其所见如此。”

〔一〕【方东树曰】案黄氏截讲“执中”一语，固似得理，而虑后人以言心堕禅，谓蔡氏不当以传心为说，则失其本矣。即如二《典》所载历象、命官、平地、明刑、典礼、立教、奏庶、艰食诸大政，传之万世，孰非圣人之心之所寄哉？圣人之心，“都俞吁咈”该于“微危精一”，“微危精一”要于“执中”。使非先精其心，亦安知中之所在而执之？孔子者，“时中”者也。《中庸》者，子思之书也。孔子之“时中”，子思之作《中庸》，即传尧、舜、禹“执中”之旨也。《孟子》曰：“权然后知轻重，度然后知长短。物皆然，心为甚。”古今神圣一切智愚动作云为，皆心之用。今为学欲明圣人之道，而拔本塞源，力禁言心，不知果有当于尧、舜、禹之意否耶？以为《荀子》引“人心之危，道心之微”出《道经》，显与佛氏明心之说相近。黄氏所辟，其论甚当。夫所恶于禅学“即心是道”者，谓其专事明心，断知见，绝义理，用心如墙壁，以徼倖于一旦之洒然证悟。若夫圣人之教，兢业以持心，又精择明善，以要于执中，尚有何病？盖单提“危微”二语，虽有警惕提撕意，犹引而不发。至合下“精一执中”，则所以区处下手，功夫至密。或又谓“心一而已”，安有人心、道心？试诘所谓“心一而已”者，果何等之一心也？若以为皆道心与，则断不可谓古今天下皆圣贤；若以为皆人心与，亦断不可谓天下古今皆邪慝；若以为不属道，亦不属人，粗

① “此盖”以下十八字，原本无，据《校记》补。

则如告子之知觉运动与禽兽同焉者是,精则正堕向禅学“即心是道”及阳明“本心良知”之说也。或又谓:“《孟子》曰:‘仁,人心也。’是人心不可指为欲心。”此语更误。夫孟子此言,探其本始言之,即性善之旨,所谓道心也。然固不可谓一切人之心皆全于仁而无欲也,故又尝曰:“失其本心”,“陷溺其心”。夫陷溺而失之者,即欲心、人心也。使人心皆仁而无欲,古今圣人为学与教,又何忧乎有不仁也?惟夫人心本仁,而易堕于人欲之危,是以圣人既自精择而守之,以执其中,又推以为教于天下万世,千言万语,欲使同归于仁而已。然固不能人人皆自觉悟以返于仁,则赖有此四言之教。历代帝王兢兢守之,不敢失坠,此所谓传心者也。尝试论之,以为禅家“即心是道”与阳明“本心良知”,大略亦皆是道心一边,但不能如圣人文理密察,备四德,有品节,所以差失作病痛,政为少精以执中耳。精以执中,则所为“尽精微”、“巽以行权”而时中也。然则圣人之道所以异于禅学者,其歧违偏全之事政在此处。程、朱所吃紧为人讲切发明、分别疑似者,亦政在此处。初心之士,欲审善恶邪正,全在察人心、道心危微二端之几。懋修之儒,欲救误认道心堕禅之失,全在精一执中之学。《日知录》引《黄氏日钞》、唐仁卿诸说,以为辟陆、王心学则可,以为六经、孔、孟不言心学则不可。

【校正】晏案:“人心道心”出东晋《伪古文》,袭用《荀子》语。黄梨洲《古文尚书疏证序》亦谓“人心道心”十六字为理学之蠹。

《中庸章句》引程子之言曰:“此篇乃孔门传授心法。”亦是借用释氏之言,不无可酌。

《论语》一书言“心”者三,曰“七十而从心所欲,不逾

矩”，见《为政》。曰“回也，其心三月不违仁”，见《雍也》。曰“饱食终日，无所用心”。见《阳货》。乃“操则存，舍则亡”之训，门人未之记，而独见于《孟子》。① 夫未学圣人之“操心”，而骤语夫“从心”，此即所谓“饱食终日，无所用心”，而旦昼之所为，有牿亡之者矣。

唐仁卿【原注】名伯元，澄海人。万历甲戌进士，官至吏部文选司郎中。答人书曰：“自新学兴而名家著，其冒焉以居之者不少，然其言学也，则心而已矣。元闻古有学道，不闻学心；古有好学，不闻好心。‘心学’二字，六经、孔、孟所不道。今之言学者，盖谓‘心即道也’，而元不解也。何也？‘危微’之旨在也，虽上圣而不敢言也。今人多怪元言学而遗心，孰若执事责以不学之易了，而元亦可以无辞于执事？子曰：‘有能一日用其力于仁矣乎？’见《论语·里仁》。又曰：‘一日克己复礼。’见《论语·颜渊》。又曰：‘终日乾乾，行事也。’见《易·乾·文言》。元未能也。孔门诸子，日月至焉，夫子犹未许其好学，②而况乎日至未能也，谓之不学可也。但未知执事所谓学者果仁邪？礼邪？事邪？抑心之谓邪？外仁、外礼、外事以言心，虽执事亦知其不可。执事之意，必谓仁与礼与事即心也：用力于仁，用力于心也；复礼，复心也；行事，行心也。则元之不解犹昨也，谓之不学可也。”又曰：“孳孳为善者，心，孳孳为利者，亦未必非心。危哉，心乎！判吉凶，别人禽，虽大圣犹必防乎其防，而敢言心学

① 《告子上》云：“孔子曰：‘操则存，舍则亡；出入无时，莫知其乡。’惟心之谓与？”

② 《论语·雍也》：“子曰：‘回也，其心三月不违仁，其馀则日月至焉而已矣。’”

乎？心学者，以心为学也。以心为学，是以心为性也。心能具性，而不能使心即性也。是故‘求放心’则是，求心则非；求心则非，求于心则是。我所病乎心学者，为其求心也。心果待求，必非与我同类。心果可学，则‘以礼制心，以仁存心’之言，毋乃为心障与！”【原注】卫(嵩)[蒿]曰：“从心不逾矩，孔子至七十时方敢以此自信。而今之学者未可与立，而欲语从心，率天下之人而祸仁义，必斯言也。”

《论语》《里仁》：“仁者安仁。”《集注》谢氏曰：“仁者心无内外、远近、精粗之间，非有所存而自不亡，非有所理而自不乱。”此皆《庄》、《列》之言，非吾儒之学。《书》《太甲》曰：“顾諟天之明命。”子曰：“回之为人也，择乎中庸，得一善，则拳拳服膺而弗失之矣。”见《礼记·中庸》。故曰“操则存，舍则亡”，见《孟子·告子上》。不待存而自不亡者，何人哉？〔一〕

〔一〕【杨氏曰】上蔡之说，缘“不习无不利”、“无思无不通”而遇之。

举业

林文恪【原注】材。《福州府志》《名臣·林志传论》曰：“余好问长老前辈时事。或为余言林尚默，【原注】名志，闽县人。永乐壬辰进士，乡试、会试皆第一，殿试一甲第二名。方游乡序，为弟子员，即自负其才当冠海内士云。然考其时，试诸生者则杨文贞士奇、金文靖幼孜二公也。夫尚默当时所习特举子业耳，而杨、金二学士皆文章宿老，蔚为儒宗，尚默乃能必之二公，若合符节，何哉？当是时也，学出于一，上以是取之，下以是习之，譬作车者不出门，而知适四方之合辙也。正德末，异说者起，以利诱后生使从其学，毁儒先，诋传注，殆不啻弁髦矣。由是学者伥伥然莫知所从，欲从其旧说则恐或主新说，从其新说则又不忍遽弃传注也。己不能自必，况于人乎？呜呼，士之怀瑾握瑜，范驰驱而不遇者，可胜道哉！是故射无定鹄则羿不能巧，学无定论则游、夏不能工。[①] 欲道德一，风俗同，其必自'大人不倡游言'见《礼记·缁衣》。始。"

又曰："近日讲学之辈，弥近理而大乱真，士附其门者皆取荣名，于是一唱百和，如伐木者呼'邪许'。然徐而叩之，不过徼捷径于终南，而其中实莫之能省也。"见《儒林·郑守道传论》。

东乡艾南英《皇明今文待序》曰："呜呼！制举业中始为禅之说者，谁与？原其始，盖由一二聪明才辩之徒，厌先儒敬义诚明、穷理格物之说，乐简便而畏绳束，其端肇于宋南渡之季，而慈湖杨氏[②]之书为最著。国初，功令严密，匪程、朱之言弗遵也，盖至摘取'良知'之说，而士稍异学矣。然予观其书，不过师友讲论、立教明宗而已，未尝以入制举业也。其徒龙溪、【原注】王畿。绪山【原注】钱德洪。阐明其师之说，而又过焉，亦未尝以入制举业也。龙溪之举业不传；阳明、绪山，班班可考矣。衡较其文，持详矜重，若未始

① 《论语·先进》："文学：子游、子夏。"
② 杨简，字敬仲，慈溪人。陆九渊弟子。学者称慈湖先生。

肆然欲自异于朱氏之学者。然则今之为此者，谁为之始与？吾姑为隐其姓名，而又详乙注其文，使学者知以宗门之糟粕为举业之俑者，自斯人始。【原注】万历丁丑科杨起元。呜呼，降而为《传灯》，于彼教初说其浅深相去已远矣，又况附会以援儒入墨之辈，其鄙陋可胜道哉！今其大旨不过曰'耳自天聪，目自天明'，犹告子曰'生之谓性'见《孟子·告子上》。而已。及其厌穷理格物之迂而去之，犹告子曰'不得于言，勿求于心'见《孟子·公孙丑上》。而已。任其所之而冥行焉，未有不流于小人之无忌惮者。此《中庸》所以言性不言心，《孟子》所以言心而必原之性，《大学》所以言心而必曰'正其心'。吾将有所论著，而姑言其概如此，学者可以废然返矣。"

又曰："嘉靖中，姚江之书虽盛行于世，而士子举业尚谨守程、朱，无敢以禅窜圣者。自兴化、华亭两执政尊王氏学，[①]于是隆庆戊辰《论语程义》首开宗门，【原注】破题见下。是年主考李春芳，兴化县人。此后浸淫，无所底止。科试文字大半剽窃王氏门人之言，阴诋程、朱。"

坊刻中有伪作罗伦《致知在格物》一篇，其破题曰："良知者，廓于学者也。"按罗文毅中成化二年进士，当时士无异学，使果有此文，则良知之说始于彝正，不始于伯安[②]矣。况前人作破亦无此体，【原注】旧日文字破题，或二句，或三句，必尽题意。嘉靖八年，主司变体，创为轻佻之格。"孔子，圣之

---

① 兴化，指李春芳，华亭，指徐阶。二人同相，而徐阶稍先。王氏学，指王阳明学派。

② 罗伦字彝正，王守仁字伯安。

时者也。”程文破云：“圣人者，立大中者也。”试录一出，士论哗然。以其为先朝名臣而借之耳。

破题用庄子

五经无“眞”字，始见于老、庄之书。《老子》曰：“其中有精，其精甚眞。”《庄子·渔父》篇：“孔子愀然曰：‘敢问何谓眞？’客曰：‘眞者，精诚之至也。’”【原注】《荀子》《劝学》“眞积力久”亦是此意。○《黄庭经》《仙人章》曰：“积精累气以为眞。”《大宗师》篇曰：“而已反其眞，而我犹为人猗。”《列子》《天瑞》曰：“精神离形，各归其眞，故谓之鬼。鬼，归也，归其眞宅。”《汉书·杨王孙传》曰：“死者，终生之化，而物之归者也。归者得至，化者得变，是物各反其眞也。”《说文》卷八上曰“眞，仙人变形登天也”，徐氏《系传》卷一五曰：“眞者，仙也，化也。从匕，匕即化也。反人为亡，从目从乚。八，其所乘也。”【原注】人老则近于死，故“老”字从匕。既死则反其眞，故“眞”字亦从匕。以生为寄，以死为归，于是有“眞人”、“眞君”、“眞宰”之名。秦始皇曰“吾慕眞人”，自谓眞人，不称朕；见《史记·秦始皇本纪》。魏太武改元太平眞君；而唐玄宗诏以四子之书谓之“眞经”，①皆本乎此也。后世相传，乃遂与“假”为对。李斯《上秦王书》：“夫击瓮叩缻，弹筝搏髀，而歌呼呜呜快耳目者，真秦之声也。”见《史

① 《新唐书·艺文志》：天宝元年，诏号《庄子》为《南华真经》，《列子》为《冲虚真经》，《文子》为《通玄真经》，《亢桑子》为《洞灵真经》。

记·李斯列传》。韩信请为假王，高帝曰："大丈夫定诸侯，即为真王耳，何以假为！"见《史记·淮阴侯列传》。又更东垣曰真定。窦融上光武书曰："岂可背真旧之主，事奸伪之人。"见《后汉书·窦融列传》。而与老、庄之言"真"亦微异其指矣。【原注】今谓真，古曰实。今谓假，古曰伪。《左传》襄十八年："使乘车者左实右伪，以旆先舆，曳柴而从之。"〇假王犹假君、假相国，唐人谓之借职是也。今人之所谓假亦非。宋讳"玄"，以"真"代之，故庙号曰"真宗"，玄武七宿改为"真武"，玄冥改为"真冥"，玄枵改为"真枵"，《崇文总目》谓《太玄经》为《太真》，则犹未离其本也。隆庆二年会试，为主考者厌五经而喜《老》、《庄》，黜旧闻而崇新学，首题《论语》"子曰由诲汝知之乎"一节，其程文破云"圣人教贤者以真知，在不昧其心而已"，【原注】《庄子·大宗师》篇："且有真人而后有真知。"《列子·仲尼》篇："无乐无知，是真乐真知。"始明以《庄子》之言入之文字。自此五十年间，举业所用无非释老之书，彗星扫北斗、文昌，而御河之水变为赤血矣。崇祯时，始申旧日之禁，而士大夫皆幼读时文，习染已久，不经之字，摇笔辄来，正如康昆仑所受邻舍女巫之邪声，非十年不近乐器，未可得而绝也。见《太平御览》卷五八三引段安节《乐府杂录》。虽然，以周元公道学之宗，而其为书，犹有所谓"无极之真"见周敦颐《太极图说》。者，吾又何责乎今之人哉！【原注】罗氏钦顺《困知记》谓："'无极之真，二五之精，妙合而凝。'太极与阴阳、五行，非二物也，不当言'合'。"又言："《通书》未尝一语及'无极'。"

《孟子》《尽心上》言："所不虑而知者，其良知也。"下文明指是爱亲敬长。若夫因严以教敬，因亲以教爱，则必待学而知之者矣。今之学者明用《孟子》之“良知”，暗用《庄子》之“真知”。

科场禁约

万历三十年三月，礼部尚书冯琦上言：“顷者皇上纳都给事中张问达之言，正李贽惑世诬民之罪，尽焚其所著书，其崇正辟邪，甚盛举也。臣窃惟国家以经术取士，自五经、四书、二十一史、《通鉴》、《性理》诸书而外，不列于学官，而经书传注又以宋儒所订者为准。此即古人罢黜百家、独尊孔氏之旨。自人文向盛，士习浸漓，始而厌薄平常，稍趋纤靡；纤靡不已，渐骛新奇；新奇不已，渐趋诡僻。始犹附诸子以立帜，今且尊二氏以操戈。背弃孔、孟，非毁程、朱，惟《南华》、西竺之语是宗是竞。以实为空，以空为实；以名教为桎梏，以纪纲为赘疣；以放言高论为神奇，以荡轶规矩、扫灭是非廉耻为广大。取佛书言心言性略相近者窜入圣言，取圣经有‘空’字‘无’字者强同于禅教。语道既为舛驳，论文又不成章，世道溃于狂澜，经学几为榛莽。臣请坊间一切新说曲议，令地方官杂烧之。生员有引用佛书一句者，廪生停廪一月，增附不许帮补，三句以上降黜。中式墨卷引用佛书一句者，勒停一科，不许会试，多者黜革。【原注】二十八年，礼科摘湖广举人董以修《四书义》有“无去无住，出世住世”语，罚停五科。伏乞天语申饬，断在必行。自古有仙佛之世，圣学必不明，世运必不盛。即能实诣其极，亦与国家无益,何况袭咳唾之馀,以自盖其名利之迹者乎!夫道、术之分久矣。自西晋以来,于吾道之外别为二氏。自南宋以来,于吾道之中自分两歧。又其后,则取释氏之精蕴,而阴附于吾道之内。【原注】如陈白沙、王阳明。〔一〕又其后则尊释氏之名法,而显出于吾道之外。【原注】如李贽之徒。〔二〕非圣主执中建极,群工一德同风,世运之流,未知所届。"[①]上曰:"祖宗维世立教,尊尚孔子,明经取士,表章宋儒。近日学者不但非毁宋儒,渐至诋讥孔子。扫灭是非,荡弃行检,复安得节义忠孝之士为朝廷用?览卿等奏,深于世教有裨,可开列条款奏来。仙佛原是异术,宜在山林独修,有好尚者任其解官自便。"〔三〕自此稍为厘正。然而旧染既深,不能尽涤。又在位之人多以护惜士子科名为阴德,亦不甚摘发也。至于末年,诡僻弥甚。〔四〕

〔一〕【汝成案】从沈校补。

〔二〕【汝成案】从沈校补。

〔三〕【沈氏曰】《神宗实录》于万历三十年三月己丑下书云:"纳礼部尚书冯琦之言,诏云云",而冯疏一语不载,何也?

〔四〕【沈氏曰】《神宗实录》:万历三十四年十二月,诏谕礼臣曰:"文体敝坏,至今日而极,非独士习之陋,亦由阅卷官自由此轨而进,相师相尚,莫知其非,以此取士,士安得不靡然从之?今后房考官见有离经畔注,穿凿揣摩,及摭拾佛书、俗书、隐讳怪诞者,必弃不取,甚者参罚。仍刊布谕旨,豫使闻知。"

---

① 详见《春明梦馀录》卷四〇"宗伯冯琦疏"条。

新学之兴，人皆土苴六经，因而不读传注。崇祯三年，浙江乡试题“乂用明，俊民用章”，上文“岁月日时无易”，俱见《书·洪范》。《传》曰：“不失其时也。”第三名龚广生文，误以为历家一日十二时之“时”，而取冠本经，刻为程文。九年，应天乡试题“王请大之”至“文王一怒而安天下之民”，俱见《孟子·梁惠王下》。内有“以遏徂莒”，注曰：“莒，《诗》作旅，众也。谓密人侵阮、徂、共之众也。”第二十三名周天一文，误以为《春秋》“莒人”之“莒”，亦得中式，部科不闻磨勘。诏①令之不行至此。〔一〕

〔一〕【杨氏曰】试官既是眯目，礼科亦复失睛。天下之人未可尽诬，丧之上而得之下，吾恐有窃笑者。

朱子晚年定论

《宋史·陆九渊传》：“初，九渊尝与朱熹会鹅湖，论辩所学，多不合。及熹守南康，九渊访之。熹与至白鹿洞，九渊为讲‘君子小人喻义利’一章，听者至有泣下，熹以为切中学者隐微深痼之病。至于‘无极而太极’之辩，则贻书往来，论难不置焉。”

王文成【原注】守仁。所辑《朱子晚年定论》，今之学者多信之，不知当时罗文庄【原注】钦顺。② 已尝与之书而辩之矣。其书曰：“详《朱子定论》之编，盖以其中岁以前所见

① 张京华《校释》无“诏”字。

② 援庵《校注》：应为罗洪先，非罗钦顺。

未真，及晚年始克有悟，乃于其论学书牍三数十卷之内，摘此三十馀条，其意皆主于向里者，以为得于既悟之馀，而断其为定论。斯其所择宜亦精矣，第不知所谓晚年者，断以何年为定？偶考得何叔京氏卒于淳熙乙未，时朱子年方四十有六。后二年丁酉，而《论孟集注》、《或问》始成。今有取于答何书者四通，以为晚年定论。至于《集注》、《或问》，则以为中年未定之说，窃恐考之欠详，而立论之太果也。又所取《答黄直卿》一书，监本止云此是向来差误，别无'定本'二字，今所编增此二字，而序中又变'定'字为'旧'字，却未详'本'字所指。朱子有《答吕东莱》一书，尝及定本之说，然非指《集注》、《或问》也。凡此，愚皆不能无疑，顾犹未足深论。窃以执事天资绝世而日新不已，向来恍若有悟之后，自以为证诸五经四子，沛然若决江河而放诸海，又以为精明的确，洞然无复可疑，某固信其非虚语也。然又以为独于朱子之说有相抵牾，揆之于理，容有是邪？他说固未敢请，尝读《朱子文集》，其第三十二卷皆与张南轩答问书，内第四书亦自以为其于实体似益精明，因复取凡圣贤之书以及近世诸老先生之遗语，读而验之，则又无一不合。盖平日所疑而未白者，今皆不待安排，往往自见洒落处，与执事之所自序者无一语不相似也。书中发其所见，不为不明。而卷末一书，提纲振领，尤为详尽。窃以为千圣相传之心学，殆无以出此矣。不知何故，独不为执事所取，无亦偶然也邪？若以此二书为然，则《论孟集注》、《学庸章句》、《或问》不容别有一般道理。如其以为未合，则是执事精明之见，决与朱子异矣。凡此三十馀条者，不过姑取之以证成高论，而所谓先得我心之所同然者，安知不有豪厘之不同者为祟于其间，以成抵牾之大隙哉？又执事于朱子之后，特推草庐吴氏澄，以为见之尤真，而取其一说，以附三十馀条之后。窃以草庐晚年所见端的与否，良未易知。盖吾儒昭昭之云，释氏亦每言之，豪厘之差，正在于此。即草庐所见果有合于吾之所谓昭昭者，安知非其四十年间钻研文义之效，殆所谓真积力久而豁然贯通者也？盖虽以明道先生之高明纯粹，又蚤获亲炙于濂溪，以发其吟风弄月之趣，亦必反求诸六经而后得之。但其所禀，邻于生知，闻一以知十，与他人极力于钻研者不同耳。又安得以前日之钻研文义为非，而以堕此科臼为悔？夫得鱼忘筌，得兔忘蹄【原注】出《庄子》。蹄，古"罤"字通，兔罥也。可也。矜鱼兔之获，而反追咎筌蹄以为多事，其可乎哉？"东莞陈建作《学蔀通辩》，取《朱子年谱》、《行状》、《文集》、《语类》及与陆氏兄弟往来书札，逐年编辑，而为之辩曰："朱、陆早同晚异之实，二家谱集具载甚明。【原注】《黄氏日钞》曰："朱子《答陆子寿书》反复论丧祭之礼，《答陆子美书》辩诘《太极》、《西铭》，至再而止。《答陆子静书》辩诘尤切，条其理有未明而不能尽人言者凡七，终又随条注释，斥其空疏杜撰。且云'如曰未然，各尊所闻，各行所知可矣'。书亦于此而止。"近世东山赵汸《对江右六君子策》乃云：'朱子《答项平父书》有"去短集长"之言，【原注】此特朱子谦己诲人之辞，未尝教人为陆氏之学也。岂鹅湖之论至是而有合邪？使其合并于晚岁，则其微言精义必有契焉，而子静则既往矣。'此朱、陆早异晚同之说所萌芽也。程篁墩【原注】敏政。因之，乃著《道一编》，分朱、陆异同为三节，始焉如冰炭之相反，中焉则疑信之相半，终焉若辅车之相依。朱、陆早异晚同之说，于是乎成矣。王阳明因之，遂有《朱子晚年定论》之录，专取朱子议论与象山合者，与《道一编》辅车之说正相唱和矣。凡此皆颠倒早晚，以弥缝陆学，而不顾矫诬朱子、诳误后学之深。故今编年以辩，而二家早晚之实，近儒颠倒之弊，举昭然矣。"又曰："朱子有朱子之定论，象山有象山之定论，不可强同。专务虚静，完养精神，此象山之定论也。主敬涵养以立其本，读书穷理以致其知，身体力行以践其实，三者交修并尽，此朱子之定论也。乃或专言涵养，或专言穷理，或止言力行，则朱子因人之教、因病之药也。今乃指专言涵养者为定论，以附合于象山，其诬朱子甚矣！"又曰："赵东山所云，盖求朱、陆生前无可同之实，而没后乃臆料其后会之必同，本欲安排早异晚同，乃至说成生异死同，可笑可笑！【原注】按子静卒后，朱子《与詹元善书》，谓"其说颇行于江湖间，损贤者之志，而益愚者之过，不知此祸何时而已"。盖已逆知后人宗陆氏者之弊。而东山辈不考此书，强欲附会之以为同，何邪？如此岂不适所以彰朱、陆平生之未尝同，适自彰其牵合欺人之弊？奈何近世咸信之而莫能察也。〔一〕昔裴延龄掩有为无，指无为有，以欺人主。陆宣公谓其愚弄朝廷，甚于赵高指鹿为马。见《旧唐书·裴延龄传》。今篁墩辈分明掩有为无，指无为有，以欺弄后学，岂非吾道中之延龄哉！"又曰："昔韩绛、吕惠卿代王安石执政，时号绛为传法沙门，惠卿为护法善神。见《宋史·王安石传》。愚谓近日继陆学而兴者，王阳明是传法沙门，程篁墩则护法善神也。"【原注】此书于朱、陆二家同异，考之极为精详，而世人不知，但知其有《皇明通纪》，又不知《通纪》乃梁文康储之弟亿所作，而托名于清澜也。宛平孙承泽谓："阳明所编，其意欲借朱子以攻朱子。且吾夫子以天纵之圣，不以生知自居，而曰'好古敏求'，曰'多闻多见'，曰'博文约礼'，至老删述不休，犹欲假年学《易》。朱子一生效法孔子，进学必在致知，涵养必在主敬，德性在是，问学在是。如谬以朱子为支离，为晚悔，则是吾夫子所谓'好古敏求'，'多闻多见'，'博文约礼'皆早年之支离，必如'无言'、'无知'、'无能'为晚年自悔之定论也。"以此观之，则《晚年定论》之刻，真为阳明舞文之书矣。盖自弘治、正德之际，天下之士厌常喜新，风气之变已有所自来，而文成以绝世之资，倡其新说，鼓动海内。【原注】文成与胡端敏世宁乡试同年。一日谓端敏公曰："公，人杰也，第少讲学。"端敏答曰："某何敢望公，但恨公多讲学耳。"嘉靖以后，从王氏而诋朱子者，始接踵于人间。而王尚书【原注】世贞。发策谓："今之学者偶有所窥，则欲尽(发)[废]先儒之说而出其上；〔二〕不学，则借一贯之言以文其陋；无行，则逃之性命之乡以使人不可诘。"此三言者，尽当日之情事矣。故王门高弟为泰州、【原注】王艮。龙溪【原注】王畿。二人。泰州之学一传而为颜山农，【原注】均。再传而为罗近溪、【原注】汝芳。赵大洲。【原注】贞吉。龙溪之学一传而为何心隐，【原注】本名梁汝元。再传而为李卓吾、【原注】贽。陶石

簣。【原注】望龄。**昔范武子论王弼、何晏二人之罪深于桀、纣，以为“一世之患轻，历代之害重，自丧之恶小，迷众之罪大”。**[①] **而苏子瞻谓李斯乱天下，至于焚书坑儒，皆出于其师荀卿高谈异论而不顾者也。**见《荀卿论》。**《困知》之记，《学蔀》之编，固今日中流之砥柱矣。**

〔一〕【姚氏曰】元虞文靖有《送李彦方闽宪》诗，其序云：“先正鲁国许文正，文实表章程、朱之学，以佐至元之治，天下人心风俗之所系，不可诬也。近日晚学小子，不肯细心穷理，妄引陆子静之说以自欺自弃，至欲移易《论语章句》，直斥程、朱之说为非，此亦非有见于陆氏者也，特以文其猖狂不学，以欺人而已。此在王制之所必不容者也。闽中自中立归，已有道南之叹。仲素、愿中至于元晦，端绪明白，皆在闽中，不能不于彦方之行发之。去一赃吏，治一弊政，不如此一事有以正人心，儒者之能事也。”按文靖从游吴文正之门，文正之学以象山为宗，而虞公立论如此，则师弟所学亦有不必同者耶？又是时文学修明，谈道讲艺，各有师承，洛、闽之教方昌，而好异之士已复别骛旁驱，则源远而末益分，无惑乎后此歧途之百出也。

〔二〕【杨氏曰】“尽发先儒”之“发”，当是“废”字。[②]

《姑苏志》卷五二**言姚荣国**【原注】广孝。**著书一卷，名曰《道馀录》，专诋程、朱。**【原注】《实录》、本传言广孝著《道馀录》，诋讪先儒，为君子所鄙。**少师亡后，其友张洪谓人曰：“少**

---

① 《晋书·范宁传》：“时以浮虚相扇，儒雅日替，宁以为其源始于王弼、何晏，二人之罪深于桀、纣，乃著论曰……”云云。

② 《刊误》卷下：“原写本正作‘废’。”今据改。

师于我厚，今死矣，无以报之，但每见《道馀录》辄为焚弃。”少师之才不下于文成，而不能行其说者，少师当道德一、风俗同之日，而文成在世衰道微、邪说又作之时也。

嘉靖二年会试，发策【原注】考试官蒋文定冕、石文介珤。谓：“朱、陆之论终以不合，而今之学者顾欲强而同之，岂乐彼之径便，而欲阴诋吾朱子之学与？究其用心，其与何澹、陈贾辈亦岂大相远与？[①] 至笔之简册，公肆诋訾，以求售其私见。礼官举祖宗朝故事，燔其书而禁斥之，得无不可乎？”【原注】《成祖实录》卷三〇：“永乐二年，鄱阳人朱季友诣阙，献所著书，诋毁宋儒。上怒，遣行人押赴饶州，会司府县官杖之，尽焚其所著书。”当日在朝之臣有能持此论者，涓涓不塞，终为江河，有世道之责者可无履霜坚冰之虑？

以一人而易天下，其流风至于百有馀年之久者，古有之矣。王夷甫之清谈，王介甫之新说，【原注】《宋史》《林之奇传》：林之奇言：“昔人以王、何清谈之罪甚于桀、纣，本朝靖康祸乱，考其端倪，王氏实负王、何之责。”其在于今，则王伯安之“良知”是也。《孟子》《滕文公下》曰：“天下之生久矣，一治一乱。”拨乱世反之正，岂不在于后贤乎！

《学蔀通辩》又曰：“佛教入中国，常有夷狄之祸。今日士大夫尚禅尚陆，使禅佛之魂骎骎复返，可为世道之忧。”呜呼，辛有之适伊川，其豫见于百年之后者矣。[②] 后之

---

① 南宋宁宗时，诸小诋朱子为伪学罪首，时攻赵汝愚、黜伪学最力者有何澹、陈贾、刘德秀、郑丙、林栗数辈，事见《宋史》何澹、林栗等传。

② 事见《左传》僖公二十二年。

论者，当与陶弘景之诗同录。【原注】《隋书·五行志》："梁天监中，茅山隐士陶弘景为五言诗曰：'夷甫任散诞，平叔坐谈空。不意昭阳殿，忽作单于宫。'及大同之季，公卿唯以谈玄为务，侯景作乱，遂居昭阳殿。"①

李贽

《神宗实录》卷三六九：**"万历三十年闰二月乙卯，礼科给事中张问达疏劾李贽：'壮岁为官，晚年削发，近又刻《藏书》、《焚书》、《卓吾大德》等书，流行海内，惑乱人心。以吕不韦、李园为智谋，以李斯为才力，以冯道为吏隐，以卓文君为善择佳耦，以秦始皇为千古一帝，以孔子之是非为不足据，狂诞悖戾，不可不毁。尤可恨者，寄居麻城，肆行不简，与无良辈游庵院，挟妓女，白昼同浴，勾引士人妻女入庵讲法，至有携衾枕而宿者，一境如狂。又作《观音问》一书，所谓观音者，皆士人妻女也。后生小子喜其猖狂放肆，相率煽惑，至于明劫人财，强搂人妇，同于禽兽而不之恤。迩来缙绅士大夫亦有诵咒念佛，奉僧膜拜，手持数珠，以为律戒，室悬妙像，以为皈依，不知遵孔子家法，而溺意于禅教沙门者，往往出矣。近闻贽且移至通州，通州距都下四十里，倘一入都门，招致蛊惑，又为麻城之续。望敕礼部，檄行通州地方官，将李贽解发原籍治罪。仍檄行两畿及各布政司，将贽刊行诸书，并搜简其家未刻者，尽行烧**

① 此节七十二字并小注六十三字，原本并缺，据《校记》补入。

毁，无令贻祸后生，世道幸甚！'得旨：'李贽敢倡乱道，惑世诬民，便令厂卫、五城严拿治罪。其书籍已刻未刻，令所在官司尽搜烧毁，不许存留。如有徒党曲庇私藏，该科道及各有司访奏治罪。'已而贽逮至，惧罪不食死。"愚按，自古以来，小人之无忌惮而敢于叛圣人者，莫甚于李贽。然虽奉严旨，而其书之行于人间自若也。昔晋虞预论阮籍，"比之伊川被发，所以胡虏遍于中国，以为过衰周之时"。见《晋书·虞预传》。试观今日之事，髡头也，手持数珠也，男妇宾旅同土床而宿也，有一非贽之所为者乎？盖天将使斯人有裂冠左衽之祸，而豫见其形者乎？殆亦《五行志》所谓"人痾"者矣。【原注】谢在杭《五杂俎》卷八言："李贽先仕官至太守，而后削发为僧，又不居山寺，而遨游四方，以干权贵，人多畏其口而善待之。拥传出入，髡首坐肩舆，张黄盖，前后呵殿，郡县有司莫敢与均茵伏。无何，入京师，以罪下狱死。此亦近于人妖者矣。"闽人持论之公如此。然推其作俑之由，所以敢于诋毁圣贤而自标宗旨者，皆出于阳明、龙溪禅悟之学。后之君子悲神州之陆沈，愤五胡之窃据，而不能不追求于王、何也。①

天启五年九月，四川道御史王雅量疏："奉旨，李贽诸书怪诞不经，命巡视衙门焚毁，不许坊间发卖，仍通行禁止。"而士大夫多喜其书，往往收藏，至今未灭。

---

① "昔晋虞预"以下一百五十字，原本并缺，仅馀小注，今据《校记》补入。按：王、何指王夷甫（衍）、何平叔（晏）。

锺惺

锺惺，字伯敬，景陵人，万历庚戌进士。天启初，任福建提学副使，大通关节。丁父忧去职，尚挟姬妾游武夷山，而后即路。巡抚南居益疏劾有云："百度逾闲，五经扫地。化子衿为钱树，桃李堪羞；登驵侩于皋比，门墙成市。公然弃名教而不顾，甚至承亲讳而冶游。疑为病狂丧心，讵止文人无行。"【原注】辛酉，福建提学佥事。癸亥，丁忧。甲子，京察。坐是沈废于家。乃选历代之诗，名曰《诗归》，其书盛行于世。已而评《左传》，评《史记》，评《毛诗》，好行小慧，自立新说，天下之士靡然从之。而论者遂忘其不孝贪污之罪，且列之为文人矣。【原注】钱尚书谦益文集①谓："古人之于经传，敬之如神明，尊之如师保，谁敢僭而加之评骘？评骘之多，自近代始，而莫甚于越之孙氏、楚之锺氏。孙之评《书》也，于《大禹谟》则讥其文之排偶。其评《诗》也，于《车攻》则讥其'选徒嚣嚣'非有闻无声之义。尼父之删述，彼将操金椎以控之，又何怪乎孟坚之《史》、昭明之《选》，诋诃如蒙童，而挥斥如徒隶乎！锺之评《左传》也，它不具论，以'克段'一传言之，'公入而赋'，'姜出而赋'，句也，'大隧之中'凡四句，其所赋之诗也，锺误以'大隧之中'为句断，而以'融融泄泄'为序事之语，遂抹之，曰'俗笔'。句读之不析，文理之不通，俨然丹黄甲乙，衡加于经传，是之谓非圣者无法，是之谓侮圣人之言，而世方奉为金科玉条，递相师述。学术日颇而人心

① 以上七字，原本作"钱氏"，据《校记》改。按下引文见钱谦益《初学集》卷二十九《葛端调编次诸家文集序》。

日坏,其祸有不可胜言者。"孙氏名矿,今世所传孙月峰者是也。余闻闽人言:"学臣之鬻诸生,自伯敬始。"(当时)[今][①]之学臣,其于伯敬固当如茶肆之陆鸿渐,奉为利市之神,[②]又何怪读其所选之诗,以为《风》、《骚》再作者耶?其罪虽不及李贽,然亦败坏天下之一人。

举业至于抄佛书,讲学至于会男女,考试至于鬻生员,此皆一代之大变,不在王莽、安禄山、刘豫之下,故书其事于五经诸书之后。呜呼!"四维不张,国乃灭亡",《管子》《牧民》已先言之矣。

窃书

汉人好以自作之书而托为古人,张霸《百二尚书》、卫宏《诗序》之类是也。晋以下人则有以他人之书而窃为己作,郭象《庄子注》、何法盛《晋中兴书》[③]之类是也。若有明一代之人,其所著书无非窃盗而已。

《世说》《文学》曰:"初注《庄子》者数十家,莫能究其旨要。向秀于旧注外为解义,妙析奇致,大畅玄风。唯《秋水》、《至乐》二篇未竟,而秀卒。秀子幼,义遂零落,然犹有别本。郭象者,为人薄行,有俊才。见秀义不传于世,遂

---

① 据张京华《校释》改。

② 唐赵璘《因话录》:陆羽性嗜茶,始创煎茶法。至今鬻茶之家,陶为其像,置于炀器之间,云宜茶足利。

③ 《南史·徐广传》:郗绍作《晋中兴书》,法盛有意图之,乞之不与,遂直入绍家窃书。绍还失之,无复兼本,于是遂行何书。

窃以为己注。乃自注《秋水》、《至乐》二篇，又易《马蹄》一篇，其馀众篇或定点文句而已。后秀义别本出，故今有向、郭二《庄》。”今代之人但有薄行而无俊才，不能通作者之意，其盗窃所成之书，必不如元本，名为“钝贼”，何辞？

《旧唐书》《姚珽传》：“姚(班)[珽]尝以其曾祖察所撰《汉书训纂》多为后之注《汉书》者隐没名字，将为己说，(班)[珽]乃撰《汉书绍训》四十卷，以发明旧义，行于代。”吾读有明弘治以后经解之书，皆隐没古人名字将为己说者也。

先生《钞书篇》曰：先祖曰：“著书不如钞书。凡今人之学必不及古人也，今人所见之书之博必不及古人也。小子勉之，惟读书而已！”又曰：“凡作书者，莫病乎其以前人之书改窜而为自作也。班孟坚改《史记》，必不如《史记》也。宋景文之改《旧唐书》，必不如《旧唐书》也。朱子之改《通鉴》，必不如《通鉴》也。至于今代，而著书之人几满天下，则有盗前人之书而为自作者矣。故得明人书百卷，不若得宋人书一卷也。”

勘书

凡勘书，必用能读书之人。偶见《焦氏易林》旧刻，有曰“环绪倚钼”见卷三。乃“环堵”之误，①注云：“‘绪’，疑当

① 环堵，见《礼记·儒行》：“儒有一亩之宫，环堵之室。”

作‘佩’。”“井堙水刊”见卷三。乃“木刊”之误,[①]注云:“‘刊’,疑当作‘利’。”失之远矣。幸其出于前人,虽不读书而犹遵守本文,不敢辄改。苟如近世之人,据臆改之,则文益晦,义益舛,而传之后日,虽有善读者,亦茫然无可寻求矣。然则今之坊刻,不择其人而委之雠勘,岂不为大害乎?

梁简文帝《长安道》诗:“金椎抵长乐,复道向宜春。”是用《汉书·贾山传》“隐以金椎,树以青松,为驰道之丽至于此”,《三辅决录》“长安十二门,三涂洞开,隐以金椎,周以林木,左出右入,为往来之径”。【原注】《水经注》同。今误作“金槌”,而又改为“椎轮”。唐阎朝隐《送金城公主适西蕃》诗:“还将贵公主,嫁与傉檀王。”是用《晋书·载记》“河西王秃发傉檀”。今误作“耨檀”,而又改为“褥毡”。比于“金根车”之改“金银”[②]而又甚焉者矣。

《庄子》《外物》:“婴儿生无石师而能言。”一本作“所师”。盖魏、晋以后,写书多有作草者,故以“所”而讹“石”也。〔一〕

〔一〕【杨氏曰】石,古“石”、“硕”通用,不宜作“所”。其作“所”者,妄改也。

【钱氏曰】经史当得善本,今通行南北监及汲古阁本,《仪礼》正文多脱简,《穀梁》经传文亦有溷错,《毛诗》往往以《释文》溷入郑笺,《周礼》、《仪礼》亦有《释文》溷入注者,《礼记》则《礼器》、《坊记》、《中庸》、《大学》疏残缺不可读,《孟子》每章

---

① “进堙木刊”见《左传》襄公二十五年。

② 《尚书故实》言昌黎生(指韩愈之子韩昶)为集贤校理。史传中有说金根车处,皆臆断之,改为“金银车”。

有赵氏《章指》，诸本皆缺。《宋史·孝宗纪》缺一叶，《金史·礼志》、《太宗诸子传》各缺一叶，皆有宋、元椠本可以校补。若日读误书，妄生驳难，其不见笑于大方者鲜矣。

【又曰】今人重宋椠本书，谓必无错误，却不尽然。陆放翁《跋历代陵名》云："近世士大夫所至，喜刻书版，而略不校雠，错本书散满天下，更误学者，不如不刻之愈也。"是南宋初刻本已不能无误矣。张淳《仪礼识误》、岳珂《九经三传沿革例》所举各本异同甚多，善读者当择而取之。若偶据一本，信以为必不可易，此书估之议论也。

改书

《东坡志林》卷五曰："近世人轻以意改书，鄙浅之人好恶多同，故从而和之者众，遂使古书日就讹舛，深可忿疾。孔子曰：'吾犹及史之阙文也。'见《论语·卫灵公》。自予少时，见前辈皆不敢轻改书，故蜀本大字书皆善本。"

《汉书·艺文志》曰："古者书必同文，不知则阙，问诸故老。至于衰世，是非无正，人用其私。故孔子曰：'吾犹及史之阙文也，今亡矣夫。'盖伤其浸不正。"是知穿凿之弊，自汉已然，故有行赂改兰台漆书以合其私者矣。①

万历间，人多好改窜古书。人心之邪，风气之变，自此而始。且如骆宾王《为徐敬业讨武氏檄》，本出《旧唐书》，其曰"伪临朝武氏者"，敬业起兵在光宅元年九月，武氏但

① 《后汉书·宦者列传》："诸博士试甲乙科，争第高下，更相告言，至有行赂定兰台漆书经字，以合其私文者。"

临朝而未革命也。近刻古文，改作“伪周武氏”，不察檄中所云“包藏祸心，睥睨神器”，乃是未篡之时，故有是言。【原注】越六年，天授元年九月，始改国号曰周。其时废中宗为庐陵王，而立相王为皇帝，故曰“君之爱子，幽之于别宫”也。不知其人，不论其世，而辄改其文，缪种流传，至今未已。又近日盛行《诗归》一书，尤为妄诞。魏文帝《短歌行》：“长吟永叹，思我圣考。”圣考谓其父武帝也，改为“圣老”，评之曰：“‘圣老’字奇。”《旧唐书》《肃宗子李倓传》李泌对肃宗言：“天后有四子，长曰太子弘，监国而仁明孝悌。天后方图称制，乃鸩杀之，以雍王贤为太子。贤自知不免，与二弟日侍于父母之侧，不敢明言，乃作《黄台瓜辞》，令乐工歌之，冀天后悟而哀愍。其辞曰：‘种瓜黄台下，瓜熟子离离。一摘使瓜好，再摘使瓜稀。三摘犹尚可，四摘抱蔓归。’而太子贤终为天后所逐，死于黔中。”其言“四摘”者，以况四子也。以为非四之所能尽，而改为“摘绝”。此皆不考古而肆臆之说，岂非“小人而无忌惮”见《中庸》。者哉！

易林

《易林》疑是东汉以后人撰，而托之焦延寿者。延寿在昭、宣之世，【原注】《汉书·京房传》曰：“延寿以好学得幸梁王，王共其资用，令极意学。学既成，为郡史察举，补小黄令。”按此梁敬王定国也，以昭帝始元二年嗣，四十年薨，当元帝之初元三年。〔一〕其时《左氏》未立学官，今《易林》引《左氏》语甚多。又往往用《汉书》中事，如曰"彭离济东，迁之上庸"，见卷四。事在武帝元鼎元年；[①]曰"长城既立，四夷宾服，交和结好，昭君是福"，见卷四。事在元帝竟宁元年；[②]曰"火入井口，阳芒生角，犯历天门，窥见太微，登上玉床"，见卷四。似用《李寻传》语；曰"新作初陵，逾陷难登"，见卷三。似用成帝起昌陵事。[③] 又曰"刘季发怒，命灭子婴"，见卷一。又曰"大蛇当路，使季畏惧"，见卷三。则又非汉人所宜言也。〔二〕

〔一〕【沈氏曰】《后汉·崔骃传》载："其祖父篆著《周易林》六十四篇，用决吉凶，多占验。"晋李石《续博物志》曰："篆著《易林》，或曰《卦林》，或曰《象林》。"王荆公《许氏世谱》曰："后汉汝南许峻者，为《易林》，传于世。"

【梁氏曰】许周生言："《东观汉记》：'永平五年，京师小雨，上御云台，召沛献王辅以《周易卦林》占之。其繇曰：蚁封穴户，大雨将集。'今二语载《易林》中。"是今所传《易林》乃《周易卦林》，献王在永平时已用为占，则亦非东汉人所为，或后来有所羼入耳。

〔二〕【左暄曰】按《许曼传》：曼祖父峻亦著《易林》。崔篆《易林》不可考，峻所著《易林》，范氏以为至今行于世，则后世所传《易林》当即峻书，而人误以为焦延寿也。

【又曰】《易林》中如"刘季发怒"等语，论者谓非汉人所宜言，似汉以后人所著，则不然。《史记·高祖本纪》言"刘季"者非一，则固汉人所常言也。

---

① 《汉书·武帝纪》："济东王彭离有罪，废徙上庸。"

② 《汉书·匈奴传》："竟宁元年……元帝以后宫良家子王墙字昭君赐单于。"

③ 《汉书·五行志下》：成帝鸿嘉三年，"起昌陵，作者数万人……五年不成，乃罢昌陵"。

日知录集释卷十九

文须有益于天下

文之不可绝于天地间者，曰明道也，纪政事也，察民隐也，乐道人之善也。若此者，有益于天下，有益于将来，多一篇，多一篇之益矣。若夫"怪力乱神"之事，无稽之言，剿袭之说，谀佞之文，若此者，有损于己，无益于人，多一篇，多一篇之损矣。〔一〕

〔一〕【钱氏曰】处患难者勿为怨天尤人之言，处贵显者勿为矜己傲物之言，论学术勿为非圣悖道之言，评人物勿为党同丑正之言。

先生《与友人书》曰：孔子之删述六经，即伊尹、太公救民于水火之心。而今之注虫鱼、命草木者，皆不足以语此也。故曰："载之空言，不如见之行事。"见《史记·太史公自序》。夫《春秋》之作，言焉而已，而谓之"行事"者，天下后世用以治人之书，将欲谓之"空言"而不可也。愚不揣有见于此，故凡文之不关于六经之指、当世之务者，一切不为。而既以明道救人，则于当今之所通患而未尝专指其人者，亦遂不敢以避也。

文不贵多

二汉文人所著绝少，史于其传末每云"所著凡若干篇"。惟董仲舒至百三十篇，[①]而其馀不过五六十篇，或十数篇，或三四篇。史之录其数，盖称之，非少之也。乃今人著作则以多为富，夫多则必不能工，即工亦必不皆有用于世，其不传宜矣。〔一〕

〔一〕【杨氏曰】今之文集与今之时艺，若不拉杂摧烧，将伊于何底。

西京尚辞赋，故《汉书·艺文志》所载止诗、赋二家。其诸有名文人，陆贾赋止三篇，贾谊赋止七篇，枚乘赋止九篇，司马相如赋止二十九篇，倪宽赋止二篇，司马迁赋止八篇，王褒赋止十六篇，扬雄赋止十二篇，而最多者则淮南王赋八十二篇，枚皋赋百二十篇。而于《枚皋传》云："皋为文疾，受诏辄成，故所赋者多。司马相如善为文而迟，故所作少而善于皋。皋赋辞中自言为赋不如相如。其文骫骳，曲随其事，皆得其意，颇诙笑，不甚闲靡，凡可读者不二十

① 《汉书·董仲舒传》："仲舒所著，皆明经术之意，及上疏条教，凡百二十三篇。而说《春秋》事得失，《闻举》、《玉杯》、《蕃露》、《清明》、《竹林》之属，复数十篇，十馀万言，皆传于后世。"而《艺文志》除百二十三篇外，又有《公羊董仲舒治狱》十六篇。皆非"百三十篇"。

篇,其尤嫚戏不可读者尚数十篇。”是辞赋多而不必善也。东汉多碑诔、书序、论难之文。又其时崇重经术,复多训诂。凡传中录其篇数者〔一〕四十九人,其中多者如曹褒、应劭、刘陶、蔡邕、荀爽、王逸各百馀篇,少者卢植六篇,黄香五篇,刘騊駼、崔烈、曹众、曹朔各四篇,桓彬三篇。而于《郑玄传》云:“玄依《论语》作《郑志》八篇,所注诸经百馀万言,通人颇讥其繁。”是解经多而不必善也。

〔一〕【沈氏曰】《救文格论》于此下有“北海王睦、临邑侯子騊駼、冯衍、曹褒、郑玄、贾逵、班彪、班固、朱穆、胡广、应奉,应劭、崔驷、崔瑗、崔寔、崔烈、杨修、刘陶、张衡、马融、蔡邕、荀爽、荀悦、李固、延笃、卢植、皇甫规、张奂、孔融、杜笃、王隆、夏恭、夏牙、傅毅、黄香、刘毅、李尤、李胜、苏顺、曹众、曹朔、刘珍、葛龚、王逸、崔琦、边韶、张升、赵壹、侯瑾、张超、班昭”,共凡一百十字。

秦延君①说《尧典》篇目两字之说十馀万言,但说“曰若稽古”三万言,【原注】桓谭《新论》《正经》。此颜之推《家训》《勉学》所谓“邺下谚云‘博士买驴,书券三纸,未有驴字’”者也。【原注】陆游《读书》诗:“文辞博士书驴券,职事参军判马曹。”②

文以少而盛,以多而衰。以二汉言之,东都之文多于

① “秦延君”,桓谭《新论·正经》作“秦近君”。

② 《晋书·王徽之传》:徽之性卓荦不羁,为车骑桓冲骑兵参军,冲问:“卿署何曹?”对曰:“似是马曹。”又问:“管几马?”曰:“不知马,何由知数?”又问:“马比死多少?”曰:“未知生,焉知死?”

西京,而文衰矣。以三代言之,春秋以降之文多于六经,而文衰矣。【原注】如惠施五车,其书竟无一篇传者。[①] **《记》曰:"天下无道则言有枝叶。"**《礼记·表记》。〔一〕

〔一〕【杨氏曰】"惠施多方,其书五车。"非必皆其自作。

《隋志》载古人文集,西京惟刘向六卷,扬雄、刘歆各五卷,为至多矣,他不过一卷、二卷。而江左梁简文帝至八十五卷,元帝至五十二卷,沈约至一百一卷,所谓"虽多,亦奚以为"? 见《论语·子路》。〔一〕

〔一〕【赵氏曰】梁武帝作《通史》六百卷,《金海》三十卷,《制旨孝经》、《周易》、《毛诗》、《尚书》、《春秋》、《中庸》、《孔子正言》等讲疏二百馀卷,吉、凶、军、宾、嘉五礼一千馀卷,赞序诏诰等文一百二十卷,佛经义记数百卷,《金策》三十卷。简文帝撰《昭明太子传》五卷,《诸王传》三十卷,《礼大义》二十卷,《老子义》二十卷,《庄子义》二十卷,《长春义记》一百卷,《法宝连璧》三百卷。元帝著《孝、德、忠臣传》各三十卷,《丹阳尹传》十卷,注《汉书》一百十五卷,《周易讲》十卷,《内典博要》百卷,《连山》三十卷,《词林》三十卷,《玉韬》、《金楼子》、《补阙子》各十卷,《老子疏》四卷,《怀旧传》二卷,《古今同姓名录》一卷,《式赞》三卷,《文集》五十卷。此帝王著述之最富者也。晋葛稚川著书六百馀卷。宋乐史著《贡举事》二十卷,《登科记》三十卷,《题解》二十卷,《唐登科文选》五十卷,《孝弟录》二十卷,《广孝传》五十卷,《总仙记》一百四十卷,《太平寰宇记》二百卷,《总记传坐知天下记》四十卷,《商颂杂录》二十

---

① 《庄子·天下》:"惠施多方,其书五车,其道舛驳,其言也不中。"

卷,《广卓异记》二十卷,《诸仙传》二十五卷,《宋齐邱文传》十三卷,《杏园集》十卷,《李白别集》十卷,《神仙宫殿窟宅记》十卷,《掌上华夷图》一卷,又编己作为《仙洞集》百卷。周必大著书八十一种,又有《平园集》二百卷。李心传有《高宗系年录》二百卷,《学易篇》五卷,《诵诗训》五卷,《春秋考》十三卷,《礼》二十三卷,《读史考》十二卷,《旧闻证误》十五卷,《朝野杂记》四十卷,《道命录》五卷,《西陲泰定录》九十卷,《辨南迁录》一卷,诗文一百卷。李焘作《长编》九百七十八卷,《总目》五卷,《易学》五卷,《春秋学》十卷,《五经传授》、《尚书百篇图》、《大传杂说》各一卷,《七十二子名籍》各一卷,文集五十卷,奏议三十卷,《四朝史稿》五十卷,《通论》十卷,《南北通守录》三十卷,《七十二候图》、《陶潜新传》并《诗谱》各三卷,《历代宰相年表》、《唐宰相谱》、《江左方镇年表》、《晋司马氏本支》、《宋、齐、梁本支》、《王谢世表》、《五代将相年表》合为四十一卷。王应麟有《深宁集》一百卷,《玉堂类稿》二十三卷,《掖垣类稿》二十二卷,《诗考》五卷,《地理考》五卷,《汉艺文志考证》十卷,《通鉴地理考》一百卷,《通鉴地理通释》十六卷,《通鉴答问》四卷,《困学纪闻》二十卷,《蒙训》七十卷,集解《践阼篇》、补注《急就篇》六卷,补注《王会篇》、《小学绀珠》十卷,《玉海》二百卷,《词学指南》四卷,《词学题苑》四十卷,《笔海》四十卷,《姓氏急就篇》六卷,《汉制考》四卷,《六经天文》六卷,《小学讽咏》四卷。此文人著述之最富者也。

著书之难

子书自孟、荀之外，如老、庄、管、商、申、韩，皆自成一家言。至《吕氏春秋》、《淮南子》，则不能自成，故取诸子之言汇而为书，此子书之一变也。今人书集，一一尽出其手，必不能多，大抵如《吕览》、《淮南》之类耳。其必古人之所未及就、后世之所不可无而后为之，庶乎其传也与？

宋人书如司马温公《资治通鉴》、马贵与《文献通考》，皆以一生精力成之，遂为后世不可无之书。而其中小有舛漏，尚亦不免。若后人之书，愈多而愈舛漏，愈速而愈不传，所以然者，其视成书太易，而急于求名故也。〔一〕

〔一〕【方东树曰】按如温公书，孙之翰作《唐史要论》，其用力精勤，笃志如彼，可以砭著书欲速之膏肓也。

伊川先生晚年作《易传》成，门人请授，先生曰："更俟学有所进。"见《周易会通·程子说易纲领》。子不云乎："忘身之老也，不知年数之不足也，俛焉日有孳孳，毙而后已。"见《礼记·表记》。

直言

张子有云："民吾同胞。"见张载《西铭》。今日之民，吾与达而在上位者之所共也。救民以事，此达而在上位者之责也；救民以言，此亦穷而在下位者之责也。

“天下有道，则庶人不议。”见《论语·季氏》。然则政教、风俗苟非尽善，即许庶人之议矣。故《盘庚》之诰曰：“无或敢伏小人之攸箴。”见《书·盘庚上》。而国有大疑，卜诸庶民之从逆。① 子产不毁乡校，②汉文止辇受言，③皆以此也。唐之中世，此意犹存。鲁山令元德秀遣乐工数[十]人连袂歌《于苏[于]》，玄宗为之感动。④ 白居易为盩厔尉，作《乐府》及诗百馀篇，规讽时事，流闻禁中，宪宗召入翰林。见《旧唐书·白居易传》。亦近于陈列国之风，⑤听舆人之诵⑥者矣。

【校正】吴云：《新唐书》作“于苏于”。〇汪云：《通鉴考异》云：《明皇杂录》作“于苏”。〇晏案：《新书·元德秀传》：“《于苏于》者，德秀所为歌也。”

《诗》之为教，虽主于“温柔敦厚”，⑦然亦有直斥其人而不讳者。如曰“赫赫师尹，不平谓何”，见《小雅·节南山》。如曰“赫赫宗周，褒姒灭之”，见《小雅·正月》。如曰“皇父卿士，番维司徒，家伯维宰，仲允膳夫。棸子内史，蹶维趣马，

---

① 《书·洪范》：“汝则有大疑，谋及乃心，谋及卿士，谋及庶人，谋及卜筮。”

② 事见《左传》襄公三十一年。

③ 《史记·袁盎列传》：“陛下从代来，每朝，郎官上书疏，未尝不止辇受其言，言不可用置之，言可受采之，未尝不称善。”

④ “十”、“于”二字据《新唐书·元德秀传》补。

⑤ 《礼记·王制》：“命太师陈诗，以观民风。”

⑥ 《左传》僖公二十八年，晋楚战城濮。楚师背酅而舍，晋侯患之，听舆人之诵，曰：“原田每每，舍其旧而新是谋。”公疑焉。子犯曰：“战也。战而捷，必得诸侯。若其不捷，表里山河，必无害也。”

⑦ 《礼记·经解》：“孔子曰：‘入其国，其教可知也。其为人也温柔敦厚，《诗》教也。’”

楀维师氏，艳妻煽方处”，见《小雅·十月之交》。如曰“伊谁云从，维暴之云”，见《小雅·何人斯》。则皆直斥其官族名字，古人不以为嫌也。《楚辞·离骚》“余以兰为可恃兮，羌无实而容长”，王逸《章句》谓“怀王少弟司马子兰”；“椒专佞以慢慆兮”，《章句》谓“楚大夫子椒”，洪兴祖《补注》：“《古今人表》有令尹子椒。”如杜甫《丽人行》“赐名大国虢与秦，慎莫近前丞相嗔”，近于《十月之交》诗人之义矣。①

【校正】吴云：“兰椒”自指香草。朱子并不信子兰为怀王稚子，则过矣。

孔稚珪《北山移文》明斥周颙，②刘孝标《广绝交论》阴讥到溉。③袁楚客规魏元忠有《十失》之书，④韩退之讽阳城作《争臣》之论。⑤此皆古人风俗之厚。

立言不为一时

天下之事，有言在一时，而其效见于数十百年之后者。

---

① 《诗序》：“《十月之交》，大夫刺幽王也。”郑笺以为刺厉王。

② 文见《文选》卷四三。《文选》五臣注：锺山在都城北，其先周颙隐于此山，后应诏出为海盐县令。欲过此山，孔稚珪乃假山灵之意移之，言其“终始参差，苍黄翻覆”，“乍回迹以心染，或先贞而后黩”，令其不得至此山。

③ 文见《文选》卷五五。刘孝标见任昉诸子流离不能自振，生平旧交不肯收恤，著《广绝交论》，暗刺任昉之友到溉为“利交”、“势交”。到溉见之，恨之终生。

④ 事见《新唐书·魏元忠传》。

⑤ 阳城在道州为循吏，有声，及拜谏议大夫，居位五年，未闻诤谏之言。韩愈遂作《争臣论》讽之。阳城览之，亦不屑意。及裴延龄诬逐陆贽等，城乃上疏，极论延龄罪，慷慨陈辞。及帝欲相延龄，城显语曰：“延龄为相，吾当取白麻坏之。”

《魏志》：司马朗有复井田之议，谓“往者以民各有累世之业，难中夺之。今承大乱之后，民人分散，土业无主，皆为公田，宜及此时复之”。见《三国志·魏志·司马朗传》。当世未之行也。及拓跋氏之有中原，令户绝者墟宅桑榆尽为公田，以给授而口分，见《魏书·食货志》。世业之制，自此而起，迄于隋、唐守之。《魏书》《食货志》：武定之初，私铸滥恶。齐文襄王议：“称钱一文重五铢者，听入市用。天下州镇郡县之市各置二称，悬于市门，若重不五铢，或虽重五铢而杂铅镴，并不听用。”当世未之行也。及隋文帝之有天下，更铸新钱，文曰“五铢”，重如其文，置样于关，不如样者没官销毁之。见《隋书·食货志》。而开通元宝之式自此而准，至宋时犹仿之。

《唐书》《李叔明传》：“李叔明为剑南节度使，上疏言道佛之弊：‘请本道定寺为三等，观为二等，上寺留僧二十一，上观道士十四，每等降杀以七，皆择有行者，馀还为民。’德宗善之，以为可行之天下。诏下尚书省议，已而罢之。”至武宗会昌五年，并省天下寺观，敕上都、东都两街各留二寺，每寺留僧三十人。天下节度、观察使治所及同、华、商、汝州各留一寺，分为三等，上等留僧二十人，中等留十人，下等五人，凡毁寺四千六百馀区，归俗僧尼二十六万五百人，大秦穆护、祆僧二千馀人。见《资治通鉴》卷二四八。而本朝[①]洪武中，亦稍行其法。《元史》《虞集传》：“京师恃东南运粮，竭民力以航不测。泰定中，虞集建言：‘京东数千里，北极辽

① “本朝”，原本作“有明”，据《校记》改。

海,南滨青、齐,萑苇之场,海潮日至,淤为沃壤。用浙人之法,筑堤捍水为田,听富民欲得官者,合其众而授以地。能以万夫耕者,授以万夫之田,为万夫长;千夫、百夫亦如之。三年视其成,以地之高下定为征额。五年有积畜,命以官,就所储给以禄。十年佩之符印,得以传子孙,如军官之法。如此,可以宽东南之运以纾民力,而游手之徒皆有所归。'事不果行。"及顺帝至正中,海运不至,从丞相脱脱言,乃立分司、农司于江南,召募能种水田及修筑围堰之人各一千名为农师,岁乃大稔,见《元史·顺帝纪》。至今水田遗利犹有存者,而戚将军继光复修之蓟镇。是皆立议之人所不及见,而穷则变,变则通,通则久,天下之理固不出乎此也。孔子言"行夏之时",见《论语·卫灵公》。固不以望之鲁之定、哀,周之景、敬也,而独以告颜渊。及汉武帝太初之元,几三百年矣,而遂行之。[①] 孔子之告颜渊,告汉武也。孟子之欲用齐也,曰:"以齐王,犹反手也。"见《孟子·公孙丑上》。若滕,则不可用也,而告文公之言,亦未尝贬于齐、梁,曰:"有王者起,必来取法。是为王者师也。"见《孟子·滕文公上》。呜呼,天下之事,有其识者,不必遭其时,而当其时者,或无其识。然则开物之功,立言之用,其可少哉!

朱子作《诗传》,至于秦《黄鸟》之篇,谓"其初特出于戎(翟)[狄][②]之俗,而无明王贤伯以讨其罪,于是习以为常,则虽以穆公之贤而不免,论其事者亦徒闵三良之不幸,

---

① 《汉书·武帝纪》注:应劭曰:"初用夏正,以正月为岁首,故改年为太初也。"

② 据朱熹《诗集传》原文改。

而叹秦之衰。至于王政不纲，诸侯擅命，杀人不忌，至于如此，则莫知其为非也”。历代相沿，至我朝[1]英庙始革千古之弊。伏读正统四年六月乙酉书与祥符王有爝曰：“周王薨逝，深切痛悼。其存日尝奏：‘葬择近地，从俭约，以省民力。自妃夫人以下，不必从死。年少有父母者，各遣归其家。’”见《明英宗实录》卷五六。【原注】周宪王讳有燉。所著有《诚斋集》。宪王虽有此命，及薨，妃巩氏竟自经以殉。谥贞烈，以一品礼葬之。盖上御极之初，即有感于宪王之奏，而亦朱子《诗传》有以发其天聪也。呜呼仁哉！

【校正】吴云：顾氏尝云：“仆之著书，盖欲待一治于后王，启多闻于来学。”

先生《与人书》曰：引古筹今，亦吾儒经世之用。然此等故事，不欲令在位之人知之。今日之事，兴一利便是添一害，如欲行沁水之转般，则河南必扰；开胶、莱之运道，则山东必乱矣。

又曰：目击世趋，方知治乱之关，必在人心风俗。而所以转移人心，整顿风俗，则教化纲纪为不可阙哉。

文人之多

唐、宋以下，何文人之多也！固有不识经术，不通古

---

① “我朝”，原本作“先朝”，据《校记》改。

今,而自命为文人者矣。韩文公《符读书城南》诗曰:“文章岂不贵,经训乃菑畲。潢潦无根源,朝满夕已除。人不通古今,马牛而襟裾。行身陷不义,况望多名誉。”而宋刘挚之训子孙,每曰:“士当以器识为先,一号为文人,无足观矣。”见《宋史·刘挚传》。然则以文人名于世,焉足重哉。此扬子云所谓“摭我华而不食我实”见《法言·问明》。者也。

黄鲁直言:“数十年来,先生君子但用文章提奖后生,故华而不实。”见《山谷集·别集》卷一七《与洪氏四甥书》。本朝嘉靖以来亦有此风,而陆文裕【原注】深。所记刘文靖【原注】健。告吉士之言,空同【原注】李梦阳。大以为不平矣。① 【原注】见《停骖录》。

《宋史》《欧阳修传》言:“欧阳永叔与学者言,未尝及文章,惟谈吏事。谓文章止于润身,政事可以及物。”〔一〕

〔一〕【杨氏曰】永叔长文章,故不言文章而言政事。君谟长政事,故不言政事而言文章。一以掩其所长,一以厉其所短。古人之意,非浅薄后生所识也。

先生《与友人书》曰:《宋史》言刘忠肃每戒子弟曰:“士当以器识为先,一命为文人,无足观矣。”仆自读此一言,便绝应酬文字,所以养其器识而不堕于文人也。中

① 《俨山外集》卷一四《停骖录》载此事,略云:刘健,相孝庙首尾二十年,相业甚可观,素以理学自负。予乙丑登第为庶吉士,与众同谒公于安福里第。公告诸吉士曰:“人学问有三事,第一是寻绎义理以消融胸次,第二是考求典故以经纶天下,第三却是文章好。笑后生辈才得科第,却去学做诗。做诗何用?好是李杜,李杜也只是两个醉汉。撇下许多好人不学,却去学醉汉。”后李梦阳著《论学》,中有一条云:“刘阁老言李杜事微失旨。”即此所言“大以为不平”。

乎为其先妣求传再三，终已辞之，盖止为一人一家之事，而无关于经术政理之大，则不作也。韩文公起八代之衰，若但作《原道》、《原毁》、《争臣论》、《平淮西碑》、《张中丞传后序》诸篇，而一切铭状概为谢绝，则诚近代之泰山北斗矣。

巧言

《诗》《小雅·巧言》云："巧言如簧，颜之厚矣。"而孔子亦曰："巧言令色，鲜矣仁。"见《论语·学而》。又曰："巧言乱德。"见《论语·卫灵公》。夫巧言不但言语，凡今人所作诗赋、碑状足以悦人之文，皆巧言之类也。不能不足以为通人，夫惟能之而不为，乃天下之大勇也，故夫子以"刚、毅、木、讷"为"近仁"。见《论语·子路》。学者所用力之途，在此不在彼矣。

天下不仁之人有二：一为"好犯上"、"好作乱"之人，一为"巧言令色"之人。皆见《论语·学而》。自幼而不孙弟，以至于弑父与君，皆好犯上、好作乱之推也。自胁肩谄笑，"未同而言"，[①]以至于"苟患失之，无所不至"，[②]皆巧言令色之推也。然而二者之人常相因以立于世。有王莽之篡弑，则必有扬雄之《美新》；[③]有曹操之禅代，则必有潘勖之

① 《孟子·滕文公上》："子路曰：'未同而言，观其色赧赧然，非由之所知也。'"

② 《论语·阳货》："子曰：'鄙夫可与事君也与哉？其未得之也，患得之；既得之，患失之；苟患失之，无所不至矣。'"

③ 《后汉书·班固传》："固……以为相如《封禅》，靡而不典，扬雄《美新》，典而不实。"

《九锡》。【原注】《世说》言:潘元茂作《魏公册命》,人谓与训、诰同风。[①] 是故乱之所由生也,犯上者为之魁,巧言者为之辅。故大禹谓之"巧言令色孔壬",而与欢兜、有苗同为一类。[②] 甚哉,其可畏也!【原注】穆王作《冏命》,曰:"无以巧言令色,便辟侧媚。"然则学者宜如之何?必先之以孝弟,以消其悖逆陵暴之心;继之以忠信,以去其便辟侧媚之习。使一言一动皆出于其本心,而不使不仁者加乎其身,夫然后可以修身而治国矣。【原注】记者于《论语》之首而列有子、曾子之言,所以补夫子平日所未及,其间次序亦不为无意。

世言魏忠贤初不知书,而口含天宪,则有一二文人代为之。《后汉书》《吴佑传》言:"梁冀裁能书计,其诬奏太尉李固时,扶风马融为冀章草。"《旧唐书》《李林甫传》言:"李林甫自无学术,仅能秉笔,而郭慎微、苑咸,文士之阘茸者,代为题尺。"又言:"高骈上书,肆为丑悖,胁邀天子,而吴人顾云以文辞缘泽其奸。"见《新唐书·叛臣·高骈传》。《宋史》《林希传》言:"章惇用事,尝曰:'元祐初,司马光作相,用苏轼掌制,所以能鼓动四方。'乃使林希典书命,逞毒于元祐诸臣。"呜呼,何代无文人,有国者不可不深惟华实之辨也。〔一〕

〔一〕【杨氏曰】希草贬子瞻制毕,掷笔而起曰:"今日坏却名节矣。"

---

① 按《世说》不载此事。《殷芸小说》言:"魏国初建,潘勖为策命文,自汉武以来未有此制。勖乃依仿商周,宪章唐虞,辞义温雅,典诰同风。于时朝士皆莫能措一字。"及明何良俊撰《语林》,方作"潘元茂作《魏公册命》,辞义温雅,人谓与典诰同风"。

② 《书·皋陶谟》,大禹曰:"能哲而惠,何忧乎欢兜?何迁乎有苗?何畏乎巧言令色孔壬?"

文辞欺人

古来以文辞欺人者，莫若谢灵运，次则王维。灵运身为元勋之后，袭封国公。宋氏革命，不能与徐广、陶潜为林泉之侣。〔一〕既为宋臣，又与庐陵王义真款密。至元嘉之际，累迁侍中。自以名流，应参时政，文帝惟以文义接之，以致觖望；又上书劝伐河北，至屡婴罪劾，兴兵拒捕，乃作诗曰："韩亡子房奋，秦帝鲁连耻。本自江海人，忠义动君子。"及其临刑，又作诗曰："龚胜无馀生，李业有终尽。"若谓欲效忠于晋者，何先后之矛盾乎？见《宋书·谢灵运传》。史臣书之以"逆"，不为苛矣。[①] 王维为给事中，安禄山陷两都，拘于普施寺，迫以伪署。禄山宴其徒于凝碧池，维作诗曰："万户伤心生野烟，百官何日再朝天？秋槐叶落空宫里，凝碧池头奏管弦。"[②]贼平，下狱。或以诗闻于行在，其弟刑部侍郎缙请削官以赎兄罪，肃宗乃特宥之，责授太子中允。见《旧唐书·文苑·王维传》。襄王僭号，〔二〕逼李拯为翰林学士。拯既污伪署，心不自安。时朱玫秉政，百揆无叙。拯尝朝退，驻马国门，为诗曰："紫宸朝罢缀鹓鸾，丹凤楼前(立)[驻][③]马看。惟有终南山色在，晴明依旧满长安。"吟

① 《南史》本传言"灵运兴兵叛逸，遂有逆志"。

② 王维集中诗题作《菩提寺禁，裴迪来相看，说逆贼等凝碧池上作音乐，供奉人等举声，便一时泪下，私成口号，诵示裴迪》。诗中"百官"作"百僚"。

③ 据《旧唐书·文苑·李拯传》校改。

已涕下。及王行瑜[已][1]杀朱玫，襄王出奔，拯为乱兵所杀。二人之诗同也，一死一不死。而文墨交游之士多护王维，如杜甫谓之"高人王右丞"，见《解闷十二首》。天下有高人而仕贼者乎？今有颠沛之馀，投身异姓，至摈斥不容而后发为忠愤之论，与夫名污伪籍而自托乃心，比于康乐、右丞之辈，吾见其愈下矣。

〔一〕【杨氏曰】广尝事桓灵宝，不可与渊明比。

〔二〕【杨氏曰】唐僖宗光启二年出奔，朱玫立襄王。

末世人情弥巧，文而不惭，固有朝赋《采薇》之篇，[2]而夕赴伪廷之举[3]者。苟以其言取之，则车载鲁连、斗量王蠋矣。[4] 曰：是不然。世有知言者出焉，则其人之真伪即以其言辨之，而卒莫能逃也。《黍离》之大夫，始而摇摇，中而如噎，既而如醉，无可奈何，而付之苍天者，真也。[5] 汨罗之宗臣，言之重，辞之复，心烦意乱，而其词不能以次者，真也。[6] 栗里之征士，[7]淡然若忘于世，而感愤之怀有时不能自止而微见其情者，真也。其汲汲于自表暴而为言者，伪也。《易》《系辞下》曰："将叛者其辞惭，中心疑者其辞枝，失其守

① "已"字据张京华《校释》补。

② 此指伯夷、叔齐采薇之歌，见《史记·伯夷叔齐列传》。

③ "赴伪廷之举"，原本作"有捧檄之喜"，据《校记》改。

④ 《史记》有《鲁仲连传》。王蠋事见《田单列传》。

⑤ 《诗序》："《黍离》，闵宗周也。周大夫行役至于宗周，过故宗庙宫室，尽为禾黍。闵周室之颠覆，彷徨不忍去，而作是诗也。"

⑥ 《史记·屈原列传》："屈原者，名平，楚之同姓也。……屈平疾王听之不聪也，谗谄之蔽明也，邪曲之害公也，方正之不容也，故忧愁幽思而作《离骚》。"

⑦ 栗里，陶渊明隐居之地。苏东坡诗："龙山忆孟子，栗里怀渊明。"

者其辞屈。"《诗》《小雅·巧言》曰:"盗言孔甘,乱是用餤。"夫镜情伪,屏盗言,君子之道,兴王之事,莫先乎此。

修辞

典谟、爻象,①此二帝三王之言也。《论语》、《孝经》,此夫子之言也。文章在是,性与天道亦不外乎是,故曰:"有德者必有言。"见《论语·宪问》。善乎游定夫酢之言曰:"不能文章而欲闻性与天道,譬犹筑数仞之墙,而浮埃聚沫以为基,无是理矣。"见宋游酢《论语杂解》。后之君子,于下学之初即谈性道,乃以文章为小技而不必用力。然则夫子不曰"其旨远,其辞文"见《易·系辞下》。乎?不曰"言之无文,行而不远"见《左传》襄公二十五年。乎?曾子曰:"出辞气,斯远鄙倍矣。"见《论语·泰伯》。尝见今讲学先生从语录入门者,多不善于修辞,或乃反子贡之言以讥之曰:"夫子之言性与天道,可得而闻,夫子之文章,不可得而闻也。"②〔一〕

〔一〕【钱氏曰】释子之语录始于唐,儒家之语录始于宋。儒其行而释其言,非所以垂教也。君子之出辞气必远鄙倍,语录行而儒家有鄙倍之词矣。有德者必有言,语录行,则有德而不必有言矣。

【姚刑部曰】言之无文,行而不远。出辞气不能远鄙,曾子戒之。况于说圣经以教学者,遗后世而杂以鄙言乎?当唐之世,

① 此指《尚书》、《易》。

② 《论语·公冶长》:"子贡曰:'夫子之文章,可得而闻也;夫子之言性与天道,不可得而闻也。'"

僧徒不通于文，乃书其师语以俚俗，谓之"语录"。宋世儒者弟子盖过而效之，然以弟子记先师，惧失其真，犹有取尔也。明世自著书者，乃亦效其辞，此何取哉？

杨用修曰："文，道也；诗，言也。语录出而文与道判矣，诗话出而诗与言离矣。"见《丹铅馀录》卷八。

自嘉靖以后，人知语录之不文，于是王元美之劄记、[1]范介儒之《肤语》，[2]上规子云，下法文中，[3]虽所得有浅深之不同，然可谓知言者矣。

文人摹仿之病

近代文章之病，全在摹仿，即使逼肖古人，已非极诣，况遗其神理而得其皮毛者乎？且古人作文，时有利钝，梁简文《与湘东王书》云："今人有效谢康乐、裴鸿胪文者。学谢则不届其精华，但得其冗长；师裴则蔑弃其所长，惟得其所短。"书见《梁书·庾肩吾传》。**宋苏子瞻云："今人学杜甫诗，得其粗俗而已。"**见《碧溪诗话》卷七引。【原注】叶水心言："庆历、嘉祐以来，天下以杜甫为师，始绌唐人之学，谓之江西宗派。"见《水心集·徐斯远文集序》。**金元裕之**《论诗》**诗云："少陵自有连城璧，争奈微之识碔砆。"**见《遗山集·论诗三十首》。**夫文章一**

---

① 疑指王世贞之《读书后》八卷。《四库总目提要》云："是编往往与苏轼辨难，而其文反覆条畅，亦皆类轼，无复摹秦仿汉之习。"

② 《四库总目提要》云范守己《肤语》"皆袭宋人绪论，无所发明"。

③ 扬雄有《法言》十三卷，王通有《中说》五卷。

道,犹儒者之末事,乃欲如陆士衡所谓"谢朝华于已披,启夕秀于未振"见《文赋》。者,今且未见其人。进此而窥著述之林,益难之矣。

效《楚辞》者,必不如《楚辞》;效《七发》者,必不如《七发》。盖其意中先有一人在前,既恐失之,而其笔力复不能自遂,此寿陵馀子学步邯郸[①]之说也。

洪氏《容斋随笔》卷七《七发》曰:"枚乘作《七发》,创意造端,丽辞腴旨,上薄骚些,故为可喜。其后继之者,如傅毅《七激》、张衡《七辩》、崔骃《七依》、马融《七广》、曹植《七启》、王粲《七释》、张协《七命》之类,规仿太切,了无新意。傅玄又集之以为《七林》,使人读未终篇,往往弃之几格。柳子厚《晋问》乃用其体,而超然别立[新]机杼,激越清壮,汉、晋诸文士之弊于是一洗矣。东方朔《答客难》,自是文中杰出。扬雄拟之为《解嘲》,尚有驰骋自得之妙。至于崔骃《达旨》,班固《宾戏》,张衡《应闲》,皆章摹句写,其病与《七林》同。及韩退之《进学解》出,于是一洗矣。"其言甚当,然此以辞之工拙论尔,若其意则总不能出于古人范围之外也。

如扬雄拟《易》而作《太玄》,王莽依《周书》而作《大诰》,皆心劳而日拙者矣。【原注】《世说》:王隐论扬雄《太玄》:"虽妙,非益也。古人谓之屋下架屋。"[②]

《曲礼》之训:"毋剿说,毋雷同。"此古人立言之本。

---

① 见《庄子·外篇·秋水》。

② 王隐论《太玄》,是《世说新语·文学》刘孝标注中语,非《世说》本文。

文章繁简

韩文公作《樊宗师墓铭》曰："维古于辞必己出，降而不能乃剽贼。后皆指前公相袭，从汉迄今用一律。"此极中今人之病。若宗师之文，则惩时人之失而又失之者也。【原注】如《绛守居园池记》以"东西"二字平常，而改为"甲辛"，殆类吴人之呼"庚癸"者矣。① 作书须注，此自秦、汉以前可耳。若今日作书而非注不可解，则是求简而得繁，两失之矣。子曰："辞达而已矣。"见《论语·卫灵公》。【原注】胡缵宗修《安庆府志》，书正德中刘七事，大书曰："七年闰五月，贼七来寇江境。"而分注于"贼七"之下曰："姓刘氏。"举以示人，无不笑之。不知近日之学为秦汉文者，皆"贼七"之类也。

辞主乎达，不论其繁与简也。繁简之论兴而文亡矣。《史记》之繁处必胜于《汉书》之简处。【原注】《容斋随笔》卷一《文烦简有当》论《卫青传》封三校尉语。《史记》胜《汉书》处正不独此。《新唐书》之简也，不简于事而简于文，其所以病也。〔一〕

〔一〕【钱氏曰】文有繁有简，繁者不可简之使少，犹之简者不可增之使多。《左氏》之繁，胜于《公》、《穀》之简，《史记》、《汉书》互有繁简，谓文未有繁而能工者，亦非通论也。

"时子因陈子而以告孟子，陈子以时子之言告孟子"，

① 事见《左传》哀公十三年。军中无粮，故作隐语，庚，西方，主谷。癸，北方，主水。故以庚癸代指粮水。樊宗师《园池记》文见陶九成《南村辍耕录》卷一二。

见《孟子·公孙丑下》。此不须重见而意已明。“齐人有一妻一妾而处室者，其良人出，则必餍酒肉而后反。其妻问所与饮食者，则尽富贵也。其妻告其妾曰：‘良人出，则必餍酒肉而后反。问其与饮食者，尽富贵也，而未尝有显者来。吾将瞯良人之所之也。’”见《孟子·离娄下》。“有馈生鱼于郑子产，子产使校人畜之池。校人烹之，反命曰：‘始舍之，圉圉焉，少则洋洋焉，悠然而逝。’子产曰：‘得其所哉！得其所哉！’校人出，曰：‘孰谓子产智？予既烹而食之，曰：“得其所哉！得其所哉！”’”见《孟子·万章上》。此必须重叠而情事乃尽，此孟子文章之妙。使入《新唐书》，于齐人则必曰“其妻疑而瞯之”，于子产则必曰“校人出而笑之”，两言而已矣。是故辞主乎达，不主乎简。

刘器之安世曰：“《新唐书》叙事好简略其辞，故其事多郁而不明，此作史之病也。且文章岂有繁简邪？昔人之论，谓‘如风行水上，自然成文’。若不出于自然，而有意于繁简，则失之矣。当日《进新唐书表》云：‘其事则增于前，其文则省于旧。’《新唐书》所以不及古人者，其病正在此两句也。”见《元城先生语录》。〔一〕

〔一〕【杨氏曰】大凡意见最害事，子京立意尚简，遂有不当简而简者，要之《新唐书》体例自佳。

《黄氏日钞》卷五一《苏子古史》言：“苏子由《古史》改《史记》多有不当。如《樗里子传》，《史记》曰‘母，韩女也。樗里子滑稽多智’，《古史》曰‘母，韩女也，滑稽多智’，似以母为滑稽矣。然则'樗里子'三字其可省乎?《甘茂传》,《史记》曰'甘茂者,下蔡人也。事下蔡史举,学百家之说',《古史》曰'下蔡史举学百家之说',似史举自学百家矣,然则'事'之一字其可省乎?"以是知文不可以省字为工。字而可省,太史公省之久矣。

文人求古之病

《后周书·柳虬传》:"时人论文体有今古之异,虬以为'时有今古,非文有今古'。"此至当之论。夫今之不能为二《汉》,犹二《汉》之不能为《尚书》、《左氏》。乃剿取《史》、《汉》中文法以为古,甚者猎其一二字句用之于文,殊为不称。【原注】元阿鲁图《进宋史表》曰:"且辞之繁简以事,而文之今古以时。"盖用柳虬之语。①〔一〕

〔一〕【杨氏曰】《宋史》又太繁,一帝之纪乃至九卷,岂复成义例乎?

以今日之地为不古而借古地名,以今日之官为不古而借古官名,舍今日恒用之字而借古字之通用者,皆文人所以自盖其俚浅也。

《唐书》《郑馀庆传》:"郑馀庆奏议类用古语,如'仰给县官'、'马万蹄',有司不晓何等语。人訾其不适时。"

① 《进宋史表》为欧阳玄代笔,见《圭斋集》。柳虬《周书》有传,载其论史笔一疏,似无此语。

宋陆务观《跋前汉通用古字韵[编]》①曰:"古人读书多,故作文时偶用一二古字,初不以为工,亦自不知孰为古、孰为今也。近时乃或钞掇《史》、《汉》中字入文辞中,自谓工妙,不知有笑之者。偶见此书,为之太息,书以为后生戒。"

元陶宗仪《辍耕录》卷五《碑志书法》曰:"凡书官衔,俱当从实。如廉访使、总管之类,若改之曰监司、太守,是乱其官制,久远莫可考矣。"

何孟春《馀冬序录》曰:"今人称人姓必易以世望,称官必用前代职名,称府州县必用前代郡邑名,欲以为异,不知文字间著此,何益于工拙?此不惟于理无取,且于事复有碍矣。李姓者称'陇西公',杜曰'京兆',王曰'琅邪',郑曰'荥阳',以一姓之望而概众人,可乎?此其失,自唐末、五季间孙光宪辈始。《北梦琐言》称冯涓为'长乐公',《冷斋夜话》称陶谷为'五柳公',类以昔人之号而概同姓,尤是可鄙。官职、郡邑之建置,代有沿革,今必用前代名号而称之,后将何所考焉?此所谓于理无取而事复有碍者也。"〔一〕

〔一〕【沈氏曰】《神宗实录》:万历四十三年十一月,南京都察院右都御史蔡应科《乞正疏体疏》第二条云:"二,戒沿袭。如称辅臣不曰王家屏、沈鲤,而曰山阴、归德,不曰高拱、张居正,而曰新郑、江陵。又或称官及地方,不曰吏部尚书、礼部侍郎,而曰大冢宰、少宗伯;不曰户部郎中、工部员外,而曰度支郎、将作

① "编"字据《渭南文集》卷二八补。

官属；不曰北直、南直、浙江、云、贵，而曰燕、吴、豫章、越、滇、黔。诸如此类，沿袭已久，必竟当以为戒。”

于慎行《谷山笔麈》卷八曰：“《史》、《汉》文字之佳，本自有在，非谓其官名地名之古也。今人慕其文之雅，往往取其官名地名以施于今，此应为古人笑也。《史》、《汉》之文如欲复古，何不以三代官名施于当日，而但记其实邪？文之雅俗，固不在此，徒混淆失实，无以示远，大家不为也。予素不工文辞，无所模拟，至于名义之微，则不敢苟。寻常小作，或有迁就金石之文，断不敢于官名、地名以古易今。前辈名家亦多如此。”

古人集中无冗复

古人之文，不特一篇之中无冗复也，一集之中亦无冗复。且如称人之善，见于祭文，则不复见于志；见于志，则不复见于他文。后之人读其全集，可以互见也。又有互见于他人之文者，如欧阳公作《尹师鲁志》，不言近日古文自师鲁始，以为范公祭文已言之，可以互见，不必重出。盖欧阳公自信己与范公之文并可传于后世也，亦可以见古人之重爱其言也。

刘梦得作《柳子厚文集序》曰：“凡子厚名氏与仕与年，暨行己之大方，有退之之《志》若《祭文》在。”又可见古人不必其文之出于己也。

书不当两序

《会试录》、《乡试录》，主考试官序其首，副主考序其后，职也。凡书亦犹是矣。且如国初时，府、州、县志书成，必推其乡先生之齿尊而有文者序之，不则官于其府、州、县者也。请者必当其人，其人亦必自审其无可让而后为之。官于是者，其文优，其于是书也有功，则不让于乡矣。乡之先生，其文优，其于是书也有功，则官不敢作矣。义取于独断，则有自为之而不让于乡与官矣。凡此者，所谓职也。故其序止一篇，或别有发明，则为后序。亦有但纪岁月而无序者。今则有两序矣，有累三四序而不止者矣。两序，非体也；不当其人，非职也。世之君子，不学而好多言也。

凡书有所发明，序可也。无所发明，但纪成书之岁月可也。人之患在好为人序。

唐杜牧《答庄充书》曰："自古序其文者，皆后世宗师其人而为之。今吾与足下并生今世，欲序足下未已之文，固不可也。"见《樊川文集》卷十。读此言，今之好为人序者可以止矣。

娄坚《重刻元氏长庆集序》曰："序者，叙所以作之指也。盖始于子夏之序《诗》。其后刘向以校书为职，每一编成，即有序，最为雅驯矣。左思赋《三都》成，自以名不甚著，求序于皇甫谧。自是缀文之士，多有托于人以传者，皆汲汲于名，而惟恐人之不吾知也。至于其传既久，刻本之存者或漫漶不可读，有缮写而重刻之，则（人）［又］复序之，①是宜叙所以刻之意可也。而今之述者，非追论昔贤，妄为优劣之辨，即过称好事，多设游扬之辞，皆我所不取也。”见《学古绪言》卷一。读此言，今之好为古人文集序者可以止矣。

古人不为人立传

列传之名始于太史公，盖史体也。不当作史之职，无为人立传者，故有碑、有志、有状而无传。梁任昉《文章缘起》言传始于东方朔作《非有先生传》，是以寓言而谓之传。韩文公集中传三篇：《太学生何蕃》、《圬者王承福》、《毛颖》。【原注】又有《下邳侯革华传》，是伪作。柳子厚集中传六篇：《宋清》、《郭橐驼》、《童区寄》、《梓人》、《李赤》、《蝜蝂》。《何蕃》仅采其一事而谓之传，王承福之辈皆微者而谓之传，《毛颖》、《李赤》、《蝜蝂》则戏耳而谓之传，盖比于稗官之属耳。若《段太尉》，则不曰传，曰“逸事状”，子厚之不敢传段太尉，以不当史任也。自宋以后，乃有为人立传者，侵史官之职矣。〔一〕

〔一〕【杨氏曰】《段太尉逸事状》，此欲上之史馆，则用行状之例，岂可云传乎？

【姚刑部曰】传状类者，虽原于史氏，而义不同。刘先生云：“古之为达官名人传者，史官职之。文士作传，凡为圬者、种

① 《刊误》卷下：“‘人’，原写本作‘又’。”按《学古绪言》本作“又”，据改。

树之流而已。其人既稍显，即不当为之传，为之行状上史氏而已。”余谓先生之言是也。虽然，古之国史立传不甚拘品位，所纪事犹详。又实录书人臣卒，必撮序平生贤否。国朝实录不纪臣下事，史馆凡仕非赐谥及死事者不得为传。乾隆四十年，定一品官乃赐谥，然则史之传者亦无几矣。余录古传状之文，并纪兹义，使后之文士得择之。

【续补正】王于一云：不当为人作传。向亦与人言之，退而思之，殊不尽然。古人𬨎轩所采，每据家乘以为国史，故太史公以司马家传纂入《史记》，范氏以邓禹传稿列于《汉书》，他如《庞娥传》为皇甫之私笔，《高士传》属中散之野编。推而至一家言，若华峤《汉典》，张勃《吴录》，魏淡《魏书》，车频《秦书》，王隐、何法盛十八家《晋史》，中间皆有“列传”，岂皆身列石渠、金马之班，方可与银管麟角之席乎？且作者审时，孔子以尼山布衣，痛世道之亡而作《春秋》，知与罪总不遑计。学者无孔子之圣，自不敢妄拟褒贬，然史有时不在朝而在野，兰台不能守经，草莽自当达变。不然天下之忠魂贞魄，幽蔽泉壤而姓名不著于后世，于后死奚赖焉？若曰“志名行状，亦足传矣”，志名行状，一家之私言也，其为人子孙者，求显其祖父，吾始得援其实而志之，苟其子孙之无求于吾，止当作传，不当作志状，若无子孙，无墓，又无生平履历之可纪，其大节不过数事，此可以为志状乎？故愚以为无妨作传者，此也。

《太平御览》书目列古人别传数十种，谓之“别传”，所以别于史家。

志状不可妄作

志状在文章家为史之流，上之史官，传之后人，为史之

本。史以记事,亦以载言,故不读其人一生所著之文,不可以作。其人生而在公卿大臣之位者,不悉一朝之大事,不可以作。其人生而在曹署之位者,不悉一司之掌故,不可以作。其人生而在监司守令之位者,不悉一方之地形土俗,因革利病,不可以作。今之人未通乎此,而妄为人作志。史家又不考而承用之,是以抵牾不合。子曰"盖有不知而作之者",见《论语·述而》。其谓是与?

名臣硕德之子孙,不必皆读父书;读父书者,不必能通有司掌故。若夫为人作志者,必一时文苑名士,乃不能详究,而曰"子孙之状云尔,吾则因之"。夫大臣家可有不识字之子孙,而文章家不可有不通今之宗匠,乃欲使籍谈、伯鲁之流[①]为文人任其过,嗟乎,若是则尽天下而文人矣!

作文润笔

蔡伯喈集中为时贵碑诔之作甚多,如胡广、陈寔各三碑,桥玄、杨赐、胡硕各二碑。至于袁满来年十五、胡根年七岁,皆为之作碑,自非利其润笔,不至为此,史传以其名重,隐而不言耳。文人受赇,岂独韩退之"谀墓金"哉!【原注】李商隐《记齐鲁二生》曰:"刘乂持韩退之金数斤去,曰:'此谀墓中人所得尔,不若与刘君为寿。'愈不能止。"今此事载《唐书》《韩愈传》附刘乂。

① 籍谈事见《左传》昭公十五年,所谓"数典而忘其祖"者。伯鲁即原伯鲁,周大夫,与客言不说学,且言"不学无害"。见《左传》昭公十八年。

王楙《野客丛书》卷一七《作文受谢》曰："作文受谢，非起于晋、宋。观陈皇后失宠于汉武帝，别在长门宫，闻司马相如天下工为文，奉黄金百斤，为文君取酒，相如因为文以悟主上，皇后复得幸。此风西汉已然。"【原注】按陈皇后无复幸之事，此文①盖后人拟作，然亦汉人之笔也。

杜甫作《八哀诗》，"李邕"一篇曰"干谒满其门，碑版照四裔。丰屋珊瑚钩，麒麟织成罽。紫骝随剑几，义取无虚岁"，【原注】邕本传："长于碑颂，人奉金帛请其文，前后所受巨万计。"刘禹锡《祭韩愈文》曰"公鼎侯碑，志隧表阡，一字之价，辇金如山"，可谓发露真赃者矣。【原注】《侯鲭录》卷六："唐王仲舒为郎中，与马逢友善。每责逢云：'贫不可堪，何不寻碑志相救？'逢笑曰：'适见人家走马呼医，立可待也。'"此虽戏言，当时风俗可见矣。昔扬子云犹不肯受贾人之钱，载之《法言》，而杜乃谓之"义取"，则又不若唐寅之直以为利也。《戒庵漫笔》卷一《文士润笔》言："唐子畏有一巨册，自录所作文，簿面题曰'利市'。"【原注】今市肆帐簿多题此二字。

【校正】汪云：《昌黎文集·奏韩宏人事物状》云："奉敕撰《平淮西碑文》，伏缘圣恩，以碑本赐韩宏等，今宏寄绢五百匹与臣充人事，未敢受领。"是公亦有所不受也。○晏案：韩集《进王用碑文状》："其王用男所与臣马一匹并鞍衔，白玉腰带一条。臣并未敢受领。"《潮州谢孔大夫状》："愈贬授刺史，以州小俸薄，每月别给钱五十千，过此以往，实无所用。积之于室，非廉者所为，受之于官，名且不正。恃蒙眷待，辄此披陈。"昌黎廉于取财如此。顾氏乃摘祭

① 此文，指《长门赋》。

文夸张声价之辞以为“发露真赃”，过矣。

《新唐书·韦贯之传》言：“裴均子持万缣，请撰先铭。答曰：‘吾宁饿死，岂能为是?’”今之卖文为活者可以愧矣。

《司空图传》言：“隐居中条山，王重荣父子雅重之，数馈遗，弗受。尝为作碑，赠绢数千，图置虞乡市，人得取之，一日尽。”既不有其赠而受之，何居？不得已也，是又其次也。〔一〕

〔一〕【赵氏曰】隋郑译拜爵沛国公，位上柱国。高颎为制，戏曰：“笔干。”答曰：“出典方岳，杖策言归，不得一文，何以润笔?”此“润笔”二字所由昉。宋时并著为令甲。沈括《笔谈》记：“太宗立润笔钱数，降诏刻石于金人院。每朝谢日，移文督之。”“杨大年作《寇莱公拜相麻词》，有‘能断大事，不拘小节’。莱公以为‘正得我胸中事’，例外赠百金。”曰“例外”，则有常例可知。周益公《玉堂杂记》：“汤思退草《刘婉仪进位贵妃制》，高宗赐润笔钱几及万缗，赐砚尤奇。”草制尚有恩赐，则臣下例有馈赠，更不待言。唐时虽未有定制，然韩昌黎撰《平淮西碑》，宪宗以石本赐韩弘，弘寄绢五百匹。昌黎未敢私受，特奏取旨。又作《王用碑》，用男寄鞍马并白玉带，亦特奏取旨。杜牧撰《韦丹江西遗爱碑》，江西观察使许于泉寄彩绢三百匹，亦特奏闻。穆宗诏萧俛撰《成德王士真碑》，俛辞曰：“王承宗事无可书。又撰进后，例得贶遗，若黾勉受之，则非平生之志。”帝从其请。以区区文字馈遗而辞与受俱奏请，则已为朝野通行之例矣。又欧公《归田录》记馆阁撰文，例有润笔。及其后也，遂有不依时送而遣人督索者，此又乞文吝馈者之陋。

文非其人

《元史》《姚燧传》："姚燧以文就正于许衡。衡戒之曰：'弓矢为物，以待盗也。使盗得之，亦将待人。文章固发闻士子之利器，然先有能一世之名，将何以应人之见役者哉？非其人而与之，与非其人而拒之，均罪也，非周身斯世之道也。'"吾观前代马融，惩于邓氏，不敢复违忤势家，遂为梁冀草奏李固，又作《大将军西第颂》，以此颇为正直所羞。见《后汉书·马融传》。徐广为祠部郎时，会稽王世子元显录尚书，欲使百僚致敬，台内使广立议，由是内外并执下官礼，广常为愧恨。见《宋书·徐广传》。陆游晚年再出，为韩侂胄撰《南园阅古泉记》，见讥清议。朱文公尝言："其能太高，迹太近，恐为有力者所牵挽，不得全其晚节。"见《宋史·陆游传》。是皆"非其人而与之"者也。夫祸患之来，轻于耻辱，必不得已，与其与也，宁拒。至乃"俭德""含章"，[①]其用有先乎此者，则又贵知微之君子矣。

少年未达，投知求见之文亦不可轻作。《韩昌黎集》有《上京兆尹李实书》，曰："愈来京师，于今十五年。所见公卿大臣不可胜数，皆能守官奉职，无过失而已。未见有赤心事上，忧国如家如阁下者。今年以来，不雨者百有馀日，

---

① 张京华《校释》：俭德，《易·否·象传》："君子以俭德辟难，不可荣以禄。"含章，《易·坤》六三爻辞："含章，可贞。"又《姤》九五《象辞》："含章，中正也。"

种不入土，野无青草，而盗贼不敢起，谷价不敢贵，百坊、百二十司、六军、二十四县之人皆若阁下亲临其家，老奸宿赃，销缩摧沮，魂亡魄丧，影灭迹绝。非阁下条理镇服，布宣天子威德，其何能及此！”至其为《顺宗实录》，书“贬京兆尹李实为通州长史”则曰：“实谄事李齐运，骤迁至京兆尹，恃宠强愎，不顾文法。是时春夏旱，京畿乏食，实一不以介意，方务聚敛征求，以给进奉。每奏对，辄曰：‘今年虽旱，而谷甚好。’由是租税皆不免，人穷至坏屋卖瓦木，贷麦苗以应官。陵轹公卿已下，随喜怒诬奏迁黜，朝廷畏忌之。尝有诏免畿内逋租，实不行，用诏书征之如初。勇于杀害，人吏不聊生。至谴，市里欢呼，皆袖瓦砾，遮道伺之，实由间道获免。”〔一〕与前所上之书迥若天渊矣。【原注】《鹤林玉露》乙编卷二摘此为疑。岂非少年未达，投知求见之文，而不自觉其失言者邪？后之君子，可以为戒。

〔一〕【杨氏曰】《顺宗实录》非文公原本矣。此处或有已甚，所谓溢恶溢美，自古为然也。

【校正】吴云：杜子美始至长安，一投张均兄弟，再赠鲜于仲通。二君皆非端士，而穷途不免为此。昌黎何独不然？伤哉！

假设之辞

古人为赋，多假设之辞。序述往事，以为点缀，不必一一符同也。“子虚”、“亡是公”、“乌有先生”之文，已肇始于相如矣,[①]后之作者,实祖此意。谢庄《月赋》:“陈王初丧应、刘,端忧多暇。”又曰:“抽毫进牍,以命仲宣。”按王粲以建安二十一年从征吴,二十二年春道病卒。“徐、陈、应、刘,一时俱逝”,见曹丕《与吴质书》。亦是岁也。至明帝太和六年,植封陈王。岂可掎摭史传,以议此赋之不合哉?庾信《枯树赋》,既言殷仲文出为东阳太守,乃复有“桓大司马”,亦同此例。【原注】仲文为桓玄侍中,桓大司马则玄之父温也。〇此乃因殷仲文有“此树婆娑”之言,桓元子有“木犹如此”之叹,遂以二事凑合成文。而《长门赋》所云“陈皇后复得幸”者,亦本无其事。俳谐之文,不当与之庄论矣。【原注】《长门赋》乃后人托名之作。相如以元狩五年卒,安得言孝武皇帝哉?〔一〕

〔一〕【杨氏曰】《庄子》“孔子见孙叔敖”,又云“庄子见鲁哀公”,年代阔绝。古人作文,既多寓言,便不论也。

陈后复幸之云,正如马融《长笛赋》所谓“屈平适乐国,介推还受禄”也。

古文未正之隐

陆机《辨亡论》,其称晋军,上篇谓之“王师”,下篇谓之“强寇”。见《文选》卷五三。

---

① 见司马相如《子虚赋》。

文信国《指南录序》中“北”字皆“虏”[①]字也。后人不知其意,不能改之;谢皋羽《西台恸哭记》,本当云“文信公”,而谬云“颜鲁公”,〔一〕本当云“季宋”,而云“季汉”,凡此皆有待于后人之改正者也。胡身之注《通鉴》,至二百八十卷石敬瑭以山后十六州赂契丹之事,而云“自是之后,辽灭晋,金破宋”,其下阙文一行,谓蒙古灭金取宋,一统天下,而讳之不书,此有待于后人之补完者也。汉人言“《春秋》所贬损大人当世君臣、有威权势力者,其事皆见于书”,[②]【原注】《汉书·艺文志》。故定、哀之间多微辞矣,[③]况于易姓改物、制有中华[④]者乎?《孟子》《万章下》曰:“不知其人,可乎?是以论其世也。”习其读而不知,无为贵君子矣。

〔一〕【杨氏曰】本文但云“唐宰相鲁公”,不云“颜”。

郑所南《心史》《文丞相叙》书文丞相事,言:“公自序本末,(未)有称贼[⑤]曰‘大国’、曰‘丞相’,又自称‘天祥’,皆非公本语。旧本皆直斥彼虏[⑥]名。”然则今之集本,或皆传书者所改。

《金史·纥石烈牙吾塔传》“北中亦遣唐庆等往来议

① “虏”,原本作“卤”,据《校记》改。

② “其事皆见于书”,今本《汉书·艺文志》作“其事实皆形于传”。

③ 《春秋公羊传》定公元年:“定、哀多微辞。”何休解云:“定、哀二君,微辞有五,故谓之多。”

④ “中华”,原本作“华夏”,据《校记》改。

⑤ “贼”,原本作“彼”,据《校记》改。另,“未”字涉上“末”字而衍,据上海古籍出版社陈福康校点本《郑所南集》删。

⑥ “虏”,原本作“酋”,据《校记》改。而《郑思肖集》作“虏酋”二字,应是。

和”,《完颜合达传》“北中大臣以舆地图指示之”,《完颜赛不传》“按春自北中逃回”。“北中”二字不成文,盖“虏[①]中”也,修史者仍金人之辞未改。

《晋书》“刘元海”、“石季龙”,作史者自避唐讳,后之引书者多不知而袭之,惟《通鉴》并改从本名。

① “虏”,原本作“卤”,据《校记》改。

日知录集释卷二十

非三公不得称公

《公羊传》隐公五年曰："天子三公称公，王者之后称公。"天子三公称公，周公、召公、毕公、毛公、苏公是也；王者之后称公，宋公是也。杜氏《通典》卷三六曰："周制，非二王之后，列国诸侯其爵无至公者。春秋有虞公、州公，或因殷之旧爵，或尝为天子之官，子孙因其号耳，非周之典制也。"东迁而后，列国诸侯皆僭称公。〔一〕夫子作《春秋》而笔之于书，则或"公"或否：生不"公"，葬则"公"之；列国不"公"，鲁则"公"之。于是天子之事与人臣之礼并见于书，而天下之大法昭矣。〔二〕汉之西都有"七相五公"，①【原注】《西都赋》李善注："公，御史大夫、将军通称也。"按《后汉书》《皇后

① 见《后汉书·班彪传》。东汉以长安为西都，而此"七相五公"则为西汉时五陵诸豪贵，"七相"谓丞相车千秋，长陵人；黄霸、王商，杜陵人；韦贤、平当、魏相、王嘉，平陵人。"五公"谓田蚡为太尉，长陵人；张安世为大司马，朱博为司空，俱杜陵人；平晏为司徒，韦赏为大司马，俱平陵人。

纪下》：献帝谓御史大夫郗虑曰："郗公，天下宁有是邪？"是御史大夫得称公也。**而光武则置三公，**【原注】《续汉·百官志》：太尉，公一人。司徒，公一人。司空，公一人。**史家之文如邓公禹、吴公汉、伏公湛、宋公弘、第五公伦、牟公融、袁公安、李公固、陈公宠、桥公玄、刘公宠、崔公烈、胡公广、王公龚、杨公彪、荀公爽、皇甫公嵩、董公卓、曹公操，非其在三公之位，则无有书"公"者。《三国志》若汉之诸葛公亮，魏之司马公懿，吴之张公昭、顾公雍、陆公逊，《晋书》若卫公瓘、张公华、王公导、庾公亮、陶公侃、谢公安、桓公温、刘公裕之类，非其在三公之位，则无有书"公"者。史至于唐，而书"公"不必皆尊官。洎乎今日志状之文，人人得称之矣。吁，何其滥与！何其伪与！**【原注】本朝①若郑端简《名臣记》至无人不称公，非史体矣。〔三〕

〔一〕【梁氏云】《卫世家》："周平王命武公为公。"东迁以后，诸侯于其国皆称公，从未有天子命诸侯为公者。武公盖入为王卿士耳。

〔二〕【左暄曰】春秋时，诸大国皆僭称公，其称侯、伯、子、男者不过诸小国耳。夫子作《春秋》，凡会盟征伐，必据本爵书之，不以其僭公也而称之为公，所谓《春秋》天子之事也。而于葬则凡侯、伯、子、男皆书公，惟桓十七年书"癸巳葬蔡桓侯"。啖助曰："其称侯，盖蔡季之贤，请谥于王也。"凡诸侯请谥，王之策书则云"谥曰某侯"，诸国史因而记之，故西周诸侯纪传皆依本爵。春秋之时，葬既不请王命，因而私谥为公，从而书之，以

① "本朝"二字，原本无，据《校记》补。

见非礼也。又有始而称侯，继而称子者，如《春秋》隐七年书“滕侯卒”，桓二年书“滕子来朝”是也。有始而称侯，继而称伯者，如隐十一年书“薛侯来朝”，昭三十一年书“薛伯卒”是也。有始而称侯，继而称伯称子，复称伯又称子者，如桓二年书“杞侯来朝”，庄二十七年书“杞伯来朝”，僖二十三年书“杞子卒”，文十二年复书“杞伯来朝”，襄二十九年又书“杞子来盟”是也。杜征南、杨氏士勋、刘氏敞、叶氏梦得以为或时王所黜，程氏可久、朱子以为或困于大国之责赋而自贬，皆不可知，而谓夫子以意进退予夺之，则非矣。

〔三〕【钱氏曰】王介甫《临川集》有《兵部员外郎知制诰谢公行状》、《宝文阁待制常公墓表》，户部郎中赠谏议大夫曾公、太常博士曾公、工部郎中傅公、员外郎郭公、郎中周公、郎中葛公、司封郎中孙公、侍御史王公《墓志》。

《大雅》《绵》**“古公亶父”笺曰：“诸侯之臣称君曰公。”《白虎通》**卷上**曰：“臣子于其国中皆褒其君为公。”《诗》**《鲁颂·閟宫》**曰：“乃命鲁公，俾侯于东。”“公”者，鲁人之称。“侯”者，周室之爵。**

《秦誓》：“公曰：‘嗟，我士，听无哗。’”夫《秦誓》之书“公”，与《春秋》之书“秦伯”不已异乎？曰：《春秋》以道名分，五等之爵，班之天子，不容僭差。若《秦誓》，本国之书，孔子因其旧文而已。“公之媚子，从公于狩”，见《诗·秦风·驷驖》。**亦秦人之诗也。**

平王以后，诸侯通称为“公”，则有不必专于本国者矣。《硕人》之诗曰：“谭公维私。”《左传》隐公十一年**郑庄公之言**

曰："无宁兹许公复奉其社稷。"

周之盛时，亦有"群公"之称，见于《康王之诰》及《诗》之《云汉》。① 此犹五等之君，《春秋》书之，通曰"诸侯"也。

《左传》自王卿而外无书"公"者，惟楚有之，其君已僭为王，则臣亦僭为公，宣十一年所谓"诸侯县公皆庆寡人"者也。【原注】《汉书》《高帝纪》"沛公"注，孟康曰："楚旧僭称王，其县宰为公。"《淮南子》《览冥训》"鲁阳公"注："楚之县公也。楚僭号称王，其守县大夫皆称公。"传中如叶公、析公、申公、郧公、蔡公、息公、商公，期思公，并边中国，白公边吴，盖尊其名以重边邑。【原注】《吕氏春秋》《先识览·察微》楚又有卑梁公，《战国策》《楚策一》楚人有宛公、新城公。而秦有麃公，见《史记·秦始皇本纪》。【原注】《索隐》曰："盖麃邑公，史失其姓名。"楚、汉之际有滕公、戚公、柘公、薛公、郯公、萧公、陈公、魏公、留公、方与公，高祖初称沛公，太上皇父称丰公，见《汉书·高帝纪下》。皆楚之遗名。【原注】《左传》齐亦有邢公、棠公。〔一〕此"县公"之"公"也。【原注】御史监郡者亦称"监公"，见《曹相国世家》。

〔一〕【汝成案】春秋时，齐有棠公，襄二十五年传《正义》曰："楚僭号王，故县尹称公。齐不僭号，亦邑长称公者，盖其家臣仆呼之曰公。《传》即因而言之，犹伯有之臣云'吾公在壑谷'也。邢公之称，义亦犹彼。"②

有失其名而"公"之者。《史记·秦始皇纪》侯公，《项

---

① 《康王之诰》："群公既皆听命，相揖，趋出。"《云汉》："群公先正，则不我助。"

② 邢公见襄公二十三年。

羽纪》枞公、侯公,《高祖纪》单父人吕公、新城三老董公,《孝文纪》太仓令淳于公,《天官书》甘公,《封禅书》申公、齐人丁公,《曹相国世家》胶西盖公,《留侯世家》东园公、夏黄公,〔一〕《穰侯传》其客宋公,《信陵君传》毛公、薛公,《贾生传》河南守吴公,《张敖传》中大夫泄公,《黥布传》故楚令尹薛公,《季布传》母弟丁公,《晁错传》谒者仆射邓公,《郑当时传》下邽翟公,《酷吏传》河东守胜屠公,《货殖传》朱公、任公,《汉书·高帝纪》终公,《艺文志》蔡公、毛公、乐人窦公、黄公、毛公、皇公,《张耳陈馀传》范阳令徐公、甘公,《刘歆传》鲁国桓公、赵国贯公,《周昌传》赵人方与公,《武五子传》瑕丘江公,《王褒传》九江被公,《于定国传》其父于公,《翟方进传》方进父翟公,《儒林传》免中徐公、博士江公、食子公、淄川任公、皓星公,《游侠传》故人吕公、茂陵守令尹公,皆失其名而公之,若"郑君"、①"卢生"②之比。本朝《实录》于孝慈高皇后之父亦不知其名,谓之马公。见《太祖实录》卷一。是史之阙文,非正书也。【原注】《史记·高帝纪》"吕公"注,崔浩云:"史失其名,但举姓而言公。"《汉书·高帝纪》注,应劭曰:"枞公者,不知其名,故曰公。"注家发其例于此,馀并不注。

〔一〕【汝成案】《索隐》曰:"《陈留志》云:'园公,姓庾,字宣明。居园中,因以为号。夏黄公,姓崔名广,字少通,齐人。隐居夏里修道,故号曰夏黄公。'"是二人自有姓名与字,非失之也。年

① 见《史记·郑当时传》。郑君为郑当时之父。

② 见《史记·秦始皇本纪》,卢生为方士,史无其名,高诱以为即卢遨,误。

远说繁,或出附会。然《史》云“四人前对,各言名姓,曰某某”,似非失其名而公之者,岂太史公以四人皆乐遁潜声,因从其自号书之,以著高尚耶?又圈称《陈留耆旧传自序》:“圈公,为秦博士,避地南山,惠太子以为司徒,至称十一世。”洪氏《隶释》有“圈公神坐”、“圈公神祚机”,盖圈即“园”也。《会稽典录》载虞仲翔云:“鄞大里黄公洁己。暴秦之世,高祖即阼,不能一致,惠帝恭让,出则济难。”是二人又姓圈与黄。第汉哀帝元寿二年,始改丞相为大司徒,孝惠时未有是名,圈称所述,恐不足据。仲翔之言,或亦因其自号误为姓云。

“太史公”者,司马迁称其父谈,故尊而“公”之也。〔一〕

〔一〕【钱氏曰】太史公,官名。迁父子相继为之,非专为尊其父也。《史记》惟《自叙》前半及《封禅篇》中有称其父为“太史公”者,其馀皆迁自称。

【又曰】卫宏《汉官仪》言“位在丞相上”。宏,汉人,其言可信,而后人多疑之。予谓位在丞相上者,谓殿中班位在丞相之右,非职任尊于丞相也。

有尊老而“公”之者,《战国策》《齐策四》**孟尝君问“冯公有亲乎”,《史记》**《冯唐列传》**文帝谓冯唐“公奈何众辱我”是也。《汉书·沟洫志》“赵中大夫白公”,师古曰:“盖相呼尊老之称。”《项籍传》“南公”,服虔曰:“南方之老人也。”《眭弘传》“东平嬴公”,师古曰:“长老之号。”《元后传》“元城建公”,服虔曰:“年老者也。”**《三国志》**《吴志·程普传》:“普最年长,时人皆呼程公。”《方言》**卷六:**“凡尊老,**

周、晋、秦、陇谓之公。”《晋书·乐志》：“项伯语项庄曰：‘公莫。’古人相呼曰公。”

《汉书·何武传》：“号为烦碎，不称贤公。”《后汉书·李固传》：“京师咸叹曰：‘是复为李公矣！’”《宦者传》：“种暠为司徒，告宾客曰：‘今身为公，乃曹常侍力焉。’”《三国志》《魏志·王粲传》：“蔡邕闻粲在门，倒屣迎之，曰：‘此王公孙也。’”《晋书·陈骞传》：“对父矫曰：‘主上明圣，大人大臣，今若不合意，不过不作公耳。’”《魏舒传》：“夜闻人问寝者为谁？曰：‘魏公舒。’舒自知当为公矣。”《陆晔传》：“从兄机每称之曰：‘我家世不乏公矣。’”《王猛传》：“父老曰：‘王公何缘拜也？’”《北史·郑述祖传》：“少时在乡，单马出行，忽有骑者数百，见述祖，皆下马，曰：‘公在此。’”陶渊明《孟长史传》：“从父太常夔尝问光禄大夫刘耽：‘孟君若在，当已作公否？’答云：‘此本是三司人。’”是知南北朝以前人语，必三公方得称公也。〔一〕《周书·姚僧垣传》：“宣帝尝从容谓僧垣曰：‘尝闻先帝呼公为姚公，有之乎？’对曰：‘臣曲荷殊私，实如圣旨。’帝曰：‘此是尚齿之辞，非为贵爵之号。朕当为公建国开家，为子孙永业。’乃封长寿县公，邑一千户。”

〔一〕【汝成案】洪氏《隶释·汉吴仲山碑》云：“汉故民吴仲山碑文称‘吴公仲山’。”则无官者亦称公也。

孔融告高密县为郑玄特立一乡，曰“郑公乡”，以为“公者，仁德之正号，不必三事大夫”。见《后汉书·郑玄传》。

此是曲说，据其所引，皆史失其名之公，而“太史公”又父子之辞也。《战国策》《魏策一》“陈轸将之魏，其子陈应止其公之行”，《史记·留侯世家》“吾惟竖子固不足遣，乃公自行耳”，此皆谓父为公。《宋书·颜延之传》：①“何偃路中遥呼延之曰‘颜公’。延之答曰：‘身非三公之(位)[公]，又非田舍之公，又非君家阿公，何以见呼为公？’”《北齐书·徐之才传》：“郑道育尝戏之才为‘师公’，之才曰：‘既为汝师，又为汝公，在三之义，顿居其两。’”

【小笺】按：《汉书》胡建与其走卒言亦称公，知古人不以称公为重。郑公乡之名，亦于公祠、栾公社之比耳。

《汉书·田叔传》：“学黄老术于乐钜公。”师古曰：“姓乐名钜，公者，老人之称。”又《曹参传》：“攻秦监公军。”师古曰：“公者，时人尊称之耳。”

《汉书·艺文志》有《杜文公》五篇，注：“六国时。”又《黄公》四篇，注：“名疵，秦博士。”又《毛公》九篇，注：“赵人，与公孙龙等并游平原君家。”

陆云作祖父诔，曰《吴丞相陆公诔》，曰“维赤乌八年二月粤乙卯，吴故使持节郢州牧、左都护、丞相、江陵郡侯陆公薨”，曰《故散骑常侍陆府君诔》，曰“维太康五年夏四月丙申，晋故散骑常侍吴郡陆君卒”。以上俱见《陆士龙集》。王沈祭其父曰“孝子沈敢昭告烈考东郡君”。见《通典》卷一〇

---

① 按《宋书》无《颜延之传》，应是《南史》之误记。

二。**张说作其父《赠丹州刺史先府君墓志》,**[①]**每称必曰“君”。然则虽己之先人,亦不一概称公,古人之谨于分也。**〔一〕

〔一〕【沈氏曰】《格论》云:“窃以为在今日与人书札诗辞,不妨一二徇俗。若为志状,则非己之先人及官三品以上者,不当称公,其无位则曰先生可也。”此正名之义,作史者所当知也。

《史记·晁错传》:错父从颍川来,谓错曰:“上初即位,公为政用事,侵削诸侯,人口议多怨公者。”是以父而呼子为公。徐孚远曰:“御史大夫,三公也。错父呼错为公,盖以官称之。”

沙门亦有称公者,必以其名冠之。深公,法深也;林公,道林也;远公,惠远也;生公,道生也;猷公,道猷也;隆公,慧隆也;志公,宝志也;澄公,佛图澄也;安公,道安也;什公,鸠摩罗什也。当时之人嫌于直斥其名,故加一“公”字。【原注】古沙门皆称名。《世说》言“安、汰吐珠玉于前,斌、亮振金声于后”[②],皆名也。**梁、陈以下,僧乃有字,而人相与字之,字之则不复“公”之矣。**〔一〕

〔一〕【张大令曰】其实不尽然。如支道林名遁,道林其字也,而人以“林公”呼之,是未尝不以字称公,岂必梁、陈以下哉。又魏谚曰:“支郎眼中黄。”谓高僧支谦也,是僧又可呼“郎”矣。

【续补正】王于一云:非三公不得称公,然楚叶公、白公皆大夫

---

① 《文苑英华》卷九二一载,称“神道碑”,非“墓志”。

② 释道安、竺法汰,释昙斌、释慧亮。此二句不见《世说》,疑是《何氏语林》之误记。

也,而称公。此而为僭,则齐亦有棠公矣。齐未尝称王,而其臣得称公,何与?如以为楚之邑边吴,而特重其号,则吴亦边楚,何以不重其号耶?此说之不能相通者。汉高祖为亭长时,送徒骊山,中道多遁散,谓众曰:"公等皆去,吾亦从此逝矣。"吕公欲以女妻高祖,其媪曰:"公常欲奇此女与贵人。"是以夫称公也。晁错议削六国,错父谓曰:"公为政用事,人口议多怨公。"此以子称公也。毛遂指其十九人曰"公等碌碌",陆贾谓其子曰"无久溷公",古乐府题有《公无渡河》,非必皆三公然后称公也。若所云沙门称公,如深公、远公类者,必以其名冠之是矣。然公既定为三公之称,公侯、释徒迥不相及,以王公之号加之缁素之列,岂谓得其例乎?至云"梁、陈以下,僧乃有字,而人相与字之,不复称公",则杜甫之称文公、赞公,又何以说耶?诸如此类。难以悉数。

钱竹汀云:史家之例,非三公不称公,亭林言之详矣。晋、宋以后,即有不尽然者。《南史·谢朓传》:临终谓门宾曰:"寄语沈公,君方为三代史,亦不得见没。"朓死于齐代,休文未尝位三公也。《虞愿传》:王秀之与朝士书曰:"此郡丞虞公之后,善政犹存。"《虞寄传》:或谓陈宝应曰:"虞公病笃,言多错谬。"及宝应败走,谓其子曰:"早从虞公计,不至今日。"《丘灵鞠传》:王俭谓人曰:"丘公仕宦不进,才亦退矣。"竹汀宫詹说俱见所著《养新录》。

《宋史》《宦者·宋用臣传》**丰稷驳宋用臣谥议曰:"凡称公者,须耆宿大臣及乡党有德之士。"然则今之宦竖而称公,亦不可出于士大夫之口。**【原注】孙升《谈圃》卷下:"有朝士在中书称李宪字,荆公厉声叱之曰:'是何人!'即出为监当。"

古人不以甲子名岁

《尔雅》《释天》疏曰："甲至癸为十日，日为阳。寅至丑为十二辰，辰为阴。"此二十二名，古人用以纪日，不以纪岁。岁则自有阏逢至昭阳十名为岁阳，摄提格至赤奋若十二名为岁名。【原注】《周礼·硩簇氏》"十日、十有二辰、十有二月、十有二岁之号"，注："日谓从甲至癸，辰谓从子至亥，月谓从陬至荼，岁谓从摄提格至赤奋若。"后人谓甲子岁、癸亥岁，非古也。自汉以前，初不假借。《史记·历书》："太初元年，年名焉【原注】即"阏"字。逢摄提格，月名毕聚，日得甲子，夜半朔旦冬至。"其辨晰如此。若《吕氏春秋·序意》篇"维秦八年，岁在涒滩，秋甲子朔"，贾谊《鹏赋》"单阏之岁兮四月孟夏，庚子日斜兮服集予舍"，许氏《说文后叙》"粤在永元困顿之年，孟陬之月，朔日甲子"，亦皆用岁阳岁名、不与日同之证。《汉书》《礼乐志》：《郊祀歌》"天马徕，执徐时"，谓武帝太初四年，岁在庚辰，兵诛大宛也。【原注】《资治通鉴·周纪一》"起著雍摄提格，尽玄黓困敦"，亦用古法。自经学日衰，人趋简便，乃以甲子至癸亥代之。子曰"觚不觚"，见《论语·雍也》。此之谓矣。

宋刘恕《通鉴外纪目录序》曰："庖牺前后逮周厉王，疑年茫昧，借日名甲子以纪之。"是则岁之称甲子也，借也。何始乎？自亡新始也，王莽下书言"始建国五年，岁在寿星，填在明堂，仓龙癸酉，德在中宫"，又言"天凤七年，岁在大梁，仓龙庚辰。厥明年，岁在实沈，仓龙辛巳”，见《汉书·王莽传》。《隋书·律历志》王莽铜权铭曰“岁在大梁，龙集戊辰”，又曰“龙在己巳，岁次实沈”是也。〔一〕自此《后汉书·张纯传》言“摄提之岁，苍龙甲寅”，《朱穆传》言“明年丁亥之岁”，荀悦《汉纪》卷二言汉元年“实乙未也”，《曹娥碑》亦云“元嘉元年，青龙在辛卯”，见《古文苑》卷一九。《蜀郡造桥碑》云“维延熹龙在甲辰”，见《隶释》卷一五。而张角讹言“苍天已死，黄天当立，岁在甲子，天下大吉”，以白土书京城寺门及州郡官府，皆作“甲子”字矣。见《后汉书·皇甫嵩传》。

〔一〕【赵氏曰】《天文志》“甲乙海外，丙丁江淮海岱，戊己中州河济，庚辛华山以西，壬癸常山以北”，则又分配于十二分野矣。《律历志》又有“太岁在子”、“太岁在丑”之文，则亦以之纪岁矣。建子、建丑、建寅之异其朔，则亦以之纪月矣。《汉书·五行志》有“日加巳”、“日加未”之语，则亦以之纪时矣。此皆在新莽以前，不得谓自莽始也。

以甲子名岁，虽自东汉以下，然其时制诏、章奏、符檄之文皆未尝正用之，其称岁必曰元年、二年，其称日乃用甲子、乙丑，如“己亥格”、见《晋书·陈頵传》。“庚戌制”、见《晋书·哀帝纪》。“壬午兵”见《晋书·五行志》。之类，皆日也。【原注】《宋书·武帝纪》有“癸卯梓材”、“庚子皮毛”，亦皆下诏之日。惟《晋书》王廙上疏言“臣以壬申岁见用为鄱阳内史”。见《晋书·王廙传》。按怀帝以永嘉五年辛未为刘聪所执，愍帝以建兴元年癸酉即位,中间一年无主①,故言“壬申岁”也。后代之人无大故而效之,非也。【原注】李暠上表,亦云“臣去乙巳岁”。见《晋书·凉武昭王传》。暠当时改元庚子,不用晋年号。《晋书》中以甲子名岁者,仅此两见。

自三国鼎立,天光分曜,而后文人多舍年号而称甲子。魏程晓《赠傅休奕》诗:“龙集甲子,四时成岁。”晋张华《感婚赋》:“方今岁在己巳,将次四仲。”陆机《愍怀太子诔》:“龙集庚戌,日月改度。”陶潜《祭从弟敬远文》:“岁在辛亥,月惟仲秋。”《自祭文》:“岁维丁卯,律中无射。”后周庾信《哀江南赋》:“粤以戊辰之年,建亥之月。”而梁陶隐居《真诰》亦书“己卯岁”。至杜预《左传集解后序》则追言“魏哀王二十年,太岁在壬戌”矣。【原注】吴后主《国山封禅文》②:“旃蒙协洽之岁,月次陬訾之舍,日惟重光大渊献。”日当言辛亥,而冒用岁阳、岁名,则又失之。

晋惠帝时,庐江杜嵩作《壬子春秋》。见《晋书·惠帝纪》。“壬子”,元康二年,贾后弑杨太后于金墉城之岁。〔一〕

〔一〕【汝成案】《儒林·杜夷传》“嵩”作“崧”。

唐人有以豫书而不称年号者。《旧唐书·礼仪志》曰“请以开元二十七年己卯四月禘,至辛巳年十月祫。至甲申年四月又禘,至丙戌年十月又祫,至己丑年四月又禘,至辛卯年十月又祫”,其“辛巳”以下不言开元某年;又《博古

① “主”,张京华《校释》作“天子”。

② 简称《国山碑》,文见《云麓漫钞》卷七。

图》卷二九载唐鉴铭曰“武德五年，岁次壬午，八月十五日甲子，扬州总管府造青铜镜一面，充癸未年元正朝贡”，其“癸未”亦不言武德六年者，当时屡改年号故也。此一鉴而有正书有豫书之不同，亦变例也。

史家之文必以日系月，以月系年。锺鼎之文则不尽然，多有月而不年、日而不月者。【原注】六经中亦有之，如《诗》《小雅·吉日》“吉日庚午”是也。商《母乙卣》其文曰：“丙寅，王锡□贝朋用作母乙彝。”丙寅者，日也。《博古图》乃谓商建国始于庚戌，历十七年而有丙寅，在仲壬即位之三年，①则凿矣。岂非迷于后世之以甲子名岁，而欲以追加之古人乎？

春秋之世，各国皆自纪其年。发之于言，或参互而不易晓，则有举其年之大事而为言者，若曰“会于沙随之岁”，见《左传》襄公九年。“叔仲惠伯会郤成子于承匡之岁”，见襄公三十年。“铸刑书之岁”，见昭公七年。“晋韩宣子为政，聘于诸侯之岁”同上。是也。【原注】如“湨梁之明年”见《左传》襄公二十二年。亦是。又有举岁星而言，若曰“岁五及鹑火”、见《左传》昭公九年。“岁及大梁”、见昭公十一年。“岁在娵訾之口”见襄公三十年。者。从后人言之，则何不曰甲子也、癸亥也？是知古人不用以纪岁也。

《太祖实录》自吴元年以前皆书干支，不合古法。太祖当时实奉宋小明王之号，故有言当纪“龙凤”者。② 考之

① 见《宣和博古图》卷十。“三年”，四库本作“二年”。

② 时刘福通立韩林儿，国号宋，年号龙凤。

《史记》,高帝之初不称楚怀王元年,而称秦二年、三年。又太祖《御制滁州龙潭碑文》云“元末帝至正十有四年”,窃意其时天下尚是元之天下,书“至正”,正合《史记》书“秦”之例。【原注】今《续纲目》书“至正”。又有兼书者,《汉书·功臣侯表序》“汉兴自秦二世元年之秋,楚陈之岁”是也。

史家追纪月日之法

或曰“铸刑书之岁”,见《左传》昭公七年。下同。是则然矣,[①]其下云“齐、燕平之月”,又曰“其明月”,则何以不直言正月、二月乎?曰:此正史家文字缜密处。史之文有正纪,有追纪。其上曰“春王正月,暨齐平。二月戊午,盟于濡上”,正纪也;此曰“齐、燕平之月,壬寅,公孙段卒”,“其明月,子产立公孙泄及良止以抚之”,追纪也。追纪而再云正月、二月,则嫌于一岁之中而有两正月、二月也,故变其文而云,古人史法之密也。

《左传》追纪之文不止此。如襄公六年传“郑子国之来聘也。四月,晏弱城东阳,而遂围莱。甲寅,堙之,环城,傅于堞。及杞桓公卒之月,乙未,王湫帅师及正舆子、棠人军齐师,齐师大败之。丁未,入莱。莱共公浮柔奔棠,正舆子、王湫奔莒,莒人杀之。四月,陈无宇献莱宗器于襄宫。晏弱围棠,十一月丙辰,而灭之”,七年传“郑僖公之为太子也,于成之十六年,与子罕适晋,不礼焉。又与子丰适楚,

① 张京华《校释》:此句承上条“举其年之大事而为言者”纪年之例而言。

亦不礼焉。及其元年，朝于晋，子丰欲诉诸晋而废之，子罕止之"，十九年传"于四月丁未，郑公孙虿卒，赴于晋大夫"，二十五年传"会于夷仪之岁，齐人城郏。其五月，秦晋为成"，二十六年传"齐人城郏之岁，其夏，齐乌馀以廪丘奔晋"，三十一年传"公薨之月，子产相郑伯以如晋"，昭公七年传"齐师还自燕之月，罕朔杀罕魋"，又"晋韩宣子为政、聘于诸侯之岁，婤姶生子，名之曰元"，皆是追纪。又如《书·金縢》"既克商二年，王有疾，弗豫"，亦追纪也。

史家月日不必顺序

古人作史，取其事之相属，不论月日，故有追书，有竟书。《左传》成公十六年鄢陵之战，先书"甲午晦"，后书"癸巳"；"甲午"为正书，而"癸巳"则因后事而追书也。昭公十三年平丘之盟，先书"甲戌"，后书"癸酉"；"甲戌"为正书，而"癸酉"则因后事而追书也。昭公十三年楚灵王之弑，先书"五月癸亥"，后书"乙卯"、"丙辰"；"乙卯"、"丙辰"为正书，而"五月癸亥"则因前事而竟书也。盖史家之文常患为月日所拘，而事不得以相连属，故古人立此变例。〔一〕

〔一〕【杨氏曰】有终言之者，其日月本阔绝，并终其事于此，如"既而悔之"之类。见隐元年、桓十年、僖十八年等。

有先书以起事者，《通鉴》唐文宗太和九年十一月，先书“是月戊辰，王守澄葬于浐水”于壬戌、癸亥之前是也。

重书日

《春秋》桓公十二年书“丙戌，公会郑伯，盟于武父”，“丙戌，卫侯晋卒”。重书日者，二事皆当系日。先书“公”者，先内而后外也。【原注】邵国贤曰：“二丙戌，一是即书，一是追书。即书者，纪事之职；追书者，承赴之体。”见邵宝《简端录》卷七。后人作史，凡一日再书，则云“是日”。

古人必以日月系年

自春秋以下，纪载之文必以日系月，以月系时，以时系年，此史家之常法也。《史记·伍子胥传》“己卯，楚昭王出奔。庚辰，吴王入郢”，则不月而日；《刺客传》“四月丙子，光伏甲士于窟室中”，则不年而月，史家之变例也。盖二事已见于吴、楚二《世家》，故其文从省。

《楚辞》《离骚》：“摄提贞于孟陬兮，维庚寅吾以降。”摄提，岁也；孟陬，月也；庚寅，日也。屈子以寅年寅月庚寅日生，王逸《章句》曰“太岁在寅曰摄提格。孟，始也。正月为陬。言己以太岁在寅正月始春庚寅之日下母之体而生”是也。或谓摄提，星名，《天官书》所谓“直斗杓所指，以建时节”者，非也。岂有自述其世系生辰，乃不言年而止言月日者哉？【原注】长洲文待诏征明，以庚寅岁生，刻一印章曰“维庚寅吾以降”，意谓与屈大夫同年，非也。屈子之云“庚寅”者，日也。使以岁言，无论古人不以甲子名岁，且使屈子生于庚寅，至楚怀王被执于秦壬戌之岁，年仅三十有三，何以云“老冉冉其将至”乎？

古无一日分为十二时

古无以一日分为十二时之说。《洪范》言岁、月、日，不言时。《周礼·冯相氏》“掌十有二岁，十有二月，十有二辰，十日，二十有八星之位”，不言时。屈子自序其生年月日，不及时。吕才《禄命书》亦止言年、月、日，不及时。【原注】李虚中以人生年月日所直支干推人祸福生死，百不失一，初不用时也。自宋而后，乃并其时参合之，谓之“八字”。见谢肇淛《五杂俎》卷六《人部》。○后周苏绰作《大诰》曰：“王省惟岁，卿士惟月，庶尹惟日，御事惟时。”见《周书·苏绰传》。

古无所谓时。凡言时，若《尧典》之“四时”，《左氏传》之“三时”，【原注】桓公六年：“三时不害。”**皆谓春夏秋冬也。故士文伯对晋侯，以岁、时、日、月、星、辰谓之“六物”。**见昭公七年。**《荀子》**《强国》**曰“积微，月不胜日，时不胜月，岁不胜时”，亦谓春夏秋冬也。自汉以下，历法渐密，于是以一日分为十二时。盖不知始于何人，而至今遵用不废。**

一日之中所以分纪其时者，曰“日中”，见《丰》。**曰“昃日”，**见《晋》。**曰“日昃”，**见《离》。**见于《易》；曰“东方未明”，**见《陈风·东门之杨》。**曰“会朝”，曰“日之方中”，曰“昏”，曰“夕”，**见《王风·君子于役》。**曰“宵”，**见《召南·小星》。**见于《诗》；曰“昧爽”，**见《太甲上》。**曰“朝”，**见《泰誓下》。**曰“日中**

昃”,见《无逸》。见于《书》;曰“朝时”,见《周礼·地官·司市》。曰“日中”,见《仪礼·士虞礼》。曰“夕时”,见《周礼·地官·司市》。曰“鸡初鸣”,见《礼记·内则》。曰“旦”,见《仪礼·士虞礼》。曰“质明”,见《仪礼·士冠礼》。曰“大昕”,见《礼记·文王世子》。曰“晏朝”,见《礼记·礼器》。曰“昏”,见《礼记·曲礼上》。曰“日出”,见《礼记·内则》。曰“日侧”,见《仪礼·既夕礼》。曰“见日”,见《礼记·曾子问》。曰“逮日”,见《礼记·曾子问》。见于《礼》;【原注】《尔雅疏》:“日入后二刻半为昏。”曰“鸡鸣”,见《左传》宣公十二年。曰“日中”,见庄公二十九年。曰“昼”,见庄公二十二年。曰“日下昃”,见《公羊传》定公十四年。曰“日旰”,见《左传》襄公十四年。曰“日入”,见宣公十二年。曰“夜”,见庄公七年。曰“夜中”,见庄公七年。见于《春秋传》;曰“晁”,见《九歌·云中君》。曰“薄暮”,见《天问》。曰“黄昏”,见《九章·抽思》。见于《楚辞》。纪昼则用日,《史记·项羽纪》“项王乃西从萧晨击汉军,而东至彭城,日中大破汉军”,《吕后纪》“八月庚申旦,平阳侯窋见相国产计事。日餔时,遂击产”,《彭越传》“旦日日出,十馀人后,后者至日中”,《淮南王安传》“旦受诏,日食时上”,《汉书·五行志》“日中时食,从东北,过半晡时复。晡时食从西北,日下晡时复”,《武五子昌邑王传》“夜漏未尽一刻,以火发书。其日中贺发,晡时至定陶”,《东方朔传》“微行,以夜漏下十刻乃出,旦明入山下”是也。纪夜则用星,《诗》之言“三星在天”、“三星在隅”、“三星在户”,俱见《唐风·绸缪》。《春秋传》之言“降娄中而旦”见《左传》襄公三十年。是也。【原注】《周礼·司寤氏》

“以星分夜”。**不辨星则分言其夜,曰“夜中”,**见《左传》庄公七年。〔一〕**曰“夜半”,**见哀公十六年。**曰“夜乡晨”**见《小雅·庭燎》。**是也。分言其夜而不详,于是有五分其夜,而言甲、乙、丙、丁、戊者。《周礼·司寤氏》“掌夜时”注:“夜时,谓夜晚早,若今甲、乙至戊。”**【原注】《颜氏家训》《书证》:“或问:一夜何故五更?答曰:汉、魏以来,谓为甲夜、乙夜、丙夜、丁夜、戊夜,亦云一更、二更、三更、四更、五更,皆以五为节。所以然者,假令正月建寅,斗柄夕则指寅,晓则指午矣。自寅至午,凡历五辰。冬、夏之月,虽复长短参差,然辰间辽阔,盈不至六,缩不至四,进退常在五者之间。更,历也,经也,故曰五更尔。”〔二〕①**《汉书·西域传》杜钦曰“斥候士五分夜击刁斗自守”,《天文志》“本始元年四月壬戌甲夜”,“地节元年正月戊午乙夜”,“六月戊戌甲夜”,《三国志·曹爽传》“自甲夜至五鼓,②爽乃投刀于地”,《晋书·赵王伦传》“期四月三日丙夜一筹,以鼓声为应”是也。五分其夜而不详,于是有言漏上几刻者。《五行志》“晨漏未尽三刻,有两月重见”,又云“漏上四刻半,乃颇有光”,《礼仪志》“夜漏未尽七刻,锺鸣受贺”,《东方朔传》“微行以夜,漏上十刻乃出”,《王尊传》“漏上十四刻行临到”,《外戚传》“昼漏上十刻而崩”,又云“夜漏上五刻,持儿与舜会东交掖门”,**以上皆《汉书》。**自《南》、《北史》以上皆然。故《素问》曰“一日一夜五分之”,《隋志》曰“昼有朝,有禺,有中,有晡,有夕,夜有甲、乙、丙、丁、戊”,而无十**

---

① 张京华《校释》于此下另起一段。

② 今本《三国志·魏书·曹爽传》注引《魏略》作“中夜至五鼓”,《资治通鉴》卷七五作“甲夜至五鼓”。

二时之目也。唯《史记》《历书》云"鸡三号,卒明。抚十二节,卒于丑",而下文却云"朔旦冬至。正北";又云"正北"、"正西"、"正南"、"正东",不直言子、酉、午、卯。《汉书·五行志》言"日加辰巳",又言"时加未"。《翼奉传》言"日加申",又言"时加卯"。《王莽传》:"天文郎按栻于前,日时加某,莽旋席随斗柄而坐。"而《吴越春秋》《王僚使公子光传》亦云:"今日甲子,时加于巳。"《周髀经》卷下亦有"加卯"、"加酉"之言。若纪事之文,无用此者。【原注】《南齐书·天文志》始有子时、丑时、亥时。《北齐书·南阳王绰传》有景时、午时。景时者,丙时也。

〔一〕【沈氏曰】《公羊传》定八年"至乎日若时而出",《穀梁传》庄七年"失变而录其时,则夜中矣"。

〔二〕【沈氏曰】《通鉴》注:"一更为甲夜,二更为乙夜,三更为丙夜,四更为丁夜,五更为戊夜。"

【左暄曰】按《汉仪》:"凡中官漏夜尽,鼓鸣则起,锺鸣则息。卫士甲乙徼相传,甲夜毕,传乙夜,相传尽五更。"而《汉书·百官公卿表》秦官有"太子率更",师古注:"掌知漏刻,故曰率更。"秦时已以率更名官,则"更"之名疑不始于汉、魏也。

【又曰】《唐书·百官志》:"左右街使,掌分察六街徼巡。日暮,鼓八百声而门闭。乙夜,街使以骑卒循行嚣呼,武官暗探。五更二点,鼓自内发。"是更之有点亦由来久也。

《左氏传》昭公五年:"卜楚丘曰:'日之数十,故有十时。’”而杜元凯注则以为“十二时”，虽不立十二支之目，①然其曰“夜半”者即今之所谓子也，“鸡鸣”者丑也，“平旦”者寅也，“日出”者卯也，“食时”者辰也，“隅中”者巳也，“日中”者午也，“日昳”者未也，“晡时”者申也，“日入”者酉也，“黄昏”者戌也，“人定”者亥也。一日分为十二，〔一〕始见于此。考之《史记·天官书》曰〔二〕“旦至食”，“食至日昳”，“日昳至铺”，“铺至下铺”，“下铺至日入”；〔三〕《素问·藏气法时论》有曰“夜半”，曰“平旦”，曰“日出”，曰“日中”，曰“日昳”，曰“下晡”；【原注】王冰注，以日昳为“土王”，下晡为“金王”。又有曰“四季”者。注云：“土王，是今人所谓丑、辰、未、戌四时也。”《吴越春秋》有曰“时加日出”，“时加鸡鸣”，“时加日昳”，以上见《勾践入臣外传》。“时加禺中”，见《勾践归国外传》。则此十二名古有之矣。《史记·孝景纪》：“五月丙戌，地动。其蚤食时，复动。”《汉书·武五子·广陵王胥传》：“奏酒，至鸡鸣时罢。”《王莽传》：“以鸡鸣为时。”《后汉书·隗嚣传》：“至昏时遂溃围。”《齐武王传》：“至食时，赐陈溃。”《耿弇传》：“人定时，步果引去。”《来歙传》：“臣夜人定后，为何人所贼伤。”《窦武传》：“自旦至食时，兵降略尽。”《皇甫嵩传》：“夜勒兵，鸡鸣，驰赴其陈。战至晡时，大破之。”《晋书·戴洋传》：“永昌元年四月庚辰，禺中时，有大风起自东南，折木。”《宋书·符瑞志》：“延康元年九月十日，黄昏时，月蚀，荧惑过。人定时，荧惑

① 杜注曰：“日中当王，食时当公，平旦为卿，鸡鸣为士，夜半为皂，人定为舆，黄昏为隶，日入为僚，晡时为仆，日昳为台，隅中日出。”

出营室，宿羽林。”皆用此十二时。

〔一〕【沈氏曰】《格论》“十二”下有“时”字。

〔二〕【沈氏曰】《格论》“考之《史记》”以下无。

〔三〕【沈氏曰】《通鉴》：晋安帝义熙八年冬十月己未，“镇恶与城内兵斗，且攻其金城。自食时至中晡”。注曰：“日加申为晡。中晡，正申时也。申末为下晡。”○凡城内牙城，晋、宋时谓之金城。亦注云。

《淮南子》《天文训》：**“日出于旸谷，浴于咸池，拂于扶桑，是谓晨明。登于扶桑之上，爰始将行，是谓朏明。至于曲阿，是谓朝明。临于曾泉，是谓早食。次于桑野，是谓宴食。臻于衡阳，是谓禺中。对于昆吾，是谓正中。靡于鸟次，是谓小迁。至于悲谷，是谓晡时。回于女纪，是谓大迁。经于泉隅，是谓高舂。顿于连石，是谓下舂。爰止羲和，爰息六螭，是谓悬车。薄于虞泉，是谓黄昏。沦于蒙谷，是谓定昏。”按此，自晨明至定昏为十五时，而卜楚丘以为十时。未知今之所谓十二时者，自何人定之也。**〔一〕

〔一〕【杨氏曰】今之十二时，则据十二支定之耳。亦自然之理，岂人之所为乎？

《素问》卷一九**中有言“岁甲子”者，**①**有言“寅时”者，皆后人伪撰入之也。**〔一〕

〔一〕【杨氏曰】此又抑古书以从己说，未免陋也。

① 《素问》原文为“甲子之岁”。

【校正】汪云:《魏志·高贵乡公纪》注载帝始生祯祥,其词曰:“惟正始三年九月辛未朔,二十五日乙未直成,予生。”亦不言时。惟《北史》南阳王绰“五月五日辰时生,至午时后主乃(出)[生]”。唐殿中御史李虚中始以人生年月日所直干支推人祸福生死,见韩昌黎所作墓志,初不用时。然唐司马贞《史记索隐》云“卜筮占候时日,通名‘日者’”,是唐人非不及时也。《隋·经籍志》载有《行日时》一卷,《遁甲推时要》一卷,《推产妇何时产法》一卷。此志修于唐初,亦未尝不用时也,何虚中独不然乎?或谓十二时见杜预《左传注》“天有十日”,虽不言十二时,其实一也。今太乙、遁甲、六壬诸术皆加时,安得谓古无十二时乎?窃疑周秦以前太乙、壬遁皆不用时,火珠林亦不用时,至后世智巧日出,不得不加时矣。《洪范》“岁日月时”,注家俱谓四时,然“庶民惟时”,安知非指十二时乎?

年月朔日子

今人谓日,多曰“日子”。“日”者,初一、初二之类是也。“子”者,甲子、乙丑之类是也。《周礼》《天官冢宰》**“职内”注曰“若言某月某日某甲诏书”,或言甲,或言子,一也。《文选》陈琳《檄吴将校部曲文》“年月朔日子”,李周翰注曰:“子,发檄时也。”汉人未有称夜半为子时者,误矣。古人文字,年月之下必系以朔,必言朔之第几日,而又系之干支,故曰“朔日子”也。如《鲁相瑛孔子庙碑》云“元嘉三年三月丙子朔廿七日壬寅”,又云“永兴元年六月甲辰朔十八日辛酉”,**见《金薤琳琅》卷三。下同。**《史晨孔子庙碑》云“建宁二年三月癸卯朔七日己酉”,《樊毅复华下民租碑》云**

“光和二年十二月庚午朔十三日壬午”见《古文苑》卷一一。是也。此“日子”之称所自起。若史家之文，则有“子”而无“日”，《春秋》是也。【原注】《后汉书》隗嚣檄文曰：“汉复元年七月己酉朔己巳。”不言“廿一日”。然在朔言朔，在晦言晦，而“旁死魄”、“哉生明”之文见于《尚书》《武成》，则有兼日而书者矣。

《宋书·礼志》：“年月朔日甲子，尚书令某甲下。”此古文移之式也，陈琳檄文但省一“甲”字耳。

《南史》《刘之遴传》：“刘之遴与张缵等参校古本《汉书》，称‘永平十六年五月二十一日己酉，郎班固’，而今本无上书年月日子。”《隋书》《袁充传》袁充上表称：“宝历之元，改元仁寿，岁月日子，还共诞圣之时。”〔一〕

〔一〕【汝成案】表元文“还共诞圣之时并同明合天地之心得仁寿之理”，“并”下疑脱字，不尔当以“并同”绝句。①

时有十二，而但称“子”，犹之干支有六十，而但称“甲子”也。

汉人之文，有即朔之日而必重书“一日”者。广汉太守沈子琚《绵竹江堰碑》云：“熹平五年五月辛酉朔一日辛酉。”见《隶释》卷一五。《绥民校尉熊君碑》云：“建安廿一年十□月丙寅朔一日丙寅。”见《隶释》卷一一。此则繁而无用，不若后人之简矣。〔一〕

① 今中华书局标点本断句原文如下：“诞圣之异，宝历之元。今与物更新，改年仁寿。岁月日子，还共诞圣之时并同，明合天地之心，得仁寿之理。”

〔一〕【杨氏曰】朔是合朔，古人有日食在晦者，则古历合朔不专在一日，故又云“一日”。

年号当从实书

正统之论，始于习凿齿，不过帝汉而伪魏、吴二国耳。①自编年之书出，而疑于年号之无所从，而其论乃纷纭矣。夫年号与正朔自不相关，故周平王四十九年，而孔子则书之为鲁隐公之元年，何也？《春秋》，鲁史也，据其国之人所称而书之，故元年也。晋之《乘》存，则必以是年为鄂侯之二年矣；楚之《梼杌》存，则必以是年为武王之十九年矣。观《左传》文公十七年，郑子家与晋韩宣子书曰“寡君即位三年”，而其下文曰“十二年”、“十四年”、“十五年”，则自称其国之年也。襄公二十二年少正公孙侨对晋之辞曰“在晋先君悼公九年，我寡君于是即位”，而其下文遂曰“我二年”、“我四年”，则两称其国之年也。故如《三国志》则汉人传中自用汉年号，魏人传中自用魏年号，吴人传中自用吴年号。推之南北朝、五代、辽、金并各自用其年号，此之谓“从实”。【原注】若病其难知，只须别作年表一卷。且王莽篡汉，而班固作传，其于始建国、天凤、地皇之号一一用以纪年，盖不得不以纪年，非帝之也。后人作书，乃以编年为一大事，而论世之学疏矣。〔一〕

〔一〕【杨氏曰】最参错莫如十六国，尝欲作一年表，顷与方陵言之。

---

① 习凿齿作《汉晋春秋》五十四卷，书不传。正统说略见于《晋书》本传。

【钱氏曰】然则《明太祖纪》当以龙凤纪年,可无疑也。

【续补正】王于一云:年号当从实书。窃谓义以事起,制因时变,故改元编年,在汉后为正朔之巨典,尊卑正伪,于此攸分,倘杂各国年号,岂所以大居正、定一尊乎?且后代与前朝不同,纪号较纪数略重,原不得以《春秋》侯国为例。盖《春秋》鲁史也,有内外之殊,无上下之体,故郑僖四年、郑简元年皆可彼此互言,相为主客。若纲目纪年,实以天子临庶邦,正统厌偏霸,冠裳未可倒置,真伪未可齐登。愚以为南北朝之诸君,唐末之十国,不妨分注年号,以明列土相敌,非为君臣;若三国魏、吴,晋之十六国,宋之辽、金,自当统于所属,尊无二上,又乌得纷纭杂出、漫无纲纪乎?至天凤、地凤诸号,特因新莽篡汉,海内无君,不得不姑以大号归之,亦从实以书,无碍正论也。遇孙案,顾先生少时曾持《救文格论》数则质之先生,先生为《老宿答书》驳正三条,并云"意图相尽,非有所排笮也"。先生不服,晚成《日知录》仍载入,今从《四照堂集》中录入。

《春秋传》亦有用他国之年者。"齐襄公之二年,鄋瞒伐齐",注云"鲁桓公之十六年"。见文公十一年。**"僖之四年,子然卒","简之元年,士子孔卒",注云"郑僖四年,鲁襄六年","郑简元年,鲁襄八年"。**均见襄公十九年。

汉时诸侯王得自称元年。《汉书·诸侯王表》"楚王戊二十一年,孝景三年",【原注】《楚元王传》亦云。**"楚王延寿三十二年,地节元年"之类是也。《淮南·天文训》"淮南元年冬,太一在丙子",谓淮南王安始立之年也。注者不达,乃曰"淮南王作书之元年",又曰"淮南王僭号",此为未读《史记》、《汉书》者矣。**【原注】赵明诚《金石录》卷一二有

《楚锺铭》“惟王五十六祀”之论,正同此失。

又考汉时不独王也,即列侯于其国中亦得自称元年。《史记·高祖功臣侯年表》“高祖六年,平阳懿侯曹参元年”,“孝惠六年,靖侯窋元年”,“孝文后四年,简侯奇元年”是也。吕氏大临《考古图·周阳侯甗鍑铭》曰:“周阳侯家铜三习甗鍑容五斗,重十八斤六两。侯治国五年五月国铸第四。”【原注】吕大临曰:“侯治国五年者,自以侯受侯嗣位之年数也。”见《考古图》卷九。《文选·魏都赋》刘良注:“文昌殿前有锺,其铭曰:‘惟魏四年,岁次丙申,龙次大火,五月丙寅,作蕤宾锺。’魏四年者,曹操为魏公之四年,汉献帝之建安二十一年也。”见《六臣注文选》,文字稍异。

《元史·顺帝纪》“至正二十八年”,乃大①明洪武元年也,直书“二十八年”。自是以下,书曰“后一年”,曰“又一年,四月丙戌,帝殂于应昌”,是时我②太祖即位三年,而犹书元主曰“帝”,且不以本③朝之年号加之,深得史法。疑此出于圣裁,不独宋、王④二公之能守古法也。【原注】《宋史·马廷鸾传》:“瀛国公即位,召不至。自罢相归,又十七年而薨。”甚为得体,然其他传复有书至元者。

英宗命儒臣修《续通鉴纲目》,亦书“元顺帝至正二十七年”,见卷二七。不书“吴元年”。

---

① “大”字,原本无,据《校记》补。

② “我”,原本作“明”,据《校记》改。

③ “本”,原本作“明”,据《校记》改。

④ 宋、王,指宋濂、王祎。

史书一年两号

古时人主改元，并从下诏之日为始，未尝追改以前之月日也。《魏志·三少帝纪》上书“嘉平六年十月庚寅”，下书“正元元年十月壬辰”。《吴志·三嗣主传》上书“太平三年十月己卯”，下书“永安元年十月壬午”。《晋书·武帝纪》上书魏“咸熙(三)[二]年十一月”，下书“泰始元年十二月景寅”。《宋书·武帝纪》上书晋“元熙二年六月甲子”，下书“永初元年六月丁卯”。《文帝纪》上书“景平二年八月丙申”，下书“元嘉元年八月丁酉”。《明帝纪》上书“永光元年十二月庚申朔”，下书“泰始元年十二月丙寅”。《唐书·高宗纪》上书“显庆六年二月乙未”，下书“龙朔元年三月丙申朔”。《中宗纪》上书“神龙三年九月庚子”，下书“景龙元年九月甲辰”。《睿宗纪》上书“景龙四年七月己巳”，下书“景云元年七月己巳”。《玄宗纪》上书“先天二年十二月庚寅朔”，下书“开元元年十二月己亥”。韩文公《顺宗实录》上书“贞元二十一年八月庚子”，下书“永贞元年八月辛丑”。若此之类，并是据实而书。至司马温公作《通鉴》，患其棼错，乃创新例，必取末后一号冠诸“春正月”之前，当时已有讥之者。

《春秋》定公元年不书“正月”。[①] 杜氏曰：“公即位在六月故。”《正义》曰：“公未即位，必不改元。而于春、夏即

① 《春秋》定公元年但书“元年春王”。

称元年者，未改之日，必承前君之年，于是春、夏当名此年为昭公三十三年。及六月既改之后，方以元年纪事。及史官定策，须有一统，不可半年从前，半年从后，虽则年初亦统此岁，故入年即称元年也。汉、魏以来，虽于秋、冬改元，史于春、夏即以元年冠之，是有因于古也。”按温公《通鉴》是用此例，然有不可通者。《春秋》于昭公三十三年之春而即书“定公元年”者，昭公已薨于上年之十二月矣。若汉献帝延康元年十月始禅于魏，而正月之初，汉帝尚存，即加以魏文黄初之号，则非《春秋》之义矣。岂有旧君尚在，当时之人皆禀其正朔，而后之为史者顾乃追夺之乎！

史家变乱年号，始自《隋书》，“大业十二年十一月景辰，唐公入京师。辛酉，遥尊帝为太上皇，立代王侑为帝，改元义宁”，而下即书云：“二年三月，右屯卫将军宇文化及等作乱，上崩于温室。”见《炀帝纪》。按此大业十三年，炀帝在江都，而蒙以代王长安之号，甚为无理。〔一〕作史者唐臣，不得不尔。然于《炀帝纪》书十三年，于《恭帝纪》书二年，两从其实，似亦未害。

〔一〕【杨氏曰】史家已云尊帝为太上皇矣，岂有以太上皇而纪年号者乎？近于言之不顺，故必冠以义宁也。

本[①]朝《太宗实录》上书“四年六月己巳”，下书“洪武三十五年六月庚午”，正是史臣实书，与前代合，但不明书建文年号，后人因谓之“革除”耳。〔一〕《英宗实录》上书

① “本”，原本作“明”，今依《校记》据钞本改。

“景泰八年正月辛巳”，下书“天顺元年正月壬午旬有六日”，而不没其实。且如万历四十八年八月以后为泰昌元年，若依温公例，取泰昌之号冠于四十八年春正月之前，则诏令文移一一皆当追改，且上诬先皇矣。故纪年之法，从古为正，不以一年两号、三号为嫌。〔二〕

〔一〕【沈氏曰】《神宗实录》：“万历二十三年九月，礼官范谦等因给事中杨天民、御史牛应元请改正革除建文年号，覆奏：‘宜命史局于《高庙实录》终，摘洪武三十二年逮三十五年遗事，复称建文年号，辑为《少帝本纪》。’诏以建文事迹附太祖高皇帝之末，而存其年号。”○成祖初，尝有旨称建文为少帝，故礼官云然。○“万历十六年，司业王祖嫡以建文不宜革除，与景泰不宜附录并奏。上从礼臣沈鲤议，改正附录一事。”《圣安纪事》云：“崇祯十七年七月戊子，追复懿文皇太子庙谥曰兴宗孝康皇帝，上建文帝谥曰让皇帝，庙号惠宗。追上景皇帝庙号代宗。盖从礼臣顾锡畴所拟。”

〔二〕【沈氏曰】礼：未逾年，不改元。明代遵之。光宗一月而崩，犹在万历四十八年，熹宗既即位，明岁当改为天启之元年，登极以后不称泰昌，则光宗之纪年废矣。于是用廷臣议，自八月朔至十二月终，俱称泰昌元年，如唐顺宗永贞年号附于德宗贞元后之例。

【杨氏曰】正当分注，还以初号为主，如万历四十八年下注云“八月以后为泰昌元年”之类，其光宗之纪则直称“元年八月”。

【沈氏又曰】《神宗实录》：“万历廿二年八月癸酉，礼科左给事中孙羽侯条奏纂修正史，议《本纪》则建文、景泰两朝宜详稽故实，创立二纪，勿使孙蒙祖号，弟袭兄年。其德、懿、熙、仁四祖之发祥,固当列《高庙纪》首。而献皇帝庙貌虽崇,神器未履,宜遵前例,冠于《世庙本纪》,以体追王之心。议《列传》则贵贱并列,美恶皆书,不得序达官而遗卑秩,褒高贤而漏巨奸。至如以方正学为乞哀,于肃愍为迎立,是非剌谬,亟当改正之也。"

年号古今相同

《水经注》卷一六"谷水"下"千金堨",前云"太和五年",曹魏明帝之太和也;后云"朝廷太和中",元魏孝文帝之太和也。

割并年号

唐朝一帝改年号者十馀,其见于文,必全书,无割取一字用之者。至宋始有"熙丰"、"政宣"、"建绍"、"乾淳"[①]之语,已是不敬,然犹一帝之号自相连属,无合两帝而称之者;又必用上一字,惟"元丰"以"元"字与"元祐"无别,故用下字。本朝文人有称"永宣"、"成弘"、"嘉隆",[②]合两帝之号而为一称。【原注】天启六年,部疏称正统、正德为"二正"。奉旨:"列圣年号昭然,如何说二正?"近又有去上字而称"庆历"、"启祯",[③]更为不通矣。

① 按指熙宁、元丰;政和、宣和;建炎、绍兴;乾道、淳熙。

② 按指永乐、宣德;成化、弘治;嘉靖、隆庆。

③ 按指隆庆、万历;天启、崇祯。

【校正】吴云：唐德宗慨想贞观、开元之盛，改贞元以法二祖。是割并年号始于唐德宗。

地名割用一字，如“登莱”，如“温台”，[①]则可；如“真顺”、“广大”，[②]则不通矣。然汉人已有之。《史记·天官书》：“勃碣、海岱之间，气皆黑。”《货殖传》：“夫燕亦勃碣之间一都会也。”注云：“勃海、碣石。”《汉书·王莽传》：“成命于巴宕。”注云：“巴郡宕渠县。”魏、晋以下始多此语。常璩《华阳国志》“分巴割蜀，以成犍广”，是犍为、广汉二郡。左思《蜀都赋》“跨蹑犍牂”，是犍为、牂牁二郡。《魏都赋》“恒碣砧碍于青霄”，是恒山、碣石二山。

人名割用一字者，《左传》以太皞、济水为“皞济”，【原注】僖二十一年。《史记》以黄帝、老子为“黄老”，【原注】《曹相国世家》，《张释之》、《田叔》、《魏其》、《郑当时列传》。以王乔、赤松子为“乔松”，【原注】《蔡泽传》。以伊尹、管仲为“伊管”，【原注】《邹阳传》。以绛侯、灌婴为“绛灌”。【原注】《贾生传》。

孙氏西斋录

唐人作书无所回避。孙樵所作《西斋录》见《孙可之集》卷五。乃是私史，至于“起王氏已废之魂，上配天皇”，“条高

---

① 按指登州、莱州；温州、台州。

② 按指真定、顺德；广平、大名。

后擅政之年，下系中宗”，[①]大义凛然，视孔子之沟昭墓道、[②]不书“定”，[③]正而抑且过之矣。

此说本之沈既济《驳吴兢史议》，谓当并天后于《孝和纪》，[④]每岁书“某年春正月，皇帝在房陵，太后行某事，改某制”，则纪称孝和而事述太后，名礼两得。至于姓氏名讳，入宫之由，历位之资，及才艺智略、年辰崩葬，别纂入《皇后传》，列于废后王庶人之下，题其篇曰“则天顺圣武皇后”云。事虽不行，而史氏称之。见《旧唐书·沈传师传》、《册府元龟》卷五五九。【原注】其后宋范祖禹作《唐鉴》，竟用此书法。

通鉴书改元

《晋书·载记》，十六国时，嗣位改元者皆在本年，此史家取便序事，连属书之，其实皆改明年元也。不容十六国之中，数十王皆不逾年而改元者也。〔一〕

〔一〕【杨氏曰】内自有当年改元者，如苻生是也。亦必有逾年而称

---

① 孙氏原文为：“起王后已废之魂，上配天皇者何？登嫌黜冢，不可谓顺，予惧后世疑于禘祼也。（自注：高宗废王后，立武后，乃贞观侍女，何以列昭穆？故时以王后配高宗，示天后有嫌于禘祼矣。）条天后擅政之年，下系中宗者何？紫色闰位，不可谓正。（自注：天后改元即真，今悉以天后年号及行事系于中宗，示女子不得改元者政也。）”

② 《左传》定公元年，昭公之丧至自乾侯。“秋七月癸巳，葬昭公于墓道南。孔子之为司寇也，沟而合诸墓。”详说见《孔子家语·相鲁》：季氏葬昭公于墓道之南，（注：季平子逐昭公，死于乾侯。平子别而葬之，贬之不令近先公也。）孔子沟而合诸墓焉，谓季桓子曰：“贬君以彰己罪，非礼也。今合之，所以掩夫子之不臣。”

③ 《春秋》昭公二十五年，昭公伐季氏，败，奔齐。此后居郓，如晋，至昭公三十二年卒于乾侯。此七年间，公虽不在鲁，而《春秋》仍书“昭公”，不书“定公”。

④ 孝和，唐中宗。

元者,直史家不考耳。

《金石录》卷二〇据《赵横山李君神碑》石虎"建武六年,岁在庚子",与《载记》合。若从《帝纪》,[①]则建武六年当是己亥。今此碑与《西门豹祠殿基记》见《金石录》卷二〇。皆是"庚子",以此知《帝纪》之失,此是差一年之证,然《载记》亦不尽合。昔人作史,但存其年号而已,初不屑屑于岁月也。

《续纲目》景炎三年五月以后为帝昺祥兴元年,见《续资治通鉴纲目》卷二二。非也。黄溍《番禺客语》改元在明年正月己酉朔,盖亦是即位之初改明年元耳。史家省文,即系于前年月日之下,曰"改元祥兴"。以此推十六国事,必当同此。

后元年

汉文帝"后元年",景帝"中元年"、"后元年",当时只是改为"元年",后人追纪之为"中"为"后"耳。若武帝之"后元元年",则自名之为"后",〔一〕光武之"中元元年",梁武帝之"中大通元年"、"中大同元年",则自名之为"中",不可一例论也。

〔一〕【钱氏曰】吴仁杰谓后元乃承征和而言,本云"征和后元年"耳。其说可从。

---

① 按指《晋书·成帝纪》。

【小笺】按:《史记·卫世家》:"出公辄自齐复归,立。出公后元年,赏从亡者。""后元年"之称始此。"出公二十一年卒",所谓二十一年者,从后元年数之也。

元顺帝至元元年,重用世祖之号,后人追纪之,则曰"后至元元年"。

李茂贞称秦王用天祐年号

《通鉴》卷二七三:后唐庄宗同光二年,封岐王李茂贞为秦王。① 比得薛昌序所撰《凤翔法门寺碑》,天祐十九年建,而其文已称"秦王",则前乎同光之二年矣,盖必茂贞所自称。〔一〕又史言茂贞奉天祐年号,此碑之末亦书天祐十九年,而篇中历述前事,则并以天复纪年,至天复二十年止,亦与史不合。②

〔一〕【钱氏曰】茂贞于唐昭宗时已封秦王,《通鉴》谓茂贞自称岐王者误也。

《五代史·李彦威传》:"是时昭宗改元天祐,迁于东都,为梁所迫。而晋人、蜀人以为天祐之号非唐所建,不复称之,但称天复。"《前蜀世家》则云:"建与唐隔绝而不知,故仍称天复。"其说不同。按此碑,则岐人亦称天复,史失

---

① 《通鉴》原文为"进岐王爵为秦王"。

② 此条又见顾氏《金石文字记》卷五。碑题作《重修法门寺塔庙记》。

之也。

又今阳城县有后周显德二年徐纶撰《龙泉禅院记》，内述“天祐十九年”。按此地本属梁，此记乃追削梁号而改称天祐者。

通鉴书葬

《通鉴》书外国之葬，如《晋纪》义熙六年九月下云：“甲寅，葬魏主珪于盛乐金陵。”见卷一一五。不言“魏葬”，而言“葬魏”，或以为仿《春秋》之文，愚以为非也。《春秋》书“葬宋穆公”、“葬卫桓公”之类，皆鲁遣其臣会葬，故为此文。【原注】徐邈曰：“凡书葬者，据我而言葬。”若南北朝时，本国自葬，则当书“魏葬”，如《宋纪》“景平元年十二月庚子，魏葬明元帝于金陵”，见卷一一九。“元嘉二十九年三月辛卯，魏葬太武皇帝于金陵”，见卷一二六。则得之矣。

通鉴书闰月

《通鉴》书闰月而不著其为何月，谓仿《春秋》之法，非也。春秋时，闰未有不在岁终者。〔一〕自太初历行，每月皆可置闰，若不著其为何月，或上月无事，则后之读者必费于追寻矣。《新唐书》亦然，惟高宗显庆二年正月无事，乃书曰“闰正月壬寅，如洛阳宫”。

〔一〕【钱氏曰】春秋时，闰不皆在岁馀。

【汝成案】其说详见四卷“闰月”条。

史书人君未即位

史书人君未即位之例。《左传》晋文公未入国，称“公子”，已入国，称“公”。《史记》汉高帝未帝称“汉王”，未王称“沛公”。

五年，将战垓下，而曰“皇帝在后，绛侯、柴将军在皇帝后”，至其下文乃曰“诸侯及将相相与共请，尊汉王为皇帝”，见《史记·高祖本纪》。于言为不顺矣。

沈约作《宋书》，于《本纪》第十卷顺帝昇明三年四月壬申，始书“进齐公爵为齐王”，而前第八卷明帝泰始四年七月庚申，已书“以骁骑将军齐王为南兖州刺史”，自此以下，“齐王”之号累见于篇，此言之不顺也。【原注】萧子显《南齐书》亦同此例。

史书一人先后历官

《汉书·沟洫志》先称“博士许商”，次称“将作大匠许商”，后称“河堤都尉许商”，此书一人而先后历官不同之法。《书·君奭》：“我闻在昔，成汤既受命，时则有若伊尹，格于皇天。在太甲，时则有若保衡。”伊尹、保衡，一人也，汤时未为保衡，至太甲时始为此官，故变文以称之也。

史书郡县同名

汉时，县有同名者，大抵加东、西、南、北、上、下字以为别，盖本于《春秋》之法。燕国有二，则一称“北燕”；郱国有二，则一称“小郱”，是其例也。若郡县同名而不同地，则于县必加一“小”字，沛郡不治沛，治相，故书沛县为“小沛”。广阳国不治广阳，治蓟，故书广阳县为“小广阳”。〔一〕**丹阳郡不治丹阳，治宛陵，故书丹阳县为“小丹阳”。**〔二〕【原注】今顺天府保定县称“小保定”，宁国府太平县称“小太平”。**后人作史，多混书之而无别矣。**〔三〕

〔一〕【钱氏曰】《耿弇传》、《马武传》。

〔二〕【钱氏曰】《晋书·陶回传》、《吴志·吕范传》。

〔三〕【沈氏曰】《格论》于此下又云：“以今地理言之，如大名、宁国之类，法当直书其县，清河、永丰之类，法当并载其府，而《宋史》阙焉，故有一人而两地并祀者。”

【谢中丞曰】伏见江西省吉安、广信二府所属皆有永丰县，其印信篆文同一字样。共在一省之中，而有相同之印，倘奸徒假借，以此县所用印信朦混于彼县，恐一时难辨，易滋弊端。至此外江省州、县又有同名于各省者，如江省有宁州，而陕西、云南所属皆有宁州；江省有长宁县，而奉天、四川、广东所属皆有长宁县；江省有新城县，而直隶、山东、浙江所属皆有新城县；江省有龙泉县，而浙江、贵州所属皆有龙泉县。再如江省有新昌县，而浙江亦有新昌县；江省有德化县，而福建亦有德化县；江省有安仁县，而湖南亦有安仁县；江省有广昌县，而山西亦有广昌县；江省有石城县，而广东亦有石城县；江省有兴安县，而广西亦有兴安县；江省有永宁县，而贵州亦有永宁县。其他各省之州与州同名，县与县同名者，并有府与府同名者，如奸徒有意作弊，则借此影射隔省，更无从辨察，皆应别改嘉名也。

【汝成案】今天下各省府、州、县同名者不止此。如府则有太平府，安徽与广西同。州则有忠州，四川与广西南宁府同；通州，直隶顺天府与江苏同；开州，直隶大名府与贵州贵阳府同；永宁州，山西汾州府与广西桂林府、贵州安顺府同；赵州，直隶与云南大理府同。县则有会同县，湖南靖州与广东琼州府同；宝丰县，河南汝州与甘肃宁夏府同；海丰县，山东武定府与广东惠州府同；泸溪县，江西建昌府与湖南辰州府同；清溪县，四川雅州府与贵州思州府同；凤台县，安徽凤阳府与山西泽州府同；桃源县，江苏淮安府与湖南常德府同；龙门县，直隶宣化府与广东广州府同；石门县，浙江嘉兴府与湖南澧州同；东安县，直隶顺天府与湖南永州府、广东罗定州同；新安县，直隶保定府与河南河南府、广东广州府同；乐安县，江西抚州府与山东青州府同；永安县，福建延平府与广东惠州府同；甘泉县，江苏扬州府与陕西延安府同；石泉县，陕西兴安府与四川龙安府同；清河县，直隶广平府与江苏淮安府同；太和县，安徽颍州府与云南大理府同；山阳县，江苏淮安府与陕西商州同；海阳县，山东登州府与广东潮州府同；东乡县，江西抚州府与四川绥定府同；宁乡县，湖南长沙府与山西汾州府同；建昌县，直隶承德府与江西南康府同；唐县，直隶保定府与河南南阳府同；太平县，安徽宁国府与浙江台州府、山西平阳府、四川绥定府同；安平县，直隶深州与贵州安顺府同；乐平县，江西饶州府与山西平定州同；镇平县，河南南阳府与广东嘉应州同；清平县，山东东昌府与贵州都匀府同；华亭县，江苏松江府与甘肃平凉府同；西宁县，直隶宣化府与甘肃西宁府、广东罗定州同；广宁县，盛京锦州府与广东肇庆府同；武宁县，江西南昌府与湖南常德府同；咸宁县，湖北武昌府与陕西西安府同；新宁县，湖南宝庆府与四川绥定府、广东广州府同；兴宁县，湖南郴州府与广东嘉应州同；大宁县，山西隰州与四川夔州府同；山阴县，浙江绍兴府与山西大同府同；三水县，陕西邠州与广东广州府同；建始县，湖北施南府与四川夔州府同；宁海县，盛京奉天府与浙江台州府同；宁远县，湖南永州府与甘肃巩昌府同；怀远县，安徽凤阳府与陕西榆林府、广西柳州府同；定远县，安徽凤阳府与陕西汉中府、四川重庆府、云南楚雄府同；安远县，江西赣州府与湖北荆门州同；宣化县，直隶宣化府与广西南宁府同；昌化县，浙江杭州府与广东琼州府同；安化县，湖南长沙府与甘肃庆阳府、贵州思南府同；永定县，福建汀州府与湖南澧州同；安定县，陕西延安府与甘肃巩昌府同；安福县，江西吉安府与湖南澧州同；永福县，福建福州府与广西桂林府同；长乐县，福建福州府与湖北宜昌府、广东嘉应州同；建德县，安徽池州府与浙江严州府同。而谢疏之与今异者，如宁州，甘肃庆阳府与云南临安府同，疏乃无甘肃，而有江西、陕西；广昌县，直隶易州与江西建昌府同，疏乃无直隶而有山西；永宁县，江西吉安府与河南河南府、四川叙永厅同，疏乃有贵州而无河南、四川；长宁县，江西赣州府与四川叙州府、广东惠州府同，疏乃又有奉天。考之于今皆不合。相去百年，沿革攸殊。而今制，于府州县之同名者，印文各加省名某某以别之，是亦无虑奸徒之作弊矣。

郡国改名

《后汉书·光武纪》:“建武六年春正月丙辰,改春陵乡为章陵县。”“十七年冬十月甲申,幸章陵,修园庙,祠旧宅。”又云:“乃悉为春陵宗室起祠堂。”上言“章陵”,见名也;下言“春陵”,本春陵侯之宗室,不可因县名而追改之也。此史家用字之密也。

《史记》《南越列传》:“南越王尉佗者,真定人也。”此未当,当曰“东垣人”。《卢绾传》:“高帝十一年冬,更东垣为真定。”《儒林传》:“汉兴,田何以齐田徙杜陵。”师古曰:“初徙时未为杜陵,盖史家追言之也。”

《汉书·夏侯胜传》:“夏侯胜,字长公。初,鲁共王分鲁西宁乡以封子节侯,别属大河,大河后更名东平,故胜为东平人。”《赵广汉传》:“赵广汉,字子都,涿郡蠡吾人也,故属河间。”《后汉书·党锢传》:“刘祐,中山安国人也,安国后别属博陵。”夏侯湛《东方朔画像赞》:“大夫讳朔,字曼倩,平原厌次人也。魏建安中,〔一〕分厌次以为乐陵郡,故又为郡人焉。”见《文选》卷四七。此郡国改名之例。

〔一〕【杨氏曰】每见称建安为魏,此恐未然。孝若为妙才曾孙犹可也,小颜于音注姓字“文颖”下,亦云“魏建安中”,则非。

史书人同姓名

《史记》,汉高帝时有两韩信,则别之曰“韩王信”。

《汉书》,王莽时有两刘歆,则别之曰"国师刘歆"。此其法本于《春秋左氏传》襄公二十五年齐崔杼弑其君光事,中有两贾举,则别之曰"侍人贾举"。

【小笺】按:秦汉章奏多不署姓,然有同官同名者,则以姓别之。《霍光传》臣胜、臣夏侯胜,臣隽舍、臣虞舍是也。

《金史》有二讹可,曰"草火讹可",曰"板子讹可"。有三娄室,曰"大娄室",曰"中娄室",曰"小娄室"。

述古

凡述古人之言,必当引其立言之人。古人又述古人之言,则两引之,不可袭以为己说也。《诗》《商颂·那》曰:"自古在昔,先民有作。"

程正叔颐传《易·未济》"三阳皆失位",而曰:"斯义也,闻之成都隐者。"见《伊川易传》卷四。是则时人之言而亦不敢没其人,君子之谦也,然后可与进于学。

引古必用原文

凡引前人之言必用原文。《水经注》《江水》引盛弘之《荆州记》曰:"江中有九十九洲。楚谚云:'洲不百,故不出王者。'桓玄有问鼎之志,乃增一洲,以充百数。僭号数旬,宗灭身屠。及其倾败,洲亦消毁。今上在西,忽有一洲自生，沙流回薄，成不淹时，其后未几，龙飞江汉矣。”注乃北魏郦道元作，而记中所指“今上”，则南宋文帝以宜都王即帝位之事，古人不以为嫌。

引书用意

《书·泰誓》：“受有亿兆夷人，离心离德。予有乱臣十人，同心同德。”《左传》引之，则曰：“《太誓》所谓‘商兆民离，周十人同’者，众也。”【原注】成二年。《淮南子》《原道训》：“舜钓于河滨，期年而渔者争处湍濑，以曲隈深潭相予。”《尔雅》《释地》注引之，则曰：“渔者不争隈。”此皆略其文而用其意也。

【小笺】按：今《泰誓》乃伪书，不足据。然《管子·法禁》篇引《太誓》曰：“纣有臣亿万人，亦有亿万之心；武王有臣三千而一心。”则经文详而传所引略，诚如顾说。惟《泰誓》必不称武王之谥，《管子》所引已非原文矣。

《后汉书·郅恽传》：“孟轲以强其君所不能为忠，量其君之所不能为贼。”亦用其意。《晋书》刘寔《崇让论》引孔子曰：“能以礼让为国，则不难也。”又《庾衮传》引孔子曰：“不教而战，是谓弃之。”并引经用意之证。

文章推服古人

韩退之文起八代之衰，于骈偶声律之文宜不屑为，而其《滕王阁记》①推许王勃所为序，且曰："窃喜载名其上，词列三王②之次，有荣耀焉。"李太白《黄鹤楼》诗曰："眼前有景道不得，崔颢题诗在上头。"所谓"自古在昔，先民有作"见《诗·商颂·那》。者也。今之好讥诃古人、翻驳旧作者，其人之宅心可知矣。〔一〕

〔一〕【钱氏曰】讥诃古人，始于宋儒。曾子固云："介甫非前人尽，独黄帝、老子未见非耳。"

宋洪迈从孙倬丞宣城，自作《题名记》，迈告之曰："他文尚可随力工拙下笔，如此记岂宜犯不韪哉！"盖以韩文公有《蓝田县丞厅壁记》故也。见《容斋四笔》卷五《蓝田丞壁记》。夫以题目之同于文公而以为犯不韪，昔人之谨厚何如哉！

史书下两曰字

注疏家凡引书，下一"曰"字；引书之中又引书，则下一"云"字。云、曰一义，变文以便读也，此出于《论语》《子罕》"牢曰子云"是也。若史家记载之辞，可下两"曰"字，《尚书·多方》"周公曰王若曰"是也。【原注】《孟子》书多有两"曰"字，如"公都子曰告子曰"、"公孙丑问曰高子曰"、"公孙丑曰伊尹曰"、"公孙丑曰《诗》曰"。

① 援庵《校注》：应作《新修滕王阁记》。

② 三王，韩愈《新修滕王阁记》："及得三王所为序、赋、记等。"注云："王勃作游阁序，王绪作赋，今中丞王公作修阁记。"王公，王仲舒也。

书家凡例

古人著书，凡例即随事载之书中。《左传》中言“凡”者，皆凡例也。《易·乾》、《坤》二卦“用九”、“用六”者，亦凡例也。

分题

古人作书，于一篇之中有分题，则标篇题于首，而列分题于下。如《尔雅·释天》一篇下列《四时》、《祥灾》、《岁阳》、《岁名》、《月阳》、《月名》、《风雨》、《星名》、《祭名》、《讲武》、《旌旂》，《吕氏春秋·孟春纪第一》下列《正月纪》、《本生》、《重己》、《贵公》、《去私》是也。疏家谓之“‘题上事’，谓标题上文之事。若‘周公践阼’及《诗》篇章句，皆篇末题之，故此亦尔”。见邢昺《尔雅疏》卷六《释天》。今按《礼记·文王世子》篇，有曰“文王之为世子也”，有曰“教世子”，有曰“周公践阼”，《乐记》篇有曰“子贡问乐”，亦同此例，后人误连于本文也。又如《汉书·礼乐志》，《郊祀歌》“练时日一”、“帝临二”，凡十九首，皆著其名于本章之末；《安世房中歌》“桂华”、“美芳”二题，传写之误，遂以冠后。

《尔雅·释亲》一篇，石经本“宗族”二字在“昆兄也”之后，“母党”二字在“从母姊妹”之后，“妻党”二字在“为姒妇”之后，“昏姻”二字在“吾谓之甥也”之后，今国子监刻本皆改之。

日知录集释卷二十一

作诗之旨

舜曰"诗言志",见《书·舜典》。此诗之本也。《礼记》《王制》"命太师陈诗以观民风",此诗之用也。《荀子》《大略》论《小雅》曰"疾今之政,以思往者,其言有文焉,其声有哀焉",此诗之情也。故诗者"王者之迹"也。① 建安以下,洎乎齐、梁,所谓"辞人之赋丽以淫",见扬雄《法言·吾子》。而于作诗之旨失之远矣。

【校正】晏案:亭林言诗言文,极中肯綮,故其自作诗文,卓然可传。窃谓明初之刘文成,国初之顾处士,皆不以诗文鸣,允为大家巨手,开一代之先声,由其学擅三长,酝酿深而根柢厚也。

唐白居易《与元微之书》曰:"年齿渐长,阅事渐多,每与人言,多询时务,每读书史,多求理道。始知文章合为时

① 《孟子·离娄下》:"孟子曰:王者之迹熄而《诗》亡,《诗》亡然后《春秋》作。"

而著，歌诗合为事而作。”见《白氏长庆集》卷四五。又自叙其诗，关于美刺者谓之“讽谕诗”，自比于梁鸿《五噫》之作，[①]而谓“好其诗者，邓鲂、唐衢俱死，吾与足下又困踬，岂六义四始之风，天将破坏不可支持邪？又不知天意不欲使下人病苦闻于上邪？”嗟乎，可谓知立言之旨者矣。

晋葛洪《抱朴子》《外篇·辞义》曰：“古诗刺过失，故有益而贵。今诗纯虚誉，故有损而贱。”

诗不必人人皆作

古人之会君臣朋友，不必人人作诗。人各有能有不能，不作诗何害？若一人先倡而意已尽，则亦无庸更续。是以虞廷之上，皋陶赓歌，而禹、益无闻，[②]古之圣人不肯为雷同之辞、骈拇之作也。柏梁之宴，[③]金谷之集，[④]必欲人人以诗鸣，而芜累之言始多于世矣。

尧命历而无歌，文王演《易》而不作诗，不闻后世之人议其劣于舜与周公也。孔子以斯文自任，上接文王之统，乃其事在六经，而所自为歌止于“龟山”、“彼妇”诸作，[⑤]何

① 诗见《后汉书·逸民·梁鸿传》。

② 事见《书·益稷》。

③ 见本卷“柏梁台诗”条。

④ 西晋时，石崇于河南金谷涧中有别庐，冠绝时辈，引致宾客，日以赋诗。

⑤ 龟山在曲阜。《绎史》卷八六：季桓子受女乐，孔子欲谏不得，退而望鲁龟山作《龟山操》，以喻季氏若龟山之蔽鲁也。辞曰：“予欲望鲁兮，龟山蔽之。手无斧柯，奈龟山何。”“彼妇”之歌见《史记·孔子世家》。诗云：“彼妇之口，可以出走。彼妇之谒，可以死败。盖优哉游哉，维以卒岁。”

寥寥也！其不能与？“夫我则不暇”见《论语·宪问》。与？

宋邵博《闻见后录》卷一九曰：“李习之与韩退之、孟东野善。习之于文，退之所敬也。退之与东野唱酬倾一时，习之独无诗，退之不议也。【原注】《石林诗话》：“人之才力有限，李翱、皇甫湜皆韩退之高弟，而二人独不传其诗，不应散亡无一篇存者，计或非其所长，故不作耳。二人以非所长而不作，贤于世之不能而强为之者也。”尹师鲁与欧阳永叔、梅圣俞善，师鲁于文，永叔所敬也。永叔与圣俞唱酬倾一时，师鲁独无诗，永叔不议也。”

《五子之歌》适得五章，以为人各一章，此又后人之见耳。①

《渭阳》，秦世子送舅氏也，而晋公子无一言。② 尹吉甫作《崧高》之诗以赠申伯，《烝民》之诗以赠仲山甫，《韩奕》之诗以赠韩侯。三诗俱见《诗·大雅·荡之什》。而三人者不闻其有答，是知古人之诗不以无和答为嫌。

诗题

“三百篇”之诗人，大率诗成，取其中一字、二字、三四字以名篇，故十五《国》并无一题，《雅》、《颂》中间一有之，

---

① 《书·五子之歌》序云：“太康失邦，昆弟五人须于洛汭，作《五子之歌》。”

② 秦世子，穆公之太子，后之康公。晋公子，指后之晋文公重耳。《诗·秦风·渭阳》序称秦康公为世子时作。康公之母，晋献公之女，与晋文公重耳同母。骊姬之难，重耳在秦未返，而康公母卒。秦穆公纳文公于晋，康公时为太子，送舅氏文公于渭之阳，念母之不见也。但序称“及其即位，思而作是诗”，则非即时而作也。

若《常武》，美宣王也，若《勺》，若《赉》，若《般》，皆庙之乐也。其后人取以名之者一篇，曰《巷伯》，自此而外无有也。【原注】《雨无正》篇，《韩诗》篇首有"雨无其极，伤我稼穑"二句。①五言之兴，始自汉、魏，而《十九首》并无题。《郊祀歌》、《铙歌曲》各以篇首字为题。见《汉书·礼乐志》。又如王、曹②皆有《七哀》而不必同其情，六子皆有《杂诗》③而不必同其义，则亦犹之《十九首》也。唐人以诗取士，始有命题分韵之法，而诗学衰矣。

杜子美诗多取篇中字名之，如"不见李生久"则以"不见"名篇，"近闻犬戎远遁逃"则以"近闻"名篇，"往在西京时"则以"往在"名篇，"历历开元事"则以"历历"名篇，"自平宫中吕太一"则以"自平"名篇，"客从南溟来"则以"客从"名篇，皆取首二字为题，全无意义，颇得古人之体。

古人之诗，有诗而后有题；今人之诗，有题而后有诗。有诗而后有题者，其诗本乎情；有题而后有诗者，其诗徇乎物。

古人用韵无过十字

"三百篇"之诗，句多则必转韵。【原注】古人但谓之"音"，不谓之"韵"，今姑从俗名之耳。魏、晋以上亦然。宋、齐

① 《诗》有三家，韩诗本之韩婴。所引二句见于宋马永卿编刘安世之《元城语录解》卷中。

② 王、曹，王粲、曹植。诗皆见《文选》卷二三。

③ 《文选》卷二九，以《杂诗》为题者有王粲、刘桢、曹丕、曹植、嵇康、傅玄等。

以下，韵学渐兴，人文趋巧，于是有强用一韵到底者，终不及古人之变化自然也。

古人用韵无过十字者，独《閟宫》见《诗·鲁颂》。之四章乃用十二字。使就此一韵引而伸之，非不可以成章，而于义必有不达，故末四句转一韵。是知以韵从我者，古人之诗也；以我从韵者，今人之诗也，自杜拾遗、韩吏部未免此病也。

叶少蕴《石林诗话》曰："长篇最难，魏、晋以前诗无过十韵者，盖使人以意逆志，初不以序事倾尽为工。至老杜《述怀》、《北征》诸篇，穷极笔力，如太史公纪传，此固古今绝唱。然《八哀》八篇本非集中高作，而世多尊称之不敢议。如'李邕'、'苏源明'诗中极多累句，余尝痛刊去，仅各取其半，方为尽善。然此不可为不知者言也。"〔一〕

〔一〕【杨氏曰】石林此论是言诗不宜过长耳，不论转韵。○古诗惟《焦仲卿妻》一篇最长，后人不敢措手。

诗主性情，不贵奇巧。唐以下人有强用一韵中字几尽者，有用险韵者，有次人韵者，皆是立意以此见巧，便非诗之正格。

且如孔子作《易·彖》、《象传》，其用韵有多有少，未尝一律，亦有无韵者。可知古人作文之法，一韵无字则及他韵，他韵不协则竟单行。圣人"无必无固"，见《论语·子罕》。于文见之矣。

诗有无韵之句

诗以义为主，音从之。必尽一韵无可用之字，然后旁通他韵；又不得于他韵，则宁无韵。苟其义之至当，而不可以他字易，则无韵不害。汉以上往往有之。

“暮投石壕村，有吏夜捉人”，【原注】杜甫《石壕吏》诗。两韵也，至当不可易。下句云“老翁逾墙走，老妇出门看”，则无韵矣，亦至当不可易。〔一〕古辞《紫骝马歌》中有“舂谷持作饭，采葵持作羹”二句无韵，李太白《天马歌》中有“白云在青天，丘陵远崔嵬”二句无韵，《野田黄雀行》首二句“游莫逐炎洲翠，栖莫近吴宫燕”无韵，《行行且游猎》篇首二句“边城儿，生年不读一字书”无韵。

〔一〕【钱氏曰】“真文”至“元寒”通，非无韵也。

五经中多有用韵

古人之文，化工也，自然而合于音，则虽无韵之文而往往有韵。苟其不然，则虽有韵之文而时亦不用韵，终不以韵而害意也。“三百篇”之诗，有韵之文也，乃一章之中有二三句不用韵者，如“瞻彼洛矣，维水泱泱”见《小雅·瞻彼洛矣》。之类是矣。一篇之中有全章不用韵者，如《思齐》见《大雅·文王之什》。之四章、五章，〔一〕《召旻》见《大雅·荡之什》。之四章是矣。又有全篇无韵者，《周颂·清庙》、《维天之命》、《昊天有成命》、《时迈》、《武》诸篇是矣。说者以为当有馀声，然以馀声相协而不入正文，此则所谓不以韵而害意者也。孔子赞《易》十篇，其《彖》、《象传》、《杂卦》五篇用韵，然其中无韵者亦十之一；《文言》、《系辞》、《说卦》、《序卦》五篇不用韵，然亦间有一二，如"鼓之以雷霆，润之以风雨，日月运行，一寒一暑。乾道成男，坤道成女"，见《系辞上》。"君子知微知彰，知柔知刚，万夫之望"。见《系辞下》。此所谓化工之文，自然而合者，固未尝有心于用韵也。〔二〕《尚书》之体，本不用韵，而《大禹谟》"帝德广运，乃圣乃神，乃武乃文。皇天眷命，奄有四海，为天下君"，《伊训》"圣谟洋洋，嘉言孔彰，惟上帝不常。作善降之百祥，作不善降之百殃。尔惟德罔小，万邦惟庆。尔惟不德罔大，坠厥宗"，《太誓》"我武惟扬，侵于之疆。取彼凶残，我伐用张，于汤有光"，《洪范》"无偏无陂，遵王之义。无有作好，遵王之道。无有作恶，遵王之路。无偏无党，王道荡荡。无党无偏，王道平平。无反无侧，王道正直"，皆用韵。又如《曲礼》"行，前朱鸟而后玄武，左青龙而右白虎，招摇在上，急缮其怒"，见《礼记》。下同。《礼运》"玄酒在室，醴醆在户，粢醍在堂，澄酒在下。陈其牺牲，备其鼎俎，列其琴瑟，管磬锺鼓，修其祝嘏。以降上神，与其先祖，以正君臣，以笃父子，以睦兄弟，以齐上下，夫妇有所，是谓承天之祜"，《乐记》"夫古者，天地顺而四时当，民有德而五谷昌，疾疢不作而无妖祥，此之谓大当。然后圣人作为父子君臣，以为纪纲"，《中庸》"故君子不可以不修身，思修身不可以不事亲,思事亲不可以不知人,思知人不可以不知天”,《孟子》《梁惠王下》“师行而粮食,饥者弗食,劳者弗息。睊睊胥谗,民乃作慝。方命虐民,饮食若流。流连荒亡,为诸侯忧”,凡此之类,在秦、汉以前诸子书并有之。太史公作赞,亦时一用韵,而汉人乐府诗反有不用韵者。〔三〕

〔一〕【沈氏曰】《救文格论》“瞻彼洛矣”二句作“我徂东山,滔滔不归”,“思齐”上有“无将大车之首章”七字。

〔二〕【钱氏曰】《文言》、《系词》亦多有韵之句。

〔三〕【沈氏曰】此下《救文格论》有“至东汉以下,始以有韵无韵为诗文之别,截然为二,而文亦日以衰”。

易韵

《易》之有韵,自文王始也。凡卦辞之繁者时用韵。《蒙》之渎、告,《解》之复、夙,《震》之虩、哑,《艮》之身、人是也。至周公则辞愈繁,而愈多用韵。疑古卜辞当用韵,若《春秋传》所载懿氏之锵、姜,卿、京,①骊姬之渝、羭,莸、臭,②伯姬之衁、贶、偿、相,姬、旗、师,丘、孤、弧、姑、逋,家、虚,③鄢

① 见《左传》庄公二十二年:懿氏卜妻敬仲,其妻占之,曰:“吉,是谓‘凤皇于飞,和鸣锵锵,有妫之后,将育于姜。五世其昌,并于正卿。八世之后,莫之与京’。”

② 见《左传》僖公四年:晋献公欲以骊姬为夫人,卜之。其繇曰:“专之渝,攘公之羭。一薰一莸,十年尚犹有臭。”

③ 见《左传》僖公十五年:晋献公筮嫁伯姬于秦,史苏占之,遇《归妹》之《睽》,其繇曰:“士刲羊,亦无衁也。女承筐,亦无贶也。西邻责言,不可偿也。《归妹》之《睽》,犹无相也。”《震》之《离》,亦《离》之《震》,“为雷为火,为嬴败姬,车说其輹,火焚其旗,不利行师,败于宗丘。《归妹》、《睽》孤,寇张之弧,姪其从姑,六年其逋,逃归其国,而弃其家,明年其死于高梁之虚。”

陵之蹙、目,[①]孙文子之陵、雄,[②]卫侯之羊、亡,窦、逾。[③] 又如《国语》所载晋献公之骨、猾、捽,[④]《史记》所载汉文帝之庚、王、光,[⑤]《汉书·元后传》所载晋史之雄、乘、崩、兴,[⑥]皆韵也。故孔子作《彖》、《象传》用韵,盖本经有韵而传亦韵,此见圣人述而不作、以古为师而不苟也。【原注】郭璞注《尔雅·释训》篇,本经有韵,注亦用韵。〔一〕

〔一〕【钱氏曰】王逸注《楚词·卜居》、《渔父》篇亦用韵。

《彖》、《象传》犹今之笺注者,析字分句以为训也。《系辞》、《文言》以下,犹今之笺注于字句明白之后,取一章一篇全书之义而通论之也,故其体不同。

古诗用韵之法

古诗用韵之法,大约有三:首句、次句连用韵,隔第三句而于第四句用韵者,《关雎》之首章是也,凡汉以下诗及

---

① 见《左传》成公十六年:晋、楚战于鄢陵。晋文公筮之,史曰:"吉。其卦遇《复》,曰:'南国蹙,射其元王中厥目。'国蹙王伤,不败何待?"

② 见《左传》襄公十年:孙文子卜追之,献兆于定姜。姜氏问繇。曰:"兆如山陵,有夫出征,而丧其雄。"

③ 见《左传》哀公十七年:卫侯贞卜,其繇曰:"如鱼赪尾,衡流而方羊。裔焉大国,灭之将亡。阖门塞窦,乃自后逾。"

④ 见《晋语一》:献公卜伐骊戎,史苏占之,曰:"遇兆:'挟以衔骨,齿牙为猾,戎、夏交捽。'"

⑤ 见《孝文本纪》:卜之龟,卦兆得大横。占曰:"大横庚庚,余为天王,夏启以光。"

⑥ 《元后传》:昔春秋沙麓崩,晋史卜之,曰:"阴为阳雄,土火相乘,故有沙麓崩。后六百四十五年,宜有圣女兴。"

唐人律诗之首句用韵者源于此；一起即隔句用韵者，《卷耳》见《周南》。之首章是也，凡汉以下诗及唐人律诗之首句不用韵者源于此；自首至末句句用韵者，若《考槃》、见《卫风》。《清人》、见《郑风》。《还》、《著》、俱见《齐风》。《十亩之间》、见《魏风》。《月出》、见《陈风》。《素冠》见《桧风》。诸篇，又如《卷耳》之二章、三章、四章，《车攻》见《小雅》。之一章、二章、三章、七章，《长发》见《商颂》。之一章、二章、三章、四章、五章是也，凡汉以下诗若魏文帝《燕歌行》之类源于此。自是而变，则转韵矣。转韵之始，亦有连用、隔用之别，而错综变化，不可以一体拘。于是有上下各自为韵，若《兔罝》见《周南》。及《采薇》见《小雅》。之首章，《鱼丽》见《小雅》。之前三章，《卷阿》见《大雅》。之首章者。有首末自为一韵，中间自为一韵，若《车攻》之五章者。有隔半章自为韵，若《生民》见《大雅》。之卒章者。有首提二韵，而下分二节承之，若《有瞽》见《周颂》。之篇者。此皆诗之变格，然亦莫非出于自然，非有意为之也。

先生《音学五书序》曰：《记》曰："声成文，谓之音。"夫有文斯有音，比音而为诗，诗成然后被之乐，此皆出于天而非人之所能为也。三代之时，其文皆本于六书，其人皆出于族党庠序，其性皆驯化于中和，而发之为音，无不协于正。然而《周礼》大行人之职"九岁属瞽史，谕书名，听声音"，所以一道德而同风俗者，又不敢略也。是以《诗》三百五篇，上自《商颂》，下逮陈灵，以十五国之远，千数百年之久，而其音未尝有异。帝舜之歌，皋陶之赓，箕子之陈，文王、周公之系，无弗同者。故“三百五篇”，古人之音书也。魏、晋以下，去古日远，词赋日繁，而后名之曰韵，至宋周颙、梁沈约而四声之谱作。然自秦、汉之文，其音已渐戾于古，至东京益甚。而休文作谱，乃不能上据《雅》、《南》，旁摭骚子，以成不刊之典，而仅按班、张以下诸人之赋，曹、刘以下诸人之诗所用之音，撰为定本。于是今音行而古音亡，为音学之一变。下及唐代，以诗赋取士，其韵一以陆法言《切韵》为准，虽有独用、同用之注，而其分部未尝改也。至宋景祐之际，微有更易。理宗末年，平水刘渊始并二百六韵为一百七韵。元黄公绍作《韵会》因之，以迄于今。于是宋韵行而唐韵亡，为音学之再变。世日远而传日讹，此道之亡盖二千有馀岁矣。〔一〕炎武潜心有年，既得《广韵》之书，乃始发悟于中而旁通其说，于是据唐人以正宋人之失，据古经以正沈氏、唐人之失，而三代以上之音，部分秩如，至赜而不可乱。乃列古今音之变而究其所以不同，为《音论》二卷；考正三代以上之音，注“三百五篇”，为《诗本音》十卷；注《易》，为《易音》三卷；辨沈氏部分之误，而一一以古音定之，为《唐韵正》二十卷；综古音为十部，为《古音表》二卷。自是而六经之文乃可读，其他诸子之书离合有之，而不甚远也。天之未丧斯文，必有圣人复起，举今日之音而还之淳古者。〔二〕

〔一〕【钱氏曰】古韵分二百六部，唐、宋相承，虽先后次第及同用、独用之法小有异同，而部分无改。元初黄公绍《古今韵会》始并为一百七韵，盖循用平水韵次第，后人因以并韵之咎归之刘渊。今渊书已不传，据黄氏《韵会凡例》称，“江南监本免解进士毛氏晃《增修礼部韵略》、江北平水刘氏渊《壬子新刊礼部韵略》互有增字。而每韵所增之字，于毛云‘毛氏韵’，于刘云‘平水韵’。”则渊不过刊是书者，非著书之人矣。予尝于吴门黄孝廉丕烈家，见元椠本《平水韵略》，卷首有河间许古序，乃知为平水书籍王文郁所撰，后题“正大六年己丑季夏中旬”，则金人，非宋人也。考己丑在壬子前廿有三年，其时金犹未亡，至淳祐壬子则金亡已久矣。意渊窃见文郁书，刊之江北，而去其序，故公绍以为刘氏书也。

【又曰】王氏平水韵并上下平声各为十五，上声廿九，去声三十，入声十七，皆与今韵同。文郁在刘渊之前，则谓并韵始于刘渊者，非也。论者又谓平水韵并四声为一百七韵，阴时夫又并上声拯韵入迥韵。今考文郁韵上声拯等已并于迥韵，则亦不始于时夫矣。

〔二〕【钱氏曰】古今音之别，汉人已言之。刘熙《释名》云：“古者车声如居，所以居人也。今曰车，声近舍。”韦昭辩之云：“古皆音尺奢反，汉以来始有居音。”此古今音殊之证。但刘、韦皆言古音，而说正相反，实则刘是而韦非。盖宏嗣生汉季，渐染俗音，因《诗》“王姬之车”、“君子之车”皆与华韵，遂疑车当读尺奢切。不知读华为呼瓜切，亦非古音也。古读华如敷，《诗》“有女同车”与华、琚、都为韵，“携手同车”与狐、乌为韵，则车之读居，断可识矣。自齐、梁之世，周彦伦、沈休文辈分别四声，以制韵谱，其后沈重作《毛诗音》，于今韵有不合者谓之协句，如《燕燕》首章“远送于野”云“协句，宜音时预反”，二章

"远送于南"云"协句,乃林反"。所云协句,即古音也。陆德明《释文》创为"古人韵缓,不烦改字"之说,于沈所云协句者皆如字读,自谓通达无碍,而不知"三百篇"之音谐畅明白,未尝缓也。使沈重《音》尚存,较之吴才老《叶韵》,岂不简易可信乎?协句亦谓之协韵。《邶风》"宁不我顾",《释文》:"徐音古。此亦协韵也,后放此。"陆元朗之时已有韵书,故于今韵不收者谓之协韵,协与叶同。颜师古注《汉书》,又谓之合韵,合犹协也,是吴才老《叶韵》之所自出矣。然言叶韵不如言古音,盖叶韵以今韵为宗,强古人以合之,不知古人自有正音也。古人因文字而定声音,因声音而得诂训,其理一贯。汉、魏以降,方俗递变,而声音、文字渐不相应,赖有"三百篇"及群经、传记、诸子、骚赋具在,学者读其文可得其最初之音。此顾氏讲求古音,其识高出毛奇龄辈万倍,而大有功于艺林者也。但古人亦有一字而异读者,文字偏旁相谐谓之正音,语言清浊相近谓之转音。音之正有定而转无方。正音可分别部居,转音则只就一字相近假借互用,而不通它字。其以声转者,如难与那声相近,故傩从难而入歌韵。难又与泥相近,故臡从难而入齐韵。非谓歌、齐二部之字尽合于寒、桓也。宗与尊相近,故《春秋传》伯宗或作伯尊。临与隆相近,故《云汉》诗以临与躬韵。巩与固相近,故《瞻卬》诗以巩与后韵。非谓魂、侵、侯之字尽合于东、锺也。其以义转者,如躬义为身,即读躬如身。《诗》"无遏尔躬"与天为韵,《易·震》"不于其躬,于其邻"与邻韵。非谓真、先之字尽合东、锺也。赓义为续,《说文》以赓为续之古文,非阳、庚之字尽合屋、沃也。溱本当作潧,《说文》"潧水出郑国",引《诗》"潧与洧"。此是正音,而《毛诗》作溱者,读潧如溱,以谐韵耳。溱即潧转音,不可据《说文》纠《诗》之失韵，据《诗》疑《说文》之妄作，又不可执溍、溱相转而谓烝、真之字尽可通也。夫溍与增皆曾声，《毛传》于《鲁颂》"烝徒增增"云"众也"。此《尔雅·释训》正文，而于《小雅》"室家溱溱"亦云"众也"。文异而义不异，不独假其音，并假其字。古人正音多而转音少，则谓转音为协固可，如以正音为协，则颠倒甚矣。顾氏谓一字止一音，于古人异读者辄指为方音，固失，而于音之正者斟酌允当，其论入声尤中肯綮，后有作者，莫出其范围也。

【又曰】音韵真、谆为一类，耕、清为一类，而孔子赞《易》，往往互用。顾氏因谓五方之音，虽圣人不能改，此一孔之见也。夫《七月》末章已有歧音，《清庙》一什半疑无韵，非无韵也，古音久而失传耳。依形寻声，虽常人可以推求；转注假借，非达人不能通变。所疑于《彖》、《象传》者不过民、平、天、渊诸字，此古人双声假借之例，非举两部混而一之。民、冥声相近，故《屯·象》以韵正，读民如冥也。平、便声相近，故《观·象》以韵宾、民，读平如便也。渊音近环，与营声相近，故《讼·象》以韵成、正，读渊如营也。天、汀声相近，故《乾·象》以韵形、成，《文言》以韵情、平，读天如汀也。此例本于《维清》之禋、成、祯，《烈文》之训、刑，夫子亦犹行古之道而已。古训膺为胸，有壅音。《说文》："膺，胸也。"《释名》："膺，壅也。"《蒙·象》以应韵中、功，《比·象》以应韵中、穷，亦读应为壅也。《未济·象》以极与正韵，文公疑作敬，顾氏以非韵置之。予谓极从亟，亟、敬声相近。《广雅》："亟，敬也。"《方言》："自关而西，凡相敬爱谓之亟。"则朱说非无稽，但不必破字耳。《革·象》以炳、蔚、君为韵。按《说文》："莙，读若威。"《汉律》："妇告威姑。威姑者，君姑也。"君、威同音，则蔚与君谐。

而炳、彪声亦相近，盖读炳如彪也。《说文》："彪，虎文彪也。"与《易》义相应，是《易》固有作彪字者矣。《豫·象》以凶与正韵，中、正本双声字，《艮·象》"以中正也"①，亦与躬、终韵，则正、凶可韵也。《象传》不韵之句独此三卦，今以双声通之，则涣然释矣。顾氏不知转音，有扞格不入者则谓之方音，不然也。如实，神质切，亦读如满；久，读如九，亦读如几，《易传》兼用之，此正不拘方音之证。民、平，天、渊，义亦犹是。"三百篇"多以命与申韵，《易传》则以命与贞、正韵，是有两音。《说文》命从令声。令本真、先类也。《诗》"题彼脊令"与鸣、征韵，《逸诗》"讲事不令"与挺、扃、定韵，《节南山》以韵骋，《桑扈》以韵屏，《楚词·大招》以命与盛、定韵，此令可两读也。《周颂》以"时周之命"与"我徂维求定"为韵，《抑》"讦谟"叠韵，"定命"亦叠韵，此命可两读也。《乾·象传》读命为眉病切，于《姤·象传》读弥吝切，亦兼用二音。以方音议之，非也。顾氏谓古音地如沱，《诗》"载寝之地"与瓦韵，不与裼韵，引《易·系词》"俯则观法于地"与宜韵证之。愚谓此本非韵，即以韵求，乌知不与物、卦协乎？籀文地作墬。《元命包》云："地，易也。"《释名》："地，底也，谛也。"皆不取从也之音。《易·明夷》上六："不明，晦。初登于天，后入于地。"以地韵晦也。《系辞》云："广大配天地，变通配四时。"又云："知崇礼卑，崇效天，卑法地。"一与时韵，一与卑韵。《秦本纪》"琅邪刻石文"以地与帝、懈、辟、易韵。《淮南·原道训》"一之理施四海，一之解际天地"，《太史公自序》"维昔黄帝，法天则地"，《汉书·丙吉传》"西曹地忍之"，亦读地为弟也。顾氏谓司马相如《子虚赋》始读为徒二反者，误。顾氏论古音以偏旁得

① "以中正也"，本《晋》之《象传》文，此作"艮象"，应误。

声，亦有自相矛盾者。如旂、沂、圻皆从斤，为古音，则近亦从斤，乃援《诗》"会言近止"与偕、迩韵，谓古音记，改入志韵。何耶？凡字有正音、转音，近既从斤，当以其隐切为正，其读如几者，转也。如《硕人》"其颀"，亦颀之转音，《礼记》"颀乎其至"读为恳者，乃正音耳。倩从青而与盼韵，颙从禺而与公韵，实从贯而与室韵，怓从奴而与逑韵，皆非正音。《礼记》"相近于坎坛"，郑康成读相近为禳祈，祈未必不可读为近也。"三百篇"用韵之字不及千名，乌能尽天下之音？顾氏但以所见者为正，宜其龃龉矣。仇从九声，古读九有纠、鬼二音，故《关雎》以仇韵鸠，《兔罝》以仇韵逵。顾氏不知九有二音，乃谓仇当有二音，如"母戎兴难"之类，然"三百篇"中亦不过四五字而已。予谓转音之字甚多，《七月》之阴，《云汉》之临，《荡》之谌，《小戎》之骖，《车攻》之调、同，《桑柔》之瞻，《文王》之躬，《生民》之稷，《北门》之敦，《召旻》之频，《正月》之局，皆转音也。毛公《诂训传》每寓声于义，虽不破字，而未尝不转音。《小旻》之"是用不集"，训集为就，即转从就音。《鸳鸯》之"秣之摧之"，训摧为莝，即转从莝音。《瞻卬》之"无不克巩"，训巩为固，即转从固音。《载芟》之"匪且有且"，训且为此，即转从此音。声随义转，无不可读之诗矣。识字当究其源，源同则流不异。求本裘字，借为求与之义，求、祈声相近，故又有渠之切之音。后人于求加衣，仍取求声，非衣声也。求、裘一字，顾氏析而二之。且同一从求之字，而读俅为渠之切，觩、絿为巨鸠切。同一从九之字，而读仇为渠之切，鸠为居求切，不知求、九元有二音也。睘从袁声，故字之从睘者皆在山、仙韵，而"独行睘睘"，乃与菁韵。读环者，睘之正音；读茕者，睘之转音也。黍稷字本在职德韵，而《生民》首章稷与夙、育韵，读如谡者，转音也。《简兮》以翟与龠、爵韵，《君子偕老》则与髢、揥韵。考褕翟、阙翟，字或作狄，狄有剔音，正与髢协，是翟有两音也。旧与舅皆从臼声，"三百篇"中，舅与咎韵，亦与首、阜韵，旧与时韵，亦与里、哉韵。舅从正音，旧从转音也。知一字不妨数音，辩其孰为正，孰为转，然后能知古音。知"三百篇"之音，然后无疑于《易》之音也。《毛诗》不破字，有转音，《大雅》"伣天之妹"，《韩诗》伣作磬，而毛亦训为磬，即读为磬矣。《小雅》"外御其务"，《左传》务作侮，而毛亦训为侮，即读如侮矣。《郑风》"方秉蕑兮"，毛训蕑为兰，《说文》有兰无蕑，知蕑读如兰也。《卫风》"能不我甲"，《韩诗》甲作狎，毛亦训为狎，即读如狎。《小雅》"神之吊矣"，毛训吊为至，与质韵，是读为至也。毛无破字，其说出于王肃。肃欲与郑立异，故于郑所破字，必别为新义，虽谓申毛，未尽得毛旨也。试以它经证之。赓，正音如庚，而《书》"乃赓载歌"，从续音。《说文》："续，古文作赓。"卝之正音近贯，《齐风》与娈、弁韵，而《周礼·卝人》借卝为矿，《说文》："磺或作卝。"赓、续以义转，卝、磺以声转，此古经转音之例。魏晋以后，此义不讲，读者动多窒碍矣。《大雅》"讦谟定命"四句，顾氏以为无韵，《考槃》、《干旄》、《既醉》告字并古沃切，与则音不相近。《说文》："嚳，急告之甚也。""急告"为双声。《白虎通》："嚳者，极也"。亟与急通，故嚳有极训。《楚茨》以告韵备、戒、位，《抑》以告韵则，《尔雅·释训》以告韵忒、食、则、慝、职，皆读告为亟也。读如谷者正音，读如亟者转音。顾氏拘于定音，于《楚茨》云不入韵，于《抑》则直云无韵，岂其然乎？《诗》"日月告凶"，《汉书》引作"鞠訩"，而《释训》亦以鞠与职、慝韵，则告有亟音，又何疑焉？故从告之字亦可转读。"小子有造"

与士韵,"跻跻王之造"与晦、介、嗣、师韵。顾氏论《诗》,母字凡十七见,其十六皆读满以切,惟《蟋蟀》二章与雨韵,而《易·系词》"如临父母",与度、惧、故韵,是有二音,要当以满以切为正。不知古音读如每,此为正音,其读如今音者转音也。"三百篇"侮字四见,皆与今音同。侮从每声,每又从母声,惟母有姥音,故侮可入语、姥部。因流溯源,其条理秩然不紊。顾氏不知音有正有转,辄疑转音为方音,故于此类未甚洞晓。

古人不忌重韵

杜子美作《饮中八仙歌》用三"前"、二"船"、二"眠"、二"天"。宋人疑古无此体,遂欲分为八章,以为必分为八而后可以重押韵无害也,不知《柏梁台诗》三"之"、三"治"、二"哉"、二"时"、二"来"、二"材"已先之矣。"(东)**[西]川有杜鹃,**(西)**[东]川无杜鹃,涪万无杜鹃,云安有杜鹃。"**见杜甫《杜鹃》。**求其说而不得,则疑以为题下注,不知古人未尝忌重韵也。故有四韵成章而唯用二字者,"胡为乎株林,从夏南。匪适株林,从夏南"**见《陈风·株林》。**是也。有二韵成章而惟用一字者,"大人占之,维熊维罴,男子之祥。维虺维蛇,女子之祥"**见《小雅·斯干》。**是也。有三韵成章而惟用一字者,"苟日新,日日新,又日新"**见《礼记·大学》。**是也。**【原注】汤濩[①]曰:"《仪礼》祭侯辞:'惟若宁侯,毋或若女不

① 张京华《校释》:汤濩,字圣弘,六合人。顾炎武有《与汤圣弘书》。

宁侯。’①《左传》虞叔引谚：‘匹夫无罪，怀璧其罪。’见桓公十年。曹子臧引志：‘圣达节，次守节，下失节。’见成公十五年。晏子引谚：‘非宅是卜，惟邻是卜。’见昭公三年。《老子》：‘道可道，非常道。名可名，非常名。’《史记·天官书》：‘欲终日有(雨)云，有风，有日。日当其时者，深而多实；无云有风日，当其时，浅而多实；有云风，无日，当其时，深而少实。’皆古人以本字自为韵者也。”如《采薇》见《小雅》。首章连用二“猃狁之故”句，《正月》见《小雅》。一章连用二“自口”字，《十月之交》见《小雅》。首章连用二“而微”字，《车辖》见《小雅》。三章连用二“庶几”字，《文王有声》见《大雅》。首章连用二“有声”字，《召旻》见《大雅》。卒章连用二“百里”字，又如《行露》见《召南》。首章起用“露”字，末用“露”字，又如《简兮》见《邶风》。卒章连用三“人”字，《那》见《商颂》。连用三“声”字。其重一字者，不可胜述。汉以下亦然。如《陌上桑》诗三“头”字，二“隅”字，二“馀”字，二“夫”字，二“须”字。【原注】“罗敷”字在下句末三见。《焦仲卿妻作》三“语”字，三“言”字，二“由”字，二“母”字，二“取”字，二“子”字，二“归”字，二“之”字，二“君”字，二“门”字，又二“言”字。苏武《骨肉缘枝叶》一首二“人”字，《结发为夫妇》一首二“时”字。陈思王《弃妇词》二“庭”字，二“灵”字，二“鸣”字，二“成”字，二“宁”字。阮籍《咏怀诗·灼灼西隤日》一首二“归”字。张协《杂诗·黑蜧跃重渊》一首二“生”字。谢灵运《君子有所思行》二“归”字。梁武帝《撰孔子正言竟述怀》诗二“反”

---

① 按祭侯辞见《周礼·考工记》。是《仪礼》为《周礼》之误。

字。任昉《哭范仆射》诗二"生"字，三"情"字。沈约《锺山》诗二"足"字。然则重韵之有忌，其在隋、唐之代乎？

诸葛孔明《梁父吟》云"问是谁家墓，田疆古冶子"，又云"谁能为此谋，国相齐晏子"，用二"子"字。古人但取文理明当而已，初不避重字也。今本或改作"田疆古冶氏"，失之矣。

潘岳《秋兴赋》："宵耿介而不寐兮，独展转于华省。悟时岁之遒尽兮，慨俯首而自省。"用二"省"字。〔一〕

〔一〕【杨氏曰】此二"省"字不同，一"省禁"之"省"，一"省身"之"省"也。

初唐诗最为严整，而卢照邻《长安古意》"别有豪华称将相，转日回天不相让。意气由来排灌夫，专权判不容萧相"，用二"相"字。今人谓必字同而义异者方可重用，若此诗之二"相"固无异义也。且《诗》《小雅·出车》曰"王命南仲，往城于方"，其下文又曰"天子命我，城彼朔方"，有何异义哉！

【小笺】按：《昌黎集·晚秋郾城夜会联句》云"五鼎调勺药"，又云"仍祈却老药"。后人谓"勺药"之"药"音略，与下"药"字音义不同，无嫌重押。愚按《相如传》"勺药之和具"，师古注曰："勺药，药草名，其根主和五脏，又辟恶气，故合之兰桂五味，以助诸食。读赋之士不得其意，妄为音训，以误后学。"据此，则勺药之药仍当读如本字，而昌黎亦押重韵也。

李太白《高阳歌》二"杯"字，《庐山谣》二"长"字。杜子美《织女》诗二“中”字,《奉先县咏怀》二“卒”字,《两当县吴十侍御江上宅》二“白”字,《八哀诗》张九龄一首二“省”字,二“境”字,《园人送瓜》二“草”字,《寄狄明府》二“济”字,《宿凿石浦》二“系”字。韩退之《此日足可惜》诗二“光”字,二“鸣”字,二“更”字,二“城”字,二“狂”字,二“江”字。【原注】王摩诘《故太子太师徐公挽歌》重用二“名”字,施之律诗,则为非体。

诗有以意转而韵须重者,如“今夕何夕,见此良人。子兮子兮,如此良人何”,见《诗·唐风·绸缪》。“嘤其鸣矣,求其友声。相彼鸟兮,犹求友声”,见《小雅·伐木》。“有杕之杜,其叶萋萋。王事靡盬,我心伤悲。卉木萋止,女心悲止”,见《小雅·四牡》。“于论鼓锺,于乐辟廱。于论鼓锺,于乐辟廱”,见《大雅·灵台》。又若“公无渡河,公竟渡河”,见《古乐府》。此皆承上文而转者,不容别换一字。

【校正】晏案:《易》:“初筮告,再三渎,渎则不告。”亦是韵重而意转。

七言之始

昔人谓《招魂》、《大招》去其“些”、“只”,即是七言诗。余考七言之兴,自汉以前,固多有之。如《灵枢经·刺节真邪》篇“凡刺小邪日以大,补其不足乃无害,视其所在迎之界。凡刺寒邪日以温,徐往徐来致其神,门户已闭气不分,虚实得调其气存”,宋玉《神女赋》“罗纨绮缋盛文

章,极服妙采照万方",此皆七言之祖。〔一〕

〔一〕【杨氏曰】《道德经》已有之,如"视之不见名曰希"是也。

【校正】晏案:汉史游《急就篇》亦是七言之祖。○寿昌案:《黄庭》七言最佳,亭林何不一引?

《素问·八正神明论》:"神乎神,耳不闻。目明心开而志先,慧然独悟,口弗能言;杰视独见适若昏,昭然独明,若风吹云,故曰神。三部九候为之原,九针之论不必存。"其文绝似《荀子·成相》篇。〔一〕

〔一〕【杨氏曰】《成相》篇体不如是。

一言

《缁衣》[①]**三章,章四句,非也。"敝"字一句,"还"字一句。若曰"敝予""还予",则言之不顺矣。且何必一言之不可为诗也?**

《吴志》历阳山石文:"楚,九州渚。吴,九州都。"见《三国志·吴书·三嗣主传》。**"楚"字一句,"吴"字一句,亦是一言之诗。**

古人未有之格

语助之外,止用四字成诗,而四字皆韵,古未之有也,

---

① 见《郑风》。兹引第一章以见亭林之意:"缁衣之宜兮,敝,予又改为兮。适子之馆兮,还,予授子之粲兮。"

始见于《庄子》《杂篇·庚桑楚》，“父邪母邪，天乎人乎”是也。三章，章各二句，而合为一韵，古未之有也，始见于《史记》《孟尝君传》，“长铗归来乎，食无鱼。长铗归来乎，出无车。长铗归来乎，无以为家”是也。

古人不用长句成篇

古诗有八言者，“胡瞻尔庭有县貆兮”见《诗·魏风·伐檀》。是也。〔一〕有九言者，“凛乎若朽索之驭六马”见《书·五子之歌》。是也。然无用为全章者，不特以其不便于歌也，长则意多冗，字多懈，其于文也亦难之矣。以是知古人之文可止则止，不肯以一意之冗、一字之懈而累吾作诗之本义也。【原注】《正义》引颜延之云：“诗体无九言者，将由声度阐缓，不协金石。”见《诗·周南·关雎》《正义》引。知此义者，不特句法也，章法可知矣。七言排律所以从来少作，作亦不工者，何也？意多冗也，字多懈也。为七言者必使其不可裁而后工也，此汉人所以难之也。〔二〕

〔一〕【赵氏曰】《旧唐书》：“卢群在吴少诚席上，作歌调之曰：‘祥瑞不在凤皇麒麟，太平须得边将忠臣。但得百僚师长肝胆，不用三军罗绮金银。’”此则通首八言。又如李长吉“酒不到刘伶坟上土”之类，则不过一二句而已。

〔二〕【杨氏曰】汉人《郊祀乐歌》，享五帝用成数，则金天白帝，九言；太昊青帝，八言。

诗用叠字

诗用叠字最难。《卫诗》《硕人》“河水洋洋，北流活活。施罛濊濊，鳣鲔发发。葭菼揭揭，庶姜孽孽”，连用六叠字，可谓复而不厌、赜而不乱矣。古诗“青青河畔草，郁郁园中柳。盈盈楼上女，皎皎当窗牖。娥娥红粉妆，纤纤出素手”，连用六叠字，亦极自然，下此即无人可继。

屈原《九章·悲回风》“纷容容之无经兮，罔芒芒之无纪。轧洋洋之无从兮，驰逶移之焉止。漂翻翻其上下兮，翼遥遥其左右。氾潏潏其前后兮，伴张弛之信期”，连用六叠字。宋玉《九辩》“乘精气之抟抟兮，骛诸神之湛湛。骖白霓之习习兮，历群灵之丰丰。左朱雀之茇茇兮，右苍龙之跃跃。属雷师之阗阗兮，通飞廉之衙衙。前轻辌之锵锵兮，后辎乘之从从。载云旗之委蛇兮，扈屯骑之容容”，连用十一叠字。后人辞赋亦罕及之者。

次韵

今人作诗，动必次韵，以此为难，以此为巧，吾谓其易而拙也。且以律诗言之，平声通用三十韵之中，任用一韵，而必无他韵可易；一韵数百字之中，任押五字，而必无他字可易，名为易，其实难矣。先定五字，而以上文凑足之，文或未顺，则曰“牵于韵尔”，意或未满，则曰“束于韵尔”，用事遗辞，小见新巧，即可擅场，名为难，其实易矣。夫其巧于和人者，其胸中本无诗，而拙于自言者也。故难易巧拙之论破，而次韵之风可少衰也。

严沧浪《诗话》《诗评》曰："和韵最害人诗。古人酬唱不次韵，此风始盛于元、白、皮、陆，本朝诸贤乃以此而斗工，遂至往复有八九和者。"

按唐元稹《上令狐相公启》曰："稹与同门生白居易友善。居易雅能为诗，就中爱驱驾文字，穷极声韵，或为千言，或为五百言律诗，以相投寄。小生自审不能有以过之，往往戏排旧韵，别创新词，名为'次韵'，盖欲以难相挑耳。江湖间为诗者或相仿效，或力不足，则至于颠倒语言，重复首尾，韵同意等，不异前篇，亦目为'元和诗体'。而司文者考变雅之由，往往归咎于稹。"见《元氏长庆集·补遗》卷二。是知元、白作诗次韵之初，本自以为戏，而当时即已取讥于人。今人乃为之而不厌，又元、白之所鄙而不屑者矣。

欧阳公《集古录》卷九论唐薛苹《倡和诗》曰：【原注】《唐书》《薛苹传》："薛苹，河中宝鼎人。长于诗。""其间冯宿、冯定、李绅皆唐显人，灵澈以诗名后世，然诗皆不及苹。盖倡者得于自然，和者牵于强作。"可谓知言。

朱子《答谢成之书》谓："渊明诗所以为高，正在不待安排，胸中自然流出。东坡乃篇篇句句依韵而和之，虽其高才，似不费力，然已失其自然之趣矣。"见《晦庵集》卷五八。

凡诗不束于韵而能尽其意，胜于为韵束而意不尽，且或无其意而牵入他意以足其韵者千万也。故韵律之道，疏密适中为上，不然，则宁疏无密。文能发意，则韵虽疏不害。

柏梁台诗

汉武《柏梁台诗》，本出《三秦记》，云是元封三年作，而考之于史，则多不符。按《史记》及《汉书》《孝景纪》："中六年夏四月，梁王薨。"《诸侯王表》："梁孝王武立，三十五年，薨。孝景后元年，共王买嗣，七年，薨。建元五年，平王襄嗣，四十年，薨。"《文三王传》同。又按《孝武纪》："元鼎二年春，起柏梁台。"是为梁平王之二十二年，而孝王之薨至此已二十九年，又七年始为元封三年。又按平王襄，元朔中以与太母争樽，公卿请废为庶人。天子曰："梁王襄无良师傅，故陷不义。"乃削梁八城，梁馀尚有十城。【原注】《汉书》言削五县，仅有八城。又按平王襄之十年为元朔二年，来朝；其三十六年为太初四年，来朝，皆不当元封时。又按《百官公卿表》："郎中令，武帝太初元年更名光禄勋。典客，景帝中六年更名大行令，武帝太初元年更名大鸿胪。治粟内史，景帝后元年更名大农令，武帝太初元年更名大司农。中尉，武帝太初元年更名执金吾。内史，景帝二年分置左内史、右内史，武帝太初元年更名京兆尹，左内史更名左冯翊。主爵中尉，景帝中六年更名都尉，武帝太初元年更名右扶风。"[①]凡此六官，皆太初以后之名，不

---

① 按以上为摘述表中文字，非《公卿表》原文。

应预书于元封之时。又按《孝武纪》:“太初元年冬十一月乙酉,柏梁台灾。夏五月,正历以正月为岁首。定官名。”则是柏梁既灾之后,又半岁而始改官名。而大司马、大将军青则薨于元封之五年,距此已二年矣。反复考证,无一合者,盖是后人拟作,剽取武帝以来官名及《梁孝王世家》“乘舆驷马”之事以合之,而不悟时代之乖舛也。

按《史记》《梁孝王世家》“梁孝王二十九年【原注】《表》孝景前七年。十月入朝,景帝使使持节乘舆驷马,迎梁王于阙下”,臣瓒曰:“天子副车驾驷马。”此一时异数,平王安得有此?

诗体代降

“三百篇”之不能不降而《楚辞》,《楚辞》之不能不降而汉魏,汉魏之不能不降而六朝,六朝之不能不降而唐也,势也。用一代之体,则必似一代之文而后为合格。

诗文之所以代变,有不得不变者。一代之文,沿袭已久,不容人人皆道此语。今且千数百年矣,而犹取古人之陈言一一而摹仿之,以是为诗,可乎?故不似则失其所以为诗,似则失其所以为我。李、杜之诗所以独高于唐人者,以其未尝不似而未尝似也。知此者可与言诗也已矣。

书法诗格

南北朝以前,金石之文无不皆八分书者,是今之真书不足为字也。姚铉之《唐文粹》，吕祖谦之《皇朝文鉴》，〔一〕真德秀之《文章正宗》，凡近体之诗皆不收，是今之律诗不足为诗也。今人将由真书以窥八分，由律诗以学古体，是从事于古人之所贱者而求其所最工，岂不难哉！

〔一〕【杨氏曰】吕成公《宋文鉴》殊多律体，顾氏言之卤莽。

【又曰】尝病伯恭选诗，如人名、药名、郡名诗皆入选，近于村陋。

鄞人薛千仞【原注】冈。曰："自唐人之近体兴而诗一大变，后学之士可兼为而不可专攻者也。近日之弊，无人不诗，无诗不律，无律不七言。"又曰："七言律，法度贵严，对偶贵整，音节贵响，不易作也。今初学后生无不为七言律，似反以此为入门之路，其终身不得窥此道藩篱，无怪也。"

诗人改古事

陈思王上书："绝缨盗马之臣赦，楚、赵以济其难。"①《三国志》裴松之注谓赦盗马，秦穆公事，"秦亦赵姓，故互文，

① 文见《三国志·魏书·陈思王传》，又见《文选》卷三七，题作《求自试表》。绝缨事，《文选》注引《说苑》曰：楚庄王赐群臣酒，日暮华烛灭，有引美人衣者，美人援绝冠缨，告王知之。王曰："赐人酒醉，欲显妇人之节，吾不取也。"乃命左右勿上火，"与寡人饮，不绝缨者，不欢也"，群臣缨皆绝，尽欢而去。后与晋战，引美人衣者五合五获，以报庄王。盗马事，引《吕氏春秋》曰：昔者秦缪公乘马，右服失之，野人取之，缪公自往求之，见野人方将食之于岐山之阳。缪公笑曰："食骏马之肉，不饮酒，余恐伤汝也。"遍饮而去。韩原之战，晋人已环缪公之车矣，晋梁靡已扣公左骖矣，野人尝食马于岐山之阳者三百有馀人，毕力为缪公疾斗于车下，遂大克晋，及获惠公以归。

以避上秦字也"。赵至《与嵇茂齐书》:"梁生适越,登岳长谣。"见《文选》卷四三。梁鸿本适吴,见《后汉书·逸民·梁鸿传》。而以为越者,吴为越所灭也。谢灵运诗:"弦高犒晋师,仲连却秦军。"见《文选》卷一九《述祖德》。弦高所犒者秦师,而改为"晋",以避下"秦"字,则舛而陋矣。李太白《行路难》诗:"华亭鹤唳讵可闻,上蔡苍鹰安足道。"①杜子美《诸将》诗:"昨日玉鱼蒙葬地,早时金碗出人间。"②改"黄犬"为"苍鹰",改"玉碗"为"金碗",亦同此病。

【续补正】宋小茗云:案李善注云:"《吕氏春秋》:秦将兴师伐郑,弦高矫郑伯以劳之,秦三帅对曰:'寡君使丙也、术也、视也,于边候晋之道也。'高诱曰:晋,国名也,音晋,今为'晋',字之误也。"然则谢诗"晋"字乃"晋"之讹,其用《吕览》,未尝误也。

自汉以来,作文者即有回避假借之法。太史公《伯夷传》:"伯夷、叔齐虽贤,得夫子而名益彰。颜渊虽笃学,附骥尾而行益显。"本当是附夫子耳,避上文雷同,改作"骥尾",使后人为之,岂不为人讥笑?〔一〕

〔一〕【梁氏曰】余考《樊郦滕灌传论》,亦有"附骥之尾"句,谓高祖也。

---

① 《晋书·陆机传》:机为成都王颖所害,临刑,叹曰:"华亭鹤唳,岂可复闻乎!"《史记·李斯传》:斯临刑,顾谓其中子曰:"吾欲与若复牵黄犬俱出上蔡东门逐狡兔,岂可得乎!"

② 玉鱼事,《西京杂记》:长安大明宫宣政殿,每夜见数骑游往其间,巫祝刘明奴问其所由,鬼云是汉楚王戊太子,死葬于此。明奴因宣诏与改葬,鬼喜曰:"若获改葬,幸甚。今在殿东北入地丈馀,我死时天子敛我玉鱼一双,今犹未朽,必以此相送。"及改葬发掘,玉鱼宛然。玉碗事,《南史·沈炯传》:炯为表奏之,陈己思乡之意,其略曰:"甲帐珠帘,一朝零落;茂陵玉碗,遂出人间。"

庾子山赋误

庾子山《枯树赋》云："建章三月火。"按《史记》"武帝太初元年冬十一月乙酉，柏梁台灾。春二月，起建章宫"，①《西京赋》"柏梁既灾，越巫陈方；建章是经，用厌火祥"，是灾者柏梁，非建章，而"三月火"又秦之阿房，②非汉也。《哀江南赋》云："栩阳亭有离别之赋。"《夜听捣衣曲》云："栩阳离别赋。"按《汉书·艺文志》"别栩阳赋五篇"，详其上下文例，当是人姓名，姓别名栩阳也，以为离别之别，又非也。〔一〕

〔一〕【梁氏曰】《说文·邑部》"㮁"字解："南阳舞阴亭。"徐锴《系传》："《汉志》有《别栩阳亭赋》，㮁假借。"似今本《汉书》脱"亭"字，子山不误。

于仲文诗误

隋于仲文诗："景差方入楚，乐毅始游燕。"按《汉书·高帝纪》"徙齐、楚大族昭氏、屈氏、景氏、怀氏、(齐)田氏五姓关中，与利田宅"，【原注】"景驹"注，文颖曰："楚族景氏，驹名。"见《项羽本纪》。王逸《楚辞章句》"三闾之职掌王族三姓，曰昭、屈、景"，然则景差亦楚之同姓也。而仲文以为"入

---

① 应是《汉书·武帝纪》，《史记》文与所引不同。

② 《史记·项羽本纪》："项羽引兵西屠咸阳，杀秦降王子婴，烧秦宫室，火三月不灭。"未言是阿房。

楚”，岂非梁、陈已下之人，但事辞章，而不详典据故邪？

梁武帝天监(元)［七］年诏曰：“雉兔有刑，姜宣致贬。”见《梁书·武帝纪中》。此用《孟子》《梁惠王下》“杀其麋鹿者如杀人之罪”，而不知宣王乃田氏，非姜后也，与此一类。

李太白诗误

李太白诗：“汉家秦地月，流影照明妃。一上玉关道，天涯去不归。”按《史记》《匈奴列传》言匈奴“左方王将直上谷以东，右方王将直上郡以西，而单于之庭直代、云中”，《汉书》《匈奴传》言“呼韩邪单于自请留居光禄塞下”，又言“天子遣使送单于出朔方鸡鹿塞”，【原注】今在河套内。后单于竟北归庭，乃知汉与匈奴往来之道，大抵从云中、五原、朔方，明妃之行亦必出此。故江淹之赋李陵，但云“情往上郡，心留雁门”。见《恨赋》。而玉关与西域相通，自是公主嫁乌孙所经，太白误矣。《颜氏家训》《文章》谓：“文章地理，必须惬当。”其论梁简文《雁门太守行》而言日逐、康居、大宛、月氏，萧子晖《陇头水》而云“北注黄龙，东流白马”。沈存中《梦溪笔谈》卷二三《讥谑》论白乐天《长恨歌》“峨眉山下少人行”，谓峨眉在嘉州，非幸蜀路。文人之病，盖有同者。

梁徐悱《登琅邪城》诗：“甘泉警烽候，上谷(抵)［拒］楼兰。”见《文选》卷二二。上谷在居庸之北，而楼兰为西域之国，在玉门关外。即此一句之中，文理已自不通，其不切琅邪

城又无论也。〔一〕

〔一〕【杨氏曰】琅邪城在建康，此言北魏来侵，烽火告警，自北而西也。

郭璞赋误

郭璞《江赋》："总括汉泗，兼包淮湘。"淮、泗并不入江，岂因《孟子》而误邪？①〔一〕

〔一〕【杨氏曰】"括"、"包"本不言入。

陆机文误

陆机《汉高帝功臣颂》："侯公伏轼，皇媪来归。"见《文选》卷四七。**乃不考史书之误。《汉仪注》"高帝母，兵起时死小黄，后于小黄作陵庙"，**见《汉书·高帝纪》如淳注引。**《本纪》"五年，即皇帝位于氾水之阳，追尊先媪为昭灵夫人"，**见《汉书·高帝纪》。**则其先亡可知。而十年有"太上皇后崩"，乃"太上皇崩"之误，文重书而未删也。侯公说羽，羽乃与汉约中分天下。九月，归太公、吕后，并无皇媪。**〔一〕

〔一〕【杨氏曰】高祖母则死矣，太公能禁其无妇乎？《汉书·项羽传》云："归汉王父母、妻子。"

【小笺】按：侯公说羽，羽归太公、吕后，其事甚著，陆机即不知高帝母先亡，然亦不应舍太公不言而专言皇媪之来归也。余疑皇

---

① 《梁惠王上》："排淮、泗而注之江。"

媪者，皇谓太上皇，媪谓吕后，犹邹阳《上吴王书》"六齐望于惠后"，所谓"惠后"者，惠谓惠帝，后谓吕后，古人不以为嫌也。然则陆文自不误，读陆文者误耳。

字

春秋以上言"文"不言"字"，如《左传》"于文止戈为武"，[①]"故文反正为乏"，见宣公十五年。"于文皿虫为蛊"。见昭公元年。及《论语》"史阙文"、[②]《中庸》"书同文"之类，并不言"字"。《易》《屯》"女子贞不字，十年乃字"，《诗》《大雅·生民》"牛羊腓字之"，《左传》昭公十一年"其僚无子，使字敬叔"，皆训为"乳"。《书·康诰》"于父不能字厥子"，《左传》"乐王鲋字而敬"，见昭公元年。"小事大，大字小"，见昭公三十年。亦取爱养之义。唯《仪礼·士冠礼》"宾字之"，《礼记·郊特牲》"冠而字之，敬其名也"，与文字之义稍近，亦未尝谓文为字也。以文为字乃始于《史记》《秦始皇本纪》秦始皇琅邪台石刻曰"同书文字"。《说文序》云："依类象形，谓之文。形声相益，谓之字。文者物象之本，字者孳乳而生。"【原注】《孝经援神契》亦有此语。《周礼》外史"掌达书名于四方"，注云："古曰名，今曰字。"《仪礼·聘礼》注云："名，书文也，今谓之字。"【原注】《三国志》注："孙亮时，有山阴朱育，依体像类，造作异字千名以上。"见《吴书·虞翻传》注引《会

---

① 见宣公十二年，"于"字原本作"夫"。

② 《卫灵公》："吾犹及史之阙文也。"

稽典录》。**此则“字”之名自秦而立、自汉而显也与？**〔一〕

〔一〕【钱氏曰】孔子曰：“必也正名乎？”郑注云：“正名，谓正书字也。古者曰名，今世曰字。”《礼记》曰：“百名以上，则书之于策。”孔子见时教不行，故欲正其文字之误。后魏世祖始光二年，初造新字千馀，诏书引孔子“名不正则事不成”之语。江式《论书表》亦引孔子曰“必也正名乎”。此汉儒相承之训诂。

许氏《说文序》：“此十四篇，五百四十部，九千三百五十三文，解说凡十三万三千四百四十一字。”以篆书谓之“文”，隶书谓之“字”。张揖《上博雅表》[①]**“凡万八千一百五十文”，唐玄度《九经字样序》“凡七十六部，四百廿一文”，则通谓之“文”。**

三代以上，言“文”不言“字”。李斯、程邈出，文降而为字矣。二汉以上，言“音”不言“韵”，周颙、沈约出，音降而为韵矣。

古文

古时文字不一。如汉汾阴宫鼎，其盖铭曰“汾阴供官铜鼎盖二十枚”，“二十”字作“十十”。鼎铭曰“汾阴供官铜鼎二十枚”，“二十”字作“卄”。其末曰“第二十三”，“二十”字作“廿”。见《宣和博古图》卷五。**一器之铭，三见而三不同。自唐以后，文字日繁，不得不归一律，而古书之不复**

---

① 《博雅》即《广雅》，隋避炀帝讳改。张揖原表字作“广雅”。

通者多矣。

说文

自隶书以来，其能发明六书之指，使三代之文尚存于今日，而得以识古人制作之本者，许叔重《说文》之功为大。后之学者，一点一画莫不奉之为规矩，而愚以为亦有不尽然者。〔一〕且以六经之文，《左氏》、《公羊》、《穀梁》之传，毛苌、孔安国、郑众、马融诸儒之训而未必尽合，况叔重生于东京之中世，所本者不过刘歆、贾逵、杜林、徐巡等十馀人之说，【原注】杨慎《六书索隐序》曰："《说文》有孔子说，楚庄王说，左氏说，韩非说，淮南子说，司马相如说，董仲舒说，京房说，卫宏说，扬雄说，刘歆说，桑钦说，杜林说，贾逵说，傅毅说，官溥说，谭长说，王育说，尹彤说，张林说，黄颢说，周盛说，逯安说，欧阳侨说，宁严说，爰礼说，徐巡说，庄都说，张彻说。"见《升庵集》卷二。而以为尽得古人之意，然与否与？一也。五经未遇蔡邕等正定之先，传写人人各异，今其书所收率多异字，而以今经校之，则《说文》为短。又一书之中有两引而其文各异者，【原注】如"汜"下引《诗》"江有汜"，"洍"下引《诗》"江有洍"。"逑"下引《书》"旁逑孱功"，"僝"下引《书》"旁救僝功"。"卺"下引《诗》"赤舄己己"，"掔"下引《诗》"赤舄掔掔"。后之读者将何所从？二也。【原注】郑玄常驳许慎《五经异义》。《颜氏家训》《书证》亦云："《说文》中有援引经传与今乖者，未之敢从。"流传既久，岂无脱漏？即徐铉亦谓篆书堙替日久，错乱遗脱，不可悉究。今谓此书所阙者必古人所无，别指一字以当之，【原注】如

《说文》无“刘”字，后人以“镏”字当之。无“由”字，以“甹”字当之。无“免”字，以“絻”字当之。改经典而就《说文》，支离回互，三也。今举其一二评之。如秦、宋、薛，皆国名也。“秦”从禾，以地“宜禾”，亦已迂矣；“宋”从木为居，“薛”从辛为辠，此何理也？《费誓》之“费”改为“粊”，训为“恶米”。见“粊”下。“武王载旆”之“旆”改为“坺”，训为“臿土”。见“坺”下。“威”为姑，“也”为女阴，“殹”为击声，“困”为故庐，“普”为日无色，此何理也？“‘貉’之为言，恶也”，见“貉”下，云“孔子曰”。“视‘犬’之字如画狗”，见“犬”下，云“孔子曰”。“‘狗’，叩也”，见“狗”下，亦云“孔子曰”。岂孔子之言乎？训“有”则曰“不宜有也，《春秋》书‘日有食之’”。见“有”下。训“郭”则曰“齐之郭氏善善不能进，恶恶不能退，是以亡国”，见“郭”下。不几于剿说而失其本指乎？“居”为“法古”，“用”为“卜中”，“童”为“男有罪”，“襄”为“解衣耕”，“吊”为“人持弓会驱禽”，“辱”为“失耕时”，“臾”为“束缚捽抴”，“罚”为“持刀骂詈”，“劳”为“火烧门”，①“宰”为“罪人在屋下执事”，“冥”为“十六日月始亏”，“刑”为“刀守井”，不几于穿凿而远于理情②乎？武曌师之而制字，荆公广之而作书，③不可谓非滥觞于许氏者矣。若夫训“参”为“商星”，〔二〕此天文之不合者也；训“亳”为“京兆杜陵亭”，此地理之不合者也。书中所引乐浪事数十条，

① “劳”下，“门”原文作“冂”。

② “理情”，张京华《校释》作“情理”。

③ 武则天于载初中造“曌”、“埊”等十二字。王安石有《字说》之作，多“坡者土之皮”之类，不传。

而他经籍反多阙略，此采摭之失其当者也。今之学者能取其大而弃其小，择其是而违其非，乃可谓善学《说文》者与？

【原注】《后周书》《黎景熙传》："黎景熙其从祖广，太武时为尚书郎，善古学，尝从吏部尚书崔玄伯受字义，又从司徒崔浩学楷篆，自是家传其法。景熙亦传习之，颇与许氏有异。"可见魏、晋以来，传受亦各不同。〔三〕

〔一〕【汝成按】《说文》容有拘牵讹阙，然其诂训精微，音转义通，既从古经，复多互文，未达其旨，则抵牾生矣。①

〔二〕【钱氏曰】《说文》本谓"参"、"商"皆星名，非训"参"为"商"。注与本字连文，古书往往如此。

〔三〕【杨氏曰】许氏之书，大要有功于小学。

【续补正】"训郭则曰齐之郭氏善善不能进，恶恶不能退，是以亡国。"指为剿说。○孙渊如云：此出《新序》，盖郭字国名，述其国之事，用刘向说也。

"吊为人持弓会驱禽……臾为束缚捽抴。"指为穿凿。○孙渊如云："人持弓会驱禽"，此出《吴越春秋》陈音之言，皆非叔重臆说，顾氏未能远考。"臾为束缚捽抴"，则即《汉书》"瘐死狱中"本字，无足异者。

"刑为刀守井。"亦指为穿凿。○遇孙案：《说文》："刑，罚罪也，从井从刀。《易》曰：井法也。井亦声。"并无"刀守井"之言。

"训参为商星，此天文之不合者也。"○孙渊如云：据《说文》，"参商"为句，以注字连篆字读之；下云"星也"，盖言参、商俱星名。《说文》此例甚多，如"偓佺仙人也"之类，得读断句而以"佺仙人"解之乎？○钱竹汀云：或问：《春秋传》"实沈主参，参为晋星；阏伯

① 按此注原在标题下，今移此。

主辰,辰为商星"。于天文参在西方,商在东方,故扬子云云:"吾不睹参辰之相比也。"《说文》训参为商星,何昧于天象乃尔?答曰:读古人书,先须寻其义例,乃能辨其句读,非可妄议。如此文本云"参、商,星也",参、商二字连文,以证"参"之从晶,本为星名,非以商训参。承上篆文"参",故注不重出。《说文》十四篇中,似此者极多。如"肸响,布也","湫溢,下也","诂训,古言也","昧爽,旦明也","烽燧,候表也","頛痴,不聪明也",皆承上篆文以足句。诸山水名云"山在某郡"、"水在某郡"者,皆连上字读之,古书简而有法,未可哆口讥之也。

"训亳为京兆杜陵亭,此地理之不合者也。"〇孙渊如云:亳为京兆杜陵亭,出《秦本纪》:"宁公二年,遣兵伐荡社。三年,与亳战。"皇甫谧云:"亳王号汤,西夷之国。"《括地志》:"按其国在三原、始平之界。"《说文》指谓此亳非《尚书》亳殷之亳,彼亳古作"薄"字,在偃师,惟杜陵之亳以亭名,而字从高省。此则许叔重《说文》必用本义之苦心。亭林知亳殷之亳,不省亳王之亳,何也?渊如观察说俱见所著《问字堂文集》。

《王莽传》:"'劉'之为字,卯、金、刀也。正月刚卯,金刀之利,皆不得行。"【原注】《食货志》亦云。**又曰:"受命之日丁卯。丁,火,汉氏之德也。卯,劉姓所以为字也。"光武告天祝文引《谶记》曰:"卯金修德为天子。"**见《后汉书·光武纪》。**公孙述引《援神契》曰:"西太守,乙卯金。"**见《后汉书·公孙述传》。**谓西方太守而乙绝卯金也。是古未尝无"劉"字也。**【原注】赵宧光曰:"《说文》无'劉'字,但作'鎦'。"今按《汉书》卯金刀之谶,及古印流传者劉姓不下数十百面,并作"劉",无"鎦"字。〔一〕**魏明帝太和初,公卿奏言:"夫歌以咏德,舞以**

象事，于文‘文武’为‘斌’，臣等谨制乐舞，名曰章斌之舞。”见《宋书·乐志》。**魏去叔重未远，是古未尝无“斌”字也。**【原注】徐铉较定《说文》，前列“斌”字，云是俗书。

〔一〕【钱氏曰】《说文·竹部》有“簻”字，云“从竹，劉声”。是本有“劉”字，传写失之。

《说文》原本次第不可见，今以四声列者，徐铉等所定也。〔一〕**切字，铉等所加也。**【原注】赵古则《六书本义》曰：“汉以前未有反切，许氏《说文》、郑氏笺注但曰‘读若某’而已。今《说文》反切乃朱翱以孙愐《唐韵》所加。”〔二〕**旁引后儒之言，如杜预、裴光远、李阳冰之类，亦铉等加也。又云“诸家不收，今附之字韵末”者，**【原注】“弥”下。**亦铉等加也。**【原注】“眸”字下云：“《说文》直作牟。”赵宧光曰：“详此则本书杂出众人之手审矣，安得不芜秽也？凡参订经传，必以本人名冠之，方不混于前人耳。”

〔一〕【汝成按】顾氏所见以四声列者，特李焘所编《五音韵谱》耳，非徐铉等所定也。今铉等所校《说文》原本，自一至亥，五百四十部之书，自毛氏汲古阁刊行以来，更有小字宋本、大字宋本之刻。而朱竹君则以毛本重刻，今不啻家有其书矣。

〔二〕【钱氏曰】朱翱自造反切，与《唐韵》反切不同。赵古则非是。

“始”字，《说文》以为“女之初也”，见卷一二下。**已不必然，而徐铉释之以“至哉坤元，万物资始”，**见《说文系传》卷二四。**不知经文乃是“大哉乾元，万物资始”，**见《易·乾·彖传》。**若用此解，必从男乃合耳。**

说文长笺

万历末，吴中赵凡夫宧光作《说文长笺》，将自古相传之五经肆意刊改，好行小慧，以求异于先儒。乃以“青青子衿”见《郑风·子衿》。为淫奔之诗，而谓“衿”即“衾”字。【原注】《诗》中元有“衾”字：“抱衾与裯”、“锦衾烂兮”。〔一〕如此类者非一。其实四书尚未能成诵，而引《论语》《季氏》“虎兕出于柙”，误作“《孟子》虎豹出亏𠚕”。【原注】“兕”下。然其于六书之指不无管窥，而适当喜新尚异之时，此书乃盛行于世。及今不辩，恐他日习非胜是，为后学之害不浅矣。故举其尤刺谬者十馀条正之。

〔一〕【钱氏曰】《说文》：“衾，大被。”此“抱衾”之“衾”也。裣，交衽也。此“子衿”之“衿”。

《旧唐书·文宗纪》：开成二年，“宰臣判国子监祭酒郑覃，进《石壁九经》一百六十卷”。九经者，《易》、《书》、《诗》、三礼、《春秋》三传，又有《孝经》、《论语》、《尔雅》，其实乃十二经。又有张参《五经文字》，唐玄度《九经字样》，皆刻之于石，今见在西安府学。凡夫乃指此为《蜀本石经》，又云“张参《五经文字》、唐彦升《九经字样》亦附蜀本之后，但可作蜀经字法。”今此石经末有年月一行，诸臣姓名十行，大书“开成二年丁巳岁”，凡夫岂未之见而妄指为孟蜀邪？

又云:“孙愐《唐韵》文、殷二韵,三声皆分,独上声合一。咸严、洽业二韵平入则分,上去则合。”按今《广韵》即孙愐之遗,文、殷上声之合则有之,咸严、洽业则四声并分,无并合者。

“切”者,两字相摩,以得其音,取其“切近”。今改为盗窃之“窃”,于古未闻。岂凡夫所以自名其学者邪?

“瓜分”字见《史记·虞卿传》、《汉书·贾谊传》。【原注】《战国策》注:“分其地如破瓜然。”○《盐铁论》:“隔绝羌胡,瓜分其地。”①“灶突”字见《汉书·霍光传》。今云“瓜”当作“爪”,“突”当作“㚄”。然则鲍昭《芜城赋》所谓“竟瓜剖而豆分”、魏玄同疏所谓“瓜分瓦裂”者,疏见《旧唐书》本传。古人皆不识字邪?按张参《五经文字》云:“突,徒兀反。作㚄者讹。”〔一〕

〔一〕【汝成案】《说文》“㚄”、“突”音义俱别。张参盖指突,非谓㚄也。若《汉书》“灶㚄”,直误作“突”耳。

顾野王,陈人也,而以为晋之“虎头”。【原注】“蜺”下。○顾长康为虎头将军。陆龟蒙,唐人也,而以为宋之“象山”。【原注】“乙”下。○陆九渊号象山先生。王筠,梁人也,而以为晋。【原注】“蜺”下。○《梁书·王筠传》:“沈约以《郊居赋》示筠,读至‘雌霓连蜷’,约抚掌欣忭。”今引此事,谓之“晋王筠”。约既梁人,安得与晋人语哉?王禹偁,宋人也,而以为南朝。【原注】“称”下。此真所谓“不学墙面”者与!

① 句在卷九《西域》,原文作“瓜分其援”。

“晋献帝醉，虞侍中命扶之。”【原注】“扶”下。按《晋书·虞啸父传》：“为孝武帝所亲爱，侍饮大醉，拜不能起。帝顾曰：‘扶虞侍中。’啸父曰：‘臣位未及扶，醉不及乱，非分之赐，所不敢当。’帝甚悦。”传首明有“孝武帝”字，引书者未曾全读，但见中间有“贡献”之“献”，适与“帝”字相接，遂以为“献帝”，而不悟晋之无献帝也。万历间人看书，不看首尾，只看中间两三行，凡夫著书之人，乃犹如此！

“恂”字《笺》：“汉宣帝讳。”而不知宣帝讳“询”，【原注】荀悦曰：“询之字曰谋。”非“恂”也。“衎”字《笺》：“汉平帝讳。”而不知平帝讳“衎”，【原注】荀悦曰：“衎之字曰乐。”师古曰：“衎音口旱反。”非“衎”也。

《后汉书·刘虞传》：“故吏尾敦，于路劫虞首归葬之。”【原注】注：“尾姓，敦名。”引之云“后汉尾敦路劫刘虞首归之莽”。若以“敦路”为人名，而又以“葬”为“莽”，是刘幽州之首竟归之于王莽也。

《左氏》成六年传：“韩献子曰：‘易觏则民愁，民愁则垫隘。’”《说文》“霸”、“垫”二字两引之，而一作“阨”者，古“隘”、“阨”二字通用也。《笺》乃云“未详何出”。“野”下引《左传》“身横九野”，不知其当为“九亩”，又《穀梁传》之文在文公十一年。而非《左氏》也。

“鹊鶪丑，其飞也翪。”【原注】“翪”下。此《尔雅·释鸟》文，《笺》乃曰“训词未详，然非后人语。”“驠马，白州也。”【原注】“驠”下。本之《尔雅·释畜》“白州驠”，注：

"州,窍也。"①谓马之白尻者。《笺》乃云"未详,疑误"。

中国之称"夏"尚矣,今以为"起于唐之夏州,地邻于夷,故华夷对称曰华夏"。【原注】"夏"下。然则《书》言"蛮夷猾夏",见《舜典》。《语》云"夷狄之有君,不如诸夏之亡也",见《八佾》。其时已有夏州乎?又按夏州本朔方郡,赫连勃勃建都于此,自号曰夏,后魏灭之而置夏州,亦不始于唐也。

云"唐中晚诗文始见'簿'字,前此无之"。【原注】"谱"下。不知《孟子》言"孔子先簿正祭器",见《万章下》。《史记·李广传》"急责广之莫府对簿",《张汤传》"使使八辈簿责汤",《孙宝传》"御史大夫张忠署宝主簿",见《汉书》。《续汉·舆服志》"每出,太仆奉驾上卤簿",《冯异传》"光武署异为主簿",见《后汉书》。而刘公幹诗已云"沈迷簿领书,回回自昏乱"见《文选》卷二九《杂诗》。矣。

"毦"字,云"字不见经"。若言五经,则不载者多矣,何独"毦"字。若传记史书,则此字亦非隐僻。《晋语》"被羽先升",注:"系于背,若今将军负毦矣。"《魏略》:"刘备性好结毦。"见《三国志·蜀书·诸葛亮传》注引。《吴志·甘宁传》:"负毦带铃。"梁刘孝仪《和昭明太子诗》:"山风乱采毦,初景丽文辕。"

"祢衡为鼓吏,作《渔阳掺挝》。'掺'乃'操'字。"【原注】"操"下。按《后汉书》《文苑·祢衡传》"衡方为《渔阳参挝》,蹀躞而前",注引《文士传》作"《渔阳》参搥"。王僧

① "州,窍也",为《尔雅注疏》卷一一邢昺疏文。

孺诗云“散度《广陵》音，参写《渔阳》曲”，自注云：“参，音七绀反。”乃曲奏之名，[1]后人添“手”作“掺”。后周庾信《夜听捣衣》诗：“玉阶风转急，长城雪应暗。新绶始欲缝，细锦行须篸。声烦《广陵散》，杵急《渔阳掺》。”隋炀帝《锦石捣流黄》诗：“今夜长城下，云昏月应暗。谁见倡楼前，心悲不成掺。”唐李颀《听安万善吹觱篥》诗：“忽然更作《渔阳掺》，黄云萧条白日暗。”正音七绀反。今以为“操”字，而又倒其文，不知汉人书“操”固有借作“掺”者，而非此也。

邙，京兆蓝田乡。《笺》云：“地近京口，故从口。”【原注】“邙”下。夫蓝田，乃今之西安府属，而京口则今之镇江府，此所谓风马牛不相及者。凡此书中会意之解，皆“京口”之类也。

寸，十分也。《汉书·律历志》：“一黍为一分，十分为一寸。”本无可疑，而增其文曰“析寸为分，当言十分尺之一”。【原注】“寸”下。夫古人之书，岂可意为增改哉？

五经古文

赵古则《六书本义序》曰：“魏、晋及唐能书者辈出，但点画波折，逞其姿媚，而文字破碎，然犹赖六经之篆未易。至天宝间，诏以隶法写六经，于是其道尽废。”以愚考之，其说殆不然。按《汉书·艺文志》曰“《尚书古文经》四十六卷”，又曰“《孝经古孔氏》一篇”，皆出孔氏壁中。又曰“有

---

① “乃曲奏之名”五字为李贤注文。

《中古文易经》”，而不言其所出。【原注】《后汉·儒林传》言：“东莱费直传《易》，授琅邪王横，本以古字，号《古文易》。”又曰“《礼古经》五十六卷”，“《春秋古经》十二篇”，“《论语古》二十一篇”，但言“古”，不言“文”。而赤眉之乱，则已焚烧无遗。《后汉书·杜林传》曰：“林前于西州得漆书《古文尚书》一卷，常宝爱之，虽遭艰困，握持不离身。出以示卫宏、徐巡曰：‘林流离兵乱，常恐斯经将绝，何意东海卫子、济南徐生复能传之，是道竟不坠于地也。古文虽不合时务，然愿诸生无悔所学。’宏、巡益重之，于是古文遂行。”是东京古文之传，惟《尚书》而已。《晋书·卫恒传》言：“魏初传古文者，出于邯郸淳。至正始中，立三字石经，转失淳法，因科斗之名，遂效其形。”【原注】《后汉书·儒林传》误以三体书法为熹平所刊。未知所立几经。而唐初魏征等作《隋书·经籍志》，但有三字石经《尚书》五卷，三字石经《春秋》三卷，【原注】注云：“梁有十二卷。”则他经亦不存矣。《册府元龟》卷五〇唐玄宗天宝三载诏曰：“朕钦惟载籍，讨论坟典。以为先王令范，莫越于唐虞；上古遗书，实称于训诰。虽百篇奥义，前代或亡；而六体奇文，旧规犹在。但以古先所制，有异于当今；传写浸讹，有疑于后学。永言刊革，必在从宜。《尚书》应是古体文字，并依今字缮写施行，其旧本仍藏之书府。”是玄宗所改，亦止于《古文尚书》，而不闻有他经也。夫诸经古文之亡，其已久矣。今谓五经皆有古文，而玄宗改之以今，岂其然乎？

【续补正】遇孙案:《隋志》有《三字石经尚书古篆》三卷,[①]《三字石经尚书》五卷。《唐志》有《三字石经尚书古篆》三卷,《三字石经左传古篆》十(二)[三]卷,则《左传》古文唐时未亡也。

孔安国《书序》曰:"科斗书废已久,时人无能知者。以所闻伏生之书考论文义,定其可知者,为'隶古定',【原注】《正义》曰:"就古文体而从隶定之,故曰隶古,以虽隶而犹古也。"**更以竹简写之。"是则西汉之时所云"古文"者,不过隶书之近古,而共王所得科斗文字久已不传。玄宗所谓"六体奇文",盖正始之书法也。**

宋晁公武《古文尚书序》曰:"余抵少城,作《石经考异》之馀,因得此古文全编于学宫,乃延士张奂,仿吕氏所镂本书丹,刻诸石,方将配《孝经》、《周易》经文之古者,附于石经之列。"【原注】末书"乾道庚寅"。**今其石当已不存,而摹本亦未见传之人间也。世无好古之人,虽金石,其能保与?**[②]【原注】今有广信杨时乔所刻《周易古文》,恐亦后人以意为之,不必有所受也。

急就篇

汉、魏以后,童子皆读史游《急就篇》。晋夏侯湛:"抵疑乡曲之徒,一介之士,曾讽《急就》,习甲子。"见《晋书·夏侯

---

① 《隋书·经籍志》无《三字石经尚书古篆》。

② 顾亭林著有《石经考》一卷。晁公武《古文尚书序》收于其中。

湛传》。**《魏书》崔浩表言:"太宗即位元年,敕臣解《急就章》。"**见《崔浩传》。**刘芳撰《急就篇续注音义证》三卷,**见《刘芳传》。**陆暐拟《急就篇》为《悟蒙章》。**见《陆暐传》。**又书家亦多写《急就篇》。**【原注】晁氏《读书记》曰:"自昔善小学者多书《急就章》,故有锺繇、皇象、卫夫人、王羲之所书传于世。"见《郡斋读书志·后志》卷一。**《魏书·崔浩传》:"浩既工书,人多托写《急就章》。从少至老,初不惮劳,所书盖以百数。"《儒林传》:"刘兰始入小学,书《急就篇》,家人觉其聪敏。"《北齐书》:"李绘六岁未入学,伺伯姊笔牍之闲,辄窃用,未几,遂通《急就章》。"**见《李绘传》。**"李铉九岁入学,书《急就篇》,月馀便通。"**见《李铉传》。**自唐以下,其学渐微。**【原注】本朝①武官诰敕用二十八宿编号。永乐中字尽,奉旨用汉《急就章》字。〔一〕

〔一〕【汝成案】《急就篇》以前,若赵高《爰历篇》,胡毋敬《博学篇》,司马相如《凡将篇》,扬雄采仓颉作《训纂篇》。今其书虽皆不传,若许氏书中所引"司马相如说,淮南宋蔡舞嘐喻"之类,大氐出《凡将篇》,亦《急就篇》之意。而《急就篇》唐有颜师古注,宋有王伯厚注。伯厚又自作《姓氏急就篇》,皆所以便小学者。

【小笺】按《隋书·经籍志》又有《急就章》二卷,崔浩撰;《急就章》三卷,豆卢氏撰。

① "本朝",原本作"明初",据《校记》改。

千字文

《千字文》元有二本。《梁书·周兴嗣传》曰:"高祖以三桥旧宅为光宅寺,敕兴嗣与陆倕制碑。及成,俱奏。高祖用兴嗣所制者,自是《铜表铭》、《栅塘碣》、《北伐檄》、《次韵王羲之书千字》并使兴嗣为之。"《萧子范传》曰:"子范除大司马南平王户曹属从事中郎,使制《千字文》,其辞甚美,命记室蔡薳注释之。"《旧唐书·经籍志》:"《千字文》一卷,萧子范撰。又一卷,周兴嗣撰。"是兴嗣所次者一《千字文》,而子范所制者又一《千字文》也。【原注】《陈书·沈众传》:"是时梁武帝制《千字诗》,众为之注解。"是又不独兴嗣、子范二人矣。乃《隋书·经籍志》云:"《千字文》一卷,梁给事郎周兴嗣撰。《千字文》一卷,梁国子祭酒萧子云注。"《梁书》本传谓子范作之,而蔡薳为之注释,今以为子云注。子云乃子范之弟,则异矣。〔一〕《宋史·李至传》言:"《千字文》乃梁武帝得锺繇书破碑千馀字,命周兴嗣次韵而成。"【原注】《山堂考索》同。本传以为王羲之,而此又以为锺繇,则又异矣。《隋书》、《旧唐书》《志》又有《演千字文》五卷,不著何人作。【原注】《隋书·文(苑)[学]传》:"秦王俊令潘徽为《万字文》。"

〔一〕【臧氏曰】《隋志·小学类》:"《千字文》一卷,梁给事郎周兴嗣撰。《千字文》一卷,梁国子祭酒萧子云注。《千字文》一卷,胡肃注。"则周氏所撰为本,萧、胡皆注周书。萧子范撰《千字文》则别一本也。

《淳化帖》有汉章帝书百馀字，皆周兴嗣《千字文》中语。《东观馀论》卷上《法帖勘误》曰："此书非章帝，然亦前代人作，但录书者集成《千字》中语耳。"欧阳公疑以为"汉时学书者多为此语"，①而后村刘氏遂谓《千字文》非梁人作，误矣。黄鲁直《跋章草千字文》曰："章草，言可以通章奏耳，非章帝书也。"②

草书

褚先生补《史记·三王世家》曰"至其次序分绝，文字之上下，简之参差长短，皆有意，人莫之能知。谨论次其真草诏书，编于左方"，是则褚先生亲见简策之文，而孝武时诏即已用草书也。《魏志·刘廙传》"转五官将文学，文帝器之，令廙通草书"，则汉、魏之间笺启之文有用草书者矣。【原注】《晋书·郄鉴传》："帝以鉴有器望，万机动静辄问之。乃诏特草上表疏，以从简易。"〔一〕故草书之可通于章奏者谓之"章草"。

〔一〕【孙氏曰】案后汉北海王睦，善史书，及寝病，帝驿马令作草书尺牍十首。尤可为汉魏笺启用草书之证。

赵彦卫《云麓漫钞》卷七言："宣和中，陕右人发地得木简，字皆章草，乃永初二年发夫讨畔羌檄。米元章帖言，章

---

① 见《集古录》卷四《陈浮屠智永书千字文》。"汉时"原文作"前世"。

② 见《山谷集·别集》卷一一《跋章草千字文》，末句原文作"章帝时那得有之"。

草乃章奏之章。今考之既用于檄,则理容概施于章奏。盖小学家流,自古以降,日趋于简便,故大篆变小篆,小篆变隶。比其久也,复以隶为繁,则章奏文移悉以章草从事,亦自然之势。【原注】张怀瓘《书断》曰:"章草者,汉黄门令史游所作也。王愔云'汉元帝时史游作《急就章》,解散隶体。汉俗简惰,渐以行之'是也。"此又一说。故虽曰'草',而隶笔仍在,良由去隶未远故也。右军作草,犹是其典刑,故不胜为冗笔。逮张旭、怀素辈出,则此法扫地矣。"

北齐赵仲将学涉群书,善草隶,虽与弟书,字皆楷正,云:"草不可不解,若施之于人,似相轻易,若与当家中卑幼,又恐其疑,①是以必须隶笔。"见《北齐书·赵彦深传》。唐席豫性谨,虽与子弟书疏及吏曹簿领,未尝草书。谓人曰:"不敬他人,是自不敬也。"或曰:"此事甚细,卿何介意?"豫曰:"细犹不谨,而况巨邪?"见《旧唐书·席豫传》。柳仲郢手抄九经、三史,下及魏、晋、南、北诸史,"皆楷小精真,无行字"。见《新唐书·柳仲郢传》。② 宋刘安世终身不作草字书,尺牍未尝使人代。张观平生书必为楷字,无一行草,类其为人。见《宋史·张观传》。古人之谨重如此。《旧唐书》《李玄道传》:"王君廓为幽州都督,李玄道为长史。君廓入朝,玄道附书与其从甥房玄龄。君廓私发之,不识草字,疑其谋己,惧而奔叛。玄道坐流嶲州。"夫草书之衅乃至是邪!

---

① "其疑"下《北齐书》原文有"所在宜尔"四字,不宜删略。

② 《新唐书》言手钞"六经",非"九经"。

金石录

《金石录》卷一一有《宋公䜌餗鼎铭》，云："按《史记·世家》，宋公无名䜌者，莫知其为何人。"今考《左传》，宋元公之太子栾嗣位，为景公。《汉书·古今人表》有宋景公兜栾，而《史记·宋世家》"元公卒，子景公头曼立"，是"兜栾"之音讹为"头曼"，而宋公䜌即景公也。

"宗均"之误为"宋"，见《金石录》卷一八《汉宗资墓天禄辟邪字》条。不必证之碑及《党锢传》，即《南蛮传》云"会援病卒，谒者宗均听悉受降，为置吏司，群蛮遂平"，事与本传合，而《南蛮传》作"宗"，本传作"宋"，其误显然，注未及正。【原注】《党锢传》注："宗资字叔都，南阳安众人。祖父均，自有传。"

房彦谦高祖法寿，自宋归魏，封壮武侯，子孙承袭。《魏》、《隋》、《唐》三书皆同，独碑作"庄武"。按汉胶东国有壮武县，文帝封宋昌为壮武侯，见《史记·孝文本纪》。《正义》曰"《括地志》云：壮武故城在莱州即墨县西六十里"；《后汉志》"壮武，故夷国。《左传》隐元年'纪人伐夷'是也"；见《郡国志四》注。《贾复传》"封胶东侯，食郁秩、壮武等六县"；晋张华亦封壮武侯，字并作"壮"，独此碑与《左传》杜氏注作"庄"。见隐公元年"纪人伐夷"下注。

铸印作减笔字

太原府徐沟县有同戈驿，其名本取洞涡水。此水出乐平县西四十里陡泉岭，经平定州寿阳、榆次至徐沟县入汾。今徐沟县北五里洞涡河，其阳有洞涡村是也。《水经》卷一一“洞涡水”：“洞涡水[①]出沾县北山，西过榆次县南，又西到晋阳县南，西入于汾。”郦道元注：“刘琨之为并州也，刘渊引兵邀击之，合战于洞涡，即是水也。”《旧唐书·昭宗纪》：“天复元年四月，氏叔琮营于洞涡驿。”【原注】《五代史·唐本纪》同。《新唐书·地理志》：“太原郡有府十八，其一曰洞涡。”《宋史·曹彬传》：“为前军都监，战洞涡河北。”《汉世家》：“李继勋败继恩兵于洞涡河。”【原注】唯《魏书·地形志》“晋阳”下云：“同过水出木瓜岭，一出沾岭，一出大廉山，一出原洞祠下，五水合道，故曰同过。西南入汾。”则又作“同过”，字异。○又按，上文止四水，或有脱漏。后人减笔借书“同戈”字，而今铸印遂作“同戈”，以减借之字登于印文，又不但马文渊所言成皋印点画之讹而已。[②]

今驿多用古地名者。“洪武九年四月壬辰，以天下驿传之名多因俚俗，命翰林考古正之。如扬州府曰广陵驿，镇江府曰京口驿，凡改者二百三十二。”见《明太祖实录》卷一○五。徐沟无古地名，故以水名之。

画

古人图画皆指事为之，使观者可法可戒。上自三代之

---

① 今本《水经注》作“洞过水”。

② 《东观汉记》卷一二：马援（字文渊）上书论印文之讹：“成皋令印‘皋’字为‘白’下‘羊’，丞印为‘四’下‘羊’，尉印‘白’下‘人’，‘人’下‘羊’。”

时，则周明堂之四门墉，有尧、舜之容，桀、纣之象，有周公相成王负斧扆南面以朝诸侯之图。【原注】《孔子家语》卷三。"楚有先王之庙及公卿祠堂，图画天地山川神灵，琦玮僪佹，及古贤圣、怪物行事。"【原注】王逸《楚辞章句》。秦、汉以下见于史者，如《周公负成王图》，【原注】《霍光传》。《成庆画》，【原注】《景十三王传》。〇犹言《成庆图》，非成庆所画也。《纣醉踞妲己图》，【原注】《叙传》。屏风图画列女，【原注】《宋宏传》。戴逵画《南都赋图》【原注】《世说》《巧艺》。之类，未有无因而作。逮乎隋、唐，尚沿其意。《唐·艺文志》所列汉王元昌画《汉贤王图》，阎立德画《文成公主降蕃图》、《玉华宫图》、《斗鸡图》，阎立本画《秦府十八学士图》、《凌烟阁功臣二十四人图》，范长寿画《风俗图》、《醉道士图》，王定画《本草训戒图》，【原注】贞观尚方令。檀智敏画《游春戏艺图》，【原注】振武校尉。殷敫、韦无忝画《皇朝九圣图》、《高祖及诸王图》、《太宗自定辇上图》、《开元十八学士图》，【原注】开元人。董萼画《辇车图》，【原注】开元人，字重照。曹元廓画后周、北齐、梁、陈、隋、武德、贞观、永徽间《朝臣图》、《高祖、太宗诸子图》、《秦府学士图》、《凌烟图》，【原注】武后左尚方令。杨昇画《望贤宫图》、《安禄山真》，张萱画《伎女图》、《乳母将婴儿图》、《按羯鼓图》、《鞦韆图》，【原注】并开元馆画直。谈皎画《武惠妃舞图》、《佳丽寒食图》、《佳丽伎女图》，韩幹画《龙朔功臣图》、《姚》、《宋》及《安禄山图》、《相马图》、《玄宗试马图》、《宁王调马打毬图》，【原注】大梁人，大府寺丞。陈宏画《安禄山图》、《玄宗马射图》、《上党十九瑞图》，【原注】永王府长史。王象画《卤簿图》，田琦画《洪崖子橘木图》，【原注】德平子，汝南太守。窦师纶画《内库瑞锦对雉斗羊翔凤游麟图》，【原注】字希言，太宗秦王府谘议相国录事参军，封陵阳公。韦鶠画《天竺胡僧渡水放牧图》，【原注】銮子。周昉画《扑蝶》、《按筝》、《杨真人降真》、《五星》等图【原注】字景玄。各一卷；《唐文粹》有王谠《记汉公卿祖二疏图》，舒元舆《记桃源图》；《通鉴》卷二七二"蜀嘉州司马刘赞，献《陈后主三阁图》"，皆指事象物之作。《王维传》："人有得《奏乐图》，不知其名。维视之，曰：'此《霓裳》第三叠第一拍也。'好事者集乐工按之，无差。"自实体难工，空摹易善，于是白描山水之画兴，而古人之意亡矣。

宋邵博《闻见后录》卷二七云："观汉李翕、王稚子、高贯方墓碑，多刻山林人物，乃知顾恺之、陆探微、宗处士辈尚有其遗法。至吴道玄绝艺入神，然始用巧思，而古意少减矣，况其下者。此可为知者道也。"

宋徽宗崇宁三年，立画学，考画之等，以不仿前人而物之情态形色俱若自然、笔韵高简为工。见《宋史·选举志三》。此近于空摹之格，至今尚之。

谢在杭《五杂俎》卷七《人部三》曰："自唐以前，名画未有无故事者，盖有故事便须立意结构，事事考订，人物衣冠制度，宫室规模大略，城郭山川，形势向背，皆不得草草下笔，非若今人任意师心，卤莽灭裂，动辄托之写意而止也。余观张僧繇、展子虔、阎立本辈，皆画神佛变相、星曜真形。

至如石勒、窦建德、安禄山,有何足画,而皆写其故实。其他如懿宗射兔,贵妃上马,后主幸晋阳,华清宫避暑,不一而足。上之则神农播种,尧民击壤,老子度关,宣尼十哲,下之则商山采芝,二疏祖道,元达镤谏,葛洪移居。如此题目,今人却不肯画,而古人为之,转相沿仿。盖由所重在此,习以成风,要亦相传法度,易于循习耳。"

古器

洪氏《随笔》谓:"彝器之传,春秋以来固已重之,如郜鼎、纪甗之类,历历可数。"以上隐括《容斋随笔》卷三《古彝器》一则。不知三代《逸书》之目,汤有《典宝》,见《书·汤誓》。武有《分器》,见《书·洪范》。而《春官》有"典庸器"之职,祭祀出而陈之,则固前乎此矣。故夏后氏之璜,封父之繁弱,密须之鼓,阙巩之甲,班诸鲁公、唐叔之国,见《左传》定公四年。而赤刀、弘璧、天球、河图之属,陈设于成王之顾命者,见《书·顾命》。又天子之世守也。然而来去不恒,成亏有数。是以宝珪出河,【原注】《左传》昭二十四年。九鼎沦泗,见《汉书·郊祀志》。武库之剑穿屋而飞,①【原注】《越绝书》亦载湛卢去吴事。《吴越春秋》较详。殿前之锺感山而响,②铜人入梦,③锺虡生

---

① 《晋书·张华传》:武库火,华惧因此变作,列兵固守,然后救之,故累代之宝及汉高斩蛇剑、王莽头、孔子屐等尽焚焉。时华见剑穿屋而飞,莫知所向。

② 《天中记》卷二五引《东方朔别传》,言未央宫前殿锺无故自鸣,朔云为铜山崩所感。

③ 《汉书·王莽传》:莽梦长乐宫铜人五枚起立,莽恶之,念铜人铭有"皇帝初兼天下"之文,即使尚方工镌灭所梦铜人膺文。

毛,[1]则知历世久远,能为神怪,亦理之所必有者。《隋书》《高祖纪》:“文帝开皇九年四月,毁平陈所得秦、汉三大锺,越二大鼓。十一年正月丁酉,以平陈所得古器多为祸变,悉命毁之。”而《大金国志》卷一四载海陵正隆三年,诏毁平辽、宋所得古器,亦如隋文之言。盖皆恣睢不学之主,而古器之销亡为可惜矣。

读李易安清照《题金石录》引王涯、元载之事,以为“有聚有散,乃理之常,人亡人得,又胡足道”,[2]未尝不叹其言之达。而元裕之【原注】好问。作《故物谱》,见《遗山集》卷三九。独以为不然,其说曰:“三代鼎锺,其初出于圣人之制,今其款识故在,不曰‘永用享’,则曰‘子子孙孙永宝用’,岂圣人者超然远览,而不能忘情于一物邪?自庄周、列御寇之说出,遂以天地为逆旅,形骸为外物,虽圣哲之能事有不满一吷者,况外物之外者乎?然而彼固未能寒而忘衣、饥而忘食也。则圣人之道,所谓备物以致用、守器以为智者,其可非也邪?”【原注】已上檃括元氏之文。《春秋》之于宝玉、大弓,窃之书,得之书,[3]知此者可以得圣人之意矣。

① 《汉书·郊祀志》:建章、未央、长乐宫锺虡铜人皆生毛,长一寸所,时以为美祥。

② 《题金石录》,即《金石录后序》,此处于原文稍节略。

③ 《春秋》定公八年:“盗窃宝玉、大弓。”定公九年:“得宝玉、大弓。”《公羊传》定公九年:“得宝玉、大弓,何以书?国宝也。丧之书,得之书。”

日知录集释卷二十二

四海

《书正义》《舜典》言："天地之势，四边有水。邹衍书言'九州之外有大瀛海环之'，是九州居水内，故以州为名。"【原注】州，古"洲"字。然五经无"西海"、"北海"之文，而所谓"四海"者，亦概万国而言之尔。【原注】《礼记·祭义》："推而放诸西海而准，推而放诸北海而准。"亦是概言之海。至《左传》僖公四年齐桓公言"寡人处北海"，[①]则直指齐地。而《孟子》《离娄上》言"伯夷辟纣，居北海之滨"。唐时以潍州为北海郡，[②]而昌乐县

① 僖公四年，齐侯以诸侯之师侵蔡。蔡溃。遂伐楚。楚子使与师言曰："君处北海，寡人处南海，唯是风马牛不相及也。"此处变楚使为齐桓公，又以楚使之"君处北海"为齐桓公之"寡人处北海"，当是顾氏误记。

② 《续刊误》卷下："唐废潍州，以所领之北海县属青州，非以潍州为北海郡，即先立北海县是潍州所领县名，非立潍州为郡也。《唐书》二志、《太平寰宇记》等书可考。《录》注当云'唐以青州为北海郡'，今诸本、原写本同，是先生偶误书。别无所据以改，仍之。"

遂有伯夷庙。《尔雅》《释地》"九夷、八蛮、六戎、五狄，谓之四海"，[1]《周礼·校人》"凡将有事于四海山川"，注"四海，犹四方也"，则海非真水之名。《易》卦"兑为泽"，见《说卦》。而不言"海"。《礼记·乡饮酒义》曰"祖天地之左海也"，则又以见右之无海矣。【原注】《史记·日者传》："地不满东南，以海为池。"《虞书》《益稷》：禹言"予决九川，距四海"，据《禹贡》但有一海，而"南海"之名，[2]犹之"西河"即此"河"尔。[3]

《禹贡》之言"海"有二。"东渐于海"，实言之海也；"声教讫于四海"，概言之海也。

宋洪迈谓："海一而已。地势西北高，东南下，所谓东、北、南三海，其实一也。北至于青、沧，则曰北海；南至于交、广，则曰南海；东渐吴、越，则曰东海；无由有所谓西海者。《诗》、《书》、《礼》经之称'四海'，盖引类而言之。"见《容斋随笔》卷三《四海一也》。至于《庄子》《内篇·逍遥游》所谓"穷发之北有冥海"，及屈原所谓"指西海以为期"，见《离骚》。皆寓言尔。程大昌谓："条支之西有海，先汉使固尝见之而载诸史。【原注】《史记·大宛传》："于置之西则水皆西流，注西海。"又曰："奄蔡在康居西北可二千里，临大泽，无崖，盖乃北海云。"《汉书·西域传》："条支国临西海。"后汉班超又遣甘英辈亲至其地，而西海之西又有大秦，夷人与海商皆常往来。

---

① 《尔雅·释地》原文作"九夷、八狄、七戎、六蛮"。

② 《禹贡》："道黑水，至于三危，入于南海。"

③ 《禹贡》："黑水、西河惟雍州。""浮于积石，至于龙门、西河。"

霍去病封狼居胥山，其山实临瀚海。苏武、郭吉皆为匈奴所幽，置诸北海之上。而唐史又言，突厥部北海之北有骨利幹国，在海北岸。然则《诗》、《书》所称四海，实环夷夏[①]而四之，非寓言也。"[②]然今甘州有居延海，西宁有青海，云南有滇海，安知汉、唐人所见之海非此类邪？〔一〕

〔一〕【钱氏曰】北人称"海子"，犹南方之湖也。

九州

"九州"之名，始见于《禹贡》。【原注】《礼记》《祭法》："共工氏之霸九州也，其子曰后土，能平九州。"此前乎禹而有"九州"之名。《周礼·职方氏》疏曰："自神农以上，有大九州，柱州、[③]迎州、神州之等。至黄帝以来，德不及远，惟于神州之内分为九州。"【原注】《史记·孟子荀卿传》："驺衍言中国名曰赤县神州，赤县神州内自有九州，禹之序九州是也，不得为州数。中国外如赤县神州者九，乃所谓九州也。"盖天下有九州，古之帝者皆治之。后世德薄，止治神州。"神州"者，东南一州也。【原注】《河图括地象》："东南神州，正南卬州，西南戎州，正西弇州，正中冀州，西北柱州，北方玄州，东北咸州，正东扬州。"《淮南子·地形训》同，而以西北为台州，正北为泲州，东北为薄州，正东为阳州。《隋书》《礼仪志》：北郊之制，有"神州、迎州、冀州、戎州、拾

① "夷夏"，原本作"华裔"，据《校记》改。

② 引文见明陆楫编《古今说海》卷十程大昌《北边备对》"四海"条。顾氏略有变动。清人《禹贡长笺》引程大昌，径采顾氏之文，亦非程氏原文。

③ "柱州"，今本作"桂州"。

州、柱州、营州、咸州、阳州”。唐初房玄龄与礼官议，以为神州者，国之所托，馀八州则义不相及，遂除迎州等八座，惟祭皇地祇及神州。见《通典》卷四五注文。**此荒诞之说，固无足采。然中国之大，亦未有穷其涯域者。尹耕《两镇志》**[1]**引《汉书·地理志》言“黄帝方制万里，画野分州，得百里之国万区”，而疑不尽于禹九州之内。且曰：“以今观之，涿鹿，**【原注】今保安州。**东北之极陬也，而黄帝以之建都。釜山，**【原注】在怀来城北。**塞上之小山也，而黄帝以之合符。则当时藩国之在其西北者可知也。”**【原注】《晋·载记》：“慕容廆以大棘城即帝颛顼之墟也，乃移居之。”《通典》卷一七八“柳城郡”：“棘城在营州柳城东南一百七十里。”**秦、汉以来，匈奴他部如尔朱、宇文之类，往往祖黄帝，称昌意后，亦一证也。**【原注】按魏、周诸《书》，惟云“魏之先出自黄帝轩辕氏，黄帝子曰昌意，昌意之少子受封北国”。见《北史·魏本纪》。而尔朱氏无闻。宇文氏则云“其先出自炎帝神农氏”。见《周书·文帝纪》。今舍拓跋而言尔朱、宇文，误也。○《辽史》《世表》言“耶律俨称辽为轩辕后”。**厥后昌意降居，帝挚逊位，至于洪水之灾，天下分绝，而诸侯之不朝者有矣。以《书》考之，禹别九州，而舜又肇十二州，其分为幽、并、营者，皆在冀之东北，**【原注】《书》《舜典》“肇十有二州”传云：“肇，始也。禹治水之后，舜分冀州为幽州、并州，分青州为营州，始置十二州。”高诱注《淮南子》《地形训》云：“古之幽都在雁门以北。”**必其前闭而后通，前距而后服者也。而此三州以外，则舜不得而有之矣。此后世幅员所以止于禹迹九州之内，**

① 尹耕字子莘，蔚州人。嘉靖壬辰进士，官至河南按察司佥事。

而天地之气亦自西北而趋于东南，日荒日辟，而今犹未已也。【原注】蔡仲默《书传》亦谓"当舜之时，冀北之地未必荒落如后世"。见《禹贡》传。駘子之言虽不尽然，亦岂可谓其无所自哉！

幽、并、营三州，在《禹贡》九州之外，先儒谓以冀、青二州地广而分之，殆非也。【原注】孔安国、马融并云。[1] ○疏谓"尧时青州，当越海而有辽东"，益无据。幽则今涿、易以北至塞外之地；【原注】《书》《舜典》："流共工于幽洲。"《孟子》《滕文公下》作"州"。《括地志》云："在檀州燕乐县界。今顺天府密云县。"见《史记·五帝本纪》《正义》引。并则今忻、代以北至塞外之地；营则今辽东大宁之地。其山川皆不载之《禹贡》，故靡得而详。【原注】凡汉之上谷、渔阳、右北平、辽西、辽东，山川皆不载之《禹贡》，惟碣石为右北平骊城县山，然此但岛夷之贡道尔。然而《益稷》之书谓"弼成五服，至于五千"，则冀方之北不应仅数百里而止。《辽史·地理志》言"幽州在渤、碣之间，并州北有代、朔，营州东暨辽海"，《营卫志》言"冀州以南，历洪水之变，夏后始制城郭，其人土著而居。并、营以北，劲风多寒，随阳迁徙，岁无宁居，旷土万里"，或其说之有所本也。刘三吾《书传》卷一[2]谓"孔氏安国以辽东属青州，隔越巨海，道里殊远，非所谓因高山大川以为限之意，盖幽、并、营三州皆分冀州之地"，【原注】又引欧阳忞《舆地广记》，以辽

---

① 孔安国《舜典》传云："禹治水之后，舜分冀州为幽州、并州，分青州为营州，始置十二州。"下句孔颖达疏，见《禹贡》。

② 《书传会选》六卷，明翰林学士刘三吾等奉敕撰。

东营州属冀州。**今亦未有所考。**〔一〕

〔一〕【阎氏曰】案幽、并、营三州自九州分出者，从来皆如此说，顾氏断然谓在《禹贡》山川以外，又曰“禹画九州在前，舜肇十二州在后”者，似是臆说，不过从“肇者始也”臆度耳。其实《周礼·职方氏》“并州，其泽薮曰昭馀祁”，昭馀祁在今介休县东北三十二里，俗名邬城泊。先儒知分冀东恒山之地为并州，则以周“并州镇曰恒山”故。知分冀东北医无闾之地为幽州，则以周“幽州镇曰医无闾”故。又知分青东北、辽东等处为营州，则以《尔雅·释地》“齐曰营州”故也。不然，微《周礼》、《尔雅》二书，欲于禹九州外枚举舜三州之名，且不可得，况疆理所至哉！《舜本纪》称其地“北发息慎”。息慎即肃慎，为今宁古塔，去京师三千二百四十二里。下讫三代，武王通之，来贡楛矢。成王伐之，遂来贺。况在有虞盛世，其为营州之地无疑，尚得谓非以境界太远，始别置之哉！

“禹画九州”在前，“舜肇十二州”在后。①**“肇”，始也。昔但有九州，今有十二州，自舜始也。**【原注】《汉书·地理志》：“尧遭洪水，天下分绝为十二州，使禹治之，更制九州。”与《书》“肇十有二州”之文不同。盖汉人之说如此，故王莽据之为奏。② 陈氏经曰：“《禹贡》之作，乃在尧时，至舜时乃分九州为十二州，至夏之世又并为九州，故《传》言‘贡金九牧’。”见《书传会选》卷一。○《竹书纪年》：“帝舜三十三年，夏后受命于神宗，遂复九州。”亦未可信。**然则谓《禹贡》九州为尽虞、夏之疆域者，疏矣。**

---

① 《禹贡》：“禹别九州”，舜“肇十有二州”。

② 《汉书·王莽传上》：莽奏云：“《尧典》十有二州界，后定为九州。”

夏、商以后，沿上世九州之名，各就其疆理所及而分之，故每代小有不同。【原注】《周书》、《尔雅》各与《禹贡》不同。**《周礼·量人》："掌建国之法，以分国为九州。"**见《夏官司马》。**曰"分"，则不循于其旧可知矣。**【原注】《周礼·职方》："东北曰幽州，其山曰医无闾，其泽曰貕养，[①]川曰河泲，浸曰菑时。"医无闾在今辽东广宁卫。"貕养泽"注云在长广，今山阳莱阳县，已无迹可考。而青之菑时，兖之河泲，杂出于一条之中，殆不可据。

州有二名。《舜典》"肇十有二州"，《禹贡》"九州"，大名也。《周礼·大司徒》"五党为州"，"州长"注"二千五百家为州"，《左传》僖十五年"晋作州兵"，宣十一年"楚子入陈，乡取一人焉以归，谓之夏州"，昭二十二年"晋籍谈、荀跞帅九州之戎"，【原注】注："州，乡属也。五州为乡。"**哀四年"士蔑乃致九州之戎"，十七年"卫侯登城以望见戎州"，《国语》**《郑语》**"谢西之九州何如"，**【原注】注："谢西有九州。二千五百家为州。"**并小名也。**〔一〕**陈祥道《礼书》**卷二六：**"二百一十国谓之州，五党亦谓之州。万二千五百家谓之遂，一夫之间亦谓之遂。王畿谓之县，五鄙亦谓之县。"**【原注】"江、淮、河、济，谓之四渎"；见《尔雅·释水》。而《易》《说卦》"坎为水，为沟渎"。大小之极，不嫌同名。

〔一〕【沈氏曰】《论语》之言"州里"，亦小名也。

---

① 《刊误》卷下："'其泽曰貕养'，原本误作'薮曰貕养山'。钱校改'山'为'泽'，亦非。汝成案：《录》引此文，节去二字，又改二字，不尽与《周礼》合。今略通其讹，未俱改云。"

六国独燕无后

春秋之时，楚最强。楚之官，令尹最贵，而其为令尹者皆同姓之亲。至于六国已灭之后，而卒能自立以亡秦者，楚也。尝考夫七国之时，人主多任其贵戚，如孟尝、平原、信陵三公子毋论，楚之昭阳、昭奚恤、昭雎，韩之公仲、公叔，赵之公子成、赵豹、赵奢，齐之田婴、田忌、田单，单之功至于复齐国。至秦则不用矣，〔一〕而泾阳、高陵之辈，犹以擅国闻。独燕蔑有。子之之于王哙，未知其亲疏。自昭王以降，无一同姓之见于史者。及陈、项兵起，立六国后，而孙心王楚，儋王齐，咎王魏，已而歇王赵，成王韩，惟燕人乃立韩广，岂王喜之后无一人与？不然，燕人之哀太子丹，岂下于怀王，而忍亡之也？盖燕宗之不振久矣。呜呼！楚用其宗，而立怀王者楚也；燕用非其宗，而立韩广者燕也。然则晋无公族而六卿分，①秦无子弟而阎乐弑，见《史记·秦始皇本纪》。魏削藩王而陈留篡于司马，②宋卑宗子而二帝辱于金人，皆是道矣。《诗》《大雅·板》曰："宗子维城。无俾城坏，无独斯畏。"人君之独也，可不畏哉！〔二〕

〔一〕【阎氏曰】按樗里疾，秦惠王异母弟，亦尝相武王。

〔二〕【汪明经曰】案燕弱且僻，至易王始见于史，所载国事多略，公卿大夫亦罕见。见者如市被、骑劫、栗腹、庆秦、将渠、鞠武，皆

---

① 晋自骊姬之乱，遂无公族，及成公，乃以卿之嫡子为宦。前后有十一卿族，势力消长，互相潛杀。至范宣子逐栾盈，遂仅馀六族。见《左传》成公十七年以后。

② 司马炎篡位，废魏帝曹奂为陈留王。

将相大臣,无以知其非同姓也。《陈馀传》云:“秦为无道,灭人社稷,绝人后世。”则六国值秦,并国灭无后,未可咎燕宗之不振也。以秦之切齿于燕王喜、太子丹,岂有种乎?且六国之立,特豪杰以收人心,岂必尽其本支乎?

【小笺】按:《汉书·娄敬传》:“陛下虽都关中,实少人,北近胡寇,东有六国强族,一日有变,陛下亦未得安枕而卧也。臣愿陛下徙齐诸田,楚昭、屈、景,燕、赵、韩、魏后,实关中。”据此则燕固有后,且在汉初尚为强族也。顾氏此论,特为胜国发耳。

郡县

《汉书·地理志》言:“秦并兼四海,以为周制微弱,终为诸侯所丧,故不立尺土之封,分天下为郡县,荡灭前圣之苗裔,靡有孑遗。”后之文人祖述其说,以为废封建,立郡县,皆始皇之所为也。以余观之,殆不然。《左传》僖公三十三年,“晋襄公以再命命先茅之县赏胥臣”;宣公十一年,“楚子县陈”;十二年,郑伯逆楚子之辞曰“使改事君夷于九县”;【原注】注:楚灭诸小国,为九县。十五年,晋侯“赏士伯以瓜衍之县”;成公六年,韩献子曰“成师以出,而败楚之二县”;襄公二十六年,蔡声子曰“晋人将与之县,以比叔向”;三十年,“绛县人或年长矣”;昭公三年,二宣子[1]曰“晋之别县,不惟州”;五年,薳启疆曰“韩赋七邑,皆成县也”;【原注】注:成县,赋百乘也。又曰“因其十家九县,其馀

① 二宣子,指范宣子、韩宣子。

四十县”；十年，叔向曰“陈人听命，而遂县之”；二十八年，“晋分祁氏之田以为七县，分羊舌氏之田以为三县”；哀公十七年，子穀曰“彭仲爽，申俘也。文王以为令尹，实县申、息”；《晏子春秋》《外篇上》“昔我先君桓公，予管仲狐与谷其县十七”；《说苑》卷二《臣术》“景公令吏致千家之县一于晏子”；《战国策》《赵策一》智过言于智伯曰“破赵，则封二子者各万家之县一”；《史记·秦本纪》“武公十年，伐邽、冀戎，初县之。十一年，初县杜、郑”；《吴世家》“王馀祭三年，予庆封朱方之县”，则当春秋之世，灭人之国者固已为县矣。【原注】按昭二十九年传，蔡墨言刘累“迁于鲁县”，则夏后氏已有县之名。《周礼·小司徒》：“四甸为县。”《遂人》：“五鄙为县。”“县士”注：“距王城三百里以外至四百里曰县。”亦作“寰”。《国语》《齐语》：“管子制齐，三乡为寰，寰有寰帅。十寰为属，属有大夫。”○颜师古曰：“古书‘县邑’字皆作‘寰’，以‘县’为‘县挂’字，后人转用为‘州县’字，其‘县挂’之‘县’又加‘心’以别之也。”见《汉书·高帝纪》注。《史记》“吴王发九郡兵伐齐”；见《仲尼弟子列传》。范蜎对楚王曰“楚南塞厉门而郡江东”；甘茂谓秦王曰“宜阳，大县，名曰县，其实郡也”；以上皆见《甘茂列传》。春申君言于楚王曰“淮北地边齐，其事急，请以为郡便”；见《春申君列传》。《匈奴传》言赵武灵王“置云中、雁门、代郡”；燕“置上谷、渔阳、右北平、辽西、辽东郡”，以拒胡；又言“魏有(河西)[西河]、上郡，以与戎界边”，则当七国之世，而固已有郡矣。【原注】哀公二年传：“赵简子誓曰：克敌者，上大夫受县，下大夫受郡。”杜氏注引《周书·作洛》篇：“千里百县，县有四郡。”古时县大而郡小。○《说文》“邑”部“郡”下：“周制，天子地方千里，分为百县,县有四郡。至秦初置三十六郡,以监其县。”今按《史记》吴王及春申君之事,则郡之统县固不始于秦也。**吴起为西河守,冯亭为上党守,李伯为代郡守,西门豹为邺令,荀况为兰陵令,城浑说楚新城令,卫有蒲守,韩有南阳假守,魏有安邑令,苏代曰“请以三万户之都封太守,千户封县令”,**【原注】赵封冯亭,亦云。[①]**而齐威王朝诸县令长七十二人,则六国之未入于秦,而固已先为守、令、长矣。故《史》言乐毅“下齐七十馀城,皆为郡县”,**见《乐毅列传》。**而齐湣王遗楚怀王书曰“四国争事秦,则楚为郡县矣”,**见《楚世家》。**张仪说燕昭王曰“今时赵之于秦,犹郡县也”,**见《张仪列传》。**安得谓至始皇而始罢侯置守邪?《传》**哀公七年**称“禹会诸侯,执玉帛者万国”,至周武王仅千八百国,春秋时见于经传者百四十馀国,又并而为十二诸侯,又并而为七国,此固其势之所必至。秦虽欲复古之制,一一而封之,亦有所不能,而谓罢侯置守之始于秦,则儒生不通古今之见也。**〔一〕

〔一〕【杨氏曰】郡县之置,不惟秦。言秦者,事有所止,以归狱也。

【姚刑部曰】考周室之制,王所居曰“国中”,分命大夫所居曰“都鄙”,自国而外,有曰“家稍”者矣,曰“邦县”者矣,曰“邦都”者矣,而统名之,皆都鄙也。郑君云:“都之所居曰鄙。”殆非是,宜曰“鄙之所居曰都”。《诗》曰:“作都于向。”《月令》曰:“毋休于都。”然则都者,鄙所居城之谓也。见于《诗》、《书》、传记,凡齐、鲁、卫、郑之国,率同王朝都鄙之称。盖周法:中原侯服,疆以周索。国近蛮夷者,乃疆以戎索。故齐、

① 此二语仅见于《战国策·赵策》,乃赵胜谓冯亭语,非苏代语。

鲁、卫、郑名同于周，而晋、秦、楚乃不同于周，不曰都鄙而曰“县”。然始者有县而已，尚无“郡”名。吾意郡之称盖始于秦、晋，以所得戎翟地远，使人守之，为戎翟民君长，故名曰郡。如所云“阴地之命大夫”，盖即郡守之谓也。赵简子之誓曰：“上大夫受县，下大夫受郡。”郡远而县近。县成聚富庶而郡荒陋，故以美恶异等，而非郡与县相统属也。《晋语》夷吾谓公子絷曰：“君实有郡县。”言晋地属秦，异于秦之近县，则谓之曰“郡县”，亦非云郡与县相统属也。及三卿分范、中行、知氏之县，其县与已故县隔绝，分人以守，略同昔者使人守远地之体，故率以郡名。然而郡乃大矣，所统有属县矣。其后秦、楚亦皆以得诸侯地名郡。惟齐无郡，齐用周制故也。都鄙者，王朝本名，故晋、秦、楚虽为县，而未尝不可因周之称；而周必无郡之称，以郡者远地之称也。秦之内史，汉之三辅，终不可名之郡，况周之畿内乎？《周书·作洛》篇乃有“县有四郡”之语，此非真西周之书，周末诬僭之士为之也。

阎若璩《潜丘劄记》卷五：①

“盖自汉以下文人之论，皆谓秦始皇废封建，立郡县，以余观之，殆不然”云云。按《战国策》，张仪为秦连衡说韩王，韩王曰：“客幸而教之，请比郡县。”又张仪为秦破从连衡，谓燕王曰：“且今时赵之于秦，犹郡县也。”又昌国君乐毅为燕昭王合五国之兵而攻齐，下七十馀城，尽郡县之，以属燕。又蒙嘉为先言于秦王曰：“燕王愿举国为内臣，比诸侯之列，给贡职如郡县。”又按《国语》晋公子夷吾私于公子絷，曰：“君实有郡县。”君谓秦君，言秦亦自有郡县，则当秦穆公之世而固已有郡有县矣。此证尤妙，真可谓一言破的，何必纷

① 按丁晏曾采若璩此数节入《日知录校正》，但节略失当，且有误字，不便于阅读，兹从《潜丘劄记》重录。

纷。又《史记·秦本纪》武公十年伐邽、冀戎，初县之。十一年初县杜、郑，是又先于秦穆公世有县。

又云"《左传》宣十二年，郑伯逆楚子之辞曰'使改事君夷于九县'，注：楚灭诸小国为九县。"按《左传》宣十一年楚子杀夏征舒，轘诸栗门，因县陈。又王使让之曰："诸侯县公，皆庆寡人"。独此条面告宁老，以为然。又按哀十七年"彭仲爽，申俘也，文王以为令尹，实县申、息。"楚灭息见庄十四年，是庄十四年已有县。

又云昭五年"薳启疆曰：晋十家九县，其馀四十县。"按《左传》昭三年，"初，州县栾豹之邑也"，又文子曰"温，吾县也"，又"晋之别县不唯州"，又"余不能治余县"，凡四"县"字，先于薳启疆语二年。

又注云"《周礼·小司徒》'四甸为县'"。按《周书·作洛》篇"千里百县，县有四郡"，宜补于"四甸为县"之下。

又云："《战国策》甘茂曰：'宜阳大县，名曰县，其实郡也。'则当七国之世而固已有郡矣。"按《史记·秦本纪》惠文君十年，魏纳上郡十五县。又后十三年，置汉中郡。

又云"西门豹为邺令"云云。按《史记·秦本纪》，孝公十二年并诸小乡聚集为大县，县一令。

又云"苏代曰：请以三万户之都封太守，千户封县令"。按《国策》此二语乃赵胜为冯亭，非苏代也。又按《战国策》马服君曰："燕尝以奢为上谷守。"又秦"令韩阳告上党守靳(黈)[黈]曰"，又"齐人李伯见孝成王以为代郡守"。古郡守止称"守"，无"太"字，至汉景帝中二年七月更郡守为太守，始为太守。《史记》于景帝以前事尝叙"太守"者，此自以后代制度叙前人事迹，其误甚明。《索隐》所谓"太者衍字"是也。然《战国策》叙冯亭、上党事，凡五称"太守"，愚窃谓此后人传写者增加，非当时实录者。古书如此类最多，要当识者意会之。

秦分天下为三十六郡，其中西河、上郡则因魏之故，云中、雁门、代郡则赵武灵王所置，上谷、渔阳、右北平、辽西、辽东郡则燕所置。《史记》不志地理，而见之于《匈奴》之传。孟坚《志》《地理志》**皆谓之秦置者，以汉之所承者秦，不言魏、赵、燕尔。**〔一〕

〔一〕【梁氏曰】《韩世家》有上党守冯亭，则上党郡韩置。而巴蜀、汉中、上郡置于惠文王，河东，南阳、黔中、上党、南郡置于昭襄王，三川、太原置于庄襄王，俱见《本纪》，不得全属始皇初置也。但三十六郡之目，史不详载。考始皇置闽中、南海、桂林、象郡皆在后，不在三十六郡内。则所谓三十六郡者，据《汉志》，一河东，二太原，三上党，四三川，五东郡，六颍川，七南阳，八南郡，九九江，十泗水，十一钜鹿，十二齐郡，十三琅邪，十四会稽，十五汉中，十六蜀郡，十七巴郡，十八陇西，十九北地，二十上郡，二十一九原，二十二云中，二十三雁门，二十四代郡，二十五上谷，二十六渔阳，二十七右北平，二十八辽西，二十九辽东，三十邯郸，三十一砀郡，三十二薛郡，三十三长沙。尚缺三郡，以《续汉·郡国志》校之，则秦有鄣郡、黔中郡，《前志》无黔中，诚为脱漏，足以补郡数之缺。而鄣非秦郡，刘敞辨之甚悉，是尚缺二郡也。有以郯郡、楚郡充其数者，前人皆已辨之，不得为秦郡也。《始皇纪》《集解》言郡凡三十五，与内史为三十六，则内史在三十六郡之中。其所缺尚有一郡，以《水经注》补之。《水经》卷十三“广阳蓟县”注云：“秦始皇灭燕，以为广阳郡。”于是三十六郡之数始备。

【钱氏曰】秦四十郡之说昉于《晋书》。《晋书》为唐初人所作，要其去秦、汉远矣。《太史公书》："秦始皇二十六年，分天下为三十六郡。"未尝实指为某某郡也。班孟坚《地理志》列汉郡国百有三，又于各郡国下详其沿革，其非汉置者，或云"秦置"，或云"故秦某郡"，或云"秦郡"，并之正合三十六之数，是即始皇所分之三十六郡也。《志》末又总言之云："本秦京师为内史，分天下作三十六郡。汉兴，以其地太大，稍复开置，又立诸侯王国，武帝开广三边。故自高帝增二十六，文、景各六，武帝二十八，昭帝一，迄于孝平，凡郡国一百三。"以秦三十六郡合之高、文、景，武、昭所增置，正得百有三，是秦三十六郡之外更无它郡，安得有四十郡哉？司马彪《郡国志》本沿《东观》旧文，亦云"汉承秦三十六郡，后稍分析，至于孝平，凡郡国百三"。盖自后汉至晋，史家俱不言秦有四十郡也。许叔重《说文》、应劭《风俗通》、高诱《淮南子注》、皇甫谧《帝王世纪》，述秦郡皆云三十六。诸人博学洽闻，岂有不读《史记》者？使南海三郡果在三十六郡之外，何故舍多而称少？自裴骃误解《史记》，以略取陆梁地在分郡之后，遂别而异之。其注三十六郡，与《汉志》同者三十三，别取内史、鄣郡、黔中三郡当之，而秦遂有三十九郡。《晋志》又增闽中一郡，合为四十。嗣后精于地理如杜君卿、王应麟、胡三省辈，皆莫能辨，四十郡之目遂牢不可破矣。或曰：太史公《始皇纪》分天下为三十六郡，在二十六年，而略取陆梁地为桂林、象郡、南海，则在三十三年，是三郡固在三十六郡之外矣。予应之曰：史公纪事，皆言其大者。始皇二十六年，秦初并天下，丞相绾请封诸子，李斯言封诸侯不便，遂废封建之制，诸郡置守、尉、监，皆领于天子。此秦变古之一大端，故特于是年书分天下为三十六郡，犹言废封建为郡县耳。言三十六郡，则统乎天下矣，非谓三十六郡尽置于是年也。即以此《纪》证之，始皇即位之初，已并巴蜀、汉中，置南郡矣。北收上郡以东，有河东、太原、上党郡。东至荥阳，灭二周，置三川郡矣。五年又置东郡，十七年又置颍川郡，二十五年又置会稽郡矣。此诸郡者皆在裴骃所举三十六郡之数，不疑前文之重沓，而独疑后文之预数，所谓知其一未知其二者也。始皇自谓以水德王，数以六为纪，郡名三十六，盖取六自乘之。若四十郡，则汉人无言之者，无征之言，置之勿听可矣。或又曰：《史记·东越列传》"秦已并天下，以其地为闽中郡"。闽中为始皇置，史公有明文，而《汉志》不载，岂非班氏之漏？予应之曰：《南越传》亦云："秦已并天下，略定扬、越，置南海、桂林、象郡，以谪徙民与越杂处十三岁。"其云十三岁者，自二十五年灭楚之后数之也。闽中与南海三郡皆置于王翦定百越之时，但其初虽有郡名，仍令其君长治之，如后世羁縻州之类。其后尉屠睢击南越，杀其君长，始置官吏，比于内地，而闽中则仍无诸与摇治之，是以不在三十六郡之数也。或又曰：《汉志》鄣郡不言高帝置，此可为秦置之证。予应之曰：《汉志》："丹阳郡，故鄣郡。"不云"故秦鄣郡"，则非秦置可知。《志》凡称"故"者，皆据汉初而言，如故齐、故赵、故梁、故楚、故淮南，并汉初封国也。泗水国云"故东海郡"，与此文正同。东海郡既高帝置，则鄣郡亦必汉置矣。

【又曰】《汉志》称"秦置"者二十有七，谓因其名不改者也。称"秦郡"者一，因其郡名而立为国者也。称"故秦某郡"者八，因其地而改其名者也。此外无称"秦"者。

秦始皇议封建，实无其本。假使用淳于越之言而行封

建，其所封者不过如穰侯、泾阳、华阳、高陵君之属而已，[1]岂有建国长世之理？

秦始皇未灭二国

古封建之国，其未尽灭于秦始皇者：《卫世家》言“二世元年，废卫君角为庶人”，是始皇时卫未尝亡也；【原注】《汉书·地理志》：“始皇既并天下，犹独置卫君，二世时乃废为庶人，凡四十世，九百年，最后绝。”《越世家》言“越以此散，诸族子争立，或为王，或为君，滨于江南海上，服朝于楚”，《秦始皇本纪》言“二十五年，王翦遂定荆江南地，降越君”，汉兴，有东海王摇、闽越王无诸之属，【原注】如今世之土司。是越未尝亡也。〔一〕《西南夷传》又言：“秦灭诸侯，唯楚苗裔尚有滇王。”然则谓秦灭五等而立郡县，亦举其大势然耳。

〔一〕【阎氏曰】按《越世家》：“后七世，至闽君摇，佐诸侯平秦，汉高帝复以摇为越王，以奉越后。”是不特未亡于秦，且从而亡秦矣。

【小笺】按：滇之为国，始于庄跻，乃楚庄王之裔也。其旁劳深、靡莫之国，皆滇同姓。然则楚虽灭而遗种尚多，所谓“百足之虫，至死不僵”者也。

秦灭蜀而汉尚有蜀王。又朝鲜王满，燕人，自燕时略属真番、朝鲜，但未知其为燕之苗裔否。

① 事见《史记·穰侯魏冉传》、《秦本纪》等。

汉王子侯

汉王子侯之盛，无过哀、平之间。《汉书》《王莽传》“五威将帅七十二人，还奏事，汉诸侯王为公者，悉上玺绶为民”，【原注】《后汉书·城阳恭王祉传》：“莽篡立，刘氏为侯者皆降称子，食孤卿禄，后皆夺爵。”《后汉·光武纪》“建武二年十二月戊午诏曰：‘惟宗室列侯为王莽所废，先灵无所依归，朕甚愍之。其并复故国。若侯身已没，属所上其子孙见名尚书，封拜’”，是皆绝于莽而复封于光武之时。然《汉书》表、传《诸侯王表》、《王子侯表》及诸王传。中往往言“王莽篡位，绝”，而《表》言安众侯崇“居摄元年举兵，为王莽所灭”，“侯宠，建武二年，以崇从父弟绍封”，“十三年，侯松嗣，今见”，师古曰“作表时见为侯也”，《表》言“今见”者止此一人，是光武之时，侯身已没者，其子孙亦但随宜封拜而已，【原注】《光武纪》十三年下云：“其宗室及绝国封侯者凡一百三十七人。”惟安众之以故国绍封者，褒崇之忠，非通例也。又《莽传》云“嘉新公国师，以符命为予四辅。明德侯刘龚、率礼侯刘嘉等凡三十二人，皆知天命，或献天符，或贡昌言，或捕告反虏，[①]诸刘与三十二人同宗共祖者，勿罢，赐姓曰王。唯国师公以女配莽子，故不赐姓”，《武五子传》“广阳王嘉，以献符命封扶美侯，赐姓王氏”，《诸侯王表》“鲁王闵献神书言莽德，封列侯，赐姓王。中山王成都献书言

① “虏”，原本作“寇”，据张京华《校释》改。

莽德，封列侯，赐姓王"，《王子侯表》"新乡侯佟，【原注】《莽传》作"信乡侯"。元始五年，上书言莽宜居摄。莽篡位，赐姓王"，若此之类，光武岂得而复封之乎？又《王子侯表序》曰"元始之际，王莽摄朝，伪褒宗室，侯及王之孙焉；居摄而愈多，非其正，故弗录。旋踵亦绝"，又可见莽摄位之所封者，光武皆不绍封也。夫惟于亲亲之中而寓褒忠之意，则于安众之封见之，【原注】《后汉书·卓茂传》云："刘宣，字子高，安众侯崇之从弟。知王莽当篡，乃变名姓，抱经书隐避林薮。建武初乃出，光武以宣袭封安众侯。"宣或即宠之误。又《李通传》云："永平中，显宗幸宛，诏诸李随安众宗室会见。"注引谢承《书》曰："安众侯崇，长沙定王五代孙。与宗人讨莽有功，随光武河北，破王郎。朝廷高其忠壮，策文嗟叹，以厉宗室。"以《表》计之，虽正是五代孙，而以绍封者为名崇，殊为舛错，当以《前汉·表》为正。〇又《刘隆传》曰："隆字元伯，南阳安众侯宗室也。王莽居摄中，隆父礼与安众侯崇起兵诛莽，事泄。隆以年未七岁故得免。"史文虽略，千载之下可以情测也。此一代之大典，不可不论。

《武五子传》："昌邑王贺，废封为海昏侯，薨。元帝复封贺子代宗为海昏侯。传子至孙，今见为侯。"《表》云："贺以神爵三年薨，坐故行淫辟，不得置后。初元三年，釐侯代宗以贺子绍封。传至孙原侯保世嗣。传至曾孙侯会邑嗣，免。建武复封。"见《诸侯王表》。是光武之复封有此二人，安众以褒忠，海昏以尝居尊位故与？

《高惠高后文功臣表》："萧何九世孙禹，王莽始建国元年更为萧乡侯。莽败，绝。曹参十世孙宏，举兵佐军，【原注】本传云"先降河北"。(诏)[绍]封平阳侯。十一世侯旷嗣，今见。”非光武之薄于酇侯而厚于平阳也，非有功不侯，高帝法也。

红阳侯王泓，以与诸刘结恩，[①]父丹降为将军，战死；【原注】见《元后传》。富平侯张纯，以先来诣阙，【原注】见《后汉书》本传。皆得绍封。【原注】按功臣侯复封者三人，恩泽侯复封者四人。高昌侯董永、归德侯襄、平昌侯王获三人，功状无考；而周承休侯常，自以周后。而杜宪、赵牧并以先降梁王，不得嗣。光武命功之典如此。

汉侯国

《汉书·地理志》：“京兆尹、左冯翊、右扶风并无侯国，以在畿内故也。”然《功臣侯表》有阳陵侯傅宽、高陵侯王虞人，《恩泽侯表》有高陵侯翟方进，并左冯翊县名。《功臣侯表》平陵侯苏建、平陵侯范明友，右扶风县名。而“高陵”下曰“琅琊”，〔一〕二“平陵”下曰“武当”，则知此乡名之同于县者，而非三辅也。若后汉，则新丰侯单超、新丰侯段颎，京兆县；夏阳侯冯异、栎阳侯景丹、临晋侯杨赐，并左冯翊县；好畤侯耿弇、槐里侯万修、槐里侯窦武、槐里侯皇甫嵩、栒邑侯宋弘、郿侯董卓，并右扶风县。而《嵩传》云“食槐里、美阳两县八千户”，盖东都之后，三辅同于郡国矣。

---

① 此处删略致误。按《元后传》，与诸刘结恩者乃王莽之叔父红阳侯王立，王立以罪离朝就封，而封地在南阳，故能有结恩诸刘之事。而此王泓为王立之孙，王丹之子。

〔一〕【钱氏曰】《地理志》琅琊之"高陵"下注云:"侯国。"

《地理志》侯国有注有不注,殆不可晓,意者班史亦仍前人之文,止据其时之见在者而书之乎?

都

《诗》《鄘风·干旄》毛氏传:"下邑曰都。"后人以为人君所居,非也。【原注】《帝王世纪》:"天子所宫曰都。"见《太平御览》卷一五五引。《释名》卷二:"都者,国君所居。"考之经,则《书》《立政》之云"大都小伯",《诗》之云"在浚之都"、见《鄘风·干旄》。"作都于向"见《小雅·十月之交》。者,皆下邑也。《左传》曰:"先王之制,大都不过参国之一,中五之一,小九之一。"【原注】隐公元年。又曰:"邑有宗庙先君之主曰都,无曰邑。"【原注】庄公二十八年。故晋二五言于献公曰"狄之广莫,于晋为都",见庄公二十八年。谓蒲也,屈也;士伯谓叔孙昭子曰"将馆子于都",见昭公二十三年。谓箕也;公孙朝谓季平子曰"有都,以卫国也",见昭公二十六年。谓成也;"仲由为季氏宰,将堕三都",见定公十二年。谓郈也,费也,成也;莱章曰"往岁克敌,今又胜都",见哀公二十四年。谓廪丘也;《孟子》《公孙丑下》"王之为都者,臣知五人焉",谓平陆也;《韩子》《内储说上》"卫嗣君以一都买一胥靡",谓左氏也。《史记》赵良劝商君"归十五都,灌园于鄙";见《商君列传》。【原注】秦封鞅商十五邑。秦王请蔺相如,"召有司案图,指从此以往十五都予赵”;见《蔺相如列传》。齐王“令章子将五都之兵,因北地之众以伐燕”;见《燕世家》。张仪说楚王,“请效万(家)[室]之都以为汤沐之邑”;见《张仪列传》。而陈恢见沛公亦曰“宛,大郡之都也”。见《高祖本纪》。其名始于《周礼·小司徒》“九夫为井,四井为邑,四邑为丘,四丘为甸,四甸为县,四县为都”。【原注】注:“四县为都,方四十里。”〔一〕而王之子弟所封,及公卿之采邑在焉,于是乎有都宗人、都司马,其后乃为大邑之称耳。【原注】“县士”注:“距王城四百里以外至五百里曰都。”故《诗》云“彼都人士”,见《小雅·都人士》。《礼记·月令》“命农勉作,毋休于都”,而宰夫掌“群都、县、鄙之治”,见《周礼·天官》。【原注】注:“群都,诸采邑也。”《商子》言“百都之尊爵厚禄”,见《商君书·靳令》。《史记》信陵君之谏魏王,谓“所亡于秦者,大县数十,名都数百”,见《史记·魏世家》。则皆小邑之称也。三代以上,若汤居亳,太王居邠,并言“居”,不言“都”。至秦始皇始言“吾闻周文王都丰,武王都镐。丰、镐之间,帝王之都也”。见《史记·秦始皇本纪》。而项羽分立诸侯王,遂各以其所居之地为都。王莽下书言周“有东都、西都之居”,见《汉书·王莽传》。而以洛阳为新室东都,常安为新室西都。【原注】莽改长安曰常安。后世因之,遂以古者下邑之名为今代京师之号,盖习而不察矣。

〔一〕【庄大令曰】《左传》庄公二十七年:“邑有先君之庙曰都,无曰邑。”各自相对为文耳。邑是居处之名,都是众聚之称。都必大于邑,故“一年即成邑,二年乃成都”也。

《史记·商君传》:“筑冀阙宫庭于咸阳,秦自雍徙都之。而集小都乡邑聚为县,[①]置令、丞,凡三十一县。”上“都”,国都之都;下“都”,都鄙之都。史文兼古今语。[②]

《汉书·晁错传》言“忧劳百姓,列侯就都”,是以所封国邑为都。《后汉书·安帝纪》“徙金城郡,都襄武”,《庞参传》“烧当羌种号多等皆降,始复得还都令居”,是以郡治为都。而《食货志》言“长安及五都”,以洛阳、邯郸、临淄、宛、成都为五都,而长安不与焉,此又所谓通邑大都居一方之会者也。【原注】如张衡《南都赋》,徐幹《齐都赋》,刘邵《赵都赋》,庾阐《扬都赋》。若后世国都之名,专于天子,而诸侯王不敢称矣。〔一〕

〔一〕【杨氏曰】南都者,南阳也,先世南顿君之庙在焉,而齐、赵、扬则故王都也。

《史记》《景帝纪》:“孝景中三年,军东都门外。”此时未有东都,其曰“东都门”,犹言东郭门也。【原注】程大昌以为自此出洛阳东都者,非。见《雍录》卷七“轵道”条。《三辅黄图》卷一:“长安城东出北头第一门曰宣平门,民间所谓东都门。”

乡里

以县统乡,以乡统里。备书之者,《史记》“老子,楚苦

① 张京华《校释》:《史记·秦本纪》作“并诸小乡聚集为大县”,无下“都”字。

② 今中华书局标点本《史记》以下“都”字为衍文。

县厉乡曲仁里人”，见《老子传》。〔一〕“樗里子室在昭王庙西，渭南阴乡樗里”见《樗里子传》。是也。书县、里而不言乡，《史记》“高祖沛丰邑中阳里人”，见《高祖本纪》。【原注】应劭曰：“沛，县也。丰，其乡也。”“聂政，轵深井里人”，见《刺客列传》。“淳于意师临淄元里公乘阳庆”，见《仓公列传》。《汉书》“卫太子亡至湖泉鸠里”见《武五子传》。是也。亦有书乡而不言里，〔二〕《史记》“陈丞相平，阳武户牖乡人”，见《陈丞相世家》。“王翦，频阳东乡人”见《王翦列传》。是也。

〔一〕【阎氏曰】按，楚非国乎？当增一句曰“以国统县”。又按，“孔子生鲁昌平乡陬邑”。是又以国统乡，以乡统邑。

〔二〕【阎氏曰】当作“书邑、乡而不言里”。

古时乡亦有城。《汉书·朱邑传》：“其子葬之桐乡西郭外。”

都乡

《集古录》卷四《宋宗悫母夫人墓志》：“涅阳县都乡安众里人。”又云：“窆于秣陵县都乡石泉里。都乡之制，前史不载。”按都乡盖即今之坊厢也。《汉济阴太守孟郁尧庙碑》：“成阳仲氏属都乡高相里。”见《隶释》卷一。

都乡侯

后汉封国之制，有乡侯，有都乡侯。传中言都乡侯者甚多。皇甫嵩封槐里侯，忤中常侍赵忠、张让，“削户六千，更封都乡侯”，见《后汉书·皇甫嵩列传》。“具瑗有罪，诣狱谢，上还东武侯印绶，【原注】上文作“东武阳侯”。诏贬为都乡侯”，见《宦者列传》。是都乡侯在列侯之下也。“赵忠以与诛梁冀功，封都乡侯，【原注】《单超传》但言“乡侯”，今从本传。延熹八年，贬为关内侯”，见《宦者列传》。【原注】本传作“关中侯”，今从《单超传》。是都乡侯在关内侯之上也。【原注】关内侯无食邑，如淳以为但爵其身，见《史记·高后纪》注。〇《吴志》：“孙贲封都亭侯，子邻嗣，进封都乡侯。”见《三国志·吴志·宗室传》。是都乡侯在都亭侯之上。“良贺卒，帝封其养子为都乡侯，三百户”，见《后汉书·宦者列传》。是都乡侯所食之户数也。梁冀得罪，“徙封比景都乡侯”，见《梁冀列传》。是都乡侯亦必有所封之地，而不言者，史略之也。乡侯、都亭侯、亭侯，或言地，或不言地，亦同此。【原注】《皇后纪》“都亭侯”注：“凡言都亭者，并城内亭也。”〇《宋书·百官志》：“县侯第三品，乡侯第四品，亭侯第五品，关内侯第六品。”而无都乡侯、都亭侯。

封君

七国虽称王，而其臣不过称“君”，孟尝君、平原君、信陵君、春申君是也。秦则有称“侯”者，如穰侯、应侯、文信侯，而蔡泽但为刚成君。汉兴，列侯曰侯，关内侯曰君。孔霸以师赐爵关内侯，号褒成君，其薨也谥曰烈君。【原注】《汉书》《孔光传》。

圖

宋时《登科录》必书某县某乡某里人。《萧山县志》曰“改乡为都，改里为圖，自元始”，《嘉定县志》曰“圖即里也。不曰里而曰圖者，以每里册籍首列一圖，故名曰圖”是矣。今俗省作“啚”。〔一〕**谢少连**陛**作《歙志》，乃曰：“啚音鄙。《左传》**襄三十年**‘都鄙有章’，即其立名之始。”**【原注】赵宧光亦曰：“‘都鄙’本作‘啚’，俗误读‘圖’。”**其说凿矣。**〔二〕

〔一〕【沈氏曰】郭忠恕《佩觿》上篇“顺非”节，有“啚吝之啚为圖”之语，则是五代、宋初已如此矣。

〔二〕【赵氏曰】《宋史·袁燮传》：“燮为江阴尉，常平使属当赈灾，燮令每保画一圖，田畴、山水、道路悉载之。合保为都，合都为乡，合乡为县，征发、争讼、追胥，披圖可立决。以此为荒政首。”则乡、都、啚之制起于南宋也。顾氏盖亦失考。

【小笺】按：《史记·龟策传》：“乃使吏案籍视圖，水上渔者五十五家，上流之庐名曰豫且。”然则圖之所起远矣。

亭

秦制：十里一亭，十亭一乡。见《史记·高祖本纪》《正义》。【原注】《风俗通》曰：“汉家因秦，大率十里一亭。亭，留也。盖行旅宿会之所。”见《续汉书·百官志五》注引佚文。**以今度之，盖必有居舍如今之公署，郑康成《周礼》**《地官·司徒》**“遗人”注曰“若今亭有室矣”，故“霸陵尉止李广宿亭下”，**见《史记·李将军列传》。“张禹奏请平陵肥牛亭部处，上以赐禹，徙亭它所”，见《汉书·张禹列传》。而《汉书》《高帝纪》应劭注云“亭有两卒，一为亭父，掌开闭扫除；一为求盗，掌逐捕盗贼”【原注】任安先为求盗、亭父，后为亭长。是也。【原注】晋时有亭子。刘卞为县小吏，功曹衔之，以他事补亭子。〔一〕又必有城池如今之村堡，【原注】今福建、广东凡巡司皆有城。《韩非子》《内储说上》“吴起为魏西河守。秦有小亭，临境。起攻亭，一朝而拔之”，《汉书》《息夫躬传》“息夫躬归国，未有第宅，寄居丘亭。奸人以为侯家富，常夜守之”，《匈奴传》“见畜布野而无人牧者，怪之，乃攻亭”，《后汉书·公孙瓒传》“卒逢鲜卑数百骑，乃退入空亭”是也。【原注】(减)[咸]宣怒其吏成信，信亡，藏上林中。宣使郿令将吏卒阑入上林中蚕室门，攻亭，格杀信。是上林中亦有亭也。见《汉书·酷吏·咸宣传》。又必有人民如今之镇集，汉封功臣有亭侯是也。亦谓之“下亭”，《风俗通》《过誉》“鲍宣州牧行部，多宿下亭”是也。其“都亭”则如今之关厢，〔二〕“司马相如往临邛，舍都亭”，见《史记·司马相如传》。【原注】《史记索隐》曰：“郭下之亭也。”《汉书》注，师古曰：“临邛所治都之亭。”后汉陈寔尝为都亭刺佐。“严延年母止都亭，不肯入府”，见《汉书·酷吏·严延年传》。“何并斩王林卿奴头，并所剥建鼓，置都亭下”，见《汉书·何并传》。《后汉书》陈王宠有强弩数千张，出军都亭，见《孝明八王列传》。会稽太守尹兴使陆续于都亭赋民饘粥，见《独行·陆续传》。酒泉庞娥刺杀雠人于都亭，①《吴志》“魏使邢贞拜权为吴王，权出都亭

① 庞娥事不见《后汉书》，见《三国志·魏书·庞淯传》及皇甫谧《列女传》。

候贞”见《三国志·吴书·徐盛传》。是也。京师亦有都亭。《后汉书》“张纲埋其车轮于洛阳都亭”，见《张纲传》。“窦武召会北军五校士屯都亭”，见《窦武传》。“何进率左右羽林五营士屯都亭”，见《何进传》。“王乔为叶令，帝迎取其鼓置都亭下”见《方术·王乔传》。是也。蔡质《汉仪》：“洛阳二十四街，街一亭。十二城门，门一亭。”见《续汉·百官志》注引。又①谓之旗亭，《史记·三代世表》褚先生言“与方士考功会旗亭下”是也。【原注】《西京赋》曰：“旗亭五重。”薛综注：“旗亭，市门楼也。”“立旗于其上，故取名焉。”②后代则但有邮亭、驿亭之名，而失古者居民之义矣。【原注】《晋书·载记》：“慕容垂请入邺城拜庙，苻丕不许。乃潜服而入，亭吏禁之，垂怒，斩吏烧亭而去。”是晋时尚有亭名。〔三〕

〔一〕【钱氏曰】有祖秀才者，于亭中与刺史笺，久不成，卞教之数言，卓荦有大致。秀才谓县令曰：“卞公，府掾之精者，云何以为亭子？”

〔二〕【阎氏曰】按《汉书·循吏传》：“召信臣出入阡陌，止舍离乡亭。”是又有乡亭，又必有牢狱。《诗·小雅》：“宜岸宜狱。”陆云“乡亭之系曰岸，官府曰狱”是也。

〔三〕【钱氏曰】王羲之“会稽之兰亭”。

亭侯

《通典》卷三一：“献帝建安初，封曹操为费亭侯。亭侯

---

① “又”，原作“人”，据张京华《校释》改。

② 张京华《校释》：《西京赋》及薛综注为《史记》裴骃《集解》所引，“立旗于其上”二句为裴骃语。

之制自此始也。”恐不然。灵帝以解渎亭侯入继。《桓帝纪》:“封单超等五人为县侯,尹勋等七人为亭侯。”列传中为亭侯者甚多,大抵皆在章、和以后。丁綝言“能薄功微,得乡亭厚矣”,见《后汉书·丁鸿传》。樊宏愿还寿张,食小乡亭,见《樊宏传》。则建武中似已有亭侯矣。【原注】《楚汉春秋》:“高祖封许负为鸣雌亭侯。”见《史记·绛侯周勃世家》注引。裴松之曰:“高祖时,封皆列侯,未有乡亭之爵,疑[此封]为不然。”①《蜀志》:“中山靖王子贞,元狩六年,封涿县陆城亭侯。”见《三国志·蜀书·先主传》。按《汉书》作“陆城侯”,《志》文衍一“亭”字。

《汉书·王莽传》:“改大郡至分为五郡,县以亭为名者三百六十,以应符命文。”

社

社之名起于古之国社、里社,故古人以乡为社。《大戴礼》《千乘》“千乘之国,受命于天子,通其四疆,教其书社”,《管子》《乘马》“方六里名之曰社”是也。《左传》昭公二十五年,齐侯唁公曰“自莒疆以西,请致千社。”注:“二十五家为社,千社二万五千家。”【原注】《史记·孔子世家》:“冉有曰:‘虽累千社,夫子不利也。’”《索隐》曰:“二十五家为社。”哀公十五年,“齐与卫地自济以西,禚、媚、杏以南,书社五百”。《晏子》《内篇杂上》:“景公予鲁君地山阴数百社。”又曰:“景

① 裴松之注见《三国志·蜀书·刘二牧传》,注中引孔衍《汉魏春秋》作“明雌亭侯”,与《史记》注有异。

公禄晏子以平阴与槁邑,反市者十一社。”又曰:“昔吾先君桓公,以书社五百封管仲,不辞而受。”俱见《内篇杂下》。《荀子》《仲尼》:“与之书社三百,而富人莫之敢距。”《战国策》《秦策二》:“秦王使公子他谓赵王曰:‘大国不义,以告敝邑,而赐之二社之地。’”《商子》《赏刑》:“汤、武之战,士卒坐陈者,里有书社。”《吕氏春秋》:“武王胜殷,诸大夫赏以书社。”见《慎大览》。又曰:“卫公子启方以书社四十下卫。”见《先识览·知接》。又曰:“越王请以故吴之地,阴江之浦,书社三百,以封墨子。”见《离俗览·高义》。今河南、太原、青州乡镇犹以“社”为称。古者春、秋祭社,一乡之人无不会集,《三国志》《魏志·曹爽传》注引《魏略》“蒋济为太尉,尝与桓范会社下”是也。《汉书·五行志》:“兖州刺史浩赏禁民私所自立社。”臣瓒曰:“旧制二十五家为一社,而民或十家、五家共为田社,是私社。”《隋书·礼仪志》:“百姓二十五家为一社,其旧社及人稀者不限。”后人聚徒结会亦谓之社。万历末,士人相会课文,各立名号,亦曰某社某社。崇祯中,有陆文升奏讦张溥等复社一事,至奉旨察勘,在事之官多被降罚。《宋史·薛颜传》“耀州豪姓李甲,结客数十人,号没命社”,《曾巩传》“章丘民聚党村落间,号霸王社”,《石公弼传》“扬州群不逞为侠于闾里,号亡命社”,而隋末谯郡贼有黑社、白社之名,见《资治通鉴》卷一八三。《元史·泰定帝纪》“禁饥民结扁担社,伤人者杖一百”,不知今之士人何取而名此也?[①] 天启以后,士子书刺往来,“社”字犹

① 此下张京华《校释》另起段。

以为泛，而曰“盟”，曰“社盟”，此《辽史》之所谓“刺血友”也。[①]

今日人情相与，惟年、社、乡、宗四者而已。除却四者，便“窅然丧其天下”见《庄子·逍遥游》焉。

历代帝王陵寝

宋太祖乾德四年十月癸亥诏：“历代帝王陵寝，太昊以下十六帝，各给守陵五户，蠲其他役，长吏春秋奉祀。商中宗以下十帝，各给三户，岁一享。秦始皇以下十五帝，各给二户，三岁一祭。周桓王以下三十八帝，州县常禁樵采。仍诏吴越国王钱俶修奉禹墓。”见《文献通考》卷一〇三。其时天下未一，而首发此诏，可谓盛德之事。惜当日儒臣考之不审，以致传讹后世，如云周文王、武王、成王、康王并葬京兆咸阳县者。按刘向曰：“文、武、周公葬于毕。”见《汉书·刘向传》。《史记·周本纪》：“太史公曰：毕在镐东南杜中。”《皇览》曰：“文王、武王、周公冢皆在京兆长安镐聚东杜中。”见《周本纪》《集解》引。【原注】《续汉志》：“镐在上林苑东。”孟康曰：“长安西南有镐池。”见《续汉·地理志》。郭璞《山海经注》同。《书序》：“周公薨，成王葬于毕。”[②]孔安国《传》曰：“不敢臣周公，故使近文、武之墓。”《正义》曰：“案《帝王世纪》云：

---

① 《辽史·耶律信先传》：“信先，兴宗以其父瓌引为刺血友，幼养于宫。”《耶律马六传》：“与耶律弘古为刺血友。”

② 援庵《校注》：此《书》逸篇《亳姑》序，在《周官》篇后。

‘文、武葬于毕，毕在杜南。’《晋书·地道记》亦云：‘毕在杜南，与毕陌别。’”〔一〕《史记·周本纪》《正义》引《括地志》曰：“文王、武王墓在雍州万年县西南二十八里毕原上。”此其在渭水之南杜县之中甚明。【原注】《雍录》曰：“文都丰，武都镐，丰、镐与杜相属。”则《皇览》谓文王葬于渭南者，其理顺也。文王既葬渭南，则周公葬毕，必附文墓矣。而今乃祭于渭北咸阳县之北十五里，盖据颜师古《刘向传》注“毕陌在长安西北四十里”之误。【原注】《地道记》已明言“与毕陌别”矣。按《史记·秦本纪》《集解》引《皇览》曰：“秦武王冢，在扶风安陵县西北，毕陌中大冢是也，人以为周文王冢，非也，周文王冢在杜中。”又《秦始皇本纪》末《正义》曰：“《括地志》云：秦惠文王陵在雍州咸阳县西北一十四里。”又云：“秦悼武王陵，在雍州咸阳县西十里，俗名周武王陵，非也。”是昔人已辩之甚明。今祭周之文王、武王而于秦惠文王、悼武王之墓，不亦诬乎？【原注】《雍录》言《元和》一志皆李吉甫为之，而周公之墓亦遂两出，一云在万年县西南二十八里，一云在咸阳县北十三里，则是自相殊异。原其误，皆起于毕名之有两也。至云后魏孝文帝长陵在耀州富平县东南，尤谬。《魏书》《皇后传》言：“帝孝于文明太后，乃于永固陵东北里馀营寿宫，遂有终焉之志。及迁洛阳，乃自表瀍西，以为山陵之所，而方山虚宫，号曰‘万年堂’云。”其曰方山者，代都也；瀍西者，洛阳也。孝文自代迁洛，安得葬富平哉？葬富平者，西魏之文帝，乃孝文之孙，名宝炬，以南阳王为宇文泰所立，在位十七年，葬永陵。《魏书》出于东朝，不载其事。

而《北史》为立《本纪》，且曰：“尝登逍遥观，望嵯峨山，谓左右曰：‘望此令人有脱屣之意。’”然则今富平县东南三十里之陵即永陵也。【原注】《后妃传》：“文帝悼皇后郁久闾氏，大统六年崩，葬于少陵原。十七年，合葬永陵。当会横桥北，后梓宫先至鹿苑，帝辒辌后来，将就次所，轨折不进。”**上有宋碑，乃谬指为孝文之葬，而历代因之，岂非五代丧乱之馀，在朝罕淹通之士，而率尔颁行，不遑寻究，以至于今日乎？**【原注】宋游师雄《绍圣元年普宁寺题名》，亦指此为西魏文帝陵。**嗟乎，近事之著在史书灼然如此，而世之儒生且不能知，乃欲与之考桥山，订苍梧，**①**其茫然而失据也宜矣。**

〔一〕【梁氏曰】毕有二，在渭南者名毕郢，文、武、周公之墓在焉，所谓镐东南杜中，韩《南山》诗“前寻径杜墅，岔蔽毕原陋”是也。在渭北者名毕陌，秦惠文、悼武及汉诸陵在焉，刘沧《咸阳怀古》诗“渭水故都秦二世，咸原秋草汉诸陵”是也。毕公高之封亦在渭南。

【汝成案】其说更为明析。

又考《册府元龟》卷一七四**“唐高宗显庆二年二月，帝在洛阳宫，遣使以少牢祭汉光武、后魏孝文帝陵”，则孝文之祭在洛阳，于唐时未误。又曰“宪宗元和十四年正月诏：以周文王、武王祠在咸阳县，俾有司修饰”，**同上。**则似已在渭北矣。《魏书》**《高祖纪》**“孝文太和二十一年五月，遣使者以太牢祭周文王于酆，武王于镐”，《隋书》**《礼仪志二》**“祀周文**

① 相传黄帝葬桥山，帝舜葬苍梧。

王、武王于沣渭之郊”,《旧唐书》《礼仪志四》“周文王,太公配,祭于酆。周武王,周公、召公配,祭于镐”,并与《皇览》之言合。自古所传,当在渭南。又韩文公《南山》诗“前寻径杜墅,坌蔽毕原陋”,亦谓其在杜中。韩即元和间人,或其遗迹未泯。宪宗之诏言祠不言墓,非一地也。

乾德四年诏,误以魏孝文、文帝为一人。《淳化阁帖》误以梁高祖、武帝为二人。【原注】《宋史》《黄伯思传》:黄伯思病《淳化阁帖》乖讹庞杂,作《刊误》二卷。

尧冢灵台

《汉书·地理志》:“济阴成阳,有尧冢灵台。”《后汉书·章帝纪》:“元和二年二月,东巡狩,使使者祠唐尧于成阳灵台。”《安帝纪》:“延光三年二月庚寅,使使者祠唐尧于成阳。”《皇览》云:“尧冢在济阴成阳。”皇甫谧《帝王世纪》云:“尧葬济阴成阳西北四十里,是为谷林。”《水经注》卷二四《瓠子河》:“城阳西二里有尧陵,陵南一里有尧母庆都陵,于城为西南,称曰灵台。【原注】后汉《尧母碑》曰:“庆都仙殁,盖葬于兹。欲人莫知,名曰灵台。”乡曰崇仁,邑号修义,皆立庙。四周列水,潭而不流。水泽通泉,泉不耗竭,至丰鱼笋,不敢采捕。庙前并列数碑,栝柏成林。二陵南北列,驰道径通,皆以砖砌之,尚修整。尧陵东城西五十馀步。中山夫人祠,尧妃也。石壁阶墀仍旧,南、西、北三面,长栎联荫,扶疏里馀。中山夫人祠南有仲山甫冢,冢西有石庙,羊虎破碎略尽。于城为西南，在灵台之东北。"《宋史》《礼志八》："神宗熙宁元年七月己卯，知濮州韩铎言：'尧陵在雷泽县东穀林山，陵南有尧母庆都灵台庙。请敕本州春秋致祭，置守陵五户，免其租，奉洒扫。'从之。"【原注】成阳在汉为济阴属县，北齐废。隋复置，为雷泽县。唐、宋因之，金复废。今曹州东北六十里故雷泽城是也。而《集古录》卷二有汉尧祠及尧母祠碑，是庙与碑宋时犹在也。然开宝之诏，帝尧之祠乃在郓州。【原注】今在东平州东北三十里芦泉山之阳。意者自石晋开运之初，黄河决于曹、濮，尧陵为水所浸，乃移之高地乎？而后代因之，不复考正矣。【原注】《元史·泰定帝纪》："泰定二年四月丁酉，濮州鄄城县言：'城西尧冢上有佛寺，请徙之。'不报。"

舜"陟方乃死"，见于《书》《舜典》。禹会诸侯于涂山，见于《传》。见《左传》哀公七年。惟尧不闻有巡狩之事。《墨子》《节葬下》曰："尧北教乎八狄，道死，葬蛩山之阴。舜西教乎七戎，道死，葬南(巳)[己][1]之市。禹东教乎九夷，道死，葬会稽之山。"此战国时人之说也。自此以后，《吕氏春秋》《孟冬纪·安死》则曰"尧葬于穀林"，太史公则曰"尧作游成阳"，[2]刘向则曰"尧葬济阴"，见《汉书·刘向传》。《竹书纪年》则曰"帝尧八十九年作游宫于陶，九十年帝游居于陶，一百年帝陟于陶"。《说文》"𨸏"部："陶，再成丘也，在济阴。有尧城，尧尝所居，故尧号陶唐氏。"而尧之冢始定于

① 据中华书局新编诸子集成本《墨子间诂》校改。又张京华《校释》：按其地又称"南纪"、"纪市"，当从"己"为是。

② 按见《汉书·地理志》，非太史公语。

成阳矣。但尧都平阳，相去甚远，耄期之年，禅位之后，岂复有巡游之事哉？囚尧偃朱之说，并出于《竹书》，而鄄城之迹亦复相近。【原注】《括地志》曰："故尧城在濮州鄄城县东北十五里。《竹书》云：'昔尧德衰，为舜所囚也。'又有偃朱故城，在县西北十五里。《竹书》云：'舜囚尧，复偃塞丹朱，使不与父相见也。'"见《史记·五帝本纪》《正义》引。○按此皆战国人所造之说，或人告燕王，谓启攻益而夺之天下，《韩非子》《说林上》言汤使人说务光自投于河，大抵类此。《诗》、《书》所不载，千世之远，其安能信之？

《山海经·海外南经》："狄山，帝尧葬于阳。"注："《吕氏春秋》曰：'尧葬穀林。'今成阳县西，东阿县城次乡中，赭阳县湘亭南，皆有尧冢。"

《临汾县志》曰："尧陵在城东七十里，俗谓之神林。高一百五十尺，广二百馀步，旁皆山石，惟此地为平土，深丈馀。其庙正殿三间，庑十间。山后有河一道。有金泰和二年碑记。窃考舜陟方乃死，其陵在九疑；禹会诸侯于江南，计功而崩，其陵在会稽。惟尧之巡狩不见经传，而此其国都之地，则此陵为尧陵无疑也。"按《志》所论，似为近理。但自汉以来，皆云尧葬济阴成阳，未敢以后人之言为信。

生祠

《汉书·万石君传》："石庆为齐相，齐人为立石相祠。"《于定国传》："父于公，为县狱吏，郡中为之立生祠，号曰于公祠。”《汉纪》卷九：“栾布为燕相，有治迹，民为之立生祠。”此后世生祠之始。

今代无官不建生祠，然有去任未几而毁其像、易其主者。《旧唐书》《狄仁杰传》：“狄仁杰为魏州刺史，人吏为立生祠。及去职，其子晖为魏州司功参军，贪暴，为人所恶，乃毁仁杰之祠。”则唐时已有之矣。《后汉书》《南蛮西南夷列传》：“张翕为越嶲太守，有遗爱。其子湍复为太守，夷[①]人欢喜，奉迎道路，曰：‘郎君仪貌类我府君。’后湍颇失其心，有欲叛者，诸夷耆老相晓语曰：‘当为先府君故。’遂以得安。”然则魏人之因子而毁其父祠，曾越嶲夷人之不若邪？

生碑

《西京杂记》卷三：“平陵曹敞，其师吴章为王莽所杀，人无敢收葬者，弟子皆更名他师。敞时为司徒掾，独称吴章弟子，收葬其尸。平陵人生为立碑于吴章墓侧。”此生立碑之始。〔一〕

〔一〕【沈氏曰】《水经注》：“阴县东，有县令济南刘熹，字德怡，魏时宰县，雅好博古。学校立碑，载生徒百有馀人，不终业而夭者，因葬其地，号曰生坟。”

《晋书》：“南阳王模为公师藩等所攻，广平太守丁(绍)[邵]率众救模，模感(绍)[邵]德，敕国人为(绍)[邵]生立

① “夷”，原本作“蛮”，据《校记》改。下二“夷”字同此。

碑。”见《宗室·南阳王模传》。“唐彬为使持节监幽州诸军事,百姓追慕彬功德,生为立碑作颂。”见《唐彬传》。史之所书居官而生立碑者,有此二事。

唐武后圣历二年制:“州县长吏,非奉有敕旨,毋得擅立碑。”见《资治通鉴》卷二〇六。刘禹锡《高陵令刘君遗爱碑序》曰:“太和四年,高陵人李仕清等六十三人,具前令刘君之德,诣县,请以金石刻。县令以状申于府,府以状考于明法吏。吏上言:‘谨按宝应诏书,凡以政绩将立碑者,具所纪之文上尚书考功,有司考其词,宜有纪者乃奏。’明年八月庚午,诏曰可。”《旧唐书·郑瀚传》:“改考功员外郎。刺史有驱迫人吏上言政绩,请刊石纪德者,瀚探得其情,条责廉使,巧迹遂露。人服其敏识。”是唐时颂官长德政之碑必上考功,奉旨乃得立。《宋史》《太祖纪》言:“太祖建隆元年十月戊子,诏诸道长贰有异政请立碑者,委参军验实以闻。”今世立碑不必请旨,而华衮之权操之自下,不但溢美之文无以风劝,而植于道旁,亦无过而视之者,不旋踵而与他人作镇石矣。

《册府元龟》卷三二〇:“宋璟为相,奏言:‘臣伏见韶州奏事云,广州与臣立遗爱颂。【原注】璟尝为广州都督。夫碑所以颂德纪功。臣在郡日,课无所称,幸免罪戾。一介俗吏,何足书能,滥承恩施?见在枢密,以臣光宠,成彼谄谀。欲革此风,望自臣始,请敕广府即停。’从之。时郑州百姓亦为前刺史孟温礼树碑,因是亦命罢之。”

张籍《送裴相公赴镇太原》诗:“明年塞北清蕃落,应建生祠请立碑。”以晋公之勋名而颂祝之辞止此，当日碑祠之难得可知矣。

张公素

《大明一统志·永平府·名宦》在卷五。有唐张仲素。德宗时，以列将事卢龙军节度使张允伸，擢平州刺史。允伸卒，诏仲素代为节度使、同平章事。考之新、旧《唐书》列传，则云：“张仲武为卢龙节度使，破降回鹘，又破奚北部及山奚，威加北狄，①擢累检校司徒同中书门下平章事，卒。【原注】《一统志》卷五亦有张仲武，列于仲素之后。子直方，多不法，畏下变起，奔京师。军中以张允伸总后务，诏赐旌节。在镇二十三年，比岁丰登，边鄙无虞。张公素以军校事允伸，擢平州刺史。允伸卒，子简会为副大使。公素以兵来会丧，简会出奔。诏以公素为节度使。性暴厉，眸子多白，燕人号白眼相公。为李茂勋所袭，奔京师，贬复州司户参军。”②按卢龙节度使前后三人皆张姓，曰仲武，曰允伸，曰公素。今乃合二名而曰“仲素”，及详其历官，即公素也。又其逐简会在懿宗咸通十三年，距德宗时甚远，且又安取此篡夺暴戾之人而载之名宦乎？今滦州乃祀之名宦祠。吁！其辱朝廷之典而贻千载之笑也已。〔一〕

〔一〕【杨氏曰】想祀仲武而误作“素”，非“公素”。仲武有边功，李

---

① “狄”，原本作“翟”，据《校记》改。

② 按《明一统志》卷一亦有张仲武，即《唐书》所云者。

文饶以此作碑。

又考唐时别有一张仲素，字绘之。元和中为翰林学士，有诗名。《旧唐书·杨於陵传》所谓"屯田员外郎张仲素"，白居易《燕子楼诗序》所谓"司勋员外郎张仲素缋之"，【原注】今本《长庆集》误作"绩之"。即其人也，然非卢龙节度使。【原注】《张濬传》："祖仲素，位至中书舍人。"

王亘

《肇庆府志》："宋王亘，淳熙中为博罗令，筑随龙、苏村二堤，民赖其利。后知南恩。"《一统志》卷八〇误作"王旦"。今《博罗·名宦》称："宋丞相文正公，前博罗令。"而不知文正未尝为此官，【原注】《宋史·王旦传》："起家以大理评事，知平江县。"淳熙又孝宗年号也。盖士不读书，而祀典之荒唐也久矣。

日知录集释卷二十三

姓

言姓者本于五帝，见于《春秋》者得二十有二。妫，虞姓，出颛顼，封于陈。姒，夏姓，出颛顼，封于杞、鄫、越。【原注】《传》昭公元年云："沈、姒、蓐、黄。"春秋时无考。子，殷姓，出高辛，封于宋。【原注】小戎亦子姓。姬，周姓，出黄帝，封于管、蔡、郕、霍、鲁、卫、毛、聃、郜、雍、曹、滕、毕、原、酆、郇、邘、晋、应、韩、凡、蒋、邢、茅、胙、祭、吴、虞、虢、郑、燕、魏、芮、彤、荀、贾、耿、滑、焦、杨、密、随、巴诸国。【原注】骊戎、大戎皆姬姓。任宿、须句、颛臾，风姓也，自太皞。秦、赵、梁、徐、郯、江、黄、葛、麇，嬴姓也，自少皞。莒，己姓；薛，任姓；【原注】隐十一年疏引《世本》："谢、章、薛、舒、吕、祝、终、泉、毕、过十国，皆任姓。"南燕，姞姓也，自黄帝。【原注】密须亦姞姓。○《国语》《晋语四》又有酉、滕、箴、荀、僖、儇、依七姓，其封国在周世无考。杜，祁姓也，自陶唐。楚、夔、权，芈姓；邾、郳，曹姓;鄅、偪阳,妘姓;郯夷,董姓也,自祝融。【原注】《国语》《郑语》又有彭、秃、斟三姓,在周世无考。齐、申、吕、许、纪、州、向,姜姓也,自炎帝。【原注】又有姜戎。蓼、六、舒、舒鸠,偃姓也,自咎繇。胡,归姓;邓,曼姓;罗,熊姓;狄,隗姓;鄋瞒,漆姓;阴戎,允姓,六者不详其所出。【原注】《国语》《郑语》以莒为曹姓,越为芈姓,与此异。略举一二论之,则今之孟氏、季氏、孙氏、宁氏、游氏、丰氏皆姬;陈氏、田氏皆妫;华氏、向氏、乐氏、鱼氏皆子;崔氏、马氏皆姜;屈氏,昭氏、景氏皆芈。自战国以下之人,以氏为姓,而五帝以来之姓亡矣。【原注】或曰嬴姓出于祝融,邳、葛、穀皆嬴姓。伯益赐姓嬴,秦、赵、徐乃其后。○凡注疏家所引姓氏,大抵出于《世本》,今其书亡,不能备考。

氏族

《礼记·大传》《正义》:"诸侯赐卿大夫以氏。若同姓,公之子曰公子,公子之子曰公孙。公孙之子,其亲已远,不得上连于公,故以王父字为氏。若適夫人之子,则以五十字伯仲为氏,若鲁之仲孙、季孙是也。若庶子妾子,则以二十字为氏,【原注】《记》所云"冠而字之"之"字"。则展氏、臧氏是也。若异姓,[①]则以父祖官及所食之邑为氏。以官为氏者,则司马、司城是也;以邑为氏者,若韩、赵、魏是也。

① "异姓",今本《礼记正义》作"男女"。《资治通鉴》卷二四七胡注引作"异姓"。

凡赐氏族者，比[①]为卿乃赐。有大功德者，生赐以族，若叔孙得臣是也。虽公子之身，若有大功德，则以公子之字赐以为族，若仲遂是也。其无功德，死后乃赐族，若无骇是也。【原注】按此论亦多不(然)[能]详，见第一卷“卿不书族”条。〔一〕其子孙若为卿，[②]其君不赐族，子孙自以王父字为族也。氏、族对文为别，散则通也。故《左传》云‘问族于众仲’，下云‘公命以字为展氏’是也。其姓与氏，散亦得通，故春秋有姜氏、子氏，姜、子皆姓而云氏是也。”

〔一〕【汝成案】在第四卷。

战国时人大抵犹称氏、族。【原注】《战国策》《秦策二》：甘茂曰：“昔者曾子处费，费人有与曾子同名族者而杀人。”不言姓而言“族”，可见当时未尝以氏为姓也。汉人则通谓之“姓”，然氏、族之称犹有存者。《汉书·恩泽侯表》：“褒鲁节侯公子宽，以鲁顷公玄孙之玄孙奉周祀。元始元年六月丙午封。子相如嗣，更姓公孙氏。【原注】《平帝纪》：“封周公后公孙相如为褒鲁侯。”当依《表》作“公子宽”。后更为姬氏。”公子、公孙，氏也；姬，姓也。此变氏称姓之一证。〔一〕

〔一〕【沈氏曰】《大传》：“庶姓别于上。”疏以“氏族”解之。然则汉人所云“姓某氏”者，皆以庶姓言也。

---

① “比”，今本《礼记正义》作“此”。

② “其子孙若为卿”，今本《礼记正义》作“若子孙不为卿”。《资治通鉴》卷二四七胡注引作“若子孙若为卿”。

《水经注》卷二一《汝水》:“汉武帝元鼎四年,幸洛阳,巡省豫州,观于周室,邈而无祀。询问耆老,乃得孽子嘉,封为周子南君,以奉周祀。按《汲冢古文》谓卫将军文子为子南弥牟,其后有子南劲。《纪年》:‘劲朝于魏。后惠成王如卫,命子南为侯。’秦并六国,卫最后灭。疑嘉是卫后,故氏子南而称君也。”据此,嘉本氏子南,武帝即以其氏命之为爵。而《汉书·恩泽侯表》竟作“姬嘉”,则没其氏而书其姓矣,与褒鲁之封,公孙氏更为姬氏[①]者正同。

【小笺】按:此仍《汉书》注臣瓒之说,而师古则云:“子南,其封邑之号,以为周后,故总言周子南君。瓒说非也。”愚谓子南是氏,当从瓒说;周子南君,犹卢绾称东胡卢王,王其爵也,卢其姓也,东胡其所封也。周子南君者,盖封为周君而并其氏称之耳。顾氏谓即以其氏命之为爵,恐不然也。

姓、氏之称,自太史公始混而为一。《本纪》于秦始皇则曰“姓赵氏”,于汉高祖则曰“姓刘氏”。

先生《原姓篇》曰:男子称氏,女子称姓。氏一再传而可变,姓千万年而不变。最贵者国君,国君无氏,不称氏称国。践土之盟,其载书曰“晋重、鲁申、卫武、蔡甲午、郑捷、齐潘、宋王臣、莒期”。荀偃之称齐环,卫太子之称郑胜、晋午是也。次则公子,公子无氏,不称氏,称

① 汉平帝时,封周公后公孙相如为褒鲁侯。《汉书·外戚恩泽侯表》:更姓公孙氏,后更为姬氏。

公子，公子弧、公子益师是也。最下者庶人，庶人无氏，不称氏称名。然则氏之所由兴，其在于卿大夫乎？故曰：诸侯之子为公子，公子之子为公孙，公孙之子以王父字，若谥、若邑、若官为氏。氏焉者，类族也，贵贵也。考之于《传》，二百五十五年之间，有男子而称姓者乎？无有也。女子则称姓。古者男女异长，在室也称姓，冠之以序，叔隗、季隗之类是也；已嫁也，于国君则称姓，冠之以国，江芈、息妫之类是也；于大夫则称姓，冠之以大夫之氏，赵姬、卢蒲姜之类是也；在彼国之人称之，或冠以所自出之国若氏，骊姬、梁嬴之于晋，颜懿姬、鬷声姬之于齐是也；既卒也称姓，冠之以谥，成风、敬嬴之类是也；亦有无谥而仍其在室之称，仲子、少姜之类是也。范氏之先，自虞以上为陶唐氏，在夏为御龙氏，在商为豕韦氏，在周为唐杜氏。士会之帑处秦者为刘氏，夫概王奔楚为堂溪氏，伍员属其子于齐为王孙氏，智果别族于太史为辅氏，故曰“氏可变”也。孟孙氏小宗之别为子服氏，为南宫氏，叔孙氏小宗之别为叔仲氏。季孙氏之支子曰季公鸟、季公亥、季寤，称季不称孙，故曰“贵贵”也。鲁昭公娶于吴，为同姓，谓之吴孟子。崔武子欲娶棠姜，东郭偃曰：“男女辨姓，今君出自丁，臣出自桓，不可。”夫崔之与东郭氏，异昭公之与夷昧，代远，然同姓百世而昏姻不通者，周道也，故曰“姓不变”也。是故氏焉者，所以为男别也；姓焉者，所以为女坊也。自秦以后之人以氏为姓，以姓称男，而周制亡而族类乱。〔一〕

〔一〕【钱氏曰】三代以前有天下者，皆先圣之后，封爵相承，远有代序，众皆知其得姓受氏之由。虞姚、夏姒、殷子、周姬，百世而婚姻不通。小史奠系，世序昭穆，实掌其事，不可紊也。战国分争，氏族之学久废不讲。秦灭六雄，废封建，虽公族亦无议贵之律，匹夫编户知有氏不知有姓久矣。汉高帝起于布衣，太公以上，名字且无可考，况能知其族姓所出耶？故项伯、娄敬赐姓刘氏，娥姁为皇后，亦不言何姓。以氏为姓，遂为一代之制，而后世莫能改焉。

氏族相传之讹

氏族之书所指秦、汉以上者，大抵不可尽信。《唐书·宗室世系**表》"李氏"则云"纣之时有理征，字德灵，为翼隶中吴伯"，**【原注】本李延寿《北史·序传》。**不知三代时无此名字、无此官爵也。《**宰相世系**表》"王氏"则云"周灵王太子晋，以直谏废为庶人"，传记亦无此事。"王氏定著三房，一曰琅邪，二曰太原"，皆出灵王太子晋，"三曰京兆"，出魏信陵君，是凡王皆姬姓矣。乃王莽自云舜后，**【原注】《汉书·元后传》："莽自谓黄帝之后。黄帝姓姚氏，八世生虞舜，舜起妫汭，以妫为姓。至周武王，封舜后妫满于陈，是为胡公。十三世生完，完字敬仲，奔齐，齐桓公以为卿，姓田氏。十一世，田和有齐国，三世称王。至王建，为秦所灭。项羽起，封建孙安为济北王。至汉兴，安失国，齐人谓之王家，因以为氏。"**莽败，其族尚全，未必无后裔。而春秋吴有王犯，晋有王良，范氏之臣王生；战国齐有王斗、王蠋、王驩，费有王顺，魏有王错，赵有王登，**

秦有王稽、王龁、王翦、王绾、王戊，【原注】《过秦论》有王廖，未知何国人。**亦未必同出于灵王也。**【原注】《野客丛书》卷八："曹子建作《王仲宣诔》，曰：'流裔毕万，末胄称王。厥姓斯氏，条分叶散。世滋芳烈，扬声秦汉。'吕向注：'秦有王翦、王离，汉有五侯。'按王粲系毕公高之后，毕万封于魏，后十代，文侯始列为侯，至孙称惠王，因以王为氏。而秦之翦、离，自周太子晋之后。汉之五侯，自齐田和之后。此三派元不相干，注引为一，误矣。故新莽以姚、妫、陈、田、王五姓为宗室，且禁元城王氏勿与四姓为婚，而己自取王䜣之女。魏东莱王基为子纳太原王沈女。皆不以为嫌，盖知此也。庾信作《宇文杰墓志》亦有是误。"**韩文公**愈**作《王仲舒神道碑》，文云："王氏皆王者之后，在太原者为姬姓。春秋时，王子成父败狄有功，因赐氏。"**见《昌黎集》卷三一。**此语却有斟酌。**

窦氏。古无所考，类族者不得其本，见《左传》哀元年**有"后缗方娠，逃出自窦"之文，即为之说曰："帝相妃有仍氏女，逃出自窦，奔归有仍，生少康。少康次子曰龙，留居有仍，遂为窦氏。"**【原注】《唐书·宰相世系表》。**此与王莽引《易》**《同人》**"伏戎于莽，升其高陵"，"莽，皇帝名也；升，刘伯升也"，**俱见《汉书·王莽传》。**何以异哉？乃韩文公作《窦牟墓志》"后缗窦逃闵腹子，夏以再家窦为氏"，**见《昌黎集》卷三三。**亦用此事。窃意古地以窦名者甚多，必是以地为氏。《路史》**卷二四《国名纪》**曰："余尝考之，古之得姓者未有不本乎始封者也，其氏于事者盖寡矣。而姓书氏谱一每为之曲说，至有弃其祖之所自出，又牵异类而属之，岂不悲哉！"正谓若此之类也。**

汉时碑文所述氏族之始，多不可据。如魏蒋济《[立]郊议》，称《曹腾碑文》云“曹氏族出自邾”，见《三国志·魏书·蒋济传》注。王沈《魏书》云“其先出于黄帝，当高阳世，陆终之子曰安，是为曹姓。周武王克殷，封曹侠于邾。至战国，为楚所灭，子孙分流，或家于沛”；见《三国志·魏书·武帝纪》注引。而魏武作《家传》自云“曹叔振铎之后”，陈思王作《武帝诔》曰“於穆武王，胄稷胤周”，见《三国志·魏书·蒋济传》注。则又姬姓之后以国为氏者矣。及至景初中，明帝从高堂隆议，谓魏为舜后，诏曰：“曹氏世系，出自有虞氏，今祀圜丘，以始祖帝舜配。”见《三国志·魏书·明帝纪》注引《魏书》。后少帝《禅晋文》亦称“我皇祖有虞氏”，见《晋书·武帝纪》。则又不知其何所据。【原注】《宋书·符瑞志》载博士苏林、董巴言，但云“魏之氏族，出自颛顼，与舜同祖，见于《春秋》、《世家》。”○《魏志》《蒋济传》：“蒋济以为舜本姓妫，其苗曰田，非曹之先，著文以追诘隆。”夫以一代之君而三易其祖，岂不可笑？况于士大夫乎？

程氏，出程伯休父。《太史公自序》云“重黎氏世序天地，其在周，程伯休甫其后也”，应劭曰：“封为程国伯。休甫，字也。其后为司马氏。”【原注】《晋书·宣帝纪》：“其先出自帝高阳之子重黎，为夏官祝融，历唐、虞、夏、商，世序其职。及周，以夏官为司马。其后程伯休甫，周宣王时以世官克平徐方，锡以官族，因而为氏。”而《左传》成十八年，“晋栾书、中行偃，使程滑弑厉公”，注：“程滑，晋大夫。”襄二十三年，“程、郑嬖于公”，注：“郑亦荀氏宗。”此则晋之程氏，乃荀氏之别，不与休甫同出。今既祖休甫，又祖程婴，则误矣。【原注】

《路史》《后纪》十《高辛纪下》以荀为文王之后。〇《子华子》之书卷下亦言其族出于司马，而又曰："赵则真吾姓之所宗氏也。"则程又与赵同祖。朱子曰："《子华子》，近世伪书。"今或引其说以证姓氏之所从出，则诬其祖矣。〇又按《庄子》《让王》及《吕氏春秋》《开春论·审为》，子华子，韩昭釐侯时人，非孔子所见之程子。①

沈氏。《宋书》沈约《自序》："昔少皞金天氏，有裔子曰昧，为玄冥师，生允格、台骀。台骀能业其官，宣汾、洮，障大泽，以处大原。帝颛顼嘉之，封诸汾川。其后四国，沈、姒、蓐、黄。沈子国，今汝南平舆沈亭是也。【原注】汝南去汾州甚远。**春秋之时，列于盟会。定公四年，诸侯会召陵，伐楚，沈子不会。晋使蔡伐沈，灭之，以沈子嘉归。"按沈、姒、蓐、黄四国皆在汾水之上，为晋所灭。**【原注】《左氏》昭公元年传曰："今晋主汾而灭之矣。"**黄非"江人、黄人"之黄，则沈亦非"沈子嘉"之沈，休文乃并列而合之为一，误也。《唐·宰相世系表》曰："沈氏出自姬姓。周文王第十子聃叔季，食采于沈，汝南平舆沈亭即其地也。"此为得之。**【原注】又按鲁有沈犹氏。《家语》卷一："鲁之贩羊有沈犹氏者。"曾子弟子沈犹行。见《孟子·离娄下》。是以地为姓。《汉书》《楚元王传》：景帝封楚元王子岁为沈犹侯。

白氏。唐白居易《自序家状》曰："出于楚太子建之子白公胜。楚杀白公，其子奔秦，代为名将，乙丙已降是也。裔孙白起，有大功于秦，封武安君。"见《白氏长庆集》卷四六。**按白乙丙见于僖之三十三年，白公之死则哀之十六年，后白**

---

① 孔子见程子，事见《孔子家语·致思》、《孔丛子·杂训》。

乙丙一百四十八年，曾谓乐天而不考古一至此哉！【原注】《唐·宰相世系表》以西乞术、白乙丙为孟明之子，尤误。

扬[①]氏。《汉书·扬【原注】从"扌"。雄传》曰："其先出自有周伯侨者，以支庶食采于晋之杨[②]，【原注】《左传》"杨"字从"木"。因氏焉。杨在河、汾之间，周衰而杨氏或称侯，号曰杨侯。会晋六卿争权，韩、魏、赵兴，而范、中行、知伯弊。当是时，逼杨侯，杨侯逃于楚巫山，因家焉。"[③]此误以杨侯与杨食我为一人也。《唐书·宰相世系表》曰："杨氏出自姬姓，周宣王子尚父封为杨侯。又云晋之公族食邑于羊舌，【原注】《左传正义》昭公三年引《世族谱》云："羊舌，其所食邑名。"凡三县，一曰铜鞮，二曰杨氏，三曰平阳。羊舌四族，叔向食采杨氏，其地平阳杨氏县是也。〔一〕及晋灭羊舌氏，而叔向子孙逃于华山仙谷，遂居华阴。"用修据此以杨、阳、扬、羊四姓为一，尤误。按杨城即今之洪洞县，本杨侯国。《左氏》女叔侯所云"霍、杨、韩、魏，皆姬姓也"。【原注】襄二十九年。而子云《反离骚》亦云："有周氏之婵嫣兮，或鼻祖于汾隅。灵宗初谍伯侨兮，流于末之杨[④]侯。"不知其字何以为"扬"？及其灭于晋，而为大夫羊舌氏邑，则食我始见于《传》。而杨朱与老子同时，又非羊舌之族也。阳氏则以国为氏，以邑为氏，皆不可知。【原注】胡三省曰："《春秋》闵公二年，'齐人迁阳'，子孙以国为氏。"《通鉴》卷一七六。○又按昭

① "扬"，张京华《校释》作"杨"。

② "杨"，张京华《校释》作"扬"。

③ 按引文内诸"杨"字，《汉书·扬雄传》原书今俱作"扬"。

④ 《汉书·扬雄传》引《反离骚》，"杨"作"扬"。

公十二年，“齐高偃帅师纳北燕伯于阳”。是邑名。**晋有阳处父，**见《左传》僖公三十二年。**乃在叔向之前。而楚之阳匄，**见《左传》昭公十七年。**鲁之阳虎，**见《左传》昭公二十七年。【原注】曾子弟子有阳肤。**非一阳也。宋之羊斟，**见《左传》宣公二年。**郲之羊罗，**见《左传》昭公十八年。**非一羊也。安得谓阳为平阳，羊为羊舌，而并附之叔向乎？**

〔一〕【孙氏曰】案《汉书》雄本传，据其《自叙》，出于晋之杨侯。而《广韵》“杨”字注：“又姓，出弘农、天水二望。自周杨侯，后并于晋，因为氏也。”其“扬”字注不云“又姓”。是古人但有从“木”之杨姓，无从“扌”之扬姓矣。或讥“修家子云”一语，谓“德祖自紊其谱牒”者，盖失于不考。杜子美《壮游》诗：“斯文崔魏徒，以我似班杨。”谓班固、杨雄也。其下又押“心飞扬”，则子美亦以子云之姓从“木”矣。

段氏。《后汉书》《段颎传》**：“段颎，其先出郑共叔段。”古人无以祖父名为氏者。凡若此类，皆不通之说。按段氏当出自段干：《史记》**《老子传》**“老子之子名宗，宗为魏将，封于段干”，**【原注】《唐书·宗室世系表》：“封于段，为干木大夫。”谬。**《魏世家》有段干木、段干子，《田完世家》有段干朋。**

褚氏。《唐·宰相世系表》云：“出自子姓。宋共公子段，字子石，食采于褚。其德可师，号曰褚师。”按“褚师”乃官名，不独宋有此官，郑亦有之，《左传》**昭公二年“郑公孙黑请以印为褚师”是也。卫亦有褚师声子。**见《左传》哀公二十五年。〔一〕

〔一〕【杨氏曰】《宰相世系表》成于吕夏卿，盖据当时谱牒为言，然甚多纰缪，如以陈馀为婴之子，尤非。

贺氏。《晋书·贺循传》曰："会稽山阴人也。其先庆普，汉世传《礼》，所谓庆氏学。族高祖纯，安帝时为侍中，避安帝父【原注】清河王庆。讳，改为贺氏。"《宋史》："贺铸自言出王子庆忌，居越之湖泽。所谓镜湖，乃庆湖也。"【原注】见铸本传。然史即疑之。按古但有以王父字为氏，无以名为氏者。庆忌，名也，不得为氏。而镜湖本名鉴湖，庆古音羌，声不相近。若齐之庆氏，居吴朱方，见于《左传》襄公二十八年。后人以庆封有弑君之恶，讳之而欲更其祖，其不及宋司马华孙远矣。①【原注】《水经注》卷四〇《渐江》有贺台，"越入吴，还而成之，故号曰贺台"。苟欲求越国之故，何不取之于贺台，而必取之于镜湖，又改"镜"而为"庆"邪？

刀氏。【原注】《复古编》云作"刁"。非。《姓谱》以为齐大夫竖刀之后。胡三省曰："竖刀安得有后？《汉书·货殖传》有刀间。"②愚按古书"刀"与"貂"通，齐襄王时有貂勃。见《战国策·齐策六》。〔一〕

〔一〕【钱氏曰】《荀子》："嫫母刀父。"朱子云："刀父，未详。"窃疑即齐竖刀。刀有"貂"音，后别作"刁"。

寇氏。《姓谱》："出自武王弟康叔，为周司寇，后人因

---

① 事见《左传》文公十五年：宋华耦来盟，书曰"宋司马华孙"，贵之也。公与之宴，辞曰："君之先臣督，得罪于宋殇公，名在诸侯之策。臣承其祀，其敢辱君，请承命于亚旅。"鲁人以为敏。

② 见《通鉴》卷三七，《姓谱》文亦胡注所引。

以氏焉。"按康叔为卫国之祖,必无以王官氏其支庶之理。此乃卫之司寇:《左传》哀二十五年有司寇亥,即寇氏之祖也,《檀弓》有司寇惠子。

孔颜孟三氏

今之颜氏皆云兖国之裔。① 考《仲尼弟子列传》有颜幸、颜高、颜祖、颜之仆、颜哙、颜何,而孔子于卫主颜雠由,此六人与雠由皆无后乎?今之孔氏皆云夫子之裔。《春秋》齐有孔虺,卫有孔达,陈有孔宁,郑有孔叔、孔张,此五族者皆无后乎?且夫子出于宋,为子姓。而郑,姬姓;陈,妫姓;卫,姞姓,【原注】哀十一年:孔姞。可合而为一乎?【原注】《史记·货殖传》:"宛孔氏之先,梁人也,用铁冶为业。秦伐魏,迁孔氏南阳。"《平准书》:"孔仅,南阳大冶。"

颜鲁公真卿作《家庙碑》云:"其先出于颛顼之孙祝融。融孙安,为曹姓。其裔邾武公,名夷甫,字颜。子友,别封郳,为小邾子,遂以颜为氏,多仕鲁,为卿大夫。"见《颜鲁公集》卷一六《补遗》。按《左传》襄十九年,"齐侯娶于鲁,曰颜懿姬。其侄鬷声姬",注曰:"颜、鬷皆姬母姓。"【原注】当云"母氏"。则颜之为姬姓,为鲁族,审矣。【原注】《姓谱》曰:"颜姓本自鲁伯禽支子。有食采颜邑者,因以为族。"其出于邾之说,本自圈称、葛洪,盖徒见《公羊》于邾有"颜公"之称,而不考之于《左氏》也。莒之犁比公,岂必为犁弥之祖乎?【原注】

① 颜渊,唐开元二十七年追赠兖国公。

《公羊传》昭公三十一年谓邾娄颜“淫九公子于宫中,因以纳贼”。周天子诛颜而反孝公于鲁,非隐公所盟之仪父,不知何取于若人而以之为祖?〔一〕

〔一〕【桂氏曰】《孔庙韩敕修礼器碑》:“颜氏圣舅家居鲁亲里。”在尼山,汉为昌平亭,今犹称其地为鲁颜。鲁颜者。别于邾颜也。《汉书·人表》有邾颜,即《广韵》所称名夷字颜者。《世本》:“邾颜居邾,肥徙郳。”宋仲子注云:“邾颜别封小子肥于郳,为附庸,未爵命。故庄五年书‘郳犁来来朝’。犁来,肥之曾孙。其后从齐桓尊周室,王始命为小邾子。故僖七年书小邾子来朝。”

【汝成案】《颜氏家庙碑》“夷”下衍“甫”字。

【小笺】按:杜注云:“颜、鬷皆二姬母姓,因以为号。”然则颜懿姬犹《汉书》所云“孙翁主”、“纪翁主”也。若以颜氏为姬姓,则母女同姓矣。顾氏此条殆误会杜注也。

春秋时以“孟”为字者甚多,今之孟氏皆祖子舆,前代亦未之有也。《魏书》《孟表传》**:“孟表,济北蛇丘人。自云本属北地,号索里诸孟。”**【原注】古时孟姓亦或与“芒”通。《史记·秦本纪》“击芒卯华阳”,《索隐》引谯周云:“孟卯也。”《淮南子》《氾论训》“孟卯”注引《战国策》曰:“芒卯也。”

《元史·孔思晦传》:“五季时,孔末之后方盛,欲以伪灭真,害宣圣子孙几尽。至是,其裔复欲冒称宣圣后。思晦以为‘不早辨,则真伪久益不可明,彼与我不共戴天,乃列于族,与共拜殿庭,可乎?’遂会族人斥之,而重刻宗谱于石。”然则今之以孔姓而滥通谱牒者,可以戒矣。

仲氏

《汉济阴太守孟郁修尧庙碑》曰:“惟序仲氏,祖统所出。本继于姬,周之遗苗。天生仲山甫,翼佐中兴,宣平功遂,受封于齐。周道衰微,失爵亡邦,后嗣乖散,各相土译居①。帝尧萌兆,生长葬陵,在于成阳,圣化常存。慕巍巍之盛,乐风俗之美,遂安处基业,属都乡高相里,因氏仲焉,以传于今。”见《隶释》卷一。其阴列仲氏有名者三十馀人。又《廷尉仲定碑》略同。见《隶释》卷二五。汉时仲氏,自谓仲山甫之后,托基于帝尧之陵。而今则以为孔子弟子子路之后,援颜、曾、孟之例而求为五经博士矣。然春秋之以仲氏者不一,而仲山甫未尝封齐,则汉人之祖山甫未必是,而今人之祖子路亦未必非也。〔一〕

〔一〕【杨氏曰】以《诗》《大雅·烝民》有“仲山甫徂齐”之言而云然。

【小笺】按:《通志·氏族略》:“周太王之子虞仲支孙仲山甫。”是仲山甫乃虞仲之裔也,证以《尧庙碑》所谓“周之遗苗”,颇合。

以国为氏

古人之氏,或以谥,或以字,或以官,或以邑,无以国为氏者。其出奔他国,然后以本国为氏,敬仲奔齐而为陈氏

① “译居”,张京华《校释》作“择居”。张京华云:“《隶释》作‘译居’已误,‘译居’非辞,当做‘择居’。”是。

是也，其他若郑丹、见昭公十一年。宋朝、见定公十四年。楚建、郧甲见昭公二十年。之类，皆是也。不然，则亡国之遗胤也。

今人姓同于国者，多自云以国为氏，非也。夏氏出于陈之少西，[①]而非夏后氏之夏。齐氏出于卫之齐恶，见《春秋》昭公元年。而非齐国之齐。《左氏》、《史记》其最著明者矣。【原注】秦堇父非秦国之秦，狄虒弥非狄人之狄。俱见《左传》襄公十年。

姓氏书

姚宽《西溪丛语》卷下曰："姓氏之学，莫盛于《元和姓纂》。自南北朝以官职相高，沿至于唐，崔、卢、李、郑，纠纷可鄙。若以圣贤所本，如妫姓、子姓、姬姓、姜姓之类，各分次其所从来，以及《春秋》所纪，用《世本》、荀况《谱》、杜预《公子谱》为法，则唐、虞、三代、列国诸侯俱可成书，此似太史公欲为而未就者耳。"愚尝欲以经传诸书次之，首列黄帝之子，得姓者十二人；次则三代以上之得国受氏，而后人因以为姓者；次则战国以下之见于传记，而今人通谓之姓者；次则三国、南北朝以下之见于史者；又次则代北复姓，辽、金、元姓之见于史者；而无所考者别为一帙。【原注】略举其目曰：姓本第一，封国第二，氏别第三，秦汉以来姓氏合并第四，代北姓第五，辽金元姓第六，杂改姓第七，无征第八。此则若网之

① 隐指夏征舒之族。《左传》宣公十一年：楚子为陈夏氏乱故，伐陈。谓陈人无动，将讨于少西氏。遂入陈，杀夏征舒。

在纲,有条而不紊,而望族五音之纷纷者皆无所用,岂非反本类族之一大事哉?

汉刘向撰《世本》二卷,其书不传。今《左传》注、疏多本之,然亦未必无误。〔一〕

〔一〕【赵氏曰】《南史》:"王僧孺被命撰谱,而不知谱所自起,以问刘杳。杳曰:'桓谭《新论》云:"太史公《三代世表》,旁行斜上,并效周谱。"以此而推,当起于周代也。'"按《周·小史》:"奠系世,辨昭穆。"是谱学之起于周无疑。汉高祖起布衣,故不重氏族。然汉邓氏已有《官谱》,应劭有《氏族》一篇,王符《潜夫论》亦有《姓氏》一篇,至魏,九品中正法行,于是权归右姓,有司选举,必稽谱牒,故官有世胄,谱有世官,于是贾氏、王氏谱学兴焉。晋太元中,贾弼撰《姓氏簿状》,宋何承天亦有《姓苑》二篇,刘湛又撰《百家谱》。而弼所撰传子匪之,匪之传子希镜,撰《姓氏要状》十五篇,希镜传子执,执传其孙冠,故贾氏谱学最擅名。沈约谓:"晋咸和以后,所书谱牒并皆详实。"梁武因约言,诏王僧孺改定《百家谱集抄》十五卷,《南北谱集》十卷,故又有王氏谱学。此南朝谱学之源流也。

通谱

同姓通族,见于史者,自晋以前未有。《晋书·石苞传》"曾孙朴没于胡,[①]**石勒以与朴同姓,俱出河北,引朴为宗室,特加优宠,位至司徒";**〔一〕**《南史·侯瑱传》"侯景以**

① "胡",原本作"寇",据《校记》改。

瑱与己同姓，托为宗族，待之甚厚”，此以夷狄[①]而附中国也。《晋书·孙旂传》“旂子弼与弟子髦、辅、琰四人，并有吏材，称于当世，遂与孙秀合族”；《南史·周弘正传》“谘附王伟，与周石珍【原注】建康之厮隶也，为梁制局监，降侯景。合族”；《旧唐书·李义甫传》“义甫既贵之后，自言本出赵郡，始与诸李叙昭穆。而无赖之徒苟合，藉其权势拜伏为兄、叔者甚众”；《李辅国传》“宰相李揆，山东甲族，见辅国执子弟之礼，谓之五父”，此以名门而附小人也。凡此史皆书之，以志其非。今人好与同姓通谱，不知于史传居何等也。

〔一〕【杨氏曰】勒以石为姓，本无所授。以璞为宗室，盖以其旧族而附之。

北人重同姓，多通谱系，南人则有比邻而各自为族者。《宋书·王仲德传》：“北土重同姓，谓之骨肉，有远来相投者，莫不竭力营赡。仲德闻王愉在江南，是太原人，乃往依之，愉礼之甚薄。”《魏书·崔玄伯传》：“崔宽自陇右通款，见司徒浩。浩与相齿次，厚抚之。及浩诛，以远来疏族，独得不坐。遂家于武城，以一子继浩弟览妻封氏，相奉如亲。”《北史·杜铨传》：“初，密太后杜氏父豹丧在濮阳，太武欲令迎葬于邺，谓司徒崔浩曰：‘天下诸杜，何处望高？朕意欲取杜中长老一人以为宗正，令营护凶事。’浩曰：‘京兆为美，中书博士杜铨，其家今在赵郡，是杜预后，于今为

① “夷狄”，原本作“殊族”，据《校记》改。

诸杜最。’召见铨，以为宗正，令与杜超子道生送豹丧葬邺南。铨遂与超如亲。超谓铨曰：‘既是宗正，何缘侨居赵郡？’乃延引同属魏郡。”《南史·韦鼎传》：“陈亡入隋。时吏部尚书韦世康兄弟显贵，文帝从容谓鼎曰：‘世康与公远近？’对曰：‘臣宗族南徙，昭穆非臣所知。’帝曰：‘卿百代卿族，岂忘本也？’命官给酒肴，遣世康请鼎还杜陵。鼎乃自楚太傅孟以下二十馀世，并考论昭穆，作《韦氏谱》七卷示之，欢饮十馀日乃还。”

近日同姓通谱最为滥杂，其实皆植党营私，为蠹国害民之事，宜严为之禁。欲合宗者，必上之于官，使谙悉古今者为之考定，岁终以达礼部，而类奏行之；其不请而私通者，屏之四夷①，然后可革其弊。〔一〕古之姓氏有专官掌之，《国语》《楚语下》曰“使名姓之后，能知上下之神祇、氏姓之所出者，为之宗”，又曰“司商协(名)[民]姓”，《周礼》春官宗伯，其属有都宗人、家宗人，而女官亦有内宗、外宗。今日姓氏、昏姻二事，似宜专设一官，方得教民之本。〔二〕

〔一〕【钱氏曰】此亦迂阔之论。

〔二〕【杨氏曰】此说近迂。

氏族之乱莫甚于五代之时。当日承唐馀风，犹重门荫。故史言唐、梁之际，仕宦遭乱奔亡，而吏部铨文书不完，因缘以为奸利，至有私鬻告敕，乱易昭穆，而季父、母舅反拜侄、甥者。【原注】《五代史》《豆卢革传》。《册府元龟》卷六

---

① “夷”，原本作“裔”，据《校记》改。

六:“长兴初,鸿胪卿柳膺,将斋郎文书两件,卖与同姓人柳居则。大理寺断罪当大辟,以遇恩赦减死,夺见任官,罚铜,终身不齿。敕曰:‘一人告身,三代名讳,传于同姓,利以私财,上则欺罔人君,下则货鬻先祖,罪莫大焉。自今以后,如有此弊,传者、受者,并当极法。’”今则因无荫叙,遂弛禁防,五十年来,通谱之俗遍于天下,自非明物察伦之主亟为澄别,则滔滔之势将不可反矣。

唐朝已前最重谱牒。如《新唐书》言河南刘氏本出匈奴之后刘库仁,见《宰相世系表一》。柳城李氏世为契丹酋长,营州王氏本高丽之类,以上见《宰相世系表五》。此同姓而不同族也。又如《魏书·高阳王雍传》言“博陵崔显,世号东崔,地寒望劣”,此同族而不同望也。故《新唐书》《高士廉传》[①]言:“每姓第其房望,虽一姓中,高下悬隔。”

异姓称“族”,自汉以来未有此事。杜子美《寄族弟唐十八使君》诗云“与君陶唐后,盛族多其人。圣贤冠史籍,枝派罗源津”,则杜与唐为兄弟矣。《重送刘十弟判官》诗云“分源豕韦派,别浦雁宾秋。年事推兄忝,人才觉弟优”,则杜与刘为兄弟矣。韩文公《送何坚序》亦云:“何与韩同姓为近。”【原注】《容斋三笔》卷五《何韩同姓》引孙愐《唐韵》曰:“韩灭,子孙分散江淮间,音以‘韩’为‘何’,字随音变,遂为何氏。”按《诗·扬之水》一章言“戍申”,二章言“戍甫”,三章言“戍许”。孔氏颖达曰:“言甫、许者,以其俱为姜姓。既重

① 高俭,字士廉。《旧唐书》目标“高士廉”,《新唐书》则标“高俭”,下文引自《新书》,应为《高俭传》。

章以变文,因借甫、许以言申,其实不成甫、许也。”六国时秦、赵同为嬴姓,《史记》、《汉书》多谓“秦”为“赵”,亦此类也。【原注】《史记·秦本纪》:“太史公曰:秦以其先造父封赵城,为赵氏。”《陆贾传》:“秦任刑法不变,卒灭赵氏。”《索隐》曰:“案韦昭云:秦伯翳后,与赵同出蜚廉。造父有功,周穆王封之赵,由此一姓赵氏。”《汉书·武五子传》:“赵氏无炊火焉。”韦昭曰:“赵,秦之别氏。”《南越传》“苍梧秦王”,晋灼曰:“秦王即赵光也。赵本与秦同姓,故曰秦王。”《淮南子》《人间训》亦称秦始皇为赵政。《三国志》《陈思王曹植传》陈思王上疏:“绝缨盗马之臣赦,楚、赵以济其难。”注:“秦穆公有赦盗马事,赵则未闻,盖以秦亦赵姓。”《文选》王融《策秀才文》“访游禽于绝涧,作霸秦基”,李善注引《韩非子》所载赵董阏于事,而云:“《史记》曰‘赵氏之先与秦共祖’,以其共祖故,虽赵亦号曰秦。”又左思《魏都赋》“二嬴之所曾聆”,李善注:“秦穆公、赵简子。《史记》‘赵氏之先与秦同祖’,故曰二嬴也。”《诗·大雅》《崧高》言“生甫及申”,孔氏曰:“此诗送申伯而及甫侯者,美其上世俱出四岳,故连言之。”今人之于同姓,几无不通谱,何不更广之于异姓,而以子美、退之为例也?

李华《淮南节度使崔公颂德碑》云:“惟申伯翼宣王,登南邦,兴周室,小白率诸侯征楚翟,奉王职,与崔公叶德同勋,皆姜姓也。”见《文苑英华》卷八六九。

开元十九年,于两京置齐太公庙。建中初,宰相卢杞、京兆尹卢谌,以卢者齐之裔,乃鸠其裔孙若崔、卢、丁、吕之族,合钱以崇饰之。见《太平御览》卷五三五《立庙附》。

元吴澂《送何友道游萍乡序》云："袁柳、抚何二族，[①]各以儒官著，而其初实一姬姓，文之昭由鲁之展而为柳，[②]武之穆由晋之韩而为何，[③]氏不同而姓同。"见《吴文正集》卷一六。

宋邵伯温《闻见录》卷一八云："司马温公一日过康节先生，谒曰'程秀才'。既见，则温公也。问其故，公笑曰：'司马出程伯休父。'"

二字姓改一字

古时以二字姓改为一字者，如马宫本姓"马矢"，改为"马"；见《汉书·马宫传》。唐宪宗名纯，诏姓"淳于"者改姓"于"；见《旧唐书·宪宗纪》。《唐·宰相世系表》"锺离昧二子，次曰接，居颍川长社，为锺氏"，见之史册，不过一二。自洪武元年，诏胡服、胡语、胡姓一切禁止。见《明太祖实录》卷三〇。如今有呼姓本"呼延"，乞姓本"乞伏"，皆国初[④]改，而并中国所自有之复姓皆去其一字，氏族之紊，莫甚于此。且如孙氏有二，卫之良夫、楚之叔敖，并见于《春秋》，见宣公七年、十二年。而公孙、叔孙、长孙、士孙、王孙之类，今皆去而为"孙"，与二国之"孙"合而为一，而其本姓遂亡。公羊、公沙、公乘之类则去而为"公"，毋丘、毋将之类则去而为

---

① 袁州之柳，抚州之何。

② 鲁展禽，即柳下惠。

③ 晋之韩，指韩厥。

④ "国初"，原本作"明初"，据《校记》改。

“毋”,而其本姓遂亡。司徒、司空之类,【原注】唐玄宗《御注孝经碑》末有司徒巨源,李邕《娑罗树碑》末有司徒玄菵,宋开宝《商中宗庙碑》翰林待诏司徒俨书,《宋史·赵逢传》有礼部侍郎集贤殿学士司徒翊。则去而为“司”,司马氏则去而或为“司”,或为“马”,而司马之仅存于代者惟温公之后。所以然者,盖因儒臣无学,不能如魏孝文改代北之姓,一一为之条理,而听其人之所自为也。然胡姓之改,不始于是时,《唐书》“阿史那忠以擒颉利功,拜左屯卫将军,妻以宗女定襄县主,赐名为忠,单称史氏”,此见《旧唐书·阿史那社尔传附》。韩文公愈《集贤院校理石君墓志》云“其先姓乌石兰,从拓跋魏氏入夏,居河南,遂去‘乌’与‘兰’,独姓石氏”,见《昌黎集》卷二五。刘静修因《古里氏名字序》云“吴景初,本姓古里氏,以女真诸姓今各就其近似者易从中国姓,故古里氏例称吴”,见《静修集》卷一二。则固已先之矣。【原注】肃宗上元二年,诏氏姓与俗讳及隐疾同声者,宜改与本族望所出。见《册府元龟》卷八七。○金世宗大定十三年五月戊戌,禁女直人毋得混为汉姓。见《金史·世宗纪中》。今完颜氏皆去完而为颜,惟曲阜不敢冒兖国之姓,特称完氏。

《章丘志》言:“洪武初,翰林编修吴沈奉旨撰《千家姓》,得姓一千九百六十八,而此邑如术、如傿尚未之录。【原注】《广韵》“傿”字下注云:“齐大夫名。”今访之术姓有三四百丁,自云金丞相术虎高琪之后,【原注】土人呼“术”为张一反。○按《金史》,术虎汉姓曰董,今则但为术姓。盖二字改为一字者,而撰姓之时,尚未登于黄册也。”以此知单姓之改并在国初[1]以后，而今代[2]山东氏族其出于金、元之裔者多矣。

洪武元年禁不得胡姓者，[3]禁中国人之更为胡姓，【原注】元时有此俗。非禁胡人之本姓也。三年四月甲子诏曰："天生斯民，族属姓氏，各有本原。古之圣王尤重之，所以别昏姻、重本始以厚民俗也。朕起布衣，定群雄，为天下主。已尝诏告天下，蒙古诸色人等皆吾赤子，果有材能，一体擢用。比闻入仕之后，或多更姓名。朕虑岁久，其子孙相传，昧其本原，非先王致谨氏族之道。中书省其告谕之，如已更易者，听其改正。"见《明太祖实录》卷五一。可谓正大简要。至九年三月癸未，以火你赤为翰林蒙古编修，更其姓名曰霍庄，见《明太祖实录》卷一〇五。【原注】北音读"霍"如"火"。盖亦仿汉武赐日磾姓金之意。然汉武取义于休屠王祭天金人，[4]亦以中国本无金姓也。今中国本有霍姓而赐之霍，则与周霍叔之后无别矣。况其时又多不奉旨而自为姓者，其年闰九月丙午，淮安府海州儒学正曾秉正言："臣见近来蒙古、色目人多改为汉姓，与华人无异，有求仕入官者，有登显要者，有为富商大贾者。非我族类，其心必异。宜令复姓，庶可辨识。又臣前过江浦，见塞外之俘，累累而有，江统《徙戎》之论，不可不防。"见《明太祖实录》卷一〇九。至永乐元年九月庚子，上谓兵部尚书刘俊曰："各卫鞑靼人多同名，宜赐姓以别之。"于是兵部请如洪武中故事，编置勘合，

---

① "国初"，原本作"明初"，据《校记》改。

② 张京华《校释》"代"字下有"之"字。

③ 《明太祖实录》卷三〇：洪武元年，"其辫发、椎髻、胡服、胡语、胡姓一切禁止"。

④ 事见《汉书·金日磾传》。

给赐姓氏,【原注】按洪武中勘合赐姓,《实录》不载。惟十六年二月,故元云南右丞观音保降,赐姓名李观。又《宣宗实录》卷二:"丑闾,洪武二十一年来归,赐姓名李贤。"**从之。**见《明太宗实录》卷二三。**三年七月,赐把都帖木儿名吴允诚,伦都儿灰名柴秉诚,保住名杨效诚。**见《明成祖实录》卷四四。**自此遂以为例,而华宗上姓与夷狄[①]之种相乱。惜乎当日之君子,徒诵"用夏变夷"**见《孟子·滕文公上》。**之言,而无"类族辨物"**见《易·同人·象辞》。**之道。使举籍胡[②]人之来归者,赐以汉姓所无,不妨如拓跋、宇文之类二字为姓,则既不混于古先帝王氏族神明之胄,而又使百世之下知昭代远服四夷[③],其得姓于朝者凡若干族,岂非旷代之盛举哉?**

北方门族

杜氏佑《通典》卷三**言:"北齐之代,瀛、冀诸刘,清河张、宋,并州王氏,濮阳侯族,诸如此辈,近将万室。"《北史·薛胤传》:"为河北太守,有韩、马两姓各二千馀家。"今日中原北方虽号甲族,无有至千丁者,户口之寡,族姓之衰,与江南相去复绝。其一登科第,则为一方之雄长,而同谱之人至为之仆役,此又风俗之敝,自金、元以来凌夷至今,非一日矣。**

① "夷狄",原本作"旃裘",据《校记》改。
② "胡",原本作"蕃",据《校记》改。
③ "夷",原本作"裔",据《校记》改。

冒姓

今人多有冒母家姓者。《汉书·外戚恩泽侯表》"扶柳侯吕平,以皇太后姊长姁子侯",师古曰:"平既吕氏所生,不当姓吕,盖史家唯记母族也。"按是时太后方封吕氏,故平以姊子冒吕姓而封耳。《唐书·天后纪》"圣历二年腊月,赐皇太子【原注】中宗。姓武氏",然则有天子而令之冒母姓者与?

《汉书·景十三王传》:"赵王彭祖取江都易王宠姬,王建所奸淖姬者,甚爱之,生一男,号淖子。"《晋书·会稽王道子传》:许荣上疏言:"今台府局吏、直卫武官及仆隶婢儿取母之姓者,本臧获之徒,无乡邑品第。"是知冒母为姓,皆人伦之所鄙贱。然亦有帝子而称母姓者,如栗太子、卫太子、史皇孙之类,则以其失位而名之也。【原注】《汉书》《外戚传》:"上怜许太子蚤失母。"盖霍后时人称之。

吕平以太后姊长姁子侯,此冒母姓之始。【原注】《汉书》《夏侯婴传》:"曾孙颇尚主,主随外家姓,号孙公主,故滕公子孙更为孙氏。"此冒外祖母姓。《史记·灌夫传》"父张孟,为颍阴侯婴舍人,得幸,因进之至二千石,故蒙灌氏姓,为灌孟";《大宛传》"堂邑氏,故胡奴甘父",《汉书注》服虔曰"堂邑,姓也,汉人。其奴名甘父",师古曰"堂邑氏之奴,本胡人,名甘父。下云堂邑父者,盖取主之姓以为氏,而单称其名曰父",此冒主姓之始。【原注】《新唐书》《元载传》:"元载父景昇,为曹王明妃元氏掌田租,请于妃,冒为元氏。”

【小笺】按:卫青本姓郑,父郑季,与卫媪通而生青,遂冒卫姓。此又是冒其假父之姓者。

先生《答毛锦衔书》曰:异姓为后,见于史者,魏陈矫本刘氏子,出嗣舅氏;见《三国志·魏书·陈矫传》注引《魏氏春秋》。**吴朱然本姓施,以姊子为朱后,**见《三国志·吴书·朱然传》。**惟此二人为贤。而贾谧之后充,**[①]**则有莒人灭鄫之议矣。**[②] **惟《晋书》有一事与君家相类,云“吴朝周逸,博达古今。逸本左氏之子,为周氏所养。周氏自有子,时人有讥逸者,逸敷陈古事,卒不复本姓。学者咸谓为当然。”**[③]**亦未可引以为据,以经典别无可证也。**

两姓

《汉书·百官表》:“建昭三年七月戊辰,卫尉李延寿为御史大夫。一姓繁。”

【小笺】按:《汉书》棘蒲侯陈武,亦云柴武,其子陈奇亦云柴奇。师古以为有二姓。是汉人二姓者不止李延寿也。

---

① 见《晋书·贾充传》,谧为贾充之女贾午之子,父即韩寿。贾充死后,其妻郭槐以谧为贾氏嗣。惠帝时官侍中,与贾后谋陷太子。及赵王伦执朝政,斩贾后及谧,连及其母贾午、韩寿兄弟皆死。

② 莒人灭鄫在襄公六年。杜预注云:“鄫有贡赋之赂在鲁,恃之而慢莒,故灭之。”

③ 按引文不见于《晋书》,见《通典》卷六九东晋成帝咸和五年,散骑侍郎贺乔妻于氏所上表。

古人二名止用一字

晋侯重耳之名见于经庄公二十八年，而定四年祝佗述践土之盟，其载书止曰“晋重”，岂古人二名可但称其一与？昭(二)［元］年“莒展舆出奔吴”，《传》曰“莒展之不立”，《晋语》曹僖负羁称叔振铎为“先君叔振”，亦二名而称其一也。〔一〕

〔一〕【沈氏曰】《香祖笔记》云：“古称宗室藩王之贤者曰‘间平’，谓汉河间献王、东平宪王也。又古称‘原尝’，谓赵平原君、齐孟尝君也。皆举第二字言之。”是古人国名亦有止称一字者矣。

昭二十一年，“蔡侯朱出奔楚”，《穀梁传》作“蔡侯东出奔楚”，乃为之说曰：“东者，东国也。【原注】东国，隐太子之子，平侯庐之弟，朱叔父也。何为谓之‘东’也？王父诱而杀焉，父执而用焉，奔而又奔之。曰东，恶之而贬之也。”然则以削其一名为贬也。【原注】定六年，“季孙斯、仲孙忌帅师围郓。”杜氏注：“何忌不言‘何’，阙文。”

王莽孙宗得罪自杀，“复其本名会宗，贬厥爵，改厥号”。见《汉书·王莽传》。是又以增其一名为贬也。

班固《幽通赋》“发还师以成命兮，重醉行而自耦”，见《文选》卷一四。潘岳《西征赋》“重戮带以定襄，弘大顺以霸世”，见《文选》卷一〇。文公名止用一字，本于践土载书，却非翦截古人名字之比。至岳为《关中》诗云“纷纭齐万，亦孔之丑”，见《文选》卷二〇。《马汧督诔》云“齐万哮阚，震惊台司”，见《文选》卷五七。则不通矣，岂有以齐万年为“齐万”者邪？若梁王肜为征西大将军，而诗云“桓桓梁征”，尤不成语。〔一〕

〔一〕【杨氏曰】“征”或“王”字之讹。

班固《幽通赋》：“巨滔天而泯夏。”王莽字巨君，止用一“巨”字。王逸《九思》：“管束缚兮桎梏，百贸易兮传卖。【原注】音鬻。遭桓缪兮识举，才德用兮列施。”见王逸《楚辞章句》卷一七。百里奚止用一“百”字。此体后汉人已开之矣。

《吕氏春秋》《开春论·期贤》“干木光乎德”，去“段”字；【原注】今本《吕氏春秋》有“段”字。《惜誓》“来革顺志而用国”，见《楚辞章句》卷一一。去“恶”字，①此为翦截名字之祖。

文中并称两人，而一氏一名，尤为变体。杞殖、华还，二人也，而《淮南子》《精神训》称为“殖、华”。贾谊《新书》卷二《权重》“使曹、勃不能制”，曹，曹参；勃，周勃也。《史记·孟子荀卿传》“管、婴不及”，管，管仲；婴，晏婴也。司马迁《报任安书》“周、魏见辜”，周，周勃；魏，魏其侯窦婴也。扬雄《长杨赋》“乃命骠、卫”，见《文选》卷九。骠，骠骑将军霍去病；卫，大将军卫青也。《汉书》《杜钦传》“览宗、宣之飨国”，韦昭曰：“宗，殷高宗也；宣，周宣王也。”《徐乐传》“名何必夏、子，俗何必成、康”，服虔曰：“夏，禹也；子，汤也。

① 张京华《校释》：梁玉绳据《史记·秦本纪》、《汉书·东方朔传》、《说苑·杂言》“恶来革”，谓“恶来名革”。

汤，子姓。”班固《幽通赋》“周、贾荡而贡愤”，周，庄周；贾，贾谊也。《汉庌彰[1]长碑》云“丧父事母，有柴、颍之行”，见《金石录》卷一六。柴，高柴；颍，颍考叔也。夏侯湛《张平子碑》云“同贯宰、贡”，见《隶释》卷一九。宰，宰我；贡，子贡也。《风俗通》卷二“清拟夷、叔”，却正《释讥》“褊夷、叔之高怼”，见《三国志·蜀书·却正传》。《傅子》“夷、叔(迂)[迕]武王以成名”，杜预《遗令》“南观伊、洛，北望夷、叔”，见《晋书》本传。陶潜《饮酒》诗“积善云有报，夷、叔在西山”，皆谓伯夷、叔齐。《汉广汉属国侯李翊碑》“夷、史之高”，见《隶释》卷九。《巴郡太守樊敏碑》“有夷、史之直”，见《隶释》卷一一。皆谓伯夷、史鱼。陶潜《读史述九章·程杵》，是程婴、公孙杵臼。《新唐书·尉迟敬德传》“隐、巢”，是隐太子、巢剌王，一谥一爵。

古人谥止称一字

古人谥有二字三字，而后人相沿止称一字者，卫之叡圣武公止称“武公”，贞惠文子止称“公叔文子”，晋赵献文子止称“文子”，【原注】《檀弓》：“晋献文子成室。”注：“谓晋君献之。”庐陵胡氏铨曰：“或赵武谥献文尔。”见《礼记集说》卷二三。魏惠成王止称“惠王”，楚顷襄王止称“襄王”，秦惠文王止称“惠王”，悼武王止称“武王”，昭襄王止称“昭王”，庄襄王止称“庄王”，韩昭釐侯止称“昭侯”，宣惠王止称“宣王”，

---

① 援庵《校注》云：“庌”，“斥”字之讹，东汉钜鹿郡斥章县。

赵悼襄王止称“襄王”，汉诸葛忠武侯止称“武侯”。

称人或字或爵

“颜、曾、思、孟”，[①]**三人皆氏而思独字，以嫌于夫子也。“樊、郦、绛、灌”**[②]**，三人皆姓而勃独爵，以功臣周姓者多也。**【原注】汾阴侯昌，隆虑侯灶，魏其侯定，郦成侯緤，高景侯成，博阳侯聚，皆周姓。〇颜师古引《楚汉春秋》，谓别有一人名绛灌者，非。

《史记》《高祖本纪》**垓下之战，“孔将军居左，费将军居右”。孔将军，蓼侯孔藂也；费将军，费侯陈贺也。费独以爵者，以功臣陈姓者多也。**【原注】博阳侯濞，曲逆侯平，堂邑侯婴，阳夏侯豨，棘蒲侯武，河阳侯涓，高胡侯夫乞，复阳侯胥，槁侯错，猗氏侯遬，龙侯署，纪信侯仓，皆陈姓。

子孙称祖父字

子孙得称祖、父之字。子称父字，屈原之言“朕皇考曰伯庸”见《离骚》。**是也。孙称祖字，子思之言“仲尼祖述尧舜”**见《礼记·中庸》。**是也。**【原注】朱子曰：“古人未尝讳字。程先生云：‘予年十四五从周茂叔。’本朝先辈尚如此，伊川亦尝呼明道字。”

---

① “颜、曾、思、孟”，自宋以来，为孔庙之“四配”。

② 贾谊《新书·藩强》有“曩令樊、郦、绛、灌据数十城而王，今虽以残亡可也”句。

《仪礼》筮宅之辞曰“哀子某为其父某甫筮宅”，又曰“哀子某来日某卜葬其父某甫”，皆见《士丧礼》。字父也。虞祭之祝曰“适尔皇祖某甫”，卒哭之祝曰“哀子某来日某隮祔尔于尔皇祖某甫”，字祖也。祔祭之祝曰“适尔皇祖某甫以隮祔尔孙某甫”，皆见《士虞礼》。两字之也。

字为臣子所得而称，故周公追王其祖曰“王季”，王而兼字。

已祧不讳

《册府元龟》卷五九一：唐宪宗元和元年，礼仪使奏言："谨按《礼记》曰：'既卒哭，宰夫执木铎以命于宫曰：舍故而讳新。'此谓已迁之庙则不讳也。今顺宗神主升祔礼毕，高宗、中宗神主上迁，请依礼不讳。"制可。

文宗开成中，刻石经，凡高祖、太宗及肃、代、德、顺、宪、穆、敬七宗讳，并缺点画。高、中、睿、玄四宗，已祧则不缺。文宗见为天子，依古卒哭乃讳，【原注】郑氏玄《曲礼注》曰："生者不相辟名。"〔一〕故御名亦不缺。

〔一〕【钱氏曰】唐人避上讳，如章怀太子注《后汉书》改"治"为"理"，正在高宗御极之日，初无"卒哭乃讳"之例也。文宗本名涵，即位后改名昂，故石经不避"涵"字。亭林失记文宗改名一节，乃有"卒哭而讳"之说，疑误后学，不可不正。

韩退之《讳辩》,[①]本为二名嫌名立论,而其中"治天下"之"治"却犯正讳。盖元和之元,高宗已祧,故其潮州上表[②]曰"朝廷治平日久",曰"政治少懈",曰"巍巍治功",曰"君臣相戒,以致至治",《举张(行)[惟]素》[③]曰"文学治行众所推",《平淮西碑》曰"大开明堂,坐以治之",《韩弘神道碑铭》曰"无有外事,朝廷之治"。见《昌黎集》卷三二。惟《讳辩》篇中似不当用。〔一〕

〔一〕【杨氏曰】韩公是说汉人不讳"治"字耳,岂谓唐讳乎?

汉时祧庙之制不传,窃意亦当如此。故孝惠讳盈,而《说苑·敬慎》篇引《易》"天道亏盈而益谦"四句,"盈"字皆作"满",在七世之内故也。班固《汉书·律历志》"盈元"、"盈统"、"不盈"之类,一卷之中字凡四十馀见,何休注《公羊传》庄公元年曰"言(孙)于齐者,盈讳文",〔一〕已祧故也。若李陵诗"独有盈觞酒,与子结绸缪",见《文选》卷二九。枚乘《柳赋》"盈玉缥之清酒",【原注】载《古文苑》卷三。又诗"盈盈一水间",【原注】载《玉台新咏》卷一。二人皆在武、昭之世而不避讳,又可知其为后人之拟作而不出于西京矣。

【原注】李陵诗不当用"盈"字,《容斋随笔》卷一四《李陵诗》论之。

〔一〕【汝成案】《公羊注》:"言于齐者,盈讳文。"此误衍"孙"字。

后唐明宗天成四年,中书门下奏:"少帝册文内有

---

① "讳辩",原本作"辩讳",据张京华《校释》改。

② 按指《潮州刺史谢上表》,在《昌黎集》卷三九。

③ 即《举张惟素自代状》,在《昌黎集》卷三九。

'基'字,是玄宗庙讳,寻常诏敕皆不回避,少帝是继世之孙,册文内不欲斥列圣之讳,今改为'宗'字。"见《旧五代史·礼志》。

《宋史》《礼志十一》:"绍兴三十二年正月,礼部太常寺言:'钦宗祔庙,翼祖当迁。以后翼祖皇帝讳依礼不讳。'诏恭依。"

谢肇淛曰:"宋真宗名恒,而朱子于书中'恒'字独不讳。"见《五杂俎》卷一五。盖当宁宗之世,真宗已祧。〔一〕

〔一〕【杨氏曰】"匡"字不讳者,不偏讳之义,然宋人皆讳"匡"为"康"。

【钱氏曰】此说未确,在杭盖未见宋板朱文公书也。宁宗时亦未尝祧真庙。

本朝[①]崇祯三年,礼部奉旨,颁行天下,避太祖、成祖庙讳及孝、武、世、穆、神、光、熹七宗庙讳,正依唐人之式。惟今上御名亦须回避,盖唐、宋亦皆如此。【原注】观汉宣帝之诏,知当时已避天子之名。然止避下一字,而上一字天子与亲王所同,则不讳。〔一〕

〔一〕【钱氏曰】明季刻本书"太常寺"作"太尝","常熟"作"尝熟",汲古阁十三经于"由"字皆作"甴",则上一字亦有回避者。

皇太子名不讳

《册府元龟》卷八二五:"唐王绍为兵部尚书,绍名初与

① "本朝",原本无此二字,据《校记》补。

宪宗同。宪宗时为广陵王，顺宗即位，将册为皇太子，绍上言请改名。议者或非之曰：'皇太子亦人臣也，【原注】汉、魏故事：皇太子称臣。晋咸宁中议除此制，挚虞以为："《孝经》'资于事父以事君'，义兼臣子，则不嫌于称臣。"诏令依旧。注文全见《晋书·礼志下》。东宫之臣当请改尔，奈何非其属而遽请改名，岂为以礼事上邪？'左司员外郎李藩曰：'历代故事，皆自不识大体之臣而失之，因不可复正，无足怪也。'"

《三国志注》言："魏文帝为五官中郎将，宾客如云，邴原独不往。太祖微使人问之。原答曰：'吾闻国危不事冢宰，君老不奉世子。'"见《魏书·邴原传》注引《原别传》。万历中年，往往有借"国本"之名而以为题目者，①得无有愧其言？

唐中宗自房州还，复立为皇太子。左庶子王方庆上言："太子皇储，其名尊重，不敢指斥。晋尚书仆射山涛《启事》称'皇太子'而不言名。朝官犹尚如此，宫臣讳则不疑。今东宫殿及门名皆有触犯，临事论启，回避甚难。孝敬皇帝为太子时，改弘教门为崇教门；沛王为皇太子，改崇贤馆为崇文馆，皆避名讳以遵典礼。伏望依例改换。"制从之。见《旧唐书·王方庆传》。史臣谓"方庆欲尊太子，以示中兴之渐"，见《新唐书·王方庆传》。然则方庆之言盖有为言之也。

本朝②之制，太子、亲王名俱令回避，盖失之不考古也。崇祯二年，兵部主客司主事贺烺以避皇太子名，改名世寿。而光宗〔一〕为太子，河南府〔二〕及商州属县〔三〕并未尝改。

① 争国本，事见《明史纪事本末》卷六七及《明史》王家屏、许国、申时行等传。

② "本朝"，原本作"有明"，据《校记》改。

〔一〕【钱氏曰】名常洛。

〔二〕【钱氏曰】洛阳县。

〔三〕【钱氏曰】洛南县。

《实录》言:“洪武十四年十月辛酉,给事中郑相同请依古制:‘凡启事皇太子,惟东宫官属称臣,朝臣则否,以见尊无二上之义。’诏下群臣议。翰林院编修吴沈言:‘太子所以继圣体而承天位者也,尊敬之体宜同。’从之。”见《太祖实录》卷一三九。历代不称臣之制自斯而变。

亲王之名尤不必讳,而本朝[①]讳之。正统十二年,山西乡试《诗经》题内“维周之桢”,“桢”字犯楚昭王讳,考试及同考官俱罚俸一月。见《明英宗实录》卷一五八。

二名不偏讳

二名不偏讳。宋武公名司空,改司空为“司城”,[②]是其证也。

杜氏《通典》卷一〇四:大唐武德九年六月,太宗居春宫,总万机,下令曰:“依礼,二名不偏讳。其官号、人名及公私文籍,有‘世’及‘民’两字不连读者,并不须讳避。”《唐书·高宗纪》:“贞观二十三年七月丙午,改治书侍御史为御史中丞,诸州治中为司马,别驾为长史,治礼郎为奉礼

① “本朝”,原本作“亦”,据《校记》改。

② 《左传》桓公六年:“宋以武公废司空”,杜注:“武公名司空,废为司城。”

郎，以避上名。上以贞观初不讳先帝二字，有司奏曰：‘先帝二名，礼不偏讳，上既单名，臣子不合指斥。’上乃从之。”

【原注】《通典》卷二三又言：“太宗时，二名①不相连者并不讳，至(玄)[高]宗始讳之。”然永徽初已改民部为户部，而李世勣已去“世”字，单称勣矣。○又按，《隋书》修于太宗时，而中间多有改“世”为“代”、改“民”为“人”者，此唐人偏讳之始。然亦有不尽然者，《经籍志》《四民月令》作“四人”，而《齐民要术》仍“民”字，是亦《汉书注》所云“史驳文”者也。○章怀太子注《后汉书》，亦有并其本文而改之者，如《胡广传》“诗美先人”、“询于刍荛”之类。〔一〕

〔一〕【阎氏曰】按吾邑晋祠有唐太宗御制碑，碑阴载当日从行诸臣姓名，内有李勣，已去“世”字，是唐太宗在日已如此，不待永徽初也。此段可补史传之阙。

后唐明宗名嗣源，天成元年六月敕曰：“古者酌礼以制名，惧废于物；难知而易讳，贵便于时。况征彼二名，抑有前例。太宗文皇帝自登宝位，不改旧称，时则臣有世南，官有民部，靡闻曲避，止禁连呼。朕猥以眇躬，托于人上，祇遵圣范，非敢自尊。应文书内所有二字，但不连称，不得回避。若臣下之名不欲与君亲同字者，任自改更，务从私便，庶体朕怀。”见《旧五代史·唐明宗纪》。

嫌名

卫桓公名完，楚怀王名槐，古人不讳嫌名，故可以

① “二名”，《通典》原文作“世、民两字”。

为谥。

韩文公《讳辩》言“不讳浒、势、秉、(机)[饥]”。乃玄宗御删定《礼记·月令》,曰“野鸡入大水为蜃”,曰“野鸡始雊”,则讳“雉”,以与“治”同音也。①〔一〕李林甫序曰“璇枢玉衡,以齐七政”,则讳“玑”;②德宗《九月九日赐曲江宴》诗“时此万枢暇,适与佳节并”,则讳“机”,以与“基”同音也。《南史》刘秉不称名而书其字曰彦节,则讳“秉”,以与“昞”同音也。③ 又如武后父讳士彟,而孙处约改名茂道,见《旧唐书·孙处约传》。韦仁约改名思谦。见《旧唐书·韦思谦传》。睿宗讳旦,而张仁亶改名仁愿。见《旧唐书·张仁愿传》。玄宗讳隆基,而刘知几改名子玄,④箕州改名仪州。见《旧唐书·地理志二》。【原注】即今辽州。德宗讳适,而括州改名处州。见《旧唐书·地理志三》。顺宗讳诵,而《斗讼律》改为“斗竞”。见《册府元龟》卷三。宪宗讳纯,凡姓淳于者改姓于,唯监察御史韦淳不改,既而有诏,以陆淳为给事中,改名质,淳不得已,改名处厚。⑤ 而懿宗以南诏酋龙名近玄宗讳,遂不行册礼。见《资治通鉴》卷二四九。则退之所言,亦未为定论也。

〔一〕【王氏曰】嫌名之讳,盖始于隋,隋文帝父名忠,而官名有“中”

① 《月令》原文为“雉入大水为蜃”、“雉雊”。

② 《书·舜典》作“在璇玑玉衡,以齐七政。”

③ 唐高祖李渊父名昞,《南史》修于唐初,故讳昞。

④ 据《新唐书·刘子玄传》,“子玄,名知几,以玄宗讳嫌,故以字行”,非改名也。

⑤ 据援庵《校注》:《旧唐书·韦处厚传》:“处厚本名淳,避宪宗讳,改名处厚。”然韦处厚非监察御史,监察御史乃韦纯,而韦纯改名为韦贯之,非韦处厚。如此则此段当作“唯监察御史韦纯不改。既而有诏,以陆淳为给事中,改名质,纯不得已,改名贯之”方是。

字者皆改为“内”。

唐自中叶以后，即士大夫亦讳嫌名，故旧史以韩愈为李贺作《讳辩》为纰缪。而《贾曾传》则曰“拜中书舍人，曾以父名忠，固辞。议者以为中书是曹司名，又与曾父名音同字别，于礼无嫌，曾乃就职”，《懿宗纪》则曰“咸通二年八月，中书舍人卫洙奏状称：‘蒙恩除授滑州刺史，官号内一字与臣家讳音同，[①]请改授闲官。’敕曰：‘嫌名不讳，著在礼文。成命已行，固难依允’”，是又以为不当讳也。〔一〕

〔一〕【雷氏曰】后代谄谀，古礼尽废，始而为君讳，后则为后讳，为太子讳，为内戚讳，且为执政者讳矣。

《册府元龟》卷三：咸通十二年，分司侍御史李溪进状曰：“臣准西台牒及金部称，奉六月二十七日敕，内园院郝景全事奏状内‘讼’字音与庙讳同，奉敕罚臣一季俸者。臣官位至卑，得蒙罚俸，屈与不屈，不合有言。而事关理体，若便隐默，恐负圣时，愿陛下宽其罪戾，使得尽言。臣前奏状称‘准敕因事告事旁讼他人’，是咸通十一年十月十三日敕语，臣状中具有‘准敕’字，非臣自撰辞句。臣谨按，‘礼不讳嫌名’，又按《职制律》‘诸犯庙讳嫌名不坐’，注云‘谓若禹与雨’，疏云‘谓声同而字异’。注疏重复，至易分晓。伏惟皇帝陛下明过帝尧，孝逾大舜，岂自发制敕而不避讳哉，故是审量礼律，以为无妨耳。即引陛下敕文而言，不敢

① 卫洙父名次公。

擅有移改，不谓内园便有此论奏也。臣非敢诉此罚俸也，恐自此有援引敕格者亦须委曲回避，便成讹弊。臣闻赵充国为将，不嫌伐一时事，以为汉家后法；魏征为相，不存形迹，以致贞观太平。臣虽未及将相，忝为陛下持宪之臣，岂可以论俸为嫌，而使国家敕命有误也？愿陛下留意察纳，别下明敕，使自后章奏一遵礼律处分，则天下幸甚。"敕免所罚。

南唐元宗初名璟，避周信祖庙讳改名景，是不讳嫌名。见陆游《南唐书》卷二。

按嫌名之有讳，在汉末之闻。晋羊祜为都督荆州诸军事，及薨，荆州人为祜讳名，室户皆以"门"为称，改户曹为"辞曹"，见《晋书·羊祜传》。此讳嫌名之始也。

《后魏·地形志》："天水郡上邽县，犯太祖讳，改为上封。"魏太祖名珪。

宋代制于嫌名字皆避之。《礼部韵略》凡与庙讳音同之字皆不收，太祖讳匡胤，十阳部去王切一十三字，二十一震部羊晋切一十一字，皆不收，它皆仿此。朱子《周易本义》《姤》卦下以"故为姤"作"故为遇"，避高宗嫌名也。【原注】宋板书"贞"字、"完"字多是缺笔。贞音同祯，仁宗讳；完音同桓，钦宗讳。○《雍录》卷一○"万年枝"条以贞女树为"正女木"。树音同曙，英宗讳。岂不闻《颜氏家训》《风操》所云"吕尚之儿如不为上，赵壹之子傥不作一，便是下笔即妨，是书皆触"者乎？【原注】金章宗泰和元年七月己巳，初禁庙讳同音字，盖亦仿宋制也。

本朝[1]不讳嫌名，如建文年号是也。[2]

以讳改年号

唐中宗讳显，玄宗讳隆基，唐人凡追称高宗显庆年号多云“明庆”，永隆年号多云“永崇”。赵元昊以父名德明，改宋明道年号为“显道”，而范文正公与元昊书亦改后唐明宗为“显宗”。【原注】杜氏《通典》卷一七四“释法明《游天竺记》”，“明”下有“国讳改焉”四字，当是小注，今本连作大文。

前代讳

孟蜀所刻石经，〔一〕于唐高祖、太宗讳皆缺书。石晋《相里金神道碑》，“民”、“珉”二字皆缺末笔。南汉刘岩尊其父谦为代祖圣武皇帝，犹以“代”字易“世”。至宋，益远矣，而乾德三年卜谭《伏羲女娲庙碑》“民”、“珉”二字，咸平六年孙冲《序绛守居园池记碑》“民”、“珉”二字皆缺末笔，其于旧君之礼何其厚与！【原注】予至西安，见宋咸平二年梦英自书《篆书目录偏旁字源序》，立于文宣王庙者，称长安为“故都”，而“唐”字跳行，益叹昔人之厚。其时唐之亡已九十三年矣。

〔一〕【钱氏曰】孟蜀石经今不传。

---

① “本朝”，原本作“明代”，据《校记》改。

② 建文帝名允炆。

杨阜，魏明帝时人也，其疏引《书》《尧典》“协和万国”，犹避汉高祖讳。[①] 韦昭，吴后主时人也，其解《国语》，凡“庄”字皆作“严”，犹避汉明帝讳。唐长孙无忌等撰《隋书》，易《忠节传》以“诚节”，称苻坚为“苻永固”，亦避隋文帝及其考讳。【原注】后汉应劭作《风俗通》，有讳旧君之议。[②] 自古相传忠厚之道如此，今人不知之矣。

元移剌迪为常州路总管，刻其所点《四书章句》、《或问》、《集注》，其凡例曰：“凡《序》、《注》、《或问》中题头及空处并存其旧，以见当时忠上之意。【原注】如宋、德、隆、盛之类。近岁新刊《大学衍义》亦然。”时天历元年也。《资治通鉴·周太祖、世宗纪》，“太祖皇帝”皆题头，至今仍之。《孟子》“见梁襄王章”末注苏氏轼曰“予观《孟子》以来，自汉高祖及光武及唐太宗及我太祖皇帝，能一天下者四君”，“太祖”上空一字。永乐中修《大全》，于其空处添一“宋”字，后人之见与前人相去岂不远哉！

名父名君名祖

《金縢》周公之祝辞曰“惟尔元孙某”；《左传》襄公十八年荀偃济河而祷，称“曾臣彪”，名君也。【原注】《淮南子》《汜论训》曰：“祝则名君。”《左传》：楚子围宋，申犀见王，称“无

① 《尧典》原文为“协和万邦”，避刘邦讳改“邦”为“国”。

② 《三国志·吴书·张昭传》注：“时汝南主簿应劭议宜为旧讳，论者皆互有异同，事在《风俗通》。”今《风俗通义》佚此议文。

畏”；见哀公二十七年。知罃对楚王，称“外臣首”；见成公三年。鄢陵之战，栾鍼曰“书退”，见成公十六年。名父也。华耦来盟，称“君之先臣督”；见文公十五年。栾盈辞于周行人，曰“陪臣书”，曰“其子黶”，见襄公二十一年。名祖若父也。

弟子名师

《论语》《微子》：长沮曰：“夫执舆者为谁？”子路曰：“为孔丘。”《孟子》《梁惠王下》：乐正子入见曰：“君奚为不见孟轲也？”是弟子而名师也。

同辈称名

古人生不讳名，同辈皆面呼①其名。《书》《君奭》“周公若曰：君奭”，《礼记·曾子问》篇“老聃曰：丘”，《檀弓》篇“曾子曰：商”，《论语》《宪问》“微生亩谓孔子曰：丘”是也。

以字为讳

古人敬其名，则无有不称字者，《颜氏家训》《风操》曰“古者名以正体，字以表德。名终则讳之，字乃可以为孙氏。孔子弟子记事者，皆称‘仲尼’。【原注】子贡曰：“仲尼，日月也。”见《论语·子张》。〇魏鹤山了翁云：“《仪礼》：子孙于祖祢

① “呼”，张京华《校释》作“称”。

皆称字。"吕后微时,尝字高祖为'季'。汉袁种,字其叔父盎曰'丝'。王丹与侯霸子语,字霸为'君房'。江南至今不讳字也,河北士人全不辨之"。故有讳其名而并讳其字者,《三国志·司马朗传》:"年九岁,人有道其父字者,朗曰:'慢人亲者,不敬其亲者也。'客谢之。"《常林传》:"年七岁,有父党造门,问林:'伯先在否?'林不答。客曰:'何不拜?'林曰:'虽当下拜,临子字父,何拜之有?'"《晋书·儒林·刘兆传》:"尝有人著靴骑驴至兆门外,曰:'吾欲见刘延世。'兆儒德道素,青州无称其字者,门人大怒。兆曰:'听前。'"《旧唐书·韩愈传》:"拜中书舍人,有不悦愈者,言:'愈前左降为江陵掾曹,荆南节度使裴均馆之颇厚,近者均子锷还省父,愈为序饯锷,仍呼其字。'此论喧于朝列,坐是改太子右庶子。"至于《山阳公载记》言"马超降蜀,尝呼先主字,关羽怒,请杀之",见《三国志·蜀书·马超传》注引。此则面呼人主之字,又不可以常侪论矣。

自称字

《汉书》《匡衡传》注,张晏曰:"匡衡少时字鼎。世所传衡与贡禹书,上言'衡敬报',下言'匡鼎白'。"《南史》《陶弘景传》:"陶弘景自号'华阳隐居',人间书札即以'隐居'代名。"此自称字之始也。〔一〕

〔一〕【杨氏曰】鼎是小字,隐居并非字。

【小笺】按:《后汉书·郑康成传》云:汝南应劭自赞曰:"故太

山太守应仲远，北面称弟子。”此汉人自称字之一证。

《东观馀论》卷上言古人或有自称字者：“王右军羲之《敬谢帖》云‘王逸少白’，《庐山远公集》卢循与远书云‘范阳卢子先叩首’，柳少师公权《与弟帖》云‘诚悬呈’。”①今按唐权德舆《答杨湖南书》称“载之再拜”，见《唐文粹》卷八一。柳冕《答郑衢州书》称“敬叔顿首”，见《唐文粹》卷八四，原作《答衢州郑使君论文书》。白居易《与元九书》称“乐天再拜”，见《白氏长庆集》卷四五。宋陈抟《谒高公》诗称“道门弟子图南上”。

唐张谓正言《长沙风土碑铭》“有唐八叶，元圣六载，正言待理湘东”，见《唐文粹》卷五四。张洗濯缨《济渎庙祭器币物铭》“濯缨不才，谬领兹邑”，见《金薤琳琅》卷一七。元稹微之作《白氏长庆集序》自书曰“微之序”，见《元氏长庆集》卷五一。乃是作文自称其字。

自称其字，不始于汉人，“家父”、见《小雅·节南山》。“吉甫”、见《大雅·崧高》。“寺人孟子”见《小雅·巷伯》。之诗已先之矣。〔一〕

〔一〕【杨氏曰】徐孝穆《答周处士书》不著名字，但曰“徐君白”。

人主呼人臣字

汉高帝曰“运筹策帷帐之中，决胜千里之外，吾不如子房”，【原注】张良字。见《史记·汉高祖本纪》。景帝曰“天下方有

① 按引文于原书文字颇多颠倒，且“古人或有自称字者”一句为顾氏所加。

急，王孙【原注】窦婴字。宁可以让邪”，见《史记·魏其武安侯传》。皆人主呼人臣字也。

晋以下，人主于其臣多不呼名。《南史》《蔡撙传》：“梁蔡撙为吏部尚书、侍中。武帝尝设大臣饼，撙在坐，帝频呼姓名，撙竟不答，食饼如故。帝觉其负气，乃改唤蔡尚书，撙始放箸执笏曰尔。帝曰：‘卿向何聋，今何聪？’对曰：‘臣预为右戚，且职在纳言，陛下不应以名垂唤。’帝有惭色。”【原注】《文选》范云表[①]称“乃祖玄平”，李善注引《晋中兴书》：“范汪，字玄平。”《魏书》《术艺·江式传》江式表称“臣亡祖文威”。式祖强，字文威。又南朝人如王敬弘、王仲德、王景文、谢景仁，北朝人如萧世怡、李元操之辈，名犯帝讳，即以字行，不复更名。【原注】宋褚叔度、张茂度名与高祖讳同，以字行。○《通鉴》卷一五四（大同）［中大通］二年：“时人多以字行。旧史皆因之。”○周韦叔裕，字孝宽，以字行。○《魏书》多称杨遵彦。[②] 魏王昕对汝南王悦自称元景，北齐祖珽对长广王湛自称孝征，隋崔颐《答豫章王启》自称祖濬，王贞《答齐王暕启》自称孝逸，而唐太宗时如封伦、房乔、高俭、尉迟恭、颜籀，并以字为名，盖因天子常称臣下之字故尔。其时堂陛之间未甚阔绝，君臣而有朋友之义，后世所不能及矣。

《因话录》卷一：“文宗对翰林诸学士因论前代文章，裴舍人素数道陈拾遗名，柳舍人璟目之，〔一〕裴不觉。上顾柳曰：‘他字伯玉，亦应呼陈伯玉。’”

---

① 在《文选》卷三八，任彦昇（昉）《为范尚书让吏部封侯第一表》。范尚书，即范云。

② 杨愔字遵彦。

〔一〕【钱氏曰】文宗名昂，而裴不知避，故柳目之。

两名

《礼记正义》卷三《曲礼上》**：“《公羊》说：《春秋》‘讥二名’，谓二字作名，若魏曼多也。**【原注】《公羊传》：《春秋》以仲孙何忌为仲孙忌，魏曼多为魏多，皆谓“讥二名”而去之。见定公六年、哀公十三年。〔一〕**《左氏》说：二名者，楚公子弃疾弑其君，即位之后，改名为居，是为二名。**〔二〕**许慎谨案云：文、武贤臣有散宜生、苏忿生，则《公羊》之说非也。”**【原注】《白虎通》卷下：“古人之名或兼或单，《春秋》讥二名，乃谓其无常者也。”是用《左氏》说。**今按古人两名见于经传者，不止楚平王，如晋文侯名仇，而《书》**《文侯之命》**云“父义和”；楚灵王名围，而《春秋》**昭公十三年**书“弑其君虔于乾溪”；赵简子名鞅，而铁之战自称“志父”；**见《左传》哀公二年。**南宫敬叔名说，一名缁，字容，又字括；蜚廉石棺铭，自称处父；**见《史记·秦本纪》。**屈原名平，其作《离骚》也，名正则，字灵均；《贾谊传》“梁王胜”注，李奇曰：“《文三王传》言揖，此言胜，为有两名。”**

〔一〕【杨氏曰】《公羊》说本无稽，后人信之者，惟王莽耳。

【汝成案】《曲礼》“二名不偏讳”，则古人何尝有二名之禁？

〔二〕【惠氏曰】《左氏》义是也。

【小笺】按：《史记·魏世家》文侯都，《年表》作斯。《楚世家》哀王犹，《年表》作郝。《景帝纪》萧何孙系，《功臣侯表》作嘉。徐广亦疑其人有二名也。

假名甲乙

《史记·万石君传》："长子建，次子甲，次子乙，次子庆。"甲、乙非名也，失其名而假以名之也。《韩安国传》"蒙狱吏田甲"，《张汤传》"汤之客田甲"，《汉书·高五王传》"齐宦者徐甲"，《严助传》"闽越王弟甲"，疑亦同此。【原注】《孟尝君传》"田甲劫湣王"，当是其名。《任安传》："某子甲何为不来乎？"《三国志》《魏书·崔琰传》注引《魏略》："许攸呼魏太祖小字曰：'某甲，卿不得我，不得冀州也。'"《左传》文十四年"齐公子元不顺懿公之为政也，终不曰公，曰夫己氏"，注："犹言某甲。"【原注】《文选·为齐明帝让宣城郡公表》："谨附某官某甲奉表以闻。"《宣德皇后令》："今遣某位某甲等。"

《汉书·魏相传》："中谒者赵尧举春，李舜举夏，儿汤举秋，贡禹举冬。"不应一时四人同以尧、舜、禹、汤为名，若有意撰而名之者。及读《急就章》，有云"祖尧舜，乐禹汤"，乃悟若此类皆古人所假以名之也。或曰：高帝时实有赵尧，然非谒者。

蜀汉费祎作《甲乙论》，设为二人之辞。见《三国志·蜀书》本传注引殷基《通语》。【原注】《世说》云："黄初中，有《甲乙疑论》。"①晋人文字每多祖此，虚设甲乙。中书令张华造《甲乙之问》云："甲娶乙为妻，后(人)[又]娶丙。"见《晋书·张华

---

① 按《甲乙疑论》见《三国志·魏书·荀彧传》注。

传》。博士弟子徐叔中《服议》,以母为甲,先夫为乙,后夫为丙,先子为丁,继子为戊。见《通典》卷九四。梁范缜《神灭论》有张甲、王乙、李丙、赵丁。见《弘明集》卷九。而《关尹子》云"甲言利,乙言害,丙言或利或害,丁言俱利俱害",《关尹子》亦魏、晋间人所造之书也。先秦以上即有以甲乙为彼此之辞者,《韩非子》《用人》:"罪生甲,祸归乙,伏怨乃结。"

以姓取名

古人取名连姓为义者绝少,近代人命名,如陈王道、张四维、吕调阳、马负图之类,榜目一出,则此等姓名几居其半,不知始自何年。尝读《通鉴》卷二八八至五代后汉,有虢州伶人靖边庭。胡身之三省注曰:"靖,姓也。优伶之名与姓通取一义,所以为谑也。"【原注】靖边庭亦见《宋史·田钦祚传》。考之自唐以来,如黄幡绰、云朝霞、【原注】《唐书·魏謩传》。(镜)[敬]新磨、【原注】《五代史·伶官传》。罗衣轻【原注】《辽史·伶官传》。之辈,皆载之史书,益信其言之有据也。嗟乎,以士大夫而效伶人之命名,则自嘉靖以来然矣。

【小笺】按:《晋书》解系字少连,解结字叔连,名、字似皆从姓取义。

以父名子

《左传》成十六年“潘尫之党”，潘尫之子名党也。襄二十三年“申鲜虞之傅挚”，申鲜虞之子名傅挚也。按《仪礼·特牲馈食礼》“筮某之某为尸”，注曰“某之某者，字尸父而名尸也”，【原注】《少牢馈食礼》同。亦此类也。【原注】《史记·太史公自序》：“维仲之省，厥濞王吴。”濞乃刘仲之子，称为“厥濞”。

【小笺】按：汉邛成太后，亦以父爵称之。

以夫名妻

《左传》昭元年：“当武王邑姜方震大叔。”《汉书·杜钦传》：“皇太后女弟司马君力。”【原注】苏林曰：“字君力，为司马氏妇。”《南齐书》《周盘龙传》：“周盘龙爱妾杜氏。上送金钗镊二十枚，手敕曰：‘饷周公阿杜。’”《孔丛子》卷上：“卫将军文子之内子死，复者曰：‘皋媚女复。’子思闻之曰：‘此女氏之字，非夫氏之名也。妇人于夫氏，以姓氏称，礼也。’”

【小笺】按：《汉书·燕剌王旦传》“盖长公主”，张晏注云：“为盖侯妻也。”亦是以夫名妻。

兼举名字

史文有一人而兼举名、字，如子玉得臣、百里孟明视之类，已于《左传》见之。见僖公二十三年、三十三年。【原注】皋陶庭坚，亦一人两称。若骈俪之文，必无重出，而亦有一二偶见者。《焦氏易林》卷一"申公颠倒，巫臣乱国"，刘琨《答卢谌》诗"宣尼悲获麟，西狩涕孔丘"，谢惠连《秋怀》诗"虽好相如达，不同长卿慢"，沈约《宋书·恩倖传论》"胡广累世农夫，伯始致位公相。黄宪牛医之子，叔度名动京师"，皆一人而兼举其名字也。古诗"谁能刻镂此，公输与鲁班"，下一"与"字，竟以"公输鲁班"为二人，则不通矣。

排行

兄弟二名而用其一字者，世谓之"排行"，如德宗、德文，义符、义真之类，①起自晋末，汉人所未有也。《水经注》卷一一《易水》"昔北平侯王谭不同王莽之政，子兴，生五子，并避乱隐居。光武即帝位，封为五侯：元才北平侯，益才安喜侯，显才蒲阴侯，仲才新市侯，季才唐侯"，是后人追撰妄说。东汉人二名者亦少。〔一〕

〔一〕【孙氏曰】严九能云："《左传》长狄兄弟四人：侨如、焚如、荣如、简如。此兄弟排行之始。"钱广伯云："蔡中郎《司徒袁公

① 晋安帝司马德宗，晋恭帝司马德文。宋少帝刘义符，庐陵王刘义真。

夫人马氏碑》‘哀子懿达、仁达’，亦东汉人二名而兄弟排行也。”

【小笺】按：兄弟排行，东汉人已有之，然往往不在名而在字，如丁鸿字孝公，弟字仲公；范滂字孟博，弟字仲博；董卓字仲颖，弟字叔颖是也。至孔僖二子曰长彦、季彦，则固名而非字矣。《南史》南津校尉江子一，弟子四、子五。是又以数为排行者。

单名以偏旁为排行，始见于刘琦、刘琮[二豚犬]，[①]**此后应璩、应玚，卫瓘、卫玠之流踵之而出矣。**【原注】《后汉书》《陈球传》二子瑀、璠，弟子珪。若取偏旁，又不当与父同也。〔一〕

〔一〕【阎氏曰】按《晋书》，玠乃瓘之孙，非弟也。

【小笺】按：《后汉书·荀淑传》："兄子昱，字伯条；昙，字元智。"则固在刘琦、刘琮之前矣。又《贾彪传》"贾氏三虎，伟节最怒"，然则彪之兄弟虽名不见于史，亦必"虎"字偏旁者也。若姜肱字伯淮，二弟仲海、季江，兄弟皆以"水"旁字为字，是亦排行，特非名耳。

今人兄弟行次称一为"大"，不知始自何时。汉淮南厉王常谓上"大兄"，孝文帝行非第一也。

【小笺】按：《后汉·耿弇传》："今大耿兵少于彼。"注："耿弇，况之长子，故呼为大耿。"此汉人以行一为大之证。又汉武帝呼太后微时金王孙女曰"大姊"。按景帝王皇后初嫁金王孙，生一女，后入太子宫，生三女一男，则后所生以金王孙女为最长，故武帝呼为

① "二豚犬"三字，据张京华《校释》补。

大姊。此以行一为大可证于西汉者也。《孙叔敖碑阴》列孙氏宗族云:“世伯子有六男一女,大子字长都。孝伯子亦有六男一女,大子字惠明。”可知以行一为大,由来久矣。

二人同名

有以二人同名而合称之者,《左传》庄二十八年“晋献公外嬖梁五与东关嬖五,晋人谓之‘二五耦’”;《战国策》《齐策一》“杜赫谓楚王曰:‘此用二忌之道也’”,以齐田忌、邹忌为“二忌”。唐高宗显庆二年诏曰“踪二起于吴、白”,见《册府元龟》卷六四五。盖仿此称。

字同其名

名字相同,起于晋、宋之间。史之所载,晋安帝讳德宗字德宗,恭帝讳德文字德文,会稽王道子字道子,殷仲文字仲文,宋蔡兴宗字兴宗,齐颜见远字见远,梁王僧孺字僧孺,刘孝绰字孝绰,庾仲容字仲容,江德藻字德藻,任孝恭字孝恭,师觉授字觉授,北齐慕容绍宗字绍宗,魏兰根字兰根,后周王思政字思政,辛庆之字庆之,崔彦穆字彦穆之类。至唐时尤多。

【小笺】按:孔子弟子公冶长字子长,漆雕开字子开。然则字同其名者,春秋时已有之矣。

《藩镇传》“田绪,字绪”,“刘济,字济”。此起家军伍,未曾立字,如李载义“辞未有字”[①]之比尔。史家例以为字,非也;且其文不可省乎?〔一〕

〔一〕【杨氏曰】“杨燕奇,字燕奇。”昌黎公亦云。见《昌黎集》卷二四《杨燕奇碑》。

【又曰】绪,承嗣子。济,怦之子,宦达数世,岂可云起家军伍,未曾立字乎?古有两名而一字者。郑当时,字庄;颜之推,字介,岂可谓非字乎?

【汝成案】两名而一字如仲尼弟子颜之仆字叔,任不齐字选,固不自汉人始矣。

变姓名

古人变姓名,多是避仇,然亦有无所为而变者。范蠡适齐,为鸱夷子皮;之陶,为朱公。第五伦客河东,自称王伯。齐梁鸿适齐,姓运期,名耀。〔一〕

〔一〕【钱氏曰】梁鸿以避祸更姓名。

生而曰讳

“生曰名,死曰讳”。见《颍川语小》卷上。今人多生而称人之名曰“讳”。《金石录》卷一七《汉樊毅西岳碑》云“生而称讳,见于石刻者甚众”,因引孝宣元康二年诏曰“其更讳询”,

① 见《新唐书·李载义传》,今中华书局标点本以“辞”字属上句。

以为西汉已如此。《蜀志》《先主传》刘豹等上言"圣讳豫睹",许靖等上言"名讳昭著"。《晋书》《范乔传》高颗言:"范伯孙恂恂率道,名讳未尝经于官曹。"束皙《劝农赋》:"场功毕,租输至。录社长,召闾师。条牒所领,注列名讳。"见《艺文类聚》卷六五。【原注】王褒《洞箫赋》:"幸得谥为洞箫兮。"李善注:"谥者,号也。"见《文选》卷一七。号而曰谥,犹之名而曰讳者矣。〔一〕

〔一〕【沈氏曰】《香祖笔记》亦云:"吴楚材《强识略》言:汉《西岳庙碑》云'樊君讳毅',毅时尚在也。"

生称谥

《汉书·张敖传》"吕后数言,张王以鲁元故,不宜有此",刘攽曰:"史家记事,或有如此追言谥者。"①《史记》《张耳传》贯高与张敖言,谓帝为"高祖",《公羊传》隐公四年"公子翚与桓公言'吾为子口隐矣'",皆此类。【原注】《公羊传》注:"谥者传家所加。"今按传记中此例尚多,如《左氏传》隐公四年石碏曰"陈桓公方有宠于王",《国语》《鲁语上》鲍国谓子叔声伯曰"子何辞苦成叔之邑",《战国策》《赵策一》智过曰"魏桓子之谋臣曰赵葭,韩康子之谋臣曰段规",《史记·秦本纪》晋文公夫人请曰"缪公怨此三人,入于骨髓",《鲁世家》周公戒伯禽曰"我,文王之子,武王之弟,成王之叔父",《宋世家》华督使人宣言国中曰"殇公即位十

① 见刘攽及刘敞、刘奉世父子《汉书标注》。武英殿本《汉书》已插入各卷中,可参看。

年耳,而十一战”,《楚世家》国人每夜惊曰“灵王入矣”,随人谢吴王曰“昭王亡,不在随”,齐湣王遗楚王书曰“今秦惠王死,武王立”,《郑世家》庄公曰“武姜欲之楚”,共王曰“郑成公孤有德焉”,《赵世家》吴延陵季子使于晋,曰“晋国之政,卒归于赵武子、【原注】赵文子名武。韩宣子、魏献子之后矣”,《韩世家》屈宜臼曰“昭侯不出此门”,《吴起传》公叔之仆曰“君因先与武侯言”,《仲尼弟子传》子羔曰“出公去矣,而门已闭”,《鲁仲连传》新垣衍谓赵王曰“赵诚发使,尊秦昭王为帝”,褚先生补《梁孝王世家》窦太后谓景帝曰“安车大驾,用梁孝王为寄”,《三王世家》公户满意谓燕王曰“今昭帝始立”,〔一〕《荀子》《尧问》周公谓伯禽之傅曰“成王之为叔父”,《吕氏春秋》《恃君览》豫让欲杀赵襄子,其友谓之曰“以子之才,而索事襄子”,《淮南子》《道应训》先轸曰“昔吾先君与缪公交”,诸御鞅复于简公曰“陈成常、宰予二子者,甚相憎也”,《吴越春秋》《王僚使公子光传》子胥曰“报汝平王”,《说苑》景公曰“善为我浮桓子也”,见《臣术》。卫叔文子曰“今我未以往,而简子先以来”,见《权谋》。并是生时不合称谥。又如《礼记·曾子问》孔子曰“季桓子之丧,卫君请吊。哀公辞,不得命。公为主,客入吊,康子立于门右”,孔子没时,哀公、康子俱存,此皆后人追为之辞也。自东京以下,即无此语,文益谨而格卑矣。〔二〕

〔一〕【钱氏曰】《史记》不如《左氏传》处,此亦其一。

【又曰】班史本纪之例,诸侯王薨,书名不书谥。而惠二年,齐悼惠王来朝,则生而谥之矣。

〔二〕【钱氏曰】此是后人胜于古人处。

【梁氏曰】史家纪事，生称谥者，实始于《左氏传》"石碏曰'陈桓公方有宠于王'"是也。经典明文，尚不免此病，其他诸子杂记尚多，不可枚举耳。

【杨氏曰】阚止字子我，与宰予字同。陈桓、阚止相憎，乃使先儒受诬甚矣。

《史记·田敬仲世家》："齐人歌之曰：'妪乎采芑，归乎田成子。'"《史通》卷二〇《暗惑》**曰："田常见存，而遽呼以谥。"苏氏**轼**曰："田常之时，安知其为成子而称之？"**见《东坡集》卷四二《周公论》。

称王公为君

称周文王为"文君"，《焦氏易林》卷四**"文君燎猎，吕尚获福。号称太师，封建齐国"，汉张衡《思玄赋》"文君为我端蓍兮，利飞遁以保名"。**见《后汉书·张衡传》。**称晋文公为"文君"，《楚辞·惜往日》"介子忠而立枯兮，文君寤而追求"，《淮南子》**《齐俗训》**"晋文君大布之衣，牂羊之裘"，**《说山训》**又云"介子歌龙蛇，而文君垂泣"。称宋文公为"文君"，《墨子》**《明鬼下》**"昔者宋文君鲍之时"。称楚庄王为"庄君"，《荀子》**《性恶》**"庄君之智"。称齐庄公为"庄君"，《墨子》**《明鬼下》**"昔者齐庄君之时"。称鲁昭公为"昭君"，《焦氏易林》**卷四**"乾侯野井，昭君丧居"。称齐景公为"景君"，宋何承天《上陵篇》"指营丘，感牛山，爽鸠既没景君叹"。**

中｜华｜国｜学｜文｜库

日知录集释 下

〔清〕顾炎武 撰

〔清〕黄汝成 集释

栾 保 群 校点

中 华 书 局

目　录

下　册

日知录集释卷二十四

祖孙

自父而上之，皆曰“祖”，《书·微子之命》曰“乃祖成汤”是也。自子而下之，皆曰“孙”，《诗·閟宫》之篇曰“后稷之孙，实维太王”，又曰“周公之孙，庄公之子”是也。

高祖

汉儒以曾祖之父为高祖。考之于《传》，高祖者，远祖之名尔。《左传》昭公十七年“郯子来朝，曰‘我高祖少皞挚之立也’”，则以始祖为高祖。《书·盘庚》“肆上帝将复我高祖之德，乱越我家”，《康王之诰》“张皇六师，无坏我高祖寡命”，则以受命之君为高祖。【原注】文、武至康仅四世。《左传》昭公十五年“王谓籍谈曰‘昔而高祖孙伯

鏖，司晋之典籍'"，则谓其九世[祖]①为高祖。【原注】十二年，"楚灵王谓右尹子革曰：'昔我皇祖伯父昆吾。'"亦谓其始祖之昆弟。

艺祖

《书》《舜典》：**"归，格于艺祖。"**〔一〕**注以艺祖为文祖，不详其义。人知宋人称太祖为艺祖，不知前代亦皆称其太祖为艺祖。唐玄宗开元十一年幸并州，作《起义堂颂》，曰"东西南北，无思不服，山川鬼神，亦莫不宁，实惟艺祖储福之所致"，②十三年封泰山，其序曰"惟我艺祖文考，精爽在天"，**见《旧唐书·礼仪志三》之《纪太山铭》。**此谓唐高祖。张说作《享太庙乐章》曰"肃肃艺祖，滔滔浚源。有雄武剑，作镇金门。玄王贻绪，后稷谋孙"，**见《张燕公集》卷一〇《宣皇帝室光大之舞一章》。**此谓高祖之高祖，讳熙，追尊宣皇帝者也。后汉高祖乾祐元年改元，制曰"昔我艺祖神宗，开基抚运，以武功平祸乱，以文德致升平"，**见《册府元龟》卷九五。**此谓前汉高祖。金世宗大定二十五年，《封混同江神册文》曰"仰艺祖之开基，佳江神之效灵"，**见《金史·礼志八》。**此谓金太祖。然则是历代太祖之通称也。**

〔一〕【孙氏曰】按《书》之"艺祖"，即《礼记·王制》、《尚书大传》、《白虎通》之"祖祢"也。艺、祢声相近。《释文》云："艺，鱼世

① "祖"字，据张京华《校释》补。

② 按《起义堂颂》为张说笔，见《张燕公集》卷一一。

反。马、王云：祢也。”岂有归格于祖而不及祢者乎？当以马、王说为长。

【校正】阎云：《太原县志》载元丰八年韩绛《崇圣寺碑铭序》，亦屡称“艺祖”。“神宗”即太宗。

唐武宗会昌三年，讨刘稹，制曰“顷者烈祖[①]**在藩，先天启圣”，**见《旧唐书·武宗纪》。**是以玄宗为“烈祖”。宋王旦《封祀坛序》“烈祖造新邦，臻大定，经制而未遑；神宗求至理，致升平，业成而中罢”，是以太祖为烈祖，太宗为神宗，亦古人之通称也。**【原注】唐元稹《行裴度制》曰：“佑我宪考，为唐神宗。”见《元氏长庆集》卷四二。〇《吕氏读诗记》卷三引李氏樗曰：“本朝太宗称神宗，及神宗称神宗，则太宗不复称神宗矣。”〇今按魏泰《东轩笔录》称太祖、太宗为艺祖、神宗。[②]

《左传》哀二年：卫太子祷曰：“曾孙蒯聩敢昭告皇祖文王、烈祖康叔、文祖襄公。”《书·文侯之命》：“汝克昭乃显祖、烈祖。”“显祖”皆谓其始封之君，此古人之通称。

冲帝

幼主谓之“冲帝”。《水经注》卷一八《渭水》**“汉冲帝诏曰‘翟义作乱于东，霍鸿负倚盩厔芒竹’”，以孺子婴为冲帝。**

① “烈祖”，今本《旧唐书·武宗纪》作“列祖”。

② 按今本《东轩笔录》卷一称宋太祖为艺祖，而全书无称太宗为“神宗”者。

考

古人曰父、曰考，一也。《易》《蛊》曰："干父之蛊，有子，考无咎。"《书·大诰》："若兄考，乃有友伐厥子，民养其劝弗救。"《康诰》："子弗祗服厥父事，大伤厥考心。"《酒诰》："厥心臧，聪听祖考之彝训。"尹伯奇《履霜操》曰："考不明其心兮听谗言。"①自《曲礼下》定为"生曰父，死曰考"之称，而为人子者当有所讳矣。

伯父叔父

古人于父之昆弟必称"伯父"、"叔父"，未有但呼"伯"、"叔"者。若不言"父"，而但曰"伯"、"叔"，则是字之而已。《诗》所谓"叔兮伯兮"、见《邶风·旄丘》。"伯兮朅兮"、见《卫风·伯兮》。"叔于田"见《郑风·叔于田》。之类，皆字也。

今之天子称亲王为"叔祖"、"曾叔祖"，甚非古义。《礼》：天子称同姓诸侯曰伯父、叔父，称其先君亦曰伯父、叔父。②《左传》昭九年：景王使詹桓伯辞于晋曰"伯父惠公"，十五年：景王谓籍谈曰"叔父唐叔"，皆称其先君为伯

---

① 见《乐府诗集》卷五七，序引《琴操》曰："《履霜操》，尹吉甫之子伯奇所作。伯奇无罪，为后母谗而见逐，晨朝履霜，自伤见放，于是援琴鼓之，而作此操，曲终投河而死。"按此操本系后人伤伯奇之事而拟作。

② 张京华《校释》：《仪礼·觐礼》："同姓大国则曰伯父，同姓小邦则曰叔父。"

父、叔父之证也。故《礼》有“诸父”,[1]无“诸祖”。【原注】宋时亦有“皇叔祖”之称,而无高、曾,见《容斋四笔》卷三《曾太皇太后》。

族兄弟

《书》《尧典》“克明俊德,以亲九族”,郑康成谓:“九族者,据己上至高祖,下及玄孙之亲。”《左传》襄公十二年“凡诸侯之丧,同宗临于祖庙,同族于祢庙”注“同族,谓高祖以下”是也,故晋叔向言“肸之宗十一族”。见《左传》昭公三年。贾谊《新书》《六术》:“人有六亲,六亲始曰父。父有二子,二子为昆弟,昆弟又有子,子从父而昆弟,故为从父昆弟。从父昆弟又有子,子从祖而昆弟,故为从祖昆弟。从祖昆弟又有子,子从曾祖而昆弟,故为[从]曾祖昆弟。[从]曾祖昆弟又有子,子为族兄弟。备于六,此之谓六亲。”是同高祖之兄弟即为“族”,“族”非疏远之称。【原注】《汉书·张敞传》:“广川王同族宗室刘调等。”同族言其与王近亲。《颜氏家训》《风操》:“凡宗亲世数,有从父,有从祖,有族祖。江南风俗,自兹以往皆云族人。河北虽二三十世犹呼为从伯、从叔。梁武帝尝问一中土人曰:‘卿北人,何故不知有族?’答云:‘骨肉易疏,不忍言族耳。’【原注】《梁书·夏侯亶传》:“宗人夏侯溢为衡阳内史。辞日,亶侍御座。高祖谓亶曰:‘夏侯溢于卿疏近?’亶答曰:‘是臣从弟。’高祖知溢于亶已疏,

① 见《礼记·丧服小记》、《杂记下》、《丧大记》诸篇。

乃曰：‘卿伧人，好不辨族从。’亶对曰：‘臣闻服属易疏，所以不忍言族。’”**当时虽为敏对，于理未通。”**

亲戚

《史记·宋世家》“箕子者，纣亲戚也”，【原注】马融、王肃以为纣之诸父，服虔、杜预以为纣之庶兄。**《路史》**《后纪》一二**谓“但言亲戚，非诸父昆弟之称”，**[①]**非也。**【原注】《曲礼》：“兄弟亲戚，称其慈也。”疏曰：“亲指族内，戚指族外。”**古人称其父子兄弟亦曰“亲戚”。《韩诗外传》曾子曰“亲戚既没，虽欲孝，谁为孝”，**[②]**此谓其父母。《左传》僖公二十四年“封建亲戚，以蕃屏周”，此谓其子弟。昭公二十年棠君尚谓其弟员曰“亲戚为戮，不可以莫之报也”，《三国志》**《吴书·吴主孙权传》**张昭谓孙权曰“况今奸宄竞逐，豺狼满道，乃欲哀亲戚，顾礼制”，此谓其父兄。**【原注】《战国策》《秦策一》：“苏秦曰：‘富贵则亲戚畏惧。’”盖指其妻、嫂。

哥

唐时人称父为哥。《旧唐书·王琚传》“玄宗泣曰‘四哥仁孝，同气惟有太平’”，睿宗行四故也。玄宗子棣王琰

---

① 按此非罗泌原文，罗氏先引郑玄、马融之诸父说，伏虔、杜预之庶兄说，然后仅云“皆无正文，以意言之”。

② 曾子语见《大戴礼记·曾子疾病》。今本《韩诗外传》未见引曾子此语者。

传"惟三哥辨其罪",玄宗行三故也。有父之亲,有君之尊,而称之为四哥、三哥,亦可谓名之不正也已。〔一〕

〔一〕【钱氏曰】《唐书》云云,然则唐时以"哥"为君父之称矣。

【赵氏曰】考古人称"哥",原有数种。《汉武故事》:"西王母授武帝《五岳真形图》,帝拜受毕,王母命侍者四非答哥哥。"此以之称帝王者也。唐玄宗与宁王宪书称"大哥",及《同玉真公主过大哥园池》,此称其兄者也。晋王存勖呼张承业为"七哥",三司使孔谦兄事伶人景进,呼进为"八哥",此亦称兄长也。王荆公谓雱曰"大哥",赵善湘语子范曰"三哥甚有福",三哥谓第三子葵,此父之称子也。盖古人又以哥为郎君之称,虽宫闱之间亦然。又宋钦宗卧太后车前,曰:"传语九哥。"九哥谓高宗,则兄之称弟也。顾氏之议毋亦狃于吴中习俗,而未考哥之有是异称也。

【杨氏曰】北齐诸王称母曰"姊"。

玄宗与宁王宪书称"大哥",见《旧唐书·睿宗诸子传》。【原注】又有《同玉真公主过大哥园池》诗。**则唐时宫中称父、称兄皆曰"哥"。**〔一〕

〔一〕【梁氏曰】《史记·淮南王传》:"常谓上大兄。"文帝行非第一,而称"大"者,盖"大"乃天子之谓也。今人兄弟行次称一为"大",则玄宗称宁王之例。

妻子

今人谓妻为"妻子",此不典之言,然亦有所自。〔一〕**《韩**

非子》《外储说左上》："郑县人卜子使其妻为裤。其妻问曰：'今裤何如？'夫曰：'象吾故裤。'妻子因毁新，令如故裤。"杜子美《新婚别》诗："结发为妻子，席不暖君床。"

〔一〕【钱氏曰】《诗》："妻子好合，如鼓瑟琴。"

称某

经传称"某"有三义：《书·金縢》"惟尔元孙某"，史文讳其君，不敢名也；【原注】《史记·高祖纪》："高祖奉玉卮起，为太上皇寿，曰：'今某之业所就，孰与仲多？'"与此同。《春秋》宣公六年《公羊传》"于是使勇士某者往杀之"，传失其名也；《礼记·曲礼》"内事曰孝王某，外事曰嗣王某"，《仪礼·士冠礼》"某有子某"，《论语》《卫灵公》"某在斯，某在斯"，通言之也。【原注】《左传》襄公三十年："书曰：某人某人会于澶渊。"此又是不能悉数之辞。

周人以讳事神。《牧誓》之言"今予发"，《武成》之言"周王发"，生则不讳也。《金縢》之言"惟尔元孙某"，追录于武王既崩之后，则讳之矣。故《礼》："卒哭乃讳。"

互辞

《易》《蛊》"干父之蛊，有子，考无咎"，言"父"又言"考"。《书》"予恐来世以台为口实"，见《仲虺之诰》。言

"予"又言"台"。[①] "汝猷黜乃心",见《盘庚上》。言"汝"又言"乃"。"予念我先神后之劳尔先",见《盘庚中》。言"予"又言"我"。"越予冲人,不卬自恤",见《大诰》。言"予"又言"卬"。《诗》《小雅·巷伯》"岂不尔受,既其女迁",言"尔"又言"女"。《论语》《公冶长》"吾不欲人之加诸我也",[②]《孟子》《公孙丑上》"我善养吾浩然之气",言"我"又言"吾"。《左传》"尔用而先人之治命",见宣公十五年。【原注】今监本脱"而"字,依石经补。言"尔"又言"而"。"女丧而宗室",见昭公六年。言"女"又言"而"。《史记·张仪传》"若善守汝国,我顾且盗而城",言"若"言"汝"又言"而"。《诗》"王于出征,以佐天子",见《小雅·六月》。言"王"又言"天子"。"乃命鲁公,俾侯于东",见《鲁颂·閟宫》。言"公"又言"侯"。《穀梁传》隐公元年"言君之不取,为公也",言"君"又言"公"。【原注】范宁解:"上言君,下言公,互辞。"《左传》昭公三年"以其子更公女而嫁公子",言"公女"又言"公子"。《史记·齐世家》"子我盟诸田于陈宗",言"田"又言"陈"。皆互辞也。

豫名

《诗》《大雅·生民》"鸟乃去矣,后稷呱矣",子初生而已名之为后稷也。"为韩姞相攸",见《大雅·韩奕》。女在室而

① 《尔雅·释诂》:"卬、吾、台、予、朕、身、甫、余、言,我也。"
② 今本作"我不欲人之加诸我也"。

已名之为韩姞也。皆因其异日之名而豫名之，亦临文之不得不然也。〔一〕

〔一〕【杨氏曰】其未崩薨而称谥者，与此一也。

重言

古经亦有重言之者。《书》《无逸》“自朝至于日中昃，不遑暇食”，“遑”即“暇”也。《诗》《唐风·蟋蟀》“无已太康”，“已”即“太”也。“既安且宁”，见《小雅·常棣》。“安”即“宁”也。“既庶且多”，《大雅·卷阿》。“庶”即“多”也。《左传》“一薰一莸，十年尚犹有臭”，僖公四年。“尚”即“犹”也。“周其有頿王，亦克能修其职”，昭公二十六年。“克”即“能”也。《礼记》《檀弓下》“人喜则斯陶”，“则”即“斯”也。

后

《白虎通》曰：“天子之配，商之前皆称妃，周始立后。”①【原注】《晋书·后妃传序》亦云：“爰自夐古，是谓元妃，降及中年，乃称王后。”今考帝喾四妃，帝舜三妃，以至周初太姜、太任、太姒、邑姜，皆无“后”名。【原注】以太姒为后妃，乃后人之论。而《诗》、《书》所云“后”，皆君也。《春秋》桓八年“祭公来，遂逆王后于纪”，襄十五年“刘夏逆王后于齐”，于是始称“后”。《曲礼》“天子有后，有夫人，有世妇，

① 此转引自《初学记》卷一〇。今本《白虎通义》无此句。

有嫔，有妻，有妾"，又云"天子之妃曰后"，而宣王晏起，姜后脱簪，见于《列女》之传，此周人立后之据。惟《左传》哀元年"后缗方娠"是夏时事，疑此后人追称之辞。自《春秋》以下之文，则有以君为后者，【原注】如《泰》、《姤》《大象》及《内则》称"后、王"。① 有以妃为后者，杂然于书传矣。

人君之号，唐、虞曰"帝"，夏曰"后"，商曰"王"。然"帝"、"王"天子所专，"后"则诸侯皆得称之。【原注】《周礼》《夏官司马》"量人"注："后，君也。言君，容王与诸侯。"《易疏》：凡《象》称"先王"者，唯施于天子。称"后"者，兼诸侯。见《乾》卦孔疏。故《书》言"肆觐东后"，"群后四朝"；见《舜典》。"禹乃会群后，誓于师"；见《大禹谟》。《伊训》之祠先王，"侯、甸群后咸在"；周王"大告武成"，亦曰"呜呼群后"。《武成》。而后夔、后羿、伯明后寒之称皆见于《传》。《胤征》之篇亦称"胤后"，康王作《毕命》曰"三后协心，同底于道"，穆王作《吕刑》曰"乃命三后，恤功于民"。然则禹之降帝而称"后"，是禹之"谦"、禹之"不矜"也。②

诸侯谓之"群后"，故天子独称"元后"。见《大禹谟》。

汉时郡守之于吏民，亦有君臣之分，故有称府主为"后"者。《汉武都太守李翕西狭颂》云："赫赫明后，柔嘉维则。"见《隶释》卷四。《桂阳太守周憬铭》云："懿贤后兮发圣英。"同上。晋应詹为南平太守，百姓歌之曰："饶倖之运，

① 张京华《校释》：《易经》之《泰》卦、《姤》卦《象传》称"后"，《礼记·内则》称"后、王"。

② 《大禹谟》："满招损，谦受益。""汝惟不矜，天下莫与汝争能。"

赖兹应后。”见《晋书》本传。兰亭宴集有郡功曹魏滂诗云：“明后欣时丰，驾言映清澜。”见《古诗纪》卷四三《兰亭集诗》。

王

“三王”之名，自后人追称之。而禹之为“王”，未尝见于《书》也。《甘誓》“王曰：嗟！六事之人，予誓告汝”，《胤征》“胤后承王命徂征”，而《夏小正》言“十有一月，王狩”，夏之王见于《书》者始此，然无称禹为“王”者。经传之文，凡言夏，必曰“夏后氏”。【原注】唐沈既济议云：“夏、殷二代，为帝者三十世矣，而周人通名之曰王。”见《册府元龟》卷五五九。恐亦未然。《书·多士》“自成汤至于帝乙”，而《左传》虞人之箴曰“在帝夷羿”，见襄公四年。固君人者之通称矣。

周人之追王，止于太王，而组绀①已上至后稷则谓之“先公”，《诗》《小雅·天保》“禴祠烝尝，于公先王”是也。通言之，则亦可称之为王，《书·武成》“惟先王建邦启土”，《国语》《周语》“太子晋谏灵王，自后稷之始基靖民，十五王而文始平之，十八王而康克安之”是也。〔一〕

〔一〕【钱氏曰】祭公谏穆王：“昔我先王世后稷。”

王而尊之曰“帝”，黄歇《上秦昭王书》“先帝文王、武王，王之身，三世不忘接地于齐，以绝从亲之要”见《史记·春申君列传》。是也。【原注】《史记·秦本纪》：“昭王十九年，王为西

① 组绀，太王之父。

帝，已而复去之。”〇文王、武王独称“先帝”者，《曲礼》曰：“措之庙，立之主，曰帝。”**王而等之曰“诸侯”，汉王告诸侯曰“愿从诸侯王击楚之杀义帝者”**见《史记·高祖本纪》。**是也。**〔一〕

〔一〕【杨氏曰】“等之”非也，盖云“诸侯、诸王”也。不先“王”，取便文，有公不言而王言之，王贵也。春秋之吴、楚，则以“子”通于诸侯。

君

古时有人臣而隆其称曰“君”者，“周公若曰君奭”见《书·君奭》。**是也，篇中言“君奭”者四，但言“君”者六。而成王之书“王若曰君陈”，**见《书·君陈》。**穆王之书“王若曰呜呼君牙”，**见《书·君牙》。**皆此例也，犹汉时人主称丞相为“君侯”也。**【原注】《汉书》《倪宽传》：“倪宽为御史大夫，奉觞上寿。制曰：敬举君之觞。”〔一〕**《礼记·坊记》云：“大夫不称君，恐民之惑也。”故《春秋传》中称“君”者皆国君。然亦有卿大夫而称为“君”者，庄十一年，楚斗廉语屈瑕曰“君次于郊郢，以御四邑”，襄二十五年，郑子产对晋士庄伯曰“成公播荡，又我之自入，君所知也”。**【原注】文十年，楚范巫矞似谓成王与子玉、子西，曰“三君皆将强死”。并二臣通谓之君。**至家臣则直谓其主曰“君”，昭十四年，司徒老祁、虑癸谓南蒯曰“群臣不忘其君”，二十八年，晋祁盈之臣曰“憖使吾君闻胜与臧之死也以为快”，哀十四年，“宋司马命其徒攻桓氏，其父兄故臣曰不可，其新臣曰从吾君之命”是也。**【原注】犹郑伯有之臣称伯有为吾公。见《左传》襄公三十年。**《仪礼·丧**

服》篇“公士大夫之众臣为其君布带绳屦”，传曰“君谓有地者也”，郑氏玄曰“天子诸侯及卿大夫有地者皆曰君”；【原注】《晋语》：“三世仕家，君之；再世以下，主之。”《丧大记》“大夫君”，孔氏颖达曰“大夫之臣称大夫为君”；①《周礼》《地官司徒》“调人”注“主，大夫君也”，此则上下之通称，不始于后代矣。

〔一〕【阎氏曰】按丞相、御史大夫官犹尊，若严助为会稽太守，武帝赐书曰“君厌承明之庐”，亦称君。

人臣称君，自三代以前有之。《孟子》《万章上》：“象曰：‘谟盖都君’。”〔一〕

〔一〕【阎氏曰】按《史记·舜本纪》：“一年而所居成聚，二年成邑，三年成都。尧乃赐舜絺衣与琴，为筑仓廪，予牛羊。”是时舜已为诸侯，故曰“都君”，非人臣也。大抵上古时，有德者民便往归之，奉而为君，以主一国，观泰伯之在荆蛮可见。

《汉书·高帝纪》“爵或人君，上所尊礼”，师古曰：“爵高有国邑者，则自君其人，故曰‘人君’也。‘上’谓天子。”

汉时曹掾皆称其府主为君，至苍头亦得称其主人为君，《后汉书·李善传》“君夫人，善在此”是也。女亦得称其父为君，《汉书·王章传》“我君素刚，先死者必我君”是也。妇亦得称其舅为君，《尔雅》《释亲》“姑舅在，则曰君舅、君姑；没，则曰先舅、先姑”，《淮南子》《氾论训》“君公知其盗

① “大夫之臣”，孔疏原文为“大夫下臣”。

也，逐而去之"，《后汉书》《列女传》"我无樊、卫二姬之行，故君以责我"是也。

《丧服》"妾为君"，郑氏玄注曰："妾谓夫为君者，不得体之，加尊之也，虽士亦然。"

主

春秋时称卿大夫曰"主"。【原注】《周礼·太宰》"九两""六曰主，以利得民"注：郑司农众云："主谓公卿大夫。"《调人》"主友之雠"注："主，大夫君也。"○《礼记·礼运》"仕于公曰臣，仕于家曰仆"，方氏悫曰："臣者对君之称，故仕于公曰臣，而诸侯称君。仆者对主之称，故仕于家曰仆，而大夫称主。"〔一〕故齐侯唁昭公，"称主君。子家子曰：'齐卑君矣。'"见《左传》昭公二十九年。而南唐降号"江南国主"，亦以奉中国正朔，自贬其号。若刘玄德帝蜀，谥昭烈，葬惠陵，初无贬绌，末帝降魏，封为安乐公，自可即以本封为号；陈寿作《三国志》，创立"先主"、"后主"之名，常璩《蜀志》因之，【原注】《三国志》《魏书·钟会传》载钟会《檄蜀将士吏民》，称昭烈为"益州先主"。"先主"之名，盖始于此，乃是魏人所称。○孙楚《为石苞与孙皓书》亦云"吴之先主"。见《文选》卷四三。以晋承魏统，义无两帝。今千载之后，而犹沿此称，殊为不当，况改"汉"为"蜀"，亦出寿笔。【原注】《黄氏日钞》卷四八曰："蜀者，地名，非国名也。昭烈以汉名，未尝以蜀名也。不特昭烈未尝以蜀名，虽孙氏之盟亦曰'汉、吴既盟，同讨魏贼'。是天下未尝以蜀名之，名之者魏人也。"〔二〕当时魏已篡汉，改称昭烈为"蜀"，使不得附汉统。异代文人不察史家阿杜之故,若杜甫诗中便称"蜀主",见《昔游》及《咏怀古迹五首》。殊非知人论世之学也。昔刘知几论《后汉书·刘玄列传》,以为"东观秉笔,容或谄于当时,后来所修,理宜刊革"。见《史通》卷四《编次》。今之君子既非曹氏、司马氏之臣,不当称昭烈为先主矣。【原注】《纲目》亦书帝禅为"后主",姚燧深以为非,见《元史》传。

〔一〕【阎氏曰】按《国语》:优施谓里克妻曰:"主孟啖我。"卿大夫之妻亦称"主"也。《战国策》又以"主君"称诸侯。《秦策》甘茂引乐羊曰"主君之力",《魏策》鲁君择言称"主君之尊",盖一指魏文侯,一指魏惠王也。

〔二〕【杨氏曰】魏以蜀为汉则言不顺,故谓为蜀也。

诸葛孔明书中亦多有称"先主"者。本当是"先帝",传之中原,改为"先主"耳。【原注】《三国志·蜀书》《杜微传》载孔明书:"朝廷主公,今年始十八。"亦无称朝廷为"主公"之理,是后人所改。

"主"者,次于"君"之号。苏林解《汉书》"公主"云"妇人称主",引《晋语》"主孟啖我"。①

陛下

贾谊《新书》卷一《等齐》:"天子卑号称陛下。"蔡邕《独断》卷上:"陛,阶也,所由升堂也。天子必有近臣,执兵陈于

---

① 见《史记·吕后本纪》"鲁元公主"下《集解》引苏林注。顾氏误记为《汉书》。

陛侧,以戒不虞。谓之'陛下'者,群臣与天子言,不敢指斥天子,故呼在陛下者而告之,因卑达尊之义也。【原注】《记》《聘义》曰:"君子于其所尊,弗敢质,敬之至也。"上书亦如之。及群臣士庶相与言曰殿下、阁下、执事之属,皆此类也。"据此,则"陛下"犹言"执事",后人相沿,遂以为至尊之称。【原注】许善心以陈臣入隋。宇文述言其祭陈叔宝文称"陛下",召问。善心言"陛下"者,本是呼执事之人,与尊号不同。事乃得释。[①] 然后世非天子亦不敢用。

足下

今人但见《史记》《秦始皇本纪》秦阎乐数二世称"足下",遂以为相轻之辞,不知乃战国时人主之称也。如苏代《遗燕昭王书》,见《战国策·燕策一》。乐毅《报燕惠王书》,见《史记·乐毅列传》。苏厉《与赵惠文王书》,见《史记·赵世家》。皆称"足下"。又如苏秦谓燕易王,范雎见秦昭王,苏代谓齐湣王,齐人谓齐湣王,孟尝君舍人谓卫君,张丐谓鲁君,赵郝对赵孝成王,郦生说沛公,张良献项王,亦皆称"足下"。《汉书·文帝纪》:"丞相臣平、太尉臣勃、大将军臣武、御史大夫臣苍、宗正臣郢、朱虚侯臣章、东牟侯臣兴居、典客臣揭,再拜言大王足下。"

《宋书·西南夷传》载诸国表文,诃罗陀国称"圣王足

① 《隋书》及《北史》本传皆载许善心祭陈后主称"陛下"事,但无"陛下本是呼执事之人,与尊号不同"之句,且事虽得释,文帝心甚恶之。

下”，又称“天子足下”，阿罗单国称“大吉天子足下”，阇婆婆达国称“宋国大王大吉天子足下”，天竺迦毗黎国称“大王足下”。《梁书·诸夷传》表文，盘盘国称“常胜天子足下”，干陁利国称“天子足下”，狼修牙国称“大吉天子足下”，婆利国称“圣王足下”。

阁下

赵璘《因话录》卷五曰：“古者三公开阁，郡守比古之侯伯，亦有阁，故世俗书题有‘阁下’之称。【原注】《汉书·王尊传》：“直符史诣阁下，从太守受其事。”前辈呼刺史太守亦曰‘节下’，与宰相大僚书往往称‘执事’，言阁下之执事人耳。刘子玄为史官，与监修宰相书称‘足下’，韩文公《与使主张仆射书》称‘执事’，即其例也。若‘记室’，本系王侯宾佐之称，【原注】晋左思称左记室，梁何逊称何记室。他人亦非所宜。‘执事’则指其左右之人，尊卑皆可通称。‘侍者’则士庶可用之。近日官至使府、御史及畿令，悉呼‘阁下’。至于初命宾佐，犹呼‘记室’，今则一例‘阁下’，上下无别。其‘执事’才施于举人，‘侍者’止行于释子而已。今之布衣相呼，尽曰‘阁下’，虽出于浮薄相戏，亦是名分(天壤)[大坏]矣。”【原注】彭乘《墨客挥犀》卷四同。

谢在杭《五杂俎》卷三《地部一》言：“阁，夹室也，以板为之。《礼记·内则》：‘天子之阁，左达五，右达五。’【原注】《檀弓》：曾子曰：“始死之奠，其馀阁也与？”〔一〕盖古人置此以庋饮食之所，即今房中之板阁，而后乃广之为楼观之通名，如石渠、天禄、麒麟之类，【原注】《三辅黄图》云皆萧何造。或以藏书，或以绘像，或以为登眺游览之所。【原注】司马相如《上林赋》："高廊四注，重坐曲阁。"'閤'者，门旁小户也。【原注】《说文》卷一二"门"部。〇《董贤传》："与孔光并为三公。上故令贤私过光。光警戒衣冠，出门待望。见贤车，乃却入。贤至中门，光入閤，既下车，乃出。"因设馆于其旁，即谓之閤。《汉书·公孙弘传》'开东閤以延贤人'，师古曰：'閤者，小门也。东向开之。'【原注】古人坐以东向为尊。避当庭门而引宾客，以别于掾吏官属。如今官署角门旁有延宾馆是也。"[①]【原注】《朱云传》：薛宣谓云曰："且留我东閤，可以观四方奇士。"故《萧望之传》言"自引出閤"，而《隽不疑传》"暴胜之为直指使者，不疑至门，胜之开閤延请"，是凡官府皆有閤，不独三公也。《韩延寿传》"行县至高陵，入卧传舍，闭閤思过"，如今之闭角门，不听官属入也。【原注】《严延年传》："母闭閤不见，延年免冠顿首閤下。"《朱博传》"召见功曹，闭閤数责"，此又是闭角门不听出也。东晋太极殿有东西閤，唐制仿之，以宣政为前殿，紫宸为便殿。前殿谓之正衙。天子不御前殿而御紫宸，乃自正衙唤仗由閤门而入。百官候朝于衙者，因随以入见，谓之入閤，【原注】《唐六典》卷七："宣政殿之左曰东上閤，右曰西上閤。"盖中门不启而开角门也。《尔雅》《释宫》："小闺谓之閤。"【原注】"闺"即门也，故金门亦谓之金闺。谢朓诗："既通金闺籍。"〇《文翁传》"诸生传教令，出入闺閤"，师

① 按以上为《五杂俎》原文，此下至"故谓之阁老"，则掺杂以顾氏之语。

古曰："闺，閤内中小门也。"○太史公《报任少卿书》："身直为闺閤之臣。"而室中之门亦或用此为称，【原注】《后汉书·曹大家传》："时《汉书》始出，多未能通者，同郡马融伏于閤下，从昭受读。"是则二字之义本自不同。《汉旧仪》曰："丞相听事门曰黄閤。不敢洞开朱门，以别于人主，故以黄涂之，谓之黄閤。"【原注】《宋书·百官志》："黄閤主簿省录众事。"○《邓琬传》："太宗定乱，进子勋车骑将军、开府仪同三司。诸佐吏并喜，造琬曰：'暴乱既除，殿下又开黄閤。'"今代以文渊阁藏书，而大学士主之，故谓之"阁老"，[①]盖亦论经石渠、校书天禄之遗意尔。然西京但有阁，而未以为官曹之称，至后汉始谓之"台阁"。古诗《为焦仲卿作》云："汝是大家子，仕宦于台阁。"陈寿《三国志》《魏书·桓二陈徐卫卢传》评曰："魏世事统台阁，重内轻外，故八座尚书即古六卿之任也。"裴松之《三国志注》引《魏略》曰："薛夏为秘书丞，尝以公事移兰台。兰台自以台也，而秘书署耳，谓夏为不得(移)[仪]，[②]〔二〕推使当有坐者。夏报之曰：'兰台为外台，秘书为内阁，台、阁一也，何不相移之有？'兰台屈，无以折。自是之后，遂以为常。"见《魏书·王肃传》注。【原注】魏张阁，字子台。《唐书·职官志》："光宅元年九月，改门下省为鸾台，中书省为凤阁。"【原注】李肇《国史补》卷下："宰相相呼为堂老，两省相呼为阁老。"杜子美《奉赠严八阁老》诗云"扈从登黄阁"。《困学纪闻》卷一八曰："给事中属门下省，开元曰黄门省，故曰黄阁。左拾遗亦东省之

① 自"故《萧望之传》言"至此，为《五杂俎》文之改造扩充。

② 据张京华《校释》改，《三国志》原文正作"仪"。

属，故曰‘官曹可接联’。”又《将赴成都草堂途中寄严郑公》诗云“生理只凭黄阁老”，此特借黄门为黄阁，而亦本于汉人台阁之称。○《唐书·杨绾传》：“故事，舍人年久者为阁老。”然则今之“内阁”，实本于此，而非取“三公黄阁”之义。其言入阁办事，谓入此内阁尔，而与唐之“随仗入閤”见《新唐书·百官志》。不相蒙也。“阁下”之称，犹云“台下”，古今异名，亦何妨乎？

〔一〕【沈氏曰】案《内则正义》：“天子之阁于夹室，左右各五。诸侯于房五。大夫亦于夹室三。”①

〔二〕【沈氏曰】“移”，抄本作“仪”。

相

《管子》《五行》曰“黄帝得六相”。《宋书·百官志》曰：“殷汤以伊尹为右相，仲虺为左相”。然其名不见于经，惟《书·说命》有“爰立作相”之文，而《左传》定公元年，薛宰言“仲虺居薛，以为汤左相”。《礼记·月令》“命相布德和令”，注：“相谓三公相王之事也。”《正义》曰：“案《公羊》隐五年传曰：‘三公者何？天子之相也。自陕而东者周公主之，自陕而西者召公主之。’一相处乎内，是三公相王之事也。至六国时，一人知事者特谓之相，故《史记》称穰侯、范雎、蔡泽皆为秦相，后又为丞相也。”【原注】如魏文侯卜相于李克，储子为齐相，不必秦国有之。《史记》《秦本纪》：“秦武王二年，初置丞相。”〔一〕杜氏佑《通典》曰：“黄帝六相，尧十六相，

① “大夫亦于夹室三”，按《礼记正义》原文作“大夫于阁三”。

为之辅相,不必名官。”是则三代之时言“相”者,皆非官名,【原注】相者,在王左右之人。《书》《顾命》曰:“相被冕服,凭玉几。”高宗立,傅说为相,而曰“王置诸其左右”,亦此意也。如《孟子》言“舜相尧”、“禹相舜”、“益相禹”、“伊尹相汤”、俱见《万章上》。“周公相武王”,《滕文公下》。《礼记·明堂位》“周公相武王”之类耳。《左传》桓公二年“太宰督遂相宋公”,庄公九年“鲍叔言于齐侯曰‘管夷吾治于高傒,使相可也’”,昭公元年“祁午谓赵文子曰‘子相晋国’”,按当时官名皆不谓之相。【原注】《荀子》《尧问》言孙叔敖“相楚”,《传》止言“为令尹”。《淮南子》言子产为郑国相,《传》止言执政。《左传》隐公十一年羽父请杀桓公,以求太宰,《史记》《鲁世家》则云“君以我为相”。〔二〕哀公十七年“右领差车与左史老,皆相令尹、司马以伐陈”,又是相二官而非相楚王。【原注】《论语》《季氏》:“今由与求也相夫子。”是相季氏而非相鲁君。惟襄公二十五年,“崔杼立景公而相之,庆封为左相”,则似真以相名官者。定公十年,“公会齐侯于夹谷,孔丘相”,杜氏《解》曰:“相,会仪也。如‘愿为小相焉’之相。”《史记·孔子世家》乃云“孔子为大司寇,摄相事”,是误以傧相之相为相国之相,不知鲁无相名,有司寇而无大司寇也。【原注】《礼记正义》《檀弓上》引崔灵恩云:“诸侯三卿,司徒兼冢宰,司马兼宗伯,司空兼司寇。三卿之下有五大夫。五大夫者,司徒之下立二人,小宰、小司徒;司马之下,以其事省,立一人,为小司马,兼宗伯之事;司空之下立二人,小司寇、小司空。今夫子为司空者,为小司空也,从小司空为小司寇也。”崔所以知然者,鲁有孟、叔、季三卿为政,又有臧氏为司寇,故知孔子为小司寇。○按《左传》隐二年“司空无骇”,杜氏

注："鲁司徒、司马、司空，皆卿也。"然则臧纥为司寇，亦小司寇也。○朱子《论语集注》引此，亦不觉其误。〔三〕

〔一〕【沈氏曰】《汉书》："相国、丞相，皆秦官。"荀悦曰："秦本次国，命卿二人，是以置左右丞相，无三公官。"

〔二〕【梁氏曰】翚欲求为太宰，史公易称相。太宰元天官之长，然宋太宰亚于司寇，楚、郑太宰又非正卿，则太宰不定是相矣。

〔三〕【梁氏曰】春秋侯国多不遵三卿之制，即鲁三家之外，有东门氏、臧氏、子叔氏，宣、成时同在卿列，则亦俨然六卿矣。臧宣叔、武仲皆以世卿为司寇，此岂犹是小司寇职乎？昭、定以后，臧氏替而以孔子居之，亦事理所有。史云大司寇，别于小司寇之下大夫也。毛氏《经问》谓夫子由小卿司空进大司寇，良是。

【又曰】误非始史公。《晏子春秋·外篇》"孔子圣相"，《荀子·宥坐》篇"孔子为鲁摄相"，《尹文子》"孔子为鲁相"，王充遂有孔子为相国之说。而《经史问答六》力辨孔子以卿当国，余未敢以为然。又《韩子·外储说左》言孔子相卫，尤妄。

将军

《春秋左氏**传》**闵公元年**："晋献公作二军，公将上军，太子申生将下军。"是已有"将军"之文，而未以为名也。至昭公二十八年，阎没、女宽对魏献子曰"岂将军食之而有不足"，《正义》曰："此以魏子将中军，故谓之将军。及六国以来，遂以将军为官名，盖其元起于此。"《公羊传》**宣公十二年**"将军子重谏曰"，《穀梁传》**文公六年**"使狐**(夜)**[射]姑为**

将军”,《孟子》《告子下》“鲁欲使慎子为将军”,《墨子》《非攻中》“昔者晋有六将军,而智伯莫为强焉”,《庄子》“今将军兼此三者”,【原注】《盗跖》篇。《淮南子》“赵文子问于叔向曰:晋六将军,其孰先亡”,《道应训》。“张武为智伯谋曰:晋六将军”,又曰“鲁君召子贡,授之将军之印”,以上《人间训》。而《国语》亦曰“郑人以詹伯为将军”,《晋语四》。又曰“吴王夫差黄池之会,十行一嬖大夫,十旌一将军”,《吴语》。《礼记·檀弓》“(卫)将军文子之丧”,〔一〕《史记·司马穰苴传》“景公以为将军”,《封禅书》“杜主者,故周之右将军”,《越世家》“范蠡称上将军”,《魏世家》“令太子申为上将军”,《战国策》《齐策》“梁王虚上位,以故相为上将军”,《汉书·百官表》曰“前、后、左、右将军,皆周末官”,《通典》卷二九曰“自战国置大将军,楚怀王与秦战,秦败楚,虏其大将军屈丐”,至汉则定以为官名矣。

〔一〕【汝成案】“卫将军”,“卫”字衍。

相公

前代拜相者必封公,故称之曰“相公”,〔一〕若封王则称“相王”。【原注】司马文王进爵为王,荀顗曰“相王尊重”是也。见《三国志·魏书·三少帝纪》注引《汉晋春秋》。晋简文帝及会稽王道子亦称“相王”。自洪武中革去丞相之号,则有公而无相矣。即初年之制,亦不尽沿唐、宋,有相而不公者,胡惟庸是也;有公而不相者,常遇春之伦是也;封公拜相惟李善长、徐达，三百年来有此二“相公”耳。

〔一〕【钱氏曰】西汉丞相封侯，东京三公不封侯者甚多，曹操始以丞相封魏公。“相公”之称自曹孟德始，前此未之有也。

魏王粲《从军行》“相公征关右，赫怒震天威”，见《文选》卷二七。《羽猎赋》“相公乃乘轻轩，驾四骆”，见《古文苑》卷七。“相公”二字似始见此。

司业

国子司业，以为生徒所执之“业”，非也。唐归崇敬授国子司业，上言：“‘司业’义在《礼记》‘乐正司业’。正，长也，言乐官之长，司主此业。《尔雅》《释宫》云：‘大版谓之业。’按《诗·周颂》《有瞽》‘设业设虡，崇牙树羽’，则业是悬锺磬之簨虡也。今太学既不教乐，于义无取，请改国子监为辟雍，祭酒为太师氏，司业一为左师，一为右师。”诏下尚书集百僚定议以闻。议者重难改作，其事不行。见《旧唐书·归崇敬传》。按《大雅》《灵台》之诗曰“虡业维枞”，即此“业”字。《传》曰：“业，大版也。所以饰栒为县也。捷业如锯齿，或白画之”，《尔雅》《释器》“大板谓之业”，《左氏》昭九年传“辰在子卯，谓之疾日，君彻宴乐，学人舍业”，《礼记·檀弓》“大功废业”，并谓此也。【原注】宋徐爰误解此义，而曰：“大功废业，三年丧，何容读书？”悬者常防其坠，故借为敬谨之义，《书》《皋陶谟》之“兢兢业业”，《诗》之“赫赫业业”、见《大雅·常武》。“有震且业”见《商颂·长发》。是也。【原注】《尔雅》《释训》:“业业,危也。”凡人所执之事亦当敬谨,故借为“事业”之义,《易传》之“进德修业”、见《乾》九三。“可大则贤人之业”、“盛德大业”,俱见《系辞上》。《礼记》《学记》之“敬业乐群”是也。然三代《诗》、《书》之文并无此义,而“业广惟勤”一语乃出于梅赜所上之《古文尚书》。

梁刘勰《文心雕龙》《论说》谓:“《论语》以前,经无‘论’字。《六韬》‘(三)[二]①论’,后人追题。”今《周官》篇有“论道经邦”之语,盖梅赜古文之《书》,其时未行。② 然即此二字,【原注】“业”字、“论”字。亦足以察时世言语之不同矣。

翰林

《唐书·职官志》曰:“翰林学士之职,本以文学、言语备顾问,出入侍从,因得参谋议,纳谏争。而翰林院者,待诏之所也。【原注】《雍录》卷四曰:“翰林院在大明宫右银台门内,稍退北有门,榜曰‘翰林之门’。”唐制:乘舆所在,必有文辞、经学之士,下至卜医、伎术之流,皆直于别院,以备燕见,而文书、诏令则中书舍人掌之。太宗时,名儒学士时时任以草制,然犹未有名号。乾封以后,始号北门学士。玄宗之代,张说、陆坚、张九龄、徐安贞、张垍等召入禁中,谓

① 据张京华《校释》改。《文心雕龙》正作“二”。
② 其时,指刘勰之时。

之翰林待诏，掌中外表疏批答、应和文章。继以诏敕、文告悉由中书，每多壅滞，始选朝官有辞艺学识者入翰林供奉，【原注】亦有无官而得入者，如李白是也。然亦未定名制。开元二十六年，始改翰林供奉为学士，别置学士院，专掌内命。至德以后，天下用兵，军国多务，深谋密诏皆从中出，置学士六人，内择年深德重者一人为承旨，以独当密命故也。德宗好文，尤难其选。贞元以后，为学士承旨者多至宰相。"【原注】参取《新》、《旧》二志。而其官不见于《唐六典》，盖书成于张九龄，其时尚未置也。〔一〕

〔一〕【陆氏曰】士子登高第者入翰林，不数年坐致馆阁，为储相地，当即以相业期之。入院之后，宜讲贯历朝经制，务为明体适用之学，则得之矣。

【姚刑部曰】翰林居天子左右，为近臣，则谏其失也宜先于众人。御史有弹劾之责，而兼谏争。翰林有制造文章之事，而兼谏争、弹劾。制造文章，所别也；谏争，所同也，其为言官也奚异？入而面争于左右，出而上书陈事，其为谏也奚异？今独谓御史为言官，而翰林不当有谏书，知其一而失其一也。徒以文字居翰林者，是技而已。且翰、詹立班于科、道上，谓其近臣也，居近臣之班可不知近臣之职乎？明之翰林皆知其职者，谏争之人接踵，谏争之辞连策。今之人不以为其职，或取其忠，而议其言为出位。以尽职为出位，孰肯为尽职者？

《旧书》言："翰林院，有合练、僧道、卜祝、术艺、书奕，各别院以廪之。"【原注】《职官志》二。陆贽与吴通玄有隙，乃言"承平时工艺书画之徒，待诏翰林，比无学士"，请罢其官。【原注】《通玄传》。其见于史者，天宝初嵩山道士吴筠，乾元中占星韩颖、刘烜，贞元末奕棋王叔文、侍书王伾，元和末方士柳泌、浮屠大通，宝历初善奕王倚、兴唐观道士孙准，并待诏翰林。【原注】小说：玄宗时有翰林善围棋者王积薪。见唐薛用弱《集异记》。又如黎幹虽官至京兆尹，而其初亦以占星待诏翰林。而贞元二十一年二月丙午，罢翰林医工、相工、占星、射覆冗食者四十二人，【原注】《顺宗纪》。宝历二年十二月庚申，省教坊乐官、翰林待诏伎术官并总监诸色职掌内冗员共一千二百七十人，【原注】《文宗纪》。此可知翰林不皆文学之士矣。赵璘《因话录》卷一云："文宗赐翰林学士章服。续有待诏欲先赐本司，以名上。上曰：'赐君子小人不同日，且待别日。'"【原注】《雍录》卷二曰："汉吾丘寿王以善格五，召待诏，坐法免，上书愿养马黄门。金日磾与弟伦没入官，输黄门养马。师古曰：'黄门之署，职任亲近，以供天子，百物在焉，故亦有画工。'又武帝令黄门画《周公负成王图》以赐霍光。则是黄门之地凡善格五者，能养马者，能绘画者，皆得居之。故知唐世杂艺之士供奉翰林者，正用此例也。"

成化三年，以明年上元张灯，命翰林院词臣撰诗词。编修章懋、黄仲昭，检讨庄昶上疏言："翰林之官，以论思代言为职。虽曰供奉文字，然鄙俚不经之词，岂宜进于君上？固不可曲引宋祁、苏轼之《教坊致语》，以自取侮慢不敬之罪。臣等又尝伏读宣宗章皇帝御制《翰林箴》，有曰'启沃之言，惟义与仁。尧舜之道，邹孟以陈'。今张灯之举，恐非尧舜之道；应制之诗，恐非仁义之言。臣等知陛下之心即祖宗之心，故不敢以是妄陈于上，伏愿采刍荛之言，于此等事一切禁止。”上怒，命杖之，谪懋临武知县，仲昭湘潭知县，昶桂阳州判官，各调外用。已而谏官为之申理，乃改懋、仲昭南京大理寺评事，昶南京行人司司副。见《明宪宗实录》卷四九。自此翰林之官重矣。

洗马

《国语》《越语》“句践身亲为夫差前马”，《韩非子》《喻老》云“为吴王洗马”，“洗”音“铣”。《淮南子》《道应训》云“为吴兵先马走”，【原注】当作“吴王”。《荀子》《正论》天子出门，“诸侯持轮挟舆先马”，贾谊《新书》《春秋连语》“楚怀王无道，而欲有霸王之号，铸金以象诸侯人君，令大国之王编而先马，梁王御，宋王骖乘，滕、薛、卫、中山之君随而趋”，然则“洗马”者，马前引导之人也。亦有称“马洗”者，《六韬》“赏及牛竖、马洗、厩养之徒”。《汉书·百官表》“太子太傅、少傅属官有先马”，张晏曰：“先马，员十六人，秩比谒者。‘先’或作‘洗’。”又考《周礼》《夏官司马》“齐右”职云“凡有牲事，则前马”，注：“王见牲则拱而式，居马前，却行，备惊奔也”；又“道右”职云“王式则下前马”，是此官古有之矣。《庄子》《徐无鬼》：“黄帝将见大隗乎具茨之山，张若、謵朋前马。”

比部

《周礼·小司徒》“及三年则大比，大比则受邦国之比要”,注:“大比,谓使天下更简阅民数及其财物也。郑司农众云:‘五家为比,故以比为名。今时八月案比是也。’”《庄子》《天道》云:“礼法度数,刑名比详。”唐时刑部有刑、比、【原注】音毗。都官、司门四曹,《通典》卷二三“比部郎中,龙朔二年改为司计大夫。咸亨元年复旧。天宝十一载又改比部为司计,至德初复旧”,《旧唐书·职官志》:“比部郎中、员外郎之职,掌勾诸司百寮俸料、公廨、赃赎、调敛、徒役、课程、逋悬数物,周知内外之经费而总勾之”,《杨炎传》“初,国家旧制,天下财赋皆纳于左藏库,而太府四时以数闻,尚书比部覆其出入”,《宋史·职官志》“比部郎中、员外郎,掌勾覆中外帐籍,凡场务、仓库出纳在官之物,皆月计、季考、岁会,从所隶监司检察以上比部,至则审核其多寡登耗之数,考其陷失而理其侵负”,《山堂考索》《续集》卷三三“会计逋欠,每三月一比,谓之比部”,故昔人有刑罚与赋敛相为表里之说。今四曹改为十三司,而财计之不关刑部久矣,乃犹称郎官为比部,何邪?

员外

员外之官,本为冗秩。《旧唐书·李峤传》:“峤为吏部时,志欲曲行私惠,冀得复居相位,奏置员外官数千人。【原注】犹近日天启末之“添注京堂”。以至官寮倍多,府库减耗。”事在中宗神龙二年。【原注】《通鉴》卷二〇八:“大置员外官,自京司及诸州,凡二千馀人,宦官超迁七品以上员外官者又将千人。”○《册府元龟》卷六二九:“李峤、韦嗣立同居选部,多引用权势,请置员外官一千馀员。其员外官悉恃形势,与正官争事。百司纷竞,至有相殴击者。”又有谓之“员外置同正员”者,迨乎玄宗,犹不能尽革。故肃宗乾元二年九月诏曰:“应州县见任员外官,并任其所适。其中有材识干济,曾经任使州县所资者,亦听量留,上州不得过五人,中州不得过四人,下州不得过三人,上县已上不得过一人。”见《册府元龟》卷六九。今则副郎而取名员外,于义何居?〔一〕当由定制之初,主爵诸臣未考源流,有乖名实。子不云乎:“必也正名。”见《论语·子路》。则斜封、墨敕之朝,[①]不可沿其遗号矣。

〔一〕【孙氏曰】副郎,俗称也,不宜沿用。今六部员外郎不可省去“郎”字,单称“员外”。盖外郎无员,而此则有员也。

主事

后汉“光禄勋有南北庐主事,[②]主三署之事,于诸郎之中察茂材者为之”。见《唐六典》卷一。然其职不过如掾史之等。故范滂迁光禄主事时,陈蕃为光禄勋,滂执公仪诣蕃,蕃亦不止。滂怀恨,投版弃官而去。后因郭泰之言,蕃乃

① 《资治通鉴》卷二〇九,唐中宗时,安乐、长宁公主及皇后妹成国夫人、上官婕妤、女巫第五英儿、陇西夫人赵氏,皆依势用事,请谒受赇,虽屠沽臧获,用钱三十万,则别降墨敕除官,斜封付中书,时人谓之“斜封官”。

② 《刊误》卷下:“‘庐’,诸本并作‘庭’。汝成案,《续汉志》与《前志》‘光禄勋’下皆无此文。而‘主事’之名见前汉张安世、后汉张霸、范滂诸人传。南北庐主事则见《唐六典》,《六典》则本之《汉官仪》也。《录》所引者是约《六典》之文。《六典》作‘庐’,则‘庭’为误字明矣。今改。”

谢之。见《后汉书·范滂传》。而张霸、戴封、戴就、公沙穆，并以孝廉为光禄主事，其他府寺则不闻有此名也。《宋书·百官志》"中书通事舍人"下云："其下有主事，本用武官，宋改用文吏。"至后魏则于尚书诸司置"主事令史"。隋炀帝去"令史"之名，但曰"主事"。唐时并流外为之，尚书省主事六人，从九品上；门下省主事四人，中书省主事四人，并从八品下。而刘祥道上疏言："尚书省二十四司及门下省中书都事、主书、主事等，比来选补，皆取旧任流外有刀笔之人，纵欲参用士流，皆以俦类为耻。前后相承，遂成故事。望有厘革，稍清其选。"事竟不行。见《旧唐书·刘祥道传》。【原注】《新唐书》《裴光庭传》："任门下省主事阎麟之专主过官。凡麟之裁定，光庭辄然可。时语曰：'麟之口，光庭手。'"〇《旧唐书》《元载传》："大历十二年三月庚辰，上御延英殿，命左金吾大将军吴凑收载及王缙于政事堂，各留系本所，并中书主事卓英倩、李待荣及载男仲武、季熊并收禁。"《宋史·职官志》：门下省"吏四十有九，录事、主事各三人，令史六人，书令史十有八人，守当官十有九人"。【原注】《魏仁浦传》："自枢密院小史迁兵房主事。"《杨亿传》："时以吏部铨主事，前宜黄簿王太冲为大理丞评事，亿以吏之贱，不宜任清秩，封还诏书。未几，太冲补外。"是在前代皆掾史之任也。国[①]初设六部主事，意亦仿此。永乐十四年，永新伯许成以擅杖工部主事王景亮被勘。见《明太宗实录》卷一七二。

---

① "国"，原本作"明"，据《校记》改。

主簿

《周礼》《天官冢宰》“司会”注：“主计会之簿书。”疏云：“簿书者，古有简策以记事，若在君前，以笏记事。后代用簿。簿，今手版。故云吏当持簿，簿则簿书也。”汉御史台有此官，御史大夫张忠署孙宝为主簿。见《汉书·孙宝传》。而魏、晋以下，则寺监以及州郡并多有之。杜氏佑《通典》“州佐”条下云：“主簿一人，录门下众事，省署文书。汉制也，历代至隋皆有。”又引“晋习凿齿为桓温荆州主簿，亲遇深密，时人语曰：‘徒三十年看儒书，不如一诣习主簿。’”在当时为要职。〔一〕

〔一〕【杨氏曰】“三十年看儒书”云云，即温语，非时人语也，岂郃公误耶？①

郎中待诏

北人谓医生为“大夫”，南人谓之“郎中”；镊工为“待诏”；木工、金工、石工之属皆为“司务”。其名盖起于宋时。《老学庵笔记》卷二：“北人谓医为‘衙推’，【原注】《旧唐书·郑注传》：“以药术依李诉，署为节度衙推。”《北梦琐言》卷一八：“庄宗好俳优，宫中暇日，自负蓍囊药箧，令继岌破帽相随；以后父刘叟以医卜为业。后方昼寝，继岌造其卧内，自称‘刘衙推访

① 习凿齿事详见《晋书》本传。

女'。"卜相为'巡官'。巡官,唐、五代郡僚之名,或以其巡游卖术,故有此称。"亦莫详其所始也。【原注】《旧唐书·音乐志》:"隋末,河内有人貌恶而嗜酒,常自号郎中。"《实录》:"洪武二十六年十二月丙戌,命礼部申禁,军民人等不得用太孙、太师、太保、待诏、大官、郎中等字为名称。"见《明太祖实录》卷二三〇。

外郎

今人以吏员为"外郎"。按《史记·秦始皇纪》"近官三郎",《索隐》曰:"三郎,谓中郎、外郎、散郎。"《通典》卷二九:"汉中郎将分掌三署,郎有议郎、中郎、侍郎、郎中,凡四等,皆无员,多至千人。掌门户,出充车骑。其散郎谓之'外郎'。"今以之称吏员,乃世俗相褒之辞。

门子

门子者,守门之人,《旧唐书·李德裕传》"吐蕃潜将妇人嫁与此州门子"是也。【原注】王智兴为徐州门子。见《太平广记》卷一三八引《唐年补录》。〔一〕今之门子乃是南朝时所谓"县僮",《梁书·沈瑀传》:"为馀姚令,县南有豪族数百家,子弟纵横,递相庇荫,厚自封殖,百姓甚患之。瑀召其老者为石头仓监,少者补县僮。"《唐志》:"二品以下有白直、执衣,皆中男为之。"见《新唐书·食货志五》。

〔一〕【沈氏曰】《周礼》、《左传》、《国语》所称“门子”，并卿大夫適子之称，与后世门子绝异。

快手

“快手”之名，起自《宋书·王镇恶传》“东从旧将犹有六队千馀人，西将及能细直吏快手复有二千馀人”，《建平王景素传》“左右勇士数十人，并荆楚快手”，《黄回传》“募江西楚人，得快射手八百”。【原注】《南史》作“快手”。亦有称“精手”者，沈约《自序》“收集得二千精手”，《南史·齐高帝纪》“王蕴将数百精手，带甲赴粲”，【原注】袁粲。《梁书·武帝纪》“航南大路悉配精手利器，尚十馀万人”。

火长

今人谓兵为“户长”，亦曰“火长”。崔豹《古今注》卷上：“伍伯，一伍之伯也。五人为伍，五长为伯，故称伍伯。一曰户伯。汉制，兵五人一户灶，置一伯，故曰户伯。亦曰火伯，以为一灶之主也。”《通典》卷一四八：“五人为列，二列为火，五火为队。”《唐书·兵志》：“五十人为队，队有正。十人为火，火有长。”又云“十人为火，五火为团”，则直谓之“火”矣。《宋书·卜天与传》：“少为队将，十人同火。”《木兰诗》：“出门看火伴。”柳子厚《段太尉逸事状》：“叱左右皆解甲，散还火伍中。”见《柳河东集》卷八。或作“夥”，误。

楼罗

《唐书·回纥传》:“加册可汗为登里颉咄登密施含俱录英义建功毗伽可汗。含俱录,华言‘娄罗’也。”盖聪明才敏之意。《酉阳杂俎》《续集》卷四引梁元帝《风人辞》云:“城头网雀,楼罗人著。”《南齐书》《顾欢传》顾欢《夷夏论》云:“蹲夷之仪,娄罗之辩。”《北史·王昕传》:“尝有鲜卑聚语,崔昂戏问昕曰:‘颇解此不?’昕曰:‘楼罗楼罗,实自难解。时唱染干,似道我辈。’”《五代史·刘铢传》:“诸君可谓楼罗儿矣。”【原注】今本作“偻㑩”。○《鹤林玉露》《甲编》卷五:“偻㑩,俗言猾也。”《宋史》《张思钧传》:“张思钧起行伍,征伐稍有功。质状小而精悍,太宗尝称其‘楼罗’,自是人目为‘小楼罗’焉。”

白衣

白衣者,庶人之服,然有以处士而称之者,《风俗通》卷一《三王》“舜、禹本以白衣砥行显名,升为天子”,《史记·儒林传》“公孙弘以《春秋》,白衣为天子三公”,《后汉书·崔骃传》“宪谏以为不宜与白衣会”,《孔融传》“与白衣祢衡跌荡放言”,《晋书·阎缵传》“荐白衣南安朱冲,可为太孙师傅”,《胡奋传》“宣帝之伐辽东,以白衣侍从左右”是也。有以庶人在官而称之者,《汉书·两龚传》“闻之白衣”,师古曰“白衣,给官府趋走贱人,若今诸司亭长掌固之属”,苏伯玉妻《盘中诗》“吏人妇,会夫希。出门望,见白衣。谓当是,而更非”,《续晋阳秋》“陶潜九月九日无酒,于宅边菊丛中坐,望见白衣人,乃王弘送酒”见《太平御览》卷三二引。是也。人主左右亦有白衣,《南史·恩倖传》“宋孝武选白衣左右百八十人”,《魏书·恩倖传》“赵修给事东宫,为白衣左右”,“茹皓充高祖白衣左右”。

唐李泌,在肃宗时不受官,帝每与泌出,军人环指之曰:“衣黄者,圣人也;衣白者,山人也。”见《资治通鉴》卷二一八。则天子前不禁白。《清波杂志》卷二言:“前此仕族子弟,未受官者皆衣白,今非跨马及吊慰不敢用。”

白衣但官府之役耳,若侍卫则不然。《史记·赵世家》:“愿得补黑衣之缺,以卫王宫。”《汉书·谷永传》:“擢之皂衣之吏。”

《诗》《曹风·蜉蝣》“麻衣如雪”,郑氏玄曰:“麻衣,深衣也。”古时未有棉布,凡布皆麻为之,《记》《礼运》曰“治其麻丝,以为布帛”是也。【原注】杜子美《述怀》诗:“麻鞋见天子。”然则深衣亦用白。

郎

郎者,奴仆称其主人之辞。【原注】《通鉴注》卷二〇七:“门生、家奴呼其主为郎,今俗犹谓之郎主。”**唐张易之、昌宗有宠,武承嗣、三思、懿宗、宗楚客、晋卿等候其门庭,争执鞭**

辔，呼易之为“五郎”，昌宗为“六郎”。郑杲谓宋璟曰：“中丞奈何卿五郎？”璟曰：“以官言之，正当为卿。足下非张卿家奴，何郎之有？”见《资治通鉴》卷二〇七。安禄山德李林甫，呼“十郎”；王谼谓王鉷为“七郎”；李辅国用事，中贵人不敢呼其官，但呼“五郎”；程元振，军中呼为“十郎”；陈少游谒中官董秀，称“七郎”是也。其名起自秦、汉郎官。《三国志》《吴书·周瑜传》：“周瑜至吴，时年二十四，吴中皆呼为周郎。”《江表传》：“孙策年少，虽有位号，而士民皆呼为孙郎。”见《三国志·吴书·孙策传》引。《世说》《豪爽》：“桓石虔小字镇恶，年十七八，未被举，而僮隶已呼为镇恶郎。”《后周书》《独孤信传》：“独孤信少年，好自修饰，服章有殊于众，军中呼为独孤郎。”《隋书》《滕穆王杨瓒传》：“滕王瓒，周世以贵公子，又尚公主，时人号曰杨三郎。”温大雅《大唐创业起居注》卷上：“时文武官人并未署置，军中呼太子、秦王为大郎、二郎。”自唐以后，僮仆称主人通谓之“郎”，今则舆台厮养无不称之矣。【原注】《旧唐书》《韦坚传》：“三郎当殿坐，看唱得宝歌。”玄宗行第三，以天子而谓之“三郎”，亦唐人之轻薄也。

又按，北朝人子呼其父亦谓之“郎”。《北史·节义传》：“李宪为汲固长育，至十馀岁，恒呼固夫妇为郎、婆。”

门生

《后汉书·贾逵传》：“皆拜逵所选弟子及门生为千乘

王国郎。”是“弟子”与“门生”为二。欧阳公《孔宙碑阴题名跋》曰：“汉世公卿多自教授，聚徒常数百人，其亲受业者为弟子，转相传授者为门生。今《宙碑》残缺，其姓名邑里仅可见者才六十二人，其称弟子者十人，门生者四十三人，故吏者八人，故民者一人。”见《集古录》卷二。愚谓汉人以受学者为“弟子”，其依附名势者为“门生”。《郅寿传》：“时大将军窦宪，以外戚之宠威倾天下。宪常使门生赍书诣寿，有所请托。”《杨彪传》：“黄门令王甫，使门生于京兆界辜榷官财物七千馀万。”宪，外戚；甫，奄人也，安得有传授之门生乎！〔一〕

〔一〕【汝成案】自门生之名冒弟子之实，于是贽执上官，论丐国士，以速援引，用博声称。赇谄显行，名曰亲厚；纂述微闻，诧云津逮。旷废职业，恣为耀谲，浮薄之风，莫斯陋矣。至于乡里小儿，略涉文翰，便自立义，讳云其师。组绶下吏，密通款曲，偶值势衰，转讥彼其。援郦原以自解，幸景桓之未录。首鼠两端，出处一辙，恬不知怪，抑又甚焉。孔子曰：“君子易事而难说也。”昌黎云：“圣人无常师。”公卿文学可弗慎欤？

《南史》所称“门生”，今之“门下人”也。《宋书·徐湛之传》：“门生千馀人，皆三吴富人之子，姿质端妍，衣服鲜丽。每出入行游，涂巷盈满。泥雨日，悉以后车载之。”《谢灵运传》：“奴僮既众，义故门生数百。”《南齐书·刘怀珍传》：“怀珍北州旧姓，门附殷积，启上门生千人充宿卫，孝武大惊。”其人所执者奔走仆隶之役，《晋书·刘隗传》“周嵩嫁女，门生断道，斫伤二人。建康左尉赴变，又被斫”，[一]《南史·齐东昏侯纪》“丹阳尹王志被驱急，狼狈步走，唯将二门生自随”，《后妃传》“门生王清与墓工始下插”，《刘瓛传》“游诣故人，惟一门生持胡床随后”是也。其初至，皆入钱为之，《宋书·颜竣传》“多假资礼，解为门生，充朝满野，殆将千计”，《梁书·顾协传》“有门生始来事协，知其廉洁，不敢厚饷，止送钱二千，协怒杖之二十”，《南史·姚察传》“有门生送南布一端，花练一匹，察厉声驱出”是也。故《南齐书·谢超宗传》云“白从王永先”，又云“门生王永先”，谓之“白从”，以其异于在官之人。【原注】《陈书·沈洙传》：“建康令沈孝轨门生陈三儿牒称主人翁。”《颜氏家训》《风操》亦以“门生、僮仆”并称。而《宋书·顾琛传》“尚书寺门有制，八座以下，门生随入者各有差，不得杂以人士”，其冗贱可知矣。[二]梁傅昭不蓄私门生，盖所以矫时人之弊乎？[三]

〔一〕【钱氏曰】《晋书·周颢传》：“坐门生斫伤免官。”

〔二〕【钱氏曰】琛以宗人硕头寄尚书张茂度门名，与硕头同席坐。坐遣出，免中正。

〔三〕【赵氏曰】观六朝所称“门生”，不过如傔从之类，非受业弟子也。然富人子弟多有为之者，盖其时仕宦皆世族，而寒人则无进身之路，惟此可以年资得官，故不惜身为贱役，且有出财贿以为之者。陆慧晓为吏部尚书，王晏典选内外要职，多用两门生；王琨为吏部，自公卿下至士大夫，例用两门生，可以见当日规制也。顾氏谓其非在官之人，则未知门生有可入仕之路，亦不得谓非在官人也。

守门之人亦有称“门人”者。《春秋》襄公二十九年“阍弑吴子馀祭”,《公羊传》:“阍者何?门人也。”《韩非子》《内储说下》:“门人捐水而夷射诛。”①

府君

府君者,汉时太守之称。《三国志》:“孙坚袭荆州刺史王叡。叡见坚,惊曰:‘兵自求赏,孙府君何以在其中?’”见《吴书·孙坚传》。“孙策进军豫章,华歆为太守,葛巾迎策。策谓歆曰:‘府君年德名望,远近所归。’”见《魏书·华歆传》注引《吴历》。〔一〕

〔一〕【钱氏曰】汉时郡国守相称“府君”,亦称“明府”。

官人

南人称士人为“官人”。《昌黎集·王适墓志铭》“一女怜之,必嫁官人,不以与凡子”,见集卷二八。是唐时有官者方得称官人也。杜子美《逢唐兴刘主簿》诗:“剑外官人冷。”

本朝②制:郡王府自镇国将军而下,称呼止曰“官人”。见《太祖实录》卷二四八。

① 夷射,夷射姑也。事见《左传》定公二年。

② “本朝”,原本作“明”,据《校记》改。

对人称臣

汉初，人对人多称“臣”，乃战国之馀习。【原注】《刺客传》，聂政称“臣”，严仲子亦称“臣”。《史记·高祖纪》“吕公曰‘臣少好相人’”，张晏曰：“古人相与言，多自称臣，犹今人相与言自称仆也。”【原注】《西都赋》李周翰注：“臣者，男子之贱称，古人谦退皆称之。”见《六臣注文选》卷一。至天下已定，则稍有差等，而“臣”之称惟施之诸侯王，故韩信过樊将军哙，哙趋拜送迎，言称“臣”，曰：“大王乃肯临臣。”见《史记·淮阴侯韩信传》。【原注】陈平、周勃对王陵亦曰“臣不如君”。见《史记·吕太后本纪》。至文、景以后，则此风渐衰，而贾谊《新书》《服疑》有“尊天子，避嫌疑，不敢称臣”之说。《汉书》《王子侯表》有利侯钉，“坐遗淮南王书称臣，弃市”；《功臣侯表》安平侯鄂但，“坐与淮南王女陵通，遗淮南王书称‘臣尽力’，弃市”；〔一〕平棘侯薛穰，“坐受淮南王赂，称臣，在赦前，免”，【原注】免侯爵。皆在元狩元年。而《严助传》天子令助谕意淮南王，一则曰“臣助”，再则曰“臣助”，史因而书之，未尝以为罪，则知钉等三人所坐者交通之罪，而自此以后，廷臣之于诸侯王遂不复有称臣者尔。【原注】晋时有自称“民”者。《世说》《政事》：陆太尉对王丞相曰：“公长民短。”然王官之于国君，属吏之于府主，其称臣如故。《宋书》《武三王传》：“孝武孝建元年十月己未，大司马江夏王义恭等奏：‘郡县内史及封内官长于其封君，既非在三，罢官则不复追敬，不合称臣。'诏可。"齐、梁以后,王官仍复称臣,【原注】《隋书·百官志》:"诸王公侯国官,皆称臣。上于天朝,皆称陪臣。"而属吏则不复称矣。

〔一〕【梁氏曰】此侯罪状,《史》、《汉》表皆同,中间有脱文,必不因称臣弃市也,况淮南王为钉之从祖,尊卑既别,名位亦殊,其称臣何罪?

诸侯王有自称臣者,齐哀王《遗诸侯王书》曰"惠帝使留侯张良立臣为齐王"见《史记·吕太后本纪》。是也。天子有自称臣者,"高祖奉玉卮,起为太上皇寿曰:'始大人常以臣无赖,不能治产业'",见《史记·高祖本纪》。景帝对窦太后言"始南皮章武侯,先帝不侯,及臣即位乃侯之"见《史记·周勃世家》。是也。

先卿

称其臣为"卿",则亦可称其臣之父为"先卿"。《宋史·理宗纪》:"工部侍郎朱在[1]进对奏人主学问之要,上曰:'先卿《中庸序》言之甚详,朕读之不释手,恨不与同时。'"此如《商书》《说命下》之言"先正保衡",盖尊礼之辞也。

① 朱在,朱熹之子。

先妾

人臣对君称父为"先臣",则亦可称母为"先妾"。《左传》昭公三年:晏婴辞齐景公曰:"君之先臣容焉。"《战国策》《齐策一》:匡章对齐威王曰:"臣非不能更葬先妾也。"陈沈炯表言:"臣母妾刘年八十有一,臣叔母妾丘七十有五。"见《陈书·陈炯传》。

称臣下为父母

"父"、"母"二字乃高年之称。汉文帝问冯唐曰:"父老,何自为郎?"是称其臣为"父"也。见《史记·冯唐列传》。【原注】《史记》:文帝又问,则曰:"父知之乎?"是当时面言如此。《汉书》以人主嫌于称父,乃添一字曰"父老知之乎",失之矣。赵王谓赵括母曰:"母置之,吾已决矣。"见《史记·廉颇蔺相如列传附赵括》。是称其臣之母为母也。

人臣称人君〔一〕

人臣有称"人君"者。《汉书》《高帝纪》高帝诏曰"爵或人君,上所尊礼",师古曰:"爵高有国邑者,则自君其人,故云'或人君'也。"

〔一〕【杨氏曰】前有"人臣称君"一条,宜并入。

郡县初立,亦有君臣之分,故尉缭说秦王曰“以秦之强,诸侯譬如郡县之君臣”。见《史记·秦始皇本纪》。《水经注》卷二《河水》引黄义仲《十三州记》曰:“郡之言君也。改公侯之封而言君者,至尊也。今‘郡’字‘君’在其左,‘邑’在其右,君为元首,邑以载民,故取名于君,谓之郡。”

上下通称

《汉书·霍光传》“鸮数鸣殿前树上”,师古曰“古者室屋高大,则通呼为殿耳,非止天子宫中”,《黄霸传》“丞相请与中二千石、博士杂问郡国上计长吏、守丞,为民兴利除害者,为一辈,先上殿”,师古曰“殿,丞相所坐屋也”,《董贤传》“为贤起大第北阙下,重殿洞开”,《后汉书·蔡茂传》“梦坐大殿”,【原注】注:“屋之大者,古通呼为殿也。”《三国志·张辽传》“为起第舍,又特为辽母作殿”,左思《魏都赋》“都护之堂,殿居绮窗”,见《文选》卷六。是人臣亦得称“殿”也。《鲍宣传》“为豫州牧,行部乘传,去法驾,驾一马”,是人臣亦得称“法驾”也。《旧唐书·吴元济传》“诏以裴度为彰义军节度使,兼申、光、蔡四面行营招抚使,以郾城为行在,蔡州为节度所”,是人臣亦得称“行在”也。

【小笺】按,《史记·平原君传》:“躄者请曰:君之后宫临而笑臣。”是“后宫”之称亦通乎人臣也。

汉人有以郡守之尊称为“本朝”者,《司隶从事郭究碑》云“本朝察孝，贡器帝庭”，见《隶释》卷一〇。《豫州从事尹宙碑》云“纲纪本朝”是也。【原注】《三国志·孙皓传》注：“邵畴为会稽郡功曹，自言位极朝右。”晋卢谌《赠刘琨》诗：“谬其疲隶，授之朝右。”李善注：“朝右，谓别驾也。”亦谓之“郡朝”，《后汉书·刘宠传》“山谷鄙生，未尝识郡朝”是也。亦谓之“府朝”，《晋书·刘琨传》“造府朝，建市狱”是也。【原注】时琨为并州刺史。〇胡三省《通鉴注》卷一二八：“晋、宋之间，郡曰郡朝，府曰府朝，藩王曰藩朝。宋武帝为宋王、齐高帝为齐王时曰霸朝。”亦有以县令而称“朝”，晋潘岳为长安令，其作《西征赋》曰“励疲钝以临朝”见《文选》卷一〇。是也。

《汉丹阳太守郭旻碑》有曰：“君之弟故太尉薨，归葬旧陵。”见《隶释》卷二四。欧阳永叔以人臣为疑，盖徒见唐卢粲驳武承训造陵之奏，以为“陵之称谓施于尊极，不属王公已下”，【原注】《旧唐书·德肇传》。[①] 此自南北朝已后然尔。按《水经注》卷一九《渭水》言“秦名天子冢曰山，汉曰陵”，又引《风俗通》言“王公坟垄称陵”，书中有子夏陵、老子陵及诸王公妃之陵甚多。《后汉书》明、章二帝纪，言祠东海恭王陵、定陶太后、恭王陵、东平宪王陵、沛献王陵，《西京杂记》董仲舒之墓称“下马陵”，【原注】李肇《国史补》卷下：“武帝幸宜春苑，每至此陵下马，时谓之下马陵，岁远讹为虾蟆陵也。”白乐天《琵琶行》：“家在虾蟆陵下住。”曹公《祭桥玄文》“北望贵土，乃心陵墓”，见《后汉书·桥玄传》。《三国志》注引《魏略》陈思王上书言“陛下既爵臣百寮之右，居藩国之任，屋名为宫，

① 应是《卢粲传》之误。

冢名为陵”，则人臣而称“陵”，古多有之，不以为异也。吕东莱祖谦《大事记》卷三：“墓之称陵，古无贵贱之别。《国语》管仲曰：‘定民之居，成民之事，陵为之终。’是凡民之墓亦得称陵。”

人臣称“卤簿”。《石林燕语》卷四曰：“卤簿之名，始见于蔡邕《独断》。唐人谓卤，橹也，甲楯之别名。凡兵卫以甲楯居外，为前导，捍蔽其先后，皆著之簿籍，故曰卤簿。”因举南朝御史中丞、建康令皆有卤簿，为君臣通称。【原注】杜氏《通典》卷一〇七有“群官卤簿”。〇《南史·颜延之传》：“尝乘羸牛车，逢子竣卤簿。”〇“王僧孺幼随其母至市，遇中丞卤簿，驱迫沟中。”见《梁书》本传。

今人以皇族称为“宗室”，考之于古，不尽然。凡人之同宗者即相谓曰“宗室”。《左传》昭六年：“宋华亥谗华合比而去之，左师曰：‘女丧而宗室，于人何有？’”《魏书·胡叟传》：“叟与始昌虽宗室，性气殊诡，不相附。”《北齐书·邢邵传》：“十岁便能属文，族兄峦有人伦鉴，谓子弟曰：‘宗室中有此儿，非常人也。’”《张雕传》：“胡人何洪珍，大蒙主上亲宠，与张景仁结为婚媾。雕以景仁宗室，自托于洪珍。”《后周书·裴侠传》：“撰九世伯祖贞侯传，欲使后生奉而行之，宗室中知名者咸付一通。”《薛端传》：“为东魏行台薛循义所逼，与宗室及家僮等走免。”《杜叔毗传》：“兄君锡及宗室等为曹策所害。”《徐陵集》有《在北齐与宗室书》。

【小笺】按：《史记·齐世家》“立明为太子”，谓崔杼之子明也。《赵世家》“简子乃废太子伯鲁，而以毋恤为太子。”虽“太子”之尊称，亦君臣同之。

《颜氏家训》《文章》论孙楚《王骠骑诔》云“奄忽登遐”，以为非所宜言。然夏侯湛《昆弟诰》曰“我王母薛妃登遐”，见《晋书》本传。又曰“蔡姬【原注】其祖之继室。登遐”，则晋人固尝用之，不以为嫌也。

人臣称“谅闇”。《晋书·山涛传》：“除太常卿，遭母丧，归乡里，诏曰：‘山太常尚居谅闇。’”

人臣称“大渐”。《列子》《力命》：“季梁得疾，七日大渐。”齐王俭《褚渊碑文》：“景命不永，大渐弥留。”见《文选》卷五八。任昉《竟陵王子良行状》：“大渐弥留，话言盈耳。”见《文选》卷六〇，作《齐竟陵文宣王行状》。沈约《安陆王缅碑文》：“遘疾弥留，欻焉大渐。”[①]《隋鹰扬郎将义城子梁罗墓志》：“大渐之期，春秋六十有一。”唐王绍宗为其兄玄宗临终口授铭：“吾六兄同人见疾，大渐惟几。”卢藏用《苏许公瓌神道碑文》：“大渐之始，遗令遵行。”见《文苑英华》卷八八三。

《书·武成》“垂拱而天下治”，《记·玉藻》“凡侍于君，绅垂，足如履齐，颐溜垂拱”，是“垂拱”之云，上下得同之也。

人臣称万岁

《后汉书·韩棱传》：“窦宪有功还，尚书以下议欲拜

① 见《文选》卷五九，作《齐故安陆昭王碑文》。

之，伏称'万岁'。棱正色曰：'夫上交不谄，下交不黩，礼无人臣称万岁之制。'议者皆惭而止。"然考之《战国策》《齐策四》言"冯（煖）[谖][①]为孟尝君以责赐诸民，因烧其券，民称万岁"，【原注】《史记》《孟尝君列传》但云"坐者皆起再拜"。《马援传》言"援击牛酾酒，劳飨军士，吏士皆伏称万岁"，《冯鲂传》言"责让贼延褒等，令各反农桑，皆称万岁"，《吴良传》注引《东观记》"岁旦，郡门下掾王望举觞上寿，掾史皆称万岁"，则亦当时人庆幸之通称。而李固出狱，京师市里皆称万岁，遂为梁冀所忌，而卒以杀之，见《后汉书·李固传》。亦可见其为非常之辞矣。〔一〕

〔一〕【沈氏曰】《元史·刑法志·禁令》篇云："诸民间祖宗神主称'皇'字者禁之。"

【校正】寿昌案：《录》中所引史文，皆吏民谢恩之辞，非人臣自称"万岁"也。

① 据张京华《校释》改，《战国策》正作"谖"。

日知录集释卷二十五

重黎

《左传》昭公二十九年蔡墨对魏献子言："少昊氏有四叔，曰重，曰该，曰修，曰熙。使重为句芒，该为蓐收，修及熙为玄冥。""颛顼氏有子曰犁，为祝融。""犁"即"黎"字异文，是重、黎为二人，一出于少昊，一出于颛顼。而《史记·楚世家》则曰"帝颛顼高阳者，黄帝之孙，昌意之子也。高阳生称，称生卷章，卷章生重黎"，《太史公自序》则曰"重黎氏世序天地，其在周，程伯休甫其后也"，《晋书·宣帝纪》"其先出自帝高阳之子重黎，为夏官祝融"，《宋书》《礼志三》载晋尚书令卫瓘、尚书左仆射山涛、右仆射魏舒、尚书刘寔、司空张华等奏，乃云"大晋之德，始自重黎，实佐颛顼。至于夏、商，世序天地。其在于周，不失其绪"，似以"重黎"为一人。不容一代乃有两祖，亦昔人相沿之谬。【原注】案《续汉书·天文志》曰"司马迁以世黎氏之后，为太史令"，则已觉其谬矣。○《索隐》引刘氏曰:“少昊氏之后曰重,颛顼氏之后曰重黎。对彼‘重’则单称‘黎’,若自言当家则称‘重黎’。楚及司马氏皆重黎之后,非关少昊之重。”此顺非而曲为之说。〔一〕

〔一〕【雷氏曰】重与黎皆官名,后乃谓之羲和。《国语》:“颛顼命南正重司天以属神,命火正黎司地以属民。”此重即少昊四叔中之重,以句芒而兼天官者。黎乃蚩尤九黎之族,以世职而为地官者。或谓黎即吴回,大谬。回乃颛帝之曾孙,安有帝之初立,即命其曾孙之理?盖高阳以前,惟凶黎蚩尤之族称黎。黄帝虽灭蚩尤,仍迁其善者于邹屠,使为缙云之官,掌当时之职,袭蚩尤之名为黎君也。少昊之衰,黎有乱德,颛顼制之,亦迁其善者,使为北正。故曰“命南正重司天、北正黎司地”。自后掌其职者皆袭其号。高辛之初,二官失职,帝以老童二子代之。故《山海经》曰:“老童生重及黎。”重即重氏,黎即吴回也。其初二职皆掌于重,后与回分掌之。及共工作乱,帝命重氏诛之,不尽,帝乃以庚寅日诛重,而以其弟吴回为之后。由是重氏之职又并于黎,而黎之德独光融于天下焉。盖对少昊氏四叔之“重”言之,则老童之子通谓之“黎”。对吴回之称“黎”言之,则回之兄止谓之“重”。无所对,而以其兼并二职言之,则回与其兄皆可谓之“重黎”也。《国语》:“尧育重黎之后,不忘旧者,使复典之。”此重黎即谓吴回,其后即羲和是也。羲和本黄帝时占日之官,尧取于古官之名以名之,使总理授时之事。又以其四子分掌四时,此即《国语》所谓“别其分主者”。揆之于古,亦犹少昊之世,分、至、启、闭掌于四官,而统于历正。故喾、尧以后,天事掌于一家。就其属而分言之,则羲仲、羲叔、和仲、和叔各有分司。就其长而统言之,则或谓之羲和,或谓之重黎,止是一官之称也。《吕氏春秋》谓舜使重黎举后夔典乐，是又即羲和重黎之证。夏后中康之世，羲和尸位，胤侯征之，以昆吾氏代其职。盖昆吾者，亦祝融、吴回之孙。帝之命代，犹尧育重黎之后，不忘旧者，使复典之义。故《国语》曰："至于夏、商，重黎世叙天官。"《史记·天官书》："昔之言天术者：有夏，昆吾；殷商，巫咸。"巫咸在商王太戊之世，然则太戊以前几百年，犹是重黎之子孙叙其职也。马融《书》注分羲、和为二氏。后出孔传，用《法言》"近羲近和"之说，谓重即羲、黎即和，亦由于此。

巫咸

古之圣人，或上而为君，或下而为相，其知周乎万物而道济天下，固非后人之所能测也，而传者猥以一节概之。黄帝，古圣人也，而后人以为医师；[①]伯益，古贤臣也，而世有"百虫将军"之号，[②]以彼事迹章章在经籍者且犹如此。若乃尧之臣名羿，[③]而有穷之君亦名羿；[④]尧之典乐名夔，[⑤]

---

① 按元代以伏羲、神农、黄帝为医王，庙祀为"三皇"。见《元史·祭祀志》：元贞元年，初命郡县通祀三皇。太昊伏羲以勾芒配，炎帝神农以祝融配，轩辕黄帝以风后配。黄帝臣俞跗以下十人姓名载于医书者并从祀。如宣圣释奠礼，以医师主之。

② 《水经注·洛水》有《百虫将军显灵碑》，云将军姓伊氏，讳益，字隤敳，帝高阳之第二子伯益也。

③ 《淮南子·本经训》：尧时十日并出，焦禾稼，杀草木，民无所食。猰貐、凿齿、九婴、大风、封豨、修蛇皆为民害。尧乃使羿诛射诸凶，上射十日。又《山海经·海内经》：帝俊赐羿彤弓素矰，以扶下国。帝俊即尧。

④ 详见《左传》襄公四年。

⑤ 《书·舜典》："帝曰：'夔！命汝典乐。'"

而木石之怪亦为夔；[①]汤居亳，[②]而亳戎之国亦名汤。夫苟以其名而疑之，则道德之用微而谬悠之说作。若巫咸者，可异焉。《书·君奭》篇："在大戊，时则有若伊陟、臣扈，格于上帝，巫咸乂王家。在祖乙，时则有若巫贤。"【原注】孔安国《传》："贤，咸子，巫氏。"○《史记·殷本纪》："帝祖乙立，殷复兴，巫咸任职。"咸，当为"贤"字之误。《书序》："伊陟相太戊，亳有祥，桑穀共生于朝。伊陟赞于巫咸，作《咸乂》四篇。"孔安国《传》曰："巫咸，臣名。"马融曰："巫，男巫也，名咸，殷之巫也。"孔颖达《正义》曰："《君奭》传曰'巫，氏也'，当以'巫'为氏，名'咸'。郑玄云'巫咸谓之巫官'，按《君奭》，咸子巫贤，父子并为大臣，必不世作巫官，故孔言'巫，氏'是也。"则巫咸之为商贤相明矣。《史记正义》《殷本纪》谓"巫咸及子贤冢，皆在苏州常熟县西海隅山上，盖二子本吴人云"，《越绝书》卷二《吴地传》云"虞山者，巫咸所出也"，是未可知。而后之言天官者宗焉，言卜筮者宗焉，言巫鬼者宗焉。言天官则《史记·天官书》所云"昔之传天数者：高辛之前，重、黎；于唐虞，羲和；有夏，昆吾；殷商，巫咸"者也。言卜筮则《吕氏春秋》《审分览》所谓"巫彭作医，巫咸作筮"者也。【原注】《周礼·春官宗伯簭人》："九簭之名，一曰巫更，二曰巫咸，三曰巫式，四曰巫目，五曰巫易，六曰巫比，七曰巫祠，八曰巫参，九曰巫环。"郑玄注："此九巫皆当读为'筮'，字之误也。"言巫鬼则《庄子》《天运》所云"巫咸祒曰，来"，《楚

---

① 《国语·鲁语下》："木石之怪，夔、魍魉。"

② 见《孟子·滕文公下》。

辞·离骚》所云"巫咸将夕降兮,怀椒糈而要之",《史记·封禅书》所云"巫咸之兴自此始",【原注】《索隐》曰:"孔安国《尚书传》云:'巫咸,臣名。'今云巫咸之兴自此始,则以巫咸为巫觋。然《楚辞》亦以巫咸主神。盖太史公以巫咸是殷臣,以巫接神,事大戊,使禳桑榖之灾,故云然。"许氏《说文》卷五上"巫"部所云"巫咸初作巫",又其死而为神,则秦《诅楚文》所云"不显大神巫咸"见《古文苑》卷一。者也。【原注】《封禅书》:"荆巫祀堂下、巫先、司命、施糜之属。"《索隐》曰:"巫先,谓古巫之先有灵者,盖巫咸之类也。"而又或以巫咸为黄帝时人,《归藏》言"黄神将战,筮于巫咸"①是也。以为帝尧时人,郭璞《巫咸山赋序》【原注】《地理志》曰:"巫咸山在安邑县(东)[南]。"《水经注》卷六《涑水》:"盐水出东南薄山,西北流径巫咸山北。"言"巫咸以鸿术为帝尧医"见《艺文类聚》卷七。是也。以为春秋时人,《庄子》《应帝王》言"郑有神巫曰季咸",《列子》《黄帝》言"神巫季咸,自齐来处于郑"是也。【原注】枚乘《七发》:"扁鹊治内,巫咸治外。"《文选》卷三四吕向注:"扁鹊、巫咸皆郑人。"按:《列子》、《庄子》皆言郑有神巫曰季咸,而扁鹊则"鄚人",字形相混,亦以为"郑"也。至《山海经·海外西经》言"巫咸国在女丑北,右手操青蛇,左手操赤蛇,在登葆山,群巫所从上下也",【原注】注:采药往来。《大荒西经》言"大荒之中有山,名曰丰沮玉门,日月所入,有灵山巫咸、巫即、巫肦、巫彭、巫姑、巫真、巫礼、巫抵、巫谢、巫罗十巫,从此升降,百药爰在",【原

① 宋王应麟《玉海》卷三五言《御览》引《归藏》,有"黄神将战,筮于巫咸"语。查《太平御览》卷七九,文作"《归藏》曰:昔黄帝与炎神争斗涿鹿之野,将战,筮于巫。巫咸曰:'果哉而有咎。'"

注】注：群巫上下此山采之也。《淮南子·地形训》言“轩辕丘在西方，巫咸在其北方”，则益荒诞不可稽，而知古贤之名，为后人所假托者多矣。

河伯

《竹书》：“帝芬十六年，洛伯用与河伯冯夷斗。”“帝泄十六年，殷侯微，【原注】上甲微也。以河伯之师伐有易，杀其君绵臣。”是河伯者，国居河上而命之为伯，如文王之为西伯，而“冯夷”者，其名尔。《楚辞·九歌》以“河伯”次“东君”之后，则以河伯为神。《天问》“胡羿射夫河伯，而妻彼洛嫔”，王逸《章句》以射为实，以妻为梦；其解《远游》“令海若，舞冯夷”，则曰“冯夷，水仙人也”，是河伯、冯夷皆水神矣。《穆天子传》：“至于阳纡之山，河伯无夷之所都居。”【原注】注：“无夷，冯夷也。《山海经》云冰夷。”《山海经》《海内北经》“中【原注】一作“从”。极之渊，深三百仞，惟冰夷恒都焉。冰夷人面，乘两龙”，郭璞注：“冰夷，冯夷也，即河伯也。”【原注】郭璞《江赋》：“冰夷倚浪以傲睨。”见《文选》卷一二。《庄子》《大宗师》“冯夷得之，以游大川”，司马彪注引《清泠传》曰“冯夷，华阴潼乡堤首里人也。服八石，得道，为水仙，是为河伯”，见《经典释文》卷二六。是以冯夷死而为神，其说怪矣。《龙鱼河图》曰“河伯姓吕，名公子。夫人姓冯，名夷”，见《后汉书·张衡传》注引。以冯夷为河伯之妻，更怪。《楚辞·九歌》有《河伯》，而冯夷属海若之下，亦若以为两人。大抵所传各异，而谓河神有夫人者，亦秦人以君主妻河、[①]邺巫为河伯娶妇[②]之类耳。【原注】《淮南子》《原道训》"冯夷、大丙之御"，注："二人古之得道、能御阴阳者。"

《魏书》《高句丽传》："高句丽先祖朱蒙。朱蒙母，河伯女，为夫馀王妻，朱蒙自称为河伯外孙。"则河伯又有女有外孙矣。

《真诰》卷一二载："[昔][③]有一人，旦旦诣河边，拜河水。如此十年，河侯、河伯遂与相见，予白璧十双，教以水行不溺法。"注曰："河侯、河伯，故当是两神邪？"

湘君

《楚辞·湘君》、《湘夫人》，亦谓湘水之神有后有夫人也，初不言舜之二妃。【原注】王逸《章句》始以湘君为水神，湘夫人为二妃。《记》《檀弓上》曰："舜葬于苍梧之野，盖三妃未之从也。"〔一〕《山海经》《中山经》"洞庭之山，帝之二女居之"，郭璞注曰："天帝之二女，而处江为神。即《列仙传》'江妃二女'也，《九歌》所谓湘夫人称'帝子'者是也。而《河图玉版》曰：'湘夫人者，帝尧女也。秦始皇浮江至湘山，逢大风，而问博士："湘君何神？"博士曰："闻之尧二女，舜妃也，死而葬此。"'《列女传》曰：'二女死于江湘之

① 《史记·六国年表》秦灵公八年："初以君主妻河。"《索隐》："谓初以此年取他女为君主，君主犹公主也。妻河，谓嫁之河伯。"

② 见《史记·滑稽列传·西门豹传》。

③ "昔"字据张京华《校释》补。《真诰》有"昔"字。

间，俗谓之湘君。'郑司农众亦以舜妃为湘君。说者皆以舜陟方而死，二妃从之，俱溺死于湘江，遂号为'湘夫人'。按《九歌》，湘君、湘夫人自是二神，江湘之有夫人，犹河洛之有虙妃也。此之为灵，与天地并，安得谓之尧女？且既谓之尧女，安得复总云湘君哉？何以考之？《礼记》云：'舜葬苍梧，二妃不从。'①明二妃生不从征，死不从葬。且《传》昭公二十九年曰：'生为上公，死为贵神。'〔二〕《礼》《王制》：'五岳比三公，四渎比诸侯。'②今湘川不及四渎，无秩于命祀，而二女帝者之后，配灵神祇，无缘复下降小水而为夫人也。原其致谬之由，由乎俱以'帝女'为名，名实相乱，莫矫其失，习非胜是，终古不悟，可悲矣！"此辨甚正。又按《远游》之文，上曰"二女御《九招》歌"，下曰"湘灵鼓瑟"。是则二女与湘灵固判然为二，即屈子之作可证其非舜妃矣。后之文人附会其说，以资谐讽，其渎神而慢圣也不亦甚乎！

〔一〕【梁氏曰】尧妻舜二女，明载《尧典》，《檀弓》何以有"三妃"？历考《汉书》、《后汉书》、《三国志》，凡所称引，皆作"二妃"。《周礼·天官》目录"九嫔"疏，《史·五帝纪》《集解》之类，并引《礼记》作"二妃"，则知"三妃"乃别本之讹，而康成就文立义，谓之"三夫人"，孔疏引皇甫谧《世纪》以实之，不可信。

〔二〕【沈氏曰】昭二十九年传本作"封为上公，祀为贵神"。

① 按《礼记·檀弓上》为"三妃"。

② 原文作"五岳视三公，四渎视诸侯。"

禹崩会稽，故山有禹庙，而《水经注》卷四〇《渐江》言："庙有圣姑[像]。《礼乐纬》云：'禹治水毕，天赐神女圣姑。'"夫舜之湘妃，犹禹之"圣姑"也。

甚矣，人之好言色也。太白，星也，而有妻，《甘氏星经》曰："太白上公，妻曰女媊。女媊居南斗，食厉，天下祭之，曰明星。"见《说文》卷一二下"女"部下引。河伯，水神也，而有妻，《龙鱼河图》曰："河伯姓吕，名公子，夫人姓冯，名夷。"见《后汉书·张衡传》注引。常仪，古占月之官也，而《淮南子》以为羿妻窃药而奔月，名曰常娥。① 霜露之所为，雪水之所凝也，而《淮南子》《天文训》云"青女乃出，以降霜雪"。【原注】高诱注："天神，青霄玉女。"巫山神女，宋玉之寓言也，而《水经注》卷三四《江水》以为"天帝之季女，名曰瑶姬"。【原注】李善《高唐赋注》引《襄阳耆旧传》曰："赤帝女姚姬，未行而卒，葬于巫山之阳。"见《文选》卷一九。洛水宓妃，陈思王之寄兴也，②而如淳以为伏羲氏之女。【原注】《汉书音义》："伏羲氏之女，溺洛水，为神。"见李善《洛神赋注》引。盦山启母，《天问》之杂说也，后人附以"少姨"，以为启母之妹，见《旧唐书·高宗纪》调露二年。【原注】今少室山有阿姨神。见唐杨炯《盈川集》卷五《少室山少姨庙碑》。而武后至封之为玉京太后、金阙夫人。见《旧唐书·礼仪志三》。青溪小姑为蒋子文之第三妹，见刘敬叔《异苑》卷五。则见于杨炯之碑。【原注】杨炯《少姨庙碑》曰："蒋侯三妹，青溪之轨迹可寻。"并州妒女为介子推之妹，则见于李谔之诗。

① 《淮南子·览冥训》作"姮娥"。
② 曹植《洛神赋》。见《文选》卷一九。

【原注】见下。小孤山之讹为“小姑”也,【原注】欧阳公《归田录》卷下。杜拾遗之讹为“十姨”也,【原注】《黄氏日钞》卷六一。是皆湘君夫人之类。而《九歌》之篇,《远游》之赋,且为后世迷惑男女、渎乱神人之祖也。或曰:《易》以坤为妇道,而《汉书》有“媪神”之文,【原注】《郊祀歌》:“媪神蕃釐。”张晏曰:“媪者,老母之称。坤为母,故称媪。”见《汉书·礼乐志》。于是山川之主必为妇人以象之,非所以隆国典而昭民敬也已。

金元好问《承天镇悬泉》诗注曰:“平定土俗,传介子推被焚,其妹介山氏耻兄要君,积薪自焚,号曰妒女祠。【原注】《唐书》《狄仁杰传》:“高宗调露元年九月,幸并州,道出妒女祠。”其碑大历中判官李諲撰,辞旨殊谬,至有‘百日积薪,一日烧之’之语。乡社至今以百五日积薪而焚之,谓之祭妒女。”其诗有曰:“神祠水之浒,仪卫盛官府。颇怪祠前碑,稽考失莽卤。吾闻允格台骀宣汾洮,障大泽,自是生有自来归有所。假而【原注】“而”即“如”字。自经沟渎便可尸祝之,祀典纷纷果何取?子胥鼓浪怒未泄,精卫衔薪心独苦。楚臣百问天不酬,肯以诞幻虚荒惊聋瞽?自有宇宙有此水,此水绵绵流万古。人言主者介山氏,且道未有介山之前复谁主?山深地古自是有神物,不假灵真谁敢侮?稗官小说出闾巷,社鼓村箫走翁妪。当时大历十才子,争遣李諲镵陋语。”见《元遗山集》卷八。此是千古正论。杜氏《通典》卷四五:“汾阴后土祠为妇人塐像。武太后时,移河西梁山神塐像就祠中配焉。开元十一年,有司迁梁山神像于祠外之别室。”夫以山川之神而人为之配合,其渎乱不经尤甚矣。【原注】《张南轩集》卷二八《与曾节夫抚干书》言：舜庙中有武后像，即日投之江中。

泰山顶碧霞元君，宋真宗所封，世人多以为泰山之女。后之文人知其说之不经，而撰为黄帝遣玉女之事以附会之，不知当日所以褒封，固真以为泰山之女也。今考封号虽自宋时，而泰山女之说则晋时已有之。张华《博物志》卷七："文王以太公为灌坛令，期年，风不鸣条。文王梦见有一妇人当道而哭，问其故，曰：'我东海泰山神女，嫁为西海妇。欲东归，灌坛令当吾道。太公有德，吾不敢以暴风疾雨过也。'文王梦觉，明日，召太公。三日三夕，果有疾风骤雨自西来也。文王乃拜太公为大司马。"此一事也。干宝《搜神记》卷四："后汉胡母班尝至泰山侧，为泰山府君所召，令致书于女婿河伯云：'至河中流，扣舟呼青衣，当自有取书者。'果得达，复为河伯致书府君。"此二事也。【原注】《魏书·高句丽传》："朱蒙告水曰：'我是日子，河伯外孙。'"《列异传》记蔡支事，又以天帝为泰山神之外孙。见《太平广记》卷三七五引。自汉以来，不明乎天神、地祇、人鬼之别，一以人道事之。于是封岳神为王，则立寝殿，为王夫人；有夫人则有女，而女有婿，又有外孙矣。唐、宋之时，但言灵应，即加封号，不如今之君子必求其人以实之也。

又考泰山不惟有女，亦又有儿。《魏书·段承根传》："父晖，师事欧阳汤。有一童子与晖同志，后二年，辞归，从晖请马。晖戏作木马与之。童子甚悦，谢晖曰：'吾泰山府君子，奉敕游学，今将归，(损)[烦]子厚赠，无以报德，子后至常伯封侯。’言讫，乘马腾空而去。”《集异记》言：“贞元初，李纳病笃，遣押衙王祐祷岱岳，遥见山上有四五人，衣碧汗衫半臂。路人止祐下车，言此三郎子、七郎子也。”见《太平广记》卷三〇五引。《文献通考》卷九〇：“后唐长兴三年，诏以泰山三郎为威雄将军。宋大中祥符元年十月，封禅毕，亲幸，加封炳灵公。”夫封其子为将军、为公，则封其女为君，正一时之事尔。

又考《管子》《山权数》对桓公曰：“东海之子类于龟。”不知何语，而房玄龄注则以为“海神之子”。又元刘遵鲁《漠岛记》曰：“庙中神妃，相传为东海广德王第七女。”夫海有女，则山亦有女，曷足怪乎？

共和

《史记·周本纪》：“厉王出奔于彘，厉王太子静匿召公之家，周公、召公二相行政，号曰共和。共和十四年，厉王死于彘，二相乃共立太子静为王。”以二相为共和，非也。《汲冢纪年》：“厉王十二年出奔彘。十三年，共伯和摄行天子事，号曰共和。【原注】《汉书·古今人表》有共伯和。师古曰：“共，国。伯，爵。和，其名。”二十六年，王陟于彘。周定公、召穆公立太子靖为王，共伯和归其国。”此即《左氏》王子朝所谓“诸侯释位，以间王政”者也，但其言共伯归国者未合。古者无天子之世，朝觐讼狱必有所归。《吕氏春秋》《开春论》言：“共伯和修其行，好贤仁。周厉之难，天子旷绝，而天下皆来请[①]矣。"按此则天下朝乎共伯,非共伯至周而摄行天子事也。〔一〕共伯不以有天下为心,而周公、召公亦未尝奉周之社稷而属之他人,故周人无易姓之嫌,共伯无僭王之议。《庄子》《让王》曰"许由娱于颍阳,而共伯得乎共首",【原注】共首,今之共山,亦谓之共头。《荀子》《儒效》:"武王伐纣,至共头而山隧。"《吕氏春秋》《季冬纪·诚廉》:"武王使召公就微子开于共头之下,而与之盟。"盖其秉道以终,得全神养性之术者矣。【原注】毕拱辰曰:"按金氏履祥《通鉴前编》,厉王三十七年出奔彘,五十一年崩于彘。其纪年亦与《竹书》不合。"

〔一〕【梁氏曰】盖厉王流彘,诸侯皆往宗共伯,若霸主然。时宣王尚幼,匿不敢出,周、召居守京师,辅导太子。及汾王没而民厌乱,太子年亦加长,共伯乃率诸侯会二相而立之。参核情实,必是如此。窃怪史公以共和纪年,大违《春秋》"天王出居"、"公在乾侯"之义,遂使逍遥共首之贤侯,几疑其与羿、浞、莽、卓等,岂不诬哉!

《左传》隐公元年"郑太叔出奔共",注:"共国,今汲郡共县。"《史记·春申君传》:"通韩上党于共、宁,使道安成,出入赋之。"[②]《田敬仲完世家》:"王建降秦,秦迁之共,饿死。齐人歌之曰:'松邪柏邪,住建共者客邪!'"《汉书·功臣表》有共庄侯卢罢师。《唐书·地理志》:"卫州共城县。武德元年,置共州。"即今卫辉府辉县。【原注】《诗序》:"《柏舟》,共姜自誓也。卫世子共伯蚤死,其妻守义,父母欲夺而嫁

① 今本《吕氏春秋》作"谓"。高诱注:"谓,谓天子也。"
② 语见《魏世家》,言《春申君传》者误。

之，誓而弗许，故作是诗以绝之。”此别一共伯。共者，谥也，非共国之共也。**今辉县有共姜台，后人之附会也。**

介子推

介子推事，见于《左传》僖公二十四年**则曰“晋侯求之，不获，以绵上为之田，曰‘以志吾过，且旌善人’”，《吕氏春秋》**《季冬纪·介立》**则曰“负釜盖簦，终身不见”，二书去当时未远，为得其实，然之推亦未久而死，故以田禄其子尔。《史记》**《晋世家》**之言稍异，亦不过曰“使人召之，则亡。闻其入绵上山中，于是环绵上之山中而封之，以为介推田，号曰介山”而已。“立枯”之说始自屈原，“燔死”之说始自《庄子》。**【原注】《容斋三笔》卷二《介推寒食》以为始自刘向《新序》，非也。**《楚辞·九章·惜往日》：“介子忠而立枯兮，文公寤而追求。封介山而为之禁兮，报大德之优游。思久故之亲身兮，因缟素而哭之。”《庄子》则曰：“介子推至忠也，自割其股以食文公。文公后背之，子推怒而去，抱木而燔死。”**【原注】《盗跖》篇。○东方朔《七谏》、见洪兴祖《楚辞补注》。《丙吉传》长安士伍尊书、见《汉书》。刘向《说苑》卷一七《杂言》、《新序》卷七《节士》因之。○《水经注》卷六《汾水》引王肃《丧服要记》“桂树之问”，亦辨以为诬。**于是瑰奇之行彰而廉靖之心没矣。今当以《左氏》为据，割股燔山，理之所无，皆不可信。**

魏武帝令曰：“闻太原、上党、西河、雁门，冬至后百五日，皆绝火寒食，云为介子推。且北方冱寒之地，老少羸

弱，将有不堪之患。令到，人不得寒食。若犯者，家长半岁刑，主吏百日刑，令长夺一月俸。”见《艺文类聚》卷四，作《明罚令》。后魏高祖太和二十年二月癸丑诏：“介山之邑听为寒食，自馀禁断。”见《魏书·高祖纪》。

《册府元龟》卷六八九：“龙星，木之(精)[位]也。[①] 春见东方。心为[大火，惧]火之盛，故为之禁火。俗传介子推以此日被焚，禁火。”

《路史·燧人改火论》曰：“顺天者存，逆天者亡，是必然之理也。昔者燧人氏作，观乾象、察辰心而出火，作钻燧、别五木以改火，岂惟惠民哉，以顺天也。【原注】四时五变：榆、柳青，故春取之；枣、杏赤，故夏取之；桑、柘黄，故季夏取之；柞、楢白，故秋取之；槐、檀黑，故冬取之。皆因其性，故可救时疾。[②] 予尝考之，心者，天之大火。而辰、戌者，火之二墓。是以季春心昏见于辰而出火，季秋心昏见于戌而纳之。卯为心之明堂，至是而火大壮。是以仲春禁火，戒其盛也。《周官》《秋官司寇》‘每岁仲春，命司烜氏，以木铎修火禁于国中’，为季春将出火，而‘司爟掌行火之政令，四时变国火，以救时疾。季春出火，季秋内火，民咸从之。时则施火令。凡国失火，野焚莱，则随之以刑罚’。见《周礼·夏官司马》。夫然，故天地顺而四时成，气不愆伏，国无疵疠，而民以宁。郑以三月铸刑书，而士文伯以为必灾，六月而郑火，盖火未

① 据援庵《校注》：此段为《册府元龟》引自《后汉书·周举传》之注文。“木之精也”，《周举传》注原作“木之位也”。《册府元龟》误“位”为“谓”，亭林又误改为“精”。

② 本文之注皆《路史》原注。

出而作火，宜不免也。见《左传》昭公六年。**今之所谓寒食一百五者，熟食断烟，谓之‘龙忌’，盖本乎此。**【原注】司烜，仲春以木铎修火禁，因火出而警之。仲秋火入，则不警。宫正，春秋以木铎修火禁，宫禁尚严也。**而周举之书，**[①]**魏武之令，**见前。**与夫《汝南先贤传》、**[②]**陆翙《邺中记》**[③]**等，皆以为为介子推，谓子推以三月三日燔死，而后世为之禁火。吁，何妄邪！是何异于言子胥溺死，而海神为之朝夕者乎？**【原注】予初赋潮，知此妄说，而或者谓昔人言潮无出子胥前者，因为举《书》"朝宗"之语，而齐景尝欲遵海观朝儛矣。且屈原云"听潮水之相击"，而《易》亦有"行险不失信"之言。自有天地，即有此潮，岂必见纸上而后信哉！子胥漂于吴江，适有祠庙当潮头，不知丹徒、南恩等潮且复为谁潮邪？**予观左氏、史迁之书，曷尝有子推被焚之事？况以清明、寒食初靡定日，而《琴操》所记子推之死乃五月五，非三日也。**【原注】古人以三月上巳祓禊，以清明前三日寒食，初无定日。后世既已一之，而又指为三月之三，妄矣！《周举传》云："每冬中辄一月寒食，以子推焚骸，神灵不乐举火。"然则介子又将以冬中亡矣。非可信也。**夫火，神物也，其功用亦大矣。昔隋王劭尝以先王有钻燧改火之义，于是表请变火，曰：‘古者周官四时变火，以救时疾。明火不变，则时疾必**

---

① 《后汉书·周举传》：周举为并州刺史，"太原一郡，旧俗以介子推焚骸，有龙忌之禁，至其亡月，咸言神灵不乐举火，由是士民每冬中辄一月寒食，莫敢烟爨，老小不堪，岁多死者。举既到州，乃作吊书，以置子推之庙，言盛冬去火，残损民命，非贤者之意。以宣示愚民，使还温食。于是众惑稍解，风俗颇革"。

② 《汝南先贤传》所言即周举事。

③ 《邺中记》："并州俗以介子推五月五日烧死，世人为其忌，故不举饷食。非也，北方五月五日自作饮食祀神，及作五色新盘相问遗，不为介子推也。"是陆翙并不以为介子推事也。

兴。圣人作法，岂徒然哉！在晋时，有人以洛阳火渡江，世世事之，相续不灭，火色变青。昔师旷食饭，云是劳薪所爨，晋平公使视之，果然车辋。今温酒炙肉，用石炭火、木炭火、竹火、草火、麻荄火，气味各自不同。以此推之，新火旧火，理应有异。伏愿远遵先圣，于五时取五木以变火。用功甚少，救益方大。'见《隋书·王劭传》。夫火恶陈，薪恶劳。晋代荀勖进饭，亦知薪劳。[①] 而隋文帝所见江宁寺晋长明镫，亦复青而不热。见《刘宾客嘉话录》。传记有以巴豆木入爨者，爰得泄利，而粪臭之草炊者，率致味恶。见《事实类苑》卷六《论取火》。然则火之不改，其不疾者鲜矣。泌以是益知圣人之所以改火、修火、正四时五变者，岂故为是烦文害俗，得已而不已哉。【原注】东晋初有王离妻李，将河南火渡江，云受于祖母。王有遗书二十卷，临终戒勿绝火，遂常种之。传二百年，火色如血，谓之圣火。宋、齐之间，李妪年九十馀，以火治病，多愈。妪死，人为葬之，号圣火冢。每阴雨，见火出冢门。今号其处为圣火巷。《金陵故事》云："禅众寺前直南小巷也。"《传》僖公二十三年不云乎：'违天必有大咎。'先汉武帝犹置别火令丞，典司燧事，【原注】《汉书》《百官公卿表》：大鸿胪有别火令丞。[②] 后世乃废之邪？方石勒之居邺也，于是不禁寒食，而建德殿震，及端门、襄国西门，雹起西河介山，大如鸡子，平地三尺，洿下丈馀，人禽死以万数，千里摧折，秋稼荡然。见崔鸿《十六国春秋》卷一三。夫五行之变如是，而不知者亦以为为之推也。虽

---

① 事见《晋书·荀勖传》："尝在帝坐进饭，谓在坐人曰：'此是劳薪所炊。'咸未之信。帝遣问膳夫，乃云：'实用故车脚。'"

② 此篇之"原注"皆罗泌《路史》原注，唯此注为亭林之注。

然,魏、晋之俗尤所重者,辰为商星,实祀大火,而汾晋参墟,参辰错行,不毗和所致。”见《路史发挥》一。

杞梁妻

《春秋传》襄公二十三年:齐侯袭莒,杞梁死焉。“齐侯归,遇杞梁之妻于郊,使吊之,辞曰:‘殖之有罪,何辱命焉。若免于罪,犹有先人之敝庐在,下妾不得与郊吊。’齐侯吊诸其室。”《左氏》之文不过如此而已。《檀弓》则曰“其妻迎其柩于路而哭之哀”,《孟子》《告子下》则曰“华周、杞梁之妻,善哭其夫而变国俗”,言“哭”者始自二书。《说苑》《立节》则曰“杞梁、华舟进斗,杀二十七人而死,其妻闻之而哭,城为之阤,而隅为之崩”,《列女传》则曰“杞梁之妻无子,内外皆无五属之亲。既无所归,乃枕其夫之尸于城下而哭,道路过者,莫不为之挥涕。十日而城为之崩”,〔一〕言“崩城”者始自二书。而《列女传》上文亦载《左氏》之言,夫既有先人之敝庐,何至枕尸城下?且庄公既能遣吊,岂至暴骨沟中?崩城之云,未足为信。且其崩者城耳,未云长城。长城筑于威王之时,去庄公百有馀年,【原注】《竹书纪年》:“梁惠成王二十年,齐闵王筑防以为长城。”按魏惠王二十年,乃齐威王之二十七年,非闵王。而齐之长城又非秦始皇所筑之长城也。后人相传,乃谓秦筑长城,有范郎之妻孟姜送寒衣至城下,闻夫死,一哭而长城为之崩,则又非杞梁妻事矣。夫范郎者何人哉?使秦时别有此事,何其相类若此？唐僧贯休乃据以作诗云："筑人筑土一万里，杞梁贞妇啼呜呜。"见《禅月集》卷一《杞梁妻》。则竟以杞梁为秦时筑城之人，似并《左传》、《孟子》而未读者矣。

〔一〕【梁氏曰】赵注本《说苑》、《列女传》，言哭夫而城为之崩，《正义》著其名为孟姜。据《列女传》云"就夫之尸于城下"，《正义》云"向城而哭"，则城者莒城也。《左传》遇于莒郊、《檀弓》迎柩于路、《说苑》闻之而哭，则城是齐之城，故崔豹《古今注》曰"都城"也。似当依齐城解。

【小笺】按：《曹子建集·黄初六年令》曰："杞妻哭，梁山为之崩。"则又不言崩城而言崩山，亦一异闻也。

古诗："谁能为此曲？无乃杞梁妻。"见《古诗十九首》。崔豹《古今注》卷中："乐府《杞梁妻》者，杞殖妻妹朝日所作也。殖战死，妻曰：'上则无父，中则无夫，下则无子，人生之苦至矣！'乃抗声长哭，杞都城感之而颓，遂投水死。其妹悲姊之贞操，乃作歌，名曰《杞梁妻》焉。梁，殖字也。"①按此则又云杞之都城。《春秋》僖公十四年杞成公迁于缘陵，今昌乐县；文公又迁于淳于，今安丘县。其时杞地当已入齐，要之非秦之长城也。

池鱼

东魏杜弼《檄梁文》曰："楚国亡猿，祸延林木。城门

---

① "杞殖妻妹朝日"，《古今注》作"杞植妻妹明月"。《乐府诗集》卷七三《杞梁妻》解题引《古今注》作"杞殖妻妹朝日"。

失火，殃及池鱼。”见《资治通鉴》卷一六○。后人每用此事。《清波杂志》卷九云：“不知所出。以意推之，当是城门失火，以池水救之，池竭而鱼死也。《广韵》卷一：‘古有池仲鱼者。城门失火，仲鱼烧死，故谚云：城门失火，殃及池鱼。’”据此则池鱼是人姓名。【原注】《风俗通》已有此说。见《太平御览》卷八六九引。按《淮南子》《说山训》云：“楚王亡其猿，而林木为之残。宋君亡其珠，池中鱼为之殚。故泽失火而林忧。”则失火与池鱼自是两事，后人误合为一耳。

考池鱼事本于《吕氏春秋·必己》篇，曰：“宋桓司马有宝珠，抵罪出亡。王使人问珠之所在，曰：‘投之池中。’于是竭池而求之，无得，鱼死焉。此言祸福之相及也。”此后人用池鱼事之祖。【原注】祖君彦为李密檄文曰：“燕巢卫幕，鱼游宋池。”见《旧唐书·李密传》。

庄安

《汉书·五行志》“严公二十年”，师古曰：“严公谓庄公也，避明帝讳改曰严。凡《汉书》载谥、姓为严者皆类此。”则是“严”姓本当作“庄”。今考《史记》有庄生、庄贾、庄豹、【原注】《樗里子传》。庄舄、庄忌、庄助、庄青翟、庄熊罴、庄参、庄跻、庄芷，【原注】《淮南王安传》。而独有严君疾、【原注】《樗里子传》：“秦封樗里子，号为严君。”○《正义》曰：“盖封蜀郡严道县，因号严君。疾，名也。”严仲子、严安。邓伯羔[1]谓

① 张京华《校释》：邓伯羔，字儒孝，明常州人。

安自姓严,【原注】胡身之《通鉴》卷二四“严延年”注曰:“此严非庄助之严,自是一姓,战国时有濮阳严仲子。”然《汉书·艺文志》曰“主父偃二十八篇。徐乐一篇。庄安一篇”,是安本姓庄,非严也。严君平亦姓庄,扬子《法言》《问明》“蜀庄沈冥”是也。严尤亦姓庄,《后汉书·光武纪》注引桓谭《新论》曰“庄尤字伯石,避明帝讳改之”。又改庄周为严周,《汉书·王贡两龚鲍传》“老子、严周”,《叙传》“贵老严之术”。改楚之庄生为严先生,《古今人表》“严先生”,师古曰:“即杀陶朱公儿者也。”王褒《洞箫赋》“师襄、严春不敢窜其巧”,李善注:“《七略》有庄春言琴。”【原注】《王莽传》有蘩严春,非此。《汉书》之称庄安,班氏所未及改也。《史记》之称严安,后人所追改也。

《汉书》《艺文志》:“常侍郎庄怱奇赋十一篇。严助赋三十五篇。”师古曰:“上言庄怱奇,下言严助,史驳文。”【原注】《汉书》《严助传》作“严葱奇”。

李广射石

今永平府卢龙县南有李广射虎石。广为右北平太守,而此地为辽西郡之肥如,其谬不辨自明。《水经注》卷一四《漯馀水》言右北平西北百三十里有无终城,亦非也。考右北平郡,前汉治平刚,后汉治土垠。郦氏所引《魏氏土地记》曰:“蓟城东北三百里有右北平城。”此后汉所治之土垠,而平刚则在卢龙塞之东北三四百里,乃武帝时郡治。李广所守,今之塞外,其不在土垠明矣。又考《西京杂记》卷五述此事,则云"猎于冥山之阳",《庄子》《天运》言"南行者至于郢,北面而不见冥山",司马彪注"冥山,北海山名",是广之出猎乃冥山,而非近郡之山也。《新序》《杂事》曰:"楚熊渠子夜行,见寝石,以为伏虎。关弓射之,灭矢饮羽。下视,知石也。却复射之,矢摧无迹。"《韩诗外传》卷六、张华《博物志》卷八亦同。是射石者又熊渠而非李广也。【原注】《吕氏春秋》《季秋纪·精通》作养由基,王充《论衡》《儒增篇》同。《黄氏日钞》卷五六曰:"此事每载不同,要皆野人相承之妄言耳。"即使二事偶同,而太史公所述本无其地,今必欲指一卷之石以当之,不已惑乎?

《后周书·李远传》:"尝校猎于莎栅,见石于丛薄中,以为伏兔,射之,镞入寸馀。就而视之,乃石也。太祖闻而异之,赐书曰:'昔李将军亲有此事,公今复尔,可谓世载其德。虽熊渠之名,不能独羡其美。'"李广、熊渠二事并用。

【小笺】按,《曹子建集·黄初六年令》曰:"昔雄渠、李广,武发石开。"亦以二事并用,在周太祖前。惟熊渠作"雄渠"为异。

大小山

王逸《楚辞章句》言:"淮南王安博雅好古,招怀天下俊伟之士,著作篇章,分造辞赋,以类相从。故或称"小山",或称"大山",〔一〕其义犹《诗》有《小雅》、《大雅》也。"梁昭明太子《十二月启》乃曰"桂吐花于小山之上,梨翻叶于大谷之中”，见《昭明太子集》卷三。庾肩吾《寻周处士弘让》诗“梨红大谷晚，桂白小山秋”，见《庾子山集》卷四。庾信《枯树赋》“小山则丛桂留人，扶风则长松系马”，见《庾子山集》卷一。是以“山”为山谷之山，失其旨矣。

〔一〕【梁氏曰】高诱《淮南子序》言：“安与苏飞、李尚、左吴、田由、雷被、伍被、晋昌八人及诸儒大山、小山之徒，著此书。”《文选》卷三十注引作“苏非、李上、陈由”，古字通用。寿春八公山，以八人得名。

《梁书》《何胤传》：“何胤二兄求、点，并栖遁。求先卒，至是胤又隐。世号点为大山，胤为小山。”

丁外人

丁外人非名，言是盖主之外夫也。犹言齐悼惠王肥，高帝外妇之子也。【原注】《史记》《齐悼惠王世家》：“齐悼惠王肥，高祖长庶男也。其母外妇也，曰曹氏。”服虔曰：“外人，主之所幸也。”然《王子侯表》有“山原孝侯外人，齐孝王五世孙”、“乘丘侯外人，中山靖王曾孙”，则是姓刘而名外人，不知何所取义。

毛延寿

《西京杂记》卷二曰：“元帝后宫既多，不得常见，乃使画工图形，案图召幸之。诸宫人皆赂画工，多者十万，少者亦不减五万。独王嫱不肯，遂不得见。匈奴入朝，求美人为阏氏。于是上案图，以昭君行。及去，召见，貌为后宫第一，善应对，举止闲雅。帝悔之，而名籍已定，帝重信于外国，故不复更人。乃穷案其事，画工皆弃市，籍其家赀皆巨万。画工有杜陵毛延寿，为人形，丑好老少必得其真。安陵陈敞，新丰刘白、龚宽，并工为牛马飞鸟众势，人形好丑不逮延寿。下杜阳望，亦善画，尤善布色。樊育亦善布色。同日弃市，京师画工于是差稀。”据此，则画工之图后宫乃平日，而非匈奴求美人时。且毛延寿特众中之一人，又其得罪以受赂，而不独以昭君也。后来诗人谓匈奴求美人，乃使画工图形，而又但指毛延寿一人，且没其受赂事，失之矣。

名以同事而晦

《吕氏春秋》《先识览·悔过》言：“秦穆公兴师以袭郑，过周而东。郑贾人弦高、奚施将西市于周，遽使奚施归告，乃矫郑伯之命，以十二牛劳师。”是奚施为弦高之友，【原注】《淮南子》《人间训》作“蹇他”。而《左氏传》不载。《淮南子》《泰族训》言荆轲西刺秦王，高渐离、宋意为击筑而歌于易水之上，宋玉《笛赋》亦以荆卿、宋意并称，见《古文苑》卷二。【原注】《水经注》卷一一《易水》：“渐离击筑，宋如意和之。”是宋意为高渐离之侣，而《战国策》、《史记》不载。

《战国策》《韩策三》“东孟之会，聂政、阳坚刺相兼君”注云:“坚,政之副,犹秦武阳。”按聂政告严仲子曰“其势不可以多人”,未必有副。

《淮南子》《氾论训》注:“秦皇帝二十六年,初兼天下。有长人见于临洮,其高五丈,足迹六尺。放写其形,铸金人以象之,翁仲、君何是也。”今人但言翁仲,不言君何。

名以同事而章

《孟子》《离娄下》:“禹、稷当平世,三过其门而不入。”考之《书》《益稷》曰“启呱呱而泣,予弗子”,此禹事也,而稷亦因之以受名。“华周、杞梁之妻,善哭其夫而变国俗”,考之《列女传》曰“哭于城下七日,而城为之崩”,此杞梁妻事也,而华周妻亦因之以受名。【原注】《左传》但言“获杞梁”,不言获华周。〔一〕

〔一〕【杨氏曰】《说苑》亦子政所撰,则云两人皆死。

【小笺】按,《吕氏春秋》:“孔丘、墨翟昼日讽诵,夜亲见文王、周公旦而问焉。”因孔子而及墨翟,因周公而及文王。

人以相类而误

《墨子》《尚贤上》:“文王举闳夭、泰颠于罝网之中,授之政而西土服。”于传未有此事,必“太公”之误也。《吕氏春秋》《先识览·悔过》:“箕子穷于商,范蠡流乎江。”范蠡未尝流江,必“伍员”之误也。《史记》《循吏列传》:“孙叔敖三得相

而不喜，三去相而不悔。”孙叔敖未闻去相，必“令尹子文”之误也。《淮南子》《主术训》**：“吴起、张仪车裂支解。”张仪未尝车裂，必“苏秦”之误也。《易林》**卷三**：“贞良得愿，微子解囚。”微子未尝被囚，必“箕子”之误也。晋潘岳《太宰鲁武公诔》：“秦亡蹇叔，耇者不相。”**见《艺文类聚》卷四五。**蹇叔之亡不见于书，必“百里奚”之误也。**【原注】《吕氏春秋》《先识览·悔过》：“蹇叔有子曰申与视。”注：“申，白乙丙也；视，孟明视也。皆蹇叔子也。”按孟明视，百里奚之子。**后魏穆子容《太公吕望碑文》：“大魏东苞碣石，西跨流沙，南极班超之柱，北穷窦宪之志。”班超未尝南征，必“马援”之误也。后周庾信《拟咏怀》诗：“麟穷季氏罝，虎振周王圈。”季氏未尝获麟，必“叔孙”之误也。**

【小笺】“《吕氏春秋》：‘箕子穷于商，范蠡流乎江。’范蠡未尝流江，必伍员之误也。”〇按，《吕览》此二句见《悔过》篇，而《离谓》篇又云“范蠡、子胥以此流”，以范蠡、子胥并言，则知此句非误也。盖范蠡事本有异辞。贾子《新书·耳痺》篇亦云“范蠡负石而蹈五湖”。〇柳宗元《晋问》云：“魏绛之言近宝则公室乃贫。”误魏绛为韩献子，亦以相类而误。

《晋书·夏统传》：“子路见夏南，[①]愤恚而忼忾。”子路未尝见夏南，盖“卫南子”之误。

① 夏南，夏姬之子夏征舒。见《左传》成公二年。

传记不考世代

张衡言“《春秋元命包》有公输班与墨翟，事见战国，非春秋时”，又言“别有益州，益州之置在于汉世”，以证图谶为后人伪作。见《后汉书·张衡传》。今按传记之文若此者甚多。《管子》称“三晋之君”，其时未有三晋；[①]《轻重》篇称“鲁、梁、秦、赵”，[②]其时未有梁、赵；称“代王”，其时未有代王。见《轻重戊》。《国语》《吴语》“句践之伯，陈、蔡之君皆入朝”，其时有蔡无陈。《说苑》“句践聘魏”，其时未有魏；又言“仲尼见梁君”，见《政理》。“孟简子相梁”，见《贵德》。其时未有梁，鲁亦无孟简子；又言韩武子出田，栾怀子止之，见《君道》。韩氏无武子；又言“楚庄王以椒举为上客”，见《正谏》。椒举事灵王，非庄王。《吕氏春秋》“晋文公师咎犯、随会”，见《孟夏纪·尊师》。随会不与文公、咎犯同时；〔一〕“赵襄子攻翟，一朝而两城下，有忧色，孔子贤之”，见《慎大览》。赵襄子为晋卿时孔子已卒；“颜阖见鲁庄公”，见《离俗览·适威》。颜阖，穆公时人，去庄公十一世。《史记·孔子世家》“使从者为宁武子臣于卫”，孔子时宁氏已灭；《扁鹊传》“虢君出见扁鹊于中阙”，其时虢亡已久；《龟策传》“宋元王”，宋有元公，无元王。“庄子见鲁哀公”，见《庄子·田子方》。而其书有魏惠王、赵文王，赵文王见《庄子·说剑》。鲁哀公

① 《管子》无“三晋”字样，疑先生误记。

② 《管子·轻重甲》原文为“请以令枭之梁、赵、宋、卫、濮阳”。

去赵文王一百七十岁。《韩非子》《喻老》“扁鹊见蔡桓侯”，桓侯与鲁桓公同时，相去几二百岁。《越绝书》《越绝外传记宝剑》“晋、郑王”，晋、郑未尝称王；又言“孔子奉雅琴见越王”，见《越绝外传记地传》。越灭吴，孔子已卒。《列子》《杨朱》“晏平仲问养生于管夷吾”，《盐铁论》卷五《利议》“季桓子听政，柳下惠忽然不见”，又言“臧文仲治鲁，胜其盗而自矜，子贡非之”，见卷一〇《周秦》。平仲去管子，季桓子去柳下惠，子贡去臧文仲各百馀岁。《韩诗外传》卷三“孟尝君请学于闵子”，闵子、孟尝君相去几二百岁；“冉有对鲁哀公言，姚贾，监门子”，见卷八。姚贾，秦始皇时人，相去二百馀岁。〔二〕

〔一〕【钱氏曰】《左传》“舟之侨先归，士会摄右”，正在晋文公时。

〔二〕【阎氏曰】“老子，楚苦县人。”苦县属陈，老子时，地尚未为楚有。

【梁氏曰】老子之子宗为魏将，老子卒于敬王初年，而其子仕魏，最少亦百馀岁，宗复如是长年乎！

日知录集释卷二十六

史记通鉴兵事

秦楚之际，兵所出入之涂，曲折变化，唯太史公序之如指掌。以山川郡国不易明，故曰东、曰西、曰南、曰北，一言之下，而形势了然。以关塞江河为一方界限，故于项羽则曰“梁乃以八千人渡江而西”，曰“羽乃悉引兵渡河”，曰“羽将诸侯兵三十馀万，行略地至河南”，曰“羽渡淮”，曰“羽遂引东欲渡乌江”；[①]于高帝则曰“出成皋玉门，北渡河”，见《高祖本纪》。曰“引兵渡河，复取成皋”。见《项羽本纪》。盖自古史书兵事地形之详，未有过此者。太史公胸中固有一天下大势，非后代书生之所能几也。

司马温公《通鉴》承《左氏》而作，其中所载兵法甚详，凡亡国之臣，盗贼之佐，苟有一策，亦具录之。朱子《纲目》

---

① 按以上所引间有用《汉书·项籍传》文，不尽出《项羽本纪》。但《汉书》也只是略改《史记》原文，如“羽渡淮”，《史记》本作“项王渡淮”之类。

大半削去，似未达温公之意。

史记于序事中寓论断

古人作史，有不待论断而于序事之中即见其指者，惟太史公能之。《平准书》末载卜式语，《王翦传》末载客语，《荆轲传》末载鲁句践语，《鼂错传》末载邓公与景帝语，《武安侯田蚡传》末载武帝语，皆史家于序事中寓论断法也。后人知此法者鲜矣，惟班孟坚间一有之，如《霍光传》载任宣与霍禹语，见光多作威福，《黄霸传》载张敞奏，见祥瑞多不以实，通传皆褒，独此寓贬，可谓得太史公之法者矣。〔一〕

〔一〕【沈氏曰】《格论》末云："近代郑端简作《名臣记》，于《韩国公李善长传》末载虞部郎中王国用一疏，其亦得太史公之法者欤？"

史记

《史记·秦始皇本纪》末云"宣公初志闰月"，然则宣公以前皆无闰，每三十年多一年，与诸国之史皆不合矣，则秦之所用者何正邪？

子长作《史记》，在武帝太初中。《高祖功臣年表》"平阳侯"下云"元鼎三年，今侯宗元年"，"今侯"者，作《史记》时见为侯也；下又云"征和二年，侯宗坐太子死，国除"，则后人所续也。卷中书"征和"者二,"后元"者一;《惠景间侯者年表》书"征和"者一,"后元"者三;《建元以来侯者年表》书"征和"者二;《汉兴将相年表》有天汉、[一]太始、征和、后元以至昭、宣、元、成诸号,《历书》亦同;[二]《楚元王世家》书"地节二年";《齐悼惠王世家》书"建始三年"者二;《曹相国世家》书"征和二年";《贾谊传》贾嘉"至孝昭时列为九卿";《田叔传》、《匈奴传》、《卫将军传》末有戾太子及巫蛊事;《司马相如传赞》"扬雄以为靡丽之赋,劝百(而)讽一",皆后人所续也。

〔一〕【梁氏曰】《汉兴将相年表》天汉以下皆后人所续,以《汉书》校之,大半乖迕。如刘屈氂为澎侯,而称"彭城侯"。王章为安平侯,而两书"平安侯"。韦玄成嗣父为侯也,而曰"因丞相封扶阳侯"。元帝永光二年,冯奉世击西羌,八月,任千秋别将并进,乃此移奉世击羌之月为千秋,反遗却奉世主帅。斯皆误之大者,其馀年月、官职驳戾颇多。

〔二〕【梁氏曰】《史记》讫太初,而《高祖功臣表》与《惠景侯表》皆云"建元至元封六年三十六"者,盖太初之见侯称"今侯",且不得以太初四年为限断,故不数之,与建元及王子二《侯表》以年号分纪者,判然不同。表中"太初元年尽后元二年十八"十一字乃后人妄续,当削之。《惠景表》有"太初已后"四字,亦衍文。

《河渠书》"东海引钜定",《汉书·沟洫志》因之。"东海"疑是"北海"之误。按《地理志》齐郡县十二,其五曰钜定,下云"马车渎水首受钜定,东北至琅槐入海",又"千乘郡博昌"下云"博水东北至钜定入马车渎"。〔一〕而《孝武纪》曰:"征和四年春正月,行幸东莱,临大海。三月,上耕于钜定,还幸泰山,修封。"计其道里,亦当在齐,去东海远矣。

〔一〕【钱氏曰】琅槐属千乘,广饶属齐郡。又"临朐"下云:"石膏山,洋水所出,东北至广饶入钜定。"

凡《世家》多本之《左氏传》,其与《传》不同者,皆当以《左氏》为正。

《齐世家》"吾太公望子久矣",〔一〕此是妄为之说。周之太王,齐之太公,吴之太伯,有国之始祖谓之太祖,其义一也。

〔一〕【梁氏曰】《孟子》曰"太公望",则其名"望"审矣。《史》于《世表》作"太公尚",于《世家》作"吕尚",以"望"为号,未免乖反。

【又曰】太公组绀,安得预知吕尚而望之?"太公"乃长老之称。《庄子·山木》有太公任,《释文》引晋李颐云:"太公,大夫称。"则或又以吕尚为太师三公故欤?

《赵世家》:"赵简子除三年之丧,期而已。"此因《左传》哀公二十年"降于丧食"之文而误为之解,本无其事。

【小笺】按:《赵世家》"晋定公卒,而简子除三年之丧,期而已",是君丧而非亲丧也。史公当日必有所本。观其下文书赵襄子元年"越围吴。襄子降丧食,使楚隆问吴王",是史公原未尝误读《左传》也。

“敬侯十一年，魏、韩、赵共灭晋，分其地。”“成侯十六年，与韩、魏分晋，封晋君以端氏。”此文重出。

《田敬仲完世家》：“敬仲之如齐，以陈氏为田氏。”此亦太史公之误。《春秋传》未有称“田”者，至战国时始为“田”耳。〔一〕

〔一〕【杨氏曰】《说文》“田”字解：“田，陈也。”盖以音相近。

《仲尼弟子传》：“公孙龙，字子石，少孔子五十三岁。”按《汉书》注：公孙龙，赵人，为坚白异同之说者；与平原君同时。见《艺文志》。去夫子近二百年，殆非也。且云“少孔子五十三岁”，则当田常伐鲁之年，仅十三四岁尔，而曰“子张、子石请行”，岂甘罗、外黄舍人儿[①]之比乎？〔一〕

〔一〕【杨氏曰】《弟子传》亦多不可据。

《商君传》：“以鞅为大良造，将兵围魏安邑，降之。”此必“安邑”字误。其下文曰：“魏惠王使使割河西之地，献于秦，以和。而魏遂去安邑，徙都大梁。”乃是自安邑徙都之事耳。安邑，魏都，其王在焉，岂得围而便降？《秦本纪》：“昭王二十一年，魏献安邑。”若已降于五十年之前，何烦再献乎？【原注】《赵世家》：“敬侯元年，始都邯郸。”“成侯二十二年，魏惠王拔我邯郸。”亦有可疑。

① 《史记·甘茂传》：甘罗，甘茂之孙，年十二事秦相吕不韦。《史记·项羽本纪》：羽攻外黄不下数日，已降，项王欲坑男子年十五已上者。外黄令舍人儿年十三，往说项王曰：“如此百姓岂有归心？从此以东，梁地十馀城皆恐，莫肯下矣。”项王然其言，乃赦外黄当坑者。

《虞卿传》楼昌、楼缓恐是一人,虞卿进说亦是一事,记者或以为赵王不听,或以为听之。太史公两收之,而不觉其重尔。

燕王遗乐间书,恐即乐毅事,〔一〕而传者误以为其子。见《乐毅传》。然以二事相校,在乐毅当日,惠王信谗易将,不得不奔,其后往来复通燕,亦未失故君之礼。若乐间,不过以言之不听,而遂怼君、绝君,虽遗之书而不顾,此小丈夫之悻悻者矣。〔二〕

〔一〕【梁氏云】《史》、《策》书辞既殊,而《策》复有"留赵不报"之言,未可并混为一。

〔二〕【汝成案】遗乐间书与遗乐毅书,用意迥别,其不报宜也。

《屈原传》:"虽放流,眷顾楚国,系心怀王,不忘欲反,卒以此见怀王之终不悟也。"似屈原放流于怀王之时。又云:"令尹子兰闻之,大怒。卒使上官大夫短屈原于顷襄王,顷襄王怒而迁之。"则实在顷襄之时矣。"放流"一节当在此文之下,太史公信笔书之,失其次序尔。〔一〕

〔一〕【沈氏曰】此说误。

随何说英布,见《黥布列传》。当书"九江王",不当书"淮南王",归汉之后始立为淮南王也。盖采之诸书,其称未一。

《淮阴侯传》先云"范阳辩士蒯通",后云"齐人蒯通",一传互异。

韩王信说汉王语,见《高帝纪》。乃淮阴侯韩信语也,以同姓名而误。

【小笺】按:《史记·高帝纪》韩信说汉王曰:"项羽王诸侯之有功者,而王独居南郑,是迁也。军吏士卒皆山东之人也,日夜跂而望归。及其锋而用之,可以有大功。天下已定,人皆自宁,不可复用,不如决策东乡,争权天下。"此数语亦见《韩王信传》,而《淮阴侯传》初无是言也。故徐广于《高帝纪》注之曰:"韩王信,非淮阴侯信。"至班固作《汉书》,误以韩信为淮阴侯,因增入萧何追信事,而以此数语为淮阴侯之言矣;乃于《韩王信传》仍载此数语。是一言而属之两人,班固之误也。顾氏反以《史记》为误,何哉?

汉书

《孝武纪》:"天汉四年秋九月,令死罪人赎钱五十万,减死一等。""太始二年九月,募死罪人赎钱五十万,减死(罪)一等。"此一事而重见,又同是九月。

《高帝功臣表》十八侯位次,一萧何,二曹参,三张敖,四周勃,五樊哙,六郦商,七奚涓,八夏侯婴,九灌婴,十傅宽,十一靳歙,十二王陵,十三陈武,十四王吸,十五薛欧,十六周昌,十七丁复,十八虫达。见《史记·高祖功臣侯者年表》司马贞《索隐》引姚氏曰。当时所上者战功,而张良、陈平皆居中计谋之臣,故平列在四十七,良列在六十二也。至《十八侯赞》,[1]则萧何第一,樊哙第二,张良第三,周勃第四,曹参第五,陈平第六,张敖第七,郦商第八,灌婴第九,夏侯婴第

---

① 援庵《校注》:当作"十八侯铭",班固撰。见《古文苑》一三,《全后汉文》二六。

十，傅宽第十一，靳歙第十二，王陵第十三，韩信第十四，陈武第十五，虫达第十六，周昌第十七，王吸第十八，而无奚涓、薛欧、丁复。此后人论定，非当日之功次矣。且韩信已诛死，安得复在功臣之位？即此可知矣。【原注】此位次高后二年所定，故凡已绝夺在前者皆不与。

史家之文多据原本，或两收而不觉其异，或并存而未及归一。《汉书·王子侯表》长沙顷王子高（成）[城]节侯梁，一卷中再见，一始元元年六月乙未封，[①]一元康元年正月癸卯封，此并存未定，当删其一而误留之者也。《地理志》于“宋地”下云“今之沛、梁、楚、山阳、济阴、东平及东郡之须昌、寿张，皆宋分也”，于“鲁地”下又云“东平、须昌、寿张皆在济东，属鲁，非宋地也，当考”，此并存异说以备考，当小注于下，而误连书者也。【原注】《史记·田叔传》既云“司直田仁主闭守城门，坐纵太子，下吏诛死”，而下又云“仁发兵，长陵令车千秋上变仁，仁族死。陉城今在中山国”。此亦古人附注备考之文。○古人著书，有疑则阙之以待考。如《越绝书》记《吴地传》曰“湖王湖，当问之”、“丹湖，当问之”是也。〔一〕《楚元王传》“刘德，昭帝时为宗正丞。杂治刘泽诏狱”，而子向传则云“更生父德，武帝时治淮南狱”，一传之中，自为乖异。〔二〕又其更名向，在成帝即位之后，而元帝初年即曰“征堪、向，欲以为谏大夫”，此两收而未对勘者也。《礼乐志》上云“孝惠二年，使乐府夏侯宽备其箫管”，下云“武帝定郊祀之礼，乃立乐府”；《武五子传》上云“长安白亭东为

① 援庵《校注》：“始元元年”当作“六年”。

戾后园”，下云“后八岁，封戾夫人曰戾后，置园奉邑”。“乐府”之名蚤立于孝惠之世，“戾园”之目预见于八年之前，此两收而未贯通者也。夫以二刘之精核，犹多不及举正，何怪乎后之读书者愈卤莽矣。【原注】《后周书》“蠕蠕”并作“茹茹”，惟《列传》二十五卷独作“蠕蠕”。

〔一〕【梁氏曰】案《汉表》梁王襄在位四十年，以天汉四年薨，史不得称谥，必后人因增改《梁孝王世家》而并改《年表》也，当云“今王襄”。

〔二〕【钱氏曰】以年代推之，德不得有治淮南狱事。

【又曰】文可互见，非乖舛也。

《天文志》：“魏地，觜、觿、参之分野也。其界自高陵以东，尽河东、河内，南有陈留及汝南之召陵、灈疆、[①]新汲、西华、长平，颍川之舞阳、郾、许、鄢陵，河南之开封、中牟、阳武、酸枣、卷，皆魏分也。”[②]按《左传》昭公元年子产曰“迁实沈于大夏，主参”，故参为晋星，然其疆界亦当至河而止。若《志》所列陈留已下郡县，并在河南，于春秋自属陈、郑二国，角、亢、氐之分也，不当并入。魏本都安邑，至惠王始徙大梁，乃据后来之疆土割以相附，岂不谬哉？

《食货志》“单穆公谏景王铸大钱”，本之《周语》“王弗听，卒铸大钱”。此废轻作重、不利于民之事，班氏乃续之曰：“以劝农，赡不足，百姓蒙利焉。”失其指矣。

---

① 《刊误》卷下：“‘疆’，诸本同，原写本作‘彊’。汝成案：《地理志》‘汝南’下作‘灈强’，‘强’与‘彊’同，似当作‘彊’。而此文则作‘疆’，师古亦无注，今从原文。”

② 以上引文见于《汉书·地理志》，不见于《天文志》。

【小笺】按:此论孟康已发之。师古曰:“单旗虽有此言,王终自铸钱,果有便,故百姓蒙其利也。”然则班氏必别有所据,非不解《国语》。

《地理志》“丹阳”下云:“楚之先熊绎所封,十八世,文王徙郢。”此误。按《史记·楚世家》“成王封熊绎于楚,居丹阳”,徐广曰:“在南郡枝江县。”《水经注》卷三四《江水》曰:“丹阳城据山跨阜,周八里二百八十步。东、北两面悉临绝涧,西带亭下溪,南枕大江,险峭壁立,信天固也。楚熊绎始封丹阳之所都也。《地理志》以为吴子之丹阳,寻吴、楚悠隔,褴缕荆山,无容远在吴境,非也。”【原注】《山海经》《海内南经》:“丹山在丹阳南。”郭璞注:“今建平郡丹阳城,秭归县东七里。”

《枚乘传》上云“吴王不纳,乘等去而之梁”,下云“枚乘复说吴王”。盖吴王举兵之时,乘已家居而复与之书,不然无缘“复说”也。

《杜周传》:“周为执金吾,逐捕桑弘羊、卫皇后昆弟子,刻深。”按《百官表》“天汉三年二月,执金吾杜周为御史大夫。四年卒”,而卫太子巫蛊事乃在征和二年,周之卒已四年。[①]【原注】其时暴胜之为御史大夫。又十一年,昭帝元凤元年,御史大夫桑弘羊坐燕王旦事诛。史家之谬如此。〔一〕

〔一〕【钱氏曰】史文但称“昆弟子”。当时大臣、后族犯法者众,周

---

① 援庵《校注》:应云“六年。”

能以法绳之,故武帝嘉其尽力无私,非谓周所逐捕者即卫皇后、桑大夫也。

【孙氏曰】所云逐捕者,自指桑、卫昆弟子犯法,周能不避权贵而逐捕之也。本文并不云治桑、卫狱,无缘以此为班氏之谬也。

《王尊传》:"上行幸雍,过虢。"按今之凤翔县乃古雍城,而虢在陕,幸雍何得过虢?当是"过美阳"之误。【原注】美阳故城在今扶风县北二十里。且上文固云"自虢令转守槐里,兼行美阳令事"矣。

《王商传》:"春申君献有身妻而产怀王。"误,当是"幽王"。

《外戚传》:"徙共王母及丁姬归定陶,葬共王冢次。"按丁姬先已葬定陶,此"及丁姬"三字衍。

汉书二志小字

《汉书·地理》、《艺文》二志小字,皆孟坚本文。其"师古曰"、"应劭曰"、"服虔曰"之类,乃颜氏注也。近本《汉书》不刻注者,误以此为颜氏注而并删之。

《续汉·郡国志》云:"本志惟郡县名为大书,【原注】本志,司马彪所撰。其山川地名悉为细注,今进为大字。新注证发,臣刘昭采集。"是则前书小字为孟坚本文,犹《后汉》之细注也。其师古等诸注,犹《后汉》之新注也。当时相传之本混作一条,未曾分别耳。

汉书不如史记

班孟坚为书，束于成格，而不得变化。且如《史记·淮阴侯传》末载蒯通事，令人读之感慨有馀味。《淮南王传》中伍被与王答问语，情态横出，文亦工妙。今悉删之，而以蒯、伍合江充、息夫躬为一传，蒯最冤，伍次之，二《淮传》寥落不堪读矣。〔一〕

〔一〕【全氏曰】蒯、伍只合附见《淮阴》、《淮南传》中，要之蒯生尚可，伍则下矣，江则更下矣，息则无赖耳，原不合作特传。

【钱氏曰】"二淮"两字不成语。

荀悦汉纪

荀悦《汉纪》改纪、表、志、传为编年，其叙事处索然无复意味，间或首尾不备。其小有不同，皆以班书为长，惟一二条可采者。"杜陵陈遂，字长子。上微时，与游戏博弈，数负遂。上即位，稍见进用，至太原太守。乃赐遂玺书曰：'制诏太原太守，官尊禄重，可以偿遂博负矣。妻君宁时在旁，知状。'遂乃上书谢恩曰：'事在元平元年赦前。'其见厚如此。"见《汉纪》卷一八。《汉书》《游侠·陈遵传》以"负遂"为"负进"，又曰"可以偿博进矣"。"进"乃悼皇考之名，宣帝不应用之，【原注】或曰："进"即"赆"字，财货也。《史记·吕不韦传》："车乘进用不饶。"荀《纪》为长。元康三年三月诏曰：

“盖闻象有罪，而舜封之有庳，骨肉之亲，放而不诛。其封故昌邑王贺为海昏侯。”见《汉纪》卷一八。**《汉书》**《宣帝纪》**作“骨肉之恩，粲而不殊”，文义难晓，荀《纪》为长。**【原注】按《汉书》“粲而不殊”，当作“粲而不诛”。《说文》卷七上“米”部：“粲糁。粲，散之也。从米，杀声。”徐引《左氏》定公四年传“王于是乎杀管叔而粲蔡叔”，言放之若散米。今《左传》作“蔡蔡叔”，上“蔡”字亦音素葛反。**后有善读者，仿裴松之《三国志》之体，取此不同者注于班书之下，足为史家之一助。**

【小笺】按：《汉书·陈遵传》：“祖父遂，字长子。宣帝微时与有故，相随博弈，数负进。”师古曰：“进者，会礼之财也，谓博所赌也。解在《高纪》。一说，进，胜也，帝博而胜，故遂有所负。”此二说解“进”字不同，而要之遂负帝也，非帝负遂也，故玺书云：“官尊禄厚，可以偿博进矣。妻君宁时在旁，知状。”盖戏为索债之辞，故引君宁为证，见非空言也。遂谢曰：“事在元平元年赦令前。”明其已更赦令，虽有宿负，当蒙恩免也。荀悦《汉纪》乃云“帝数负遂”，此与《汉书》正相矛盾。夫遂负帝，则可引赦令以自解，帝负遂而遂引赦令以解，则失尊卑之分矣。此事仍以《汉书》为长，若“进”字犯史皇孙讳，师古注已释之矣。

按《昌邑王传》作“析而不殊”。师古曰：“析，分也；殊，绝也。”此注甚明，盖谓骨肉之亲，虽至分析，不当殊绝。顾氏谓《宣纪》“粲”字当作“粲”。据《说文》粲散之义，则“粲”与“析”义可相通，而“粲”字之误无疑。荀《纪》作“放而不诛”，其义又别，不可从也。

纪王莽事，自始建国元年以后则云“其二年”、“其三

年”以至“其十五年”,以别于正统,而尽没其“天凤”、“地皇”之号。

后汉书

《后汉书·马援传》,上云“帝尝言:伏波论兵,与我意合”,下乃云“交阯女子征侧及女弟征贰反,于是玺书拜援伏波将军”。此是采辑诸书,率尔成文,而忘其“伏波”二字之无所本也。自范氏以下,史书若此者甚多。

《桓谭传》:“当王莽居摄篡弑之际,天下之士莫不竞褒称德美,作符命以求容媚。谭独自守,默然无言。”按《前汉书·翟义传》“莽依《周书》作《大诰》,遣大夫桓谭等班行谕告当反位孺子之意,还封谭为明告里附城”,【原注】师古曰:“如古附庸。”○《王莽传》:“当赐爵关内侯者,更名曰附城。”是曾受莽封爵,史为讳之尔。光武终不用谭,当自有说。

《杨震传》:“河间男子赵腾诣阙上书,指陈得失。帝怒,收考诏狱。震上疏救,不省,腾竟伏尸都市。”乃安帝时事。而《张皓传》以为“清河赵腾上言灾变,讥刺朝政。收腾系考。皓上疏谏,帝悟,减腾死罪一等”,又以为顺帝事。岂有两赵腾邪?

桥玄以太尉罢官,就医里舍。“少子十岁,独游门次,卒有三人持杖劫执之,入舍登楼,就玄索货”,其家之不贫可知;乃云“及卒,家无居业,丧无所殡”,以上《后汉书·桥玄

传》。史传之文前后矛盾。玄以灵帝之世三为三公，亦岂无钱者？〔一〕

〔一〕【杨氏曰】以子被劫而云有钱，亦不然。

【孙氏曰】桥公于光和元年里居被劫，卒于六年。此五六年间，虽有陆贾之橐，荡然无馀，亦事理所恒有。公为人刚急则有之，未闻以贪黩称，不可以此议史文之矛盾。

《刘表传》“与同郡张俭等俱被讪议，号为‘八顾’”，而《党锢传》表、俭二人列于“八及”，前后不同。〔一〕

〔一〕【孙氏曰】按《党锢传》，上既列张俭、刘表于“八及”，而下文“张俭乡人朱并上书，告俭与同乡二十四人别相署号，共为部党”，则以张俭为“八俊”，刘表为“八顾”。盖此但指目俭之同乡有八俊、八顾、八及，《表传》“号为八顾”谓此，与上文“海内希风之流共相标榜”者不同耳。

蒯越、韩嵩及东曹掾傅巽等说琮降操，则是表卒之后，琮已赦嵩而出之矣。下文云“操至州，乃释嵩之囚”。见《刘表传》。此史家欲归美于操，而不顾上下文之相戾也。

《蔡邕传》谓“邕亡命江海，积十二年”，“中平六年，灵帝崩，董卓为司空，辟之，称疾不就。卓切敕州郡，举邕诣府。邕不得已，到，署祭酒”，而《文苑传》有议郎蔡邕荐边让于大将军何进一书。按中平元年黄巾起，以何进为大将军，正邕亡命之时，无缘得奏记荐人也。

《郡国志》“睢阳本宋国，有鱼门”，引《左传》僖公二十二年昇陉之战，“邾人获公胄，县诸鱼门”为证。按杜预注：

"鱼门,郑城门。"非宋也。

三国志

《蜀志·谯周传》"建兴中,丞相亮领益州牧,命周为劝学从事",而先主未称尊号,即有"劝学从事张爽、尹默、谯周等上言",见《蜀书·先主传》。前后不同。按周卒于晋泰始六年,年七十二。而昭烈即位之年仅二十有三,未必与劝进之列,从本传为是。

孙亮太平元年,孙綝杀滕胤、吕据,时为魏高贵乡公之甘露元年。《魏志》《高贵乡公纪》:"甘露二年,以孙壹为侍中、车骑将军,假节交州牧。"吴侯本传云"壹入魏(黄初)三年死",①误也。

《陆抗传》:"拜镇军将军,都督西陵。自关羽至白帝。"于文难晓。按《甘宁传》曰:"随鲁肃镇益阳,拒关羽。羽号有三万人,自择选锐士五千人,投县上流十馀里浅濑,云欲夜涉渡。肃以兵千人益宁,宁乃夜往。羽闻之,住不渡而结柴营。今遂名此处为关羽濑。"据此,则当云"自益阳至白帝"也。〔一〕

〔一〕【杨氏曰】止"羽"下添一"濑"字可耳。

① 引文见《吴书·宗室传》,原文为"入魏三年死","黄初"二字为"入魏"下小字,援庵以为衍文,是。

作史不立表志

朱鹤龄[①]曰："太史公《史记》，帝纪之后，即有'十表'、'八书'。表以纪治乱兴亡之大略，书以纪制度沿革之大端。班固改'书'为'志'，而年表视《史记》加详焉。盖表所由立，昉于周之谱牒，〔一〕与纪、传相为出入。凡列侯将相、三公九卿，其功名表著者既系之以传，此外大臣无积劳亦无显过，传之不可胜书，而姓名爵里、存没盛衰之迹要不容以遽泯，则于表乎载之；又其功罪事实传中有未悉备者，亦于表乎载之。年经月纬，一览了如，作史体裁，莫大于是。而范书阙焉，使后之学者无以考镜二百年用人行政之节目，良可叹也。其失始于陈寿《三国志》，而范晔踵之，其后作者又援范书为例，年表皆在所略。【原注】姚思廉《梁》、《陈》二书，李百药《北齐书》，令狐德棻《周书》，李延寿《南》、《北史》，皆无表、志。不知作史无表，则立传不得不多，传愈多，文愈繁，而事迹或反遗漏而不举。欧阳公知之，故其撰《唐书》有《宰相表》，有《方镇表》，有《宗室世系表》、《宰相世系表》，始复班、马之旧章云。"《愚庵小集》卷一三《读后汉书》。〔二〕

〔一〕【梁氏曰】《史通·杂说》篇谓"太史公之创表，列行萦纡以相属，编字戢孴而相排。虽燕、越万里，而径寸之内，犬牙可接。虽昭穆九代，而方寸之中，雁行有序。使读者阅文便睹，举目

① 张京华《校释》：朱鹤龄，字长孺，吴江人，与顾炎武为友。《清史稿》入《儒林传》。

可详。此其所以为快也。”《大事记》谓《史记》十表“意义宏深”,《通志》谓《史记》一书“功在十表”。诚哉斯语!

〔二〕【沈氏曰】《救文格论》云:“作史莫难乎志。纪、传一人之始末,表、志一代之始末,非闳览博物者不能为,其考订之功亦非积以岁月不能遍。自东京以后,典册既阙,人趋苟且。陈寿《三国》始不立志,姚思廉《梁》、《陈》二书、李百药《北齐书》、令狐德棻《周书》、李延寿《南》、《北》二史,并因之不立志,其他诸史虽立志,而纰谬特多。夫无志不得为完史,有志而不淹贯不得为良史矣。”

陈寿《三国志》、习凿齿《汉晋春秋》无志,故沈约《宋书》诸志并前代所阙者补之。姚思廉《梁》、《陈》二书、李百药《北齐书》、令狐德棻《周书》皆无志,〔一〕**而于志宁、李淳风、韦安仁、李延寿别修《五代史志》,诏编第入《隋书》。古人绍闻述往之意,可谓弘矣。**

〔一〕【杨氏曰】思廉、百药、德棻皆唐初人,其不著志,以别有修志之敕也。

史文重出

《汉书·王子侯表》,长沙顷王子高(成)**[城]节侯梁,一卷中两见,一始元元年六月乙未封,一元康元年正月癸卯封。然则王子中多一侯矣。**[①]【原注】马贵与《文献通考》因

① 援庵《校注》:“此段已见本卷‘汉书’条,又重出于此。”据张京华《校释》,钞本本无此一节,为潘氏误入。

而录之,不知其误。〔一〕

〔一〕【汝成案】《汉书》云云,已见前。元本此题下仅一条,别书是条于上,疑先生删去,潘氏误入云。①

《续汉·郡国志》,候城改属玄菟,而辽东复出一候城;无虑改属辽东属国,而辽东复出一无虑,必有一焉宜删者。然则天下郡国中少二城矣。〔一〕

〔一〕【沈氏曰】《救文格论》合二条为一,末有"夫以二刘之精核,章怀之详明,马贵与之淹博,而皆仍其失,何欤"数句,而无上条之注。

史文衍字

《汉书·吴王濞传》"吴有鄣郡铜山",误多一"豫"字。《后汉书·光武纪》"以前密令卓茂为太傅",误多一"高"字。《党锢传》"黄令毛钦操兵到门",误多一"外"字。

【小笺】按:《汉书·李广利传》:"康居闻汉已破宛,出郁成王与桀。上官桀也。桀令四骑士缚守诣大将军。"按李广利止为贰师将军,不为大将军也,"将"字亦衍文,盖言"诣大军"耳。以上文"去大军二百里"证之,益明。如淳曰:"时多别将,故谓贰师为大将军。"此曲为之说。

《后汉书·皇后纪》"桓思窦皇后父讳武",后父不当

① 此案原在小题下,今移此。

言讳，“讳”字衍。〔一〕

〔一〕【杨氏曰】五代时有讳后父者。

《儒林传》：“立五经博士，各以家法教授。《易》有施、孟、梁丘、京氏，《尚书》欧阳、大小夏侯，《诗》齐、鲁、韩、毛，《礼》大小戴，《春秋》严、颜，凡十四博士。太常差次总领焉。”按此则十五，非十四也，盖衍一“毛”字。其下文载建初中诏，有“《古文尚书》、《毛诗》、《穀梁》、《左氏春秋》，虽不立学官”之语，【原注】本纪建初八年诏同。又下卷云“赵人毛苌传《诗》，是为《毛诗》，未得立”，【原注】《贾逵传》：“建初八年，诏诸儒各选高才生受《左氏》、《穀梁春秋》、《古文尚书》、《毛诗》，由是四经遂行于世。”而《百官志》“博士十四人”，本注曰“《易》四，施、孟、梁丘、京氏。《尚书》三，欧阳、大小夏侯氏。《诗》三，鲁、齐、韩氏。《礼》二，大、小戴氏。《春秋》二，《公羊》严、颜氏”，【原注】《徐防传》注引《汉官仪》曰：“《易》有施、孟、梁丘贺、京房，《书》有欧阳和伯、夏侯胜、建，《诗》有申公、辕固、韩婴，《春秋》有严彭祖、颜安乐，《礼》有戴德、戴圣，凡十四博士。”则此“毛”字明为衍文也。

《灵帝纪》：“光和三年六月，诏公卿举能《尚书》、《毛诗》、《左氏》、《穀梁春秋》各一人，悉除议郎。”“尚书”上脱“古文”二字。

史家误承旧文

史书之中多有仍旧文而未及改者。《史记·燕世家》

称"今王喜"。《魏书·孝静帝纪》称太原公"今上"。《旧唐书·唐临传》"今上"字再见,《徐有功传》、《泽王上金传》"今上"字各一见,皆谓玄宗。《韦贯之传》"上即位",谓穆宗。此皆旧史之文,作书者失于改削尔。

《宋书·武帝纪》:"永初元年八月戊午,西中郎将荆州刺史宜都王讳进号镇西将军。"《文帝纪》:"元嘉十三年九月癸丑,立第三皇子讳为武陵王。""二十五年八月甲子,立第十一皇子讳为淮阳王。"《顺帝纪》:"昇明三年正月丁巳,以新除给事黄门侍郎萧讳为雍州刺史。""三月丙午,以中军大将军讳为南豫州刺史、齐公世子。"《萧思话传》:"遣司马建威将军、南汉中太守萧讳五百人前进。"《隋书·高祖纪》:"开皇十五年七月乙丑,晋王讳[①]献毛龟。""十九年二月己亥,晋王讳来朝。"《张煚传》:"晋王讳为扬州总管。"《王韶传》:"晋王讳班师。"《铁勒传》:"晋王讳北征。"《北史·李弼传》:"谕使持节太尉、柱国大将军大都督、尚书左仆射、陇右行台少师、陇西郡开国公李讳。[②]"《旧唐书·中宗纪》:"临淄王讳举兵诛韦、武。"《睿宗纪》:"临淄王讳与太平公主子薛崇简等。"《玄宗纪》:"诏以皇太子讳充天下兵马元帅。"《郝处俊传》:"周王讳为西朋。"并当时臣子之辞。

《三国志·魏后妃传》注:"甄后曰:讳等自随夫人。"此"讳"字明帝名,当时史家之文也。《宋书·武帝纪》"刘

① 此下五处"晋王讳",今本均已改为"晋王广"。

② "开国公李讳"五字,今本已改为"开国公虎"四字。

讳龙行虎步”,《后周书·柳庆传》“宇文讳[①]忠诚奋发”,《北史·魏彭城王勰传》“帝谓勰曰‘讳是何人,[②]而敢久违先敕’”,并合称名,史臣不敢斥之尔。然《宋纪》中亦有称“刘裕”者,一卷之中往往杂见。【原注】《册府元龟》卷一一四:“后唐庄宗同光二年二月戊寅,幸李讳宅。”“讳”字下小注曰:“明宗也。”

《文选》卷三八任昉《为齐明帝让宣城郡公表》称“臣公言”,《为萧扬州荐士表》称“臣王言”。表辞本合称名,而改为“公”、“王”,亦其臣子之辞也。

晋书

《晋书·宣帝纪》,当司马懿为魏臣之时,无不称之为“帝”。至“蜀将姜维闻辛毗来,谓亮曰‘辛毗杖节而至,贼不复出矣’”,所谓“贼”者,即懿也,当时在蜀人自当名之为“贼”。史家杂采诸书,不暇详考,一篇之中,“帝”、“贼”互见。

《天文志》:“虚二星,冢宰之官也。主北方邑居、庙堂、祭祀、祝祷事,又主死丧哭泣。”按此“冢宰”当作“冢人”。【原注】或以《公羊传》“宰上之木拱矣”,则墓亦可称为宰。又曰“轸四星,主冢宰辅臣也”,则《周官》之冢宰矣。

《艺术传》戴洋言:“昔吴伐关羽,天雷在前,周瑜拜

① “宇文讳”,今本已改为“宇文泰”。

② “讳是何人”,今本已改为“恪是何人”。

贺。”按瑜卒于建安十四年，而吕蒙之袭关羽乃在二十四年，瑜亡已十年矣。〔一〕

〔一〕【钱氏曰】予作《考异》，与此暗合，今已删之矣。

《顾荣传》前云“友人张翰”，后又云“吴郡张翰”。《张重华传》前云“封谢艾为福禄伯”，后又云“进封福禄县伯”。《戴若思传》“举孝廉入洛”，《周𫖮传》“若思举秀才入洛”。《南阳王模传》“广平太守丁邵”，《良吏传》“丁绍”。《石勒载记》前作“段就六眷”，后作“段疾六眷”，《阳裕传》又作“段眷”。《吕纂载记》前作“句摩罗耆婆”，后作“鸠摩罗什”。《慕容熙载记》“弘光门”，《冯跋载记》作“洪光门”，又作“洪观门”。〔一〕

〔一〕【杨氏曰】以“弘”为“洪”，宋人避讳改书。

宋书

《宋书·州郡志》“广陵太守”下云：“永初郡国又有舆、肥如、潞、真定、新市五县。”肥如本辽西之县，其民南渡而侨立于广陵，《符瑞志》所云“元嘉十九年九月戊申，广陵肥如石梁涧中出石锺九口”，是广陵之有肥如也。乃“南沛太守”下复云：“《起居注》：‘孝武大明五年，分广陵为沛郡，治肥如县。’时无复肥如县，当是肥如故县处也。二《汉》、《晋太康地志》并无肥如县。”一卷之中，自相违错。〔一〕且二《汉》之肥如自在辽西，安得属之广陵，分之沛

郡乎？〔二〕

〔一〕【钱氏曰】肥如故县，即谓广陵侨立之肥如县，非辽西之肥如县也。《志》以孝武大明八年为正，其时肥如已省，故不载。

〔二〕【沈氏曰】周敉宁云："《宋书》列传六卷末，'臣穆等案《高氏小史》，《赵伦之传》下有《到彦之传》，而此书独阙。约之史法，诸帝称庙号，而谓魏为"虏"。今帝称帝号，而魏称"魏"，良与《南史》体同，而传末又无史臣论，疑非约书。然其辞差与《南史》异，故特存焉。'靖案，六卷有《张畅传》，十九卷又有《张畅传》，传中称庙号，魏称'虏'，传末有史臣论，则六卷《畅传》非约书明矣。是当削去，何未之详考而互存耶？"

魏书

《魏书·崔浩传》："浩既工书，人多托写《急就章》。从少至老，初不惮劳，所书盖以百数。必称'冯代强'，以示不敢犯国，其谨也如此。"史于"冯代强"下注曰："疑。"按《急就篇》有"冯汉强"，魏本胡人，[①]**以"汉强"为讳，故改云"代强"，魏初国号曰"代"故也。颜师古《急就篇序》曰"避讳改易，渐就芜舛"，正指此。郦道元《水经注》以"广汉"并作"广魏"，即其例也。**见《水经注》卷二〇、二二、三三。

梁书

《刘孝绰传》："众恶之，必监焉；众好之，必监焉。"[②]**梁**

---

① "魏本胡人"，原本作"魏起漠北"，据《校记》改。

② 此引《论语·卫灵公》孔子语。

宣帝讳"晋",故改之。盖襄阳以来国史之原文也。乃其论则直书"姚察"。〔一〕

〔一〕【杨氏曰】姚思廉讳父名而改之,其直书者援班彪之例。

【钱氏曰】按思廉修《梁》、《陈书》,皆因其父察所撰而续成之。《梁书》诸论述其父说,必称"陈吏部尚书姚察曰",仿孟坚《汉书》称"司徒掾班彪"之例,其但称"史臣"者,出自思廉新意。惟列传二十七论称"史臣陈吏部尚书姚察",是传刻之误。察非唐臣,不应系以"史臣"也。

书中亦有避唐讳者,《顾协传》以"虎丘山"为"武丘山",《何点传》则为"兽丘山"。

后周书

《庾信传》《哀江南赋》:"过漂渚而寄食,托芦中而渡水。""漂渚"当是"溧渚"之误。〔一〕张勃《吴录》曰"子胥乞食处在丹阳溧阳县",见《史记·伍子胥传》《集解》引。《史记·范雎传》"伍子胥橐载而出昭关,至于陵水",【原注】《战国策》作"菱夫"。《索隐》曰"刘氏云:陵水即栗水也",《吴越春秋》卷一云"子胥奔吴,至溧阳,逢女子濑水之上。【原注】古"溧"、"濑"同字。子胥跪而乞餐,[①]女子食之,既去,自投于水。后子胥欲报之,乃投白金于此水,今名其处为投金濑",《金陵志》曰"江上有渚曰濑渚"是也。或以二句不应

① 《吴越春秋》原书为女子"长跪而与之",子胥乞餐而无"跪"字。

皆用子胥事，不知古人文字不拘，如下文“生世等于龙门”四句，亦是皆用司马子长事。

〔一〕【钱氏曰】漂渚是用韩信漂母事，子山由金陵赴楚，溧水非经过之地，不应连用子胥事。且漂母进食，具有典故，“寄食”二字亦见《淮阴侯传》，无庸破“漂”为“溧”也。

隋书

《经籍志》言：“汉哀帝时，博士弟子秦景，使伊存口授浮屠经。”又云：“后汉明帝，遣郎中蔡愔及秦景使天竺，得佛经四十二章及释迦立像。”按自哀帝之末至东京明帝之初，垂六十年，使秦景尚存，亦当八十馀矣，不堪再使绝域也。盖本之陶隐居《真诰》卷九，言“孝明遣使者张骞、羽林郎秦景、博士王遵等十四人之大月氏国，写佛经四十二章，秘之兰台石室”。作史者知张骞为武帝时人，姓名久著，故删去之，独言秦景，而前后失于契勘，故或以为哀帝，或以为明帝耳。〔一〕

〔一〕【孙氏曰】此自前后二事，《魏书·释老志》则哀帝时受经之博士弟子乃秦景宪也。明帝所遣之秦景既单名景，又《真诰》称其官为羽林郎，是名与官俱不同。

《突厥传》上言“沙钵略可汗西击阿波，破擒之”，下言“雍虞闾以隋所赐旗鼓，西征阿波，敌人以为得隋兵所助，多来降附，遂生擒阿波”，此必一事而误重书为二事也。

北史一事两见

北齐武成帝河清三年九月乙丑,“封皇子俨为东平王”。见《齐本纪》。下同。后主天统二年五月己亥,“封太上皇帝子俨为东平王”。一事两书,必有一误。

《徐之才传》:“尝与朝士出游,遥望群犬竞走。诸人试令目之,之才即应声曰:‘为是宋鹊,为是韩卢,为逐李斯东走,为负帝女南徂。’”其《序传》又云:“于路见狗,温子昇戏曰:‘为是宋鹊,为是韩卢。’神俊曰:‘为逐丞相东走,为共帝女南徂。’”一事两见,且《序传》是延寿自述其先人,不当援他人之事以附益也。

宋齐梁三书南史一事互异

《南齐书》《李安民传》:“李安民为吴兴太守。吴兴有项羽神护郡听事,太守不得上。太守到郡,必须祀以轭下牛。安民奉佛法,不与神牛,著屐上听事,又于听上八关斋。俄而牛死,葬庙侧,今呼为李公牛冢。安民卒官,世以神为祟。”按《宋书·孔季恭传》“为吴兴太守。先是,吴兴频丧太守,云项羽神为卞山王,居郡听事,二千石至,常避之。季恭居听事,竟无害也”,《梁书·萧琛传》“迁吴兴太守。郡有项羽庙,土民名为愤王,甚有灵验,遂于郡听事安施床幕为神座,公私请祷,前后二千石皆于厅拜祠而避居他室。

琛至，徙神还庙，处之不疑，【原注】《南史》云："琛至，著屐登听事。闻室中有叱声，琛厉色曰：'生不能与汉祖争中原，死据此听事，何也！'因迁之于庙。"又禁杀牛解祀，以脯代肉"，此似一事，而作史者一以为遭祟，一以为厌邪，立论不同如此。又《南齐书·萧惠基传》"惠基弟惠休，自吴兴太守征为右仆射。吴兴郡项羽神，旧酷烈。世人云：惠休事神谨，故得美迁"，【原注】《南史》同。《南史·萧猷【原注】本作"渊猷"。传》"为吴兴郡守，与楚王庙神交，饮至一斛。每酹祀，尽欢极醉，神影亦有酒色。所祷必从。后为益州刺史，值齐苟儿反，攻城，兵粮俱尽，乃遥祷请救。有田老逢数百骑如风，言吴兴楚王来救临汝侯。是日猷大破苟儿"，则又以为获祐，益不可信矣。又《南史·萧惠明传》："泰始初，为吴兴太守。郡界有卞山，下有项羽庙，相承云羽多居郡听事，前后太守不敢上。惠明谓纲纪曰：'孔季恭尝为此郡，未闻有灾。'遂盛设筵榻接宾。数日，见一人长丈馀，张弓挟矢向惠明，既而不见，因发背，旬日而卒。"此又与李安民相类而小变其说。【原注】按《宋书·惠明传》无此事。

旧唐书

《旧唐书》虽颇涉繁芜，然事迹明白，首尾该赡，亦自可观。其中《唐临传》"今上"字再见，徐有功、泽王上金传"今上"字各一见，皆谓玄宗，盖沿故帙而未正者也。《懿宗纪》"咸通十三年十二月，李国昌小男克用，杀云中防御

使段文楚，据云州，自称防御留后"，则既直书其叛乱之罪，而《哀帝纪》末云"中兴之初"，《王处直传》称"庄宗"，王镕、郑从谠、刘邺、张濬传各有"中兴"之语，自相矛盾。按此书纂于刘昫，后唐末帝清泰中为丞相，监修国史，至晋少帝开运二年，其书始成。【原注】《册府元龟》卷五五七言："户部侍郎张昭远、起居郎贾纬、秘书少监赵熙、吏部郎中郑受益、左司员外郎李为光等修上。并赐缯彩银器，并及前朝刘昫。"○当时避晋高祖嫌名，或谓之《李氏书》。〔一〕**朝代迁流，简牍浩富，不暇遍详而并存之，后之读者可以观世变矣。**

〔一〕【钱氏曰】《旧唐书》修于石晋时，初命宰相赵莹监修。莹罢，以宰相刘昫代之。若后唐时，监修国史乃宰相卢衔。亭林误仞为一事，盖未考《五代会要》也。

杨朝晟一人作两传，一见七十二卷，一见九十四卷。

新唐书

《旧唐书·高宗纪》："乾封元年春正月戊辰朔，上祀昊天上帝于泰山，以高祖、太宗配飨。己巳，升山行封禅之礼。庚午，禅于社首。"是以朔日祭天于山下，明日登封，又明日禅社首，次序甚明。《新书》改云："正月戊辰封于泰山，庚午禅于社首。"是以祭天、封山二事并为一事，而系于戊辰之日，文虽简而事不核矣。〔一〕

〔一〕【杨氏曰】欧公之所以如此者，以别有《礼志》故也。

《天后纪》："光宅元年四月癸酉，迁庐陵王于房州。丁丑，又迁于均州。垂拱元年三月丙辰，迁庐陵王于房州。"《中宗纪》："嗣圣元年【原注】是年九月改光宅。正月，废居于均州，又迁于房州。"按《旧书》《则天皇后纪》："嗣圣元年二月戊午，废皇帝为庐陵王，幽于别所。四月丁丑，迁庐陵王于均州。垂拱元年三月，迁庐陵王于房州。"《中宗纪》亦同，而以四月为五月，然无先迁房州一节。疑《旧史》得之，欧公盖博采而误。

《代宗纪》上书"四月丁卯，幽皇后于别殿"，下书"六月辛亥，追废皇后张氏"。曰"追废"，则张后之见杀明矣，而不书其死，亦为漏略。

《文宗纪》："太和九年十一月壬戌，李训及河东节度使王璠、邠宁节度使郭行馀、御史中丞李孝本、京兆少尹罗立言，谋诛中官，不克，训奔于凤翔。"下云："左神策军中尉仇士良杀王涯、贾餗、舒元舆、李孝本、罗立言、王璠、郭行馀。"而独于李训不言其死，况训乃走入终南山，未至凤翔，亦为未当。

《艺文志》"萧方《三十国春秋》三十卷"，当作"萧方等"，乃梁元帝世子，名"方等"。【原注】《侯鲭录》曰："方等者，即周遍义。"〔一〕

〔一〕【杨氏曰】作"萧方"者，当是传写之误，必非欧公原本。

《新唐书》志，欧阳永叔所作，颇有裁断，文亦明达；而列传出宋子京之手，则简而不明。二手高下，迥为不侔矣。

如《太宗长孙后传》"安业【原注】后异母兄。之罪,万死无赦,然不慈于妾,天下知之",【原注】《旧书》。改曰"安业罪死无赦,然向遇妾不以慈,户知之",意虽不异,而"户知之"三字殊不成文。又如《德宗王后传》诏曰"祭筵不可用假花果,欲祭者从之",【原注】《旧书》。改曰"有诏祭物无用寓,欲祭听之",不过省《旧书》四字,然非注不可解也。

【小笺】按:《史记·淮阴侯传》:"大王当王关中,民咸知之。"《汉书》作"关中民户知之"。师古曰:"言家家皆知。"然则子京虽好奇而亦有所本,未可轻议也。

史家之文,例无重出。若不得已而重出,则当斟酌彼此,有详有略,斯谓之简。如崔沔驳太常议加宗庙笾豆,其文两载于本传及《韦绦传》,多至二三百言。又如来济与高智周、郝处俊、孙处约四人言志,及济领吏部,遂以处约为通事舍人,两见于本传及《高智周传》。而石仲览一人,一以为宣城,一以为江都。此而忽之,则亦不得谓之能简矣。【原注】此二事已见于《新唐书纠缪》,今仍录之。

《杨玚传》言:"有司帖试明经,不质大义,乃取年头月日、孤经绝句。"帖试之法,用纸帖其上下文,止留中间一二句,困人以难记。"年头"如"元年"、"二年"之类,"月日"如"十有二月乙卯"之类。如此则习《春秋》者益少矣,故请帖平文。今改曰"年头月尾",属对虽工,而义不通矣。

《严武传》:"为成都尹、剑南节度使。房琯以故宰相为巡内刺史,武慢倨不为礼。最厚杜甫,然欲杀甫数矣。

李白作《蜀道难》者，乃为房与杜危之也。”此宋人穿凿之论。【原注】此说又见《韦皋传》，盖因陆畅之《蜀道易》而造为之耳。李白《蜀道难》之作，当在开元、天宝间，时人共言锦城之乐，而不知畏涂之险，异地之虞，即事成篇，别无寓意。及玄宗西幸，升为南京，则又为诗曰：“谁道君王行路难，六龙西幸万人欢。地转锦江成渭水，天回玉垒作长安。”一人之作，前后不同如此，亦时为之矣。

《张孝忠传》：“孝忠魁伟，长六尺。”《李晟传》：“长六尺。”古人以六尺为短，今以六尺为长，于他书未见。【原注】马燧、杨收传并云“长六尺二寸”，《高力士传》“长六尺五寸”。〔一〕

〔一〕【钱氏曰】古尺短于今尺，它书已言之矣。

【赵氏曰】盖宋子京以唐尺纪之，故六尺为长身矣。

《旧书·段秀实传》：“阴说大将刘海宾、何明礼、姚令言判官岐灵岳，同谋杀泚，以兵迎乘舆。三人者，皆秀实夙所奖遇。”此谓姚令言之判官岐灵岳，与海宾、明礼为三人耳。按文，“姚令言”上当少一“及”字。《新书》遂谓“结刘海宾、姚令言、都虞候何明礼欲图泚。此三人者，皆秀实素所厚”，而下文方云“大吏岐灵岳”。令言，贼也，安有肯同秀实之谋者哉？

《旧唐书》高仙芝、封常清二传并云“四镇节度使夫蒙灵督”，而李嗣业、段秀实二传则云“安西节度使马灵督”，《刘全谅传》则云“安东副都护、保定军使马灵督”。按《王维集》有《送不蒙都护》诗,注:"不蒙,蕃官姓也。"古"不"字有"夫"音,【原注】如《诗》《小雅·常棣》"鄂不韡韡"。"不蒙"当即"夫蒙",然未知其何以又为"马"也。《新书》因之,两姓并见,而《突厥传》则云"安西节度使夫蒙灵詧。"〔一〕

〔一〕【杨氏曰】《考异》云:"《会要》作'马',今从《实录》。"

《马总传》:"李师道平,析郓、曹、濮等为一道,除总节度,赐号天平军。长庆初,刘总上幽镇地,诏总徙天平。而召总还,将大用之。会总卒,穆宗以郓人附赖总,复诏还镇。"上云"诏总徙天平",刘总也;下云"召总还",马总也;又云"会总卒",刘总也;又云"郓人附赖总",马总也。此于人之主宾、字之繁省皆有所不当。当云"诏徙天平"而去"总"字,其下则云"会刘总卒",于文无加而义明矣。

【小笺】按:传有附见他人而与本传人名同者,宜于附见之人加姓别之,虽屡见不可去姓。《汉书·彭宣传》:"宣罢数岁,谏大夫鲍宣数荐宣。会元寿元年正月朔日食,鲍宣复上言,乃召宣为光禄大夫。"此其例也。

《旧唐书·皇甫镈传》附柳泌事,云:"泌系京兆府狱,吏叱之曰:'何苦作此虚矫?'泌曰:'吾本无心,是李道古教我,且云寿四百岁。'府吏防虞周密,恐其隐化,及解衣就诛,一无变异。"语虽烦而叙事则明。《新书》但云:"皆道古教我。解衣即刑,卒无它异。"去其中间语,则"它异"二字何所本邪?〔一〕

〔一〕【杨氏曰】因上文言之。

《曹确传》："太宗著令，文武官六百四十三。"按《百官志》："太宗省内外官，定制为七百三十员。"〔一〕

〔一〕【钱氏曰】此条吴氏《纠谬》已有之。

《旧唐书·郑綮传》："昭宗谓有蕴蓄，就常奏班簿侧注云：'郑綮可礼部侍郎、平章事。'中书胥吏诣其家参谒，綮笑曰：'诸君大误，使天下人皆不识字，宰相不及郑五也。'胥吏曰：'出自圣旨特恩，来日制下。'綮抗其手曰：'万一如此，笑杀他人。'明日果制下。"《新书》改曰："俄闻制诏下，叹曰：'万一然，笑杀天下人。'"制已下矣，何"万一"之有？

《礼乐志》："贞观二十一年，诏左丘明、卜子夏、公羊高、穀梁赤、伏胜、高堂生、戴圣、毛苌、孔安国、刘向、郑众、贾逵、杜子春、马融、卢植、郑康成、服虔、何休、王肃、王弼、杜预、范宁二十二人配享。"《儒学传》复出此文而缺贾逵，作"二十一人"。

《林蕴传》："泉州莆田人。父披，以临汀多山鬼淫祠，民厌苦之，撰《无鬼论》。刺史樊晃奏署临汀令。"此当是署令在前，作论在后，而倒其文。

凡吴氏《纠谬》所已及者不更论。

昔人谓宋子京不喜对偶之文，其作史，有唐一代遂无一篇诏令，如德宗兴元之诏不录于书，徐贤妃《谏太宗疏》、狄仁杰《谏武后营大像疏》仅寥寥数言，而韩愈《平淮西碑》则全载之。夫史以记事，诏、疏俱国事之大，反不如碑颂乎？柳宗元《贞符》，乃希恩饰罪之文，与相如之《封禅颂》异矣，载之尤为无识。〔一〕

〔一〕【杨氏曰】自是子京见解之偏，其改傅奕《辟佛疏》及柳玭《家训》，都不如原文。

宋史

《宋史》《徽宗纪》言："朝廷与金约灭辽，止求石晋赂契丹故地，而不思营、平、滦。三州非晋赂，乃刘仁恭献契丹以求援者。既而王黼悔，欲并得之，遣赵良嗣往，请之再三，金人不与。"①此史家之误。按《通鉴》卷二六九："初，幽州北七百里有渝关。下有渝水通海，自关东北循海有道，道狭处才数尺，旁有乱山，高峻不可越。北至进牛口，旧置八防御军，募土兵守之。田租皆供军食，不入于蓟，幽州岁致缯纩，以供战士衣。每岁早获，清野坚壁，以待契丹。契丹至，辄闭壁不战；俟其去，选骁勇据隘邀之，契丹常失利走。土兵皆自为田园，力战有功，则赐勋加赏。由是契丹不敢轻入寇。及周德威为卢龙节度使，恃勇不修边备，遂失渝关之险。契丹每刍牧于营、平之间。"又按《辽史》《太祖纪》："太祖天赞二年，春正月丙申，大元帅尧骨克平州，获刺史赵思温、裨将张崇。二月，如平州。甲子，以平州卢龙

① 文见《宋史纪事本末》卷一二，大略取自《宋史·徽宗纪》。

军置节度使。”辽之天赞二年,乃后唐庄宗同光元年,是营、平二州,契丹自以兵力取之于唐,而不于刘仁恭,又非赂以求援也。若滦本平州之地,辽太祖以俘户置滦州,当刘仁恭时尚未有此州,尤为无据。〔一〕《辽史》《地理志四》于“滦州”下云“石晋割地,在平州之境”,亦误也。【原注】《金史·张觉传》:“平州自入契丹,别为一军,执弗与。”

〔一〕【沈氏曰】此亦史家千年未正之误。

元人作《宋史》,于《天文志》中,如“胡兵大起”、“胡主忧”之类,改曰“北兵”、“北主”;昴为“胡星”,改为“北星”。惟“北河”下“一曰胡门”,则不能改也,仍其文。

书中凡“虏”①字皆改为“敌”,至以“金虏”为“金敌”。【原注】陈康伯、王大宝传。惟胡铨二书不改。见《胡铨传》。

阿鲁图进宋史表

元阿鲁图《进宋史表》曰:“厥后瀛国归朝,吉王航海。齐亡而访王蠋,乃存秉节之臣;楚灭而谕鲁公,堪矜守礼之国。”②《金史·忠义传序》曰:“圣元诏修辽、金、宋史。史臣议凡例,前代之臣忠于所事者,请书之无讳。朝廷从之。”此皆宋世以来尊经儒、重节义之效,其时之人心风俗

---

① “虏”,原本作“卤”,据《校记》改。下“虏”字同。援庵《校注》:《宋》、《辽》、《金》三史表均见《欧阳圭斋集》。

② 王蠋事见《史记·田单传》。鲁公即项羽,见《史记·项羽本纪》。

犹有三代直道之遗,不独元主之贤明也。【原注】《五代史》不为韩通立传。〔一〕

〔一〕【杨氏曰】《韩通传》今在《宋史》,曰:"周三臣:通,一也;李筠,二也;李重进,三也。"

齐武帝使太子家令沈约撰《宋书》,疑立《袁粲传》,审之于帝,帝曰:"袁粲自是宋室忠臣。"见《南齐书·文学·王智深传》。

辽史

《宋史·富弼传》言:"使契丹,争'献'、'纳'二字,声色俱厉。契丹主知不可夺,乃曰:'吾当自遣人议之。'复使刘六符来。弼归,奏曰:'臣以死拒之,彼气折矣,可勿许也。'朝廷竟以'纳'字与之。"《辽史·兴宗纪》亦云:"感富弼之言,和议始定。"而《刘六符传》则曰:"宋遣使,增岁币以易十县。六符与耶律仁先使宋,定'进贡'名,宋难之。六符曰:'本朝兵强将勇,人人愿从事于宋。若恣其俘获,以饱所欲,与"进贡"字孰多?况大兵驻燕,万一南进,何以御之?顾小节,忘大患,悔将何及?'宋乃从之,岁币称'贡'。"《耶律仁先传》亦同。二史并脱脱监修,而不同如此。【原注】《六符传》似本其家志状,与其祖景同为一传,而有重文。

金史

《金史》大抵出刘祁、元好问二君之笔，亦颇可观，【原注】刘祁，字京叔，浑源人，著《归潜志》。元好问，字裕之，秀容人，著《壬辰杂编》。元人取之以成《金史》。见《文艺传》及《完颜奴申传赞》。〔一〕**然其中多重见而涉于繁者。孔毅父**平仲**《杂说》**卷二**谓："自昔史书两人一事，必曰'语在某人传'。《晋书》载王隐谏祖**(约)**[纳]弈棋一段，两传俱出，此为文繁矣。"正同此病。**〔二〕

〔一〕【钱氏曰】贞祐南迁以后事迹，多取元、刘两家，章宗以前，则实录具在，非出二人笔也。

〔二〕【杨氏曰】《金史》较《辽史》为胜。

【续补正】遇孙案：《晋书》祖纳好弈棋，王隐谓之曰："禹惜寸阴，不闻数棋。"则纳事，非约也。纳兄弟六人，纳居二，次逖，次约，逖、约同母。

《海陵诸子传赞》当引楚灵王曰"余杀人子多矣，能无及此乎"，【原注】昭公十三年。**而反引荀首言"不以人子，吾子其可得乎"，似为失当。**

幽兰之缢，承麟谥之曰哀宗，[①]【原注】本纪。**息州行省谥之曰昭宗，**【原注】《完颜娄室传》。**史从哀宗为定。而《食**

① 《金史·哀宗纪》：元兵攻城急，帝传位于东面元帅承麟(即末帝)。城破，帝自缢于幽兰轩。末帝退保子城，闻帝崩，率群臣入哭，谥曰哀宗。

货志》末及《百官志》复有“义宗”之称，不著何人所上。【原注】《元史》列传中并称“金义宗”。

【小笺】按：《大金国志》亦称“义宗”，注云：“宿州有僭位者谥曰庄。故官侨于宋者私谥曰闵。天下士夫咸以义宗谥，盖取《左氏》‘君死社稷’之义。”据此，则又有庄宗、闵宗之称。

金与元连兵二十馀年，书中虽称“大元”，而内外之旨截然不移，是金人之作非元人之作，此其所以为善。〔一〕

〔一〕【钱氏曰】《宋史》述与交兵事，亦止称“大元”，未尝内元而外宋，不可以是议两史之优劣。

承麟即位不过一二日，而史犹称之为末帝。【原注】《白撒传》。其与宋之二王削其帝号者绝异，故知非一人之笔矣。

元史

《元史》列传八卷“速不台”，九卷“雪不台”，一人作两传；十八卷“完者都”，十九卷“完者拔都”，亦一人作两传，盖其成书不出于一人之手。〔一〕宋濂序云：“洪武元年十二月，诏修《元史》，臣濂、臣袆总裁。二年二月丙寅开局，八月癸酉书成。纪三十七卷，志五十三卷，表六卷，传六十三卷。”顺帝时无实录可征，因未得为完书。上复诏仪曹遣使行天下，其涉于史事者，令郡县上之。三年二月乙丑开局，七月丁亥书成。纪十卷,志五卷,表二卷,传三十六卷。凡前书有所未备,颇补完之。〔二〕总裁仍濂、祎二臣,而纂录之士独赵埙终始其事。然则《元史》之成,虽不出于一时一人,而宋、王二公与赵君亦难免于疏忽之咎矣。昔宋吴缜言:"方新书来上之初,若朝廷付之有司,委官覆定,使诘难纠驳,审定刊修,然后下朝臣博议可否,如此则初修者必不敢灭裂,审覆者亦不敢依违,庶乎得为完书,可以传久。"见《新唐书纠谬》序。乃历代修史之臣皆务苟完,右文之君亦多倦览,未有能行其说者也。惟我太祖①尝命解缙修正《元史》舛误,其书留中不传。

〔一〕【杨氏曰】三十七卷"石抹也先",三十九卷"石抹阿辛",亦是一人两传。

【钱氏曰】开国功臣首称四杰,而赤老温无传。尚主世胄不过数家,而郓国亦无传。丞相见于表者五十有九人,而立传者不及其半。太祖诸弟止传其一,诸子亦传其一,太宗以后皇子无一人立传者。本纪或一事而再书,列传或一人而两传,《宰相表》或有姓无名,《诸王表》或有封号无人名。此义例之显然者,已纰缪若此矣。

〔二〕【汪氏曰】元太祖平北狄诸国,宪宗续平西域诸国,则纪、传皆有之。刘郁《西使记》作于中统四年,具载诸国山川风土,今西北四十八家皆为元裔,则元太祖、世祖之勋迹洵奇伟矣。《文宗本纪》:"至顺二年,奎章阁纂修《经世大典》,请从翰林国史院取《脱卜赤颜》一书,纪太祖以来事迹。翰林学士承旨押不花等言:'《脱卜赤颜》事关秘禁,非可令外人传写,臣等

① "惟我太祖",原本作"洪武中",据《校记》改。

不敢奉诏。'从之。"其后"撒迪请备录皇上固让大凡、往来奏答与训敕辞命,及燕铁木儿等宣力效忠之迹,续为《蒙古脱卜赤颜》,置之奎章阁。从之"。则太祖之勋迹以奎章阁无书而不传矣。

【小笺】按,《直脱儿传》既附其从子忽剌出,而又有《忽剌出传》;《杭忽思传》既附其子阿塔赤,而又有《阿答出传》,亦重出也。盖元人之名最易混淆,如伯颜有九,脱欢有十三,脱脱有十五,秉笔者习于名字之雷同,而不及细核其家世事迹,遂成此谬。

《世祖纪》:"中统三年二月,以兴、松、云三州隶上都。""四年五月,升上都路望云县为云州,松山县为松州。"是三年尚未升州,预书为"州"者误。〔一〕

〔一〕【钱氏曰】滑州自唐、宋迄金、元无异名,而《志》云:"唐改灵昌郡,宋改武成军,元仍为滑州。"考《唐志》虽州、郡兼称,而改州为郡,不过天宝、至德十馀年耳。乾元以后,仍为滑州。岂可以此十数年概唐一代?且改州为郡,十道皆同,不得谓滑州改而它州不改也。武成为节度军额,而滑之升节度始于唐,本号义成军。宋太宗时避讳,乃改武成。作志者并《唐方镇表》亦未读矣。随州亦唐所置,而宋因之,其称崇信军者,节度军号,非改州为军也。枣阳本随州属县,南宋升为枣阳军,则与随州各为一郡矣。而《志》乃云"宋为崇信军,又为枣阳军"。此两军者一为虚衔,一为实土,而混而一之,既已不分皂白,且枣阳与随各自为郡而强合之,又云"复因兵乱,迁徙无常",欲以弥缝其失,则舛益甚矣。河中府自唐中叶已为节镇,称护国军,而河中府之名不改,宋、金皆因之。《志》乃云"宋名护国军,金复为河中府"。不知宋、金皆称河中府,与唐无异。护国军之号，自唐、五代、宋、金亦未有异，宋非废府而称军，金亦未尝去护国军之号。志中此类甚多，举之不胜举也。

【又曰】宋时州有节度、防御、团练、刺史四等，以是分州之大小，如今制州县分繁简耳。单本刺史州，后升为团练，其州名仍旧也。《志》乃云"后唐改为单州，宋升团练州"，是误仞团练为州名矣。史臣之不学如此，岂不贻笑千古？《志》又云："济宁路，唐麟州，周于此置济州。"按元之济宁路治钜野县，在唐则为郓州之钜野县耳。《唐志》虽云"武德四年以县置麟州，五年州废"，然唐有国三百年，其称麟州者仅一年，岂可以此概一代乎？宋承后周之旧，济州真治钜野矣，乃置之不道，又何说也？《志》于"济州"下又云："唐以前为济北郡，治单父。唐初为济州，又为济阳郡，仍改济州。周濒济水立济州，宋因之。"此条尤可怪异。夫元之济州治任城，唐之济州则治卢，即隋之济北郡也。元和以后省济州，以卢县隶郓州，自是无济州之称矣。后周始于钜野立济州，卢与钜野邈不相涉，岂可溷而为一？"周濒济水立济州"二句，当书于济宁路，亦不当在此条也。唐以前济北郡治单父，不知何据？考《太平寰宇记》，"单州单父县，后魏尝置北济阴郡"。或因是误仞为济北郡耶？郴州之郴阳县，《志》云"旧为敦化县，至元十三年改今名"。予向颇疑之，谓湖南旧为宋土，而"敦"字犯宋庙讳，且《宋志》郴州倚郭为郴县，非敦化也。顷见王象之《舆地纪胜》引《寰宇记》云："晋天福初，避庙讳，改郴州为敦州，改郴县为敦化。汉初，州县名悉复旧。"是敦化之名乃石晋所改，未几即废。而《元史》臣乃以为至元十三年改敦化为郴阳，真可笑也。

本纪有脱漏月者,列传有重书年者。

《天文志》既载“月五星凌犯”,而本纪复详书之,不免重出。《志》末云“馀见本纪”,亦非体。

诸志皆案牍之文,并无镕范。如《河渠志》言“耿参政”、“阿里尚书”,《祭祀志》言“田司徒”、“郝参政”,皆案牍中之称谓也。

《张桢传》有《复扩廓帖木儿书》曰:“江左日思荐食上国。”此谓我①太祖也。晋陈寿《上诸葛孔明集表》曰:“伏惟陛下远踪古圣,荡然无忌,故虽敌国诽谤之言,咸肆其辞,而无所革讳,所以明大通之道也。”于此书见之矣。

《石抹宜孙传》上言“大明兵”,下言“朝廷”,“朝廷”谓元也,内外之辞明白如此。

《顺帝纪》“大明兵取太平路”,“大明兵取集庆路”。其时国号未为大明,曰“大明”者,史臣追书之也。古人记事之文有不得不然者,类如此。〔一〕

〔一〕【钱氏曰】蒙古灭金之时,亦未有国号。大元之名建于世祖之世,则金亡久矣。《金史》纪、传皆追称“大元”,此明初史臣承用之例。

通鉴

吕东莱《大事记》曰:“《史记》商君本传云:‘不告奸者腰斩,告奸者与斩敌首同赏,匿奸者与降敌同罚。’《通鉴》

① “我”字,原本作“明”,据《校记》改。

削'不告奸者'一句,而以匿奸之罪为不告奸之罪。本传又云:'民有二男以上不分异者,倍其赋。'《通鉴》削之。本传又云:'名田宅臣妾者以家次。'《通鉴》削'以家次'三字。皆当以本传为正。"①【原注】"以家次"者,如汉赐夏侯婴北第第一之类。②

《孟子》《梁惠王下》以伐燕为宣王事,与《史记》不同。《通鉴》以威王、宣王之卒各移下十年,以合《孟子》之书。今按《史记》湣王元年为周显王之四十六年,岁在著雍阉茂。又八年,燕王哙让国于相子之。又二年,齐破燕,杀王哙。又二年,燕人立太子平,则已为湣王之十二年。而《孟子》《公孙丑下》书"吾甚惭于孟子"尚是宣王,何不以宣王之卒移下十二三年,则于《孟子》之书无不皆合,而但拘于十年之成数邪?〔一〕

〔一〕【钱氏曰】宝应王懋竑谓:"《孟子》书所言齐王皆湣王,非宣王。湣王初年,兵强天下,亦必有过人之才,故孟子许其足用为善,而好勇、好货、好色,不能自克,所以有丧邦之辱。后人校《孟子》书者,疑孟子不当仕湣王时,添入宣王谥,而尚有未及添者,故知《史记》所书得其实。"

【赵氏曰】孟子手自著书,以为齐宣王,岂有错误?乃《史记》则以为湣王,遂致纷纭莫定。按《国策》"燕王哙既立章",明言子之之乱,储子劝齐宣王因而仆之,并载孟子劝王伐燕之语,宣王令章子将五都兵伐之,是伐燕之为宣王无疑。《史记》所以系之湣王者,则以湣王之走死,实因乐毅伐齐,而毅

① 引文不见于今本吕祖谦《大事记》,似从元方回《续古今考》卷三八转引。

② 此注亦出自《续古今考》原文。

之伐齐实因齐破燕，而为燕昭王报怨。而湣王在位二十九年，想燕、齐相报不应如是之久，故不得不以伐燕为湣王。然《国策》言齐破燕之后二年，燕昭王始立。又“昭王筑宫事郭隗章”言昭王与百姓同甘苦二十八年，然后以乐毅为将，破齐七十馀城。是齐破燕至燕破齐之岁，相距本有三十馀年，则破燕者宣王，为燕所破者湣王，《国策》本自明白。计宣王破燕之后不久即殁，湣王嗣位二十九年，乃为燕所破，计其年正与燕昭二十八年之数约略相符。则《国策》之文原与《孟子》相合，而顾又谓当以宣王之卒再移下十二三年，更属武断。总由未尝留意“燕昭即位二十八年始报怨”之语耳。

【雷氏曰】此周赧王元年、齐宣王七年事也。《纪年》谓齐宣公四十五年，田庄子卒。明年，田悼子立。宣公五十一年，田悼子卒。十二月，宣公薨。明年，田和立。时齐康公之元年，周威烈王之二十一年也。康公二十二年，田侯剡立。立之十年，田午弑剡自立，是为桓公。桓公十八年，当梁惠王之十二年。明年而桓公卒，威王立。威王十四年，败魏于马陵，时梁惠王之二十八年也。惠王三十六年，改为元年。后元之十五年，威王卒。时周显王之四十八年，齐威王之三十六年也。明年为齐宣王元年。伐燕在宣王七年，时周赧王之元年也。《国策》“燕王哙既立”一篇，亦三称齐宣王。一则曰“苏代与子之交，及苏秦死，齐宣王复用苏代”，又曰“太子平谋将攻子之，储子谓齐宣王曰：因而仆之，破燕必矣”，又曰“孟子谓齐宣王曰：今伐燕，此文、武之时，不可失也”。夫《纪年》成于魏史，其人与孟子同时，改元、伐燕等事皆所目验，何致反误？《战国策》虽短长书，词多踳驳，然纪事之言不必皆谬。如“王哙既立”一篇，亦经之佳证已。自太史公作《史记》，于魏增哀王一代，此因《竹书》未出，襄、哀字讹，不知惠有改元之事，犹可说也。至齐之桓、威、宣、湣，移易其即位之年，于齐人伐燕事不知折衷《孟子》，而《年表》谓在湣王十年，《田齐世家》又缺而不录，反取《孟子》劝伐之说载于《燕世家》，此实大谬。唐初《竹书》虽传，而《晋书·束皙传》诬之于前，《太平御览》、《寰宇记》诬之于后，于是《纪年》一书，儒者不悉心考究。司马温公作《资治通鉴》，止据《史记集解》所引荀勖、和峤之言，记惠王改元之事，而宣之伐燕，终求其说而不得，乃将宣之即位移下十年，以迁就《孟子》，自后说者疑信各半，议论滋纷。朱子《通鉴纲目》虽从温公，而《孟子序说》仍祖《史记》，甚以《荀子》“北足败燕”句疑似之词，疑《孟子》与之不合。他若吕东莱《大事记》谓宣王在位二十九年，故及伐燕之事。黄氏震《日钞》谓宣之伐燕在易王初立，伐取十城。湣之伐燕，始是子之之乱。国朝阎百诗《四书释地》又将子之事移上十年，谓当周显王之四十五年。鹤短凫长，说之不同如此。盖自史迁移齐年于前，温公移齐年于后，迄今千年，经儒者百数十人共商此事，非逞其臆断，即巧作调人，未有定论。予弱龄读《孟子》，即疑此事，辛酉后，考订纪年，阅九岁，书成，而后涣然以解。

《史记·万石君列传》：“庆尝为太仆御出。上问车中几马，庆以策数马毕，举手曰：‘六马。’庆于诸子中最为简易矣，然犹如此。”太史公之意，谓庆虽简易而犹敬谨，不敢率尔即对。其言“简易”，正以起下文之意也。《通鉴》去“然犹如此”一句，殊失本指。

《通鉴》卷一八：“汉武帝元光六年，以卫尉韩安国为材官将军，屯渔阳。元朔元年，匈奴二万骑入汉，杀辽西太守，略二千馀人，围韩安国壁。又入渔阳、雁门，各杀略千馀人。”夫曰“围韩安国壁”，其为渔阳可知，而云“又入渔阳”，则疏矣。考《史记·匈奴传》本文则云：“败渔阳太守军千馀人，围汉将军安国。安国时千馀骑，亦且尽。会燕救至，匈奴引去。”其文精密如此。《通鉴》改之不当。

《汉书·宣帝纪》：“五凤二年春三月，行幸雍，祠五畤。”《通鉴》卷二七改之曰：“春正月，上幸甘泉，郊泰畤。”《考异》引《宣纪》云：“三月行幸甘泉。”而《宣纪》本无此文，不知温公何所据？〔一〕

〔一〕【杨氏曰】《宣纪》本云“幸雍”，荀氏《纪》则云“幸甘泉”，恐是如此。

光武自陇、蜀平后，非警急，未尝复言军旅。皇太子尝问军旅之事，帝曰：“昔卫灵公问陈，孔子不对。此非尔所及。”见《后汉书·光武纪下》。据《后汉书》本文，皇太子即明帝也。《通鉴》乃书于“建武十三年”，则东海王强尚为太子，亦为未允。

唐德宗贞元二年，李泌奏：“自集津至三门，凿山开车道十八里，以避底柱之险。”见《通鉴》卷二三二。按《旧唐书·李泌传》并无此事，而《食货志》曰：“开元二十二年八月，玄宗从京兆尹裴耀卿之言，置河阴县及河阴仓、【原注】在今汜水县。河清县柏崖仓、【原注】在今孟津县。三门东集津仓、三门西盐仓。【原注】并在今平陆县。开三门北山十八里，以避湍险。自江淮而溯鸿沟，悉纳河阴仓，自河阴送纳含嘉

仓，【原注】《六典》："东都有含嘉仓。"**又送纳太原仓，**【原注】计太原仓虽属陕州，当在河北。**谓之北运。自太原仓浮于渭，以实京师。凡三年运七百万石，省陆运之佣四十万贯。"又曰："开元二十九年，陕郡太守李齐物凿三门山以通运，辟三门巅输**【原注】疑当作"逾"。**岩险之地。俾负索引舰，升于安流，自齐物始也。天宝三载，韦坚代萧炅，以浐水作广运潭于望春楼之东而藏舟焉。"是则北运始于耀卿，尚陆行十八里，河运始于齐物，则直达于长安也。下距贞元四十五年，无缘有李泌复凿三门之事。**〔一〕

〔一〕【谈氏曰】温公之作《通鉴》也，参同订异，采要搜奇，十九年中，心力俱殚，真先后有伦，精粗不杂，继《左氏》而兴者，谁复与京哉！然亦间有七病，请类举一二，以概其馀。所谓"漏"，如汉高帝二年，立汉社稷，施恩德，赐民爵，置三老，定上帝山川之祀。四年，初为算赋，诏谳疑狱。十一年，减省口赋，下诏求贤。十二年，为秦始皇、楚隐王、魏安釐王、齐愍王、赵悼襄王、魏公子无忌各置守冢有差。帝崩，太子即位，上帝尊号为高皇帝，令郡国诸侯王各立高祖庙。下诏减田租，复十五税一。此皆政事之大者，而《通鉴》皆不载，则其小者可知。又即高祖十二年所遗如此，则馀一千三百五十年中所遗又可知也。他如日食地震、水旱蝗饥、郊天祀庙、行幸还宫、命相封王，皆《通鉴》所慎重，而汉以前阙者十之一，汉以后阙者十之三。至如更始元年，王莽庐江连率李宪据郡称淮南王。光武建武三年称帝。四年，遣马成击宪。六年，宪亡走，其军士帛意追斩宪，封帛意为渔浦侯。而《通鉴》于宪之称王称帝则书，于马成破宪、帛意斩宪则不书，是为"无尾"。宋孝武帝大明五年，立南北二驰道，至孝武崩，乃罢之，而《通鉴》但书罢，不书立，是为“无首”。汉惠帝三年，冒顿遗高后嫚书，樊哙愿将十万众横行匈奴中，中郎将季布曰：“前冒顿围高帝于平城，汉兵三十二万，哙为上将军，不能解围，天下歌之曰：‘平城之下亦诚苦，七日不食，不能彀弩。’今歌吟之声未绝，伤夷者甫起。”歌吟之声正谓平城之歌也，而《通鉴》删去之，则“歌吟”二字无所谓矣。献帝兴平元年，徐州牧陶谦卒，别驾麋竺率州人迎备。备曰：“袁公路近在寿春，此君四世五公，海内所归，君可以州与之。”孔融曰：“袁公路岂忧国忘家者耶？冢中枯骨，何足介意！”而《通鉴》删去“四世五公”四字，则“冢中枯骨”无所谓矣。所谓“复”，如晋安帝义熙十年，西秦乞伏炽盘灭南凉，虏其太子虎台，既而以虎台妹为后，遂厚待虎台。至宋营阳王景平元年，炽盘后密与虎台谋杀炽盘，事露，皆见杀。而《通鉴》于义熙十年豫书杀虎台，至景平元年十月又详书之。唐太宗贞观元年，突厥大雪，平地数尺，杂畜多死，连年饥馑。而《通鉴》一载之于七月，又载之于十二月。武后以豆卢钦望为文昌右相，本在圣历二年，而《通鉴》于神功元年、圣历二年两书之。钦望罢为太子宾客，本在久视元年二月，而《通鉴》于圣历元年、久视元年两书之。所谓“紊”者，如周赧王十七年，赵惠文王封弟胜为平原君，《通鉴》于此即书平原君好客养士之事。今按《史记》，赵武灵王十六年，纳吴娃。是为赧王之五年也，则惠文之生或当在六七年之间。至十七年，武灵王传位于惠文王，则惠文于是时亦不过十二三岁而已矣。平原君又其同母弟，则是时或止数龄耳，岂便能养士？然则平原君之养士，后事耳，何可便缀于此？汉高祖六年，始封张良为留侯。十一年，上征黥布，以良为太子少傅，辅太子镇关中。故良自称“以三寸舌为帝者师，封万户侯，此布衣之极，于良足矣”。此十一年以后之语也。而《通鉴》即载于五年良从帝入关之时。不知是时良尚未封侯，未为太子傅，何得先以帝者师、万户侯自居？且《通鉴》极严于历日，日月稍有不合，并其所载之事而删之者甚多。乃细核其中时日之错乱者，亦复不少，如梁简文帝大宝元年二月丙戌，以安陆王大春为扬州刺史。乙巳，以尚书仆射王充为左仆射。庚寅，东魏以尚书令高隆之为太保。三月甲申，侯景请上禊宴于乐游苑。庚申，东魏进丞相高洋爵为齐王。四月庚辰朔，湘东王绎以上甲侯韶为长沙王。丙午，湘东王绎下令讨侯景。夫乙巳在庚寅后十五日，岂得反叙之于前？且二月既有丙戌与庚寅，则三月必无甲申。三月既有甲申，则月内不应又有庚申，四月朔亦必非庚辰。四月朔既为庚辰，则次日即为辛巳，何反书于丙午之后？且一月而丙午再见焉。所谓“杂”者，如晋穆帝永和三年，赵麻秋攻枹罕，凉州将张悛欲弃大城，宁戎校尉张璩从之。海西公太和二年，张天锡讨李俨，遣征东将军常据向左南。孝武太元元年，苻坚伐凉州，张天锡遣征东将军掌据帅众三万，军于洪池。张璩、常据、掌据，若为三人。今考《十六国春秋》与《晋书·载记》，则本一人之事也。但《载记》作张璩，《十六国春秋》作常据。《通鉴》于永和中已从《载记》，于太和中又从《十六国春秋》，于太元中复不知何所本而作“掌据”。夫张也、常也、掌也，姓则歧而为三；璩也、据也，名且析而为二，使读者惑焉。毛宝之子穆之，小字虎生。成帝建元二年，建武将军庾方之以参军毛穆之为建武司马。书曰：“穆之，宝之子也。”海西公太和四年，大司马桓温伐燕，使冠军将军毛虎生凿钜野三百里，引汶水会于清水。又书曰：“虎生，宝之子也。”前称名，后称字。宋武陵王赞，小字智随。明帝泰始六年,书“以王子智随为武陵王”,其后则又皆书“武陵王赞”,前称字,后称名者是。晋成帝咸和八年,慕容皝遣庶弟幼稚,讨母弟仁于平郭,兵败,幼稚为仁所获。至咸康三年仁败,则又曰“慕容幼、慕容稚皆东走,幼中道而还”。是分一人为二人。晋安帝元兴二年,姚兴遣使者梁斐、张构使沮渠蒙逊,而《通鉴》书“秦遣使者梁构至张掖”,是合二人为一人。北齐幼主高恒禅位于任城王湝,自称守国天王。而《通鉴》误“守”为“宋”,胡身之不考《北齐书》,妄为注曰:“齐犹未亡,不应遽改国号,宋国当是宗国。”凡此者皆误也。唐玄宗先天元年,召姚元之为相,元之以十事要帝,一请政先仁恕,二请勿求边功,三请中官勿与政事,四请国亲勿任台省,并罢斜封、员外等官,五请行法自近,六请杜赋外贡献,七请勿造寺观,八请接大臣以礼,九请容纳直言,十请勿用母后之族,皆曲中时弊。方帝励精之初,言之不嫌于早,亦不嫌于尽。而温公乃曰:“当时天下事止此十条,须因事启沃,岂一旦可要?”弃不取。安思顺为朔方节度使,郭子仪、李光弼俱为牙门都将,二人不相能。既而思顺诛,以子仪代之。光弼惧,乃入请曰:“一死固甘,请免妻子。”子仪趋下,持手上堂偶坐,曰:“今逆寇倡乱,非公不能东伐,岂怀私忿时耶?”涕泣相勉以忠义,遂荐之朝。诏命光弼节度河东,分兵东讨。然则光弼之请,乃子仪初为节度,犹未荐之朝也。作传者漫以请死事置之分兵东讨下,此词臣之笔误,而温公谓:“是时唐之号令犹行天下,若制书已除光弼为节度,子仪安敢擅杀之?”遂皆删削。是因秉笔者之微疵,遂没荐贤者之大度。凡此者,皆“执”也。至所谓“诬”者,如宋文帝元嘉七年,魏人攻拔虎牢,司州刺史尹冲投堑而死。文帝为之伤悼不已,赋诗以美其节。《宋书》载之甚详,《魏书》亦无异词。而《通鉴》乃云:“冲与荥阳太守崔模俱降魏。”夫死与降,忠逆之极致,可混而书之乎?周天元为太子,狎昵郑译,多失德。乌丸轨在武帝前每直言其过。帝问宇文孝伯,孝伯亦不为之讳。轨后侍内宴,捋帝须曰:“好老公,但恨后嗣弱耳。”太子于是每遭捶挞。及天元即位,问译曰:“我脚杖痕谁所为也?”译曰:“事由乌丸轨、宇文孝伯。”译因言捋须事,天元因杀轨及孝伯。《通鉴》于“因言捋须事”上逸一“译”字,胡身之乃以“事由乌丸轨”为句,以“宇文孝伯因言捋须事”为句,遂注曰:“孝伯何出此言,岂求免死耶?然终于不免也。”身之一误,遂使贤如孝伯而蒙谮贤之谤矣。唐人皮日休,新、旧《唐书》皆不为立传,独孙光宪《北梦琐言》云:“日休字袭美,襄阳竟陵人也。隐居鹿门山,以圣道自任。咸通中,成进士,官至国子博士。进书两通,一请废《庄》、《列》之书,以《孟子》为学科;一请以韩愈配飨太学,谓其蹴杨、墨,践释、老,使孔道炳然如日星也。既而寓居苏州,与陆龟蒙为友。著书数十卷,《皮子》三卷。黄寇中遇害。”而《通鉴》于僖宗广明元年书:“黄巢以太常博士皮日休为翰林学士。”此虽本《旧唐书》本纪与《新唐书·黄巢传》。及详考,《巢传》言其僭号之后,欲以伪官污朝臣,如裴渥、豆卢琢辈皆居显职,然惟贼党乐从之,召王官,无有至者。巢乃大索里闾,凡亡命不赴任者皆杀之。则日休之为翰林学士,或亦伪诏云然耳。夫日休既能以圣道自任,于古人中识孟子,于时人中识韩愈,是亦孟、韩之徒也,而谓其甘心臣贼乎?况云皆杀之。《北梦琐言》为信然矣。

通鉴不载文人

李因笃语予:“《通鉴》不载文人。如屈原之为人,太

史公赞之，谓'与日月争光'，而不得书于《通鉴》。杜子美若非'出师未捷'一诗为王叔文所吟，则姓名亦不登于简牍矣。"予答之曰："此书本以资治，何暇录及文人？昔唐丁居晦为翰林学士，文宗于麟德殿召对，因面授御史中丞。翼日制下，帝谓宰臣曰：'居晦作得此官。朕曾以时谚谓杜甫、李白辈为四绝，问居晦，居晦曰："此非君上要知之事。"尝以此记得居晦，今所以擢为中丞。'【原注】《册府元龟》卷六九。如君之言，其识见殆出文宗下矣。"〔一〕

〔一〕【汝成案】不载文人是也，而屈原不当在此数。谏怀王入秦，系兴亡大计，《通鉴》属之昭睢而不及屈原，不可谓非脱漏也。

日知录集释卷二十七

汉人注经

《左氏》解经，多不得圣人之意。元凯注《传》，必曲为之疏通，殆非也。郑康成则不然，其于二《礼》之经及子夏之传，往往驳正，如《周礼·夏官司马职方氏》荆州“其浸颍湛”，注云“颍水出阳城，宜属豫州，在此非也”；豫州“其浸波溠”，注云“《春秋传》曰‘除道梁溠，营军临随’，则溠宜属荆州，在此非也”；《仪礼·丧服》篇“唯子不报”，《传》曰“女子子适人者为其父母期，故言不报也”，注云“唯子不报，男女同不报尔。《传》以为主谓女子子，似失之矣”；“女子子为祖父母”，《传》曰“何以期也，不敢降其祖也”，注云“经似在室，《传》似已嫁”；“公妾以及士妾为其父母”，《传》曰“何以期也，妾不得体君，得为其父母遂也”，注云“然则女君有以尊降其父母者，与《春秋》之义虽为天王后，犹曰‘吾季姜’，是言子尊不加于父母，此《传》似误矣”;《士虞礼》篇“用尹祭”,注云:“尹,祭脯也。大夫士祭无云脯者,今不言牲号而云尹祭,亦记者误矣”。于《礼记》则尤多置驳,如《檀弓》篇“齐谷王姬之丧,鲁庄公为之大功”,注云“当为舅之妻,非外祖母也。外祖母又小功也”;“季子皋葬其妻,犯人之禾”,注云“恃宠虐民,非也”;“叔仲衍请穗衰而环绖”,注云“吊服之绖服其舅,非”;《月令》篇孟夏之月“行赏,封诸侯”,注云“《祭统》曰:‘古者于禘也,发爵赐服,顺阳义也。于尝也,出田邑,发秋政,顺阴义也。’今此行赏可也,而封诸侯则违于古。封诸侯,出土地之事,于时未可,似失之”;“断薄刑,决小罪”,注云“《祭统》曰‘草艾则墨’,谓立秋后也。刑无轻于墨者。今以纯阳之月断刑决罪,与‘毋有坏堕’自相违,似非”;“季夏之月,命渔师伐蛟,取鼍,登龟,取鼋”,注云“四者甲类,秋乃坚成。《周礼》曰‘秋献龟鱼’,又曰‘凡取龟用秋时’,是夏之秋也。作《月令》者以为此秋据周之时也。周之八月,夏之六月,因书于此,似误也”;“孟秋之月,毋以封诸侯,立大官。毋以割地,行大使,出大币”,注云“古者于尝出田邑,此其尝并秋而禁封诸侯割地,失其义”;《郊特牲》篇“季春出火”,注云“言祭社,则此是仲春之礼也。仲春以火田,田止弊火,然后献禽,至季春火出而民乃用火。今云季春出火,乃牧誓社,记者误也”;“郊之用辛也,周之始郊,日以至”,注云“言日以周郊天之月而至,阳气新用事,顺之而用辛日。此说非也。郊天之月而日至,鲁礼也。三王之郊,一用夏正,鲁以无冬至祭天于圜丘之事,是以建子之月郊天，示先有事也”；“尸，陈也”，注云“尸或诂为主。此尸神象，当从主训之。言陈，非也”；《明堂位》篇“夏后氏尚明水，殷尚醴，周尚酒”，注云“此皆其时之用耳，言尚非”；“君臣未尝相弑也，礼乐刑法政俗未尝相变也”，注云“春秋时，鲁三君弑。又士之有诔由庄公始，妇人髽而吊始于台骀，云君臣未尝相弑，政俗未尝相变，亦近诬矣”；《杂记下》“或曰主之而附于夫之党”，注云“妻之党自主之，非也”；“圭，子、男五寸”，注云“子、男执璧，作此赞者失之矣”。此其所驳虽不尽当，视杜氏之专阿传文则不同矣，经注之中可谓卓然者乎！〔一〕

〔一〕【杨氏曰】古人注书之体，本就书注书，不为驳难。小颜云：“诋诃言辞，掎摭利病，乃效矛盾之仇雠，非复粉泽之光润。”顾氏所取，正所诃也。

【校正】寿昌案：说经独推郑君，一洗明人臆说之陋，在当时为朝阳鸣凤矣。

《论语》《雍也》“子见南子”注，孔安国曰：“行道既非妇人之事，而弟子不说，与之祝誓，义可疑焉。”此亦汉人疑经而不敢强通者也。

宋黄震言：“杜预注《左氏》独主《左氏》，何休注《公羊》独主《公羊》，惟范宁不私于《穀梁》，而公言三家之失。如曰：‘《左氏》以鬻拳兵谏为爱君，是人主可得而胁也；以文公纳币为用礼，是居丧可得而昏也。《穀梁》以卫辄拒父为尊祖，是为子可得而叛也；不纳子纠为内恶，是仇雠可得而容也。《公羊》以祭仲废君为行权，是神器可得而窥也；妾母称夫人为合正，是嫡庶可得而齐也。'又曰：'《左氏》艳而富，其失也诬。《穀梁》清而婉，其失也短。《公羊》辩而裁，其失也俗。'"见《黄氏日钞》卷三一。今考《集解》范宁《穀梁传集解》。中纠传文者得六事：庄九年，"公伐齐，纳纠"，《传》："当可纳而不纳，齐变而后伐。故乾时之战不讳败，恶内也。"《解》曰："雠者，无时而可与通，纵纳之迟晚，又不能全保雠子，何足以恶内乎？然则乾时之战不讳败，齐人取子纠杀之，皆不迂其文，正书其事，内之大恶，不待贬绝，居然显矣。恶内之言，《传》或失之。"僖元年，"公子友帅师，败莒师于丽，获莒挐"，《传》："公子友谓莒挐曰：'吾二人不相说，士卒何罪？'屏左右而相搏。"《解》曰："江熙曰：经书败莒师，而《传》云二人相搏，则师不战，何以得败？理自不通也。子所慎三，战居其一，季友令德之人，岂当舍三军之整，佻身独斗，潜刃相害，以决胜负者哉！此又事之不然，《传》或失之。"僖十四年，"季姬及缯子遇于防，使缯子来朝"，《传》："遇者，同谋也。"《解》曰："鲁女无故远会诸侯，遂得淫通，此又事之不然。《左传》曰：'缯季姬来宁，公怒之，以缯子不朝，遇于防，而使来朝。'此近合人情。"襄十一年，"作三军"，《传》："古者，天子六师，诸侯一军。作三军非正也。"《解》曰："《周礼》、《司马法》：'王六军，大国三军，次国二军，小国一军。'总云诸侯一军，又非制也。"昭十一年，"楚子虔诱蔡侯般，杀之于申"，《传》："夷狄之君诱中国之君而杀之，故谨而名之也。"《解》曰：

“蔡侯般，弑父之贼，此人伦之所不容，王诛之所必加。礼，凡在官者杀无赦，岂得恶楚子杀般乎？若谓夷狄之君不得行礼于中国者，理既不通，事又不然。宣十一年，楚人杀陈夏征舒，不言人。《传》曰：‘明楚之讨有罪也。’似若上下违反，不两立之说。”哀二年，“晋赵鞅帅师，纳卫世子蒯聩于戚”，《传》：“纳者，内弗受也。何用弗受也？以辄不受也。以辄不受父之命，受之王父也。信父而辞王父，则是不尊王父也。其弗受，以尊王父也。”《解》曰：“江熙曰：‘齐景公废世子，世子还国，书篡。若灵公废蒯聩，立辄，则蒯聩不得复称曩日世子也。称蒯聩为世子，则灵公不命辄审矣。’此矛楯之喻也。然则从王父之言，《传》似失矣。经云纳卫世子，‘郑世子忽复归于郑’，称世子明正也，明正则拒之者非邪。”以上皆纠正传文之失。〔一〕

〔一〕【孙氏曰】尚有桓二年，公会齐侯、陈侯、郑伯于稷，以成宋乱一事。

宋吴元美作《吴缜新唐书纠谬序》①曰：“唐人称杜征南预、颜秘书师古为左丘明、班孟坚忠臣，【原注】颜师古本传。今观其推广发明二子，信有功矣。至班、左语意乖戾处，往往曲为说以附会之，安在其为忠也？今吴君于欧、宋大手笔乃能纠谬纂误，力裨前阙，殆晏子所谓‘献可替否、和而不同’者，此其忠何如哉！然则唐人之论忠也陋矣。”可谓卓识之言。

① “序”应作“跋”，《新唐书纠谬》卷二〇附此文，尾云“长乐吴元美跋后”。

注疏中引书之误

《尔雅·释山》："多草木，岵。无草木，峐。"【原注】疏："峐"当作"屺"。"石戴土谓之崔嵬，土戴石为砠。"《毛传》引之互相反。郑康成笺《诗》，《采蘩》引《少牢馈食礼》"主妇被裼"，误作《礼记》；《皇矣》引《左传》郑公子突"使勇而无刚者尝寇而速去之"、晋士会"若使轻者肆焉，其可"，误合为一事。注《周礼》，《大司徒》引《左传》成二年"先王疆理天下"，误作"吾子疆理天下"，引《诗》《鲁颂·闷宫》"锡之山川，土田附庸"，误作"土地"；《夏官司马》《射人》引《礼记》《射义》"明乎其节之志，以不失其事，则功成而德行立"，误作《乐记》；《秋官司寇》《县士》引《左传》昭公五年"韩襄为公族大夫"，误作"韩须"。注《礼记》，《月令》引《夏小正》八月"丹鸟羞白鸟"，误作"九月"；引《诗》《豳风·七月》"称彼兕觥，万寿无疆"，误作"受福无疆"。范武子宁解《穀梁传》，庄十八年引《礼记》《玉藻》"天子玄冕而朝日于东门之外"，误作《王制》。郭景纯注《尔雅》，引《孟子》《梁惠王下》"止或尼之"，误作"行或尼之"；引《易》《遯》六二"巩用黄牛之革，固志也"，误以《革》、《遯》二爻合为一传。韦昭《国语注》《鲁语下》"公父文伯母赋《绿衣》之三章"，误引"四章"。高诱《淮南子注》《时则训》引《诗》《大雅·灵台》"鼍鼓逢逢"，误作"鼍鼓洋洋"。孔颖达《左传》文十八年《正义》引《孟子》《万章下》"柳下惠，圣之和者也"，误作"伊尹，圣人之和者也”。苏轼《书传·伊训》引《孟子》《梁惠王下》“从流下而忘反谓之流”，误作“从流上而忘反谓之游”。朱震《易传·井·大象》引《诗》《小雅·鸿雁》“维此哲人，谓我劬劳”，误作“知我者谓我劬劳”。赵汝楳《易辑闻·蹇·大象》引《孟子》《离娄下》“我必不仁，我必无礼”，误作“我必不仁不义”。朱元晦《中庸章句》引《诗》《鲁颂·閟宫》“后稷之孙，实维大王。居岐之阳，实始翦商”，误作“至于大王”。《诗集传》《周颂·闵予小子》“闵予小子”，引《楚辞》《大招》“三公穆穆，登降堂只”，误作“三公揖让”。

朱子注《论语》《公冶长》：“夏曰瑚，商曰琏。”此仍古注之误。《记》《明堂位》曰：“夏后氏之四琏，殷之六瑚。”是夏曰琏，商曰瑚也。“享礼”见《子罕》。注引“发气满容”，今《仪礼》《聘礼》文作“发气焉盈容”。汉人避惠帝讳，“盈”之字曰“满”，此当改而不改也。

《孟子》《滕文公上》“有为神农之言”，注：“史迁所谓农家者流也。”仁山金氏履祥曰：“太史公《六家同异》[①]无农家，班固《艺文志》分九流，始有农家者流。《集注》偶误，未及改。”见《孟子集注考证》卷三。

杨用修慎言：“朱子《周易本义》引《韩非子》《扬权》‘参之以比物，伍之以合虚’，误以‘合虚’为‘合参’。原其故，乃自《荀子注》中引来，不自《韩非子》采出也。”见《升庵集》卷四一《朱子引用误字》。按伍所以合参，安得谓之“合虚”？乃今《韩非子》本误。

---

① 即太史公《论六家要旨》，见《史记·太史公自序》。

姓氏之误

《穀梁传》隐九年："天王使南季来聘。南，氏姓也；季，字也。""南"非姓，"姓"字衍文。桓二年："及其大夫孔父。孔，氏；父，字谥也。""父"非谥，"谥"字衍文。

《诗·白华》笺："褒姒，褒人所入之女。姒，其字也。""字"当作"姓"，此康成之误。孔氏曰："褒国，姒姓，言'姒其字'者，妇人因姓为字也。"乃是曲为之解耳。

朱子注《论语》、《孟子》，如"太公姜姓，吕氏，名尚"，其别姓氏甚明。至"子夏，孔子弟子，姓卜名商"，"子禽姓陈名亢"，"子贡姓端木名赐"，"子文姓斗名谷於菟"之类，皆以氏为姓。"齐宣王姓田氏，名辟疆"，则并姓、氏而为一矣。岂承昔人之误而未之正与？【原注】宋自夹漈郑氏始著《氏族略》，以前人多未讲此，故《博古图》言州吁姓州，而徽宗欲仿周人"王姬"之号，故公主谓之"帝姬"也。

左传注

隐五年，"使曼伯与子元潜军军其后"。按"子元"疑即厉公之字。昭十一年，申无宇之言曰："郑庄公城栎而置子元焉，使昭公不立。"杜以为别是一人，厉公因之以杀曼伯而取栎，非也。盖庄公在时即以栎为子元之邑，如重耳之蒲，夷吾之屈，故厉公于出奔之后取之特易，而曼伯则为昭公守栎者也。九年，公子突请为三覆以败戎；桓五年，子元请为二拒以败王师，固即厉公一人，而或称名，或称字耳。合三事观之，可以知厉公之才略，而又资之以岩邑，能无篡国乎？

十一年，“立桓公而讨寪氏，有死者”。〔一〕言非有名位之人，盖微者尔，如司马昭族成济之类。《解》曰：“欲以弑君之罪加寪氏，而复不能正法诛之。”非也。

〔一〕【沈学博曰】言仅有死者，又非首恶也。

桓二年，“孔父嘉为司马”。杜氏以“孔父”名而“嘉”字，非也，“孔父”字而“嘉”其名。〔一〕按《家语·本姓》篇曰：“宋湣公熙生弗父何，何生宋父周，周生世子胜，胜生正考父，考父生孔父嘉，其后以孔为氏。”然则仲尼氏“孔”，正以王父之字。而楚成嘉、郑公子嘉皆字子孔，亦其证也。【原注】《说文》卷一二上“乙”部：“孔从乙从子。乙至而得子，嘉美之也。古人名嘉字子孔。”郑康成注《士丧礼》曰：“某甫，字也，若言山甫、孔甫。”【原注】甫、父通。是亦以“孔父”为字。刘原父以为已名其君于上，则不得字其臣于下。窃意《春秋》诸侯卒必书名，而大夫则命卿称字，无生卒之别，【原注】刘原父敞亦云：“大夫再命称名，三命称字。”见《春秋权衡》卷八。亦未尝以名、字为尊卑之分。桓十一年，“郑伯寤生卒。葬郑庄公。宋人执郑祭仲”；【原注】杜氏以“仲”为名而“足”字，亦拘于例也。十七年，“蔡侯封人卒，蔡季自陈归于蔡”，名其君于上，字其臣于下也。昭二十二年，“刘子、单子以王猛居于皇。刘子、单子以王猛入于王城”；二十三年，“尹氏立王子朝”；二十六年，“尹氏、召伯、毛伯以王子朝奔楚”，爵其臣于上，名其君于下也。然则“孔父”当亦其字，而学者之疑可以涣然释矣。

〔一〕【沈学博曰】若以“孔父”为名，则夫子得氏之始不应以所讳为氏。

君之名，变也。命卿之书字，常也。重王命亦所以尊君也。

“其弟以千亩之战生”。见桓公二年。《解》曰：“西河界休县南有地名千亩。”非也。穆侯时，晋境不得至介休。按《史记·赵世家》“周宣王伐戎，及千亩战”，《正义》曰：“《括地志》云：千亩原在晋州岳阳县北九十里。”

五年，“蔡人、卫人、陈人从王伐郑”。《解》曰：“王师败，不书，不以告。”非也。王师败，不书，不可书也，为尊者讳。〔一〕

〔一〕【沈学博曰】《后汉书·孔融传》曰：“刘表所为不轨，罪不容诛。至于国体，宜其讳之。齐兵次楚，惟责包茅；王师败绩，不书晋人。臣愚以为宜隐郊祀之事，以崇国防。”此《春秋》之意也。畿内诸侯，天王问罪，师败身夷，可书之事莫大于此，岂缘不告而不书哉？成元年，王师败绩于茅戎。以戎故不足讳也。

六年，“不以国”。《解》曰：“国君之子不自以本国为名。”焉有君之子而自名其国者乎？谓以列国为名，若定公名宋，哀公名蒋。

八年，“楚人上左，君必左，无与王遇”。《解》曰：“君，楚君也。”愚谓“君”谓随侯，“王”谓楚王。两军相对，随之左当楚之右，言楚师左坚右瑕，君当在左，以攻楚之右师。

十三年，“及齐侯、宋公、卫侯、燕人战，齐师、宋师、卫师、燕师败绩”。《解》曰：“或称‘人’，或称‘师’，史异辞也。”愚谓燕独称“人”，其君不在师。

庄十二年，“萧叔大心”。《解》曰：“叔，萧大夫名。”按“大心”当是其名，而“叔”其字，亦非萧大夫也。二十三年，“萧叔朝公”。《解》曰：“萧，附庸国。叔，名。”按《唐书·宰相世系表》云：“宋戴公生子衎，字乐父。裔孙大心，平南宫长万有功，封于萧，以为附庸，今徐州萧县是也。其后楚灭萧。”

十四年，“庄公之子犹有八人”。《解》：“庄公子，《传》惟见四人，子忽、子亹、子仪并死，独厉公在。八人名字记传无闻。”按“犹有八人”者，除此四人之外，尚有八人见在也。桓十四年，“郑伯使其弟语来盟”，《传》称其字曰“子人”，亦其一也。

二十二年，“山岳则配天”。《解》曰：“得太岳之权，则有配天之大功。”非也。《诗》《大雅·崧高》曰“崧高维岳，骏极于天”，言天之高大，惟山岳足以配之。

二十五年，“夏六月辛未朔，日有食之，鼓，用牲于社，非常也。惟正月之朔，慝未作，日有食之，于是乎用币于社，伐鼓于朝。”周之六月，夏之四月，所谓“正月之朔”也。然则此其常也，而曰“非常”者何？盖不鼓于朝而鼓于社，不用币而用牲，此所以谓之非常礼也。杜氏不得其说，而曰以长历推之，是年失闰，辛未实七月朔，非六月也。此则咎在司历，不当责其伐鼓矣。又按，“唯正月之朔”以下乃昭十七年季平子之言，今载于此，或恐有误。〔一〕

〔一〕【顾司业曰】杜《解》非。《传》谓“非常”者，以六月为夏之四月，正阳之月，灾异尤大，不比寻常之月日食，故须伐鼓、用币以救之。所云“馀月则否”者，馀月即常月也。经于文十五年、昭十七年，皆书六月朔日食，而此为首见，故须发例。自庄元年至二十四年，凡九置闰，正合五岁再闰、十有九岁七闰之数，何云置闰失所乎？

【姚氏曰】案此杜自以长历推之，而以辛未当为七月朔，《传》未有云也。此下“惟正月之朔”云云，疑后人袭昭十七年季平子之语而羼入之，不则前此经师引此以解“用牲于社”之非而引传文耳。后人误为传文，遂莫能辨。若《传》当日本有此文，则此周六月乃宜鼓之月，何云“非常”？且《左氏》似亦未以六月为七月之失，若当日推其当在七月，则亦必正其失矣。

僖四年，“昭王南征而不复，寡人是问”。《解》曰：“不知其故而问之。”非也。盖齐侯以为楚罪而问之，然昭王五十一年南征不复，至今惠王二十一年，计三百四十七年，此则孔文举所谓“丁零盗苏武牛羊，可并案”见《后汉书·孔融传》。者也。

五年，“太伯不从”。“不从”者，谓太伯不在太王之侧尔。《史记》述此文曰：“太伯、虞仲，太王之子也。太伯亡去，是以不嗣。”以“亡去”为“不从”，其义甚明。杜氏误以

"不从父命"为解,而后儒遂傅合《鲁颂》《閟宫》之文,谓太王有"翦商"之志,太伯不从,此与秦桧之言"莫须有"者何以异哉?

六年,"围新密,郑所以不时城也"。实"密"而经云"新城",故《传》释之,以为郑惧齐而新筑城,因谓之"新城"也。《解》曰:"郑以非时兴土功,故齐桓声其罪以告诸侯。"夫罪孰大于逃盟者?而但责其非时兴土功,不亦细乎?且上文固曰"以其逃首止之盟故也",则不烦添此一节矣。

十五年,"涉河,侯车败"。《解》曰:"秦伯之军涉河,则晋侯车败。"非也。秦师及韩,晋尚未出,何得言晋侯车败?当是秦伯之车败,故穆公以为不祥而诘之耳。此二句乃事实,非卜人之言。若下文所云"不败何待",则谓晋败。古人用字自不相蒙。

"三败及韩",当依《正义》引刘炫之说,是秦伯之车三败。

"及韩"在"涉河"之后,此韩在河东,故曰"寇深矣"。《史记正义》《秦本纪》引《括地志》云:"韩原在同州韩城县西南。"非也。杜氏《解》但云"韩,晋地",却有斟酌。

十八年,"狄师还"。《解》曰:"邢留距卫。"非也。狄强而邢弱,邢从于狄而伐者也。言狄师还,则邢可知矣。其下年,卫人伐邢,盖惮狄之强,不敢伐,而独用师于邢也。《解》曰:"邢不速退,所以独见伐。"亦非。

二十二年,"大司马固谏曰"。《解》曰:"大司马固,庄公之孙公孙固也。”非也。大司马即司马子鱼。“固谏”，坚辞以谏也。隐三年言“召大司马孔父而属殇公焉”，桓二年言“孔父嘉为司马”，知大司马即司马也。文八年上言“杀大司马公子卬”，下言“司马握节以死”，知大司马即司马也。定十年，“公若藐固谏曰”，知“固谏”之为坚辞以谏也。〔一〕

〔一〕【卢氏曰】案《左传》大司马之官，在宋亦不多见。惠氏栋谓固即公孙固，是也，谓下司马乃子鱼，非。司马即大司马固，文承上省“大”字耳。考《韩非·外储说左上》说此事云：“右司马购强趋而谏。”购强似即固之字，其义正相合。

【汝成案】《史记·宋世家》凡谏词皆属目夷，似大司马即子鱼。卢徇杜《解》，非是。

二十四年，“晋侯求之不获，以绵上为之田”。盖之推既隐，求之不得，未几而死，故以田禄其子尔。《楚辞·九章》云：“思久故之亲身兮，因缟素而哭之。”明文公在时，之推已死。《史记》《晋世家》则云：“闻其入绵上山中，于是环绵上山中而封之，以为介推田，号曰介山。”然则受此田者何人乎？于义有所不通矣。

三十三年，“晋人及姜戎败秦师于殽”。《解》曰：“不同陈，故言及。”非也。“及”者，殊夷狄[①]之辞。

文元年，“于是闰三月，非礼也”。古人以闰为岁之馀，凡置闰必在十二月之后，故曰“归馀于终”。考经文之书，

① “夷狄”，原本作“戎翟”，据《校记》改。

闰月者皆在岁末。文公六年“闰月不告月，犹朝于庙”，哀公五年“闰月，葬齐景公”是也。而《左传》成公十七年、襄公九年、哀公十五年皆有闰月，亦并在岁末。又经、传之文，凡闰不言其月者，言闰即岁之终可知也。今鲁改历法，置闰在三月，故为非礼。《汉书·律历志》曰“鲁历不正，以闰馀一之岁为蔀首”是也。【原注】孟康曰：“当以闰尽岁为蔀首，今失正，未尽一岁便以为蔀首也。”〔一〕又按《汉书·高帝纪》“后九月”，师古曰：“秦之历法，应置闰者总致之于岁末，盖取《左传》所谓‘归馀于终’之意。何以明之？据《汉书·表》及《史记》，汉未改秦历之前屡书‘后九月’，是知历法故然。”

〔一〕【钱氏曰】凡蔀首之岁无闰馀，今有闰馀一，不得为蔀首，故言鲁推步不正。孟康说误。

二年，“陈侯为卫请成于晋，执孔达以说”。此即上文所谓“我辞之”者也，《解》谓“晋不听而变计”者，非。

三年，“雨螽于宋”。《解》曰：“宋人以螽死为得天祐，喜而来告，故书。”夫“陨石”、“鹢退”，非“喜而来告”也。

七年，“宣子与诸大夫皆患穆嬴，且畏偪”。《解》曰：“畏国人以大义来偪己。”非也。畏穆嬴之偪也，以君夫人之尊故。〔一〕

〔一〕【汝成案】义亦正，绎“且”字则杜注为得。

十三年，“文子赋《四月》”。《解》曰：“不欲还晋。”以

《传》考之，但云成二国，不言公复还晋。《四月》之诗当取“乱离瘼矣”、“维以告哀”之意尔。

宣十二年，“宵济，亦终夜有声”。《解》曰：“言其兵众，将不能用。”非也。言其军器，无复部伍。〔一〕

〔一〕【杨氏曰】观“亦”字，则杜《解》为是。

成六年，“韩献子将新中军，且为仆大夫”。必言“仆大夫”者，以君之亲臣，故独令之从公而入寝庭也，《解》未及。〔一〕

〔一〕【沈学博曰】仆大夫，如王之太仆，掌内朝之事。

十六年，“邲之师，荀伯不复从”。《解》曰：“荀林父奔走，不复故道。”非也，谓不复从事于楚。〔一〕

〔一〕【沈学博曰】“不复从”者，谓晋之馀师不能军。或说荀罃为楚师所获，不复从军而归。

“子在君侧，败者壹大。我不如子，子以君免。”“败者壹大”，恐君之不免也；“我不如子”，子之才能以君免也。《解》谓“军大崩”为“壹大”，及“御与车右不同”者，非。

襄四年，“有穷由是遂亡”。《解》曰：“浞因羿室，不改有穷之号。”非也。哀元年，称“有过浇”矣，此特承上“死于穷门”而言，以结所引《夏训》之文尔。

十年，“郑皇耳帅师侵卫，楚令也”。犹云从楚之盟故也。《解》谓“亦兼受楚之敕命”者，非。

十一年，“政将及子，子必不能”。《解》谓“鲁次国，而

为大国之制,贡赋必重,故忧不堪",非也。言鲁国之政将归于季孙,以一军之征而供霸国之政令,将有所不给,则必改作。其后四分公室而季氏择二,盖亦不得已之计,叔孙固已豫见之矣。〔一〕

〔一〕【杨氏曰】杜《解》是以一军供霸国,岂两家独无与者乎?

【汝成案】如先生说,则季氏三分四分公室皆出于为公,不可罪矣。奸臣计在肥己,而顾以一军独供四国之征求,使孟叔不与,有是理耶?郑子产曰:"郑伯,男也,而使从公侯之贡,惧弗给也。"观此,则穆子所谓不能者可知。周制言大国三军,次国二军。然观晋侯,大国也,至献公始作二军。鲁,大国也,至襄公始作三军。盖三军者,备数而不调发。《穀梁》所云"诸侯一军",据常所调发者言之,未可非也。以丘乘之法计之,则天子当得十二军,诸侯当得六军,以其半为羡卒,唯田与追胥则毕发。此王者之法制,而非见行之实事也。后世三万户以上便为大郡,以百里、七十里而欲备三军,殆有不能。

十八年,"堑防门而守之,广里"。《解》曰:"故经书'围'。"非也。"围"者,围齐也,非围防门也。〔一〕

〔一〕【沈学博曰】《通志》:"长城钜防在肥城县北十五里。"即此"堑防门"。据《太山记》,山西北有长城,延袤至海,当是灵公所凭以御晋者,讫于战国加功耳。

二十一年,"得罪于王之守臣"。"守臣"谓晋侯。《玉藻》"诸侯之于天子,曰某土之守臣某"是也。《解》以为范宣子,非。〔一〕

〔一〕【汝成案】"守臣"当依杜氏谓范宣子。管仲曰："有天子之二守国、高在。"宣子，天子命卿，而栾桓子又未尝得罪于晋侯。

二十三年，"礼，为邻国阙"。《解》曰："礼，诸侯绝期，故以邻国责之。"非也。杞孝公，晋平公之舅。尊同不降，当服缌麻三月。言邻国之丧，且犹彻乐，而况于母之兄弟乎？〔一〕

〔一〕【沈学博曰】第举礼为邻国者，而平公之非礼著矣。杜预直以杞孝公是邻国之君，则上文言"悼夫人丧之"，何谓也？

二十八年，"陈文子谓桓子曰：'祸将作矣，吾其何得？'对曰：'得庆氏之木百车于庄。'文子曰：'可慎守也已。'"《解》曰："善其不志于货财。"非也。邵国贤宝曰："此陈氏父子为隐语以相谕也。愚谓'木'者，作室之良材；'庄'者，国中之要路。言将代之执齐国之权。"

三十一年，"我问师故"。问齐人用师之故。《解》曰"鲁以师往"，非。

昭五年，"民食于他"。《解》曰："鲁君与民无异，谓仰食于三家。"非也。夫民生于三①而君食之，今民食于三家而不知有君，是昭公无养民之政可知矣。

八年，"舆嬖袁克杀马毁玉以葬"。《解》以"舆"为"众"，及谓"欲以非礼厚葬哀公"，皆非也。"舆嬖"，嬖大夫也。言"舆"者，掌君之乘车，如晋"七舆大夫"之类。

① "三"字下疑漏一"家"字。

马，陈侯所乘；玉，陈侯所佩。杀马毁玉，不欲使楚人得之。

十年，“弃德旷宗”。谓使其宗庙旷而不祀。《解》曰：“旷，空也。”未当。

十二年，“子产相郑伯，辞于享，请免丧而后听命”。礼也。子产能守丧制，晋人不夺，皆为合礼。《解》但得其一偏。

十五年，“福祚之不登叔父，焉在”，言忘其彝器，是福祚之不登，恶在其为叔父乎？《解》以为“福祚不在叔父，当复在谁”者，非。

十七年，“夫子将有异志，不君君矣”。日者人君之表，不救日食，是有无君之心。《解》以为“安君之灾”者，非。

十八年，“振除火灾”。“振”如“振衣”之“振”，犹火之著于衣，振之则去也。《解》以“振”为“弃”，未当。

“郑有他竟，望走在晋”。言郑有他竟之忧也。《解》谓“虽与他国为竟”者，非。

二十三年，“先君之力可济也”。“先君”谓周之先王，《书》言“昔我先君文王、武王”①是也。《解》以为“刘盆之父献公”，非。〔一〕

〔一〕【汝成案】《书》无“先君”句。

二十七年，“事君如在国”。当时诸侯出奔，其国即别立一君，惟鲁不敢，故昭公虽在外，而意如犹以君礼事之。范鞅所言，正为此也。《解》以为“书公行，告公至”，谬矣。

① 见《书·顾命》，原文作“昔君文王、武王”，无“我先”二字。

三十二年，“越得岁，而吴伐之，必受其凶”。《解》曰：“星纪，吴、越之分也。岁星所在，其国有福。吴先用兵，故反受其殃。”非也。吴、越虽同星纪，而所入宿度不同，故岁独在越。〔一〕

〔一〕【沈学博曰】郑康成云：“天文分野，斗主吴，牵牛主越。此年岁星在牵牛，故吴伐之凶。”按《淮南·天文》：“星部地名：斗、牵牛，越。须女，吴。”《晋书·天文志》曰：“南斗十二度至须女七度为星纪，于辰在丑，吴、越之分野。”陈卓《扬州躔次》云：“九江入斗一度，庐江入斗六度，豫章入斗十度，丹阳入斗十六度，会稽入斗一度，临淮入斗四度，广陵入斗八度，泗水入斗一度，六安入女六度。”是吴、越同次而异宿，此年岁星适在越分，若使吴、越共之，史墨必不仅云“越得岁”也。郑精于历算，有以知之。

【钱学博曰】案《汉志》以后皆以斗为吴分野，牛、女为越分野。时岁星初入星纪，反是吴得岁矣。惟《越绝书》云：“越，南斗也。吴，牛、须女也。”然后越独得岁。《淮南·天文训》以须女为吴，与《越绝书》正合。但须女为玄枵之次，而得为吴者，秦历冬至在牛之六度故耳。

定五年，“卒于房”。房，疑即“防”字。古“阝”字作“𨸏”，脱其下而为“防”字，《汉仙人唐公防碑》可证也。《汉书》《地理志》“汝南郡吴房”，孟康曰：“本房子国。”而《史记·项羽纪》封阳武为吴防侯，字亦作“防”。

哀六年，“出莱门而告之故”。《解》曰：“鲁郭门也。”按定九年《解》曰：“莱门，阳关邑门。”

十一年，"为王孙氏"。《传》终言之，亦犹夫概王奔楚为堂溪氏也。《解》曰"改姓，欲以辟吴祸"，非。

凡邵、陆、傅三先生之所已辨者不录。〔一〕

〔一〕【汝成案】明邵宝撰《左(鐫)[觿]》一卷，陆粲撰《左传附注》五卷、《后录》一卷，傅逊撰《左传注解辨误》二卷，俱见《四库全书总目》。

考工记注

《考工记》"轮人"注，郑司农众云："掣，读为'纷容掣参'之'掣'。"《正义》曰："此盖有文，今检未得。"今按司马相如《上林赋》云："纷溶萷蔘，猗柅从风。"见《文选》卷八。字作"萷"，音萧。【原注】宋玉《九辩》："萷櫹椮之可哀兮，形销铄而瘀伤。"见《文选》卷三三。张衡《西京赋》："郁蓊薆薱，橚爽櫹椮。"见《文选》卷二。即此异文。而上文"既建而迆，崇于轸四尺"注，郑司农云："迆，读为'倚移从风'之'移'。"《正义》则曰："引司马相如《上林赋》。"【原注】《弓人》"居干之道，菑栗不迆，则弓不发"注同。疏其下句，忘其上句，盖诸儒疏义不出一人之手。

尔雅注

《尔雅·释诂》篇："梏，直也。"古人以"觉"为"梏"。《礼记·缁衣》引《诗》《大雅·抑》"有觉德行"作"有梏德行"，注未引。

《释言》篇"邮,过也",注:"道路所经过。"是以为邮传之"邮",恐非。古人以"尤"为"邮",《诗·宾之初筵》"是曰既醉,不知其邮",《礼记·王制》"邮罚丽于事",《国语》《晋语四》"夫邮而效之,邮又甚焉",《家语》"芾而麛裘,投之无邮",①《汉书·成帝纪》"天著变异以显朕邮",《五行志》"后妾当有失节之邮",《贾谊传》"般纷纷其离此邮兮,亦夫子之故也",《谷永传》"卦气悖乱,咎征著邮",《外戚传》班倢伃赋"犹被覆载之厚德兮,不废捐于罪邮",《叙传》"讥苑扞偃,正谏举邮",皆是"过失"之义。《列子》《周穆王》"鲁之君子,迷之邮者",则又以为"过甚"之义。【原注】《文选》卷二五卢谌《赠刘琨》诗:"眷同尤良,用乏骥騄。"李善引杜氏《左传注》:"邮无恤,王良也。""尤"与"邮"古字通。〔一〕

〔一〕【汝成案】"邮传"是正义,以为"过失"之"尤",是通义也。

国语注

《国语》之言"高高下下"者二:周太子晋谏灵王曰"四岳佐禹,高高下下,疏川道滞,锺水丰物",见《周语下》。谓不堕高,不堙卑,顺其自然之性也。申胥谏吴王曰"高高下下,以罢民于姑苏",见《吴语》。谓台益增而高,池益浚而深,以竭民之力也。语同而意则异。

"(昔)[其]在有虞,有崇伯鲧。"见《周语下》。据下文"尧用殛之于羽山",当言"有唐"。而曰"有虞"者,以其事载

① 按引文见《孔丛子》卷中《陈士义》。不见《家语》。

于《虞书》。

“至于玄月，王召范蠡而问焉。”见《越语下》。【原注】《尔雅·释天》：“九月为玄。”注云：“鲁哀公十六年九月。”非也，当云鲁哀公十六年十一月，夏之九月。

楚辞注

《九章·惜往日》：“(甘)[宁][①]溘死而流亡兮，恐祸殃之有再。”注谓“罪及父母与亲属”者，[②]非也。盖怀王以不听屈原而召秦祸，今顷襄王复听上官大夫之谮而迁之江南，一身不足惜，其如社稷何！《史记》《屈原列传》所云“楚日以削，数十年竟为秦所灭”，即原所谓“祸殃之有再”者也。

《大招》：“青春受谢。”注以“谢”为“去”，未明。按古人读“谢”为“序”，《仪礼·乡射礼》“豫则钩楹内”注：“豫，读如‘成周宣榭’之‘榭’，《周礼》作‘序’。”《孟子》《滕文公上》：“序者，射也。”谓四时之序，终则有始，而春受之尔。

《九思》：“思丁、文兮圣明哲，哀平、差兮迷谬愚。[③]吕、傅举兮殷、周兴，忌、嚭[④]专兮郢、吴虚。”此援古贤不肖君臣各二，丁谓商宗武丁，举傅说者也。注以“丁”为“当”，非。

① 据张京华《校释》改。《九章》本文即作“宁”。

② 注为《楚辞章句》王逸注。下同。

③ 平，楚平王。差，吴王夫差。

④ 忌，楚费无忌；嚭，吴太宰嚭。

荀子注

《荀子》《议兵》："案角鹿埵陇种东笼而退耳。"注云："其义未详，盖皆摧败披靡之貌。"【原注】《新序》第三卷《杂事》亦言"陇种而退"。〔一〕今考之《旧唐书·窦轨传》：高祖谓轨曰："公之入蜀，车骑、骠骑从者二十人，为公所斩略尽。我陇种车骑，未足给公。"《北史·李穆传》："芒山之战，周文帝马中流矢，惊逸坠地。穆下马以策击周文背，骂曰：'笼冻军士，尔曹主何在？尔独住此！'"盖周、隋时人尚有此语。

〔一〕【刘学博曰】案"角"字当为衍文，盖涉上而误。

淮南子注

《淮南子·诠言训》"羿死于桃棓"，注云："棓，大杖，以桃木为之，以击杀羿。自是以来鬼畏桃也。"《说山训》"羿死桃部不给射"，注云："桃部，地名。"按"部"即"棓"字，一人注书而前后不同若此。

史记注

《秦始皇纪》："五百石以下不临，迁，勿夺爵。"五百石以下秩卑任浅，故但迁而不夺爵。其六百石以上之不临者，亦迁而不夺爵也。史文简古，兼二事为一条。

"山鬼固不过知一岁事也。"其时已秋，岁将尽矣，今年不验则不验矣，山鬼岂能知来年之事哉？"退言曰：'祖龙者，人之先也。'"谓称"祖"乃亡者之辞，无与我也。皆恶言死之意。〔一〕

〔一〕【梁氏曰】"今年祖龙死"，当依《搜神记》作"明年"为确，各处并误作"今年"。《潜丘劄记》论之云："'今'字必'明'字之讹，证有二焉。一果三十七年七月始皇崩，其言验。一始皇曰'山鬼，固不过知一岁事'，讥其伎俩仅知今年，若明年之事彼岂能预知乎？幸其言不验。李白《古风》云：'璧遗镐池君，明年祖龙死。秦人相谓曰，吾属可去矣。一往桃花源，千春隔流水。'乃知太白唐时所见《史记》本尚无讹也。"余又得一证，《文选》潘岳《西征赋》注及《初学记》卷五引《史记》，政作"明年"，可补阎氏所未及。

始皇崩于沙丘，乃又"从井陉抵九原"，【原注】今大同边外。然后从直道以至咸阳，回绕三四千里而归者，盖始皇先使蒙恬通道，自九原抵甘泉，堑山堙谷千八百里。若径归咸阳，不果行游，恐人疑揣，故载辒辌而北行。但欲以欺天下，虽君父之尸臭腐车中而不顾，亦残忍无人心之极矣。

《项羽纪》："搏牛之虻，不可以破虮虱。"言虻之大者能搏牛而不能破虱，喻钜鹿城小而坚，秦不能卒破。

鸿门之会，沛公但称羽为"将军"，而樊哙则称"大王"，其时羽未王也。张良曰："谁为大王画此计者？"其时沛公亦未王也。此皆臣下尊奉之辞，史家因而书之，今百世之下，辞气宛然如见。又如黄歇《上秦昭王书》“先帝文王、(武)[庄]王”，见《史记·春申君列传》。其时秦亦未帝，必以书法裁之，此不达古今者矣。

“背关怀楚”。谓舍关中形胜之地而都彭城。如师古之解，①乃背约，非背关也。

古人谓“倍”为“二”。【原注】《孟子》《万章下》：“卿禄二大夫。”“秦得百二”，见《史记·高祖本纪》。下同。言百倍也。“齐得十二”，言十倍也。

《孝文纪》“天下人民未有嗛志”。与《乐毅传》“先王以为慊于志”同，皆厌足之意。《荀子》“惆然不慊”，见《礼论》。又曰“由俗谓之道，尽嗛也”，见《解蔽》。又曰“向万物之美而不能嗛也”，见《正名》。又曰“不自嗛其行者，言滥过”，见《大略》。《战国策》“齐桓公夜半不嗛”，见《魏策二》。又曰“膳啖之嗛于口”，见《赵策》。并是“慊”字而误从“口”。《大学》“此之谓自谦”，亦“慊”字而误从“言”。《吕氏春秋》《季秋纪·知士》“苟可以傔剂貌辨者，吾无辞为也”，亦“慊”字而误从“人”。〔一〕

〔一〕【梁氏曰】“嗛”即“慊”。《汉书》《孝文纪》作“惬志”，义同。《索隐》以为不满之意，非也。

“三年，复晋阳中都民三岁”。《正义》曰：“晋阳故城在汾州平遥县西南。”此当言中都故城在汾州平遥县西南，言“晋阳”，误也，然此注已见卷首“中都”下。

---

① 《正义》颜师古云：“背关，背约不王高祖于关中。怀楚，谓思东归而都彭城。”

文帝“前后死”，见《景帝纪》。窦氏，妾也。“诸侯皆同姓”，见《文帝纪》。谓无甥舅之国可娶，《索隐》解非。[①]【原注】《汉书》无此句。

“十一月晦，日有食之”。《汉书》多有食晦者，盖置朔参差之失。其云“十二月望日又食”，此当作“月”耳。〔一〕

〔一〕【钱氏曰】古法用平朔，故日食有在晦及二日者。唐以后改用定朔，由是日食必在朔。

“民或祝诅上，以相约结，而后相谩”。谓先共祝诅，已而欺负乃相告言也，故诏令若此者勿听治。注并非。[②]

《孝武纪》：“其后三年，有司言元宜以天瑞命，不宜以一二数。一元曰建元，二元以长星曰元光，三元以郊得[一]角兽(一)曰元狩”云。【原注】本《封禅书》。[③] 是建元、元光之号皆自后追为之，而武帝即位之初亦但如文、景之元，尚未有年号也。

《天官书》“疾其对国”。谓所对之国，如《汉书·五行志》所谓“岁在寿星，其冲降娄”，《左氏传》襄二十八年“岁弃其次，而旅于明年之次，以害鸟帑，周、楚恶之”，杜氏《解》谓“失次于北，祸冲在南”者也。

“四始者，候之日”。谓岁始也，冬至日也，腊明日也，

---

① 《索隐》谓帝之子为诸侯王，皆同姓。姓，生也。言皆同母生，故立太子母也。

② 《集解》：“《汉书音义》曰：‘民相结共祝诅上也。谩者，而后谩而止之，不毕祝诅也。’”《索隐》：“韦昭云：‘谩，相抵谰也。’谓初相约共行祝，后相欺诳，中道而止之也。”

③ 据《史记·孝武本纪》及《封禅书》均作“一角兽”。

立春日也。《正义》专指"正月旦",非也。

"星陨如雨"。乃宋闵公之五年,言"襄公"者,《史》文之误。《正义》以僖公十五年"陨石于宋五"注之,非也。

《封禅书》"成山斗入海"。谓斜曲入之,如斗柄然,古人语也。《匈奴传》"汉亦弃上谷之斗辟县造阳地以予胡",又云"匈奴有斗入汉地,直张掖郡"。①〔一〕

〔一〕【杨氏曰】斗是突绝之意。

"各以胜日驾车辟恶鬼"。"胜日"谓五行相克之日也。《索隐》非。②

"天子病鼎湖甚"。湖,当作"胡"。鼎胡,宫名,《汉书·扬雄传》"南至宜春、鼎胡、御宿、昆吾"是也。【原注】《三辅黄图》卷三:"宜春宫在长安东南杜县东,近下杜。御宿苑在长安城南御宿川。"则鼎胡当在其中间也。故卒起幸甘泉而行右内史界。《索隐》以为湖县,在今之阌乡,绝远,且无行宫。〔一〕

〔一〕【梁氏曰】考《史》、《汉》及《黄图》、《水经注》四皆作"湖",乃古通用字。如湖陵县《史》、《汉》多作"胡陵",风胡子《吴越春秋》作"湖",可证。又《汉志》"京兆湖县"注云:"故曰胡,武帝建元元年更名湖。"《通典》曰:"鼎湖即此。"

"唯受命而帝者心知其意而合德焉"。按此即谓武帝。

---

① 此句见《汉书·匈奴传》,顾氏误为《史记》。

② 《索隐》:案乐产云"谓画青车以甲乙,画赤车丙丁,画玄车壬癸,画白车庚辛,画黄车戊己。将有水事则乘黄车,故下云'驾车辟恶鬼'是也"。

服虔以为高祖,非。

“奉车子侯暴病一日死”。死于海上,非死于泰山下也。《索隐》所引《新论》之言殊谬。①

《河渠书》“引洛水至商颜下”,服虔曰:“颜音崖。”“崖”当作“岸”。《汉书·古今人表》屠岸贾作“屠颜贾”是也。师古注谓“山领象人之颜额”者非,其指商山者尤非。刘攽已辩之。②〔一〕

〔一〕【钱氏曰】“颜”与“崖”声相近。

《卫世家》:“顷侯厚赂周夷王,夷王命卫为侯。”是顷侯以前之称“伯”者,乃伯、子、男之“伯”也,《索隐》以为方伯之“伯”,虽有《诗序》“《旄丘》责卫伯”之文可据,【原注】郑氏玄笺曰:“卫康叔封爵称侯,今曰伯者,时为州伯。”《周礼》《春官宗伯》:“九命作伯。”然非太史公意也,且古亦无以方伯之“伯”而系谥者。【原注】周公、召公,二伯也。其谥则曰文公、康公。〔一〕

〔一〕【姚刑部曰】太史公以康伯及考伯以下五世皆称伯,至顷侯称侯,故疑卫本伯爵。不知周初字谥之法,其称伯者以字为谥,非爵也。“王曰孟侯”,卫自康叔为侯矣,岂待夷王时哉?

《楚世家》:“武王使随人请王室尊吾号,王弗听。还报楚,楚王怒,乃自立,为楚武王。”“乃自立”为一句,“为

---

① 《新论》云:“武帝出玺印石,财有朕兆,子侯则没印,帝畏恶,故杀之。”

② 援庵《校注》:应作“刘奉世”。攽为奉世之叔父。按刘奉世曰:“洛水南入渭,商山乃在渭水之南甚远,何由穿渠至其下也?盖自别一山名,颜说失之。”

楚武王”为一句，盖言自立为王，后谥为武王耳。古文简，故连属言之。如《管蔡世家》“楚公子围弑其王郏敖而自立，为灵王”，《卫世家》、《郑世家》皆云“楚公子弃疾弑灵王，自立，为平王”，《司马穰苴传》“至常曾孙和，因自立，为齐威王”。又如《韩世家》“晋作六卿，而韩厥在一卿之位，号为献子”，与此文势正同。刘炫云“号为武，武非谥也”，见《春秋左传注疏》卷五桓公二年。此说凿矣。项梁立楚怀王孙心为楚怀王，〔一〕尉佗自立为南越武帝，此后世事尔。

〔一〕【沈明经曰】子袭父名，知林邑之将亡；孙因祖谥，识楚怀之不振。然父子同名，尤可嗤也。

“西起秦患，北绝齐交，则两国之兵必至”。此两国即谓秦、齐也。《索隐》以为韩、魏，非也。

《越世家》：“乃发习流二千。”“习流”谓士卒中之善泅者，别为一军。《索隐》乃曰“流放之罪人”，非也。庾信《哀江南赋》：“彼锯牙而钩爪，又巡江而习流。”

“不者且得罪”。言欲兵之。

《越世家》：“吾有所见子晰也。”“晰”者，“分明”之意。《易·大有·象传》“明辨晳也”，即此字，音折，又音制。《索隐》误以为“郑子晳”之“晳”。

《魏世家》：“王之使者出过而恶安陵氏于秦。”安陵氏，魏之别封。盖魏王之使过安陵，有所不快，而毁之于秦也。

《孔子世家》：“余低回留之不能去云。”按《玉篇·彳部》："祇，除饥切。祇徊，犹徘徊也。"然则字本当作"祇徊"，省为"低回"耳。今读为"高低"之"低"，失之。《楚辞·九章·抽思》："低徊夷犹，宿北姑兮。""低"一作"俳"。

《绛侯世家》"此不足君所乎"。〔一〕谓此岂不满君意乎？盖必条侯辞色之间露其不平之意，故帝有此言，而条侯免冠谢也。

〔一〕【梁氏云】"此不足君所乎？""此"字下当有"非"字。

"建德代侯坐酎金不善，元鼎五年，有罪，国除"。当云"元鼎五年，坐酎金不善，国除"，衍"有罪"二字。

《梁孝王世家》"乘布车"。谓微服而行，使人不知耳，无"降服自比丧人"之意。

《伯夷传》"其重若彼"，谓俗人之重富贵也；"其轻若此"，谓清士之轻富贵也。

《管晏传》："方晏子伏庄公尸哭之，成礼然后去，岂所谓见义不为无勇者邪。"此言晏子之勇于为义也。古人著书，引成语而反其意者多矣。《左传》僖九年：君子曰："《诗》所谓'白圭之玷，尚可磨也。斯言之玷，不可为也'，荀息有焉。"言荀息之能不玷其言也。后人持论过高，以荀息赞献公立少为失言，以晏子不讨崔杼为无勇，非左氏、太史公之指。

《孙膑传》"重射"。谓以千金射也。《索隐》解以为"好射"，非。

“批亢擣虚”。《索隐》曰：“亢，言敌人相亢拒也。”非也。此与《刘敬传》“搤其肮”之“肮”同。张晏曰：“喉咙也。”下文所谓“据其街路”是也。以敌人所不及备，故谓之虚。

《苏秦传》“前有楼阙轩辕”，当作“轩县”。《周礼·小胥》：“正乐县之位，王宫县，诸侯轩县。”注谓“轩县者，阙其南面”。

“殊而走”。《说文系传》卷六“殳”下曰：“断绝分析曰殊。”谓断支体而未及死。【原注】《淮南王传》：“太子即自刭不殊。”

《樗里子传》：“今伐蒲入于魏，卫必折而从之。”此文误，当依《索隐》所引《战国策》文为正。〔一〕

〔一〕【梁氏曰】《策》作“蒲入于魏，卫必折于魏”，与此同一费解，疑有脱误。《索隐》引《策》云：“今蒲入于秦，卫必折而入于魏。”吴注亦言一本作“蒲入于秦”，当是。

《甘茂传》：“其居于秦，累世重矣。”谓历事惠王、武王、昭王。

《孟子荀卿传》：“始也滥耳。”滥者，泛而无节之谓。犹《庄子》之“洸洋自恣”见《史记·庄子传》。也。注引“滥觞”之义以为“初”者，非。〔一〕

〔一〕【钱氏曰】按小司马说非也。详上下文义，似谓衍之说，始谓泛滥，而要归于仁义节俭耳。《司马相如传赞》云：“相如虽多虚滥说，然其要归引之节俭。”语意正相类。

“傥亦有牛鼎之意乎”。谓伊尹负鼎、百里奚饭牛之意，借此说以干时，非有仲尼、孟子守正不阿之论也。

《孟尝君传》：“婴卒，谥为靖郭君。”以“号”为“谥”，犹之以氏为姓，皆汉初时人语也。《吕不韦传》“谥为帝太后”，与此同。王褒赋“幸得谥为洞箫兮”，亦是作“号”字用。

《平原君传》：“非以君为有功也而以国人无勋。”当作一句读，言非国人无功而不封，君独有功而封也。

《信陵君传》：“如姬资之三年。”谓以资财求客报仇。

“徒豪举耳”。谓特貌为豪杰举动，非真欲求有用之士也。

《蔡泽传》：“岂道德之符，而圣人所谓吉祥善事者与？”“岂”下当有“非”字。

《乐毅传》：“室有语，不相尽以告邻里。”谓一室之中有不和之语，乃不自相规劝，而告之邻里，此为情之薄矣。《正义》谓“必告”者，非。

《鲁仲连传》：“邹鲁之臣，生则不得事养，死则不得赙襚。”谓二国贫小，生死之礼不备。《索隐》谓“君弱臣强”者，非。

“楚攻齐之南阳。”南阳者，泰山之阳。《孟子》《告子下》：“一战胜齐，遂有南阳。”

《贾生传》：“斡弃周鼎兮而宝康瓠。”应劭曰：“斡音筦。筦，转也。”“斡流而迁兮，或推而还”，《索隐》曰：“斡音乌活反。斡，转也。”义同而音异。今《说文》卷一四上云：

"斡,蠡柄也。从斗,倝声。"扬雄、杜林说皆以为轺车轮,斡,乌括切。按"倝"字,古案切。《说文》既云倝声,则不得为乌括切矣。颜师古《匡谬正俗》卷七云:"《声类》、《字林》并音管。贾谊《服鸟赋》云'斡流而迁',张华《励志》诗云'大仪斡运',皆为转也。《楚辞》云'筦维焉系',此义与'斡'同,字即为'筦'。故知'斡'、'管'二音不殊,近代流俗音乌括切,非也。"〔一〕《汉书·食货志》:"浮食奇民欲擅斡山海之货。"师古曰:"斡谓主领也,读与管同。"

〔一〕【钱氏曰】"斡"从倝声,音乌括切,犹"害"有害声,去入不妨相转也。师古之说失之拘泥。

《张敖传》:"要之置。"置,驿也,如《曹相国世家》"取祁善置",《田横传》"至尸乡厩置"之"置"。《汉书·冯奉世传》:"燔烧置亭。"〔一〕

〔一〕【梁氏曰】案《索隐》本,"置"下有"厕"字,与《汉书》同,今本脱。

【汝成案】《张释之传》"从行至霸上,居北临厕"注,李奇曰:"霸陵北头厕近霸水。"如淳曰:"居高临垂边曰厕也。"苏林曰:"厕,边侧也。"《索隐》云:"刘氏'厕'音初吏反,包恺音侧,义亦两通。"钱氏《考异》云:"予谓'厕'即'侧'字。'侧'旁从'人',隶变为'厂',与'廁圊'字从'广'者不同。刘伯庄音初吏反,小司马以为义可两通,盖'厕'、'廁'两字唐以前已相溷。据此训厕为侧,则《史》、《汉》皆通矣。"

《淮阴侯传》:"容容无所倚。""容容"即"颙颙"字。

《卢绾传》:“匈奴以为东胡卢王。”封之为东胡王也,以其姓卢,故曰“东胡卢王”。

《田荣传》:“荣弟横收齐散兵,得数万人,反击项羽于城阳。”《正义》以为濮州雷泽县,非也。《汉书》城阳郡治莒。《史记·吕后纪》言“齐王乃上城阳之郡”,《孝文纪》言“以齐剧郡,立朱虚侯章为城阳王”,而《淮阴侯传》言“击杀龙且于潍水上,齐王广亡去,信遂追北至城阳”,皆此地。按《战国策》《齐策六》貂勃对襄王曰:“(昔)[且]王不能守[先]王之社稷,走而之城阳之山中,安平君以敝卒七千禽敌,反千里之齐。当是时,阖城阳而王天下,莫之能止。然为栈道木阁而迎王与后于城阳之山中,王乃复反,子临百姓。”则古齐时已名城阳矣。

“(无)不[无]善画者,莫能图”。谓以横兄弟之贤而不能存齐。

《陆贾传》:“尉佗乃蹶然起,坐谢陆生。”坐者,跪也。

“数见不鲜”。意必秦时人语,犹今人所谓“常来之客不杀鸡”也。贾乃引此,以为父之于子亦不欲久慁,当时之薄俗可知矣。〔一〕

〔一〕【杨氏曰】当从注说。

《袁盎传》:“调为陇西都尉。”此今日“调官”字所本。“调”有“更易”之意,犹琴瑟之更张乃调也。【原注】《张释之传》“十年不得调”。如淳训为“选”,未尽。〔一〕

〔一〕【钱氏曰】“调”字当从如淳训。唐人初任皆云“调”,见于史传,不胜枚举。宋时尚有“常调官好做”之谚,“常调”犹言“常选”也。明人始有改调之例,里俗相沿,不可以解《汉书》。

《扁鹊传》:“医之所病病道少。”言医之所患,患用其道者少,即下文“六者”是也。

《仓公传》:“臣意年尽三年,年三十九岁也。”按徐广注,高后八年,意年二十六,当作“年尽十三年,年三十九岁也”,脱“十”字。《孝文本纪》:十三年,除肉刑。〔一〕

〔一〕【梁氏曰】按上文,意家居,诏问所治病,不必定在十三年。观意对词,有淄川王、胶西王、济南王、故阳虚侯、齐王、齐文王。淄川三王皆文帝十六年始封。阳虚侯,文帝十六年改封。齐文王,文帝十六年薨。则皆在十三年已后可见矣。方氏《补正》又谓是年乃文帝四年,故尽三年,年三十九,不说“年四十”者,是言未尽。此因本传误书“四年”而谬解之。惟《补正》载蒋西谷语为确。蒋曰:“上言受庆方一年,所尚未精,‘要事之三年’,言受读之年尽三年,时年三十九,出治病即有验,如下文所云也。”

《武安传》:“与长孺共一老秃翁。”谓尔我皆垂暮之年,无所顾惜,当直言以决此事也。《索隐》以为“共治一老秃翁”者,非。

因匈奴犯塞,而有卫、霍之功,故序匈奴于《卫将军骠骑传》之前。

《南越尉佗传》:“发兵守要害处。”按《汉书·西南夷传》注,师古曰:“要害者,在我为要,于敌为害也。”此解未尽，要害谓攻守必争之地，我可以害彼，彼可以害我，谓之害。人身亦有要害，《素问》岐伯对黄帝曰："脉有要害。"①《后汉书·来歙传》："中臣要害。"

《司马相如传》："其为祸也不亦难矣。"衍"亦"字。

《汲黯传》"愚民安知"为一句。

《郑当时传》："高祖令诸故项籍臣名籍。"谓奏事有涉项王者，必斥其名曰"项籍"也。

《酷吏传》："尸亡去，归葬。"言其家人窃载尸而逃也；谓尸能自飞去，怪矣！

《游侠传》："近世延陵、孟尝、春申、平原、信陵之徒，皆因王者亲属，借于有土卿相之富厚。"延陵谓季札，〔一〕以其遍游上国，与名卿相结，解千金之剑而系冢树，有侠士之风也。

〔一〕【梁氏曰】延陵季子，非侠，且不可言"近世"，与四公子相比。徐广引《韩子》赵延陵生当之，《战国策》作"延陵君"，又不得称王者亲属。疑"延陵"二字衍，《汉》传无。

《货殖传》："廉吏久久更富，廉贾归富。"又曰："贪贾三之，廉贾五之。"夫放于利而行多怨。廉者知取知予，无求多于人，义然后取，人不厌其取，是以取之虽少，而久久更富，廉者之所得乃有其五也。注非。

"洛阳街居在齐、秦、楚、赵之中。"《说文》卷二下"行"部："街，四通道。"《盐铁论》《通有》："燕之涿、蓟，赵之邯郸，魏

① 在《素问》卷一四，作"藏有要害"。

之温、轵，韩之荥阳，齐之临淄，楚之宛丘，郑之阳翟，二周之三川，皆为天下名都，居五诸侯之衢，跨街冲之路。”

“尽椎埋去就，与时俯仰。”椎埋，当是“推移”二字之误。〔一〕

〔一〕【钱氏曰】“椎埋”，汉人语，不可轻改。先生亦微染俗学。

《太史公自序》：“申、吕肖矣。”“肖”乃“削”字，脱其旁耳。与《孟子》《告子下》“鲁之削也滋甚”义同。徐广注以为“痟”者，非。〔一〕

〔一〕【梁氏曰】严九能云：“《方言》卷一二：‘赵，肖，小也。’肖有小义。”亭林似未考《方言》。

【续补正】宋小茗云：徐广云：“肖音痟，痟犹衰微。”《索隐》云：“肖谓微弱而省少，所谓申、吕虽衰也。”愚案《方言》云：“赵，肖，小也。”肖有小义，则两说皆是。亭林谓“削”字脱其旁而为“肖”，似未考《方言》。

汉书注

《汉书叙例》，颜师古撰。其所列姓氏，“邓展”、“文颖”下并云“魏建安中”，建安乃汉献帝年号，虽政出曹氏，不得遽名以“魏”。

《高帝纪》：“诸侯罢戏下，各就国。”注引一说云：“时从项羽在戏水之上。”此说为是。盖羽入咸阳，而诸侯自留军戏下尔。他处固有以戏为“麾”者，但云“罢麾下”，似不

成文。〔一〕

〔一〕【姚氏曰】旧说:戏,水名。颜注以戏"为军之旌麾,音许宜反",又谓"项羽见高祖于鸿门,已过戏矣。又入秦,烧秦宫室,不复在戏也"。余按颜说非是。羽虽过戏,而诸侯军或留戏下,抑或受羽约于此。解"戏"为麾,羽麾下耶?诸侯麾下耶?不辞之甚。

"不因其几而遂取之。"训"几"为"危",未当。"几"即"机"字,如《书》《太甲上》"若虞机张"之"机"。〔一〕

〔一〕【沈氏曰】此说固通,然训"几"为"危"者亦当也。《左传》宣公十二年"利人之几",杜氏曰:"几,危也。"恐即此"几"字。案本书上下文,二说皆可通。

"遣诣相国府,署行、义、年。"谓书其平日为人之实迹,如《昭帝纪》元凤元年三月,"赐郡国所选有行义者涿郡韩福等五人帛",《宣帝纪》"令郡国举孝弟有行义闻于乡里者各一人"是也。刘攽改"义"为"仪",谓若今"团貌",非。〔一〕

〔一〕【杨氏曰】汉人"义"都作"谊",作"义"者谓"仪"也,贡父是也。

《武帝纪》:"元封元年,诏用事八神。"谓东巡海上而祠八神也,即《封禅书》所谓"八神,一曰天主,祠天齐"之属。文颖以为"祭太一,开八通之鬼道"者,非。

"天汉元年秋,闭城门,大搜。"与二年及征和元年之

"大搜"同,皆搜索奸人也,非"逾侈者"也。

《昭帝纪》:"三辅、太常郡得以叔【原注】即"菽"字。粟当赋。"汉时田租本是叔粟,今并口算杂征之,用钱者皆令以叔粟当之。其独行于三辅、太常郡者,不独为谷贱伤农,亦以减漕三百万石,虑储偫之乏也。

《元帝纪》:"永光元年秋,罢。"如淳曰"当言罢某官某事,烂脱失之"是也。《左传》成二年,"夏,有",亦是阙文,杜氏《解》曰:"失新筑战事。"

"建昭三年,戊己校尉。"师古曰:"戊己校尉者,镇安西域,无常治处。亦犹甲乙、丙丁、庚辛、壬癸各有正位,而戊己四季寄王,故以名官也。时有戊校尉,又有己校尉。一说戊己位在中央,今所置校尉处三十六国之中,故曰戊己也。"《百官公卿表》注亦载二说。《汉官仪》曰:"戊己中央,镇覆四方。又开渠播种,以为厌胜,故称戊己焉。"按马融《广成颂》曰:"校队案部,前后有屯,甲乙相伍,戊己为坚。"则不独西域,虽平时校猎亦有部伍也。又知其"甲、乙"八名皆有,而西域则但置此戊、己二官尔。【原注】《王莽传》:"右庚刻木校尉,前丙耀金都尉。"其所①名或有所本。《车师传》:"置戊己校尉,屯田,居车师故地。"《乌孙传》:"汉徙己校屯姑墨。"而《后汉书·耿恭传》:"恭为戊校尉,屯后王部金蒲城。谒者关宠为己校尉,屯前王柳中城。"故师古以为"无常治"。

《哀帝纪》:"非赦令也,皆蠲除之。"犹《成帝纪》言"其

① 《续刊误》卷下:"'所'字,原写本作'取'。"

吏也迁二等"同一文法。盖赦令不可复反,故但此一事不蠲除也。

【小笺】按:师古驳如淳之注而用瓒说,已得此言。其于《李寻传》注云:"惟赦令不改,馀皆除之。"尤为明晓。

《王子侯表》:"瓡节侯息,城阳顷王子。"师古曰:"瓡,即'瓠'字也。又音孤。"《地理志》"北海郡"下"瓡,侯国",师古曰:"瓡,即'执'字。"二音不同。而《功臣表》"瓡讘侯(杅)[杆]者",师古曰:"'瓡'、'狐'同。""河东郡"下作"狐讘",又未知即此一字否也。

《百官表》:"长水校尉掌长水宣曲胡骑。"师古曰:"长水,胡名也。宣曲,观名。胡骑之屯于宣曲者。"按长水非胡名也。《郊祀志》:"霸、产、丰、涝、泾、渭、长水,以近咸阳,尽得比山川祠。"《史记索隐》《封禅书》曰:"《百官表》有长水校尉。沈约《宋书》云:'营近长水,因名。'《水经》云:'长水出白鹿原。'今之荆溪水是也。"

"元凤四年,蒲侯苏昌为太常。十一年,坐籍霍山书泄秘书,免。"师古曰"以秘书借霍山",非也。盖籍没霍山之书中有秘记,当密奏之,而辄以示人,故以宣泄罪之耳。山本传言:"山坐写秘书,显为上书献城西第,入马千匹,以赎山罪。"若山之秘书从昌借之,昌之罪将不止免官,而元康四年昌复为太常,薄责昌而厚绳山,非法之平也。且如颜说,当云"坐借霍山秘书免"足矣,何用文之重、辞之复乎?

"建昭三年七月戊辰,卫尉李延寿为御史大夫,一姓繁。"师古曰："繁，音蒲元反。"《陈汤传》"御史大夫繁延寿"，师古曰："繁，音蒲胡反。"《萧望之传》师古音"婆"。《谷永传》师古音"蒲何反"。蒲元则音盘，蒲胡则音蒲，蒲(河)[何]则音婆，三音互见，并未归一。然"繁"字似有"婆"音。《左传》定四年"殷民七族繁氏"，"繁"音步何反。《仪礼·乡射礼》注："今文皮树为繁竖。皮，古音婆。"《史记·张丞相世家》"丞相司直繁君"，《索隐》曰："繁音婆。"《文选》"繁休伯"，①吕向："音步何反。"则"繁"之音"婆"，相传久矣。【原注】《广韵》八戈部中有"繁"字，注曰："音薄波切。姓也。又音烦。"〇此字或作"緐"。《玉篇》"緐"字亦音步波、步丹二切。

《律历志》："寿王候课，比三年下。"谓课居下也。下文言"竟以下吏"，乃是下狱。师古注非。

《食货志》："学六甲五方书计之事。""六甲"者，四时、六十甲子之类。"五方"者，九州岳渎、列国之名。"书"者，六书。"计"者，九数。瓒说未尽。

"国亡捐瘠者"，瘠，古"胔"字，谓死而不葬者也。《娄敬传》"徒见羸胔老弱"，《史记》作"瘠"。《后汉书·彭城靖王恭传》"毁胔过礼"，《大戴礼》《千乘》"羸丑以胔"，皆是"瘠"字。则此"瘠"乃"胔"字之误，当从孟康之说。【原注】苏林音渍，是。

"课得谷皆多其旁田，亩一斛以上。"盖塽地乃久不耕之地，地力有馀，其收必多，所以作代田之法也。

---

① 《文选》卷四〇有繁休伯《与魏文帝笺》。

“天下大氐无虑皆铸金钱矣。”“无虑”犹云“无算”，言多也。

“布货十品”，师古曰：“布即钱耳。谓之布者，言其分布流行也。”按本文，钱、布自是二品，而下文复载“改作货布”之制，安得谓“布即钱”乎？《莽传》曰：“货布长二寸五分，广一寸，直货钱二十五。”今货布见存，上狭下广而歧其下，中有一孔，师古当日或未之见也？

《郊祀志》：“文公获若石云，于陈仓北坂城祠之。其神或岁不至，或岁数来也。常以夜，光辉若流星，从东方来，集于祠城。若雄鸡，其声殷[殷]云，野鸡夜鸣。”如淳曰：“野鸡，雉也。吕后名雉，改曰野鸡。”①《五行志》“天水冀南山大石鸣，声隆隆如雷。有顷止，壄【原注】“野”同。鸡皆鸣”，师古曰：“雉也。”窃谓野鸡者，野中之鸡耳。注拘于荀悦云“讳‘雉’之字曰野鸡”。夫讳“恒”曰“常”，讳“启”曰“开”，史固有言“常”、言“开”者，岂必其皆为“恒”与“启”乎？又此文本《史记·封禅书》，其上文云“有雉登鼎耳雊”，其下文云“公孙卿言，见仙人迹缑氏城上，有物如雉往来城上”，又云“纵远方奇兽飞禽及白雉诸物”，【原注】《汉书》同此二条。并无所讳。而《汉书·地理志》南阳郡有雉县，江夏郡有下雉县，《五行志》王音等上言“雉者听察，先闻雷声”，则汉时未尝讳“雉”也。

“木寓龙一驷，木寓车马一驷。”李奇曰：“寓，寄也。寄生龙形于木。”此说恐非。古文“偶”、“寓”通用，【原注】

---

① 按此“如淳注”为《史记·封禅书》注，非《汉书·郊祀志》注。

偶,亦音寓。木寓,木偶也。《史记·孝武纪》作“木(偶)[禺]马”,而《韩延寿传》曰“卖偶车马下里伪物者,弃之市道”。古人用以事神及送死,皆木偶人、木偶马,【原注】《鲁相史晨孔庙后碑》云:“饬治桐车马于渎上。”今人代以纸人、纸马。又《史记·殷本纪》“帝武乙无道,为偶人,谓之天神”,《索隐》曰:“偶音寓。”《酷吏传》“匈奴至为偶人,象郅都”,《索隐》曰:“《汉书》作‘寓人’。”可以证“寓”之为“偶”矣。

《五行志》:“吴王濞封有四郡五十馀城。”“四”当作“三”,古“四”字积画以成,与“三”易混,犹《左传》昭公十一年“陈、蔡、不羹”三国之为“四国”也。

“隐公三年二月己巳,日有食之,其后郑获鲁隐。”按狐壤之战,事在其前,①乃隐公为公子时。此刘向误说,班史因之,不必曲为之解。

《沟洫志》:“内史稻田租挈重。”挈,偏也。《说文》有“觢”字,注云“角一俯一仰”,意同。

《楚元王传》“孙卿”,师古曰:“荀况,汉以避宣帝讳改之。”按汉人不避嫌名,“荀”之为“孙”,如“孟卯”之为“芒卯”,“司徒”之为“申徒”,语音之转也。

“上数欲用向为九卿,辄不为王氏居位者及丞相御史所持,故终不迁。”衍一“不”字,当云“辄为王氏居位者及丞相、御史所持”。持者,挟制之义,而非挟助之解也。

《季布传》“难近”,谓令人畏而远之。师古以“近”为

---

① 见《左传》隐公十一年追述。

"近天子为大臣",非也。

《樊哙传》:"项羽既飨军士,中酒。"中酒谓酒半也。《吕氏春秋》《慎大览·报更》谓之"中饮"。【原注】晋灵公"发酒于宣孟,宣孟知之,中饮而出"。○《战国策》《楚策三》:"楚王觞张仪,中饮,再拜而请。"凡事之半曰"中"。《左传》昭公二十八年"中置",谓馈之半也。【原注】上云"馈之始至",下云"馈之毕"。《史记·河渠书》"中作而觉",谓工之半也。《吕氏春秋》《贵真论·壅塞》"中关【原注】音弯。而止",谓关弓弦正半而止也。"中酒"犹今人言"半席"。师古解以"不醉不醒,故谓之中",失之矣。【原注】《司马相如传》"酒中乐酣",师古曰:"酒中,饮酒中半也。"一人注书,前后不同。

《淮南厉王传》:"命从者刑之。"《史记》作"刭之",当从"刭",音相近而讹。下文"太子自刑不殊",又云"王自刑杀",《史记》亦皆作"刭"也。

"孝先自告反,告除其罪。"按《史记》无下"告"字,是衍文。师古曲为之说。

《万石君传》"内史坐车中自如,固当"者,反言之也,言贵而骄人,当如此乎?

【小笺】按:师古注曰:"此深责之也。言内史贵人正固当尔。"然则师古非不知此为反言也。

《贾谊传》:"上数爽其忧。"谓秦之所忧者在孤立,而汉之所忧者在诸侯;汉初之所忧者在异姓,而今之所忧者在同姓。

张敖不反，故添一“贯高为相”句。古人文字之密。

“植遗腹，朝委裘，而天下不乱。”必古有是语，所谓“君薨而世子生”见《礼记·曾子问》。者也。季桓子命其臣正常曰：“南孺子之子，男也，则以告而立之。”见《左传》哀公三年。遗腹之为嗣，自人君以至于大夫，一也。

《邹阳传》：“宋任子冉之计囚墨翟。”《史记》作“子罕”。文颖曰：“子冉，子罕也。”按子罕是鲁襄公时人，墨翟在孔子之后，子冉当别是一人。

“秦皇帝任中庶子蒙之言。”师古曰：“蒙者，庶子名也。今流俗书本‘蒙’下辄加‘恬’字，非也。”按《史记》《荆轲传》，“秦王宠臣中庶子蒙嘉，为先言于秦王”，非蒙恬，“蒙”亦非名，传文脱一“嘉”字。

《赵王彭祖传》“椎埋”，即掘冢也。新葬者谓之埋。师古曰“椎杀人而埋之”，恐非。

《李广传》：“弥节白檀。”“弥”与“弭”同。《司马相如传》“于是楚王乃弭节徘徊”注，郭璞曰：“弭犹低也。节，所杖信节也。”

“陵当发出塞，乃诏强弩都尉，令迎军。”言当俟陵出塞之后，乃诏博德迎之。

《苏武传》：“陵恶自赐武，使其妻赐武牛羊数十头。”今人送物与人，而托其名于妻者，往往有之。其谓之“赐”者，陵在匈奴已立为王故也。云“恶自赐武”，盖嫌于自居其名耳。师古注谓“若示己于匈奴中富饶以夸武”者，非。

《司马相如传》，《子虚之赋》乃游梁时作，当是侈梁王田猎之事而为言耳。后更为“楚称”、“齐难”而归之天子，则非当日之本文矣。若但如今所载子虚之言，不成一篇结构。

《张安世传》：“无子，子安世小男彭祖。”谓贺无见存之子，而以安世小男为子，其蚤死之子别有一子，乃下文所谓“孤孙霸”，非无子也。

《杜周传》：“吏所增加十有馀万。”谓辞外株连之人。

《张骞传》：“竟不能得月氏要领。”古人上衣下裳，举裳者执要，举衣者执领。

《广陵王胥传》：“女须泣曰：‘孝武帝下我。’”言孝武帝降凭其身而言。

“千里马兮驻待路。”言神魂飞扬，将乘此马而远适千里之外。张晏注以为驿马，非。

《严助传》：“臣闻道路言，闽越王弟甲弑而杀之。”即下文所云“会闽越王弟馀善，杀王以降”者也。当淮南王上书之时，不知其名，故谓之“甲”，犹云“某甲”耳。师古曰：“甲者，闽越王弟之名。”非。

【小笺】按：《淮南王书》云：“臣闻道路言，闽越王弟甲弑而杀之，甲以诛死。”是在淮南上书之时甲已诛死矣。其下乃云：“是时汉兵遂出逾岭，适会闽越王弟馀善杀王以降，汉兵罢。”据此则甲与馀善自是两人。顾氏谓甲即馀善，则既已诛死，又何以降汉乎？盖甲死之后，其国复立王，而又为馀善所弑也。亭林读书最为精审，而竟忘有“甲以诛死”一句。甚矣，读书之难也。

《朱买臣传》:“买臣入(家)[室]中。”即会稽邸中也。邸,如今京师之会馆。

《东方朔传》:“以剑割肉而去之。”裴松之注《魏志》《华佗传》云:“古人谓藏为去。”《苏武传》“掘野鼠去屮实而食之。”师古曰:“去,谓藏之也。”

《杨恽传》“廷尉当恽大逆无道”者,以书中有“君父送终”之语。

《梅福传》:“诸侯夺宗。”如帝挚立,不善,崩,而尧自唐侯升为天子是也。

《梅福传赞》:“殷鉴不远,夏后所闻。”谓福引吕、霍、上官之事以规切王氏。师古注谓“封孔子后”,非。

《霍光传》:“张章等言霍氏皆雠有功。”晋灼曰:“雠,等也。”非也。此如《诗》《大雅·抑》“无言不雠”之“雠”。【原注】《诗正义》:“相对谓之雠。”《左传》僖五年“无丧而戚忧,必雠焉”,注:“雠,犹对也。”《律历志》“广延宣问,以理星度,未能雠也”,郑德曰:“相应为雠也。”[①]《郊祀志》:“其方尽多不雠。”《伍被传赞》:“忠不终而诈雠。”《魏其传》[②]:“上使御史簿责婴,所言灌夫颇不雠。”

《赵充国传》:“微将军,谁不乐此者。”言岂独将军苟安贪便,人人皆欲为之。师古注以“微”字属上句读,非。

《辛庆忌传》:“卫青在位,淮南寝谋。”谓伍被言大将

① 援庵《校注》:此所引乃《史记·历书》,作“以理”,《汉书》作“以考”。“郑德”亦《史记索隐》引。

② 应作《灌夫传》。

军“数将习兵，未易当”，又言“虽古名将不过是”，为淮南所惮。见《汉书·伍被传》。

《于定国传》：“万方之事，大录于君。”按今所传王肃注《舜典》“纳于大麓”曰：“麓，录也。纳舜，使大录万机之政。”盖西京时已有此解，故诏书用之。【原注】章帝即位，以太傅赵熹、太尉牟融并录尚书事。

《于定国传赞》：“哀鳏哲狱。”《毛诗》、《礼记》凡鳏寡之“鳏”皆作“矜”，此亦“矜”之误。“哲”则“折”之误也。师古以传中有“哀鳏寡”语，遂以释此文，而以“哲”为“明哲”之“哲”。

《龚胜传》：“勿随俗动吾冢，种柏作祠堂。”师古曰：“多设器备，恐被发掘，为动吾冢。”非也。古人族葬，胜必已自有墓，若随俗人之意，更于冢上种柏作祠堂，则是动吾冢也。盖以朝代迁革，一切饰终之礼俱不欲用。

《韦贤传》：“岁月其徂，年其逮耇。于昔君子，庶显于后。”孟自言年老，慕昔之君子垂令名于后，欲王信老成之言而用之也。在邹诗曰“既耇且陋”，则此为孟之自述可知。

“下从者与载送之。”见《韦玄成传》。“下”如《爰盎传》“下赵谈”之“下”，与之共载，复送至其家也。

《尹翁归传》：“高至于死。”“高”谓罪名之上者，犹言“上刑”。

《王尊传》：“猥被共工之大恶。”谓御史大夫劾奏尊以“靖言庸违，象共滔天”。

《萧育传》:“鄠名贼梁子政。”“名贼”犹言“名王”,谓贼之有名号者也。师古曰:“名贼者,自显其名,无所避匿,言其强也。”非。

《宣元六王传赞》:“贪人败类。”《大雅·桑柔》之诗,师古注误以为《荡》。

《张禹传》:“两人皆闻知,各自得也。”崇以禹为亲之,宣以禹为敬之,[①]故各自得。

《翟方进传》:“万岁之期,近慎朝暮。”谓宫车晏驾,故下文郎贲丽以为可移于相也。

《扬雄传》:“不知伯侨周何别也。”谓不知是何王之别子。

“冠伦魁能。”“能”字当属上句,言为能臣之首。

史书之文中有误字,要当旁证以求其是,不必曲为之说。如此传《解嘲篇》中“欲谈者宛舌而固声”,“固”乃“同”之误。“东方朔割名于细君”,“名”乃“炙”之误,有《文选》可证。而必欲训之为“固”、为“名”,此小颜师古之癖也。《颜氏家训》《勉学》云:“《榖梁传》:‘孟劳者,鲁之宝刀也。’【原注】僖元年。有姜仲岳,读‘刀’为‘力’,谓:‘公子左右,姓孟名劳,多力之人,为国所宝。’与吾苦诤。清河郡守邢峙,当世硕儒,助吾证之,赧然而服。”此传“割名”之解,得无类之?

【小笺】按:《文选》杨子幼《报孙会宗书》“凛然若有节概”,其

---

① 崇、宣,指戴崇、彭宣。

义甚明。《汉书》作“漂然”，当字之误也。师古以“高远”释之，亦“割名”之比。

又按：师古注《汉书》亦有据他书改正者。《谷永传》“楚庄忍绝丹姬”，师古曰：“丹姬是楚文王姬。《谷永集》‘丹’字作‘夏’，是也。”

《儒林传》：“弟子行虽不备，而至于大夫、郎、掌故以百数。”谓不必皆有行谊而多显官。

《货殖传》：“为平陵石氏持钱。”持钱，犹今人言掌财也。如氏、苴氏皆平陵富人，而石氏訾亦次之。

《游侠传》：“酒市赵君都、贾子光。”服虔曰：“酒市中人也。”非也。按《王尊传》“长安宿豪大猾箭张禁、酒赵放”，晋灼曰：“此二人作箭作酒之家。”今此上文有箭张回，即张禁也，君都亦即放也，名偶异耳。

《佞倖传》：“朕惟噬肤之恩未忍。”是取《易·睽》六五“厥宗噬肤”，言贵戚之卿，恩未忍绝。

《匈奴传》：“孤偾之君。”“偾”如《左传》僖公十五年“张脉偾兴”之“偾”，《史记》《仓公传》所谓“病得之欲男子而不可得也”。

“卫律为单于谋：穿井筑城，治楼以藏谷，与秦人守之。”师古曰：“秦时有人亡入匈奴者，今其子孙尚号秦人。”非也。彼时匈奴谓中国人为“秦人”，犹今言“汉人”耳。《西域传》：“匈奴缚马前后足，置城下，驰言：‘秦人，我丐若马！’”师古曰：“谓中国人为秦人，习故言也。”是矣。其言“与秦人守”者，匈奴以转徙为业，不习守御，凡穿井筑城之事，非秦人不能为也。《大宛传》："闻宛城中新得秦人，知穿井。"亦谓中国人。【原注】《后汉书·邓训传》："发湟中秦、胡。"《袁绍传》："许赏赐秦、胡。"秦者，中国人，胡者，胡人，犹后人之言"蕃"、"汉"也。

"去胡来王唐兜。"师古曰："为其去胡而来降汉，故以为王号。"非也。《西域传》："婼羌国王号去胡来王。"

"臣知父呼韩邪单于蒙无量之恩。"其时尚未更名，当曰"臣囊知牙斯"。作史者从其后更名录之耳。〔一〕

〔一〕【钱氏曰】"父兄传五世，汉不求此地，至知独求，何也？"亦是追改之。

故印已坏，乃云"因上书求故印"者，求更铸如故印之式，去"新"字而言"玺"。

《南粤传》："朕高皇帝侧室之子。"师古曰："言非正嫡所生。"非也。《春秋左氏》桓公二年传曰："卿置侧室。"杜《解》："侧室，众子也。"文公十二年传曰："赵有侧室曰穿。"〔一〕

〔一〕【张大令曰】按《文帝纪》："孝文皇帝，高帝之中子也。母薄姬。"故以为非正嫡所生。如以"众子"为"侧室"，不当复云"之子"。窃谓随文为解，难以一律，《左传》以杜说为是，《汉书》以颜说为是。

《西域传》：康居国王"东羁事匈奴"。言不纯臣，但羁縻事之，与乌孙"羁属"意同，当用彼注，删此注。

"宜给足，不可乏。"当作"可不乏"。

《外戚传》："常与死为伍。"言滨于死。

"其条刺，史大长秋来白之。""史"当作"使"。〔一〕

〔一〕【钱氏曰】汲古阁本元是"使"字。

"丞知是何等儿也。"言藏之以辨是男非女。师古注非。

"奈何令长信得闻之。"谓何道令太后闻之。

"终没，至乃配食于左坐。"谓合葬渭陵，配食元帝。〔一〕

〔一〕【王氏曰】盖庙中之室亦东向为尊，配食左坐，仍是旁侍，非并坐。

《王莽传》："治者掌寇大夫陈成自免去官。"盖先几而去。

"自称废汉大将军"者，自称"汉大将军"也，下文云"亡汉将军"，同此意。自莽言，谓之"废汉"、"亡汉"耳。

"会省户下。"省户，即禁门也。蔡邕《独断》卷上曰："禁中者，门户有禁，非侍御者不得入，故曰'禁中'。孝元皇后父大司马阳平侯名禁，当时避之，故曰'省中'。"

"右庚刻木校尉。""刻"、"克"同，取"金克木"。

《叙传》："刘氏承尧之后，氏族之世，著乎《春秋》。"《左氏》昭公二十九年传："陶唐氏既衰，其后有刘累者，学扰龙于豢龙氏，以事孔甲。"师古引士会奔秦，"其处者为刘氏"，则又其苗裔也。

"雕落洪支。"谓中山、东平之狱。服虔以为"废退王氏",非。

后汉书注

《光武纪》:"今此谁贼,而驰骛击之乎?"注:"谁,谓未有主也。"非。言此何等贼,不足烦主上亲击也。

"敢拘制不还,以卖人法从事。"言比略卖人口律罪之,重其法也。〔一〕

〔一〕【惠氏曰】《盗律》曰:"略人、略卖人、和卖人为奴婢者死。"陈群《新律序》曰:"《盗律》有和卖、买人案。此则《汉律》篇有卖人之条。前二年诏曰:'敢拘执,论如律。'所谓律者,即卖人法也。"

《质帝纪》:"先能通经者,各令随家法。"注:"儒生为《诗》者谓之诗家,为《礼》者谓之礼家。"非也。谓如《诗》有齐、鲁、韩、毛。通《齐诗》者自以为《齐诗》教授,通《鲁诗》者自以为《鲁诗》教授,韩、毛及五经皆然,乃所谓"家法"耳。《鲁丕传》言"法异者各令自说师法",《徐防传》言"伏见太学试博士弟子,皆以意说,不循【原注】今本误作"修"。家法"是也。【原注】《左雄传》注:"儒有一家之学,故称家。"此得之矣。

《安帝纪》:"永初元年九月癸酉,调扬州五郡租米,赡给东郡济阴、陈留,梁国下邳、山阳。"注:"五郡谓九江、丹阳、庐江、吴郡、豫章也。扬州领六郡,会稽最远,盖不调

也。”按《顺帝纪》：“永建四年，分会稽为吴郡。”安帝时未有吴郡，止五郡，无可疑者。注非。〔一〕

〔一〕【惠氏曰】永初七年，调零陵、桂阳、丹阳、豫章、会稽租米，则会稽非以远故不调明矣。注两失之。

冯异遗李轶书：“苟令长安尚可扶助，延期岁月，疏不间亲，远不逾近，季文[①]岂能居一隅哉？”见《冯异传》。言季文于更始为亲近之臣，当在朝秉政，岂得居此一隅？注失其指，反以为“疏远”，非。

《景丹传》：“邯郸将帅数言我发渔阳、上谷兵，我聊应言然。”谓邯郸将帅有此言，我亦聊以此言应之，不能必二郡之果来也。本文自明，注乃谓“王郎欲发之”，谬矣。

《鲍永传》太守赵兴叹曰：“我受汉茅土，不能立节，而鲍永死之，岂可害其子也！”“永”字误，当作“鲍宣”。[②]

《杨厚传》：“阴臣、近戚、妃党当受祸。”“阴臣”谓妇人，下文宋阿母是也。注：“阴，私也。”非。〔一〕

〔一〕【惠氏曰】案《公羊春秋》曰：“定十四年城莒父。”何休曰：“或说无冬者，坐受女乐，令圣人去。冬，阴臣之象。”则阴臣为妇人审矣。

《郎顗传》：“思过念咎，务消祇悔。”注：“祇，大也。”非也。按《易·复》初九：“无祇悔。”九家本作“多”，古人

① 季文为李轶之字。

② 按，今本已作“鲍宣”。

"多"、"祇"二字通用。【原注】《论语》"多见其不知量也",《正义》曰:"古人'多'、'祇'同音。"《左传》襄二十九年"多见疏也"。服虔本作"祇"。〔一〕

〔一〕【惠氏曰】案侯果《易注》云:"祇,大。往被阴剥,所以有悔,觉非复故,故无大咎。"章怀之训,盖本侯果。

《朱浮传》:"自损盛时。""损"当作"捐"。①〔一〕

〔一〕【惠氏曰】案《文选》作"捐"。

《贾逵传》:"乡人有所计争,辄令祝少宾。"【原注】司马均。注云:"祝,诅也。争曲直者辄言敢祝少宾乎?"非也。言敢于少宾之前发誓乎?事之如神明也。古人文简尔。

《锺离意传》:"光武得奏,以见霸。"【原注】侯霸。"见"当作"视",古"示"字作"视",谓以意奏示霸也。〔一〕

〔一〕【惠氏曰】案《意别传》曰:"光武皇帝得上状,见司徒侯霸,曰:'所使掾史,何乃仁恕为国用心乎如此!'"则范书略其文耳,"视"字仍当为"见"也。

《张禹传》:"祖父况为常山关长,会赤眉攻关城。"按《前汉志》,常山郡之县十八,其十二曰关。《续汉志》无此县,世祖所省也。其地当即今之故关。建武十五年,"徙雁门、代郡、上谷三郡民,置常山关、居庸关以东"。见《光武帝纪》。

① 按,今本已作"捐"。

《梁节王畅传》："今陛下为臣收污天下。""收污"，犹《左氏传》宣公十五年所谓"国君含垢"。〔一〕

〔一〕【惠氏曰】袁《纪》作"收耻"，《通鉴》作"受污"。案"收污"犹"受垢"也。老子《德经》曰"受国之垢，是为社稷主"，与"国君含垢"义同。

《李云传》："当有黄精代见。"注："黄精谓魏氏将兴也。"按云本不知是魏，故下言陈、项、虞、田、许氏尔。黄之代赤，自是五运之序，王莽亦自以为祖黄帝也。

《曹腾传》："颍川堂溪赵典等。"按《蔡邕传》作"五官中郎将堂溪典"。注："堂溪，姓也。"此文衍一"赵"字。①【原注】赵典本传是成都人，非颍川。灵帝初，官卫尉卒。又《党锢传》云："唯赵典名见而已。"是后汉有两赵典。

文选注

阮嗣宗《咏怀》诗"西游咸阳中，赵李相经过"，见卷二三。颜延年注："赵，汉成帝后赵飞燕也。李，武帝李夫人也。"按成帝时自有赵、李，《汉书·谷永传》言"赵、李从微贱专宠"，《外戚传》"班倢伃进侍者李平，平得幸，亦为倢伃"，《叙传》"班倢伃供养东宫，进侍者李平为倢伃，而赵飞燕为皇后。自大将军【原注】王凤。薨后，富平、定陵侯张放、淳于长等始受幸，出为微行，行则同舆执辔。入侍禁

① 按，今本已无"赵"字。

中，设宴饮之会，及赵、李诸侍中皆引满举白，谈笑大噱”。史传明白如此，而以为武帝之李夫人，何哉？

陶渊明诗注

《西溪丛语》卷下："陶渊明诗云：'闻有田子春，节义为士雄。'见《拟古》九首之二。《汉书·燕王刘泽传》云：'高后时，齐人田生游乏资，以书干泽，泽大悦之，用金二百斤为田生寿。田生如长安，求事幸谒者张卿，讽高后，立泽为琅邪王。'晋灼曰：'《楚汉春秋》云田生字子春。'"非也。此诗上文云"辞家夙严驾，当往至无终"，下文云"生有高世名，既没传无穷"，其为田畴可知矣。《三国志》《魏书·田畴传》："田畴，字子泰，右北平无终人也。""泰"一作"春"。①若田生游说取金之人，何得有高世之名而为靖节之所慕乎？

"遂尽介然分，终死归田里。"见《饮酒诗》。是用方望《辞隗嚣书》"虽怀介然之节，欲洁去就之分"。见《后汉书·隗嚣传》。

"多谢绮与甪，精爽今何如。"见《赠羊长史》。"多谢"者，非一言之所能尽，今人亦有此语。《汉书》《赵广汉传》："赵广汉为京兆尹，常记召湖都亭长西至界上。界上亭长戏曰：'为我多问赵君。'"注："多问者，言殷勤，若今人千万问讯也。"

---

① 此言陶诗版本，或有作"田子春"者。

李太白诗注

李太白《飞龙引》"云愁海思令人嗟",是用梁豫章王综《听鸡鸣辞》"云悲海思徒掩抑"。《胡无人》篇"太白入月敌可摧",是用《北齐书·宋景业传》"太白与月并,宜速用兵"。二事前人未注。

太白诗有《古朗月行》,又云"今人不见古时月"。王伯厚应麟引《抱朴子》《外篇》卷三《尚博》曰:"俗士多云:今日不及古日之热,今月不及古月之朗。"见《困学纪闻》卷一八。是则然矣。而又云"狂风吹古月,窃弄章华台",又曰"海动山倾古月摧"。此所谓"古月",则明是"胡"字,不得曲为之解也。然太白用此亦有所本。《晋书·苻坚载记》:"古月之末乱中州,洪水大起健西流。"此其本也。或曰析字之体止当著之谶文,岂可以入诗乎?"稿砧今何在,山上复有山",古诗固有之矣。【原注】《晋书·郭璞传》有姓崇者,构璞于敦,而史臣论曰:"竟毙山宗之谋。"

"谁怜李飞将,白首没三边。"见《古风》之六。昔人讥其以"飞将军"翦截为"飞将"者。然古人自有此语,《后汉书·班勇传》"班将能保北(卤)[虏]不为边害乎",后魏唐永,正光中为北地太守,数与贼战,未尝败北。时人语曰"莫陆梁,恐尔逢唐将",见《北史·唐永传》。并以"将军"为"将"。

"海上碧云断,单于秋色来。"见《秋思》。"单于"是地名。《通典》卷一七九:"麟德元年,改云中都护府为单于大都护府。领县一，曰金河。有长城，有金河、李陵台、王昭君墓。"《旧唐书·突厥传》："车鼻既破之后，突厥尽为封疆之臣，于是分置单于、瀚海二都护府。单于都护领狼山、云中、桑乾三都督，苏农等一十四州。"《新书》《突厥传》言："碛以北蕃州悉隶瀚海，南隶云中。云中者，义成公主所居也。颉利灭，李靖徙突厥羸破数百帐居之，以阿史德为之长。众稍盛，即建言：'愿以诸王为可汗，遥统之。'帝曰：'今可汗，古单于也。'乃改云中府为单于大都护府，以殷王旭轮【原注】即睿宗。为单于都护。"【原注】《裴行俭传》："突厥阿史德温傅反，单于管内一十四州并叛应之。"《范希朝传》："单于城中旧少树，希朝于他处市柳，命军人种之，俄遂成林。"《田归道传》："默啜奏请六胡州及单于都护府之地，则天不许。"《回纥传》："遣使北收单于兵马仓粮。"《通鉴》卷八八注引宋白曰："唐振武军，旧单于都护府，即汉定襄郡之盛乐县也。在阴山之阳，黄河之北，后魏所都盛乐是也。唐平突厥，于此置云中都督府，后改单于府。"《新唐书·地理志》曰："唐之盛时，开元、天宝之际，东至安东，西至安西，南至日南，北至单于府。"徐九皋诗题曰《送部四镇人往单于》，崔颢诗题曰《送单于裴都护赴西河》，岑参《轮台即事》诗"轮台风物异，地是古单于"是也。

杜子美诗注

《寄临邑舍弟》诗"徐关深水府"，《送舍弟颖赴齐州》

诗“徐关东海西”。徐关在齐境，今不可考。《左传》成公二年，齐师败于鞌，齐侯“自徐关入”。十七年，齐侯与国佐“盟于徐关而复之”。

《行次昭陵》诗：“威定虎狼都。”注引《苏秦传》“秦虎狼之国”，甚为无理。此乃用《秦本纪赞》“据狼、弧，蹈参、伐”。参为白虎，秦之分星也。

“往者灾犹降，苍生喘未苏”，见《行次昭陵》。下同。谓武、韦之祸。“指麾安率土，荡涤抚洪炉”，谓玄宗再造唐室也。本于太宗之遗德在人，故诗中及之。钱氏谦益谓此诗天宝乱后作，而改“铁马”为“石马”，以合李义山诗“昭陵石马”之说，见《钱注杜诗》卷一〇。非矣。其《朝享太庙赋》曰：“弓剑皆鸣，汗铸金之风马。”在此未乱以前，又将何说？必古记有此事而今失之耳。【原注】今昭陵六马见存，皆琢石为屏，而刻马于上，其文凸起，非金马也。乾陵石雁亦然。

《奉赠韦左丞丈》诗：“残杯与冷炙，到处潜悲辛。”《颜氏家训》《杂役》：“古来名士，多所爱好。惟不可令有称誉，见役勋贵，处之下坐，以取残杯冷炙之辱。”

《高都护骢马行》：“安西都护胡青骢。”《魏书·吐谷浑传》：“吐谷浑尝得波斯草马，放入海，因生骢驹，能日行千里，世传青海骢者是也。”

《送蔡希鲁还陇右》诗：“凉州白麦枯。”杜氏《通典》卷六：“凉州贡白小麦十石。”

《天育骠骑歌》：“伊昔太仆张景顺，监牧攻驹阅清峻，遂令大奴守天育，别养骥子怜神骏。”按史言：“玄宗初即位，牧马有二十四万匹，以太仆卿王毛仲为内外闲厩使，少卿张景顺副之。开元十三年，玄宗东封，有马四十三万匹，牛羊称是。上嘉毛仲之功，加开府仪同三司。”见《资治通鉴》卷二一二。是景顺特毛仲之副尔。今斥毛仲为大奴，而归其功于景顺，殆以诗人之笔而追黜陟之权乎？

《哀王孙》诗：“但道困苦乞为奴。”《南史》《齐武帝诸子传》：“齐明帝为宣城王，遣典签柯令孙杀建安王子真。子真走入床下，令孙手牵出之，叩头乞为奴，不许而死。”

“朔方健儿好身手”。《颜氏家训》《诫兵》：“顷世离乱，衣冠之士虽无身手，或聚徒众。”

《大云寺赞公房》诗：“狺狺国多狗。”《韩非子·外储说右上》：“夫国亦有狗。有道之士陈其术，而欲以明万乘之主，大臣为猛狗，迎而龁之。此人主之所以蔽胁，而有道之士所以不用也。”【原注】《战国策》《楚策一》江乙以狗喻昭奚恤。

《晚行口号》：“远愧梁江总，还家尚黑头。”刘辰翁评曰：“人知江令自陈入隋，不知其自梁时已达官矣。自梁入陈，自陈入隋，归尚黑头，其人物心事可知。著一‘梁’字而不胜其愧矣。诗之妙如此，岂待骂哉？”见《千家注杜工部诗集》卷三。〔一〕按《陈书·江总传》：“侯景寇京都，诏以总权兼太常卿。台城陷，总避难崎岖，至会稽郡，复往广州，依萧勃。及元帝平侯景，征总为明威将军、始兴内史。会江陵陷，不行。总因此流寓岭南积岁。天嘉四年，以中书侍郎征还朝。”以本传总之年计之，梁太清三年己巳，台城陷，总年三十一。自此流离于外十四五年，至陈天嘉四年癸未还朝，总年四十五，即所谓“还家尚黑头”也。《总集》有《诒孔中丞奂》诗曰：“我行五岭表，辞乡[①]二十年。”子美遭乱崎岖，略与总同，而自伤其年已老，故发此叹尔，何暇骂人哉？传又云：“京城陷，入隋，为上开府。开皇十四年，卒于江都，时年七十六。”去祯明三年己酉陈亡之岁又已五年，头安得黑乎？其台城陷而避乱，本在梁时，自不得蒙以陈氏，何骂之有？且子美诗有云“莫看江总老，犹被赏时鱼”，见《复愁十二首》。有云“管宁纱帽净，江令锦袍鲜”，见《秋日夔府咏怀一百韵》。有云“江总外家养，谢安乘兴长”，见《入衡州》。亦已亟称之矣。【原注】李义山《赠杜牧之》诗云：“前身应是梁江总。”此又何所讥哉？

〔一〕【钱氏曰】《陈书》，姚思廉所修，以江总与姚察同传，唐人之重江总如此，以其一代文宗也。子美以总自比，岂有微词哉！

《北征》诗：“君诚中兴主，经纬固密勿。”《汉书·刘向传》“引《诗》‘密勿从事’”。师古曰：“密勿，犹黾勉。”

“不闻夏殷衰，中自诛褒妲。”不言周，不言妺喜，此古人互文之妙。自八股学兴，无人解此文法矣。

《晚出左掖》诗：“骑马欲鸡栖。”盖欲效古人敝车羸马之意。《后汉书·陈蕃传》：“朱震，字伯厚。为州从事，奏济阴太守单匡赃罪，并连匡兄中常侍车骑将军超。桓帝收匡下廷尉，以谴超。超诣狱，谢三府。语曰：‘车如鸡栖马

① “乡”，张京华《校释》作“卿”。按《太平御览》二二六亦作“卿”，而他本多作“乡”。

如狗，疾恶如风朱伯厚。'"鸡栖，言车小也。余闻之张锦衣纪云。【原注】唐席豫《高都公杨府君碑铭》曰："獬豸之角，初见触邪；鸡栖之车，远闻疾恶。"

《垂老别》诗："土门壁甚坚，杏园度亦难。"土门在井陉之东，【原注】今获鹿县西南十里。杏园度在卫州汲县。临河而守，以遏贼，使不得度，皆唐人控制河北之要地也。《旧唐书》："郭子仪自杏园渡河，围卫州。"见《郭子仪传》。"史思明遣薛岌围令狐彰于杏园。""李忠臣为濮州刺史，移镇杏园渡。"见《令狐彰传》。今河南徙，而故迹不可寻矣。唐崔峒《送冯将军》诗："想到滑台桑叶落，黄河东注杏园秋。"

《秦州杂诗》："西戎外甥国。"注引吐蕃表称外甥为证。按《册府元龟》卷九七九、九八一载吐蕃书皆自称"外甥"，称上为"皇帝舅"。开元二十一年，从公主言，树碑于赤岭，其碑文曰："维大唐开元二十一年，岁次壬申，舅甥修其旧好，同为一家。"见《册府元龟》卷九七九小注。则盟誓之文、诏敕之语已载之矣。

"胡舞白题斜。"按《南史》《裴子野传》："裴子野为著作舍人，时西北远边有白题国，遣使由岷山道入贡。此国历代弗宾，莫知所出。子野曰：'汉颍阴侯斩白题将一人。服虔注云：白题，胡名也。'"然则"白题"乃是国名。【原注】梁武帝普通三年，白题国遣使献方物。○《册府元龟》："白题国在滑国东。"而此诗以为"白额"，傥亦词家所谓借用者乎？〔一〕

〔一〕【杨氏曰】“雕题黑齿”，亦谓刺其额也。

《喜闻官军已临贼境二十韵》：“家家卖钗钏，准拟献香醪。”《南史·庾杲之传》：“杲之尝兼主客郎，对魏使。使问杲之曰：‘百姓那得家家题名帖卖宅？’答曰：‘朝廷既欲扫荡京洛，克复神州，所以家家卖宅耳。’”

《送郑虔贬台州司户》诗：“酒后常称老画师。”《旧唐书·阎立本传》：“太宗尝与侍臣学士泛舟于春苑池中，有异鸟随波容与，召立本，令写(鸟)[焉]。阁外传呼云：‘画师阎立本。’”

《寄岳州贾司马六丈巴州严八使君》诗：“贾笔论孤愤，严君赋几篇。”是用《史记》贾谊至长沙吊屈原事。《汉书·艺文志》：“严助赋三十五篇。”

古人经史皆是写本，久客四方，未必能携，一时用事之误，自所不免，后人不必曲为之讳。子美《寄岳州贾司马六丈巴州严八使君》诗“弟子贫原宪，诸生老伏虔”，本用济南伏生事，伏生名胜，非虔。后汉有“服虔”，非“伏”也。《示獠奴阿段》诗“曾惊陶侃胡奴异”，盖谓士行陶侃。有胡奴，可比阿段。胡奴，侃子范小字，非奴也。【原注】又如《上兜率寺》诗“何颙好不忘”，当是“周颙”，见叶少蕴《避暑录话》卷上。

《佐还山后寄》诗：“分张素有期。”后魏高允《征士颂》：“在者数子，仍复分张。”《北史》《阿那瓌传》：“蠕蠕阿那瓌言：‘老母在彼，万里分张。’”后周庾信《伤心赋》：“兄弟则五郡分张，父子则三州离散。”

《蜀相》诗"三顾频繁天下计",《入衡州》诗"频繁命屡及"。《蜀志·费祎传》:"以奉使称旨,频繁至吴。"《晋书·刑法志》:"诏旨使问频繁。"《山涛传》:"手诏频繁。"《文选》卷三八庾亮《让中书令表》:"频繁省闼,出总六军。"潘尼《赠张正治》诗:"张生拔幽华,频繁登二宫。"陆云《夏府君诔》:"频繁帏幄。"《答兄平原书》:"锡命频繁。"【原注】唯费祎、山涛二传作"烦",盖后人减笔书尔。〔一〕

〔一〕【钱氏曰】"频烦",汉人语。《蜀志》、《晋书》及庾亮皆仍用之。《史通·书志》篇"频烦互出",《杂说》篇"诏策频烦",皆取频仍之义。亦作"频繁"。"频"、"繁",双声字。"繁"、"烦",音相同,故亦通用,非由后人减笔。

《题郭明府茅屋》诗:"频惊适小国。"《左传》僖公七年:"楚文王戒申侯,无适小国。"

《寄韩谏议》诗:"色难腥腐餐枫香。"《汉书·佞倖传》:"太子齰痈而色难之。"

《送李卿》诗,上四句谓李卿,下四句乃公自道。"晋山虽自弃",是用介之推入绵上山中事。

《伤春》诗:"大角缠兵气。"《后汉书·董卓传赞》:"矢延王辂,兵缠魏象。"

"钩陈出帝畿。"《水经注》卷五《河水》:"紫微有钩陈之宿,主斗讼兵陈。"

"耆旧把天衣。"《南齐书·舆服志》:"衮衣,汉世出陈留襄邑所织。宋末用绣及织成。齐建武中,乃彩画为之,加饰金银薄,时亦谓[为][1]天衣。"梁庾肩吾《和皇太子重云殿受戒》诗:"天衣初拂石,豆火欲然薪。"唐姚元景《光宅寺造佛像赞》:"姜被承欢,曳天衣而下拂。"

《赠王二十四侍御》诗:"女长裁褐稳,男大卷书匀。"《南齐书·张融传》,与从叔征北将军永书,曰:"世业清贫,民生多待。榛栗枣修,女贽既长。束帛禽鸟,男礼已大。勉身就官,十年七仕,不欲代耕,何至此事?"

《八哀诗》:"长安米万钱。"《汉书·高帝纪》:"关中大饥,米斛万钱。"《食货志》:"米至石万钱。"

《解闷》诗:"何人为觅郑瓜州。"公自注:"今郑秘监审。"刘辰翁曰:"因金陵有瓜州,号郑瓜州。"谬甚。按瓜洲,唐时属润州,非金陵。【原注】别有考,在第三十一卷"江乘"条。且其字作"洲",非"州"也。本文并无金陵。即令秘监流寓金陵,遂可以二百里外江中之一洲为此君之名号乎?《唐书·地理志》:"瓜州,晋昌郡,下都督府。武德五年析沙州之常乐置,属陇右道。"《萧嵩传》:"开元十五年,吐蕃陷瓜州,执刺史田元猷。以嵩为兵部尚书、河西节度使。嵩奏以(命)张守珪为瓜州刺史,修筑州城,招辑百姓,令其复业。"《张守珪传》:"以战功加银青光禄大夫,仍以瓜州为都督府,以守珪为都督。"岑参《为宇文判官》诗:"君从万里使,闻已到瓜州。"盖必郑审尝官此州,故以是称之,今不可考矣。

---

① 《续刊误》卷下:"'时亦谓天衣',诸本同。原写本'谓'下有'为'字。"按《南齐书·舆服志》正有"为"字,今补入。

《夔府书怀》诗："苍生可察眉。"《列子》《说符》："晋国苦盗。有郄雍者，能视盗之貌，察其眉睫之间而得其情。"

《观公孙大娘弟子舞剑器行》序："记于郾城观公孙氏舞剑器浑脱。"《旧唐书·郭山恽传》："中宗引近臣宴集，将作大匠宗晋卿舞浑脱。"胡三省注《通鉴》卷二〇九："长孙无忌以乌羊毛为浑脱毡帽，人多效之，谓之赵公浑脱，因演以为舞。"中宗神龙二年三月，并州清源县尉吕元泰上疏言："比见都邑坊市，相率为浑脱，骏马胡服，名为《苏莫遮》。"见《新唐书·宋务光传》。非雅乐也。

《遣怀》诗："元和辞大炉。"扬雄《解难》："陶冶大炉。"见《汉书·扬雄传》。

《秋兴》诗："直北关山金鼓震。"《史记·封禅书》："遂因其直北立五帝坛。"

"波漂菰米沈云黑。"梁庾肩吾《奉和皇太子纳凉梧下应令》诗："黑米生菰叶，青花出稻苗。"见《古诗纪》卷九〇。

《久居夔府将适江陵四十韵》："摆阖盘涡沸。"《鬼谷子》有《捭阖》篇，"捭"、"摆"，古今字通。

《哭李尚书》诗："奉使失张骞。"《旧唐书·蒋王恽传》："恽孙之芳，[①]幼有令誉，颇善五言诗，宗室推之。开元末，为驾部员外郎。天宝十三载，安禄山奏为范阳司马。禄山反，自拔归西京，授右司郎中。历工部侍郎，太子右庶子。广德元年，遣之芳兼御史大夫使吐蕃，被留境上。二年而归，除礼部尚书，寻改太子宾客。"

① "恽孙之芳"，今本作"恽子煌……煌孙之芳"。

"秋色凋春草,王孙若个边。"五臣注《文选·招隐士》曰:"屈原与楚同姓,故云王孙。"

《宴王使君宅》诗:"留欢卜夜閒。""閒"字当从"月",甫父名閑,自不须讳此"閒"字。《说文》卷一二上:"閒,隙也。""閒暇"之"閒",本从"隙"生义,只是一字。《至日遣兴》诗"朱衣只在殿中閒",音异字同。

韩文公诗注

韩文公《游青龙寺赠崔大补阙》诗"侧耳酸肠难濯浣",是用《诗·柏舟》"如匪浣衣"。《秋怀》诗"戚戚抱虚警",是用陆士衡《叹逝赋》"节循虚而警立"。注皆不及。

通鉴注

"赋于民而食,人二鸡子。"见卷一。"赋于民而食"者,取之于民也。"人二鸡子"者,每人令出二鸡子也。胡氏未注。

"几能令臧三耳矣。"见卷三。言几令人以为实有三耳。

"汉武帝太初三年,胶东太守延广为御史大夫。"见卷二一。注:"延广,史逸其姓。"按延即姓也。三十九卷"南郑人延岑"注:"延,姓;岑,名。"四十五卷有京兆尹南阳延笃。

诸葛亮《出师表》云:"后值倾覆,受任于败军之际,奉命于危难之间,尔来二十有一年矣。”见卷七〇。所谓“败军”,乃当阳长坂之败。其云“奉命”,则求救于江东也。注乃云“事见上卷文帝黄初四年”,非。

“虞翻作表示吕岱。为爱憎所白。”见卷七二。【原注】语出《吴书》。注曰:“谗佞之人有爱有憎,而无公是非,故谓之爱憎。”愚谓“爱憎”,憎也。言憎而并及爱,古人之辞宽缓不迫故也。又如“得失”,失也,《史记·刺客传》“多人不能无生得失”;“利害”,害也,《史记·吴王濞传》“擅兵而别,多佗利害”;“缓急”,急也,《史记·仓公传》“缓急无可使者”,《游侠传》“缓急,人之所时有也”;“成败”,败也。《后汉书·何进传》“先帝尝与太后不快,几至成败”;“同异”,异也,《吴志·孙皓传注》“荡异同如反掌”,《晋书·王彬传》“江州当人强盛时,能立异同”;“赢缩”,缩也,《吴志·诸葛恪传》“一朝赢缩,人情万端”;“祸福”,祸也,晋欧阳建临终诗“潜图密已构,成此祸福端”,皆此类。

“庾亮出奔,左右射贼,误中柂工,应弦而倒。船上咸失色,欲散。亮不动,徐曰:‘此手何可使著贼?’”见卷九四。注曰:“言射不能杀贼,而反射杀柂工。自恨之辞也。”非也。亮意盖谓有此善射之手,使著贼身,必应弦而倒耳。解嘲之语也。

宋明帝泰始三年,沈文秀攻青州刺史明僧暠。帝遣辅国将军刘怀珍浮海救之,进至黔陬。文秀所署长广太守刘桃根将数千人戍不其城。怀珍军于洋水,遣王广之将百骑袭不其城,拔之。见卷一三二。注云“洋水”即“巨洋水”。按不其城在今即墨县西南，而巨洋水乃今之巨蔑河，在临朐、益都、寿光三县之境，与黔陬、不其相去三四百里，安能以百骑而袭取之乎？《水经注》卷二六《胶水》云："拒艾水出黔陬县西南拒艾山，又谓之洋洋水。"《胶州志》曰："洋河在州南三十里，发源铁橛山，东流入于海。"此即怀珍所屯军处耳。

梁武帝大通二年，魏尔朱荣欲讨山东群盗，请敕蠕蠕主阿那瓌发兵，东趋下口，以蹑其背。见卷一五二。注云："下口，盖指飞狐口。"非也。此即居庸下口。一百六十六卷注曰："幽州军都县西北有居庸关，湿馀水出上谷沮阳县之东，南流出关，谓之下口。"

周主从容问郑译曰："我脚杖痕，谁所为也？"对曰："事由乌丸轨、宇文孝伯。"见卷一七三。谓由此二人也。下云因言轨捋须事，亦是译言之也。故轨见杀而孝伯亦赐死。注以"宇文孝伯"属下读，而云"孝伯何为出此言"，误矣。〔一〕

〔一〕【汝成案】此条亦见前卷谈氏说。[①]

突厥立刘武周为定杨可汗。见卷一八三。注云："将使之定扬州。"非也。"杨"者，隋姓。下条云："刘武周为定杨天子，郭子和为平杨天子。"犹言定隋、平隋尔，"杨"字从"木"。

武后永昌元年二月丁酉，尊魏忠孝王曰周忠孝，太皇

① 见本书卷二十六"通鉴"第七条《集释》引谈氏。

妣曰忠孝太后。文水陵曰章德陵，咸阳陵曰明义陵。见卷二〇四。注云："武氏之先葬文水，士彟及其妻葬咸阳。"非也。后父士彟葬文水，母杨氏葬咸阳。后章德改名昊陵，明义改名顺陵，其碑文云然。

刘肃《大唐新语》卷三："中宗宴兴庆池，侍宴者并唱《回波词》。给事中李景伯歌曰：'回波词，持酒卮。微臣职在箴规，侍宴既过三爵，喧哗窃恐非仪。'"首二句三言，下三句六言，盖《回波词》体也。今《通鉴》作"回波尔时酒卮"，见卷二〇九。恐传写之误。〔一〕

〔一〕【钱氏曰】考孟棨《本事诗》载沈佺期云："回波尔时佺期，流向岭外生归。"又优人云："回波尔时栲栳，怕妇也是大好。"俱以"回波尔时"四字开端，与景伯词同。《大唐新语》作"回波词，持酒卮"，当是传写之误。顾氏转引为据，翻疑《通鉴》有误，岂其然乎？

【续补正】孙颐谷云：案旧钞本《大唐新语》亦作"回波尔时酒卮"，疑此体通首皆六言，今本《大唐新语》误尔。《日知录》说非是。又《旧唐书》亦作"回波尔时酒卮"。

唐穆宗长庆元年，刘总奏分所属为三道，以幽、涿、营为一道，平、蓟、妫、檀为一道，瀛、莫为一道。见卷二四一。注云："营州治柳城，道里绝远。刘总奏以为一道，必有说。"按《新唐书·地理志》："营州，柳城郡。万岁通天元年为契丹所陷。圣历二年，侨治渔阳。开元五年，又还治柳城。"意者中唐之世，复侨治于幽、蓟之间，而史家自天宝乱后，于东北边事略而不详，故今无所考耶？

李茂贞不敢称帝，但开岐王府，置百官，名其所居为宫殿，妻称皇后。见卷二六六。注曰："自为岐王，而妻称皇后。妻之贵逾于其夫矣。"窃谓此事理之必不然，"皇后"乃"王后"之误。〔一〕

〔一〕【杨氏曰】钱氏不敢称帝，而其国书书曰"崩"、曰"世皇"云云，则不敢称帝者，旁人之词也；名室曰宫殿、妻曰皇后者，其志也。

《后汉高祖纪》："吴越内牙指挥使诸温。"见卷二八六。注："《汉书·地理志》琅邪郡有诸县，盖以邑为氏也。"非。按越有大夫诸稽郢。见《国语·吴语》。

周太祖广顺元年，慕容彦超遣使入贡。帝虑其疑惧，赐诏慰安之，曰："今兄事已至此，言不欲繁，望弟扶持，同安亿兆。"见卷二九〇。"今兄"者，太祖自谓也。"事已至此"，谓为众所推而即帝位也。观下文称之为"弟"，语意相对，可知注以汉祖为彦超之兄，改作"令兄"者非。

日知录集释卷二十八

拜稽首

古人席地而坐，引身而起，则为“长跪”；首至手则为“拜手”；手至地则为“拜”[①]；首至地则为“稽首”，此礼之等也。君父之尊，必用稽[②]首。拜而后稽首，此礼之渐也。必以稽首终，此礼之成也。今《大明会典》卷四三“百官朝见礼仪”曰：“后一拜，叩头成礼。”此古之遗意也。

古人以稽首为敬之至。《周礼·春官宗伯太祝》“辨九𢷬，一曰稽首”，注：“稽首，拜中最重，臣拜君之礼。”《礼记·郊特牲》：“大夫之臣不稽首，非尊家臣，以避君也。”《左传》僖公二十三年：“秦伯享晋公子重耳，公赋《六月》，公子降拜稽首，公降一级而辞焉。”襄公三年：“盟于长樗，公稽首。知武子曰：‘天子在，而君辱稽首，寡君惧矣。’”

① “拜”，张京华《校释》作“顿首”。

② “稽”，张京华《校释》作“顿”。

二十四年："郑伯如晋，郑伯稽首，宣子辞。子西相，曰：'以陈国之介，恃大国而陵虐于敝邑，寡君是以请罪焉，敢不稽首。'"哀公十七年："盟于蒙，齐侯稽首，公拜。齐人怒，孟武伯曰：'非天子，寡君无所稽首。'"《国语》《周语上》："襄王使召公过及内史过赐晋惠公命，晋侯执玉卑，拜不稽首。内史过归以告王曰：'执玉卑，替其贽也；拜不稽首，诬其上也。替贽无镇，诬王无民。'"可以见稽首之为重也。自敌者皆从顿首，李陵《报苏武书》称"顿首"。

陈氏祥道《礼书》卷八七曰："稽首者，诸侯于天子、大夫士于其君之礼也。然君于臣亦有稽首，《书》称太甲稽首于伊尹，见《太甲中》。成王稽首于周公见《召诰》。是也。大夫于非其君亦有稽首，《仪礼》《聘礼》'公劳宾，宾再拜稽首'，'劳介，介再拜稽首'是也。盖君子行礼于其所敬者，无所不用其至。则君稽首于其臣者，尊德也；大夫士稽首于非其君者，尊主人也。春秋之时，晋穆嬴抱太子顿首于赵宣子，《左传》文公七年。鲁季平子顿首于叔孙，[①]则顿首非施于尊者之礼也。"【原注】《礼书》卷八七以顿首为"首顿于手而已"。

《荀子》《大略》言："平衡曰拜，下衡曰稽首，至地曰稽颡。"似未然。古惟丧礼始用稽颡，盖以头触地，其与稽首乃有容、无容之别。

① "鲁季平子顿首于叔孙"，按据《左传》昭二十五年，"顿首"本作"稽颡"。是陈祥道《礼书》本误，而顾氏未察。

稽首顿首

今表文皆云“稽首”、“顿首”。蔡邕《独断》:“汉承秦法,群臣上书皆言‘昧死言’。王莽盗位,慕古法,去‘昧死’,曰‘稽首’。光武因而不改,朝臣曰‘稽首顿首’,非朝臣曰‘稽首再拜’。”〔一〕

〔一〕【姚刑部曰】《周礼·大祝》:“辨九拜,一曰稽首。”其仪右手至地,左手加诸右手,首加诸左手,是为拜手稽首。《礼》曰:“稽首,据掌致诸地。”以稽留其首于手之上,故曰稽首。“二曰顿首”,首不加于手而叩诸地。“三曰空首”,仪若稽首,而其拜甚速,不得稽留其首于手之上,若空未拜然。“四曰振动”,两手相击而后拜,所谓抃也。《礼》曰:“拜,服也。稽首,服之甚也。”顿首者,皇急以谢过。空首者,降拜以受赐。《穆天子传》:“赐许男骏马十六,许男降再拜空首。”降空首者,臣节之共也。君辞之,则升成拜,成拜然后稽留其首。然而礼于降阶之拜亦曰稽首者,通言之耳。盖降阶者,固欲稽首然,然而君于时辞之矣,势不可以不速矣。振动之拜则以庆贺。此四者皆下之于上之礼。君于神之至尊者及所致敬于臣之甚者,则亦稽首焉;平交有所谢者,则亦顿首焉。“五曰吉拜”,常祭之礼也,平交相接之常礼也。首与尻平。故《荀子》曰:“平衡曰拜,下衡曰稽首。”“六曰凶拜”,丧礼也。稽颡触地,无容而拜也。颡顿于地而稽留之曰稽颡。“七曰奇拜”,一拜也。“八曰褒拜”,再拜也。“九曰肃拜”,俯下手也。手相加致诸地曰手拜,自稽首以下皆手拜也。手不致诸地曰肃拜,《礼》以其不足言拜也,故曰“介者不拜”,肃而已矣。妇人非丧事,虽君赐，无手拜，肃而已矣。九拜之中，最轻者肃拜也，次吉拜，次稽首、空首、振动，次顿首，次凶拜，极矣。奇拜、褒拜以多寡为重，七者盖兼得名之。郑康成谓“拜而后稽颡为吉拜，稽颡而后拜为凶拜”者，非也。礼家记人子弟受宾吊赗仪，皆拜稽颡，故曰拜稽颡，哀戚之至隐也。为父母长子稽颡，非三年之丧，以吉拜，吉拜不稽颡也；苟稽颡，则凶拜矣，奚论其先后？使周公制礼，明以稽颡而后拜，乃得为凶拜也，则人皆识之矣，孔子不必言“吾从其至者”矣。古人必以两手交为拜；稽颡在地，则两手不得交，故徒稽颡曰不成拜。成拜者，手拜也。

【凤氏曰】男拜尚左手，先以右掌据地，乃以左掌交其上，而俯伏焉，故《郊特牲》曰：“拜，服也。”加敬焉，则俯首至手，《周官·太祝》曰“空首”者也。弥加敬焉，则俯首顿地，曰“顿首”。“稽首”则首至地，稽留顷刻乃举。故《郊特牲》曰：“稽首，服之甚也。”遭丧拜则尚右手，哭而以首触地无容，迟迟举首曰“稽颡”，致哀也。稽首致敬，稽颡致哀，其情既大殊。稽首者先拜，稽颡者后拜，其节遂相反。元公制礼如是。后人以谢宾故，拜则后稽颡焉。孔子曰：“拜而后稽颡，颓乎其顺也。稽颡而后拜，颀乎其至也。”二者皆凶拜，后稽颡则周衰之变礼。孔子“从其至”，犹之众拜乎上，违而从下之意，所以复礼也。《士丧礼》曰“拜稽颡”，谓拜礼用凶，即先稽颡。而文先言拜者，不知后人有后稽颡之变，则言稽颡而后拜可知也。康成以先稽颡者释《太祝》之凶拜，诚是。不以后稽颡者为周衰变礼，而以为殷礼，引以释《太祝》之吉拜，则非。夫稽颡不得云吉，所云吉拜者，贾疏引《杂记》“父在为妻不稽颡”者是。他如舅姑之主妇丧，凡男妇之摄丧，主者皆不稽颡，而变手之左右上者以别之。但别以手，无大远于吉，故曰吉拜。原

"拜"义,字从两"手",凡拜皆主手言。两手据地,俯伏者拜之,正即《尚书》之"拜手",《玉藻》之"据掌",《太祝》之"奇拜"也。褒拜,以拜之数有加而别;振动,以拜之容色变而别;吉拜,以拜时手异尚而别;空首,以拜而首至手而别;顿首、稽首、稽颡,以拜而首至地各异而别。空首、顿首、稽首、稽颡,皆拜时有为而为,非拜义所主也。若肃拜,则更以立而俯下手,手不至地而别,拜主手言,益可见矣。朱子曰:"拜而后稽颡,先以两手据地如常,然后引首向前叩地。稽颡而后拜,开两手,先引首叩地,却交手据地如常。"《檀弓》:"秦穆公使吊重耳,重耳稽颡而不拜。"曰稽颡矣,而又曰不拜,尤拜主手之确证。《太祝》注引《尚书》"拜手"当空首,是谓首拜至手,而拜属首,则顿首、稽首、稽颡,皆误认为正言拜也。至于振动之拜,施于事变不常,若后世"诚惶诚恐,顿首顿首"之意。或乃谓恪恭之极,如《聘》"宾三退,负序"之属,不拜而致敬,更甚于拜。夫既云不拜即敬甚于拜,安得列九拜中?且以不拜而拜而列九拜,是更不问拜义所主,此不可以说经也。自《太祝》注以拜手当空首,而拜属首,因谓拜手、稽首者,先作空首一拜,次作稽首一拜也。至吴幼清又混稽首、稽颡为一,谓以凶礼,故易"首"字为"颡",以别于吉,遂谓先作稽首一拜,再作空首一拜,为稽颡而后拜矣。故稽首再拜而不受,再拜稽首而受。《孟子》之文偶有倒顺。阎百诗据康成吉凶拜之注,幼清稽颡即稽首之说,遂谓先稽首者为凶拜,后稽首者为吉拜,子思以凶拜示不受矣。嘻!以阎氏读书有识而承误不辨,且勿论,抑子思当日不受则不受耳,而乃以丧礼处,岂有此情事耶?阎氏又讲《论语》"拜而受之"曰"若今之折腰一揖而已","再拜而送之"曰"两揖而已"。夫折腰则尻高首下,俗所云打恭者也。以此当拜,皆沿拜属首之误。不知古无折腰礼,古之揖,身微俯,手平心推向前耳,见郑康成《礼注》。《论语》"上如揖",《集注》曰"手与心齐",亦其征也。《左传》成公十六年,"却至肃使者"。杜注曰:"肃手至地,若今揖。"大误。夫手至地则折腰矣,甲者将为两手据地俯伏之拜,则札叶蔓其肢体而有所不便,故用妇人肃拜,立而身微俯,敛两手当心少下移而已。方氏《三礼析疑》亦沿杜氏之误,而谓下其首而俯首至地曰肃拜,总缘不识拜主手言而不属首也。

【凌学博曰】空首,君答臣之拜也。君拜其臣皆空首,若特敬其臣则拜手、稽首,如太甲之于伊尹,成王之于周公,非常礼也。贾氏《仪礼疏》云"空首拜,君答臣下拜法"是也。至于《穆天子传》"许男再拜空首",郭注"空首,头至于地",则即稽首,非此空首矣。振动,即《丧礼》"拜而后踊"也。振动之拜,诸儒言人人殊,惟杜子春得之。盖凶事之振动,犹吉事之稽首,皆拜之最重者。《士丧礼》:"君使人賵,主人皆拜稽颡,成踊。"非君之吊、襚、賵,则拜而不踊。是拜而后踊,于君始行之,故曰与稽首同。杜子春曰:"振,读为'振铎'之振。动,读为'哀恸'之'恸'。"其义甚明,惜先、后郑之失其解也。

百拜

"百拜"字出《礼记》**《乐记》。古人之拜,如今之鞠躬,故通计一席之间,宾主交拜近至于百,注云"壹献,士饮酒之礼。百拜,以喻多"是也。**【原注】徐伯鲁[①]曰:"按《乡饮酒

① 徐师曾,字伯鲁,嘉靖三十二年进士,著《礼记集注》三十卷。

礼》无百拜，此特甚言之耳。”若平礼止是一拜、再拜，即人臣于君亦止再拜，《孟子》《万章下》“以君命将之，再拜稽首而受”是也。礼至末世而繁，自唐以下即有“四拜”。《大明会典》卷四三：“四拜者，百官见东宫、亲王之礼。见其父母亦行四拜礼。其馀官长及亲戚朋友相见，止行两拜礼。”是四拜唯于父母得行之。今人书状，动称“百拜”，何也？

古人未有四拜之礼。唐李涪《刊误》卷下《拜四》曰：“夫郊天祭地止于再拜，其礼至重，尚不可加。〔一〕今代妇谒姑章，其拜必四。详其所自，初则再拜，次则跪献衣服、文史，承其筐篚，则跪而受之，常于此际授受多误，故四拜相属耳。”

〔一〕【赵氏曰】如李涪说，是唐人郊庙尚只再拜，前明《会典》：“臣见君行五拜礼，见亲王、东宫四拜，子于父母亦四拜。”盖仪文度数久则习以为常，成上下通行之具，故必须加隆以示差别，亦风会之不得不然也。

《战国策》《秦策一》：“苏秦路过洛阳，嫂蛇行匍伏，四拜，自跪而谢。”此四拜之始，盖因谢罪而加拜，非礼之常也。【原注】《黄庭经》“十读四拜朝太上”，亦是加拜。

今人上父母书用“百拜”，亦为无理。若以古人之拜乎，则古人必稽首然后为敬，而百拜仅宾主一日之礼，非所施于父母。若以今人之拜乎，则天子止于五拜，而又安得百也？此二者过犹不及，明知其不然而书之，此以伪事其亲也。

洪武三年，上谕中书省臣曰：“今人书劄多称‘顿首再拜百拜’,〔一〕皆非实礼。其定为仪式,令人遵守。”于是礼部定仪:“凡致书于尊者称‘端肃奉书’,答则称‘端肃奉复’。敌已者称‘奉书’、‘奉复’。上之与下称‘书寄’、‘书答’。卑幼与尊长则曰‘家书敬复’。尊长与卑幼则曰‘书付某人’。”见《明太祖实录》卷五二。

〔一〕【沈氏曰】《香祖笔记》云:“一书载,米元章与人书,至‘某再拜’,则置笔几上,正衣冠,对书再拜。昔人于书问间古道如此。”

九顿首三拜

“九顿首”出《春秋传》定公四年。然申包胥元是三顿首,未尝九也。杜注:“《无衣》三章,章三顿首。”[①]每顿首必三,此亡国之馀,情至迫切,而变其平日之礼者也。七日夜哭于邻国之庭,古人有此礼乎?七日哭也,九顿首也,皆亡国之礼也,不可通用也。

韩之战,秦获晋侯,“晋大夫三拜稽首”。见《左传》僖公十五年。古但有再拜稽首,无三拜也。申包胥之九顿首,晋大夫之三拜也。

《楚语》:“湫举[②]遇蔡声子,降三拜,纳其乘马。”亦亡人之礼也。

《周书·宣帝纪》:“诏诸应拜者皆以三拜成礼。”后代

① 《唐风·无衣》序:“《无衣》,刺晋武公也。武公始并晋国,其大夫为之请命乎天子之使,而作是诗也。”杜预言《无衣》,是申包胥亦为请命之使。

② “湫举”,今本或作“椒举”。

变而弥增，则有四拜。不知天元[1]自拟上帝，凡冕服之类十二者皆增为二十四，而笞棰人亦以百二十为度，名曰"天杖"，然未有四拜。

东向坐

古人之坐以东向为尊，故宗庙之祭，太祖之位东向。即交际之礼，亦宾东向而主人西向，【原注】《汉书》《文帝纪》注，如淳曰："君臣位南北面，宾主位东西面。"《新序》《杂事》"楚昭奚恤为东面之坛一。秦使者至，昭奚恤曰'君客也，请就上位[东面]'"是也。《史记·赵奢传》言"括东向而朝军吏"，《田单传》言"引卒东乡坐，师事之"，《淮阴侯传》言"得广武君，东乡坐，西乡对，师事之"，《王陵传》言"项王东乡坐陵母"，《周勃传》言"每召诸生说士，东乡坐，责之趣为我语"，《田蚡传》言"召客饮，坐其兄盖侯南乡，自坐东乡，以为汉相尊，不可以兄故私挠"，《南越传》言"王太后置酒，汉使者皆东乡"，《汉书·盖宽饶传》言"许伯请之，乃往，从西阶上，东乡特坐"，《楼护传》言"王邑父事护。时请召宾客，邑居樽下，称贱子，上寿。坐者百数，皆离席伏。护独东向正坐，字谓邑曰：'公子贵如何？'"《后汉书·邓禹传》言"显宗即位。以禹先帝元功，拜为太傅，进见东向"，《桓荣传》言"乘舆尝幸太常府，令荣坐东面，

① 周宣帝自称"天元皇帝"。

天子亲自执业”,【原注】皆待以宾师之位。此皆东向之见于史者。《曲礼》:“主人就东阶,客就西阶。”自西阶而升,故东乡。自东阶而升,故西乡。而南乡特其旁位,如庙中之昭,故田蚡以处盖侯也。

《孝文纪》“西乡让者三,南乡让者再”,注:“宾主位东西面,君臣位南北面。”是时群臣至代邸上议,则代王为主人,故西乡。

《旧唐书》《卢汝弼传》:“卢简求子汝弼为河东节度副使。府有龙泉亭,简求节制时,手书诗一章在亭之西壁。汝弼复为亚帅,每亭中宴集,未尝居宾位,西向俯首而已。”是唐人亦以东向为宾位也。

【校正】阎云:韩昌黎《送幽州杨端公序》:“上堂即客阶,坐必东向。”亦可见唐人以东向为尊。

坐

古人席地而坐,西汉尚然。《汉书·隽不疑传》“登堂坐定,不疑据地曰‘窃伏海滨,闻暴公子威名旧矣’”是也。

古人之坐,皆以两膝著席[①];有所敬,引身而起,则为长跪矣。《史记·范雎传》言“秦王跽而请”,“秦王复跽”,而褚先生补《梁孝王世家》“帝与梁王俱侍坐太后前。太后谓帝曰:‘吾闻殷道亲亲,周道尊尊,其义一也。’帝跪席举

① “席”,张京华《校释》作“地”。

身曰诺”是也。《礼记》“坐”皆训“跪”。《三国志》《魏书·管宁传》注引《高士传》言：“管宁尝坐一木榻，积五十馀年，未尝箕股其榻上，当膝处皆穿。”以此。

土炕

北人以土为床，而空其下以发火，谓之“炕”。古书不载。【原注】《诗·瓠叶》传：“炕火曰炙。”《正义》曰：“炕，举也，谓以物贯之而举于火上以炙之。”《左传》昭公十年：“宋寺人柳炽炭于位，将至则去之。”《新序》《刺奢》：“宛春谓卫灵公曰：‘君衣狐裘，坐熊席，陬隅有灶。’”《汉书·苏武传》：“凿地为坎，置煴火。”是盖近之，而非炕也。【原注】庾信《小园赋》：“管宁藜床，虽穿而可坐；嵇康锻灶，既暖而堪眠。”见《庾子山集》卷一。《旧唐书·东夷高丽传》：“冬月皆作长坑，下然煴火以取暖。”此即今之土炕也，但作“坑”字。

《水经注》卷一四《鲍丘水》：“土垠县有观鸡寺，寺内有大堂，甚高广，可容千僧。下悉结石为之，上加涂塈。基内疏通，枝经脉散。基侧室外四出爨火，炎势内流，一堂尽温。”此今人暖房之制，形容尽之矣。

冠服

《汉书·五行志》曰：“风俗狂慢，变节易度，则为剽轻奇怪之服，故有服妖。”余所见五六十年服饰之变，亦已多矣,卒至于裂冠毁冕而戎制之①,故录其所闻,以视后人焉。

《豫章漫钞》卷二曰:“今人所戴小帽以六瓣合缝,下缀以檐,如筒。阎宪副闳谓予言:亦太祖所制,若曰‘六合一统’云尔。杨维桢廉夫以方巾见太祖,问其制,对曰‘四方平定巾’。上喜,令士人皆得戴之。商文毅用自编民,亦以此巾见。”见陆深《俨山外集》卷一九。

《太康县志》曰:“国初时,衣衫褶前七后八。弘治间,上长下短,褶多。正德初,上短,下长三分之一,士夫多中停。冠则平顶,高尺馀,士夫不减八九寸。嘉靖初,服上长下短,似弘治时。市井少年帽尖长,俗云边鼓帽。弘治间,妇女衣衫仅掩裙腰,富者用罗缎纱绢织金彩,通袖裙,用金彩膝襕,髻高寸馀。正德间,衣衫渐大,裙褶渐多,衫唯用金彩补子,髻渐高。嘉靖初,衣衫大至膝,裙短褶少,髻高如官帽,皆铁丝胎,高六七寸,口周回尺二三寸馀。”

《内丘县志》曰:“万历初,童子发长犹总角,年二十馀始戴网。天启间,则十五六便戴网,不使有总角之仪矣。万历初,庶民穿腃靸,儒生穿双脸鞋,非乡先生首戴忠靖冠者不得穿厢边云头履。【原注】俗呼朝鞋。至近日,而门快舆皂无非云履,医卜星相莫不方巾,又有晋巾、唐巾、乐天巾、东坡巾者。先年,妇人非受封不敢戴梁冠,披红袍,系拖带,今富者皆服之。又或著百花袍,不知创自何人。万历间,辽东兴冶服,五彩炫烂,不三十年而沦于虏②。兹花袍

---

① “卒至”以下十一字,原本无,据《校记》补。

② “沦于虏”,原本作“遭屠戮”,据《校记》改。

几二十年矣，服之不衷，身之灾也。兵荒之咎，其将不远[①]与？"

衩衣

《通鉴》卷二五二唐僖宗乾符元年："王凝、崔彦昭同举进士。凝先及第，尝衩衣见彦昭。"[②]衩，楚懈反。《广雅》卷七《释器》："梢袺袥谓之褙衩，一曰襢衣。"李义山诗："芙蓉作裙衩。"又曰："裙衩芙蓉小。"均为《无题》。

对襟衣

《太祖实录》卷二二六："洪武二十六年三月，禁官民步卒人等服对襟衣。惟骑马许服，以便于乘马故也。其不应服而服者，罪之。"今之罩甲，即对襟衣也。《戒庵漫笔》卷一云："罩甲之制，比甲稍长，比袄减短。正德间创自武宗。近日士大夫有服者。"按《说文》卷八上"衣"部"无袂衣谓之褙"，赵宧光曰："半臂衣也。武士谓之蔽甲，方俗谓之披袄。小者曰背子。"即此制也。《魏志·杨阜传》："阜尝见明帝著帽披缥绫半袖，问帝曰：'此于礼何法服也？'"则当时已有此制。

---

① "将不远"，原本作"能免"，据《校记》改。

② 援庵《校注》：此为追述彦昭举进士时事，非谓其乾符元年举进士也。

胡服①

自古承平日久，风气之来，必有其渐，而变中夏为夷狄，未必非一二好异之徒启之也。《春秋传》僖公二十二年："初，平(一)[王]之东迁也，辛有适伊川，见被发而祭于野者，曰：'不及百年，此其戎乎？其礼先亡矣。'秋，秦、晋迁陆浑之戎于伊川。"《后汉·五行志》："灵帝好胡服、胡帐、胡床、胡坐、胡饭、胡箜篌、胡笛、胡舞，京师贵戚皆竞为之。其后董卓多拥胡兵，填塞街衢，虏掠宫掖，发掘园陵。"《晋书·五行志》："泰始之初，中国相尚用胡床、(栢)[貊]槃及为羌煮、(栢)[貊]炙，贵人富室，必畜其器。(言)[吉]享嘉会，皆以为先。太康中，又以毡为絈头及络带衿口。百姓相戏曰：'中国必为胡所破。(大)[夫]毡毳产于胡，而天下以为絈头、带身、衿口，胡既三制之矣，能无败乎？'至元康中，氐、羌互反。永嘉后，刘、石遂篡中都。自后四夷迭据华土，是服妖之应也。"《大唐新语》卷一〇："武德、贞观之代，宫人骑马者，依《周礼》旧仪，多著羃罗，虽发自戎(衣)[夷]，而全身障蔽。永徽之后，皆用帷帽施裙，到(头)[颈](甚)为浅露。显庆中【原注】《册府元龟》，咸亨二年九月。诏曰：'百官家口，咸厕士流，至于衢路之间，岂可全无障蔽。比来多著帷帽，遂弃羃罗，曾不乘车，只坐担子，过于

① 此条六节一千三百四字，小注九十八字，原本并无，今据《校记》补。

轻率，深失礼容，宜行禁止。'神龙之后，羃罗始绝。开元初，宫人马上始著胡帽，靓妆露面，士庶咸效之。天宝中，士流之妻，或衣(文天)[丈夫]服靴衫帽，内外一贯矣。"《唐书·车服志》："武德间，妇人曳履及线靴。开元中初有线鞋。侍儿则著履，奴婢服襕衫，而士女衣胡服。其后安禄山反，当时以为服妖之应。"《礼乐志》："玄宗好羯鼓，尝称为'八音之领袖，诸乐不可方也'，盖本戎羯之乐，其音太簇一均，龟兹、高昌、疏勒、天竺部皆用之，其声焦杀，特异众乐。开元二十四年，升胡部于堂上，而天宝乐曲皆以边地名，若《凉州》、《伊州》、《甘州》之类，后又诏道调、法曲与胡部新声合作。明年安禄山反，凉州、伊州、甘州皆陷吐蕃。"【原注】元微之诗自注："太常丞宋沇传汉中王旧说云：玄宗虽雅好度曲，然未尝使蕃汉杂奏。天宝十三载始诏道调、法曲与胡部新声合作，识者异之。明年禄山叛。"见《元氏长庆集》卷二四《立部伎》。此皆已事之见于史书者也，呜呼，可不戒哉！

《册府元龟》卷一六〇："后汉高祖天福十二年，左卫将军许敬迁(奉)[奏]：'臣伏见天下鞍辔器械，并取契丹样装饰，以为美好。安有中国之人，反效戎虏之俗？请下明诏毁弃，须依汉境旧仪。'敕曰：'近者中华人情浮薄，不依汉礼，却慕胡风，果致狂戎来侵。诸夏应有契丹样鞍辔、器械、服装等，并令逐处禁断。'"

宋乾道二年臣僚言："临安府风俗，好为胡乐，如吹鹏鸪，拨胡琴，作胡舞，所在而然。伤风败俗，不可不惩，望检坐绍兴三十一年指挥严行禁止。"见《咸淳临安志》卷四七。

《太祖实录》卷三○："初，元世祖起自朔漠，以有天下，悉以胡俗变易中国之制，士庶咸辫发(推)[椎]髻深(檐)[襜]胡帽，衣服则为裤褶窄袖及辫线腰褶，妇女衣窄袖短衣，下服裙裳，无复中国衣冠之旧。甚者易其姓字为胡名，习胡语，俗化既久，恬不为怪。上久厌之。洪武元年二月壬子诏：'复衣冠如唐制，士民皆束发于顶，官则乌纱帽圆领袍，束带黑靴，士庶则服四带巾。【原注】洪武三年二月改制四方平定巾。杂色盘领，衣不得用黄玄，乐工冠青卍字顶巾，系红绿帛带。士庶妻首饰许用银镀金，耳(珠)[环]用金珠，钏镯用银，服浅色团衫，用纻丝绫罗䌷绢。其乐妓则带明角冠皂褙子，不许与庶民妻同。不得服两截胡服，其辫发椎髻、胡服、胡语、胡姓一切禁止。'斟酌损益，皆断自圣心。于是百有馀年，胡俗悉复中国之旧矣。"

《英宗实录》卷九九："正统七年十二月，礼部尚书胡濙等奏：'向者山东左政沈固言：中外官舍军民戴帽穿衣，习尚胡制，语言跪拜，习学胡俗，垂缨插翎，尖顶秃袖。以中国之人，效犬戎之服，忘贵从贱，良为可耻。昔北魏本胡人也，迁洛之后，尚禁胡俗，况圣化度越前古，岂可使无知小民效尤成习？今山东右参政刘琏亦以是为言，请令都察院出榜，俾巡按监察御史严禁。'从之。"

《河间府志》："陈士彦曰：今河间男子或有左衽者，而妇人尤多，至于孺子环狐狗之尾以为冠，而身被毛皮以为服，谓之达妆。【原注】阮汉闻言："中州之人亦然。"夫被发野祭，辛有卜其为戎。[①] 晋太康中，俗以毡为絈头及络带、裤口，彼此互相嘲戏，以为'胡儿'。见《晋书·五行志上》。未几，刘、石之变遂起。"[②]此书作于万历四十三年，不二期，而辽东之难作矣。至于今日，"胡服缦缨，咸为戎俗，高冠重履，非复华风"。【原注】梁敬帝诏云。见《陈书·高祖纪》。有识之士得不悼其横流、追其乱本哉！

左衽

宋周必大《二老堂诗话》云："陈益为奉使金国属官，过滹沱光武庙，见塑像左衽。"岳珂《桯史》卷一四《开禧北征》云："至涟水，宣圣殿像左衽。泗州塔院设五百应真像，或塑或刻，皆左衽。"此制盖金人为之，迄于国[③]初而未尽除。其见于《实录》者，永乐八年抚安山东给事中王铎之奏，见《太宗实录》卷一〇八。宣德七年河南彰德府林县训导杜本之奏，见《宣宗实录》卷九七。正统十三年山西绛县训导张幹之奏，见《英宗实录》卷一六六。屡奉明旨而未即改正。信乎夷狄之难革也！[④]

《礼记》《丧大记》"小敛大敛，祭服不倒，皆左衽"，注："左衽，衽乡左，反生时也。"《正义》曰："衽，衣襟也。生乡右，左手解抽带便也。死则襟乡左，示不复解也。"〔一〕是则

① 事见《左传》僖公二十二年。

② 援庵《校注》：引自万历《河间府志》卷四《风土志·风俗》。

③ "国"，原本作"明"，据《校记》改。

④ "信乎"以下八字，原本无，据《校记》补。

死而左衽者中国之法，生而左衽乃戎狄之制耳。①

〔一〕【沈氏曰】此为第二条。

行縢

《诗》《小雅·采菽》“邪幅在下”，笺云：“邪幅，如今行縢也。偪束其胫，自足至膝。”《左传》桓公二年“带裳幅舄”注同。亦作“偪”，《礼记》“偪屦著綦”，《释名》“偪，所以自逼束，今谓之行縢”，言以裹脚，可以跳腾轻便也。《战国策》《秦策一》：“苏秦(嬴)[羸]縢负书担(橐)[橐]。”《吴志》《吕蒙传》：“吕蒙为兵作绛衣行縢。”《旧唐书》：“德宗入骆谷，值霖雨，道涂险滑，卫士多亡归朱泚。东川节度使李叔明之子昪及郭子仪之子曙、令狐彰之子建等六人，恐有奸人危乘舆，相与啮臂为盟。著行縢钉鞋，更鞚上马，以至梁州，它人皆不得近。及还京师，上皆以为禁卫将军，宠遇甚厚。”②

古人之韈，大抵以皮为之。《春秋左氏传》哀公二十五年注曰：“古者臣见君解韈。”既解韈，则露其邪幅，而人得见之，《采菽》之诗所以为咏。③ 今之村民往往行縢而不韈者，古人之遗制也。吴“贺邵为人美容止，坐常著襪，【原注】始从“衣”字。希见其足”。见《艺文类聚》卷七〇引《会稽典录》。

① “是则”以下二十一字，原本无，据《校记》补。

② 此段见《资治通鉴》卷二三二。两《唐书》均无此语。

③ 《小雅·采菽》：“赤芾在股，邪幅在下。”

则汉、魏之世不袜而见足者多矣。

乐府

乐府是官署之名，其官有令，有音监，有游徼，《汉书·张放传》"使大奴骏等四十馀人，群党盛兵弩，白昼入乐府，攻射官寺"，《霍光传》奏昌邑王，"大行在前殿，发乐府乐器"，《续汉书·律历志》"元帝时，郎中京房知五声之音，六(十)律之数。上使太子太傅韦玄成、谏议大夫章杂试问房于乐府"是也。后人乃以乐府所采之诗即名之曰"乐府"，误矣，曰"古乐府"尤误。【原注】《后汉书·马廖传》言"哀帝去乐府"，注云："哀帝即位，诏罢郑卫之音，减郊祭及武乐等人数。"是亦以乐府所肄之诗即名之"乐府"也。

【续补正】遇孙案：《前汉书·礼乐志》云："至武帝定郊祀之礼，祠太一于甘泉，就乾位也；祭后土于汾阴，泽中方丘也。乃立乐府。"师古曰："始置之也。乐府之名盖起于此，哀帝时罢之。"又按哀帝即位，诏罢乐府官，命孔光、何武定议，别属他官。亦见《礼乐志》。《后汉书》所引并非以"乐府"为所肄之诗，读《礼乐志》自明。

寺

"寺"字自古至今凡三变。三代以上，凡言"寺"者皆奄竖之名，《周礼》《天官冢宰》"寺人"注"寺之言侍也"，《诗》《小雅·巷伯》云"寺人孟子"，《易》《说卦》之"阍寺"，《诗》《大雅·瞻卬》之“妇寺”,《左传》寺人貂、见僖公二年。寺人披、见僖公五年。寺人孟张、见成公十七年。寺人惠墙伊戾、见襄公二十六年。寺人柳、见昭公六年。寺人罗,见哀公十五年。皆此也。【原注】崔杼“使圉人驾、寺人御而出”。见襄公二十七年。自秦以宦者任外廷之职,而官舍通谓之寺。【原注】《说文》卷三下:“寺,廷也,有法度者也。”此亦是汉时解耳。汉人以太常、光禄勋、卫尉、太仆、廷尉、大鸿胪、宗正、大司农、少府为“九寺”。【原注】又御史府亦谓之御史大夫寺。《汉书·元帝纪》注,师古曰:“凡府庭所在皆谓之寺。”《风俗通》曰:“寺,司也。”见《文选·吴都赋》注引。《唐书·杨收传》:“汉制,总群官而听曰省,分务而专治曰寺,诸官府所止皆曰寺。”《后汉书·安帝纪》:“皇太后幸洛阳寺及若卢狱,录囚徒。”注:“寺,官舍也。”①《张湛传》:“告归平陵,望寺门而步。”注:“寺门即平陵县门也。”《乐恢传》:“父为县吏,得罪于令。恢年十一,常俯伏寺门。”《吴志·凌统传》亦云:“过本县,步入寺门。”〔一〕又变而浮屠之居亦谓之“寺”矣。【原注】《石林燕语》卷八:“[东]汉②以来,九卿官府皆名曰寺,鸿胪其一也,本以待四夷③宾客。明帝时,摄摩腾、竺法兰自西域以白马负经至,舍于鸿胪寺。既死,尸不坏,因留寺中。后遂以为浮屠之居,即洛中白马寺也。僧居称寺本此。”

〔一〕【阎氏曰】《马援传》“晓狄道长归守寺舍”,注:“寺舍,官舍也。”先于《张湛传》。又《高阳令杨著碑》:“醳荣投黻,步出城寺。”④

① 援庵《校注》:《后汉书》无注,此注乃《通鉴》卷四九胡注引。

② “东”字据原出处补。

③ “夷”,原本作“裔”,据《校记》改。

④ 此“阎氏曰”原在小题下,今移此。

省

十三布政使司，今人谓之“十三省”者，沿元之旧而误称之也。元时为“行中书省”者十一，曰辽阳等处，曰镇东，曰陕西等处，曰四川等处，曰河南江北等处，曰云南等处，曰江浙等处，曰江西等处，曰湖广等处，曰甘肃等处，曰岭北等处。国初沿元制，立行中书省。洪武七年，以京畿、应天等府直隶六部，改行中书省为“布政使司”，今当称“十三布政使司”，不当称“省”。〔一〕

〔一〕【汝成案】《明史·职官志》：“洪武九年，改浙江、江西、福建、北平、广西、四川、山东、广东、河南、陕西、湖广、山西诸行省，俱为承宣布政使司。十五年，置云南布政使司。永乐元年，以北平布政使司为北京，后又置交阯、贵州布政使司。宣宗三年，罢交阯布政使司，除两京外定为十三布政使司。”考明制，有左右布政使司，建文省云南一人，永乐则贵州止设一人，是仍有二十四，然实共治一省，故曰十三也。先生作《肇域志》，数交阯称十四。此仍云十三者以此。惟洪武九年始改行省，此云七年者，误耳。我朝为承宣布政使司者十九，曰直隶，曰江宁，曰江苏，曰安徽，曰山西，曰山东，曰河南，曰陕西，曰甘肃，曰浙江，曰江西，曰湖北，曰湖南，曰四川，曰福建，曰广东，曰广西，曰云南，曰贵州。湖南、甘肃布政使司，康熙三年、六年分置。江宁布政使司，乾隆二十五年置。先是，安徽布政使司治江宁府，自是移安庆云。

职官受杖

“撞郎”之事始于汉明，[1]后代因之，有杖属官之法。曹公“性严，掾属公事往往加杖”。见《三国志·魏志·何夔传》。【原注】《魏略》：韩宣“以当受杖，豫脱裤缠裈面缚。”见《三国志·魏志·裴潜传》注引。宋刘道锡为广州刺史，“杖治中荀齐文垂死”。见《宋书·刘延熙传》。魏刘仁之监作晋阳城，“杖前殷州刺史裴瑗、并州刺史王绰”。见《魏书·刘仁之传》。隋文帝诏“诸司论属官罪，有律轻情重者，听于律外斟酌决杖”。见《资治通鉴》卷一七八。燕荣为幽州总管，元弘嗣除长史，惧辱，固辞。上知之，敕荣曰：“弘嗣杖十已上罪皆奏闻。”荣忿曰：“竖子何敢弄我！”乃遣弘嗣监纳仓粟，飏得一糠一秕皆罚之，每笞不满十，然一日中或至三数。见《隋书·酷吏·燕荣传》。杜子美《送高三十五》诗：“脱身簿尉中，始与捶楚辞。”唐时自簿尉以上即不加捶楚，优于南北朝多矣。

《黄氏日钞》卷五九：“读韩文公《赠张功曹》诗云：‘判司卑官不堪说，未免捶楚尘埃间。’【原注】《通鉴》卷二〇四注：“唐谓州曹诸司参军为判司。”然则唐之判司、簿尉类然与？然唐人之待卑官虽严，而卑官犹得以自申其法，如刘仁轨为陈仓尉，擅杀折冲都尉鲁宁见《新唐书·刘仁轨传》。是也。我

[1] 事见《后汉书·锺离意传》：明帝性褊察，“尝以事怒郎药崧，以杖撞之。崧走入床下，帝怒甚，疾言曰：‘郎出！郎出！’崧曰：‘天子穆穆，诸侯煌煌。未闻人君，自起撞郎。’帝赦之”。

朝判司、簿尉以待新进士，而管库、监当不以辱之，视唐重矣，乃近日上官苦役苛责，甚于奴仆。官之辱，法之屈也，此事关系世道。”

唐自兵兴以后，杖决之行即不止于簿尉。张镐杖杀(豪)[濠]州刺史闾丘晓，见《新唐书·张镐传》。严武杖杀梓州刺史章彝，见《新唐书·杜甫传》。韩皋杖杀安吉令孙澥，见《新唐书·元稹传》。柳仲郢杖杀南郑令权奕。《新唐书·柳仲郢传》。刘晏为观察，自刺史六品以下得杖而后奏，则著之于令矣。见《山堂考索·续集》卷三七。《宋史》《理宗纪》：理宗淳祐二年三月诏：“今后州县官有罪，帅司毋辄加杖责。”

《晋书·王濛传》：“为司徒左西属。濛以此职有谴则应受杖，固辞。诏为停罚，犹不就。”则不独外吏矣。《南齐书·陆澄传》：“郎官旧有坐杖，有名无实。澄在官，积前后罚，一日并受千杖。”《南史·萧琛传》：“齐明帝用法严峻，尚书郎坐杖罚者皆即科行。琛乃密启曰：‘郎有杖，起自后汉，尔时郎官位卑，亲主文案，与令史不异。故郎三十五人，令史二十人，士人多耻为此职。自魏、晋以来，郎官稍重。今方参用高华，〔一〕吏部又近于通贵，不应官高昔品，而罚遵曩科。所以从来弹举，止是空文，许以推迁，或逢赦恩，或入春令，便得息停。宋元嘉、大明中，有被罚者，别由犯忤主心，非关常准。泰始、建元以来，并未施行。自奉敕之后，已行仓部郎江重欣，杖督五十，无不人怀惭惧。乞特赐输赎，使与令史有异，以彰优缓之泽。’帝纳之。自是应受罚者依旧不行。”此今日公谴拟杖之所自始。

〔一〕【钱氏曰】《晋书·王坦之传》："仆射江虨领选，将拟为尚书郎。坦之闻曰：'自过江来，尚书郎止用第二人，何得以此见拟？'虨遂止。"

《世说》《政事》："桓公在荆州，耻以威刑肃物。令史受杖，正[①]从朱衣上过。桓式年少，从外来，云：'向从阁下过，见令史受杖，上捎云根，下拂地足。'桓公曰：'我犹患其重。'"是令史服朱衣而受杖也。【原注】《南史·孔觊传》："为御史中丞，鞭令史。为有司所纠，原不问。"

《南齐书·张融传》："大明五年制：二品清官，行僮干杖不得出十。"《梁书·江茜传》："弟葺为吏部郎，坐杖曹中干免官。"郎官之杖，虚杖也，故至于千。僮干之杖，实杖也，不得过十。然亦失中之法。

沈统，大明中为著作佐郎。先是，五省官所给干僮不得杂役，太祖世，坐以免官者前后数百人。统役僮过差，有司奏免。世祖诏曰："自顷干僮多不只给，主可量听行杖。"得行干杖自此始也。见《宋书·沈统传》。

北朝政令比之南朝尤为严切。《北齐书》《高允传》言："魏初法严，朝士多见杖罚。"《孝昭帝纪》言："尚书郎中剖断有失，辄加捶楚。"而及其末世，则有如高阳王雍之以州牧而杖杀职官，【原注】《任城王澄传》。唐邕之以录尚书而挞挞朝士【原注】本传。者矣。

---

① "正"，张京华《校释》作"止"。按《世说》本文作"正"。

押字

《集古录》卷一○有“五代时帝王将相等署字”一卷。所谓“署字”者，皆草书其名，今俗谓之“画押”，不知始于何代。岳珂《古冢盆杅记》言：“得晋永宁元年甓，有匠者姓名，下有文如押字。”见《桯史》卷一。则晋已有之，然不可考。《南齐书》《倖臣·纪僧真传》：“太祖在领军府，令纪僧真学上手迹下名，报答书疏皆付僧真。上观之，笑曰：‘我亦不复能别也。’”“何敬容署名，‘敬’字则大作‘苟’，小为‘文’，‘容’字大为‘父’。陆倕戏曰：‘公家“苟”既奇大，“父”亦不小。’”见《南史·何敬容传》。《魏书》《崔玄伯传》：“崔玄伯尤善行押之书，特尽精巧而不见遗迹。”《北史》《斛律金传》：“斛律金不识文字，初名敦，苦其难署，改名为金，从其便易。犹以为难，神武乃指屋角，令识之。”①《北齐书》《厍狄干传》：“厍狄干不知书，署名为‘干’字，逆上画之，时人谓之‘穿锥’。又有武将王周，署名先为‘吉’而后成其外。”《陈书》《萧引传》：“萧引善隶书，高宗尝披奏事，指引署名曰：‘此字笔势翩翩，似鸟之欲飞。’”《唐书》《董昌传》：“董昌僭位，下制诏皆自署名。或曰：‘帝王无押诏。’昌曰：‘不亲署，何由知我为天子？’”今人亦谓之“花字”。《北齐·后主纪》：“开府千馀，仪同无数，领军一时二十，连判文书，各作花

---

① 末句《北史》原文为“司马子如教为金字，作屋况之，其字乃就”。

字,【原注】《北史》“各作依字”。[1] 不具姓名,莫知谁也。”黄伯思谓:“魏、晋以来法书,梁御府所藏皆是,朱异、唐怀(克)[充]、沈炽文、姚怀珍等题名于首尾纸缝间,故或谓之‘押缝’,或谓之‘押尾’。后人花押盖沿于此。”又云:“唐人及国初前辈与人书牍,或只用押字,与名用之无异,上表章亦或尔,近世遂施押字于檄移。”见《东观馀论》卷上。【原注】《癸辛杂识》《后集》:“古人押字谓之花押印,是用名字稍花之,如韦陟‘五云体’是也。”不知《南》、《北》诸史言押字者如此之多。而《韩非子》《外储说右下》言“田婴令官具押券斗石参升之计”,则战国时已有之,又不始于后世也。

《三国志·少帝纪》注,《世(说)[语]》及《魏氏春秋》并云:“姜维寇陇右,时安东将军司马文王镇许昌,征还击维。至京师,帝御平乐观以临军过。中领军许允与左右小臣谋,因文王辞杀之,勒其众以退大将军。已书诏于前,文王入,帝方食(粟)[栗],优人云午等唱曰:‘青头鸡,青头鸡。’青头鸡者,鸭也。帝惧不敢发。”按“鸭”者,劝帝押诏书耳。是则以亲署为押,已见于三国时矣。【原注】南北朝谓之“画敕”。

【续补正】赵云崧云:顾宁人引《集古录》有“帝王将相署字”一卷,谓“署字者乃草书其名,即今俗所谓画押”,而因据《魏志》司马懿将统兵拒蜀,许允等谋因其入,请帝杀之,已书诏,优人于帝前唱“青头鸡”,青头鸡者,鸭也。欲帝速押诏书也。以为此帝王书押之始,是固然。然谓是时帝王之押即自署名,恐不然也。汉时长官批

[1] 今本《北齐书》亦为“各作依字”。

属吏符牒，书一“诺”字。《后汉书·党锢传》所谓“南阳宗资但画诺”。王府僚吏笺启亦用此制批答。晋元帝践阼，心存谦抑，犹用藩王礼，凡牒奏皆批“诺”，“诺”字中“若”字有凤尾婆娑之形，故曰“凤尾诺”。是画诺者实书一“诺”字，非后世花其名可比。然则长吏及藩王之批答僚属，犹只书一“诺”字，而帝王之押反自花其名乎？《北史·齐后主纪》：穆提婆等卖官，乞书诏，后主连判文书二十馀纸，各作“依”字，《北齐书》“各作花字”。则北齐帝王画押尚但作“依”字而不自书其名，岂魏时帝王之押已自署名乎？盖汉、魏时帝王已有押诏之例，然必另有字作押，如“依”字、“可”字之类，而非自花其名也。唐董昌僭位，下制诏皆自署名，或曰“帝王无押诏”，昌曰：“不亲署，何由知我为天子？”自唐末尚无天子自署名之例，而谓汉、魏帝王之押即自花其名，必不然也。《集古录》所云“五代帝王署字”一卷，盖五代帝王皆起于人臣，其未登极以前本有署名之押，即位后遂仍而不改耳。至士大夫之押，自六朝至唐、宋固无不署名，齐太祖在领军府时，令纪僧真学已手迹，下名答报表疏。又陆倕戏何敬容“苟既太大，父亦不小”。斛律金不能署“金”字，齐神武指屋角示之。厍狄干署“干”字，乃逆上画之，时人号为‘穿锥’。皆花押署名故事。而宋时则并有以押代名之例。袁文《瓮牖闲评》记张乖崖一札后面云“知昇州张”押字自手而不书名，方勺《泊宅编》亦记张安道“书不称名，但著押字”，故周密《癸辛杂识》云：“前辈简帖，皆前面书名，其后押字即以代名，不复书名也。近世士大夫不以押字代名，才百馀年事耳。尝见先朝进呈文字，往往只押字而不书名，初疑为检底，而末乃有御批，殊不能晓。后见前辈所载，乾、淳间礼部有申秘省状押字而不书名者，或以为相轻致憾。范石湖闻之，笑其陋云。”据此则宋时进呈文书及属吏申长官文牒，后幅亦皆以押代名。然《韩琦君臣相遇传》：“公在魏时，府僚路拯呈事，状尾忘书名，公即以袖覆之，路君愧服。”然则古人进状状尾本有书名之例。见所著《陔馀丛考》。

邸报

《宋史·刘奉世传》："先是，进奏院每五日具定本报状，上枢密院，然后传之四方。而邸吏辄先期报下，或矫为家书，以入邮置。奉世乞革定本，去实封，但以通函腾报。从之。"《吕溱传》："侬智高寇岭南，诏奏邸毋得辄报。溱言：'一方有警，使诸道闻之，共得为备。今欲人不知，此意何也？'"《曹辅传》："政和后，帝多微行。始民间犹未知，及蔡京谢表有'轻车小辇，七赐临幸'，自是邸报闻四方。""邸报"字见于史书盖始于此时。然唐《孙樵集》中有《读开元杂报》一篇，则唐时已有之矣。〔一〕

〔一〕【阎氏曰】《唐诗话》："韩翃久家居，一日夜半，客扣门急，贺曰：'员外除驾部郎中、知制诰。'曰：'误矣。'客曰：'邸报制诰阙人，中书两进名，不从。'"云云。是"邸报"字亦见于此。

酒禁

先王之于酒也，礼以先之，刑以后之。《周书·酒诰》："厥或告曰：'群饮。'汝勿佚，尽执拘以归于周，予其杀！"此刑乱国用重典也。《周官》"萍氏，几酒谨酒"，见《秋官司寇》。而"司虣，禁以属游饮食于市者。若不可禁，则搏而戮之"，见《地官司徒》。此刑平国用中典也。"一献之礼，宾主百拜，终日饮酒而不得醉焉"，见《礼记·乐记》。则未及乎刑而坊之以礼也。故成、康以下,天子无甘酒之失,卿士无酣歌之愆。至于幽王,而"天不湎尔"见《诗·大雅·荡》。之诗始作,其教严矣。汉兴,萧何造律,三人以上无故群饮酒罚金四两。见《汉书·文帝纪》注引《汉律》。曹参代之,自谓遵其约束,乃园中闻吏醉歌呼,而亦取酒张饮,与相应和,见《史记·曹参世家》。是并其"画一之法"而亡之也。坊民以礼,酂侯既阙之于前;纠民以刑,平阳复失之于后。① 弘羊踵此,从而榷酤,夫亦开之有其渐乎?

武帝天汉三年,初榷酒酤。见《汉书·武帝纪》。昭帝始元六年,用贤良文学之议,罢之,而犹令民得以律占租,卖酒升四钱。见《汉书·昭帝纪》。遂以为利国之一孔,而酒禁之弛,实滥觞于此。【原注】《困学纪闻》卷四谓:"榷酤之害,甚于鲁之初税亩。"然史之所载,自孝宣已后,有时而禁,有时而开。至唐代宗广德二年十二月,诏天下州县各量定酤酒户,随月纳税,除此之外,不问官私,一切禁断。见《通典》卷一一。自此名禁而实许之酤,意在榷钱而不在酒矣。宋仁宗乾兴初,言者以天下酒课月比岁增,无有艺极,非古禁群饮节用之意。见《宋史·食货志下七》。孝宗淳熙中,李焘奏谓"设法劝饮,以敛民财",见欧阳修《文忠集》卷六六《李文简公焘神道碑》。周(辉)[煇]《清波杂志》卷六以为"惟恐其饮不多而课不羡",此榷酤之弊也。至今代,则既不榷缗而亦无禁令,民间遂以酒为日用之需,比于饔飧之不可阙,若水之流,滔滔皆是,而厚生正德之论莫有起而持之者矣。〔一〕

① 萧何封酂侯,曹参封平阳侯。

〔一〕【陈通政曰】孙公嘉淦以高粱只堪供造酒之用，推论禁止之弊，谓于生计有损。此说诚矫枉过当。夫使果重其罚而立致其效，则家有盖藏，巷无群饮，岂非为治者至愿？所虑者在不能禁止耳。天下承平日久，狃于休养之乐，安知耗谷之患，而但以为大欲所在、日用之常也。

邴原之游学，未尝饮酒，[①]大禹之疏仪狄也。[②] 诸葛亮之治蜀，"路无醉人"，[③]武王之化妹邦也。[④]

《旧唐书·(杨)**［阳］惠元传》："充神策京西兵马使，镇奉天。诏移京西，戍兵万二千人，以备关东。帝御望春楼，赐宴，诸将列坐。酒至，神策将士皆不饮。帝使问之。惠元时为都将，对曰：'臣初发奉天，本军帅张巨济与臣等约曰："斯役也，将策大勋，建大名，凯旋之日，当共为欢。苟未戎捷，无以饮酒。"故臣等不敢违约而饮。'既发，有司供饩于道路，唯惠元一军瓶罍不发。上称叹久之，降玺书慰劳。及田悦叛，诏惠元领禁兵三千，与诸将讨伐。［战］御河，夺三桥，皆惠元之功也。"能以众整如此，即治国何难哉！**【原注】沈括《笔谈》卷二五言："太(宗)［祖］朝，禁卒买鱼肉及酒入营门者，有罪。"

---

① 《三国志·魏书·邴原传》注引别传：原旧能饮酒，自游学之后，八九年间，酒不向口。临与师友别，众以原不饮酒，会米肉送原。原曰："本能饮酒，但以荒思废业，故断之耳。今当远别，因见贶饯，可一饮宴。"于是共坐饮酒，终日不醉。

② 仪狄作酒，禹饮而甘之，遂疏仪狄而绝旨酒。

③ 见《三国志·蜀书·诸葛亮传》注引袁孝尼《袁子》。

④ 见《书·酒诰》序："康叔监殷民。殷民化纣嗜酒，故以戒酒诰。"孔安国注以为成王时。妹，地名，纣所都朝歌以北。

魏文成帝大安四年，酿酤饮者皆斩。见《通典》一七〇。金海陵正隆五年，朝官饮酒者死。见《金史·海陵纪》。元世祖至元二十年，造酒者本身配役，财产女子没官。见《元史·世祖纪》。可谓用重典者矣，然立法太过，故不久而弛也。

水为地险，酒为人险。故《易》爻之言酒者无非《坎》卦，而"萍氏掌国之水禁"，水与酒同官。① 【原注】黄鲁直作《黄彝字说》云："酒善溺人，故六彝皆以舟为足。"见《山谷集》别集卷三。徐尚书石麒有云："《传》曰：'水懦弱，民狎而玩之，故多死焉。'酒之祸烈于火，而其亲人甚于水，有以夫，世尽夭于酒而不觉也。"读是言者，可以知保生之道。《萤雪丛说》卷下言："顷年陈公大卿生平好饮。一日，席上与同僚谈，举'知命者不立乎岩墙之下'问之，其人曰：'酒亦岩墙也。'陈因是有闻，遂终身不饮。"顷者米醪不足，而烟酒兴焉，则真变而为火矣。

赌博

万历之末，太平无事，士大夫无所用心，间有相从赌博者。至天启中，始行马吊之戏。而今之朝士，若江南、山东，几于无人不为此，有如韦昭论所云"穷日尽明，继以脂烛。人事旷而不修，宾旅阙而不接"见《三国志·吴志·韦昭传》。者。吁，可异也！考之《汉书》，安丘侯张拾、邔【原注】其己反。侯黄遂、樊侯蔡辟方，并坐搏掩，免为城旦。俱见《汉书·

① 《周礼·秋官司寇》："萍氏掌国之水禁。几酒，谨酒，禁川游者。"

高惠高后文功臣表》。【原注】《货殖传》:“掘冢博掩,犯奸成富。”王符《潜夫论》:“以游博持掩为事。”[①]师古曰:“摶,或作‘博’,六博也。掩,意钱之属也。【原注】《后汉书·梁冀传》:“能挽满、弹棋、格五、六博、蹴鞠、意钱之戏。”皆戏而赌取财物。”见《汉书·高惠高后文功臣表》注。《宋书·王景文传》:“为右卫将军,坐与奉朝请毛法因蒱戏,得钱百二十万,白衣领职。”《刘康祖传》:“为员外郎十年,再坐樗蒲戏免。”《南史·王质传》:“为司徒左长史,坐招聚博徒免官。”《金史·刑志》:“大定八年制:品官犯赌博法,赃不满五十贯者,其法杖,听赎。再犯者杖之。上曰:‘杖者,所以罚小人也。既为职官,当先廉耻。既无廉耻,故以小人之罚罚之。’”今律犯赌博者,文官革职为民,武官革职随舍馀食粮差操,亦此意也。但百人之中未有一人坐罪者,上下相容而法不行故也。晋陶侃“勤于吏职,终日敛膝危坐,阃外多事,千绪万端,罔有遗漏。诸参佐或以谈戏废事者,命取其酒器蒱博之具悉投于江,将吏则加鞭朴”,见《晋书·陶侃传》。卒成中兴之业,为晋名臣。唐宋璟为殿中侍御史,“同列有博于台中者,将责名品而黜之,博者惶恐自匿”,见颜真卿《宋璟神道碑》。后为开元贤相。而史言文宗切于求理,每至刺史面辞,必殷勤戒敕曰:“无嗜博,无饮酒。”内外闻之,莫不悚息。见《册府元龟》卷一五八。然则勤吏事而纠风愆,乃救时之首务矣。

《唐书》《外戚·杨国忠传》言杨国忠以善樗蒲得入供奉,常后出,专主蒱簿,计算钩画,分铢不误。帝悦曰:“度支郎

---

① 此引自《后汉书·王符传》。《潜夫论》卷三《浮侈》原文为“以游敖博奕为事”。

才也。”卒用之而败。玄宗末年荒佚，遂以小人乘君子之器，此亦国家之妖孽也。今之士大夫不慕姚崇、宋璟而学杨国忠，亦终必亡而已矣。

《山堂考索》《后集》卷三七：“宋大中祥符五年三月丁酉，上封者言进士萧(玄)[立][1]之，本名琉，尝因赌博抵杖刑，今易名赴举登第。诏有司召(玄)[立]之诘问，引伏，夺其敕，赎铜四十斤，遣之。”宋制之严如此，今之进士有以不工赌博为耻者矣。

《晋中兴书》载陶士行侃言：“摴蒲，老子入胡所作，外国戏耳。”见《世说新语·政事》刘孝标注引。近日士大夫多为之，安得不胥天下而为外国乎？

《辽史》《穆宗纪》：“穆宗应历十九年正月甲午，与群臣为叶格戏。”《解》[2]曰：“宋钱僖公家有叶子揭格之戏。”【原注】按应历十九年为宋太祖之开宝二年，是契丹先有此戏，不知其所自来。而其年二月己巳，即为小哥等所弑。君臣为谑，其祸乃不旋踵！此不祥之物，而今士大夫终日执之，其能免于效尤之咎乎？

《宋史·太宗纪》：“淳化二年闰月己丑，诏犯蒱博者斩。”《元史·世祖纪》：“至元十二年，禁民间赌博，犯者流之北地。”刑乱国用重典，固当如此。

今日致太平之道何由？曰：“君子勤礼，小人尽力。”见

① 《续资治通鉴长编》、《宋史全文》、《群书考索》皆作“立之”，《山堂考索》应是形近而误，据改。

② 《解》即《辽史·国语解》。

《左传》成公十三年。

京债

赴铨守候，京债之累，于今为甚。《旧唐书·武宗纪》："会昌二年二月丙寅，中书奏：'赴选官多京债，到任填还，致其贪求，罔不由此。今年三铨，于前件州府【原注】河东、凤翔、鄜坊、邠宁等道。得官者，许连状相保，户部各备两月加给料钱，至支时折下，所冀初官到任，不带息债，衣食稍足，可责清廉。'从之。"盖唐时有东选、南选，其在京铨授者，止关内、河东两道采访使所属之官，不出一千馀里之内，而犹念其举债之累，先于户部给与两月料钱，非惟恤下之仁，亦有劝廉之法。与今之职官到任，先办京债，剥下未足，而或借库银以偿之者，得失之数，较然可知已。

若夫圣主之所行，有超出于前代者。《太祖实录》："吴元年七月丙子，除郡县官二百三十四人，赐知府、知州、知县文绮四、绢六、罗二、夏布六，父如之，母妻及长子各半。府、州、县佐贰官视长官半之，父如之，母妻及长子又半之。各府经历、知事，同佐贰官；州、县吏目、典史，视佐贰官又半之，父母妻子皆如之。其道里费，知府赐白金五十两，知州三十五两，知县三十两。同知视知府五之三，治中半之，通判、推官五之二；州同知视府通判，经历及州判官视府同知半之；县丞、主簿视知县又半之，知事、吏目、典史皆十两。著为令。上曰：'今新授官多出布衣，到任之初，或假贷于人，则他日不免侵渔百姓，不有以养其廉，而责之奉公，难矣。'”以上见卷二四。“洪武元年二月，诏中书省：自今新除府、州、县官，给赐白金一十两，布六匹。”见卷三〇。“十年正月甲辰，上谓中书省臣曰：'官员听选之在京者，宜早与铨注，即令赴任。闻久住客邸者，日有所费，甚至空乏，假贷于人。昔元之弊政，此亦一端。其常选官淹滞在京者，资用既乏，流为医卜，使(人)[贤者]丧其所守，①实朝廷所以待之者非其道也。自今铨选之后，以品为差，皆与道里费，仍令有司给舟车送之。著为令。'”见卷一一一。“十七年七月癸丑，北平税课司大使熊斯铭言：'仕者得禄养亲，此人子之所愿也。然有道远而不得养其父母者，乞令有司给以舟车，俾得迎养，以尽人子之情。'廷议以云南、两广、四川、福建官员家属赴任者，官为给舟车，已有定例。自今凡一千五百里以外者，宜依例给之。制可。”见卷一六三。【原注】二十二年八月，命故官妻子还乡者亦给车舟。岂非爱民之仁先于恤吏者乎？

居官负债

居官负债，虽非君子之行，似乎不干国法，乃考之于古，有以不偿债而免列侯者，《汉书》《高惠高后文功臣表》“孝文三年，河阳侯陈信，坐不偿人责过六月，免”【原注】免侯爵。是也；有以不偿债而贬官者，《旧唐书》《李晟传》“李晟子惎，

---

① 《刊误》卷下：“'人'，诸本同，原写本作'贤者'。”按《太祖实录》即作“贤者”，据改。

累官至右龙武大将军，沈湎酒色，恣为豪侈，积债至数千万。其子贷回鹘钱一万馀贯不偿，为回鹘所诉。文宗怒，贬基为定州司法参军"是也。然此犹前代之事，使在今日，则回鹘当更贷之以钱，而为之营其善缺矣。

《元史》《太宗纪》："太宗十二年，以官民贷回鹘金偿官者岁加倍，名'羊羔息'，其害为甚。诏以官物代还，凡七万六千锭。仍命凡假贷岁久，惟子本相侔而止。著为令。"

纳女

汉王商为丞相，"皇太后尝诏问商女，欲以备后宫。时女病，商意亦难之，以病对，不入。及商以闺门事见考，自知为王凤所中，惶怖，更欲内女为援，乃因新幸李婕妤家白见其女"。为大中大夫张匡所奏，免相，欧血薨，谥曰戾侯。见《汉书·王商传》。后魏郑羲为西兖州刺史，贪鄙，纳女为嫔，征为秘书监。及卒，尚书谥曰宣。诏曰："盖棺定谥，激浊扬清。羲虽夙有文业，而治阙廉清，尚书何乃情遗至公，愆违明典？依《谥法》，'博文多见曰文，不勤成名曰灵'，谥曰文灵。"见《魏书·郑羲传》。古之士大夫以纳女后宫为耻，今人则以为荣矣。

古之名士犹不肯与戚畹同列。魏夏侯玄"为散骑黄门侍郎，尝进见，与皇后弟毛曾并坐。玄耻之，不悦形之于色"。见《三国志·魏志·夏侯玄传》。宋路太后颇豫政事，弟子琼之宅与太常王僧达并门，尝盛车服卫从造僧达，僧达不为之礼。琼之以诉太后，太后大怒，告上曰："我尚在，而皆陵我家，死后乞食矣！"欲罪僧达。上曰："琼之年少，自不宜轻造诸王。僧达贵公子，岂可以此事加罪？"见《宋书·后妃传·文帝路淑媛传》。

王女弃归

《汉书·衡山王传》："太子女弟无采嫁，弃归。"以王女之贵，为人妻而犹有见弃者。近古"七出"之条犹存，[①]而王者亦不得以非礼制其臣下也。

罢官不许到京师

《后汉书》言："汉法，罢免守令，非征召，不得妄到京师。"【原注】《苏不韦传》。今制：内外官员至京师，必谒鸿胪寺，报名见朝；至南京，必谒孝陵；罢职者不得入国门。【原注】成化十三年九月壬申，诏逐罢闲官吏人等。此汉人之成法，所以防賫缘、清辇毂之意深矣。

《册府元龟》卷四一载："后唐明宗长兴二年九月丙戌，太傅致仕王建立，不由诏旨至京，【原注】建立先以上章允归乡里。通事不敢引对，留于阁门。久之，自至后楼(召)[朝]见，帝以故将，不之罪。"则知五代之朝，此法亦未尝弛也。

① 七出，《孔子家语·本命解》："妇有七出、三不去。七出者：不顺父母者，无子者，淫僻者，嫉妬者，恶疾者，多口舌者，窃盗者。"

日知录集释卷二十九

骑

《诗》《大雅·绵》云："古公亶父，来朝走马。"古者马以驾车，不可言"走"，【原注】董氏曰：顾野王作"来朝趣马"。曰"走"者，单骑之称。古公之国邻于戎狄[①]，其习尚有相同者。【原注】程大昌《雍录》卷一曰："古皆乘车，今曰走马，恐此时或已变乘为骑，盖避狄之遽，不暇驾车。"然则骑射之法不始于赵武灵王也。〔一〕

〔一〕【惠氏曰】《诗》疏：驰谓走马。是属乘车，非单骑。

《左传》昭公二十五年，"左师展将以公乘马而归"，《正义》曰："古者服牛乘马，马以驾车，不单骑也。至六国之时始有单骑，苏秦所云'车千乘，骑万匹'是也。《曲礼》云'前有车骑'者，《礼记》汉世书耳，经典无'骑'字也。刘

① "狄"，原本作"翟"，据《校记》改。本条各"狄"字同此。

炫谓此'左师展将以公乘马而归',欲共公单骑而归,此骑马之渐也。"【原注】《周礼·大司马》"师帅执提"注:"提谓马上鼓,有曲木提持鼓立马髦上者,故谓之提。"《正义》曰:"先郑盖据当时已有单骑,举以况周,其实周时皆乘车,无轻骑法也。"○王应麟谓:"《六韬》言骑战,其书当出于周末。"又引《公羊传》"齐侯唁公,以鞍为几"。见《困学纪闻》卷六。《公羊》亦周末之书也。

春秋之世,戎狄之杂居于中夏者,大抵皆在山谷之间,兵车之所不至。齐桓、晋文仅攘而却之,不能深入其地者,用车故也。中行穆子之败狄于大卤,得之毁车崇卒。① 而智伯欲伐仇犹,遗之大锺,以开其道,②其不利于车可知矣,势不得不变而为骑。骑射所以便山谷也,胡服所以便骑射也,是以公子成之徒谏胡服而不谏骑射,意骑射之法必有先武灵而用之者矣。〔一〕

〔一〕【惠氏曰】案《韩非子》"秦穆公送重耳畴骑二千",则单骑不始于六国。

骑利攻,车利守,故卫将军之遇虏,以"武刚车自环为营"。见《史记·卫将军骠骑列传》。

《史记·项羽本纪》叙鸿门之会曰:"沛公则置车骑,脱身独骑。"上言"车骑",则车驾之马,来时所乘也;下言"独骑",则单行之马,去时所跨也。樊哙、夏侯婴、靳强、纪信四人,则皆步走也,《樊哙传》曰"沛公留车骑,独骑马,

① 事见《左传》昭公元年。

② 见《韩非子·说林下》。

哙等四人步从”是也。

驿

《汉书·高帝纪》“乘传诣洛阳”，师古曰：“传，若今之驿。古者以车，谓之传车。其后又单置马，谓之驿骑。”窃疑此法春秋时当已有之，如“楚子乘驲，会师于临品”，见《左传》文公十六年。“祁奚乘驲而见范宣子”，见襄公二十一年。“楚子以驲至于罗汭”，见昭公五年。“子木使驲谒诸王”，见襄公二十七年。楚人谓游吉曰“吾将使驲奔问诸晋而以告”，见襄公二十八年。《国语》《晋语四》“晋文公乘驲自下，脱会秦伯于王城”，《吕氏春秋》《季冬纪·士节》“齐君乘驲而自追晏子，及之国郊”，皆事急不暇驾车，或是单乘驿马，而注疏家未之及也。【原注】戴侗云：“以车曰传，以骑曰驲。”见《六书故》卷一一“驲”下。晋侯以传召伯宗，则是车也。《说文》卷八上：“传，遽也。”《左传》僖公三十三年弦高“且使遽告于郑”，注：“遽，传车。”〇按《韩非子》《外储说左上》言“齐景公游少海，传骑从中来谒”，则骑亦可以谓之“传”。

谢在杭肇淛《五杂组》卷三《地部一》曰：“古者乘传皆驿车也。《史记》《田横列传》‘田横与客二人乘传诣洛阳’，注：‘四马高足为置传，四马中足为驰传，四马下足为乘传。’然《左传》昭公二年言郑子产‘乘遽而至’，则似单马骑矣。《释文》‘以车曰传，以马曰遽’。子产时相郑国，岂乏车乎？惧不及，故乘遽，其为驿马无疑矣。汉初尚乘传车，如郑当时、王温舒皆私具驿马，后患其不速，一概乘马矣。”

驴骡

自秦以上,传记无言驴者,意其虽有,而非人家所常畜也。【原注】《尔雅》无"驴",而有"鼳":"鼠身,长须而贼,秦人谓之小驴。"见《释兽》。〔一〕《逸周书》《王会解》"伊尹为献令。正北空同、大夏、莎车、匈奴、楼烦、月氏诸国,以橐驼、野马、騊駼、駃騠为献",【原注】驴父马母曰骡,马父驴母曰駃騠。○《古今注》卷中:"以牡马、牝驴所生,谓之駏。"〔二〕《吕氏春秋》《仲秋纪·爱士》"赵简子有两白骡,甚爱之",李斯《上秦王书》言"骏良駃騠",见《史记·李斯传》。邹阳《上梁王书》亦云"燕王按剑而怒,食以駃騠",见《史记·邹阳传》。是以为贵重难得之物也。司马相如《上林赋》"騊駼橐驼,蛩蛩驒騱,駃騠驴骡",见《史记·司马相如传》。王褒《僮约》"调治马驴,兼落三重",见《古文苑》卷一七。〔三〕其名始见于文。而贾谊《吊屈原赋》"腾驾罢牛兮骖蹇驴",见《史记·贾生传》。《日者列传》"骐骥不能与罢驴为驷",东方朔《七谏》"要褭奔亡兮腾驾橐驼",见《楚辞章句》卷一三。刘向《九叹》"却骐骥以转运兮,腾驴骡以驰逐",见《楚辞章句》卷一六。扬雄《反离骚》"骋骅骝以曲艰兮,驴骡连蹇而齐足",见《汉书·扬雄传》。则又贱之为不堪用也。尝考驴之为物,至汉而名,至孝武而得充上林,至孝灵而贵幸。【原注】《续汉书·五行志》:"灵帝于宫中西园驾四白驴,躬自操辔,驱驰周旋,以为大乐。于是公卿贵戚转相放效,至乘辎軿以为骑从,互相侵夺,贾与马齐。"然其种大抵出于胡地[①]，自赵武灵王骑射之后，渐资中国之用。《盐铁论》《力耕》："骡驴馲驼，衔尾入塞。驒(奚)［騱］騵马，尽为我畜。"杜笃《论都赋》："虏傲侲，驱骡驴，驭宛马，鞭駃騠。"见《后汉书·杜笃传》。《霍去病传》："单于遂乘六骡。"见《汉书》。下同。《匈奴传》："其奇畜则橐驼、驴骡、駃騠、騊駼、驒(奚)［騱］。"《西域传》："鄯善国有驴马，多橐它，乌秅国有驴，无牛。而龟兹王学汉家仪。外国胡[②]人皆曰：'驴非驴，马非马。若龟兹王，所谓骡也。'"可见外国之多产此种，而汉人则以为奇畜耳。人亦有以父母异种为名者，《魏书·铁弗刘虎传》："北人谓胡父鲜卑母为铁弗。"

〔一〕【汝成案】《尔雅正义》云："此即鼠属，所谓鼰鼠。而郭氏两释之，则此为兽而非鼠矣。"《晋书·郭璞传》云："有物大如牛，灰色，卑脚，类象，胸前尾上皆白，有力而迟钝。璞案卦名之，是为驴鼠。"盖即其类也。

〔二〕【汝成案】《说文》："駃騠，马父骡子。"

〔三〕【汝成案】如《僮约》，则驴亦人家所常畜矣。

军行迟速

魏明帝遣司马懿征辽东，其时自洛阳出军不过三千馀里，而帝问往还几日，懿对以"往百日，攻百日，还百日，以六十日为休息，如此一年足矣"，见《三国志·魏书·明帝纪》。此

① "胡地"，原本作"塞外"，今依《校记》据钞本改。

② "胡"，原本无，今依《校记》据钞本补。

犹是古人师行日三十里之遗意。夏侯渊为将，赴急疾，常出敌之不意，军中为之语曰："典军校尉夏侯渊，三日五百，六日一千。"见《三国志·魏书·夏侯惇传》。此可偶用之于二三百里之近，不然，"百里而趋利者蹶上将"，固兵家所忌也。[①]

木罂瓴渡军

《史记·淮阴侯传》"从夏阳以木罂瓴渡军"，服虔曰"以木押缚罂瓴以渡"是也。古文简，不言"缚"尔。《吴志·孙静传》"策诈令军中，促具罂缶数百口，分军夜投查渎"，亦此法也。其状图于喻龙德《兵衡》，[②]谓之"瓮筏"。

海师

海道用师，古人盖屡行之矣。吴徐承率舟师自海入齐，[③]此苏州下海至山东之路。越王句践命范蠡、舌庸率师沿海溯淮，以绝吴路，[④]此浙东下海至淮上之路。唐太宗遣强伟于剑南伐木造舟舰，自巫峡抵江、扬，趋莱州，[⑤]此广陵下海至山东之路。汉武帝遣楼船将军杨仆从齐浮渤海，击

---

① 《孙子·军争》："五十里而争利，则蹶上将军。"

② 张京华《校释》：喻龙德，号实实子，明人。著《喻子十三种秘书兵衡》十三卷。

③ 事见《左传》哀公十年。

④ 事见《国语·吴语》。

⑤ 事见《资治通鉴》卷一九九。

朝鲜；[①]魏明帝遣汝南太守田豫督青州诸军，自海道讨公孙渊；[②]秦苻坚遣石越率骑一万，自东莱出(右)[石]径袭和龙；[③]唐太宗伐高丽，命张亮率舟师，自东莱渡海趋平壤；[④]薛万彻率甲士三万，自东莱渡海入鸭绿水，[⑤]此山东下海至辽东之路。汉武帝遣中大夫严助，发会稽兵浮海救东瓯，横海将军韩说自句章浮海击东越，[⑥]此浙江下海至福建之路。刘裕遣孙处、沈田子自海道袭番禺，[⑦]此京口下海至广东之路。隋伐陈吴州刺史萧瓛，遣燕荣以舟师自东海至吴，[⑧]此又淮北下海而至苏州也。公孙度越海(攻)[收][⑨]东莱诸县，侯希逸自平卢浮海据青州，[⑩]此又辽东下海而至山东也。宋李宝自江阴率舟师败金兵于胶西之石臼岛，[⑪]此又江南下海而至山东也。此皆古人海道用师之效。〔一〕

〔一〕【沈氏曰】《海防考》："江南之要害四：曰金山卫，以近迫海塘，北接吴淞口也。曰吴淞江，以苏、松二郡之要害也。曰刘家河，由太仓入犯之径道也。曰白茆港，自常熟入犯之要口也。

---

① 事见《史记·朝鲜列传》。

② 事见《资治通鉴》卷七二。

③ 事见《晋书·苻坚载记》。

④ 事见《资治通鉴》卷一九七。

⑤ 事见《旧唐书·东夷列传》。

⑥ 事见《史记·东越列传》。

⑦ 事见《资治通鉴》卷一一五。

⑧ 此句易误读。据《隋书·燕荣传》，是隋伐陈，以燕荣为行军总管，率水军自东莱傍海入太湖，以取吴郡。既破丹阳，吴人方立萧瓛为主，而燕荣复以步卒击擒萧瓛。

⑨ 事见《后汉书·公孙度传》。《刊误》卷下："'攻'，诸本同，原写本作'收'，误。"今据《后汉书》文本作"收"字，改回。

⑩ 按事见《新唐书·侯希逸传》。

⑪ 事见《宋史·李宝传》。

江北之要害三：曰新港，即三江口，以逼近扬州也。曰北海，所从以通新插港，又有盐徒聚艘于此也。曰庙湾，以其为巨镇，而可通大海口也。”翁大立言：“海防惟三策：出海会哨，毋使入港，此为上策。循塘拒守，毋使登岸，此为中策。出水列陈，毋使近城，此为下策。不得已而至守城，则无策矣。”

【陈总兵曰】天下沿海形势，从京师、天津东向辽海、铁山、黄城、皮岛，外对朝鲜。左延东北山海关、宁远、盖平、复州、金州、旅顺口、鸭绿江而抵高丽。左袤东南山东之利津、清河、蒲台、寿光、海仓口、登州而至庙岛、成山卫。登州与旅顺口南北隔海对峙，东悬皮岛，西匝两京、登莱，是为辽海。登州一郡，陡出东海，尽于成山卫，海船往盛京、天津者以成山为标准也。成山卫转西南，则靖海、大嵩、莱阳、鳌山、灵山而至江南海州，此皆登州西南之海也。海州而下，庙湾而上，则黄河出海之口。河浊海清，沙泥入海则沈实，支条缕结，东向纡长，潮满则没，潮汐或浅或沈，名曰“五条沙”。中间深处呼曰沙行。江南之沙船往山东者，恃沙行以寄泊，船因底平，少搁无碍。闽船则底圆，加以龙骨三段，架接高昂，搁沙播浪，立见碎折。更兼江浙海潮外无藩扞屏山以缓水势，东向澎湃，故潮汐之流比他省为最急。若乏西风开避，则舟随溜搁，靡不为坏。是以海舶往山东、两京，必从尽山对东开一日夜，避过其沙，方敢北向。是以登莱、淮海稍宽海防者，职由五条沙为之保障也。庙湾南自如皋、通州而至洋子江口，内狼山，外崇明，锁钥长江，沙坂急潮，其概相似。而崇明上锁长江，下扼吴淞，东有洋山、马迹、花脑、陈钱诸山接连浙之宁波、定海外岛，而嘉兴之乍浦，钱塘之鳖子，馀姚之后海，宁波之镇海，虽沿海相联要疆，但外有定海为之扞卫，实内海之堂奥也。惟乍浦一处滨于大海，东达渔山，北达江南之洋山，定海之衢山、剑山，外则汪洋，言海防者当留意焉。江浙外海以马迹山为界，山北属江，山南属浙。而陈钱外在东北，俗呼尽山。山大澳广，可泊舟百馀艘。山产水仙，海产淡菜。海盐贼舟每多寄泊，江浙水师更当加意于此。南之海岛由衢山、岱山而至定海，东南由剑山、长涂而至普陀。普陀直东之外，出洛迦门，有东霍山。夏月，贼舟亦可寄泊，伺劫洋船回棹。且与尽山南北为犄角，山脚水深，非加长碇缆不足以寄。普陀之南，自崎头至昌国卫，接联内地，外有韭山、吊邦，亦贼舟寄泊之所。此皆宁波郡属。自宁波、台州、黄岩沿海而下，内有佛头、桃渚、崧门、楚门，外有茶盘、牛头、积谷、鲎壳、石塘、枝山、大鹿、小鹿，在在皆贼艘出没经由之区。南接乐清、温州、瑞安、金乡、蒲门。此温属之内海。乐清东峙玉环，外有三盘、凤皇、北屺、南屺，而至北关，以及闽海接界之南关，实温、台内外海径寄泊樵汲之区，不可忽也。闽之海内自沙埕、南镇、烽火、三沙、斗米、北茭、定海、五虎而至闽安，外自南关、大嵛、小嵛、闾山、芙蓉、北竿塘、南竿塘、东永而至白犬，为福宁、福州外护左翼之藩篱。南自长乐之梅花、镇东、万安，为右臂。外自磁澳而至草屿，中隔石牌洋，外环海坛大岛，闽安虽为闽省水口咽喉，海坛实为闽省右翼之扼要也。由福清之万安，南视平海，内虚海套，是为兴化。外有南日、湄洲，再外乌丘、海坛，所当留意者，东北有东永，东南有乌丘，犹浙之南屺、北屺，积谷、吊邦、韭山、东霍、衢山，江之马迹、尽山是也。泉州北则崇武、獭窟，南则祥芝、永宁，左右拱抱，内藏郡治，下接金、厦二岛，以达漳州。金为泉郡之下臂，厦为漳郡之咽喉。漳自太武而南，镇海、六鳌、古雷、铜山、悬锺，在在可以寄泊。而至南澳，以分闽、粤。泉漳之东，外有澎湖岛三十有六，而要在妈宫、西屿头、北港、八罩、四澳。北风可以泊舟。若南风，不但有山有屿可以寄泊，而平风静浪，黑沟、白洋皆可暂寄，以俟潮流。洋大而山低，水急而流回。北之吉贝、沈礁一线，直生东北，一目未了，内皆暗礁布满，仅存一港蜿蜒，非熟习深谙者不敢棹至。南有大屿、花屿、猫屿，北风不可寄泊，南风时宜巡缉。澎湖之东则为台湾。北自鸡笼山对峙福州之白犬洋，南自沙马崎对峙漳之铜山，延绵二千八百里。西面一片沃野，自海至山浅阔相均，约百里。西东穿山至海约四五百里，崇山叠箐，野番类聚。建一郡，分四县。山川形势，生熟番性，蜂窠蚁穴，志考备载。郡治南抱七昆身，而至安平镇、大港，隔港沙洲直北至鹿耳门。鹿耳门隔港之大线头、沙洲而至隙仔、海翁隙，皆西护府治。而港之可以出入巨艘，惟鹿耳门与鸡笼淡水港。其馀港汊虽多，大船不能出入，仅平底之膨、四五百石之三板头船堪以出进。此亦海外形势，以扞内地沿海要疆。南澳东悬海岛，扞卫漳之诏安、潮之黄冈。澄海乃闽、粤海洋适中之要隘，外有小岛三，为北澎、中澎、南澎，俗呼为三澎。南风，贼艘经由暂寄之所。内自黄冈大澳而至澄海放鸡、广澳、钱澳，靖海赤澳，此虽潮郡支山入海，实为潮郡贼艘出没之区，晨远扬于外洋以伺掠，夜西向于岛澳以偷泊。而海贼之尤甚者，多潮产也。赤澳一洋，自甲子门南至浅澳、田尾、遮浪、汕尾、鲘门港、大星、平海，虽属惠州，而山川人性与潮无异，故于居中碣石立大镇。下至大鹏、佛堂门、将军澳、红香炉、急水门，由虎门而入粤省。外自小星、笔管、沱泞、福建头、大崙山、小崙山、伶仃山、旗纛屿、九州洋而至老万，岛屿不可胜数，处处可以樵汲，在在可以湾泊。粤之贼艘不但艍海舶，此处可以伺劫，而内河桨船、橹船、渔舟皆可出海，群聚剽掠，粤海之藏垢纳污者莫此为甚。广省左扞虎门，右扼香山。而香山虽外护顺德、新会，实为省会之要地。不但外海捕盗，内河缉贼，港汊四通，奸匪殊甚，且共域澳门，外防番舶，与虎门为犄角，有心者岂可泛视哉！外出十字门而至鲁万，此洋艘、番舶来往经由之标准。下接崖门、三灶、大金、小金、乌猪、上川、下川、戙船澳、马鞍山，此肇属广海，阳江、双鱼之外护也。高郡之电白，外有大小放鸡，吴川外有硇州，下邻雷州白鸽、锦囊，南至海安。自放鸡而南至于海安，中悬硇州，暗礁暗沙难以悉载，非深谙者莫敢内行，而高郡地方实借沙礁之庇也。雷州一郡，自遂溪、海康、徐闻向南(斡)[斡]出四百馀里，而至海安，三面滨海，幅阔百里，对峙琼州，渡海百二十里。自海安绕西北至合浦、钦州、防城，而及交趾之江平、万宁州，延长一千七百里。故海安下廉州船宜南风，上宜北风。自廉之冠头岭而东，白龙、调埠、州江、永安、山口、乌兔，处处沈沙，难以名载。自冠头岭而西，至于防城，有龙门七十二径，径径相通。径者，岛门也。通者，水道也。以其岛屿悬杂而水道皆通。廉多沙，钦多岛。地以华夷为限，而又产明珠，不入于交趾，是以亭建海角于廉，天涯于钦。琼州屹立海中，地从海安渡脉。南崖州，东万州，西儋州，北琼州，与海安对峙。琼山、文昌、乐会、陵水、感恩、临高、定安、澄迈沿海诸州县环绕熟黎，而熟黎环绕生黎，而生黎环绕五指岭、七指山。五指西向，七指南向。周围陆路一千五百三十里。府城中路直穿黎心至崖州五百五十五里，万州东路直穿黎心至儋州五百九十里。自海口港之东路沿海，惟文昌之潭门港，乐会之新潭、那乐港，万州之东澳，陵水之黎庵港，崖州之大蛋港；西路沿海惟澄迈之马袅港，儋州之新英港、昌化之新潮港，感恩之北黎港，可以湾泊船只，其馀港汊虽多，不能寄泊。而沿海沈沙，行舟实为艰险。内山生黎，岚瘴殊甚。吾人可住熟黎，而不可住生黎。生黎可住熟黎，而不可到吾地。熟黎夹介其间，以水土习宜故也。此亦海外稍次之台湾，惜乎田畴不广，岁仰需于高、雷。虽产楠、沈诸香，等于广南，甲于诸番，究非台湾沃野千里所可比拟。

【程方伯曰】粤东山陬海澨，蜑猺杂处，为从古盗贼充斥之地。我朝痛加剿戮，以次平定。百数十年来，休养生息，民物滋丰。逮乾隆五十四、五年，盗贼复起。缘安南黎氏衰微，阮光平父子篡立，兵革不息，国内空虚，招致亡命，崇其官爵，资以兵船，使其劫掠我商渔以充兵饷，名曰采办，实为粤东海寇之始。其时太平日久，水师懈弛，缉捕不力，商渔失业，从贼者多。地方官亦不能杜渐防微，而接济、销赃诸弊无地不然。洎乎光缵既亡，群盗无主，争为雄长，遂蔓延不可制。若今之乌石二总兵，保东海、八阿婆带诸贼，皆安南巨盗陈天保、莫观辅等之头目也。嗣是以来，添造战船，命将出师，已二十年，而盗贼如毛，讫无成效。统计一岁之中，我之擒贼极多不过千馀名，而贼首沿海一招，从者如蚁。船只不待打造，皆得自商渔；食货不待经营，皆得自劫掠。海洋熟若门庭，波涛安如平地。我师转形怯懦矣。兵去则分据各港，无求不获；兵来则连帮抗拒，莫之敢撄。我师转形困瘁矣。又以海船全凭风力，风势不顺，虽隔数十里，旬日半月犹不能到也。是故海上之兵，无风不战，大风不战，大雨不战，逆风逆潮不战，阴云蒙雾、日晚夜黑不战，暴期将至、沙路不熟、贼众我寡、前无收泊之地，皆不战。及其战也，勇力无所施，全以大炮轰击，船身簸荡，中者几何？幸而得胜，我顺风而逐，贼亦顺风而逃，一望平洋，非如陆地之可以伏兵获也。东西南北，惟其所之，非如江湖之可以险阻扼也。必其船伤行迟，环而攻之，贼匪计穷，半已投海，然后获其一二船，而馀船已飘然远矣。倘值日暮，贼从外洋逃遁，我师不敢冒险，势必回帆收港。故其殄灭最难，非大加振作，未易即平。章自效力四年，三次出洋，亲冒矢石。于风涛之壮厉危险，海道之难易远近，各股贼匪之大小强弱，与夫官兵之辛苦才否，粗知大略。谨撮为筹办海匪事宜若干条，以备采择。一、战船宜派本管之武弁监修也。从前修造船只，皆用出洋弁兵监修，工程尚属实在。嗣因有不肖弁兵需索匠人，遂罢弁兵，专用文员督造。工竣，禀请验看，合式即令武弁接收。费用虽稍减于前，而工料实不如旧。盖船工最为深微，固与不固，非一时外观可得而尽。一出大洋，巨浪掀簸，真形毕现矣。章前因带领红单船百号出海，与舟师相从两月，见各船日夜戽水数百桶，毋怪其沿海停泊而不得力也。夫船者，官兵之城郭、房室、车马也，船果坚实，以战则勇，以守则固，以追则速，以冲则坚。反是，则忧沈溺覆亡之不暇，安望获贼？忆在洋时，见林总兵座驾海安四号一船，坚致牢实，行走快捷，贼匪望而生畏。询之，为蔡廷芳监造。可知监工得人，一船可收数船之用，不宜因一二弁不肖，遂谓人人皆然也。应请将船只次第撤回，彻底兴修，即派该管弁兵监修，彼其身命所关，自不听匠人偷工减料。如有需索，指名揭参。至于料价，必稍增益，应由藩库发足，勿令承修之员赔累，而后工程可固。此为剿贼第一要务。一、篷索、碇舵、桅木宜加料制备也。海中浪起，船如升天，浪落，船如坠地，一物不固，即有覆溺之忧。忆与舟师相从东西洋面三千馀里，一遇大风，舟师即有折桅者。一船折桅，全军失色，虽贼船唾手可得，亦必舍而收港，又不可弃以资贼，必求木易之,三四日工乃竣,而贼已从容遁矣。行三五日,追贼将及,桅坏复然。所以出师两月,不获一贼也。应请于篷缆碇舵加料修备,并每船多给篷席绳缆一付,以备不虞。灰麻油钉,事事宽为预备。其头大桅尤关紧要,即不能全用坚完大木,亦须镶帮结实。此皆官兵性命所系,不可忽之为细故也。一、战具宜逐件精良也。海战莫烈于炮,以大为贵。从前贼见官船,奔避不战,为炮少也。数年来,劫我炮台,虏我官船及商夷船只,炮位已不可胜用矣。其大者至四五千斤,我师之炮大者不过二三千斤,势不如贼,所幸兵丁施放较贼精熟。惟须多备铁钉,参差束缚,大如炮口,令于近贼时入炮施放,一发可伤数十人,比炮子更烈。此外如藤牌、鸟枪、长刀、短刀、竹枪之类,均须备足。至过船拿贼,莫妙火攻,但我用火,贼亦用火,必我之火倍烈倍速,然后我先烧贼,而贼不能烧我。闻前浙江李提军别用小船预贮硝黄柴草,临时发火,驶烧贼船,此古法也。惟是海上风涛迅厉,火船未必便能近贼。即近矣,贼以长竿撞拒,浪头一涌,各开数丈,断难得力。莫若仍照今法,用火罐喷筒为良。查贼船火罐受药五六斤,喷筒大径四寸馀,长八九尺。我师火罐受药不过二三斤,喷筒大不过径寸,长不过二三尺,何以胜贼?应请制造亦如贼式。罐筒之中加辣椒、川乌、斑蝥虫等末,毒烟所到,贼已昏倒,惟制造须密,勿使泄漏。更有火桶、火斗二物,受药愈多,火焰愈烈,须令多为预备。于逼近贼船时携上头桅,奋力遥掷。其抛掷火罐亦须上桅,方能及远。三者之用,死生胜败决于须臾,必习熟精练,方能先发制人。但得二三件及贼,贼必纷纷投水,其船可得矣。一、战兵应请添配也。向例捕贼米艇,大船配兵六十名,中船五十名,小船四十名。数原不少,惟是米艇长大,每船掌舵六七人,管头篷八九人，管大篷十馀人。又每船炮位多者十七八位，少者十二三位，每位派兵三名，数恒不敷，其火罐、喷筒、藤牌、鸟枪等物，往往不能兼顾。倘遇贼匪穷而相搏，后船接应不及，兵丁慌乱，辄先跳水，从前覆辙可鉴。而贼匪小船六七十人，中船八九十人，大船百二三十人，其盗首船必百七八十人。每见我师追及贼船，见其枪刀林立，辄不敢过。盖欲过贼船，必先保护本船，过船人少则不能杀贼，而反见杀于贼，过船人多则本船空虚，贼乘虚而入，必致失事。故用兵以来，获贼不少，而著名盗首从无一获，皆原于此。凡盗首之船，财货充积，兵丁岂不思获？无如众寡悬绝，故惮而不前也。夫擒贼必先擒王，得王而馀党可散。嗣后请大船配兵百名，中船八十五名，小船七十名。人数既多，军心自壮，而后贼首可擒。至水师不敷配拨，应即募谙练乡勇，令弁兵随事教导，亦可得力也。一、战船须常加燂洗也。海水醎涩，船底易生蠔壳，民船每月必燂洗油刷一次，贼船亦然。今师船洗而不燂，或燂而不油，故行每不若贼船之速。总因弁兵贫乏，无项可支，应请酌给燂费，俾得乘间燂油。其船身红黑颜色亦须加染鲜明，旗帜亦要整肃，庶军容壮而驾驶亦灵也。一、海岸防守盘查各事应请责成巡道也。接济销赃，最为诡密，非长住海岸，不能得其情伪。巡道职任监司，分尊事简，应请会同镇将，督率所属，常住海口，实力奉行。一切食用夫马，别筹公费，毋累地方官。如果用得其人，则行间谍，买耳目，募死士，于风雨晦冥之夜，火焚贼船，诸事皆可与将官相机而动。又州县所管洋面，少者百里，多者数百里。一人之耳目精神势难周到。应由巡道派委佐贰杂职，分段经管，给与月费，协同地方官弁，小心防范。凡出海船只，逐一搜查，如于自备食用外，多带柴米、木料、钉灰、油麻、蒲席、绳缆等物，及夹带硝黄、火药者，即行拿究。入口时，查明有无销买贼赃。仍分别勤惰，以为黜陟，于防守斯为得力。惟是口岸之接济易查，而荒村之接济难查，日间之接济可查，而夜间之接济不可查。因地制宜，雇募船只，联绅士耆老为耳目腹心，是则在地方官之能事者。一、保甲之法宜实力奉行也。古法莫良于保甲，地方官非不遵行，但无精神贯注，则究于事无济。彼盗匪之米布、硝磺、篷索、麻油、枪刀等物，何一不由奸民接济？保甲果行，夫岂有此？若辈贪盗利，条告不足禁，教化不足格，惟威之于刑，庶几知敛。迩来法网恢恢，非惟同保不坐，即正犯亦多幸免。盖缘接济销赃之人必小有资财，一经到官，囚徒隶役之辈或者阴授以旨，往往翻供释去，此办理接济之所以难也。应请饬令地方官实力编查，一有犯者，诛其人，没其家，毋稍姑息，惩一儆百。至于荒凉寂寞之地，尤为盗贼窝巢，地方官之威权法令穷而莫用，则保甲又属空谈，非大加厘剔，恐未易转移也。一、乡勇宜团练也。水师出捕，内地转觉空虚，恐盗匪饥穷，乘间入劫。应请于拨兵贴防之外，饬地方官委员，督率绅士约保团练乡勇，频加点阅，器械俱要整齐，一有盗警，严密堵御。如有应设炮位之处，备价申请。果其堵御有方，盗匪自不能入，则盘查接济、销赃等事亦易为力也。一、沿海船只宜一例编查也。接济、销赃，非船不行，议者谓禁止出洋，则盗风自息。其论自正。惟是粤中人多田少，半食鱼盐之利。概行禁绝，则贫民无以为生，从贼益众。况其势亦不能悉禁。要在地方官于所属商渔盐船，一体照例印烙编查，十船为甲，互相保结，给与印照，出入口岸塘汛，逐细查验。所有蜑艇、渔船，夜间不许留宿口外。至滨海乡村，小船出入不由塘汛者，尤为接济销赃之具，盗匪所在，趋之若鹜。应令地方官择立殷实之人，以为船总，责其访查，夜间总系一处。有不遵者，破没其船；通同作弊者，诛无赦。一、硝磺宜禁私买也。接济之害，米粮之外，火药为最。闻盗匪购买硝磺，自行制配。粤东濒海湿热薰蒸，远年墙土皆可煎熬成硝。而硫磺则不能处处皆产，防维较易。昔往惠、潮、嘉应一带密查，曾于丰顺县雁洋迳地方，会同揭阳令查得磺坑一区，当经禀请封禁。又访英德县磺厂，官磺之外多有私卖，亦即禀请移知南韶连道，严密查禁。数年来，盗匪购买颇难。诚恐日久疏防，为祸不小，应饬地方加意查拿，一有私卖，立置重典。一、海上商盐船只应请护送，禁止散行也。盗匪多劫一船，即我师多受一船之害。其财货可食数月，其船只可用数年。所不用者，勒取米粮、布帛，猪鸡，硝磺等物，听人赎回。愚民罔顾法纪，潜购以往，地方官无从稽查。惟红单船与贼为仇，其东西两路商渔盐船，多向贼匪纳银打单，故得散行无忌，而接济销赃，即寓其中。此害之大者也，应请查禁，毋听散行，总须汇齐数十号为一帮，就近申请师船顺便护送。如有散行者，一体拿究。如此则盗贼内无接济，外无劫掠，不击自败矣。

海运

唐时海运之事，不详于史。盖柳城陷没之后，至开元之初，新立治所，【原注】《唐书·地理志》："营州，柳城郡。万岁通天元年，为契丹所陷。圣历二年，侨治渔阳。开元五年，又还治柳城。"**乃转东南之粟以饷之耳。及其树艺已成，则不复资于转运，非若元时以此为恒制也。《旧唐书·宋**【原注】《通典》作"宗"。**庆礼传》：张九龄驳谥议曰："营州镇彼戎夷，**

扼喉断臂，逆则制其死命，顺则为其主人，是称乐都，其来尚矣。往缘赵翙作牧，驭之非才，自经隳废，便长寇孽。大明临下，圣谋独断，恢祖宗之旧，复大禹之迹，以数千之役徒，无甲兵之强卫，指期遂往，禀命而行。于是量畚筑，执鼛鼓，亲总其役，不愆所虑，俾柳城为金汤之险，林胡生腹心之疾。寻而罢海运，收岁储，边庭晏然，河朔无扰。与夫兴师之费、转输之劳，较其优劣，孰为利害？"此罢海运之一证。〔一〕

〔一〕【谢占壬曰】海运法，一曰古今海道异宜。操舟航海，自古有之，而要其大旨，今胜乎古，近今更胜于前。其故无他，在舟师之谙与不谙而已。夫江南海船之赴天津、奉天，所经海道如吴淞口外之铜沙、大沙、三角沙、丁家沙、阴沙、五条沙，皆涨于水底，贴于西岸，而沙脉之东，海面深阔无涯，舟行至此，只须向东开行，以避其浅。谙练者，定之以更香，辨之以泥色，量风潮之缓急，测海面之程途，趋避原有适中之方，所谓驾轻就熟也。不谙者，或避之太过而迂远焉，则遇风而骤难收岛；或避之不及而浅搁焉，则弃货以保人船。针向差以豪厘，路程谬以千里。此古疏而今密者一也。又如登州所属之石岛、俚岛、鸡鸣岛，威海卫之罘岛、庙岛，皆耸列海滨，环抱内港，舟行至此，或遇风潮不顺，皆可进港守风。谙练者，知各岛门户之浅深，各门潮溜之顺逆，转旋有法，行止从容。不谙练者，船近山边，不知进退，水山相激，最易疏虞。此古生而今熟者二也。前代天津、奉天通商未广，江南海船多至胶州贸易，不过登州，登州海面无从习练。故前明海运南粮，乃自江南出口，运至胶州，仍用漕船，由山东内河二千馀里运至登州，再装海船转运天津，是一米而三易其船，一运而三增其费。且无论靡费劳工，诸多未便，而头绪纷繁，弊端百出，程期愈远，耗散愈多，皆不可以为恒计也。苟使畴昔舟师亦能熟识海道，则从江南运至胶州，已经绕出浅沙，经过黑水大洋，海程已历二千馀里，如欲直上天津，不过再远千里，且有沿途岛岸可以安歇守风。何以已过险远之外洋，反避平恬之内海？可知未阅登州潮汛，不知潮溜之盘旋，未历登州海岛，不谙岛门之深浅，宜其寸步难行也。自康熙间大开海道，始有商贾经过登州海面，直趋天津、奉天，万商辐辏之盛，亘古未有。从此航海舟人互相讲究，凡夫造舟之法，操舟之技，器用之备，山礁沙水趋避顺逆之方，莫不渐推渐准，愈熟愈精。是以数十年前江浙海船赴奉天贸易，岁止两次，近则一年行运四回。凡北方所产粮豆枣梨之类，运来江浙，每年不下一千万石。此海道安澜迅速，古今利钝悬殊，又可想而知矣。然则元、明行之而不久者，限于人力。至于我朝而筹海运，则地势人工，均超千古，似未可以前代情形引为比例也。二曰行船提要。江南海船赴天津路程，必由吴淞江出口，至崇明南佘山向东北驶，过浅沙，而至深水大洋，朝见登州山岛为之标准，转向西行，以达天津。所经江南洋面水不甚深，随路可寄碇歇息。入山东深水大洋，无沙礁浅搁之虞，可以畅行，无须寄泊。自登州以至天津，沿途山岛均系统连内地，皆有营汛弹压，倘遇风潮不顺，随处可以安歇守风。江南海船名曰沙船，以其船底平阔，沙面可行可泊，稍搁无碍。常由沙港以至淮安贩蟹为业，是以沙脉浅深最为娴熟。沙港者，沙间之深沟也。浙江海船名蜑船，又名三不像，亦能过沙，然不敢贴近浅处，以船身重于沙船故也。惟闽广海船底圆面高，下有大木三段贴于船底，名曰龙骨。一遇浅沙，龙骨陷于沙中，风潮不顺，便有疏虞。盖其行走南洋，山礁丛杂，船有龙骨则转湾趋避较为灵便。若赴天津,须先至江南尽山停泊,等候西风,向东开行一日,避出浅沙,北行方保无虞。故赴天津、奉天,岁止一次。如运漕粮,但雇江南沙船足可敷用。盖各省之海面不同,船式器具亦因而有别,而操舟之法,器用应手之权,亦各有所精,非局外者所能悉其窾要也。三曰四时风信。海船自江南赴天津,往来迟速皆以风信为准绳,而风信则有时令之不同。春季西北风少,东南风多,自南至北约二十日。自北至南逆风,不能驾驶,须待秋后北风,方可返棹。秋季北风多,南风少,自南至北约一月,自北旋南约二十日。冬季西北风司令,自南至北则不能行,自北旋南半月可到。此四时风信之常度也。或随路进岛候风,即有差迟,至多不过一月。内河行船必须顺风,且一遇狂飙,逼处两岸,尤易损船。外海宽敞,但非子午逆风,均可掉戗驾驶,虽遇狂风,大洋无山岸冲撞之虞,不能为患。惟外国洋船大较数倍,错过顺风,寸步难行,待次年顺风时候方可扬帆。至于暴风,亦有暴期定日,随路可以守岛回避。假如初十日是暴风期,初一日船在江南,看天气晴明而有顺风,便可扬帆开驶,三五日间,即可驶至山东石岛,收停岛内,以避暴期。夫风信自南、北、东、西正方之外,兼以东南、东北、西南、西北,共计八面。海中设逢风暴,所忌者惟恐单面东风,飘搁西岸浅处为害。此外七面暴风,或飘停北岛,或收泊南洋,或闯至东海,候风定而回,皆可无害。则是四时之风信厥有常度可揆,四时之风暴亦有定期可据,占法可参,而不知者概谓风波莫测,非习练之言也。四曰趋平避险。夏至后南风司令,海船自南赴北,鲜有疏失。立秋后北风初起,自北旋南,亦鲜疏虞。春季四面花风,不比冬季朔风紧急,设有疏虞,约在千中之二三。冬季西北风当令,自南向北则不能行。自北向南，或遇东风紧急，飘至浅处，将船中货物抛弃数成，船载轻松，便可无恙者有之；或至西岸沙脉极浅之处，搁漏损伤者有之；或遇西北狂风，飏至外国、数月而返者亦有之，盖在百中之一二焉。此惟商贾乘时趋利，重价雇船，不得不冒险赶运。如运漕粮，则不在狂风险阻之时，只须夏季运装，可保万全。谚云："夏至南风高挂天，海船朝北是神仙。"言夏至以至立秋，计有四十馀日当令之南风，一岁中履险如平，在斯时也。五曰防弊清源。浙江海船水手均安本分，非同游手。每船约二十人，各有专司，规矩整肃。盖其生长海滨，航海经营，习以为常，亦犹乡人之务农，山人之业樵焉。又皆船户选用可信之人，有家有室，来历分明。假使伤损一船，商货价值五六千金，船价亦值五六千金，无不协力同心，互相保重。不知者或恐货被盗卖，伪为人船尽失。夫货或盗卖，船可藏匿，船册上有名姓、年貌、箕斗之舵水人等二十名，终不能永匿而不出。或恐捏报船货失于内洋，人自海边登岸。既可登岸，则可就近报明营汛保甲，查验损船形迹。或恐捏报船搁浅沙，将货抛卸海中，以保人船。此惟冬季朔风紧急，偶或有之，亦必有前后众船消息可稽，若运漕粮，不在冬季狂风险逆之时，万无此事。总之船户各保身家，舵水人等亦各有家眷保人递相牵制，倘有情弊，一船二十人之口角行踪，万无不露之理。是以商贾货物从无用人押运，惟以揽载票据为凭，订明上漏下湿，缺数潮霉，船户照数赔偿。惟风波不测，则船户、商家各无赔抵。今如装运漕粮，设有缺数潮霉，即可照商例赔偿。其风波不测一端，夏季顺风，赴北本无此患。然而官事章程必归画一，方为万全。因思内河运船到北时日久长，沿途耗米必多，而交卸正米之外尚有升合盈馀。外海运北，毫无耗散，则馀米数目自必更多。万一风波不测，即约以众船馀米均摊赔补，不但轻而易举，亦且有盈无绌，兼可使众船互察弊端，极为周密。至于南装北卸，自有官司弹压。岛址暂停，亦有营汛稽查。各省沿海口岸皆有关防，海船进出必验船牌来历，奚容豪发隐瞒？或恐船数众多，散漫无稽，则可册编某户之船，定装某县之粮，分县稽查，尤为简单。更有经过牙行，堪作众船保领，自无虞其散漫无稽也。六曰海程捍卫。方今圣人敷治，寰海肃清。商贾往来，均沾乐利。某航海经营，窃见南洋营汛防御森严，北省海程更资捍卫。盖以闽、浙、广东三省海面悬山丛杂，水不甚深，若战船缉捕，易于躲避，是以昔年洋匪滋扰，皆在南洋。江苏洋面均有沙脉，匪徒船底皆有龙骨，一经营船追捕，匪船陷入沙中，寸步不能逃遁。故前此洋匪未靖，江浙商船赴北运货，皆到江苏运售，不敢载回本籍，此匪船不过江南之明证也。昔年偶有窜北者，非因战舰严追，即被暴风飘至，冒险逃命，苟延旦夕而已。山东洋面均系深水大洋，东向渺无涯际，无处避风。西岸山岛统连内地，海船出入必有营汛稽查，匪船无照不敢泊停岛内。悬海飘飏，一遇狂风，无从托足。天津则有黄盖坝以守门户，利津则有牡蛎嘴以作咽喉，奉天地势东抱旅顺，南对登州，堪作海防关键。此四省洋面天然之保障也。或虑外番市舶潜上北洋游逸，不知外番水土仰给中华药物，以养命者急于水火，方皆感惧不遑，奚敢潜游犯法？且其所经海面如七洲、沙头、清水、泻水、万里长沙、千里石塘，皆属海中极险之区，非船身巨大，不能驾驶。而船身既大，行走必迟，我国家战舰商船便捷如飞，利钝悬殊，防御尤易。至其分驾散船，在闽广浅洋犹可齐驱并驾，若至北海大洋，断难鱼贯而行。即如江南商船，同日扬帆出海，虽有百号之多，次日一至大洋，前后左右四散开行，影踪莫指，直至朝见登州山岛，方能进岛会齐。而巡缉营船星罗棋布，常在岛外巡查，不容匪船混迹，此海面之辽阔，捍卫之森严，可想而知矣。如运漕粮，必欲筹及万全，只须江南战舰在江浙交界之尽山防护。南海悬山至此而尽，故名尽山。中抱内港，或恐匪类潜藏。此外直至天津，并无悬海山岛可以潜匿者。即登州紧对之大钦、小钦、大黑、小黑、大竹、小竹等山，皆系海面孤山，并无环抱内港，四面受风，不能停泊。且与登州近在咫尺，登镇哨船巡查最密。或谓粮运大事，虽北洋无须为护送之计，而国家体制亦宜有官兵押运。为稽查船户之需，似只须粮道大员、运粮千总以及各省水师千把百员，各省水师壮兵千名，分船押运，足资弹压。兼可使水师后进新兵习娴海性，经历波涛，实于海防大有裨益。七曰水脚汇筹。江浙两省商船，迩年陆续加增，择其船户殷实、杠具坚固者，足有一千馀号。大小统计，每船可装仓斛南粮一千馀石。至于水脚价目，原有贵廉不齐，大抵随货利之厚薄定水脚之重轻。数十年来雇船大概情形，极贵之时，每关石计水脚规银三两，每两折实钱六百七十六文。每关担计仓斛二石五斗有零，合计每仓斛水脚实钱八百十文。盖水脚每石三两，间有是价，而银非足银，斗非仓斗，不可不明辨也。其每年揽载商货可运三四次不等，今如夏季顺带便装漕米一次，每仓石酌与水脚若干，春秋冬三季仍可运装商货三次，统计所获水脚价银，仍如统年运商货四次矣。惟必须每年春季准其先运商货一次，立夏前后必可如期回南。夏至以前将江浙等处粮米驳至上海，装下海船，陆续开行。至大暑节必可齐到天津，停泊海口，即用官备驳船卸存天津北仓，再为转驳通仓。处暑以前务使海船扫数回空，使其再装秋冬两次商货回南，庶官商并运，两无延误。盖彼船户之所深虑者，惟恐装卸漕粮迁延日月，错过顺风时令，以为一年仅行两次，则所获水脚价银不敷水手辛工及添补杠具之用。又虑南地兑粮米色不干，到北交卸升斗不敷，天津驳运通仓不知作何经理，一切章程茫无头绪，此所以有畏难不前之势也。殊不知升斗例有盈馀，驳船自有官备，南装北卸自可刻期赶紧，兑漕米色定例干圆洁净，而海船顺风运北为日无多，既无耗散，亦不蒸霉，且可安插气筒，露风透气，各令包封样米，可期一色无差。果能立法之初，官事民情妥为参议，予以平允，则船户莫不踊跃趋从，始终遵奉。且殷商富户将必有添造海船以觅利者，虽全漕亦可装运。如现在商船暂时赶运，全漕则须春夏两次装运，方资应用。至于东、直两省所需南省货物，内河减运之后，海船装带南货，趋利如飞，更必易于充裕。即逢北地歉收，南省丰稔之时，更可额外添运川、广、台湾米石源源接济，尤为迅速。所虑者事固难于图始，又更难于成终。如果雇船运粮，装卸日期必须限定，节气勿令逾期。若使日久弊生，南北胥役需索陋规，驳船装卸辗转延迟，给与水脚扣色减平，种种侵肥，必致公私两误，甚至该船殷户求为无业之穷民而不可得，又不可不预为防及也。八曰春夏兼运时日。海船运漕，夏季最为便捷。如欲权时赶运全漕，惟有春夏两次运装。其装粮时日，须在年内兑粮，陆续驳装海船，新正一齐开放，迨天津开冻后必可到齐。驳卸天津北仓，限以一月卸通。至谷雨节，海船全数回空，赶赴关东运装客货。至小满节必可如数回南，再装漕米。夏至后赴北，立秋以前又可到齐天津交卸，仍限一月卸通。白露节回空，再运关东客货。如能九月内到南，尚可赴山东近处赶装客货。年底全数回南，再装次年漕米。则海船更有裨益矣。

【施彦士曰】以今日而筹海运,其至便者有四,其无可疑者有四。昔邱濬虑海道不熟,拟募渔户造艘,往返十馀次,以寻元人故道。隆庆间,王宗沐以不习海道,有莺游山之失。崇明沈廷扬,生长海上,犹抗疏三上,始行踏勘小试,以渐加增。今开海禁百三十馀年,江浙滨海多以船为业,往来天津,熟习有素,皆踏勘之人,即皆历试之人,无庸别募屡试。其便一。昔人拟于昆山、太仓起厂造船,然一经官造,率虚器不堪用。今沙船大者二三千石,小亦千馀石不等,募其坚致牢实,百无一失,无庸别造。其便二。又漕运多置攒督官员,今即择船户殷良者督之,无庸别委,反多掣肘。其便三。其雇价似可照沈廷扬议,每石二两六钱,折合苏石,六百馀文。即以造船银及旂丁行粮给之,已省其大半,无庸别开帑藏。其便四。然而有疑大洋之险,或不免漂溺者。不知商民往来海外,遭覆溺者百不一二,又率在秋冬。若春夏二运,南风甚利,至为稳当。况兑粮时原有每石加耗,今可量裁之,取一斗与船户,以备各船通融赔补,而正额万无一失。其无可疑一也。然而有疑改运后旂丁难于安置者,不知朝廷签丁所以济运,非为丁无生计而以漕运济之也。况变通之初,即事有渐,近海如苏、松、常、镇四十七帮,约计军船二千四百馀只,每年约须造船二百数十只,今先举二百馀船米数由海抵通,而省该丁造船劳费,仍给月粮,休归军伍,或别开屯田,俾安耕凿,以渐转移,有何不便?其无可疑二也。前嘉庆十六年筹办海运,督抚以十二不可行奏覆,所云头号沙船不过五六十号,每船不过带米四百石。此乃有意从少而言。若实计全数,则沙船大者二三千石,即慎重正供,七分装载,亦可装一二千石,况其馀次号沙船力胜一千馀石者,亦不下千有馀号。其无可疑者三也。至所称带米四百石，须水脚一千馀两，盖就前明沈廷扬所议每石二两六钱计之也。若就现在民价，每石一两四钱，每两折钱六百三十文，合足钱八百八十二文。而关东一石当江苏二石五斗，则苏石只须钱三百馀文。即极贵之价如沈议二两六钱者，折合苏石亦止须钱六百馀文。况现定价值酌议加增，有不踊跃从事者乎？其无可疑者四也。其所可虑者，盖不在受载而在卸裁，恐斛手舞弊也；不在水力短少而在胥吏需索，恐浮费无穷也。诚俾船户知随到随卸，绝无抑勒稽留，方且争先恐后，而何海运之不可行哉？至程志忠所禀五条沙之险，盖为尖底闽船言之。若平底沙船，远在沙外往来，过成山时，风利不必泊，无风可以守风，绝不闻沙船畏其险也。沈廷扬有言："耕须问奴，织须问婢。而以海道问诸素不习海之委员，其可据乎？"

【阮阁部曰】海道如果行，则浙江之粮当从何处起运？或疑即由杭、嘉、宁、台诸府入海，而不知非也。案此事《元》、《明》两史虽未明言，然以事迹核之，似皆运至太仓刘家港上海船启行。考史：至元二十二年，以军万人载江淮米泛海，由利津达京师。又二十五年，以前江南米陆负至淮安，易闸七，然后入海，则其时尚未全用刘家港海道。迨武宗至大四年，以江东宁国、池、饶、建康等处运粮，率领海航，从洋子江逆流而上，江水湍急，又多石矶，走沙涨浅，粮船易坏；又湖广、江西之粮运至真州，泊入海船，船大底小，亦非江中所宜。于是以嘉兴、松江秋粮，并江淮、江浙财赋府岁办粮充运，此乃全用刘家港入海之始。自后海运之船总泊于此。故至元十四年十一月，诏江浙等处粮尽数赴仓候海运，则刘家港当自有仓，浙江断无别自赴海起运之理。且元末方、张之乱，史特书诏遣兵部尚书巴延特穆尔①、户部尚书齐履亨,征海运于江浙。先由海道至庆元抵杭,率海舟候于嘉兴之澉浦,而平江之粟展转以达杭之石墩,又一舍而后抵澉浦,乃载于舟。海滩浅涩,躬履艰苦,则前此之不由斯道可知。虽其后户部尚书贡师泰以闽盐易粮,由海道运京师,或仍由此处,然皆多事之秋,其实非本意也。明太祖洪武元年,命征南大将军汤和造舟明州,运粮输直沽。又二年,令户部于苏州太仓储粮,以备海运,供给辽东。五年,命靖海侯吴桢督海运,总舟师数万,由登州饷辽阳。此皆兵戈中权宜之制,故入海处不一。然大局亦只由太仓,故《万历会计录》云:“永乐元年,令江南民粮悉运太仓州,于平江刘家港用海船绕出登莱大洋,以达直沽。”改昆山州为太仓卫,当亦由此。

【陶宫保曰】海运与河道相表里。《禹贡》载扬州贡赋,沿海达淮,冀州夹右碣石入海,即海运之始。秦、唐虽亦偶行,其道难稽。明则由胶莱内河转般登州,实为劳费。惟元代海运最久,寻因其路险恶,别开生道。明人沿屿求道,非礁即浅,无怪其难,自不若元代所开生道,即今沙船所行吴淞口至十滧一路为宜。而由此运米入海,实创自今年。第属初行,不敢不倍加慎重,详加询问,证以纪载,得其径道。至于大洋浩瀚,本无畔岸,虽舟人定以更香,验以水色,格以针盘,究难确指其道里数目。惟有就西岸对出之州县汛地比照核计,不相径庭。其小岛微屿亦难尽载,谨摘叙大凡,略分段落,并绘图贴说焉。第一段,自上海县黄浦口岸东行五十里,出吴淞口入洋,绕行宝山县之复宝沙,迤至崇明县之新开河,一百一十里,又七十里至十滧,是为内洋,可泊船,为候风放洋之所,崇明县地。第二

① 《元史》作伯颜帖木儿。

段，自十溆开行即属外洋，东迤百八十里至佘山。一名蛇山，又名南槎山，系荒礁，无居民，不可泊，但能寄碇，为东出大洋之标准，苏松镇所辖。第三段，自佘山向正北微偏东行，至通州吕泗场对出之洋面，约二百馀里，水深十丈，可寄碇。从此以北，入黑水大洋，至大洋梢对出之洋面，约百四十里，狼山镇右营所辖。又北如皋县对出之洋面起，至黄沙洋港对出之洋面，约二百六十里。又北泰州对出之洋面起，至黄家港对出之洋面，约二百二十里，狼山镇掘港营所辖。又北至斗龙港对出之洋面，约二百里。又北至射阳湖对出之洋面，盐城营所辖。又北至黄河口对出之洋面，庙湾营所辖，均百二十里。黄河口稍南有沙埂五条，宜避之。又北至安东县灌河口对出之洋面，约九十里，佃湖营所辖。又北至海州赣榆县鹰游门对出之洋面，约一百八十里，东海营所辖。计自佘山至鹰游门一千五六百里，统归狼山镇汛地。凡舟过佘山，即无岛屿可依，用罗盘格定方向，转针向北略东行。如东南风则针头偏东一个字，如西南风则针用子午。江南佘山与山东铁槎山遥对，谓之南槎、北槎，行船应用子午正针。因江南云梯关外迤东有大沙一道，自西向东，接涨甚远，暗伏海中，恐东风过旺，船行落西，是以针头必须偏东，避过暗沙，再换正针。此沙径东北积为沙埂，舟人呼为沙头山。若船行过于偏东，一直上北，便见高丽诸山。故将近大沙，仍须偏西，始能对成山一带也。第四段，过鹰游门，往北即山东日照县界，山东水师南洋汛所辖。又北至文登县之铁槎山，自佘山至此始见岛屿。又北至文登县之马头嘴，入东洋汛界。经由苏山岛、靖海卫及荣成县之石岛养鱼池。石岛居民稠密，可泊，惟岛门东南向，春时乘风易入难出。自鹰游门至石岛约六百馀里，虽以针盘定方向，犹须常用水托。水托者，以铅为坠，用绳系之探水取则也，每五尺为一托。十滧开船试水，自十托至二十托上下。行过佘山，试水均在三十托上下。顺风二日馀，均系黑水，再试至十托上下，即知船到大沙洋面。行过大沙，试水渐深，至五十托上下。视水绿色，则系山东洋面。顺风再一日，试水二十托上下，水仍绿色，遥望北槎及石岛一带，山头隐隐可见。再行半日，即至石岛洋面。此赴北一定针路也。第五段，自石岛至俚岛洋面约百六十里，俚岛至成山洋面约百四十里，俱荣成县地，为南北扼要之所，可泊，水绿色，针盘仍用子午略偏东。从成山转头，改针向西略北，入北洋汛界。至文登县之刘公岛约百馀里，又西至威海卫百馀里，又西至福山县之之罘岛百馀里，又北至蓬莱县之庙岛二百馀里。自石岛起至庙岛止九百馀里。之罘岛西北一带有暗礁，船行偏东以避之。又庙岛之东有常山头浅滩，宜避，试水在十五六托至二十托不等。船至庙岛，以东南风为大顺。计东省洋面一百零五岛，中有二十五岛为海道要地，而庙岛尤大，可以停泊。第六段，自庙岛过掖县小石岛，即入直隶天津海口，约九百里，针对大西偏北，沿途试水在十四五托，再至六托上下，水黄色，水底软泥，可抛锚候潮进口。约计海口逆流挽纤百八十馀里，即抵天津东关外。计自吴淞口出十滧，东向大洋，至佘山，北向铁槎山，历成山，西转之罘岛，稍北抵天津，总计水程四千馀里。

【又曰】古来海运，如《禹贡》碣石入河。秦起黄、腄，挽辽左，乃在瀛、沧、登、莱境内，对渡关东，道里无多。唐、宋偶一馈运，其数更微，故史不载。明初，张赫等初运三十万，最多至七十万。永乐中，陈瑄始建仓于直沽，亦(正)[止]以百万为名。其后沈廷扬自淮河口开洋，七日抵天津，一时诧为异事，其实经营已阅年馀，所运二万六千石而已。即元代海运最多，其初运亦仅四万三千石，行之七八年，犹只运米数十万，漂失动以万计。从未有初次试行即装米一百六十馀万，自始至终不溺一人，不损额漕一稊米，如今之所运者。仰惟圣人在位，海若、冯夷莫不效职，而瀛民、蜑客生长承平，习于沙线，操驾日精，昔之望洋兴叹，以为波涛不测者，久已视为坦途，扬帆直上。无嶕崖之嶜崒，无港汊之湾环，转较诸内河为易。议者每谓河运费财，海运费人，由今观之，海运果费人否耶？然则费财之说，舍海运亦奚以易之？苏、松数府州漕额甲天下，而丁船经行内河，提溜挽闸，剥浅般坝，与夫押运交兑攒验之费，多不能省。丁疲索之官，官复问之民，民力惫矣，而官与丁亦敝。使苏属海运遂行，省岁费不啻十之四五，东南民力庶有鸠乎？若夫难海运者，曰盗贼，曰潮湿，曰侵蚀；实皆无可虑，但患南兑易而北卸难，章程不可不豫立耳。

【汝成案】先生《郡国利病书》引王氏宗沐议云："别通海运，两漕并输，国计益足，彼不来而此来，先臣邱濬固已言之。此国家至深至远之计，一利也。漕河身狭，闸座珠联，漕船势必立帮，以防争越。守候日久，则百弊生而军食费。今海运开洋，不必立帮，二利也。海运既通，虽有漂流，实无挂欠。且漂流亦不待于勘报稽违，以误总计，三利也。今漕河浙江、苏、松、常、镇、宁国、太平共粮几二百万石，每石扣过江米七升，共费米十三万二百石，而入淮以后遇浅，又需船剥。今海运，则过江米与盘剥费数十万省，四利也。漕河运军兑米已毕，惮于空归牵挽之劳，往往将船凿沈而逃，每岁计费不赀。今海运无船将不能归，则沈船可省，五利也。各军有行粮，有赏钱，有安家。今行海运，舟大人多，许其稍带南货，免其抽税。渐减行粮诸色，六利也。漕河行粮，有在水次随支者，每每征收不齐，即改本色，守候颇艰。若海运，则须尽给，凡一应料价、轻赍、月粮等项，料理自齐，七利也。漕行日久，耗米不赀。海运则行甚迅急，耗米可节，八利也。海运既行，百货凑合，物价既轻，行户亦裕。以货推米，亦深计者所不废，九利也。辽东孤悬，饷馈甚艰，海运既通，则一水可达，如洪武三十年故事，十利也。历代漕运，大率雇募转般，今行直达，往返疲劳。若海运，则每行五鼓开船，巳时即住。春初入兑，夏尽即休。疲困自苏，十一利也。兑运之弊，盗卖侵克，甚或官军俱逃，今行海运，欲盗谁市？欲逃焉往？十二利也。"其言得失，虽属蹄筌，然海运之利，在前明已略见矣。

《旧唐书·懿宗纪》："咸通三年，南蛮陷交阯，征诸道兵赴岭南。时湘、漓溯运，功役艰难，军屯广州，乏食。润州人陈磻石诣阙上书言：'江西、湖南溯流运粮，不济军师，士卒食尽则散，此宜深虑。臣有奇计，以馈南军。'天子召见，磻石因奏：'臣弟听思曾任雷州刺史，家人随海船至福建。往来大船一只，可致千石。自福建装船，不一月至广州。得船数十艘，便可致三万石至广府。'又引刘裕海路进军破卢循故事。执政是之，以磻石为盐铁巡官，往扬子院专督海运，于是康承训之军皆不阙供。"〔一〕

〔一〕【沈氏曰】邱濬曰："海运自秦已有之，而唐人亦转东吴粳稻以给幽燕。然以给边方之用而已，用之以足国，则始于元初。伯颜平宋，命张瑄、朱清等以宋图籍，自崇明由海道入京师。至元十九年，始建海运之策，命罗璧等造平底海船运粮，从海道抵直沽。是时犹有中滦之运，不专于海道。二十八年，立都转运万户府，督岁运。至大中，以江淮、江浙财赋府所办粮充运。自此至末年，专仰海运矣。说者谓虽有风涛漂溺之虞，然视河漕之费，所得益多。故终元之世，海运不废。”梁梦龙曰：“《元史》称元人海运，民无挽输之劳，国有储蓄之富。今国家都燕，财赋自东南而来者仅恃会通一河，识者不无意外之虑。若寻元人海运之道，别通海运一路，与河漕并行，江西、湖广、江东之粟照旧河运，而以浙西、东濒海一带由海运，未为非策也。”又曰：“元人由海运或至损坏者，以起自太仓、嘉定而北也。若但自淮安而东，循登、莱以泊天津，本名北海，中多岛屿，可以避风，与东南之海渺茫无际者迥异。诚议运于此，是名虽同于元人，而利实专于便易矣。”《山居赘论》曰：“《禹贡》言‘浮于江海，达于淮泗’，又曰‘夹右碣石入于河’，是贡赋之道未尝不兼用海也。秦人飞刍挽粟，起于黄、腄、琅琊负海之郡，转输北河，其制未尽非，而用民失其道矣。说者谓海运作俑于秦，而效法于元，岂通论哉？”

烧荒

守边将士，每至秋月草枯，出塞纵火，谓之“烧荒”，《唐书》《北狄·契丹传》“契丹每入寇幽、蓟，刘仁恭岁燎塞下草，使不得留牧，马多死，契丹乃乞盟”是也。其法自七国时已有之。《战国策》《秦策二》：公孙衍谓义渠君曰：“中国无事于秦，则秦且烧焫，获君之国。”

《英宗实录》：“正统七年十一月，锦衣卫指挥佥事王瑛言：‘御虏[①]莫善于烧荒，盖虏之所恃者马，马之所恃者草。近年烧荒，远者不过百里，近者五六十里，胡[②]马来侵，半日可至。乞敕边将，遇秋深，率兵约日同出，数百里外纵火焚烧，使胡马无水草可恃，如此则在我虽有一时之劳，而一冬坐卧可安矣。’”见卷九八。“翰林院编修徐珵【原注】后改名有贞。亦请每年九月，尽敕坐营将官巡边，分为三路：一出宣府，抵赤城、独石；一出大同，抵万全；一出山海，抵辽东。各出塞三五百里，烧荒哨瞭。如遇虏[③]寇出没，即相机剿杀。”见卷九九。此本[④]朝烧荒旧制，诚守边之良法也。

家兵

古之为将者，必有素豫之卒。《春秋传》哀公十一年：“冉求以武城人三百为己徒卒。”《后汉书·朱俊传》：“交阯贼反。拜俊刺史，令过本郡简募家兵。张燕寇河内，逼近京师。出俊为河内太守，将家兵击却之。”《三国志·吕虔传》：“领泰山太守，将家兵到郡。郭祖、公孙犊等皆降。”《晋书·王浑传》：“为司徒。楚王玮将害汝南王亮，浑辞疾归第，以家兵千馀人闭门距玮，玮不敢逼。”〔一〕

〔一〕【汝成案】将帅家丁，前代多有。《明史》所载，如王越、马永、马芳、梁震、李成梁、满桂、张神武、赵率教、金国凤、侯良柱等

① “虏”，原本作“卤”，据《校记》改。下“虏”字同此。
② “胡”，原本作“卤”，据《校记》改。下“胡”字同此。
③ “虏”，原本作“边”，据《校记》改。
④ “本”，原本作“先”，据《校记》改。

传皆有之，并著成效。其始则出于战国时之阴养死士，汉李陵之荆楚剑客亦其类也。盛于唐，藩镇之牙兵，谓之外宅儿，至结为义子。大约在兵间久，不得不用选锋以求制胜。然养之不易，散之尤难，以此召乱，亦时时有之。任师中者惟当简择士伍，拔其豪俊，优其奖赏，勤其训练，则屠沽皆可使成劲旅。虽官有迁移，或有数年之功废于一旦之叹，然所至如此，转移非难，卫身卫国，所裨多矣。

少林僧兵

少林寺中有唐太宗为秦王时赐寺僧教，其辞曰："王世充叨窃非据，敢违天常。法师等并能深悟几变，早识妙因，擒彼凶孽，廓兹净土。闻以欣尚，不可思议。今东都危急，旦夕殄除。并宜勉终茂功，以垂令范。"是时立功[者][1]十有三人，裴漼《少林寺碑》所称志操、惠玚、昙宗等，惟昙宗拜大将军，馀不受官，赐地四十顷，此少林僧兵所起。考之《魏书》，孝武帝西奔，以五千骑宿于瀍西(扬)[杨]王别舍。沙门都维那惠臻负玺持千牛刀以从。[2]

《旧唐书》《宪宗纪》**：元和十年，"嵩山僧圆净与淄青节度使李师道谋反，结勇士数百人，伏于东都进奏院。乘洛城无兵，欲窃发焚烧宫殿。小将杨进、李再兴告变，留守吕元膺乃出兵围之，贼突围而出，入嵩岳，山棚尽擒之。"《宋史》**《范致虚传》**：范致虚以僧赵宗印充宣抚司参议官，兼节制**

---

① 《续刊误》卷下："'是时立功'，诸本同。原写本'功'下有'者'字。"今据补。

② 事见《北史·魏孝武帝纪》，不见《魏书》。

军马,“宗印以僧为一军,号尊胜队;童子行为一军,号净胜队”。然则嵩、洛之间固世有异僧矣。

嘉靖中,少林僧月空受都督万表檄,御倭于松江。其徒三十馀人,自为部伍,持铁棒击杀倭甚众,皆战死。嗟乎,能执干戈以扞疆埸,则不得以其髡徒而外之矣。宋靖康时,有五台僧真宝,与其徒习武事于山中。钦宗召对便殿,命之还山,聚兵拒金。昼夜苦战,寺舍尽焚,为酋[①]所得,诱劝百方,终不顾,曰:“吾法中有口(回)[四][②]之罪,吾既许宋皇帝以死,岂当妄言也。”怡然受戮。见《宋史·忠义·僧真宝传》。下一事同。而德祐之末,常州有万安僧起义者,作诗曰:“时危聊作将,事定复为僧。”其亦有屠羊说之遗意者哉![③]〔一〕

〔一〕【赵氏曰】《后周书》:“齐主纬既被擒,任城王湝犹固守,沙门来应募者亦数千人。”《唐书》:“李罕之少为浮屠,后去为盗。”曾尧臣《独醒志》:“庐山圆通寺,南唐时赐田千顷,养之极厚。曹彬等渡江,寺僧来抗。金陵陷,乃遁去。”金主亮死,山东豪杰皆起兵,有僧义端亦聚众千馀,欲遁。辛弃疾知其将奔金,追杀之。《金宣宗纪》:“夏人犯积石州羌界,寺族多陷,惟桑逋寺僧看逋、昭逋、斯没及答那寺僧奔鞠等拒而不从,诏赏诸僧钤辖、正将等官。”明成化中,刘千斤之乱,康都督募紫微山僧惠通剿之。通直入贼营,与千斤斗,千斤乃降。崇祯中,史

① “酋”,原本作“金”,据《校记》改。

② 口四,《佛教大辞典》:四口,谓十恶中属于口业之四业,即妄语、两舌、恶口、绮语是也。

③ 事见《韩诗外传》卷八:吴人伐楚,昭王去国。国有屠羊说从行。昭王反国,赏从者,及说。说辞,而反于屠羊之肆。

记言知陈州，以流贼充斥，乃募士，聘少室僧训练之。此皆僧兵故事也。

毛葫芦兵

《元史·顺帝纪》："至正十三年，立南阳、邓州等处毛葫芦义兵万户府，募土人为军，免其差役，令防城自效。因其乡人自相团结，号毛葫芦军，故以名之。"《朵尔直班传》："金、商义兵以兽皮为矢房，[状]如瓠，号毛葫芦军，甚精锐。"《大学衍义补》卷一二二："今唐、邓山居者，以毒药渍矢以射兽，应弦而倒，谓之毛葫芦。"

成化三年，国子监学录黄明义言："宋时多刚县夷为寇，用白芳子兵破之。白芳子者，即今之民壮也。"见《明宪宗实录》卷四四。

方音

五方之语虽各不同，然使友天下之士而操一乡之音，亦君子之所不取也。故仲由之喭，夫子病之，[1]鴂舌之人，孟子所斥。[2] 而《宋书》谓"高祖虽累叶江南，楚言未变，雅道风流，无闻焉尔"，见卷五二末"史臣曰"。又谓长沙王道怜"素无才能，言音甚楚，举止施为，多诸鄙拙"。见《宗室传》。

① 《论语·先进》："由也喭。"

② 《孟子·滕文公上》："南蛮鴂舌之人，非先王之道。"

《世说》言“刘真长见王丞相，既出，人问见王公云何？答曰‘未见他异，惟闻作吴语耳’”，见《排调》。又言“王大将军年少时，旧有田舍名，语音亦楚”，见《豪爽》。又言“支道林入东，见王子猷兄弟。还，人问见诸王何如？答曰‘见一群白(项)[颈]乌，但闻唤哑哑声’”，见《轻诋》。《北史》《刘昶传》谓“丹杨王刘昶呵骂僮仆，音杂夷夏。虽在公坐，诸王每侮弄之”。夫以创业之君，中兴之相，不免时人之议，而况于士大夫乎？北齐杨愔称裴谳之曰“河东士族，京官不少，惟此家兄弟，全无乡音”，见《北史·裴谳之传》。其所贱可知矣。至于著书作文，尤忌俚俗。《公羊》多齐言，《淮南》多楚语，若《易传》、《论语》何尝有一字哉？若乃讲经授学，弥重文言，是以孙详、蒋显曾习《周官》而音革楚夏，【原注】左思《魏都赋》："盖音有楚夏者，土风之乖也。"则学徒不至；【原注】《梁书·儒林传》陆倕云。① 李业兴学问深博，而旧音不改，则为梁人所笑；【原注】《北史》本传。邺下人士"音辞鄙陋，风操蚩拙"，则颜之推不愿以为儿师。【原注】《家训》《勉学》。是则惟君子为能通天下之志，盖必自其发言始也。

《金史·国语解序》曰："《今文尚书》辞多奇涩，盖亦当世之方音也。"

《荀子》每言"案"，《楚辞》每言"羌"，皆方音。刘勰《文心雕龙》《声律》云："张华论韵，谓士衡多楚，可谓衔灵均之声馀，失黄锺之正响也。"

---

① 按《梁书·儒林·卢广传》：时北来人儒学者，有崔灵恩、孙详、蒋显，并聚徒讲说而音辞鄙拙，惟广言论清雅，不类北人。

国语

后魏初定中原，军容号令，皆以夷[①]语。后染华俗，多不能通，故录其本言，相传教习，谓之"国语"。孝文帝命侯伏侯可悉陵以夷言[②]译《孝经》之旨，教于国人，谓之《国语孝经》。【原注】并《隋书·经籍志》。而历考《后魏》、《北齐》二书，若孟威以明解北人语，敕在著作，以备推访；见《魏书》本传。孙搴以通鲜卑语，宣传号令；见《北齐书》本传。祖珽以解鲜卑语免罪，复参相府；见《北齐书》本传。刘世清以能通四夷[③]语，为当时第一，后主命作突厥语翻《涅槃经》，以遗突厥可汗，见《北齐书·斛律羌举传》。并见遇时主，宠绝群僚。然其官名制度无一不用汉语。而魏孝文太和十九年六月己亥诏："不得以北俗之语言于朝廷，违者免所居官。"见《魏书·高祖纪》。【原注】《魏书·咸阳王禧传》："孝文引见朝臣，诏断北语，一从正音，禧赞成其事。于是诏：'年三十已上，习性已久，容或不可卒革。三十已下，见在朝廷之人，语音不听仍旧。若有故为，当降爵黜官。若仍旧俗，恐数世之后，伊洛之下，复成被发之人。朕尝与李冲论此。冲言："四方之语，竟知谁是？帝者言之，即为正矣，何必改旧从新？"冲之此言，应合死罪，乃谓冲曰："卿实负社稷！"冲免冠陈谢。'"[④]《北齐书·高昂传》："于时鲜卑共轻

---

① "以夷"，原本作"本国"，据《校记》改。

② "夷言"，原本作"国语"，据《校记》改。

③ "夷"，原本作"裔"，据《校记》改。

④ 此段见于《北史·咸阳王禧传》，非《魏书》。

中华朝士,唯惮服于昂。高祖每申令三军,常鲜卑语。昂若在列,则为华言。"孝文用夏变夷之主,齐神武亦英雄有大略者也。契丹偏居北陲,始以本国之言为官名号令,而《辽史》创立《国语解》一篇,自是金、元亦多循之,〔一〕而北俗之语遂载之史书,传于后代矣。

〔一〕【钱氏曰】《元史》无《国语解》。

《后魏·平阳公丕传》:"丕雅爱本风,不达新式。至于变俗迁洛,改官制服,禁绝旧言,皆所不愿。帝亦不逼之,但诱示大理,令其不生同异。"变俗之难如此。今则拓跋、宇文之语不传于史册者已荡然无馀,一时众楚之咻,①固不能胜三纪迁殷之化也。②

后唐康福,善诸蕃语。明宗听政之暇,每召入便殿,咨访时事,福即以蕃语奏之。枢密使安重诲恶焉,尝面戒之曰:"康福但乱奏事,有日斩之!"见《新五代史·康福传》。

夷狄③

历九州之风俗,考前代之史书,中国之不如夷狄④者有之矣。《辽史》《营卫志·部族》言:"契丹部族生生之资,仰给畜牧,绩毛饮湩,以为衣食。各安旧风,狃习劳事,不见纷

① 《孟子·滕文公下》:"一齐人傅之,众楚人咻之。"
② 《书·毕命》:"毖殷顽民,迁于洛邑。既历三纪,世变风移。"
③ 小题原本作"外国风俗",据《校记》改。
④ "夷狄",原本作"外国",据《校记》改。

华异物而迁。故家给人足，戎备整完，卒之虎视四方，强朝弱附。”《金史》《世宗纪》：世宗尝谓宰臣曰：“朕尝见女直风俗，迄今不忘。今之燕饮音乐皆习汉风，非朕心所好。东宫不知女直风俗，第以朕故，犹尚存之，恐异日一变此风，非长久之计。”他日与臣下论及古今，又曰：“女直旧风，虽不知书，然其祭天地，敬亲戚，尊耆老，接宾客，信朋友，礼意款曲，皆出自然。其善与古书所载无异，汝辈不可忘也。”乃禁女直人不得改称汉姓、学南人衣装，犯者抵罪。以上皆见《世宗纪》。又曰：“女直旧风，凡酒食会聚，以骑射为乐，今则奕棋、双陆，宜悉禁止，令习骑射。”见《金史·阿离补传》。又曰：“辽不忘旧俗，朕以为是。海陵习学汉人风俗，是忘本也。若依国家旧风，四境可以无虞，此长久之计也。”见《金史·移剌子敬传》。①《邵氏闻见[后]录》卷八言：“回纥风俗朴厚，君臣之等不甚异，故众志专一，劲健无敌。自有功于唐，赐遗丰腴，登里可汗始自尊大，筑宫室以居，妇人有粉黛文绣之饰。中国为之虚耗，而虏②俗亦坏。”昔者祭公谋父之言“犬戎树惇，能帅旧德，而守终纯固”，见《国语·周语上》。由余之对穆公言“戎夷之俗，上含淳德，以遇其下，下怀忠信，以事其上。一国之政犹一身之治”，见《史记·秦本纪》。其所以有国而长世，用此道也。及乎荐居日久，渐染华风，不务《诗》、《书》，唯征玩好，服饰竞于无等，财贿

---

① 《校记》：“‘又曰辽不忘旧俗’至‘长久之计也’，钞本无此段，潘本有此。”为潘耒所加。

② “虏”，原本作“其”，据《校记》改。

溢于靡用，骄淫矜侉，浸以成习，于是中行有变俗之讥，[①]贾生有五饵之策。[②] 又其末也，则有如张昭远以皇弟、皇子喜俳优，饰姬妾，而卜沙陀之不永；见《资治通鉴》卷二七六。张舜民见太孙好音乐、美姝、名茶、古画，而知契丹之将亡。见《宋史·张舜民传》。此固人情之所必至，而戎狄之败特速于中华者，他日未尝学问也。[③] 后之君子诚监于斯，则知所以胜之之道矣。

《史记》《匈奴传》言："匈奴狱久者不过十日，一国之囚不过数人。"《盐铁论》《论功》言："匈奴之俗，略于文而敏于事。"宋邓肃对高宗言："外夷[④]之巧在文书简，简故速。中国之患在文书繁，繁故迟。"见《宋史·邓肃传》。《辽史》《百官志》言："朝廷之上，事简职专，此辽之所以兴也。"【原注】《营卫志》又曰："皇帝四时巡守，宰相已下于中京居守。一切公事，除拜官僚，止行堂帖权差，俟行在所取旨，出给诰敕。文官县令、录事已下，更不奏闻，听中书铨选。"然则戎狄[⑤]之能胜于中国者，惟其"简易"而已，若舍其所长而效人之短，吾见其立弊也。

《金史·食货志》言："金起东海，其俗纯实，可与返古。初入中夏，民多流亡，土多旷闲，遗黎惴惴，何求不获？于斯时纵不能复井地沟洫之制，若用唐之永业、口分以制民产，放其租庸调之法以足国计，何至百年之内，所为经画

① 中行说事见《史记·匈奴传》。

② 贾谊策见《汉书·贾谊传》。

③ "此固人情"以下三句二十六字，为原本所无，据《校记》补。

④ "夷"，原本作"国"，据《校记》改。

⑤ "戎狄"，原本作"外国"，据《校记》改。

纷纷然，与其国相终始邪？其弊在于急一时之利，踵久坏之法。及其中叶，鄙辽俭朴，袭宋繁缛之文；惩宋宽柔，加辽操切之政。是弃二国之所长，而并用其所短也。繁缛胜必至于伤财，操切胜必至于害民。讫金之世，国用易匮，民心易离，岂不由是与？作法不慎厥初，变法以救其弊，只益甚焉耳。"其论金时之弊至为明切。今之为金者有甚于此。[1]

魏太武始制反逆、杀人、奸盗之法，号令明白，政事清简，无系讯连逮之烦，百姓安之。见《魏书·刑罚志七》。宋余靖言："燕蓟之地，陷入契丹且百年，而民亡南顾心者，以契丹之法简易，盐麹俱贱，科役不烦故也。"见《宋史·食货志下三》。是则省刑薄敛之效，无论于华夷[2]矣。

徙戎

武后时，四夷[3]多遣子入侍，其论钦陵、阿史德元珍、孙万荣等，皆因充侍子，得遍观中国形势，其后竟为边害。[4]先是，天授三年左补阙薛谦光上疏曰："臣闻戎夏不杂，自古所诫。夷狄[5]无信，易动难安，故斥居塞外，不迩中国。

① "今之为金"以下九字，原本无，据《校记》补。

② "无论于华夷"，原本作"无所分于中外"，据《校记》改。

③ "四夷"，原本作"外国"，据《校记》改。

④ 说本《新唐书·薛登传》。论钦陵，唐初时吐蕃大将，事见《旧书·吐蕃传》。阿史德元珍，见《突厥传》。孙万荣，契丹大将，见《北狄传》。

⑤ "夷狄"，原本作"蛮貊"，据《校记》改。

前史所称，其来久矣。然而帝德广被，有时朝谒，愿受向化之诚，请纳梯山之礼，贡事毕则归其父母之国，导以指南之车，此三王之盛典也。自汉、魏以后，遂革其风，务饰虚名，征求侍子。谕令解辫，使袭衣冠，筑室京师，不令归国，此又中叶之故事也。较其利害，则三王是而汉、魏非。论其得失，则距边长而征质短。殷鉴在昔，岂可不虑？昔郭钦献策于武皇，[①]江统纳谏于惠主，[②]咸以戎狄[③]入居，必生事变。晋帝不用二臣之远策，好慕向化之虚名，纵其习《史》、《汉》等书，官之以五部都尉，此皆计之失也。窃惟突厥、吐蕃、契丹等，往因入侍，并叨殊奖。或执戟丹墀，策名戎秩；或曳裾庠序，高步黉门。服改毡裘，语兼中夏。明习汉法，睹衣冠之仪；目览朝章，知经国之要。窥成败于图史，察安危于古今，识边塞之盈虚，知山川之险易。或委以经略之功，令其展效；或矜其首丘之志，放使归蕃。于国家虽有冠带之名，在夷狄[④]广其纵横之智。虽有慕化之美，苟悦于当时；而狼子野心，旋生于异日。及归部落，鲜不称兵。边鄙罹灾，实由于此。故《老子》曰：'国之利器，不可以示人。'在于齐人，[⑤]犹不可以示之，况于夷狄[⑥]乎？谨按楚申公巫臣奔晋，而使于吴，使其子狐庸为吴行人，教吴战陈，使之

① 郭钦事见《晋书·北狄传》。晋武帝时，郭钦为侍御史，上疏言西北诸戎将为祸中原，宜及平吴之威，以兵民实边，徙平阳、弘农、魏郡、京兆、上党杂胡于外。

② 江统事见《晋书》本传。惠帝时，统深虑四夷乱华，宜杜其萌，乃作《徙戎论》。

③ "狄"，原本作"翟"，据《校记》改。

④ "夷狄"二字，原本作"戎人"，据《校记》改。

⑤ "齐人"，即"齐民"。

⑥ "夷狄"二字，原本作"寇戎"，据《校记》改。

叛楚。吴于是伐楚，取巢，取驾，克棘，入州来，子反一岁七奔命。见《左传》成公七年。其所以能谋楚，良以此也。又按《汉书》，桓帝迁五部匈奴于汾晋，[①]其后卒有刘、石之难。[②]向使五部不徙，则晋祚犹未可量也；鲜卑不迁幽州，则慕容无中原之僭。又按《汉书》陈汤云：'夫胡[③]兵五而当汉兵一，何者，兵刃朴钝，弓弩不利。今闻颇得汉巧，然犹三而当一。'由是言之，利兵尚不可使胡[④]人得法，况处之中国而使之习见哉！昔汉东平王请《太史公书》，朝臣以为《太史公书》有战国从横之说，不可以与诸侯。此则本朝诸王尚不可与，况外国乎？臣窃计秦并天下，及刘、项之际，累载用兵，人户凋散。以晋惠方之，八王之丧师，轻于楚、汉之割地；冒顿之全实，过于五部之微弱。当曩时冒顿之强盛，乘中国之虚弊，高祖馁厄平城，而冒顿不能入中国者，何也？非兵不足以侵诸夏，力不足以破汾晋，其所以解围而纵高祖者，为不习中土之风，不安中国之美。生长碛漠之北，以穹庐胜于城邑，以毡罽美于章绂。既安其所习而乐其所生，是以无窥中国之心者，为生不习汉故也。岂有心不乐汉而欲深入者乎？刘元海五部离散之馀，而卒能自振于中国者，为少居内地，明习汉法，非但元海悦汉，而汉亦悦之。一朝背诞，四人【原注】谓"四民"。响应，遂鄙单于之

---

① 见《后汉书·南匈奴传》。据《后汉书》注，分汾晋之胡为五部，为曹操时事，是桓帝时尚无"五部"之名，此不过以"五部匈奴"代指内迁汾晋之诸胡而已。

② 刘、石，刘渊、石勒。

③ "胡"，原本作"匈奴"，据《校记》改。

④ "胡"，原本作"敌"，据《校记》改。

号，窃帝王之名，贱沙漠而不居，拥平阳而鼎峙者，为居汉故也。向使元海不曾内徙，(正)[止][①]当劫边人缯彩麴糵，以归阴山之北，安能使倡乱邪？当今皇风遐覃，含识革面，凡在虺性，莫不怀驯，方使由余效忠，[②]日磾尽节。见《汉书》本传。以臣愚虑者，国家方传无穷之祚于后，脱备守不谨，边臣失图，则夷狄[③]称兵，不在方外，非所以肥中国，削四夷[④]，经营万乘之业，贻厥孙谋之道也。臣愚以为愿充侍子者一皆禁绝，必若先在中国者亦不可更使归蕃，则夷[⑤]人保疆，边邑无事矣。"[⑥]

【小笺】按：《汉书·西域传》"温宿国"，师古曰："今雍州醴泉县北有温宿(领)[岭]。本因汉时得温宿国人，令居此地田牧，因以为名。"又《地理志》"上郡龟兹县"，师古曰："龟兹国人来附者处之此，故以名云。"华夏杂居，权舆于此。

本朝[⑦]永乐、宣德间，达虏[⑧]来降，多乞留居京师，授以指挥、千百户之职，赐之俸禄及银钞、衣服、房屋、什器，安

① 据张京华《校释》改。
② 由余，本晋人，亡入西戎。秦穆公时，戎王使由余于秦，由余遂献伐戎之策。详见《史记·秦本纪》。
③ "夷狄"，原本作"狡寇"，据《校记》改。
④ "四夷"，原本作"外蕃"，据《校记》改。
⑤ "夷"，原本作"戎"，据《校记》改。
⑥ 见《册府元龟》卷五四四，文字略有同异。按：此疏又见《通典》卷二〇〇、《文献通考》卷三四八，俱云为天册万岁二年上。
⑦ "本朝"，原本作"明"，据《校记》改。
⑧ "达虏"，原本作"鞑靼"，据《校记》改。

插居住，名曰“达官”。[①] 正统元年十二月，行在吏部主事李贤言：“臣闻帝王之道，在赤子黎民而禽兽夷狄。[②] 待黎民如赤子，亲之也；待夷狄如禽兽，疏之也。虽圣人一视同仁，其施也必自亲以及疏，未有赤子不得其所而先施惠于禽兽，况夺赤子之食以养禽兽，圣人忍为之哉！窃见京师达[③]人不下万馀，较之畿民三分之一。其月支俸米，较之在朝官员亦三分之一，而实支之数或全或半，又倍蓰矣。且以米俸言之，在京指挥使正三品该俸三十五石，实支一石，而达官则实支十七石五斗，是赡京官十七员半矣。夫以有限之粮而资无限之费，欲百姓富庶而仓廪充实，未之有也。近者连年荒旱，五谷不登，而国家之用则不可缺。是以天下米粟水陆并进，岁入京师数百万石，而军民竭财殚力，涉寒暑，冒风霜，苦不胜言，然后一夫得数斛米至京师者，幸也。若其运至中涂，食不足，衣不赡，而有司督责之愈急，是以不暇救死、往往枕籍而亡者不可胜计。其达官[④]坐享俸禄，施施自得。呜呼！既夺赤子之食以养禽兽，而又驱其力使馈之，赤子卒至于饥困以死，而禽兽则充实厌足，仁人君子所宜痛心者。若夫俸禄，所以养廉也。今在朝官员皆实关俸米一石，以一身计之，其日用之费不过十日，况其父母妻子乎？臣以为欲其无贪，不可得也。备边，所以御侮也。今边军长居苦寒之地，其所以保妻子、御饥寒者，月

① “达官”，原本作“降人”，据《校记》改。

② “夷狄”，原本作“蛮貊”，据《校记》改。下“夷狄”同此。

③ “达”，原本作“降”，据《校记》改。

④ “达官”，原本作“降人”，据《校记》改。

粮而已。粮不足以赡其所需，欲其守死，不可得也。今若去此达官，[①]臣愚以为除一害而得三利焉。何则？计降人一岁之俸不下数十万，省之可以全生民之命，可以赡边军之给，可以足京官之俸。全生民之命则本固而邦宁也，赡边军之给则效死而守职也，足京官之俸则知耻而守廉也。得此三者，利莫大焉。臣又闻，圣王之道，贵乎消患于未萌。《易》《坤》曰：'履霜，坚冰至。'臣窥见达人来降，络绎不绝，朝廷授以官职，足其俸禄，使之久处不去，腥膻畿内，无益之费尚不足惜，又有甚焉者。夫夷狄人面而兽心，[②]贪而好利，乍臣乍叛，荒忽无常。彼来降者，非心悦而诚服也，实慕中国之利也。且达人在胡，[③]未必不自种而食，自织而衣，今在中国，则不劳力而坐享其有。是故其来之不绝者，中国诱之也。诱之不衰，则来之愈广。一旦边方有警，其势必不自安矣。前世五胡[④]之乱，可不鉴哉！是故圣人以禽兽畜之，其来也，惩而御之，不使之久处；其去也，守而备之，不诱其复来。其为社稷生民之虑至深远也。近日边尘数警，而达官[⑤]群聚京师，臣尝恐惧而不安寝。伏愿陛下断自宸衷，为万世长久之计，乞敕兵部，将达官渐次调除天下各都司卫所。彼势既分，必能各安其生，不惟省国家万万无益之费，而又消其未萌之患矣。"上是其言。见《明英

① "达官"，原本作"降人"，据《校记》改。

② "夷狄人面而兽心"七字，原本作"蕃人"，据《校记》改。

③ "达人在胡"，原本作"降人在彼"，据《校记》改。

④ "五胡"，原本作"刘、石"，据《校记》改。

⑤ "达官"，原本作"降人"，据《校记》改。下"达官"二字同此。

宗实录》卷二五。

土木之变，达官、东人[①]之编置近畿者，一时蠢动，肆掠村庄，人谓之“家达子”[②]，至有驱迫汉人以归寇[③]者。户科给事中王竑、翰林院侍讲刘定之并言：宜设法迁徙，俾居南土。于是命左都督毛福寿充左副总兵，选领河间、东昌达军，往湖广辰州等处征苗。见《明史·罗秉忠传》。巡抚江西、刑部右侍郎杨宁奏请贼平之后，就分布彼处各卫所守御。然其去者无多。【原注】天顺元年七月丁丑兵部奏：自正统七年至景泰七年调去云南、广东、广西、福建等处随征达官衰[④]军共一千八百人。而天顺初，兵部尚书陈汝言，阿附权宦，尽令取回，遂令曹钦得结其骁豪，与之同反。而河间、东昌之间，至今响马不绝，亦自达军倡之。据有中国，谁之咎[⑤]也？

国[⑥]初，安置土达于宁夏、甘凉等处。承平日久，种类蕃息，至成化四年遂有满四之变。[⑦]

① “东人”，原本作“达军”，据《校记》改。
② “人谓之家达子”六字，原本无，据《校记》补。
③ “寇”，援庵《校注》：原（按指钞本）作□，当是“虏”字。张京华《校释》本作“寇”，应从。
④ “衰”，原本作“达”，据《校记》改。
⑤ “据有中国谁之咎”，原本无此七字，据《校记》补。按《校记》“有”字上本为空格，今据张京华《校释》补“据”字。
⑥ “国”，原本作“明”，据《校记》改。
⑦ 满四事详见《明史·项忠传》。满四亦名满俊。其祖巴丹，自明初率所部归附，世以千户畜牧为雄长。其地在开城县之固原里，接边境。会有狱连四，有司迹至其家，多要求。四怒，遂激众为乱。

楼烦

楼烦乃赵西北边之国，其人强悍，习骑射。《史记·赵世家》：武灵王“行新地，遂出代，西遇楼烦王于西河而致其兵”。“致”云者，致其人而用之也。是以楚、汉之际，多用楼烦人别为一军。《高祖功臣侯年表》“阳都侯丁复，以赵将从起邺，至霸上，为楼烦将”，而《项羽本纪》“汉有善骑射者楼烦”，【原注】应劭曰：“楼烦，胡也。今楼烦县。”按楼烦地大，不止一县之人。则汉有楼烦之兵矣。《灌婴传》“击破柘公王武，斩楼烦将五人。攻龙且，生得楼烦将十人。击项籍军陈下，斩楼烦将二人。攻黥布别将于相，斩楼烦将三人”，《功臣表》“平定侯齐受，以骁骑都尉击项籍，得楼烦将”，则项王及布亦各有楼烦之兵矣。盖自古用四①夷攻中国者，始自周武王，牧野之师有庸、蜀、羌、髳、微、卢、彭、濮。见《书·牧誓》。而晋襄公败秦于殽，实用姜戎为(犄)[掎]角之势。见《左传》僖公三十三年。大者王，小者霸，于是武灵王踵此，用以谋秦，而鲜卑、突厥、回纥、沙陀自此不绝于中国矣。

吐蕃回纥

大抵夷②音皆无正字。唐之吐蕃，即今之“土鲁番”是

① “四”，原本作“蛮”，据《校记》改。

② “夷”，原本作“外国之”三字，据《校记》改。

也；唐之回纥，即今之“回回”是也。《唐书》回纥一名“回鹘”。《元史》有畏兀儿部，“畏”即“回”，“兀”即“鹘”也。其曰“回回”者，亦“回鹘”之转声也。【原注】《辽史·天祚纪》有“回回国王”。〇《元史·太祖纪》以回鹘、回回为二国，恐非。〔一〕其曰“畏吾儿”者，又“畏兀儿”之转声也。【原注】《册府元龟》卷九五六：“按国史叙铁勒种类云：伊吾以西，焉耆以北，有契弊、乌护、纥骨等部。契弊则契苾也；乌护则乌纥也，后为回鹘；纥骨则纥扢斯也，转为黠戛斯。盖夷音有缓急，即传译语不同。”《大明会典》：“哈密，古伊吾卢地，在敦煌北大碛外，为西域诸番往来要路。其国部落与回回、畏兀儿三种杂居。”①则回回与畏兀儿又为二种矣。【原注】郑所南《心史》：“畏吾儿乃韃靼为父、回回为母者也。”〔二〕自唐会昌中回纥衰弱，降幽州者前后三万馀人，皆散隶诸道，始杂居于中华而不变其本俗。杜子美《留花门》诗：“连云屯左辅，百里见积雪。”李卫公《上尊号玉册文》：“种类磐互，缟衣如荼。挟邪作蛊，浸淫宇内。”见《文苑英华》卷四四二。今之遗风亦未衰于昔日也。

〔一〕【钱氏曰】谓今之回回即古之回纥者，非也，其谓元之畏兀即“回鹘”之转声则是也。元时畏兀儿亦称畏吾儿。赵子昂撰《赵国文定公碑》云：“回鹘，北庭人，今所谓畏吾儿也。”欧阳原功撰《高昌偰氏家传》云：“伟兀者，‘回鹘’之转声也。其地本在哈剌和林，今之和宁路也。后徙居北庭。北庭者，今之别失八里城也。会高昌国微，乃并取高昌有之。高昌者，今之哈

① 按四库本《明会典》无此段，引文见于明俞汝楫《礼部志稿》卷三五“哈密”条。

剌和绰也。”“伟兀”亦“畏兀”之异文，而回鹘即回纥，赵、欧二公言之详矣。回回与回鹘实非一种。《元史·太祖纪》：“汪罕走河西、回鹘、回回三国。”《世祖纪》：“定拟军官格例，以河西、回回、畏吾儿等，依各官品充万户府达鲁花赤。”《文宗纪》：“各道廉访司官，用蒙古二人，畏吾、河西、回回、汉人各一人。”《薛塔剌海传》：“从征回回、河西、钦察、畏兀儿诸国。”《明史·哈密传》云：“其地种落杂居，曰回回，曰畏兀儿，曰哈剌灰，不相统属。”又云：“哈密故有回回、畏兀儿、哈剌灰三种。”则回回与回鹘故区以别矣。惟阿合马本回回人，而《元史·奸臣传》以为回鹘，此或转写之讹。

〔二〕【钱氏曰】《心史》乃伪造，不可信。

《旧唐书·宪宗纪》：“元和二年正月庚子，回纥请于河南府、太原府置摩尼寺。许之。”此即今礼拜寺之所从立也。

《新唐书·常衮传》言：“始，回纥有战功者得留京师。虏[①]性易骄，后乃创邸第、佛祠，或伏甲其间。数出中渭桥与军人格斗，夺含光门鱼契[②]走城外。”然则自肃、代以来，回纥固已有居京师者矣。

《实录》：“正统元年六月乙卯，徙甘州、凉州寄居回回于江南各卫，凡四百三十六户，一千七百四十九口。”见《英宗实录》卷一八。**其时西陲有警，不得已为徙戎之策，然其种类遂蕃于江左矣。**【原注】正统三年八月，有归附回回二百二人，

---

① “虏”，原本作“戎”，据《校记》改。

② 援庵《校注》：鱼契，虎符之属。

自凉州徙至浙江。

国[1]初，于其来降者待之虽优，而防之未尝不至。福建漳州卫指挥佥事杨荣因进表至京，为回回之编置漳州者寄书于其同类，奉旨坐以交通外夷，黜为为事官，于大同立功。【原注】正统四年七月辛未。其后文教涵濡，夷风[2]渐革，而夷狄[3]之裔遂有登科第、袭冠裳者。惟回回自守其国俗，终不肯变，结成党夥，为暴闾阎。以累朝之德化，而不能驯[4]其顽犷之习，所谓铁中铮铮、庸中佼佼者乎！[5]

天子"无故不杀牛"，[6]而今之回子终日杀牛为膳。宜先禁此，则夷风可以渐革。唐时赦文每曰："十恶五逆，火光行劫，持刃杀人，官典犯赃，屠牛铸铁，合造毒药，不在原赦之限。"可见古法以屠牛为重也。若韩滉之治江东，以贼非牛酒不啸结，乃禁屠牛以绝其谋，此又明识之士所宜豫防者矣。

西域天文

西域人善天文，自古已然。《旧唐书》《西戎传》泥婆罗国"颇解推测盈虚，兼通历术事"，天竺国"善天文历算之术"，罽宾国"遣使进天文经"，拂菻国"其王城门楼中悬一

① "国"，原本作"明"，据《校记》改。
② "夷风"，原本作"戎心"，据《校记》改。
③ "夷狄"，原本作"蛮貊"，据《校记》改。
④ "驯"，原本作"训"，据《校记》改。
⑤ "铁中"以下十字，原本作"食桑葚而怀好音，固难言之矣"，据《校记》改。
⑥ 《礼记·玉藻》："君无故不杀牛，大夫无故不杀羊。"

大金称，以金丸十二枚属于衡端，以候日之十二时。为一金人，其大如人，立于侧，每至一时，其金丸辄落，铿然发声引唱，以纪日时，毫厘无失”，盖不始于回回、西洋也。【原注】《元史·张思明传》：“大德初，擢左司都事。有献西域称法，思明以惑众，不用。”

《王忠文祎集》[1]卷九有《阿都剌除回回司天少监诰》曰：“天文之学，其出于西域者，约而能精，虽其术不与中国古法同，然以其多验，故近代多用之。别设官署，以掌其职。”

《册府元龟》卷九九七载：“开元七年，吐火罗国王上表：献解天文人大慕阇。智慧幽深，问无不知。伏乞天恩，唤取问诸教法，知其人有如此之艺能，请置一法堂，依本教供养。”此与今之利玛窦天主堂相似，而不能行于玄宗之世者，岂非其时在朝多学识之人哉？

三韩

今人谓辽东为“三韩”者，考之《书序》“成王既伐东夷”，见《书·周官》。孔安国《传》：“海东诸夷驹丽、扶馀、馯貊之属。”《正义》：“《汉书》有高驹丽、扶馀、韩，无此馯，馯即韩也，音同而字异耳。”《后汉·光武纪》：“建武二十年，东夷韩国人率众诣乐浪内附。”《东夷传》：“韩有三种，一曰马韩，二曰辰韩，三曰弁辰。【原注】《晋》、《梁》二书作“弁

① 王祎集名《王忠文公集》，此“祎”字似应做小字注。

韩”。马韩在西，有五十四国，其北与乐浪、南与倭接。辰韩在东，十有二国，其北与秽貊接。弁辰在辰韩之南，亦十有二国，其南亦与倭接。凡七十八国，百济是其一国焉。大者万馀户，小者数千家，各在山海间，地合方四千馀里，东西以海为限，皆古之辰国也。马韩最大，共立其种为辰王，尽王三韩之地。”【原注】《汉书·朝鲜传》：“真番、辰国欲上书见天子，又雍阏弗通。”师古曰：“辰谓辰韩之国。”《史记》误作“真番旁众国”。《三国·魏志》《三少帝纪》：“齐王正始七年，幽州刺史(母)[毌]丘俭破高句骊、秽貊，韩那奚等数十国各率种落降。”“陈留王景元二年，乐浪外夷韩、秽貊，各率其属来朝贡。”《晋书·张华传》：“东夷马韩、新弥诸国，依山带海，去州四千馀里，历世未附者二十馀国，并遣使朝献。”杜氏《通典》卷一八五：“三韩之地在海岛之上，朝鲜之东南。”此其封域与朝贡之本末也。刘熙《释名》卷四“韩羊、韩兔、韩鸡，本法出韩国所为也”，后魏阳固《演赜赋》“睹三韩之累累兮，见卉服之悠悠”，见《魏书·阳尼传附阳固传》。此其风土也。《宋史·天文志》“狗国四星在建星东南，主三韩、鲜卑、乌桓、猃狁、沃沮之属”，此其占象也。《宋史·高丽传》言“崇宁后始铸三韩通宝”，而《辽史·外纪》[①]有高丽王子、三韩国公勋、三韩国公颙、三韩国公俣，其《地理志》有“高州三韩县。辰韩为扶馀，弁韩为新罗，【原注】《北史》以辰韩为新罗。马韩为高丽”。开泰中，圣宗伐高丽，俘三国之遗人置县。俱《辽史·地理志》。据此，乃俘三国之人置

① 《辽史》有《二国外记》。

县于内地，而取"三韩"之名尔。【原注】正如汉时上郡有龟兹县，不可便以为西域之国。今人乃谓辽东为三韩，是以内地而目之为外国也。原其故，本于天启初失辽阳，以后章奏之文遂有谓辽人为"三韩"者，外之也。今辽人乃以之自称，夫亦自外也已。

《北史》《新罗传》："新罗者，其先本辰韩种也。地在高丽东南。辰韩亦曰秦韩，相传言秦世亡人避役来适，马韩割其东界居之。以秦人，故名之曰秦韩。其言语名物有似中国人。辰韩王常用马韩人作之，世世相传。辰韩不得自立王，明其流移之人故也，恒为马韩所制。辰韩之始，有六国，稍分为十二，新罗则其一也。"此又与前史不同。而《唐书·东夷传》："显庆五年，平百济，分其地置五都督府，其一曰马韩。"

大秦

今之佛经皆题云"大秦鸠摩罗什译"，谓是姚兴国号，非也。〔一〕大秦乃西域国名。《后汉书·西域传》言："大秦国，在海西，地方数千里，有四百馀城，小国役属者数十。"又云："天竺国，西与大秦通。"此其国名之偶同。而《传》以为"其人民皆长大平正，有类中国，故谓之大秦"，固未必然。而《晋书·载记》"石季龙时，有安定人侯子光，自称佛太子，谓大秦国来，当王小秦国"，以中国为小秦，则益为夸诞矣。

〔一〕【孙氏曰】遍探释藏佛经，皆题"姚秦鸠摩罗什译"，无有云"大秦"者，不知亭林何据？且鸠摩罗什生于天竺，距大秦国尚远，不当题云"大秦"也。

干陀利

韩文公《广州记》〔一〕**有"干陀利"**，见《昌黎集》卷二一《送郑权尚书序》。**注家皆阙。按《梁书·海南诸夷传》："干陀利国在南海洲上，其俗与林邑、扶南略同。出斑布、吉贝、槟榔。槟榔特精好，为诸国之最。"**【原注】梁王僧孺有《谢赐干陀利所献槟榔启》。《南史》**《周弘正传》："有罪应流徙，敕以赐干陀利国。"**〔二〕**《陈书·世祖纪》："天嘉四年，干陀利国遣使献方物。"惟《宋书·孝武帝纪》"孝建二年，斤陀利国遣使献方物"**，【原注】《南史》同。**以"干"为"斤"，疑误。**

〔一〕【杨氏曰】昌黎并无《广州记》，是《送郑权序》耳。

〔二〕【汝成案】《梁书》无《周弘正传》，传见《陈书》。至"有罪应流徙"云云，则见《南史》。考原本亦误，当是传写时脱"南史"二字。①

①此案原本在本条末，今移此。

日知录集释卷三十

天文

三代以上，人人皆知天文。“七月流火”，农夫之辞也；[①]“三星在天”，妇人之语也；[②]“月离于毕”，戍卒之作也；[③]“龙尾伏（晨）[辰]”，儿童之谣也，[④]后世文人学士，有问之而茫然不知者矣。若历法，则古人不及近代之密。〔一〕

〔一〕【沈氏曰】《明世宗实录》：“嘉靖二年九月戊寅，钦天监掌监事、光禄寺少卿华湘奏：‘历代治历，更改不一，不数世辄差者，由天周有馀、日周不足所致。元至元辛巳，造《授时历》，天正冬至，岁差迄今不同。是以正德戊寅日食，己卯、庚辰月

① 见《诗·豳风·七月》。诗中有“同我妇子，馌彼南亩”之句，故云为农夫之辞。

② 见《唐风·绸缪》。中有“今夕何夕，见此良人”句，故云妇人之语。

③ 见《小雅·渐渐之石》。《诗序》：“下国刺幽王也。戎狄叛之，命将东征。役久病于外，故作是诗也。”

④ 见《左传》僖公五年“童谣云‘丙之晨，龙尾伏辰’”云云。

食，时刻分秒、起复方位与本监所推不合。乞赐中秘《历书》及国朝《历志》，准臣亲督中官正周濂等，及选谙晓本业、善于推算者，及今冬至以前，诣观象台，晨昏昼夜，推测日景、赤道、黄道、中星分秒，日记月书，俟至来年冬至，以验二十四气、二至二分、日月交食、合朔弦望，并日躔月离、黄赤二道，及昏旦夜半中星、七政躔度、紫气、月孛、罗睺、计都等类，视至元辛巳，果否有差，备录上之。并延访知历理、善立差法之人，令其参别同异，重建历元，详定岁差，以成一代之制。'下礼部议，请如所奏。得旨：'允其测候，访取秘书，报罢。'"《神宗实录》："万历二十三年九月，礼部议罢郑世子载堉所进《万年历》。内云：'近有言历法差讹当正者，然于何正之？一曰考《月令》之中星移次应节，二曰测二至之日景长短应候，三曰验交食之分秒起复应时。即如世子言，取《大统》、《授时》二历相较，气差三日，时差九刻，在亥子之交则移一日，在晦朔之交则移一月。则弦望亦宜各差一日，今似未至此也。'"

樊深[①]《河间府志》曰："愚初读律书，见私习天文者有禁。后读制书，见仁庙语杨士奇等曰：'此律自为民间设耳，卿等安得有禁？'遂以《天元玉历祥异赋》赐群臣。由律书之言观之，乃知圣人[之]所忧者深；[②]由制书之言观之，乃知圣人之所见者大。"〔一〕

〔一〕【梅氏曰】心之神明，无有穷尽。虽以天之高，星辰之远，有迟之数千百年始见端绪，而人辄知之，辄有新法以追其变。故世

---

① 张京华《校释》：樊深，号西田，河间府人，嘉靖进士，官至刑部左侍郎。

② 《续刊误》卷下："原写本'圣人'下有'之'字。"今据补。

愈降，历愈密，而要其大法，则定于唐、虞之时。今夫历所步有四，曰恒星，曰日，曰月，曰五星。治历之具有三，曰算数，曰图象，曰测验之器。由是三者以得前四者躔离、朓朒、盈缩、交蚀、迟留、伏逆、掩犯之度。古今作历者七十馀家，疏密代殊，制作各异，其法具在，可考而知，然大约三者尽之矣。尧命羲和"历象日月星辰"，舜"在璇玑玉衡，以齐七政"。历者，算数也。象者，图也，浑象也。璇玑玉衡，测验之器也。故曰定于唐、虞之世也。历之最难知者有二，其一里差，其一岁差。是二差者，有微有著。非积差而至于著，虽圣人不能知而非。其距之甚远，则所差甚微，非目力可至，不能入算。故古未有知岁差者，自晋虞喜，宋何承天、祖冲之，隋刘焯，唐一行始觉之。或以百年差一度，或以五十年，或以七十五年，或以八十三年，未有定说。元郭守敬定为六十六年有八月，回回、泰西差法略似。而守敬又有上考下求、增减岁馀天周之法，则古之差迟，而今之差速，是谓岁差之差，可谓精到。若夫日月星辰之行度不变，而人所居有东西南北、正视侧视之殊，则所见各异，谓之里差，亦曰视差，自汉及晋，未有知之者。北齐张子信始测交道有表里，此方不见食者，人在月外必反见食。《宣明历》本之，为气、刻、时三差。而《大衍历》有九服测食定晷漏法。元人四海测验二十七所。而近世欧逻巴航海数万里，以身所经山海之程，测北极为南北差，测月食为东西差，里差之说至是而确。是盖合数千年之积测以定岁差，合数万里之实验以定里差。距数逾远，差积逾多，而晓然易辨。且其为法，既推之数千年数万里而准，则施之近用可以无惑。历至近日屡变益精以此。然余亦谓定于唐、虞之时，何也？不能预知者，差之数；万世不易者，求差之法。古圣人以日之所在，不可以目视而器窥也，故为中星以纪之，鸟、火、虚、昴，万世求岁差之根数也。以日之出入发敛，不可以一方所见为定，故为嵎夷、昧谷、南交、朔方之宅以分候之，万世求里差之定法也。呜呼，至矣！学者知合数千年数万里之心思耳目以治历，而后成古圣人未竟之绪，则当思羲和以后，凡能出一新智，立一捷法，垂之至今者，皆有所以立法之故。及其久而必变也，又皆有所以变之说。于是反覆推论，无纤毫疑似于吾心，则吾之心即古圣之心，亦即天之心。而古今中外之见，可以不设而要于至是。过此以往，或有差变之微，出于今法之外，亦可本其常然以深求其变，而徐为修改，以衷于无弊，是则吾辑《历法通考》之意也。

【又曰】或问："律何以禁私习？"曰："律所禁者天文也，非历也。"曰："二者异乎？"曰："以日月晕珥、彗孛飞流、芒角动摇预断吉凶者，天文家也。本躔离之行，度中星之次，以察发敛进退，敬授民事者，历家也。《汉·艺文志》天文廿一家，历谱十八家，判然二矣。且私习之禁，禁其妄言祸福、惑世诬民耳。若夫日月星辰，有目共睹，古者率作兴事皆用为候，又何禁焉？自梓慎、裨灶之徒以星气言事应，始有灾祥之占，而说有验有不验，惟子产、昭子深明理数之实，乃有以折服矫诬之论。故历学大著，则禨祥小数无所依而自不行。"曰："其说可得闻乎？"曰："古之历疏，所步或多不效，求其说不得，而占家得以附会于其间。是故日月之遇交则食，以实会视会为断，有常度也。而古历未精，有当食不食，不当食而食之占。日食必于朔也，而古用平朔，有食在晦、二之占。月行有迟疾，日行有盈缩，皆一定之数，可以小轮为法也。而古唯平度占日，晦而月见西方，谓之朓，朓则侯王其舒；朔而月见东方，谓之仄慝，仄慝则侯王其肃。月行阴阳历，以不足廿年而周，其交也于黄道。其交之半也，则出入黄道之南北五度有奇，皆有常也。而古占曰：'天有三门，犹房四表。房中央曰天街，南间曰阳环，北间曰阴环。月由天街，天下和平。阳道主丧，阴道主水。'夫黄道且有岁差，况月道出入黄道时时不同，而欲定于房中央，不已谬乎！月出入黄道既有南北，而其与黄道同升，又有正升斜降、斜升正降之殊，故月始生，有平有偃。而古占曰：'月始生，仰，天下有兵。偃，有兵兵罢，无兵兵起。'月于黄道有南北，一因也；正斜升降，二因也；盈缩迟疾，三因也；南北里差，见月有早晚，四因也。故月初见，有初二、初三之殊。极其变，则有朔、初四之异。而古占曰：'当见不见，不当见而见。'食日者月，不关云气。而占曰：'食前数日，日已有谪。'日大月小，日高月卑，人所见之日月大小略等者，乃其远近为之，非本形也。然日月之行，各有最高卑，而影径为之异，故有时月正掩日，而四面露光如环，而占以金环食为'阳德盛'。五星有迟疾留逆，而古唯知顺行，占以逆行为灾，曰：'未当居而居，当去不去；当居不居，未当去而去，皆变行也。'五星之出入黄道亦如日月，故所犯星座可预求。而古无纬度，占为失行，为之例，曰凌、曰犯、曰斗、曰食、曰掩、曰合、曰句已、曰围绕。五星离黄道不过八度，则中宫紫微及外宫距远之星必无犯理，而占书皆有之。近有著《贤相通占》者，删去黄道极远之星，亦既知其非矣。至于恒星有定数，亦有定距，而占者无仪器以知其度，又不知星座出入地平有蒙气之差，或以横斜视差妄谓移动，于是曰：'王良策马，车骑满野。天钩直则地维坼，泰阶平，人主有福。'中州以北，去北极近，老人星远而近浊，不常见。占曰：'老人星见，王者多寿。'以二分日候之江南，老人星高，三时皆见，而犹岁以二分占星，密疏贡谀。此其仍讹习欺尤大彰明者矣。”曰：“然则占验可废乎？将天变不足畏邪？”曰：“恶，是何言也！吾所谓辨惑，辨其诬也。若夫王者遇灾而惧，侧身修省以答天戒，固钦若之精意也。古者日食修德，月食修刑。夫德刑固不以日月之食而始修也，遇其变加警惕焉。此则理之当然，非以数之有常而或懈也。”

日食

刘向言：“春秋二百四十二年，日食三十六。今连三年比食。自建始以来，二十岁间而八食，率二岁六月而一发，古今罕有。异有大小希稠，占有舒疾缓急。”见《汉书·刘向传》。**余**[①]**所见崇祯之世十七年而八食，**【原注】二年五月乙酉朔，四年十月辛丑朔，七年三月丁亥朔，九年七月癸卯朔，十年正月辛丑朔，十二月乙未朔，十四年十月癸卯朔，十七年八月丙辰朔。**与汉成略同，而稠急过之矣。然则谓日食为一定之数，无关于人事者，岂非溺于畴人之术，而不觉其自蹈于邪臣之说**[②]**乎？**

《春秋》昭公二十一年《左传》**：“秋七月壬午朔，日有食之。公问于梓慎曰：‘是何物也？祸福何为？’对曰：‘二至二分，日有食之，不为灾。日月之行也，分，同道也；至，相过也。其他月则为灾。’”非也。夫日月之在于天，莫非一定之数，**〔一〕**然天象见于上，而人事应于下矣。为此言者，**

---

① “余”，张京华《校释》作“今”。

② “邪臣之说”即下条之“天变不足畏”。

殆于后世以"天变不足畏"之说进其君者也。[①]《汉书·五行志》亦知其说之非，而依违其间，以为"食轻，不为大灾，水旱而已"，然则食重也如之何？是故日食之咎，无论分、至。〔二〕

〔一〕【沈氏曰】谈迁《国榷》："李天经曰：'太阳行黄道中线，迨二分，而黄道与赤道相交，是为同道；二至，则过赤道内外各二十三度，是谓相过。'又曰：'过赤道二十三度则为真至，两道相交于一线则为真分。今日节变之差，皆由推测不能准此耳。'"

〔二〕【陆氏曰】西学绝不言占验。其说以为：日月之食，五纬之行，皆有常道常度，岂可据以为吉凶？此殊近理。但七政之行虽有常道常度，然当其时而交食凌犯，亦属气运。国家与百姓皆在气运中，固不能无关涉也。此如星命之家谈五星之恩仇，五星之行与人无与，然值之者亦皆有微验，况国命之大乎？或以为西学有所慎而不言，则得之矣。

月食

日食，月掩日也；月食，地掩月也。今西洋天文说如此。自其法未入中国而已有此论，陆文裕深《金台纪闻》卷下曰："尝闻西域人算日、月食者，谓日、月与地同大，若地体正掩日轮上，则月为之食。"南城万实《月食辨》曰："凡

① 《邵氏闻见录》卷二先言"熙宁大臣以'天变不足畏'说人主，以成今日之祸"，至王偁《东都事略》卷七九更言王安石"甚者谓'天变不足畏，祖宗不足法，人言不足恤'"。《宋史·王安石传》因之。然王安石文集中并无此言。

黄道平分各一百八十二度半强，对冲处必为地所隔，望时月行适当黄道交处，与日正相对，则地隔日光，而月为之食矣。”按其说亦不始于近代，汉张衡《灵宪》曰：“当日之冲，光常不合者，蔽于地也。是谓暗虚，在星星微，月过则食。”载《续汉·天文志》中。俗本“地”字有误作“他”者，遂疑别有所谓“暗虚”，而致纷纷之说。【原注】《宋史·天文志》“日火外明，其对必有暗气，大小与日体同”者，非。

静乐李鲈习西洋之学，述其言曰：“月本无光，借日之照以为光曜。至望日，与地、日为一线，月见地不见日，不得借光，是以无光也。或曰：‘不然。曾有一年，月食之时，当在日没后，乃日尚未沈，而出地之月已食矣。东月初升，西日未没，人两见之，则地固未尝遮日月也，何以云见地不见日乎？’答曰：子所见者非月也，月之影也，月固未尝出地也。何以验之？今试以一文钱置虚器中，前之却之，不见钱形矣，却贮水令满而钱见，则知所见者非钱也，乃钱之影也。日将落时，东方苍苍凉凉，海气升腾，犹夫水然，其映而升之，亦月影也。如必以东方之月为真月，则是以水面之钱为真钱也，然乎？否乎？又如渔者见鱼浮水面，而投叉刺之，必稍下于鱼，乃能得鱼。其浮于水面者，鱼之影也。舟人刺篙，其半在水，视之若曲焉。此皆水之能影物也。然则月之受隔于地，又何疑哉！”〔一〕

〔一〕【杨氏曰】以火近火而光夺，此“精不可有二”之说也。金水内景，此“暗虚”之说也。地影之云，最为明晳。

岁星

吴伐越，岁在越，故卒受其凶。[①] 苻秦灭燕，岁在燕，故"燕之复建，不过一纪"。见《十六国春秋》卷二九申胤之言。二者信矣。慕容超之亡，岁在齐，而为刘裕所破，国遂以亡。[②] 岂非天道有时而不验邪？是以"天时不如地利"。

岁星固有居其国而不吉者，其行有赢缩。《春秋传》襄公二十八年："岁弃其次而旅于明年之次。"《史记·天官书》："已居之，又东西去之，国凶。"《淮南子》《天文训》："当居不居，越而之他处。"以近事考之，岁星当居不居，其地必有殃咎。【原注】考《授时历》段目，岁星未有不退之时，但晨退四十六日，夕退四十六日，各有奇，共止得九度七十六分有奇，而十二宫大约各三十度，以出宫为灾，不出宫不为灾也。

五星聚

史言："周将代殷，五星聚房。齐桓将伯，五星聚箕。"【原注】沈约《宋书·天文志》云。〇《竹书纪年》卷上："帝辛三十二年，五星聚于房。"汉元年十月，五星聚东井。唐天宝九载八月，五星聚尾、箕。大历三年七月，五星聚东井。宋乾德五

---

① 《左传》昭公三十二年：吴伐越，始用师于越也。史墨曰："不及四十年，越其有吴乎！越得岁而吴伐之，必受其凶。"

② 《通鉴》卷一一五：晋义熙五年，刘裕攻南燕，南燕主慕容超云："今岁星居齐，以天道推之，不战自克。"次年，刘裕灭南燕，俘慕容超。

年三月，五星聚奎。【原注】景德四年六月，司天监言："五星聚而伏于鹑火。"淳熙十三年闰七月，五星聚轸。[①] 元太祖二十一年十一月，五星聚，见于西南。皇[②]明嘉靖三年正月丙子，五星聚营室。天启四年七月丙寅，五星聚张。【原注】丙寅月之十四日，日在张九度，木十六度，火七度，土三度，金三度，水一度，凡聚者四日。占曰："五星若合，是谓易行。有德受庆，改立王者，奄有四方，子孙蕃昌。无德受殃，离其国家，灭其宗庙，百姓离去，被满四方。"见《汉书·天文志》。考之前史所载，惟天宝不吉，盖玄宗之政荒矣。或曰：汉从岁，宋从填，唐从荧惑云。〔一〕

〔一〕【梁氏曰】《古今黈》谓"五星聚非吉祥，乃兵象，为秦亡之应"。因历引唐世五星聚为证，其大者，天宝九年五星聚燕，祸至累世。《通鉴》不载汉五星聚东井事，良是。

四星之聚，占家不以为吉。验之前代：于张，光武帝汉；【原注】《蜀志》《先主传》：刘豹等言："建安二十一年，太白、荧惑、填星常从岁星。"于牛、女，中宗绍晋；【原注】《晋书·怀帝纪》："永嘉六年七月，岁星、荧惑、太白聚于斗、牛。"《天文志》同，但云"聚于牛、女"，而《元帝纪》则云"永嘉中，岁、填、荧惑、太白聚牛、女[③]之间"。一云四星，一云三星，不同。庾信《哀江南赋》："值五马之南奔，逢三星之东聚。"于觜、参，神武王齐；[④]于危，文宣

---

① 《宋史·孝宗纪》：淳熙十三年"八月乙亥朔，日、月、五星聚于轸"。非"七月"。

② "皇"字，原本无，据《校记》补。

③ "牛、女"，今本《晋书》作"牛、斗"。

④ 《北齐书·神武纪》："初，普泰元年十月，岁星、荧惑、镇星、太白聚于觜、参，色甚明。太史占云'当有王者兴'。"是时神武起于信都，至是而破尔朱兆等。

代魏；[①]于东井，肃宗复唐；[②]于张，高祖王周，[③]皆为有国之祥也。故汉献帝初，韩馥以四星会于箕尾，欲立刘虞为帝；见《三国志·魏书·公孙瓒传》注引《九州春秋》。唐咸通（十年）[中]，[④]荧惑、填星、太白、辰星会于毕、昴，诏王景崇被衮冕，军府称臣以厌之。见《新唐书·天文志三·五星聚合》。然亦有不同者，如慕容超之灭，四星聚奎、娄。见《晋书·天文志中·五星聚舍》。姚泓之灭，四星聚东井；同上。【原注】至德二载四月壬寅，四星聚鹑首。后晋天福五年，术士孙智永以四星聚斗，分野有灾，劝南唐主巡东都；见《通鉴》卷二八二。宋靖康元年，太白、荧惑、岁、填四星合于张；见《宋史·钦宗纪》。嘉熙元年，太白、岁、辰、荧惑合于斗，诏避殿减膳，以图消弭。此则天官家所谓"四星若合，其国兵丧并起，君子忧，小人流"，见《汉书·天文志》。而不可泥于一家之占者矣。

海中五星二十八宿

《汉书·艺文志》："《海中星占验》十二卷，《海中五星经杂事》二十二卷，《海中五星顺逆》二十八卷，《海中二十

---

① 《魏书·天象志一》："四星聚危而文宣受终。"

② 《旧唐书·肃宗纪》：至德二载，太史奏岁星、太白、荧惑集于东井。

③ 《旧五代史·周太祖纪》："先是，丁未年夏六月，土、金、木、火四星聚于张，占者云，当有帝王兴于周者。故汉祖建国，由平阳、陕服趋洛阳以应之，及隐帝将嗣位，封周王以符其事。"

④ 《刊误》卷下："诸本同。汝成案：《新》、《旧唐书》懿宗十年纪俱不书此事，《旧书·天文志》亦不载。《新书·志》云'咸通十年荧惑逆行守心'，则十年断无四星守毕、昴矣。篇末纪'咸通中荧惑填星'云云，是不定何年，《录》云'十年'者，误也。"

八宿国分》二十八卷,《海中二十八宿臣分》二十八卷,《海中日月彗虹杂占》十八卷。”“海中”者,中国也。故《天文志》曰:“甲乙海外,日月不占。”盖天象所临者广,而二十八宿专主中国,故曰“海中二十八宿”。

星名

今天官家所传星名,皆起于甘、石。[①] 如郎将、羽林,三代以下之官;左更、右更,三代以下之爵;王良、造父,三代以下之人;巴蜀、河间,三代以下之国,春秋时无此名也。

人事感天

《易传》言“先天”、“后天”。[②] 考之史书所载,人事动于下而天象变于上,有验于顷刻之间而不容迟者。宋武帝欲受晋禅,乃集朝臣宴饮,日晚坐散,中书令傅亮叩扉入见,请还都谋禅代之事。及出已夜,见长星竟天,拊髀叹曰:“我常不信天文,今始验矣。”见《宋书·傅亮传》。隋文帝立晋王广为皇太子,“其夜烈风大雪,地震山崩,民舍多坏,压死者百馀口”。见《隋书·炀帝纪》。唐玄宗为临淄王,将诛韦氏,与刘幽求等微服入苑中。向二鼓,天星散落如雪,幽求

---

① 甘、石,战国时天文学家甘德、石申,后人将二人著作合编为《甘石星经》。

② 《子夏易传》:“先天而天弗违,后天而奉天时。”

曰:“天道如此,时不可失。”见《资治通鉴》卷二〇九。文宗以右军中尉王守澄之言,召郑注对于浴堂门,“是夜彗出东方,长三尺”。见《旧唐书·文宗纪》。然则荆轲为燕太子丹谋刺秦王而白虹贯日,卫先生为秦昭王画长平之事而太白食昴,① 固理之所有。《孟子》《公孙丑上》言“气壹则动志”,其此之谓与?〔一〕

〔一〕【赵氏曰】上古之时,人之视天甚近。《易》所言皆天道。《尚书·洪范》备言“五福”、“六极”之征,其他诏诰亦无不以惠迪从逆为吉凶。《春秋》记人事,兼记天变,盖犹是三代以来记载之法,非孔子所创也。汉兴,董仲舒治《公羊春秋》,推阴阳,为儒者宗。宣、元之后,刘向治《穀梁》,数其祸福,傅以《洪范》。观《五行志》所载,天象每一变,必验一事,推既往以占将来,虽其中不免附会,然亦非尽空言也。昌邑王数出微行,夏侯胜谏曰:“久阴不雨,臣下有谋上者。”时霍光方与张安世谋废立,疑安世漏言。召问胜,胜对:“《洪范五行传》云:‘皇之不极,厥罚常阴,时则有下人谋上者。’”光、安世大惊。宣帝将祠昭帝庙,旄头剑落泥中,刃向乘舆。帝令梁丘贺筮之,云:“有兵谋,不吉。”上乃还,果有任宣子章匿庙间,欲俟上至为逆,事发伏诛。京房以《易》六十四卦更直日用事,以风雨寒温为候,各有占验。每先上疏言其将然,近者或数月,远或一岁,无不屡中。翼奉以成帝独亲异姓之臣,为阴气太甚,极阴生阳,恐反有火灾。未几,孝武园白鹤馆火。是汉儒之言天者实有验于人,故诸上疏者皆言之深切著明,无复忌

① 《史记·鲁仲连邹阳列传》:阳自狱中上吴王书云:“昔者荆轲慕燕丹之义,白虹贯日,太子畏之;卫先生为秦画长平之事,太白蚀昴,而昭王疑之。”

讳。翼奉谓："人气内逆则感动天地，变见于星气。犹人之五藏六体，藏病则气色发于面，体病则欠伸动于貌也。"言之最切者，莫如董仲舒，谓："国家将有失道之败，天乃先出灾害以谴告之，以此见天心之仁爱人君，欲止其乱也。"谷永亦言："灾异者，天所以儆人君过失，犹父之明诫，改则祸消，不改则咎罚。"是皆援天道以证人事，若有秒忽不爽者。而其时人君亦多遇灾而惧，如成帝以灾异用翟方进言，遂出宠臣张放于外，赐萧望之爵，登用周堪为谏大夫，又因何武言擢用辛庆忌。哀帝亦因灾异用鲍宣言，召用彭宣、孔光、何武，而罢孙宠、息夫躬等。其视天犹有影响相应之理，故应之以实不以文。降及后世，机智竞兴，若天下事皆可以人力致，而天无权。即有志图治者，亦无复有求端于天之意。故自汉以后，无复援灾异以规时政者，觉天自天，人自人，空虚寥廓，与人无涉。抑思孔子修《春秋》，灾异无大小必书，如果与人无涉，圣人亦何事多言哉！

黄河清

汉桓帝延熹九年，济阴、东郡、济北、平原河水清，襄楷上言："河者，诸侯位也。清者属阳，浊者属阴。河当浊而反清者，阴欲为阳，诸侯欲为帝也。"明年帝崩，灵帝以解渎亭侯入继。见《后汉书·襄楷传》。**《隋书》**《五行志》**言："齐武成帝河清元年四月，河、济清。后十馀岁，隋有天下。隋炀帝大业三年，武阳郡河清数里。十二年，龙门河清。后二岁，唐受禅。"金卫绍王大安元年，徐、**(沛)**[邳]黄河清，临洮人**

杨珪上书，亦引襄楷之言。后四岁，宣宗立。见《金史·五行志》。元顺帝至正二十一年十一月戊辰，黄河自平陆三门碛下至孟津，五百馀里皆清，凡七日，见《元史·顺帝纪》。而我[①]太祖兴。至本[②]朝尤验，正德河清，世宗以兴王即位；泰昌河清，先[③]帝以信王即位。

妖人阑入宫禁

自古国家中叶，多有妖人阑入宫禁之事，固气运之疵，亦是法纪废弛所致。如汉武帝征和元年，“上居建章宫，见一男子带剑入中龙华门，疑其异人，命收之。男子捐剑走，逐之弗获，上怒，斩门候”；见《资治通鉴》卷二二。“成帝建始三年十月丁未，渭水虒上小女陈持弓，年九岁，走入横城门，入未央宫尚方掖门殿门，门卫户者莫见，至句盾禁中而觉得”，“绥和二年八月庚申，郑通里男子王褒，【原注】师古曰：“郑县之通里。”衣绛衣，小冠，带剑，入北司马门殿东门，上前殿入非常室中，解帷组结佩之。收缚考问。褒，故公车大谁卒，病狂易，不自知入宫状，下狱死”；以上俱见《汉书·五行志下之上》。后汉灵帝“光和元年五月壬午，有人白衣入德阳门，言‘梁伯夏教我上殿为天子’。中黄门桓贤等呼门吏仆射欲收缚，吏未到，须臾还走，求索不得，不知姓名”，“四

---

① “我”，原本作“明”，据《校记》改。

② “本”，原本作“先”，据《校记》改。

③ “先”，原本作“崇祯”二字，据《校记》改。

年，魏郡男子张博，送铁卢诣太官。博上书室殿山居屋后宫禁，落屋欢呼。上收缚考问，辞‘忽不自觉’”。以上俱见《续汉·五行志五》。晋惠帝“太安元年四月癸酉，有人自云龙门入殿前，北面再拜曰：‘我当作中书监。’即收斩之”；【原注】《宋书》《五行志》干宝曰：“夫禁庭尊秘之处，今贱人径入而门卫不觉者，宫室将虚而下人逾之之妖也。”成帝“咸康五年十一月，有人持柘杖，绛衣，诣止车门，(上)[口]列为圣人使求见天子。门候受辞，辞称姓吕名赐，其言‘王和女可右足下有七星，星皆有毛，长七寸，天(令)[今]命可为天下母’。奏闻，即伏诛，并下晋陵诛可”。以上俱见《晋书·五行志下》。秦苻坚时，“有人入明光殿，大呼曰：‘甲申乙酉，鱼羊食人，悲哉无复遗！’坚命执之，俄而不见”。见《晋书·苻坚载记》。“陈后主为太子时，有妇人突入东宫，大言曰：‘毕国主。’”见《隋书·五行志》下。唐高宗“永隆二年九月一日，万年县女子刘凝静，乘白马，著白衣，男子从者八九十人，入太史局，升令厅床坐，勘问比有何灾异。太史令姚玄(辨)[辩]执之以闻。是夜彗见西方天市中，长五尺”；见《旧唐书·天文志》。武后“神功元年二月[1]庚子，有人走入端门，又入则天门，至通天宫，阍者及仗卫不之觉”；见《新唐书·五行志》。睿宗“太极元年，狂人段万谦潜入承天门，登太极殿，升御床，自称天子，呼宿卫兵士，令称万岁”；见《册府元龟》卷一五〇。德宗“贞元八年二月丁亥，许州人李狗儿持杖入含元殿，击栏槛，擒得伏

① “二月”，今本作“一月”。

诛”;[①]敬宗【原注】即位。长庆四年[②]三月戊辰,狂人徐忠信“阑入浴堂门,杖四十,配流天德”;见《旧唐书·敬宗纪》。文宗开成二年“十一月癸亥,【原注】《新书》作太和二年十月。狂人刘德广突入含元殿,诏付京兆府杖杀之”。见《旧唐书·文宗纪》。宋高宗“建炎二年十一月,帝在扬州郊祀,后数日,有狂人具衣冠,执香炉,携绛囊,拜于行宫门外,自言‘天遣我为官家儿’,书于囊纸、刻于右臂皆是语。鞫之,不得姓名,帝以其狂,释不问”;孝宗“淳熙十四年正月,绍兴府有狂人突入恩平郡王第,升堂践王坐,曰:‘我太上皇孙,来赴郡。’鞫讯,终不语”。以上俱《宋史·五行志三》。元顺帝“至正十年春,京师丽正门楼斗栱内有人伏其中,不知何自而至,远近聚观之。有旨,取付法司鞫问。但云蓟州人,诘其所从来,皆惘若无知。乃以不应之罪笞之,忽不知所在”。见《元史·五行志二》。史家并书之以为异。先朝景泰三年五月癸巳朔,以明日立太子,具香亭于奉天门,有一人自外径入,执红棍击香亭,曰:“先打东方甲乙木。”内使执之,命付锦衣卫。亦书于《英宗实录》卷二一六。然未有若[今][③]万历四十三年张差一事,宫中府中几成莫解之祸,更历五朝,流言未息。[④] 天乎?人乎?吾不得而知之矣。

《周礼》《天官冢宰》“阍人”职云“奇服怪民不入宫”,注

---

① 见《新唐书·五行志》。“擒得伏诛”,《旧唐书·天文志》作“又击杀所擒卒,诛之”。

② 张京华《校释》此下有小注“元和十五年穆宗已即位”十字,而前小注“即位”二字作正文。

③ “今”字据张京华《校释》补。

④ 按即明末三大案之“梃击”一案。

曰:“怪民狂易。”是则先王固知其有此事而豫为之防矣。〔一〕

〔一〕【惠侍读曰】怪民未有不奇服者,观汉江充可悟。

诈称太子

建炎南渡,有诈称徐王棣者,诈称信王榛者,诈称越王偲次子者,诈称渊圣第二皇子者,诈称荣德帝姬者,诈称柔福帝姬者,莫不伏法,讫无异言。乃弘光时王之明一事,①中外流言,汹汹不息,藩镇称兵,遂以借口,至今民间尚有疑以为真者。此亦亡国之妖也已。

卫太子自杀于湖,武帝为筑归来望思之台,事状明白。见《汉书·武五子·戾太子传》。十年之后,犹有如成方遂之乘黄犊车诣北阙,吏民聚观至数万人,公卿莫敢发言者。见《汉书·隽不疑传》。况值非常之变,事未一年,吾君之子,天下属心,众口喧腾,卒难遍喻者乎?寄之中城狱舍,不加刑鞫,是为得理,②不可以亡国之君臣而加之诬诋也。

晋会稽王道子为桓玄所害,以临川王宝子修之为道子嗣,尊妃王氏为太妃。义熙中,有称元显【原注】道子世子。子秀熙避难蛮中而至者,太妃请以为嗣,于是修之归于别第。刘裕意其诈而案验之,果散骑郎滕羡奴勺药也,竟坐

① 王之明,或作王子明。南明弘光时,有自称崇祯太子者,诸臣以其应对舛错,斥为假冒。据云自招本名王子明。坐死,待决。

② 按,此指弘光帝对“伪太子”的处理。后南京陷落,弘光帝出逃,伪太子落于清兵之手,戮于北京。

弃市。太妃不悟，哭之甚恸。【原注】元显本传。近时之论多有似乎此者。

五胡[1]天象

昔人言五胡[2]诸国唯占于昴北，亦不尽然。[3]【原注】《晋·天文志》云："是时虽二石僭号，而其强弱常占于昴，不关太微、紫宫。"考之史，流星入紫宫而刘聪死，荧惑守心而石虎死，孛星、太微、大角、荧惑、太白入东井而苻生弑，彗起尾箕、扫东井而燕灭秦，彗起奎娄、扫虚危而慕容德有齐地，太白犯虚危而南燕亡，荧惑在匏瓜中、忽亡入东井而姚秦亡，荧惑守心而李势亡，荧惑犯帝座而吕隆灭，月掩心大星而魏宣武弑，荧惑入南斗而孝武西奔，月掩心星而齐文宣死，彗星见而武成传位，彗星历虚危而齐亡，太白犯轩辕而周闵帝弑，荧惑入轩辕而明帝弑，岁星掩太微上将而宇文护诛，荧惑入太微而武帝死。若金时，则太白入太微而海陵弑，白气贯紫微而高琪杀胡沙虎，彗星起大角而哀宗灭。其他难以悉数。夫中国之有都邑，犹人家之有宅舍；星气之失，如宅舍之有妖祥，主人在则主人当之，主人不在则居者当之。此一定之理，而以华夷[4]为限断乃儒生之见，不可

① "五胡"，原本作"外国"，据《校记》改。

② "五胡"，原本作"朔漠"，据《校记》改。

③ 《刊误》卷下："诸本同。楷庵杨氏去'北'字。汝成案：下注《晋志》云云，亦无'北'字，'北'当是'此'字之误。考原本正作'北'，仍之。"

④ "华夷"，原本作"中外"，据张京华《校释》改。

语于天道也。

魏明帝问黄权曰："天下鼎立，何地为正？"对曰："当验天文。往者荧惑守心而文帝崩，吴、蜀无事，此其征也。"见《三国志·蜀书·黄权传》注。晋康帝建元(三)[二][①]年，岁星犯天关，安西将军庾翼与兄冰书曰："岁星犯天关，占云'关、梁当分'。比来江东无他故，江道亦不艰难，而石虎频年再闭关，不通信使，此复是天公愦愦，无皂白之征也。"见《晋书·天文志》。梁武帝中大通六年，先是荧惑入南斗，去而复还，留止六旬。上以谚云"荧惑入南斗，天子下殿走"，乃跣而下殿以禳之。及闻魏主西奔，惭曰："虏[②]亦应天象邪？"见《资治通鉴》卷一五六。

星事多凶

淮南王安以客言"彗星长竟天，天下兵当大起"，谋为畔逆，而自刭国除。见《汉书·淮南王传》。眭孟言"大石自立，僵柳复起，当有从匹夫为天子者"，而以袄言诛。见《汉书·眭弘传》。赵广汉问太史知星气者，言"今年当有戮死大臣"，即上书告丞相罪，而身坐要斩。见《汉书·赵广汉传》。甘忠可推"汉有再受命之运"，而以罔上惑众，下狱病死，弟子夏贺良等用其说以诛。见《汉书·李寻传》。(齐)[高]康(候)[侯]知东郡有兵，私语门人，为王莽所杀。见《汉书·儒林·高

① 据中华书局标点本《晋书·五行志》改。

② "虏"，原本作"卤"，据《校记》改。

相传》。卜者王况以“刘氏复兴，李氏为辅”，为李焉作谶书十馀万言，莽皆杀之。国师公刘秀女愔言宫中当有白衣会，乃以自杀。西门君惠语王涉以“国师公姓名当为天子”，遂谋以所部兵劫莽，事发被诛。以上俱见《汉书·王莽传》。王郎明星历，尝以河北有天子气，而以僭位诛死。见《后汉书·王昌传》。襄楷言“天文不利黄门、常侍，当族灭”，而卒陷王芬自杀。见《三国志·魏书·武帝纪》注引《九州春秋》。刘焉闻董扶言“益州有天子气”，求为益州牧，而以天火烧城，忧惧病卒，子璋降于昭烈。见《三国志·蜀书·刘焉传》。孔熙先推宋文帝必以非道晏驾，祸由骨肉，江州当出天子，而卒与范晔等谋反，弃市，并害彭城王。见《宋书·孔熙先传》。郭麐言“代吕者王”，又言“凉州分野有大兵”，故举事，先推王详，后推王乞基，而卒之代吕隆者王尚。又言“灭(秦)[姚]者晋”，遂南奔，秦人追而杀之。见《晋书·郭麐传》。刘灵助占“尔朱当灭”，又言“三月末我必入定州”，遂举兵以三月，被擒，斩于定州。见《魏书·术艺·刘灵助传》。苗昌裔言“太祖后当再有天下”，赵子崧习闻其说，靖康末起兵，檄文颇涉不逊，卒以贬死。见《宋史·宗室·子崧传》。成祖永乐末，钦天监官王射成言“天象将有易主之变”，孟贤等信之，谋立赵王高燧，并以伏诛。见《万历野获编》卷四“赵王监国”条。是数子者之占，不可谓不验，而适以自祸其身，是故“占事知来”之术，惟正人可以学。〔一〕

〔一〕【胡氏曰】考受命之符，五经皆无是说，其起于东汉乎？何以征之？虢之亡也，蓐收告之；秦之亡也，华阴神告之；刘曜之亡也，浮图相轮告之；苻坚之亡，武库兵器告之，此皆有物凭焉。盖改革之际，必大杀戮而后定，先事死者皆无罪之人，天心所哀也。彼鬼神者，宣二气之化为职。天下有必乱之形，是以起而告人，俾知趋避，非故为灵爽以自诧也。若夫天下大乱，豪杰并起，皇矣上帝，必择爱人之尤者而后授以天下。汉之二祖，当天下大乱，能爱天所生之民，是以天命归之。项羽、樊崇有天下大半，不爱天所生之民，是以天命去之。兵起数年之间，天心决于用兵之际，非可前定者，此其事鬼神何由知之？故鬼神能言亡国之征，不能言受命之人也。光武为符命之说以自神，故自此以后，不轨之徒多假符命惑众。如山贼张满，兵败被执，犹曰"谶文误我"，则光武启之也。且牧野之师，勇不鼓于跃鱼；武关之入，锋不砺乎击蛇。黄星起四纪以前，似有乖于助顺；野雉鸣神祠之侧，亦何当于与贤？况张掖石瑞，在晋为符，在魏为妖。青盖入洛，燕马饮渭，不为时巡，而为降旗。赤精之谶，祥发济阳，而贺良不知；僵柳之书，兆成公孙，而眭孟未识。由是观之，彼李守之占，西门君惠之语，如枭鸣弹丸之侧，龟语网罟之内，适自速其毙尔。天之爱人甚矣，岂留此影响妄诞、疑误无知之人骈首就戮？必不然矣。

《汉书》谓："夫子之言性与天道，不可得闻。而仲舒下吏，夏侯囚执，眭孟诛戮，李寻流放，此学者之大戒。"【原注】《眭两夏侯京翼李传赞》。**又曰："星事凶悍，非湛密者弗能由也。"**【原注】《艺文志》。**蜀汉杜琼精于术学，初不**

视天文(无)[有][①]所论说。谯周常问其意,琼曰:“欲明此术甚难,须当身视,识其形色,不可信人也。晨夜苦剧,然后知之。复忧漏泄,不如不知,是以不复视也。”见《三国志·蜀书·杜琼传》。后魏高允精于天文,游雅数以灾异问允,允曰:“阴阳灾异,知之甚难。即已知之,复恐漏泄,不如不知也。天下妙理至多,何遽问此?”雅乃止。见《魏书·高允传》。北齐权会明风角玄象,学徒有请问者,终无所说,每云“此学可知不可言。诸君并贵游子弟,不由此进,何烦问也”。惟有一子,亦不授此术。见《北齐书·权会传》。〔一〕

〔一〕【陆氏曰】历数难而易,占验易而难。历数所争,常在分秒之微,非理明心细者不能窥其门户,然有成法可按而知。占验则占书具在,然以二十一史观之,或同一灾变而事应各异,或灾变甚大而绝无事应,非心通造化,未足以语此矣。

石虎之太史令赵揽以天文死,[②]苻生之太医令程延以方脉死,[③]故《淮南子》《原道训》曰:“好事者未尝不中。”【原注】注:“中,伤也。”

图谶

《史记·赵世家》:“扁鹊言秦穆公寤而述上帝之言,

① 据《三国志·蜀书·杜琼传》改。

② 赵揽事见《晋书·石季龙载记》。

③ 程延事见《晋书·苻生载记》。

公孙支书而藏之,秦谶于是出矣。"《秦本纪》:"燕人卢生使入海还,以鬼神事,因奏录图书,曰:'亡秦者胡也。'"见《史记·秦始皇本纪》。然则谶记之兴,实始于秦人,而盛于西京之末也。【原注】褚先生《三代世表论》引《黄帝终始传》。①

【小笺】按:惠文王时有新生婴儿曰"秦且王"。见《始皇本纪》。

始皇备匈奴,而亡秦者少子胡亥。② 汉武杀中都官诏狱系者,而即帝位者皇曾孙病已。③ 苻生杀鱼遵,而代生者东海王坚。④ 宋废帝欲南巡湘中,而代子业者湘东王彧。⑤ 齐神武恶见沙门,而亡高者宇文。⑥ 周武杀纥豆陵,而篡周者杨坚。【原注】见《隋书·王劭传》。⑦ 隋炀族李浑,而禅隋

① 见《史记·三代世表》文末,原文为:"《黄帝终始传》曰:'汉兴百有馀年,有人不短不长,出白燕之乡,持天下之政,时有婴儿主,却行车。'霍将军者,本居平阳白燕。臣为郎时,与方士考功会旗亭下,为臣言。岂不伟哉!"司马贞《索隐》曰:"褚先生盖腐儒也。末引蜀王、霍光,竟欲证何事?而言之不经,芜秽正史,辄云'岂不伟哉',一何诬也。"

② 以"亡秦者胡"之谶。

③ 《汉书·宣帝纪》:武帝后元二年,望气者言"长安狱中有天子气",上遣使者分条中都官狱系者,轻重皆杀之。宣帝小名病已,时因卫太子巫蛊事累系郡邸狱。

④ 《魏书·苻健传附苻生》:苻生梦大鱼食蒲,又长安谣曰:"东海大鱼化为龙,男便为王女为公。问在何所,洛门东。"是月,生以谣梦之故,诛太师鱼遵父子一十八人。东海,苻坚封也,时为龙骧将军,宅在洛门之东。

⑤ 《宋书·前废帝纪》:先是讹言云:"湘中出天子。"帝将南巡荆、湘二州以厌之,并欲诛诸叔。子业,废帝名。

⑥ 《北齐书·高祖十一王传》:术士言"亡高者黑衣",由是自神武后,每出行,不欲见沙门,为黑衣故也。

⑦ 《王劭传》:周武帝时,望气者云亳州有天子气,于是杀亳州刺史纥豆陵恭,以杨坚代之。纥豆陵,姓;恭,名。

者李渊。[①] 唐太宗诛李君羡，而革唐者武后。[②] 周世宗代张永德，而继周者艺祖。[③]〔一〕

〔一〕【胡氏曰】考古占测之学，信而有征者善，然虽有征，无益祸福之定数也。汉建始三年，日食、地震同日俱发。谷永曰："但日食则妾不见，但地震则后不见。二者俱发，明同事异人。"杜钦曰："日食，中宫之部。地震，掖庭之中。此必適妾争宠而为害者。"钦、永同辞，皆知致灾者二人，一正后，一嬖妾，炯然在目，但不能言其名氏尔。厥后昭仪姊妹，非二人乎？所谓信而有征也。然而妨嗣伤主之害，不在日食、地震时，而在永始、元延之间，与绥和之末相距廿有馀年。当二异俱发，适有一许后代之受其谴责，举朝泰然，以为咎在许后矣。永等不能言其非许后也，所谓无益祸福之定数也。嬖色入宫，处耳目之前，妨继嗣，伤圣躬，在二纪后。告诫则为日太早，征应则为期太远，此天心之不可知也。李淳风谓太宗曰："臣仰稽天象，俯察历数，其人已在宫中。"淳风之术壹似优于永、钦，要不能指其人而去之。虽知其人，未必敢斥言也；虽斥言之，未必能决去也，其实一也，故曰"信而无益"也。

① 《旧唐书·五行志》：隋末有谣曰："桃李子，洪水绕杨山。"炀帝疑李氏有受命之符，故诛李金才。李浑字金才。

② 《旧唐书·李君羡传》：贞观中，太白频昼见。太史占曰："女主昌。"又有谣言："当有女主王者。"君羡小名五娘子，又封邑及属县皆有"武"字，太宗深恶之。会御史奏君羡与妖人员道信潜相勾结，将为不轨，遂下诏诛之。

③ 《宋史·太祖纪》：周世宗阅四方文书，得韦囊，中有木三尺馀，题云"点检作天子"，异之。时张永德为点检，世宗不豫，还京师，拜太祖检校太傅、殿前都点检，以代永德。

孔子闭房记

自汉以后,凡世人所传帝王易姓受命之说,一切附之孔子,如沙丘之亡,[①]卯金之兴,[②]皆谓夫子前知而预为之谶。其书盖不一矣。魏高祖太和九年诏:"自今图谶、秘纬及名为《孔子闭房记》者,一皆焚之,留者以大辟论。"见《魏书·孝文帝纪》。《旧唐书·王世充传》:"世充将谋篡位,有道士桓法嗣者,自言解图谶,乃上《孔子闭房记》,画作丈夫持一竿以驱羊,释云:'隋,杨姓也。"干一"者,"王"字也。王居羊后,明相国代隋为帝也。'世充大悦。"详此,乃似今人所云《推背图》者,今则托之李淳风而不言孔子。【原注】《隋书·艺术传》临孝恭著《孔子马头易卜书》一卷。

百刻

一日十二时,计刻则以"百刻"为日。今历家每时有十刻,则一百二十刻矣,何以谓之"百刻"乎?曰:历家有大刻,有小刻。初一、初二、初三、初四、正一、正二、正三、正四,谓之"大刻"。合一日计之,得九十六刻。其不尽者置一"初初"于初一之上,置一"正初"于正一之上,谓之"小

① 梁代殷芸《殷芸小说》卷二:"或云:孔子将死,遗书曰:'不知何男子,自谓秦始皇,上我之堂,据我之床,颠倒我衣裳,至沙丘而亡。'"

② 干宝《搜神记》卷八:麟向孔子吐三卷图,每卷二十四字。"其言赤刘当起,曰:'周亡。赤气起,火耀兴,玄丘制命,帝卯金。'"

刻”，每刻止当大刻六分之一。合一日计之，为初初者十二，为正初者十二，又得四大刻，合前为百刻。

宋王逵《蠡海集》卷一言：“百刻之说，每刻分为六十分，百刻共得六千分。散于十二时，每时得五百分。如此则一时占八刻零二十分，将八刻截作初、正各四刻，却将二十分零数分作初初、正初微刻各一十分也。”《困学纪闻》卷四所载易氏祓之说亦同。①

《周礼·挈壶氏》注：“漏箭昼夜共百刻。”【原注】“刻”字始见《汉书·宣帝纪》，五凤三年诏曰：“神光并见，烛耀斋宫十有馀刻。”又曰：“鸾凰集长乐宫东阙树上，飞下止地，留十馀刻。”《礼记·乐记》“百度得数而有常”，注：“百度，百刻也。”《灵枢经》卷四《五十营》：“漏水下百刻，以分昼夜。”《说文》卷一一上：“漏，以铜受水，刻节，昼夜百节。”《隋书·天文志》：“昔黄帝创观漏水，制器取则，以分昼夜，其后因以命官。《周礼》挈壶氏则其职也，其法总以百刻分于昼夜。”〔一〕梁天监六年，武帝“以昼夜百刻分配十二辰，辰得八刻，仍有馀分，乃以昼夜为九十六刻。一辰有全刻八焉”。见《隋书·天文志上》。【原注】汉哀、新莽以百二十刻为日，梁武以九十六刻为日。〔二〕是知每辰得八刻仍有馀分者，古法也。《五代史·马重绩传》：“重绩言漏刻之法：‘以中星考昼夜为一百刻，八刻六十分刻之二十为一时，时以四刻十分为正。此自古所用也，今失其传。以午正为时始，下侵未四刻十分而为午，由是昼夜昏晓皆失其正，请依古改正。’从之。”《五代

① 易祓之说为：“十二时，每时八刻二十分，每刻六十分。”

会要》卷一〇《漏刻》："晋天福三年，司天监奏《漏刻经》云：昼夜一百刻，分为十二时，每时有八刻三分之一。六十分为一刻，一时有八刻二十分。"《玉海》卷一一："每时初行一刻至四刻六分之一为时正，终八刻三分之一则交入次时。""《国史志》：'每时八刻二十分，每刻一击鼓，八鼓后进时牌。馀二十分为鸡唱，唱绝，击一十五鼓，为时正。'"

〔一〕【汪氏曰】昭五年传："日之数十，故有十时，亦当十位。"凡数以十计者，古皆以甲乙为次。而十时则自日中以至日昳，其序自日中而逆数至食时，又逆至旦时。若以今十二时计之，乃以午辰寅丑子亥戌酉申未为十位一二三四之次，古但以昼夜各分五时耳。

〔二〕【钱氏曰】今法以九十六刻为日，盖本于萧梁。

雨水

《礼记·月令》："仲春之月，始雨水，桃始华，仓庚鸣，鹰化为鸠。""始雨水"者，谓天所雨者水而非雪也。今历去此一句，嫌于雨水为正月中气也。郑康成《月令》注曰："《夏小正》：'正月启蛰。'汉始亦以惊蛰为正月中。"疏引《汉书·律历志》云："正月立春节，雨水中。二月惊蛰节，春分中。"是前汉之末，刘歆作《三统历》，改惊蛰为二月节也。然《淮南子》《天文训》先雨水，后惊蛰，则汉初已有此说。【原注】《逸周书·周月解》："春三中气：雨水、春分、谷雨。"而蔡邕《月令问答》云："问者曰：'既不用《三统》，以惊蛰为正月中，雨水为二月节，皆《三统》法也，独用之何？'曰：

‘孟春,《月令》曰‘蛰虫始震’,【原注】今作“振”。在正月也。‘仲春始雨水’,则雨水二月也。以其合,故用之。’”见《蔡中郎集》卷三。是则《三统》未尝改雨水在惊蛰之前也,改之者《四分历》耳,〔一〕《记》疏误也。今二月间尚有雨雪,唯南方地暖,有正月雨水者。【原注】《南史·宋孝武帝纪》:“大明元年正月庚午,都下雨水。”盖以雨水为异。《左传》桓五年“启蛰而郊”注:“启蛰,夏正建寅之月”,《夏小正》“正月启蛰”,【原注】王应麟曰:“改‘启’为‘惊’,盖避景帝讳。”见《困学纪闻》卷五。则当依古以惊蛰为正月中,雨水为二月节为是。【原注】《律历志》又先谷雨,后清明。

〔一〕【梁氏曰】古历以惊蛰居雨水之前,谷雨居清明之前。自汉迄今,雨水先于惊蛰,清明先于谷雨。考《礼·月令》疏,谓刘歆更改气名,洪容斋依《春秋》疏,谓太初时改,二说皆非也。《汉志》岁术是依刘歆《三统历》所载,节气与古不殊,则气名之改不但非始太初,并非始于子骏。盖东汉章帝时用《四分历》,乃改之,司马彪《续志》可证。故康成《月令注》云“汉始亦以惊蛰为正月中”,“汉始以雨水为二月节”。《汉志》注云“今曰雨水”,“今曰惊蛰”,“今曰清明”,“今曰谷雨”。郑、班二公处于孝章改历之后,特注以明之。独蔡邕《月令问答》谓《四分》仍用《三统》,以惊蛰先雨水,不解何以歧异?

五行

《淮南子》《天文训》:“五行子生母曰义,母生子曰保,子母相得曰专,母胜子曰制,子胜母曰困。”《抱朴子》引《灵宝经》谓:“支干上生下曰宝,下生上曰义,上克下曰制,下克上曰伐,上下同曰专。”①以“保”为“宝”,以“困”为“伐”,今历家承用之。

建除

“建除”之名,自斗而起。始见于《太公六韬》,云:“开牙门常背建向破。”②《越绝书》卷七《外传记范伯》“黄帝之元,执辰破巳,霸王之气,见于地户”,《淮南子·天文训》“寅为建,卯为除,辰为满,巳为平,午为定,未为执,申为破,酉为危,戌为成,亥为收,子为开,丑为闭”,《汉书·王莽传》“十一月壬子直建,戊辰直定”,盖是战国后语。《史记·日者传》有“建除家”。〔一〕

〔一〕【陆学博曰】《抱朴子》:“入名山,以甲子开除日。”则十二字轮直,自古有之,亦月与日相直也。

---

① 按此段引文为顾氏隐括,《抱朴子·登涉》原文云:“《灵宝经》曰,所谓宝日者,谓支干上生下之日也,若用甲午乙巳之日是也。甲者,木也。午者,火也。乙亦木也,巳亦火也,火生于木故也。又谓义日者,支干下生上之日也,若壬申癸酉之日是也。壬者,水也。申者,金也。癸者,水也。酉者,金也,水生于金故也。所谓制日者,支干上克下之日也。若戊子己亥之日是也。戊者,土也。子者,水也。己亦土也,亥亦水也,五行之义,土克水也。所谓伐日者,支干下克上之日,若甲申乙酉之日是也。甲者,木也。申者,金也。乙亦木也,酉亦金也,金克木故也。他皆仿此,引而长之,皆可知之也。”“而《灵宝经》云,入山当以保日及义日,若专日者大吉,以制日伐日必死,又不一一道之也。”

② 《刊误》卷下:“‘常’,诸本并误‘当’,原写本作‘常’。汝成案:各本《六韬》无此句,此见《通典》一百五十七卷所引正作‘常’,今改。”

解缙封事言："治历明时，授民作事，但伸播种之宜，何用建除之谬？方向煞神，事甚无谓；孤虚宜忌，亦且不经。东行西行之论，天德月德之书，臣料唐虞之历，必无此等之文。所宜著者，日月之行，星辰之次，仰观俯察，事合逆顺，七政之齐，正此类也。"见解缙《文毅集》卷一《大庖西封事》。

艮巽坤乾

历家天盘二十四时，有所谓艮、巽、坤、乾者，不知其所始。按《淮南子·天文训》曰："子午、卯酉为二绳，丑寅、辰巳、未申、戌亥为四钩，东北为报德之维，西南为背阳之维，东南为常羊之维，西北为蹄通之维。斗指子，则冬至。加十五日指癸，则小寒。加十五日指丑，则大寒。加十五日指报德之维，则越阴在地，故曰距日冬至四十六日而立春。加十五日指寅，则雨水。加十五日指甲，则雷惊蛰。加十五日指卯中绳，故曰春分，则雷行。加十五日指乙，则清明，风至。加十五日指辰，则谷雨。加十五日指常羊之维，则春分尽，故曰有四十六日而立夏。加十五日指巳，则小满。加十五日指丙，则芒种。加十五日指午，则阳气极，故曰有四十六日而夏至。加十五日指丁，则小暑。加十五日指未，则大暑。加十五日指背阳之维，则夏分尽，故曰有四十六日而立秋。加十五日指申，则处暑。加十五日指庚，则白露降。加十五日指酉中绳，故曰秋分。加十五日指辛，则寒露。加十五日指戌，则霜降。加十五月指蹄通之维，则秋分尽，故曰有四十六日而立冬。加十五日指亥，则小雪。加十五日指壬，则大雪。加十五日指子。”所谓报德之维、常羊之维、背阳之维、蹄通之维，即艮、巽、坤、乾也。后人省文，取卦名当之尔。

太一〔一〕

太一之名不知始于何时。【原注】吕东莱祖谦《大事记》卷一二曰：“古之医者，观八风之虚实邪正以治病，因有太一九宫之说。”○《黄氏日钞》卷五六注《吕氏春秋》“太一”曰：“此时未为神名也。”〔二〕《史记·天官书》：“中宫天极星，其一明者为太一常居。”【原注】《周礼》《春官宗伯》注：“昊天上帝，又名太一。”《封禅书》：“亳人谬忌奏祠太一方曰：‘天神贵者太一，太一佐曰五帝。古者天子以春秋祭太一东南郊，用太牢，七日，为坛开八通之鬼道。’于是天子令太祝立其祠长安东南郊，常奉祠如忌方。其后人有上书，言‘古者天子三年一用太牢，祠神三一，天一、地一、太一’。天子许之。令太祝领祠之于忌太一坛上，如其方。”此太一之祠所自起。《易乾凿度》曰“太一取其数以行九宫”，【原注】《河图》之数，戴九履一，左三右七，二四为肩，六八为足，五居中央，从横十五。故曰“太一取其数以行九宫”。〔三〕郑玄注曰：“太一者，北辰神名也。下行八卦之宫，每四乃还于中央。中央者，地神【原注】“地神”疑作“北辰”。之所居，故谓之九宫。天数以阳出，以阴入；阳起于子，阴起于午。是以太一下行九宫，从坎宫始，自此而坤宫，又自此而震宫，既又自此而巽宫，所行者半矣，还息于中央之宫。既又自此而乾宫，自此而兑宫，自此而艮宫，自此而离宫，行则周矣，上游息于太一之（宫）［星］而反紫宫。行起从坎宫，终于离宫也。”①【原注】后汉黄香作《九宫赋》。《南齐书·高帝纪》案《太一九宫占》历推自汉高帝五年至宋顺帝昇明元年太一所在。“《易乾凿度》曰：‘太一取其数以行九宫。’九宫者，一为天蓬，以制冀州之野。二为天内，以制荆州之野。三为天冲，其应在青。四为天辅，其应在徐。五为天禽，其应在豫。六为天心，七为天柱，八为天任，九为天英，其应在雍、在梁、在兖、在扬。天冲者，木也。天辅者，亦木也。故木行太过不及，其眚在青、在徐。天柱，金也，天心亦金也。故金行太过不及，其眚在梁、在雍。惟水无应宫也。此谓以九宫制九分野也。”②《山堂考索》卷三二：“汉立太一祠，即甘泉泰畤也。唐谓之太清紫极宫。宋谓之太一宫。宋朝尤重太一之祠，以太一飞在九宫，每四十馀年而一徙，所临之地则兵疫不兴，水旱不作。在太平兴国中，太宗立祠于东南郊而祀之，则谓之东太一。在天圣中，仁宗立祠于西南郊而祀之，则谓之西太一。在熙宁中，神宗建集福宫而祀之，则谓之中太一。”

〔一〕【钱学博曰】紫宫太一，即耀魄宝。故《隋志》云：“北极大星，太一座也。”

---

① 《易乾凿度》文及郑注，均见于《后汉书·张衡传》注。

② 自“《易乾凿度》曰”以下至此，均为《山堂考索》卷三四之文。

【又曰】历家谓之太岁。

〔二〕【杨氏曰】夫礼必本于太一，此所始也。又《楚辞》有"东皇太一"，称之为"上皇"。

〔三〕【惠氏曰】案九宫之法，一二三四五六七八九，一北，九南，三东，七西，四东南，六西北，二西南，八东北，五居中，方位与《说卦》同。《乾凿度》所谓"四正四维，皆合于十五"，是以五乘十，即大衍之数。刘牧谓之《河图》。宋姚小彭谓：今所传《戴九履一之图》，乃《易乾凿度》九宫之法。自有《易》以来，诸易师未有以此为《河图》者。

【小笺】按：宋玉《高唐赋》有云："醮诸神，礼太一。"则太一之祀，战国已有之矣。

《宋史·刘黻传》《谏游幸疏》言："西太一之役，佞者进曰：'太一所临分野则有福。近岁自吴移蜀。'信如祈禳之说，西北坤维按堵可也。【原注】当作"西南"。今五六十州，安全者不能十数，败降者相继，福何在耶？武帝祠太一于长安，至晚年以虚耗受祸，而后悔方士之谬。虽其悔之弗早，犹愈于终不知悔者也。"

正五九月

唐朝《新格》以正、五、九月为"忌月"，今人相沿，以为不宜上任。考《唐书》《高祖纪》，武德二年正月甲子诏："自今正月、五月、九月不得行刑,[①]禁屠杀。"【原注】诏曰:"释典微妙,净业始于慈悲;道教冲虚,至德去其残杀。四时之禁,无伐麛卵;三驱之化,不取前禽。盖欲敦崇仁惠,蕃衍庶物,立政经邦,咸率兹道。朕祇膺灵命,抚遂群生,言念亭育,无忘鉴寐。殷帝去网,庶踵前修;齐王舍牛,实符本志。自今以后,每年正月、五月、九月及每月十斋日,并不得行刑。所在公私,宜断屠杀。"见《唐大诏令集》卷一一三。○白居易《在杭州》诗曰:"仲夏斋戒月,三旬断腥膻。"《云麓漫钞》卷八曰:"释氏《智论》云:'天帝释以大宝镜照四大神洲,每月一移,察人善恶。正、五、九月照南赡部洲。'唐太宗崇其教,【原注】"太宗"当作"高祖"。故正、五、九月不食荤,百官不支羊钱。"其后因此遂不上官。《菽园杂记》卷一一谓:"新官上任,应祭告神祇,必须宰杀,故忌之也。"愚按,正、五、九月不上任,自是五行家言,不缘屠宰[②]。其传已久,亦不始于唐时。《南齐书·张融传》:"摄祠部、仓部二曹,仓曹以'正月俗人所忌,太仓为可开不?'融议'不宜拘束小忌'。"《北齐书·宋景业传》:"显祖将受魏禅,或曰:'《阴阳书》五月不可入官,犯之终于其位。'景业曰:'王为天子,无复下期,岂得不终于其位乎?'显祖大悦。"【原注】《南史·王镇恶传》:"镇恶以五月五日生,其祖猛曰:'昔孟尝君以恶月生而相齐。'"是以五月为"恶月"。又考《左传》庄公十六年,郑厉公复公父定叔之位,使以十月入,曰:"良月也,就盈数焉。"而颜师古注《汉书》《李广传》"李广数

① "不得行刑",《唐书》作"不行死刑"。

② "宰",张京华《校释》作"杀"。

奇”，以为“命只不耦”。【原注】《段会宗传》“亦足以复雁门之踦”，应劭曰：“踦，只也。会宗从沛郡下为雁门，又坐法免，为踦只不耦也。”○《霍去病传》：“诸宿将常留落不耦。”是则以双月为良，只月为忌，喜耦憎奇，古人已有之矣。【原注】《后汉书·桓谭传》言“卜数只偶之类”，盖古已有此术。《辽史》《国语解》：“正旦日，上于窗间掷米团，得只数为不利。”〔一〕

〔一〕【阎氏曰】宋王勉夫《野客丛书》载正、五、九月为忌月，其说尤详，当参阅。①

《册府元龟》卷六四：德宗贞元十五年九月乙巳②诏：“自今二月一日、九月九日，每节前放开屠一日。”【原注】中和、重阳二节。

唐人正、五、九月斋戒，不禁闰月。白居易有《闰九月九日独饮》诗云：“自从九月持斋戒，不醉重阳十五年。”是闰九月可以饮酒也。

《册府元龟》卷五三载唐开元二十二年十月敕曰：“道家三元，③诚有科诫。朕尝精意，祷亦久矣，而初未蒙福，念不在兹。今月十四日、十五日是下元斋日，都内人应有屠宰，令河南尹李适之句当，总与赎取。其百司诸厨日有肉料，亦责数奏来。并百姓间是日并停宰杀渔猎等，兼肉料食。自今以后，两都及天下诸州每年正月、七月、十月元日，起十三至十五，兼宜禁断。”又《旧唐书·武宗纪》：会昌四年

---

① “阎氏曰”云云原在小题下，今移此。

② 《册府元龟》原文无“乙巳”二字。

③ 正月、七月、十月之十五日，道教分别称为上元、中元、下元，号“三元”。

春正月乙酉朔敕:"斋月断屠,出于释氏。国家创业,犹近梁、隋。卿相大臣,或沿兹弊。鼓刀者既获厚利,纠察者潜受请求。正[月]以万物生植之初,宜断三日。列圣忌断一日。仍准开元二十二年敕,三元日各断三日,馀月不禁。"此则道家之说,乃正、七、十月,而非正、五、九月,又与武德二年之诏不同。【原注】今人所谓"三官斋"用此。

《后汉书·南匈奴传》:"匈奴俗岁有三龙祠,常以正月、五月、九月戊日祭天神。"此与三只月同。

古今神祠

《史记·封禅书》言:秦雍旁有百数十祠,而陈宝尤著。"其神或岁不至,或岁数来,来常以夜,光辉若流星。从东南来,集于祠城,则若雄鸡,其声殷殷云,野鸡夜雊。"又云:"雍菅庙有杜主。杜主,故周之右将军。其在秦中,最小鬼之神者。"自西京以下,而秦时所奉之神绝无影响。《后汉·刘盆子传》:"军中常有齐巫鼓舞,祠城阳景王以求福助。巫狂言景王大怒曰:'当为县官,何故为贼?'有笑巫者辄病,军中惊动。"《琅邪王京传》:"国中有城阳景王祠,吏人奉祀,神数下言(官)[宫]中多不便利。"《魏书》:"初,城阳景王刘章以有功于汉,故其国为立祠。青州诸郡转相仿效,济南尤盛,至六百馀祠。贾人或假二千石舆服导从作倡乐,奢侈日甚,民坐贫穷,历世长吏无敢禁绝者。太祖到,【原注】时为济南相。皆毁坏祠屋,止绝官吏民不得祠祀。”见《三国志·魏书·太祖纪》注引《魏书》。【原注】应劭《风俗通》卷九《怪神》曰:“自琅邪、青州六郡及渤海都邑乡亭聚落,皆为立祠,造饰五(工)[二]千石车,商人次第为之,立服带绶,备置官属,烹杀讴歌,纷籍连日,转相诳耀,言有神明,其谴问祸福立应。历载弥久,莫之匡纠。惟乐安太傅陈蕃、济南相曹操,一切禁绝,肃然政清。陈、曹之后,稍复如故。”然考之于史,晋时犹有其祠。《晋书·五行志》:“临淄有大蛇负二小蛇,入汉城阳景王祠中。”《慕容德载记》:“德如齐城,登营丘,至汉城阳景王庙。”而今并无其庙。《宋书·元凶劭传》:“以辇迎蒋侯神像于宫内,启【原注】即“稽”字。颡乞恩,拜为大司马,封锺山郡王,食邑万户,加节钺。苏侯为骠骑将军。”【原注】胡三省《通鉴注》卷一二七曰:“苏侯神即苏峻。”《南齐书·崔祖思传》:“为都昌令。随青州刺史垣护之入尧庙,庙有苏侯神偶坐。护之曰:‘唐尧圣人,而与苏侯神共坐,今欲正之,何如?’祖思曰:‘使君若清荡此坐,则是尧庙重去四凶。’由是诸杂神并除。”①《礼志》:“明帝立九州庙于鸡笼山,大聚群神。蒋侯加爵位至相国、大都督、中外诸军事锺山王,苏侯至骠骑大将军。”《南史·齐东昏侯纪》:“迎蒋侯神入宫,昼夜祈祷。自诛始安王遥光,遂加位相国,末又号为灵帝,车服羽仪一依王者。”《曹景宗传》:“梁武帝时,旱甚,诏祈蒋帝神。十旬不雨。帝怒,命载荻,欲焚其庙。将起火,当神上忽有云如伞,倏忽骤雨如泻,台中宫殿皆自振动。帝惧,驰诏追停。少时还静。自此帝畏信遂深。自践阼以来,未尝躬自到庙,于是

① 引文见于《南史·崔祖思传》,此误记为《南齐书》。

备法驾，将朝臣修谒。”《陈书·武帝纪》：“十月乙亥，即皇帝位。丙子，幸锺山祀蒋帝庙。”《宋书·孔季恭传》：“先是，吴兴频丧太守。云项羽神为卞山王，居郡听事，二千石至，常避之。”《南齐书·李安民传》：“太守到郡，必须祀以轭下牛。安民奉佛法，不与神牛，著屐上听事，又于厅上八关斋。俄而牛死，安民亦卒，世以神为祟。”今南京十庙虽有蒋侯，湖州亦有卞山王，而亦不闻灵响。【原注】《魏书》《任城王传》：“任城王澄除扬州刺史，下车毁蒋子文之庙。”○梁简文帝集有《吴兴楚王神庙碑》云：“楚王既弘兹释教，止献车牛。”是神牛自武帝时革之也。○江总《卞山楚庙》诗：“盛祀流百世，英威定几何。”而梓潼、二郎、三官、纯阳之类以后出，而反受世人之崇奉，关壮缪之祠至遍于天下，封为帝君，岂鬼神之道亦与时为代谢者乎？应劭言：“平帝时，天地六宗已下及诸小神凡千七百所，今营寓夷泯，宰器阙亡。盖物盛则衰，自然之道，天其或者欲反本也。”见《风俗通义》卷八《祀典》。而《水经注》卷三九《庐江水》引吴猛语庐山神之言，谓“神道之事，亦有换转”。昔夫子答宰我“黄帝”之问，谓：“生而民得其利百年，死而民畏其神百年，亡而民用其教百年，故曰黄帝三百年。”见《大戴礼记·五帝德》。烈山氏之子曰柱，食于稷，汤迁之而祀弃。见《左传》昭公二十九年。以帝王神圣且然，则其他人鬼之属又可知矣。

【小笺】按：《汉书·郊祀志》刘向言：“陈宝祠自秦文公至今七百馀岁矣。汉兴，世世常来。高祖时五来，文帝二十六来，武帝七十五来，宣帝二十五来，初元元年以来亦二十来。”然则陈宝之神在汉世犹著也。

春秋之世，犹知淫祀之非，故卫侯梦夏相而宁子弗祀，[①]晋侯卜《桑林》而荀罃弗祷。[②] 楚昭王有疾，卜曰"河为祟"，王弗祭，曰："三代命祀，祭不越望。江、汉、雎、漳，楚之望也。不谷虽不德，河非所获罪也。"见《左传》哀公六年。至屈原之世，而沅、湘之间并祀河伯，岂所谓楚人鬼而越人机，亦皆起于战国之际乎？夫以昭王之所弗祭者而屈子歌之，可以知风俗之所从变矣。【原注】《云麓漫钞》卷一〇言："自释氏书入中国，有龙王之说，而河伯无闻矣。"

洪武三年六月癸亥诏曰："五岳、五镇、四海、四渎之封，起自唐世。崇名美号，历代有加。在朕思之，则有不然。夫岳、镇、海、渎皆高山广水，自天地开辟以至于今，英灵之气萃而为神，必皆受命于上帝，幽微莫测，岂国家封号之所可加？渎礼不经，莫此为甚。至如忠臣烈士，虽可加以封号，亦惟当时为宜。夫礼所以明神人，正名分，不可以僭差。今宜依古定制，凡岳、镇、海、渎，并去其前代所封名号，止以山水本名称其神。郡县城隍神号一体改正。历代忠臣烈士亦依当时初封以为实号，后世溢美之称皆与革去。庶几神人之际，名正言顺，于礼为当，用称朕以礼事神之意。"其《东岳祝文》曰："神有历代之封号，予详之再三，畏不敢效。"俱见《明太祖实录》卷五三。可谓卓绝千古之见。乃

① 见《左传》僖公三十一年。

② 见《左传》襄公十年。

永乐七年正月丙子，进封汉秣陵尉蒋君之神为忠烈武顺昭灵嘉佑王，见《明太宗实录》卷八八。则何不考之圣祖之成宪也？

佛寺

晋许荣上疏言："臣闻佛者，清远玄虚之神。今僧尼往往依傍法服，五戒粗法尚不能遵，而流惑之徒竞加敬事，又侵渔百姓，取财为惠，亦未合布施之道也。"见《晋书·会稽王道子传》。《洛阳伽蓝记》卷二有比丘惠凝死去复活，见阎罗王阅一比丘，是灵觉寺宝明，自云："出家之前尝作陇西太守，造灵觉寺成，弃官入道。"阎罗王曰："卿作太守之日，曲理枉法，劫夺民财，假作此寺，非卿之力，何劳说此！"付司送入黑门。此虽寓言，乃当今[①]居官佞佛者之箴砭也。

梁武帝问达磨曰："朕自即位以来，造寺写经，度僧不可胜纪，有何功德？"答曰："并无功德。"帝曰："何以无功德？"答曰："此但人天小果，有漏之因，如影随形，虽有非实。"见《五灯会元》卷一。在彼法中已有能为是言者！

宋明帝以故第为湘宫寺，备极壮丽。欲造十级浮图而不能，乃分为二。新安太守巢尚之罢郡入见，上谓曰："卿至湘宫寺未？此是我大功德，用钱不少。"通直散骑侍郎虞愿侍侧，曰："此皆百姓卖儿贴妇钱所为，佛若有知，当慈悲嗟悯。罪高浮图，何功德之有？"见《南齐书·虞愿传》。〔一〕

〔一〕【赵氏曰】天下邪教惑人者，佛为最，次之则天主教。如前后

① "当今"二字，原本无，据《校记》补。

藏、准噶尔、喀尔喀蒙古等部悉奉佛教，中国亦佛教盛行，如西洋之古里国、锡兰国诸国，南洋之占城等国，东洋之日本、琉球等国皆奉佛教。其馀海外诸番则皆奉天主教矣。

【严氏曰】白莲教者，汉末张鲁之遗也。鲁父子居汉中，以妖术惑众，其长曰祭酒。从之者人出米五斗，时称“米贼”。自汉以来，历代皆有其患。近闻教中亦有祖师名色，从教者先送供给米若干，入教之后，教中所获赀物悉以均分。以小小邪术足以眩人，故愚者多为所惑。然其教以奉释念经、持斋戒杀为名，所聚之徒多脆弱，不堪战斗。

【洪氏曰】今者楚蜀之民，聚徒劫众，陆梁一隅。始则惑于白莲、八卦等教，欲以祈福。继因地方官挟制万端，又以黔省苗氛不靖，派及数省，横求无艺，忿不思患，借起事以避祸。邪教之蠢动由此。

【钱氏曰】向读沈继祖劾朱文公疏，有“吃菜事魔”之语，不解所谓。顷读李心传《系年要录》载，绍兴四年五月起居舍人王居正言：“伏见两浙州县有吃菜事魔之俗，方腊以前，法禁尚宽，而事魔之俗犹未甚炽。方腊之后，法禁愈严，而事魔之俗愈不可胜禁。州县之吏平居坐视、一切不问则已，间有贪功或畏事者稍踪迹之，则一方之地流血积尸，至于庐舍积聚山林鸡犬之属，焚烧杀戮，靡有孑遗。自方腊之平，至今十馀年间，不幸而死者不知几千万人矣，所宜恻然动心，而思欲究其所以然之说也。臣闻事魔者，每乡每村有一二桀黠，谓之魔头。尽录其乡村姓名，相与诅盟为党。凡事魔者不肉食，而一家有事，同党之人皆出力以相赈恤。盖不肉食则费省，故易足。同党则相亲，相亲故相恤，而事易济。臣以为此先王导其民使相亲相友相助之意，而甘淡泊，务节俭，有古淳朴之风。今民之师帅既不能以是为政，乃为魔头者窃取，以瞽惑其党，使皆归德于魔，于是从而附益之以邪僻害教之说。民愚无知，谓吾从魔而食易足、事易济也，故以魔说为皆可信而争趋归之，此所以法禁愈严而愈不可胜禁。伏望陛下念民迷之日久，下哀矜之诏书，使人晓然知，以为不肉食则费省，故易足，同党则相亲，故相恤而事易济，此自然之理，非魔之力。而至于邪僻害教，如不祭其先之类，则事魔之罪也。部责监司，郡县责守令，宣明诏旨，许以自新。又择平昔言行为乡曲所信者，家至而户晓之。其间有能至诚用心率众归善者，优加激赏，以励其徒。庶几旧染之俗闻风丕变，实一方生灵赤子之幸。"诏诸路帅宪司措置，毋得骚扰生事。乃知吃菜事魔，即今人所谓邪教也。陆游《条对状》："自古盗贼之兴，若止困水旱饥馑，迫于寒饿，啸聚攻劫，则措置有方，便可抚定，必不能大为朝廷忧。唯是妖幻邪人，平时诳惑良民，结连素定，待时而发，则其为害未易可测。伏缘此色人处处皆有，淮南谓之二禬子，两浙谓之牟尼教，江东谓之四果，江西谓之金刚禅，福建谓之明教、揭谛斋之类，名号不一。明教尤甚，甚至有秀才、吏人、军兵亦相传习。其神号曰明使，又有肉佛、骨佛、血佛等号。白衣乌帽，所在成社。伪经妖像，刻板流布。以祭祖考为引鬼，永绝血食。以溺为法水，用以沐浴。其他妖滥，未易概举。更相结习，有同胶漆。万一窃发，可为寒心。

【汝成案】今之所谓教者，随处有之，而处处不同，其名目至多，不可究诘。大抵依附佛法，以祸福惑人。其敛钱聚众，则张鲁法也。入教者率因迫于穷困，既入教，即可传徒敛钱，故甚易蔓延，或牵涉三四省。煽惑既众，黠者乘之，偶激于长吏之不平，遂至蠢动，其实非有心背逆者。钱氏所引，深中情事，古今未尝不同也。

泰山治鬼

尝考泰山之故,仙论起于周末,鬼论起于汉末。《左氏》、《国语》未有封禅之文,是三代以上无仙论也;《史记》、《汉书》未有考鬼之说,是元、成以上无鬼论也。《盐铁论》卷六《散不足》云:"古者庶人鱼菽之祭,士一庙,大夫三,以时有事于五祀,无出门之祭。今富者祈名岳,望山川,椎牛击鼓,戏倡舞像。"则出门进香之俗,已自西京而有之矣。自哀、平之际而谶纬之书出,然后有如《遁甲开山图》[①]所云"泰山在左,亢父在右,亢父知生,梁父主死",见《水经注》卷二四引。〔一〕《博物志》卷一所云"泰山一曰天孙,言为天帝之孙,主召人魂魄,知生命之长短"者。其见于史者,则《后汉书·方术传》许峻自云"尝笃病三年不愈,乃谒泰山请命",《乌桓传》"死者神灵归赤山,赤山在辽东西北数千里,如中国人死者魂神归泰山[②]也",《三国志·管辂传》谓"其弟辰曰:但恐至泰山治鬼,不得治生人,如何?"而古辞《怨诗行》云"齐度游四方,名系泰山录。人间乐未央,忽然归东岳",陈思王《驱车篇》云"魂神所系属,逝者感斯征",刘桢《赠五宫中郎将》诗云"常恐游岱宗,不复见故人",应璩《百一》诗云"年命在桑榆,东岳与我期"。

① 按《遁甲开山图》非"谶纬之书"。

② "泰山",《后汉书》原作"岱山"。援庵《校注》:范蔚宗避父讳。

然则鬼论之兴,其在东京之世乎?

〔一〕【汝成案】《史记·赵世家》"霍泰山山阳侯天使"云云,则泰山为神当由霍泰山传讹始云。

或曰:地狱之说,本于宋玉《招魂》之篇。"长人"、"土伯",则夜叉、罗刹之伦也;"烂土"、"雷渊",则刀山剑树之地也。虽文人之寓言,而意已近之矣。于是魏、晋以下之人遂演其说,而附之释氏之书。昔宋胡寅谓阎立本写地狱变相,而周兴、来俊臣得之以济其酷,又孰知宋玉之文实为之祖! 孔子谓"为俑者不仁",见《礼记·檀弓下》。有以也夫!

胡俗信鬼①

胡俗②信鬼。匈奴欲杀贰师,贰师骂曰:"我死必灭匈奴!"遂屠贰师以祠。会连雨雪数月,畜产死,人民疫病,谷稼不熟,单于恐,为贰师立祠室。见《汉书·匈奴传》。慕容(隽)[儁]斩冉闵于龙城遏陉山,山左右七里草木悉枯,蝗虫大起。人言闵为祟,(隽)[儁]遣使祀之,谥曰"悼武天王",其日大雪。③ 魏太祖杀和跋,诛其家。后世祖西巡五原,回幸豺山,校猎,忽遇暴风,云雾四塞。世祖怪而问之,群下言"跋世居此土,祠冢犹存,或者能致斯变"。帝遣古弼祭以

① "胡",原本作"蕃",据《校记》改。

② "胡俗",原本作"蕃俗",据《校记》改。

③ 见《晋书·冉闵载记》,作"武悼天王",惟《通鉴》卷九九作"悼武天王"。

三牲，雾即除散。后世祖蒐狩之日，每先祭之。见《魏书·和跋传》。盖伯有为厉，见《左传》昭公七年。理固有之，而胡人[①]之畏鬼神，则又不可以常情论矣。

① “胡人”，原本作“蕃俗”，据《校记》改。

日知录集释卷三十一

河东山西

河东、山西，一地也。唐之京师在关中，而其东则河，故谓之河东。元之京师在蓟门，而其西则山，故谓之山西，各自其畿甸之所近而言之也。〔一〕

〔一〕【杨氏曰】此据河山言之耳，如顾氏言，当说成东河、西山矣。

古之所谓"山西"，即今关中。《史记·太史公自序》："萧何填抚山西。"《方言》卷七："自山而东，五国之郊。"郭璞解曰："六国惟秦在山西。"王伯厚《地理通释》卷二曰："秦、汉之间，称山北、山南、山东、山西者，皆指太行，以其在天下之中，故指此山以表地势。"《正义》以为"华山之西"，见《史记·太史公自序》非也。〔一〕

〔一〕【王氏曰】《后汉·邓禹传》："禹率诸军大破樊参、王匡等军，遂定河东。光武使使持节拜禹大司徒，策曰：'前将军禹斩将破军，平定山西。'"是谓河东为山西也。汉河东、太原、上党诸郡皆在太行之西，即今山西省太原、平阳、蒲州、潞安、汾州、泽州等府，自汉以来，名称不易。或谓惟河东一郡在山西，殊非。又郑兴说更始曰“陛下一朝建号，山西雄桀争诛王莽，开关郊迎”云云，注：“山西谓陕山以西也。”陜，隘也，侯夹切。大约即谓关中，今陕西西安等府是。若《吴盖陈臧传论》“山西既定，威临天下”，注：“谓诛隗嚣、公孙述。”则陇、蜀皆得名山西，又不但如《兴传》以关中谓山西矣。

【汝成案】《说文》：“陕，弘农陕也，夾声。”“陜，隘也，夹声。”王氏引“陜，隘也。侯夹切”，是误以“陜”为“陕”。盖二字俗舛久矣。

陕西①

《续汉·郡国志》：“陕县，有陕陌，【原注】即今之陕州。二伯所分，故有陕东、陕西之称。”《水经注》卷四《河水》：“河水又东，得七里涧，涧在陕西七里。”《宋书·柳元景传》：“庞季明率军向陕西七里谷。”《北史·魏孝武帝纪》：“高昂率劲骑及帝于陕西。”《旧唐书·太宗纪》：“贞观十一年九月丁亥，河溢，坏陕西河北县。”【原注】今平陆县。《肃宗纪》：“乾元三年四月庚申，以右羽林大将军郭英义为陕州刺史、陕西节度潼关防御等使。”《肃宗诸子传》：“杞王倕

① 按前条黄汝成已于“王氏曰”案语中辨明“陕”、“陜”二字音义俱别，并言“二字俗舛久矣”，但此篇于“弘农陕”之“陕”仍用“陜”字。查本篇所引诸“陜”字，用中华书局标点本二十四史对校，均做“陕”字。按古今凡地名所用，本为“陕”字，仅有狭隘之义者为“陜”，而《汉语大辞典》“陜”字同“狭”同“峡”，又为“埉”之异体。现将本书误作为“陜”者均改为“陕”，不再出校。

可充陕西节度大使。"《李渤传》:"泽潞节度使郗士美卒,渤充吊祭使,路次陕西。"【原注】按其疏云"已至阌乡县"。《回纥传》:"广平王、副元帅郭子仪,领回纥兵马,与贼战于陕西。"皆谓今陕州之西。后人遂以潼关以西通谓之"陕西"。

晋时以关中为陕西,《晋书·宣帝纪》"西屯长安,天子命之曰:'昔周公旦辅成王,有素雉之贡。今君受陕西之任,有白鹿之献'",《张(实)[寔]传》"愍帝末,拜都督陕西诸军事",张华《祖道粱王肜应诏》诗"二迹陕西,实在我王"是也。东晋则以荆州为陕西,《南齐书》《州郡志下》曰"江左大镇,莫过荆、扬。周世二伯总诸侯,周公主陕东,召公主陕西,故称荆州为陕西也"。【原注】《宋书》《州郡志》"荆州刺史"下云:"王敦治武昌。陶侃前治沔阳,后治武昌。王廙治江陵。庾亮治武昌。庾翼进襄阳,复还夏口。桓温治江陵。桓冲治上明。王说还江陵,此后遂治江陵。"而晋孝武于襄阳侨立雍州。考之于史,桓冲为荆州刺史,安帝诏曰"故太尉冲,昔藩陕西,忠诚王室",见《晋书·桓冲传》。《毛穆之传》"庾翼专威陕西",刘毅为荆州刺史,安帝诏曰"刘毅推毂陕西",见《晋书·刘毅传》。《南史·宋文帝纪》"命王华知州府留镇陕西",《宋书》《蔡兴宗传》蔡兴宗为辅国将军、南郡太守行荆州事,袁顗曰"舅今出居陕西",《邓琬传》晋安王子勋檄曰"前将军荆州刺史、临海王子项练甲陕西,献徒万数"是也。

亦有称陕东者,《晋书·载记》:"刘聪署石勒大都督陕东诸军事,又加崇为陕东伯。"【原注】《慕容暐载记》:"秦扬

兵讲武,运粟陕东。”**唐太宗为秦王时,拜使持节陕东道大行台。**见《新唐书·太宗纪》。〔一〕

〔一〕【杨氏曰】又晋愍建兴元年,以琅邪王睿为左丞相、都督陕东诸军事。

山东河内

古所谓“山东”者,华山以东。《管子》《轻重戊》**言:“楚者,山东之强国也。”《史记》**《秦始皇本纪》**引贾生言:“秦并兼诸侯山东三十馀郡。”《后汉·陈元传》言:“陛下不当都山东。”**【原注】谓光武都洛阳。**盖自函谷关以东,总谓之山东,**【原注】唐人则以太行山之东为山东,杜牧谓“山东之地,禹画九土,曰冀州”是也。见《樊川文集》卷二《罪言》。**而非若今之但以齐、鲁为山东也。**〔一〕**古所谓“河内”者,在冀州三面距河之内。《史记正义》曰:“古帝王之都多在河东、河北,故呼河北为河内,河南为河外。”又云:“河从龙门南至华阴,东至卫州东北入海,曲绕冀州,故言河内。”**见《史记·魏世家》。**盖自大河以北总谓之河内,而非若今之但以怀州为河内也。**〔二〕

〔一〕【钱氏曰】《汉书·儒林传》:“伏生教齐、鲁之间,齐学者由此颇能言《尚书》,山东大师亡不涉《尚书》以教。”《酷吏传》:“御史大夫弘曰:‘臣居山东为小吏时,宁成为济南都尉。’”

【钱氏又曰】今山东乃宋之京东东、西路,金改为山东。

【王氏曰】河北之山莫大于太行,故谓太行以东为山东。《邓禹传》:“光武安集河北,在邺。及王郎起兵,光武自蓟至信都,使禹别攻乐阳,从至广阿。”以上所说,皆在今河北之彰德、大名、广平、真定等府。而其下文则言："赤眉西入关，光武筹长安必破，乘衅并关中，而方自事山东，未知所寄。"是谓河北为山东也。下至李唐，尚有河北为山东之言。《郑兴传》："更始诸将皆山东人，劝留洛阳，弗迁都长安。"大约亦是指陕山以东而言，与《禹传》据太行分西、东自别。

【汝成案】盖唐之河南，今之河南、山东是也。唐之河北，今之直隶。是自关中而言，统谓之山东可矣。顾氏注杜牧云云，似谓专指今之山西，亦未尽。《通鉴纲目分注》："晋王曰：'吾以数万之众，平定山东。'"是时晋王并有河北，所谓山东者，太行、常山之东也。"晋主再命知远会兵山东，皆不至。"是时知远在晋阳，所谓山东者，亦太行之东也。《五代史·义儿传》："晋已得泽、潞，岁出山东，与孟方立争邢、洺、磁。"《死事传》："晋已先下全燕，而镇、定皆附于晋，自河以北、山以东皆归晋。"此山东亦谓太行山之东，即以河北为山东也。大约自秦、汉以来之谓山东、西者，随时异称，不能画一，非若今之有定地矣。

〔二〕【阎氏曰】按《战国策》：黄歇说秦昭王曰："王大举甲兵而攻魏，杜大梁之门，举河内。"注："属司隶。"《正义》："即怀州也。在河南之北，西河之东，东河之西。"是古未尝不专以怀州为河内也。《汉书·地理志》"河内郡有怀县"注："莽曰河内。"是莽已以怀为河内。

【校正】阎云：《战国策》："苏秦始将连衡说秦惠王，当秦之隆，山东之国从风而服，使赵大重。"秦惠王谓寒泉子曰："苏秦欺寡人，欲以一人之智反复山东之君，从以欺秦。"《史记·留侯世家》：刘敬说高帝："关中左右大臣皆山东人，多劝上都洛阳。"此事又先于陈元。

又云:按《左传》僖十五年"赂秦伯以河外列城五",注:"河外,河南也。"亦一证也。《战国策》苏子为赵合从,说魏王曰"大王之地北有河外",注:"河外即河南地。"不又一证耶?《史记·廉颇蔺相如传》"秦王欲与赵王会于西河外渑池",注:"在西河之南,故云外。"则又一证矣。

【小笺】按:《史记·晋世家》:"晋兵先下山东,而以原封赵衰。"是所谓山东者,亦太行山之东也。

吴会

宋施宿《会稽志》卷一**曰:"按《三国志》,吴郡、会稽为吴、会二郡。张纮谓'收兵吴、会,则荆、扬可一',《孙贲传》云'策已平吴、会二郡',《朱桓传》云'使部伍吴、会二郡',《全琮传》云'分丹阳、吴、会三郡险地为东安郡'[①]是也。前辈读为'都会'之'会',殆未是。"钱康功[②]曰:"今平江府署之南名吴会坊。《汉书·吴王濞传》:'上患吴会轻悍。'"按今本《史记》、《汉书》并作"上患吴、会稽",[③]不知顺帝时始分二郡,**【原注】《顺帝纪》:"永建四年,分会稽为吴郡。"**汉初安得言"吴、会稽"?当是钱所见本未误,后人妄增之。**【原注】吴王濞本传:"吴有章郡铜山。"亦为后人于"章"上妄增一"豫"字,正与此同。〔一〕**魏文帝**《浮云》**诗"吹我东南行,**

---

① "全琮传"以下十七字为亭林所加,非《会稽志》文。

② 钱康功,南宋初吴人,举进士,通判扬、黄、滁三州,官至朝奉大夫。著有《植杖闲谈》一卷。

③ 援庵《校注》:北宋景祐本有"稽"字,郑樵《通志》七十八引亦有"稽"字。

行行至吴会”,陈思王《求自试表》曰“抚剑东顾,而心已驰于吴会矣”,见《三国志·魏书·陈思王曹植传》。晋文王《与孙皓书》曰“惠矜吴会,施及中土”,见《三国志·吴书·孙皓传》注引。魏元帝《加晋文王九锡文》曰“扫平区宇,信威吴会”,阮籍《为郑冲劝晋王笺》曰“朝服济江,扫除吴会”,俱见《晋书·文帝纪》。陈寿《上诸葛亮集》曰“身使孙权,求援吴会”,见《三国志·蜀书·诸葛亮传》附。羊祜上疏曰“西平巴蜀,南和吴会”,见《晋书·羊祜传》。荀勖《食举乐东西厢歌》曰“既禽庸蜀,吴会是宾”,见《晋书·乐志上》。左思《魏都赋》曰“览麦秀与黍离,可作谣于吴会”,见《文选》卷六。武帝问刘毅曰“吾平吴会,一同天下”,见《晋书·刘毅传》。石崇奏惠帝曰“吴会僭逆,几于百年”,见《晋书·石崇传》。石勒表王浚曰“晋祚沦夷,远播吴会”,见《晋书·石勒载记》。慕容廆谓高瞻曰“翦鲸豕于二京,迎天子于吴会”,见《晋书·慕容廆载记》。丁琪谏张祚曰“先公累执忠节,远宗吴会”,见《晋书·张祚传》。此不得以为“会稽”之“会”也,〔二〕盖汉初元有此名,如曰“吴都”云尔。【原注】胡三省《通鉴辨误》卷一二:“太史公谓吴为江南一都会,故后人谓吴为吴会。”若孙贲、朱桓传,则后人之文偶合此二字,不可以证《吴王濞传》也。〔三〕

〔一〕【钱氏云】范成大《吴郡志》:“世多称吴门为‘吴会’,意谓吴为东南一都会也。自唐以来已然,此殊未稳,今客馆有吴会亭,尤误。天下都会之处多矣,未有以其地名冠于‘会’之一字而称之者。吴本秦会稽郡,后汉分为吴、会稽二郡。后世指二浙之地,通称‘吴会’,谓吴与会稽也。诸葛亮曰:‘荆州北据汉沔,西通巴蜀,南则吴与会。’皆指两地为说。‘南连吴会’，通言二浙、江南形势，岂谓荆州独连吴门一郡乎？《庄子释文》‘浙江’注云：‘浙江，今在馀杭郡。后汉以为吴、会分界，今在会稽钱塘。’其言分界，则言两地尤明。褚伯玉，吴郡钱塘人，隐居剡山，齐太祖即位，手诏吴、会二郡以礼迎遣。此证尤切。六朝时亦有‘下吴、会两郡，各造船若干’者。如此类甚多。”《灌婴传》：“渡江，破吴郡，长吴下，得吴守，遂定吴、豫章、会稽郡。”是汉初固有吴郡也。

【又曰】巴、蜀，二郡名。则吴、会亦二郡名也。

〔二〕【钱氏曰】以上所引诸吴会事，未见其必非指“会稽”之“会”。

〔三〕【赵氏曰】西汉初，会稽郡治本在吴县，故项梁杀会稽守，举吴中兵八千人，渡江而西。守所驻在吴，故杀守即起吴兵。又朱买臣本吴人，出为会稽守，即其乡郡也。是西汉时所谓“吴会”本已读作“会稽”之“会”矣。

【梁氏曰】昔人以钱塘为吴、越之界，唐释处默诗有“到江吴地尽，隔岸越山多”之句，宋陈师道亦有句云“吴越到江分”，盖为《史记·楚世家》“尽取故吴地，至浙江”句所误。以《春秋》内、外传考之，吴地止于松江，非浙江也。浙江乃越地，故《国语》曰：“句践之地，北至御儿，西至姑蔑。”

江西广东广西

“江西”之名殆不可晓，全司之地并在江南，不得言“西”。考之六朝以前，其称“江西”者并在秦郡、【原注】今六合。**历阳、**【原注】今和州。**庐江**【原注】今庐州府。**之境。盖大江自历阳斜北下京口，故有东、西之名。**【原注】胡三省《通鉴注》：“大江东北流，故自历阳至濡须口皆谓之江西，而建业谓之江东。"《史记·项羽本纪》:"江西皆反。"扬子《法言》卷七:"楚分江西。"《三国志·魏武帝纪》:"进军屯江西郝溪。"《吴主传》:"民转相惊,自庐江、九江、【原注】今寿州。蕲春、广陵,户十馀万,皆东渡江,江西遂虚,合肥以南惟有皖城。"《孙瑜传》:"宾客诸将多江西人。"《晋书·武帝纪》:"安东将军王浑出江西。"《穆帝纪》:"江西乞活郭敞等执陈留内史刘仕而叛。"【原注】时分北谯置陈留郡。《郗鉴传》:"拜安西将军、兖州刺史、都督扬州江西诸军事,镇合肥。"《桓伊传》:"进督豫州之十二郡、扬州之江西五郡军事。"今之所谓"江北",昔之所谓"江西"也。〔一〕故《晋·地理志》以庐江、九江自合肥以北至寿春,皆谓之"江西"。【原注】《南齐书·州郡志》:"左仆射王俭启:江西连接汝、颍。"今人以江、饶、洪、吉诸州为江西,是因唐贞观十年分天下为十道,其八曰江南道,开元二十一年又分天下为十五道,而江南为东、西二道,江南东道理苏州,江南西道理洪州,后人省文,但称"江东"、"江西"尔。【原注】始见于《旧唐书·李峘传》:"乾元初,兼御史大夫,持节都统淮南、江东、江西节度、宣慰、观察处置等使。"《德宗纪》:"建中三年十月辛亥,以嗣曹王皋为洪州刺史、江西节度使。"○刘禹锡《和吴方之》诗:"今岁洛中无雨雪,眼前风景是江西。"亦是中唐以后始有此称。〔二〕今之作文者乃曰"大江以西",谬矣。

〔一〕【王氏曰】《项羽本纪》曰:"江西皆反。"《陈涉世家》:"发闾左适戍渔阳九百人,屯大泽乡,涉为屯长。"徐广注:"大泽乡在沛郡蕲县。"然则所云江西,乃指江北言。"项梁收会稽兵,得八千人,召平矫立梁为上柱国,曰:'江东已定,急引兵西击秦。'梁乃以八千人渡江而西。""羽军败,欲渡乌江。乌江亭长曰:'江东虽小,亦足王也。'"臣瓒曰:"乌江在牛渚以上。"则所言江东指今之江宁、镇江、常州、苏州、松江、嘉兴、湖州等府,而江西则古人西北通称,非以对东乃得称之。若《三国志》:"曹公恐江滨郡县为权所略,征令内移,自庐江、九江、蕲春、广陵户十馀万,皆东渡江,江西遂虚。"则所云江东、江西,约略可见。要皆据大势言之,非有擘分定界。

〔二〕【阎氏曰】《南史·文学·祖皓传》:"大同中为江都令,后拜广陵太守。侯景陷台城,皓在城中。将见害,乃逃归江西。百姓感其遗惠,每相蔽匿。"是今扬州亦名江西。则江西有三,顾氏仅知其二。

今之广东、广西,亦"广南东路"、"广南西路"之省文也。《文献通考》卷三一五:**"太宗至道三年,分天下为十五路,其后又增三路,其十七曰广南东路,其十八曰广南西路。"**

四川

唐时剑南一道,止分东、西两川而已。至宋则为益州路、【原注】后改为成都府路。**梓州路、**【原注】后改为潼川府路,即今潼川州。**利州路、**【原注】今保宁府广元县。**夔州路,谓之"川峡四路",后遂省文名为"四川"。**

史记菑川国薛县之误

汉鲁国有薛县。《史记·公孙弘传》:"齐菑川国薛县

人也。”言齐，又言菑川，而薛并不属二国，殊不可晓。《正义》曰：“《表》云：‘菑川国，文帝分齐置，都剧。’《括地志》云：‘故剧城在青州寿光县南三十一里，故薛城在徐州滕县界。’《地理志》：‘薛县属鲁国。’按薛与剧隔兖州及泰山，未详。”今考《儒林传》言“薛人公孙弘”，是弘审为薛人，上言“齐菑川”者误耳。〔一〕

〔一〕【钱氏曰】《汉书》本传：“菑川薛人也。”“元光元年，征贤良文学，菑川国复推上弘，弘谢不能，国人固推弘。”“汲黯诘弘，称齐人多诈而无情。”五凤中，青州刺史奏菑川王终古禽兽行，请逮捕。有诏，削四县。薛县当即所削四县之一。

《续汉·郡国志》“薛本国”注引《地道记》曰：“夏车正奚仲所封，冢在城南二十里山上。”《皇览》曰：“靖郭君冢在鲁国薛城中东南陬。孟尝君冢在城中向门东。向门，出北边门也。”以上皆《续汉志》注言。《诗》《鲁颂·閟宫》云“居常与许”，郑玄曰：“‘常’或作‘尝’。在薛之旁，为孟尝君食邑。”《史记·越世家》“愿齐之试兵南阳莒地，以聚常、郯之境”，《索隐》曰：“常，邑名。盖田文所封者。”《魏书·地形志》：“薛县，彭城郡，有奚公山、奚仲庙、孟尝君冢。”《水经注》：“今薛县故城侧犹有文冢，结石为郭，作制严固，莹丽可寻。”而《史记·孟尝君传》《正义》曰：“薛故城在徐州滕县南四十四里。”今《淄川县志》据《公孙弘传》之误文，而以为孟尝君封邑，失之矣。【原注】《路史》云：“公孙弘生山，今淄川南四十里。”[①]亦误。

又按《地理志》：“菑川国，三县，剧、东安平、楼乡。”剧在今寿光县西南，东安平在今临淄县东南一十里，楼乡未详所在。又《高五王传》：“武帝为悼惠王冢园在齐，乃割临菑东圜悼惠王冢园邑尽以予菑川。”足明菑川在临菑之东矣。今之淄川不但非薛，并非汉之菑川，乃般阳县耳。以为汉之菑川，而又以为孟尝君之薛，此误而又误也。

曾子南武城人

《史记·仲尼弟子传》：“曾参，南武城人。”“澹台灭明，武城人。”同一武城，而曾子独加“南”字。南武城故城在今费县西南八十里石门山下。《正义》曰：“《地理志》定襄有武城，清河有武城，故此云南武城。”《春秋》襄公十九年“城武城”，杜氏注云：“泰山南武城县。”然《汉书》泰山郡无南武城，而有南成县，属东海郡，《续汉志》作“南城”，属泰山郡，至晋始为南武城，〔一〕此后人之所以疑也。宋程大昌《澹台祠友教堂记》曰“武城有四，左冯翊、泰山、清河、定襄，皆以名县。而清河特曰东武城者，【原注】《史记·平原君传》：“封于东武城。”以其与定襄皆隶赵，且定襄在西故也。若子游之所宰其实鲁邑，而东武城者，鲁之北也，故汉儒又加‘南’以别之。史迁之传曾参曰‘南武城人’者，

---

① 原文如此。见《路史·国名记》“薛”条注。《刊误》卷下：“‘生山’不可解，疑有脱误。”

创加也。子羽传次曾子,省文但曰武城”,而《水经注》卷二二《渠水》引京相璠曰“今泰山南武城县,有澹台子羽冢,县人也”,可以见武城之即为南武城也。《孟子》《离娄下》言“曾子居武城,有越寇。或曰:‘寇至,盍去诸?’曰:‘无寓人于我室,毁伤其薪木。’”,《新序》则云“鲁人攻鄪,【原注】即“费”字。曾子辞于鄪君曰:‘请出,寇罢而后复来,毋使狗豕入吾舍。’”①【原注】仁山金氏履祥言:《曾子书》有此事,作“鲁人攻费”。《战国策》《秦二》甘茂亦言“曾子处费”,则曾子所居之武城,费邑也。〔二〕哀公八年传“吴伐我。子泄率,故道险,从武城”,又曰“吴师克东阳而进,舍于五梧”,《续汉郡国志》云“南城有东阳城”,引此为证,【原注】今费县西南七十里关阳镇。又可以见南城之即为武城也。“南城”之名见于《史记》《田敬仲世家》,齐威王曰:“吾臣有檀子者,使守南城,则楚人不敢为寇东取,泗上十二诸侯皆来朝。”《汉书》但作“南成”,“孝武封城阳共王子贞为南成侯”。见《王子侯表》。而后汉王符《潜夫论》卷三《浮侈》云“鄗、毕之山,南城之冢”,②章怀太子注:“南城[山],曾子父所葬,在今沂州费县西南。”此又“南成”之即“南城”而在费之证也。【原注】《晋书》南武城县属泰山郡,费县属琅邪郡。成化中,或言嘉祥之南武山有曾子墓,有渔者陷入其穴,得石碣而封志之。【原注】疑周世未有石碣,科斗古文亦非今人所识。〔三〕嘉靖十二

① 见刘向《说苑》卷八《尊贤》。亭林误记为《新序》。

② 今本《潜夫论》作“鄗、毕之郊,文、武之陵;南城之垒,曾晳之冢”。此从《后汉书·王符传》转引,故后文所言章怀注,亦《王符传》注。

年,吏部侍郎顾鼎臣奏求曾氏后,得裔孙质粹于吉安之永丰,迁居嘉祥。〔四〕十八年,授翰林院五经博士,世袭。夫曹县之冉堌,为秦相穰侯魏冉之家,【原注】《史记》《穰侯列传》:"穰侯卒于陶,因葬焉。"《水经注·济水》:"又东径秦相魏冉冢南。"而近人之撰志者以为仲弓。如此之类,盖难以尽信也。

〔一〕【钱氏曰】《晋志》虽称南武城,而《羊祜传》仍作南城。

〔二〕【雷氏曰】或以曾子居武城即是南武城,是祖宗丘墓之乡,一旦寇至,竟可委而去之。此实大误。

〔三〕【钱氏曰】嘉祥,汉任城县地。南武山,当因武氏所居得名。渔者所见殆即武氏石室也。

〔四〕【孙氏曰】《大戴礼·卫将军文子》篇注云:"曾参,鲁南武城人。澹台灭明,鲁东武城人。"其为两地判然。东武城亦单称武城,《左传》、《论语》、《孟子》所言皆是,在今费县。南武城自在嘉祥县,于曲阜为西南,与费县之在曲阜东北者不同,故加"南"以别之。

汉书二燕王传

《汉书·燕王定国传》:"杀肥如令郢人"。按《地理志》,肥如自属辽西郡,不属燕。《武帝本纪》:"元朔元年秋,匈奴入辽西,杀太守。"《诸侯王表》言:"武帝下推恩之令,而藩国自析,长沙、燕、代虽有旧名,皆亡南北边矣。"然则肥如令之杀于燕,必在元朔以前未析边郡之时也。〔一〕《燕王旦传》:"发民会围,大猎文安县,以讲士马。”其上云“武帝时,旦坐臧匿亡命,削良乡、安次、文安三县”,是文安已削,不属燕。又云“昭帝立,大将军霍光秉政,褒赐燕王钱三千万,益封万三千户”,《昭帝本纪》亦云“始元元年,益封燕王、广陵王及鄂邑长公主各万三千户”,然则文安县之仍属于燕,必在益封万三千户之后也。此皆史文之互见者,可以参考而得之也。

〔一〕【杨氏曰】肥如即不属燕,定国亦取而杀之。

徐乐传

《汉书》《徐乐传》:“徐乐,燕郡无终人也。”《地理志》无燕郡,而无终属右北平。考燕王定国以元朔二年秋有罪自杀,国除,而元狩六年夏四月,始立皇子旦为燕王。而其间为“燕郡”者十年,而《志》轶之也。徐乐上书当在此时,而无终以其时属燕,后改属右北平耳。

水经注大梁灵丘之误

《左传》桓九年“梁伯伐曲沃”,注:“梁国在冯翊夏阳县。”郤芮曰“梁近秦而幸焉”见《左传》僖公六年。是也。《汉书·地理志》云:“冯翊夏阳县,故少梁也。”《水经注》卷二二《渠水》乃曰:“大梁,周梁伯之居也。梁伯好土功,大其城,号曰新里。民疲而溃,秦遂取焉。后魏惠王自安邑徙都之。《竹书纪年》‘梁惠成王六年四月甲寅,徙都于大梁’

是也。”是误以“少梁”为“大梁”，而不知大梁不近秦也。【原注】《续汉郡国志·河南尹》“梁故国，伯翳后”注引《博物记》曰：“梁伯好土功，今梁多有城。”亦误。《汉书》《地理志》“代郡，灵丘”，应劭曰：“赵武灵王葬其东南二十里，故县氏之。”①《水经注》卷一一《滱水》曰：“《史记》赵敬侯二年败齐于灵丘。则名不因灵王也。”按《史记·田敬仲完世家》“齐威王元年，三晋因齐丧来伐我灵丘”，【原注】《六国表》及赵、魏、韩《世家》并同。《赵世家》“惠文王十四年，相国乐毅将赵、秦、韩、魏、燕攻齐，取灵丘。十五年，赵与韩、魏、燕共击齐，湣王败走，燕独深入取临菑”，而孟子谓蚳鼃曰“子之辞灵丘而请士师”，见《孟子·公孙丑下》。此别一灵丘，必在齐境，后入于赵。【原注】胡三省以为即汉清河郡之灵县，今之高唐、夏津皆其故地。于钦《齐乘》则云：“今滕县东三十里明水河之南，有灵丘故城。”未知何据。赵岐《孟子注》但云：“灵丘，齐下邑。”而孝成王以灵丘封楚相春申君，益明其不在代郡矣。《水经注》云云，是误以赵之灵丘为齐之灵丘，而不知齐境不得至代也。【原注】《孟子正义》引《地理志》：“代郡有灵丘县。”《史记正义》曰：“灵丘，蔚州县。”并误。

【校正】阎云：《战国策》须贾为魏谓穰侯曰：“初时魏王伐赵，战乎三梁。”注：“春秋秦取梁，汉夏阳也；河内有梁，周小邑也；陈留、浚仪、大梁为三，皆魏地。”

① “应劭曰”以下实出《水经注》卷十一《滱水》。《汉书·地理志》应注仅云“赵武灵王葬此”，无“东南二十里”字。

三辅黄图

汉西京宫殿甚多，读史殊不易晓。《三辅黄图》叙次颇悉，以长乐、未央、建章、北宫、甘泉宫为纲，而以其中宫室台殿为目，甚得体要。但其无所附丽者悉入“北宫”及“甘泉宫”下，则舛矣。【原注】《雍录》卷一驳此书思子宫、万岁宫隶甘泉之误，而谓元书已亡，此出唐人所作，诚然。今当以明光宫、太子宫二宫别为一条，为长安城内诸宫；永信宫、中安宫、养德宫别为一条，为长安宫异名；长门宫、钩弋宫、储元宫、宣曲宫别为一条，为长安城外离宫；昭台宫、犬台宫、扶荔宫、蒲萄宫别为一条，为上林苑内离宫；宜春宫、五柞宫、集灵宫、鼎湖宫、【原注】“湖”当作“胡”，见《汉书·扬雄传》。思子宫、黄山宫、池阳宫、步寿宫、万岁宫、梁山宫、回中宫、首山宫别为一条，为各郡县离宫；【原注】程大昌曰：“思子宫在湖，万岁宫在汾阴，今皆以隶甘泉，与史不合。”亦见《雍录》卷一。别有明光宫，不知其地，附列于后；而梁山宫当并入秦梁山宫下，则区分各当矣。

大明一统志

永乐中，命儒臣纂天下舆地书。至天顺五年乃成，赐名曰《大明一统志》，御制序文，而前代相传如《括地志》、《太平寰宇记》之书皆废。今考其书，舛谬特甚，略摘数事，以资后人之改定云。

《一统志》卷一：“三河，本汉临洵县地。”今考两《汉书》，并无临洵县。《唐书·地理志》“幽州范阳郡潞县”下云：“武德二年，置临洵县。贞观元年，省临洵。”而“蓟州渔阳郡三河”下云：“开元四年，析(路)[潞][①]县置。”故知本是一地，先分为临洵，后分为三河，皆自唐，非汉也。

《一统志》引古事舛戾最多，未有若密云山之可笑者。《晋书·石季龙载记》：“段辽弃令支，奔密云山，遣使诈降，季龙使征东将军麻秋迎之。辽又遣使降于慕容皝，曰：‘胡[②]贪而无谋，吾今请降求迎，彼不疑也。若伏重兵要之，可以得志。’皝遣子恪伏兵于密云。麻秋统兵三万迎辽，为恪所袭，死者什六七，秋步遁而归。”是段辽与燕合谋而败赵之众也。今《一统志》卷一云：“密云山，在密云县南一十五里，亦名横山。昔燕、赵伏兵于此，大获辽众。”是反以为赵与燕谋而败辽之众，又不言段而曰辽，似以“辽”为国名，岂修志诸臣并《晋书》而未之见乎？

《一统志》卷一：“杨令公祠，在密云县古北口，祀宋杨业。”按《宋史·杨业传》：“业本太原降将，太宗以业老于边事，迁代州，兼三交【原注】今阳曲县。驻泊兵马都部署。会契丹入雁门，业领麾下数千骑，自西京而出，由小陉至雁门北口，南向背击之，契丹大败，以功迁云州观察使。雍熙三年，大兵北征，以忠武军节度使潘美为云应路行营都部

---

① 据张京华《校释》改。

② “胡”，原本作“彼”，据《校记》改。按《晋书》本作“胡”。

署，命业副之。以西上阁门使蔚州刺史王侁、军器库使顺州团练使刘文裕护其军。诸军连拔云、应、寰、朔四州，师次桑乾河。会曹彬之师不利，诸路班师，美等归代州。未几，诏迁四州之民于内地，令美等以所部兵护之。时契丹复陷寰州，侁令业趋雁门北川。业以为必败，不可。侁逼之行，业指陈家谷口曰：'诸君于此张步兵强弩，为左右翼以援。'美即与侁领麾下兵陈于谷口。自寅至巳，侁使人登托逻台望之，以为契丹败走，欲争其功，即领兵离谷口。美不能制，乃缘交河西南行二十里。俄闻业败，即麾兵却走。业力战，至谷口，望见无人，即拊膺大恸。再率帐下士力战，身被数十创，士卒殆尽，业犹手刃数十人，马重伤不能进，为契丹所擒。不食三日死。"是业生平未尝至燕，况古北口又在燕东北二百馀里，地属契丹久矣，业安得而至此？且史明言雁门之北口，而以为密云之古北口，是作《志》者东西尚不辨，何论史传哉？又按《辽史·圣宗纪》"统和四年七月丙子，枢密使斜轸奏复朔州，擒宋将杨继业"，《耶律斜轸传》"继业败走，至狼牙村，众军皆溃。继业为飞矢所中，被擒"，与《宋史》略同。《密云县志》"威灵庙在古北口北门外一里，祀宋赠太尉大同军节度使杨公"，成化十八年礼部尚书周洪范《记》引《宋史》全文，而不辨雁门北口之非其地；《丰润县志》"令公村在县西十五里，宋杨业屯兵拒辽于此。有功，故名"，并承《一统志》而误。

《一统志》卷一："辽章宗陵，在三河县北五十五里。"考辽无章宗，其一代诸帝亦无葬三河者。

《一统志》卷一："金太祖陵、世宗陵，俱在房山县西二十里三峰山下。宣宗陵、章宗陵，俱在房山县西大房山东北。"按《金史·海陵纪》："贞元三年三月乙卯，命以大房山云峰寺为山陵，建行宫其麓。五月乙卯，命判大宗正事京等如上京，奉迁太祖、太宗梓宫。十一月乙巳朔，梓宫发丕承殿。戊申，山陵礼成。正隆元年七月己酉，命太保昂如上京，奉迁始祖以下梓宫。八月丁丑，如大房山，行视山陵。十月乙酉，葬始祖以下十帝于大房山。闰月己亥朔，山陵礼成。"又《太祖纪》"太祖葬睿陵"，《太宗纪》"太宗葬恭陵"，《世宗纪》"世宗葬兴陵"，《章宗纪》"章宗葬道陵"。又《熙宗纪》："帝被弑，葬于皇后裴满氏墓中。贞元三年，改葬于大房山蓼香甸，诸王同兆域。大定初，追上谥号，陵曰思陵。二十八年，改葬于峨眉谷，仍号思陵。"又《海陵纪》："葬于大房山鹿门谷。后降为庶人，改葬于山陵西南四十里。"又《睿宗纪》："大定二年，改葬于大房山，号景陵。"《显宗纪》："大定二十五年十一月庚寅，葬于大房山，章宗即位，号曰裕陵。"是则金代之陵自上京而迁者十二帝，其陵曰光，曰熙，曰建，曰辉，曰安，曰定，曰永，曰泰，曰献，曰乔，曰睿，曰恭。其崩于中都而葬者二帝，其陵曰兴，曰道。被弑者一帝，其陵曰思。追谥者二帝，其陵曰景，曰裕。被弑而降为庶人者一帝，葬在兆域之外。而宣宗则自即位之二年迁于南京，三年五月，中都为蒙古所陷，葬在大梁，非房山矣。今《一统志》止有四陵，而误列宣宗，又跻于章宗之上，诸臣不学之甚也！

《汉书·地理志》“乐浪郡之县二十五，其一曰朝鲜”，应劭曰“故朝鲜国，武王封箕子于此”；《志》曰“殷道衰，箕子去之朝鲜”；《山海经》《海内北经》曰“朝鲜在列阳东，海北山南”，注“朝鲜，今乐浪县，箕子所封也”，在今高丽国境内。慕容氏于营州之境立朝鲜县，魏又于平州之境立朝鲜县，但取其名，与汉县相去则千有馀里。《一统志》卷五乃曰：“朝鲜城，在永平府境内，箕子受封之地。”[①]则是箕子封于今之永平矣。当日儒臣，令稍知今古者为之，何至于此！为之太息。〔一〕

〔一〕【沈氏曰】《京东考古录》有“《通鉴》朝鲜令孙泳，非箕子朝鲜”十二字。

《一统志》卷二五“登州府·名宦”下云：“刘兴居，高祖孙，齐悼惠王肥子。诛诸吕有功，封东牟侯。惠泽及于邦人，至今庙祀不绝。”考《史记》、《汉书》本纪、年表，兴居以高后六年四月丁酉封，孝文帝二年冬十月，始令列侯就国。春二月乙卯，立东牟侯兴居为济北王。其明年秋，以反诛。是兴居之侯于东牟仅三年，其奉就国之令至立为济北王，相距仅五月，其曾到国与否不可知，安得有惠泽及人之事，历二千年而思之不绝者乎？甚矣，修《志》者之妄也！

王文公安石《虔州学记》：“虔州，江南地最旷，大山长谷，荒翳险阻。”见《临川文集》卷八二。以“旷”字绝为一句，“谷”字绝为一句，“阻”字绝为一句，文理甚明。今《一统

① 按《一统志》原文为“相传箕子受封之地”。

志》卷五八"赣州府·形胜"条下摘其二语曰"地最旷大,山长谷荒"。句读之不通,而欲从事于《九丘》之书,[①]真可为千载笑端矣!

交阯

《大学衍义补》卷一五三曰:"交阯本秦、汉以来中国郡县之地,【原注】秦为象郡地。汉武帝平南越,置交趾、九真、日南三郡。〔一〕五代时为刘隐所并。至宋初,始封为郡王,然犹授中国官爵勋阶,如所谓特进检校太尉、静海军节度观察等使,及赐号推诚顺化功臣,皆如内地之臣,未始以国称也。其后封南平王,奏章文移犹称安南道。孝宗时,始封以王,称国,而天下因以高丽、真腊视之,不复知其为中国之郡县矣。李氏传八世,陈氏传十二世,至日焜为黎季犛所篡。季犛上表,窜姓名为胡一元,子苍,易名查,诈称陈氏绝嗣,查为甥,求权署国事。[我]太宗皇帝从其请。逾年,陈氏孙名添平者始遁至京,诉其实。季犛乃表请迎添平还国,朝廷不逆其诈,遣使送添平归。抵其境,季犛伏兵杀之,并及使者。事闻,太宗遍告于天地神祇,声罪致讨,遣征夷将军朱能等征之。能道卒,命副将张辅总其兵,生禽季犛及其子苍、澄,献俘京师。诏求陈氏遗裔立之,国人咸称季犛杀之尽,无可继者。佥请复古郡县,遂如今制,立交阯都、布、按三司及各府、州、县、卫、所诸司,一如内地。

① 《九丘》,《左传》杜注:"九州之志,谓之《九丘》。"

其后有黎利者，乃其夷中之夷也[①]，中官庇之，遂致猖肆，上表请立陈氏后。宣宗皇帝谓此皇祖意也，遂听之，即弃其地，俾复为国。呜呼！自秦并百粤，交阯之地已与南海、桂林同入中国。汉武立岭南九郡，而九真、日南、交阯与焉。在唐中叶，江南之人仕中国显者犹少，而爱州人姜公辅【原注】《唐书》《姜公辅传》："姜公辅，爱州日南人。"已仕中朝，为学士、宰相，与中州之士相颉颃矣。奈何世历五代，为土豪所据？宋兴，不能讨之，遂使兹地沦于蛮夷之域，而为侏儒蓝缕之俗三百馀年，而不得与南海、桂林等六郡同为衣冠礼乐之区，一何不幸哉！"按交阯，自汉至唐为中国之地，在宋为化外州，虽贡赋版籍不上户部，然声教所及，皆边州帅府领之。永乐间平定其地，设交阯都指挥使司、布政使司、按察司各一，卫十，千户所二，府十(三)[五][②]，【原注】六年十月，自州升为府者二。州四十一，县二百八，市舶提举司一，巡检司百，税课司局等衙门九十二。而升遐之后，上尊谥，议以"复交阯郡县于数千载之后，驱漠北残虏[③]于数万里之外"为言。既述武功之成，亦侈舆图之广，后以兵力不及而弃之。乃天顺中修《一统志》，竟以安南与占城、暹罗等国同为一卷。【原注】天顺八年七月《实录》："宁远州，本中国地，国初属云南布政司。宣德初，黎利叛，朝廷予之故地，乃并宁远州及广西太平府之禄州为所占。当时有司失于检察，今遂陷于夷。"见

---

① "乃其夷中之夷也"七字，原本作"乃彼中幺么小丑耳"八字，据《校记》改。

② 《刊误》卷下："'府十三'，'三'，诸本同，原写本作'五'。汝成案：注云'六年十月，自州升为府者二'，疑原写本并是数之，故云'十五'。"今据改。

③ "虏"，原本作"寇"，据《校记》改。

《明宪宗实录》卷七。**嗟乎！巴、濮、楚、邓，吾南土也，狃域中之见，而忘无外之规，吾不能无议夫儒臣者。**

〔一〕【王氏曰】《水经·叶榆水》篇注："羸𨻻县，汉武帝元鼎六年开，都尉治。交阯郡及州本治于此。"然则交阯郡太守及交州刺史与都尉皆同治此县也。此南蛮地新开者，不可以一例论。

《大明清类天文分野书》，洪武十七年闰十月进。其中如上都、大宁、辽东诸郡县，并载前代沿革，而云"本朝未立"。内地如河间府之莫州、莫亭、会川、乐寿，亦具前代沿革，而云"本朝未立"。不以一时郡县之有无，而去历代相因之版籍，甚为有体。

蓟

《汉书》《地理志》**"蓟，故燕国，召公所封"，《后汉书》**《郡国志》**"蓟，本燕国，刺史治"，自七国时燕都于此。项羽立臧荼为燕王，都蓟。高帝因之，为燕国。元凤元年，燕剌王旦自杀，国除，为广阳郡。本始元年，为广阳国。建武十三年省，属上谷。永平八年，**【原注】一作永元六年。**复为广阳郡。晋复为燕国。魏为燕郡。隋开皇初，废。大业初，置涿郡。唐天宝元年，更名范阳郡，并治蓟。《水经·**(濕)**[㶟]水》"过广阳蓟县北，又东至渔阳雍奴县"注："今城内西北隅有蓟丘，因丘以名邑也。"《后汉书·彭宠传》："宠反渔阳，自将二万馀人攻朱浮于蓟。"《晋书·载记》："魏围燕中**

山，清河王会自龙城遣兵赴救。建威将军馀崇为前锋，至渔阳，遇魏千馀骑，鼓噪直进，杀十馀人，魏骑溃去，崇亦引还。会乃上道徐进，始达蓟城。"[①]即此三事，可见蓟在渔阳之西。《唐书·地理志》："幽州范阳郡，治蓟。"开元十八年，析置蓟州渔阳郡，治渔阳。及辽，改蓟为析津县，因此蓟之名遂没于此而存于彼，今人乃以渔阳为蓟而忘其本矣。《史记》《乐毅传》乐毅书"蓟丘之植，植于汶篁"，〔一〕此即《水经注》所言蓟丘。

〔一〕【沈氏曰】《京东考古录》下有"《一统志》云：城西北隅即古蓟门，旧有楼馆，并废。但门外存二土阜，旁多林木，颇为近之"三十三字，无下一句。

《礼记·乐记》"武王克殷反商，未及下车，而封黄帝之后于蓟"，【原注】《史记》《周本纪》及《水经注》《濛水》并云尧后。疏云："今涿郡蓟县是也。即燕国之都。孔安国、司马迁及郑皆云燕祖召公与周同姓。按黄帝姓姬，召公盖其后也。"【原注】《穀梁传》庄公三十年曰："燕，周之分子也。"皇甫谧因谓召公为文王之庶子，而范宁注又以为成王所封。然考《左传》僖公二十四年富辰之言，不叙及燕。[②] 按此以蓟、燕为一国，而召公即黄帝之后。《史记·周本纪》"武王封帝尧之后于蓟，封召公奭于北燕"，《正义》曰："按周封以五等之爵，蓟、燕二国俱武王立，因燕山、蓟丘为名，其地足自立国。后蓟微燕盛，乃

① 见《资治通鉴》卷一〇九，《晋书·载记》无此文。

② 富辰言："管、蔡、郕、霍、鲁、卫、毛、聃、郜、雍、曹、滕、毕、原、酆、郇，文之昭也。邘、晋、应、韩，武之穆也。凡、蒋、邢、茅、胙、祭，周公之胤也。"

并蓟居之。"其说为长。〔一〕

〔一〕【王氏曰】《说文·邑部》:"鄚,周封黄帝之后于鄚也。从邑,契声,读若蓟。上谷有鄚县。"《乐记释文》云:"黄帝姓姬,君奭盖其后也。"又云:"或黄帝后封蓟者灭绝,而更封燕乎?"考成王崩后,召公尚在朝,未就封,则武王未下车所封必非召公矣。又群书皆作蓟,而《说文》独作鄚,虽读若蓟,《汉志》上谷郡皆无鄚县,而既云黄帝之后所封,似鄚即蓟矣。乃不云广阳,反云上谷,亦不可解。

夏谦泽

《晋书·载记》:"慕容宝尽徙蓟中府库北趋龙城,魏石河头引兵追及之于夏谦泽。"①胡三省《通鉴》卷一〇九注:"夏谦泽在蓟北二百馀里。"恐非。按《水经注》卷一四《鲍丘水》"鲍丘水东南流,径潞城南,又东南入夏泽。泽南纡曲渚一十馀里,北佩谦泽,眇望无垠也",下云"鲍丘水又东与泃河合"。《三河志》:"鲍丘河在县西二十五里。源自口外,南流径九庄岭,过密云,合道人溪,至通州之米庄村合沽水,入泃河。"今三河县西三十里,地名夏店,旧有驿,鲍丘水径其下。而泃河自县城南至宝坻,下入于海。疑夏店之名因古夏泽,其东弥望皆陂泽,与《水经注》正合。自蓟至龙城,此其孔道。宝以丙辰行,魏人以戊午及之,相距二日,适当其地也。

① 此事见于《资治通鉴》卷一〇九,《晋书·载记》无此文。

石门

《后汉书·公孙瓒传》:“中平中,张纯与乌桓丘力居等入寇。瓒追击,战于属国石门,大败之。”注:“石门山在今营州柳城县西南。”而《水经注》卷一四《鲍丘水》云:“(灅)[瀿]水又东南径石门峡,山高崭绝,壁立洞开,俗谓之石门口。汉中平五年,公孙瓒讨张纯,战于石门,大破之。”今蓟州东北六十里石门驿,即《水经注》之石门是也。按史《本纪》但言“石门”,①而《传》言“属国石门”,明有两石门。【原注】《北齐书》《皮景和传》:“皮庆宾,正光中,因使怀朔,遇世乱,遂家广宁之石门县。”《水经注》所指乃渔阳之石门,非辽东属国之石门。当以柳城为是。《通典》卷一七八:“柳城有石门山。”

无终

玉田,汉无终县。《汉书·地理志》:“故无终子国,浭水西至雍奴入海。”《史记》《项羽本纪》:“项羽封韩广为辽东王,都无终。”②《后汉书》《吴汉传》:“吴汉将二十骑,先驰至无终。”韦昭《国语解》《晋语》:“无终,山戎之国,今为县,在北平。”《水经注》卷一四《鲍丘水》:“蓝水出北山,东屈而南

---

① 《后汉书·灵帝纪》言公孙瓒与张纯“战于石门”。

② 按“都无终”三字为《集解》引徐广曰,非《史记》本文。

流，径无终县故城东。故城，无终子国也。《魏氏土地记》曰：‘右北平城西北百三十里有无终城。’”无终之为今玉田，无可疑者。然《左传》襄公四年，“无终子使孟乐如晋，因魏庄子纳虎豹之皮，以请和诸戎”，昭公元年，“晋中行穆子败无终及群狄于太原”，《汉书·樊哙传》“击陈豨，破得綦毋卬、尹潘军于无终、广昌”，则去玉田千有馀里。岂无终之国先在云中、代郡之境，而后迁于右北平与？【原注】《左传正义》昭公元年曰：“《释例·土地名》以北戎、山戎、无终三名为一。北平有无终县，太原即太原郡晋阳县是也。计无终在太原东北二千许里，远就太原来与晋战，不知其何故也，盖与诸戎近晋者相率而来也。”

柳城

史言“慕容皝以柳城之北，龙山之西，福德之地，乃营立宗庙宫阙，命曰龙城”。见《辽史·地理志》。〔一〕《一统志》卷五“柳城，在永平府西二十里。龙山，在府西四十里”，《永平府旧志》“柳城在昌黎县西南六十里。汉末为乌桓所据，曹操灭之。历魏、晋，为慕容氏父子所据。隋置县，属辽西郡。唐置营州。元省入昌黎，为静安社”，其说与史不同。今府西二十里全无遗迹，而静安社则嘉靖三十一年立为堡，然皆非柳城之旧也。按《唐书》《地理志》“营州柳城郡”下云“城西四百八十里有渝关守捉城”，又云“西北接奚，北接契丹”，《通典》卷一七八“营州柳城郡”下云“东至辽河四百八十里，南至海二百六十里，西至北平郡七百里，北至契丹界五十里，东南到安东府二百七十里，西南到北平郡七百里，西北到契丹界七十里，东北到契丹界九十里”，而“平州北平郡”下云“东至柳城郡七百里，西至渔阳郡三百里，东北到柳城郡七百里”，是柳城在今永平之东北七百里，而慕容氏之龙城、昌黎及魏以后之营州并在其地。唐万岁通天元年，为契丹所陷。圣历二年，侨治渔阳。开元五年，又还治柳城。【原注】《旧唐书·宋庆礼传》：“初，营州都督府置在柳城，控带奚、契丹。则天时，都督赵文翙政理乖方，两蕃反叛，攻陷州城，其后移于幽州东二百里渔阳城安置。开元五年，奚、契丹各款塞归附。玄宗乃诏庆礼及太子詹事姜师度、左骁卫将军邵宏等充使，更于柳城筑营州城，兴役三旬而毕。”诏书见《册府元龟》卷九九二。而今之昌黎乃金之广宁县，大定二十九年改为昌黎，名同而地异也。

〔一〕【汝成案】下引《辽史》“龙山之南”，诸本皆误作“龙城”，今改。此云“龙山之西”，考《载记》无此文，岂“史”即《辽史》欤？①

《三国志》《魏书·武帝纪》：“魏武帝用田畴之言，上徐无山，堑山堙谷五百馀里，经白檀，历平冈，涉鲜卑庭，东指柳城。”徐无山在今玉田，则柳城在玉田之东北数百里也。《北齐书》《文宣帝纪》：“显祖伐契丹，以十月丁酉至平州，从西道趋长堑。辛丑，至白狼城。壬寅，至昌黎城。”是昌黎在平州之东北，齐主之行急，犹五日而后至也。《隋书》：

---

① 此案原在小题下，今移此。

“汉王谅伐高丽，军出临渝关，至柳城。”①《唐书》：“太宗伐高丽还，以十月丙午次营州，诏辽东战亡士卒骸骨并集柳城东南，命有司设太牢，上自作文以祭之。丙辰，皇太子迎谒于临渝关。”②关在今抚宁之东，则柳城又在其东。太宗之行迟，故十日而后至也。

《辽史》《地理志》载柳城曰：“兴中府。古孤竹国，汉柳城县地。慕容皝以柳城之北，龙山之南，福德之地，乃筑龙城，构宫庙，改柳城为龙城县而迁都之，号曰和龙宫。慕容垂复居焉。【原注】垂都邺，其子宝始迁龙城，非垂也。后为冯跋所灭。【原注】高云灭慕容氏，冯跋代高云，非跋灭慕容氏也。〔一〕魏取之，为辽西郡。隋平高宝宁，置营州。炀帝改柳城郡。唐武德初，改营州总管府，寻为都督府。万岁通天元年，③陷李万荣。神龙初，徙府幽州。开元四年，复治柳城。八年，徙渔阳。十年，还柳城。【原注】《旧唐书·奚传》：“李大辅与契丹首领李失活，请于柳城依旧置营州都督府，从之。”后为奚所据。太祖平奚及俘燕民，将建城，命韩知方择其处，乃完葺柳城，号霸州彰武军，节度。重熙十年，升兴中府。有大华山、小华山、香高山、麝香崖，天授皇帝刻石在焉，驻龙峪、神射泉、小灵河。统州二，县四。其一曰兴中县，本汉柳城县地。太祖掠汉民居此，置霸城县。重熙中置府，更名。”此文述柳城之故颇为详备。元世祖至元七年十月己

① 引文见《通鉴》卷一七八。
② 引文见《通鉴》卷一九八。
③ “元年”，《辽史》作“中”。

丑，降兴中府为州，以地图案之，当在今前屯卫之北。但《唐书》《地理志》“平州”下云“又有柳城军，永泰元年置”，盖唐时柳城之地，屡被陷没，移徙无常。此其在平州者，或即今之静安社未可知，【原注】《通典》：“医无闾山，在辽东，今于柳城郡东置祠遥礼。”①此即是移置之柳城。然不可以永泰元年之柳城为古之柳城也。

〔一〕【杨氏曰】云初亦姓慕容氏，本文不误。

【又曰】云之篡亦跋之谋，谓跋灭慕容，无可易。

《一统志》采辑诸书，不出一人之手。如柳城废县，既云“在府城西二十里”见卷五。矣，而于土产则云人参、麝香、豹尾，俱废柳城县出。今府西二十里乃滦河之西，洞山之南，沙土之地，其能出此三物乎？按《唐书》《地理志》，“营州柳城郡，贡人参、麝香、豹尾、皮骨骴”，《志》本引之，而不知所指府西二十里废柳城县之误也。

昌黎

按昌黎有五。《汉书》《地理志》辽西郡之县，其八曰“交黎，渝水首受塞外，南入海。东部都尉治”，应劭曰“今昌黎”，〔一〕《水经注》卷一四《大辽水》“白狼水又东北，径昌黎县故城西。《地理志》曰‘交黎也’”，《通鉴注》卷八一“昌黎，汉交黎县，属辽西郡，后汉属辽东属国都尉。魏齐王正始五

① “在辽东，今于柳城郡东置祠遥礼”，按《通典》卷四六原文作“在东夷中遥祀”。

年，鲜卑内附，复置辽东属国，立昌黎县以居之。后立昌黎郡”，《晋书·武帝纪》“太康二年，慕容廆寇昌黎。（二）[三]年，安北将军严询败慕容廆于昌黎。成帝咸康二年，慕容皝自昌黎东践冰而进，凡三百馀里，至历林口”，是则在渝水下流而当海口，此一昌黎也。《晋书·载记》“慕容皝徙昌黎郡”，又云“破宇文归之众，徙其部人五万馀落于昌黎”，及慕容盛之世有昌黎尹张顺、刘忠，高云以冯素弗为昌黎尹，冯跋之世有昌黎尹孙伯仁，以史考之，当去龙城不远，此又一昌黎也。魏并柳城、昌黎、棘城于龙城，而立昌黎郡，〔二〕《志》[①]云有尧祠、榆顿城、狼水，而《列传》如韩麒麟、韩秀、谷浑、孙绍之伦皆昌黎人，即燕之旧都龙城，此又一昌黎也。齐以后，昌黎之名废，至唐太宗贞观三年，更崇州为北黎州，治营州之东北废阳师镇，八年，复为崇州，置昌黎县，后沦于奚，见《新唐书·地理志七下》。《辽史》《地理志》“建州永康县，本唐昌黎县地”，此又一昌黎也。辽太祖以定州俘户置营州邻海军，其县一，曰广宁，见《辽史·地理志》。金世宗大定二十九年改为昌黎，见《金史·地理志》。相沿以至于今，在永平府城东南七十里，此又一昌黎也。郭造卿《永平志》辨昌黎有二，而不知其有五，今序而列之，论古者可以无惑焉。

〔一〕【王氏曰】按《地理志》“辽西郡交黎县”，应劭注曰：“今昌黎。”“昌黎”之名始见于此，而西汉实无昌黎县。应劭于《后汉》虽言昌黎，而《郡国志》亦无此县。唐贞观八年置此县，隶

① 指《魏书·地形志》。下言《列传》亦指《魏书》。

营州都督,地在异域,茫昧难知。今之昌黎县隶永平府者,则金所改移之名,又非唐之昌黎也。若汉辽东之西部都尉,治无虑县,不治交黎县,《郡国志》注以汉辽西交黎之名被之辽东,殊误。

〔二〕【杨氏曰】按文直以龙城为昌黎尔,魏人从之,非别置。

韩文公多自称昌黎。《唐书》《宰相世系表》**载韩氏世系则云"汉弓高侯颓当裔孙,世居颍川。徙安定、武安、常山、九门,而生安定桓王茂",为公之六世祖,与昌黎之韩支派各别,故先儒以为公之自称,本其郡望。宋元丰七年,封公为昌黎伯,亦是取其本望,**【原注】唐、宋封爵必取本望。元和中,朔方帅天水阎某者封邑太原,乃自言非本郡,上谓宰相李吉甫曰:"有司之误,不可再也。宜使儒生条其源系,考其郡望,子孙职任,并总辑之,每加爵邑,则令阅视。"乃命林宝撰次《元和姓纂》十(一)卷。见《元和姓纂序》。本朝[①]初亦如之,太平忠臣祠追封花云东丘郡侯、许瑗高阳郡侯、王鼎太原郡侯是也。**如韩长鸾、韩建封昌黎王,韩择木封昌黎伯,韩偓封昌黎男之比。若昌黎之韩,最著于魏,如麒麟、显宗,史明言其为昌黎棘城人,又非今之昌黎也。然则文公之没二百六十年而始封昌黎伯,又一百六年而始立今之昌黎县,以金之县而合宋之封,遂谓文公为此县之人,其亦未之考矣。**〔一〕

〔一〕【王氏曰】韩文公自称昌黎,《旧唐书》亦云昌黎人,而韩实南阳人。

---

① "本朝",原本作"明",据《校记》改。

石城

汉右北平郡之县十六，其三曰石城。后汉无之，盖光武所并省也。至燕分置石城郡。考之《通鉴》及《晋·载记》，得二事："慕容宝宿广都黄榆谷，清河王会勒兵攻宝。宝帅轻骑驰二百里，晡时至龙城。会遣骑追至石城，不及"，见《晋书·慕容熙载记》、《通鉴》卷一〇九。是广都去龙城二百里，而石城在其中间也；"慕容熙畋于北原，石城令高和与尚方兵于后作乱"，见《晋书·慕容熙载记》、《通鉴》卷一一二。注云"高和本为石城令，时以大丧，会于龙城"，是石城去龙城不远也。《魏书·地形志》"广兴"下云"有鸡鸣山、石城、大柳城"，此即汉之石城矣。魏太平真君八年，置建德郡，治白狼城，领县三，其一曰石城，有白鹿山祠，其二曰广都。见《地形志》。《水经注》卷一四《大辽水》："石城川水出西南石城山，东流径石城县故城南，北屈径白鹿山西，即白狼山也，又东北入广成县东。"广成即广都城，燕之石城在广都之东北，而此在广都之西南，是魏之石城非燕之石城矣。《隋书》始无石城，云北齐废之。而《唐书》《地理志》"平州石城"下云"本临渝。武德七年省，贞观十五年复置，万岁通天二年更名。有临渝关，有大海，有碣石山"，是武后所更名之石城又非魏之石城矣。【原注】《旧唐书·回纥传》："追蹑史朝义至平州石城县，枭其首。"《辽史》《地理志》"滦州统县三，其三曰石城"，下云"唐贞观中，于此置临渝县。万岁通天元年，改石城县。在滦州南三十里。唐仪凤石刻在焉”，今县又在其南五十里，辽徙置，以就盐官，是辽之石城又非唐之石城矣。今之开平中屯卫，自永乐三年徙于石城废县，在滦州西九十里，乃辽之石城，而《一统志》卷五以为汉旧县，何其谬与！

木刀沟

新乐县西南三十里有水名木刀沟。《新唐书·地理志》“新乐”下云：“东南二十里有木刀沟。有民木刀，居沟旁，因名之。”【原注】予过新乐，林君华皖[①]见示所修县志，以木刀为不典，改为木铎。因取笥中《唐志》示之，林君爽然自失。《宪宗纪》：“元和五年四月丁亥，河东节度使范希朝、义武军节度使张茂昭及王承宗战于木刀沟，败之。”【原注】《范希朝传》同。《张茂昭传》：“承宗以骑二万逾木刀沟，与王师薄战。茂昭躬擐甲为前锋，令其子克让、从子克俭与诸军分左右翼绕战，大破之。”《沙陀传》：“王承宗众数万，伏木刀沟，与朱邪执宜遇，飞矢雨集。执宜提军横贯贼阵鏖斗，李光颜等乘之，斩首万级。”而《旧书·李光进传》：“范希朝引师救易、定，表光进为步都虞候。战于木刀沟，有功。”此沟在镇、定二节度之界，古为战地。

---

① 张京华《校释》：林华皖，莆田人，顺治中为新乐知县，尝浚治木刀沟。纂《新乐县志》二十卷。

江乘

古时未有瓜洲。蔡宽夫《诗话》:“润州大江本与今扬子桥对岸,而瓜洲乃江中一洲耳,今与扬子桥相连矣。以故自古南北之津,上则由采石,下则由江乘,而京口不当往来之道。”见《苕溪渔隐丛话》前集卷二四。《史记》《秦始皇本纪》“秦始皇登会稽,还,从江乘渡”,《正义》云:“江乘故县在今润州句容县北六十里。”吴徐盛“作疑城,自石头至江乘”,见《三国志·吴书·吴主孙权传》及《徐盛传》。晋蔡谟“自土山至江乘,镇守八所,城垒凡十一处”,见《晋书·蔡谟传》。皆以沿江为防守之要。今其地在上元县东北五十里。唐肃宗上元元年,“李峘辟北固为兵场,插木以塞江口。刘展军于白沙,设疑兵于瓜洲,多张火鼓,若将趋北固者。如是累日,峘悉锐兵守京口以待之。展乃自上流济,袭下蜀”,见《资治通鉴》卷二二一。胡三省《通鉴注》云:“此自白沙济江也。昇州东北九十里至句容县有下蜀戍,在句容县北,近江津。”今江乘去江几二十里以外,皆为洲渚,而渡口乃移于龙潭。又瓜洲既连扬子桥,江面益狭。而隋、唐之代,复以丹阳郡移治丹徒,于是渡者舍江乘而趋京口。【原注】《旧唐书·张延赏传》:“边江之瓜洲,舟航凑会,而悬属江南。延赏奏请以江为界,人甚便之。”宋乾道四年,筑瓜洲南北城,而京口之渡至今因之。

瓜洲得名,本以瓜步山之尾生此一洲故尔。《旧唐书·齐澣传》:“润州北界隔江,至瓜步尾纡汇六十里,船绕瓜步,多为风涛漂损。澣乃移漕路于京口塘下,直渡江二十里,又开伊娄河二十五里,即达扬子县。【原注】胡三省《通鉴注》卷二一四:“今之扬子桥,或是唐之扬子县治所,桥以此得名也。”自是免漂损之灾,岁减脚钱数十万。又立伊娄埭,官收其课,迄今利济焉。”此京口漕路由瓜洲之始。《玄宗纪》载此事,则谓之“瓜洲浦”。而《五行志》“开元十四年七月,润州大风,从东北,海涛奔上,没瓜步洲,损居人”,《永王璘传》“李(承)[成]式使判官评事裴茂,以步卒三千拒于瓜步洲伊娄埭”,则此洲本亦谓之“瓜步洲”也。〔一〕

〔一〕【王氏曰】瓜步镇,在六合县东南二十五里瓜步山下是也。自开邗沟,江淮已通,道犹浅狭。六朝皆都建业,南北往来,以瓜步就近为便,故不取邗沟与京口相对之路。《庾子山集·将命使北始渡瓜步江》诗倪璠注:“《隋志》:‘江都六合有瓜步山。’《述异纪》:‘水际谓之步。瓜步在吴中,吴人卖瓜于江畔,因以名焉。’鲍照《瓜步山楬文》有曰‘鲍子辞吴客楚,指究归扬,道出关津,升高问途’云云。”即此观之,则南北朝之以瓜步为通津明矣。隋既大开邗沟,加浚深阔。至唐,皆南北混一,无所事于建业,而都在关中,自宜取邗沟自江入淮,自淮入汴,以溯河、渭,乃犹因循瓜步之旧,直至齐澣始改。澣虽改道,却于京口遥领。张延赏,代宗时为扬州刺史、淮南节度观察等使,边江之瓜洲,舟航凑会,而悬属江南,延赏奏请以江为界,人甚为便。延赏以瓜洲本在江北,而反属江南之润州,为不便,故请改属扬州。此与瓜步何涉?“没瓜步洲”,“拒于瓜步洲”,“步”字盖衍文。

【又曰】《宋书·索虏传》:“刘遵考与左军将军尹宏守横江,少府刘兴祖守白下，建威将军黄门侍郎萧元邕守褝(州)[洲]，羽林左监孟宗嗣守新洲上，建武将军泰容守新洲下，征北中兵参军事向柳守贵洲，司马到元度守蒜山。”时魏主在六合瓜步，与南岸采石对，而横江即采石也。自横江以下六地名，皆自采石至今京口几百里中地名。如以今瓜洲为瓜步，则与蒜山相对，其上安得更容六地名哉？

郭璞墓

《晋书·郭璞传》：“璞以母忧去职，卜葬地于暨阳，去水百步许。人以近水为言，璞曰：‘当即为陆矣。’其后沙涨，去墓数十里，皆为桑田。”《王恽集》乃云：“金山西北大江中乱石间，有丛薄，鸦鹊栖集，为郭璞墓。”[①]按史文元谓去水百步许，不在大江之中，且当时即已沙涨为田；而暨阳在今江阴县界，不在京口；又所葬者璞之母，而非璞也，世之所传皆误。【原注】《世说》《术解》载璞诗曰：“北阜烈烈，巨海混混，垒垒三坟，惟母与昆。”则璞又有二兄同葬。〔一〕

〔一〕【杨氏曰】既云母葬江阴，则璞不妨在京口。王恽之言未可驳。

蟂矶

芜湖县西南七里大江中蟂矶，相传昭烈孙夫人自沈于

---

① 见王恽《秋涧集》卷二〇《过郭璞墓》诗小注。

此，有庙在焉。按《水经注》卷三七《油水》“武陵孱陵县故城，王莽更名孱陆也。刘备孙夫人，权妹也，又更修之”，则是随昭烈而至荆州矣。《蜀志》《二主妃子传》曰“先主既定益州，而孙夫人还吴”，又裴松之注引《赵云（列）[别]传》曰[一]“先主入益州，云领留营司马，时孙夫人以权妹，骄豪，多将吴吏兵纵横不法。先主以云严重，必能整齐，特任掌内事。权闻备西征，大遣舟船迎妹，而夫人欲将后主还吴，云与张飞勒兵截江，乃得后主还”，[二]是孙夫人自荆州复归于权，而后不知所终，蟂矶之传殆妄。

〔一〕【杨氏曰】“列”当是“别”字之讹。

〔二〕【孙氏曰】据此，则孙夫人之还吴与沈江俱未可知，不宜竟断为妄。且黄山谷文云：“矶有灵泽夫人庙，相传蜀先主夫人葬此。”元林坤《诚斋杂记》：“先主入蜀，权遣船迎妹，妹回至焦矶，溺水而死。今俗呼为焦矶娘娘。”则自宋、元以来相传久矣。

胥门

《史记》《伍子胥列传》：吴王既杀子胥，“吴人为立祠于江上，号曰胥山”。《水经注》卷二九《沔水》引虞氏曰：“松江北去吴国五十里，江侧有丞、胥二山，山各有庙。鲁哀公十三年，越使二大夫畴无馀、讴阳等伐吴。吴人败之，获二大夫，大夫死，故立庙于山上，号曰丞、胥二王也。胥山上今有坛石，长老云：胥神所治也。”一以为子胥，一以为越大夫。今苏州城之西南门曰胥门，陆广微《吴地记》云：“本伍子胥宅，因名。”非也。赵枢生曰：“按《吴越春秋》《夫差内传》，吴王夫差‘十三年，将与齐战，道出胥门，因过姑胥之台’，则子胥未死已名为胥门。”见《含元子》卷一三。愚考《左传》哀公十一年“艾陵之战，胥门巢将上军”。胥门，氏；巢，名。盖居此门而以为氏者，如东门遂、桐门右师之类，【原注】《周礼·大司马》“帅以门名”注：“古者军将，盖为营治于国门，鲁有东门襄仲，宋有桐门右师，皆上卿为军将者也。”则是门之名又必在夫差以前矣。《淮南子》《人间训》：“句践甲卒三千人，以擒夫差于姑胥。”《越绝书》《内经九术》：“吴王起姑胥之台，五年乃成。”姑胥，山名也，不可知其所始。其字亦为“姑苏”：《国语》《越语下》“吴王帅其贤良与其重禄以上姑苏”；《史记》《吴太伯世家》“越伐吴，败之姑苏”；伍被对淮南王，言“见麋鹿游姑苏之台”。见《史记·淮南王列传》。古“胥”、“苏”二字多通用。【原注】《战国策》《楚策一》以“包胥”为“勃苏”。《诗·山有扶苏》传曰：“扶苏，扶胥。”

潮信

白乐天《潮》诗：“早潮才落晚潮来，一月周流六十回。”白是北人，未谙潮候。今杭州之潮，每月朔日以子、午二时到。每日迟三刻有馀，至望日则子潮降而为午，午潮降而为夜子。以后半月复然。【原注】西兴江岸上有候潮碑。[①] 故大月之潮一月五十八回，小月则五十六回，无六十回也。

① 西兴，在钱塘江东岸。

水、月皆阴之属，月之丽天，出东入西，大月二十九回，小月二十八回，亦无三十回也。所以然者，阳有馀而阴不足，自然之理也。

晋国

晋自武公灭翼，【原注】今翼城县。而王命曲沃伯以一军为晋侯，其时疆土未广。至献公始大，①考之于《传》，灭杨，【原注】今洪洞县。灭霍，【原注】今霍州。灭耿，【原注】在今河津县。灭魏，【原注】在今蒲州。灭虞；【原注】在今平陆县。重耳居蒲，【原注】在今隰州。夷吾居屈，【原注】在今吉州。太子居曲沃，【原注】在今闻喜县。而公都绛，【原注】在今太平县。不过今平阳一府之境。【原注】《国语》《晋语二》"宰孔谓晋侯，景霍以为城，而汾、河、涑、浍以为渊"是也。而灭虢，【原注】在今陕州。灭焦，【原注】今陕州。则跨大河之南。【原注】《史记·晋世家》言："献公时，晋强，西有河西，与秦接境。北边翟，东至河内。"《索隐》曰："河内，河曲也。内音汭。"盖即今平陆、芮城之地。至惠公败韩之后，事见《左传》僖公十五年。秦征河东，则内及解梁，【原注】在今临晋县。狄取狐厨，【原注】在今乡宁县。涉汾，而晋境稍蹙。文公始启南阳，事见僖公二十五年。得今之怀庆，襄公败秦于殽，事见僖公三十二年。自此惠公赂秦之地复为晋有，而以河西为境。若霍太山以北，大都皆狄地，不属

① 曲沃武公灭翼（晋都），事见《左传》桓公八年。过三十六年而曲沃武公为诸侯，见《左传》庄公十六年。又越二年晋献公继位，为鲁庄公十八年。

于晋。文公作三行以御狄，事见僖公二十八年。襄公败狄于箕，事见僖公三十三年。而狄患始稀。悼公用魏绛和戎之谋，以货易土；事见襄公四年。【原注】在文公后六十年。平公用荀吴，败狄于太原。事见昭公元年。于是晋之北境至于洞涡、洛阴之间，而邬、祁、【原注】并今祁县。平陵、梗阳、【原注】今清源县。涂水、【原注】在今榆次县。马首、盂【原注】今盂县。为祁氏之邑，晋阳【原注】今太原县。为赵氏之邑矣。若成公灭赤狄潞氏，事见宣公十五年。[1] 而得今之潞安；顷公灭肥、灭鼓，[2]而得今之真定，皆一一可考。吾于杜氏之解绵上、箕而不能无疑，并唐叔之封晋阳亦未敢以为然也。

绵上

《左传》僖二十四年，"晋侯赏从亡者，介之推不言禄，禄亦弗及，遂隐而死。晋侯求之不获，以绵上为之田"，杜氏曰："西河界休县南有地名绵上。"《水经注》卷六《汾水》："石桐水即绵水，出介休县之绵山。北流径石桐寺西，即介子推之祠也。袁崧《郡国志》曰：'界休县有介山，有绵上聚、子推庙。'"今其山南跨灵石，东跨沁源，世以为之推所隐。而汉、魏以来，传有焚山之事，太原、上党、西河、雁门之民至寒食不敢举火。石勒禁之，而雹起西河介山，大如

① 《续刊误》卷下："汝成案：成公卒于鲁宣公之九年，灭潞在十五年，则灭潞者乃景公，非成公也。"

② 《续刊误》卷下："汝成案：顷公即位为鲁昭公十六年，而灭肥在十二年，克鼓在十五年，又在晋昭公时，非顷公也。"

鸡子，平地三尺。前史载之，无异辞也。然考之于《传》，襄公十三年“晋悼公蒐于绵上以治兵，使士匄将中军，让于荀偃”，此必在近国都之地。又定公六年“赵简子逆宋乐祁，饮之酒于绵上”，自宋如晋，其路岂出于西河界休乎？况文公之时，霍山以北大抵皆狄地，与晋都远不相及。今翼城县西亦有绵山，俗谓之小绵山，近曲沃，当必是简子逆乐祁之地。【原注】襄公二十九年，齐高竖致卢而出奔晋，晋人城绵而置旃。绵或即绵山。今万泉县南二里有介山。《汉书·武帝纪》诏曰：“朕用事介山，祭后土，皆有光应。”《地理志》：“汾阴，介山在南。”【原注】今万泉，古汾阴地。《扬雄传》：“其三月，将祭后土，上乃帅群臣，横大河，凑汾阴。既祭，行游介山，回安邑，顾龙门，览盐池，登历观，陟西岳以望八荒。雄作《河东赋》曰：‘灵舆安步，周流容与，以览于介山。嗟文公而愍推兮，勤大禹于龙门。’”《水经注》卷六《汾水》亦引此，谓“《晋太康记》及《地道记》与《永初记》并言子推隐于是山”，而辨之以为非然。可见汉时已有二说矣。

箕

《左传》僖公三十三年，“狄伐晋，及箕”，《解》曰“太原阳邑县南有箕城”，①非也。阳邑在今之太谷县，襄公时未为晋有。《传》言“狄伐晋，及箕”，犹之言“齐伐我，

① 杜预《解》在《左传》僖公三十三年“晋人败狄于箕”句下。

及清”见《左传》哀公十一年。也，必其近国之地也。成公十三年，“厉公使吕相绝秦，曰‘入我河县，焚我箕、郜’”，【原注】无《解》。① 又必其边河之邑，秦、狄皆可以争。而文公八年有箕郑父，襄公二十一年有箕遗，当亦以邑氏其人者矣。

唐

《左传》昭公元年，“迁实沈于大夏”，②定公四年，“命以《唐诰》，而封于夏虚”。服虔曰“大夏在汾、浍之间”，见《史记·郑世家》《集解》。杜氏则以为太原晋阳县。以上言唐国。按晋之始见《春秋》，其都在翼，《括地志》“故唐城在绛州翼城县西二十里。尧裔子所封，成王灭之而封太叔也”，见《史记·晋世家》《正义》引。北距晋阳七百馀里，即后世迁都，亦远不相及。【原注】《竹书纪年》：“康王九年，唐迁于晋。宣王十六年，晋迁于绛。”况霍山以北，自悼公以后始开县邑，而前此不见于《传》。又《史记·晋世家》曰：“成王封叔虞于唐。唐在河、汾之东，方百里。”翼城正在二水之东，而晋阳在汾水之西，又不相合。窃疑唐叔之封以至侯缗之灭，并在于翼。〔一〕《史记》屡言“禹凿龙门，通大夏”，见《秦始皇本纪》及《李斯列传》。《吕氏春秋》《审为》言“龙门未辟，吕梁未凿，河

① 杜预无此二地之解。

② 下句为“唐人是因，以服事夏、商”。实沈为高辛氏之子。疏以唐人为陶唐氏之后，大夏为后之晋阳。

出孟门之上”，[①]**则所谓“大夏”者，正今晋、绛、吉、隰之间，《书》**《五子之歌》**所云“维彼陶唐，有此冀方”，而舜之命皋陶曰“蛮夷猾夏”**见《舜典》。**者也，当以服氏之说为信。又齐桓公伐晋之师，仅及高梁，**【原注】在今临汾县。**而《封禅书》述桓公之言，以为“西伐大夏”，大夏之在平阳明矣。**【原注】《汉书·地理志》注，臣瓒曰：“所谓唐，今河东永安是也。”师古以瓒说为是。按永安乃今之霍州，亦非也。

〔一〕【全氏曰】或问：“亭林谓唐叔所封以至翼侯之亡，疑皆在翼，而不在晋阳。然则燮父何以改国号曰晋乎？唐城毕竟安在？”曰：“既改唐曰晋，则其在晋阳可知。然亭林之言亦自有故，难以口舌辨也。《括地志》所述唐城有二，一在并州晋阳县北二里，是太原之唐城；一在绛州翼城县西二十里，是平阳之唐城，相去七百馀里。而《史记·晋世家》谓唐叔封于河、汾之东，则当在平阳。张守节亦主此说。若太原，则在河、汾之西矣。故亭林疑唐叔本封在翼者，以此故也。但燮父之改号曰晋，以晋水，则自在太原。而《诗谱》明曰‘穆侯始迁于翼’，则《史记》谓‘河、汾之东’者，未可信也。而平阳亦有唐城者，盖必既迁之后，不忘其故而筑之，如后此之所谓故绛、新绛，二绛异地而同名耳。至于晋自唐叔以后，靖侯以前，年数且不可考，何况其他。则其中必累迁而至翼，亦必无一徙而相去七百馀里也。亭林于《括地志》之唐城，引其一，遗其一，则稍未核也。”

---

① 《吕览》原文为“龙门未开，吕梁未发，河出孟门”。

晋都

春秋时，晋国本都翼，在今之翼城县。及昭侯，封文侯之弟桓叔于曲沃。桓叔之孙武公灭翼，而代为晋侯，都曲沃，在今闻喜县。【原注】《汉志》："闻喜，故曲沃。"其子献公城绛，居之，在今太平县之南，绛州之北。【原注】今太平县南二十五里，城址尚存。历惠、怀、文、襄、灵、成六公，至景公，迁于新田，在今曲沃县，【原注】杜氏曰："新田，今平阳绛邑县。"是后魏始名曲沃。当汾、浍二水之间。于是命新田为"绛"，而以其故都之绛为"故绛"。此晋国前后四都之故迹也。

晋自都绛之后，遂以曲沃为下国，【原注】僖公十年，"狐突适下国"。然其宗庙在焉。考悼公之立，【原注】成公十八年。"大夫逆于清原"，【原注】杜氏曰："河东闻喜县北有清原。"是次郊外。"庚午，盟而入。辛巳，朝于武宫"，是入曲沃而朝于庙。二月乙酉朔，"即位于朝"，是至绛都。而平公之立，【原注】襄公十六年。亦云"改服、修官，烝于曲沃"，但不知其后何以遂为栾氏之邑。而栾盈之入绛，范宣子执魏献子之手，赂之以曲沃。【原注】襄公二十三年。夫以宗邑而与之其臣，听其所自为，端氏之封，屯留之徙，[①]其所由来者渐矣。

---

① 见《史记·晋世家》《索隐》：三家分晋后，"封晋君端氏，其后十年，迁晋君于屯留。"

瑕

晋有二瑕。其一:《左传》成公六年,诸大夫皆曰"必居郇瑕氏之地",杜氏曰"郇瑕,古国名";《水经注》卷六《涑水》"涑水又西南径瑕城。京相璠曰:今河东解县西南五里,有故瑕城是也",【原注】杜以郇瑕为一地,郦以为二地。〔一〕在今之临晋县境。其一:僖公三十年,烛之武见秦伯,曰"许君焦、瑕,朝济而夕设版焉",《解》:"焦、瑕,晋河外五城之二邑";文公十二年,"晋人、秦人战于河曲,秦师夜遁,复侵晋入瑕",《解》以"河曲为河东蒲坂县南",则瑕必在河外;十三年,"晋侯使詹嘉处瑕,以守桃林之塞"。按《汉书·地理志》:"湖,故曰胡,武帝建元年更名湖。"《水经·河水》"又东,径湖县故城北",郦氏注云:"《晋书地道记》、《太康记》并言胡县。汉武帝改作'湖'。其北有林焉,名曰桃林。"古瑕、胡二字通用,《礼记》引《诗》"心乎爱矣,瑕不谓矣",郑氏注云"瑕之言胡也。瑕、胡音同,故《记》用其字",是"瑕"转为"胡",又改为"湖"。而瑕邑即桃林之塞也,【原注】《书》《武成》"放牛于桃林之野",注云"在华山东"。今为阌乡县治。而成公十三年,"伐秦,成肃公卒于瑕",亦此地也。道元以郇瑕之瑕为詹嘉之邑,误矣。【原注】《左传》有三瑕,而郇瑕不与焉。桓公六年,"军于瑕以待之",注:"瑕,随地。"成公十六年"楚师还及瑕",注:"瑕,楚地。"昭公二十四年"王子朝之师攻瑕及杏,皆溃",注:"瑕、杏,敬王邑。"

〔一〕【江氏曰】解县西南故瑕城，实为晋之瑕。所谓“内及解梁城”，瑕正是解梁间一邑也。焦在河外。烛之武于河外举焦，内举瑕，以二邑该其馀，亦临文省便之法。顾氏谓晋有二瑕，以焦、瑕为河外五城之二，是忘“内及解梁城”一句矣。求河外之瑕不可得，谓“瑕”有“胡”音，以湖县当之，谬矣。

僖公十五年，“晋侯赂秦伯以河外列城五，东尽虢略，南及华山”，《正义》曰：“自华山之东，尽虢之东界，其间有五城也。《传》称焦、瑕，盖是其二。”【原注】《水经注》卷四《河水》：“陕县，故焦国。”《竹书纪年》：“幽王七年，虢人灭焦。”

成公元年，“晋侯使瑕嘉平戎于王”，瑕嘉即詹嘉，以邑为氏。僖公十五年“瑕吕饴甥”，当亦同此，【原注】《竹书纪年》：“惠王十九年，晋献公灭虢，命瑕父吕甥邑于虢都。”《传》谓之“阴饴甥”者，阴亦虢地，或兼食之也。**而《解》以“瑕吕”为姓，恐非。**

九原

《礼记·檀弓》：“赵文子与叔誉观乎九原。”《水经注》卷六《汾水》**以为在京陵县。《汉志》“太原郡京陵”，师古曰“即九京”，因《记》文或作“九京”而傅会之尔。**【原注】文子曰：“是全要领以从先大夫于九京也。”见《礼记·檀弓下》。方氏曰：“九京即九原，指其冢之高曰京，指其地之广曰原。”**古者卿大夫之葬必在国都之北，不得远涉数百里，而葬于今之平遥也。《志》以为太平之西南二十五里有九原山，近是。**

昔阳

《左传》昭公十二年，“晋荀吴伪会齐师者假道于鲜虞，遂入昔阳。秋八月壬午，灭肥，以肥子绵皋归”，杜氏谓“鲜虞，白狄别种，在中山新市县”，【原注】今新乐县。又谓“钜鹿下曲阳县西有肥累城”，【原注】在今藁城县西南七十里。是也，其曰“昔阳，肥国都，乐平沾县东有昔阳城”，则非也。疏载刘炫之言，以为：“齐在晋东，‘伪会齐师’，当自晋而东行也。‘假道鲜虞，遂入昔阳’，则昔阳当在鲜虞之东也。今按乐平沾县在中山新市西南五百馀里，何当假道于东北之鲜虞，而反入西南之昔阳也？既入昔阳，而别言灭肥，则肥与昔阳不得为一，安得以昔阳为肥国之都也？昔阳既是肥都，何以复言钜鹿下曲阳有肥累之城？疑是肥名取于彼也。肥为小国，境必不远，岂肥名取钜鹿之城，建都于乐平之县也？十五年，‘荀吴伐鲜虞，围鼓’，杜云‘鼓，白狄之别，钜鹿下曲阳县有鼓聚’；炫谓肥、鼓并在钜鹿，昔阳即是鼓都，在鲜虞以东南也。二十二年传曰‘晋荀吴使师伪籴者，负甲以息于昔阳之门外，遂袭鼓，灭之’，则昔阳之为鼓都，断可知矣。”【原注】杜《解》：“昔阳，故肥子所都。”果尔，则其地已入晋，何用伪籴以息其门外乎？《汉书·地理志》“钜鹿下曲阳”，应劭曰：“晋荀吴灭鼓，今鼓聚昔阳亭是也。”《水经注》卷一〇《浊漳水》：“泜水东径肥累县之故城南，又东径昔阳城南，本鼓聚。《十三州志》曰：‘今其城昔阳亭是矣。’京相璠曰：'白狄之别也。'下曲阳有鼓聚。"其说皆同。【原注】《水经注》一卷中昔阳城两见，一在下曲阳，一在沾县，亦郦氏之误也。《史记·赵世家》："惠文王十六年，廉颇将攻齐昔阳，取之。"夫昔阳在钜鹿，故属之齐，岂得越太行而有乐平乎？【原注】《正义》亦谬。

晋之灭狄，其用兵有次第。宣公十五年，灭潞氏。十六年，灭甲氏及留吁。成公十一年，伐廧咎如，而上党为晋有矣。昭公元年，败无终及群狄于大卤，而大原为晋有矣，然后出师以临山东。昭公十二年，灭肥。二十二年，灭鼓。于是太行以南之地谓之"南阳"，太行以东之地谓之"东阳"，【原注】《水经注》卷九《清水》引马季长曰："晋地自朝歌以北至中山为东阳，自朝歌以南至轵为南阳。"而晋境东接于齐。盖先后之勤且八十年，而鲜虞犹不服焉，【原注】至魏文侯始克中山。平狄之难如此。

太原

太原府在唐为北都。《唐书·地理志》曰："晋阳宫，在都之西北。宫城周二千五百二十步，崇四丈八尺。都城左汾右晋，潜丘在中。【原注】《尔雅》《释丘》"晋有潜丘"注："在太原晋阳县，今已不存。"《志》曰："相传宋修惠明寺浮屠，陶土为瓦用。"长四千三百二十一步，广三千一百二十二步，周万五千一百五十三步，其崇四丈。汾东曰东城，贞观十一年长史李勣筑。两城之间有中城，武后时筑，以合东城。【原

注】《宋史·太宗纪》谓之“连城”。宫南有大明城，故宫城也。宫城东有起义堂，仓城中有受瑞坛。”当日规模之闳壮可见。自齐神武创建别都，与邺城东西并立。隋炀继修宫室，唐高祖因以克关中，有天下。则天以后，名为北都。五代李氏、石氏、刘氏三主皆兴于此。及刘继元之降，宋太宗以此地久为创霸之府，又宋主大火，有参、辰不两盛之说，于是一举而焚之矣。《宋史·太宗纪》：“太平兴国四年五月戊子，以榆次县为新并州。乙未，筑新城。丙申，幸城北御沙河门楼，尽徙馀民于新城，遣使督之，既出，即命纵火。丁酉，以行宫为平晋寺。”陆游《老学庵笔记》卷九曰：“(大宋)[太宗]太平兴国四年，平太原，降为并州。废旧城，徙州于榆次。今太原则又非榆次，乃三交城也。城在旧城东北三十里，亦形胜之地，本名故军，又尝为唐明镇，有晋文公庙，甚盛。平太原后三年，帅潘美奏乞以为并州，从之。于是徙晋文公庙，以庙之故址为州治。又徙阳曲县于三交，而榆次复为县。”然则今之太原府乃三交城，而太原县不过唐都城之一隅耳。〔一〕其遗文旧迹，一切不可得而见矣。

〔一〕【王氏曰】武后名北都。中宗即位之初，已依旧改为并州大都督府矣。

《旧唐书·崔神庆传》曰：“则天时，擢拜并州长史。先是，并州有东西二城，隔汾水，【原注】唐张南史《送郑录事》诗：“六月胡天冷，双城汾水流。”神庆始筑城相接，每岁省防御兵数千人,边州甚以为便。"此即《志》所云"两城之间有中城"者也。【原注】僖宗乾符六年,河东军乱,焚掠三城,以朱玫为三城斩斫使。汾水湍悍,古人何以架桥立城如此之易?〔一〕如长安东、中、西三渭桥,昔为方轨,而今则咸阳县每至冬月,乃设一版;河阳驿杜预所立浮桥,其遗迹亦复泯然;【原注】《魏书·崔亮传》:"除安西将军雍州刺史。城北渭水浅不通船,行人艰阻。亮谓寮佐曰:'昔杜预乃造河梁,况此有异长河。且魏、晋之日亦自有桥,吾今决欲营之。'咸曰:'水浅不可为浮桥,泛涨无恒,又不可施柱,恐难成立。'亮曰:'昔秦居咸阳,横桥渡渭,以象阁道,此即以柱为桥。今惟虑长柱不可得耳。'会天大雨,山水暴至,浮出长木数百根,借此为用,桥遂成立,百姓利之,至今犹名崔公桥。"○《北史·于栗磾传》:"为豫州刺史。明元帝南幸盟津,谓栗磾曰:'河可桥乎?'栗磾曰:'杜预造桥遗事可想。'乃编大船,构桥于野坂,六军既济,帝深叹美之。"蒲津铁牛,求一僧怀丙其人不可得。【原注】《宋史·方技传》。"国有六职,百工与居一焉",不但"坐而论道"者不如古人而已。①

〔一〕【阎氏曰】按《水经注·汾水》云:"水上旧有梁,清(汧)[井]殒于梁下,豫让死于津侧,亦襄子解衣之所在也。"此即指晋阳县。又按唐李勣、马燧俱引晋水架汾河而东去,故汾河东有晋祠水利。

【校正】阎云:万历间有僧妙峰者,立愿于汾水上建桥,凿石于西山,石条几与山齐。惜此僧不久即逝,后取以包太原县城者,即

① 《周礼·冬官考工记》:"国有六职,百工与居一焉。"其"六职"即"或坐而论道,或作而行之,或审曲面埶,以饬五材,以辨民器,或通四方之珍异以资之,或饬力以长地财,或治丝麻以成之"。

此石也，未用其百之一也。使此僧尚存，桥必有成。以一僧力尚如此，况崔神庆以朝廷之力乎？所为跨水连堞合而一之如《传》、《志》所云者，正不必为奇。

代

春秋时，代尚未通中国。赵襄子乃言："从常山上临代，代可取也。"见《史记·赵世家》。**《正义》曰："《地道记》云：恒山在上曲阳县西北一百四十里，北行四百五十里得恒山岋，号飞狐口，北则代郡也。"《水经注》**卷一三《㶟水》**引梅福上事曰："代谷者，恒山在其南，北塞在其北。谷中之地，上谷在东，代郡在西。"此则今之蔚州，乃古代国。项羽徙赵王歇为代王，歇更立陈馀为代王，汉高帝立兄刘仲为代王，皆此地也。**【原注】今蔚州东二十里，相传有代王城。**十年，陈豨反。十一年，破豨，立子恒为代王，都晋阳，**【原注】《高祖纪》。**则今之太原县矣。《孝文纪》则云都中都。**【原注】《陈豨传》同。**而文帝过太原，复晋阳、中都二岁。**【原注】如淳以为先都晋阳，后迁中都。**又立子武为代王，都中都，则今之平遥县矣。**【原注】《正义》引《括地志》："中都故城在汾州平遥县西南十二里。"**又按卫绾，代大陵人。大陵，今在文水县北，而属代，代都中都故也。代凡三迁，而皆非今代州。今代州之名自隋始。**〔一〕

〔一〕【阎氏曰】汉光武以卢芳为代王，居高柳。高柳故城在唐云州定襄县。晋愍帝以猗卢为代王城，盛乐为北都，修故平城为南都。拓跋珪立为代王，都云中，在朔州北三百馀里。后徙都平城,置代尹。是代尚有四,不止如顾氏云三迁也。

阙里

《水经注》卷二五《泗水》"孔庙东南五百步有双石阙",故名阙里。按《春秋》定公二年,"夏五月壬辰,雉门及两观灾。冬十月,新作雉门及两观",注:"雉门,公宫之南门。两观,阙也。"《礼记》《礼运》:"昔者仲尼与于蜡宾事毕,出游于观之上。"《史记·鲁世家》:"炀公筑茅阙门。"盖阙门之下,其里即名"阙里",而夫子之宅在焉。亦谓之"阙党",《鲁论》《宪问》有"阙党童子",《荀子》《儒效》仲尼"居于阙党"是也。后人有以居为氏者,《汉书·儒林传》有"邹人阙门庆忌",注云"姓阙门,名庆忌"。【原注】《后汉书·献帝纪》"下邳贼阙宣",注:"阙党童子之后。"○谶文言"代汉者,当涂高"。当涂而高者,阙也。故阙宣自称天子。

杏坛

今夫子庙庭中有坛,石刻曰"杏坛"。《阙里志》:"杏坛,在殿前,夫子旧居。"非也。杏坛之名出自《庄子》。《庄子》《杂篇·渔父》曰:"孔子游乎缁帷之林,休坐乎杏坛之上。弟子读书,孔子弦歌鼓琴。奏曲未半,有渔父者下船而来,须眉交白,被发揄袂,行原以上,距陆而止,左手据膝,右手持颐,以听曲终。"又曰:"孔子乃下求之,至于泽畔，方将杖拏而引其船，顾见孔子，还乡而立，孔子反走，再拜而进。"又曰："客乃刺船而去，延缘苇间。颜渊还车，子路授绥，孔子不顾，待水波定，不闻拏音而后敢乘。"司马彪云："缁帷，黑林名也。杏坛，泽中高处也。"《庄子》书凡述孔子皆是寓言，渔父不必有其人，杏坛不必有其地，即有之亦在水上苇间、依陂旁渚之地，不在鲁国之中也明矣。今之杏坛，乃宋乾兴间四十五代孙道辅增修祖庙，移大殿于后，因以讲堂旧基甃石为坛，环植以杏，取杏坛之名名之耳。

徐州

《史记·齐太公世家》："田常执简公于徐州。"《田敬仲完世家》："宣王九年，与魏襄王会徐州，诸侯相王也。十年，楚围我徐州。"《魏世家》："襄王元年，与诸侯会徐州。"《楚世家》："威王七年，齐孟尝君父田婴欺楚，楚伐齐，败之于徐州。"《越世家》："句践已平吴，乃以兵北渡淮，与齐、晋诸侯会于徐州。"《鲁世家》："顷公十九年，楚伐我，取徐州。"【原注】《索隐》曰："徐音舒。徐州，齐邑薛县是也。非九州之徐。"按《续汉书·郡国志》："薛，本国，六国时曰徐州。"在今滕县之南，薛河北有大城，田文所筑也。此与楚、魏二国为境。而威王曰："吾吏有黔夫者，使守徐州。则燕人祭北门，赵人祭西门，徙而从者七千馀家。"见《史记·田敬仲完世家》。盖与梁惠王言，不欲斥魏，更以燕、赵夸之耳。

《索隐》曰:"《说文》:'郐,邾之下邑,在鲁东。'又《竹书纪年》云:'梁惠成王三十一年,邳迁于薛,改名曰徐州。'则'徐'与'郐'并音舒也。"①今读为《禹贡》"徐州"之"徐"者,误。《齐世家》"田常执简公于徐州",《春秋》正作"舒州"。〔一〕

〔一〕【汝成案】"邳迁于薛",沈校本"邳"上有"下"字,盖从《史记索隐》引《纪年》增也,今删去,从元文。

向

《春秋》隐二年,"莒人入向",杜氏《解》曰:"谯国龙亢县东南有向城。"桓十六年,"城向",无《解》。宣四年,"公及齐侯平莒及郯。莒人不肯,公伐莒,取向",《解》曰:"向,莒邑,东海丞县东南有向城。远,疑也。"襄二十年,"仲孙速会莒人,盟于向",《解》曰:"莒邑。"按《春秋》,向之名四见于经,而杜氏注为二地,然其实一向也。先为国,后并于莒,而或属莒,或属鲁,则以摄乎大国之间耳。丞县今在峄,杜氏以其远而疑之,况龙亢在今凤阳之怀远乎?【原注】《水经注》于"轵县向城"下引"向姜不安于莒而归",尤误。《齐乘》以为今沂州之向城镇,【原注】州西南一百里。近之矣。〔一〕

〔一〕【汝成案】向地见经传者凡六。隐二年,"莒人入向"。十一年,"王与郑人苏忿生之田向"。宣四年,"公伐莒,取向"。僖

① 见《史记·鲁世家》"楚伐我,取徐州"下。

二十六年,“公会莒子、卫宁速盟于向”。襄十一年传,“诸侯会于北林,师于向”。十四年,“会吴于向”。杜注于“入向”以为古龙亢东南;于“与郑”之向云在轵县西;于“取向”、“盟向”云莒邑;于“师向”云在颍川长社县东北;于“会向”但云郑地。古今地志书著向地者,《汉书·地理志》“沛郡向县,古向国”,又《郡国志》“颍川长社县有向乡”,于钦《齐乘》“沂州西南一百里有向城”,《太平寰宇记》“莒县西南有向城”。龙亢之向,今凤阳府怀远县地;长社之向,今开封府尉氏县地;莒邑沂州之向,今莒州地;轵县之向,今怀庆府济源县地,《诗》“皇甫作都于向”即此。杜氏沿《汉志》之说,以“莒人入向”为沛国之向,恐非是。《春秋》之莒即今莒州,距今怀远且千里,蕞尔之莒岂能悬师远入人国?窃意莒所入之向乃沂州之向,莒入向而兼其地,而鲁复伐莒而取之,后遂为会盟所耳。沛国之向乃会吴之向,中国会吴皆就之于淮上,如锺离,今凤阳,善道,今盱眙,皆是也。

小谷

《春秋》庄三十二年,“城小谷”,《左氏传》曰:“为管仲也。”盖见昭公十一年申无宇之言曰:“齐桓公城谷,而置管仲焉,至于今赖之”,而又见僖二年经书“城楚丘”之出于诸侯,谓仲父得君之专,亦可勤诸侯以自封也。是不然。仲所居者谷也,此所城者小谷也。《春秋》有言“谷”不言“小”者,庄二十三年“公及齐侯遇于谷”,僖二十六年“公以楚师伐齐,取谷”,文十七年“公及齐侯盟于谷”,成三年

"叔孙侨如会晋荀首于谷"。四书"谷"而一书"小谷",别于谷也。范宁曰:"小谷,鲁地。"然则城小谷者,内城也,故不系之齐,而与管仲无与也。汉高帝以鲁公礼葬项羽于谷城,即此鲁之小谷。而注引《皇览》,以为东郡之谷城,与留侯所葆之黄石同其地,其不然明矣。《春秋发微》曰:"曲阜西北有小谷城。"〔一〕

〔一〕【汝成按】此已详卷四"城小谷"条,可并入。①

泰山立石

岳顶无字碑,世传为秦始皇立。按秦碑在玉女池上,李斯篆书,高不过[四]五尺,②而铭文并二世诏书咸具,不当又立此大碑也。考之宋以前,亦无此说,因取《史记》反覆读之,知为汉武帝所立也。《史记·秦始皇本纪》云:"上泰山,立石,封,祠祀。"其下云"刻所立石",是秦石有文字之证,今李斯碑是也。《封禅书》云:"东上泰山,泰山之草木叶未生,乃令人上石,立之泰山巅。上遂东巡海上。四月,还至奉高。"上泰山封而不言刻石,是汉石无文字之证,今碑是也。《续汉书·祭祀志》亦云:"上东上泰山,乃上石,立之泰山巅。"然则此无字碑明为汉武帝所立,而后之不读史者误以为秦耳。〔一〕

---

① 此案原在小题下,今移此。

② 《刊误》卷下:"'高不过五尺',诸本同,原写本'五'上有'四'字。"按顾氏《谲觚十事》亦作"四五尺",当据补。

〔一〕【姜氏曰】《史记·封禅书》、《汉书·武帝纪》注引《风俗通》曰:"石广二丈一尺,刻之曰'事天以礼,立身以义,事父以孝,成民以仁。四海之内,莫不为郡县。四夷八蛮,咸来贡职。与天无极,人民蕃息,天禄永得'云。"此古制也,则武帝已用之矣。又《后汉书·张纯传》:"帝乃东巡岱宗,纯从,上元封旧仪及刻石文。"若无文字,则不当云"刻石文"矣。

【汝成案】《汉纪》注,应劭曰:"立石三丈一尺。"下云"武帝封,广丈二尺,高九尺"。姜氏注殊舛误。①

【校正】阎云:《后汉·祭祀志》"乃上石立之泰山颠",注引《风俗通》曰"石高三丈一尺,刻曰'事天以祀,立身以义'"云云。又《张纯传》"上元封旧仪及刻石文",即"事天以礼"等语也。〇晏案:《续汉志》载上石泰山颠系元封元年三月,足证石为汉武帝所立也。

【小笺】按:《后汉书·张纯传》"上元封旧仪及刻石文",则汉武未始不刻石。

又按,应劭《汉官仪》曰:"马(伯弟)[第伯]登太山,见石二枚,其一是武帝时石,用五车载,不能上,因置山下,号曰'五车石'。其一是纪号石,刻文字,纪功德,立坛上。"此亦汉石有文字之明证。

始皇刻石之处凡六,《史记》书之甚明。于邹峄山则上云"立石",下云"刻石颂秦德"。于泰山则上云"立石",下云"刻所立石"。于之罘则二十八年云"立石",二十九年云"刻石"。于琅邪则云"立石,刻颂秦德"。于会稽则云"立石,刻颂秦德"。无不先言"立"、后言"刻"者,惟于碣

① 此案原在小题下,今移此。

石则云“刻碣石门”,门自是石,不须立也。古人作史,文字之密如此。使秦皇别立此石,秦史焉得不纪?使汉武有文刻石,汉史又安敢不录乎?

泰山都尉

《后汉书·桓帝纪》:“永兴二年,泰[①]山、琅邪贼公孙举等反,杀长吏。永寿元年七月,初置泰山、琅邪都尉官。延熹五年八月己卯,罢琅邪都尉官。八年五月壬申,罢泰山都尉官。”《金石录》卷一五载《汉泰山都尉孔宙碑》,云“宙以延熹四年卒”,盖卒后四年官遂废矣。然泰山都尉实不始于此,光武时曾置之。《文苑传》:“夏恭,光武时拜郎中,再迁泰山都尉。”又按《光武纪》:“建武六年,初罢郡国都尉官。”恭之迁盖在此年前也。〔一〕

〔一〕【钱氏曰】《汉书·地理志》:“泰山郡有卢县,都尉治。”[②]

泰山自公孙举、东郭窦、劳丙叔、孙无忌相继叛乱,以是置都尉之官。以后官虽不设,而郡兵领于太守,其力素厚。故何进使府掾泰山王匡东发其郡强弩,而应劭、夏侯渊亦以之破黄巾,可见汉代不废郡兵之效。而建安中,曹公表曰“泰山郡界旷远,旧多轻悍。权时之宜,可分五县为嬴郡”,见《三国志·蜀书·麋竺传》注引《曹公集》。则其时之习俗

---

① “泰”,《后汉书》原作“太”。下二“泰”字同此。

② “钱氏曰”云云原在小题下,今移此。

又可知矣。

社首

《史记》《封禅书》:"周成王封泰山,禅社首。"《唐书》:"高宗乾封元年正月庚午,禅社首。玄宗开元十三年十一月辛卯,禅社首。"见《旧书·礼仪志》。《宋史》《真宗纪》:"真宗大中祥符元年十月壬子,禅社首。"今高里山之左有小山,其高可四五丈,《志》云即社首山。在岳旁诸山中最卑小,不知古人何取于此?意者封于高,欲其近天,禅于下,欲其近地。且山卑而附岳址,便于将事,初陟高之后,不欲更劳民力邪?〔一〕

〔一〕【沈氏曰】右一条见《山东考古录》,当补此。

【汝成案】此条从沈氏校本补。①

济南都尉

汉济南郡太守,治东平陵。而都尉治于陵者,以长白山也。【原注】今龙山驿东有东平陵城。《后汉书·侯霸传》注:"于陵故城在今淄川长山县南。"《魏书·辛子馥传》:"长白山连接三齐,瑕丘数州之界多有盗贼。子馥受使检覆,因辨山谷要害宜立镇戍之所。又诸州豪右在山鼓铸,奸党多依之,又得密造兵仗,亦请破罢诸冶。朝廷善而从之。"隋大

① 此案原在小题下,今移此。

业九年，齐人孟让、王薄等众十馀万据长白山，攻剽诸郡。以张须陀、王世充之力不能灭，讫于隋亡。观此二事，则知汉人立都尉治于陵之意矣。

邹平台二县

《汉书》济南郡之县十四，一曰东平陵，二曰邹平，三曰台，四曰梁邹。《功臣表》则有台定侯戴野、梁邹孝侯武虎，是二县并为侯国。《续汉志》济南郡十城，其一曰东平陵，其四曰台，其七曰梁邹，其八曰邹平。而《安帝纪》云"延光三年二月戊子，济南上言，凤皇集台县丞霍收舍树上"，章怀太子注云"台县属济南郡，故城在今齐州平陵县北"，《晏子春秋》《内篇杂下》"景公为晏子封邑，使田无宇致台与无盐"，《水经注》卷八《济水》亦云"济水又东北过台县北"。寻其上下文句，本自了然。后人读《汉书》误从"邹"字绝句，因以邹为一县，平台为一县。《齐乘》遂谓汉济南郡有邹县，后汉改为邹平，见卷三。又以台、平台为二县。见卷四。此不得其句读而妄为之说也。

汉以"邹"名县者五。鲁国有驺，亦作"邹"，胶东国有邹卢，千乘郡有东邹，与济南之邹平、梁邹，凡五。其单称邹者，今兖州府之邹县也。亦有平台，属常山郡，《外戚恩泽侯表》"平台康侯史玄"，《后汉书·邳彤传》"尹绥封平台侯"是也。有邹平、有台，而亦有邹、有平台，不可不辨也。

晋时县名多沿汉旧，按史《何曾传》“曾孙机为邹平令”，是有邹平矣。《解系传》“父修，封梁邹侯”，《刘颂传》“追封梁邹县侯”，是有梁邹矣。《宋书》《五行志》言“晋太康六年三月戊辰，乐安、梁邹等八县陨霜，伤桑麦”，《文帝纪》“元嘉二十八年五月乙酉，亡命司马顺则自号齐王，据梁邹城。八月癸亥，梁邹平，斩司马顺”，则是宋有梁邹矣。不知何故，《晋书·地理志》于“乐安国”下单书一“邹”字，此史之阙文，〔一〕而《齐乘》卷三乃云“晋省梁邹入邹县”。夫晋以前此地本无邹县，而何从入之乎？盖不知而妄作者矣。

〔一〕【钱氏曰】当是史误脱“梁”字耳。

夹谷

《春秋》定公十年，“夏，公会齐侯于夹谷”，《传》曰“公会齐侯于祝其，实夹谷”，杜预《解》及服虔注《史记》皆云在东海祝其县。刘昭《志》〔一〕、杜佑《通典》因之，遂谓夹谷山在今赣榆县西五十里。按赣榆在春秋为莒地，与齐、鲁之都相去各五六百里，何必若此之远？当时景公之观，不过曰“遵海而南，放于琅邪”见《孟子·梁惠王下》。而已，未闻越他国之境。《金史》《地理志》云“淄川有夹谷山”，《一统志》卷二二云“夹谷山在淄川县西南三十里，旧名祝其山，其阳即齐、鲁会盟之处，萌水发源于此”，《水经注》卷八《济水》“萌水出般阳县西南甲山”，是以甲山为夹谷也。而《莱芜县志》则又云“夹谷在县南三十里，接新泰界”，未知其何所据。然齐、鲁之境正在莱芜，东至淄川，则已入齐地百馀里。二说俱通。又按《水经注》卷二六《淄水》“莱芜县”曰：“城在莱芜谷，当路岨绝，两山间道，由南北门。旧说云：齐灵公灭莱，莱民播流此谷，邑落荒芜，故曰莱芜。《禹贡》所谓‘莱夷’也。夹谷之会，齐侯使莱人以兵劫鲁侯，宣尼称‘夷不乱华’是也。”是则会于此地，故得有莱人，非召之东莱千里之外也。【原注】莱人迁此已久，号其故国为东莱。不可泥“祝其”之名，而远求之海上矣。

〔一〕【汝成案】司马彪《续汉志》刘昭注。文中间误作“后汉”，今俱改。此云“刘昭志”，当脱“郡国”及“注”字。①

潍水

潍水出琅邪郡箕屋山，【原注】今在莒州西北九十里。《书·禹贡》“潍、淄其道”，《左传》襄公十八年“晋师东侵及潍”是也。其字或省“水”作“维”，或省“糸”作“淮”，又或从“心”作“惟”，总是一字。《汉书·地理志》“琅邪郡朱虚”下、“箕”下作“维”，“灵门”下、“横”下、“折泉”下作“淮”，上文引《禹贡》“惟、甾其道”又作“惟”，一卷之中，异文三见。【原注】马文炜曰：“《汉书·王子侯表》：‘城阳顷王子东淮侯类，封北海。’按北海郡别无淮水，盖亦‘潍’字之异文。”《通鉴·梁武帝纪》：“魏李叔仁击邢杲于惟水。”【原注】胡三省

① 此案原在文末，今依文义移处。

注:“惟”当作“濰”。**古人之文或省或借,其旁并从“鸟隹”之“隹”则一尔。后人误读为“淮、沂其乂”**见《禹贡》。**之“淮”,而呼此水为“槐河”,失之矣。**【原注】按“潍”字当从“佳人”之“佳”,乃得声,今本《说文》亦误。〔一〕

〔一〕【钱氏曰】潍从“隹”声,亦可读为“惟”。顾氏欲分而二之,乃谓“潍泗”之“潍”当从“佳人”之“佳”,妄矣。

【梁氏曰】按字书无从“佳”之字,岂可以《说文》为误乎?

又如《三国志·吴主传》“作棠邑涂塘以淹北道”,《晋书·宣帝纪》“王凌诈言吴人塞涂水”,《武帝纪》“琅邪王伷出涂中”,《海西公纪》“桓温自山阳及会稽王昱会于涂中”,《孝武纪》“遣征虏将军谢石帅舟师屯涂中”,①**《安帝纪》“谯王尚之众溃逃于涂中”,并是“滁”字,《南史·程文季传》“秦郡前江浦通涂水”是也。古“滁”省作“涂”,与“濰”省作“潍”正同,韵书并不收此二字。**

劳山

劳山之名,《齐乘》以为“登之者劳”,又云“一作牢”,丘长春又改为“鳌”,皆鄙浅可笑。按《南史》《隐逸·明僧绍传》**“明僧绍隐于长广郡之崂山”,《本草》**卷九**“天麻生太山、崂山诸山”,则字本作“崂”。若《魏书·地形志》、《唐书·姜抚传》、《宋史·甄栖真传》并作“牢”,乃传写之误。**【原

① 此句引自《资治通鉴》卷一〇四。不见于《晋书·孝武纪》。

注】《魏书·高祖纪》、《释老志》并仍作"劳山"。

《诗》《小雅·渐渐之石》"山川悠远,维其劳矣",笺云:"劳劳,广阔。"则此山或取其广阔而名之。郑康成齐人,劳劳,齐语也。①

《山海经·西山经》亦有劳山,与此同名。

《寰宇记》卷二〇:"秦始皇登劳盛山,望蓬莱"。② 后人因谓此山一名"劳盛山",误也。劳、盛,二山名,劳即劳山,盛即成山。《史记·封禅书》"七曰日主,祠成山","成山斗入海",《汉书》作"盛山",古字通用。齐之东偏,环以大海,海岸之山莫大于劳、成二山,故始皇登之。《史记·秦始皇纪》"令入海者赍捕巨鱼具,而自以连弩,候大鱼至,射之。自琅邪北至荣成山,弗见。至之罘,见巨鱼,射杀一鱼",《正义》曰:"荣成山即成山也。"按史书及前代地理书并无"荣成山",予向疑之,以为其文在"琅邪"之下,"成山"之上,必"劳"字之误。后见王充《论衡》《纪妖篇》引此,正作"劳成山",乃知昔人传写之误,唐时诸君亦未之详考也,遂使劳山并"盛"之名,成山冒"荣"之号。今特著之,以正史书二千年之误。

先生《劳山图志序》略曰:劳山在今即墨县东南海上,距城四五十里,或八九十里。有大劳、小劳,其峰数十,总名曰劳。《志》言秦始皇"登劳盛山,望蓬莱",因

---

① 《刊误》卷下:"原写本'齐'上有'盖'字。"

② 按《寰宇记》原文作"牢盛山"。

谓此山一名劳盛，而不得其所以立名之义。《汉书》成山作盛山，在今文登县东北，则劳、盛自是二山。古人立言尚简。齐之东偏，三面环海，其斗入海处，南劳而北盛，则尽乎齐东境矣。其山高大深阻，旁薄二三百里。以其僻在海隅，故人迹罕至。秦皇登之，是必万人除道、百官扈从、千人拥挽而后上也。五谷不生，环山以外，土皆疏脊，海滨斥卤，仅有鱼蛤，亦须其时。秦皇登之，必一郡供张，数县储偫，四民废业，千里驿骚而后上也。于是齐人苦之，而名之曰劳山，其以是夫？古之圣王劳民而民忘之，秦皇一出游而“劳”之名传之千万年。然而致此则有由矣。《汉志》言齐俗夸诈，自太公、管仲之馀，其言霸术已无遗策。而一二智慧之士倡为迂怪之谈，以耸动天下之听，不过欲时君拥彗，辩士诎服，[以][①]为名高而已，岂知其患之至于此也！

楚丘

《春秋》隐公七年，“戎伐凡伯于楚丘以归”，杜氏曰：“楚丘，卫地，在济阴成武县西南。”夫济阴之成武，此曹地也，而言卫，非也，盖为僖公二年“城楚丘”同名而误。按卫国之封，本在汲郡朝歌。【原注】隐公元年《解》云：“卫国在汲郡朝歌县。”〇今卫辉府淇县。懿公为狄所灭，渡河而东，“立戴公以庐于曹”，见《左传》闵公二年。杜氏曰：“曹，卫下邑。”

① 据《顾炎武诗文集·亭林文集》补。

《诗》《邶风·泉水》所谓“思须与漕”。庐者，无城郭之称，而非曹国之曹也。僖公三年，“城楚丘”，杜氏曰：“楚丘，卫邑。”《诗》《鄘风·定之方中》所谓“作于楚宫”，而非戎伐凡伯之楚丘也。但曰卫邑，而不详其地，然必在今滑县、开州之间。滑在河东，故唐人有魏、滑分河之《录》矣。[①]《水经注》卷八《济水》乃曰：“楚丘，在成武西南，即卫文公所徙。”误矣。彼曹国之地，齐桓安得取之而封卫乎？以“曹”名同，“楚丘”之名又同，遂附为一地尔。

今曹县东南四十里有景山，疑即《商颂》《殷武》所云“陟彼景山，松柏丸丸”，而《左传》昭公四年椒举言“商汤有景亳之命”者也。【原注】《诗正义》《商颂·玄鸟》引皇甫谧曰：“蒙为北亳，即景亳，是汤所受命也。”《鄘诗》《定之方中》“望楚与堂，景山与京”则不在此也。

东昏

汉陈留郡有东昏，《续汉地理志》注云：“《陈留志》曰：‘故户牖乡有陈平祠。’”而山阳郡有东缗，《续汉志》“春秋时曰缗”，注云“《左传》僖公二十三年，‘齐侯伐宋，围缗’”，[②]《前书》《平准书》师古曰“缗音旻”，《左传》僖二十三年《解》“缗，宋邑。高平昌邑县东南有东缗城”，《史记·绛侯周勃世家》“攻爰戚、东缗以往”，《索隐》曰“山阳有东缗

① 唐沈亚之《沈下贤集》卷三有《魏滑分河录》。

② 《续汉志》注原作“《左传》僖二十三年齐围缗”。

县。属陈留者，音昬；属山阳者，音旻。《括地志》云，东缗故城，在兖州金乡县界”。《水经注》引《王诲碑》辞曰“使河堤谒者山阳东昬司马登”，是以“缗”为“昬”，误矣。《隶释》卷五《酸枣令刘熊碑阴》“故守东昬长苏胜”，则陈留之东昬也。【原注】《通鉴》卷二四〇注“李诉攻金乡”，引《陈留风俗传》“东缗者，故阳武户牖乡”，亦误。

长城

春秋之世，“田有封洫”，[①]故随地可以设关。而阡陌之间，一纵一横，亦非戎车之利也，观国佐之对晋人则可知矣。[②] 至于战国，井田始[③]废，而车变为骑，于是寇钞易而防守难，不得已而有长城之筑。《史记·苏代传》燕王曰“齐有长城巨防，足以为塞”，《竹书纪年》“梁惠成王二十年，齐闵王筑防，以为长城”，《续汉郡国志》“济北国卢【原注】今长清县。有长城至东海”，《泰山记》“泰山西有长城，缘河经泰山，一千馀里，至琅邪台入海”，见《史记·赵世家》《正义》引。此齐之长城也。《史记·秦本纪》“魏筑长城，自郑【原注】今华州。滨洛以北，有上郡”，《苏秦传》说魏襄王曰“西

① 《左传》襄公三十年“田有封洫”，杜氏《解》云：“封，疆也。洫，沟也。”

② 事见《左传》成公二年。是年春，齐师伐鲁。六月，鲁师会晋师与齐侯战于鞌，齐师败绩。七月，齐侯使国佐与鲁、晋盟。晋人欲使齐之封内，尽东其亩。于是齐国佐对曰：“先王疆理天下物土之宜，而布其利，故《诗》曰：‘我疆我理，南东其亩。’今吾子疆理诸侯，而曰‘尽东其亩’而已，唯吾子戎车是利，无顾土宜，其无乃非先王之命也乎？”

③ “始”，张京华《校释》作“殆”。

有长城之界”,《竹书纪年》“惠成王十二年,龙贾帅师筑长城于西边”,此魏之长城也。《续汉志》河南郡“卷【原注】《绛侯世家》《正义》引《括地志》云:“故卷城在郑州原武县西北七里。”《释例·地名》云:“卷县所理,垣雍城也。”有长城,经阳武到密”,此韩之长城也。〔一〕《水经注》卷三一《㴲水》:盛弘之云“叶东界有故城始犨县,东至瀙水,达沘阳,南北数百里,号为方城,一谓之长城”,《郡国志》曰“叶县有长城,曰方城”,【原注】又《越世家》《正义》引《括地志》云:“故长城在邓州内乡县东七十五里,南入穰县,北连翼望山。无土之处,累石为固。楚襄王作霸南土,争强中国,多筑列城于北方,以(通)[适]华夏,号为方城。”此楚之长城也。若《赵世家》“成侯六年,中山筑长城”,又言“肃侯十七年,筑长城”,【原注】刘伯庄云“从云中以北至代”,非也,武灵王时始有云中。《正义》曰:“此长城疑在漳水之北赵南界。”则赵与中山亦有长城矣。以此言之,中国多有长城,不但北边也。

〔一〕【沈氏曰】《京东考古录》以《续汉志》一条亦属魏,而无“韩之长城”句。

【续补正】遇孙案:《管子》曰:“长城之阳,鲁也;长城之阴,齐也。”是春秋时齐已有长城矣。又《齐记》曰:“齐宣王乘山岭之上筑长城,东至海,西至济州千馀里。”此亦未引。

其在北边者,《史记·匈奴传》“秦宣太后起兵,伐残义渠,于是秦有陇西、北地、上郡,筑长城以拒胡”,此秦之长城也。《魏世家》“惠王十九年,筑长城,塞固阳”,【原注】《正义》曰:“《括地志》云:‘棝阳县,汉旧县也。在银州银城县界。’

棝阳有连山，东至黄河，西南至夏、会等州。”**此魏之长城也。《匈奴传》又言“赵武灵王北破林胡、楼烦，筑长城。**【原注】《正义》曰：“《括地志》云：‘赵武灵王长城在朔州善阳县北。按《水经》云，百道长城，北山上有长垣，若颓毁焉，沿溪亘岭，东西无极，盖赵武灵王所筑也。’”**自代并阴山，**【原注】《索隐》曰：“徐广云：‘西安阳县北有阴山，阴山在河南，阳山［在河］北也。’”〇《正义》曰：“《括地志》云：‘阴山在朔州绝塞外突厥界。’”**下至高阙为塞，**【原注】徐广曰：“在朔方。”〇《正义》曰：“《地理志》云：‘朔方临戎县北有连山，险于长城，其山中断，两峰俱峻，俗名为高阙也。’”**而置云中、雁门、代郡”，此赵之长城也。“燕将秦开袭破东胡，东胡却千馀里。燕亦筑长城，自造阳**【原注】韦昭曰：“地名，在上谷。”〇《正义》曰：“按上谷郡，今妫州。”**至襄平，**【原注】《索隐》曰：“韦昭云：‘今辽东所理也。’”**置上谷、渔阳、右北平、辽西、辽东郡以拒胡”，此燕之长城也。“秦灭六国，而始皇帝使蒙恬将十万之众，北击胡，悉收河南地。因河为塞，**【原注】《索隐》曰：“按《太康地记》，秦塞自五原北九里谓之造阳，东行终利贲山南，汉阳西是也。”**筑四十四县城临河，徙适戍以充之，而通直道，**【原注】《索隐》曰：“苏林云：‘去长安千里，正南北相直道也。’”**自九原至云阳，**【原注】《索隐》曰：“韦昭云：‘九原县属五原。’”〇《正义》曰：“《括地志》云：‘胜州连谷县，本秦九原郡，汉武帝更名五原。云阳雍县，秦之林光宫即汉之甘泉宫在焉。’又云：‘秦故道在庆州华池县西四十五里子午山上，自九原至云阳千八百里。’”**因边山险壍溪谷可缮者治之，起临洮，至辽东，万馀里。**【原注】《索隐》曰：“韦昭曰：‘临洮陇西县。’”〇《正义》曰：“《括地志》云：‘秦陇西郡临洮县，即今岷州城，本秦长城。

首起岷州西十二里,延袤万馀里,东入辽水。'"**又度河据阳山北假中"**,【原注】北假,北方田官,主以田假与贫人,故云"北假"。〇《索隐》曰:"应劭云:'北假在北地阳山北。'韦昭云:'北假,地名。'"〇《正义》曰:"《括地志》云:'汉五原郡河目县故城在北假中。北假在河北,今属胜州银城县。'《汉书·王莽传》云:'五原北假,膏壤殖谷。'"**此秦并天下之后所筑之长城也。自此以后,则汉武帝元朔二年,遣将军卫青等击匈奴,"取河南地,筑朔方,复缮故秦时蒙恬所为塞,因河为固"**。亦见《史记·匈奴传》。**魏明元帝泰常八年"二月戊辰,筑长城于长川之南,起自赤城,西至五原,延袤二千馀里"**。见《魏书·太宗纪》。**太武帝太平真君七年五月**[①]**"丙戌,发司、幽、定、冀四州十万人筑城**【原注】《北史》作"畿"。[②] **上塞围,起上谷,西至河,广袤皆千里"**。见《魏书·世祖纪》。**北齐文宣帝天保三年"十月乙未,起长城,自黄栌岭,北至社平戍**[③]**,四百馀里,立三十六戍"**。【原注】《通鉴注》卷一六四:"此长城盖起于唐石州,北抵武州之境。"**六年,"发民一百八十万筑长城,自幽州北夏口至恒州九百馀里"**。【原注】《通鉴注》卷一六六:"幽州夏口,即居庸下口也。幽州军都县西北有居庸关。"**"先是,自西河总秦戍筑长城东至于海,前后所筑东西凡三千馀里,率十里一戍,其要害置州镇凡二十五所"。八年,"于长城内筑重城。自库洛拔而东至于坞纥戍,凡四百馀里"**。以上皆见《北齐书·文

① "五月",《北史·世祖太武帝纪》作"五月",《魏书·世祖纪》作"六月"。
② "城"字,今本《魏书》亦作"畿"。
③ "社平戍",《通鉴》卷一六四作此,《北齐书》作"社干戍",《北史》作"社于戍"。

宣纪》。而《北齐书》《斛律羡传》云"羡以北虏[①]屡犯边,须备不虞。自库堆戍东距于海,随山屈曲二千馀里,其间二百里中,凡有险要,或斩山筑城,或断谷起障,并置立戍逻五十馀所"。周宣帝"大象元年六月,发山东诸州民修长城,立亭障,西自雁门,东至碣石"。见《周书·宣帝纪》及《于翼传》。隋文帝开皇元年四月,"发稽胡修筑长城"。五年,"使司农少卿崔仲方发丁三万,于朔方、灵武筑长城,东距黄河,西至绥州,南至勃出岭,绵历七百里"。六年二月丁亥,"复令崔仲方发丁十五万,于朔方以东,缘边险要筑数十城"。七年,"发丁男十万馀人修长城"。以上皆见《隋书·文帝纪》。大业三年七月,"发丁男百馀万筑长城,西逾榆林,东至紫河"。四年七月辛巳,"发丁男二十馀万筑长城,自榆林谷而东"。以上皆见《隋书·炀帝纪》。此又后史所载继筑长城之事也。

① "虏",原本作"卤",据《校记》改。

日知录集释卷三十二

而

《孟子》《离娄下》“望道而未之见”，《集注》：“而，读为如，古字通用。”朱子答门人，引《诗》《小雅·都人士》“垂带而厉”、《春秋》庄公七年“星陨如雨”为证。见《四书或问》卷三三。【原注】《诗》“垂带而厉”笺云：“而，亦如也。”《春秋》庄七年“夜中星陨如雨”注：“如，而也。”今考之，又得二十馀事。《易》《明夷》“君子以莅众用晦而明”，虞翻解“而，如也”；《书·顾命》“其能而乱四方”，《传》释为“如”；《孟子》《滕文公上》“九一而助”，赵岐解“而，如也”；【原注】“夫然后之中国，践天子位焉，而居尧之宫，逼尧之子，是篡也。”见《孟子·万章上》。刘炫曰：“而，当读作如。”今按“而主痈疽与侍人瘠环，是无义无命也”，同上。“而”字亦当读“如”。《左传》隐七年“歃如忘”，服虔曰“如，而也”；僖二十六年“室如悬罄”注“如，而也”；昭四年“牛谓叔孙，见仲而何”注“而何，如何”；《史记·贾生传》“化变而嬗”，韦昭曰“而，如也，如蝉之蜕化也”；《战国策》

《齐策一》“威王不应，而此者三”；《韩非子》《外储说右上》“嗣公知之，故而[①]驾鹿”；《吕氏春秋》《知士》“静郭君泫而曰不可”，【原注】近本为不通者添作“泫泣而曰”。又曰“而固贤者也，用之未晚也”；《荀子》《强国》“(黶)[黭]然而雷击之，如墙厌之”；〔一〕《说苑》《奉使》越诸发曰“意而安之，愿假冠以见。意如不安，愿无变国俗”，又《至公》曰“而有用我者，吾其为东周乎”；《新序》《杂事》引邹阳书“白头而新，倾盖而故”；后汉《督邮斑碑》“柔远而迩”，皆当作“如”。《战国策》《楚策一》昭奚恤曰“请[②]而不得，有说色，非故如何也”，绨疵曰：“是非反如何也”；见《赵策一》。《大戴礼》《王言》“使有司日省如时考之”，又《礼察》曰“然如曰礼云礼云”，又《保傅》曰“安如易，乐而湛”，又《诰志》曰“不赏不罚，如民咸尽力”，又《文王官人》曰“知一(而)[如]不可以解也”；[③]《春秋繁露》卷一一“施其时而成之，法其命如[④]循之”；《淮南子》《氾论训》“尝一哈水如[⑤]甘苦知矣”；汉乐府“艾如张”；后汉《济阴太守孟郁修尧庙碑》“无为如治，高如不危，满如不溢”；见《隶释》卷一。《太尉刘宽碑》“去鞭拊如获其情，弗用刑如弭其奸”；见《隶释》卷一一。《郭辅碑》“其少也孝友而悦学，其

① “而”，今本通作“不”。

② “请”，今本通作“谓”。

③ 《刊误》卷下：“‘知一而不可以解也’，‘而’，诸本同，原写本作‘如’。汝成案：此条自‘望道而未之见’下释诸书‘而’当作‘如’，自《战国策》下又释诸书‘如’当作‘而’，此句自当从原写本改‘如’，第考《大戴记·文王官人》篇作‘而’，似顾氏误记，未可改经徇《录》，仍之。”按，如依《刊误》之说为“而”字，则此文不可读矣，今依原写本改“如”。

④ “如”，今本通作“而”。

⑤ “如”，今本通作“而”。

长也宽舒如好施”；见《隶释》卷一二。《易》《革》王弼注“革而大亨以正，非当如何”，皆当作“而”。《汉书·地理志》辽西郡肥如，“莽曰肥而”；《左传》襄十二年“夫妇所生若而人”注云“若如人”；《说文》“需，从雨，而声”，盖即读“而”为“如”也。唐人诗多用“而今”，亦作“如今”。今江西人言“如何”亦曰“而何”。【原注】《左传》襄三年“齐侯与士匄盟于耏外”。《水经注》云：“即《地理志》(曰)[之]如水矣。耏、如声相似。”○古“而”字即读为“如”，故“奭”字《说文》曰：“从大，而声。”〔二〕

〔一〕【钱氏曰】《荀子·儒效》篇：“乡是如不臧，倍是如不亡者，自古及今，未尝有也。”

【汝成案】钱氏引《荀子·儒效》篇云云，当注在“皆当作而”文下，今从元校云。①

〔二〕【臧氏曰】《诗·常武》“如震如怒”。《释文》：“一本两‘如’字皆作‘而’。”笺云：“王奋扬其威武，而震扬其声，而勃怒其色。”则经本作“而”甚明。此又“而”、“如”之讹也。

《周礼·旅师》“而用之以质剂”注：“而读为若，声之误也。”陆德明《音义》云：“而音若。”《仪礼·乡饮酒礼》“公如大夫入”注：“如读为若。”〔一〕

〔一〕【钱氏曰】《孟子》“而居尧之宫，逼尧之子”。《晋书·段灼传》引此文，“而”作“若”。

① 此案原在小题下，今移此。

奈何

“奈何”二字，始于《五子之歌》：“为人上者，奈何不敬？”〔一〕《左传》宣公十二年“河鱼腹疾奈何”，《曲礼》曰“国君去其国，止之曰‘奈何去社稷也’；大夫，曰‘奈何去宗庙也’；士，曰‘奈何去坟墓也’”，《楚辞·九歌·大司命》“愁人兮奈何”，《九辩》“君不知兮可奈何”，此“奈何”二字之祖。《左传》宣公元年华元之歌曰：“牛则有皮，犀兕尚多，弃甲则那。”直言之曰“那”，长言之曰“奈何”，一也。又《书》《舜典》“如五器”，郑康成读“如”为“乃个反”。《论语》《子罕》“吾末如之何也已矣”，音亦与“奈”同。【原注】按古人曰如，曰若，曰奈，其义则一，音不必同。

〔一〕【钱氏曰】《五子之歌》，此晚出《古文》，当以《召诰》“曷其奈何不敬”为始。

六朝人多书“奈”为“那”。《三国志注》文钦《与郭淮书》曰：“所向全胜，要那后无继何？”见《魏志·毌丘俭传》。《宋书·刘敬宣传》：牢之曰：“平玄之后，令我那骠骑何？”唐人诗多以“无奈”为“无那”。〔一〕

〔一〕【杨氏曰】“是韩伯休那”，①却是语辞。

① 文见《后汉书·逸民·韩康传》。

语急

《公羊传》隐元年“母欲立之，己杀之，如勿与而已矣”，注：“‘如’即‘不如’，齐人语也。”按此不必齐人语。《左传》僖二十二年，宋子鱼曰：“若爱重伤，则如勿伤。爱其二毛，则如服焉。”成二年，卫孙良夫曰：“若知不能，则如无出。”昭十三年，蔡朝吴曰：“二三子若能死亡，则如违之，以待所济。若求安定，则如与之，以济所欲。”二十一年，宋华多僚曰：“君若爱司马，则如亡。”定五年，楚子西曰：“不能如辞。”八年，卫王孙贾曰：“然则如叛之。”《汉书·翟义传》，义曰：“欲令都尉自送，则如勿收邪。”《左传正义》曰：“古人语然，犹‘不敢’之言‘敢’也。”①【原注】庄二十二年，“敢辱高位，以速官谤”注：“敢，不敢也。”昭二年，“敢辱大馆”注：“敢，不敢。”○《仪礼·聘礼》“辞曰：‘非礼也，敢对？’曰：‘非礼也，敢[辞]？’”注：“敢，言不敢。”

古人多以语急而省其文者。《诗》《商颂·那》“亦不夷怿”，“怿”下省一“乎”字。《书》《五子之歌》“弗慎厥德，虽悔可追”，“可”上省一“不”字。“我生不有命在天”，见《西伯戡黎》。“不”上省一“岂”字。“在今尔安百姓，何择，非人？何敬，非刑？何度，非及？”见《吕刑》。“人”下、“刑”下、“及”下各省一“乎”字。《孟子》《公孙丑上》“虽褐宽博，吾不惴

① 僖二十二年“何有于二毛”，《正义》原文作：“如，犹不如，古人之语然，犹似敢即不敢。”

焉”,“不”上省一“岂”字。《礼记》《射义》“幼壮孝弟,耆耋好礼,不从流俗,修身以俟死者,不,在此位也。好学不倦,好礼不变,旄期称道不乱者,不,在此位也”,“幼”上、“好”上各省一“非”字。

《公羊传》隐公七年“母弟称弟,母兄称兄”,注:“母弟,同母弟;母兄,同母兄。不言‘同母’言‘母弟’者,若谓‘不如’言‘如’矣,齐人语也。”〔一〕

〔一〕【臧氏曰】古人之言,多气急而文简。如《毛诗》以“不宁”为“岂”,“不宁不康”为“岂不康”。《尧典》“试可乃已”,《史记》作“试不可用而已”。《论语》“患得之”,《集解》:“患不能得之,楚俗语。”皆语急反言之证。“楚俗语”,犹言“齐人语”也。

岁

天之行谓之岁,《书》“以闰月定四时,成岁”,见《尧典》。“岁二月,东巡狩”见《舜典》。是也。人之行谓之年,《书》《吕刑》“维吕命,王享国百年”,《左传》季隗曰“我二十五年矣”,【原注】僖公二十三年。绛县人“有与疑年,使之年”,师旷曰“七十三年矣”,【原注】襄公三十年。“于是昭公十九年矣”,【原注】襄公三十一年。《史记》《齐世家》“盖太公之卒百有馀年”是也。今人多谓年为“岁”。

《周礼》《春官宗伯》“太史”注:“中数曰岁,朔数曰年。”自今年冬至至明年冬至,岁也;自今年正月朔至明年正月朔,年也。

古人但曰"年几何",不言"岁"也。自太史公始变之,《秦始皇本纪》曰:"年十三岁。"〔一〕

〔一〕【梁氏曰】钱广伯云:"《孟子》:'乡人长于伯兄一岁。'《赵策》:'太后曰:年几何矣?对曰:十五岁矣。'则言岁不始于太史公。"

【续补正】宋小茗云:案《孟子》云:"乡人长于伯兄一岁。"《战国策》:赵太后曰:"年岁何矣?"对曰:"十五岁矣。"是周末亦以人之年为岁,非史公创例也。但既云"年十三",则不合赘"岁"字;云"十三岁",则不合冠"年"字。此则微失检耳。"

今人以岁初之日而增年,古人以岁尽之日而后增之。《史记·仓公传》:"臣意年尽三年,年三十九岁也。"

月半

今人谓十五为"月半",盖古经已有之。《仪礼·士丧礼》:"月半不殷奠。"《礼记·祭义》:"朔月、月半君巡牲。"《周礼·大司乐》"王大食三侑"注:"大食,朔月、月半,以乐侑食时也。"晋温峤《与陶侃书》:"克后月半大举。"见《晋书·温峤传》。然亦有以上下弦为"月半"者,刘熙《释名》卷一:"弦,月半之名也。其形一旁曲,一旁直,若张弓施弦也。望,月满之名也。月大十六日,小十五日,日在东,月在西,遥相望也。"是则所谓"月半"者,弦也;礼经之所谓"月半"者,望也。弦曰半,以月体而言之也;望曰半,以日数而言之也。【原注】岑参《河西春暮忆秦中》诗:"凉州三月半,犹未脱春衣。"韩愈《同冠峡》诗:"南方二月半,春物亦已少。"李商隐《无题》诗:"白日当天三月半。"

巳〔一〕

吴才老棫《韵补》:"古'巳午'之'巳'亦谓如'已矣'之'已'。《汉·律历志》:'振美于辰,已盛于巳。'《史记》《律书》:'巳者,言阳气之已尽也。'郑玄梦孔子告之曰:'起起,今年岁在辰,明年岁在巳。'"①【原注】洪容斋《三笔》亦引《历书》为证。愚按古人读"巳"为"矣"之证不止此。《淮南子》《天文训》:"斗指巳,巳则生已定也。"《说文》卷一四下:"巳,已也。四月阳气已出,阴气已藏,万物见成文章,故巳为蛇,象形。"《释名》卷一:"巳,已也。阳气毕布已也。"《诗》《小雅·斯干》"似续妣祖"笺云:"似读如巳午之巳。'巳续妣祖'者,谓已成其宫庙也。"《五经文字》卷上:"起,从辰巳之巳。"《白虎通》卷三《京师》:"太阳见于巳,巳者,物必起。"《晋书·乐志》:"四月之辰谓之巳。巳者,起也,物至此时毕尽而起也。"《诗》《召南》"江有汜"亦读为"矣",《释名》卷一:"水决复入为汜。汜,已也。如出有所为,毕已复还而入也。""以享以祀"亦读为"矣",②《说文》卷一上"祀"字:"祭

① 《艺文类聚》卷七九引《续汉书》,作"明年岁在已",今中华书局点校本《后汉书·郑玄传》引此作"明年岁在巳"。

② "以享以祀"凡四见于《诗》:《小雅·楚茨》、《大田》、《大雅·旱麓》、《周颂·潜》。

无已也。从示，巳声。”《公羊传》定公八年何休注：“言祀者，无已长久之辞。”《释名》卷一：“商曰祀。祀，已也，新气升，故气已也。”①今人以“辰巳”之“巳”读为“士”音。宋毛晃曰：“阳气升于子，终于巳。巳者，终已也，象阳气既极回复之形，故又为终已之义。”见《隶辨》卷三“巳”字。今俗以有钩为“终已”之“已”，无钩为“辰巳”之“巳”，是未知字义也。

〔一〕【汝成案】巳，古读若“目”。故经史训诂，凡语词之“已”皆作“巳”，盖一字二义，形声皆同，无可别云。

季春之月，辰为建，巳为除，故用三月上巳祓除不祥。古人谓病愈为“已”，亦此意也。【原注】《韩诗》曰：“郑国之俗，三月上巳，之溱、洧二水之上，招魂续魄，秉兰草，祓不祥。”②○《后汉书·周举传》：“三月上巳，大将军梁商大会宾客，宴于洛水。”○《袁绍传》：“三月上巳，大会宾从于薄落津。”周公谨《癸辛杂识》以为戊己之“己”者，非。〔一〕

〔一〕【杨氏曰】其必以三月除，亦有所由起。不然，正月寅为建，卯为除，是上卯亦可除邪？

戊己之“己”，篆作己。辰巳之“巳”，篆作巳，象蛇形。隶书则混而相类，止以直笔上缺为“己”，上满为“巳”。

里

《穀梁传》宣公十五年：“古者三百步为里。”今以三百六

---

① 按以上三例俱证“江有汜”之读为“已”。

② 见《北堂书钞》卷一五五。此处文字似引自《靖康缃素杂记》卷四“曲水”条。

十步为里，而尺又大于古四之一，今之六十二里遂当古之百里。《穀梁传》成公二年“壑去国五百里”，今自历城至临淄仅三百三十里。《左传》僖公十二年“黄人谓自郢及我九百里”，今自江陵至光州仅七百里。邾子谓“吴二千里，不三月不至”，见《左传》哀公七年。今自苏州至邹县仅一千五百里。《孟子》“不远千里而来”，见《梁惠王上》。“千里而见王”，见《公孙丑下》。今自邹至齐、至梁亦不过五六百里。又谓“舜卒鸣条，文王生岐周，相去千有馀里”，见《离娄下》。今自安邑至岐山亦不过八百里。《史记》张仪说魏王，言“从郑至梁二百馀里”，见《张仪列传》。今自郑州至开封仅一百四十里。戚夫人歌“相离三千里，当谁使告汝”，见《汉书·外戚传》。贡禹上书言“自痛去家三千里”，见《汉书·贡禹传》。自今琅邪至长安亦但二千馀里，赵则二千里而近。是则《荀子》《议兵》所谓“日中而趋百里”者，不过六十馀里，而千里之马亦日驰五六百里耳。

《王制》：“古者百里，当今百二十一里六十步四尺二寸二分。”殆未然。〔一〕

〔一〕【杨氏曰】《王制》是汉人之作，不知其尺步缘何反小。

仞

《说文》卷八上：“仞，伸臂一寻八尺。【原注】《家语》卷一孔子所谓“舒肘知寻”。从人，刃声。”《书》《旅獒》“为山九仞”，孔传：“八尺曰仞。”《正义》曰：“《考工记·匠人》有畎、遂、沟、洫，皆广深等。而浍云'广二寻，深二仞'，则浍亦广深等，仞与寻同，故知'八尺曰仞'。"【原注】《左传》昭三十二年"仞沟洫"注："度深曰仞。"王肃《圣证论》及注《家语》皆云"八尺曰仞"，与孔义同。郑玄云"七尺曰仞"，与孔义异。【原注】王逸注《楚辞·大招》亦云"七尺"。《论语》《子张》"夫子之墙数仞"注，包云"七尺"。《孟子》《尽心上》"掘井九轫"【原注】与"仞"同。注："八尺。"朱子乃两从之。[①]【原注】"堂高数仞"赵注亦云"八尺"。当以八尺为是。若《小尔雅》云"四尺"，《汉书》《食货志》应劭注云"五尺六寸"，则益非矣。〔一〕

〔一〕【杨氏曰】七尺为仞，周尺八寸，故仲瑗云五尺六寸。

不淑

人死谓之"不淑"，《礼记》《杂记上》"如何不淑"是也。生离亦谓之"不淑"，《诗·中谷有蓷》见《王风》。"遇人之不淑矣"是也。失德亦谓之"不淑"，《诗·君子偕老》见《鄘风》。"子之不淑，云如之何"是也。国亡亦谓之"不淑"，《逸周书》卷五《度邑解》"王乃升汾之阜，以望商邑，曰：呜呼不淑"是也。

不吊

古人言"不吊"者，犹曰"不仁"。《左传》成十三年"穆

① 张京华《校释》：朱熹《论语集注》云"七尺曰仞"，《孟子集注》云"八尺为仞"。

为不吊"，襄十三年"君子以吴为不吊"，十四年"有君不吊"，昭七年"兄弟之不睦，于是乎不吊"，二十六年"帅群不吊之人以行乱于王室"，皆是"不仁"之意。襄二十三年"敢告不吊"及《诗》之"不吊昊天"、见《小雅·节南山》。"不吊不祥"，见《大雅·瞻卬》。《书》《君奭》之"弗吊天降丧于殷"，则以为哀闵之辞。杜氏注皆以为"不相吊恤"，而于"群不吊之人"则曰"吊，至也"，于义不通。惟成七年"中国不振旅，蛮夷入伐，而莫之或恤，无吊者也夫"，乃当谓大国无恤邻之义耳。

亡

"亡"有三义：有以死而名之，《中庸》"事亡如事存"是也；有以出奔于外而名之，晋公子称"亡人"是也；①有但以不在而名之，《诗》《唐风·葛生》"予美亡此"，《论语》《阳货》"孔子时其亡也，而往拜之"是也。《汉书·袁盎传》："不以在亡为辞。"【原注】谓托故而辞以不在。○柳子厚诗"在亡均寂寞"，《宋史·高定子传》"制置使未知在亡"，则以在亡为存亡，非《汉书》之意也。

干没

《史记·酷吏传》"张汤始为小吏干没"，徐广曰"干

① 此晋公子指夷吾。《左传》僖公九年：秦伯谓郤芮曰："公子谁恃？"对曰："臣闻亡人无党，有党必有雠。"

没，随势沈浮也”，服虔曰“干没，射成败也”，如淳曰“豫居物以待之，得利为干，失利为没”。《三国志·傅嘏传》“岂敢寄命洪流，以徼干没”，裴松之注“有所徼射，不计干燥之与沈没而为之也”。《晋书·潘岳传》：“其母数诮之曰：‘尔当知足，而干没不已乎！’”《张骏传》：“从事刘庆谏曰：‘霸王不以喜怒兴师，不以干没取胜。’”《卢循传》：“姊夫徐道覆素有胆决，知刘裕已还，欲干没一战。”《魏书·宋维传》：“维见乂【原注】元乂。宠势日隆，便至干没。”《北史·王劭传赞》：“为河朔清流，而干没荣利。”《梁书·止足传序》：“其进也光宠夷易，故愚夫之所干没。”晋《鞞舞歌·明君》篇：“昧死射干没，觉露则灭族。”见《晋书·乐志下》。《抱朴子》《外篇·安贫》：“忘发肤之明戒，寻干没于难冀。”

干没大抵是“徼幸取利”之意。《史记·春申君传》“没利于前而易患于后也”，即此意。〔一〕

〔一〕【杨氏曰】愚谓干没者，干而亦没，知进不知退，知得不知丧之义。

辱

《仪礼》《士昏礼》注：“以白造缁曰辱。”故老子谓杨朱曰“大白若辱”。见《庄子·杂篇·寓言》。

姦

《广韵》卷一：“姦，古颜切。私也，诈也。亦作‘奸’。”

今本误“姧”作“奸”，非也。“奸”音干，犯也。《左氏》僖公七年传曰“君以礼与信属诸侯，而以姦终之”，曰“子父不奸之谓礼”。一传之中二字各出，而义不同。《释名》卷四：“姦，奸也，言奸正法也。”以“奸”释“姦”，其为两字审矣。又“奸”字亦可训为“干禄”之“干”，《汉书·荆燕吴传》“齐人田生以画奸泽”，《史记》作“干”。然则“奸”但与“干”通用，而不可以为“姦”也。后人于案牍文移中以“姦”字画多，省作“奸”字，此如“繁”之为“烦”，“衝”之为“冲”，“驿”之为“驲”，“臺”之为“台”，皆借用之字。

讹

“讹”字古作“譌”，“伪”字古亦音“讹”。《诗·小雅》《沔水》“民之讹言”，笺云：“伪也，小人好诈伪，为交易之言。”【原注】《正义》曰：“谓以善言为恶，以恶言为善，交而换易其辞。”[①]《尔雅》《释诂》注：“世以妖言为讹。”《太平御览》卷一八四引武王之书钥曰：“昏谨守，深察讹。”[②]泰昌元年八月，御史张泼言：“京师奸宄丛集，游手成群，有谓之‘把棍’者，有谓之‘拿讹头’者。【原注】侦知一人作奸，则尾随其后，陷人于罪，从而吓诈金钱，谓之“拿讹头”，即汉律所谓“恐愒受赇”。请将巡城改为中差，一年一代。”见《明光宗实录》卷五。

① 下文云：“斗乱二家，使相怨咎也。”

② 见《太平御览》引《太公金匮》。

谁何

《诗》《邶风·北门》"室人交遍摧我",《韩诗》作"誰",《玉篇》卷九作"讙","丁回切。谪也"。《六韬》卷四《金鼓》:"令我垒上,谁何不绝。"《史记》贾谊《过秦论》:"陈利兵而谁何。"谁、誰同,何、呵同。【原注】《韩非子》《内储说下》:"王出而(何)[呵]之?"《贾谊传》:"其在大谴大何之域者。"《汉书·五行志》"(主)公车大谁卒"注:"大谁,主问非常之人,云姓名是谁何也。"此解未当。《焦氏易林》卷二:"当年少寡,独与孤处,鸡鸣犬吠,无敢谁者。"《说苑》卷七《政理》:"民知十己,则尚与之争,曰不如吾也。百己则疵其过,千己则谁而不信。"扬雄《卫尉箴》:"二世妄宿,败于望夷。阎乐矫搜,戟者不谁。"

《史记·卫绾传》:"岁馀不谯呵绾。"《汉书》作"不孰何绾",难晓,疑"谯"讹为"谁","谁"又转为"孰"也。〔一〕

〔一〕【杨氏曰】"孰何"与"谁何"同,非讹。

《周礼·射人》"不敬者苛罚之",注:"苛,谓诘问之。"按此"苛"亦"呵"字。

信

《东观馀论》卷上引晋武帝、王右军、陶隐居帖及《谢宣城传》谓:“凡言信者,皆谓使人。”杨用修又引古乐府“有信数寄书,无信长相忆”为证,见杨慎《丹铅续录》卷三“使者曰信”条。良是。然此语起于东汉以下。杨太尉夫人袁氏《答曹公卞夫人书》云“辄付往信”,见《古文苑》卷一〇。《古诗为焦仲卿妻作》“自可断来信,徐徐更谓之”,魏杜挚《赠毌丘俭》诗“闻有韩众药,信来给一丸”,以使人为信,始见于此。〔一〕若古人所谓“信”者,乃符验之别名。《墨子》《号令》“大将使人行守,操信符”,《史记·刺客传》“今行而无信,则秦未可亲也”,《汉书·石显传》“乃时归诚,取一信以为验”,《西域传》“匈奴使持单于一信到国,国传送食”,《后汉书·齐武王传》“得司徒刘公一信,愿先下”,《周礼》《地官司徒》“掌节”注“节,犹信也,行者所执之信”,此如今人言印信、信牌之“信”,不得谓为使人也。故梁武帝赐到溉《连珠》曰“研磨墨以腾文,笔飞豪【原注】“毫”同。以书信”,见《梁书·到溉传》。而今人遂有“书信”之名。

〔一〕【钱氏曰】《晋阳秋》:“胡威后因他信,具以白质。”《三国志·胡质传》注。

【汝成案】司马相如《谕巴蜀檄》云:“故遣信使。”是西汉已然。

出

《尔雅》《释亲》:“男子谓姊妹之子为出。”《传》中凡言“出”者,皆是外甥。《左氏》庄二十二年“陈厉公,蔡出也”,僖七年“申侯,申出也”,成十三年“康公,我之自出”,

【原注】注:“晋外甥。”襄二十五年“我周之自出”,【原注】注:“言陈,周之甥。”又“桓公之乱,蔡人欲立其出”,二十九年“晋平公,杞出也”,三十一年莒“去疾奔齐,齐出也,展與,吴出也”,昭四年“徐子,吴出也”。《公羊》文十四年传:“接菑,晋出也。貜且,齐出也。”《史记·秦本纪》:“晋襄公之弟名雍,秦出也。”《汉书·五行志》:“王子鼂,楚之出也。”而《公羊》襄五年传“盖舅出也”,则以“舅甥”为“舅出”矣。【原注】《后汉书·光武十王传》:“窦太后及宪等,东海出也。”〔一〕

〔一〕【杨氏曰】“外甥”二字本不典,不知何自起,大约缘“外舅”之名而生。

鳏寡

“鳏”者,无妻之称。但有妻而于役者,则亦可谓之鳏,《诗》《小雅·何草不黄》“何草不玄,何人不矜”,“矜”读为“鳏”是也。“寡”者,无夫之称。但有夫而独守者,则亦可谓之寡,《越绝书》卷八“独妇山者,勾践将伐吴,徙寡妇独山上,以为死士,示得专一”,陈琳《饮马长城窟行》诗“边城多健少,内舍多寡妇”是也。鲍照《行路难》“来时闻君妇,闺中孀居独宿有贞名”,亦是此义。

妇人以夫亡为寡,夫亦以妇亡为寡。《左传》襄二十七年:“齐崔杼生成及强而寡。”《小尔雅》曰:“凡无妻无夫通谓之寡。”《焦氏易林》卷四:“久鳏无偶,思配织女。求其非望，自令寡处。”

丁中

唐高祖武德六年三月：“人始生为黄，四岁为小，十六为中，二十一为丁，六十为老。”见《册府元龟》卷四八六。玄宗天宝三载十二月癸丑诏曰：“比者成童之岁，即挂轻徭；既冠之年，便当正役。悯其劳苦，用轸于怀。自今宜以十八已上为中男，二十三已上成丁。”见《册府元龟》卷八六。杜子美《新安吏》诗：“府帖昨夜下，次选中男行。”是十八以上皆发之也。然史文多有言“丁”、“中”者，举“丁”、“中”可以该“黄”、“小”矣。《辽史·耶律学古传》：“多张旗帜，杂丁、黄为疑兵。”盖中、小皆杂用之，而史文代以“黄”字。黄者四岁以下，何可杂之兵间邪？

阿

《隶释·汉殽坑碑阴》云：“其间四十人，皆字其名，而系以‘阿’字，如‘刘兴阿兴’、‘潘京阿京’之类，必编户民未尝表其德，书石者欲其整齐而强加之，犹今闾巷之妇以‘阿’挈其姓也。”在卷二。《成阳灵台碑阴》有“主吏仲(东)阿东”，又云“惟仲阿东年在元冠，幼有中质”，在卷一。又可见其年少而未有字。《抱朴子》《外篇·弹祢》“祢衡游许下，自公卿国士以下，衡初不称其官，皆名之云‘阿某’，或以姓呼之为‘某儿’”,《三国志·吕蒙传》注“鲁肃拊蒙背曰‘非复吴下阿蒙’”,《世说》《简傲》注“阮籍谓王浑曰‘与卿语,不如与阿戎语’”,【原注】浑子戎。皆是其小时之称也。【原注】亦有以“阿”挈其字者。《世说》桓公谓殷渊源为阿源,谢太傅谓王修龄为阿龄,谓王子敬为阿敬。妇人以“阿”挈姓,则隋独孤后谓云昭训为阿云,唐萧淑妃谓武后为阿武,韦后降为庶人称阿韦,刘从谏妻裴氏称阿裴,吴湘娶颜悦女,其母焦氏称阿颜、阿焦是也。亦可以自称其亲,《焦仲卿妻》诗“堂上启阿母”、“阿母谓阿女”是也。亦可为不定何人之辞,古诗《紫骝马歌辞》“道逢乡里人,家中有阿谁”,《三国志·庞统传》“先主谓曰:向者之论,阿谁为失”,《晋书·沈充传》“敦作色曰:小人阿谁”是也。【原注】亦有作“何谁”者。晋刘(实)[寔]《崇让论》“不知何谁最贤”,“不知何谁最不肖”。阿者,助语之辞,古人以为慢应声。《老子》:“唯之与阿,相去几何。”今南人读为入声,非。【原注】《魏志·东夷传》:“东方人名我为阿。”

幺

一为数之本,故可以大名之,一年之称“元年”,长子之称“元子”是也。又为数之初,故可以小名之,骰子之谓一为“幺”是也。《尔雅》《释兽》“幺,幼”,注曰:“豕子最后生者,俗呼为幺豚。”故后人有“幺麿”之称。《说文》:“幺,小也。象子初生之形。”幼字从幺,亦取此义。《汉书·食货志》“王莽作钱货六品，小钱、幺钱、幼钱、中钱、壮钱、大钱。贝货五品，大贝、壮贝、幺贝、小贝及不盈寸二分者。布货十品，大布、次布、弟布、壮布、中布、差布、厚布、幼布、幺布、小布”，《隋书·律历志》“凡日不全为馀，积以成馀者曰秒。度不全为分，积以成分者曰篾。其有不成秒曰么，不成篾曰幺”，班彪《王命论》“幺麿尚不及数子”，蔡邕《短人赋》“其馀尫幺”，晋陆机《文赋》“犹弦幺而徽急，故虽和而不悲”，郭璞《萤火赞》“熠熠宵行，虫之微幺”，卢谌《蟋蟀赋》“享神气之幺䒤”，并用此字。《唐书·杨炎传》：“卢杞貌幺陋。”《宋史·岳飞传》：“杨幺本名杨太。太年幼，楚人谓小为幺，故曰杨幺。”俗作“么”，非。

元

元者，本也。本官曰“元官”，本籍曰“元籍”，本来曰“元来”。唐、宋人多此语。后人以“原”字代之，不知何解。原者，再也。【原注】《尔雅》《释言》：“原，再也。”《易》《比》“原筮”，《周礼·马质》、《礼记·月令》“原蚕”，〔一〕《文王世子》“末有原”，汉“原庙”之“原”，皆作“再”字解，【原注】《汉书》注，师古曰：“原，重也。言已有正庙，更重立也。”与“本来”之义全不相同。或以为洪武中臣下有称“元任官”者，嫌于元朝之官，故改此字。

〔一〕【汝成案】《月令》无“原蚕”字。①

① 此案原在本段末，今依文义移此。

【小笺】按:《礼记·孔子闲居》篇"必达于礼乐之原",郑注曰:"原,犹本也。"然则"原"之训"本",于经有征。且《汉书·元帝纪》"原庙",晋灼曰:"原,本也。始祖之庙,故曰本也。"是原庙之解,晋灼与师古不同,在《汉书》已有两说矣。

古人亦有称"原官"者。后汉张衡《应闲[①]》:"曩滞日官,今又原之。"注:"《尔雅》曰:原,再也。"[②]衡为太史令,去官五载,复为太史令,故曰"原之"。然则"原官"乃再官之义也。

写

写,《说文》曰:"置物也。"《诗》:"驾言出游,以写我忧。"见《邶风·泉水》、《卫风·竹竿》。**"既见君子,我心写兮。"**见《小雅·蓼萧》。【原注】传曰:"写,输写也。"**《周礼·**地官司徒**稻人》:"以浍写水。"《仪礼·特牲馈食礼》:"主人出,写啬于房。"《礼记·曲礼》:"器之溉者不写,其馀皆写。"**【原注】注:"传之器中。"**《韩非子》**《十过》**:"卫灵公召师涓而告之曰:有鼓新声者,其状似鬼神,子为听而写之。"《国语》**《越语下》**:"王命工以良金写范蠡之状而朝礼之。"《史记·秦始皇纪》:"写放其宫室,作之咸阳北坂上。"《苏秦传》:"宋王无道,为木人以写寡人。"《新序》**《杂事》**:"叶公子高好龙,**

---

① "闲",原本作"间"。按《后汉书·张衡传》作"闲",本书"文人摹仿之病"条亦作"应闲",据改。

② 按指《后汉书·张衡传》注。

钩以写龙，凿以写龙，屋室雕文以写龙。”《周髀经》卷上：“笠以写天。”《上林赋》：“肸蠁布写。”《汉书·贾捐之传》：“淮南王盗写虎符。”今人以书为写，盖以此本传于彼本，犹之以此器传于彼器也。【原注】《说文》：“誊，移书也。”徐氏曰：“谓移写之也。”见《系传》卷五。始自《特牲馈食礼》“卒筮写卦”注：“卦者主画地识爻，爻备，以方写之。”《汉书·艺文志》：“孝武置写书之官。”《河间献王传》：“从民得善书，必为好写与之，留其真。”《路温舒传》：“取泽中蒲，截以为牒，编用写书。”《霍光传》：“山又坐写秘书。”《师丹传》：“吏私写其草。”《淮南子·说山训》：“窃简而写法律。”孔安国《尚书序》：“更以竹简写之。”至后汉而有“图写”、【原注】《李恂传》。“缮写”【原注】《卢植传》。之称，传之至今矣。

今人谓马去鞍曰“写”，货物去舟车亦曰“写”，与“器之溉者不写”义同。《后汉书·皇甫规传》：“旋车完封，写之权门。”《晋书·潘岳传》：“发槅写鞍，皆有所憩。”《说文》卷九上作“卸”：“舍车解马也。读若汝南人‘写书’之‘写’。”

行李

古者谓行人为“行李”，亦曰“行理”。《左传》僖三十年“行李之往来，共其乏困”，襄八年“亦不使一介行李告于寡君”，皆作“李”。昭十三年“行理之命，无月不至”，作

"理"。《国语》《周语中》:"周之《秩官》有之曰:'敌国宾至,关尹以告,行理以节逆之。'"贾逵曰:"理,吏也。小行人也。"汉李翕《析里桥郙阁颂》:"行理咨嗟。"见《隶释》卷四。〔一〕至唐时,谓官府导从之人亦曰"行李"。《旧唐书·温造传》:左拾遗舒元褒言:"元和、长庆中,中丞行李不过半坊,今乃远至两坊,谓之'笼街喝道'。"敕曰:"宪官之职,在指佞触邪,不在行李。"岂其不敢称卤簿,而别为是名邪?

〔一〕【臧氏曰】李、理通用。《管子·法法》篇:"皋陶为李。"《大匡》篇:"国子为李。"房注:"狱官也。李、理同。"《汉书·苏建传》"《黄帝李法》"。《天文志》:"左角李,右角将。"师古曰:"李者,法官之号。故称其书曰《李法》。"

耗

今人以音问为"耗",起自《后汉书·章德窦皇后纪》:"家既废坏,数呼相工问息耗。"注引薛氏《韩诗章句》曰:"耗,恶也。息耗,犹言善恶也。"

量移

唐朝人得罪,贬窜远方,遇赦改近地,谓之"量移"。《旧唐书·玄宗纪》:"开元二十年十一月庚午,祀后土于脽上,大赦天下,左降官量移近处。""二十七年二月己巳,加尊号,大赦天下,左降官量移近处。""量移"字始见于此。李白《赠京兆韦参军量移东阳》诗云："潮水还归海，流人却到吴。相逢问愁苦，泪尽日南珠。"白居易《贬江州司马自题》云："一旦失恩先左降，三年随例未量移。"【原注】"量"读平声。及迁忠州刺史，又《重赠李大夫》云："流落多年应是命，量移远郡未成官。"故韩愈自潮州刺史量移袁州，有"遇赦移官罪未除"之句。而《宋史》《卢多逊传》卢多逊贬崖州，诏曰："纵经大赦，不在量移之限。"今人乃称迁职为量移，误矣。

罘罳

"罘罳"字虽从"网"，其实屏也。《汉书·文帝纪》："七年六月癸酉，未央宫东阙罘罳灾。"师古曰："罘罳，谓连阙曲阁也，以覆重刻垣墉之处，其形罘罳然。一曰屏也。"崔豹《古今注》卷上曰："罘罳，屏之遗象也。臣朝君，行至门内屏外，复应思惟。罘罳，复思也。【原注】《释名》："罘罳，在门外。罘，复也。罳，思也。臣将入请事，于此复重思之也。"汉西京罘罳，合板为之，亦筑土为之，每门阙殿舍前皆有焉。于今郡国厅前亦树之。"【原注】今人谓之影壁。《考工记·匠人》"宫隅之制七雉，城隅之制九雉"，注："宫隅、城隅，谓角浮思也。"《广雅》卷七《释室》："罘罳谓之屏。"《越绝书》卷二："巫门外罘罳者，春申君去吴，假君所思处也。"【原注】春申君相楚，使其子为假君治吴。鱼豢《魏略》："(黄初)[青龙]三年筑诸门阙外罘罳。"见《三国志·魏志·明帝纪》引。参考诸书,当从“屏”说。又《汉书》《五行志》:“刘向以为:东阙所以朝诸侯之门也,罘罳在其外,诸侯之象也。”则其为屏明甚。而或在门内,或在门外,则制各不同耳。《盐铁论》卷七《散不足》:“祠堂屏阁,垣阙罘罳。”《汉书》《董贤传》:“外为徼道,周垣数里,门阙罘罳甚盛。”《王莽传》:“遣使坏渭陵、延陵园门罘罳,曰:‘毋使民复思也。’”《后汉书·灵帝纪》:“中平四年二月己亥,南宫内殿罘罳自坏。”【原注】杜子美《大云寺赞公房》诗:“紫鸽下罘罳。”

《酉阳杂俎》《续集》卷四曰:“今人多呼殿榱桷护雀网为罘罳,误也。《礼记·明堂位》疏:‘屏,天子之庙饰也。’注云:‘屏谓之树,【原注】《尔雅·释宫》文。今桴思也,刻之为云气、虫兽,如今阙上为之矣。’”【原注】《正义》曰:“汉时谓屏为(桴)[浮]思,解者以为天子外屏,人臣至屏,俯伏思念其事。案《匠人》注云‘城隅谓阙桴思也’、‘汉时东阙桴思灾’。以此诸文参之,则(桴)[浮]思,小楼也,故城隅、阙上皆有之。然则屏上亦为屋以覆屏墙,故称屏曰(桴)[浮]思。”亦引《广雅》及刘熙《释名》为证。作书者段成式,盖唐时有呼护雀网为罘罳之目,故史言甘露之变,宦者扶上升舆,决殿后罘罳,疾趋北出,而温庭筠亦有“罘罳昼卷,阊阖夜开”之句矣。①

“罘罳”字有作“桴思”者,《礼记·明堂位》注;有作“浮思”者,《考工记》注,并见上。有作“罦罳”者,《博雅》卷七《释室》“罦罳谓之屏”。有作“复思”者,《水经注》“象魏之上加复思,以易观”,见卷一六《谷水》。又云“谯城南有曹嵩

① 温庭筠有《补陈武帝书》,仅存此二句。

家,冢北有庙堂,榱栌及柱皆雕镂云矩,上复思已碎”。见卷二三《阴沟水》。有作“覆思”者,宋玉《大言赋》“大笑至兮摧覆思”,言一笑而垣屏为之倾倒也。若摧护雀网,亦不足“大”也。

陈氏《礼书》卷三七《屏》曰:“古者门皆有屏,天子设之于外,诸侯设之于内。《礼》:‘台门而旅树。’见《礼记·郊特牲》。旅,道也。当道而设屏,此外门之屏也。治朝在路门之外,‘天子当宁而立’,见《礼记·曲礼下》。宁在门屏之间,此路门之屏也。《国语》《吴语》曰:‘王背屏而立,夫人向屏。’此寝门内之屏也。鲁庙‘疏屏,天子之庙饰’。见《礼记·明堂位》。此庙门之屏也。《月令》:天子田猎,‘整设于屏外’,此田防之屏也。《晋·天文志》:‘屏四星,在端门之内,近右执法。’然则先王设屏,非苟然也。”

场屋

场屋者,于广场之中而为屋,不必皆开科试士之地也。《隋书·音乐志》:“每岁正月,万国来朝,留至十五日,于端门外建国门内,绵亘八里,列为戏场。百官起棚夹路,从昏达旦,以纵观之,至晦而罢。”故戏场亦谓之“场屋”,唐元微之《连昌宫辞》:“夜半月高弦索鸣,贺老琵琶定场屋。”

豆

《战国策》《韩策一》张仪说韩王曰“五谷所生，非麦而豆。民之所食，大抵豆饭藿羹”，姚宏注曰：“《史记》作‘饭菽而麦’，下文亦作‘菽’。古语但称‘菽’，汉以后方谓之‘豆’。”今按《本草》有“赤小豆”、“大豆”之名，《本草》不皆神农所著。《越绝书》卷四“丙货之户曰赤豆为下物，石五十。己货之户曰大豆为下物，石二十”，《越绝书》亦非子贡所作。《汉书·杨恽传》：“种一顷豆，落而为萁。”

陉

今井陉之“陉”，古书有作“钘”者，《穆天子传》“至于钘山之(下)[队]①”【原注】注：“今在常山石邑县。钘音邢。”是也。有作“研”者，《汉书·地理志》上党郡“有石研(阙)[关]”是也。有作“岍”者，《晋书·石勒载记》“使石季龙击托候部掘咄哪于岍北，大破之”是也。有作“硁”者，《晋书·胡奋传》“顿军硁北”是也。有作“峌”者，扬子《法言》《吾子》“山峌之蹊”是也。有作“径”者，李尤《函谷关赋》“于北则有萧居天井、壶口石径，贯越代朔，以临胡②庭”是也。

---

① 据张京华《校释》改。今本《穆天子传》正作“队”。

② “胡”，原本作“北”，据《校记》改。

豸

《庄子·在宥》篇:“灾及草木,祸及止虫。”“止”当作“豸”,古止、豸通用。《左传》宣十七年:“庶有豸乎。”豸,止也。

关

关者,所以拒门之木。《说文》卷一二上“关,以木横持门户也”,《左传》襄公二十三年“臧(孙)纥斩鹿门之关”,〔一〕《吕氏春秋》《慎大览》“孔子之劲,举国门之关,而不肯以力闻”,贾谊《新书》卷七《谕诚》“豫让曰:‘我事中行之君,与帷而衣之,与关而枕之’”,《鲁连子》卷一“譬若门关,举之以便,则可以一指持中而举之;非便,则两手不能。关非益加重,手非加罢也,彼所起者,非举势也”,皆谓拒门之木。后人因之,遂谓门为关也。【原注】《周礼》《地官司徒》“司关”注:“关,界上之门。”

〔一〕【汝成案】《左传》:“臧纥斩鹿门之关。”此衍“孙”字。[①]

《史记》谓拒门之木为关。《汉书·杨恽传》:“有奔车抵殿门,门关折,马死。”《赵广汉传》:“斩其门关而去。”《宋书·少帝纪》:“突走出昌门,追者以门关踣之。”《王镇

① 此案原在小题下,今移此。

恶传》："军人缘城得入门，犹未及下关。"《唐书·李训传》："阍者欲扃锁之，为中人所叱，执关而不能下。"

宙

《说文》卷七下："宙，舟舆所极覆也。"此解未明。《淮南子·览冥训》"燕雀佼之，以为不能与之争于宇宙之间"，高诱注："宙，栋梁也。"似合。宙字从宀，本是宫室之象，后人借为"往古来今"之号耳。【原注】《说文》："上下四方曰宇，古往今来曰宙。"①

石炭

今人谓石炭为墨。按《水经注》卷一〇《浊漳水》："冰井台，井深十五丈，藏冰及石墨焉。石墨可书，又然之难尽，亦谓之石炭。"是知石炭、石墨一物也，有精粗尔。【原注】《史记·外戚世家》："窦少君为其主入山作炭。"《后汉书·党锢传》："夏馥入林虑山中，亲突烟炭。"皆此物也。北人凡入声字皆转为平，故呼"墨"为"煤"，而俗竟作"煤"字，非也。《玉篇》卷二一："煤，炱煤也。"《韵会》："煤，炱灰集屋者。"见《集韵》卷二。《吕氏春秋》《审分览·任数》："孔子穷于陈、蔡之间，七月不尝粒。昼寝。颜回索米，得而爨之。几熟，孔子望

① 今《说文》无此句。按宋戴侗《六书故》卷二五"宙"字下有注云："《三苍》曰：'上下四方曰宇，古往今来曰宙。'《说文》同。"

见颜回攫其甑中而食之。选间，食熟，谒孔子而进食。孔子起曰：‘今者梦见先君，食洁而后馈。’颜回对曰：‘不可。向者煤室[①]入甑中，弃食不祥，回攫而饭之。’”高诱曰：“煤室，烟尘之煤也。”《素问》卷三《五藏生成》“黑如炱者死”，注：“炱，谓炱煤也。”唐张祜《隋宫怀古》诗“古墙丹雘尽，深栋墨煤生”，李商隐《南朝》诗“敌国军营漂木柹，【原注】方吠反。按《说文》当作“柹”，削木札朴也。《后汉书·方术·杨方传》：“风吹札柹。”前朝神庙锁烟煤”，温庭筠《题竹谷神祠》诗“烟煤朝奠处，风雨夜归时”，是煤乃梁上烟煤[②]之名，非石炭也。崔铣《彰德志》作“烸”，【原注】《志》曰：“安阳县龙山出石炭，入穴取之无穷。取深数百丈，必先见水，水尽然后炭可取也。炭有数品，其坚者谓之石，软者谓之烸。气愈臭者然之愈难尽。水可以煎矾。终不若晋、绛者云。”按《玉篇》、《广韵》并无“烸”字。

终葵

《考工记》《玉人》：“大圭长三尺，杼上终葵首。”【原注】注：“终葵，椎也。为椎于其杼上，明无所屈也。”《礼记·玉藻》：“终葵，椎也。”[③]《方言》：“齐人谓椎为终葵。”[④]马融《广成颂》：“翚【原注】“挥”同。终葵，扬关斧。”【原注】《博雅》《释器》作“柊楑”。盖古人以椎逐鬼，若大傩之为耳。今人于户上

① “室”，今本《吕氏春秋》作“炱”。下“室”字同。

② “煤”，张京华《校释》作“脂”。应是。

③ 《续刊误》卷下：“《玉藻》无此句，《玉藻》‘天子搢珽’下释文有是语。殆先生误记。”

④ 引文见《续方言》上。

画锺馗像，云唐时人能捕鬼者，玄宗尝梦见之，事载沈存中《补笔谈》卷下，未必然也。【原注】《五代史·吴越世家》："岁除，画工献《锺馗击鬼图》。"《魏书》《尧暄传》"尧暄，本名锺葵，字辟邪"，则古人固以锺葵为辟邪之物矣。〔一〕又有淮南王佗子名锺葵，有杨锺葵、丘锺葵、李锺葵、慕容锺葵、乔锺葵、【原注】《北史·庶人谅传》作乔锺馗，又《恩倖传》末有宫锺馗，"馗"字两见。而《杨义臣传》仍作乔锺葵。段锺葵，于劲字锺葵，张白泽本字锺葵，《唐书》有王武俊将张锺葵。【原注】《通鉴》作"终葵"。则以此为名者甚多，岂以其形似而名之，抑取辟邪之义与？《左传》定四年："分康叔以殷民七族，有终葵氏。"是又不可知其立名之意也。

〔一〕【赵氏曰】终葵字辟邪，意"葵"字传讹，而捉鬼之说起于此也。盖终葵本以逐鬼，后世以其有辟邪之用，遂取为人名。流传既久，则又忘其辟邪之物，而意其为逐鬼之人，乃附会为真有是食鬼之人姓锺名馗者耳。《天中记》、《补笔谈》所载皆不足信。而唐时每岁暮，以锺馗与历日同赐大臣，多有谢表，则讹谬相传，已非一日也。

魁

今人所奉魁星，不知始自何年。以奎为文章之府，〔一〕故立庙祀之。乃不能像"奎"，而改"奎"为"魁"；又不能像"魁"，而取之字形，为鬼举足而起其斗。不知奎为北方玄武七宿之一，〔二〕魁为北斗之第一星，所主不同，而二字之音亦异。今以文而祀，乃不于奎而于魁，宜乎今之应试而获中者皆不识字之人与！又今人以榜前五名为“五魁”。《汉书·酷吏传》“所置皆其魁宿”,《游侠传》“闾里之侠,原涉为魁”,师古曰“魁者,斗之所用盛而杓之本也。【原注】“天文,北斗魁为首,末为杓。”①《淮南子》《天文训》注:“斗第一星至第四为魁,第五星至第七为杓。”故言根本者皆云魁”,《说文》卷一四上“斗”部“魁,羹斗也”,赵宧光曰“斗首曰魁,因借凡首皆谓之魁。其见于经者,《书·胤征》之‘歼厥渠魁’,《记·曲礼》之‘不为魁,主人能,则执兵而陪其后’”,然则五魁之名,岂佳语哉?或曰“里有里魁,市有市魁,皆长帅之意”,见《说文长笺》卷六八。要非雅俊之目。【原注】《吕氏春秋》《孟夏纪·劝学》有“魁士名人”,此用“魁”字之始。○《国语》《周语下》:“幽王荡以为魁陵、粪土、沟渎。”韦昭解:“小阜曰魁。”《列子》《汤问》:“以君之力,曾不能损魁父之丘。”《史记·赵世家》:“嬴姓将大败周人于范魁之西。”《鲍宣传》:“白首耇艾,魁垒之士。”《扬雄传》:《甘泉赋》“冠伦魁能”。陆机《感丘赋》:“罗魁封之累累。”又《文选》潘岳《笙赋》:“统大魁以为笙。”李周翰曰:“大魁,谓匏中也。”又《仪礼·士冠礼》“素积白屦,以魁柎之”,注:“魁,蜃蛤。”

〔一〕【钱氏曰】《天官书》:“奎为封豕,为沟渎。”不云“文章之府”。宋初,五星聚奎,说者谓:孔子,鲁人;奎、娄为鲁分野,儒教当兴之象。特史官傅会之词。学校祀魁星,虽非古礼,然《新定续志·学校门》云:“魁星楼,为一邑伟观,其上以奉魁星。”则是南宋时已有之矣。

〔二〕【钱氏曰】奎,西方七宿之一,非北方也。

---

① 《礼记·檀弓》注:“天文,北斗魁为首,杓为末。”

【续补正】吴白华云：乡会试自第一至第五，号五魁，二三号多者至十六或十八而止。魁星之祀，顾氏炎武谓"不知始何年。魁，北斗第一星。奎，北方玄武宿之一。奎为文章之府，乃改奎为魁。又不能像魁而取'鬼'字之形，举足而起其斗，二星所主不同，字音亦异"，说似辨矣，实未核也。奎在西宫咸池，不在北宫玄武，宿为封豕，亦曰天豕，曰封豨，主沟渎，为天之武库，五星犯之，主爽德。《律书》："奎毒螫杀物。"徐邈曰："奎一作蛙，蛙即蛩。"故《星经》以为白虎，赵宋以前未有称吉曜者。自乾道五年，五星聚奎，占者谓文明之兆。罗氏泌"苍颉观奎星圜曲之势制文字"，王氏应麟改为"观魁星圜曲之状"，皆由《援神契》"奎章"一语附会之。嗣是"奎章"有阁，《瀛奎律髓》有编，林灵素至称苏轼为奎宿奏事，不知五星凡聚处无不主泰平者也。北斗魁四星，第一枢、二璇、三玑、四权，其形若圜若曲。奎十六星，《晋·志》十六星。两端锐若梭而阔，安在其圜曲者？以玉衡之三星合魁四星为中宫北斗，其体尊，其用广。至魁星之主科名，太学光斋之礼，"状元送镀金魁星杯盘一副"，宋周密所识也；"金斗高跳鬼状狞，人言此象是魁星"，淳祐间番禺李昂英送魁星与子先诗也；"举手高摘万丈虹光"，文信国代富丹《酬魁星文》也；"手笔手金锭"，则明蒋一葵谓天顺癸未昆山陆容于会试前戏寓必定之意而图之也。见《白华后稿·南汇移建魁星阁碑记》。

【小笺】按《史记·天官书》、《汉书·天文志》，无"奎主文章"之说，惟《孝经援神契》云："奎主文章，仓颉效象。"纬书之言，不足深据。《后汉书·苏竟传》云："奎为毒螫，主武库兵。"然则移魁之祀以祀奎，亦未为允当欤？

又按：今之祀魁星，因文昌而类及之也。"斗魁戴筐六星曰文昌宫"，祀文昌而因祀斗魁，亦自有理。持肖字之形，为鬼举足而起其斗，则可笑耳。

近时人好以“魁”命名，亦取“五魁”之义。古人以“魁”命名者绝少。《左传》有鄼魁垒、卢蒲就魁，《吕氏春秋》《恃君览·行论》齐王杀燕将张魁。

【小笺】按：“歼厥渠魁”，《伪古文》语，不足据。古书惟扬子《太玄》喜用“魁”字：《中·次七》曰“火魁颐”，《周·次三》曰“吉凶之魁”，《积·次七》曰“魁而颜而”。《元告》篇曰：“神之魁也。”范望注并训为“藏”。《文选·东京赋》“仰不睹炎帝帝魁之美”，薛综注：“帝魁，神农名。”则以魁命名亦古矣。

桑梓

《容斋随笔》谓：“《小雅》《小宛》‘维桑与梓，必恭敬止’，并无乡里之说，而后人文字乃作乡里事用。”①愚考之张衡《南都赋》云“永世克孝，怀桑梓焉。真人南巡，睹旧里焉”，见《文选》卷四。蔡邕作《光武济阳宫碑》云“来在济阳，顾见神宫，追惟桑梓，褒述之义”，见《蔡中郎集》。陈琳为袁绍檄云“梁孝王先帝母弟，坟陵尊显，松柏桑梓，犹宜肃恭”，见《后汉书·袁绍传》。汉人之文，必有所据。齐、鲁、韩三家之《诗》不传，未可知其说也。【原注】胡三省《通鉴注》卷六七：“桑梓谓其故乡，祖父之所树者。”以后魏钟会《与蒋斌书》“桑梓之敬，古今所敦”，见《三国志·蜀书·蒋琬传》。晋左思《魏都赋》“毕、昴之所应，虞、夏之馀人，先王之桑梓，列圣

① 按此说不见于《容斋随笔》。《漫叟诗话》（已佚，见于《诗话总龟》及《历代诗话》）有类似之说，或由顾氏误记。

之遗尘”,见《文选》卷六。陆机《思亲赋》“悲桑梓之悠旷,愧蒸尝之弗营”,见《古文苑》卷七。《赠弟士龙》诗“迫彼窀穸,载驱东路。继其桑梓,肆力丘墓”,《赠顾彦先》诗“眷言怀桑梓,无乃将为鱼”,《百年歌》“辞官致禄归桑梓”,潘尼《赠陆机出为吴王郎中令》诗“祁祁大邦,惟桑与梓”,《赠荥阳太守吴子仲》诗“垂覆岂他乡,回光临桑梓”,潘岳《为贾谧作赠陆机》诗“旋反桑梓,帝弟作弼”,陆云《答张士然》诗“感念桑梓域,髣髴眼中人”,【原注】《九愍》:“望龙门而屡顾,攀维桑而只泣。”《岁暮赋》:“虔孝敬于神丘兮,结祇慕于维桑。”均陆云作。阎式《复罗尚书》“人怀桑梓”,见《资治通鉴》卷八四。刘琨《上愍帝表》“蒸尝之敬在心,桑梓之情未克”,见《晋书·刘琨传》。袁宏《三国名臣赞》“子布擅名,遭世方扰。抚翼桑梓,息肩江表”,见《晋书·袁宏传》。宋武帝《复彭沛下邳三郡租诏》“彭城桑梓本乡,加隆攸在”,见《宋书·武帝纪下》。文帝《复丹徒租诏》“丹徒桑梓,绸缪大业攸始”,见《宋书·文帝纪下》。谢灵运《孝感赋》“恋丘坟而萦心,忆桑梓而零泪”,见《艺文类聚》卷二○。《会吟行》“东方就旅逸,梁鸿去桑梓”,何承天《铙歌》“愿言桑梓思旧游”,见《宋书·乐志》。鲍照《从过旧宫》诗“严恭履桑梓,加敬览枌榆”,梁武帝《幸兰陵诏》“朕自违桑梓五十馀载”,见《梁书·武帝纪下》。刘峻《辨命论》“居先王之桑梓,窃名号于中县”,见《文选》卷五四。江淹《拟陆平原》诗“明发眷桑梓,永叹怀密亲”,则又从《南都赋》之文而承用之矣。

按古人桑梓之说,不过敬老之意。《说苑》卷一○《敬慎》："常枞谓老子曰：'过乔木而趋，子知之乎？'老子曰：'过乔木而趋，非谓敬老邪？'常枞曰：'嘻，是已！'"此于诗为兴体，言桑梓犹当养敬，而况父母为人子之所瞻依！

胡咙

《说文》卷四下"胡，牛颔垂也"，徐曰："牛颔下垂皮也。"见《说文系传》卷八。《释名》卷二："胡，互也。在咽下垂，能敛互物也。"《诗》《豳风·狼跋》："狼跋其胡。"狼之老者颔下垂胡。《汉书·郊祀志》"有龙垂胡髯，下迎黄帝"，师古曰："胡，颈下垂肉也。"《金日磾传》"捽胡投何罗殿下"，晋灼曰："胡，颈也。"《张敖传》"仰绝亢而死"注，苏林曰："亢，颈大脉也，俗所谓胡脉也。"《后汉书》《五行志》："请为诸君鼓咙胡。"《太玄经》卷八"七为暇岵"，范望解："谓唐胡也。"古人读"侯"为"胡"，《汉书》《息夫躬传》师古曰"咽，喉咙"，即今人言"胡咙"耳。

胡

三代时，外国之名，曰"戎"曰"狄"而已。【原注】《礼记·王制》："东方曰夷，南方曰蛮，西方曰戎，北方曰狄。"专言之则曰"荤粥"，曰"猃狁"，至赵武灵王始名曰"胡"。按[①]

① 自"三代时"以下三十三字，小注二十字，原本俱无，据《校记》补。另依《集释》例，于小注前加"原注"二字。

《说文》卷四下"胡，牛颔垂也。从肉，古声"，【原注】《说文》卷七上："旛，幅胡也。"臣铉等曰："胡，幅之垂者也。"亦取下垂为义。《续汉·舆服志》圣人"见鸟兽有冠角髯胡之制"是也。《诗》《豳风·狼跋》曰"狼跋其胡"，狼之老者颔下垂胡，故以为寿考之称。《诗》《周颂·载芟》曰"胡考之宁"，《传》僖公二十二年曰"虽及胡耇"，【原注】《释名》卷三："胡耇，咽皮如鸡胡也。"《谥法》"弥年寿考曰胡，保民耆艾曰胡"，陈有胡公，而蔡仲及周厉王名胡，似亦皆取此义。【原注】晋王胡之，字修龄。《考工记》《冶氏》"戈广二寸，内倍之，胡三之"，谓戈锋之曲而旁出者，犹牛胡也。《周礼·大行人》"侯伯七十步，立当前疾"①注"前疾，谓驷马车辕前胡下垂柱地者"，《礼记·深衣》"袂圜以应[赞]规"注"谓胡下也。下垂曰胡"，《方言》九"凡箭镞胡合嬴者"郭璞解"胡镝在于喉下"，则亦取象于牛胡也。又国名，今之胡姓，以国为氏，或以谥为氏者也。又与"何"字义同，如"胡能有定"、《邶风·日月》。"胡然而天"、《鄘风·君子偕老》。"胡斯畏忌"《大雅·桑柔》。之类。【原注】笺云："胡之言何也。"见于经传，如此而已。《史记·匈奴传》曰"晋北有林胡、楼烦之戎，燕北有东胡、山戎"，盖必时人因此名戎为"胡"，【原注】《赵世家》："变服骑射，以备燕、三胡、秦、韩之边。"注："林胡、楼烦、东胡为三胡。"武灵王言："襄(王)[主]并戎取代，以攘诸胡。"谓之"诸胡"者，犹《左传》之言"群舒"。而下文遂云"筑长城以拒胡"，是以二国之人而概北方之种，一时之号而蒙千载之呼也。【原注】犹之

① 《周礼》原作"宾主之间七十步，立当前疾"。

"羯",本地名,上党武乡县羯室。晋时匈奴别部入居之,后因号胡戎为羯。盖北狄之名胡,自此始。而《考工记》亦曰:"粤[①]无镈,燕无函,秦无庐,胡无弓车。"春秋,北燕仅再见于经,而于越至哀公时始盛,以此知《考工》之篇亦必七国以后之人所增益矣。又"虏"者,俘获之称。《曲礼》"献民虏者,操右袂",《公羊传》庄公十二年"闵公矜此妇人,妒其言,顾曰:'此虏也。尔虏焉故'",鲁仲连所谓"虏使其民",见《史记·鲁仲连传》。韩非所谓"臣虏之劳",见《韩非子·五蠹》。【原注】《史记·李斯传》:"严家无格虏。"《索隐》曰:"虏,奴隶也。"而《戚夫人歌》所谓"子为王,母为虏",见《汉书·外戚传》。东方朔《答客难》所谓"尊之则为将,卑之则为虏"见《汉书·东方朔传》。者也。故汉高帝言"虏中吾指",见《史记·高祖本纪》。而骂娄敬为"齐虏",见《史记·刘敬传》。戾太子骂江充为"赵虏",见《汉书·江充传》。《水经注》卷二六《淄水》临淄外郭,"世谓之虏城,言齐湣王伐燕,燕王哙死,虏其民实居郭,因以名之"是矣。后人以此骂外夷,而[②]自南北朝以后,其名遂专之于北狄[③],亦习而不察也。

草马

《尔雅·释畜马属》"牡曰骘。牝曰騇",郭璞注以牡为

---

① 《周礼》疏云:"粤,越国。"

② "后人以此骂外夷而"八字,原本无,据《校记》补。

③ "专之于北狄"五字,原本作"以加之北翟",据《校记》改。

"駁马",牝为"草马"。《魏志·杜畿传》:"为河东太守,课民畜牸牛草马。"《晋书·凉武昭王传》:"家有騧草马,生白额驹。"《魏书·蠕蠕传》:"赐阿那瓌父草马五百匹。"《吐谷浑传》:"吐谷浑尝得波斯草马,放入海,因生骢驹。"《隋书·许善心传》:"赐草马二十匹。"【原注】《广韵》卷三:"牝马曰騲。"《颜氏家训》《书证》有云"騲骘"。今人则以牡为"儿马",牝为"骒马",而唯牝驴乃言"草驴"。

草驴女猫

今人谓牝驴为"草驴"。《北齐书·杨愔传》"选人鲁漫汉在元子思坊,骑秃尾草驴",是北齐时已有此语。山东、河北人谓牝猫为"女猫"。《隋书·外戚·独孤陁传》"猫女可来,无住宫中",是隋时已有此语。

雌雄牝牡

飞曰雌雄,走曰牝牡。"雉鸣求其牡",见《邶风·匏有苦叶》。诗人以为不伦之刺。① 然亦有不一者,《周礼疏》引《诗》《齐风·南山》"雄狐绥绥",走亦曰雄;《书》《牧誓》"牝鸡无晨",飞亦曰牝。今按经传之文,不止于此。如《诗》《小雅·无羊》"尔牧来思,以薪以蒸,以雌以雄",《左传》僖公十五

---

① 《诗序》谓:"刺卫宣公也。公与夫人并为淫乱。"

年“千乘三去，三去之馀，获其雄狐”，《庄子》《齐物论》“猿猵狙[①]【原注】音旦。以为雌”，《焦氏易林》“雄犬夜鸣”、见卷二、卷三。“雄罴在后”，见《喻林》卷二九引。《晋书·五行志》“吴郡娄县人家闻地中有犬子声，掘之，得雌雄各一”，《木兰诗》“雄兔脚扑朔，雌兔眼迷离”，皆走而称雌雄者也。《尔雅》《释鸟》“鶅鶅，其雄鶛，牝痺”，《山海经》《北山经》“带山有鸟焉，其状如乌，五采而赤文，名曰鵸鵌，是自为牝牡”，“阳山有鸟焉，其状如雌雉，而五采以文，是自为牝牡，名曰象蛇”，则飞而称牝牡者也。龙亦可称雌雄，《左传》昭公二十九年“帝赐之乘龙，河、汉各二，各有雌雄”是也。虫亦可称雌雄，《列子》《天瑞》“纯雌其名大腰，纯雄其名稚蜂”是也。介虫亦可称雌雄，《庄子》《天运》注，司马云“雄者鼋类，雌者鳖类”[②]是也。人亦可称雌雄，《管子》《霸形》“楚人攻宋、郑，令其人有丧雌雄”，《庄子》《德充符》鲁哀公之言哀骀他曰“且而雌雄合乎前”是也。虹亦可称雌雄，《诗》《鄘风·蝃蝀》疏“虹双出，色鲜盛者为雄，雄曰虹；暗者为雌，雌曰蜺”是也。【原注】《容斋三笔》卷一一《岁月日风雷雄雌》引宋玉赋“雄风”、“雌风”，及《师旷占》有“雄雷”、“雌雷”之说。干支亦可称雌雄，《史记索隐》《历书》“岁雄在阏逢，雌在摄提格。月雄在毕，雌在訾。日雄在甲，雌在子”是也。金亦可称雌雄，王子年《拾遗记》卷二“禹铸九鼎，择雌金为阴鼎，雄金为阳鼎”是也。石亦可称雌雄，《续汉·郡国志》“夜郎出雄黄、

---

① 《庄子·齐物论》原文作“狙”。但《太平御览》等书仍有作“狚”者。

② 见《经典释文》卷二七“虫，雄鸣于上风，雌应于下风而化”司马注。

雌黄"是也。符契亦可称雌雄,《隋书·高祖纪》"颁木鱼符于总管、刺史,雌一雄一",《唐六典》卷二○"太府寺置木契九十五只,雄付少府将作监,雌留太府寺"是也。箭亦可称雌雄,《辽史·仪卫志》"木箭,内箭为雄,外箭为雌。皇帝行幸则用之。还宫,勘箭官执雌箭,东上閤门使执雄箭"是也。【原注】亦可称牝牡,宋沈括《笔谈》卷一:"大驾卤簿中有勘箭,如古之勘契也。其牡谓之雄牡箭,牝谓之辟仗箭。本胡法也,熙宁中罢之。"草木亦可称牡,《周礼》《秋官司寇》"牡橭"、"牡蘜",【原注】注:"谓蘜之不华者。"《檀弓》"牡麻",《尔雅》《释草》"牡菣"、"牡蕡"、"牡茅",《仪礼注》《既夕礼》"牡蒲",《史记·封禅书》"牡荆",《本草》《木部》"牡桂"是也。车箱亦可称牝,《考工记》《车人》"牝服"《正义》云"车较,即今人谓之平鬲,皆有孔,内軨子于其中,而又向下服,故谓之牝服"是也。管钥亦可称牝牡,《汉书·五行志》"长安章城门,门牡自亡",《月令注》"键牡闭牝也"《正义》"凡锁器入者谓之牡,受者谓之牝"是也。棺盖亦可称牝牡,《礼记·丧大记》"君盖用漆"《正义》"用漆者,涂合牝牡之中也"是也。瓦亦可称牝,《广韵》卷三"瓪,牝瓦"是也。五藏亦可称牝牡,《灵枢经》卷七肝、心、脾为"牡藏",肺、肾为"牝藏"是也。齿牙亦可称牡,《说文》卷二下"牙,牡齿"是也。【原注】徐曰:"此于齿为牡也。《九经字样》作壮齿。"病亦可称牡,《史记·仓公传》"牡疝"是也。星亦可称牝牡,《天文志》"太白在南,岁在北,名曰牝牡"是也。【原

注】《法苑珠林》[①]:"虞喜《天文论》:汉太初历,十一月甲子夜半冬至。岁雄在阏逢,雌在摄提格。月雄在毕,雌在訾。日雄在甲,雌在子。大抵以十干为岁阳,故谓之雄。十二支为岁阴,故谓之雌。但毕、訾为月雌雄,不可晓。今之言阴阳者,未尝用雌雄二字也。《郎颉传》引《易(雌雄)[雄雌]秘历》,今亡此书。"**五行亦可称牝牡,《左传》**昭公十七年**"水,火之牡也"是也。铜亦可称牝牡,《抱朴子》**《内篇·登陟》**"灌铜当以在火中向赤时,有凸起者牡铜,凹陷者牝铜"是也。若《淮南子》**《天文训》**云"北斗之神有雌雄,月从一辰,雄左行,雌右行",而《隋书·经籍志》有《孝经雌雄图》三卷,《五代史·四夷附录》"高丽王**(建)**[昭]进《孝经雌图》一卷,载日食、星变,不经之说",则近于诞矣。**【原注】后周有典牝、典牡、上士、中士,以牝牡名官。见《通典》卷二五《职官》。〔一〕

〔一〕【阎氏曰】考《国语》:"凡陈之道,设右以为牝,益左以为牡。"《淮南子·墬形训》:"丘陵为牡,溪谷为牝。"又"牝土之气,御于玄天",又"所谓地利者,左牡而右牝"。

【杨氏曰】古八陈,"三曰牝陈,四曰牡陈"是也。

① 下引文不见于今本《法苑珠林》,而见于《古微书》卷二四引《法苑珠林》云云。

附录一

谲觚十事　东吴顾炎武宁人

仆自三十以后，读经史，辄有所笔记。岁月既久，渐成卷帙，而不敢录以示人。语曰“良工不示人以朴”，虑以未成之作，误天下学者。若方舆故迹，亦于经史之暇，时一及之。而古人之书，既已不存，齐东之语，多未足据，则尤所阙疑而不敢妄为之说者。忽见时刻尺牍，有乐安李象先名焕章。《与顾宁人书辩正地理十事》。窃念十年前与此君曾有一面，而未尝与之札，又未尝有李君与仆之札，又札中言仆读其所著《乘州人物志》、《李氏八世谱》而深许之，仆亦未尝见此二书也。其所辩十事，仆所著书中有其五事，然李君亦未尝见，似道听而为之说者，而又或以仆之说为李君之说，则益以征李君之未见鄙书矣。不得不出其所著以质之君子，无俾贻误来学，非好辩也，谅之。

来札：据李君谓仆与之札。“孟尝君封邑在般阳，不当名薛，薛与滕近。《孟子》篇中‘齐人将筑薛’。”此足下泥古之过。汉淄川郡即今寿光，今淄川即汉淄川郡所属之般阳。孟尝封邑在淄川，今寿光地，墓在寿光西四十里朱良镇，后人以淄川之般阳为淄川，如以琅邪之临沂为琅邪，乐安之博昌为乐安。孟尝封邑偶名同薛国耳。不然，今肥城有薛王城，考其地去滕颇远，当何说也？

鄙著《日知录》有辩“淄川非薛”一事，[①]曰：汉鲁国有薛县。《史记·公孙弘传》：“齐菑川国薛县人也。”言齐，又言菑川，而薛并不属二国，殊不可晓。《正义》曰：“《表》云：‘菑川国，文帝分齐置，都剧。’《括地志》云：‘故剧城在青州寿光县南三十一里。故薛城在徐州滕县界。’《地理志》：‘薛县属鲁国。’按薛与剧隔兖州及泰山。未详。”今考《儒林传》言“薛人公孙弘”，是弘审为薛人。上言“齐菑川”者误耳。[②] 今人有谓孟尝君之封在菑川者。太史公曰：“吾尝过薛，其俗闾里率多暴桀子弟，与邹鲁殊。问其故，曰：‘孟尝君招致天下任侠、奸人入薛中，盖六万馀家矣。’”若在菑川，其壤地与齐相接，何不言齐而言邹鲁乎？[③] 又按《后汉志》云：“薛，本国。夏车正奚仲所封，冢在城南二十里山上。”《皇览》曰：“靖郭君冢，在鲁国薛城中东南陬。孟尝君冢，在城中向门东。向门，出北边门

① 见《日知录》卷三十一“史记菑川国薛县之误”条。

② 以上为《日知录》卷三十一“史记菑川国薛县之误”第一条原文。

③ 以上文字不见于今本《日知录》。

也。”《诗》云：“居常与许。”郑玄曰：“常，或作尝。在薛之旁。孟尝邑于薛城。”《括地志》曰：“孟尝君冢在徐州滕县五十二里。”益可信孟尝君之封不在菑川也。[①] 又曰：又按《地理志》：“菑川国，三县：剧、东安平、楼乡。”剧在今寿光县西南，东安平在今临淄县东南一十里，楼乡未详所在。今之淄川，不但非薛，并非汉之菑川，乃般阳县耳。以为汉之菑川，而又以为孟尝君之薛，此误而又误也。[②]

仆所考论如此，乃言“孟尝君之薛不在般阳”，不曰“孟尝君封邑在般阳，而不当名薛也”。李君之辩，既已失其指矣。且凡考地理，当以《水经》、《皇览》、《郡国志》等书为据，昔人注书皆用之。若近年郡邑志乘，多无稽之言，不足信。今曰“孟尝君墓在寿光”，其昉于何书邪？《史记·孟尝君传》：“湣王即位三年，封田婴于薛。”《正义》曰：“薛故城在今徐州滕县南四十四里。”今曰“孟尝封邑偶同此名”，是古人之所传皆非也。又《汉书》有菑川国，无淄川郡，而般阳县自属济南。今曰“汉淄川郡所属之般阳”，李君既博考地理，何乃舍近而求远，并《史记》、《汉书》而不之考邪？

来札：“营丘在临淄，今营丘、营陵俱非。”此足下泥古之过。太公初封齐营丘，即今临淄。齐三迁，一蒲姑，今博兴；一营陵，今昌乐；后又迁临淄，统名营丘。后改临淄，而营丘之名遂废。

① 以上除“《括地志》曰”二句外，均见“史记菑川国薛县之误”第二条。
② 以上见“史记菑川国薛县之误”第三条。

鄙著无此一事，今考《史记》“武王封师尚父于齐营丘”，《正义》曰：“《括地志》云：营丘在青州临淄北百步外城中。”太公后五世，“胡公徙都薄姑”，《正义》曰：“《括地志》云：薄姑城在青州博昌县东北六十里。”胡公弟献公徙治临菑，据此所引《括地志》，营丘与临菑乃一地。又考《汉书》，齐郡治临淄，北海郡治营陵，或曰营丘。二郡并云“师尚父所封”，而臣瓒与应劭之说，各主其一，则当时已不能明矣。今昌乐、潍县之间亦有营丘城。按《史记》云：“营丘边莱。”而不言献公之临菑即太公之营丘，则《括地志》谓营丘在临淄者，失之也。

来札：“潍水今呼淮水，古淮字似淮，当是点画差讹。”此足下泥古之过。伏生授《书》曰：“潍淄其道。”欧阳生、儿生、张生诸博士岂考究之未详邪？《史》韩淮阴破龙且潍水上。以淮阴故，如浙水因钱镠曰钱塘，姚水因曹娥曰曹江，笼水因颜文姜曰孝妇河也。如以淮似淮，则潍水在今潍邑，不闻古作淮县也。

鄙著《日知录》有辩“淮河”一事，[①]曰：潍水，土人名为淮户佳反。河。《齐乘》云：“《汉书·地理志》潍或作淮，故俗亦名淮河。”《诸城志》：“俗传箕屋山旧多产櫰，《尔雅》：“櫰，槐大叶而黑。”《汉书·西域传》：“奇木，檀、櫰、梓、竹、漆。”水从櫰根出，故呼为淮河。以音之同也。”并误。愚按古人省

① 见《日知录》卷三十一“潍水”条。

文,“潍”字或作“维”,或作“淮”,总一字也。《汉书》或作“淮”者,从水,从“鸟隹”之“隹”,篆作𨾴,即“潍”字而省其中“糸”耳。今呼为“淮”,则竟为“江淮”之“淮”,从水,从“佳人”之“佳”,篆作㴸,于隶则差之毫厘,于篆则失之千里矣。如开封之氾水,《左传》本音凡,从水从巳。而今呼为“濛汜”之“汜”,音祀,亦以字形之似而讹也。又曰:又如《三国志·吴主传》:“作堂邑涂塘以淹北道。”《晋书·宣帝纪》:“王凌诈言吴人塞涂水。”《武帝纪》:“琅邪王伷出涂中。”并是“滁”字。古“滁”省作“涂”,与“潍”作“淮”正同。韵书并不收此二字。①

户佳反之音,出于土俗,本不足辩,仆与李君皆臆为之说尔。审如所言,欲表韩侯之功,则木罂所渡之津、破赵所背之水,皆可名之为淮,而《地志》中又添一“西淮”、北“淮”之目,岂不益新而可喜乎?

来札:“孔子虽圣,亦人尔,何能泰巅一千八百里外观吴门之马?”足下未深思,故有此疑。曲阜城有吴门,直吴,如苏州北门曰齐门之类是也。

鄙著无此一事。今之曲阜,并无吴门,古之鲁城,亦不载有此,李君何以知之?且此事本出王充《论衡》,云:“书或言:颜渊与孔子俱上鲁泰山。孔子东南望,吴阊门外有系白马,引颜渊,指以示之曰:‘若见吴阊门乎?’颜渊曰:

① 以上文字与今本《日知录》“潍水”条不同。

‘见之。’孔子曰：‘门外何有？’曰：‘有如系练之状。’孔子抚其目而(止)[正]之。因与俱下。下而颜渊发白齿落，遂以病死。”今详其文，于泰山则系以鲁，于阊门则系以吴，古人之文不苟如此，安得谓是鲁城之门？又云“人目所见，不过十里，鲁去吴千有馀里，使离朱望之，终不能见。况使颜渊，何能审之？”此又《论衡》之言，而非仆之言也。

来札：“景公墓在临淄东南十二里，淄河店桓公墓旁。”又曰：“在长白山下，今长山境内。”又云：“周景公墓景姓稀少，更无多为官者，必景延广。延广，陕州人，后晋出帝，与桑维翰同时，非周臣。又不当云周景公墓。”考《五代史·周列臣传》：“景范，邹平人，世宗显德中官宰相，显德六年罢。”故云“周景公墓”。墓在邹平，今割入长山界。在临淄淄河店者，春秋周齐景公墓，非周世宗景公墓也。

鄙著《金石文字记》有“后周中书侍郎景范碑”一目，曰：邹平县南五里，有景相公墓。《通鉴》：“五代周显德元年七月癸巳，以枢密院直学士工部侍郎长山景范为中书侍郎、同平章事。”此地唐时属长山也。景氏之裔，自洪武间有两举人，今亦尚有诸生，不能记其祖矣。不知何年谬传为晋之景延广，而邑志载之。以后《山东通志》等书袭舛承讹，无不以为延广墓。后有令于此者，谓延广于晋为误国之臣，遂至笞其后人而毁其祠。昔年邑之士大夫亦有考五代事而疑之者。予至其邑，有诸生二人来，称景氏之孙，请问其祖为谁。予乃取《通鉴》及《五代史·周世宗纪》示之,曰:"显德相公近是。"又示以《景延广传》,曰:"延广,字航川,陕州人也,距此远矣。"乃谢而去。间一日,往郊外视其墓碑,其文为翰林学士朝议郎尚书水部员外知制诰柱国扈载撰。虽剥落者什之一二,而其曰"故中书侍郎平章事景公讳范"字甚明白。且生封上柱国晋阳县开国伯,没赠侍中,而其文有曰:"我大周圣神恭肃文武孝皇帝,建大功于汉室,为北藩于魏郡。"又曰:"今皇帝嗣位,登用旧臣。"又曰:"冬十一月,薨于淄川郡之私第。"其末曰:"显德三年岁次丙辰,十二月己未朔,越十日戊辰。"因叹近代士人之不学,以本邑之人书本邑之事,而犹不可信,以明白易见之碑而不之视,以子孙而不识其先人。推之天下郡邑之志,如此者多矣。又曰:王元美作李于鳞友人袭克懋妻景氏墓志铭,亦以为延广之后。虽本其家之行状,然王、李二公,亦未尝究心于史学也。

此仆在邹平,与邑人宛斯马君名骕。亲访其墓而录之者,不知李君何所闻之,而剿为己说。且与齐之景公何涉,而横生此一辩?又此墓旧属长山,今割入邹平,今反曰旧属邹平,今割入长山。又景相,长山人,今反曰邹平人。知李君之道听而涂说也。

来札:"临朐西十里逢山,俗传逢萌隐处。"史:逢萌浮海归隐大劳,东莱守聘不出。又萌都昌亭长,墓在今营丘、昌乐地。又都昌,昌邑也,皆与临朐远。史:夏东方诸侯逢伯陵居青州,旧城在郡西二十里马山,李于鳞所谓"龙斗马山之阳"是也,距逢山四十里。逢山以伯陵,非以萌也。

鄙著无此一事。《汉·地理志》:“临朐有逢山祠。”则先逢萌而有此山矣。李君言是。《左氏》昭十年传:“逢公以登。”注云:“逢公,殷诸侯,居齐地者。”二十年传:“有逢伯陵因之。”注云:“逢伯陵,殷诸侯,姜姓。”今李君以殷为夏,未知其何所据也。

来札:“黄冠别说劳山有吴子宫,是吴子夫差请《灵宝度人经》处。”《春秋》:吴伐齐至艾陵。艾陵,齐南境,今郯城,去劳六七百里,甚为牵合难据。足下未读道书,道书云:“许旌阳弟子吴猛,东昌人,入劳请《灵宝度人经》。”吴子,吴猛,非夫差。道家所居皆曰宫,不仅王侯也。

此道家荒唐之说,不足辩。《莱州府志》“传疑”一条云:“春秋时,吴王夫差登劳山,得《灵宝度人经》。”今欲去其年代而改为吴猛,庸愈乎?按《晋书》:“吴猛,豫章人。”晋时亦未有“东昌”之名也。

来札:“泰山无字碑,非始皇,乃汉武时物。”《别史》:“始皇移徂徕石,命李斯篆文如琅邪、之罘碑。因阻暴风雨,大怒,罢。”此可信者。汉武何故立无字碑,未敢以足下言为是。

鄙著《日知录》有考“泰山无字碑”一事,[①]曰:岳顶无字碑,世传为秦始皇立。按秦碑在玉女池上。李斯篆书,

① 见《日知录》卷三十一“泰山立石”条。

高不过四五尺，而铭文并二世诏书咸具，不当又立此大碑也。考之宋以前，亦无此说，因取《史记》反覆读之，知为汉武帝所立也。《史记·秦始皇本纪》云："上泰山，立石，封，祠祀。"其下云："刻所立石。"是秦石有文字之证，今李斯碑是也。《封禅书》云："东上泰山，泰山之草木叶未生，乃令人上石，立之泰山巅。上遂东巡海上。四月，还至奉高。"上泰山封而不言刻石，是汉石无文字之证，今碑是也。《后汉书·祭祀志》亦云："上东上泰山，乃上石，立之泰山巅。"然则此无字碑明为汉武帝所立，而后之不读史者误以为秦耳。[①] 又曰：始皇刻石之处凡六，《史记》书之甚明：于邹峄山则上云"立石"，下云"刻石颂秦德"；于泰山则上云"立石"，下云"刻所立石"；于之罘则二十八年云"立石"，二十九年云"刻石"；于琅邪则云"立石刻颂秦德"；于会稽则云"立石刻颂秦德"，无不先言"立"，后言"刻"者。惟于碣石则云"刻碣石门"，门自是石，不须立也。古人作史，文字之密如此，使秦皇别立此石，秦史焉得不纪？使汉武有文刻石，汉史又安敢不录乎？[②]

李君似未见仆此论，不知其所谓"别史"者何书。将考千载以上之事，乃不征《史记》而征"别史"乎？古人立石以表其功德，元不必有字，今曰"以风雨之阻，大怒，罢之"，且如《水经注》："孔子庙，汉魏以来列七碑，二碑无字。"此又何所怒而不刻也？又始皇之刻，李斯之文，其录于《史

① 以上见"泰山立石"第一条。

② 以上见"泰山立石"第二条。

记》而立之山者，固至今存矣。罢其一，不罢其一，此又何解也？史言“下山风雨暴至”，在立石之后，刻石之前。今曰“阻此而罢刻石”，似以上山之日即刻石之时，又谬矣。又曰“篆文如琅邪、之罘碑”。琅邪在本年封泰山之后，之罘在二十九年，天下有今年行事而比来年之例者乎？史言“立石”，不言“碑”，而碑之为制，始于王莽，则见于刘熙《释名》之书可考。今以后人之名碑也而名之，抑又谬矣。是其所引“别史”不过二十馀字，而谬妄已有数端。又考《山东通志》曰：“上有石表巍然，俗云秦无字碑。”此志作于嘉靖中，曰“俗”者，言其不出于古书之传也；又从而文之，无乃为前人所笑乎？

来札：“俗以丈人为泰山。唐明皇封禅，张说婿韦晤扈驾，以说婿，增三级。后帝忘其故，问群臣，伶官黄幡绰曰：‘泰山之力也。’因以丈人为泰山。”不知春秋时已有丈人峰，孔子遇丈人荣启期处也。未敢以足下言为是。

此俚俗之言，亦不足辩。乃谓“春秋时有丈人峰”，其何所据？《列子》：“孔子游于泰山，见荣启期，行乎郕之野。”无“丈人”字。夫纪载之文，各有所本，今欲实此峰之名，即添一“丈人”字；欲移吴门于曲阜，即去一“阊”字。用心之不平如此，而谓天下遂无读《列子》、《论衡》二书之人哉？

来札：“太公封营丘，地泽《史》作“舄”卤，人民寡，因上古封建，各有其国，未便夺其地，遂就其隙封之，非不置太公于上游也。"古史万国，商三千，周千八百，当伐纣时不知其如何变置。殷都朝歌，千里内不免改王畿为侯国；周都镐京，千里内不免改侯国为王畿。涧水东、瀍水西皆诸侯，营洛后能各守其地乎？王以东方诸侯附纣者众，故封太公以弹压耳，足下乃过信《货殖传》，未敢以足下为是。

鄙著"经解"中一事曰：[①]舜都蒲坂，而封象于道州鼻亭，在三苗以南，荒服之地，诚为可疑。如孟子所论"亲之欲其贵，爱之欲其富"，又且欲其"源源而来"，何以不在中原近畿之地，而置之三千馀里之外邪？盖上古诸侯之封万国，其时中原之地，必无闲土可以封故也。又考太公之于周，其功亦大矣，而仅封营丘。营丘在今昌乐、潍二县界，《史》言其"地潟卤，人民寡"，而《孟子》言其"俭于百里"，又莱夷偪处而与之争国，且五世反葬于周，而地之相去二千馀里。[②]夫尊为尚父，亲为后父，功为元臣，而封止于此，岂非中原之地无闲土，故至薄姑氏之灭，而后乃封太公邪？或曰：禹封在阳翟，稷封在武功，何与？二臣者，有安天下之大功，舜固不得以介弟而先之也。故象之封于远，圣人之不得已也。

《汉书》曰："齐地，虚、危之分野也。"少昊之世有爽鸠氏，虞、夏时有季萴，汤时有逢公柏陵，殷末有薄姑氏，皆为诸侯，国此地。至周成王时，薄姑氏与四国共作乱，成王灭

---

① 见《日知录》卷九"象封有庳"条。

② "且五世"二句，今本《日知录》"象封有庳"条无。

之,以封师尚父,是为太公。而《史记》以太公为武王所封,当武王之时,而太公至国修政,人民多归,齐为大国矣。考《左氏传》,管仲之对楚子,展喜之对齐侯,并言成王,不言武王。而郑康成注《檀弓》,谓“太公受封,留为太师,死葬于周。”又《金縢》之书有二公,则太公在周之明证。二说未知孰是。李君“变置”、“弹压”之论,恐亦是以后世之事而测量古人也。

附录二

日知录之馀

序

亭林先生忠孝大儒，不专以著作传，而著作亦为振古以来所未有。所辑《日知录》，孤怀闳识，殚见洽闻，国史本传称之为"精诣之书"，然止云三十卷。潘稼堂所刊三十二卷已溢出原数之外，此四卷又溢出于稼堂所刻之外，其故何欤？余维自古磊落奇伟之士，其绪论足以扶世翼教者，虽残编断简，至一句一字之微，后之人往往摭拾而珍惜之，俾流传至于千百祀之久，况乎道德、文学、经济、气节岿然推昭代儒林之冠，而觥觥乎为经师、人师如先生者耶！"高山仰止，景行行止"，宜乎人之甄采遗佚，而不忍使其磨灭于尘蠹中也。

余尝谓先生之学卓然成大家，足与前代之郑渔仲、王伯厚、魏鹤山、马贵与诸公相颉颃。厥故有二:一多读人间有用书,一多交海内益友。凡群经诸史、金石图篆、文编说部,有关于历代掌故、国家典制、天文舆地、河漕兵农之属,咸悉心研撢,穷极根柢,因原竟委,考正得失。生平自少至老,无一刻离书,出行挟以自随,有疑则发箧对勘。此所以洞烛今古,本本原原也。加以足迹半天下,所交皆钜人长德,虚怀若谷,广益集思。其学究天人,如王锡阐熟精《三礼》,如张尔岐旁参互证,如阎若璩博闻强记,如吴任臣读尽有字之书,如朱彝尊耑精六书之业,如张弨能包他人之所有,并能拓他人之所无,又与傅山、李颙、归庄、王弘撰诸君子或辨析道义,或切劘名理,往复商榷。取法者精,是以所诣愈峻,敛华就实,经世淑身,而不为虚憍诡异之说,是足多已。

嗟乎!时至今日,儒术衰微,卮言纷纷遍华夏,几不知正学为何事。有心世道者,侧身环顾,愀然有忧思焉,以为当世不见先生,亦不复知有先生矣。犹赖圣明在上,表章潜德,诏举先生从祀文庙两庑,凡薄海内外贤士大夫之闻风者,私相庆慰,俱憬然于斯道垂绝,尚有一线留贻,奉先正之典型,挽狂澜于既倒,不可谓非吾党之幸也已!

此编余于家藏旧书中检得,原板已亡,士林罕见,重写授梓,以广其传。世之瓣香《日知录》者,得此益窥全豹,岂不快哉!岂不快哉!

按先生著述,若《天下郡国利病书》、《音学五书》、《杂著十种》及《诗文集》等,至今风行宇内,家有其书。并闻

《利病书》之原稿，曾经先生于简眉册尾手自细注者，尚存昆山祠堂中，可得披览。此外未刊之《肇域志》稿，或云藏洪琴西观察家，然未及睹。又《区言》五十卷，皆述治天下之要，昔何义门曾于东海相国所偶见一帙，而世无传本，存否难知。又《皇明修文备史》四十帙，中间所辑书七十五种，皆有明一代之事，盖先生当时有志于《明史》，而未暇成书者。乾隆时武进赵亿孙曾得钞本，今亦不知何往。呜呼！吾吴不乏劬书耆学之君子，有注意于乡邦文献、搜遗订坠者乎？采访雕镌，匪异人任，能令先生未经传播之书，一一长留于天地间，区区之心，不胜大愿。

抑犹有说焉，先生乃我苏之乡贤也，郡城中应有专祠供奉栗主，以行春秋之祭祀，以为邦人士之师资。余怀之二十年矣，而力不足以倡之，窃自愧恨。桑梓馨香之报，其安能无望于后之来者乎！

宣统二年庚戌秋七月乡后学元和邹福保谨序

卷一

书法

晋卫恒《四体书势》序曰："昔在黄帝，创制造物，有沮诵、仓颉者，始作书契，以代结绳，盖睹鸟迹以兴思也。因而遂滋，则谓之字。有六义焉：一曰指事，上、下是也；二曰象形，日、月是也；三曰形声，江、河是也；四曰会意，武、信是也；五曰转注，老、考是也；六曰假借，令、长是也。夫指事者，在上为上，在下为下也。象形者，日满月亏，效其形也。形声者，以类为形，配以声也。会意者，止戈为武，人言为信也。转注者，以老为考也。假借者，数言同字，其声虽异，其意一也。自黄帝至三代，其文不改。及秦用篆书，焚烧先典，而古文绝矣。汉武帝时，鲁共王坏孔子宅，得《尚书》、《春秋》、《论语》、《孝经》，时人已不复知有古文，谓之'科斗书'。汉世秘藏，希得见之。魏初传古文者，出于邯郸淳。恒祖敬侯写淳《尚书》，后以示淳，而淳不别。至正始中，立三字石经，转失淳法，因科斗之名，遂效其形。太康元年，汲县人盗发魏襄王冢，得策书十馀万言。案敬侯所书，犹有髣髴。古书亦有数种，其一卷论楚事者最为工妙，恒窃说之，故竭愚思，以赞其美，愧不足厕前贤之作，冀以存古人之象焉。昔周宣王时，史籀始著《大篆》十五篇，或与古同，或与古异，世谓之籀书者也。及平王东迁，诸侯力政，家殊国异，而文字乖形。秦始皇帝初兼天下，丞相李斯乃奏益之，罢不合秦文者。斯乃作《苍颉篇》，中车府令赵高作《爰历篇》，太史令胡毋敬作《博学篇》，皆取史籀《大篆》，或颇省改，所谓小篆者。自秦坏古文，有八体，一曰大篆，二曰小篆，三曰刻符，四曰虫书，五曰摹印，六曰署书，七曰殳文，八曰隶书。王莽时，使司徒甄丰校文字部，改定古文，复有六书：一曰古文，孔氏壁中书也；二曰奇字，即古文而异者也；三曰篆书，秦篆书也；四曰佐书，即隶书也；五曰缪篆，所以摹印也；六曰鸟书，所以书幡信也。及许慎撰《说文》，用篆书为正，以为体例，最可得而论也。秦时李斯，号为工篆，诸山及铜人铭皆斯书也。汉建初中，扶风曹喜少异于斯，而亦称善。邯郸淳师焉，略究其妙。韦诞师淳而不及也。太和中，诞为武都太守，以能书，留补侍中，魏氏宝器铭题皆诞书也。汉末又有蔡邕，采斯、喜之法，为古今杂形，然精密闲理不如淳也。秦既用篆，奏事繁多，篆字难成，即令隶人佐书，曰隶字。汉因行之，独符、印玺、幡信、题署用篆。隶书者，篆之捷也。上谷王次仲始作楷法。至灵帝好书，时多能者，而师宜官为最，大则一字径丈，小则方寸千言，甚矜其能。或时不持钱诣酒家饮，因壁书，过观者以酒雠，讨钱足而灭之。每书辄削而焚其柎。梁鹄乃益为版而饮之酒，候其醉而窃其柎，鹄卒以书至选部尚书。宜官、鹄宜为大字，邯郸淳宜为小字。鹄谓淳得次仲法，然鹄之用笔尽其势矣。汉末有左子邑，小与淳、鹄不同，然亦有名。魏初有锺、胡二家为行书法，俱学之于刘德升，而锺氏少异，然亦各有巧，今大行于世。汉兴而有草书，不知作者姓名。至章帝时，齐相杜度号善作篇。后有崔瑗、崔寔，亦皆称工。杜氏杀字甚安，而书体微瘦。崔氏甚得笔势，而结字小疏。弘农张伯英者，因而转精甚巧，凡家之布帛必书而后练之，临池学书，池水尽黑，下笔必为楷则，号'匆匆不暇草书'，寸纸不见遗，至今犹宝其书，韦仲将谓之'草圣'。伯英弟文舒者，次伯英。又有姜孟颖、梁孔达、田彦和及韦仲将之徒，皆伯英弟子，有名于世，然殊不及文舒也。罗叔景、赵元嗣者,与伯英并时,见称于西州,而矜巧自与,众颇惑之。故英自称'上比崔、杜不足,下方罗、赵有馀'。河间张超亦有名,然虽与崔氏同州,不如伯英之得其法也。"见《晋书·卫恒传》所引《四体书势》。

汉时策书,其制二尺,短者半之,篆书,起年月,称皇帝以名。诸侯王、三公其罪免亦赐策。其异者,隶书,用尺一木两行而已。见《后汉书·光武帝纪》注引《汉制度》。

隶书

《汉书·艺文志》:"《史籀篇》者,周时史官教学童书也,与孔氏壁中古文异体。《苍颉》七章者,秦丞相李斯所作也。《爰历》六章者,车府令赵高所作也。《博学》七章者,太史令胡毋敬所作也。文字多取《史籀篇》,而篆体复颇异,所谓秦篆者也。是时始造隶书矣,起于官狱多事,苟趋省易,施之于徒隶也。汉兴,闾里书师合《苍颉》、《爰历》、《博学》三书,断六十字以为一章,凡五十五章,并为《苍颉篇》。武帝时,司马相如作《凡将篇》,无复字。师古曰:"复,重也。"元帝时,黄门令史游作《急就篇》。成帝时,将作大匠李长作《元尚篇》,皆《苍颉》中正字也,《凡将》则颇有出矣。至元始中,征天下通小学者以百数,各令记字于庭中。扬雄取其有用者,以作《训纂篇》,顺续《苍颉》,又易《苍颉》中重复之字,凡八十九章。臣复续扬雄作十三章,韦昭曰:"臣,班固自谓也。作十三章,后人不别,疑在《苍颉》下篇三十四章中。"凡一百二章,无复字,六艺群书所载略备矣。《苍颉》多古字，俗师失其读。宣帝时，征齐人能正读者，张敞从受之。传至外孙之子杜林，为作训故，并列焉。”

庾肩吾《书品序》：“隶体发源秦时，隶人下邳程邈所作。始皇见而重之。以奏事繁多，篆字难制，遂作此法，故曰隶书。今时正书是也。”见唐张彦远《法书要录》。

张守节《史记正义·论字例》曰：“程邈变篆为隶，楷则有常。后代作文，随时改易，卫宏官书数体，吕忱或字多奇，锺、王等家以能为法，致令楷文改变，非复一端。”

《南齐书·刘休传》：“元嘉世，羊欣受子敬正隶法，世共宗之。右军之体微古，不复见贵。休始好此法，至今此体大行。”

《梁书·萧子云传》：“子云善草隶书，为世楷法。自云善效锺元常、王逸少，而微变字体。答敕云：‘臣昔不能赏拔，随世所贵，规摹子敬，多历年所。年二十六，著《晋史》，至《二王列传》，欲作论语草隶法，言不尽意，遂不能成，略指论飞白一势而已。十许年来，始见敕旨《论书》一卷，商略笔势，洞彻字体，又以逸少之不及元常，犹子敬之不及逸少。自此研思，方悟隶式，始变子敬，全范元常。逮尔以来，自觉功进。’”可见锺、王之字即是隶书。

《后魏书·江式传》：式表云：“晋世义阳王典祠令任城吕忱表上《字林》六卷，寻其况趣，附托许氏《说文》，而按偶章句，隐别古籀奇惑之字，文得正隶，不差篆意也。”又云：式于是撰集字书，号曰《古今文字》，凡四十卷。大体依许氏《说文》为本，上篆下隶。

《水经注》卷一六《谷水》:“昔在汉世,洛阳宫殿门题多是大篆,言是蔡邕诸子。自董卓焚宫殿,魏太祖平荆州,汉吏部尚书安定梁孟皇善师宜官八分体,求以赎死。太祖善其法,常仰系帐中爱玩之,以为胜宜官。北宫榜题,咸是鹄笔。南宫既建,明帝令侍中京兆韦诞以古篆书之。皇都迁洛,始令中书舍人沈含馨以隶书书之。景明、正始之年,又敕符节令江式以大篆易之,今诸桁榜题皆是式书。”

刘勰《文心雕龙》引庾肩吾《书品》:“隶体发源秦时,隶人下邳程邈所作。始皇见而重之,以奏事繁多,篆字难制,遂作此法,故曰隶书,今时正书是也。草势起于汉时,解散隶法,用以赴急。本因草创之义,故曰草书。建初中,京兆杜操始以善草知名,今之草书是也。”①

《北齐书》《赵仲将传》:“赵仲将善草隶,虽与弟书,书字楷正,云草不可不解,若施于人,似相轻易。若与当家中卑幼,又恐其疑所在宜尔,是以必须隶笔。”可见不草即是隶书。

晋成公绥《隶书体》云:“虫篆既繁,草稿近伪,适之中庸,莫尚于隶。”见《书苑菁华》卷三。下同。是则篆、草之中惟有隶也。又云:“若乃八分、玺法,殊好异制。”是八分虽别一体,亦谓之隶也。又云:“垂象表式,有模有楷。”则后人之名为楷者,从此出矣。

王羲之《题卫夫人笔阵图后》云:“夫书,先须引八分、章草入隶字中,发人意气。”见《书苑菁华》卷一。

《宣和书谱》卷二〇《八分书叙论》:“为八分之说者多矣。

① 此条大半已见前引《书品序》,且未见《文心雕龙》有引《书品》者。

一曰东汉上谷王次仲，以隶字改为楷法，变八分。此蔡希综之说也。《庄子》："丁、子有尾"。世人谓右行曲波为尾。"丁"、"子"二字，左行曲波，亦是尾也。杨慎曰："观此，则庄子之时已有八分书，不始于王次仲矣。"一曰去隶字八分取二分，去小篆二分取八分，故谓之八分。此蔡琰述父中郎邕语也。前世之善书类能言其书矣。然而自汉以来，至于唐千百载间，金石遗文之所载，特存篆、隶、行、草，所谓八分者何有？至唐，则八分书始盛，其典型盖类隶而变方，广作波势，不古不严，岂在唐始有之耶？杜甫作《八分歌》，盛称李潮、韩择木、蔡有邻，是皆唐之诸子。而今所存者又皆唐字。则希综、蔡邕之论安在哉？盖古之名称与今或异，今所谓正书，则古所谓隶书。今所谓隶书，则古所谓八分。至唐则犹有隶书中别为八分以名之，然则唐之所谓八分者，非古之所谓八分也。今御府所藏八分者四人，曰张彦远，曰贝冷该，曰于僧翰，曰释灵该，是四子俱唐人，则知今之八分出于唐明矣。故不得不辨，以诏后世云。"

《金石录》卷二一："右东魏大觉寺碑阴，题'银青光禄大夫臣韩毅隶书'，盖今楷字也。庾肩吾曰：'隶书，今之正书也。'张怀瓘《六体书论》亦云：'隶书者，程邈造字皆真正，亦曰正书。'自唐以前皆谓楷字为隶，至欧阳公《集古录》误以八分为隶书，自是举世凡汉时石刻皆目为汉隶。有一士人力主此论，余尝出汉碑数本问之，何者为隶？何者为八分？盖自不能分也。因览此碑，毅自题为隶书。故聊志之，以祛来者之惑。"

《老学庵笔记》卷一〇："周越《书苑》云：'郭忠恕以为小篆散而八分生，八分破而隶书出，隶书悖而行书作，行书狂而草书圣。'以此知隶书乃今真书。赵明诚《金石录》谓：'误以八分为隶，自欧阳公始。'"《千字文》云："杜槀锺隶。"《王羲之传》："尤善隶书，为古今之冠。"

《项氏家说》曰："程迥可久《辨隶书》曰：'周兴嗣《千字》："杜槀锺隶。"萧子云《启》云："论草隶，逸少不及元常，子敬不及逸少。"任玠《五体序》云："篆则科斗、玉筯、垂露、薤叶，隶则羲、献、锺、庾，欧、虞、颜、柳，八分则酌乎篆、隶之间者。"《书苑》云："蔡文姬言：割程隶字八分取二分，割李篆字二分取八分，于是为八分书。"以诸家参之，则今之称隶者，乃八分书，古之称隶者，真书、行书也。唐与国初并无此误，自欧阳以来始误。故少游遂疑程邈帖不当为小楷，疑非秦书。盖不知先有真书，后有八分书也。'黄公绍曰：'按《唐六典》，校书郎正字所掌字体有五，一古文，二大篆，皆不用；三曰小篆，印玺、旗幡所用；四曰八分，石经、碑碣所用；五曰隶书，典籍表奏、公私文疏所用。'则程说信矣。"①

章子厚曰："金石刻，东汉、魏、晋皆用八分，唯铭刻之阴或用隶字也。许昌《群臣劝进》与《受禅坛碑》皆八分之妙者。近世有荒唐士人妄谓为隶书，而不知隶书乃今正书耳。世俗亦往往谓之隶书，且相尚学焉。不知彼将以何等为古八分，又将以今正书为何等邪？"《墨庄漫录》卷一〇。

① 今四库本《项氏家说》无此条。

《水经注》卷一六《谷水》:"古文出于黄帝之世。苍颉本鸟迹为字,取其孳乳相生,故文字有六义焉。自秦用篆书,焚烧先典,古文绝矣。鲁恭王得孔子宅书,不知有古文,谓之科斗书。盖用科斗之名,遂效其形耳。言大篆出于周宣王之时,史籀创著。平王东迁,文字乖错。秦之李斯及胡毋敬,又以改籀书,谓之小篆,故有大篆、小篆焉。然许氏字说专释于篆,而不本古文。言古隶之书起于秦代,而篆字文繁,无会剧务,故用隶人之省,谓之隶书;或曰即程邈于云阳增损者。是知隶者,篆捷也。孙畅之尝见青州刺史傅弘仁说:临淄人发古冢,得铜棺,前和外隐起为隶字,言'齐太公六世孙胡公之棺'也。唯三字是古,馀同今书。证知隶自古出,非始于秦。"

洪适《隶释》卷一〇云:"今之言汉字者,则谓之隶;言唐字者,则谓之分。殆不知在秦、汉时,分、隶已兼有之。唐张怀瓘《书断》云:'蔡邕八分入神,隶入妙。'又云:'张昶八分碑在华阴。'今华山所存汉碑凡四,华亭一碑乃昶分书也。又云:'八分者,秦羽人上谷王次仲所作。'始皇时官务稍多,得次仲文简略,赴急速之用,甚喜;遣使三召,不至。汉和帝时,贾鲂用隶字写《三苍》,隶法由兹而广。盖八分为小篆之捷。其赞八分则曰:'龙腾虎踞兮势非一,交戟横戈兮气雄逸。'其赞隶则曰:'摧锋剑折,落点星垂。'详其说而察其字,则孙根及华亭碑为汉人八分无疑矣。唐人自称八分,盖有自来,考古博雅之士更为辨之。"

《宋史·选举志》:"书学生,习篆、隶、草三体。篆以古文、大小二篆为法，隶以二王、欧、虞、颜、柳真、行为法，草以章草、张芝九体为法。”

赵古则《学范》曰：“隶即汉八分，真即汉隶，古今传习异辞，始随常名，使人易晓。好古者不可不知也。”

沈存中《补笔谈》卷二曰：“今世俗谓之隶书者，只如古人之八分书。谓初从篆文变隶，尚有二分篆法，故谓之八分书。后也全变为隶书，即今之正书，章草、行书、草书皆是也。后之人乃误谓古八分书为隶书，以今时书为正书。殊不知所谓正书者，隶书之正者耳，其馀行书、草书皆隶也。杜甫《李潮八分小篆歌》曰：‘陈苍《石鼓》文已讹，大小二篆生八分。苦县光和尚骨立，书贵瘦硬方通神。’苦县《老子朱龟碑》也。《书评》云：‘汉魏牌榜碑文和《华山碑》，皆今所谓隶书也。杜甫诗亦只谓之八分。’又《书评》云：‘汉魏牌榜碑文，非篆即八分，未尝用隶书。’知汉魏碑文皆八分，非隶书也。”

元吾丘衍《学古编·辨字》：“一曰科斗书。科斗书者，苍颉观三才之文，及意度为之，乃字之祖，即今之偏旁是也。画文像虾蟆子，形如水虫，故曰科斗。二曰籀文。籀文者，史籀取苍颉形意，配合为之，损益古文，或同或异，加之铦利钩杀，大篆是也。史籀所作，故曰籀文。三曰小篆。小篆者，李斯省籀文之法同天下书者。比籀文体十存其八，故曰小篆，谓之‘八分小篆’也。既有小篆，故谓籀文为大篆。四曰秦隶。秦隶者，程邈以文牍繁多，难于用篆，因减小篆为便用之法，故不为体势，若汉款识篆字相近，非有此法之隶也。便于佐隶，故曰隶书。即是秦权、秦量上刻字，人多不知，亦谓之篆，误矣。或言秦未有隶，且疑程邈之说，故详及之。五曰八分。八分者，汉隶之未有挑法者也。比秦隶则易识，比汉隶则微似篆，若用篆笔作汉隶字，即得之矣。八分与隶，人多不分，故言其法。六曰汉隶。汉隶者，蔡邕《石经》及汉人诸碑上字是也。此体最为后出，皆有挑法，与秦隶同名，其实异。写法载前卷'十七举'下，此不再敷。七曰款识。款识文者，诸侯本国之文也。古者诸侯书不同文，故形体各异。秦有小篆，始一其法。近世学者取款识字为用，一纸之上，齐楚不分，人亦莫晓其谬。今分作外法，故末置之，不欲乱其源流，使可考其先后耳。"

"十七举"曰："隶书，人谓宜扁，殊不知妙在不扁，挑拔平硬如折刀头，方是汉隶书体。洪适云：'方劲古拙，斩钉截铁。'备矣。"见吾丘衍《学古编·辨字》。

卷二

禁烧金

宋开宝四年诏："昔汉法，作伪黄金弃市，所以防民之奸弊也。如闻京城之内竞习其业，转相诳耀，此而不止，为盗之萌。自今犯者，并置极典。"《山堂考索·后集》卷六二。

禁销金银箔

魏齐王正始元年诏曰："《易》称'损上益下'，节以制度，不伤财，不害民。方今百姓不足，而御府多作金银杂物，将奚以为？今出黄金银物百五十种，千八百馀斤，销冶以供军用。"《三国志·魏书·齐王芳纪》。

《南齐书》《高帝纪》："大明、泰始以来，相承奢侈。太祖辅政，上表禁民间不得以金银为箔。"

海陵王延兴元年八月乙卯，申明织成、金薄之禁。见《册府元龟》卷一九一。

《陈书》《后主纪》："后主太建十四年四月庚子诏曰：朕临御区宇，抚育黔黎，方欲康济浇薄，蠲省繁费，奢僭乖衷，实宜防断，应镂金银薄及庶物化生土木人彩花之属，及布帛幅尺短狭轻疏者，并伤财废业，尤成蠹患，并皆禁绝。"

《唐六典》有十四种金："曰销金，曰拍金，曰镀金，曰织金，曰砑金，曰披金，曰泥金，曰镂金，曰撚金，曰戗金，曰圈金，曰贴金，曰嵌金，曰裹金。"①

《宋史·食货志》："天圣中，登、莱采金，岁益数千两。仁宗命奖劝官吏。宰相王曾曰：'采金多，则背本趋末者众，不宜诱之。'景祐中，登、莱饥，诏弛金禁，听民采取，俟岁丰复故。然是时海内承平已久，民间习俗日渐侈靡，糜金以饰服器者不可胜数，重禁莫能止焉。"《舆服志》："大中祥符元年，三司言：'窃惟山泽之宝，所得至难，傥纵消

① 见明陈耀文《天中记》卷五〇。《六典》无此文。

释，实为虚费。今约天下所用，岁不下十万两，俾上币弃于下民。自今金银箔线、贴金、销金、泥金、蹙金线装贴什器土木玩用之物，并请禁断，非命妇不得以为首饰。冶工所用器，悉送官。诸州寺观有以金箔饰尊像者，据申三司，听自赍金银工价，就文思院换给。'从之。二年，诏申禁镕金以饰器服。又太常博士知温州李邈言：'两浙僧求丐金银、珠玉，错末和泥，以为塔像，有高袤丈者。毁碎珠玉，浸以成俗，望严行禁绝，违者重论。'从之。七年，禁民间服销金及钹遮那缬。八年，诏内庭自中宫以下，并不得销金、贴金、间金、戗金、圈金、解金、剔金、陷金、明金、泥金、楞金、背影金、盘金、织金、金线撚丝，装著衣服，并不得以金为饰。其外廷臣庶家，悉皆断禁。臣民旧有者，限以一月许回易。为真像前供养物，应寺观装功德用金箔，须具殿位真像显合增修创造数，经官司陈状勘会，诣实闻奏，方给公凭，诣三司收买。其明金装假果、花板、乐身之类，应金为装彩物，降诏前已有者，更不毁坏，自馀悉禁。违者，犯人及工匠皆坐。"《仁宗本纪》："康定元年，禁以金箔饰佛像。"合而观之，古来用金之费可知矣。

《西湖游览志馀》卷二五："金箔，销金之尤者。上供之外非严禁不可。乃今民间首饰、衣裤、器用、文轴、榱题，多用涂画，岁糜不赀。大中祥符间，杭州周承裕私炼金为箔，郑仁泽市千枚转鬻他州，事败，全家徒配。转运使陈尧佐言：'仁泽情同罚异，不可惩奸。'乃定转卖者减造者一等，著为令。此法似可援引而奏行于今日者也。"

《山堂考索》《后集》卷六〇：淳熙八年，上曰："朕以宰耕牛、禁铜器及金翠等事，刻之记事版，每京尹初上，辄示之。"

《元史·叶李传》："贾似道怒李，嗾其党临安尹刘良贵诬李僭用金饰斋匾，锻炼成狱，窜漳州。"

陆深《河汾燕闲录》下曰："世间糜费，惟黄金最多。自释老之教日盛，而寺观装饰之侈靡，已数倍于上下之制用。凡金作箔，皆一往不可复者。东坡见后世金少，以为宝货神变不可知，复归山泽。此何言欤？按王莽败时，省中黄金尚有六十万斤。莽藉汉基，富有天下，固应有之。梁孝王死，亦有金四十万斤。至燕王刘泽，一赐田生亦二百斤。何汉世之多金耶！"见陆深《俨山外集》卷四。

梁孝王死，藏府馀黄金尚有四十馀万斤。馆陶公主幸董偃，令中府曰："董君所发，一日金满百斤，钱满百万，帛满千匹，乃白之。"见《汉书·东方朔传》。《王莽传》："时省中黄金万斤者为一匮，尚有六十匮。黄门、钩盾、藏府、中尚方处处各有数匮。"

禁造铜像

《宋书·蛮夷传》：元嘉十二年，丹阳尹萧摹之奏曰："佛化被于中国，已历四代，形像、塔寺，所在千数。自顷以来，情敬浮末，不以精诚为至，更以奢竞为重。旧寺颓弛，曾莫之修，而各务造新，以相夸尚。材竹铜彩，糜损无极，无关神祇，有累人事。不为之防，流遁未息。请自今以后，有欲铸铜像者,悉诣台自闻。兴造塔寺、精舍,皆先诣在所二千石通辞,郡依事列言本州,须许报,然后就功。其有辄造寺舍者,皆依不承用诏书律,铜宅林院,悉没入官。”诏可。

禁造铜器

《南史》《宋本纪》:宋孝武帝孝建三年“夏四月甲子,初禁人车及酒肆器用铜”。

《旧唐书·代宗纪》:大历七年十二月“壬子,禁铸铜器”。

《旧唐书·德宗纪》:贞元九年正月“甲辰,禁卖剑铜器。天下有铜山,任人采取,其铜官买,除铸镜外,不得铸造”。

《宪宗纪》:元和元年二月“甲辰,以钱少,禁用铜器”。

《文宗纪》:开成三年六月“癸丑,上御紫宸,谓宰臣曰:‘币轻钱重,如何?’杨嗣复曰:‘此事已久,不可遽变其法,法变则扰人。但禁铜器,斯得其要。’”

禁钱不过岭南

《唐书·宪宗纪》:“元和四年,禁钱不过岭南”。穆宗时,韩愈奏状,亦言禁钱不得出五岭。

禁用铜钱

《实录》:洪武二十七年八月,“诏禁用铜钱。时两浙之民重钱轻钞,多行折使,至有以钱百六十文折钞一贯者。

福建、两广、江西诸处,大率皆然。由是物价涌贵,而钞法益坏不行。上乃谕户部尚书郁新曰:'国家造钞,令与铜钱相兼行使,本以便民。比年以来,民心刁诈,乃以钱钞任意亏折行使,致令钞法不行,甚失立法便民之意。宜令有司,悉收其钱归官,依数换钞,不许更用铜钱行使。限半月内,凡军民商贾所有铜钱悉送赴官,敢有私自行使及埋藏弃毁者,罪之。'"见《太祖实录》卷二三四。

正统十三年五月庚寅,"禁使铜钱。时钞既通行,而市廛亦仍以铜钱交易,每钞一贯折铜钱二文。监察御史蔡愈济以为言:'请出榜禁约,仍令锦衣卫、五城兵马司巡视,有以铜钱交易者,擒治其罪,十倍罚之。'上从其言。"见《英宗实录》卷一六六。

禁断新钱

《宋书·明帝纪》:泰始二年三月"壬子,断新钱,专用古钱"。

《颜竣传》:"景和元年,沈庆之启通私铸,由是钱货乱败。一千钱长不盈三寸,大小称此,谓之鹅眼钱。劣于此者,谓之綖环钱,入水不沈,随手破碎。市井不复料数,十万钱不盈一掬,斗米一万,商贾不行。太宗初,惟禁鹅眼、綖环,其馀皆通用。复禁民铸,官署亦废工,寻复并断,惟用古钱。"

禁金银

《实录》:洪武三十年三月,"甲子,禁民间无以金银交易。时杭州诸郡商贾不论货物贵贱，一以金银定价。由是钞法阻滞，公私病之，故有是命。”见《太祖实录》卷二五一。

禁金银涂

《宋书》《武帝纪》：武帝永初二年正月“丙寅，断金银涂”。

宋文帝元嘉三十年七月辛酉，诏曰：‘百姓劳弊，徭赋尚繁，言念未乂，宜崇约损。凡用非军国，宜悉停功。可省细作并尚方雕文靡巧，金银涂饰。”《宋书·孝武帝纪》。

禁铜钉

《宋书》《武帝纪》：武帝永初二年正月“己卯，禁丧事用铜钉”。

禁销钱为佛像

《旧唐书》《敬宗纪》：敬宗宝历元年“十月庚子朔，河南尹王起奏：盗销钱为佛像者，请以盗铸钱论”。

禁毁钱为铜

《宋史·宁宗纪》：开禧二年正月“辛亥，诏坑户毁钱为铜者不赦，仍籍其家。著为令”。

禁兵器

汉武帝时，丞相公孙弘奏言：“民不得挟弓弩。十贼彍弩，百吏不敢前，盗贼不辄伏辜，免脱者众，害寡而利多，此盗贼所以蕃也。禁民不得挟弓弩，则盗贼执短兵，短兵接则众者胜。以众吏捕寡贼，其势必得。盗贼有害无利，则莫犯法，刑错之道也。臣愚以为禁民毋得挟弓弩便。”上下其议，光禄大夫吾丘寿王对曰：“臣闻古者作五兵，非以相害，以禁暴讨邪也。安居则以制猛兽而备非常，有事则以设守卫而施行阵。及至周室衰微，上无明王，诸侯力政，强侵弱，众暴寡，海内抏敝，巧诈并生。是以知者陷愚，勇者威怯，苟以得胜为务，不顾义理。故机变械饰，所以相贼害之具不可胜数。于是秦兼天下，废王道，立私议，灭《诗》、《书》而首法令，去仁恩而任刑戮，堕名城，杀豪杰，销甲兵，折锋刃。其后民以耰鉏棰梃相挞击，犯法滋众，盗贼不胜，至于赭衣塞路，群盗满山，卒以乱亡。故圣王务教化而省禁防，知其不足恃也。今陛下昭明德，建太平，举俊材，兴学官，三公有司或由穷巷，起白屋，裂地而封，宇内日化，方外乡风。然而盗贼犹有者，郡国二千石之罪，非挟弓矢之过也。《礼》曰：男子生，桑弧蓬矢以举之，明示有事也。孔子曰：‘吾何执？执射乎？’大射之礼，自天子降及庶人，三代之道也。《诗》曰‘大侯既抗，弓矢斯张。射夫既同，献尔发功’，言贵中也。愚闻圣王合射以明教矣，未闻弓矢之为禁也。且所为禁者，为盗贼之以攻夺也。攻夺之罪死，然而不止者，大奸之于重诛固不避也。臣恐邪人挟之而吏不能止，良民以自备而抵法禁，是擅贼威而夺民救也。窃以为无益于禁奸，而废先王之典，使学者不得习行其礼，大不便。”书奏，上以难丞相弘，弘诎服焉。见《汉书·吾丘寿王传》。

《旧唐书·郑惟忠传》：中宗即位，擢拜黄门侍郎。时议请禁岭南首领家畜、兵器，惟忠曰：“夫为政，不可革其俗习，且《吴都赋》云：‘家有鹤膝，户有犀渠。’如或禁之，岂无惊扰耶？”遂寝。

元世祖中统三年三月，“谕诸路，禁民间私藏军器”。

四年二月，诏“私造军器者处死。民间所有，不输官者，与私造同。”

七月“戊戌，诏弛河南沿边军器之禁”。

至元元年二月，“弛边城军器之禁”。以上皆见《元史·世祖纪》。

隋文帝开皇十五年二月丙辰，“收天下兵器。敢有私造者，坐之。关中缘边，不在其例”。见《隋书·高祖纪》。“禁河以东无得乘马”。见《北史·隋文帝纪》。

炀帝大业五年正月“己丑制：民间铁叉、搭钩、穳刃之类，皆禁绝之。”见《隋书·炀帝纪》。

宋太宗淳化二年闰二月，“丁亥，诏内外诸军，除木枪、弓弩矢外，不得蓄他兵器”。

五年三月，“禁民间兵器，犯者验多寡定罪”。

十一年八月甲寅，“弛河南军器之禁”。以上见《宋史·太宗纪》。

元世祖至元二十三年，“二月己亥，敕中外，凡汉人持铁尺、手挝及杖之藏刃者，悉输于官”。

二十七年五月，“江西行省言：‘吉、赣、湖南、广东、福建以禁弓矢，贼益发，乞依内郡例，许尉兵持弓矢。’从之”。

三十年二月，“申严江南兵器之禁”。以上见《元史·世祖纪》。

武宗至大二年十一月“辛酉，申禁汉人执弓矢、兵杖”。见《元史·武宗纪》。

仁宗皇庆四年十一月“庚寅，申禁汉人持弓矢、兵器田猎”。见《元史·仁宗纪》。

英宗至治二年正月“甲戌，禁汉人执兵器出猎及习武艺”。见《元史·英宗纪》。

王莽始建国二年，“禁民不得挟弩铠，徙西海”。见《汉书·王莽传》。

杨氏据淮南，禁民私畜兵器，盗贼益繁。御史台主簿京兆卢枢上言：“今四方分争，宜教民战，且善人畏法禁，而奸民弄干戈，是欲偃武而反招盗也。宜团结民兵，使之习战，自卫乡里。”从之。见《资治通鉴》卷二七一。

金太宗天会三年十一月“辛卯，南路军帅司请禁契丹、奚、汉人挟兵器。诏勿禁”。见《金史·太宗纪》。

元顺帝至元二年十一月“辛未，禁弹弓、弩箭、袖箭”。

至元三年四月“癸酉，禁汉人、南人、高丽人不得执持军器，凡有马者拘入官”。

八月癸未，“弛高丽执持军器之禁，仍令乘马。戊子，汉人镇遏生蕃处，亦开军器之禁”。

五年四月“己酉，申汉人、南人、高丽人不得执军器、弓矢之禁”。

六年五月“癸丑，禁民间藏军器”。以上见《元史·顺帝纪》。

景泰二年八月辛巳，"禁广东、福建、浙江等处军民之家不得私藏兵器，匿不首者，全家充军。造者本身与匠俱论死。其知情者亦连坐之。"见《明英宗实录》卷二〇七。

禁饧

《宋书·颜竣传》："时岁旱民饥，竣上言，禁饧一月，息米近万斛。"

禁车牛入都

后唐明宗长兴元年正月，宗正少卿李延祚奏请止绝车牛，不于天津桥来往。见《册府元龟》卷一四。

末帝清泰二年，御史中丞卢损请止绝天津桥中道，两头下关，驾出即开。两旁之路，士庶往来，其车牛并浮桥路往来。"见《册府元龟》卷四七六。

《清波杂志》卷二云："旧说汴都细车前列数人，持水罐子旋洒路，过车以免埃塧蓬勃。"

禁牝马

魏世宗正始四年十一月丁未，禁河南畜牝马。

延昌元年六月戊寅，通河南牝马之禁。以上见《魏书·世宗宣武帝纪》。

永乐元年七月丙戌，上谕兵部臣曰："比闻民间马价腾贵，盖民不得私畜故也。汉文景时，闾里有马，千百为群，民有即国家之有。其榜谕天下，听军民皆畜马，官府不得禁。”又曰：“三五年后，庶几马渐蕃息。”见《明太宗实录》卷二一。

禁马

《元史·世祖纪》：至元二十三年六月戊申，“括诸路马，凡色目人有马者三取其二，汉民悉入官。敢匿与互市者罪之。”

二十六年十二月辛巳，“括天下马，一品、二品官许乘五匹，三品三匹，四品、五品二匹，六品以下皆一匹。”

禁大船

隋文帝开皇十八年正月辛丑，诏曰：“吴越之人，往承弊俗，所在之处，私造大船，因相聚结，致有侵害。江南诸州，民间有船长三丈以上，悉括入官。”见《隋书·高祖纪》。

禁畜鹰鹞

魏高祖延兴五年四月，诏禁畜鹰鹞，开相告之制。见《魏书·孝文帝纪》。

北齐文宣帝天保八年四月乙酉，诏公私禁取鹰鹞。见《北史·齐文宣帝纪》。

禁绢扇

《晋书》《安帝纪》：安帝义熙元年五月癸未，禁绢扇及樗蒲。

禁番香

《广东通志》：建文三年十一月，礼部为禁约事。奉圣旨："沿海军民私自下番，诱引蛮夷为盗，有伤良民。尔礼部出榜，去教首人知道，不问官员军民之家，但系番货、番香等物，不许存留贩卖。其见有者，限三个月销尽。三个月外，敢有仍前存留贩卖者，处以重罪。钦此。"除覆奏外，今将圣旨事意备榜条陈，前去张挂，仰各遵守施行，须至榜者。一，祈神拜佛所烧之香，止用我国松香、柏香、枫香、黄连香、苍术香、蒿桃香木之类，或合成为香，或为末，或各用，以此为香，以表诚敬。盖上香之说，上古本无，降神之礼，焚萧艾以展其诚。近代凡有祷祈，事主升坛，动辄然香在前。为何？恐人身垢秽，香不过辟秽气而已，何必取外番之香以为香？只我中国诸药中有馨香之气者多，设使合和成料，精致为之，其名曰某香某香，以供降神祷祈用，有何不可？一，茶园马牙香虽系两广土产，其无籍顽民多有假此为名者，夹带番香货卖。今后止许本处烧用，不许将带过岭，违者一体治罪。一，檀香、降真茄蓝木香、沈香、乳香、速香、罗斛香、粗柴香、安息香、乌香、甘麻然香、光香、生结香，并书名，不书番香，军民之家并不许贩卖存留，见有者许三个月销尽。

《困学纪闻》卷二："'取萧祭脂'曰'其香始升'，'为酒为醴'曰'有飶其香'。古所谓香者如此。韦彤《五礼精义》云：'祭祀用香，今古之礼并无其文。《隋志》曰："梁天监初，何佟之议：郁鬯萧光，所以达神。与其用香，其义一也。”’考之殊无依据，开元、开宝礼不用。”

《实录》：洪武二十七年正月，“甲寅，禁民间用番香、番货。先是，上以海外诸夷多诈，绝其往来，唯琉球、真腊、暹罗许入贡，而缘海之人往往有私下诸番，贸易香货，因诱蛮夷为盗。命礼部申严禁绝之。敢有私下诸番以互市者，必置之重法。凡番香、番货皆不许贩鬻。其见有者，限以三月销尽。民间祷祀，止用松、柏香、枫香、桃香诸香，违者罪之。其两广所产香木，听彼土人自行检用，亦不许越岭货卖。盖虑其杂市番香，故并及之。”见《太祖实录》卷二三一。

永乐十四年十一月，禁交趾、安息诸香不得出境。见《太宗实录》卷一八一。

禁卖宝石

《元史·脱欢传》：上疏言：“国以善为宝，凡子女、玉帛、羽毛、齿革、珍禽、奇兽之类，皆丧德丧志之具。今后回回诸色人等，不许赍宝中卖，以虚国用。违者罪而没之。如此则富商大贾无所施其奸伪，而国用有蓄积矣。”

禁瓷器

《实录》：正统三年十二月丙寅，“命都察院出榜，禁江西瓷器窑场烧造宫样青花白地瓷器，于各处货卖，及馈送官员之家，违者正犯处死，全家谪戍口外。”见《英宗实录》卷四九。

十二年九月戊戌，“禁约两京及陕西、河南、湖广、甘肃、大同、辽东沿途驿递镇店军民客商人等，不许私将白地青花瓷器皿卖与外夷使臣。”见《英宗实录》卷一五八。

十二月甲戌，“禁江西饶州府私造黄紫红绿青蓝白地青花等瓷器。命都察院榜谕其处，有敢仍冒前禁者，首犯凌迟处死，籍其家资，丁男充军边卫。知而不以告者连坐。”见《英宗实录》卷一六一《食货志四》。

禁茶

《金史》：泰和五年，尚书省奏：“茶，饮食之馀，非必用之物。比岁上下竞啜，农民尤甚，市井茶肆相属。商旅多以丝绢易茶，岁费不下百万，是以有用之物而易无用之物也。若不禁，恐耗财弥甚。”遂命七品以上官，其家方许食茶，仍不得卖及馈献。不应留者，以斤两定罪赏。

元光二年省臣奏：“金币、钱谷，世不可一日缺者也。茶本出于宋地，非饮食之急，而自昔商贾以金帛易之，是徒耗也。泰和间常禁止之。后以宋人求和，乃罢。兵兴以来，复举行之，然犯者不少衰，而边民又窥利，越境私易，恐因泄军情，或盗贼入境。今河南、陕西凡五十馀郡，郡日食茶率二十袋，袋值银二两，是一岁之中妄费民财三十馀万也，奈何以有用之货而资敌国乎？”乃制亲王、公主、现任五品以上官，素蓄者存之，禁不得卖馈馀人并禁之。犯者徒五年，告者赏宝钱一万贯。以上俱见《金史·食货志》。

禁酒

《周书·酒诰》：“厥或诰曰，群饮，汝勿佚，尽执拘以归于周，予其杀！又惟殷之迪诸臣惟工，乃湎于酒，勿庸杀之，姑惟教之。有斯明享，乃不用我教辞。惟我一人弗恤弗蠲，乃事时同于杀。”

景帝中元三年，夏旱，禁酤酒。

后元年夏，令民得酤酒。以上见《汉书·景帝纪》。

宣帝时，复禁民酤。

汉兴，有酤酒之禁。其律：“三人以上无故群饮，罚金四两。”见《史记·文帝纪》《集解》引文颖语。

后汉和帝永元十六年三月，诏兖、豫、徐、冀四州，比年雨多伤稼，禁酤酒。见《后汉书·和帝纪》。

顺帝汉安二年十月丙午，禁酤酒。见《后汉书·顺帝纪》。

桓帝永兴二年九月诏曰：“朝政失中，云汉作旱，川灵涌水，蝗虫孳蔓，残我百谷。太阳亏光，饥馑荐臻。其不被害郡县，当为饥馁者储，天下一家，趣不糜烂，则为国宝。其禁郡国不得卖酒，祠祀裁足。”见《后汉书·桓帝纪》。

献帝建安中，年饥，兵兴，曹公表制酒禁。见《后汉书·孔融传》。《孔融传》曰：“融频书争之，多侮慢之辞。”

蜀先主时，以天旱禁酒，酿者有刑。见《三国志·蜀书·简雍传》。

晋孝武帝太元八年十二月庚午，以寇难初平，开酒禁。见《晋书·孝武帝纪》。

安帝隆安五年，以岁饥禁酒。

义熙三年二月己丑，大赦，除酒禁。见《晋书·安帝纪》。

《抱朴子》《外篇》卷二曰：“曩者既年荒谷贵，民有醉者相杀，牧伯因此辄有酒禁，严令重申，官司搜索，收执榜徇者相属，制鞭而死者太半。防之弥峻，犯者至多，至乃穴地而酿，油囊怀酒，民之好此，可谓笃矣。又临民者虽设其法，而不能自断斯物，缓己急人，虽令不从，弗躬弗亲，庶民弗信。以此而禁，禁安得止哉？沽卖之家废业则困，遂修饰赂遗，依凭权右，所属吏不敢问，无力者独止，而有势者擅市，张炉专利，乃更倍售，从其酤卖，公行靡惮。法轻利重，安能免乎哉？”

前赵刘曜，命民季秋农功毕，乃听饮酒。见《晋书·刘曜载记》。

后赵石勒，以民始复业，资储未丰，于是重制禁酿，郊祀宗庙皆用醴酒。行之数年，无复酿者。见《晋书·石勒载记》。

宋太祖元嘉十二年夏六月，断酒。时扬州诸郡大水，扬州西曹主簿沈亮以为酒糜谷，而不足疗饥，请权禁止。诏从之。见《资治通鉴》卷一二二。

二十一年正月己亥，南徐、南豫州、扬州之浙江西并禁酒。

二十二年九月乙未，开酒禁。以上见《宋书·文帝纪》。

南齐武帝永明十一年五月，诏曰：“水旱成灾，谷稼伤弊，京师二县、朱方、姑熟，可权断酒。”见《南齐书·武帝纪》。

魏文成帝太安四年正月丙午，始设酒禁，酿酤饮者皆斩之。是时年谷屡登，士民多因酒酗讼，或议主政，故一切禁之。见《魏书·刑罚志》。

帝[1]即位，开酒禁，吉凶宾亲，各有日程。见《魏书·刑罚

---

① 帝，指北魏文成帝

志》。

正光后，国用不足，有司奏断百官常给之酒，计一岁所省米五万三千五十四斛九升，孽谷六千九百六十斛，面三十万五百九十九斤。其四时郊庙，百神群祀，依式供营。远蕃客使，不在限断。”见《魏书·食货志》。

东魏孝静帝天平四年闰九月，禁京师酤酒。元象元年四月，开酒禁。见《魏书·孝敬帝纪》。

北齐武成帝河清四年二月壬申，以年谷不登，禁酤酒。见《北齐书·武成帝纪》。

后主天统五年十月壬戌，诏禁造酒。

武平六年闰八月辛巳，开酒禁。以上见《北齐书·后主纪》。

后周武帝保定二年二月癸丑，以久不雨，京城三十里内禁酒。见《周书·武帝纪》。

唐高祖武德二年闰月诏曰："酒醪之用，表节制于欢娱；刍豢之滋，致肥甘于丰衍。然而沈湎之辈，绝业亡资，惰窳之民，骋嗜奔欲。方今烽燧尚警，兵革未宁，年数不登，市肆腾踊。趋末者众，浮沈尚多，肴羞曲糵，重增其费。救弊之术，要在权宜。关内诸州官民，俱断屠酤。"《册府元龟》卷五〇四。

《通典》卷七三：唐贞观六年诏曰："比年丰稔，闾里无事。乃有堕业之人，不顾家产，朋游无度，酣宴是耽，危身败德，咸由于此。自非澄源正本，何以革兹敝俗？可先录《乡饮酒礼》一卷，颁行天下。每年令州县官长，亲率长幼，依礼行之。庶乎时识廉耻，人知敬让。"

高宗咸亨元年八月庚戌，以粟麦贵，断酤酒。见《新唐书·高宗纪》。

玄宗先天二年十一月，以岁饥，禁京城酤酒。

肃宗乾元元年三月辛卯诏曰："为政之本，期于节用。今农工在务，廪食未优，比闻京城之中，酒价尤贵。但以曲蘖之费，有损国储，游惰之徒，益资废业。其京城内酤酒即宜禁断。麦熟之后，任依常式。"

二年十月，禁酤酒。除光禄供进祭祀及宴蕃客外，一切禁断。

代宗宝应二年三月，以泰陵、乾陵发引，诏禁酤酒。

广德二年十二月，诏天下州县各量定酤酒户，随月纳锐。除此之外，不问官私，一切禁断。以上见《册府元龟》卷五〇四。

辽兴宗时，"禁职官不得擅造酒糜谷。有婚祭者，有司给文字始听。"见《辽史·食货志》。

金熙宗天会十三年正月甲戌，诏公私禁酒。见《金史·熙宗纪》。

海陵正隆五年，禁朝官饮酒，犯者死。三国人使燕饮者罪。

六年，判大宗正徒单贞、益都尹京、安武军节度使爽、金吾卫上将军阿速饮酒，以近属故，杖贞七十，馀皆杖百。以上见《金史·海陵王纪》。

世宗大定十四年，诏："猛安谋克之民，今后不许杀生祈祭。若遇节辰及祭天日，许得饮会。自二月至八月终，并禁绝饮燕，不许赴会他所，恐妨农功。闲月亦不许痛饮。犯者抵罪。"

十八年三月乙巳，命戍边女真人，遇祭祀、婚嫁、节辰，许自造。以上见《金史·世宗纪》。

二十九年十二月戊戌，禁宫中上直官及承应人毋得饮酒。见《金史·章宗纪》。

《金史·梁肃传》：肃为大兴少尹，上疏言："自汉武帝用桑弘羊，始立榷酤法。民间粟麦岁为酒所耗者十常二三，宜禁天下酒曲。自京师及州郡官务，仍旧不得酤贩出城，其县镇乡村，权行停止。"不报。

哀宗天兴二年九月，禁公私酿酒。见《金史·哀宗纪》。

元世祖至元十四年，以冬无雨雪，春泽未降，遣使问便民之事于翰林国史院。耶律铸、姚枢、王磐、窦默等曰："足食之道，惟在节用。靡谷之多，无逾醪醴曲糵。况自周、汉以来，尝有明禁，祈赛神社，费亦不赀。宜一切禁止。"从之。

五月癸巳，申严大都酒禁。犯者籍其家赀，散之贫民。

十五年四月，以时雨露沾足，稍弛酒禁。民之衰疾饮药者，官为酝酿，量给之。

十一月甲午，开酒禁。

十八年五月，禁甘肃瓜、沙等州酒。

十九年十月，禁大都及山北州郡酒。

二十年四月，申严酒禁。有私造者，财产、女子没入官，犯人配役。

九月辛未，以岁登，开诸路酒禁。

二十二年正月，诏禁私酒。

二十四年九月，以西京、平滦路饥，禁酒。

二十七年七月丙午，禁平地、忙安仓酿酒，犯者死。

九月戊申，弛酒禁。

二十八年三月，严酒禁。

至元二十二年八月，罢榷酤。初，民间酒听自造，米一石官取钞一贯。卢世荣以官钞五万锭，立榷酤法，米一石取钞十贯，增旧十倍。至是，罢榷酤，听民自造，增课钞一贯为五贯。以上见《元史·世祖纪》。

至元十四年五月诏曰："汉赐大酺，岁有常数。周申文诰，饮有戒无彝。况糜有谷者莫甚于斯，崇饮者刑则无赦。近缘春旱，朝议上陈，官禁市酤，以丰民食。朕详来奏，实为腆民。可自今年某月日，民间无得酝造酒醴，俾暴殄天物，重伤时和。故兹诏示，想宜知悉。"见《玉堂嘉话》卷一。

成宗大德五年十月丙戌，以岁饥，禁酿酒。

十一月，诏谕中书："近因禁酒，闻年老需酒之人有豫市而储之者，其无酿具者勿问。"

七年十二月乙酉，弛京师酒课，许贫民酿酒。

九年正月壬申，弛大都酒禁。以上见《元史·成宗纪》。

武宗至大元年，中书省言："杭州一郡，岁以酒糜米麦二十八万石，禁之便。河南、益都亦宜禁之。"制可。[①]

至大二年二月甲戌，弛中都酒禁。

十月辛酉，弛酒禁，立酒课提举司。以上见《元史·武宗

① 据《元史·武宗纪》，此事系在成宗大德十一年九月，时武宗虽已即位，尚未改元，次年方改元至大。

纪》。许有壬《宿滦河望白海行宫诗》云："圣恩疏酒令，暂得醉歌同。"注云："时有旨特放滦河酒禁。"

禁种糯

《太祖实录》卷一九：戊戌年十二月，下令禁酒。丙午年二月，下令禁种糯。其略曰："予自创业江左，十有二年，德薄才菲，惧弗胜任。但以军国之费，不免科征于民，而吾民效顺，乐于输赋，固为可喜。然竭力畎亩，所出有限，而取之过重，心甚悯焉。故凡有益于民者，必力行而申告之。曩以民间造酒醴糜费米麦，故行禁酒之令。今春米麦价稍平，予以为颇有益于民，然不塞其源，而欲遏其流，不可得也。其令农民今岁无得种糯，以塞造酒之源。欲得五谷丰积而价平，吾民得所养，以乐其生，庶几养民之实也。"

赐酒献酒

金章宗承安元年，敕有司以酒万尊置通衢，赐民纵饮。

九月癸未，都人进酒三千一百瓶，诏以赐北边军吏。以上见《金史·章宗纪》。

禁凿石

后汉顺帝永建四年二月戊戌，诏以民入山凿石，发泄藏气，敕有司检察，所当禁绝，如建武、永平故事。《后汉书·顺帝纪》。

禁发冢

魏高宗太安四年十月甲戌，北巡至阴山，有故冢毁废。诏曰："昔姬文葬枯骨，天下归仁。自今有穿毁坟陇者，斩之。"《魏书·高宗文成帝纪》。

禁毁淫祠

汉桓帝《纪》：延熹八年四月丁巳，坏郡国诸房祀。见《后汉书·桓帝纪》。

《后汉书》《栾巴传》：栾巴为豫章太守，郡土多山川鬼怪，小人常破赀产以祈祷。巴素有道术，能役鬼神，乃悉毁坏房祠，房祠谓为房堂而祀。翦理奸巫。于是妖异自消，百姓始颇为惧，终皆安之。

《晋书·载记》：石勒禁州郡诸祠堂非正典者，皆除之。其能兴云致雨，有益于百姓者，郡县更为立祠堂，植嘉树，准岳渎以下为差等。

《宋书·武帝纪》：永初二年四月己卯诏曰："淫祠惑民费财，前典所绝，可并下在所，除诸房庙。其先贤及以勋德立祠者不在此例。"

《南史·王神念传》：梁时为青、冀二州刺史，性刚正，所更州郡，必禁止淫祀。时青、冀州东北有石鹿山，临海，先有神庙，妖巫欺惑百姓，远近祈祷，糜费极多。及神念至，便令毁撤，风俗遂改。

《宋书·礼志》：城阳国人以刘章有功于汉，为之立祠，青州诸郡转相仿效，济南尤甚。至魏武帝为济南相，皆毁绝之。及秉大政，普加除翦，世之淫祠遂绝。至文帝黄初五年十一月诏曰："先王制礼，所以昭孝事祖，大则郊社，其次宗庙，三辰五行，名山川泽，非此族也，不在祀典。叔代衰乱，崇信巫史，至乃宫殿之内，户牖之间，无不沃酹，甚矣其惑也！自今其敢设非礼之祭，巫祝之言，皆以执左道论，著为令。"明帝青龙元年又诏："郡国山川不在祀典者，勿祀。"

晋武帝泰始元年十二月诏："昔圣帝明王，修五岳四渎，名山川泽，各有定制，所以报阴阳之功，而当幽明之道故也。然以道莅天下者，其鬼不神，其神不伤人也。故祝史荐而无愧词，是以其人敬慎幽冥，而淫祀不作。末代信道不笃，僭礼渎神，纵欲祈请，曾不敬而远之，徒偷以求幸，妖妄相煽，舍正为邪，故魏朝疾之。其按旧礼，具为之制，使功著于人者必有其报，而妖淫之鬼不乱其间。"

二年正月，有司奏，春分祠厉殃及禳祠。诏曰："不在祠典，除之。"以上见《晋书·礼志》。

宋武帝永初二年四月诏："淫祠自蒋子文以下皆除之。其先贤及以勋德立祠者不在此例。"见《宋书·武帝纪》。

普禁淫祠。由是蒋子文祠以下，并皆毁绝。孝武孝建初，更修起蒋山祠，所在山川，渐皆修复。明帝立九州庙于鸡笼山，大聚群神。蒋侯宋代稍加爵，位至相国、大都督、中外诸军事，加殊礼，锺山王。苏侯骠骑大将军。四方诸神，咸加爵秩。见《宋书·礼志》。

魏肃宗神龟二年十二月，诏除淫祀，焚诸杂神。见《魏书·孝明帝纪》。

《魏书·任城王澄传》：除都督淮南诸军事、镇南大将军、开府、扬州刺史。下车，封孙叔敖之墓，毁蒋子文之庙。

《旧唐书·狄仁杰传》：为冬官侍郎，充江南巡抚使。吴、楚俗多淫祠，仁杰奏毁一千七百所，唯留夏禹、吴太伯、季札、伍员四祠。

《于頔传》：为苏州刺史，吴俗事鬼，頔疾其淫祠废生业，神宇皆撤去，唯太伯、伍员等三数庙存焉。

《宋史·陈希亮传》：以殿中丞知鄠县。毁淫祠数百区，勒巫为农者七十馀家。

《太原志》：秦伟，三原人。正德中为山西参政，毁淫祠百馀区，凡佛像、圣母及太山、二郎，无孑遗者。

林俊为云南副使，滇崇释信鬼。鹤庆玄化寺称有活佛，岁时士女会集，争以金泥其面。俊按部至，焚之，得金数百两，输之官。毁淫祠三百六十区，所在学宫敝，以其材修之。见明林俊《见素集》附杨一清撰《林俊墓志铭》。

王沈《魏书》：初，城阳景王刘章以有功于汉故，其国为立祠，青州诸郡转相仿效，济南尤甚，至六百馀祠。贾人或假二千石舆服，导从作乐，奢侈日甚，民坐穷困，历世长吏无敢禁绝者。太祖太祖，曹操，为济南相。到，皆毁坏祠屋，止绝官吏民不得祀祠。及至秉政，遂除奸邪鬼神之事，世之淫祠由此遂绝。见《三国志·魏书·太祖纪》注引。

《抱朴子》《内篇》卷二《道意》：第五公诛除妖道，而既寿且贵；宋庐江罢绝山祭，而福禄永终；文翁破水灵之庙，而身吉民安；魏武禁淫祀之俗，而洪庆来假。

《华阳国志》卷八：王濬为益州刺史。蜀中山川神祠皆种松柏，濬以为非礼，皆废坏烧除，取其松柏为舟楫，唯不毁禹王祠及汉武帝祠。又禁民作巫祀。于是蜀无淫祀之俗。

奴告主[①]

卒告其将，奴婢告其主，凡以禁奸，奸愈甚。

《旧唐书·张镒传》：拜中书侍郎平章事。建中三年正月，太仆卿赵纵为奴当千发其阴事，纵下御史台，留当千于内侍省。镒上疏论之曰："伏见赵纵为奴所告下狱，人皆震惧，未测圣情。贞观二年，太宗谓侍臣曰：'比有奴告其主谋逆，此极弊法，特须禁断，假令有谋反者，必不独成，自有他人论之，岂藉其奴告也？自今以后，奴告主者皆不许受，便令决杀。'由是贱不得干贵，下不得陵上，教化之本既正，悖乱之渐不生，为国之经，百代难改。今赵纵非叛逆，奴实奸凶，奴在禁中，纵独下狱，考之于法，或恐未正。臣叨居股肱，职在匡弼。斯是大体，敢不极言。伏乞圣慈，纳臣愚恳。"上深纳之。纵于是左贬循州司马，当千杖杀之。

《大唐新语》卷四：则天朝，奴婢多通外人，辄罗告其主，以求官赏。润州刺史窦孝谌妻庞氏，为其奴所告夜醮，敕御史薛季旭推之。季旭言其咒诅，草状以闻，先于玉阶涕

① 《日知录》卷一十有"奴仆"条。

泣不自胜,曰:"庞氏事状,臣子所不忍言。"则天纳之,迁季旭给事中,庞弃市。将就刑,庞男希瑊诉冤于侍御史徐有功。有功览状曰:"正当枉状。"停决以闻。三司对按,季旭益周密其状。秋官及司刑两曹既宣覆而自惧,众迫有功,有功不获申,遂处绞死。则天召见,迎谓之曰:"卿此按,失出何多也?"有功曰:"失出,臣下之小过;好生,圣人之大德。愿陛下弘大德,天下幸甚!"则天默然,久之,曰:"去矣。"敕减死,流于岭南。

《通鉴》卷一九三:唐太宗贞观二年,上曰:"比有奴告其主反者,此弊事。夫谋反不能独为,必与人共之,何患不发,而必使奴告耶?自今有奴告主者,皆勿受,仍斩之。"

《东观奏记》卷中:大理卿马曙任代北水陆运使。代北出犀甲,曙罢职,以一二十领自随。故事,人臣家不得蓄兵器。曙既在朝,乃瘗而藏之。一日,奴有犯罪者,曙笞之,即告于御史台,称曙蓄兵器,有异志。命吏发曙私第,得甲不虚,坐贬邵州刺史。谏官上论,以奴诉即主,在法不治。上命杖杀曙奴于青泥驿,曙再贬岭外。

晋赵王伦篡位,孙秀擅权。司隶从事游颢与殷浑有隙,浑诱颢奴晋兴诬告颢有异志。秀不详察,即收颢及襄阳中正李迈,杀之,厚待晋兴,以为已部曲督。见《晋书·赵王伦传》。

《晋书·石季龙载记》:"立私论之条,偶语之律。听吏告其君,奴告其主,威刑日滥。公卿以下,朝会以目。吉凶之问,自此而绝。"

《魏謩传》:“为中书侍郎同平章事。大理卿马曙从人王庆告曙家藏甲兵,曙坐贬官,而庆无罪。謩引法律论之,竟杖杀庆。”

《裴度传》:“王稷家二奴告稷换父遗表,隐没进奉物。乃留其奴于仗内,遣中使往东都,检责稷之家财。度奏曰:‘王锷身没之后,其家进奉已多,今因其奴告,检责其家事,臣恐天下将帅闻之,必有以家为计者。’宪宗即日召中使还,二奴付京兆府决杀。”以上见《旧唐书》。

《册府元龟》卷一五二:“肃宗至德二载,凤翔张谦奴附子告谦与逆贼为细作,三司推鞫虚妄。诏曰:‘自下讼上,败俗乱常。附子宜付凤翔郡集众决杀。’”

敬宗宝历元年五月,琼王府司马谢少莒奴沙橘告少莒为不轨,诏委内侍省推鞫,不实,沙橘杖流灵州,少莒释放。凡告人不实,法当反坐,况其家仆?则沙橘止于决杖,仍流近处,为失刑矣。见《册府元龟》卷九三三。

《五代史·史弘肇传》:“李崧坐奴告变族诛,弘肇取其幼女以为婢子,于是前资故将失职之家姑息僮奴,而厮养之辈往往胁制其主。”

《李崧传》:“崧弟屿仆葛延遇为屿商贾,多干没其赀,屿笞责之。是时高祖将葬睿陵,河中李守贞反,延遇上变,言崧与其甥王凝谋,因山陵放火焚京师,又以蜡丸书通守贞。乃送李崧侍卫狱,崧出乘马,从者去无一人。崧恚曰:‘自古岂有不死之人,然亦岂有不亡之国乎?’乃自诬服,族诛。崧素与翰林徐台符相善,后周太祖立,台符告宰相冯道,请诛延遇。道以数经赦宥,难之。枢密使王峻闻之,多台符有义,乃奏诛延遇。”《册府元龟》卷八〇四:“徐台符先与汉故太子太傅李崧为执友,乾祐中,崧为部曲葛延遇等诬告,族灭。广顺中,台符为兵部侍郎,白于宰府,请诛延遇等。宰相冯道以延遇等已经赦宥,未之诛也。时王峻执政,闻台符之言,深加叹服,因奏于太祖,遂诛延遇等。时人义之。”

《唐景思传》:“为沿淮巡检。景思有奴,尝有所求,不如意,即驰见弘肇,告景思与李景交通,而私蓄兵甲。弘肇遣吏将三十骑往收景思。奴谓吏曰:‘景思,勇者也,得则杀之。不然,将失之也。’吏至,景思迎前,以两手抱吏呼冤,请诣狱自理。吏引奴与景思验,景思曰:‘我家在此,请索之,有钱十千,为受外赂,有甲一属,为私蓄兵。’吏索,唯一衣笥,军籍、粮簿而已,吏悯而宽之。景思请械送京师以自明。景思有仆王知权,在京师,闻景思被告,乃见弘肇,愿先下狱,明景思不反。弘肇怜之,送知权狱中,日劳以酒食。景思既械就道,颍、亳之人随之京师共明之。弘肇乃鞫其奴,具伏,既奏,斩奴,而释景思。”

《册府元龟》卷四四八:“弘肇专恣刑杀。故相李崧为家僮诬告,族戮于市,而取其幼女为婢。自是仕宦之家畜仆隶者,皆以姑息为意。而旧勋故将之后,为厮养辈之所胁制者,往往有之。有燕人何福殷者,以商贩为业,尝以钱十四万市得玉枕一枚,遣家僮及商人李进卖于淮南,大得茗回。家僮无行,隐福殷货财数十万。福殷责其偿,不伏,遂杖之。未几,家僮诣弘肇上变,言虏主之入汴也,伪燕王赵延寿遣福殷赍玉枕,阴遗淮南主,以致诚意。弘肇即日逮捕福殷，榜掠备至。福殷自诬，连罪者数辈，并弃市，妻女为弘肇帐下健卒分取之，其家财并籍没。”

《宋史·李孝寿传》：“为开封尹。有举子为仆所凌，忿甚，具牒欲送府，同舍生劝解，久乃释。戏取牒，效孝寿花书判云：‘不勘案，决杖二十。’仆明日持诣府，告其主效尹书判私用刑。孝寿即追至，备言本末。孝寿幡然曰：‘所判正合我意。’如数与仆杖而谢举子。时都下数千人，无一仆敢肆者。”

《辽史·刑法志》：“景帝时，吴王稍为奴所告，有司请鞫。帝曰：‘朕知其诬，若案问，恐馀人效之。’命斩以徇。”

圣宗统和二十四年诏：“主非谋反大逆及流死罪者，其奴婢无得告首。若奴婢犯罪至死，听送有司，其主无得擅杀。”同上。

《元史·速不台传》：“钦察之奴来告其主者，速不台纵为民。还，以闻，帝曰：‘奴不忠其主，肯忠他人乎？’遂戮之。”

《不忽朮传》：“有奴告主者，主被诛，诏即以其主所居官与之。不忽朮言：‘如此必大坏天下之风俗，使人情愈薄，无有上下之分矣。’帝悟，为追废前命。”

卒告将

《宋史·何中立传》：“以龙图阁直学士知庆州，戍卒有告大校受赇者，中立曰：‘是必挟他怨也。’鞭卒，窜之。或曰：‘贷奸可乎？’中立曰：‘部曲得持短长以制其上，则人不自安矣。'"

《文彦博传》:"仁宗不豫,有禁卒告都虞候欲为乱。彦博召都指挥使许怀德,问虞候何如人,怀德称其愿可保。彦博曰:'然则卒有怨,诬之耳,当亟诛之以靖众。'乃斩卒于军门。"

《苏轼传》:"知定州。有卒史以赃诉其长,轼曰:'此事吾自治则可,听汝告,军中乱矣。'立决配之,众乃定。"

吏告本官

魏明帝时猎法甚峻。宜阳典农刘龟窃于禁内射兔,其功曹张京诣校事言之。帝匿京名,收龟付狱。廷尉高柔表请告者名,帝大怒曰:"刘龟当死,乃敢猎吾禁地。送龟廷尉,廷尉便当拷掠,何复请告者主名?吾岂妄收龟耶!"柔曰:"廷尉,天平之平也,安得以至尊喜怒而毁法乎?"重复为奏,词旨深切。帝意悟,乃下京,即召还讯,各当其罪。《三国志·魏书·高柔传》。

后魏太武,以民官多贪,诏吏民得举告守令之不法者。于是奸猾专求牧宰之失,迫胁在位,横于闾里,而长吏咸降心待之,贪纵如故。《资治通鉴》卷一二三。

《实录》:洪武十四年十月甲戌,江西按察司书吏言其副使田嘉写表具名不具朝服,为不敬。上曰:"拜表则具朝服,写表虽常服何害?小官摭拾长官细故,其风不可长也。"命法司正其罪。《太祖实录》卷一三九。

十五年八月壬寅,黄州府同知安贞以擅造公宇器用为吏所告。湖广按察司鞫之,以闻。上遣使敕曰:“安贞有犯,法司如律按之,固其职也。然原贞之情非私也,房宇器用之物,皆公家所需,若迁他官而去,必不以偕往。今乃罪之,是长猾吏告讦之风矣。”敕安贞复职,械其吏送京师。《太祖实录》卷一四七。

十七年闰十月乙未朔,左都御史詹徽言:“四川成都府有吏诉其知府张仁受贿,同知蔡良于公署设宴,放吏为民,请逮问之。’上曰:‘吏胥之于官长,犹子弟之于父兄。下讦其上,有乖名义,不足听也。”《太祖实录》卷一六七。

《实录》:正统十年五月,“太医院判钦谦奏吏抗己,吏亦摭谦不法事以诉刑部,请并逮谦鞫之。上命谦自陈,而械示吏于院门。谦陈状伏罪,遂宥之。”《英宗实录》卷一二九。

小校杀本管

洪武四年七月,伪夏平章丁世真为帐下小校所杀,蜀平,小校赴京言状。中书省奏请赏,上曰:“小校杀本管,非义也,何赏为?”不许。《明太祖实录》卷六七。

妻子告家长

《元史》《世祖纪》:“世祖至元十三年十二月壬申,李思敬告运使姜毅所言悖妄,指毅妻子为证。帝曰:‘妻子岂为证者耶?’诏勿问。”

告妖言

《三国志·魏书·高柔传》:“文帝时,民间数有诽谤妖言，帝疾之，有妖言辄杀，而赏告者。柔上疏曰：'今妖言者必戮，告之者辄赏。既使过误无反善之路，又开凶狡诬善之端，非所以息奸省讼也。昔周公作诰，称殷之先王，小民怨詈，则皇自敬德。在汉，太宗亦除诽谤妖言之令。臣愚以为宜除妖谤赏告之法，以隆天父养物之仁。'帝不即从，而相诬告者滋甚。帝乃下诏：'敢以诽谤相告者罪之。'于是遂绝。"

吏告前官

《旧唐书·阳城传》："出为道州刺史。前刺史有赃罪，观察使方推鞫之。吏有幸于前刺史者，拾其不法事以告，自为功。城立杖杀之。"

禁御状

正统四年八月，浙江嘉兴府知府黄懋言所治人民多系无赖，以告讦为能，辄入京妄奏，甚至有雇人代草者，词所连及，动百十人，旷岁无稽，善良抱冤。乞敕通政司，今后嘉兴有陈诉者，抑之不受。上以懋所言天下皆然，何独嘉兴，命法司普禁之。今后唯谋反重情许诉于京，馀皆自下而上，违者以蓦越罪之。"《明英宗实录》卷五八。

应募杀兄弟

《实录》：洪武七年三月乙亥，兰州人郭买的叛诱番兵入寇。诏立赏格购捕之。兰州卫遣其兄著沙与其弟火石歹往招之，不从，遂夜斩其首以归。奏闻，请赏。上曰："买的罪固当死，然为弟兄者劝之不从，执之而已，今手刃之，有乖天伦。若赏之，非所以令天下也。但以所获牛马给之。"《明太祖实录》卷八八。

禁参谒座主[1]

《全唐诗话》[2]卷五五："进士题名，自神龙之后，过关宴后，率皆期集于慈恩塔下题名。会昌三年十二月二十二日，中书覆奏：'奉宣旨，不欲令及第士呼有司为座主而趋附其门，兼题名局席等条疏进来者。伏以国家设文学之科，求贞正之士，所宜行崇风俗，义本君亲，然后升于朝廷，必为国器。岂可怀赏拔之私惠，忘教化之根源，自谓门生，遂成胶固，所以士风浸坏，臣节何施？树党背公，靡不由此。臣等商量，今日以后，进士及第，任一度参谒有司，向后不得聚集参谒。有司宅置宴，其曲江大会朝官及题名局席，并望勒停。缘初获美名，实皆少隽，既遇春节，难阻良游，三五人自为宴乐，并无所禁，唯不得聚集同年进士广为宴会。仍委御史台察访闻奏。谨具如前，奉敕宜依。'于是向之题名，各尽削去。"

《山堂考索》《后集》卷三六："宋太祖建隆三年九月丙辰，诏及第举人不得呼知举官为恩门、师门，及自称门生。"

---

① 《日知录》卷十七有"座主门生"条。

② 即《唐诗纪事》。

贷回鹘钱[①]

《旧唐书》《李晟传》：李晟子惎累官至右龙武大将军。沈湎酒色，恣为豪侈，积债至数千万。其子贷回鹘钱壹万馀贯不偿，为回鹘所诉。文宗怒，贬惎为定州司法参军。

围棋免官

宋颜延之初仕晋，为镇东司马，坐围棋免官。《册府元龟》卷八六九。

禁中表为婚

西魏文帝大统九年正月，禁中表及从母兄弟姊妹为婚。《北史·西魏文帝纪》。

污辱宗女

《旧唐书》《吴通玄传》："吴通玄娶宗室女为外妇，贬泉州司马。德宗召见，临问，责以污辱近属。行至华州长城驿，赐死。"

母丧宴饮[②]

《旧唐书》《宪宗纪》："宪宗元和十二年，驸马都尉于季友居嫡母丧，与进士刘师服欢宴夜饮。季友削官爵，笞四

---

① 《日知录》卷二十八有"居官负债"条。

② 《日知录》卷十五有"居丧饮酒"条。

十，忠州安置。师服笞四十，配流连州。于頔不能训子，削阶。”

母丧薄游

《旧唐书·皇甫镈传》：“授监察御史。丁母忧，免丧。坐居丧时薄游，除詹事府司直。”

妇丧宴饮

晋庐江太守梁龛，明日当除妇服，今日请客奏伎。长史周颛等同会。刘隗奏：“龛暮宴朝祥，慢服之愆难逭，请免龛官。颛等知龛有丧，吉会非礼，各夺俸一月。”见《山堂考索》卷一五四。

期功丧不预朝贺

《旧唐书·王方庆传》：“奏言：令文‘期丧、大功未葬，不预朝贺；未终丧，不预宴会’。比来朝官不遵礼法，身有哀容，陪预朝会，手舞足蹈，公违宪章。名教既亏，实玷王化。伏望申明令式禁断。”

山陵未成宴饮

《汉书·外戚恩泽侯表》：“成都侯王况，绥和二年，坐山陵未成置酒歌舞，免。”

《魏书·甄楷传》：“除秘书郎。世宗崩，未葬，楷与河南尹丞张普惠等饮戏，免官。”

国丧未期宴乐[1]

晋成帝初，锺雅为御史中丞。时国丧未期，而尚书梅陶私奏女妓，雅劾奏曰："臣闻放勋之殂，八音遏密，虽在凡庶，犹能三载。自兹以来，历代所同。肃祖明皇帝崩背万国，尚未期月。圣主缟素，泣血临朝，百僚惨怆，动无欢容。陶无大臣忠慕之节，家庭侈靡，声妓纷葩，丝竹之音，流闻衢路。宜加放斥，以整王宪。请下司徒，论正清议。"穆后临朝，特原不问。雅直言绳违，百僚惮之。《晋书·锺雅传》。

国忌禁宴饮

《旧唐书》《德宗纪》：德宗贞元十二年，驸马郭暧，王士平，暧弟煦、暄，坐代宗忌辰宴饮，贬官归第。

忌日行香

《旧唐书·崔蠡传》："上疏论国忌日设僧斋，百官行香，事无经据。诏曰：'朕以郊庙之礼，严奉祖宗，备物尽诚，庶几昭格。恭唯忌日之感，所谓终身之忧。而近代以来，皈依释、老，征二教以设食，会百辟以行香，将以有助圣灵，冥资福祚，有异皇王之术，颇乖教义之宗。昨得崔蠡奏论，遂遣讨寻本末。礼文令式，曾不该明，习俗因循，雅当整革。其两京、天下州府，以国忌日于寺观设斋焚香，自今以后，并宜停罢。'"

---

① 《日知录》卷十五有"国恤宴饮"条。

匿忌日[①]

《旧唐书》《祝钦明传》:"祝钦明历刑部、礼部二尚书,同中书门下三品。以匿忌日,为御史中丞萧至忠所劾,贬授申州刺史。"

子卯[②]

《礼记》《玉藻》:"子卯,稷食菜羹。"

后周武帝天和元年五月甲午诏曰:"道德交丧,礼义嗣兴。褒四始于一言,美三千于为政。是以在上不骄,处满不溢。富贵所以长守,邦国于焉乂安。故能承天静地,和民敬鬼,明并日月,道错四时。朕虽庸昧,有志前古。甲子乙卯,礼云不乐。苌弘表昆吾之稔,杜蒉有扬觯之文。自世道丧乱,礼仪紊毁,此典茫然,已坠于地。昔周王受命,请闻颛顼,庙有戒盈之器,室为复礼之铭。矧伊末学,而能忘此。宜依是日,省事停乐,庶知为君之难,为臣不易。贻之后昆,殷鉴斯在。"《周书·武帝纪》。

子孙伐墓柏贬官

《唐书·韦陟传》:"为吏部尚书,以宗人伐墓柏,坐不能禁,贬绛州刺史。"

---

① 《日知录》卷十五有"匿丧"条。

② 《日知录》卷六有"子卯不乐"条。

五品以上妻妾不得改嫁

《北史·李谔传》："谔见礼教雕敝，公卿薨亡，其爱妾侍婢，子孙辄嫁卖之，遂成风俗。乃上书曰：'臣闻追远慎终，人德归厚。三年无改，方称为孝。如闻大臣之内，有父祖亡没，日月未久，子孙无赖，引其妓妾，嫁卖取财。有一于此，实损风化。妾虽微贱，亲承衣履，服斩三年，古今通式。岂容遽褫衰绖，强傅铅华，泣辞灵几之前，送付他人之室？凡在见者，犹致伤心。况乎人子，能堪斯忍！复有朝廷重臣，位望通贵，平生交旧，情若弟兄，及其亡没，遂同行路，朝闻其死，夕窥其妾，方便求聘，以得为限，无廉耻之心，弃朋友之义。'上览而嘉之。五品以上妻妾不得改嫁，始于此也。"

寒食禁火①

《琴操》："介子推抱木而烧死，文公令民五月五日不得发火。"《北堂书钞》卷一五五《五月五日》引。

魏武帝令曰："闻太原、上党、西河、雁门，冬至后百五日皆绝火寒食，云为介子推。且北方沍寒之地，老少羸弱，将有不堪之患。今则人不得寒食。若犯者，家长半岁刑，主吏百日刑，令长夺一月俸。"《艺文类聚》卷四。

《魏书》《高祖纪》："高祖太和二十年二月癸丑，诏介山之邑，听为寒食，自馀禁断。"

① 《日知录》卷二十五有"介子推"条。

《晋书·载记》:“石勒时,雹起西河介山,大如鸡子,平地三尺,洿下丈馀,行人、禽兽死者万数。历太原、乐平、武乡、赵郡、广平、钜鹿千馀里,树木摧折,禾稼荡然。勒正服于东堂,以问徐光曰:‘历代以来,有斯灾几也?’光对曰:‘周、汉、魏、晋皆有之,虽天地之常事,然明主未始不为变,所以敬天之怒也。去年禁寒食,介子推,帝乡之神也,历代所尊,或者以为未宜替也。一人呼嗟,王道尚为之亏,况群神怨憾,而不怒动上帝乎?纵不令天下同尔,介山左右,晋文之所封也,宜任百姓奉之。’勒下书曰:‘寒食既并州之旧风,朕生其俗,不能异也。前者外议,以子推诸侯之臣,王者不应为忌,故从其议。倘或由之而致斯灾乎?子推虽朕乡之神,非法食者,亦不得乱也。尚书其促检旧典,定议以闻。’有司奏以子推历代攸尊,请普复寒食,更为植嘉树,立祠堂,给户奉祀。勒黄门郎韦謏驳曰:‘按《春秋》,藏冰失道,阴气发泄为雹。自子推以前,雹者复何所致?此自阴阳乖错所为耳。且子推贤者,曷为暴害若此?求之冥趣,必不然矣。今虽为冰室,惧所藏之冰不在固阴沍寒之所,多在山川之侧,气泄为雹也。以子推忠贤,令绵、介之间奉之为允,于天下则不通矣。’勒从之。于是迁冰室于重阴凝寒之所,并州复寒食如初。”

唐李涪《刊误》卷上曰:“《论语》曰:‘钻燧改火,春榆夏枣,秋柞冬槐。’则是四时皆改其火。自秦汉以降,渐至简易,唯以春是一岁之首,止一钻燧。而适当改火之时,是为寒食节之后。既曰就新,即去其旧。今人持新火曰勿与旧火相见，即其事也。又《礼记·郊特牲》云：‘季春出火曰禁火。’此则禁火之义昭然可征。俗传禁火之因，皆以介推为据，是不知古，以钻燧证之。”

《困学纪闻》卷四：“‘司爟’，郑康成引《鄹子》，与《论语》马融引《周书·月令》同。晋时有以洛阳火度江者，代代事之，相续不灭，火色变青。《后汉·礼仪志》：‘日夏至，浚井改水；日冬至，钻燧改火。’”

《升庵集》卷六八：“《容斋随笔》谓寒食禁火不由介推，其言似矣。近观《十六国春秋》，石勒下令寒食不许禁火，后有冰雹之异。徐光曰：‘介推，帝乡之神也，历代所尊，未宜替也，宜令百姓奉之。’勒又令尚书定议以闻。韦谀曰：‘子推忠贤，令绵、介之间奉之为允，于天下则不通矣。’勒从之，令并州复寒食如初。容斋亦未之考耶？然勒禁天下寒食，而至隋、唐已复禁改火，观隋李崇嗣‘普天皆灭焰，匝地尽藏烟’之句，及元稹《连昌宫词》自注：‘唐时京城寒食火禁，以鸡羽入灰，有焦者罪之。’亦极严矣。火禁迨今则绝不知，而四时亦不改火。自胡元入中国，卤莽之政也，然寒食不必复，改火乃先圣节宣天道，可因元人而废之乎？”

禁刻书

宋孝宗淳熙七年五月己卯，申饬书坊擅刻书籍之禁。《宋史·孝宗纪》。

禁馈送

宋光宗绍熙二年三月丙辰，诏监司、郡守互送以赃论。

《宋史·光宗纪》。

慈幼局

《宋史·理宗纪》："淳祐九年正月癸亥，诏给官田五百亩，命临安府创慈幼局，收养道路遗弃初生婴儿。"

吏部令史

《魏书》《孝静帝纪》："孝静帝武定六年四月甲子，吏部令史张永和、青州人崔阔等伪假人官。事觉，纠检，首者六万馀人。"

《旧唐书·杨虞卿传》："改吏部员外郎。太和二年，南曹令史李賨等六人伪出告身签符，卖凿空伪官，令赴任者六十五人，取受钱者一万六千七百三十贯。虞卿按得伪状，捕賨等，移御史台鞫劾。賨称六人，共率钱二千贯，与虞卿厅典温亮，求不发举伪滥事迹。乃诏给事中严休复、中书舍人高钺，左丞韦景休充三司推按，而温亮逃窜。賨等既伏诛，虞卿以检下无术，停见任。"

江南典选①

《旧唐书·刘滋传》："兴元元年，改吏部侍郎，往洪州知选事。时京师寇盗之后，天下蝗旱，谷价翔贵，选人不能赴调，乃命滋江南典选，以便江、岭之人。时称举职。"

① 《日知录》卷八有"选补"条。

两都试举人

《旧唐书·贾至传》："广德二年，转礼部侍郎。以时艰岁歉，请举人赴省者两都就试。两都试举人自此始也。"

大臣子弟仍放及第[①]

《旧唐书》《宣宗纪》：宣宗大中元年二月丁酉，礼部侍郎魏扶奏："臣今年所放进士三十三人，其封彦卿、崔琢、郑延休等三人实有词艺，为时所称。皆以父兄见居重位，不得令中选。"诏令翰林学士承旨、户部侍郎韦琮重考覆，敕曰："彦卿等所试文字并合度程，可放及第。有司考试，只在至公，如涉请托，自有朝典。今后但依常例放榜，不得别有奏闻。"

食禄子弟覆试

唐宣宗大中元年，礼部侍郎魏扶奏"臣今年所放进士"云云，侍郎韦琮考覆，敕放及第。文俱同上。

宋太祖开宝元年三月癸巳，权知贡举王祐擢进士合格者十人，陶谷子邴名在第六。翌日，谷入致谢。上谓左右曰："闻谷不能训子，邴安得登第？"遂命中书覆试，而邴复登第。因下诏曰："造士之选，非植私恩。世禄之家，宜崇素业。如闻党与，颇容窃吹，文衡公器，岂宜斯滥。自今举人，凡关食禄之家，委礼部具析以闻，当令覆试。"《山堂考

---

① 以下数条均与《日知录》卷十七"大臣子弟"条相关。

索·后集》卷三六。

宰执子弟不预科名

《旧唐书》《王荛传》:“王荛苦学,善属文。以季父铎作相,避嫌不就科试。”

《旧唐书·杨严传》:“会昌四年,仆射王起典贡部,选士三十人。严与杨知至、窦缄、源重、郑朴五人试文合格,物议以子弟非之。起覆奏,武宗敕曰:‘杨严一人可及第,馀四人落下。’”

《大唐新语》:“大中末,令狐绹罢相,其子滈应进士举,在父未罢相前,预拔文解及第。谏议大夫崔瑄上疏,论滈弄父权,势倾天下,以‘举人文卷须十月前送纳,岂可父尚居于枢务,男私拔其解名,干挠主司,侮弄文法,恐奸欺得路,孤直杜门’云云,请下御史台推勘。疏留中不出。”①

宋雍熙二年,宰相李昉之子宗谔、参政吕蒙正之从弟蒙亨、盐铁使王明之子扶、度支使许仲宣之子待问,举进士试皆入等。上曰:“此并势家,与孤寒并进,纵以艺升,人亦谓朕有私。”皆罢之。《山堂考索·后集》卷三六。

韩维尝以进士荐礼部,父亿任执政,不就廷试。仁宗患缙绅奔竞,谕近臣曰:“恬退守道者旌擢,则躁求者自当知愧。”于是宰相文彦博等言公“好古嗜学,安于静退,乞加甄录”。召试举士院,辞不赴,除国子监主簿。同上。

---

① 见《北梦琐言》卷一。今《大唐新语》无此段。

倖第并坐其兄

宋景德二年四月丁酉，枢密直学士刘师道责授忠武行军司马。知制诰陈尧咨责授单州团练副使。先是，师道弟几道举进士，礼部奏名将廷试。近制，悉糊名校等。尧咨为考官，教几道于卷中密为识号，几道既擢第，或告其事，诏落籍，永不预举。《山堂考索·后集》卷三六。

《宋史·赵屼传》："为御史，上疏言：'治平以前，大臣不敢援置亲党于要途，子弟多处筦库，甚者不使应科举，与寒士争进。自王安石柄国，持内举不避亲之说，始以子雱列侍从，由是循习为常。资望浅者，或居事权繁重之地。无出身者，或预文字清切之职。今宜杜绝其源。'"

《韩维传》："以进士奏名礼部，以父亿辅政，不肯试大廷，受荫入官。"

《唐义问传》："锁厅试礼部，用举者召试秘阁，父介引嫌罢之。"

优给大臣子孙

《旧唐书·宪宗纪》：元和八年十二月敕："张茂昭立功河朔，举族归朝，义烈之风，史册收载。如闻身没之后，家无馀财，追怀旧勋，特越常典。宜岁赐绢二千匹，春秋二时支给。"

禁保留官长

后周太祖广顺二年八月甲午，敕："诸州县吏民、缁黄继来诣阙，留举刺史、县令。牧宰之任，委寄非轻，系烝庶之惨舒，布朝廷之条法。若廉勤奉职，抚字及民，自有政声达于朝听，何劳民庶远致举留，既妨农作之时，又耗路途之费。所宜厘革，免致劳烦。今后刺史、县令显有政能，观察使审详事状，朝廷当议奖升，百姓僧道更不举请，一切止绝。"《册府元龟》卷一六〇。

禁民往南

《元史·世祖纪》："至元二十三年四月，以汉民就食江南者多，又从官南方者秩满多不还，遣使尽徙北还。仍设脱脱禾孙于黄河、江、淮诸津渡，凡汉民非赍公文适南者止之，为商者听之。"

生员招猺獞

《实录》：正统十年五月乙未，广东高要县学生伍章等六人，偕所猺、獞，首贡香烛至京。上谕礼部臣曰："生员当居学肄业，顾舍所学而超干办，其志陋矣。"礼部因请罪之，上曰："不必罪，姑戒谕遣之。而禁约诸猺、獞、獠州县，毋得令生员招抚。"《明英宗实录》卷一二九。

卷三

废释道二教

《晋书·佛图澄传》："澄为石虎所重，百姓因澄故，多奉佛，皆营造寺庙，相竞出家，真伪混淆，多生愆过。虎下书料简，其著作郎王度奏曰：'佛，方国之神，非诸华所应祠奉。汉代初传其道，惟听西域人得立寺都邑，以奉其神，汉人皆不出家。魏承汉制，亦循前轨。今可断赵人悉不听诣寺烧香礼拜，以遵典礼，其百辟卿士逮众隶，例皆禁之，其犯者与淫祠同罪。其赵人为沙门者还服百姓。'朝士多同度所奏。虎以澄故，下书曰：'朕出自边戎，忝君诸夏，至于飨祀，应从本俗。佛是戎神，所应兼奉，其夷、赵百姓有乐事佛者，特听之。'"

《魏书·世祖纪》："太平真君五年正月戊申，诏曰：'愚民无识，信惑妖邪，私养师巫，挟藏谶记、阴阳、图纬、方伎之书。又沙门之徒，假西戎虚诞，生致妖孽。非所以壹齐政化，布淳德于天下也。自王公以下至于庶人，有私养沙门、师巫及金银工巧之人在其家者，皆遣诣官曹，不得容匿。限今年二月十五日，过期不出，师巫、沙门身死，主人门诛。明相宣告，咸使闻知。'""七年三月，诏诸州坑沙门、毁佛像。"

《高宗纪》："兴安元年十二月乙卯，初复佛法。"

《宋书·夷蛮传》："太祖元嘉中，汰沙门，罢道者数百人。世祖大明二年，有昙标道人与羌人高阇谋反，上因是下诏曰：'佛法讹替，沙门混杂，未足扶济鸿教，而专成逋薮。加奸心频发，凶状屡闻，败乱风俗，人神交怨。可付所在精加沙汰，后有违禁，严加诛坐。'于是设诸条禁，自非戒行精苦，并使还俗。而诸寺尼出入宫掖，交关妃后，此制竟不能行。”

《魏书·释老志》:“世祖即位,富于春秋。既而锐志武功,每以平定祸乱为先,虽归宗佛法,敬重沙门,而未存览经教,深求缘报之意。及得寇谦之道,帝以清净无为,有仙化之证,遂信行其术。时司徒崔浩博学多闻,帝每访以大事。浩奉谦之道,尤不信佛。与帝言,数加非毁,常谓虚诞,为世费害。帝以其辩博,颇信之。会盖吴反杏城,关中骚动,帝乃西伐,至于长安。先是,长安沙门种麦寺内,御驺牧马于麦中。帝入观马,沙门饮从官酒,从官入其便室,见大有弓矢矛楯,出以奏闻。帝怒曰:‘此非沙门所用,当与盖吴通谋,规害人耳。’命有司案诛一寺。阅其财产,大得酿酒具及州郡牧守、富人所寄藏物,盖以万计。又为屈室,与贵室女私行淫乱。帝既忿沙门非法,浩时从行,因进其说。诏诛长安沙门,焚破佛像,敕留台下四方,令一依长安行事。又诏曰:‘彼沙门者,假西戎虚诞,妄生妖孽,非所以一齐政化,布淳德于天下也。自王公以下,有私养沙门者,皆送官曹,不得隐匿。限今年二月十五日,过期不出,沙门身死,容止者诛一门。’时恭宗为太子监国,素敬佛道,频上表,陈刑杀沙门之滥,又非图像之罪。今罢其道,杜诸寺门,世不修奉,土木丹青,自然毁灭。如是再三,不许。乃下诏曰:‘昔后汉荒君,信惑邪伪,妄假睡梦,事胡妖鬼,以乱天常,自古九州之中无此也。夸诞大言,不本人情,叔季之世,暗君乱主莫不眩焉。由是政教不行,礼义大坏,鬼道炽盛,视王者之法蔑如也。自此以来,代经乱祸,天罚急行，生民死尽，五服之内，鞠为丘墟，千里萧条，不见人迹，皆由于此。朕承天绪，属当穷运之敝，欲除伪定真，复羲农之治。其一切荡除胡神，灭其踪迹，庶无谢于风氏矣。自今以后，敢有事胡神及造形像泥人、铜人者，门诛。虽言胡神，问今胡人，共云无有。皆是前世汉人无赖子弟刘元真、吕伯强之徒，接乞胡之诞言，用老庄之虚假，附而益之，皆非真实，至使王法废而不行，盖大奸之魁也。有非常之人，然后能行非常之事，非朕孰能去此历代之伪物！有司宣告征镇诸军、刺史，诸有佛图形象及胡经，尽皆破击焚烧，沙门无少长，悉坑之。'是岁，太平真君七年三月也。恭宗言虽不用，然犹缓宣诏书，远近皆预闻知，得各为计。四方沙门多亡匿获免，而土木宫塔，声教所及，莫不毕毁矣。""高宗践极，下诏诸州县：'各听建佛图一区。其好乐道法，欲为沙门，不问长幼，出于良家，性行素笃，无诸嫌秽，乡里所明者，听其出家。率大州五十人，小州四十人。'天下承风，朝不及夕，往时所毁图寺仍还修矣。"

南齐武帝诏："公私不得出家为道，及起塔寺。以宅为精舍，并严断之。"《山堂考索·后集》卷六三。

齐显祖以佛道二教不同，欲去其一。集二家论难于前，遂敕道士皆剃发为沙门，有不从者，杀四人，乃奉命，于是齐境皆无道士。《资治通鉴》卷一六六。

《周书》《武帝纪》："武帝建德三年五月丙子，初断佛、道二教，经像悉毁，罢沙门、道士，并令还民。并禁诸淫祀，礼典所不载者，尽除之。"

宣帝大象元年，初复佛像及天尊像。《周书·宣帝纪》。

二年五月己酉，帝崩。庚申，复行佛、道二教。旧沙门、道士精诚自守者简命入道。《周书·静帝纪》。

唐高祖武德九年，下诏命有司沙汰天下僧尼、道士、女冠，其精勤练行者，迁居大寺观，给其衣食，毋令阙乏。庸猥粗秽者，悉令罢遣，勒还乡里。京师留寺三所，观二所，诸州各留一所，馀皆罢之。《资治通鉴》卷一九一。

《旧唐书》《高祖纪》："武德九年夏五月辛巳，以京师寺观不甚清净，诏曰：'释迦阐教，清净为先，远离尘垢，断除贪欲，所以弘宣胜业，修植善根，开导愚迷，津梁品庶。是以敷演经教，检约学徒，调忏身心，舍诸染著，衣服饮食，咸资四辈。自觉王迁谢，像法流行，末代陵迟，渐以亏滥。乃有猥贱之侣，规自尊高。浮惰之人，苟避徭役。妄为剃度，托号出家，嗜欲无厌，营求不息，出入闾里，周旋阛阓，驱策田产，聚积货物，耕织为生，估贩成业，事同编户，迹等齐人，进违戒律之文，退无礼典之训。至乃亲行劫掠，躬自穿窬，造作妖讹，交通豪猾，每罹宪网，自陷重刑，黩乱真如，倾毁妙法。譬兹稂莠，有秽嘉苗；类彼淤泥，混夫清水。又伽蓝之地，本曰净居，栖心之所，理尚幽寂。近代以来，多立寺舍，不求闲旷之境，惟趋喧杂之方，缮采崎岖，栋宇殊拓，错舛隐匿，诱纳奸邪。或有接延鄽邸，邻近屠酤，埃尘满室，膻腥盈道，徒长轻慢之心，有亏崇敬之义。且老氏垂化，本贵冲虚，养志无为，遗情物外。全真守一，是谓玄门，驱驰世务，尤乖宗旨。朕膺期驭宇，兴隆教法，志思利益，情在护持。欲使玉石区分，薰莸有辨，长存妙道，永固福田。正本澄源，宜从沙汰。诸僧尼、道士、女冠等，有精勤练行、守戒律者，并令大寺观居住，给衣食，勿令乏短。其不能精进，戒行有阙，不堪供养者，并令罢遣，各还桑梓。所司明为条式，务依法教。违制之事，悉宜停断。京城留寺三所，观二所，其馀天下诸州各留一所，馀悉罢之。'事竟不行。"按《旧史》之文不过如此，其下即接"六月庚申，秦王以皇太子、齐王同谋害己，率兵诛之"云云。《新史》乃云："四月辛巳废浮屠、老子法，六月庚申复浮屠、老子法。"何其谬欤！

《通典》卷六八："武德九年二月，以沙门、道士亏违教迹，京师留寺三所，观三所，选耆年高行实之，馀皆罢废。至六月，制僧尼、道士、女冠宜依旧定。"

《旧唐书·彭偃传》："大历末，为都官员外郎。时剑南东川观察使李叔明上言，以'佛、道二教无益于时，请粗加澄汰。其东川寺观，请定为二等，上等留僧二十一人，上观留道士十四人，降杀以七，皆精选有道行者，馀悉令返初。兰若、道场无名者皆废。'德宗曰：'叔明此奏，可为天下通制，不惟剑南一道。'下尚书集议。偃献议曰：'王者之政，变人心为上，因人心次之，不变不因，循常守固者为下。故非有独见之明，不能行非常之事。今陛下以维新之政为万代法，若不革旧风，令归正道者，非也。当今道士有名无实，时俗鲜重，乱政犹轻。惟有僧尼，颇为秽杂。自西方之教被于中国，去圣日远，空门不行五浊，比丘但行粗法。爰自后汉至于陈、隋，僧之废灭，其亦数乎？或至坑杀，殆无遗馀,前代帝王岂恶僧道之害如此之深耶?盖其乱人亦已甚矣。且佛之立教,清净无为,若以色见,即是邪法,开示悟入,惟有一门,所以三乘之人,比之外道。况今日出家者皆是无识下劣之流,纵其戒行高洁,在于王者,已无用矣;况是苟避征徭,于杀盗淫秽无所不犯者乎?今叔明之心虽善,然臣恐其奸吏诋欺,而去者未必非,留者不必是,无益于国,不能息奸。既不变人心,亦不因人心,强制力持,难致远耳。臣闻天生烝人,必将有职,游行浮食,王制所禁。故有才者受爵禄,不肖者出租征,此古之常道也。今天下僧道,不耕而食,不织而衣,广作危言险语,以惑愚者。一僧衣食,岁计约三万有馀,五丁所出,不能致此。举一僧以计天下,其费可知。陛下日旰忧勤,将去人害,此而不救,奚其为政?臣伏请僧道未满五十者,每年输绢四匹。尼及女道士未满五十者,每年输绢二匹。其杂色役与百姓同。有才智者令入仕,请还俗为平人者听。但令就役输课,为僧何伤。臣窃料其所出,不下今之租赋三分之一,然则陛下之国富矣,苍生之害除矣。其年过五十者,请皆免之。夫子曰"五十而知天命",列子曰"不班白,不知道",人年五十,嗜欲已衰,纵不出家,心已近道,况戒律检其性情哉。臣以为此令既行,僧道规避,还俗者固已大半,其年老精修者必尽为人师,则道、释二教益重明矣。'议者是之,上颇善其言。大臣以二教行之已久,列圣奉之,不宜顿扰,宜去其太甚,其议不行。"

《新唐书·李叔明传》:"叔明素恶道、佛之弊,上言曰：'佛，空寂无为者也。道，清虚寡欲者也。今迷其内而饰其外，使农夫、工女堕业以避役，故农桑不劝，兵赋日屈，国用兵储为敎耗。臣请本道定寺为三等，观为二等，上寺留僧二十一名，上观道十四名，每等降杀以七，皆择有德行者，馀还为民。'德宗善之，以为不止本道，可为天下法，乃下尚书省杂议。于是都官员外郎彭偃曰：'王者之政，变人心为上，因人心次之，不变不因为下。今道士有名无实，俗鲜归重，于乱政轻。僧尼帑秽，皆天下不逞，苟避征役，于乱人甚。今叔明之请虽善，然未能变人心，亦非因人心者。夫天生烝民，必将有职，游闲浮食，王制所禁。故贤者受爵禄，不肖者出租锐，古常道也。今僧、道士不耕而食，不织而衣，一僧衣食，岁无虑三万，五夫所不能致。举一僧以计天下，其费不赀。臣谓僧、道士年未满五十者，可令岁输绢四，尼及女冠输绢二，杂役与民同之。过五十者免。凡人年五十，嗜欲已衰，况有戒法以检其情性哉。'刑部员外郎裴伯言曰：'衣者，蚕桑也。食者，耕农也。男女者，继祖之重也。而二教悉禁，国家著令，又从而助之，是以夷狄不经法反制中夏礼义之俗也。传曰：女子十四有为人母之道，四十九绝生育之理；男子十六有为人父之道，六十四绝阳化之理。臣请僧、道士一切限年六十四以上，尼、女冠四十九以上，许终身在道，馀悉还为编人。官为计口授地，收废寺观以为庐舍。'议虽上，罢之。"

《旧唐书·李德裕传》："元和以来，累敕天下州府，不得私度僧尼。徐州节度使王智兴聚货无厌，以敬宗诞月，请于泗州置僧坛，度人资福，以兴厚利。江、淮之民，皆群党渡淮。德裕奏论曰：'王智兴于所属泗州置僧尼戒坛，自去冬于江、淮以南所在悬榜招置。江、淮自元和二年后，不敢私度。自闻泗州有坛，户有三丁，必令一丁落发，意在规避王徭，影庇资产。自正月已来，落发者无算。臣今于蒜山渡点其过者，一日一百馀人，勘问惟十四人是旧日沙弥，馀是苏、常百姓，亦无本州文凭，寻已勒还本贯。访闻泗州置坛次第，凡僧徒到者，人纳二缗，给牒即回，无别法事。若不特行禁止，比到诞节，计江、淮以南，失却六十万丁壮，此事非细，系于朝廷法度。'状奏，即日诏徐州罢之。"

《武宗纪》："会昌五年秋七月庚子，敕并省天下佛寺。中书门下条疏闻奏：'据令式，诸上州国忌日官吏行香于寺，其上州望各留寺一所，有列圣尊容，便令移于寺内。其下州寺并废。其上都、东都两街请留十寺，寺僧十人。'敕曰：'上州合留寺，工作精妙者留之。如破落，亦宜废毁。其合行香日，官吏宜于道观。其上都、下都每街留寺两所，寺僧留三十人。上都左街留慈恩、荐福，右街留西明、庄严。'中书又奏：'天下废寺，铜像、锺磬委盐铁使铸钱，其铁像委本州铸为农器，金、银、鍮石等像销付度支。衣冠士庶之家所有金、银、铜、铁之像，敕出后限一月纳官，如违，委盐铁使依禁铜法处分。其土、木、石等像合留寺内依旧。'又奏：'僧尼不合隶祠部，请隶鸿胪寺。其大秦穆护等祠，释教既已厘革，邪法不可独存。其人并勒还俗，递归本贯充锐户。如外国人，送还本处收管。'八月，制：'朕闻三代已前，未尝言佛。汉魏之后，像教浸兴。是由季时，传此异俗，因缘染习，蔓衍滋多。以至于蠹耗国风而渐不觉，诱惑人意而众益迷。洎乎九州山原、两京城阙，僧徒日广，佛寺日崇。劳人力于土木之功，夺人利于金宝之饰，遗君亲于师资之际，违配偶于戒律之间。坏法害人，无逾此道。且一夫不田，有受其饥者；一妇不蚕，有受其寒者。今天下僧尼不可胜数，皆待耕而食，待织而衣。寺宇、招提，莫知纪极，皆云构藻饰，僭拟宫庭。晋、宋、齐、梁，物力凋瘵，风俗浇诈，莫不由是而致也。况我高祖、太宗，以武定祸乱，以文理华夏，执此二柄，是以经邦，岂可以区区西方之教与我抗衡哉！贞观、开元亦尝厘革，划除不尽，流衍转资。朕博览前言，旁求舆议，弊之可革，断在不疑。而中外诸臣，协予至意，条疏至当，宜在必行。惩千古之蠹源，成百王之典法，济人利众，予何让焉。其天下所拆寺四千六百馀所，还俗僧尼二十六万五百人，收充两税户，拆招提、兰若四万馀所，收膏腴上田数千万顷，收奴婢为两税户十五万人。隶僧尼，属主客，显明外国之教。勒大秦穆护、祆三千馀人还俗，不杂中华之风。於戏！前古未行，似将有待。及今尽去，岂谓无时。驱游惰不业之徒已逾十万，废丹雘无用之室，何啻亿千。自此清净训人，慕无为之理。简易齐政，成一俗之功。将使六合黔黎，同归王化。尚以革弊之始，日用不知，下制明廷，宜体予意。'"

《通鉴》卷二四八："武宗会昌五年，上恶僧尼耗蠹天下，欲去之。道士赵归真等复劝之，乃先毁山野招提、兰若，至是，敕上都、东都两街各留二寺，每寺留僧三十人。天下节度、观察使治所及同、华、商、汝州各留一寺，分为三等：上等留僧二十人，中等留十人，下等留五人。八月壬午，诏陈释教之弊，宣告中外。凡天下所毁寺四千六百馀区，归俗僧尼二十六万五百人，大秦穆护、祆僧二千馀人，毁招提、兰若四万馀区。收良田数千万顷，奴婢十五万人。所留僧皆隶主客，不隶祠部。百官上表称贺。寻又诏东都止留僧二十人，诸道留二十人者减其半，留十人者减三人，留五人者更不留。五台僧多亡奔幽州。李德裕召进奏官谓曰：'汝趣白本使，五台僧为将必不如幽州将，为卒必不如幽州卒，何为虚取容纳之名，染于人口？独不见近日刘从谏招聚无算闲人，竟有何益？'张仲武乃封二刀付居庸关，曰：'有游僧入境则斩之。'"

"六年五月乙巳，上京街先听留两寺外，更各增置八寺，僧尼依前隶功德使，不隶主客。"

《旧唐书》《宣宗纪》："宣宗大中元年闰三月，敕：'会昌季年，并省寺宇。虽云异方之教，无损致理之源。中国之人久行其道，厘革过当，事体未弘，其灵山胜境，天下州县，应会昌五年四月所废寺宇，有宿旧名僧，复能修创，一任住持，所司不得禁止。'"

《通鉴》卷二四九："是时，君相务反会昌之政，故僧尼之弊皆复其旧。五年夏六月，进士孙樵上言：'百姓男耕女织，不自温饱，而群僧安坐华屋，美衣精馔，率以十户不能养一僧。武宗愤其然，发十七万僧，是天下一百七十万户始得苏息也。陛下即位以来,修复废寺,天下斧斤之声至今不绝,度僧几复其旧矣。陛下纵不能如武宗除积弊,奈何兴之于已废乎?日者陛下欲修国东门,谏官上言,遽为罢役。今所复之寺,岂若东门之急耶?所役之功,岂若东门之劳耶?愿早降明诏,僧未复者勿复,寺未修者勿修,庶几百姓犹得以息肩也。'秋七月,中书门下奏:'陛下崇奉释氏,群下莫不奔走,恐财力有所不逮,因之生事扰人,望委所在长吏量加撙节,所度僧亦委选择有行业者,若容凶粗之人,则更非敬道也。乡村佛舍,请罢兵日修。'从之。"

冬十月乙卯,中书门下奏:"今边市已息,而州府诸寺尚未毕功,望且令成之。其大县远于州府者听置一寺,其乡村毋得更置佛舍。"从之。同上。

周世宗显德二年五月,敕天下寺院,非敕额者悉废之。禁私度僧尼,凡欲出家者,必俟祖父母、父母、叔伯之命。惟两京、大名府、京兆府、青州听设戒坛。禁僧俗舍身、断手足、炼指、挂灯、带钳之类幻惑流俗者。令两京及诸州,每岁造僧帐,有死亡、归俗皆随时开落。是岁,天下寺院存者二千六百九十四,废者三万三百三十六,见僧四万二千四百四十四,尼一万八千七百五十六。《资治通鉴》卷二九二。

宋建隆初,诏:"佛寺已废于显德中,不得复兴。"开宝中,令僧尼百人许岁度一人。至道初,又令三百人岁度一人,以诵经五百纸为合格。先是,泉州奏僧尼未度者四千人,已度者万数,天子惊骇,遂下诏曰:"一夫耕,三人食,尚有受馁者,今一夫耕,十人食,天下安得不重困,水旱安得无转死之民？东南之俗，游惰不职者跨村连邑，去而为僧，朕甚疾焉，故立此制。”《元丰类稿》卷四九《佛教》。

天禧二年三月，诏：“不许创修寺观院宫，州县常行觉察，如造一间以上，许人陈告，所犯者依法科罪。州县不切觉察，亦行朝典。公主、戚里、节度至刺史已上，不得奏请创造寺观、开置戒坛。如违，御史弹奏。”《山堂考索·后集》卷六三。

是岁，又诏诸处：“不系名各寺院，多聚奸盗，骚扰村乡，况有条贯，不许存留。”并令毁拆其舍宇，三十间以上并留存。同上。

元世祖至元十七年二月丙申，诏谕真人折志诚等焚毁《道藏》伪妄经文及板。

十月己酉，张易等言：“参校道书，惟《道德经》系老子亲著，馀皆后人伪撰，宜悉焚毁。”从之。

三十年四月，敕江南毁诸道观、圣祖天尊祠。以上《元史·世祖纪》。

成宗元贞元年正月，诏道家复行《金箓》、《科范》。《元史·成宗纪》。

改佛为道

宋徽宗大观四年，停僧牒。政和四年，置道阶三十六等。宣和元年诏：“改佛号大觉金仙，馀为仙人、大士。僧为德士，易服饰，称姓氏。寺为宫，院为观，女冠为女道，尼为女德。”《宋史·徽宗纪》。

《老学庵笔记》卷九：“政和神霄玉清万寿宫，初止改天宁万寿观为之,后别改宫观一所,不用天宁。若州城无宫观,即改僧寺。俄又不用宫观,止改僧寺。初,通拨赐产千亩,已而豪夺无涯。西京以崇德院为宫,据其产二万一千亩,赁舍钱、园利钱又在其外。三泉县以不隶州,特置。已而凡县皆改一僧寺为神霄下院,骎骎日张,至宣和末方已。"

禁铸佛写经

唐玄宗开元二年七月壬子,诏曰:"佛教者在于清净,存乎利益。今两京城内,寺宇相望,凡欲归依,足申礼敬。下人浅近,不悟精微,睹菜希金,逐焰思水。浸以流荡,颇成蠹弊,如闻坊巷之内,开铺写经,公然铸佛,口食酒肉,手漫膻腥,尊敬之道既亏,慢狎之心斯起。百姓等或缘求福,因致饥寒。言念愚蒙,深用嗟悼。殊不知佛非在外,法本居心,近取诸身,道则不远。溺于积习,实藉申明。自今以后,坊市不得更以铸佛写经为业。须瞻仰尊容者,任就寺拜礼。须经典诵读者,勒于寺赎取,如经本少,僧为写供。诸州寺观并准此。"《册府元龟》卷一五九。

禁与僧尼往还

唐玄宗开元二年七月戊申,禁百官家毋得与僧尼、道士往还。《资治通鉴》卷二一一。

禁僧

《魏书·高祖纪》:"延兴二年四月癸酉,诏沙门不得去寺浮游民间,行者仰以公文。”

诏曰:“比丘不在寺舍,游涉村落,交通奸猾,经历年岁。令民间五五相保,不得容止无籍之僧,精加隐括,有者送付州镇,其在畿郡送付本曹。若为三宝巡民教化者,在外赍州镇维那文移,在台者赍都维那等印牒,然后听行,违者加罪。”《魏书·释老志》。

《旧唐书·五行志》:“姚崇秉政,以惠范附太平公主,乃澄汰僧尼,令拜父母,午后不出院。其法颇峻。”

《全唐诗话》卷四〇:“贾岛为僧时,洛阳令不许僧午后出寺。岛有诗云:‘不如牛与羊,犹得日暮归。’”

唐玄宗开元十九年四月癸未,诏曰:“释迦设教,出自外方。汉主中年,渐于东土。说兹因果,广树筌蹄。事涉虚玄,渺同河汉。故三皇作乂,五帝乘时,未开方便之门,自有雍熙之化。朕念彼流俗,深迷至理,尽躯命以求缘,竭资财而作福,未来之胜因莫效,见在之家业已空。事等系风,犹无所悔。愚人寡识,屡陷刑科。近日僧徒,此风尤甚,因缘讲说,眩惑州间,溪壑无厌,惟财是敛。津梁自坏,其教安施?无益于人,有蠹于俗。或出入州县,假托威权。或巡历乡村,恣行教化。因其聚会,便有宿宵,左道不常,异端斯起。自今以后,僧尼除讲律之外,一切禁断。六时礼忏,须依律仪。午后不行,宜守俗制。如犯者,先断还俗,仍依法科罪。所在州县,不能捉搦,并官吏辄与往还,各量事科贬。”《册府元龟》卷一五九。

《辽史》《圣宗纪》:圣宗开泰九年十二月丁亥,“禁僧然身、炼指”。

《金史·王翛传》:“知大兴府事。时僧徒多游贵戚门,翛恶之,乃禁僧午后不得出寺。有一僧犯禁,皇姑大长公主为请,翛曰:‘奉上命,即令出之。’立召僧杖一百,死。京师肃然。”

李廌《浮屠论》:“浮屠初入中国,英睿之君、忠义之臣欲除其弊,终有不能,何哉?销之不以其道也。今不必推罪于佛,惟治其徒。曰:‘吾将使汝不出户,治其佛之说而躬行之。’礼部著以为令,刑部防以为法。”《古今源流至论·后集》卷八《排异端》注引。

洪武六年十一月戊戌,“并僧道寺观,禁女子不得为尼。时上以释、道二教,近代崇尚太过,徒众日盛,安坐而食,蠹财耗民,莫甚于此。乃令府州县止存大寺观一所,并其徒而处之,择有戒行者领其事。若请给度牒,必考试,精通经典者方许之。又以民家多以女子为尼姑、女冠,自今年四十以上者听,未及者不许。著为令”。《明太祖实录》卷八六。

十七年闰十月癸亥,礼部尚书赵瑁言:“自设置僧道二司,未及三年,天下僧尼已二万九百五十四人,今来者益多,其实假此以避有司差役。请三年一次,出给度牒,且严加考试,庶革其弊。”从之。《明太祖实录》卷一六七。

二十四年六月丁巳,命礼部清理释、道二教,敕曰:“佛本中国异教也,自汉明帝夜有金人入梦,其法始自西域而至。当是时,民皆崇敬。其后有去须发出家者,其所修行则去色相,绝嗜欲,洁身以为善。道教始于老子,以至汉张道陵，能以异术役召鬼神，御灾捍患，其道益彰。故二教历世久不磨灭者以此。今之学佛者曰禅、曰讲、曰瑜伽。学道者曰正一，曰全真。皆不循本俗，污教败行，为害甚大。自今天下僧道，凡各府州县，寺观虽多，但存其宽大可容众者一所，并而居之，毋杂处于外，与民相混，违者治以重罪。亲故相隐者流，愿还俗者听。其佛经翻译已定者，不许增减词语。道士设斋醮者亦不许拜奏青词，为孝子慈孙演诵经典报祖父母者各遵颁降科仪，毋妄立条章，多索民财。及民有效瑜伽教称为善友，假张真人多私造符箓者，皆治以重罪。"《明太祖实录》卷二〇九。

七月丙戌朔，诏："天下僧道，有创立庵堂寺观非旧额者，悉毁之。"《明太祖实录》卷二一〇。

二十五年，"命僧录司造周知册颁于天下僧寺。时京师百福寺隐囚徒逋卒，往往易名姓为僧，游食四方，无以验其真伪。于是命造周知之册，自在京及在外府州县寺院僧名以次编之，其年甲、姓名、字行及始为僧年月与所授度牒字号，俱载于僧名之下。既成，颁示天下僧寺。凡游方行脚至者，以册验之，其不同者许获送有司，械至京师，治之重罪。容隐者罪之"。《明太祖实录》卷二二三。

二十七年正月，"命礼部榜示天下僧寺、道观，凡归并大寺，设砧基道人一人，以主差税。每大观道士编成班次，一年高者率之。馀僧道俱不许奔走于外，及交搆有司，以书册称为题疏，强求人财。其一二人于崇山深谷修禅及学全真者听，三四人勿许，仍毋得创庵堂。若游方问道，必自备道里费，毋索取于民间，民亦毋得辄自侮慢。凡所至僧寺，必揭周知册以验其实，不同者获送有司。僧道有妻妾者，许诸人捶逐。兼容隐者罪之。正统六年《实录》云："旧例，僧有妻者，诸人得捶辱之，更索其钞五十锭，无钞殴死勿论。"愿还俗者听。亦不许收民儿童为僧，违者并儿童父母皆坐以罪。年二十以上愿为僧者，亦须父母具告，有司奏闻，方许。三年后赴京考试，通经典者始给度牒，不通者杖为民。有称白莲、灵宝、火居及僧道不务祖风，妄为议论沮令者，皆治重罪"。《明太祖实录》卷二三一。

二十八年十月己未，礼部言："今天下僧道数多，皆不务本教，宜令赴京考试，不通经典者黜之。"诏从其言，年六十以上者免试。《明太祖实录》卷二四二。

永乐五年正月，"直隶及浙江诸郡军民子弟私披剃为僧，赴京师冒请度牒者千八百馀人。礼部以闻，上怒甚，曰：'皇考之制，民年四十以上始听出家，今犯禁若此，是不知有朝廷矣。'命悉付兵部，编军籍，发戍辽东、甘肃"。《明太宗实录》卷六三。

九月庚午，直隶苏州府嘉定县僧会司奏："县旧有僧六百馀人，今仅存其半，请小民之愿为僧者，令披剃给度牒。"不听。上谕礼部臣曰："国家之民，服田力穑，养父母，出租赋，以供国用。僧坐食于民，何补国家？度民为僧，旧有禁令，违者必罪。"《明太宗实录》卷七一。

六年六月辛巳，命礼部移文中外："凡军民子弟僮奴，自削发冒为僧者，并其父兄送京师，发五台山输作。毕日，就北京为民种田及卢龙牧马。寺主僧擅容留者，亦发北京为民种田。”《明太宗实录》卷八〇。

十五年闰五月癸酉，“禁僧尼私建庵院。上以洪武年间天下寺院皆以归并，近有不务祖风者，仍以僻处私建庵院，僧尼混处，屡犯宪章，乃命礼部榜示天下，俾守清规，违者必诛。”《明太宗实录》卷一八九。

十六年十月癸卯，“上以天下僧道多不通经典，而私簪剃，败辱教门，命礼部定通制：‘今后愿为僧道者，府不过四十人，州不过三十人，县不过二十人。限年十四以上，二十以下，父母皆允，方许陈告有司，行邻里保勘无碍，然后得投寺观从师受业。俟五年后，诸经习熟，然后赴僧录、道录司考试，果谙经典，始立法名，给与度牒。不通者罢还为民。若童子与父母不愿，及有祖父母、父母无他子孙侍养者，皆不许出家。有年三十、四十以上，先曾出家而还俗，及亡命黥刺者，亦不许出家。若寺观住持不检察而容留者，罪之。’仍命礼部榜谕天下”。《明太宗实录》卷二〇五。

宣德元年七月辛酉，“上罢朝，御右顺门。谓行在礼部尚书胡濙曰：‘今僧道行童请给度牒甚多，中间岂无有罪之人潜隐其中者？宜令僧道官取勘，如果无之，尔礼部同翰林院官、礼科给事中及僧、道官同考试，能通大经则给与度牒。在七月十九日以后及不通经皆不给。’”《明宣宗实录》卷一九。

二年七月戊子，“罢僧童四百五十一人为民。时僧童陈达高等，请给度牒，考试皆不通梵典。行在礼部请惩以法，上曰：'此愚民欲苟逃差役耳。'宥之，发归为民"。《明宣宗实录》卷二九。

十二月庚午，行在礼部奏："永乐十六年，太宗皇帝定制：凡愿出家为僧道者，府不过四十人，州不过三十人，县不过二十人，额外不许滥收。俟五年后考试，如果精通经典，给与度牒。今天下行童僧道赴京请给度牒者，多系额外滥收，且不通典者多，请如例悉遣归。若系额内之数，亦待五年考试给与。"从之。《明宣宗实录》卷三四。

七年三月壬戌，申严僧人化缘之禁。上谓都察院右都御史顾佐曰："佛本化人为善，今僧人多不守戒律，不务祖风，往往以创造寺院为名，群舁佛像，遍历州郡化缘，所得财物皆以非礼耗费。其申明洪武中禁令，违者必罪之。"《明宣宗实录》卷八八。

十一月丙午，"天界寺僧达英以寺为京都大刹，又缺住持，请命高僧领其众。上谓礼部曰：'此僧为自营计，勿听。'"《明宣宗实录》卷九六。

八年三月戊寅，湖广荆州府荆门州判陈襄言："各处近有惰民不顾父母之养，妄从异端，私自落发，贿求僧司文凭，以游方化缘为名，遍历市井乡村，诱惑愚夫愚妇，靡所不为。所至官司以其为僧，不之盘诘，奸人得以恣肆。乞敕天下有司关津，但遇削发之人，捕送原籍治罪如律。果是僧，止居本处，不许出境，庶绝奸弊。"从之。《明宣宗实录》卷一〇〇。

宣德十年八月癸卯，广东按察使佥事赵礼言："各处寺观多因田粮浩大，与民一体当差，是致混同世俗。如南海县光孝寺，该粮三千馀石，每当春秋耕敛，群僧往来佃家，男女杂坐，嬉笑酣饮，岂无污染败坏风俗？乞依钦定额数设僧人，府四十名，州三十名，县二十名，就于本寺量给田亩，听其自种自食，馀田均拨有丁无田之人耕种纳粮。”上命行在礼部依所言行之。《明英宗实录》卷八。

正统元年九月己未，“都知监太监洪宝保请度家人为僧，许之，凡度僧二十四人”。《明英宗实录》卷二二。

十月甲戌，行在礼部尚书胡濙等奏：“洪武间，天下僧道给过度牒者，令僧录司、道录司造册，颁行天下寺观。凡遇僧道，即与对册，其父兄、贯籍、告度月日如有不同，即为伪冒。迨今年久，前令寝废，有亡没遗留度牒未经销缴为他人有者，有逃匿军民及囚犯伪造者，有盗卖影射者及私自簪剃者，奸弊百端，真伪莫辨。乞自今以后，给度牒者仍造册，颁行天下寺观，以防奸诈。”从之。《明英宗实录》卷二三。

五年正月辛未，给僧童一万人度牒。进士张谏有“希求请给数千百众奄至京师”之疏。《明英宗实录》卷六四。

十一年九月辛巳，“有僧四人私建佛寺于彰义门外，监察御史林廷举等奏付法司，坐当杖充边卫军。从之”。《明英宗实录》卷一四五。

十四年四月甲戌，“上御奉天门，谓礼部尚书胡濙等曰：‘旧制，僧道之数，府四十，州三十，县二十。其行童度牒之请，悉由里老并所司勘实，方得申送。近闻多不通本教，及来历不明之人妄报贯籍，一概冒请。尔礼部即行文，请诸司待三年后，凡有应给牒者，先令僧道衙门勘试，申送该管有司，审系额内并贯籍明白，仍试其精通本教经典，如行童令背《法华》等经并诸品经咒，道童令背《玉皇本行集》等经并诸品科范，番僧审通坛场十个，方许申送礼部覆试，中式然后具奏请给。敢仍前滥保，事发，其经由诸司官吏、里老俱重罪不宥。'"《明英宗实录》卷一七七。

景泰十五年十一月辛卯，云南虚仁驿驿丞尚褫言："近年以来，释教盛行，聋瞽士民，诱煽男女，廉耻道丧，风俗扫地。此盖前之掌邦礼者屈于王振之势，今年曰度僧，明年曰度僧，百千万亿，日炽月盛。今虽云止度裁抑，不过示虚文、应故事而已。臣以为宜尽令长发，敕使归俗务农，庶邪术不兴，沴气自息。"《明英宗实录》卷二四八。

《元史·张珪传》言："僧道出家，屏绝妻孥，盖欲超出世表，是以国家优视，无所徭役。且处之官寺，宜清静绝俗洗心，诵经祝寿。比年僧道往往畜妻子，无异常人。如蔡道泰、班讲主之徒，伤人逞欲，坏教干刑者，何可胜数。俾奉祠典，岂不亵天渎神？臣等议：僧道之畜妻子者，宜罪以旧制，罢遣为民。"

二十以上不许为僧

《实录》：洪武二十年八月壬申诏："民年二十以上者，不许落发为僧。年二十已下来请度牒者，俱令于在京诸寺试事三年，考其廉洁无过者，始度为僧。"《明太祖实录》卷一八四。

僧地没官

《实录》:正统十二年二月庚戌,弥陀寺僧奏:"本寺原种宛平县土城外地十八顷有奇,近蒙户部委官踏勘,令臣输税。然臣空寂之徒,乞赐蠲免。"上曰:"僧既不能输税,其地令没官。"《明英宗实录》卷一五〇。

僧尼之滥

《洛阳伽蓝记·瑶光寺》:"永安三年,尔朱兆入洛阳,纵兵大掠。时有秀容胡骑数十人入寺淫秽,自此后颇获讥诮。京师语云:'洛阳女儿急作髻,瑶光寺尼夺女婿。'"见卷一。

《辍耕录》卷六引唐郑熊《番禺杂记》:"广中僧有室家者,谓之火宅僧。"宋陶谷《清异录》:"京师大相国寺僧有妻,曰梵嫂。"

《癸辛杂识》《别集》卷上:"临平明因尼寺,大刹也。往来僧官,每至必呼尼之少艾者供寝,寺中苦之。于是专作一寮,贮尼之尝有违滥者,以供不时之需,名曰'尼站'。"

元时,妇人一切受戒。自妃子以下至大臣妻室,时时延帝师堂上,戒师于帐中受戒诵咒作法。凡受戒时,其夫自外归,闻娘子受戒,则至房不入。妃主之寡者,闲数日,则亲自赴堂受戒,恣其淫污,名曰"大布施",又曰"以身布施"。其风流行中原、河北,僧皆有妻,公然居佛殿两庑,赴斋称师娘。病则于佛前首谢,许披袈裟三日。殆与常人无异，特无发耳。见《草木子》卷四。

僧寺之多

自魏有天下，至于禅让，佛经流通，大集中国。凡有四百一十五部，合一千九百一十九卷。正光以后，天下多虞，工役尤甚。于是所在编民相与入道，假慕沙门，实避调役，猥滥之极，自中国之有佛法，未之有也。略而计之，僧尼大众二百馀万矣，其寺三万有馀。《魏书·释老志》。

南唐后主普度诸郡僧，建康城中僧徒殆至数千。

禁女冠尼姑

宣德四年六月，有顺天府大兴县真元观女冠成志贤等九人，诣行在礼部，请给度牒。礼部言："太宗皇帝时，命尼姑皆还俗，今成志贤等亦宜遣还父母家。"上命遵先朝令，仍申明妇女出家之禁。《明宣宗实录》卷五五。

造寺写经并无功德[①]

《洛阳伽蓝记·崇真寺》："比丘惠凝死，一七日还活，经阎罗王检阅，以错名放免。惠凝具说过去之时，有五比丘同阅。一比丘云是宝明寺智圣，坐禅苦行，过升天堂。有一比丘是般若寺道品，以诵四十卷《涅槃》，亦升天堂。有一比丘云是融觉寺昙谟最，讲《涅槃》、《华严》，领众千人。阎罗王云：'讲经者心怀彼我，以骄凌物，比丘中第一

① 《日知录》卷三十有"佛寺"条。

粗行。今唯试坐禅诵经，不问讲经。'昙谟最曰：'贫道立身以来，唯好讲经，实不明于诵经。'阎罗王敕付司，即有青衣十人，送昙谟最向西北门，屋舍皆黑，似非好处。有一比丘云是禅林寺道弘，自云教化四辈檀越，造一切经，人中象十躯。阎罗王曰：'沙门之体必须摄心守道，志在禅诵，不干世事，不作有为。虽造作经像，正欲得他人之财物。既得他物，贪心即起。既怀贪心，便是三毒不除，具足烦恼。'亦付司，仍与昙谟最同入黑门。有一比丘云是灵觉寺宝明，自云出家之前，尝作陇西太守，造灵觉寺成，即弃官入道。虽不禅诵，礼拜不缺。阎罗王曰：'卿作太守之日，曲理枉法，劫夺民财，假作此寺，非卿之力，何劳说此？'亦付司，青衣送入黑门。太后闻之，遣黄门侍郎徐纥依惠凝所说，即访宝明寺。城东有宝明寺，城内有般若寺，城西有融觉、禅林、灵觉等三寺，问智圣、道品、昙谟最、道弘、宝明等，皆实有之。即请坐禅僧一百人，常在殿中供养之。诏不听持经像，沿路乞索，若私有财物造经像者任意。凝亦入白鹿山，居隐修道。自此以后，京邑比丘悉皆禅诵，不复以讲经为意。"

太祖皇帝御制《龙兴寺碑》曰："立刹之意，留心岁久，数欲为之，恐伤民资，若将民资建寺求佛，福从何来？"

罗整庵钦顺《困知记》："梁武帝问达摩曰：'朕即位以来，造寺、写经、度僧不可胜纪，有何功德？'答曰：'并无功德。'帝曰：'何以无功德？'答曰：'此但人天小果，有漏之因，如影随形，虽有非实。'又宗杲《答曾侍郎书》有云：'今时学道之士,只求速效,不知错了也。却谓无事省缘、静坐体究为空过时光,不如看几卷经,念几声佛,佛前多礼几拜,忏悔平生所作罪过,要免阎家老子手中铁棒。此是愚人所为。'呜呼!自佛法入中国,所谓造寺、写经、供佛、饭僧、看经、念佛种种糜费之事,日新月盛,但其力稍可为者,靡不争先为之。导之者固其徒,向非人心之贪,则其说亦无缘而入也。奈何世之谄佛以求福利者,其贪心惑志,缠绵固结而不可解。虽以吾儒正色昌言,恳切详尽,一切闻如不闻。彼盖以吾儒未谙佛教,所言无足信也。达摩在西域称二十八祖,入中国则为禅家初祖。宗杲擅名一代,为禅林之冠,所以保护佛法者,皆无所不用其心,其不肯失言决矣。乃至如上所云种种造作以为无益者,前后如出一口,此又不足信耶?且夫贪、嗔、痴三者,乃佛氏之所深戒也,谓之三毒。凡世之造寺、写经、供佛、饭僧、看经、念佛,以为有益而为之,是贪也;不知其无益而为之,是痴也;三毒而犯其二,虽活佛在世,亦不能为之解脱。乃欲谄事土佛、木佛,以侥倖于万一,非天下之至愚者乎?凡吾儒解惑之言,不可胜述,孰意佛书中乃有此等本分说话。人心天理,诚有不可得而泯灭者矣。今之道家,盖源于古之巫祝,与老子殊不相干。老子诚亦异端,然其为道,主于深根固蒂、长生久视而已。《道德》五千言具在,于凡祈禳、祟祷、经咒、符箓等事,初未有一言及之,而道家立教乃推尊老子,置之三清之列,以为其教之所从出,不亦妄乎!古者用巫祝以事神,建其官,正其名,辨其物,盖诚有以通乎幽明之故，故专其职掌，俾常一其心志，以导迎二气之和，其义精矣。去古既远，精义浸失，而淫邪妖诞之说起。所谓经咒、符箓，大抵皆秦汉间方士所为，其泯灭而不传者，计亦多矣，而终莫之能绝也。今之所传，分明远祖张道陵，近宗林灵素辈。虽其为用不出乎祈禳、禜祷，然既已失其精义，则所以交神明者，率非其道，徒滋人心之惑，而重为世道之害尔，望其消灾而致福，不亦远乎？盖老氏之善成其私，固圣门所不取。道陵辈之诪张为幻，又老子之所不屑为也。欲攻老氏者，须分二端，而各明辨其失，则吾之说为有据，而彼虽桀黠，亦无所措其辞矣。”

《通典》卷六八：“贞观八年，太宗谓长孙无忌曰：‘在外百姓，太似信佛。上封人欲令我每日将十个大德共达官同入，令我礼拜，观此乃是道人教上其事。’侍中魏征对曰：‘佛法本贵清净，以遏浮竞，昔释道安如此名德，符永固与之同舆，权翼以为不可。释惠琳非无才俊，宋文帝引之升殿，颜延之曰：三台之位，岂可使刑馀之人居之？今陛下纵欲崇信佛道，亦不须道人日到参议也。’”①

杖宰相及僧

《金史·海陵纪》：“贞元三年，以左丞相张浩、平章政事张晖，每见僧法宝，必坐其下，失大臣体，各杖二十。僧法宝妄自尊大，杖二百。”

《张通古传》：“僧法宝欲去，张浩、张晖欲留之，不可

① 按，此条见于《唐会要》卷四七，不见于《通典》。

得。朝官又有欲留之者。海陵闻其事,召三品以上官上殿,责之曰:'闻卿等每到寺,僧法宝正坐,卿等皆坐其侧,朕甚不取。佛者,本一小国王子,能轻舍富贵,自苦修行,由是成佛。今人崇敬,以希福利,皆妄也。况僧者,往往不第秀才,市井游食,生计不足,乃去为僧。较其贵贱,未可与簿尉抗礼。闾阎老妇,迫于死期,多归信之。卿等位为宰辅,乃复效此,失大臣体。'召法宝谓曰:'汝既为僧,去住在己,何乃使人知之?'法宝战栗,不知所为。海陵曰:'汝为长老,当有定力,今乃畏死耶?'遂于朝堂杖之二百,张浩、张晖杖二十。"

人主不可接僧

《宋书·颜延之传》:"时沙门释惠琳以才学为太祖所赏爱,每召见,常升独榻。延之甚疾焉,因醉白上曰:'昔同子参乘,袁丝正色。此三台之坐,岂可使刑馀之人居之?'上变色。"

许僧道畜妻

《五台志》:"二氏之教,古今儒者尝欲去之,而卒不能去,盖人心陷溺日久,虽贤者不能自免。夫民生有欲,顺其所欲则从之也轻。按老子之子名宗,为魏将。佛氏娶妻曰耶输佗,生子摩睺罗,出家十二年,归与妻子复完聚。今其徒皆鳏居而无妻,岂二氏之教哉?虽无妻而常犯淫僻之罪,则男女之欲岂其性与人殊哉?为今之计,簪剃不必禁也，听其娶妻生子，而与齐民结婚姻之好。寺观不必毁也，因其地之宏敞，而借为社学、社仓。即以其人皆为我用，久将自嫌其髻剃之丑，而亦不便于寺观之居也。岂非君子以人治之道，孔子从俗猎较之意乎？又习仪多于寺观，丘文庄已尝非之。而祈祷必以僧道，厉祭必以僧道，何以禁民之作道场、佛事哉？余谓祷雨当陈词哀恳，令诸生歌《云汉》之章，厉祭则圣祖御制之文，固已仁至而义尽矣，又何必假彼不洁之人，亵鬼神如百戏矣。”

道士隶宗正寺

《旧唐书·玄宗纪》："开元二十五年正月制：道士、女冠宜隶宗正寺，僧尼令祠部检校。"

润色梵书

《山堂考索》《后集》卷六三："太宗崇尚释教，置院于太平兴国寺，后改为传法院，车驾亦尝临幸。得西域僧法天及息天灾、施获等，取所献梵夹翻译焉。息天灾等并赐紫袍、师号，又命文臣润色其文。是岁，息天灾等献所译经文一卷，诏入藏刻板流行。自是尽取禁中梵夹，俾之翻译，每诞节即献经焉。息天灾等皆至朝散大夫、光禄寺鸿胪卿以卒。自是译经之盛，后世无比。"

"天禧三年，以宰臣丁谓为译经使润文官一员，以学士晁向、李维同润文二员。丁谓罢使，后亦不常置。"同上。

城隍神

《凤阳县志》:“洪武元年,各处城隍皆有监察司民之封,府曰公,州曰侯,县曰伯,且有制词,盖其时皇祖尚未有定见。三年,乃正祀典,诏天下城隍神主止称某府城隍之神、某州城隍之神、某县城隍之神,前时爵号一切革去。未几,又令各处城隍庙内屏去闲杂神道。城隍神旧有泥塑像在正中者,以水浸之,泥在正中壁上,却画云山图像;在两廊者,泥在两廊壁上。此令一行,千古之陋习为之一变。惜乎今之有司多不达此,往往妄为衣冠之像,甚者又为夫人以配之。习俗之难移,愚夫之难晓,遂使皇祖明训,托之空言,可罪也哉!”

杜牧杭州新造南亭子记

佛著经曰:生人既死,阴府收其精神,校平生行事罪福之。坐罪者,刑狱皆怪险,非人世所为。凡人平生,一失举止,皆落其间。其尤怪者,狱广大千百万亿里,积火烧之,一日凡千万生死,穷亿万世,无有间断,名为“无间”。夹殿宏廊,悉图其状,人未熟见者,莫不毛立神骇。佛经曰:我国有阿阇世王,杀父主,篡其位,法当入所谓狱无间者。若能求事佛,后生为天人。况其他罪,事佛固无恙。梁武帝明智勇武,创为梁国者,舍身为僧奴,至国灭饿死不闻悟,况下辈固惑之。为工商者,杂良以为苦,伪内而华外,纳以大秤斛,以小出之,欺夺村闾戆民,铢积粒聚,以至于富。

刑法钱谷小胥,出入人性命,颠倒埋没,使簿书条令不可究知,得财买大第豪奴,如公侯家。大吏有权力,能开库取公钱,缘意恣为,人不敢言。是此数者,必自知其罪,皆捐己奉佛以求救,月日积久,曰:“我罪如是,富贵如所求。是佛能灭吾罪,复能以福与我也。”有罪罪灭,无福福至。生人惟罪福耳,虽田妇稚子知所趋避。今权归于佛,买福卖罪,如持左契,交手相付。至有穷民,啼一稚子,无以与哺,得百钱,必召一僧饭之,冀佛之助,一日获福。若如此,虽举寰海内尽为寺与僧,不足怪也。屋壁绣纹可矣,为金枝扶疏,擎千万佛。僧为具味,饭之可矣,饭讫,持钱与之。不大、不壮、不高、不多,不珍、不奇瑰怪为忧,无有人力可及而不可为者。晋,伯主也,一铜鞮宫之衰弱,诸侯不肯来盟。今天下能如几晋,凡几千铜鞮,人得不困哉?文宗皇帝尝语宰相曰:“古者三人共食一农人,今加兵、佛,一农人乃为五人所食,其间吾民尤困于佛。”帝念其本牢根大,不能果去之。武帝皇帝始即位,独奋怒曰:“穷吾天下,佛也。”始去其山台野邑四万所,冠其人凡至十万人。后至会昌五年,始命西京留佛寺四,僧惟十人,东京二寺,天下所谓节度、观察,同、华、汝三十四治所得留一寺,僧准西京数,其他刺史州不得有寺。出四御史缕行天下以督之。御史乘驿未出关,天下寺至于屋基耕而刬之,凡除寺四千六百,僧尼笄冠二十六万五百,其奴婢十五万,良人枝附使令者倍笄冠之数,良田数十万顷。奴婢口率与百亩,编入农籍,其馀钱取民直,归于有司。寺材,州县得以恣新其公署、传舍。今天子即位，诏曰："佛尚不杀而仁，且来中国久，亦可助以为治天下。州率与二寺，用齿衰男女为其徒，各止三十人，两京数倍其四五焉。"著为定令，以徇其习，且使后世不得复加也。赵郡李子烈播，立朝名人也，自尚书、比部郎中出为钱塘。钱塘于江南繁大雅亚吴郡。子烈少游其地，委曲知其俗蠹人者，剔削其根节，断其脉络，不数月，人随化之。三笺于丞相云："涛坏人居，不一焊锢，败侵不休。'诏与钱二千万，筑长堤，少为数十年计，人益安喜。子烈曰："吴越古今多文士来吾郡游，登楼倚轩，莫不飘然而增思。吾郡之江山甲于天下，信然也。佛炽害中国六百岁，生见圣人，一挥而几夷之，今不取其寺材立亭胜地，以彰圣人之功，使文士歌思之后，必有指吾而骂者。"乃作南亭，在城东南隅，宏大焕显，功施手目，发匀肉均牙滑而无遗巧者。江平入天，越峰如髻，越树如发，孤帆白鸟，点画疑在。半夜酒馀，倚老松，坐怪石，殷殷潮声，起于月外。东闽、两越宦游善地，天下名士多往之。予知百数十年后登南亭者，念仁圣天子之神功，美子烈之旨迹，睹南亭千万状，吟不能已，四时千万状，吟不能去，作为歌诗，次之于后，不知几千百人。

卷四

徙民

秦始皇二十八年，"徙黔首三万户琅琊台下"。

三十六年,“徙民于北河、榆中三万户。”以上见《史记·秦始皇本纪》。

汉高帝五年九月,徙诸侯于关中。《册府元龟》卷一三。

九年十一月,徙齐、楚大族昭氏、屈氏、景氏、怀氏、田氏五姓关中,与利田宅。初,娄敬从匈奴来,因言:“匈奴河南白羊、楼烦王去长安近者七百里,轻骑一日一夕可以至秦中,秦中新破,少民,地肥饶,可益实。诸侯初起时,非齐诸田,楚屈、昭、景莫与。今陛下虽都关中,实少人,北近胡寇,东有六国强族,一日有变,陛下亦未得安枕而卧也。臣愿陛下徙齐诸田,楚昭、屈、景,燕、赵、韩、魏后及豪杰名家,且实关中。无事,可备胡。诸侯有变,亦足率以东伐,此强本弱末之术也。”帝曰:“善。”乃徙刘敬所言关中十万馀口。《史记·刘敬列传》。

景帝元年正月,诏其议民欲徙宽大地者听之。《汉书·景帝纪》。

武帝建元二年,作茂陵邑。三年春,赐徙茂陵者户钱二十万,田二顷。《汉书·武帝纪》。下同。

元朔二年夏,募民徙朔方十万户,又徙郡国豪杰及赀三百万已上于茂陵。初,主父偃说帝曰:“茂陵初立,天下豪杰兼并之家,乱众民,皆可徙茂陵,内实京师,外消奸猾,此所谓不诛而害除。”帝从之。

元狩五年,徙天下奸猾吏民于边。

元鼎六年,分武威、酒泉地,置张掖、敦煌郡,徙民实之。

大始元年,徙郡国吏民豪杰于茂陵、云陵。师古曰:此言云阳，而转写者误为陵耳。茂陵，帝所自起。而云阳，甘泉所居，故总使徙豪杰也。钩弋赵婕妤死，葬云阳。至昭帝即位，始尊为皇太后，而起云陵。武帝时未有云陵。

昭帝始元三年秋，募民徙云陵，赐钱田宅。《汉书·昭帝纪》。下同。

四年夏，徙三辅富人于云陵，赐钱，户十万。

宣帝本始元年春正月，募郡国吏民赀百万以上徙平陵。二年春，以水衡钱为平陵，徙民起第宅。《汉书·宣帝纪》。

元康元年，徙丞相、将军、列侯、吏二千石、赀百万者杜陵。《册府元龟》卷四八六。下同。

成帝鸿嘉二年夏，徙郡国豪杰赀五百万以上五千户于昌陵，赐丞相、御史、将军、列侯、公主、中二千石冢地、第宅。

后汉光武建武十五年，徙雁门、代郡、上谷三郡民，置常山关、居庸关以东。《后汉书·光武帝纪》。下同。

二十六年，云中、五原、朔方、北地、定襄、雁门、上谷、代郡八郡民归于本土，遣谒者分将施刑补理城郭，发遣边民在中国者，布还诸县，皆赐以装钱，转输给食。

崔寔《政论》曰："古有移人通财，以赡烝黎。今青、徐、兖、冀人稠土狭，不足相供。而三辅左右及凉、幽州内附近郡，皆土广人稀，厥田宜稼，悉不垦发。小人之情，安土重迁，宁就饥馁，无适乐土之虑。民犹群羊聚畜，须主者牧养处置，置之茂草则肥泽繁息，置之硗卤则零丁耗减。是以景帝六年，诏郡国令人得去硗狭、就宽肥。至武帝，遂徙关东贫人于陇西、北地、西河、上郡、会稽凡七十二万五千口，后加徙猾吏于关内。今宜复遵故事，徙贫人不能自业于宽地。此亦开草辟土，振人之术也。”《通典》卷一引。下同。

仲长统《昌言》曰：“远州之县界或至数千。而诸夏有十亩共桑之迫，远州有旷野不发之田。代俗安土，有死无去，君长不使，谁能自往缘边之地？亦可因罪徙人，便以守御。”

献帝建安十六年，曹公西征。初，自天子西迁洛阳，人民单尽。其后锺繇以侍中守司隶校尉、持节督关中诸军。繇徙关中民，又招纳亡叛以充之。数年间，民户稍实。曹公征关中，得以为资。《三国志·魏书·锺繇传》。

魏文帝改长安、谯、许昌、亳、洛阳为五都，令天下听内徙，复五年，后又增其复。《三国志·魏书·文帝纪》注引《魏略》。

齐王以明帝景初三年正月即位。六月，以辽东东沓县吏民渡海居齐郡界，以故纵城为新沓县以居民。《三国志·魏书·齐王芳纪》。下同。

正始元年二月，以辽东汶、北丰县民流徙渡海，规齐郡之西安、临淄、昌国县界为新汶、南丰县，以居流民。”

蜀主建兴十四年，徙武都氐王苻健及氐民四百馀户于广都。”《三国志·蜀书·后主传》。

晋宣帝为骠骑大将军都督雍州，表徙冀州农夫佃上邽。《晋书·宣帝纪》。

武帝太康中，杜预为征南将军。初，伐吴，军至江陵，因兵威，徙将士屯戍之家以实江北，南郡故地各树之长吏，荆土萧然。《晋书·杜预传》。

宋文帝元嘉二十二年，武陵王骏讨缘沔蛮，移一万四千馀口于京师。"《宋书·文帝纪》。下同。

二十三年，迁汉州流民于沔次。

二十八年，使太子步兵校尉沈庆之自彭城徙流民数千家于瓜步。征北参军程天祚徙江南流民于南州，亦如之。

二十八年冬，徙彭城流民于瓜步，淮南流民于姑孰，合计万家。

孝武帝大明中，孔灵符为丹阳尹。山阴县土境褊狭，民多田少。灵符表徙无资之家于馀姚、鄞、鄮三县界，垦起湖田。帝使公卿博议，太宰江夏王义恭议曰："夫训农修本，有国所同。土著之民，习玩日久。如京师无田，不闻徙居他县。寻山阴豪杰富室，顷亩不少，贫者肆力，非为无处，耕起空荒，无救灾歉。又兼缘湖居民鱼鸭为业，及有居肆，理无乐徙。"尚书令柳元景、右仆射刘秀之、尚书王瓒之、顾凯之、颜师伯、嗣湘东王彧议曰："富户温房，无假迁业。穷身寒室，必应徙居。葺宇疏皋，产粒无待，资公则公未易充，课私则私卒难具。生计既定，畲功自息，宜募亡叛通恤及与乐田者，其往经创，须粗修立，然后徙居。"侍中沈怀文、王景文、黄门侍郎刘凯、郗颙议曰："百姓虽不亲农，不无资生之路。若驱以就田，则坐以相违夺。且鄮等三县，去治并远，既安之民，忽徙他邑，新垣未立，旧居已毁，去留两困，无以自资。谓宜适任民情，从其所乐，开宥逋亡，且令就业，若审成腴壤，然后议迁。"太常王玄谟议曰："小民贫匮，远就荒畴，去旧即新，粮种俱缺，习之既难，勤之未易。谓宜微加资给，使得肆勤，明力田之赏，申怠惰之罚。”光禄勋王升之议曰：“远废之畴，方翦棘荆，率课穷乏，其事弥难，资徙粗立，徐行无晚。”帝违众议，徙民，并成良业。《宋书·孔灵符传》。

后魏道武天兴元年正月，徙山东六州民吏及徒何、高丽杂夷三十六万，百工技巧十万口，以充京师。《魏书·太祖纪》。下同。

二月，诏给内徙新民耕牛，计口受田。

十二月，徙六州二十二郡守宰、豪杰、吏民二千家于代都。

二年，陈留郡、河南流民万馀口内徙，遣使者存劳之。

明元泰常三年，徙冀、定、幽三州徒何于京师。《魏书·太宗纪》。

《娥清传》：“清为给事黄门侍郎。先是，徒河民散居三州，颇为民害，诏徒徙之平城。清善绥抚，徙者如归。”

延和元年，车驾征冯文通，徙营丘、成周、辽东、乐浪、带方、玄菟六郡民三万家于幽州，开仓以赈之。见《魏书·世祖纪》。

太平真君六年，徙青、徐之人以实河北。《北史·魏本纪》。

又陆俟，太武时与高凉王那渡河南，略地至济南东平陵，徙其民六千家实河北。《魏书·陆俟传》。

七年，徙长安城内工巧二千家于京师。《魏书·世祖纪》。

献文皇兴三年，徙青州民于京师。《魏书·显祖纪》。

孝文太和十九年，诏迁洛之民，死葬河南，不得还河北。于是代人南迁者，悉为河南洛阳人。见《魏书·高祖纪》。

北齐神武帝为魏相,命孙腾、高隆之分括无籍之户,得六十馀万,于是侨居者各勒还本属。见《隋书·食货志》。下同。

文宣天保八年,议徙冀、定、瀛无田之人,谓之乐迁,于幽州、范阳宽乡以处之,百姓惊扰。

后周武帝建德六年十二月,行幸并州宫,移并州军人四万户于关中。见《周书·武帝纪》。

宣武正始元年,以苑牧公田分赐代迁之户。见《魏书·世宗纪》。

宣帝大象元年诏曰:"洛阳旧都,今既修复,凡是元迁之户,并听还洛州。此外诸民欲往者,亦任其意。河阳、幽、相、豫、亳、青、徐七总管,受东京六府处分。"见《周书·宣帝纪》。

隋炀帝大业元年三月丁未,诏尚书令杨素、纳言杨逵、将作大匠宇文恺营建东京,徙豫州郭下居民以实之。又诏徙天下富商大贾数万家于东京。见《隋书·炀帝纪》。

唐武后天授二年七月二十四日,徙关内雍、同等七州户数十万以实洛阳。见《旧唐书·则天皇后本纪》。

玄宗开元十六年十月,敕诸州客户有情愿属缘边州者,至彼给良沃田安置,仍给永年优复,宜令所司即与所管客户州计会,召取愿者,随其所乐,具数奏闻。见《册府元龟》卷八四。

洪武二十一年八月,户部郎中刘九皋言:"古者狭乡之民迁于宽乡,盖欲地不失利,民有恒业。今河北诸处自兵后田多荒芜,居民鲜少。山东、西之民自入国朝,生齿日繁,宜令分丁徙居宽闲之地,开种田亩,如此国赋增而民生遂矣。”上谕户部侍郎杨靖曰：“山东地广，民不必迁；山西民众，宜如其言。”于是迁山西泽、潞二州民之无田者往彰德、真定、临清、归德、太康诸处闲旷之地，令自便置屯耕种，免其赋役三年，仍户给钞二十锭，以备农具。《明太祖实录》卷一九三。

二十二年四月己亥朔，命杭、湖、温、台、苏、松诸郡民无田者，许令往淮河迤南滁、和等处就耕，官给钞户三十锭，使备农具，免其赋役三年。《明太祖实录》卷一九六。

九月甲戌，山西沁州民张从整等一百一十六户告愿应募屯田，户部以闻，命赏从整钞锭，送后军都督佥事徐礼，分田给之，仍令回沁召募居民。《明太祖实录》卷一九七。

二十五年十二月辛未，后军都督府都督佥事李恪、徐礼奏：“山西民愿徙居彰德、卫辉、怀庆、广平、大名、东昌、开封，凡五百九十八户。”《明太祖实录》卷二二三。

三十五年九月乙未，命户部遣官核实山西太原、平阳二府，泽、潞、辽、沁、汾五州，丁多田少及无田之家，分其丁口，以实北平各府州县，仍户给钞，使置牛具、种子，五年后征其税。见《明太宗实录》卷一二下。

永乐元年八月甲戌，简直隶、苏州等十郡，浙江等九布政司富民实北京。见《明太宗实录》卷二二。

二年九月丁卯，徙山西太原、平阳、泽、潞、辽、沁、汾民一万户实北京。见《明太宗实录》卷三四。

《金史·许安仁传》：章宗时，朝议以流人实边，安仁言：“昔汉有募民实边之议，盖度地经营国邑，制为田宅，使至者有所归，作者有所用。于是轻去故乡而易于迁徙。如使被刑之徒寒饿困苦，无聊之心，靡所顾藉，与古之募民实塞不同，非所宜行。”

国史律令

《战国策》《楚策一》：“楚相柏举之战，蒙谷入大宫，负离次之典，以浮于江，逃于云梦中。昭王返郢，五官失法，百姓昏乱，蒙谷献典，五官得法，百姓大治。蒙谷之功多，与存国相若。”

《东观汉记》卷一九：“陈咸，哀、平间以明律为侍御史。王莽篡位，归乡里，闭门不出。乃收家中律令文书壁藏之，以俟圣主。”

《旧唐书》《韦述传》：“韦述居史职，玄宗幸蜀，述抱《国史》藏于南山。经籍资产，焚剽殆尽，述亦陷于贼庭，授伪官。至德二载，收两京，议罪，流渝州死。广德二年，其甥萧直为太尉李光弼判官，因入奏事称旨，乃上疏理述于仓皇之际，能存国史，致圣朝大典得无遗逸，以功补过，合沾恩宥。乃赠右散骑常侍。”

《通鉴》卷二七二：“唐庄宗灭梁，御史台奏：‘朱温篡逆，删改本朝律令格式，悉收旧本焚之。今台司及刑部大理寺所用皆伪庭之法，闻定州敕库独有本朝律令格式具在，乞下本道录进。’从之。”

风闻言事

《宋史·陈次升传》：“为左司谏。宣仁有追废之议，次升密言：'先太后保佑圣躬，始终无间，愿勿听小人销骨之谤。'帝曰：'卿安所闻？'对曰：'臣职许风闻，陛下毋诘其所从来可也。'"

《彭汝砺传》："为监察御史里行，论俞充谄中人王中正，至使妻拜之，神宗为罢充。诘其语所从，汝砺曰：'如此，非所广聪明也。'卒不奉诏。"

御容

《旧唐书》《武宗纪》："唐武宗会昌五年十月乙亥，中书奏：'池水县武牢关，是太宗擒王世充、窦建德之地，关城东峰有二圣塑容，在一堂之内，今缘定觉寺例合毁拆，望取寺中大殿材木，于东峰以造一殿，名曰昭武庙。'从之。"

唐庄宗同光元年，宿州朱保谭进本朝十二圣写真及《玄宗封太山图》。见《册府元龟》卷一六九。

蜀王衍建上清宫，于老君殿列唐十八帝真，备法驾谒之。见《蜀中广记》卷九四。

宋邵博《闻见后录》卷二六："武功唐高祖宅，昔号庆善宫，今为佛祠，有唐二帝苎漆像，不知何帝也。"

《建炎以来朝野杂纪》甲集卷二："绍兴元年，终南山上清太平宫道士柴全真等持太宗、真宗御容，自岐下抵宣抚使张忠献。"

《金史》："李大中刻唐高祖至昭宣二十一帝像于石，在合水县东。"①

---

① 此节不见于《金史》。今据《甘肃通志》卷二二校。

《元史·石天麟传》："江南道观，偶藏宋主遗像，有僧与道士交恶，发其事。帝以问天麟，对曰：'辽国主后铜像在西京者，今尚有之，未闻禁也。'事遂寝。"

《中州集》卷一○："何宏中，宋靖康时为河北河东两路统制接应使，被擒不屈，请为黄冠。时神霄宫废，道士旧以徽宗为东华君，将毁其像。宏中为起紫微殿，迁像事之。"

庙讳

李百药《北齐书》，凡诸帝庙号，为避唐朝讳，皆易其文，议者非之。《山堂考索》卷一四。

《宋史》《礼志十一》："绍兴二年十一月，礼部、太常寺言：渊圣皇帝御名见于经传义训者，[①]或以威武为义，或以回旋为义，又为植立之象，又为亭邮表名，又为圭名，又为姓氏，又为木名，各以其义类求之。以威武为义者，今欲读曰'威'。以回旋为义者，今欲读曰'旋'。以植立为义者，今欲读曰'植'。若姓氏之类，欲去'木'为'亘'。又缘汉法，'邦'之字曰'国'，'盈'之字曰'满'，止是读曰'国'、曰'满'，其本字见于经传者，未常改易。司马迁，汉人也，作《史记》，曰：'先王之制，邦内畿服，邦外侯服。'又曰：'盈则不持，则倾。'于'邦'字、'盈'字亦不改易。今来渊圣皇帝御名，欲定读如前外，其经传本字即不改易，庶几万世之下有所考证。"

三十二年正月，礼部、太常寺言："钦宗祔庙，翼祖当

① 渊圣皇帝即宋钦宗赵桓。

迁，于正月九日告迁翼祖皇帝、简穆皇后神主，奉藏于夹室。所有以后翼祖皇帝讳，依礼不讳。”诏恭从。同上。

绍熙元年四月，诏：“今后臣庶命名，并不许犯祧庙正讳。如名字见有犯祧庙正讳者，令改易。”同上。

宋周必大《文苑英华序》曰：“凡庙讳未祧，止当阙笔。”

《实录》：“洪武十四年七月乙酉，定进贺表笺礼仪，其有御名、庙讳，依古礼，二名不偏讳，嫌名不讳。”《明太祖实录》卷一三八。

种树[1]

《南齐书》《刘善明传》：“刘善明为海陵太守。郡境边海，无树木。善明课民种榆槚杂果，遂获其利。”

《梁书·沈瑀传》：“为建德令。教民一丁种十五株桑，四株柿及梨栗，女丁半之。咸欢悦，顷之成林。”

魏应璩《与庞惠恭书》：“比见所上利民之术，植济南之榆，栽汉中之漆。”见《艺文类聚》卷八八。

栽桑枣

《实录》：乙巳年六月乙卯，下令：“凡农民田亩，五亩至十亩者，栽桑、麻、木棉各半亩，十亩以上倍之。其田多者，率以是为差。有司亲临督劝，惰不如令者，有罚。不种桑，出绢一匹；不种麻及木棉，使出麻布、棉布各一匹。”《明

① 《日知录》卷十二有“官树”条。

太祖实录》卷一七。

洪武二十五年正月戊子，诏谕五军都督府臣曰："天下卫所分兵屯种者，咸获稼穑之利。其令在屯军士，人树桑、枣百株，柿、栗、胡桃之类随地所宜植之，亦足以备岁歉。五府其遍行程督之。"《明太祖实录》卷二一五。

十一月壬寅，诏凤阳、滁州、庐州等处民户种桑、枣、柿各二株。《明太祖实录》卷二二二。

二十七年三月庚戌，命天下种桑枣。上谕工部臣曰："人之常情，安于所忽，饱即忘饥，暖即忘寒，不思为备。一旦卒遇凶荒，则茫然无措。朕深知民艰，百计以劝督之，俾其咸得饱暖。比年以来，时岁颇丰，民庶给足，田里皆安，若可以无忧也。然预防之计不可一日而忘也。尔工部其谕民间，但有隙地，皆令种植桑枣，或遇凶歉，可为衣食之助。"于是工部移文天下有司，督民种植桑枣，且授之种植之法。又令益种棉花，率蠲其税，岁终具数以闻。《明太祖实录》卷二三二。

二十八年十一月壬辰，上谕户部官曰："方今天下太平，军国之需，皆已足用。其山东、河南民人田地桑枣，除已入额征科，自二十六年以后栽种桑枣果树，与二十七年以后新垦田地，不论多寡，俱不起科。若有司增科扰害者，罪之。"《明太祖实录》卷二四三。

宣德七年九月癸亥，顺天府尹李庸言："所属州县旧有桑枣，近年砍伐殆尽，请令州县每里择耆老一人，劝督每丁种桑枣各百株，官常点视。三年给由，开其所种多寡，以验勤怠。"上谓行在户部臣曰："桑枣，生民衣食之计。洪武间遣官专督种植,今有司略不加意。其即移文天下郡邑,督民栽种,违者究治。”《明宣宗实录》卷九五。

正统元年八月丁丑,命提调学校风宪官,兼督民间栽种桑枣。《明英宗实录》卷二一。

《平阳府太平县志》:“国初,令各里设柘桑园,以重蚕事。其后皆废,地多为民占。嘉靖听民易买官地高腴。里耆民王登汉易得柘桑故园,舍为义冢。”

《郡国志》:“凡桑枣田地,丈量时俱被豪民摊洒粮税,占为己业,故处已不可考,命桑枣带税粮征收。”①《金史·食货志》:“凡桑枣,户民以多植为勤,少者必植其地十之三,除枯补新,使之不阙。”

老人②

《实录》:“洪武二十七年四月壬午,命民间高年老人理其乡之讼词。先是,州县小民多因小忿辄兴狱讼,越诉于京,及逮问,多不实。上于是严越诉之禁,命有司择民间耆民公正可任事者,俾听其乡诉讼。若户婚、田宅、斗殴,则会里胥决之,事涉重者始白于官。且给教民榜,使守而行之。”《明太祖实录》卷二三二。

贴书

《实录》:洪武四年正月,禁诸司滥设贴书。初,省府诸

① 《续汉书·郡国志》无此文。

② 《日知录》卷八有“乡亭之职”条。

司既设掾令史，复设贴书。乃前元官不亲案牍之弊，奸吏得以舞法，为害滋甚。于是内外诸司定设掾吏、令史、书吏、司吏、典吏，员之多寡视政事之繁简为额，若滥设贴书者，罪之。《明太祖实录》卷六五。

案牍减繁式

《实录》：洪武十一年八月，定案牍减繁式。初，元末官府文移案牍最繁，吏非积岁莫能通晓，欲习其业，必以故吏为师，凡案牍出入，惟故吏之言是听。每曹自正吏外，主之者曰"主文"，附之者曰"贴书"、曰"小书生"，骩文繁词，多为奸利，国初犹未尽革。至是，吏有以成案进者，上览而厌之，曰："繁冗如此，吏焉不为奸弊而害吾民也！"命廷臣议减其繁文，著为定式，镂板颁之，俾诸司遵守。《明太祖实录》卷一二六。

钦字

《实录》：洪武二十七年正月，禁诸司文移，有奉旨施行者，勿书"圣旨"二字，凡有升赏差调等事，悉以"钦"字代之。《明太祖实录》卷二三三。

巡检

《实录》：洪武十三年十一月，敕谕天下巡检曰："古者设官分职，不以崇卑，一善之及，人人受其利焉。朕设巡检于关津扼要，道察奸伪，期在士民乐业，商旅无艰。然自设置以来，未闻其举职者。今特遣使分视各处，以检防有道，讯察有方。有能坚守是职，镇静一方，秩满来朝，朕必嘉焉。”《明太祖实录》卷一三〇。

丧制

《实录》：洪武元年十二月辛未，监察御史高原侃言：“京师人民循习元氏旧俗，凡有丧葬，设宴会亲友，作乐娱尸，惟较酒肴厚薄，无哀戚之情。流俗之坏至此，甚非所以为治。且京师者，天下之本，万民之所则。一事非礼，则海内之人转相视效。况送终，礼之大者，不可不谨。乞禁止，以厚风化。”上是其言，乃诏中书省，令礼官定官民丧服之制。《明太祖实录》卷三七。

北平种田

《实录》：洪武三十五年九月甲午，上谓刑部都察院臣：“自今凡人命、十恶死罪、强盗伤人者，依律处决，其馀死罪及流罪，令挈家赴北平种田，流罪三年，死罪五年，后录为良民。其徒罪，令煎盐；杖罪，输役如故；自愿纳米赎罪者，听。仍选徒罪以下罢黜官，假以职名，俾督民耕种。三年有成绩，实授；无成，仍坐原罪。”《明太宗实录》卷一二下。

乙巳，命武康伯徐理等往北平度地，以处民之以罪徙者。同上。

十月丁丑，诏罪人应发屯戍者，皆从六科给事中及行人司编次队伍，然后遣行，以防奸弊。《明太宗实录》卷一三。

永乐元年六月庚戌，户部致仕尚书王钝奏："种田囚人，若照籍贯分定地方，则有多寡不同，难于编甲。今宜不分籍贯，于保定、真州、顺天等府，挨程安置，先近后远，庶几聚落易成，屯种有效。"从之。《明太宗实录》卷二一。

华夷译语

洪武十五年正月丙戌，命编类《华夷译语》。上以前元素无文字号令，但借高昌书制为蒙古字，以通天下言语。至是，乃命翰林侍讲火原洁与编修马沙亦黑等以华言译其语，凡天文、地理、人事、物类、服食、器用，靡不具载。复取《元秘史》参考，纽切其字，以谐其声音。既成，诏刻行之。自是，使臣往来朔漠，皆能通达其情。《明太祖实录》卷一四一。

校勘斛斗秤尺

《实录》：洪武元年十二月壬午，诏中书省，命在京兵马指挥司并管市司，每三日一次校勘街市斛斗秤尺，稽考牙侩姓名，时其物价。在外府州各城门兵马，一体兼领市司。《明太祖实录》卷三七。

断百官酒肉

《魏书·食货志》："正光后，四方多事，加以水旱，国用不足，有司奏断百官常给之酒，计一岁所省合米五万三千五十四斛九升，蘖谷六千九百六十斛，面三十万五百九十九斤。其四时郊庙、百神群祀，依式供营。远蕃使客不在断限。尔后盗贼转众，诸将出征，相继奔败，帑藏益以空竭。有司又奏内外百官及诸蕃客廪食及肉，悉二分减一，计岁省肉百五十九万九千八百五十六斤，米五万三千九百三十二石。”

禁小说

《实录》：正统七年二月辛未，国子监祭酒李时勉言："近有俗儒，假托怪异之事，饰以无根之言，如《剪灯新话》之类，不惟市井轻浮之徒争相诵习，至于经生儒士多舍正学不讲，日夜记忆，以资谈论。若不严禁，恐邪说异端日新月盛，惑乱人心。乞敕礼部行文内外衙门及提调学校佥事、御史并按察司官，巡历去处，凡遇此等书籍，即令焚毁。有印卖及藏习者，问罪如律。庶俾人知正道，不为邪妄所惑。"从之。《明英宗实录》卷九〇。

谶兆[1]

汉孝昭帝时，上林苑中大柳断仆地，一朝起立，生枝叶，有虫食其叶，成文字曰"公孙病已立"。及昌邑王废，更立昭帝兄卫太子之孙，是为宣帝，帝本名病已。《汉书·五行志》。

《魏受禅碑》立于黄初二年，而其文有曰"改元正始"。正始，齐王芳年号。

汉后主改元炎兴，贾充闻之，曰："吾闻谯周之言，先帝讳备，其训具也。后主讳禅，其训授也。如言刘已具矣，当

① 《日知录》卷三十有"图谶"条。

授于人也。今中抚军名炎，而汉年极于炎兴，此殆天意矣。”明年八月，武帝嗣晋王位，遂以受禅。”《三国志·蜀书·向子宠传》注引《襄阳记》。

魏时起安世殿，后晋武帝居之。“安世”，武帝字也。《晋书·五行志》。

桓玄于南州起斋，悉画盘龙于上，号为“盘龙斋”。刘毅小字盘龙，及克玄，遂居之。《晋书·刘毅传》。

“会稽王道子于东府造土山，名曰‘灵秀山’。未几，孙恩作乱，再践会稽，会稽，道子所封。灵秀，孙恩字也。”《晋书·五行志》。

后周《华岳颂》立于天和二年，而其文有曰：“会一区寓，纳之仁寿。”及隋文帝立，改元仁寿。

唐玄宗开元二年八月，太子宾客薛谦光献《东都九鼎铭》，其《豫州铭》武后自制。文有曰：“上玄降鉴，方建隆基。”紫微令姚崇等奏曰：“圣人启运，休兆必彰，请宣付史馆。”《册府元龟》卷二四。

《郃国公功德碑》立于长庆二年，而其文有曰“宝历天齐”，及敬宗即位，改元宝历。

宣宗制《秦边陲曲》，其词曰“海岳咸通”。及帝崩，懿宗即位，改元咸通。《唐诗纪事》卷二。

《外史梼杌》卷下：①“蜀人击拂，以初入为孟入。有徐延璚者，王衍舅也。其作私第华侈，衍常幸之，于壁上戏题曰‘孟入’，盖蜀中以孟为不佳故也。他日孟知祥到，盖先

---

① 即张唐英《蜀梼杌》。

兆云。”

蜀王孟昶，每岁除日，命翰林为词，题桃符，正旦置寝门。末年，学士辛寅逊撰词，昶以为非工，自命笔题曰：“新年纳馀庆，佳节兆长春。”昶以其年正月降王师，即命兵部侍郎吕馀庆知成都府，而“长春”乃太祖诞圣节名也。见《宋史·五行志》。

《癸辛杂识》《前集》云：“《李方叔师友谈记》及《延漏录》、《铁围山录》载：仁宗晚年不豫，渐复平康。忽一日，命妃嫔主游后苑，乘小辇向东，欲登城堞。遥见小亭榜曰‘迎曙’，帝不悦，即回辇。翌日上宾，而英宗登极。盖‘曙’字，英宗御名也。又寇忠愍《杂说》：哲宗朝，尝创一堂，退绎万机。学士进名皆不称旨，乃自制曰‘迎端’，意谓迎事端而治之。未几，徽宗由端邸即大位。”

又云：“汴梁宋时宫殿，凡楼观、栋宇、窗户往往题‘燕用’二字，意必当时人匠姓名耳。及金海陵修燕都，择汴宫窗户刻镂工巧以往，始知兴废皆定数，此即先兆也。”见《癸辛杂识》别集卷上。

金大定二十二年，重修中岳庙。黄文纳撰碑文，有曰：“洪惟主上，纂明昌之绪。”[①]及章宗立，改元明昌。

元文宗至顺二年，司徒香山言：“陶弘景《胡笳曲》有‘负扆飞天历，终是甲辰君’之语，今陛下生平、纪号，实与之合，此实受命之符，乞录付史馆，颁告中外。”诏令翰林诸臣议之，以为“陛下绍隆正统，于今四年，薄海内外，罔不归

① 碑题《大金重修中岳庙碑》，全文见清初叶封《嵩阳石刻集记》卷下。

心，固无待旁引曲说，以为符命。从其所言，恐起谶纬之端，非所以定民志”。事遂寝。见《元史·文宗纪四》。【原注】赵世延作《蒋山钟铭》，有曰：“大明未东。”

附录三

全祖望《亭林先生神道表》

顾氏世为江东四姓之一。五代时由吴郡徙徐州,南宋时迁海门,已而复归于吴,遂为昆山县之花浦村人。其达者,始自明正德间曰工科给事中、广东按察使司佥事溱,及刑科给事中济。刑科生兵部侍郎章志,侍郎生左赞善绍芳及国子生绍芾,赞善生官荫同应,同应之仲子曰绛,即先生也。绍芾生同吉,早卒,聘王氏,未婚守节,以先生为之后。

先生字曰宁人,乙酉改名炎武,亦或自署曰蒋山佣,学者称为亭林先生。少落落有大志,不与人苟同,耿介绝俗。其双瞳子中白而边黑,见者异之。最与里中归庄相善,共游复社,相传有"归奇顾怪"之目。

于书无所不窥,尤留心经世之学。其时四国多虞,太息天下乏材以至败坏,自崇祯己卯后,历览二十一史、十三朝《实录》、天下图经、前辈文编说部,以至公移邸抄之类,有关于民生之利害者随录之。旁推互证，务质之今日所可行，而不为泥古之空言，曰《天下郡国利病书》。然犹未敢自信，其后周流西北且二十年，遍行边塞亭障，无不了了而始成。其别有一编曰《肇域志》，则考索《利病》之馀，合图经而成者。予观宋乾淳诸老，以经世自命者，莫如薛艮斋，而王道夫、倪石林继之，叶水心尤精悍。然当南北分裂，闻而得之者多于见，若陈同甫，则皆欺人无实之大言。故永嘉、永康之学皆未甚粹，未有若先生之探原竟委，言言可以见之施行，又一禀于王道而不少参以功利之说者也。

最精韵学，能据遗经以正六朝、唐人之失，据唐人以正宋人之失，欲追复三代以来之音，分部正帙，而究其所以不同，以知古今音学之变，其自吴才老而下，廓如也，则有曰《音学五书》。性喜金石之文，到处即搜访，谓其在汉唐以前者，足与古经相参考，唐以后者，亦足与诸史相证明。盖自欧、赵、洪、王后，未有若先生之精者，则有曰《金石文字记》。晚益笃志六经，谓古今安得别有所谓理学者，经学即理学也。自有舍经学以言理学者，而邪说以起，不知舍经学，则其所谓理学者禅学也。故其本朱子之说，参之以慈溪黄东发《日钞》，所以归咎于上蔡、横浦、象山者甚峻，于同时诸公，虽以苦节推百泉、二曲，以经世之学推梨洲，而论学则皆不合。其书曰《下学指南》。或疑其言太过，是固非吾辈所敢遽定，然其谓经学即理学，则名言也。而《日知录》三十卷，尤为先生终身精诣之书，凡经史之粹言具在焉。盖先生书尚多，予不悉详，但详其平生学业之所最重者。

初，太安人王氏之守节也，养先生于襁保中。太安人最孝，尝断指以疗君姑之疾。崇祯九年，直指王一鹗请旌于朝，报可。乙酉之夏，太安人六十，避兵常熟之郊，谓先生曰："我虽妇人哉，然受国恩矣，果有大故，我则死之。"于是先生方应昆山令杨永言之辟，与嘉定诸生吴其沆及归庄，共起兵奉故郧抚王永祚，以从夏文忠公于吴，江东授公兵部司务。事既不克，永言行遁去，其沆死之，先生与庄幸得脱，而太安人遂不食卒，遗言后人莫事二姓。次年，闽中使至，以职方郎召，欲与族父延安推官咸正赴之，念太安人尚未葬，不果。次年，几豫吴胜兆之祸，更欲赴海上，道梗不前。

先生虽世籍江南，顾其姿禀颇不类吴会人，以是不为乡里所喜，而先生亦甚厌裙屐浮华之习。尝言："古之疑众者，行伪而坚，今之疑众者，行伪而脆，了不足恃。"既抱故国之戚，焦原毒浪，日无宁晷。庚寅，有怨家欲陷之，乃变衣冠作商贾，游京口，又游禾中。次年，之旧都拜谒孝陵，癸巳再谒，是冬又谒而图焉。次年，遂侨居神烈山下，遍游沿江一带，以观旧都畿辅之胜。顾氏有三世仆曰陆恩，见先生日出游，家中落，叛投里豪。丁酉，先生四谒孝陵归，持之急，乃欲告先生通海，先生亟往禽之，数其罪，湛之水。仆婿复投里豪，以千金贿太守，求杀先生，不系讼曹，而即系之奴之家，危甚。狱日急，有为先生求救于□□者，[①]

① □□为钱谦益，而求救于牧斋者，亭林之挚友归庄也。

□□欲先生自称门下而后许之。其人知先生必不可，而惧失□□之援，乃私自书一刺以与之。先生闻之，急索刺还，不得，列揭于通衢以自白。□□亦笑曰："宁人之卞也！"曲周路舍人泽溥者，故相文贞公振飞子也，侨居洞庭之东山，设兵备使者，乃为诉之，始得移讯松江而事解。于是先生浩然有去志，五谒孝陵，始东行，垦田于章丘之长白山下以自给。戊戌，遍游北都诸畿甸，直抵山海关外，以观大东。归至昌平，拜谒长陵以下，因而记之。次年再谒。既而念江南山水有未尽者，复归，六谒孝陵，东游直至会稽。次年，复北谒思陵。由太原、大同以入关中，直至榆林。是年，浙中史祸作，先生之故人吴、潘二子死之，先生又幸而脱。甲辰，四谒思陵。事毕，垦田于雁门之北，五台之东。初，先生之居东也，以其地湿，不欲久留，每言马伏波田畤，皆从塞上立业，欲居代北。尝曰："使吾泽中有牛羊千，则江南不足怀也。"然又苦其地寒，乃但经营创始，使门人辈司之，而身出游。丁未，之淮上。次年，自山东入京师。莱之黄氏，有奴告其主所作诗者，多株连，自以为得，乃以吴人陈济生所辑《忠孝录》指为先生所作，首之。书中有名者三百馀人。先生在京闻之，驰赴山东自请勘，讼系半年，富平李因笃自京师为告急于有力者，亲至历下解之，狱始白。复入京师，五谒思陵。自是还往河北诸边塞者几十年。丁巳，六谒思陵，始卜居陕之华阴。

初，先生遍观四方，其心耿耿未下，谓秦人慕经学，重处士，持清议，实他邦所少；而华阴绾毂关河之口，虽足不出户，而能见天下之人，闻天下之事，一旦有警，入山守险，不过十里之遥；若志在四方，则一出关门，亦有建瓴之便，乃定居焉。王征君山史筑斋延之。先生置五十亩田于华下供晨夕，而东西开垦所入，别贮之以备有事。又饵沙苑蒺藜而甘之曰："啖此久，不肉不茗可也。"

凡先生之游，以二马二骡，载书自随。所至扼塞，即呼老兵退卒，询其曲折，或与平日所闻不合，则即坊肆中发书而对勘之。或径行平原大野，无足留意，则于鞍上嘿诵诸经注疏，偶有遗忘，则即坊肆中发书而熟复之。

方大学士孝感熊公之自任史事也，以书招先生为助。答曰："愿以一死谢公，最下则逃之世外。"孝感惧而止。戊午大科诏下，诸公争欲致之。先生豫令诸门人之在京者辞曰："刀绳具在，无速我死。"次年大修《明史》，诸公又欲特荐之。贻书叶学士讱庵，请以身殉，得免。或曰："先生盍亦听人一荐，荐而不出，其名愈高矣。"先生笑曰："此所谓钓名者也。今夫妇人之失所天也，从一而终，之死靡慝，其心岂欲见知于人？若曰盍亦令人强委禽焉，而力拒之以明节，则吾未之闻矣。"华下诸生请讲学，谢之曰："近日二曲亦徒以讲学故得名，遂招逼迫，几致凶死，虽曰威武不屈，然而名之为累，则已甚矣。又况东林覆辙，有进于此者乎？"有求文者，告之曰："文不关于经术政理之大，不足为也。韩文公起八代衰，若但作《原道》、《谏佛骨表》、《平淮西碑》、《张中丞传后》诸篇，而一切谀墓之文不作，岂不诚山斗乎？今犹未也。"其论为学，则曰："诸君关学之馀也。

横渠、蓝田之教,以礼为先。孔子尝言:‘博我以文,约之以礼。’而刘康公亦云:‘民受天地之中以生,所谓命也,是以有动作礼义威仪之则以定命。’然则君子为学,舍礼何由?近来讲学之师专以聚徒立帜为心,而其教不肃,方将赋《茅鸱》之不暇,何问其馀!”寻以乙未春出关,观伊洛,历嵩少,曰:“五岳游其四矣。”会年饥,不欲久留,渡河至代北,复还华下。

先生既负用世之略,不得一遂,而所至每小试之,垦田度地,累致千金,故随寓即饶足。徐尚书乾学兄弟,甥也,当其未遇,先生振其乏。至是鼎贵,为东南人士宗,四方从之者如云,累书迎先生南归,愿以别业居之,且为买田以养,皆不至。或叩之,答曰:“昔岁孤生,飘摇风雨,今兹亲串,崛起云霄。思归尼父之辕,恐近伯鸾之灶。且天仍梦梦,世尚滔滔,犹吾大夫,未见君子。徘徊渭川,以毕馀年足矣。”

庚申,其安人卒于昆山,寄诗挽之而已。次年,卒于华阴。无子,徐尚书为立从孙洪慎以承其祀。年六十九。门人奉丧归葬昆山之千墩。高弟吴江潘耒收其遗书,序而行之,又别辑《亭林诗文集》十卷,而《日知录》最盛传。历年渐远,读先生之书者虽多,而能言其大节者已罕,且有不知而妄为立传者,以先生为长洲人,可哂也。

徐尚书之冢孙涵持节粤中,致千里贻书,以表见属。予沈吟久之。及读王高士不庵之言曰:“宁人身负沈痛,思大揭其亲之志于天下,奔走流离,老而无子。其幽隐莫发,数十年靡诉之衷，曾不得快然一吐，而使后起少年推以多闻博学，其辱已甚，安得不掉首故乡，甘于客死？噫，可痛也！”斯言也，其足以表先生之墓矣夫？其铭曰：

先生兀兀，佐王之学。云雷经纶，以屯被缚。渺然高风，寥天一鹤。重泉拜母，庶无愧怍。

《清史稿·顾炎武传》

顾炎武，字宁人，原名绛。昆山人。明诸生。生而双瞳，中白边黑。读书目十行下。见明季多故，讲求经世之学。明南都亡，奉嗣母王氏避兵常熟。昆山令杨永言起义师，炎武及归庄从之。鲁王授为兵部司务。事不克，幸而得脱，母遂不食卒，诫炎武弗事二姓。唐王以兵部职方郎召，母丧未赴，遂去家不返。炎武自负用世之略，不得一遂，所至辄小试之。垦田于山东长白山下，畜牧于山西雁门之北、五台之东，累致千金。遍历关塞，四谒孝陵，六谒思陵，始卜居陕之华阴。谓“秦人慕经学，重处士，持清议，实他邦所少；而华阴绾毂关河之口，虽足不出户，亦能见天下之人，闻天下之事。一旦有警，入山守险，不过十里之遥；若有志四方，则一出关门，亦有建瓴之便”，乃定居焉。

生平精力绝人，自少至老，无一刻离书。所至之地，以二骡二马载书，过边塞亭障，呼老兵卒询曲折，有与平日所闻不合，即发书对勘；或平原大野，则于鞍上默诵诸经注疏。尝与友人论学云:“百馀年来之为学者,往往言心言性,而茫然不得其解也。命与仁,夫子所罕言;性与天道,子贡所未得闻。性命之理,著之《易传》,未尝数以语人。其答问士,则曰‘行己有耻’,其为学,则曰‘好古敏求’。其告哀公明善之功,先之以‘博学’。颜子几于圣人,犹曰‘博我以文’。自曾子而下,笃实无如子夏,言仁,则曰‘博学而笃志、切问而近思’。今之君子则不然,聚宾客门人数十百人,与之言心言性,舍多学而识以求一贯之方,置四海之困穷不言而讲‘危微精一’,是必其道高于夫子,而其弟子之贤于子贡也。《孟子》一书,言心言性亦谆谆矣,乃至万章、公孙丑、陈代、陈臻、周霄、彭更之所问,与孟子之所答,常在乎出处去就、辞受取与之间。是故性也、命也、天也,夫子之所罕言,而今之君子之所恒言也。出处去就、辞受取与之辨,孔子、孟子之所恒言,而今之君子之所罕言也。愚所谓圣人之道者如之何?曰‘博学于文,行己有耻’。自一身以至于天下国家,皆学之事也。自子臣弟友以至出入往来、辞受取与之间,皆有耻之事也。士而不先言耻,则为无本之人;非好古多闻,则为空虚之学。以无本之人,而讲空虚之学,吾见其日从事于圣人,而去之弥远也。”

炎武之学,大抵主于敛华就实。凡国家典制、郡邑掌故、天文仪象、河漕兵农之属,莫不穷原究委,考正得失,撰《天下郡国利病书》百二十卷;别有《肇域志》一编,则考索之馀,合图经而成者。精韵学,撰《音论》三卷。言古韵者,自明陈第,虽创辟榛芜,犹未邃密。炎武乃推寻经传,探讨本原。又《诗本音》十卷，其书主陈第诗无协韵之说，不与吴棫本音争，亦不用棫之例，但即本经之韵互考，且证以他书，明古音原作是读，非由迁就，故曰“本音”。又《易音》三卷，即《周易》以求古音，考证精确。又《唐韵正》二十卷，《古音表》二卷，《韵补正》一卷，皆能追复三代以来之音，分部正帙而知其变。又撰《金石文字记》、《求古录》，与经史相证。而《日知录》三十卷，尤为精诣之书，盖积三十馀年而后成。其论治综核名实，于礼教尤兢兢。谓风俗衰，廉耻之防溃，由无礼以权之，常欲以古制率天下。炎武又以杜预《左传集解》时有阙失，作《杜解补正》三卷。其他著作，有《二十一史年表》、《历代帝王宅京记》、《营平二州地名记》、《昌平山水记》、《山东考古录》、《京东考古录》、《谲觚》、《菰中随笔》、《亭林文集》、《诗集》等书，并有补于学术世道。清初称学有根柢者，以炎武为最，学者称为亭林先生。

又广交贤豪长者，虚怀商榷，不自满假。作《广师篇》云：“学究天人，确乎不拔，吾不如王寅旭；读书为己，探赜洞微，吾不如杨雪臣；独精《三礼》，卓然经师，吾不如张稷若；萧然物外，自得天机，吾不如傅青主；坚苦力学，无师而成，吾不如李中孚；险阻备尝，与时屈伸，吾不如路安卿；博闻强记，群书之府，吾不如吴志伊；文章尔雅，宅心和厚，吾不如朱锡鬯；好学不倦，笃于朋友，吾不如王山史；精心六书，信而好古，吾不如张力臣。至于达而在位，其可称述者，亦多有之，然非布衣之所得议也。”

康熙十七年，诏举博学鸿儒科，又修《明史》，大臣争荐之，以死自誓。二十一年，卒，年七十。无子，吴江潘耒叙其遗书行世。宣统元年，从祀文庙。

黄汝成《日知录刊误》序

《日知录》一书，其义类闳深，论辩浩博。余尝疏其学识，颇著其大端，窃叹书之精微，弗能尽也。当康熙间，潘稼堂检讨为校刊于闽中，自是贤硕辄加考辩，既正其脱文讹字，或间引伸其言，几无异汉唐时诸经史训解为专门学也。余所见不下十馀家多，简当而尤善者，阎、杨、沈、钱四家本也。后又得原写本，以校潘刻本，得者大半。诸家多未见此本，往往增损有与合者，亦有舛错同而别为纠正者，或因纠正转滋淆失。余益统括群书，穿穴援引，区其异同，核其是非，每以错综，更达阃奥，率表其名，断诸己意，不为缴绕之辞，亦绝剽窃之行。总全书所考正者，得七百馀条。虽与是书义类论辩不恢修景，然少少邮其文字抵牾，诠训隐赜，庶几益治涂辙，抑以断后之舛驰者矣。曩为定本，纂成《集释》，曾就正于武进李申耆、吴江吴山子、宝山毛生甫三先生。此书又乞生甫删定。同邑王君巨川，明慎强识，勤佐深索，区区不敢妄作、实事求是之怀，欲冀白诸后贤，而直谅多闻之助，又不可没也。阎、杨、沈、钱四家，其里爵名字已列于《集释》叙例。今曰宋斋陈氏者，名讦，字言扬，海宁人，官教授，以子贵赠通议大夫、左副都御史。南曲张氏，名惟赤，字小白，海盐人，官刑科给事中。蘧园、楷庵则名皆佚。楷庵，张氏客也，曰楷庵者，别于武屏杨大令简在言也。沈校本得诸次欧从叔父原写，钱校本则假诸生甫，其馀多陈丈立斋所手录者。既第分为二卷，并述其俶云。

道光十五年二月望日

嘉定黄汝成潜夫氏书于西溪草庐东之袖海楼

黄汝成《日知录续刊误》序

余曩撰《日知录集释》，以原本文句舛脱，又间为稼堂检讨删易增讹，尝罗列诸家校本及原写本，辨正其疑似得失，成《刊误》两卷，附刻是书后。昔康成注经，多列今古文，颜师古注《汉书》，亦举流俗书本，《经典释文》、贾孔诸疏率具他本，所以不惮钩贯参考者，诚欲使是书文率精确明粹，可传信于天下后世者也，夫岂乐为是繁赜哉！是书既刻成，余辄取考正，颇恨校雠弗审，时有刊写误字，又有与原写本违异者。王君巨川因益佐余取两书条疏句别，阙衍淆讹，复互得一百七十馀条。余既综贯传记，剖析踳驳，而前从沈、钱二家校改者，及余所引诸家论说，字或抵牾，亦略附出于各条下，复成《续刊误》二卷。余之治是书，殚刓心力，决择搜访，不厌奥阻，数年于兹矣。而漏舛犹多，则以余智虑之所未至，篇籍之所未觏，及所引诸家论说文繁本别，其为参错乖殊，详略隐显，杂处莫辨，明见千里而失于眉睫，必益众矣。是惟望海内博学精思之士为正其秕缪者也。余见是书校本极夥，其言微义碎及剿说虚造者多弗录。最后得匏尊陆氏本，其言颇有发明，亟为援引，以相考证。匏尊名筠，嘉兴人，显晦未详。余妹婿陈伟长与陆氏同郡，尝得其本，因以赠余。伟长名其幹，则宋斋先生六世孙也。

道光十六年九月朔日

嘉定黄汝成潜夫书于西溪之袖海楼

章炳麟《日知录校记序》

昔时读《日知录》，怪顾君仕明至部郎，而篇中称明与前代无异，疑为后人改窜，又“素夷狄行乎夷狄”一条有录无书，亦以为乾隆抽毁也。后得潘次耕初刻，与传本无异。则疑顾君真迹已然，结轖不怡者久之。去岁闻友人张继得亡清雍正时写本，其缺不书者故在，又多出“胡服”一条，缅缅千馀言，其书明则曰“本朝”，涉明讳者则用之字，信其为顾君真本，曩之所疑，于是砉然冻解也。顾其书丹黄杂施，不可摄影以示学者。今岁春，余弟子黄侃因为《校记》一通，凡今本所缺者，具录于记，一句一字皆著焉，其功信勤矣。颇怪次耕为顾君与徐昭法门下高材，造膝受命，宜与恒众异，乃反剟定师书，令面目不可尽睹，何负其师之剧耶？盖亦惩于史祸，有屈志而为之者也。今《校记》既就，人人可检读以窥其真，顾君千秋之志得以无恨，而侃之功亦庶几与先哲并著欤？于时戎祸纷拏，倭为溥仪蹂热河之岁也。

章炳麟序